아동발달 ^{제9판}

Laura E. Berk 지음 | 이종숙 · 신은수 · 안선희 · 이경옥 옮김

Σ 시그마프레스

아동발달 제9판

발행일 | 2015년 3월 2일 1쇄 발행
       2018년 9월 5일 2쇄 발행
       2019년 6월 20일 3쇄 발행
       2023년 2월 10일 4쇄 발행

저 자 | Laura E. Berk
역 자 | 이종숙 · 신은수 · 안선희 · 이경옥
발행인 | 강학경
발행처 | ㈜시그마프레스
디자인 | 홍선희
편 집 | 류미숙

등록번호 | 제10-2642호
주소 | 서울특별시 영등포구 양평로 22길 21 선유도코오롱디지털타워 A401~402호
전자우편 | sigma@spress.co.kr
홈페이지 | http://www.sigmapress.co.kr
전화 | (02)323-4845, (02)2062-5184~8
팩스 | (02)323-4197

ISBN | 978-89-6866-130-3

CHILD DEVELOPMENT, Ninth Edition

이 도서의 국립중앙도서관 출판예정도서목록(CIP)은 서지정보유통지원시스템 홈페이지(http://seoji.nl.go.
kr)와 국가자료공동목록시스템(http://www.nl.go.kr/kolisnet)에서 이용하실 수 있습니다.(CIP제어번호:
CIP2014005932)

역자 서문

아동발달, 제7판 번역 이후 벌써 5년이 흘렀다. 5년 동안 Berk의 아동발달을 교과서로 사용하면서 그 책에서 다루는 내용이 새롭고, 폭넓고, 흥미롭다는 점에 감탄했고 글의 문장 스타일이 쉽고 명쾌하면서도 논리적이고 체계적이어서 이해하기 쉬웠던 점이 아동발달을 학생들에게 이해시키는 데 많은 도움이 되었다. 사실 발달심리학은 인간의 평생의 발달을 다루는 방대한 지식체계이기 때문에 쉽게 요약하거나 간단히 설명할 수 없는 학문 영역이다. 또한 대다수의 아동발달 연구들은 자세히 설명하지 않으면 이해하기 어려운 복잡한 실험설계와 연구가설들을 포함하고 있어 학부 학생들에게 이해시키기 힘든 분야이기도 하다. 그러나 Berk의 아동발달 책은 발달심리학을 가르치는 우리의 고민을 많이 해결해 주었다. 저자는 폭넓은 연구들에 대한 리뷰를 통해 꼭 알아야 할 중요한 분야를 잘 짚어 주고 있고 또 그 분야에서 논의되는 핵심 논제들을 명쾌하게 지적해 준다. 이러한 강점을 지닌 아동발달의 후속 판이 빨리 발간되기를 기다려 왔다. 이제 그 제9판이 발간되었고 전판보다도 훨씬 새롭고 많은 정보를 담고 있어서 제9판을 번역하는 것이 의미 있는 일이라 생각되었다.

아동발달, 제9판은 정말로 많은 최신 연구들에 대한 리뷰를 담고 있어 교과서로서 학생들에게 새로운 분야를 안내하는 역할을 충분히 해낼 것이며, 무엇보다도 각 분야의 연구자들에게 아주 새로운 참고자료들을 제공해 준다. 이번에도 저자의 놀랄 만한 근면성을 엿볼 수 있는데, 거의 대부분의 참고문헌들이 새 연구로 대치되어 있다. 그리고 강조하는 주제들도 최근의 연구에 근거해 많이 보강되고 수정되었다. 특히 많은 사진과 그림 자료, 연구에 대한 도해 설명 등이 학생들의 관심을 끌고 이해를 도와줄 수 있도록 개정되었다.

아동발달은 다루어야 할 내용이 너무 방대하여 한 학기에 가르치기에는 벅찬 감이 있다. 제7판 번역에서도 그러했지만 이번 번역도 전권을 모두 번역하지 않고 몇몇 내용을 삭감하였다. 이 책의 역자들은 심리학, 아동학, 유아교육 분야의 전문가들로서 한국의 대학생들이 꼭 필요로 하는 정보들에 대해 선별할 수 있는 식견을 갖추었다고 본다. 대개는 우리문화나 우리의 현실에 부적절하거나 관련이 적은 부분을 삭제하였다. 그러나 전반적으로는 원서의 기획 의도나 목표에 훼손이 없도록 하였다. 이 번역서에는 원서의 그림과 사진을 가능하면 많이 수록하여 이 책의 시각적 효과를 전수하려 하였으며, 중요한 개념은 색으로 강조 표시를 하여 학생들의 학습을 도우려 하였다.

마지막으로 이 책을 발간하도록 물심양면으로 지원해 주신 (주)시그마프레스 강학경 사장님과 편집, 교정, 인쇄에 이르는 다난한 과정을 성공적으로 해 주신 모든 분께 감사드린다. 특히 여러 번 교정 작업의 번거로움에도 불구하고 항상 친절하게 도와주신 류미숙 씨께 감사드린다.

30년 이상 아동발달을 가르치면서 전공, 미래의 목표, 흥미와 욕구가 다른 수천 명의 여러분과 같은 학생들을 접하였다. 그중 일부는 나와 전공이 같은 심리학도였지만 다수는 다른 관련 분야 분들도 많은데, 몇 개만 열거하자면 교육학, 사회학, 인류학, 가족학, 사회복지, 간호학 또 생물학 등 다양한 분야의 학생들이었다. 매 학기 나의 학생들의 바람은 그들의 전공 분야만큼이나 다양하였다. 다수는 아동과 관련된 교육, 육아, 간호, 상담, 사회복지, 학교심리학과 프로그램 운영 등의 응용 분야에서 직업을 얻고자 하였다. 일부는 아동발달을 가르치거나 연구하고자 하는 계획을 가지고 있었다. 대부분은 미래에 부모가 되고자 하고 일부는 자녀를 기르고 있으며 잘 이해하려고 노력하는 부모가 되어 있었다. 대부분은 그들 자신이 작은 아기로부터 현재와 같은 복잡한 인간으로 발달하였는지에 대한 깊은 호기심을 가지고 있었다.

아동발달, 제9판을 준비하는 나의 목표는 여러분의 개인적 흥미와 욕구뿐 아니라 교과목으로서의 교육적 목표를 충족시키는 교과서를 제공하는 것이다. 이 목표를 달성하기 위하여 고전적, 또 최근의 이론과 연구들을 조심스럽게 선정하였고 내가 개인적으로 알고 있는 아동과 가족에 관한 이야기와 삽화들에 기초하여 이 책을 집필하였다. 더욱이, 이 책의 내용은 아동의 발달에 미치는 생물학적 요인과 환경적 요인의 결합된 기여를 강조하고, 연구절차가 어떻게 실제 세계의 문제들을 해결하는 데 도움을 주는지, 인종과 문화 간의 공통성과 차이에 대해 설명하고, 아동발달에 영향을 미치는 더 광범위한 사회적 맥락에 대해 논의하고, 오늘날의 세계에서 아동의 웰빙을 보호하는 데 결정적인 정책적 사안에 대해 특별히 관심을 보였다. 이 교과서는 전반에 걸쳐 여러분이 정보를 숙달하고, 다양한 발달의 측면들을 통합하고, 논란이 되는 문제에 대해 비판적으로 검증하고, 배운 것을 잘 적용하고, 정보를 실제 생활에 잘 연관시킬 수 있도록 도울 수 있는 교육 프로그램이 되도록 구성되어 있다.

아동발달에 관한 학습은 내가 수년 동안 경험한 바에 의하면 여러분에게 매우 가치 있는 일이 될 것이다. 나는 아동발달 분야와 이 책에 대해 여러분이 어떻게 생각하는지를 알고 싶다. 여러분의 견해를 기다린다. 언제든지 Department of Psychology, Box 4620, Illinois State University, Normal, IL 61790이나 출판사에 연락해 주기 바란다.

Laura E. Berk

요약 차례

제 1 장   역사, 이론, 적용 방향 3

제 2 장   연구방법 33

제 3 장   생물학적 기초와 태내기 발달 59

제 4 장   영아기 : 초기학습, 운동기술, 감각능력 93

제 5 장   신체 성장 135

제 6 장   인지발달 : Piaget, 핵심지식과 Vygotsky 관점 163

제 7 장   인지발달 : 정보처리 관점 201

제 8 장   지능 243

제 9 장   언어발달 275

제10장   정서발달 317

제11장   자기와 사회적 이해 361

제12장   도덕성 발달 397

제13장   성차와 성역할의 발달 441

제14장   가족 471

제15장   또래, 매체 학교 513

차례

제1장

역사, 이론, 적용 방향

아동발달 분야 3
　발달 영역 4
　발달 시기 4

기본적 논제 5
　발달은 연속적인가 비연속적인가 6
　발달은 하나의 과정인가 다수의 과정인가 7
　천성과 양육의 상대적 영향이란 7
　조화로운 견해 9

역사적 기초 10
　중세 10
　종교개혁 10
　계몽철학 11
　과학적 시작 11

20세기 중반 이론 13
　정신분석적 조망 13
　행동주의와 사회학습 이론 15
　Piaget의 인지발달 이론 17

최근의 이론적 조망 20
　정보처리 20
　발달적 인지신경과학 21
　동물행동학과 진화론적 발달심리학 22
　Vygotsky의 사회문화적 이론 23
　생태체계 이론 25
　새로운 방향 : 역동적 체계로서의 발달 28

아동발달 이론의 비교 29

제2장

연구방법

이론에서 가설로 33

아동연구의 일반적 방법 34

　체계적 관찰 34
　자기보고 : 면접과 질문지 37
　신경생물학적 방법 39
　임상 · 사례연구법 42
　문화연구법 42

신뢰도와 타당도 : 과학적 연구의 핵심 43
　신뢰도 44
　타당도 44

일반적 연구설계 45
　상관설계 45
　실험설계 46
　수정된 실험설계 47

발달연구를 위한 설계 48
　종단설계 48
　횡단설계 50
　발달연구 설계의 향상 51

아동연구의 윤리 53

제3장

생물학적 기초와 태내기 발달

유전적 기초 59
　유전적 부호 59
　성 세포 61
　남아 혹은 여아? 62
　다수의 쌍둥이 62
　유전의 전달 양식 63
　염색체 이상 67

생식적 선택 69
　유전 상담 69
　태내기 진단과 태아 의약 69

태내기 환경의 영향 71
　기형 발생물질 71
　어머니의 다른 요인들 81

유전, 환경, 행동 : 미래의 방향 84

'얼마나?'의 질문 84
'어떻게?'의 질문 86

제4장
영아기 : 초기학습, 운동기술, 감각능력

신생아의 특징 93

반사 93
상태 95
신생아의 행동평가 101
학습능력 102

영아기의 운동발달 109

운동발달의 순서 110
역동적 체계로서 운동기술 110
소근육 운동발달 : 손 뻗기와 잡기 112

영아기의 지각발달 114

촉각 115
미각과 후각 116
청각 117
시각 120
감각 간 지각능력 127
지각발달의 이해 128

초기 결핍과 풍요 : 영아기가 발달의 민감기일까 130

제5장
신체 성장

신체 성장의 과정 135

신체 크기의 변화 135
신체 비율의 변화 136
근육-지방 구성의 변화 136
골격 성장 137
대근육 운동기술의 향상 137
신체 성장에서 호르몬의 영향 140
신체 크기의 국가 차이 141
추세변동 142

두뇌발달 143

뉴런의 발달 143
대뇌피질의 발달 145
다른 두뇌 구조에서의 진전 148
청소년기의 뇌발달 149
뇌발달의 민감기 150

신체발달에 영향을 주는 요인 150

유전 151
영양 151
전염병 158
정서적 복지 159

제6장
인지발달 : Piaget, 핵심지식과 Vygotsky 관점

Piaget의 인지발달 이론 164

Piaget 단계의 기본적인 특성 164
인지적 변화에 대한 Piaget의 견해 164

감각운동기 : 출생부터 2세 165

감각운동 발달 166
감각운동기의 평가 168

전조작기 : 2세부터 7세 170

정신적 표상의 발달 170
전조작기 사고의 한계 174
전조작기의 평가 176

구체적 조작기 : 7세부터 11세 177

구체적 조작기 사고 177
구체적 조작기 사고의 한계 179

형식적 조작기 : 11세 이상 180

가설적-연역적 추론 180
명제적 사고 180
청소년 인지 변화의 결과 181

Piaget와 교육 184

Piaget 이론의 전반적인 평가 184

인지적 변화에 대한 Piaget의 설명은 분명하고 정확한가 184
인지발달은 단계적으로 일어나는가 185
Piaget의 유산 186

핵심지식 관점 186

영아기 : 물리적 및 수학적 지식 186

순진한 이론가로서의 아동 189
핵심지식 관점의 평가 190

Vygotsky의 사회문화적 이론 191

아동의 혼잣말 191
인지발달의 사회적 기원 192
가장놀이에 대한 Vygotsky의 견해 194

Vygotsky와 교육 194

상호교수 195
협력학습 195

Vygotsky 이론의 평가 197

제7장
인지발달 : 정보처리 관점

정보처리 접근 202

정보처리의 일반 모형 202

정신체계의 구성요소 202
발달에의 시사점 204

정보처리의 발달 이론 207

Case의 신 피아제 이론 207
Siegler의 전략 선택 모형 208

주의 211

유지, 선택, 적응적 주의 211
계획하기 214

기억 216

정보저장 전략 216
정보인출 219
지식과 의미기억 ???
일화기억 223
목격자 기억 226

상위인지 229

상위인지 지식 229
인지적 자기조절 231

정보처리 이론의 학업 증진을 위한 적용 232

읽기 232
수학 236

과학적 추론 238

정보처리 접근의 평가 240

제8장
지능

지능의 정의 243

Alfred Binet : 전체적 견해 244
요인분석 : 다요인적 견해 244

지능 정의의 최근 경향 246

심리측정과 정보처리적 접근의 결합 246
Sternberg의 삼원 이론 247
Gardner의 다중지능 이론 248

지능의 측정 250

흔히 사용되는 지능검사 251
적성과 성취검사 251
영아용 검사 252
IQ 점수의 계산과 분포 253

지능검사는 무엇을 예측하고 얼마나 잘 예측하나 253

IQ 점수의 안정성 254
학업성취의 예측요인으로서의 IQ 255
직업 성과의 예측요인으로서의 IQ 255
심리적 적응의 예측요인으로서의 IQ 256

IQ의 인종적 · 사회경제적 차이 257

IQ의 개인과 집단 간 차이에 대한 설명 258

유전적 영향 258
입양아 연구 : 유전과 환경의 공동 영향 259
검사에서의 문화적 편향 260
검사에서 문화적 편향 풀이기 263
가정환경과 정신적 발달 264

초기 중재와 지능발달 267

초기 중재의 이점 268

영재성 : 창의성과 재능 269

심리측정적 관점 269
중다요소적 관점 270

제9장
언어발달

언어의 구성요소 276

언어발달 이론 276
생득론적 관점 277
상호작용주의적 관점 283

전언어적 발달 : 말하기의 준비 284
언어의 수용성 284
첫 말소리 286
의사소통자 되기 287

음운론적 발달 290
초기 단계 290
음운론적 전략의 출현 291
후기 음운론적 발달 292

의미론적 발달 292
초기 단계 292
후기 의미론적 발달 297
어떻게 의미론적 발달이 일어나는가에 대한 생각 298

문법적 발달 301
첫 단어의 조합 301
단순 문장에서 복합 문법으로 303
복합 문법 형태의 발달 304
후기 문법 형태의 발달 306
어떻게 문법발달이 일어나는가에 대한 생각 306

화용론적 발달 308
대화기술의 획득 308
의사소통의 명확성 309
서술형 310
사회언어학적 이해 311

상위 언어학적 인식의 발달 312

이중 언어 : 유아기의 2개 국어 학습 312

제10장
정서발달

정서의 기능 317
정서와 인지과정 318
정서와 사회적 행동 318
정서와 건강 319
기능주의적 접근의 다른 특징 320

정서표현의 발달 320
기본 정서 320
자의식적 정서 323
정서적 자기조절 325
정서표출양식의 획득 328

타인 정서의 이해와 반응 329
사회적 참조 330
아동기 정서이해 331
감정이입과 공감 333

기질과 발달 335
기질의 구조 335
기질의 측정 338
기질의 안정성 338
유전과 환경의 영향 339
아동행동의 예측변인으로서의 기질 341
기질과 양육 : 조화적합성 모델 342

애착의 발달 343
Bowlby의 동물행동학 이론 344
애착 안정성의 측정 346
애착 안정성 348
문화적 다양성 348
안정 애착에 영향을 미치는 요소 349
다중 애착 354
애착과 후기 발달 356

애착, 부모의 취업, 그리고 자녀양육 357

제11장
자기와 사회적 이해

자기의 출현과 자아개념의 발달   362
자기인식   362
범주화된 자기, 기억 속 자기, 지속적인 자기   365
내적 자기 : 유아의 마음이론   366
자아개념   371
자아개념에 미치는 인지적 · 사회적 · 문화적 영향   374

자아존중감 : 자아개념의 평가적 측면   376
자아존중감의 구조   376
자아존중감 수준의 변화 : 사회적 비교의 역할   377
자아존중감에 미치는 영향   378
성취 관련 귀인   380

정체성 형성 : 나는 누구인가   383
정체성 형성과정   385
정체성 상태와 심리적 복지   386
정체성 발달에 영향을 미치는 요소   387

타인에 대한 사고   388
성격으로 사람 이해하기   388
사회적 집단 이해하기 : 인종과 민족   389

갈등의 이해 : 사회적 문제해결   392
사회적 문제해결 과정   392
사회적 문제해결력 향상시키기   393

제12장
도덕성 발달

인간 본성에 바탕을 둔 도덕성   398

사회적 규범의 채택으로서 도덕성   400
정신분석 이론과 죄의식의 역할   400
사회학습 이론   403
'사회적 규범의 채택으로서 도덕성'의 제한점   407

사회적 이해력으로서의 도덕성   408
Piaget의 도덕성 발달 이론   409
Piaget 이론의 평가   410
Kohlberg의 Piaget 이론 확장   412
Kohlberg의 단계에 대한 연구   415
도덕성 추론에 성차는 있는가   417

도덕성 추론의 영향   418
도덕성 추론과 행동   420
종교적 참여와 도덕성 발달   421
Kohlberg 이론의 추후 도전   423
도덕성 이해의 영역적 접근   424

도덕적 자기통제 발달   427
걸음마기   428
아동기와 청소년기   428
개인차   430

자기통제의 다른 측면 : 공격성의 발달   430
공격성의 출현   430
유아기와 아동 중기의 공격성   431
청소년의 공격성과 비행   432
공격성의 안정성   433
공격적 행동의 훈련 배경으로서의 가족   433
사회인지적 결핍과 왜곡   436
지역사회와 문화적 영향   436
아동과 부모의 공격성 통제 돕기   437

제13장
성차와 성역할의 발달

성 고정관념과 성역할   441
유아기의 성 고정관념   443
아동 중기와 청소년기의 성 고정관념   443
성 고정관념의 개인차와 집단차   445
성 고정관념과 성역할 채택   446

성 고정관념과 성역할 채택에 영향을 주는 요인   446
생물학적 요인   446
환경 요인   449

성 정체성   454
성 정체성의 출현   455
아동 중기의 성 정체성   456
청소년기의 성 정체성   457
성 도식 이론   458

남아와 여아는 성 고정관념화된 특징에서 얼마나 차이가 있는가   460
지적 능력   461
성격 특성   463

성 고정관념이 없는 아동으로 기르기   467

제14장
가족

가족의 기원과 기능 472

사회체계로의 가족 473
직접적 영향 473
간접적 영향 474
변화에 대한 적응 475
환경 속에서의 가족체계 476

가족의 사회화 477
양육태도의 유형 477
무엇이 민주적 양육 유형을 효과적이게 하는가 480
양육태도를 아동발달에 적용하기 481
양육태도에서 사회경제적, 인종적 차이 484

가족의 생활양식과 변환 488
대가족에서 핵가족으로 변환 488
외동아이 가정 492
입양아 가정 493
동성애자 가정 494
미혼 한부모 가정 495
이혼 가정 496
혼합 가족 499
취업모와 맞벌이 가정 501
보육 502
자가보육 503

상처입기 쉬운 가족 : 아동학대 505
발생 정도와 정의 505
아동학대의 기원 506
아동학대의 결과 508
아동학대의 예방 509

제15장
또래, 매체 학교

또래관계 513
또래 사회성의 발달 513
또래 사회성의 영향 517
우정 519
또래 수용 524
또래집단 528
데이트 531
또래 압력과 순응 532

대중매체 533
TV 매체 533
컴퓨터, 휴대전화, 인터넷 537
미디어 사용 조절하기 541

학교생활 541
교실과 학생수 541
교육철학 542
학교진급 544
교사-학생 상호작용 546
집단구성 방법 547
특수아 가르치기 548
부모-학교 파트너십 549
각 국가의 청소년은 얼마나 잘 교육되었나 549

찾아보기 553

아동 발달

제9판

CHAPTER 1

'무제'

Patrick, 15세, New Mexico

이 아동은 복잡한 무늬와 무지개 색깔로 Taos Pueblo 문화를 재현하였다. 이와 유사하게 이 장에서 개관한 이론들은 유전과 가계와 지역사회의 힘들의 복잡한 조합이 아동발달에 영향을 미친다는 것을 보여 준다.

출처 : 일리노이주립대학교 밀너 도서관 국제 아동화전의 허락으로 게재

역사, 이론, 적용 방향

필자는 어린 시절 살았던 마을을 여행할 기회가 있었는데 그 시절 친구들의 집을 지나면서 그들의 현재 삶을 생각했다. 6학년 때 반장이었고 유명한 학생이었던 캐더린은 성공한 법인의 변호사이며 두 아이의 엄마가 되었다. 갈라진 입술 때문에 수줍어하고, 위축되었던 필은 잘나가는 하드웨어 상점의 주인이며 시의회 의원이다. 3학년 때 멕시코에서 이민 온 줄리오는 초등학교 외국어 교육 프로그램의 관리자이며 중앙아시아 소년을 입양한 싱글 부모이다. 마지막으로 이웃집에 살았던 릭은 휴학을 계속했고, 읽는 것을 어려워하고, 4학년을 두 번 다니다 고등학교를 그만두고 직장 때문에 10년 전에 이사를 갔다고 들었다.

여러분도 고향길을 걸으며 필자의 마음속에 스쳐가는 질문들과 같은 의구심을 가질지도 모른다.

● 오늘날 아동들이 사는 집, 학교, 이웃에 대한 경험은 과거 세대와 어떤 점이 같고 어떤 점이 다른가?
● 유아와 아동들의 세상에 대한 지각은 어른들과 어떻게 같거나 다른가?
● 인간이 가진 신체적 · 정신적 · 행동적 특징들 중 공통적인 것은 어떤 것이고 독특한 것은 어떤 것인가?
● 8세에 새 문화권으로 이민 온 줄리오가 어떻게 자기 종족의 강한 정체성을 아직도 가지고 있으면서 새 언어와 관습을 습득하고, 사회적으로 성공하였는가?
● 왜 캐더린이나 릭 같이 어렸을 때의 성격을 유지하는 사람이 있는 반면 필처럼 기본적 성격이 변화하는 사람도 있는가?
● 취업모, 탁아, 이혼 소가족, 새로운 기술 등과 같은 문화의 변화가 어떻게 아동들의 성격과 기술에 영향을 주는가?

이러한 질문들이 수정에서부터 청소년기에 이르는 일관성과 변화를 이해하고자 하는 **아동발달**(child development)에서 제기하는 질문들이다. 아동발달은 **발달심리학**(developmental psychology) 혹은 평생의 변화를 포함하는 학제적 과목인 **인간발달**(human development)이라는 더 넓은 학문 분야의 일부이다(Lerner, 2006). 아동발달을 연구하는 연구자들의 관심과 흥미는 정말 다양하다. 그러나 모두 공통된 목표를 가지고 있다. 그것은 인생의 처음 20년간의 일관성과 변화에 영향을 주는 요소들을 기술하고 찾아내는 것이다. ∎

아동발달 분야

앞의 질문 목록은 단지 학문적 관심사만은 아니다. 각각의 질문은 응용적이거나 실제적으로도 중요하다. 사실 학문적 호기심은 아동발달이 오늘날 흥미로운 분야가 되도록 한 한 가지 요소일 뿐이다. 발달에 관한 연구는 아이들에게 더 나은 삶을 살게 하려는 사회적 압력에 의해서도 자극받았다. 예를 들어, 20세기 초 공교육의 시작으로 인하여, 각기 다른 나이의 아이들에게 무엇을 어떻게 가르쳐야 하는지에 대한 지식이 필요하게 되었다. 아이들의 건강을 증진시키기 위한 소아과 의사들의 관심은 신체 성장과 영양에 대한 이해를 필요로

아동발달 분야
· 발달 영역
· 발달 시기

기본적 논제
· 발달은 연속적인가 비연속적인가
· 발달은 하나의 과정인가 다수의 과정인가
· 천성과 양육의 상대적 영향이란
■ 생물학과 환경
　탄력성 있는 아동
· 조화로운 견해

역사적 기초
· 중세
· 종교개혁
· 계몽철학
· 과학적 시작

20세기 중반 이론
· 정신분석적 조망
· 행동주의와 사회학습 이론
· Piaget의 인지발달 이론

최근의 이론적 조망
· 정보처리
· 발달적 인지신경과학
· 동물행동학과 진화론적 발달심리학
· Vygotsky의 사회문화적 이론
· 생태체계 이론
■ 사회적 쟁점 : 건강
　가족의 혼란이 아동의 웰빙에 해를 끼침
· 새로운 방향 : 역동적 체계로서의 발달

아동발달 이론의 비교

한다. 아이들의 불안과 행동문제를 다루고자 하는 사회서비스 전문가들의 관심으로 인해 사회적 발달에 관한 정보가 요구된다. 그리고 부모들에게는 자녀들의 발달과 행복한 삶을 위한 양육의 실제적 경험에 대한 조언이 계속적으로 요구된다.

아동발달에 관한 우리의 거대한 정보 창고는 학제적이다. 그것은 많은 분야 사람들의 노력이 합쳐져 자란다. 교육, 가족 연구, 제약, 공공 건강과 사회적 서비스 등의 이름으로 매일 일어나는 문제들은 심리학적, 사회학적, 인류학적, 생물학적 그리고 신경과학의 전문성을 가지고 아이들을 고려하여 해결해야 하기 때문이다. 현재 아동발달 분야는 이러한 다양한 학문 분야들이 기여한 결과이다. 이 지식들은 학문적으로 중요할 뿐 아니라 적절하고 유용하기도 하다.

발달 영역

인간의 항상성과 변화에 대한 광범위하고 학제적인 연구를 좀 더 질서 있고 편리하게 조직하기 위해 발달은 흔히 신체, 인지, 정서 및 사회성의 세 가지 넓은 영역으로 구분한다(그림 1.1에 있는 각 영역에 대한 기술과 설명 참조). 이 책에서 우리는 위에 언급한 순서대로 발달의 영역을 넓게 생각할 것이다. 그러나 변화하는 아동을 기술하기 위해서 이 영역들은 통합되어야 한다. 무엇보다 각각의 영역은 서로 영향을 주고받는다. 예를 들어, 영아가 손을 뻗고, 안고, 기고, 걷는 새로운 운동능력(신체적 영역)은 환경에 대한 이해(인지적 영역)에 크게 기여한다는 것을 제4장에서 알게 될 것이다. 아기들이 좀 더 잘 생각하고 행동할 때, 어른들은 아기의 새로운 성취에 대해 게임이나 언어, 기쁨의 표현(정서적 · 사회적 영역) 등으로 자극한다. 이런 풍성한 경험들이 발달의 모든 측면을 증진시킨다.

발달 시기

그림 1.1   발달의 주요 영역
세 가지 영역은 실제로는 구별되지 않는다. 오히려 그것들은 중복되며 상호작용한다.

세 영역을 구분하고 통합하는 것 외에 발달을 논의하는 데는 또 하나의 딜레마가 있다. 어떻게 시

신체적 발달
몸의 크기, 비율, 외모, 신체 조직의 기능, 지각운동능력, 신체적 건강

인지적 발달
주의 기억, 학업과 상식, 문제해결, 상상력, 창의력과 언어를 포함하는 지적 능력의 변화

정서적 · 사회적 발달
정서적 소통, 자기이해, 다른 사람에 대한 지식, 대인기술, 우정, 친근한 관계, 도덕적 추론과 행동의 변화

간의 흐름을 의미 있게, 그리고 다룰 수 있는 부분으로 나누는가의 문제이다. 연구자들은 흔히 아동발달을 다음의 다섯 가지 시기로 구분한다. 각각의 시기에는 주요 이론들에서 중요한 변화로 설명되는 새로운 능력과 사회적 경험이 담겨 있다.

1. **태아기** : 착상 후부터 출생까지. 이 9개월의 기간은 단일 세포 유기체가 세상에 순응할 수 있는 놀랄 만한 능력을 가진 아기로 변화되는 가장 빠른 시기이다.

2. **영아기와 걸음마기** : 출생 후 2년. 이 기간은 다양한 운동, 지각, 지적 능력 등의 출현을 지지하는 신체와 두뇌의 극적인 변화를 가져온다. 언어를 시작하고, 다른 사람과 친밀한 관계를 처음 가지게 된다. 영아기는 처음 1년, 걸음마기는 두 번째 해를 말한다. 걸음마기는 더 큰 자율성의 특징이 나타나는 첫 번째 독립적인 단계이다.

3. **유아기** : 2~6세까지. 체격이 커지고 더 큰 자율성을 획득하고, 운동기술은 더 정교해지고 더 자기통제적이며 자족적이 된다. 가장놀이가 활발히 일어나서 심리발달의 모든 측면을 지지한다. 사고와 언어는 매우 놀랄 정도로 확장되고 도덕성이 분명해지며, 또래관계를 수립하게 된다.

4. **아동 중기** : 6~11세까지. 아동들은 더 넓은 세상에 대해 배우게 되며 어른이 되면 수행해야 하는 것과 비슷한 새로운 책임을 배운다. 개선된 운동능력, 규칙을 가진 조직적 게임의 참여, 좀 더 논리적인 사고 과정, 읽고 쓰는 기술의 숙련, 자기 이해와 도덕성, 친구들과의 우정 등을 증진시키는 것이 이 시기의 특징이다.

5. **청소년기** : 11~18세까지. 이 시기에는 성인기로의 전환이 시작된다. 사춘기에 성인 크기의 몸이 되고, 성적 성숙을 하게 된다. 사고가 추상적이고 이상적이 되며, 학교 교육도 고등 교육이나 직업세계에 대해 준비하는 방향으로 나아간다. 젊은이들은 가족으로부터 자율성을 획득하고, 개인의 가치와 목표를 설정하기 시작한다.

산업화된 사회에서는 많은 젊은이들에게 성인 역할로 전환되는 시기가 지연된다. 이에 대해 몇몇 연구자들은 18세에서 25세의 젊은이들을 위한 성인 **진입기**(emerging adulthood)라는 발달적 시기를 제시한다. 성인기로 진입하는 청년들은 청소년을 넘어서고 있지만 아직 성인의 역할을 다하지는 못한다. 고등 교육 혹은 그 이상의 교육을 받는 시기로 젊은이들은 사랑, 진로, 개인적 가치에 대해 확정하기 전에 탐색의 기회를 갖는다. 성인 진입기는 과거 수십년 동안에만 나타났기 때문에 이제 연구가 시작되었다(Arnett, 2007; Arnett & Tanner, 2006).

이러한 서론을 염두에 두고 주요 아동발달 이론가들이 몰두하고, 의문을 가지고, 격렬한 논쟁을 일으키는 기본적 주제들을 알아보자. 그 다음에 각 분야의 출현을 추적하여 논의하고 주요 이론을 개괄적으로 살펴볼 것이다.

기본적 논제

아동발달 연구는 비교적 최근에 이루어진 노력이다. 19세기 말이나 20세기에는 연구가 시작되지 않았다. 그럼에도 불구하고, 아동이 어떻게 자라고 변화하는지에 대한 논의는 수백 년간 계속되어 왔다. 이러한 논의가 연구와 결합되어 발달에 대한 이론들을 구성하도록 고취시켰다. **이론**(theory)이란 행동을 기술하고 설명하고 예측하는, 질서 있게 통합된 진술문들의 조합이다. 예를 들어, 영아와 양육자 간의 애착에 대한 좋은 이론은 (1) 6~8개월경에 아기가 친밀한 성인의 애정과 위안을 구하는 행동을 기술하고, (2) 왜 아동이 양육자와 결합하려는 강한 욕구를 발달시키는가를 설명하며, (3) 이 강한 정서적 결합이 미래의 관계에 미칠 결과를 예측한다.

이론은 두 가지 측면에서 중요한 도구이다. 첫째, 이론은 우리의 아동 관찰을 조직할 수 있는 틀을 제공한다. 다시 말하면, 우리가 보는 것을 안내하고 의미를 부여한다. 둘째, 연구에 의해 검증된 이론들은 실제 행동에 건전한 기초가 된다. 이론이 발달을 이해하도록 돕기만 하면 우리는 아동 복지와 치료를 개선하는 방법을 알 수 있는 위치에 있게 된다.

나중에 보겠지만 이론들은 문화적 가치와 그 시대의 신념 체계에 의해 영향을 받는다. 그러나 이론은 단순한 견해와 신념과는 중요한 측면에서 다르다. 이론이 지속적으로 존재하려면 과학적 검증이 이루어져야 한다. 다시 말하면, 모든 이론은 과학적 공동체가 합의한 공정한 일련의 연구절차를 거쳐 검증되어야 하고 그 결과는 지속적이거나 반복 검증되어야 한다(우리는 제2장에서 연구 책략에 대해 생각해 볼 것이다).

아동발달 분야에는 아동이 어떤 모습일지 또 어떻게 변화하는지에 대해 매우 다른 의견들을 가진 많은 이론들이 있다. 아동발달 연구는 궁극적 진실을 제공하지는 않는다. 왜냐하면 연구자들은 그들이 보는 것의 의미에 대해 항상 합의하지는 않기 때문이다. 더욱이 아동은 복잡한 존재로서 신체적, 인지적, 정서적, 사회적으로 변화한다. 아직도 이 모든 측면을 통합하고 설명할 수 있는 단일 이론은 없다. 그러나 많은 이론들이 존재함으로써 연구자들이 지속적으로 이러한 다른 견해들을 지지하고 논박하고 통합하여 발전된 지식체계를 이루도록 돕는다.

많은 이론이 있지만 거의 모든 이론이 다음의 세 가지 기본 쟁점에서 하나의 견해를 보인다. (1) 발달은 연속적인가 비연속적인가? (2) 하나의 발달과정이 모든 아동발달의 특징인가 아니면 많은 가능한 과정이 있는가? (3) 유전적 요인과 환경적 요인 중 어떤 요인이 발달에 더 중요한 영향을 미치는가? 이 각각의 쟁점들을 자세히 살펴보자.

발달은 연속적인가 비연속적인가

최근 20개월 된 안젤로의 어머니는 장난감 자동차를 가지고 노는 안젤로를 보며 "어떻게 안젤로가 몇 달 전만 해도 할 수 없었던 가장(pretention)을 할 수 있는 걸까요?"라고 물었다. "그리고 '부릉부릉' 하는 거나 '충돌!' 하는 것이 안젤로에게 무슨 의미일까요? 자동차 소리나 충돌이라는 말을 내가 이해하는 것과 비슷하게 이해할까요?"

안젤로의 어머니는 발달에 대해 의문시되는 쟁점을 제기하였다. 우리는 어린 영아와 어린 아동, 청소년과 성인 사이의 능력과 행동의 차이를 어떻게 잘 설명할 수 있을까? 그림 1.2에서 설명하는 것처럼 주요 이론들은 두 가지 가능성을 인식하고 있다.

하나의 견해는 영아와 학령 전 아동은 성인과 같은 방법으로 세상에 반응한다는 것이다. 미성숙한 것과 성숙한 것의 차이는 단순히 양 혹은 **복잡성**의 차이라고 본다. 예를 들어, 꼬마 안젤로의 생각은 우리와 마찬가지로 논리적이고 잘 조직되어 있을 것이다. 아마도 (그의 어머니가 보고한 대로) 단순한 유목으로 분류할 수 있고, 한 가지 종류를 다른 종류보다 더 많이 가지고 있는지 인식하고, 일주일 전 어린이집에 두고 온 자신의 좋아하는 장난감을 기억할 수 있을 것이다. 안젤로의 한계라면 이러한 기술을 우리가 하는 것처럼 많은 정보를 가지고 하거나 정확하게 하지 못하는 것일 뿐이다. 만약 그렇다면, 안젤로의 발달은 **연속적**(continuous), 즉 시작할 때부터 가지고 있던 같은 종류의 기술들을 점차로 덧붙여 가는 과정이다.

두 번째 견해는 안젤로의 사고, 정서, 행동은 성인의 것과 상당히 다르다는 것이다. 만약 그의 발달이 **비연속적**(discontinuous)이라면, 새로운 세상에 대한 이해와 반응이 특정한 시기에 나타나는 과정이다. 이 견해에 의하면 안젤로는 우리가 하는 것처럼 물체를 조직화하지 못하거나, 경험을 기억하고 해석하지 못한다. 대신에 그는 각각 독특한 특성을 가진 일련의 발달 계단을 가장 높은 기능 수준에 이를 때까지 이동해 가는 것이다.

비연속적 견해를 수용하는 이론들은 발달을 특정 시기를 특징짓는 사고, 감정, 그리고 행동의 질적 변화가 있는 **단계**(stage)로 일어난다고 본다. 단계 이론에서 발달은 계단을 올라가는 것과 같고 각각의 단계는 기능이 좀 더 성숙하고 재조직화되어 있다. 단계 이론에서는 아동이 다음 단계로 올라갈 때는 **빠른 변화** 기간이 되고 한 단계 내에서는 변화하지 않는 안정기가 뒤따른다고 가정한다. 다시 말하면, 변화는 점진적이고 지속적이라기보다 상당히 갑작스럽다.

발달이 실제로 질서 정연한 순서가 있는 단계로 일어나는가? 현재로서 이것은 중요한 도전을 받는 가정으로 보인다.

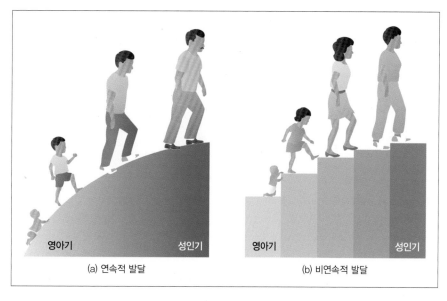

그림 1.2 발달은 연속적인가 비연속적인가?
(a) 일부 이론가들은 발달이 유연하고 연속적인 과정이라고 믿는다. 아동은 같은 종류의 기술을 점차 증가시켜 나간다. (b) 또 다른 이론가들은 발달은 비연속적 단계로 일어난다고 생각한다. 아동은 발달의 새로운 수준으로 올라설 때 빠르게 변화한 후 한동안 거의 변화하지 않는다. 아동은 세상에 대해 각 단계마다 질적으로 다른 방식으로 해석하고 반응한다.

발달은 하나의 과정인가 다수의 과정인가

단계 이론가들은 아동은 모든 곳에서 같은 발달 순서를 따른다고 가정한다. 예를 들어 인지 영역에서, 단계 이론가들은 유아기에는 언어와 가장놀이를 통하여 자신의 세계를 표상하도록 하고, 아동기에는 좀 더 논리적, 조직적으로 생각하도록 하고, 청소년기에는 추상적으로 추론하도록 하는 공통의 생물학적 · 환경적 요인들을 찾아내고자 한다.

동시에, 아동발달 분야에서는 점차로 아동이 다양한 변화 경로를 보일 수 있는 유전적 · 환경적 상황들의 독특한 결합, 즉 다른 **맥락**(contexts)에서 자랄 수 있음을 인식하게 되었다. 예를 들어, 사람을 만나는 것을 두려워하는 수줍은 아동은 쉽게 다른 사람을 찾는 사회성 있는 또래와는 다른 맥락에서 자라게 된다(Kagan, 2003, 2008). 비서구적 촌락 사회에서 가족과 공동체에서 살아가는 아동의 경험은 서구 대도시 아동의 경험과는 상당히 다르다. 이렇게 다른 상황들이 현저하게 다른 인지 능력, 사회적 기술, 자기와 타인에 대한 감정들을 초래하게 된다(Shweder et al., 2006).

현대 이론가들은 발달을 이루는 맥락을 다층적이고 복잡한 것으로 본다. 개인의 측면에서는 유전과 생물학적 구성을 포함한다. 환경적 측면에서는 가정, 어린이집, 학교, 이웃과 같은 직접적 환경뿐 아니라 아동의 일상과 거리가 먼 지역사회 자원, 사회적 가치와 선호, 역사적 시기와 같은 환경들을 포함한다. 마지막으로 문화에 대한 특별한 관심은 아동발달 연구가들이 발달에서의 다양성에 대해 어느 때보다 더 의식하도록 만들었다.

천성과 양육의 상대적 영향이란

발달의 과정을 기술하는 것 외에 각각의 이론은 발달에 내재한 원인에 대한 질문에 대해 한 가지 입장을 취하고 있다. 유전적 혹은 환경적 요소 중 어느 것이 더 중요한가? 이것은 오래된 **천성-양육 논쟁**(nature-nurture controversy)이다. 천성은 타고나며 생물학적으로 주어진 것, 즉 수태의 순간에 우리의 부모로부터 받은 유전적 정보를 말한

15개월 된 이 유아의 떼쓰기는 평생의 문제행동 유형으로 연장될까? 유전을 강조하는 일부 이론가들은 계속 다루기 힘들 것이라고 믿는다. 다른 이론가들은 어머니가 아동의 정서적 폭발을 다루는 방법에 따라 변화가 가능하다고 생각한다.

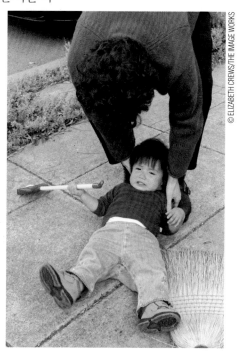

생물학과 환경

탄력성 있는 아동

존과 그의 가장 친한 친구 게리는 피폐해 가는 우범지역인 도시에서 자랐다. 10세 때까지 이 둘은 수년간의 가족 갈등 후 부모의 이혼을 경험하게 되었다. 아동기 후반과 청소년기 동안 그들은 어머니가 가장인 가정에서 양육되었고 아버지는 거의 보지 못했다. 둘 다 고등학교를 퇴학하였고 경찰서를 들락거렸다.

그러다 존과 게리의 길이 갈라졌다. 30세까지 존은 결혼을 하지 않은 채 두 아이의 아버지가 되었고 감옥에서 주로 보냈으며 실직 상태였고 술을 매우 많이 마셨다. 대조적으로 게리는 학교로 돌아가 고등학교를 마쳤고 전문대학에 들어가 자동차 공학을 공부하고 주유소와 자동차 정비공장을 운영하였다. 그는 결혼해서 두 아이를 두었고 저축하여 집도 샀다. 그는 행복하고 건강하고 생활에 적응을 잘하였다. 많은 연구들이 환경적 위험, 즉 빈곤, 부정적 가족 상호작용, 부모의 이혼, 실직, 정신질환, 약물 남용 등이 아동의 미래를 예정한다고 보고하고 있다(Masten & Gewirtz, 2006; Sameroff, 2006; Wadsworth & Santiago, 2008). 무엇이 게리가 '확률을 깨고' 상처를 지우도록 했는가? 발달상 위험에 직면해서도 효과적으로 적응하는 능력인

이 소년의 가깝고 애정적인 아버지와의 관계는 탄력성을 촉진한다. 적어도 한쪽 부모라도 따뜻하고 성숙에 대해 적당히 기대를 하는 관계를 형성하면 아동은 스트레스 생활조건의 피해 효과로부터 보호될 수 있다.

탄력성에 대한 연구는 스트레스가 많은 생활조건에 의해 어린이들이 손상되는 효과를 예방하기 위해 연구자들이 찾고 있는 방안으로 관심을 모으고 있다. 이러한 관심은 아동기의 생활 스트레스 요인과 청소년기와 성인기의 능력과 적응의 관계에 대한 장기적인 연구들에 의해 고취되었다(Furgusson & Horwood, 2003; Masten et al., 1995; Werner & Smith, 2001). 각 연구에서 일부는 부정적 효과에서 보호되었고 다른 사람들은 지속적 문제를 보였다. 네 가지 광범위한 요인들이 생활스트레스의 위험으로부터 아동들을 보호한 것 같다.

개인적 특성

아동이 생물학적으로 부여받은 특성들이 위험에 노출되는 것을 감소시키거나 초기 스트레스가 많은 사건들을 보상하는 경험을 하게 한다. 높은 지능과 사회

적으로 가치 있는 재능들(예 : 음악과 운동)이 스트레스가 많은 가정생활의 효과를 상쇄할 수 있는 학교와

다. 양육이란 출생 전후의 생물학적 구성과 심리적 경험에 영향을 주는 물리적 · 사회적 세계의 힘을 의미한다.

모든 이론이 천성과 양육 모두의 역할을 인정하지만 강조하는 정도는 다르다. 예를 들어, 다음과 같은 질문을 생각해 보자. 나이 든 아동이 좀 더 복잡한 방법으로 생각하는 능력은 주로 선천적 성장 시간표에 의한 것인가, 아니면 주로 부모와 교사의 자극에 영향을 받아서인가? 아동이 유전적으로 그렇게 하도록 되어 있기 때문에 언어를 획득하는 것인가, 아니면 어린 시기부터 부모가 집중적으로 가르쳤기 때문인가? 신장, 체중, 신체적 협응, 지능, 성격, 사회적 기술에서 아동 간의 개인차를 설명하는 요인은 무엇인가? 천성과 양육 중 어느 것이 더 중요한가?

천성과 양육의 역할에 대한 이론의 입장이 개인차를 어떻게 설명하는가에 영향을 미친다. 몇몇 이론가들은 안정성을 강조한다. 언어능력, 불안, 사회성과 같은 특성이 높거나 낮은 아동은 나중에 커서도 그대로일 것이다. 이러한 이론가들은 전형적으로 유전의 중요성을 강조한다. 환경이 중요하다고 생각하는 이론가들은 대개 초기 경험이 평생의 행동 유형을 확립한다고 생각한다. 초기 몇 년간의 강력한 부정적 경험은 이후의 긍정적 경험으로도 완전히 극복할 수 없다고 주장한다(Bowlby, 1980; Johnson, 2000; Sroufe, 2005). 다른 이론가들은 좀 더 낙관적으로 발달은 평생토록 **가소성**(plasticity)을 갖는다고 본다. 그들은 영향력 있는 경험에 대한 반응으로 변화는 가능하다고 믿는다(Baltes, Lindenberger, & Staudinger, 2006; Lerner & Overton, 2008; Lester, Masten, & McEwen, 2006).

이 책 전체에서, 연구자들이 안정성 대 가소성에 대한 질문에서 때로는 팽팽하게 대립한다는 것을

지역사회에서 보상을 받을 기회를 증가시킨다. 기질은 특히 강력하다. 여유 있고 사회적 능력이 있는, 부정적 정서와 충동을 쉽게 억제하는 아동들은 인생에 대해 낙관적 전망을 하고 변화에 잘 적응하는 능력을 가지는 경향이 있다. 이러한 특성들은 다른 사람들로부터 긍정적 반응을 이끌어 낸다. 대조적으로 정서적으로 반응하고 초조한 아동들은 주변 사람들의 인내심을 요구한다(Mathiesen & Prior, 2006; Vanderbilt-Adriance & Shaw; Wong et al., 2006). 예를 들어, 존과 게리는 아동기에 여러 번 이사를 했다. 그때마다 존은 불안하고 화가 났다. 게리는 새로운 친구를 사귀고 새로운 이웃을 탐색하는 것을 기대했다.

온정적 부모관계

온정적이며 적절히 높은 기대를 하는 또 아동의 활동을 감독하는 적어도 한 부모가 있고 잘 조직된 가정환경은 탄력성을 높여 준다(Masten & Shaffer, 2006; Taylor, 2010). 그러나 (다음 요인뿐 아니라) 이 요인은 아동 개인 특성과 무관하지 않다. 여유 있고 변화를 잘 다룰 수 있는 아동은 더 기르기 쉽고 부모나 다른 사람과 긍정적 관계를 즐긴다. 동시에 어떤 아동들은 부모의 애정과 관심의 결과 더 매력적 특성을 발달시킬 수 있다(Conger & Conger, 2002; Gulotta, 2008).

직계가족 이외의 사회적 지원

탄력적 아동의 가장 지속적인 자산은 꼭 부모가 아니더라도 능력 있고 보살펴 주는 성인과 강한 결합을 갖는 것이다. 아동과 특별한 관계를 맺을 수 있는 조부모, 이모나 고모, 삼촌, 아동과 특별한 관계를 가지는 선생님들이 탄력성을 촉진한다(Masten & Reed, 2002). 게리는 게리의 걱정을 들어 주고 문제해결을 도와주는 할아버지로부터 지원을 받았다. 게리의 할아버지는 안정된 결혼생활과 직장생활을 했고 스트레스를 잘 다룰 수 있었다. 결과적으로 그는 효과적 대처 방법의 모델이 되었다.

학교에서의 성취를 가치 있는 것으로 여기는 규칙을 잘 지키는 또래와 사귀는 것도 탄력성과 관련이 있다(Tiet, Huizinga, & Byrnes, 2010). 그러나 성인과 긍정적 관계를 갖는 아동은 이러한 지지적 또래 연대를 훨씬 더 일어나게 한다.

지역사회 자원과 기회

좋은 학교, 편리하고 감당할 수 있는 건강관리와 사회적 서비스, 도서관, 레크리에이션 센터와 같은 지역사회의 지원은 부모와 아동의 웰빙을 강화한다. 더욱이 지역사회 활동에 참여할 기회는 나이든 아동과 청소년이 역경을 극복하도록 돕는다. 학교에서의 특별활동, 종교단체활동, 스카우트 활동, 기타 단체활동은 협동, 지도력, 다른 사람의 복지에 기여하는 것 같은 중요한 사회적 기술을 가르쳐 준다. 결과적으로 참가자들은 자아존중감과 책임감, 지역사회에 대한 개입을 높인다(Benson et al., 2006). 대학생으로서 게리는 저소득 이웃을 위한 집을 지어 주는 인도적 해비타트에 자원하였다. 지역사회 참여는 게리에게 의미 있는 관계를 형성할 기회를 주었고, 이는 나아가 그 자신의 탄력성을 강화하게 하였다.

탄력성에 대한 연구는 유전과 환경의 복잡한 관계를 강조한다. 선천적으로 부여받은 긍정적 특성과 좋은 양육 경험이 혹은 둘 다가 아동과 청소년이 스트레스 상황을 감소시키도록 활동하게 할 수 있다.

그러나 많은 위험이 누적되면 극복할 어려움이 증가한다(Obradovic et al., 2009). 위험의 부정적 효과로부터 아동을 보호하기 위해서 중재는 위험을 줄일 뿐 아니라 가정, 학교, 지역사회에서의 아동의 보호적 관계를 지원해야 한다. 이는 위험한 경험을 감소시킬 뿐 아니라 아동의 능력을 강화하는 개인과 환경에 관심을 기울여야 함을 의미한다.

보게 될 것이다. 그들이 제공하는 답들은 실제에서 매우 중요하다. 만약 당신이 발달이 천성에 의해 이루어진다고 믿는다면 변화를 촉진하기 위해 경험을 제공하는 것은 가치가 없다. 반대로, 초기 경험이 매우 중요하다고 믿는다면, 가능하면 개입을 하고, 질 높은 자극을 주고 아동이 최선으로 발달할 수 있도록 지원할 것이다. 마지막으로 환경이 발달의 전체 기간에 걸쳐 중요한 영향을 미친다고 생각하면, 언제나 좋은 상황이 되도록 도와주면 초기의 부정적 경험을 회복할 수 있을 것으로 믿으며, 아동과 청소년이 어려움에 처할 때마다 도움을 줄 것이다.

조화로운 견해

이제까지 우리는 아동발달의 논쟁점에 대해 한 측면 혹은 다른 측면을 지지하는 해결, 즉 양극적으로 논의하였다. 이 책의 나머지 부분에서 이 분야에 대해 더 접할수록 많은 이론가들의 입장이 유연해졌음을 알게 될 것이다. 특히 현대 이론가들은 양측의 장점을 모두 인식하고 있다. 몇몇 이론가들은 연속적 · 비연속적 발달이 모두 일어난다고 믿는다. 몇몇은 발달이 보편적일 수도 있고 상황과 개인에 따라 독특한 특성일 수도 있음을 알고 있다. 더욱이 점차 더 많은 연구자들이 아동의 특성과 능력을 수정하기 위해 유전과 환경이 불가분의 상호 교직적 영향을 주는 것으로 생각한다(Cole, 2006; Gottlieb, Wahlsten, & Lickliter, 2006; Lerner, 2006; Rutter, 2007). 우리는 제3장에서 천성과 양육에 대한 새로운 견해를 논의하게 될 것이다.

마지막으로 초기와 후기 경험의 상대적 효과가 발달의 영역에 따라, 심지어는 개인들 간에도 매우 다르다는 것을 보게 될 것이다(pp. 8~9 '생물학과 환경' 참조)!

인간의 변화에 기여하는 요인들의 복잡한 연결망과 각각의 효과를 분리하려는 도전 때문에 많은 이론적 견해는 연구 지원을 받고 있다. 논쟁은 계속되지만 이러한 상황은 아동발달에 대한 좀 더 조화로운 견해를 형성해 갈 것이다.

역사적 기초

현대 아동발달 이론들은 수 세기간의 서구 문화 가치의 변화, 아동에 관한 철학적인 생각, 그리고 과학적 진보의 결과로 이루어졌다. 오늘날의 이 분야에 대해 이해하기 위해서, 우리는 과학적 아동 연구보다 훨씬 전부터 영향을 미친 출발점으로 돌아가야만 한다. 우리는 최근 이론과 연구에서도 중요한 영향을 미치고 있는 아동에 관한 초기 생각들을 살펴볼 것이다.

중세

6~15세기까지의 중세 유럽부터, 역사적 자료와 저술들에서 아동기를 인생의 분리된 시기로 간주했다. 중세 화가들은 종종 아동을 헐렁하고, 편안한 가운을 입고 놀면서 어른들을 쳐다보고 있는 천진한 모습으로 묘사했다. 저술 내용들은 7~8세 이하의 아동을 다른 연령과 구별하고 있으며, 어린 10대들이 충분히 성숙하지 않았음을 인정하고 있다. 고고학적 발굴에서는 성인들이 아동의 신체적 한계와 심리적 요구들에 민감했음을 나타내는 작은 그릇들, 먹이는 도구들, 장난감, 인형, 그리고 다른 물건들이 발견되었다.

14세기까지 건강, 먹이고 입히기, 놀이하기, 아동의 가족생활에의 참여 등 다양한 부분에서 아동양육에 대해 조언하는 지침서 등이 보편화되었다(Alexandre-Bidon & Lett, 1997; Lett, 1997). 학대할지도 모르는 사람들로부터 아동이 보호받을 필요가 있다는 것을 법률적으로 인정했다. 그리고 법정에서는 어리기 때문에 법을 위반한 어린이들에게 관대함을 보였다(Hanawalt, 1993).

요컨대, 중세에는 이전에는 없었던 상처 입기 쉬운 존재로서 아동과 독특한 발달 시기인 아동기에 대한 분명한 인식이 있었다. 하지만 종교서에는 아동의 본성에 관한 전혀 다른 믿음도 포함되어 있다. 때때로 유아들을 악마에 의해 지배되는 것처럼 묘사하고 엑소시즘이나 세례를 통해 정화될 필요가 있다고 보았다. 다른 시기에 그들은 순수하고, 천사에 가깝게 특징지어졌다(Hanawalt, 2003). 두 의견 모두 다음 세기의 아동기에 관한 관점을 암시하고 있었다.

종교개혁

16세기에는 원죄라는 청교도적인 믿음으로부터 아동은 악마로 태어났고, 다루기 힘들며, 교화되어야 한다는 견해가 나타났다(Shahar, 1990). 엄격하고, 억제하는 아동양육 방법이 타락한 아동을 순종하도록 만들기 위해 추천되었다. 아동들은 빳빳하고 불편한 옷을 입었고, 그로 인해 어른스러운 자세를 유지하게 했으며, 복종하지 않는 학생들은 그들의 담임선생님에게 관례적으로 매질을 당했다. 체벌이 일반적인 아동 양육 방법이었음에도 불구하고, 아이들에 대한 사랑과 애정 때문에 많은 청교도 부모들은 자녀들을 극단적으로 억압하지 않을 수 있었다(Moran & Vinovskis, 1986).

청교도들이 영국에서 미국으로 이주했을 때, 그들은 아동 양육이 그들의 가장 중요한 의무라는 믿음을 가지고 있었다. 아동의 영혼이 원죄에 의해 더럽혀진 것으로 믿고 있음에도 불구하고, 선악을 구분하기 위해 이성을 사용하도록 자녀들을 격려했다(Clarke-Stewart, 1998). 청교도들은 종교적이고 도덕적인 것을 가르치기 위해 특별한 읽기자료를 최초로 만들었다. 자녀들을 자기신뢰와 자기통제를 할 수 있도록 교육함에 따라, 청교도 부모들은 차츰 엄격함과 관대함 사이에서 적당한 균형을 이루게 되었다.

계몽철학

17세기 계몽사조는 새로운 이성의 철학을 가져왔고, 그것은 인간존엄과 존중을 강조했다. 아동기의 개념은 이전 어떤 세기보다 인간적이었다.

John Locke 영국 철학의 주요인물 John Locke(1632~1704)의 저서는, 우리가 짧게 논의할 행동주의라는 20세기 관점의 원조가 되었다. Locke는 아동을 tabula rasa와 같다고 보았다. 이 라틴어는 번역하면 '백지(blank slate)'를 뜻한다. 이 의견에 따르면 경험에 의해서 아동의 성격이 전적으로 형성된다. Locke(1690/1892)는 합리적인 가정교사로서 부모들이 주의 깊은 교육과 효과적 예시, 그리고 좋은 행동을 위한 보상을 통해 그들이 원하는 어떤 방식으로든 자녀를 키울 수 있다고 보았다. 오늘날의 연구도 지지하는, 그가 추천하는 아동양육법은 그의 시대에는 진보적이었다. 예를 들면, Locke는 부모들은 아이들에게 돈이나 달콤한 것들이 아니라 상과 칭찬으로 보상해야 한다고 제안했다. 그는 또한 "아동이 학교에서 반복적으로 맞으면 공포나 분노의 경험 없이 책과 선생님을 볼 수 없게 된다."며 체벌에 반대했다. Locke의 철학은 아동들을 향한 엄격함을 친절과 연민으로 바꾸도록 이끌었다.

Jean-Jacques Rousseau 18세기 프랑스 철학자 Jean-Jacques Rousseau(1712~1778)는 아동기의 새로운 관점을 소개했다. Rousseau는 아동이 성인 교육에 의해 채워질 백지와 빈 상자는 아니라고 주장했다. 대신 그들은 고상한 야만인(noble savages)이며, 옳고 그름의 감각과 질서 있고 건강한 성장을 위한 천부적인 계획을 선천적으로 부여받았다고 보았다. Locke와 달리, Rousseau는 아동의 타고난 도덕성, 사고력과 감정의 독특함이 성인의 교육에 의해 손상된다고 생각했다. 그의 아동 중심적인 철학에서 성인은 네 단계(영아기, 아동기, 아동 후기, 청소년기)의 각 부분에서 아동의 요구에 수용적이어야 한다고 했다.

Rousseau의 철학은 두 개의 유력한 개념을 포함하고 있다. 첫 번째는 우리가 앞에서 논의했던 단계(stage)의 개념이다. 두 번째는 성숙의 개념이다. 이 성숙(maturation)은 유전적으로 결정되고 자연스럽게 출현하는 성장의 과정과 관계가 있다. Locke와 대조적으로 Rousseau는 아동이 그들 자신의 운명을 결정한다고 보았고 발달과업에서도 다른 입장을 취했다. 그는 발달을 천성에 의해 그려진 단일하고 통합된 노선을 따르는 비연속적·단계적 과정으로 보았다.

과학적 시작

19세기 후반에서 20세기 초반, 아동발달 연구는 빠른 속도로 발전하였다. 아동에 대한 초기 관찰에 이어 곧 향상된 방법론과 이론들이 뒤따랐다. 각각의 진보는 오늘날 이 분야가 기초하고 있는 변치 않는 근거를 마련하였다.

Darwin : 과학적 아동 연구의 선구자 Rousseau보다 1세기 후에 영국인 자연주의자 Charles Darwin(1809~1882)은 식물과 동물 종의 무한한 다양성을 관찰하기 위해서 먼 지역으로의 여행을 떠났다. 그는 어떤 종도 정확히 같은 두 개체는 없다는 것을 발견하였다. 이 관찰로부터 그의 유명한 이론인 진화론이 탄생하였다.

이 이론에서는 두 가지 관련된 원칙(자연선택과 적자생존)을 강조했다. Darwin은 어떤 종이 특정한 환경에서 살아남은 것은 그들이 그 환경에 적합하거나 순응했기 때문이라고 설명했다. 다른 종들은 환경에 적합하지 못했기 때문에 자연 소멸된다. 환경의 생존 조건과 가장 잘 들어맞은 종의 개체는 오랫동안 살아남아 번식을 하고 다음 세대를 위해 더 유리한 특성을 물려준다. Darwin의 이론은 신체특성과 행동의 순응적 가치를 강조하였고 결과적으로 중요한 20세기 이론들로 이어졌다.

Darwin은 탐사 중에, 많은 종의 초기 태아기 성장이 상당히 유사하다는 것을 발견했다. 다른 과학자들은 Darwin의 영향을 받아 인간 종의 진화와 같이 인간 아동의 발달도 보편적인 계획을 따른다고 결론지었다.

규준의 시기 20세기 초반, 가장 영향력 있는 미국인 심리학자 중 한 명인 G. Stanley Hall(1844~1924)은 보통 아동 연구 활동의 창시자로 간주된다(Carins & Cairns, 2006). Darwin의 업적에 고무된 Hall과 그의 유명한 제자, Arnold Gesell(1880~1961)은 진화론적 사상에 바탕을 둔 이론을 발전시켰다. 이 초기 선도자들은 아동발달을 성숙하는 과정, 즉 꽃이 활짝 피듯이 자동적으로 나타나는 유전적으로 결정된 일련의 사건들로 보았다(Gesell, 1933; Hall, 1904).

Hall과 Gesell의 한쪽으로 치우친 이론들은 아동발달의 모든 측면을 기술하고자 기울인 그들의 집중적 노력에 비해 덜 기억된다. 아동의 발달에 대한 이들의 기술은 **규준적 접근**(normative approach)의 출발점이 되었고, 이 접근에서는 많은 개인들을 대상으로 행동 측정이 이루어졌고 연령별 평균들이 전형적인 발달을 나타내기 위해 산출되었다. 이 절차를 사용하여, Hall은 다양한 연령대의 아동들이 그들 자신에 관해 말할 수 있는 거의 모든 것들, 즉 흥밋거리, 공포를 느끼는 것, 상상 속의 친구, 꿈, 우정, 상식 등에 대해서 묻는 정교한 질문지를 만들었다. Gesell은 주의 깊은 관찰과 부모와의 인터뷰를 통해 영아기와 아동기의 운동능력 성취, 사회적 행동, 성격 특성에 관한 세부적인 규준 정보를 만들었다.

Gesell은 또한 부모에게 각 연령에 기대되는 것을 알림으로써 그들에게 의미 있는 아동발달 지침을 처음으로 만들었다. 만약 그가 믿었던 것처럼, 발달의 시간표가 수백만 년 진화의 산물이라면 아동들의 욕구가 자연스럽게 알려져야 한다. 그의 양육 지침은 Rousseau의 전통 안에서 아동의 단서에 민감할 것을 충고한다(Thelen & Adolph, 1992). Benjamin Spock의 유명한 책 아기와 아동 양육(*Baby and Child Care*)과 함께, Gesell의 저서들은 부모를 위한 아동발달서로 빠르게 확장되었다.

지능검사 운동 Hall과 Gesell이 미국에서 그들의 이론과 체계를 발전시키는 동안 프랑스 심리학자 Alfred Binet(1857~1911) 또한 다른 이유로 아동발달을 위한 규준 접근을 하게 되었다. 1900년대 초기에 Binet와 그의 동료 Theodore Simon은 파리의 교육공무원들로부터 특별반에 들어갈 필요가 있는, 학습능력에 문제가 있는 학생을 선별하기 위한 방법을 찾아줄 것을 요청받았다. 이 목적을 위해 그들이 만든 최초의 성공적 지능 테스트는 교육 실제에 대한 관심으로부터 나왔다.

Binet의 노력은 잘 발전된 이론에서부터 시작되었다는 점이 독특하다. 지능을 반응시간과 물리적 자극에 대한 민감성과 같은 단순한 요소로 환원시켰던 초기 관점들과 대조적으로, Binet는 아동 사고의 복잡성을 포착하였다. 그는 지능을 옳은 판단, 계획 그리고 비판적인 사고라고 정의했다(Sternberg & Jarvin, 2003). 그런 다음 그는 이 능력들을 직접 측정하는 각 연령별 검사 항목들을 선택했다.

Binet의 검사는 영어를 말하는 아동에게 사용하기 위해 1916년 스탠퍼드대학교에서 개정되었다. 그 후 영어판은 Stanford-Binet Intelligence Scale로 알려져 왔다. 학력을 성공적으로 예측할 수 있는 점수를 제공하는 것 외에도, Binet 검사는 발달의 개인차에 큰 흥미를 일으켰다. 성별, 인종, 출생 순서, 가족배경, 혹은 그 외의 특성들에서 다른 아동들의 지능검사 점수를 비교하는 것이 연구자들의 주요 관심사가 되었다. 지능검사는 또한 천성-양육 논쟁의 선봉으로 빠르게 떠올랐다.

James Mark Baldwin : 초기 발달 이론가 10여 년간 아동발달의 역사에서 간과하고 있었던 마지막으로 중요한 사람은 미국 심리학자 James Mark Baldwin(1861~1934)이다. 그는 캐나다와 미국에서 혁신적 성과를 이루었다. 아동 행동의 이론가이자 예리한 관찰자였던 Baldwin(1897)의 풍부한 발달에 대한 해석은 오늘날에도 계속해서 경험된다. 그는 아동의 신체적·사회적 세계에 대한 이해는 연속적 단계로 발달하며, 신생아의 가장 단순한 행동 패턴으로 시작하여 추상적이고 반영적으로 사고하기 위한 성인의 능력으로 끝난다고 믿었다(Cairns & Cairns, 2006).

그러나 Baldwin은 아동이나 환경 중 하나가 발달을 통제하는 것으로 생각하지 않았다. 대신, 그는 천성과 양육이 똑같이 중요하다는 것을 인정했다. 그는 아동이 세상에 대한 자신들의 사고방식을 능동적으로 교정한다고 주장했다. 하지만 그들은 관습이나 다른 사람의 행동을 모방하는 것을 통해서 배우기도 한다. 발달이 일어나면서, 아동과 그의 사회적 환경은 서로 영향을 주며 분리할 수 없는 상호교류적 연결망의 형태가 된다.

이 생각들을 숙고해 보면 여러분은 왜 Baldwin(1895)이 유전과 환경을 별개의 상반된 힘으로 보아서는 안 된다고 주장하는지를 알게 될 것이다. 대신, 그는 대부분의 인간 특성들이 '함께 작용하는 두 원인에 기인하는 것'(p. 63 참조)이라고 주장했다. 우리는 이제 아동발달의 현대 이론들을 개관하게 되는데, 독자들은 Baldwin의 생각을 몇몇 부분, 특히 최근의 것에서 찾게 될 것이다.

20세기 중반 이론

아동발달에 대한 흥미의 증가로 인해 20세기 중반의 다양한 이론들이 등장하였고 각 이론은 오늘날에도 지속적으로 지지자들을 두고 있다. 이 이론들에서 아동의 내적 사고와 감정에 대한 유럽에서의 관심은 과학적 정확성과 구체적이고 관찰 가능한 행동에 중점을 두는 미국의 학문적 심리학과 크게 대조를 이룬다.

정신분석적 조망

1930년대와 1940년대에, 부모들이 아동의 감정적 문제를 다루기 위해 점차로 전문가들로부터 도움을 받는 경우가 증가했다. 초기의 규준화 움직임은 '아동은 무엇과 같은가?'라는 의문에 답을 하는 것이었다. 하지만 이제 다른 문제가 나타났다. 어떻게 그리고 왜 아동들은 현재의 그들의 모습으로 되었는가? 심리적인 문제들을 다루기 위해 정신과 의사와 사회복지사들은 각 아동의 독특한 성장사를 강조하는 성격발달에 대한 초기 접근으로 방향을 바꾸었다.

정신분석적 조망(psychoanalytic perspective)에 따르면, 아동은 일련의 단계를 통해 이동하고, 각 단계에서 생물학적 추동과 사회적 기대 사이의 갈등에 직면한다. 이 갈등이 해결되는 방식이 개인의 학습능력과 타인과 함께 살아가는 능력, 불안을 극복하는 능력을 결정한다. 많은 사람들이 정신분석적 조망에 기여하였지만 특히 두 명의 주요한 인물은 정신분석적 관점의 창시자인 Sigmund Freud와 Erik Erikson이다.

Freud의 이론 빈의 의사인 Freud(1856~1939)는 정서적으로 고통을 받는 성인들을 치료하기 위해 자신의 어린 시절의 고통스러운 사건에 관해 자유롭게 이야기하도록 하였다. 이 회상을 통한 작업으로 Freud는 환자의 무의식적 동기를 검증하였고 그의 **심리성적 이론**(psychosexual theory)을 구성하였다. 이 이론은 부모가 초기 몇 년 동안 어떻게 그들 자녀의 성적, 공격적인 성향을 다루는가가 건강한 성격발달에 결정적임을 강조했다.

Freud의 이론에서 성격의 세 가지 부분—원초아, 자아, 초자아—은 표 1.1에 요약된 다섯 단계를 거쳐 통합된다. 원초아는 마음의 가장 큰 부분으로 기본적인 생물학적 욕구와 욕망의 원천이다. 자아는 성격의 의식적, 합리적인 부분이며, 원초아의 충동이 허용되는 방법으로 해소될 수 있도록 방향을 바꾸기 위해 초기 영아기에 나타난다. 예를 들어, 자아의 도움으로 몇 개월 된 배고픈 아기는 어머니가 젖병을 데우거나 젖을 먹이기 위해 옷의 단추를 푸는 것을 보고 울음을 그친다. 그리고 좀 더 능력이 있는 학령 전 아동이 부엌으로 가서 스스로 과자를 구하는 것도 한 예이다. 3~6세 사이에는 초자아 혹은 양심이 아동이 사회의 가치에 순응하기를 요구하는 부모와의 상호작용으로 인해 발달한다. 이제 자아는 원초아, 외부세계, 그리고 양심의 요구를 화해시키는 더욱 복잡한 과업에 직면하게 된다(Freud, 1923/1974). 예를 들어, 갖고 싶은 장난감을 얻기 위해 놀이친구를 때리고 싶은 원초아의 충동을 만족시키려고 할 때, 초자아는 아마도 그 행동이 옳지 않다고 경고할 것이다. 자아는 내면적 투쟁에서 두 힘(원초아와 초자아) 중 하나가 이기도록 결정하거나 타협을 해야 한다. Freud에 따르면 학령 전에 확립된 원초아와 자아와 초자아의 관계는 개인의 기본 성격을 결정한다.

Freud(1938/1973)는 아동기 동안 성적 충동이 구강에서 항문으로, 다음에 생식기로 옮겨 간다고 믿었다. 각 단계에서 부모들은 아이의 기본 욕구를 지나치게 허용하거나 거의 만족시키지 않는 것 사이에서 적당한 수준으로 처신해야 한다. 만약 부모가 적당한 균형을 찾았다면, 아동은 성숙한 성적 행동, 가족생활에 대한 투자, 그리고 다음 세대의 양육을 위한 능력을 가진 잘 순응하는 성인으로 자랄 것이다.

Freud의 이론은 발달에서 초기 부모-자녀관계의 영향을 강조한 최초의 이론이었고 현대 많은 이론들은 계속 부모-자녀관계를 강조한다. 그러나 그의 관점은 결과적으로 비판되었다. 첫째, 이

표 1.1 Freud의 심리성적 단계와 Erikson의 심리사회적 단계의 비교

대략적 연령	Freud의 심리성적 단계	Erikson의 심리사회적 단계
출생~1세	**구강기** : 만약 젖가슴 또는 젖병 빨기를 통해 이 욕구가 충족되지 못하면 엄지손가락 빨기, 손톱 물어뜯기, 과식 혹은 흡연 습관으로 발전한다.	**기본적 신뢰 대 불신** : 따뜻하고 반응적인 양육으로 영아는 세상은 좋은 곳이라는 신뢰감과 확신을 얻는다. 영아가 방임되거나 거칠게 다루어졌다면 불신감이 생긴다.
1~3세	**항문기** : 걸음마기 영아와 유아는 소변과 대변을 보유하고 방출하는 것을 즐긴다. 만약 부모가 아동이 준비되기 전에 배변 훈련을 시키거나 너무 요구하지 않으면 통제에 대한 갈등은 극단적 질서나 무질서의 형태로 나타난다.	**자율성 대 수치심과 회의** : 새로운 정신적·운동적 기술을 사용하여 아동은 스스로 결정하기를 원한다. 부모는 자녀에게 합당한 자유 선택을 허용하고 강요하거나 수치심을 주지 않음으로써 자율성을 기를 수 있다.
3~6세	**남근기** : 유아는 성기의 자극에서 쾌락을 취하므로, 남아에게 Freud의 오이디푸스 갈등이 여아에게는 엘렉트라 갈등이 일어난다. 아동은 이성 부모에 대한 성적 욕구를 느낀다. 벌을 피하기 위하여 이 욕구를 포기하고 동성부모의 특성과 가치를 채택한다. 결과적으로 초자아가 형성되고 아동은 그 기준을 어길 때 죄책감이 일어난다.	**주도성 대 죄책감** : 가장놀이를 통해 아동은 그들이 될 수 있는 인간형에 대한 통찰을 가지게 된다. 야심과 책임감이라 할 수 있는 주도성은 부모가 자녀의 목표를 지지할 때 발달된다. 그러나 부모가 너무 자기억제를 요구하면 아동은 과도한 죄책감을 느낄 수 있다.
6~11세	**잠복기** : 성적 본능은 사라지고 아동이 성인과 동성 또래들로부터 새로운 사회적 가치를 획득함에 따라 초자아가 강화된다.	**근면성 대 열등감** : 학교에서 아동은 다른 사람들과 같이 일하고 협동하는 것을 배운다. 가정, 학교에서 또래들과의 부정적 경험이 무능함을 느끼게 하고 열등감으로 발전된다.
청소년기	**성기기** : 사춘기에 성적 충동이 다시 나타난다. 이전 단계의 성공적 발달은 결혼, 성숙한 성관계, 자녀양육으로 이끈다.	**정체감 대 역할 혼미** : 가치와 직업적 목표를 탐색함으로써 젊은이는 개인적 정체감을 형성한다. 부정적 결과는 미래의 성인 역할에 대한 혼미이다.
초기 성인기		**친밀감 대 소외** : 청년들은 친밀한 관계를 형성한다. 초기의 실망 때문에 어떤 사람들은 친밀한 관계를 형성할 수 없고 소외된다.
중간 성인기		**생산성 대 침체** : 생산성은 자녀양육, 다른 사람에 대한 배려, 생산적 과업을 통해 다음 세대를 위하여 베푸는 것을 의미한다. 이러한 것에 대한 실패는 의미 있는 성취감의 부재를 느낀다.
노년기	Erik Erikson	**통합 대 절망** : 통합은 인생이 일어난 그대로 가치 있는 삶이었다는 감정으로부터 나온다. 자신의 삶에 불만족한 노인은 죽음을 두려워한다.

이론은 발달에 있어 성적 감정들의 영향을 지나치게 강조했다. 둘째, 이 이론은 성적으로 억제의 문제들을 기반으로 하기 때문에 문제가 없는 성인들이나 19세기 빅토리아 시대의 사회와 달라진 문화에 적용되지 않는다. 마지막으로, Freud는 아동을 직접적으로 연구하지 않았다.

Erikson의 이론　Freud의 몇몇 지지자들은 그의 이론에서 유용한 것들을 가져와 발전시켰다. 이 신프로이트 학파들 중 아동발달 분야에서 가장 중요한 한 사람이 Erik Erikson(1902~1994)이다.

　Erikson(1950)은 Freud의 기본 심리성적 틀을 수용했지만, 각 발달 단계를 확장시켰다. 그의 **심리사회적 이론**(psychosocial theory)에서, Erikson은 자아가 원초아의 충동과 초자아의 요구를 단순히 중재하는 것 외에 개인이 능동적으로 기여하는 사회 구성원이 되도록 태도와 기술을 습득시킴으로써 발달에 긍정적 기여를 한다. 각 단계에서, 자아는 개인이 적극적으로 사회에 기여하는 일원이 되기 위한 태도와 기술을 획득하게 된다. 긍정적인 것에서부터 부정적인 것까지 연속선상에서 해결되는 기본적인 심리사회적인 갈등은 각 단계에서 건강하거나 부적응적 결과가 일어나도록 결정한다. 표 1.1이 보여 주듯이, Erikson의 앞의 다섯 단계는 Freud의 단계와 비슷하지만 Erikson은 거기에 세 개의 성인 단계를 더했다. 그는 전 생애적 발달의 본질을 최초로 인식한 사람 중 하나였다.

　마지막으로, Freud와 달리 Erikson은 정상적인 발달은 각 문화의 삶의 상태와 관련하여 이해되어야만 한다고 했다. 예를 들어, 1940년대에 그는 미국 북서 해안의 Yurok 인디언은 태어난 지 10일 동안 아기에게 수유를 허용하지 않고 대신 묽은 수프를 먹이는 것을 관찰했다. 6개월 된 아기는 갑자기 이유되었다. 만약 필요하다면, 어머니는 며칠 동안 떠나 있기도 한다. 이 경험은 우리 문화 우위의 관점으로는 잔인한 듯하다. 하지만 Yurok은 1년에 딱 한 번 강이 연어로 가득 차는 지역에 살고 있어서, 살아남기 위한 상당한 자기 극기발달이 필수적이라고 Erikson은 설명했다. 이렇게 그는 아동양육은 가치 있고 아동의 사회에서 필요한 것에 반응해야 한다고 강조한다.

정신분석적 조망의 공헌과 한계　정신분석학적 조망의 특별한 강점은 그것이 개인의 독특한 생활사를 연구하고 이해할 가치가 있는 것처럼 강조한다는 것이다. 이러한 관점에 따라 정신분석학자들은 임상 또는 사례연구 방법을 수용하는데, 이는 단일 아동의 성격의 세부적인 기술을 위해 다양한 자원에서 온 정보들을 통합하는 것이다(우리는 이 방법을 제2장에서 더 논의할 것이다). 정신분석적 이론은 또한 영아-양육자 애착, 공격성, 형제관계, 양육방식, 도덕성, 성역할, 그리고 청소년 정체성을 포함하는 다양한 측면에 대한 연구를 고취시켰다.

　이 이론의 영향력 있는 공헌에도 불구하고, 정신분석적 관점은 더 이상 아동발달 연구의 주류가 아니다. 정신분석학자들은 이 분야의 다른 부분으로부터 고립되어 갔다. 왜냐하면 그들은 다른 방법들을 고려하는 데 실패했고, 각 아동의 심층적인 연구를 지나치게 철저히 했기 때문이다. 게다가, 심리성적 단계와 자아의 기능과 같은 많은 정신분석적 개념들이 실험에 근거를 둔 검증을 하기가 어렵거나 불가능하며, 명확하지 않다(Crains, 2005; Thomas, 2005). 그럼에도 불구하고, Erikson의 심리사회적 변화에 대한 광범위한 요약은 각 연령 단계의 심리사회적 획득의 기본이 된다.

행동주의와 사회학습 이론

정신분석적 조망이 유명해지면서, 아동 연구는 매우 다른 관점에도 영향을 받았다. **행동주의**(behaviorism)에 따르면, 직접 관찰 가능한 사건―자극과 반응―이 적절한 연구의 초점이다. 북미의 행동주의는 심리학자인 John Watson(1878~1958)의 성과에 의해 20세기 초에 시작되었다. Watson은 심리학이 객관적 과학이기를 원했고, 마음의 작용이라는 보이지 않는 것에 대한 정신분석적 관심을 거부했다.

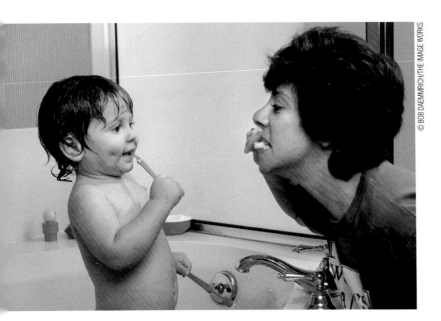

사회학습 이론은 아동이 모델링을 통하여 많은 기술을 획득한다는 것을 인식하고 있다. 어머니의 행동을 관찰하고 모방함으로써 이 19개월 된 유아는 중요한 기술을 학습한다.

전통적 행동주의 Watson은 러시아인 생리학자 Ivan Pavlov의 동물학습 연구에 의해 고취되었다. Pavlov는 개에게 음식이 주어지면 선천적 반응으로 침을 흘린다는 것을 알았다. 하지만 그는 그의 개들이 어떤 음식도 맛보기 전에 — 개들이 그들에게 주로 먹이를 주던 조련사를 보았을 때 — 침을 흘린다는 것을 알게 되었다. Pavlov는 개들이 중성 자극(조련사)과 다른 자극(음식물)을 연합하여 반사 반응(침을 흘린다)을 만들어 냈다고 추론했다. 이 연합에 의해 중성 자극만으로도 유사한 반사 반응을 가져올 수 있었다. 이 생각을 검증하기 위하여 Pavlov는 음식물과 함께 종소리를 짝지어 성공적으로 개에게 침을 흘리는 학습을 시킬 수 있었다. 그는 고전적 조건화를 발견하였다.

Watson은 고전적 조건화가 아동의 행동에도 적용될 수 있는지를 발견하길 원했다. 이 역사상 중요한 실험에서 그는 11개월 된 유아 알버트를 가르쳤다. 공포감을 위해 중성자극 — 부드러운 하얀색 쥐 — 이 보일 때 자연스럽게 아이를 두렵게 하는 날카롭고, 큰 소리를 몇 번 제시하였다. 어린 알버트는 처음에는 쥐의 털을 만지기를 간절히 원하다가, 그것을 보았을 때 울며 고개를 돌리기 시작하였다(Watson & Raynor, 1920). 사실, 알버트의 공포는 너무 강력하여 결과적으로 연구자들은 윤리학적 의문을 제기했다. Locke의 tabula rasa와 같이, Watson은 환경이 발달에 지대한 힘을 미친다고 결론 내렸다. 성인은 주의 깊게 통제된 자극–반응 연합으로 아동의 행동과 생각을 만들 수 있다. 그리고 발달은 나이가 듦에 따라 연합의 수와 강도가 달라지는 연속적인 과정이다.

행동주의의 다른 형태는 Skinner(1994~1990)의 조작적 조건화 이론이다. Skinner에 따르면, 아동의 행동 빈도는 음식, 음료, 상, 친절한 미소, 또는 새 장난감과 같은 다양한 **강화물**이 주어질 때 증가한다. 행동은 또한 특권의 박탈, 부모의 실망 같은 벌을 통해서 감소한다. Skinner의 연구결과로, 조작적 조건화는 아동심리학에서 학습원리로 널리 적용되었다. 우리는 이 조건화 원리들을 제4장에서 영아의 학습능력을 살펴볼 때 더 검토할 것이다.

사회학습 이론 심리학자들은 행동주의가 정신분석 이론의 덜 정확한 개념들보다 아동의 사회적 행동발달을 더 직접적이고 효율적으로 설명해 줄 수 있을지 궁금하였다. 이는 아동과 성인이 어떻게 새로운 반응을 습득하게 되는지에 대한 확장된 견해를 제공하는 조건화의 원리에 기초한 접근을 출현시켰다.

몇 가지 **사회학습 이론**(social learning theory)이 출현하였다. 캐나다 태생의 심리학자 Albert Bandura(1997)에 의해 제안된 가장 영향력 있는 이론은 발달의 유력한 원천으로 모방 또는 관찰학습으로 알려진 모델링을 강조했다. 아기는 그녀의 어머니가 손뼉을 치는 것을 보고 손뼉을 친다. 아이들은 집에서 벌을 받았던 것과 같은 방법으로 친구를 때린다. 그리고 10대들은 학교 친구들과 같은 옷을 입고 같은 머리 모양을 한다. 이 전부가 관찰학습이다. 초기 연구에서 Bandura는 다양한 요인들이 아동의 모방 동기에 영향을 준다는 것을 발견하였다. 즉 자신의 강화 혹은 처벌 역사, 미래 강화와 처벌에 대한 약속, 그리고 간접 강화와 처벌(모델이 강화받거나 처벌받는 것을 관찰함)이 그 요인들이다.

Bandura의 연구는 아동의 사회적 발달 연구에 지속적으로 영향을 주었다. 하지만 오늘날 아동발달 분야가 전체적으로 그렇듯이 그의 이론은 인지와 사고의 중요성을 강조한다. Bandura는 듣고 기억하고 관찰된 일련의 복잡한 행동들로부터 보편적 원칙을 추론하는 아동의 능력이 모방과 학습에 영향을 미친다는 것을 보여 주었다. 사실, Bandura의 가장 최근 수정된 이론(1992, 2001)은 아동이 그들 자신과 다른 사람들을 어떻게 생각하는가를 매우 강조해서 그는 이것을 사회학습 접근이라기보다 사회인지적 접근이라고 부르고 있다.

Bandura의 수정된 관점에 따르면 아동은 모방하는 데 점차 더 선택적이 된다. 다른 사람이 자기 칭찬과 자책과 자기 행동의 가치에 대해 피드백하는 것을 관찰함으로써 아동은 행동에 대한 자기 기준과 자기 효능감—자신의 능력과 특성이 성공하도록 도울 것이라는 믿음—을 발달시킨다 (Bandura, 1999, 2001). 이러한 인지가 특정 상황에서의 반응을 안내한다. 예를 들어, "나는 그 과제가 어려운데도 네가 계속할 수 있어서 기뻐."라고 자주 말해서 인내력의 가치를 설명하고 "나는 네가 숙제를 잘할 수 있을 거라는 걸 알아!"라고 말해서 인내를 격려하는 부모가 있다고 하자. 곧 아동은 자신이 숙제를 열심히 하고 높은 성취를 하는 것으로 보기 시작하며 이러한 특성을 가진 사람을 모델로 선택한다. 이런 방식으로, 아동은 자신의 태도, 가치, 그리고 자신에 대한 확신을 가지게 되어, 자신의 학습과 행동을 통제한다.

행동주의와 사회학습 이론의 공헌과 한계 행동주의와 사회학습 이론은 아동과 관련된 실제에 중요한 영향을 주었다. **행동 수정**(behavior modification)은 조건화와 모델링을 통해 원하지 않는 행동을 감소시키고 바람직한 반응을 증가시키는 절차로 구성되어 있다. 그것은 지속적인 공격성, 언어지체, 그리고 극단적인 공포와 같은 광범위한 발달상의 심각한 문제들을 경감시키는 데 사용되었다(Martin & Pear, 2007).

또한 그것은 시간 관리를 포함하여 손톱 물어뜯기나 엄지손가락 빨기와 같은 원하지 않는 습관, 장애행동, 그리고 시험이나 대중 연설, 병원과 치과 치료와 같은 빈번한 사건들에 대한 불안과 같은 일상적이고 평범한 어려움을 다루는 데도 효과적이다. 한 연구에서, 연구자들은 4~5세의 아동들이 적절한 행동을 했을 때 토큰(그들은 토큰을 좋아하는 것으로 바꿀 수 있었다)으로 강화하고, 그들이 소리를 지르고, 물건을 집어던지고 다른 아동을 공격하거나 선생님의 요구에 따르기를 거부했을 때 토큰을 뺐음으로써 벌주어서 유치원 교실의 통제 불능을 감소시켰다(Conyers et al., 2004). 다른 연구에서, 화상치료를 받는 아동들이 간호사가 반창고를 갈아주는 고통스러운 치료를 하는 동안 실제(virtual) 게임을 하도록 하였다. 헤드셋을 통해 전달된 시각적 이미지와 청각적 효과로 아동은 마치 환상의 세계에 있는 것처럼 느꼈다. 게임이 아동의 집중과 즐거움을 강화하고 의료적 처치에 대해 주의를 분산시킴으로써 게임없이 하는 드레싱 절차와 비교하여 고통과 불안을 확실히 낮추었다(Das et al., 2005).

그럼에도 불구하고, 많은 이론가들은 행동주의와 사회학습 이론이 중요한 환경의 영향에 대하여 너무 편협한 견해를 보인다고 생각한다. 환경의 영향은 즉시 강화, 처벌, 행동 모델링을 넘어서 아동의 풍요로운 물리적 사회적 세계로 확장된다. 더욱이 행동주의와 사회학습 이론은 자신의 발달에 대한 아동의 기여를 소홀히 다루었다고 비판받았다. Bandura는 아동이 자신의 학습에 적극적인 역할을 한다고 인정한 점에서 행동주의적 전통에서 출발한 이론가 중에서는 독특하다.

Piaget의 인지발달 이론

만약 누군가 다른 어떤 사람보다 현대 아동발달 분야에 더 영향을 미쳤다면 그 사람은 스위스의 인지 이론가 Jean Piaget이다(1896~1980). 북미 실험가들은 1930년 이래로 Piaget의 연구를 인식했다. 하지만 그들은 1960년대까지 많은 주의를 기울이지 않았다. 왜냐하면 Piaget의 사상과 아동 연구방법은 20세기 중반 동안 북미 심리학의 주류를 이룬 행동주의와 너무 달랐기 때문이다(Cairns

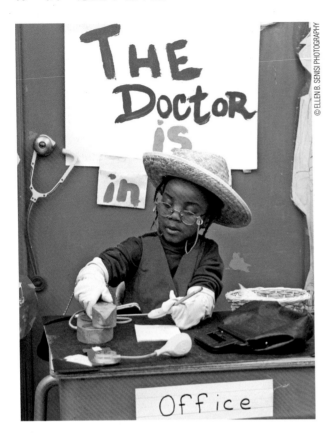

Piaget의 전조작기에 학령전기 아동은 그들의 이전 감각운동기에 발견한 것들을 상징으로 표상하고, 언어와 가장놀이가 빠르게 발달한다. 몇 가지 놀잇감으로 이 5세 된 아동은 상상적 의사진료실을 창조해 낸다.

& Cairns, 2006). Piaget는 아동의 학습능력이 성인에 의한 보상 같은 강화에 달려 있다고 믿지 않았다. 그의 **인지발달 이론**(cognitive-developmental theory)에 따르면 아동은 자신들의 세계를 조작하고 탐색하면서 지식을 능동적으로 구성한다.

Piaget의 단계들 Piaget의 발달 관점은 그가 초기에 훈련받은 생물학의 영향을 매우 많이 받았다. 그의 이론의 중심은 적응에 대한 생물학적 개념이었다(Piaget, 1971). 신체의 구조가 환경에 알맞게 적응해 가는 것처럼 마음의 구조도 외부세계를 더 잘 받아들이거나 표상하도록 발달한다. Piaget는 영아기와 유아기에 아동은 성인과 다르게 이해한다고 주장했다. 예를 들어, 그는 아기들이 시야에서 감춰진 대상(가장 좋아하는 장난감이나 어머니라 해도)이 계속 존재한다는 것을 깨닫지 못한다고 생각했다. 그는 또한 취학전 아동의 많은 사고가 불완전한 논리를 가졌다고 결론지었다. 예를 들어, 7세 미만의 아동은 보통 우유나 레모네이드의 양이 다른 형태의 용기에 부으면 변했다고 얘기한다. Piaget에 따르면, 아동은 내부 구조와 그들이 일상에서 직면하는 정보들 사이에서 **평형**이나 조화를 이루기 위해 지속적으로 노력하여 결국 부정확한 사고를 수정하게 된다.

Piaget의 이론에서는 두뇌발달과 경험이 확장됨에 따라, 아동은 질적으로 차이가 있는 사고방식의 특징이 있는 네 단계를 따라 이동한다. 표 1.2는 Piaget 단계의 개요를 제공하고 있다. 감각운동기에는 세상을 탐색하기 위해 감각과 움직임을 사용함으로써 인지발달이 시작된다. 이러한 행동 패턴은 상징적이지만 논리적이지 못한 취학전 전조작기 사고로 발달한다. 다음 인지는 구체적 조작기에 학령기 아동의 좀 더 조직화되고 논리적인 추론으로 변형된다. 마지막으로, 형식적 조작기에는 사고가 청소년과 성인의 복잡하고

표 1.2 Piaget의 인지발달 단계

단계	발달 시기	내용
감각운동기	출생~2세	유아는 그들의 눈, 귀, 손, 그리고 입으로 세상에 대해 활동함으로써 '생각'한다. 그들은 뮤직박스 소리를 듣기 위하여 손잡이를 당기고, 숨겨진 장난감을 찾거나, 상자 안에 물건을 넣었다 꺼냈다 하는 것과 같은 감각운동적 문제를 해결할 방법들을 찾아낸다.
전조작기	2~7세	학령전 아동들은 이전의 감각운동기에 발견했던 것을 표상하기 위해 상징을 사용한다. 언어와 가장놀이의 발달이 일어난다. 그러나 사고는 다음 두 단계와 같은 논리성이 결여되어 있다.
구체적 조작기	7~11세	아동의 추리력은 논리적이고 더 조직화된다. 학령기의 아동은 레모네이드나 찰흙 덩어리가 외양이 변하더라도 양은 같다는 것을 이해하게 된다. 그들은 물체들을 유목과 하위유목이 있는 위계적으로 분류한다. 하지만 사고력은 성인의 지능에 비해 열어진다. 아직 추상적이지 못하다.
형식적 조작기	11세 이후	추상능력과 체계적인 사고는 청소년들이 가설로 시작하는 문제에서 검증 가능한 추론을 연역하고 어떤 추론이 확증되는지 알아보기 위하여 변인을 분리하거나 결합할 수 있도록 한다. 청소년들은 실제 상황을 참조하지 않고도 언어적 진술문의 논리성을 평가할 수 있다.

Jean Piaget

추상적인 추론체계가 된다.

Piaget는 아동들이 어떻게 생각하는가를 연구하기 위해 특별한 방법들을 고안하였다. 초기에 그는 자신의 세 아이들을 주의 깊게 관찰하였으며 아이들에게 쥐고, 빨고, 차고, 찾을 수 있는 매력적인 물건들과 같은 일상적인 문제들을 제공하였다. 아이들의 반응에서 Piaget는 생애 초기 2년 동안 일어나는 인지적 변화에 대한 그의 아이디어를 얻었다. 아동기와 청소년기의 사고에 대한 연구에서, Piaget는 아동이 자신의 생각을 묘사하는 능력을 이용하였다. 그는 정신분석의 임상적 방법을 적용하여 개방형 임상 면접을 시행하였는데, 과제에 대한 아동의 초기반응이 Piaget가 물어볼 다음 질문의 기초가 되는 방식이었다. 우리는 제2장에서 이 기법에 대해 좀 더 자세히 살펴볼 것이다.

Piaget 이론의 공헌과 한계 Piaget의 인지발달적 관점은 아동이 능동적인 학습자이며 그들의 정신은 풍부한 지식의 구조로 구성되어 있다는 것을 확신시켰다. 물리적 세계에 대한 아동의 이해에 관한 연구 외에도, Piaget는 사회적 세계에 대한 그들의 추론과정을 탐색하였다. 그의 단계 이론은 아동이 가지고 있는 자기 자신, 타인, 인간관계 개념에 관한 연구가 풍부하게 이루어지도록 하였다. 실제적으로 Piaget의 이론은 발견학습과 환경과의 직접적인 접촉을 강조하는 교육철학과 프로그램의 발달을 촉진하였다.

Piaget의 구체적 조작기에서 학령기 아동은 구체적 물체에 대해 조직화된 논리적 방식으로 사고한다. 이 7세 아동은 과자 반죽의 모양이 공모양에서 넓적한 원으로 바뀐 후에도 양이 그대로임을 이해한다.

Piaget의 엄청난 기여에도 불구하고, 그의 이론은 도전받아 왔다. 연구자들은 Piaget가 영아들과 학령 전 아동들의 능력을 과소평가했다는 것을 지적하였다. 이 책의 제6장에서 난이도를 낮추고 일상적인 경험과 관련된 과제를 아동들에게 제시했을 때, 그들의 이해력이 Piaget가 가정한 것보다 연령이 더 높은 아동이나 성인의 이해력에 가깝다는 것을 보게 될 것이다. 또한 청소년들은 대개 광범위하게 교육받고 경험한, 즉 노력을 기울인 영역에서만 완전한 지적 잠재력에 도달하게 된다. 이러한 발견으로 많은 연구자들은 아동들의 사고의 성숙이 제공된 과제의 친밀도와 실례로 사용된 지식의 복잡성에 의존할 것이라는 결론을 내리게 했다. 더 나아가서, 많은 연구들은 아동이 연습으로 Piaget의 과제 수행이 더 나아질 수 있다는 것을 보여 준다. 이러한 발견들은 성인의 교육보다 발견학습이 발달을 촉진하는 데 최선의 방법이라는 Piaget의 가정에 이의를 제기하게 하는 것들이다(Klahr & Nigam, 2004; Siegler & Svetina, 2006). 비판자들은 또한 Piaget의 단계적 설명은 사회적·문화적인 영향 및 같은 연령의 아이들 사이에 존재하는 사고의 차이에 충분히 주의를 기울이지 않았다고 지적했다.

오늘날 아동발달 분야는 Piaget의 생각에 대한 충성도에 따라 서로 나뉘어 있다(Desrochers, 2008). Piaget의 접근에 존재하는 장점들을 지속적으로 찾고자 하는 사람들은 수정된 관점을 수용하였는데, 그중 하나는 아동들의 사고에 있어 질적인 변화는 Piaget가 믿었던 것보다 더욱 서서히 발생한다는 것이다(Case, 1998; Demetriou et al., 2002; Fischer & Bidell, 2006; Halford & Andrews, 2006). Piaget의 단계적 이동에 반대하는 사람들 중에 몇몇은 아동 인지의 지속적인 획득을 강조하는 정보처리 이론으로 접근법을 포용하였다. 또 다른 사람들은 아동의 사회문화적 맥락의 역할에 초점을 맞추는 이론들을 이끌어 왔다. 다음 절에서 이러한 접근들을 다루고 있다.

최근의 이론적 조망

아동을 이해하기 위한 새로운 방법들이 앞선 이론들의 발견에 이의를 제기하고, 의지하고, 지원하면서 지속적으로 출현하고 있다. 오늘날 최신 접근들의 갑작스러운 증가와 연구에 대한 강조는 아동발달에 대한 우리의 이해를 넓히고 있다.

정보처리

1970년대와 1980년대에는, 연구자들은 아동의 사고발달을 이해하는 방법으로 인지심리학 분야 쪽으로 나아갔다. 문제를 해결하기 위하여 수학적으로 특정한 단계를 사용하는 디지털 컴퓨터의 디자인은 심리학자들에게 인간의 마음 또한 정보의 흐름을 통한 상징 조작체계로 볼 수 있다는 **정보처리**(information processing) 관점을 제안하였다(Klahr & MacWhinney, 1998; Munakata, 2006). 정보가 감각기관으로 입력될 때부터 행동반응으로 출력될 때까지, 정보는 활발하게 부호화되고, 변형되고, 조직된다. 정보처리 연구자들은 때때로 개인이 문제를 해결하고 과제를 완수하기 위해 사용하는 정확한 단계를 나타내기 위해 순서도를 사용하는데, 이것은 컴퓨터가 일련의 '정신 작용'을 수행하도록 하기 위해 프로그래머들이 고안한 설계도와 같은 것이다. 그들은 과제의 성격과 인지적 한계(예 : 기억용량 혹은 가용한 지식)가 모두 어떻게 수행에 영향을 미치는지에 대해 분명히 하고자 한다(Birney & Sternberg, 2011). 이 접근의 유용성을 보다 명백히 하기 위해서 한 가지 예를 들어 보자.

아동들의 문제해결에 관한 어떤 연구에서, 연구자들은 다양한 크기, 모양, 무게를 가진 한 더미의 블록을 제공하고 학령기의 아동들에게 '강'(바닥 매트에 그려진)을 건너는 다리를 만들어 보도록 요구하였는데, 그 강은 한 개의 블록으로 다리를 놓기에는 너무 넓었다(Thornton, 1999). 그림 1.3은 이 문제에 대한 한 가지 해결책을 보여 준다. 두 개의 널빤지 같은 블록으로 강에 다리를 놓고, 다리의 탑 위에 무거운 블록으로 평형추를 놓아서 각각의 블록을 고정시키는 것이다. 나이가 많은 아동들은 쉽게 성공적으로 다리를 건설한 데 반해서, 5세 아동은 단 한 명만이 성공하였다. 주의 깊게 그 아동의 노력을 살펴본 결과, 두 개의 널빤지를 같이 밀고 그 블록들이 제자리에 있도록 블록의 끝부분을 누르고 있는 등 성공적이지 못한 전략을 반복적으로 시도하고 있는 것이 나타났다. 그러나 결국 그 아동의 실험이 블록들을 평형추로 사용할 수 있게 하는 생각을 유발시켰다. 그 아동의 실수과정들이 왜 평형추로 접근하는 것이 효과적인지를 아동 스스로가 이해하도록 도와주었다. 그 발견들은 과제를 푸는 아동의 활동이 어떻게 문제해결을 촉진할 수 있는지를 보여 준다.

그림 1.3 5세 아동이 다리 만들기 과제를 해결하기 위해 사용하는 단계들을 보여 주는 정보처리 흐름도

그녀의 과제는 크기, 모양, 무게가 다른 널빤지나 블록을 사용하여 어떤 블록이건 하나로는 너무 넓은 강(바닥에 그림으로 그린)에 다리를 놓는 것이다. 아동은 평형추로 다리의 균형을 잡는 방법을 발견하였다. 성공적으로 평형추를 놓은 후에도 왜 평형추 접근이 효과적인지를 이해하도록 도와주는, 이전의 성공하지 못한 전략으로 되돌아가는 것을 화살표가 보여 준다.

출처 : Thornton, 1999.

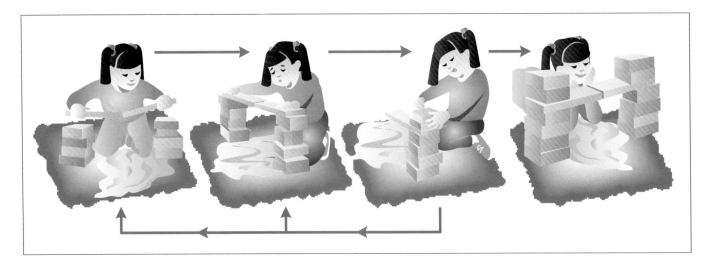

이 아동은 이전에 평형과 균형에 관한 아무런 이해가 없었지만 과제와 연관된 지식을 상당히 가지고 있는, 자기보다 연령이 높은 아동들만큼 효과적인 해결책에 도달하였다. 과제 내에서 한 그녀 자신의 행동들이 그녀의 문제해결 행동을 촉진하였다.

다양한 정보처리 모델이 존재한다. 어떤 것은 방금 살펴본 것처럼, 아동이 한 가지 혹은 몇 가지 과제들에 숙련되는 과정을 추적한다. 다른 모델들은 인간의 인지 체계를 하나의 전체로 묘사한다(Johnson & Mareschal, 2001; Johnson-Laird, 2001; Westermann et al., 2006). 이러한 포괄적인 모델들은 아동의 사고에 있어 연령에 따른 큰 변화들에 관한 질문을 위한 지침으로 사용된다. 문제를 해결하는 데 필요한 정보를 찾기 위해 환경을 탐색하는 아동의 능력은 나이에 따라서 더욱 구조화되고 '계획적인 것'이 되는가? 연령이 낮은 아동들과 연령이 높은 아동들은 새로운 정보를 기억하기 위해 어떤 전략들을 사용하는가? 그리고 그러한 전략들이 아동의 회상능력에 어떻게 영향을 미치는가?

정보처리 접근은 또한 사회적 정보의 처리를 명확히 하기 위해 사용되어 왔다. 예를 들어, 아동이 사회적 문제(진행 중인 놀이 집단에 어떻게 들어가는가와 같은)를 해결하고 성과 관련된 선호와 행동들을 습득하는 데 사용하는 단계를 표시한 순서도가 존재한다(Crick & Dodge, 1994; Liben & Bigler, 2002). 만약 아동기에 나타나는 사회적 문제의 해결방법과 성역할 고정관념이 어떻게 일어나는지 확인할 수 있다면, 우리는 더욱 긍정적인 사회성 발달을 촉진하기 위한 개입방법들을 디자인할 수 있다.

Piaget의 이론과 같이 정보처리 접근은 아동이 능동적으로 자신의 경험을 이해하고 환경의 요구에 반응하여 자신의 사고방식을 수정해 가는 의미 창출자라고 본다(Halford, 2005; Munakata, 2006). 그러나 Piaget의 이론과는 달리, 발달의 단계는 존재하지 않는다. 반대로, 사고의 과정들, 즉 지각, 주의, 기억, 정보의 범주화, 계획, 문제해결, 문어와 구어의 이해와 같은 능력은 모든 연령의 아동들이 비슷하지만 다소간 정도의 차이가 있다고 간주하였다. 그러므로 발달에 대한 관점은 연속적 변화라고 본다.

정보처리 접근의 뛰어난 장점은 이 이론의 주의 깊고 정밀한 연구방법들이다. 어떻게 다른 연령의 아동이 다양한 측면에서 사고하는지에 대한 정확한 설명을 제공하기 때문에, 이 접근이 발견한 것들은 아동이 더욱 진보된 방법으로 학업 과제에 접근할 수 있도록 돕는 교육방법을 이끌어 왔다(Blumenfeld, Marx, & Harris, 2006; Siegler, 2009). 그러나 정보처리는 어떤 측면에서는 부족한 점이 있다. 사고를 그것의 구성요소로 분석하는 것은 훌륭했으나 그 구성요소들을 다시 통합하여 종합적인 이론으로 되돌려 놓는 데 어려움이 있었다. 덧붙여서, 상상력이나 창의성과 같이 일차원적이거나 논리적이지 않은 인지의 측면들에 대해서는 별로 언급하지 않았다(Birney & Sternberg, 2011).

발달적 인지신경과학

과거 30년 동안 정보처리적 연구가 확장되면서 **발달적 인지신경과학**(developmental cognitive neuroscience)이라는 새로운 연구 분야가 발전되었다. 이 분야는 심리학, 신경과학, 그리고 의학 연구자들이 뇌의 변화와 발달하는 아동의 인지적 정보처리와 행동 패턴 간에 관계를 연구하기 위해 협력하고 있다.

아동이 다양한 과제를 수행하는 동안 뇌의 활동을 분석하는 개선된 방법은 뇌의 기능과 인지 능력과 행동 간의 관계에 대한 지식을 크게 증가시켰다(Johnson, 2005; Pennington, Snyder, & Roberts, 2007; Westermann et al., 2007). 이러한 뇌영상기술에 힘입어(제2장에서 다시 논의하겠지만) 신경과학자들은 다음과 같은 질문에 도전하고 있다. 유전적 구성이 다양한 연령의 특정 경험과 결합하여 어떻게 아동의 뇌발달의 성장과 조직화에 영향을 미치는가? 뇌의 구조는 영아기와 걸음마 시기에 빠른 기억발달을 지원하도록 어떻게 변화하는가? 뇌 조직의 어떤 변형이 아동기보다 사춘기와 성인기에 제2외국어를 습득하기 더 어렵게 만드는가?

영아기와 유아기에 뇌는 극히 가소성이 높다. 특히 경험의 결과로 성장과 재구조화가 일어나도록 되어 있다. 그러나 신경과학연구의 혁신적 발견은 뇌가 평생토록 상당한 가소성을 유지한다는 것이다. 뇌과학자들은 다양한 연령에서 뇌발달을 지원하거나 저해하는 경험의 종류를 알아내는 데에 특히 놀랄 만한 발전을 이루었다. 그들은 또한 많은 학습과 행동장애의 뇌의 기반을 밝혀내고 있다(Durston & Conrad, 2007; Meltzoff et al., 2009). 그리고 그들은 다양한 중재기술의 효과를 뇌기능과 행동 측면 모두에서 검증함으로써 장애가 있는 아동의 효과적 치료에 기여하고 있다(Luciana, 2007). 아직 발견되어야 할 것이 많이 남아 있지만 발달적 인지신경과학은 발달에 대한 우리의 이해와 주요 실제 적용을 하는 일을 변화시키고 있다.

다양한 이론들이 있다는 것의 장점은 그들이 아동의 삶에서 이전에는 무시되었던 어떤 측면들에 주목하도록 연구자들을 격려해 준다는 것이다. 앞으로 마지막 네 가지 관점은 모두 발달의 맥락에 초점을 맞추어서 우리는 논의할 것이다. 이러한 관점들 중 첫 번째는 우리의 긴 진화의 역사에 의해 여러 능력들의 발달이 영향을 받는다는 것을 강조하고 있다.

동물행동학과 진화론적 발달심리학

동물행동학(ethology)은 적응 혹은 생존, 행동의 가치와 그것의 진화론적인 역사에 관심이 있다. 동물행동학의 뿌리는 Darwin의 업적까지 거슬러 올라갈 수 있다. 유럽의 두 동물학자인 Konrad Lorenz(1952)와 Niko Tinbergen(1973)이 현대 동물행동학의 기반을 세웠다. 다양한 동물 종들을 그들의 자연 서식지에서 지켜보면서, Lorenz와 Tinbergen은 생존을 촉진하는 행동 패턴들을 관찰하였다. 이 중에서 가장 잘 알려진 것이 각인인데, 동물의 새끼가 어미 가까이에 머무르며 먹이를 먹고 위험으로부터 보호받을 것을 확보하는 거위같은 특정한 아기 새의 초기 따라가기 행동이다(Lorenz, 1952). 각인은 생애 초기에 제한된 기간 안에 발생한다. 만약 어미 거위가 이 기간에 새끼 거위 가까이에 있지 않는다면, 중요한 특징에서 어미 거위를 닮은 다른 물체가 어미 대신에 각인될 것이다.

각인행동의 관찰은 아동발달에서 **결정적 시기**라는 주요 개념을 이끌어 냈다. 이 개념은 아동이 특정한 적응적인 행동을 획득하기 위해 생물학적으로는 준비되어 있지만, 적절하게 환경의 자극을 받을 필요가 있는 기간의 제한된 시간을 말한다. 여러 연구자들은 복잡한 인지와 사회적 행동이 반드시 이 기간에 학습되어야 하는지 알아내기 위해 많은 연구를 수행하였다. 예를 들어, 만약 아동이 생애 초기 몇 년 동안 충분한 음식이나 신체적이고 사회적인 자극을 받지 못했다면, 그들의 지능이 손상될 것인가? 만약 제한된 부모-자녀 간 의사소통으로 인해 아동기 동안 언어를 습득하지 못했다면 언어를 획득하기 위한 그 아동의 능력이 감소되는가?

다음 장에서, 우리는 결정기라는 엄격한 개념보다는 민감기라는 용어가 인간발달에 더욱 잘 적용된다는 것을 알게 될 것이다(Bornstein, 1989; Knudsen, 2004). **민감기**(sensitive period)는 이 기간 동안 개인은 환경적 영향에 특히 더 반응적이 되기 때문에 특정한 능력이 나타나기에 가장

동물행동학은 인간행동과 다른 종, 특히 유인원류의 행동 간의 적응적, 생존 가능성 가치와 유사성에 초점을 맞춘다. 생후 8일 된 아기를 보살피는 이 침팬지 어미의 행동을 관찰하는 것은 인간 양육자와 영아 간의 관계를 이해하는 데 도움을 준다.

AP IMAGES

최적의 시간이다. 그러나 민감기의 경계는 결정적 시기에 비해서 잘 정의되어 있지 않았다. 발달은 나중에 일어날 수도 있으나, 그때는 유발되기가 좀 더 어렵다.

각인행동의 관찰에 영향을 받은 영국의 정신분석가 **John Bowlby**(1969)는 동물행동학의 이론을 인간의 영아-양육자 관계를 이해하는 데 적용하였다. 그는 유아의 미소, 옹알이, 쥐기, 울기가 양육자가 접근하고, 돌보아 주고, 아기와 상호작용하도록 하기 위해 아기가 본래 타고난 사회적 신호들이라고 주장하였다. 부모가 가까이에 있도록 함으로써, 이러한 행동들은 유아가 젖을 먹을 것과, 위험으로부터 보호받을 것, 건강한 성장을 위해 필요한 자극과 애정을 제공받을 것을 확실하게 해 준다. 인간 유아의 애착발달은 아기가 양육자와 깊은 애정이 있는 관계를 형성하도록 이끄는 복잡하고 긴 과정이다(Thompson, 2006). 애착 형성은 아기 새의 각인행동보다 훨씬 더 복잡하다. 제10장에서 우리는 유아, 양육자, 가족 맥락이 애착 형성에 어떻게 기여하는지 살펴볼 것이며 애착이 이후 발달에 어떠한 영향을 미치는지를 검증할 것이다.

동물행동학자들의 관찰은 정서표현, 공격성, 협력, 사회적 놀이를 포함하는 아동의 사회적 행동의 여러 면들을 보여 주었으며, 그러한 면들은 우리의 영장류 친척들과 공통점이 있다. 최근에 연구자들은 **진화론적 발달심리학**(evolutionary developmental psychology)이라고 불리는 새로운 영역의 연구로 이러한 노력을 확장해 왔다. 이 분야는 연령에 따라 변화하는 종 전체의 인지, 정서, 사회적 능력의 적응적인 가치를 이해하고자 한다(Geary, 2006b; King & Bjorklund, 2010). 진화론적 발달심리학자들은 다음과 같은 질문들을 한다. 신생아가 얼굴처럼 생긴 자극을 시각적으로 선호하는 것이 생존에 있어서 무슨 역할을 하는가? 그것이 연령이 높은 유아가 낯선 사람들과 친숙한 양육자를 구분하는 능력을 뒷받침해 주는가? 왜 아동들은 성별로 나뉘어 놀이를 하는가? 남성은 지배하려 하고 여성은 보살피는 행동을 하는 등 성인의 성유형 행동과 관련된 행동을 하는데, 그러한 놀이에서 아동들은 무엇을 배우는가?

이러한 예들이 제안하는 것처럼, 진화론적 심리학자들은 발달의 유전적이고 생물학적인 근원에만 관심을 갖지 않는다. 그들은 인간의 큰 뇌와 아동기가 더 긴 것은 인간의 집단 생활의 복잡성을 숙달할 필요가 있기 때문이라고 보며, 그래서 아동이 어떻게 학습하는가에 관심을 가지고 있다(Bjorklund, Causey, & Periss, 2009). 그리고 그들은 오늘날의 삶의 양식이 우리의 진화상 선조들의 삶의 양식과 근본적으로 다르며, 그들의 특정한 진화된 행동들(청소년기의 삶을 위협하는 위험부담과 남성 대 남성의 폭력과 같은)이 더 이상 적응적이지 않다는 것을 인식한다(Blasi & Bjorklund, 2003). 그런 행동의 기원과 발달을 명백히 함으로써, 진화론적 발달심리학은 더욱 효과적인 개입을 하도록 도울 수 있다.

요컨대, 진화론적 심리학자들의 관심 분야는 넓다. 그들은 총체적인 유기체-환경체계를 이해하고자 한다. 우리가 다음에 논의하게 될 맥락적 관점인 **Vygotsky**의 사회문화 이론은 진화론적 관점을 매우 잘 보완하고 있다. 아동 경험의 사회적이고 문화적인 측면을 강조하고 있기 때문이다.

Vygotsky의 사회문화적 이론

최근 아동발달 분야에서 아동의 삶에 있어서 문화적 맥락을 언급하는 연구들이 극적으로 증가하고 있다. 문화 간의 비교와 문화 내 민족집단 간의 비교를 통하여 연구들은 발달이 이루어지는 길이 모든 아동들에게 제공되는지 아니면 특정한 환경적 조건하에서만 제공되는지에 관한 통찰을 제공한다(Goodnow, 2010).

오늘날 많은 연구자들은 문화적으로 특정한 신념과 발달의 실제와의 관계를 검

Vygotsky(옆의 소녀는 그의 딸이다.)에 의하면 많은 인지적 과정과 기술은 더 많은 지식을 가진 구성원으로부터 아동들에게 전달된다. Vygotsky의 사회문화적 이론은 인지능력에서 큰 문화적 차이를 설명하는 데 도움을 준다.

캄보디아 소녀가 할머니로부터 전통 무용을 배운다. 이 소녀는 좀 더 나이 들고 경험이 많은 문화 구성원과 상호작용함으로써 문화적으로 가치 있는 기술을 획득한다.

증하고 있다. 러시아 심리학자인 Lev Vygotsky(1896~1934)가 이러한 흐름에서 주된 기여를 해 왔다. Vygotsky (1934/1987)의 관점은 사회문화적 이론이라고 부른다. **사회문화적 이론** (sociocultural theory)은 문화―가치, 신념, 관습, 사회집단의 기술―가 어떻게 다음 세대로 전달되는가에 초점을 맞추고 있다. Vygotsky에 따르면, 사회적 상호작용, 특히 아동과 좀 더 지식이 있는 사회 구성원과의 협력적인 대화가 아동이 공동체의 문화를 구성하고 있는 사고방식과 행동을 배우는 데 필수적이다. Vygotsky는 성인과 아동보다 더 숙련된 친구가 아동이 문화적으로 의미 있는 활동을 습득하는 것을 돕고, 그들 사이의 대화가 아동의 사고방식의 일부가 된다고 믿었다. 아동이 이러한 대화의 특징들을 내면화하면서, 아동은 자신의 사고와 행동을 이끌고 또 새로운 기술들을 습득하기 위해 언어를 사용할 수 있다 (Berk & Harris, 2003 ; Winsler, Fernyhough, & Montero, 2009). 어린 아동은 퍼즐을 풀거나 저녁식사를 위해 식탁을 준비하는 동안 스스로를 가르친다. 이때 아동은 성인이 이전에 어떤 중요한 과제들을 완수하도록 돕기 위해 자신에게 사용했던 것과 같은 종류의 안내 설명을 하기 시작한다.

Vygotsky의 이론은 아동의 인지에 관한 연구에 특히 영향력이 있었다. Vygotsky는 아동이 능동적이고 구성하는 존재라는 Piaget의 의견에 동의하였다. 그러나 아동이 그들의 세계를 이해하기 위한 독립적인 노력을 강조했던 Piaget와 달리, Vygotsky는 인지발달이 사회적으로 매개된 과정, 즉 성인과 더 숙련된 친구가 아동이 새로운 도전을 하도록 제공하는 지원에 의존하는 것으로 보았다.

Vygotsky의 이론에 따르면, 아동은 특정한 단계적 변화를 경험한다. 예를 들어, 아동이 언어를 습득하면, 타인들과의 대화에 참여하기 위해 그들의 능력은 크게 강화되며, 문화적으로 가치 있는 능력이 숙달되도록 급격히 촉진된다. 아동이 학교에 입학하게 되면 그들은 언어, 읽고 쓰기, 다른 학문적인 개념들을 논의하는 데 더 많은 시간을 보내게 되며, 이러한 것들은 자신의 생각을 반성하도록 격려하는 경험이 된다(Bordrova & Leong, 2007 ; Kozulin, 2003). 결과적으로, 그들은 추론능력과 문제해결 능력을 극적으로 획득하게 된다.

동시에, Vygotsky는 숙련자와의 대화는 문화마다 매우 다른 인지 변화를 이끈다는 것을 강조하였다. 이러한 관점에서 보면, 비교문화 연구의 주요 발견은 문화가 아동의 학습을 위해 서로 다른 과제들을 선택한다는 점이다(Rogoff, 2003). 이러한 과제들을 둘러싼 사회적 상호작용이 특정한 문화 안에서 성공을 위한 본질적 요소인 능력들을 이끌어 낸다. 예를 들어, 산업화된 국가에서는 교사들이 읽기, 운전하기, 컴퓨터 사용하기와 같은 것들을 사람들에게 가르친다. 멕시코 남부에 있는 지나칸테코 인디언들 사이에서는, 성인 숙련가가 어린 소녀들에게 직물을 짜는 기술을 습득하도록 가르친다(Greenfield, 2004 ; Greenfield, Maynard, & Childs, 2000). 브라질과 다른 개발도상국에서는 학교에 다닌 경험이 거의 없거나 전혀 없는 사탕팔이 아이들이 도매상들로부터 사탕을 사 오고, 성인들이나 경험 있는 동료들과 가격을 매기고 도시의 거리에서 소비자들에게 판매하는 과정을 거치면서 복잡한 수학적 능력을 발달시킨다(Saxe, 1988).

Vygotsky의 이론과 그 이론에 따른 연구들은, 모든 문화권의 아이들이 고유한 장점들을 발달시키고 있다는 것을 나타낸다. 동시에, Vygotsky가 문화적이고 사회적인 경험들을 강조한 것은 그가 발달에 있어서의 생물학적인 면을 소홀히 하도록 만들었다. 그는 유전과 뇌 성장의 중요성을 인식했음에도 불구하고, 인지 변화에서 유전과 뇌의 역할에 대해서는 거의 언급하지 않았다. 더 나아가서, Vygotsky는 지식의 사회적 전달에 초점을 맞추었으며 이것은 그가 다른 이론가들에 비해서 아동 스스로 발달을 이루는 능력을 보다 덜 강조했다는 것을 의미한다. Vygotsky의 추종자들은 아동이 발달을 촉진하는 대화와 사회적 활동에 능동적으로 참여한다고 강조한다. 이러한 통합적인 경험을 통해 그들은 문화적으로 가치 있는 활동들을 습득할 뿐만 아니라 그러한 활동들을 수정하고 변화시키게 된다(Nelson, 2007; Rogoff, 2003). 현대의 사회문화 이론가들은 개인과 사회의 균형과, 상호 영향을 주고받는 역할을 인정한다.

생태체계 이론

Urie Bronfenbrenner(1917~2005)는 이 접근이 아동발달 분야의 전면으로 등장하게 한 장본인이었다. 왜냐하면 그는 아동발달에 있어서 맥락의 영향에 관한 가장 차별화되고 완성된 설명을 제공하였기 때문이다. **생태체계 이론**(ecological systems theory)은 아동이 주변 환경으로부터 다양한 수준에서 영향을 받는 복잡한 체계의 관계들 내에서 발달하는 것으로 보았다. 생물학적으로 영향을 받은 아동의 기질이 환경적 힘과 결합되어서 발달을 이루기 때문에, Bronfenbrenner는 최근에 그의 관점을 생물생태학적 모델(Bronfenbrenner, 2005; Bronfenbrenner & Morris, 2006)이라고 규정하였다.

Bronfenbrenner는 환경은 전체 혹은 체계로 복잡한 기능을 하는 일련의 포개진 구조라고 상상하였다. 이는 아동이 일상생활을 하면서 보내는 가정, 학교, 이웃 환경 이상의 것들을 포함한다(그림 1.4 참조). 환경의 각 층은 발달에 강력하게 영향을 주면서 다른 층과 결합한다.

미시체계 환경 중에서 가장 안쪽에 있는 층은 **미시체계**(microsystem)로서, 아동과 가장 가까운 환경 안에서의 활동들과의 상호작용으로 이루어져 있다. Bronfenbrenner는 이 층에서의 아동발달을 이해하기 위해서는 반드시 모든 관계가 양방향으로 작용한다는 것을 염두에 두어야 한다고 강조했다. 그것은 곧 성인이 아동의 행동에 영향을 미치지만, 생물학적, 사회적으로 영향을 받은 아동의 특징들―그들의 신체적인 특질, 성격, 능력과 같은 것들―도 성인의 행동에 영향을 미친다는 것을 말한다. 예를 들어, 조심성 있고 친절한 아동은 부모가 긍정적이고 허용적인 반응을 하도록 하는 반면에, 짜증내고 화를 잘 내는 아동은 부모의 짜증과 제한과 처벌을 받는다. 이러한 서로 보완적인 상호작용이 자주 발생하면, 발달에 있어서 지속적인 효과를 갖는다(Collins et al., 2000; Crockenberg & Leerkes, 2003b).

미시체계 안에 있는 다른 개인들, 즉 제3자들이 두 사람 간 관계의 질에 영향을 미친다. 만약 그들이 지지적이면, 상호작용은 강화된다. 예를 들어, 부모가 서로의 자녀 양육 역할을 격려해 주면, 각자 양육에 더욱 효과적으로 몰두하게 된다. 반대로, 결혼생활의 갈등이 일관성 없는 양육과 자녀에 대한 적개적 반응으로 연결된다. 이에 대한 반응으로 자녀는 두려움이나 불안으로 반응하거나 분노나 공격성으로 반응하면 부모 자녀 모두의 안녕에 문제가 생긴다(Caldera & Lindsay, 2006; Davies & Lindsay, 2004). 그와 비슷하게, 아동은 그들의 부모 사이의 관계에 강력한 방법으로 영향을 미칠 수 있다. 이 책의 제14장에서

그림 1.4 생태체계 이론에서 환경의 구조

미시체계는 아동과 직접적 환경과의 관계에, 중간체계는 직접적 상황들 간의 연결에, 외체계는 아동을 포함하지는 않지만 영향을 주는 사회적 환경에, 거시체계는 모든 내부 체계들에 영향을 주고 상호작용하는 가치, 법, 관습, 문화적 자원과 관련된다. 시간체계는(그림에는 없지만) 개인의 환경에서 역동적으로 항상 변화하는 특성을 말한다.

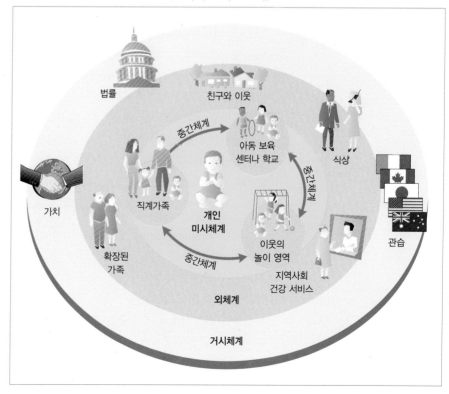

나타나는 것과 같이, 이혼은 흔히 지속적인 정서적 문제와 연합된다. 연구에 따르면, 결혼이 파경에 이르기 오래전에, 어떤 아이들은 충동적이고 반항적으로 행동한다. 이러한 행동들은 부모의 결혼문제 때문에 일어날 수 있을 뿐 아니라 결혼문제를 일으킬 수도 있다(Strohschein, 2005).

중간체계　Bronfenbrenner의 모델에서 두 번째 층인 **중간체계**(mesosystem)는 미시체계, 즉 가정, 학교, 이웃, 유아원 사이의 연결들을 둘러싸고 있다. 예를 들어, 아동의 학업적 발전은 교실 안에서 일어나는 활동에만 의지하지 않는다. 그것은 학교생활에 대한 부모의 관여와 학교학습이 가정으로 전달되는 정도에 의해 촉진되기도 한다(Gershoff & Aber, 2006). 유사하게 가정에서의 부모-자녀 상호작용은 아동 양육기관의 양육자-아동 상호작용에 영향을 줄 수 있고 그 반대일 수도 있다. 각각의 관계는 방문이나 협동적 정보 교환의 형태로 가정과 아동 양육 간의 연계가 이루어질 때 발달을 좀 더 지원할 수 있을 것이다.

　가족-이웃의 연계는 저소득층 아동들에게 특히 중요하다. 부유한 가정은 사회적 지지와 교육 여가활동에서 주위 환경에 덜 의존적이다. 부유한 가정은 자녀들을 학원이나 여가활동을 위해 교통편의를 제공할 수 있고 필요하다면 장거리 지역의 더 좋은 학교에도 보낼 수 있다. 저소득층 거주지역에서는 아동 보육과 미술, 음악, 스포츠, 스카우트 활동, 다른 특별한 경험들을 제공함으로써 다른 자원 부족을 대체하는 학교 내 혹은 방과 후 프로그램이 아동 중기의 좀 더 개선된 학업 수행과 정서적, 행동적 문제행동과 관련된다(Peters, Petrunka, & Arnold, 2003; Vandell & Posner, 1999; Vandell, Reisner, & Pierce, 2007). 청소년기에도 종교적인 청소년 집단과 특별-취미활동 클럽과 같은 이웃 공동체는 청소년기의 순조로운 발달, 자기 확신, 학교에서의 성취, 교육적인 목표, 책임감 있는 사회적 행동에 기여한다(Barnes et al., 2007; Kerestes & Youniss, 2003).

　그러나 위험하고 해체된 이웃에서 아동과 청소년을 위한 높은 질의 활동은 대개 부족하고 가정과 이웃의 장해로 인해 그러한 활동 참여가 감소된다(Kohen et al., 2008). 가족 수입과 이웃의 주거 환경이 다양한 초등학교 아동에 대한 연구에서 가장 자극이 부족한 가정과 가장 열악한 이웃 환경에서 사는 아동들이 가장 덜 풍부한 방과후 활동에 참여하였다(Dearing et al., 2009). 그러므로 가장 필요한 아동들이 발달을 향상시키는 경험으로부터 빠질 가능성이 특히 높다.

외체계　**외체계**(exosystem)는 아동을 포함하지 않지만 그럼에도 불구하고 아동의 경험에 직접적으로 영향을 미치는 사회적 환경으로 구성된다. 외체계는 부모의 직장, 종교기관, 지역사회의 건강과 복지 서비스와 같은 공식적인 기관이 될 수 있다. 예를 들어, 유동적인 직장 스케줄과 유급 출산휴가나 유급 아동 병가휴가는 직장이 부모들의 아동 양육을 도울 수 있고, 간접적으로 발달을 강화하는 방법이다. 외체계는 또한 부모의 사회적 대인관계 망, 즉 조언, 우의, 심지어 경제적 지원까지 제공하는 친구들이나 확장된 가족 구성원들과 같이 비공식적일 수도 있다. 연구를 보면, 외체계 활동의 붕괴가 미치는 부정적인 영향을 확인할 수 있다. 개인적 혹은 지역사회 기반의 연결이 거의 없거나, 실업의 영향으로 사회적으로 고립된 가정에서는 갈등과 아동 학대가 발생할 확률이 증가한다는 것을 보여 준다(Coulton et al., 2007).

거시체계　Bronfenbrenner의 모델 중 가장 바깥쪽에 있는 층은 **거시체계**(macrosystem)로서 문화적 가치, 법률, 관습, 자원들로 구성되어 있다. 우선적으로 거시체계가 아동의 욕구에 대해 제공하는 것은 환경의 보다 안쪽에 있는 층에서 그들이 받는 지원에 영향을 주는 것이다. 예를 들어, 아동 양육을 위해 질적으로 높은 수준의 규범과 직장 복지제도를 요구하는 국가에서는, 아동이 그들의 직접적인 환경 안에서 더욱 좋은 경험을 가질 수 있다. 이 장의 뒷부분과 이 책의 다른 부분에서 보다 자세히 알 수 있겠지만, 다른 산업화된 국가에 비해서 미국은 그런 프로그램들이 훨씬 취약하다(Children's Defense Fund, 2009).

가족의 혼란이 아동의 웰빙에 해를 끼침

우리 모두는 실제로 아동기에 일어난 가족의 규칙적 식사, 취침, 숙제시간, 부모와 자녀 간의 독서와 놀이시간 등의 일상생활이 깨어진 것을 기억한다. 이러한 흔들림은 대개 부모의 직업의 변화, 가족의 질환, 방과후 운동 행사가 많은 계절 때문이었을 것이다. 그러나 어떤 가족은 이러한 일상의 구조가 거의 존재하지 않고 건강한 발달을 방해하는 혼란한 가정생활을 이어간다(Fiese & Winter, 2010). 조직화된 가족생활은 아동의 웰빙에 기본적인 부모-자녀의 따뜻하고 개입적인 상호작용을 통한 지지적 환경을 제공한다.

가족 혼란은 경제적 불이익과 연결되는데 특히 홀어머니들은 제한된 수입으로 자녀를 등하교하는 교통편을 제공하기 어려움, 불편한 직장의 교대 근무, 불안정한 자녀 보육 담당, 다른 일상의 분주한 일들을 겪게 된다. 그러나 혼란은 그러한 가족에게만 국한된 것이 아니다.

조사연구 결과에 의하면 미국 가족 전체로 볼 때 자녀와 머무는 어머니의 시간은 지난 30년 동안 대체로 안정적이었고 아버지의 시간은 증가하였다(Galinsky, Aumann, & Bond, 2009). 그러나 많은 가족들의 경우, 부모가 그 시간을 보내는 방법은 변화하였다. 모든 수입 수준과 인종을 통틀어 어머니와 아버지 모두 자녀를 보살피면서 다른 일을 한다는 보고가 증가하였다. 예를 들어, 식사시간에 먹는 일뿐 아니라 숙제를 검사하고, 집안일들을 분담하고, 자녀에게 읽어 주고, 가족 외출이나 축하 모임을 계획한다(Bianchi & Raley, 2005; Serpell et al., 2002). 결과적으로 하나의 가정 일상이 깨어지는 것이 다른 일상도 깨뜨린다.

이러한 가족 일상의 압박 때문에 오늘날 부모와 자녀들은 같이하는 시간이 너무 부족하다고 그래서 더 많이 원한다고 말한다(Opinion Research corporation, 2009; Roehlkepartain, 2004). 예를 들어, 규칙적 식사시간은 관계의 질에 영향을 주지만 미국 가족의 과반이 좀 넘는 가족이 일주일에 3~5번 같이 식사한다고 보고했다(CASA, 2006). 가족 식사의 빈도는 광범위한 긍정적 효과와 연관된다. 아동기에는 언어발달과 학업성취의 촉진, 더 적은 문제행동, 잠자는 시간과 연관되고 청소년기에는 성적 행동 위험, 알코올과 약물 사용, 정신 건강 문제의 감소와 연관된다. 가족이 같이 식사하는 것은 건강한 식습관의 가능성을 높이고 비만과 청소년기 식이장애를 예방한다(Adam, Snell, & Pendry, 2007; Fiese & Schwartz, 2008). 이러한 결과들이 시사하듯이 정규적 식사시간은 조직화된 가정생활과 긍정적 부모 개입의 일반적 지표가 된다.

그러나 가족의 혼란은 가족이 합동활동에 참여할 때 그 효과가 압도적일 수 있다. 또한 이러한 활동이 어떤 조건하에서 일어나는지가 중요하다. 가혹하거나 해이한 부모 훈육과 적대적이고 존중하지 않는 의사소통을 포함하여 예측이 불가능하고 비조직화된 가족 식사는 아동의 적응 문제와 연관되어 있다(Fiese, Foley, & Spagnola, 2006). 가족 시간이 압력을 가하고 압박을 받게 되면 가족의 질서 있는 구조는 사라지고 따뜻하고 여유 있는 부모-자녀 관계는 붕괴된다.

다양한 상황이 가족의 혼란을 증가시키는 부모의 제한된 정서적 자원을 누적해 갈 수 있다. 정신적 문제를 가진 부모, 부모의 별거와 이혼, 지원적 관계가 거의 혹은 전혀 없는 홀 부모들과 같은 미시체계와 중간체계의 영향뿐 아니라 외체계의 영향도 막강하다. 가족 시간이 외적 요인들에 의해 결정될 때, 즉 하루에 수 시간씩 직장으로 출퇴근, 자녀 보육을 담당할 곳을 찾지 못하는 일, 부모가 과도한 직장의 압박을 받는 경우나 실업 등은 가족의 일상을 위협한다.

가족의 혼란은 양육의 효율성에 부정적 효과를 미치는 것 이상으로 아동의 행동 문제를 일으킨다(Coldwell, Pike, & Dunn, 2008). 혼란한 환경은 아동들이 스트레스를 받는 느낌과 무기력함을 느끼게 하며 따라서 불안을 유발하고 낮은 자아존중감을 일으킨다(Fiese & Winter, 2010).

외체계와 거시체계가 지지하는 좋은 가족 정책을 가진 직장환경과 쉽게 이용할 수 있고 믿을 만한 양질의 아동 육아 시설은 혼란으로 빠질 가족들의 욕구가 상승되지 않도록 예방할 수 있다(Repetti & Wang, 2010). 한 지역사회에서 아동 보육 센터가 집으로 배달되는 저녁식사 프로그램을 시작하였다. 바쁜 부모들이 건강하고 적당한 가격으로 가족 식사를 특별히 주문할 수 있고 하루의 일과 끝에 아동의 발달을 향상시킬 수 있는 가족 저녁식사를 할 수 있게 도울 수 있었다.

따뜻하고 여유 있는 부모-자녀 상호작용을 방해하는 혼란한 가정생활은 아동의 불안과 낮은 자아존중감을 일으키고 행동 문제의 원인이 된다. 과도한 직장의 압력과 같은 외체계의 영향은 예측이 불가능하고 비조직화된 가정의 일상의 원인이 된다.

계속 변하는 체계   Bronfenbrenner에 따르면, 환경은 획일적인 방법으로 아동에게 영향을 미치는 정적인 힘이 아니다. 대신에 환경은 영원히 변화한다. 형제의 출생이나 입학, 새 이웃으로의 이사, 혹은 부모의 이혼과 같이 중요한 생활 사건들은 아동과 그들의 환경 사이에 존재하는 관계를 수정하고 발달에 영향을 미치는 새로운 조건들을 만들어 낸다. 덧붙여서, 환경적 변화가 발생한 시기가 그 효과에 영향을 미친다. 새로운 형제의 출생은 가정을 벗어나서 다양한 관계를 맺고 활동을 하는 학령기의 아동에 비해 집에만 있는 유아에게 매우 다른 결과를 가져온다.

Bronfenbrenner는 자신의 모델의 시간적 차원을 **시간체계**(chronosystem, 접두사 chrono-는 'time'을 의미함)라고 부른다. 생활 사건의 변화는 위에 설명한 것처럼 아동에게 영향을 줄 수 있다. 대신, 그런 변화들은 아동의 내면에서 기인할 수도 있다. 아동이 자라면서 그들만의 환경과 경험들을 선택하고 수정하고 창조해 가기 때문이다. 그렇게 하는 방법은 자신의 신체적 · 지적 · 개인적 특징과 그들의 환경적 기회들에 의존하고 있다. 그러므로 생태체계 이론에서 발달은 환경적 조건에 의해서 통제되는 것도 아니고 내적 기질에 의해 이끌리는 것도 아니다. 대신에 아동은 발달의 생산물이면서 동시에 생산자이다. 따라서 아동과 환경은 상호 의존적인 연결망을 형성한다. 앞의 탄력성 있는 아동들에 관한 우리의 논의에서 이러한 생각들을 설명하고 있음을 주목하라. 우리는 이 책에서 보다 많은 예들을 보게 될 것이다.

새로운 방향 : 역동적 체계로서의 발달

오늘날 연구자들은 아동발달에 있어서 일관성과 가변성 모두를 인식하고 있으며 변화를 더욱 잘 설명하기를 원한다. 결과적으로 새로운 물결의 체계 이론가들이 어떻게 아동이 좀더 진전된 기능을 획득하기 위해서 그들의 행동을 변경하는지에 초점을 맞춘다. 이 **역동적 체계 관점**(dynamic systems perspective)에 따르면, 아동의 정신, 신체, 물리적이고 사회적인 세계가 **통합된** 체계를 형성하고 있으며 이 체계가 새로운 기술의 습득을 이끈다. 이 체계는 **역동적**으로, 혹은 끊임없이 움직인다. 뇌의 성장부터 물리적이고 사회적인 주변 환경들에 이르기까지 그 체계 안의 어떤 부분이든 변화가 일어나면 현재의 유기체-환경 간의 관계가 붕괴된다. 이러한 일이 발생하면, 아동은 능동적으로 자신의 행동을 재조직화하여 체계의 구성요소들이 보다 복잡하고 효과적인 방법으로 다시 작동하도록 한다(Fischer & Bidell, 2006; Spencer & Schöner, 2003; Thelen & Smith, 2006).

역동적 체계 관점을 수용한 연구자들은 아동이 변화하는 동안 그들의 행동을 연구함으로써 아동이 어떻게 새로운 수준의 조직화가 이루어지는지 이해하고자 하였다(Thelen & Corbetta, 2002). 예를 들어, 매력적인 장난감을 제공받았을 때, 수많은 다양한 행동들을 보이는 3개월 된 영아가 그 장난감에 도달하는 방법을 어떻게 발견하는가? 새로운 단어를 들었을 때, 2세 된 아동이 그것이 언급하는 대상이나 사건들의 범주를 어떻게 이해하는가?

역동적 체계 이론가들은 물리적 · 사회적 세계 안의 공통된 유전적 기질과 기본적인 규칙성이 어떤 보편적이고 광범위한 발달의 특정 외곽선을 만든다는 것을 인정한다. 그러나 생물학적인 구조, 일상적인 과제, 아동들이 그러한 과제들에 숙련되도록 지지해 주는 사람들은 많이 다르며, 이러한 점들이 특정 기술들에 있어서의 개인차를 이끌어 낸다. 심지어 아동들이 걷기, 말하기, 더하기와 빼기처럼 같은 기술을 습득했다 하더라도 그들은 고유한 방식으로 그런 것들을 배운다. 그리고 아동은 실제 환경적 맥락 안에서 실제 활동들에 몰두함으로써 능력을 형성하기 때문에, 같은 아동 안에서도 기술들의 성숙도가 다르다. 이러한 관점에서 발달은 하나의 변화의 선으로 특징지을 수 없다. 그림 1.5가 보여 주듯이, 그것은 수많은 방향으로 뻗어 가는 신경섬유 가지의 망과 비슷하다. 각각의 방향은

역동적 체계 관점은 아동의 정신, 신체, 물리적 · 사회적 세계가 계속적으로 재구성되고 통합되는 체계로 본다. 청소년기의 신체적 · 심리적 변화에 대응하여 이 소녀와 그녀의 아버지는 새롭고 더 성숙한 관계를 발달시켜야만 한다.

©KABLONK/PHOTOLIBRARY

지속적이고 단계적인 변화를 경험할 수 있는 다양한 기술의 영역을 표상한다(Fischer & Bidell, 2006).

역동적 체계의 관점은 다른 과학 분야들, 특히 생물학과 물리학의 영향을 받아 왔다. 덧붙여서 정보처리와 맥락 이론, 즉 진화론적 발달심리학, 사회문화 이론, 생태체계 이론을 참고하였다. 현재 역동적 체계에 대한 연구는 초기 단계에 있다. 그 관점은 아동의 운동능력과 인지기술에 넓게 적용되어 왔으나, 몇몇의 연구자들은 정서와 사회성 발달에도 적용해 왔다(Campos, Frankel, & Camras, 2004; Fogel & Garvey, 2007; Lewis, 2000). 어린 10대들을 보면 그들의 신체와 추론능력은 크게 변화하며, 그들은 중학교를 향한 도전에 직면해 있다. 부모–자녀 상호작용을 지지하는 연구자들은 청소년기로 가는 과도기가 가족 간의 대화를 단절시킨다는 것을 발견했다. 부모–자녀 상호작용은 몇 년 동안 긍정적, 중립적, 부정적인 교환이 뒤섞인, 불안정하고 변동 가능한 시기를 지난다(Granic et al., 2003). 그러다가 서서히 부모와 청소년은 서로 관계를 맺는 새롭고 보다 성숙한 방법을 생각해 내고 체계는 재조직화되고 안정된다. 다시 말하면, 상호작용이 예측 가능하고 대부분 긍정적인 것으로 바뀐다는 것이다.

역동적 체계 연구가 설명하듯이, 오늘날의 연구자들은 발달 안에 존재하는 모든 복잡성을 뒤쫓고 분석하고 있다. 그렇게 함으로써 그들은 변화를 이해하기 위해 모든 것을 망라한 접근법에 좀 더 가까이 가기를 희망하는 것이다.

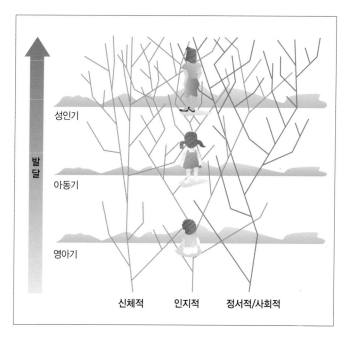

그림 1.5 **발달에 대한 역동적 체계 관점**

단일한 선의 단계적 혹은 연속적 변화를 제시하는 대신(그림 1.2 참조) 역동적 체계 이론가들은 발달을 많은 방향으로 퍼져나가는 그물망으로 개념화하였다. 그물망에서 각각의 가닥은 발달의 주요 영역인 신체적, 인지적, 정서적/사회적 영역 내에서의 기술을 나타낸다. 가닥의 방향의 차이는 다양한 맥락에 참여하기 위하여 아동이 필요한 기술을 숙달함에 따라 경로와 결과에서의 가능한 차이를 의미한다. 각 줄의 '언덕'에서 가닥이 서로 연결되는 것은 단계와 같은 변화를 보여 준다. 이 단계 같은 변화는 다양한 기술이 전체로 기능함으로써 주요한 변화의 시기가 된다. 그물망이 확장됨에 따라 기술은 수가 더 많아지고 복잡해지고 효율적이 된다.

출처 : Fischer & Bidell, 2006.

아동발달 이론의 비교

앞서 우리는 아동발달 연구의 주요 이론적 관점들을 살펴보았다. 그 관점들은 많은 점에서 서로 다르다. 첫째, 발달의 서로 다른 영역들에 초점을 맞추고 있다. 정신분석적 관점과 동물행동학은 정서적이고 사회적인 발달을 강조한다. Piaget의 인지발달 이론과 정보처리, Vygotsky의 사회문화 이론은 사고의 변화에 중점을 두고 있다. 나머지 접근법들—행동주의, 사회학습 이론, 진화론적 발달심리학, 생태체계 이론, 역동적 체계 이론—은 아동의 기능에 있어서 다양한 면들을 논의하고 있다.

둘째, 모든 이론은 발달에 대한 관점을 포함하고 있다. 이론적 관점들을 검토하여 결론을 내리면서, 이 장의 맨 앞부분에서 다루었던 논쟁의 여지가 있는 문제들에 대해 각 이론들의 입장을 밝혀 보라. 그리고 나서 표 1.3과 비교하여 여러분의 분석을 검토하여 보라.

마지막으로, 우리는 이론들이 각각 장점과 제한점들을 가지고 있다는 것을 보았다. 아마도 여러분은 어떤 이론들에 끌릴 것이며, 다른 이론들에는 의심을 품을 것이다. 다음 장들에서 아동발달에 대해 더욱 많은 것을 읽으면서, 증거들을 비교하여 여러분의 이론적인 호불호를 분석한 것을 노트에 필기해 두는 것이 유용하다는 것을 알게 될 것이다. 체계적 아동 연구가 시작된 이래로 많은 이론가들이 그래 왔던 것처럼, 만약 여러분의 생각을 여러 번 수정하게 된다고 하더라도 놀라지 마라. 이 과정의 마지막에 이르면, 여러분은 아동발달에 대한 자신만의 개인적인 관점을 성립하게 될 것이다. 절충적 입장 혹은 몇몇의 이론을 혼합하는 것도 물론 있을 수 있다. 우리가 살펴보았던 모든 관점은 우리가 아동에 대해 알고 있는 것에 기여해 왔기 때문이다.

표 1.3   아동발달의 기본 쟁점에 관한 주요 이론들의 입장

이론	발달은 연속적인가 비연속적인가?	발달은 한 경로인가 여러 경로인가?	천성과 양육의 상대적 영향
정신분석적 관점	**비연속적** : 심리성적, 심리사회적 발달이 단계적으로 일어난다.	**한 경로** : 단계는 보편적인 것으로 간주된다.	**천성과 양육 둘 다** : 선천적인 충동이 아동 양육 경험을 통해 연결되고 통제된다. 초기의 경험이 이후의 발달 경로를 결정한다.
행동주의와 사회학습 이론	**연속적** : 발달은 학습된 행동의 증가를 포함한다.	**많은 가능한 경로** : 행동은 아동에 따라 다양하게 강화되고 모방된다.	**양육을 강조** : 발달은 조건화와 모방의 결과이다. 초기와 후기의 경험 모두 중요하다.
Piaget의 인지발달 이론	**비연속적** : 인지발달은 단계적으로 일어난다.	**한 경로** : 단계는 보편적이라고 간주된다.	**천성과 양육 둘 다** : 발달은 뇌의 성장과 아동의 연습으로 일어나고 현실을 발견하고자 하는 그들의 선천적 욕구는 전반적인 환경을 자극한다. 초기와 후기 경험 모두 중요하다.
정보처리	**연속적** : 아동은 지각, 주의, 기억, 문제해결기술에서 점차적으로 개선된다.	**한 경로** : 연구된 변화들은 대부분 혹은 모든 아동들의 특성으로 나타난다.	**천성과 양육 둘 다** : 아동은 뇌의 성장과 새로운 환경을 직면함에 따라 그들의 사고를 수정하고자하는, 능동적으로 이해하고자 하는 존재이다. 초기와 후기의 경험 모두 중요하다.
동물행동학과 진화론적 발달심리학	**연속적 비연속적 둘 다** : 아동은 점차적으로 보다 넓은 범위의 적응적 행동을 발달시킨다. 민감기가 되면 질적으로 뚜렷한 능력들이 아주 갑작스럽게 나타난다.	**한 경로** : 적응적 행동과 민감기는 모든 종 구성원들에게 적용된다.	**천성과 양육 둘 다** : 진화와 유전이 행동에 영향을 미치고, 학습은 그것에 유연성과 적응성을 제공한다. 민감기에는 초기의 경험이 후기 발달을 이끈다.
Vygotsky의 사회문화적 이론	**연속적 비연속적 둘 다** : 언어습득과 학교교육이 단계적 변화를 이끈다. 또한 보다 숙련된 사회구성원과의 대화는 문화에 따라 다양한 지속적인 변화를 이끈다.	**가능한 많은 경로** : 사고와 행동에 있어서 사회적으로 매개된 변화들은 문화에 따라 다양하게 나타난다.	**천성과 양육 둘 다** : 유전, 뇌의 성장, 보다 숙련된 사회구성원과의 대화는 발달에 협력적으로 기여한다. 초기와 후기 경험 모두 중요하다.
생태체계 이론	명확하지 않음	**많은 가능한 경로** : 아동들의 특성은 고유한 방법으로 발달을 이루기 위해 환경적인 힘과 복합적인 수준에서 통합된다.	**천성과 양육 둘 다** : 아동의 특성과 타인의 반응이 양방향으로 각자에게 영향을 준다. 환경의 각 층들이 아동–양육 경험에 영향을 준다. 초기와 후기 경험 모두 중요하다.
역동적 체계 관점	**연속적 비연속적 둘 다** : 체계의 변화는 항상 진행 중이다. 아동이 자신이 행동을 재구성할 때 단계와 같은 변화가 일어난다. 따라서 체계의 구성 요소들은 전체로 기능한다.	**많은 가능한 경로** : 생물학적인 요소, 일상의 과제들, 사회적 경험이 특정 기술의 큰 개인차를 만들어 내도록 변화한다.	**천성과 양육 둘 다** : 아동의 정신, 신체, 물리적, 사회적 환경이 새로운 기술을 습득하도록 이끄는 통합적 체계를 형성한다.

주 요 용 어

가소성(plasticity)
거시체계(macrosystem)
규준적 접근(normative approach)
단계(stage)
동물행동학(ethology)
맥락(contexts)
미시체계(microsystem)
민감기(sensitive period)
발달심리학(developmental psychology)
발달적 인지신경과학(developmental cognitive neuroscience)
비연속적(discontinuous)

사회문화적 이론(sociocultural theory)
사회학습 이론(social learning theory)
생태체계 이론(ecological systems theory)
성숙(maturation)
시간체계(chronosystem)
심리사회적 이론(psychosocial theory)
심리성적 이론(psychosexual theory)
아동발달(child development)
역동적 체계 관점(dynamic systems perspective)
연속적(continuous)
외체계(exosystem)
이론(theory)

인간발달(human development)
인지발달 이론(cognitive-developmental theory)
정보처리(information processing)
정신분석적 조망(psychoanalytic perspective)
중간체계(mesosystem)
진화론적 발달심리학(evolutionary developmental psychology)
천성–양육 논쟁(nature-nurture controversy)
행동 수정(behavior modification)
행동주의(behaviorism)

'우물'

Chayman Seth, 13세, India

한 성인이 생명을 유지해 주는 물을 퍼내고 있으며, 두 아이는 우물 속을 열심히 들여다보고 있다. 연구전략은 아동이 현재와 미래의 성장을 위해 보호·양육·격려에 필요한 최선의 방법을 찾도록 도와준다.

출처 : 국제 아동화 미술관(노르웨이의 오슬로)의 허락으로 게재

연구방법

이론에서 가설로

아동연구의 일반적인 방법
· 체계적 관찰
· 자기보고 : 면접과 질문지
· 신경생물학적 방법

■ 생물학과 환경
당뇨가 있는 엄마의 신생아에게 나타나는 태내철
분결핍과 기억손상 : ERP 연구결과
· 임상 · 사례연구법
· 문화연구법

신뢰도와 타당도 : 과학적 연구의 핵심
· 신뢰도
· 타당도

일반적 연구설계
· 상관설계
· 실험설계
· 수정된 실험설계

발달연구를 위한 설계
· 종단설계
· 횡단설계
· 발달연구 설계의 향상

아동연구의 윤리

■ 사회적 쟁점 : 건강
아동연구의 위험 : 발달차와 개인차

이 장에서는 연구절차—연구자가 아동에 대한 연구를 계획하고 수행할 때 직면하는 여러 가지 과제—에 대해 자세히 살펴보았다. 한 연구자가 아동의 또래관계 발달에 대한 연구를 하기 위하여 자료 수집을 위한 준비를 마치고 실험대상 학교를 방문하였다고 생각해 보자. 그는 먼저 아동의 또래관계에 대한 이론과 선행지식에 기초하여 연구할 주제를 정하는 데 몇 주를 보낼 것이다. 그런 다음 두 가지 핵심 과제를 포함한 적절한 연구전략을 선택할 것이다. 첫 번째는 다양한 **연구방법**(research methods)—검사, 질문지, 면담, 관찰 등과 같은 연구참여자에 대한 특정 활동—을 선택하는 것이고, 두 번째는 **연구설계**(research design)—자신의 연구주제에 대해 가능한 최적의 검증을 위한 연구의 전반적 계획—를 결정하는 것이다. 마지막으로 연구참여자에게 발생할 유해 가능성을 점검하기 위해 연구절차를 재검토한 후, 실험대상 학교에서 자료를 수집하게 될 것이다.

그러나 연구참여자의 복지를 위해 구성된 위원회를 거치면, 연구자는 윤리적 딜레마에 봉착하게 될 것이다. 연구는 동물이나 인간, 그 누구를 대상으로 하든, 연구참여자에게 스트레스를 주는 처치로부터 연구참여자를 보호하기 위한 기준에 따라야 한다. 아동의 미성숙과 취약성으로 인해, 아동의 권리가 침해되지 않도록 추가적인 주의가 요구된다. ■

이론에서 가설로

제1장에서 이론을 통해 연구에 중요한 관심주제를 결정하는 방법과 자료를 수집하는 방법을 결정하여 연구절차를 조직화하는 방법을 이해할 수 있었다. 또한 이론을 아동의 현실 상황과 실제 연구결과에 적용하도록 안내하는 방법에 대해 논의하였다. 실제로, 연구는 **가설**(hypothesis)이라고 하는 이론으로부터 도출된 예측에서 출발한다. 제1장에서 제시한 아동발달 이론에 대해 생각해 보자. 가설은 여러 이론 중 하나로부터 도출된다. 일단 가설이 검증되면, 이론의 정확함을 나타낸다.

연구는 하나의 이론으로부터 도출된 가설을 다른 이론으로부터 도출된 가설과 맞서게 하는 것이다. 예를 들면, 발달에 있어 성숙의 역할을 강조하는 이론에 따르면, 아동이 첫 단어를 말하고, 수 세기를 배우거나 신발 끈을 묶는 시기에 성인의 자극이 미치는 영향이 적을 것이라고 예측된다. 반면, 사회문화적 이론가는 성인의 가르침을 통해 이러한 능력이 촉진된다고 생각한다.

또한 연구는 하나의 이론으로부터 도출된 예측을 검증할 수도 있다. 예를 들어, 생태학적 체계 이론은 소외된 이혼모에게 사회적 지지가 제공될 경우 자녀들에게 더 참을성 있게 행동할 것이라고 주장한다. 동물행동학자들에 따르면, 영아의 울음소리는 성인의 강한 생리적 각성을 자극하고, 고통스러워하는 아기를 보호하고 달래도록 자극한다고 생각한다.

때때로, 흥미로운 주제에 관한 이론이 존재하지 않는 경우도 있다. 이 경우, 연구자는 다음과 같이 **연구문제**(research question)에서 출발하게 될 것이다. 최근의 세계적 사건—미국의 이라크전과 테러의 급격한 증가—이 아동의 공포심이나 불안감을 고조시키는가? 누가 문자메시지, 페이스북, My Space 등과 같은 SNS나 인터넷 대화를 과다 사용하는 10대가 되

10대들의 온라인 SNS 사용에 영향을 미치는 요인은 무엇인가? 이 주제에 관심을 갖는 연구자는 연구문제나 검증할 가설이나 예측을 설정하게 된다.

는가? 그들은 친구가 많은 사교적인 사람인가, 아니면 사회적 지지가 적은 외톨이인가? 연구자가 연구방법과 연구설계를 결정할 때 가설이나 연구문제는 연구자에게 중요한 길잡이가 된다.

여기서 여러분은 연구자가 아닌 우리가 연구방법을 왜 배워야 하는지에 의문이 들 것이다. 이런 일은 전문연구자에게 맡기면 되지 않을까? 우리는 이미 아동에 대해 알려진 것과 그러한 지식을 어떻게 적용할 수 있는지에 집중하는 것이 더 좋지 않을까? 그러나 여러분이 연구방법을 배워야 하는 두 가지 이유가 있다. 첫째, 우리는 현명하고 비판적인 지식의 소비자가 되어야 한다. 다양한 연구방법의 장·단점을 아는 것은 잘못된 생각을 불러일으키는 결과로부터 신빙성 있는 정보를 구분하고자 할 때 중요한 역할을 한다. 둘째, 아동을 직접 대하는 사람들의 경우, 자신이나 경험 있는 연구자의 협력자로 연구를 수행하여 현장과 연구 사이의 연결고리를 만드는 특별한 역할을 하게 된다. 학교, 정신건강시설, 공원, 오락 프로그램과 같은 지역사회 기관들은 지금도 연구자와 함께 아동의 발달을 향상시키는 데 목표를 둔 중재 프로그램을 설계하고, 수행하고, 평가하는 데 서로 협력하고 있다(Guerra, Graham, & Tolan, 2011). 이러한 노력을 확장시키기 위해서는 연구과정에 대한 기초적 이해가 절실히 요구된다.

아동연구의 일반적 방법

연구자는 아동에 대한 정보를 수집하는 기본적인 접근방식을 어떻게 선택하는가? 일반적인 방법은 체계적 관찰, 자기보고(설문지법이나 면접법), 심리생리학적 방법, 개별 아동에 대한 임상 또는 사례연구, 그리고 특정 집단 아동의 생활환경에 대한 인류학적 방법을 포함한다. 표 2.1은 각 방법의 강점과 제한점을 요약하고 있다.

체계적 관찰

아동의 행동이나 아동의 삶에 중요한 성인의 행동에 대한 관찰은 여러 가지 방법으로 이루어질 수 있다. 한 가지 방법은 현장이나 자연 환경 속으로 들어가 흥미 있는 행동을 기록하는 것이다. 이러한 방법을 **자연관찰**(naturalistic observation)이라고 한다.

또래의 슬픔에 대한 학령전 아동의 반응에 대한 연구가 좋은 예이다(Farver & Branstetter, 1994). 어린이집에서 3∼4세 유아를 관찰하면서, 연구자는 울음의 사례와 주변 아동의 반응—친구의 슬픔을 무시하는지, 바라보는지, 이에 대한 의견을 말하는지, 또는 야단치거나 놀리는지, 또는 나누고, 돕고, 공감을 표현하는지 등—을 기록하였다. 성인의 민감성이 아동의 양육적 반응과 관련이 있는지를 밝히기 위하여 친구가 왜 우는지를 설명하거나 갈등을 중재하고 달래 주는 것과 같은 양육자의 행동을 기록하였다. 그 결과, 이들 간의 강력한 연관성을 발견할 수 있었다. 자연관찰의 큰 장점은 연구자가 그들이 설명하고 싶어 하는 일상적인 행동을 직접 관찰할 수 있다는 점이다.

그러나 자연관찰은 중요한 제한점을 지닌다. 모든 아동은 일상생활 속에서 특정한 행동을 표출할 기회가 동일하지 않다. 방금 언급한 연구에서, 어떤 아동은 다른 아동보다 우는 아이를 더 자주 목격하게 되거나 양육자의 긍정적인 사회적 반응을 얻기 쉬운 상황에 접하기도 한다. 이런 이유로 동정심을 더 많이 표현하기도 한다.

일반적으로 연구자들은 구조화된 관찰에 의해 이러한 문제를 해결하려고 한다. **구조화된 관찰**(structured observations)의 경우, 연구자는 모든 연구참여자가 특정 반응을 나타낼 기회가 동일하

표 2.1 정보수집 방법의 강점과 제한점

방법	특징	강점	제한점
체계적 관찰			
자연관찰	자연스러운 맥락에서 행동관찰	참여자의 일상적인 행동을 반영한다.	참여자를 관찰하는 조건을 통제할 수 없으며, 관찰자의 능력과 관찰자 오류가 관찰의 정확성을 제한한다.
구조화된 관찰	모든 참여자의 조건이 동일한 실험실에서 행동관찰	각 참여자의 관심행동 표출에 동일한 기회가 부여되고 일상생활에서 보기 힘든 행동의 연구가 가능하다.	일상생활에서 나타나는 참여자의 전형적 행동관찰이 어려우며, 관찰자의 능력과 관찰자 오류가 관찰의 정확성을 제한한다.
자기보고			
임상적 면접	연구자가 참여자의 사고에 대한 완전한 평가를 얻을 수 있는 융통성 있는 면담과정	일상생활에서 각 참여자의 사고방식에 가까이 접근하는 것이 가능하고, 세부적이고 광범위한 정보를 짧은 시간에 얻을 수 있다.	정보의 정확한 보고가 어렵고, 유연한 절차로 인해 개별 반응을 비교하기 어렵다.
구조화된 면접, 검사 및 질문지	모든 참여자에게 동일한 방식으로 동일한 질문에 답하도록 한 자기보고식 도구 사용	효율적 자료 수집과 참여자의 반응에 대한 비교가 가능하다. 연구자는 참여자가 개방형 면담에서 생각하지 못하는 대안적 응답을 상세히 제시할 수 있다.	임상적 면담과 같은 깊이 있는 정보를 얻기가 힘들며 응답자는 부정확한 보고를 하기 쉽다.
신경생물학적 방법	생리학적 과정과 행동 간의 관계를 측정하는 방법	특정 능력의 발달과 개인차에 기여하는 중추신경계의 구조를 밝히고 스스로에 대해 명확한 보고능력이 없는 영유아의 지각, 사고, 정서를 추론하도록 돕는다.	자율신경계와 뇌활동의 의미를 밝힐 수 없으며, 연구자가 관심을 가진 것 외의 많은 요소들이 생물학적 반응에 영향을 미칠 수 있다.
임상·사례연구법	면담, 관찰, 검사점수, 또는 심리생리학적 평가를 통해 얻은 자료를 종합하여 개인의 심리학적 기능에 대한 전반적 이해	발달에 영향을 끼치는 요인에 대한 풍부하고 설명적인 통찰력을 제공한다.	연구자의 이론적 선호성에 의한 오류를 범할 수 있으며, 연구결과를 연구참여자 이외의 사람들에게 적용할 수 없다.
민속지학	문화 또는 뚜렷한 사회집단의 참여관찰, 광범위한 현장기록에 의해 문화의 고유 가치와 사회적 과정 파악	한 번의 방문에 의한 관찰, 면담, 설문에서 얻을 수 있는 것보다 더 완벽한 설명을 제공해 준다.	연구자의 가치관과 이론적 선호성에 의해 오류를 범할 수 있으며 연구결과는 연구한 것 이외의 대상이나 상황에 적용할 수 없다.

도록 관심 있는 행동을 불러일으키는 실험 상황을 만들어 낸다. 한 연구에서, 자기가 저지른 사고에 대한 2세 아동의 정서적 반응을 관찰하기 위하여 아동이 천 인형을 집으면 인형의 다리가 떨어져 나가도록 제작된 인형을 아동에게 제공하였다. 아동이 자신의 잘못이라고 느끼도록 다리가 떨어지면 "앗, 아야!"라고 인형 '대신 말(talking for)' 하였다. 연구자는 다친 인형에 대한 걱정과 슬픔을 나디내는 아동의 얼굴 표정, 인형을 도우려 애쓰는 모습, 신체적 긴장상태 등, 즉 불상사를 수습하려는 욕구와 양심의 가책을 나타내는 반응을 기록하였다. 또한, 어머니를 대상으로 자녀의 정서에 대한 간단한 면담을 실시하였다(Garner, 2003). 어머니가 정서적 원인이나 결과를 더 많이 설명한 경우, 유아는 다친 인형에 대해 더 많은 관심을 표현하였다.

구조화된 관찰은 자연적 관찰보다 연구상황에 더 많은 통제를 제공해 준다. 그뿐만 아니라 이러한 방법은 연구자가 일상생활에서 관찰하기 힘든 행동—부모·자녀·친구 간의 상호관계와 같은—을 연구하는 데 유용하다. 예를 들면, 공격적인 아동과 그렇지 않은 아동의 교우관계 질을 비교할 때, 연구자는 거의 100여 명의 10세 남아와 그들의 친한 친구를 실험실에 불러 각 쌍이 보드게임을 하거나 협력하여 글자맞추기 퍼즐게임을 하도록 하였다. 공격적인 남아와 그 친구들은 게임의 규칙을 어기거나 퍼즐을 푸는 동안 해답을 보는 등 속임수를 더 많이 사용했고, 이러한 부정행동을 하도록 서로를 부추기는 경향이 더 많았다. 또한 연구자는 이러한 공격적인 남아의 상호작용

자연관찰의 경우 연구자는 현장에서 관심 있는 행동을 기록한다. 여름캠프에서 아동을 관찰한 연구자는 친구 선택, 협력, 도움 주기, 갈등 등에 관심을 갖는다.

을 공격적이지 않은 남아의 상호작용과 비교한 결과, 정서적으로 덜 긍정적이고 보다 격하게 화를 내며 상호호혜적인 관계가 부족한 것으로 평가되었다(Bagwell & Coie, 2004). 연구자들은 공격적인 남아의 밀접한 또래 간 유대는 온정적이고 지지적이라기보다는 적개심이나 다른 부정 행동을 하는 상황을 제공하여 반사회적 행동의 증가를 불러온다는 결론을 내렸다.

이 연구에서 반사회적 소년들의 실험실 내 행동은 아마도 그들의 실제 행동과 유사할 것이다. 자기들이 관찰되고 있다는 것을 알면서도 그들은 부정적으로 행동했다. 그러나 구조화된 관찰은 대체로 참여자가 실험실에서 자연스러운 환경에서 행동하는 것처럼 행동할지를 확신할 수 없다는 것이 가장 큰 단점이다.

체계적 관찰자료의 수집   체계적 관찰자료를 수집하는 데 사용되는 절차는 연구문제에 따라 다양하다. 때때로 조사자는 행동의 전체적 경향—주어진 시간 동안 말하고 행동한 모든 것—을 기록하는 방식을 선택한다. 한 연구에서, 연구자는 영·유아기 어머니의 민감성이 5~6세 아동의 학교준비도에 미치는 영향을 밝히고자 하였다(Hirsh-Pasek & Burchinal, 2006). 연구자는 6개월에서 4세 반 사이의 유아를 대상으로 15분간의 엄마-유아 간의 놀이상황을 주기적으로 녹화하였다. 그런 다음 엄마의 긍정적 정서, 지지, 자극적 놀이, 자녀의 자율성 존중 등—유아가 유치원 입학할 때, 보다 나은 언어적·학문적 향상을 예측해 주는 민감성의 구성요소들—을 평가하였다.

연구자는 하나의 행동이나 소수의 행동에 대한 정보를 필요로 할 경우에 보다 효율적인 방법을 사용할 수 있다. 이 경우, 보편적인 방법은 사건표집이다. **사건표집**(event sampling)에서는 관찰자가 특정 시간 동안 해당 행동의 모든 사례를 기록한다. 앞서 보고된 또래의 슬픔에 대한 학령전 아동의 반응에 대한 연구에서는, 연구자는 한 아동이 울 때 뒤따라 나타나는 다른 아동의 반응에 대한 사례를 기록할 때 사건표집을 사용하였다.

효과적으로 관찰하는 또 다른 방법은 시간표집이다. **시간표집**(time sampling)에서 연구자는 표집한 짧은 시간 간격 동안 해당 행동이 발생 여부를 기록한다. 그리고 관찰기간은 짧은 시간단위로 나눈다. 예를 들면, 30분간의 관찰을 15초 간격으로 120개의 시간단위로 나눈다. 관찰자는 대상 인물을 주시하고 각 시간 간격 동안 행동을 체크하여, 관찰이 끝날 때까지 이러한 과정을 반복한다. 최근, 저자는 동료들과 지역 어린이박물관을 방문하는 동안 부모와 아동이 시간을 어떻게 보내는지를 밝히기 위해 시간표집법을 사용하였다. 우리의 관찰자는 100명 이상의 부모와 아동을 따라다니며 10분 동안 30초 간격으로 부모와 아동의 행동을 20회 체크하였다. 연구결과, 부모와 아동이 박물관에서 함께 보낸 시간은 관찰 시간의 45% 정도였다. 그리고 관찰시간의 30%는 부모들이 자녀의 근처에 머물면서, 아동의 활동을 가까이서 관찰하는 데 보냈다(Mann, Braswell, & Berk, 2005). 명백히, 박물관은 부모들이 자녀와 함께 상호작용하고 자녀를 파악하는 충분한 기회를 제공하였다.

연구자들은 파악하기 힘든 아동의 행동을 관찰하는 독창적인 방법을 고안해 왔다. 가령, 따돌림 사례를 기록하기 위하여 연구집단이 교실과 놀이터를 관찰할 수 있는 비디오카메라를 설치하고 4~6학년까지의 아동에게 원격조정이 가능한 작은 마이크로폰과 주머니 크기의 송신기를 부착하였다(Craig, Pepler, & Atlas, 2000). 연구결과, 따돌림은 빈번하게—교실 내에서는 시간당 2.4개의 에피소드, 놀이터에서는 4.5개의 에피소드—발생하는 것으로 밝혀졌다. 그러나 이 중 괴롭힘을 중지하기 위한 교사의 조치는 15~18%에 머물렀다. 따돌림에 대한 주제는 제14장에서 다시 다룬다.

체계적 관찰의 제한점   체계적 관찰이 지닌 가장 중요한 제한점은 **관찰자영향**(observer influence),

즉 연구하고자 하는 행동에 미치는 관찰자의 영향이다. 조심스럽고 친숙하지 않은 관찰자의 존재는 아동과 성인으로 하여금 부자연스럽게 반응하도록 한다. 7~8세 이하 아동의 경우, 관찰자의 영향은 일반적으로 1~2회기 정도로 제한된다. 어린 아동의 경우 '본래 자신의 모습(being themselves)'이 아닌 체로 행동하는 것이 장시간 지속되지 않으며, 관찰자의 존재에 빠르게 익숙해진다. 그러나 나이 든 아동이나 성인의 경우, 자신이 관찰되고 있음을 알게 되면 사회적으로 바람직한 행동을 보다 더 자주 수행한다. 이러한 경우에, 연구자는 참여자의 반응이 주어진 상황하에서 드러낼 수 있는 최선의 행동임을 알아야 한다.

연구자는 관찰자영향을 최소화하여야 한다. 연구참여자가 관찰자의 존재에 익숙해지도록 관찰자가 연구기관을 방문하여 적응기간을 갖는 것도 도움이 된다. 다른 방법은 관찰을 하려는 아동의 자연스러운 환경의 일부로 존재하는 사람에게 관찰을 요청하는 것이다. 예를 들면, 몇몇 연구에서는 부모들에게 자녀의 행동을 기록하고, 경우에 따라서는 자신의 행동도 기록하도록 훈련하였다. 이 방법은 익숙하지 않은 관찰자의 영향을 줄이는 것 이외에도 관찰자료를 모으는 데 필요한 시간에도 영향을 미친다. 그래서 어떤 정보는 자료를 수집하는 데 오랜 시간이 걸리기도 한다.

한 연구에서 연구자는 8~16세 아동이 부모의 부부갈등에 반응하는 방식과 그러한 아동의 반응이 부부갈등의 과정에 미치는 영향을 살펴보았다. 2주 동안 부모는 부부갈등이 발생한 즉시 자신의 감정, 자신이 사용한 방식, 자녀의 행동, 갈등의 해소 여부 등과 더불어 각 갈등상황을 기록하였다(Schermerhorn, Chow, & Cummings, 2010). 연구결과, 아동의 부정적 행동(분노, 슬픔 공포 등의 표현, 비행, 부모에게 소리지르기, 공격적 행동)은 부모의 부정적 특성과 부부갈등이 해결되지 않고 남아 있을 가능성이 증가됨을 예측할 수 있었다. 반대로 아동이 갈등을 줄이는 데 목표를 두고 강력한 행동(돕기, 부모 달래기, 편들기, 화해시키려 애쓰기)을 하면, 부모의 정서는 보다 긍정적이며 부부 간의 이견을 더 잘 해결할 수 있었다.

관찰자영향과 더불어 **관찰자편견**(observer bias) 또한 심각한 위험요소가 된다. 관찰자가 연구목적을 인식하고 있을 때 연구참여자가 실제로 하는 행동보다는 기대되는 행동을 관찰하고 기록하는 경향이 있다. 그러므로 연구자가 설정한 가설에 대한 정보를 가지고 있지 않은 사람—또는 최소한 개인적 영향이 거의 없는 사람—이 관찰자료를 수집하는 것이 가장 적절하다.

마지막으로 비록 체계적인 관찰이 아동과 성인이 어떻게 행동하는지에 대한 가치 있는 정보를 준다고 하더라도 이는 행동에 기초가 되는 사고에 대해서는 별다른 정보를 제공해 주지 못한다. 이러한 종류의 정보를 얻으려면 연구자는 자기보고적 기법에 관심을 가져야 한다.

자기보고 : 면접과 질문지

자기보고적 기법은 연구참여자에게 자신의 인식, 사고, 능력, 느낌, 태도, 신념 그리고 과거 경험 능에 대한 정보를 세공할 것을 요구한다. 여기에는 Piaget가 아동의 사고를 연구하는 데 사용했던 비교적 비체계화된 임상적 면접에서부터 설문지나 검사와 같은 매우 구조화된 면접에 이르기까지 다양한 방식이 있다.

임상적 면접 **임상적 면접**(clinical interview)에서 연구자는 참여자의 관점을 면밀히 조사하기 위해 유연한 대화방식을 사용한다. Piaget가 3세 아동의 꿈에 대한 이해를 질문한 경우를 생각해 보자.

> 꿈은 어디서 생기는 걸까?—나는 잠을 잘 자기 때문에 꿈을 꾸게 된다고 생각해요.—꿈은 우리 몸속에서 생기는 걸까, 아니면 밖에서 생기는 걸까?—밖에서요.—네가 잠자리에 들어 꿈을 꾸게 될 때, 꿈은 어디에 있을까?—내 침대나 이불 속에요. 잘 모르겠어요. 만약 뱃속에 있다면, 뼈 때문에 잘 안 보일 거예요.—네가 잘 때 꿈이 거기 있을까?—네, 꿈은 침대 속 내 옆에 있을 거예요.
>
> (Piaget, 1926/1930, pp. 97~98)

한 명 이상의 아동과 임상적 면접을 수행하는 연구자는 공통의 과제를 수행하기 위해 일반적으로 처음에는 동일한 질문을 하지만, 개별화된 질문은 개별 아동의 사고에 대한 보다 전반적인 정보를 제공해 줄 수 있다(Ginsburg, 1997).

임상적 면접은 두 가지 주된 장점을 지닌다. 첫째, 임상적 면접은 사람들이 가능한 일상생활에서 생각하는 방식과 유사하게 자신의 생각을 표출하도록 도와준다. 둘째, 임상적 면접은 아주 짧은 기간 안에 많은 양의 정보를 제공해 줄 수 있다. 예를 들면, 한 시간 동안 자녀양육에 대한 광범위한 정보를 부모로부터 얻을 수 있다. 이는 같은 시간 동안의 부모-아동의 상호작용을 관찰함으로써 획득할 수 있는 것보다 훨씬 더 많은 양의 정보를 얻게 해 준다.

임상적 면접의 제한점 임상적 면접의 주된 제한점은 사람들이 자신의 사고, 느낌, 경험에 대해 보고한 정보의 정확성과 관련이 있다. 어떤 참여자는 면접자를 기쁘게 하기를 바라기 때문에 자신의 실제 생각과 다른 답을 만들어 내기도 한다. 과거 사건에 대해 질문하면 어떤 참여자는 무슨 일이 일어났는지 정확하게 기억하지 못하기도 한다. 그리고 임상적 면접은 언어적 능력과 표현력에 의존하기 때문에, 자신의 생각을 언어로 표현하는 데 어려움을 지닌 개인의 능력을 과소평가할 수도 있다. 숙련된 면접자는 조심스럽게 질문을 제시함으로써 이러한 문제를 최소화할 수 있다. 또한 숙련된 면접자는 연구대상자가 질문을 명확히 이해하지 못하는지, 면접상황을 편안하게 느낄 수 있도록 연구대상자에게 더 많은 시간이 요구되는지에 주의를 기울인다.

특정 주제에 대한 면접은 특히 왜곡되기 쉽다. 한 연구에서, 연구자는 사건 발생과 동시에 과거 사건에 대한 부모와 아동의 진술을 이전에 수집한 정보와 비교하였다. 두 경우에 획득된 심리적 상태나 가족상황에 대한 보고는 거의 또는 전혀 일치되지 않았다(Henry et al., 1994). 부모들은 대체로 성장이 빠르거나 아동의 문제가 적을 때, 또는 현재 전문가가 충고하는 것과 같은 수준의 양육실제에 대해 보고할 때, 아동발달에 대해 보다 열정적인 용어를 사용하여 회상한다(Yarrow, Campbell, & Burton, 1970). 면담의 초점이 과거보다 현재의 정보이거나 전반적 판단보다 특정 성격인 경우에 관찰이나 다른 방식으로 얻은 정보와 더 잘 일치하였다. 그렇지만 부모는 자신의 양육실제와 아동의 성격, 선호성, 인지능력을 기술하는 데 있어 완벽하지는 않았다(Rothbart & Bates, 2006; Saudino, 2003; Waschbusch, Daleiden, & Drabman, 2000).

따라서 제1장에 언급한 바와 같이 임상적 면접은 이러한 융통성으로 인해 비판을 받는다. 다른 방식의 질문이 연구참여자에게 제시되면 주어진 주제에 대한 그들의 다양한 응답은 사람들이 생각하는 방식의 실제적인 차이라기보다는 면접방식의 차이로 인한 것이라고 볼 수 있다. 이러한 문제를 감소시키기 위하여 연구자는 두 번째 자기보고식 방법인 구조화된 면접을 사용한다.

구조화된 면접, 검사 및 질문지 구조화된 면접(structured interview)의 경우, 각 개인은 같은 방식으로 같은 질문에 응답해야 한다. 이러한 접근방식은 면접자가 특정 참여자에게 다른 참여자와 다른 압박이 자극을 가할 가능성을 제거해 준다. 더욱이 구조화된 면접은 임상적 면접보다 더 효율적이다. 응답이 간단하고, 연구자가 동시에 한 학급 전체의 아동이나 부모 집단으로부터 기록된 반응을 얻을 수 있다. 연구자가 관심 있는 구체적인 활동과 행동을 응답 선택지를 통해 제시할 수 있다. 이는 개방적 임상면접에서 연구참여자가 생각할 수 없는 것들을 포함하기도 한다. 예를 들면, '아동이 자신의 삶을 준비할 때 가장 중요한 것이 무엇이라고 생각하는가?'를 질문하였을 때 62%는 응답 선택지에 제시된 '자기 자신에 대해 생각하는 것'이라고 응답하였다. 그러나 임상적 면접에서는 5%만이 이러한 응답을 하였다(Schwarz, 1999).

임상적 면접에서의 대화방식은 아동이 일상생활에서 하는 것처럼 자신의 생각을 표현하도록 해 준다. 그러나 질문이 주의 깊게 계획되지 않으면 응답은 연구참여자의 관점이나 경험을 정확하게 반영하지 못한다.

© BILL ARON/PHOTOEDIT

그럼에도 불구하고 구조화된 면접은 부정확한 보고에 영향을 받을 수 있다. 또한 구조화된 면접은 임상적 면접과 같이 깊이 있는 정보를 제공해 주지 못한다. 현재 많은 연구자들이 두 가지 접근 방식을 결합하는 것이 일관된 결과를 도출하는지, 한 가지 방법보다 더 명확한 정보를 제공해 주는지를 알고자 두 가지 접근법을 결합하기도 한다(Yoshikawa et al., 2008).

신경생물학적 방법

지각적 · 인지적 · 정서적 반응의 생물학적 기초를 밝히려는 연구자의 바람에 생물학적 과정과 행동 간의 관계를 측정하는 **신경생물학적 방법**(neurobiological methods)을 사용할 수 있게 되었다. 연구자는 이 방법을 사용하여 중추신경계 구조가 발달과 개인차에 기여하는 바를 밝히고자 하였다. 또한 신경생물학적 방식은 연구자가 자신의 심리적 경험을 명확하게 보고할 수 없는 영아나 어린 유아의 지각, 사고, 정서를 추론하고자 할 때 도움이 된다.

자율신경계의 비자발적 활동[1] — 심장박동수, 혈압, 호흡, 동공 팽창, 피부의 전기 전도력, 스트레스 호르몬 수준의 변화 — 은 심리적 상태에 따라 매우 민감하게 나타난다. 예를 들면, 심장박동수는 영아가 자극물을 멍청히 바라보고 있는지(심장박동수가 안정적이다), 정보를 처리하고 있는지(집중하고 있는 동안에는 심장박동수가 느려진다), 고통을 경험하는지(심장박동수가 빨라진다)를 추론하는 데 사용될 수 있다. 심장박동수의 변동이 흥미, 분노, 슬픔과 같은 특정 정서에 연결되어 있기 때문이다(Fox & Card, 1998; Hastings, Zahn-Waxler, & Usher, 2007).

타액의 코르티솔 호르몬 농도는 아동의 스트레스 반응에 대한 정보를 제공해 준다. '대항 또는 회피(fight or flight)' 호르몬으로 알려진 코르티솔은 호흡수, 혈압, 그리고 혈당을 증가시키고, 면역체계의 기능을 억제하며, 미래에 발생할 수 있는 정서적으로 민감한(격한) 사건을 피하도록 이에 대한 기억을 고조시킨다. 너무 높거나 너무 낮거나 간에 코르티솔 수준이 만성적으로 비정상적인 — 심각한 박탈(초기 고아원 양육과 같은), 부모 방관, 학대에 노출된 아동에게 나타나는 — 경우에는 파괴된 스트레스 반응체계에 신호를 보낸다. 또한 제10장에서처럼, 자율신경계 활동이 독특한 — 심장박동수, 코르티솔 수준, 다른 신체적 측정 등에서 나타나는 — 경우에는 수줍음과 사회성과 같은 기질 특성과 관련이 있다(Kagan & Fox, 2006).

표 2.2에 제시된 것처럼 뇌기능의 다양한 측정에 의해 자율신경계의 신호에 대한 정보가 풍부해졌다. 뇌파검사(electroencephalogram, EEG)에서 연구자는 뇌의 전기적 활동을 기록하기 위하여 두피에 전극을 부착한다. 연구자는 EEG를 통해 뇌파 패턴의 안정성과 체계성 — 피질의 성숙한 기능의 징표 — 을 검사할 수 있다. 그리고 아동이 특정 자극을 처리할 때, 사건관련전위(event-related potentials, ERPs) — 흔히 다양한 자극에 대한 영아의 비언어적 반응, 각 영역 대뇌피질의 발달에 있어 경험의 영향, 학습이나 정서문제로 인해 위험에 처한 아동의 비전형적 뇌기능 등 — 는 뇌파활동의 일반적인 위치를 파악하도록 도와준다(DeBoer, Scott, & Nelson, 2007; deRegnier, 2005). 예를 들면, 영어를 사용하는 가정에서 3개월 된 영아가 영어, 이탈리아어, 독일어로 된 문장을 들을 때 각기 다른 뇌파 패턴이 나타나며, 이는 영아가 세 가지 다른 언어의 발성법 패턴을 구분할 수 있으며 뇌의 국부가 이와 관련됨을 의미한다(Shafer, Shucard, & Jaeger, 1999).

전체 뇌의 활동 영역에 대한 3차원적 사진을 제공하는 **뇌신경영상기법**(neuroimaging techniques)은 뇌의 국부가 특정 능력을 위해 분화되었다는 것과 뇌기능 이상 등에 대한 보다 정확한 정보를 제공한다. 양전자방출단층촬영(positron emission tomography, PET)을 위해서는 아동이 스캐너가 달

---

1 자율신경계는 비자발적 행동을 조절한다. 이는 두 부분으로 나뉜다. (1) 교감신경계, 즉 위협상황을 다루는 에너지를 활성화하는 것(공포를 불러일으키는 사건에 대한 반응으로 심장박동수가 증가하는 것과 같은), (2) 부교감신경계, 즉 에너지를 저장하도록 하는 것(흥미 있는 자극에 집중할 때 심장박동수가 느려지는 것과 같은).

표 2.2   뇌기능 측정방법

방법	설명
뇌파검사 (Electroencephalogram, EEG)	헤드캡에 붙인 전극이 두뇌표피-대뇌피질-전류의 움직임을 기록한다. 최근 연구자들은 사람의 머리모양에 맞춘 헤드캡에 연결된 전극(영아 128개, 아동이나 성인은 256개 정도)이 달린 최단선 측정장치(geodesic sensor net, GSN)라는 첨단기기를 사용하여 보다 적합한 뇌파를 탐지할 수 있다.
사건관련전위 (Event-related potentials, ERP)	EEG를 사용하여 대뇌피질 여러 곳에서 특정 자극(그림, 음악, 말 등과 같은)에 반응하는 뇌파의 빈도와 진폭을 기록한다. 자극을 유도한 활동의 일반적인 영역의 파악을 돕는다.
기능적 자기공명영상 (Functional magnetic resonance imaging, fMRI)	자기장을 발생시키는 터널모양의 장치 속에 누워 있는 동안, 자성에 의해 스캐너가 개인이 특정 자극을 처리할 때 뇌의 정확한 영역에 혈류량과 산소대사의 증가를 감지한다. 스캐너는 매 1~4초 단위로 영상을 기록하고, 뇌 각 부위의 활성화(외층뿐이 아니라)를 전산화된 동영상으로 결합한다. 검사 중 가만히 있지 못하는 5~6세 이하의 유아에게는 적절하지 않다. 기구와 검사비용은 EEG나 ERP보다 더 많이 든다.
양전자방출단층촬영 (Positron emission tomography, PET)	방사선 물질을 주사하거나 흡입한 후 미세한 X선을 방출하는 스캐너가 달린 장치에 누워, 특별한 자극을 처리할 때 뇌영역에서 혈류량과 산소대사의 증가를 감지한다. fMRI처럼 결과는 뇌의 각 부위에서 '온라인' 활성화의 전산화된 동영상으로 제시한다. 그러나 5~6세 이하 유아에게는 적절하지 않으며, 가격이 비싸다.
근적외선 분광분석법 (Near-infrared spectroscopy, NIRS)	두뇌에 붙인 가늘고 유연한 광섬유를 사용하여 적외선(보이지 않음)을 뇌에 비춘다. 이때, 대뇌피질 영역에 흡수 정도는 특정 자극을 처리함에 따라 혈류와 산소대사의 변화에 따라 달라진다. 결과는 대뇌피질에서 활동 영역의 전산화된 동영상으로 제시된다. fMRI나 PET와 달리 NIRS는 제한된 범위로 움직일 수 있는 영아와 유아에게 적절하다.

그림 2.1   fMRI와 NIRS

(a) 6세 아동의 뇌가 빛과 동작을 어떻게 처리하는지를 밝히기 위하여 fMRI를 사용하여 연구를 수행한다. (b) fMRI 영상은 시각적 자극의 변화를 바라보는 동안 아이의 뇌의 어떤 영역이 활성화되는지를 보여 준다. (c) NIRS를 사용하여 2개월 된 아기의 시각 자극에 대한 반응을 조사한다. 검사를 실시하는 동안 아기는 제한된 범위 내에서 자유롭게 움직일 수 있다.

출처 : G. Taga, K. Asakawa, A. Maki, Y. Konishi, & H. Koisumi, 2003, "Brain Imaging in Awake Infants by Near-Infrared Optical Topography," *Proceedings of the National Academy of Sciences*, 100, p. 10723. Reprinted by permission.

린 침대에 가만히 누워 터널 같은 장치 속에 들어가야 한다. 그러나 PET와 달리 기능적 자기공명영상(functional magnetic resonance imaging, fMRI)은 방사능 물질의 주입을 요구하는 X선 사진에 의존하지 않기 때문에 매우 희망적이다. 아동이 자극물을 보면 뇌 속 혈량과 산소대사의 변화가 자기적으로 감지되어 활성화된 영역이 컴퓨터로 처리된 영상으로 나타나게 된다. 컴퓨터는 주어진 활동을 수행하는 사용된 뇌 부위의 반복적으로 기록된 영상을 컬러 동영상과 결합시켜 준다(그림 2.1a와 b).

PET와 fMRI는 참여자가 일정 시간 동안 가능한 움직이지 않고 누워 있어야 하기 때문에 영아나 유아에게는 적절하지 않다(Nelson, Thomas, & de Haan, 2006). 영아나 유아에게 적합한 뇌신경영상기법은 근적외선 분광분석법(near-infrared spectroscopy, NIRS)이다. 이 방법은 아동이 자극을 처리할 때 나타나는 혈류량과 산소대사를 측정하기 위해 적외선(눈에 보이지 않는)을 두뇌피질 부위에 쐬준다(표 2.2 참조). 장치는 단지 헤드캡을 사용해 두부에 부착된 얇고 유연한 광섬유로 구성되기 때문에, 아기를 부모의 무릎에 앉힐 수 있으며—그림 2.1c에 나타난 것처럼(Hespos et al.,

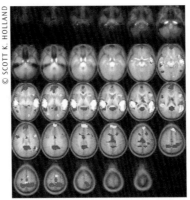

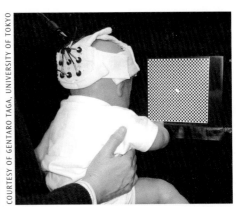

(a)   (b)   (c)

생물학과 환경

당뇨가 있는 엄마의 신생아에게 나타나는 태내철분결핍과 기억손상 : ERP 연구결과

당뇨는 20세 이상 미국인의 1%를 차지한다. 이 비율은 25년간 과체중과 비만의 확산으로 인해 급속히 상승하였다. 모든 인구분포에서 당뇨환자의 비율이 증가하고 있으나 특히 백인 성인보다 저소득 소수인종이 2배 이상 차지한다. 현재 임산부의 약 5%는 당뇨환자이다. 이 비율은 최근 10년간 두 배 이상 증가하였다. 대부분 임신 전에 당뇨에 걸려 있었고 임신 중에 걸리기도 한다(American Diabetes Association, 2011). 두 경우 모두 신생아가 장기적인 문제를 지닐 위험이 있다.

임신 초기, 조직이 형성될 때 당뇨를 지닌 엄마의 통제되지 않는 혈당이 선천적 위험을 증가시킨다. 임신 후기 과도한 혈당이 '과잉투입(overfed)'되어 태아가 비정상적으로 크게 자라게 되며 출생 시 합병증을 일으키게 된다. 게다가 엄마의 과도한 혈당 대사로 인해 태아는 비정상적으로 높은 수준의 인슐린－산소 요구량을 과도하게 증가시키는 상태－을 분비하게 된다. 산모의 신체 조직으로부터 추가적인 산소를 추출하기 위해 태아는 산소를 포함한 적혈구의 생성을 촉진시킨다. 이렇게 확장된 대량의 적혈구는 추가적 철분을 필요로 하며 이는 태아의 간, 근육, 심장, 뇌에 철분 함량을 과도하게 요구한다.

산모의 당뇨에 관한 동물연구에서 임신 말기에 기억발달에 핵심적으로 관여하는 조직 구조인 대뇌 측두엽－특히 새로운 기억을 형성하는 데 결정적인 역할을 하는 해마－에서 철분 함량이 급격히 감소하였다. 태내기 철분 감소는 해마의 크기를 감소시키거나 구조를 바꾸며, 뇌세포의 성장과 연결을 방해하여 실험쥐의 기억을 손상시켰다(Jorgenson et al., 2005; Schmidt et al., 2007).

인간을 대상으로 한 연구에서, 당뇨가 있는 엄마가 출산한 아동은 학령기 지능검사에서 또래보다 낮은 점수를 보였다(Rizzo et al., 1997). 태내기 철분결핍이 뇌의 기억 영역에 있어 초기 손상의 책임이 있는가? 일련의 연구에서 Charles Nelson(2007)과 그의 공동연구자들은 ERP를 사용하여 기억과정을 반영한다고 믿는 측두엽의 낮은 뇌파에 특별한 관심을 가지고 어린 신생아의 기억 성취도를 평가하였다.

전형적인 발달을 하는 신생아는 임신 중 반복적인 노출을 통해 엄마의 목소리를 인지하게 된다. 낯선 여성의 목소리보다 엄마의 목소리를 들으면 더 많이 젖꼭지를 빤다(DeCasper & Spence, 1988). 뇌의 철분결핍을 지닐 가능성을 지닌 엄마가 당뇨병 환자인 신생아와 정상 철분의 통제집단에 대한 비교에서, 신생아는 자기 엄마나 낯선 사람의 목소리 음성녹음을 들을 때 ERP가 기록되었다(Sidappa et al., 2004). 통제집단은 각 자극에 대해 엄마 목소리를 인식하는 것으로 나타내는 뚜렷한 ERP 낮은 파동을 보였다. 뇌의 철 함량이 결핍된 신생아는 뇌파의 차이가 없는 것으로 나타나 두 자극에 대한 기억손상을 나타내었다.

이러한 기억손상－당뇨 관련 태내기 뇌손상이 지속적인 결과를 갖는다는 증거－은 신생아기 이후까지 지속되는가? 연구자는 6개월 영아가 자기 엄마와 낯선 여자의 얼굴이 녹화된 영상을 번갈아 보는 동안 ERP를 기록하였다. 신생아와 마찬가지로 통제집단 엄마는 두 얼굴을 보면서 측두엽에 뚜렷하게 낮은 파동을 나타냈고, 당뇨가 있는 엄마의 영아는 어떤 차이도 없었다. 몇 달이 지난 후에도 그들은 자기 엄마의 얼굴 영상을 인지할 수 없었다(Nelson et al., 2000).

8개월 후 추후연구에서, 아기들에게 보다 도전적인 기억 과제를 주었다. 영아가 보지 못하도록 앞치마 밑에 놓여 있는 새로운 사물(보통 모양)을 만지게 한 후, 영아의 시각적 반응을 검사하였다. 이때 친숙한 사물 사진으로 새로운 사물의 사진을 방해하면서 보여 주었다(Nelson et al., 2003). 당뇨가 있는 엄마의 영아는 새로운 사물을 다른 자극으로부터 구분하는 어떤 ERP 증거도 나타내지 않았다. 반대로 통제집단 영아는 다른 감각양식을 제시할 때도 새로운 자극을 인지하는 능력이 준비되어 있음을 의미하는 측두엽의 느린 파장을 더 강하게 나타내며 새로운 사물에 반응하였다.

Nelson과 그의 동료는 연구참여자를 유아기까지 추적하여 통제집단보다 당뇨가 있는 엄마의 아동의 경우 낮은 기억력(특히 보다 빠르게 잊어버리는)을 나타

태내기 당뇨가 초기 기억력 발달에 미치는 영향을 연구하고자 연구자는 헤드캡에 부착딘 광섬유로 된 최단선 측정장치(geodesic sensor net)를 사용하여 8개월 된 영아가 어려운 기억 과제를 수행하는 동안 친자뇌파를 측정한다.

내는 추가적 ERP 결과와 행동적 증거를 수집할 수 있었다(Riggins et al., 2009). ERP 결과를 통해 이전에는 알 수 없었던 임신 중 합병증을 밝혀냈다. 철분 감소의 결과로 인해 중요한 뇌 영역에서 당뇨병 환자의 임신이 태아를 지속적인 기억력 결핍의 위험에 노출시키며, 따라서 장기적 학습이나 학업문제의 위험을 가져올 수 있다. 연구자들은 측두엽 안쪽 깊은 곳에 위치한 해마의 손상이 문제－영아에게 가능한 fMRI를 이용한 새로운 방법이 가능해짐에 따라 그들이 추구하기 바랐던 가설－라고 생각한다.

Nelson의 연구는 모든 임신부와 태아를 위해 충분한 철분 영양소의 중요성뿐만 아니라 당뇨병 환자의 임신 중 철분 보충을 통한 개입을 위해 보다 효과적인 방법이 필요함을 강조하고 있다. 체중 조절, 운동량 증가, 아동부터 시작된 영양 보충 등－제5장에서 다룰 주제－이 당뇨 예방에 중요하다.

2010)－검사를 실시하는 동안 움직일 수 있다. 그러나 뇌 전반에 걸쳐 활성화 정도의 변화를 알려주는 PET와 fMRI와 달리, NIRS는 대뇌피질의 기능만 검사할 수 있다.

신경생물학적 방법은 뇌발달과 심리적 발달 간의 관계를 밝히는 데 있어 매우 강력한 도구이다. 그러나 다른 연구방법과 마찬가지로, 이 또한 제한점을 지닌다. 특정 자극에 따라 자율신경의 뇌활동에 일정한 패턴을 나타낸다고 할지라도, 연구자는 개인이 어떤 방식으로 이를 처리하는지를 확

신할 수 없다. 그리고 심장박동수, 호흡, 뇌활동의 변화를 정보처리나 정서상태의 표시로 여기는 연구자는 그러한 변화가 배고픔, 지겨움, 피로감, 신체 움직임으로 인한 것이 아니라는 것을 확신할 수 있어야 한다(Nicholson, 2006). 결과적으로, 이러한 방법이 제시하는 의미를 명확히 하려면, 다른 방법—관찰법이나 자기보고식 방법—과 뇌파나 뇌영상 결과를 결합하여야 한다.

임상 · 사례연구법

정신분석학 이론의 부산물인 **임상 · 사례연구법**(clinical, or case study, method)은 면담, 관찰, 검사 점수, 때로는 심리생리학적 측정을 포함하여 아동에 대한 다양한 정보를 수집할 수 있다. 이 방법의 목적은 결국 얻고자 하는 아동의 심리적 기능과 경험에 대해 가능한 한 전체적인 묘사를 완성하는 것이다.

임상적 방법은 극히 적은 수의 개인에게 목격되거나 매우 다양한 특징을 지닌 특정 유형의 발달을 연구하는 데 적절하다. 예를 들면, 천재아(prodigies)—10세 이전에 특정 분야에서 성인 수준의 능력을 갖추고 타고난 재능이 매우 뛰어난 아동—의 성취에 기여하는 것이 무엇인지를 밝힐 때 사용될 수 있다(Moran & Gardner, 2006). 기저귀를 떼기도 전에 읽고 쓰고 작곡을 한 소년 아담의 경우를 생각해 보자. 4세가 되었을 때 아담은 인간의 상징체계—불어, 독어, 러시아어, 범어, 그리스어, 컴퓨터 프로그래밍 언어 BASIC, 고대 상형문자, 음악, 수학—를 통달하는 데 깊이 몰입하였다. 아담의 부모들은 애정, 확신, 유머로 그를 양육하고 자극이 풍부한 가정환경을 제공하였다. 아담은 자신의 능력을 발달시키고 가치 있는 사회적 관계를 형성할 수 있는 학교를 원했다. 아담은 18세에 대학을 졸업하고 작곡을 계속했다. 아담의 특별한 재능과 양육적이고 책임감 있는 부모의 운명적인 결합 없이 자신의 잠재성을 깨달을 수 있었을까? 아마도 그렇지 못했을 것이라고 연구자는 결론지었다(Feldman, 2004).

임상적 방법은 발달에 영향을 미치는 많은 요소를 통해 가치 있는 통찰력을 제공하는 풍부하고 세부적인 사례의 구체적인 내용을 제공해 준다. 그럼에도 불구하고, 다른 모든 방법과 마찬가지로 임상적 방법도 제한점을 지닌다. 종종 비체계적이고 주관적인 정보가 수집되기 때문에 연구자의 이론적 취향으로 인해 연구자의 관찰과 해석에 있어 편견이 개입될 수 있다. 게다가 연구자는 연구대상 아동 이외의 다른 아동에게 자신의 연구결과를 적용하거나 일반화할 수 없다(Stanovich, 2007). 일부 사례를 통해 일정한 경향성이 나타난다 하더라도 다른 연구전략을 통해 이를 확인하는 것이 현명하다.

임상 · 사례연구법을 사용하는 연구자는 엄마와의 면접, 관찰, 아동 검사를 결합하며, 아동의 심리적 기능에 대한 심도 깊은 정보를 구성한다.

문화연구법

문화의 영향을 연구하기 위하여 연구자는 방금 고찰한 임상 · 사례연구법을 조정하거나 문화 간 연구나 다문화 연구를 위해 특별히 고안된 과정을 거친다. 연구자들이 어떤 방식을 선택할지는 연구자의 연구목적에 달려 있다(Triandis, 2007).

때때로 연구자들은 보편적이라고 여기는 특성에 흥미를 가지지만 이는 사회마다 그 정도에 있어 다양하다. 연구자들은 특정 문화의 부모들이 다른 문화의 부모보다 더 다정하거나 또는 지시적인지, 서로 다른 나라에서 성 고정관념이 얼마나 강한지에 대해 질문하기도 한다. 각 경우 몇 개의 문화적 집단이 비교될 것이며, 모든 연구참여자에게 같은 방식으로 질문을 하고 관찰하기도 한다. 그러므로 연구자는 우리가 이미 고찰한 자기보고나 관찰절차에 의존하게 된다. 이는 각 문화

© SPENCER GRANT/PHOTOEDIT

적 상황에 기초한 해석을 통해 조정된다. 예를 들면, 양육 실제에 있어서 문화적 다양성을 연구하기 위해서 '나는 종종 우리 아이들을 껴안고 뽀뽀한다'거나 '나는 우리 아이의 행동이 나의 기대에 부합되지 않을 때 아이를 야단친다'와 같은 문항을 평가하도록 하는 질문지가 연구대상자에게 주어진다(Wu et al., 2002). 이때 연구자들은 연구결과에 편견이 개입되는 자기보고방식으로 답하는 것에 대한 친숙 여부에 따라 나타나는 문화적 차이를 고려하여야 한다(Van de Vijver, Hofer, & Chasiotis, 2010).

반면, 연구자는 가능한 살아가는 방식과 친숙한 방법으로 아동과 성인행동의 문화적 의미(cultural meanings)를 밝히고자 한다. 이러한 목적을 달성하기 위해 연구자는 인류학 분야인 민속지학(ethnography)으로부터 빌려 온 방식에 의존하였다. 임상적 방법과 같이 **민속지학적 연구**(ethnographic research)는 서술적이며 질적 기법을 사용한다. 그러나 이러한 방법은 한 개인을 이해하는 데 목적을 두기보다는, **참여관찰**(participant observation)을 통한 독특한 사회적 집단이나 문화의 이해에 목적을 둔다. 일반적으로 연구자는 특정 문화공동체 내에서 공동체 내의 일상생활에 참여하면서 몇 달, 어떤 경우에는 1년 정도를 같이 보낸다. 관찰, 문화 구성원으로부터의 자기보고, 그리고 조사자에 의한 조심스러운 해석이 결합되어 구성된 방대한 현장기록이 수집된다(Miller, Hengst, & Wang, 2003; Shweder et al., 2006). 이후, 이러한 기록은 공동체의 독특한 가치나 사회적 과정을 파악하기 위한 공동체에 대한 기술로 종합된다.

서구의 한 민속지학자는 콩고공화국의 에페 사람들과 함께 몇 달간 생활하였다. 그 속에서 어린 아동이 음식을 나누어 먹는 것을 관찰하였다. 에페 사람들은 어려서부터 협력과 배려를 강조하고 권장한다.

민속지학적 방법은 연구자가 사회적 집단과 밀접한 접촉을 가짐으로써 일시적 관찰, 면접, 설문지를 가지고 가능하지 않은 집단의 구성원이 지닌 신념과 행동에 대해 이해할 수 있다고 가정한다. 민속지학적 방법으로 한 연구자는 미국의 작은 마을에서 자라나는 것이 어떤 것인지를 기술할 때, 조사자들은 아동의 경험에 대한 여러 가지 측면에 초점을 둔다. 다른 연구자는 가정, 학교, 이웃의 생활과 같은 하나 혹은 몇 개의 환경에 초점을 둔다(Higgin-bottom, 2006; Peshkin, 1997; Valdés, 1998). 그리고 또 다른 연구에서는 아동의 가작화 놀이에 미치는 문화적·종교적 영향을 밝히는 것과 같은 특정 관습에만 한정하기도 한다. 예를 들어, 민속지학적 연구결과는 동인도의 힌두 부모가 자녀들과 '눈에 보이지 않는 것'에 대한 의사소통을 촉진한다는 것을 밝혔다. 그들은 이러한 행동을 '업(karma, 삶과 죽음의 윤회)'이라고 보며 아동이 과거의 삶을 기억하리라고 믿는다. 반대로 기독교 원리주의적 부모는 아동이 실재하지 않은 존재인 척하며 놀이하는 것을 허용하지 않는다. 그들은 이러한 놀이가 위험한 영적인 생각이나 속이는 행동을 장려한다고 믿는다(Taylor & Carlson, 2000). 연구자들은 문화적 차이에 기반한 독특한 의미가 존재한다는 의심이 들면 전통적 자기보고나 관찰방법에 민속지학적 방법을 추가한다.

민속지학자들은 자신들이 연구하는 문화의 한 부분이 되어 연구하는 문화에 미치는 자신의 영향을 최소화하려고 한다. 그럼에도 불구하고, 임상적 연구처럼 조사자의 문화적 가치와 이론적 참여가 선택적 관찰을 유도하고 관찰한 것을 왜곡하여 해석할 수도 있다. 마지막으로, 민속지학적 연구결과는 원래 연구가 수행되었던 사람들이나 환경을 넘어 일반화할 수 없다.

신뢰도와 타당도 : 과학적 연구의 핵심

연구자가 연구방법을 선택한 후 반드시 자신의 연구방법이 신뢰할 만한 정보를 제공하고 있는지를 확신하고자 한다. 과학적 집단에 수용되기 위하여 자기보고, 관찰, 그리고 생리학적 측정은 신뢰롭고 타당하여야 한다. 신뢰도와 타당도는 과학적으로 철저한 연구의 두 가지 핵심요소이다.

신뢰도

초등학교 교실에 가서 각 아동이 얼마나 주의를 기울이며 협력적인지를 기록하고자 한다고 가정해 보자. 이때 같은 아동을 동시에 평가한 다른 동료가 매우 다른 판단을 하였다고 가정해 보자. 또는 아동의 흥미에 대해 질문을 하고 일주일 후에 동일한 아동들에게 다시 질문을 하였을 때, 응답이 매우 다르게 나타났다고 가정해 보자. **신뢰도**(reliability)는 행동 측정의 일관성, 반복성을 의미한다. 신뢰성을 갖기 위해서는 사람들의 행동관찰과 평가가 관찰자에 따라 다르게 나타나서는 안 된다. 관찰자들은 서로가 관찰한 것에 대해 동의하여야 한다. 그리고 짧은 시간 안에 주어진 면담, 검사, 질문지는 (참여자가 합리적으로 자신의 의견을 변화시키거나 새로운 반응을 발달시키기 전에) 유사한 결과를 산출하여야 한다.

연구자들은 다른 방식으로 자료의 신뢰성을 결정한다. 관찰연구에서 관찰자는 같은 행동을 평가하여 관찰자 간의 일치도, 즉 **평가자 간 신뢰도**(inter-rater reliability)를 얻는다. 자기보고나 신경생물학적 자료의 신뢰도는 같은 측정을 다른 시점에 실시하여 아동의 반응을 비교—**검사-재검사 신뢰도**(test-retest reliability)—하여 설명한다. 자기보고의 경우, 연구자는 동일한 검사나 다른 양식의 질문지에 대한 아동의 응답을 비교하기도 한다. 필요할 경우, 검사를 반으로 나누어 서로 다른 반쪽에 대한 아동의 응답을 비교하는 방식으로 하나의 검사로부터 신뢰도를 추정할 수 있다.

임상적 연구나 민속지학적 연구는 다른 관찰자나 검사 유형과 비교될 수 있는 양적 점수를 산출하지 않기 때문에 이러한 연구방법의 신뢰도는 다른 방식으로 결정되어야만 한다. 질적 기록을 검토한 후, 연구자가 밝히고자 하는 형식과 주제가 증거에 기반하고 있는지, 한 명이나 그 이상의 평가자가 이에 동의하는지를 살펴볼 수도 있다(McGrath & Johnson, 2003).

타당도

타당도(validity)가 높은 연구방법을 위해서는 연구자가 측정하고자 하는 특성을 정확하게 측정하여야만 한다. 타당도를 생각하면서, 신뢰도가 타당한 연구를 위해 왜 필수적인지를 보여 주는 사례를 생각해 보자. 부주의하고, 공평하지 않고, 일관성 없게 수행된 연구방법은 연구자가 원래 연구하고자 했던 것을 제시하는 것이 불가능하다.

그러나 타당도를 보장하기 위해서 연구자가 반드시 해야 하는 것이 있다. 관심 있는 행동을 포함하고 있는지를 확인하기 위해서는 관찰과 자기보고의 모든 내용을 검토해야 한다. 예를 들면, 5학년 아동의 수학지식을 측정하고자 하는 어떤 검사가 더하기 문제는 포함하고 있으나 빼기, 곱하기, 나누기 문제를 포함하고 있지 않다면, 이는 타당하지 않은 검사이다(Miller, 2007). 다른 방법은 우리가 예측하려고 기대하는 행동을 예측하는 데 있어서 주어진 방법이 얼마나 효과적인가를 평가하는 것이다. 수학시험에서 얻은 점수가 타당하다면, 학교에서 아동이 수학 과제를 얼마나 잘 수행하는지, 또는 모노폴리 게임에서 얼마나 빠르고 정확하게 교환하는지 등과 같은 결과와 수학점수가 관련이 있어야 한다.

연구설계의 경우, 타당도의 개념이 연구결과와 결론의 전반적인 정확성에 대해 광범위하게 적용되고 있음을 확인하여야 한다. 연구를 설계할 때, 연구자는 타당도의 두 유형을 검토하여야 한다. 첫째, **내적 타당도**(internal validity)는 연구설계의 내적인 조건이 연구자의 가설이나 연구문제에 대해 정확한 검사를 허용하는 정도이다. 연구의 어떤 단계—연구대상의 선정, 연구 환경 및 과제의 선택, 절차의 수행 등—에서, 가설과 관련 없는 요인이 연구참여자의 행동에 영향을 미칠 수 있다면, 결과의 정확성이 의심된다. 둘째, 그들의 연구결과가 원래 연구의 외부환경과 참여자에게 일반화될 수 있는 **정도**를 의미하는 **외적 타당도**(external validity)를 고려하여야 한다. 연구를 수행하기 위해 표본, 과제, 환경 등이 연구자가 이해하고자 했던 실제세계의 사람들과 상황을 잘 반영하고 있는지를 확인하는 것이 이러한 유형의 정확성이 추구하는 핵심내용이다.

일반적 연구설계

연구설계를 결정할 때, 연구자는 가능한 한 가장 큰 확신을 가지고 그들의 가설을 검증하는 연구설계 방법을 선택하여야 한다. 인간행동에 대한 모든 연구는 두 가지 주요한 설계 유형—상관과 실험—을 사용한다.

상관설계

상관설계(correlational design)에서 연구자는 일반적으로 경험의 어떠한 변경도 없이, 자연스러운 일상생활의 상황에서 개인에 대한 정보를 수집한다. 다음으로 연구참여자의 특성과 그들의 행동이나 발달 간의 관련성을 살펴본다. '부모가 자녀와 상호작용하는 방식이 아동의 지능과 어떤 관련을 갖는가? 유아가 보육시설에 다니는 것이 또래와의 우정을 향상시킬 수 있을까? 아동의 학대나 방임이 아동의 자존감과 또래관계에 어떤 영향을 미치는가?' 등과 같은 질문에 답한다고 가정해 보자. 이 경우, 연구자가 흥미 있어 하는 상태를 조정하고 통제하기는 매우 어렵거나 불가능하며, 흥미 있는 상태가 존재하는 순간에 연구가 이루어져야 한다.

상관연구는 변수들 간의 관계를 살펴보는 방법을 제공한다. 그러나 상관연구는 매우 중요한 제한점을 지닌다. 다시 말해 원인과 결과를 추론할 수 없다. 예를 들면, 부모의 상호작용이 아동의 지능과 관련되어 있음을 밝혀야 할 경우, 부모의 행동이 실제로 아동들 간의 지적인 차이의 원인이 되는지는 알 수 없다. 실제, 반대의 상황도 가능하다. 매우 지적인 아동의 행동은 부모가 더 기꺼이 상호작용을 하도록 관심을 끌게 한다. 또는 가정에서의 소음이나 방해요소와 같은 우리가 생각하지 못한 제3의 변인이 엄마의 상호작용과 아동의 지능에 변화를 가져다줄 수도 있다.

상관연구나 다른 유형의 연구설계에 있어서, 연구자는 두 측정치 혹은 변수가 서로 어떻게 관련되어 있는지를 나타내는 지수인 **상관계수**(correlation coefficient)를 사용하여 변수들 간의 관계를 검토한다. 관련성을 검토하는 다른 통계적 방법이 있지만 상관연구결과는 일반적으로 상관계수를 사용하여 살펴본다. 따라서 상관계수가 무엇인지, 이를 어떻게 해석하는지를 살펴보자. 상관계수의 값은 +1.00∼−1.00에 이르는 범위를 갖는다. 수의 크기는 관계의 강도를 나타낸다. 상관관계 0은 관계없음을 의미한다. 그러나 값이 +1.00이나 −1.00에 가까울수록 관계가 강함을 의미한다(그림 2.2 참조). 예를 들면, −.78은 높은 상관관계, −.52는 중간 정도의 상관, −.18은 낮은 상관이다. 그러나 +.52와 −.52는 같은 강도임에 유의하여야 한다. 숫자의 부호(+나 −)는 관계의 방향성을 나타낸다. 양의 부호(+)는 하나의 변수가 증가함에 따라 다른 변수도 증가함을 의미하고, 음의 부호(−)는 하나의 변수가 증가함에 따라 다른 변수는 감소함을 의미한다.

상관계수가 어떻게 사용되는지 그 예를 살펴보자. 한 연구자가 어머니의 언어적 자극과 2세 아동의 어휘력 간의 상관이 +.55라고 밝혔다(Hoff, 2003). 이는 자녀와 더 많이 이야기를 하는 부모를 지닌 걸음마기 유아는 언어발달이 더 빠름을 의미하는 보통의 상관관계를 지닌다. 다른 두 연구에서 자녀양육 방식이 걸음마기 유아의 순응성과 일관된 방식으로 관련되어 있다. 첫째, 놀이시간 중 어머니의 온정적이고 민감한 정도가 아동이 장난감을 치우라는 어머니의 지시에 따르는 자발성과 긍정적으로 관련되어 있어 상관계

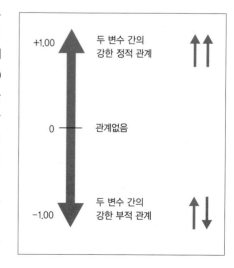

그림 2.2 상관계수의 의미
수의 크기는 관계의 **강도**를 나타낸다. 수의 부호(+나 −)는 관계의 **방향**을 나타낸다.

그림 2.3 정적 상관과 부적 상관

한 연구자는 어머니의 온정과 민감성이 자신의 엄마가 장난감을 치우라고 했을 때 아동이 따르는 자발성과 정적으로 상관이 있음을 보고하였다(a). 두 번째 연구자는 자기 영아에 대한 엄마의 무관심이 1년 뒤 아동의 순응성과 부적으로 상관되어 있음을 보고하였다(b). 각 점은 두 변수 — 모의행동과 아동의 순응성 — 에 대한 각 참여자의 점수를 나타낸다. 점의 형태가 완벽한 상관을 나타내는 직선으로부터 벗어나, 두 상관 모두 강도는 보통이다. 정적 상관의 경우, 모의 온정이 증가할수록 아동의 순응성이 증가하는 경향을 보이고, 부적 상관의 경우, 모의 무관심이 증가할수록 아동의 순응성이 감소하는 경향을 보임에 주의하라. 만약 점의 형태가 증가하거나 감소하는 경향을 보이지 않으면, 상관은 0에 가깝다. 이는 두 변수 간의 관계가 거의 없거나 전혀 없음을 의미한다.

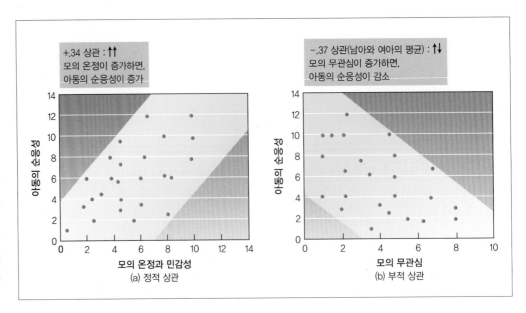

+.34 상관 : ↑↑
모의 온정이 증가하면,
아동의 순응성이 증가

−.37 상관(남아와 여아의 평균) : ↑↓
모의 무관심이 증가하면,
아동의 순응성이 감소

(a) 정적 상관
모의 온정과 민감성

(b) 부적 상관
모의 무관심

수도 +.34로 나타났다(Feldman & Klein, 2003). 둘째, 엄마가 4세가 된 자녀에게 거칠게 말하고, 놀이를 방해하고 통제하는 정도는 자녀의 순응성과 부적인 상관(남아 : −.31, 여아: −.42)을 나타내었다(Smith et al., 2004). 이러한 보통의 상관은 어머니가 애정과 지지를 더 많이 표현할수록 자녀들이 더 협조적임을 나타낸다. 어머니가 자녀들을 무관심하게 대할수록 자녀들이 덜 협조적이라고 볼 수 있다(이러한 관계에 대한 시각적 묘사를 위해 그림 2.3 참조).

이 연구자들은 양육과 어린 자녀의 행동 간의 관계를 알 수 있었다. 여러분은 어머니의 행동이 아동의 반응에 영향을 미쳤다고 결론을 내리고자 하는가? 연구자는 이렇게 생각할지라도 어떤 상관연구도 원인과 결과에 대해 확신할 수 없다. 다른 가능한 설명을 생각해 볼 수 있는가? 상관연구에 있어서 관계의 발견은 이러한 원인을 추적하는 것 — 가능하다면, 보다 강력한 실험방법을 사용하여 — 이 가치 있는 일임을 제안한다.

실험설계

실험설계(experimental design)에서 연구자는 둘 이상의 처치조건에 사람들을 배치하는 공정한 절차를 사용하여 원인과 결과에 대한 추론이 가능하다. 실험에서 사건과 흥미 있는 행동은 두 가지 유형 — 독립변수와 종속변수 — 으로 나뉜다. **독립변수**(independent variable)는 다른 변인에 변화를 가져다주리라고 연구자가 기대한 것이고, **종속변수**(dependent variable)는 독립변수에 의해 영향을 받을 것이라고 연구자가 기대하는 것이다. 연구자가 연구대상자를 처치조건에 접하게 함으로써 독립변수의 변화를 직접적으로 **통제**(controls)하고 **조작**(manipulates)하기 때문에 원인과 결과의 관계를 밝힐 수 있다. 연구자는 종속변수를 측정하여 참여자의 수행을 비교한다.

한 **실험실실험**(laboratory experiment)에서, 연구자는 성인의 분노 상호작용이 아동의 적응에 미치는 영향을 조사하였다(El-Sheikh, Commings, & Reiter, 1996). 그들은 분노 상황이 종결되는 방식(독립변수)이 아동의 정서적 반응(종속변수)에 영향을 준다고 가정하였다. 4∼5세 유아가 한 번에 한 명씩 어머니와 함께 실험실을 방문했다. 한 집단은 두 명의 성인 연기자가 방에 들어와 논쟁을 하였고 그들은 불일치 상태가 해결되지 않은 **미해결된 분노 처치**(unresolved-anger treatment)에 노출되었다. 또 다른 집단은 성인들이 사과와 화해로 분쟁을 종결하는 **해결된 분노 처치**(resolved-anger treatment)를 목격하였다. 그림 2.4에 나타난 바와 같이, 계속되는 성인의 갈등을 목격하면서 해결된 분노처치에 노출된 유아는 걱정스러운 얼굴 표정이 덜 나타났고, 얼어붙은 듯 서 있는 것이 덜

했고, 자기 엄마 곁에 붙어 있으려는 경향이 덜 나타나는 등 고통이 감소하는 경향을 나타내었다. 실험은 분노 해결이 성인 갈등을 경험한 아동의 긴장을 감소시킬 수 있음을 밝히고 있다.

실험연구에서 연구자는 연구결과의 내적 타당도를 감소시킬 수 있는 연구참여자의 특성을 통제하기 위하여 특별히 주의하여야 한다. 예를 들면, 방금 설명한 연구에서 만약 부모의 갈등이 많은 가정의 아동이 미해결된 분노 처치 상황에 놓이게 될 경우, 독립변수가 그러한 결과를 이끌어 낸 것인지, 아동의 환경이 그러한 결과를 이끌어 낸 것인지를 알 수 없게 된다. 부모의 갈등과 처치조건은 **혼입변인**(confounding variables)—매우 밀접하게 관련되어 있어 결과에 대한 이들의 효과가 구별될 수 없는—이 된다. 이러한 문제를 방지하기 위하여 연구자는 처치조건에 연구참여자를 **무선배치**(random assignment)하여야 한다. 숫자 뽑기나 동전 던지기와 같은 편파적이지 않은 절차를 사용하여 연구자는 연구참여자의 특성이 처치집단에 공평하게 분포될 수 있는 기회를 높여야 한다.

때때로 연구자는 **짝짓기**(matching)라고 부르는 다른 방법을 무선배치와 결합할 수 있다. 짝짓기 경우, 연구참여자는 문제가 되는 요인—이 경우 부모의 갈등—을 먼저 측정한다. 그런 후, 그러한 요인에 있어 높거나 낮은 아동을 각 처치조건에 같은 수로 배치한다. 즉, 각 집단에 결과를 왜곡할 것 같은 특성을 의도적으로 짝짓거나 동일하게 하는 방식을 취한다.

수정된 실험설계

대부분의 실험은 연구자가 처치조건에 대해 가능한 통제를 최대한으로 수행할 수 있는 실험실에서 이루어진다. 그러나 우리가 이미 제시한 바와 같이 실험실에서 획득된 결과들은 종종 외적 타당도를 제한한다. 이러한 결과들은 일상적인 상황에 적용될 수 없기 때문이다. **현장실험**(field experiments)에서, 연구자는 연구참여자를 자연 상황의 처치조건에 무선배치를 할 수 있다. 우리가 이미 설계한 실험에서, 성인이 만든 정서적 분위기가 실험실 아동의 행동에 영향을 미친다고 볼 수 있다. 그러나 일상생활에서도 그럴 수 있을까?

이러한 질문에 답하기 위해서 다른 종류의 연구가 도움이 된다. 연구자는 인종적으로 다양하고 극심한 빈곤 가정의 2세 유아를 대상으로 부모에게 부모-자녀 관계에 대한 설문조사와 비디오촬영을 요청하여 가족의 기능과 아동의 문제행동을 평가하기 위한 가정 방문을 계획하였다. 또한 각 가정을 Family Check-Up이라는 개입상황과 아무런 개입이 없는 통제집단에 무선배치하였다. 개입은 상담사가 부모에게 자녀양육 방식과 자녀의 적응에 대해 피드백을 주고, 향상시키려는 부모 의지를 탐색하고, 그리고 각 가정에 적절한 지역사회 서비스에 대한 정보를 알려 주는 세 가지 형태의 가정 기반 훈련으로 구성하였다(Dishion et al., 2008). 연구결과, 개입집단(통제가 아닌)에 배치된 가정은 아동의 문제행동 감소를 예측해 주는—경우에 따라 3세에 평가한 후 1년 뒤에 나타나는—부모역할의 획득을 나타내었다. 다른 현장실험에서는 가정 진단의 적용이 청소년의 부모역할을 향상시키고 반사회적 행동이나 약물 사용의 비율을 감소시키는 데 효과적인 것으로 나타났다(Stormshak & Dishion, 2009; Stormshak et al., 2011).

대부분의 연구자들은 앞서의 연구자들처럼 연구참여자를 무선배치할 수 없거나 실제상황의 조건을 조작할 수 없다. 연구자들은 **자연실험**(natural experiments)이나 **유사실험**(quasi-experiments)을 수행하여 이를 절충할 수 있다. 이때 다양한 가정환경, 학교, 보육시설, 학령전 유아 프로그램과 같이 이미 존재하는 처치들을 비교할 수 있다. 이러한 연구는 가능한 집단 구성원의 특성이 유사하도록 집단 선택을 조심스럽게 수행한다는 점에서 상관연구와 차이가 있다. 때때로 동일한 연구참여자가 두 가지 처치를 경험하기도 한다. 이런 방식으로 연구자는 혼입변인에 의한 처치 효과의 대안적 설명을 피하기 위해 최선을 다한다.

자연실험은 윤리적인 이유로 연구자가 실험으로 조작할 수 없는 여러 조건이 미치는 영향—예

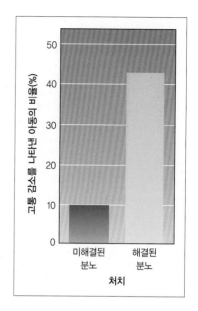

그림 2.4 성인의 분노가 아동의 정서적 반응에 미치는 영향

성인이 분노 상황을 종결하는 방식이 아동의 정서적 반응에 영향을 미치는가? 실험실 실험에서 성인이 그들의 분쟁을 해결하지 못하고 떠날 때보다 사과하고 화해하는 것으로 해결할 때, 아동이 덜 고통스러워하는 것으로 나타났다. 미해결된 분노 처치의 아동 중 10%만 고통이 감소되었고(왼쪽 막대 참조), 반면 해결된 분노 처치의 아동 중 42%가 고통이 감소하였다(오른쪽 막대 참조).

출처 : El-Sheikh, Cummings, & Reiter, 1996.

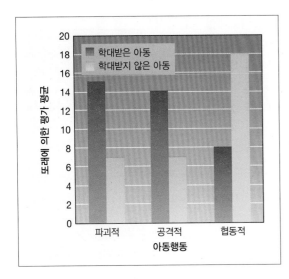

그림 2.5 **아동학대와 아동의 사회적 적응에 대한 자연실험 또는 유사실험**

연구자는 학대받은 아동과 그렇지 않은 아동을 함께 여름캠프에 데려와, 유사한 조건에서 관찰하였다. 함께한 짧은 시간 후, 또래는 학대받은 아동을 덜 적응적─더 파괴적, 더 공격적, 덜 협동적─이라고 평가하였다.

출처 : Shields, Ryan, & Cicchetti, 2001.

를 들면, 조산, 학년진급, 아동학대 등이 발달에 미치는 영향 등─을 조사하도록 도와준다(Sameroff & MacKenzie, 2003). 이러한 연구의 예로, 8~12세의 학대받은 아동과 학대받지 않은 아동이 같은 여름캠프에 참가하여 유사한 사회적 조건하에서 관찰되고 조사되었다. 각 아동에게 갈등, 훈육, 자발성, 애정 등의 주제에 관한 이야기를 완성하도록 하였을 때, 학대받은 아동은 학대받지 않은 아동보다 이야기 완성을 위해 덜 노력하였으며 더 부정적인 반응을 보였다. 더욱이, 또래평가에서 학대받은 아동이 더 파괴적이고 공격적이며 덜 협조적이라고 평가되었다(그림 2.5 참조). 또한 또래들도 이러한 아동을 매우 싫어했다는 사실은 놀라운 것이 아니었다. 마지막으로, 이야기 속에서 자신의 부모를 부정적으로 묘사한 아동은 부적응적인 사회적 행동을 나타내었다(Shields, Ryan, & Cicchetti, 2001). 연구자는 학대 아동의 내재화된 부적절한 양육 이미지가 아동의 사회적 적응 부족에 기여했다고 결론지었다. 그리고 이들의 부적절한 적응은 또래와의 온정적이고 즐거운 관계로 이어지는 치료 효과의 가능성을 감소시켰다. 이와 같이 흥미를 자아내는 연구결과에도 불구하고, 자연실험은 진형 실험연구의 정확성과 엄격성에 도달할 수 없다.

이미 설명한 상관설계와 실험설계의 비교를 돕기 위하여 표 2.3에 각 설계의 강점과 제한점을 요약하였다. 이제 발달을 연구하는 설계방법에 대해 자세히 살펴보도록 하자.

발달연구를 위한 설계

아동발달에 흥미를 지닌 과학자들은 시간의 흐름에 따라 연구참여자의 변화에 대한 정보를 필요로 한다. 발달에 대한 질문에 답하기 위하여 연구자들은 다른 연령집단에 대한 측정을 포함한 상관이나 실험적 접근으로 확장하여야 한다. 종단연구와 횡단연구는 발달연구의 특별한 전략이다. 이러한 방법을 통한 연구계획이 연령 간 비교의 기초를 마련해 준다.

종단설계

종단설계(longitudinal design)에서는 연구참여자를 반복적으로 연구하여 연령이 증가함에 따라 나타나는 연구참여자의 변화에 주의를 기울인다. 이는 비교적 짧은 기간이나(몇 달에서 몇 년) 매우 긴 기간(10년 또는 일생에 걸친)을 포함한다.

종단설계의 장점   종단적 접근은 두 가지 중요한 장점을 지닌다. 첫째, 연구자는 시간의 흐름에 따라 각 사람의 성취를 추적하여 발달의 개인차뿐만 아니라 공통적 경향을 밝힐 수 있다. 둘째, 종단적 연구는 연구자가 초기와 이후 사건 및 행동 간의 관계를 조사하도록 도와준다. 종단적 방법에 대해 설명해 보자.

연구자 집단은 극단적 성격 유형─분노와 격정, 또는 수줍음과 위축─을 지닌 아동이 성인이 되었을 때 유사한 경향성을 지니고 있는지에 대해 알고자 한다. 게다가, 연구자는 어떤 종류의 경험이 성격의 안정성과 변화를 촉진하는지, 격정과 수줍음이 오랜 기간의 적응으로 어떤 결과를 가져오는지에 대해 알고자 한다. 이러한 질문에 답하기 위해 몇몇 연구자들은 1928년 버클리의 캘리포니아주립대학교에서 시작된 유명한 종단연구로 몇십 년간 지속된, 가이던스연구에 관한 문서를 탐구하였다(Caspi, Elder, & Bem, 1987, 1988).

표 2.3 일반적 연구설계의 강점과 제한점

설계	특징	강점	제한점
상관설계	연구자가 연구참여자의 경험을 변경하지 않고 연구참여자에 대한 정보를 수집한다.	변수 간의 관계 여부를 허용한다.	인과관계에 대한 추론을 허용하지 않는다.
실험실실험	통제된 실험실 상황하에, 연구자는 독립변수를 조작하여 종속변수에 대한 독립변수의 효과를 검토한다. 이는 처치조건에 참여자의 무선배치를 요구한다.	인과관계에 대한 추론을 허용한다.	연구결과가 실제세계에 일반화될 수 없다.
현장실험	연구자는 자연상황에서 처치조건에 연구참여자를 우선적으로 배치한다.	실험결과를 실제세계에 일반화하는 것을 허용한다.	처치에 대한 통제가 실험실실험에서보다 일반적으로 약하다.
자연실험 또는 유사실험	연구자는 실제세계에 이미 존재하는 처치를 비교한다. 가능한 한 연구참여자의 특성이 유사하도록 연구참여자 집단을 조심스럽게 선정한다.	실험적으로 조작할 수 없는 많은 실제세계의 조건에 대한 연구를 허용한다.	연구결과가 처치변수 이외의 변수로 인한 것일 수 있다.

연구결과 두 가지 성격 유형이 비교적 안정적임이 밝혀졌다. 8~30세 사이 대부분의 사람들은 동일한 성격을 유지하는 것으로 나타났으며, 반면 나머지는 많은 변화를 나타내었다. 안정성이 나타난 경우는 성인과 또래로부터 아동의 타고난 성향을 유지시키는 반응을 불러일으키는 '눈덩이 효과(snowballing effect)' 때문인 것으로 나타났다. 감정이 격한 아이는 분노를 가지고 대할 가능성이 많은 반면, 수줍음이 많은 아동은 무시되기 쉽다. 격정적인 아동은 타인을 적대적으로 여기며, 수줍은 아동은 친근하지 않게 여긴다(Caspi & Roberts, 2001). 종합하면, 이러한 요인들로 인해 감정이 격한 아동은 다루기 힘든 성향이 유지되거나 증가하며, 수줍은 아동들은 위축되게 된다.

극단적 성격 특성의 지속성은 성인의 적응 영역에도 영향을 미친다. 남성의 경우, 초기 발달의 격정성은 직장생활에서 직장 상사와의 갈등, 빈번한 이직, 실직 등과 같은 형태로 무엇보다 뚜렷하게 나타난다. 이 표본 내에 몇몇 여성은 결혼 후 직장생활을 한 초기 세대이기 때문에 그들의 가정생활은 많은 영향을 받았다. 감정이 격한 여아는 특히 이혼하기 쉬운 성미 급한 아내와 어머니로 성장하였다. 수줍음의 장기적 결과에 있어서 성차는 좀 더 크게 나타났다. 아동기에 위축된 남성은 결혼을 하는 시기와 자녀나 직업을 갖는 시기가 늦어지는 것으로 나타났다. 그러나 위축되고 우유부단한 성격은 여성에게 사회적으로 허용되는 것이기 때문에 수줍은 성격을 지닌 여성의 경우, 어떤 특별한 적응적 문제도 나타나지 않았다.

종단연구를 수행하는 데 발생하는 문제점 종단적 접근의 장점에도 불구하고 종단적 조사는 내 · 외적 타당도를 손상시키는 문제점을 지닌다. **편파적 표집(biased sampling)** — 관심 있는 모집단을 내표하는 연구참여자를 모집하는 데 실패한 — 은 자주 발생하는 문제이다. 자신을 관찰하고 검사하는 것이 오랜 기간 요구되는 연구에 기꺼이 참여하는 사람들은 독특한 성격의 — 최소한 연구의 과학적 가치에 대해 특별한 이해를 지녔거나 연구자에 의해 제공된 의료, 정신건강, 교육서비스에 대한 고유의 요구나 바람을 지닌 — 소유자일 것이다. 결과적으로 이들로부터 얻은 결과를 모집단의 다른 구성원에게 일반화하기는 어렵다. 특히 종단적 표본은 일반적으로 연구가 진행됨에 따라 나타나는 **선별적인 감소(selective attrition)**로 인하여 점차 편파적으로 변화하게 된다. 연구참여자는 여러 가지 이유로 이사를 가거나 연구에 빠지게 되며, 남아 있는 사람들은 연구참여를 지속하지 못한 사람들과 중요한 부분에서 차이점을 지닌다.

반복적으로 관찰되고 면담하고 검사하는 경험 또한 연구의 타당도를 방해한다. 아동과 성인은 점차 자신의 생각, 감정, 행동에 민감해지고 이에 대해 생각하며 연령의 변화와는 무관한 방식으로 의식적으로 자신의 생각, 감정, 행동을 변경한다. 게다가 반복된 검사는 연구참여자가 '검사에 익숙해지도록' 만든다. 연구참여자의 성취도는 보통 발달과 관련한 요인이 아니라 **훈련효과**(practice effect) — 검사 기술의 향상이니 검사에 대한 친숙성의 증가 — 로 인해 향상될 수 있다.

종단연구의 타당도를 위협하는 것으로 가장 많이 언급되는 것은 문화적 · 역사적 변화, 혹은 **동시대집단 효과**(cohort effects)라고 불리는 것이다. 종단연구는 동시대집단(cohorts) — 특정 문화적 · 역사적 조건의 영향을 받는, 같은 시기에 발달을 경험하는 아동 — 의 발달을 연구한다. 어떤 동시대 집단에 대한 연구결과가 다른 시기에 발달을 경험한 아동에게 적용될 수는 없을 것이다. 예를 들면, 앞에서 1950년대에 수집된 자료에서 여성의 수줍음에 대한 연구를 생각해 보자. 현대사회는 수줍음이 많은 젊은 여성이 적절히 적응하지 못하는 경향 — 서구사회의 성역할의 변화로 인한 차이 — 을 보인다. 남자든 여자든 수줍음이 많은 성인은 동일 연령대의 사람들보다 더 우울함을 느끼며, 사회적 지지가 부족하며, 학업이나 직업 성취에 있어 덜 우수한 경향을 보인다(Caspi, 2000; Caspi et al., 2003; Mounts et al., 2006). 이와 유사하게 사회성 발달에 대한 종단연구는 제2차 세계 대전 시기의 21세기 초반에 수행되었는지 아니면 1930년도의 대공황기에 수행되었는지에 따라 매우 다른 연구결과를 제시한다.

동시대집단 효과는 대체로 한 세대에만 작용되는 것은 아니다. 이는 특별한 경험이 같은 세대의 다른 아동에게는 영향을 주지 않고, 특정 아동에게만 영향을 끼친 경우에도 발생할 수 있다. 예를 들면, 2001년 9월 11일 테러리스트의 공격을 목격한 아동이나 이를 목격한 부모, 친척, 가족 구성원이 있는 아동은(그들이 그라운드 제로 근처에 있었든지, TV에서 다치고 죽는 것을 보았든지) 다른 아동에 비해 강한 공포감, 불안, 우울 등을 포함한 지속적인 정서적 문제를 표출하였다(Mullett -Hume et al., 2008; Pfeffer et al., 2007; Rosen & Cohen, 2010). 뉴욕 시의 표본연구에서, 거주 아동의 4분의 1 정도가 이 사건의 영향을 받은 것으로 나타났다(Hoven et al., 2005).

마지막으로 아동발달의 분야에서 발생하는 변화는 광범위한 시간을 포함한 종단연구를 수행하는 데 문제가 발생할 수도 있다. 이론과 방법은 끊임없이 변화하며 처음 종단연구를 시도하게 한 이론이 낡은 것이 될 수 있다. 이러한 이유로 인해 최근의 여러 종단연구는 대체로 몇 달이나 몇 년 동안 수행되기도 한다. 비록 단기 종단연구가 장기 종단연구만큼의 정보를 제공해 주지는 못하지만, 연구자는 단기 종단연구를 통해 많은 장해를 제거할 수 있다.

횡단설계

제한된 종단연구에서 많은 행동들이 변화를 위해서 요구되는 시간의 길이는, 연구자들로 하여금 발달연구를 위해 보다 편리한 전략을 취할 수 있게 해 준다. **횡단설계**(cross-sectional design)에서는 연령이 다른 집단을 동시에 연구한다.

횡단설계의 장점 횡단설계는 연령과 관련한 경향성을 기술하는 데 효율적인 방법이다. 그리고 연구자는 연구참여자들을 대상으로 단 한 번만 측정해도 되기 때문에 연구대상자의 선택적 손실, 훈련효과, 연구가 종료되는 시점에 이미 시대에 뒤진 연구결과를 얻게 될 현장의 변화와 같은 문제를 걱정할 필요가 없다.

3, 6, 9, 12학년의 학생들에게 형제관계에 대한 설문지를 작성하도록 한 연구가 좋은 사례이다(Buhrmester & Furman, 1990). 연구결과, 연령에 따라 형제간 상호관계가 더 동등하며 덜 권위적인 것으로 나타났다. 또한, 형제관계에 대한 감정은 청소년기에 저하되었다. 연구자는 몇 가지 요인이 연령차의 원인이 된다고 생각했다. 동생이 더 유능하고 독립적이면 이들은 손위형제로부터의 지시를 더 이상 필요로 하지 않으며 이를 기꺼이 수용하려고 하지 않을 것이다. 또한 가족에 대한 심리적 의존성보다 또래와의 관련성이 커짐에 따라 이들이 형제관계에 투자할 시간이나 정서적 요구가 낮아진다.

횡단연구를 수행하는 데 있어서의 문제점 이러한 편리함에도 불구하고, 횡단연구는 발달이 실제로 발생하는 개인의 발달단계에 대한 증거가 되지 못한다. 예를 들면, 방금 설명한 형제관계에 대한 횡단연구에서 비교는 연령집단의 평균에 제한된다. 중요한 개인차가 존재하더라도 이를 밝힐 수가 없다. 실제로 종단연구들이 청소년의 형제관계에 있어 질적인 변화가 상당히 다름을 밝히고 있다. 대부분의 아동이 서로 소원해지더라도, 일부 아동은 매우 지지적이며 친밀하거나 반대로 경쟁적이고 적대적일 수도 있다(Branje et al., 2004; Kim et al., 2006; Whiteman & Loken, 2006).

횡단연구—특히 연령 간격이 넓을 경우—는 또 다른 문제를 지닌다. 종단연구와 마찬가지로 동시대집단 효과의 위험이 있다. 예를 들면, 5세 집단과 15세 집단—두 집단이 서로 다른 시기에 태어나고 자란—의 비교는 연령과 관련한 변화를 잘 대변하지 못한다. 대신에 연구결과는 각 연령집단이 자란 시기의 독특한 경험을 반영하게 된다.

발달연구 설계의 향상

연구자들은 종단연구와 횡단연구의 장점을 살리고 단점을 최소화한 방법을 고안하였다. 수정된 발달연구 설계가 몇 가지 제시되었다.

계열적 설계 전통적인 발달연구 설계가 지닌 문제점을 극복하기 위하여, 연구자는 몇 개의 횡단적 조사와 종단적 조사를 동시에 수행하는[계열(sequence)이라고 하는] **계열적 설계**(sequential designs)를 사용한다. 계열은 같은 연령의 연구참여자를 여러 해에 걸쳐 연구하면서 동시에 같은 해에 여러 연령의 연구대상자를 연구한다. 그림 2.6은 이를 설명해 준다. 여기서 볼 수 있는 것처럼, 어떤 계열적 설계는 종단과 횡단전략을 통합하여 다음과 같은 세 가지 장점을 지닌다.

- 다른 해에 태어난 동일 연령의 연구참여자와 비교하여 동시대집단 효과가 작용하는지를 알 수 있다. 예를 들어, 그림 2.6에 7, 8, 9학년에 종단적 표본을 비교할 수 있다. 만약 두 집단이 다르지 않다면 동시대집단 효과를 제거할 수 있다.
- 종단적 비교와 횡단적 비교가 가능하다. 결과가 비슷할 경우, 연구결과의 정확성에 대해 확신할 수 있다.
- 설계가 효율적이다. 우리의 표본에서 3년 동안 각 동시대집단을 추적하여 5년 동안의 변화를 밝힐 수 있다.

그림 2.6의 설계를 사용한 연구의 연구자는 청소년들이 급격한 신체적·심리적 변화를 경험함에 따라 가족 내 조화에 변화가 발생하는지를 밝히고자 했다(Baer, 2002). 가족 구성원들 간의 정서적 유대를 측정하는 설문지가 세 집단의 청소년에게 주어졌는데, 각 집단은 1년 단위로 출생한 해가 달랐다. 종단적 추후연구에서 각 집단은 2년 후까지 반복하여 질문지에 답하였고 세 집단의 응답결과가 수렴되었다. 모든 집단은 (1) 학년과 더불어 가족 내 조화가

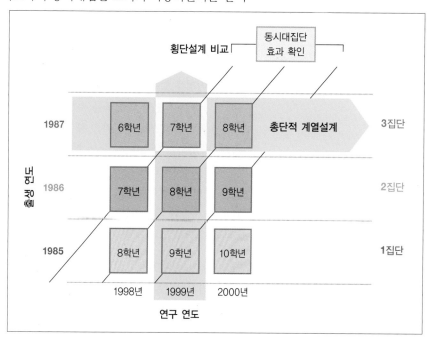

그림 2.6 계열적 설계의 사례

1986년(푸른색), 1986년(오렌지색), 1987년(분홍색)에 태어난 각 동시대집단을 3년간 종단적으로 추적하였다. 연구자는 중복되는 학년에 동시대집단들을 측정하여 태어난 해가 다른 각 집단을 동일한 학년에 도달했을 때 비교함으로써 동시대집단 효과를 확인할 수 있다. 이러한 설계를 사용하여 다른 동시대집단 구성원인 같은 학년의 청소년이 가족 내 조화를 평가하는 설문지에 유사하게 응답하여 동시대집단 효과가 없음을 알 수 있다. 3년간에 걸친 동시대집단을 추적하여 연구자는 6학년에서 10학년까지의 5년간에 걸친 발달적 경향을 파악할 수 있다.

다소 감소하였다. (2) 같은 학년에 도달하면 가족 내 조화의 수준도 유사하였고, 이는 어떤 동시대 집단 효과가 없음을 확신시켜 주었다. 그러므로 연구자는 가족의 친밀감이 6학년에서 10학년으로 갈수록 지속적으로 감소하였으나 그 변화는 미미하다 — 지원적인 가정 간의 결속을 위협하기에는 충분하지 않았다 — 고 결론지었다. 제1장에 역동적 체계에서 부모-청소년의 의사소통과 형제관계에 대한 논의를 다시 생각해 보자. 이러한 결과는 앞서 설명한 계열적 연구에 따른 결과를 해석하는 데 어떤 도움이 되는가?

발달의 미시세계 연구 우리가 논의한 모든 발달연구 사례에서 아동 관찰은 상당히 넓은 간격을 통하여 이루어졌다. 1년이나 몇 년에 한 번씩 관찰할 경우, 변화를 기술할 수는 있으나 변화가 진행되는 과정을 파악할 기회를 갖기는 힘들다. 종단적 접근을 수정한 **미시유전학적 설계**(microgenetic design)는 아동에게 새로운 과제를 제시하고 일련의 짧은 기간 동안에 나타난 과제달성 과정을 추적하였다. 이와 같은 발달의 '미시세계(microcosm)' 속에서 연구자는 어떻게 변화가 발생하는지를 관찰한다(Flynn & Siegler, 2007; Kuhn, 1995; Siegler & Crowley, 1991). 미시유전학적 설계는 인지발달을 연구하는 데 매우 유용하다. 예를 들면, 연구자는 아동의 성장을 촉진하는 교수개입과 더불어 아동이 읽기, 수, 과학에서 새로운 지식을 획득하는 데 사용하는 전략을 연구할 수 있다(Siegler, 2002, 2006). 제4장에서 접하게 될 미시유전학적 설계는 영아의 운동기술 습득을 추적하는 데에도 사용된다.

미시유전학(microgenetic) 연구에서, 연구자는 6학년 학생들에게 학년 내내 논란이 많은 주제(예 : 사형)에 대한 토론의 기회를 자주 제공하였다(Kuhn et al., 2008). 아동은 짝을 지어 반대되는 의견을 지닌 상대 팀과 여러 주제에 대해 공동 작업을 하였다. 팀 구성원 두 명이 다 논쟁에 찬성할 때만 이에 대해 의사소통하도록 했다. 이 규칙은 비판적인 숙고와 더불어 보다 사려 깊은 기여를 촉진하는 데 목적을 두었다. 이러한 목표를 추구하기 위해 아동은 자신의 논쟁을 숙고할 수 있도록 기록된 메모쪽지(instant message)를 사용하여 대화하도록 하였다. 결과는 시간 흐름에 따라 대부분의 아동에게서 특히 반대 의견에 대한 논쟁의 질을 의식하는 표현('이유를 설명해 주세요', '넌 아직 대답을 안 했어')이 증가하였다. 아동이 그러한 표현을 많이 할수록 특히 반론이나 반증 — 토론의 가장 어려운 활동인 — 과 같은 토론기술이 더 향상되었다.

그러나 미시유전학적 연구를 수행하는 것은 어려운 일이다. 연구자는 기록된 정보를 장시간 열심히 연구하고 각 연구대상자의 행동을 여러 차례 분석하여야 한다. 또한 아동의 변화에 요구되는 시간을 예측하기 어렵다. 아동의 행동은 아동의 능력과 과제의 요구사항 간의 신중한 결합에 의해 좌우된다. 마지막으로 다른 종단연구와 마찬가지로 훈련효과는 미시유전학적 연구결과를 왜곡할 수 있다. 미시유전학적으로 나타나는 새로운 행동이 전형적 발달을 잘 반영하고 있다면 횡단연구에서 한 번 관찰한 연구대상자의 행동과 일치한다(Kuhn, 1995). 연구자가 미시유전학적 연구의 도전을 극복할 경우 이러한 접근방법은 발달이 이루어질 때 발달을 목격할 수 있는 장점을 얻게 된다.

실험설계와 발달설계의 결합 우리가 이미 언급한 횡단연구와 종단연구의 사례가 인과적 추론이 아닌 상관연구만을 허용하는 것임을 알 수 있었다. 그러나 인과적 정보는 이론을 검증하거나 발달을 향상시키는 방법을 찾을 때 바람직하다. 연구자는 경험을 실험적으로 조작하는 것에 의해 경험과 발달 간의 인과적 연결을 탐색할 수도 있다. 그 결과 발달이 향상되었다면, 우리는 경험과 행동 간의 인과적 관련성에 대한 강한 증거를 얻게 된다. 오늘날 실험적 방법을 종단적 혹은 횡단적 접근과 결합한 연구가 점차 증가하고 있다. 이러한 설계는 연구자가 상관관계를 넘어 발달의 인과적 설명을 향해 나아가는 데 도움이 된다. 발달연구 설계의 강점과 제한점의 요약을 위해 표 2.4를 참조하라.

표 2.4 일반적 연구설계의 강점과 제한점

설계	특징	강점	제한점
종단설계	연구자는 동일 연구대상자를 다른 연령에 걸쳐 반복적으로 연구한다.	발달의 보편적 특성과 개인적 차이에 대한 연구와 초기와 후기의 사건 및 행동 간의 관계에 대한 연구를 가능하게 한다.	연령과 관련한 변화는 편파적 표집, 선택적 소멸, 훈련효과, 동시대집단 효과 등으로 인해 왜곡된다. 이론적 · 방법적 변화가 연구결과를 시대에 뒤떨어진 것으로 만들 수 있다.
횡단설계	연구자는 주어진 시기에 연령이 다른 연구대상자 집단을 연구한다.	종단연구보다 더 효율적이다. 선택적 소멸, 훈련효과 및 이론적 · 방법적 변화에 의해 오염되지 않는다.	개인적 발달 경향에 대한 연구를 허용하지 않는다. 연령차가 동시대집단 효과로 인해 왜곡될 수 있다.
계열적 설계	연구자는 같은 시점에 반복적으로 표본들(둘이나 그 이상의 연령집단)을 추적한다.	종단적 방법과 횡단적 방법의 비교가 가능하다. 동시대집단 효과를 밝힐 수 있다. 연령과 관련한 변화를 종단연구보다 더 효율적으로 추적할 수 있도록 한다.	종단연구와 횡단연구 같은 문제를 지닐 수 있으나 그 자체가 어려움을 밝히는 데 도움이 된다.
미시유전학적 설계	연구자가 아동에게 새로운 과제를 제시하고 촘촘하게 짜여진 기간 동안 아동의 숙련을 추적한다.	발달과정에 대한 통찰력을 제공한다.	연구대상자의 순간적인 행동에 대한 집중적 연구를 요구한다. 연구대상자가 변화하는 데 요구되는 시간을 예측하기 힘들다. 훈련효과가 발달 경향을 왜곡할 수 있다.

아동연구의 윤리

불행히도 과학적 지식의 탐색은 인간을 이기적으로 이용할 수도 있기 때문에 인간행동의 연구는 윤리적 문제를 발생시킨다. 아동이 연구의 일부가 될 때 윤리적 문제는 매우 복잡해진다. 아동은 성인보다 신체적 · 심리적 위험에 더 취약하다. 게다가 미성숙함으로 인해 연구에 참여하는 것이 무엇을 의미하는지를 아동 스스로 평가하는 것은 어렵기도 하고 불가능하기도 하다. 이러한 이유로 인해, 정부 및 연구재단과 더불어 미국심리학회(American Psychological Association, 2002), 아동발달연구학회(the Society for Research in Child Development, 2007)와 같은 전문적인 연구학회가 아동연구를 위한 특별한 윤리적 지침을 개발하였다.

아동의 기본적인 연구 권리에 대한 요약을 표 2.5에 제시하였다. 이를 검토한 후, 이 장 첫 부분에 제시한 연구자가 직면한 윤리적 논란에 대해 다시 생각해 보자. 다음에 제시된 여러 가지 윤리적 문제를 지닌 연구상황을 살펴보라. 각 경우에 어떠한 주의가 요구된다고 생각하는가? 아동의 복지를 위협한다는 이유로 연구수행을 막아도 되는 걸까?

● 도덕성 발달에 대한 연구에서 연구자는 아동 몰래 그들의 행동을 비디오로 촬영하여 유혹에 저항하는 아동의 능력을 평가하고자 하였다. 연구자는 7살 난 아동에게 어려운 문제를 풀면 사탕을 준다고 약속하면서 친구의 답을 의도적으로 교실 뒤에다 놓고 이를 보아서는 안 된다는 말은 하지 않았다. 속임수에 대해 연구한다거나 그들의 행동이 관찰된다는 것을 미리 말하는 것은 연구의 목적을 저해하게 된다.

● 연구자는 5학년 아동의 따돌림 경험에 대한 면담을 실시하였다. 한 여아가 언니에게 놀림과 모욕을 받고 있다고 말했으나 아동복지사에게 학대에 대해 보고할 정도로 행동이 심각하지 않았다. 그 여아는 행복하지 않았지만 자신의 문제를 스스로 해결하길 원했다. 연구자가 이 여아의 부모에게 보호와 도움을 제공하도록 경고한다면, 여아의 면담내용에 대한 비밀보장의 약속을 어기는 것이 될 것이다.

이러한 사례를 평가하는 데 어려운 점이 있었는가? 다행히도 연구를 위한 윤리적 원칙을 고안한 모든 기관들은 연구상황이 불러일으키는 갈등이 단순히 옳고 그른 것으로 해결될 수 없다는 결론을 내렸다. 연구의 윤리적 정직성에 대한 궁극적 책임은 연구자에게 있다. 그러나 연구자들이 다른

표 2.5   아동의 연구 권리

연구 권리	내용
해악으로부터의 보호	아동은 연구 중 신체적 · 심리적 상해로부터 보호되어야 할 권리를 갖는다. 만약 연구의 유해한 영향에 대해 의심이 된다면 연구자는 타인의 의견을 구해야 한다. 상해의 가능성이 있을 경우, 연구자는 원하는 정보를 얻기 위한 다른 수단을 찾거나 연구를 포기해야 한다.
사전승인	아동을 포함한 모든 연구참여자는 자발적 참여에 영향을 미치는 연구의 모든 측면에 대해 그들의 이해 수준에 적절한 언어로 설명을 들을 권리를 갖는다. 아동이 참여할 때 아동을 위해 일하는 사람(학교 직원과 같은)뿐만 아니라 부모의 사전승인을, 되도록이면 서면으로 얻어야 한다.
사생활보호	아동과 아동에 대해 책임 있는 성인은 언제라도 연구에 참여하는 것을 중지할 권리를 갖는다. 아동은 연구과정에 수집된 모든 정보에 대해 그들의 신원을 숨길 권리를 갖는다. 그들은 또한 연구에 대한 서면 보고서와 어떤 비공식적 토론에 대해서도 이러한 권리를 갖는다.
결과의 안내	아동은 그들의 이해 수준에 적절한 언어로 연구결과에 대해 보고받을 권리를 갖는다.
유익한 처치	만약 유익하다고 믿는 실험처치에 대해 연구 중이라면 가능하다면 통제집단의 아동도 대안적인 유익한 처치의 권리를 갖는다.

사람들로부터 조언을 듣도록 충고하고 있다. 이러한 목적을 위한 위원회가 각 대학과 연구소에 존재한다. 이러한 기관심사위원회(institutional review board, IRB)는 **위험 대 유익의 비율**(risks-versus-benefits ratio)에 기초하여 제안된 연구를 평가한다. 이는 지식을 발전시키고 삶의 조건을 향상시키는 연구의 가치를 위하여 불이익이나 심리적 · 신체적 상해를 입을 가능성으로 인하여 연구대상자가 지불해야 할 대가를 가늠하게 해준다.

연구과정은 아동을 **해악으로부터의 보호**(protection from harm)를 하여야 한다. 연구가 연구참여자의 안전과 복지에 어떤 위험을 가한다면, 우선권은 항상 연구참여자에게 주어진다. 유해에 대한 취약성은 55쪽의 '사회적 쟁점 : 건강'에서 다루고 있는 것처럼 아동의 연령과 특성에 따라 다양하다. 때로는 추가적 조사를 통해 판단하기 힘든 윤리적 딜레마를 해결하는 데 도움을 얻을 수 있다.

사전승인(informed consent) — 연구참여의 수락에 영향을 미칠 수 있는 연구의 모든 내용이 연구대상자에게 설명될 권리 — 에 대한 윤리적 원칙은 개인이 연구의 목적과 활동을 충분히 이해하지 못할 때 특별한 해석이 요구된다. 부모 동의는 참여 여부를 결정할 능력이 미숙한 아동의 안전을 보호하기 위한 방법이다. 부모 동의를 얻는 것 이외에도 연구자는 아동의 편에서 일하는 다른 사람들의 동의를 구해야 한다. 연구가 학교, 보육시설, 병원 등에서 수행된다면, 기관의 공식적인 직원의 동의를 구해야 한다. 이는 연구가 연구대상자의 가장 중요한 관심사를 잘 대변하지 못하는 학대 아동과 같은 특수 집단을 포함할 경우에 특히 중요하다('사회적 쟁점 : 건강' 참조).

아동이 연구목적을 충분히 이해할 정도의 나이는 7세 정도로 이 시기에는 부모의 도움과 더불어 아동 자신의 동의도 얻어야 한다. 7세경 아동의 사고력 변화는 단순한 과학적 원리와 타인의 요구에 대한 이해를 가능하게 한다. 연구자는 학령기 아동에게 연구활동 전체에 대해 그들이 이해할 수 있는 언어로 설명함으로써 이들의 새로운 능력을 존중하고 이들의 능력을 향상시켜야 한다(Fisher, 1993). 사전승인에 대한 조심스러운 관심은 아동의 응답이 아동복지가 위험에 처해 있음을 알려 주기 때문에 아동의 반응을 부모나 교사 혹은 다른 관련자에게 밝혀야 딜레마를 해결할 수 있다. 만약 누군가가 자신에게 해를 입히고 있다면 연구자가 적절한 성인에게 아동의 안전 보장에 대해 알리도록 사전에 아동에게 설명해 주어야 한다(Jennifer & Cowie, 2009).

마지막으로 어떤 유형의 연구는 특히 아동들을 혼란스럽게 만들기도 한다. 모든 윤리적 지침은 연구자가 일방경 뒤에서 아동을 관찰하거나 그들의 성취에 대한 부적절한 피드백을 줄 때나 연구의 진짜 목적에 관해 얘기할 수 없는 경우에 발생하는 속임과 숨김이 사용될 때, 특별한 주의가 요구됨을 지적하고 있다. 속임을 포함한 연구는 연구의 특성상 참여에 대한 완전한 정보를 가지고 결정할 연구권리를 훼손시키게 된다. 아동의 경우 연구상황이 성인의 정직성에 대한 아동의 믿음을 훼손하게 된다.

사회적 쟁점 : 건강

아동연구의 위험 : 발달차와 개인차

아동에 관심을 가진 연구자들은 윤리적 책임을 정의하기 어려운 문제에 직면해 있다. 성인에 비해 아동은 연구경험으로 인한 이득을 얻기 힘들 것이다. 게다가 대부분 위험은 신체적인 것보다 아동이 처한 심리적인 부분이며, 따라서 예측하기도 어려우며 밝혀내기도 어렵다(Thomson, 1992). 예를 들면, 신체장애를 지닌 동생에 대한 감정이 어떠한지를 묻는 연구자의 질문에 답하고 싶지 않았던 7세의 헨리를 생각해 보자. 헨리의 부모가 그의 참여를 허락한다고 했고 헨리는 싫다고 말할 수 없었다. 문제를 해결하려고 했으나 실패한 11세 이자벨에 대해 생각해 보자. 과제가 해결 불가능한 방식으로 제시된 것이라는 연구자의 설명에도 불구하고 이자벨은 자신의 능력에 의문을 갖게 될 것이다.

우리는 아동이 가능한 한 최소한의 연구위험을 겪을 것임을 확신하기 위해 무엇을 할 수 있는가? 연령과 관련한 능력과 개인차에 대한 우리의 막대한 지식이 가치 있는 자원이 될 수 있다. 연구의 위험은 발달에 따라 복잡한 방식으로 다양하게 나타난다. 어떤 위험은 연령과 더불어 감소하고 또 다른 위험은 증가하며, 어떤 경우에는 여러 연령 혹은 모든 연령에 발생할 수도 있다(Thompson, 1990). 개인적 특성이나 생활환경으로 인해 어떤 아동은 다른 아동보다 더 치명적일 수도 있다.

연령차

아동의 제한된 인지능력이 아동이 스스로 충분이 생각하여 의사결정을 하거나 자신의 권리 침해에 저항하기 힘들기 때문에 전형적으로 어린 아동을 위한 연구계획은 가장 많은 검토를 받는다. 또한 Henry의 난처한 상황에 대한 설명처럼, 어린 아동의 제한적인 사회적 능력이 참여를 거부하기 힘들게 한다. 연구과정에 대한 아동의 이해를 살펴본 연구에 따르면, 9세 아동의 경우, 자신의 연구 권리를 이해하고 그러한 권리침해를 인지하는 데 많은 어려움이 있었다. 12세 아동의 경우에도 참여를 거부할 권리를 파악하거나 위해로부터 보호받을 권리, 연구결과를 보호받을 권리를 이해하는 데 어려움이 있었다(Bruzzes & Frsher, 2003). 연령과 무관하게 대부분의 아동과 청소년은 연구에 불참하는 것이 부정적인 결과를 가져올 것이고 지속해야 한다는 외적인 압력을 느끼고 있었다. 가령 그들은 연구 참여를 그만두게 되면 연구자가 싫어할 것이라고 믿었다

(Ondrusek et al., 1998). 그러나 연구자가 각 연구 권리에 대해 말하고 설명하면 특히 청소년의 경우 이해수준이 향상되었다.

어린 아동은 대부분 연구절차를 이해하지 못하지만, 좀 더 나이든 아동들은 스스로의 관점을 위협하는 절차에 더 민감해진다. 아동 중기에 타인의 평가에 대해 더 민감해짐에 따라 잘못된 부정적인 반응을 하거나 실패를 불러오는 것 등(이자벨의 경우처럼)에 더 많은 스트레스를 받았다. 권리에 대한 의문을 제기하는 것이 매우 일반적인 청소년기에는 연구자의 속임수를 쓴 평가를 간파하거나 거부하기도 한다(Thompson, 1992).

아동의 개별적 특성

때로는 아동의 환경이나 경험 등이 어려움을 불러일으킨다. 예를 들면, 어떤 소수인종 공동체에서 권위에 대한 차이, 좋은 관계 유지하기, 방문자의 요구 충족시키기 등은 매우 중요한 것으로 여겨지기 때문에 아동과 부모는 동의하지 않아야 하는 경우에도 동의하게 될 것이다(Fisher et al., 2002). 또 다른 경우, 아동에 대한

부적절한 처지와 같은 경우, 부모는 아동의 권리를 적절히 주장하지 못하기도 한다. 아동의 복지를 담당하는 다른 성인—친척, 교사, 치료사 등—의 동의가 아동을 보호하기 위해 필요하다. 약물중독, 비행 등의 문제를 지닌 청소년의 경우, 부모는 깊은 생각을 하지 않고 거의 모든 연구에 기꺼이 참여하여 전문가와 접촉할 기회를 얻으려고 한다(Drotar et al., 2000).

아동에 대한 연구는 사회에 매우 가치 있는 일이기 때문에, 우리가 생각하는 위험과 이득 간의 갈등을 조정할 방법을 찾는 것은 중요하다. 기관심사위원회(IRB)가 각 연구를 평가할 때는 참여자의 연령, 개인적 특성이 논의의 초점이 되어야 한다. 아동과 청소년은 자신의 권리에 대해 명확하게 연령에 적합한 설명을 제공하고 연구진행에 대한 권리에 대해 상기시켜 주어야 하며 이해하지 못하는 것에 대해 질문하도록 하는 것이 필요하다(Kon & Klug, 2006). 그리고 이러한 기준이 현재 지침에 대한 의무사항은 아닐지라도 그들의 선택에 따라 모든 조사에 대한 최종 결정을 하도록 해야 한다.

연구 참여에 동의하면서, 이 청소년은 어떤 불이익 없이 거부할 권리가 있음을 완전히 이해하지 못할 수도 있다. 청소년은 특히 자신의 자아 개념을 위협하는 잘못된 부정적인 반응과 같은 연구의 위험에 매우 취약하다.

그럼에도 불구하고 연구의 목적을 드러내는 것이 내적 타당도를 위태롭게 할 경우 속임이 필요하게 된다. 속임은 사전증인의 위반이나 다른 피해의 위험을 정당화할 수 있을 정도로 연구가 사회에 미치는 잠재적 이득이 충분히 보장될 때 적절하다(Fisher, 2005). 논쟁 중인 한 조사에서 연구자는 눈에 띄는 소수자 집단에 대한 선입견과 편견의 형성에 대해 연구하고자 하였다. 여름학교에서 대부분의 학생들에게 붉은색 티셔츠('주류 : majority')를 입히고 각 교실의 소수의 아동에게 노란색 티셔츠('소수 : minority')를 입힌 후 아이들에게 집단구성에 대한 어떤 설명도 하지 않았다(Brown & Bigler, 2002). 여름학교가 끝났을 때, 아동들에게 자기반 친구들에 대한 선호도를 평가하고 각 집단에 대해서도 긍정적인 특성과 부정적인 특성('우호적인', '영리한', '지저분한', '짓궂은')으로 평가하도록 했다.

처음에 교사들은 '소수자' 집단에 배치한 학생들이 심리적으로 상처를 받을 것을 지적하면서 연구를 허용하지 않았다. 그러나 연구자는 일상생활에서 많은 인종적 소수자 아동과 장애 아동이 유사한 입장에 처해 있으며, 대부분의 백인 아동 참여자가 소수자 집단 구성원이 처한 상황을 더 잘 이해하는 데 더 많은 가치가 있을 것이라고 반박하였다(Bigler, 2007). 결과적으로 교사들은 연구를 진행하도록 허용하였다.

속임이 성인에게 사용될 경우, 연구가 끝난 후 연구자가 활동에 대한 전체적인 설명과 정당성을 제시하는 **간략보고(debriefing)**를 하도록 하였다. 간략보고는 아동에게도 이루어질 수 있으며, 방금 설명한 연구에서도 적절히 이루어졌다. 그러나 어린 아동의 경우, 속임과정이 필요한 이유를 이해하기 위한 인지적 기술이 부족하며 설명을 한다 해도 성인의 정직성에 대한 그들의 믿음이 손상된 채로 연구상황을 떠나게 될 것이다. 윤리기준은 연구자가 조사 중인 가설을 검증하기 위해 충분히 과학적인 통제가 속임을 쓰지 않는 대안에 의해 이루어질 수 없다는 IRB 판단을 충족시킬 경우 아동에 대한 속임을 사용하는 것을 허용하고 있다. 그럼에도 불구하고 속임은 어린 아동에게 정서적으로 심각한 결과를 초래할 수 있기 때문에 많은 아동발달 전문가들은 연구자들이 속임의 사용으로 인해 해를 입을 위험을 최소화하여야 한다고 주장한다.

주요 용어

가설(hypothesis)
간략보고(debriefing)
계열적 설계(sequential designs)
관찰자영향(observer influence)
관찰자편견(observer bias)
구조화된 관찰(structured observations)
구조화된 면접(structured interview)
내적 타당도(internal validity)
독립변수(independent variable)
동시대집단 효과(cohort effects)
무선배치(random assignment)
미시유전학적 설계(microgenetic design)
민속지학적 연구(ethnographic research)
사건표집(event sampling)

사전승인(informed consent)
상관계수(correlation coefficient)
상관설계(correlational design)
선별적인 감소(selective attrition)
시간표집(time sampling)
신경생물학적 방법(neurobiological methods)
신뢰도(reliability)
실험설계(experimental design)
실험실실험(laboratory experiment)
외적 타당도(external validity)
위험 대 유익의 비율(risks-versus-benefits ratio)
유사실험(quasi-experiments)
임상적 면접(clinical interview)
임상·사례연구법(clinical, or case study, method)

자연관찰(naturalistic observation)
자연실험(natural experiments)
종단설계(longitudinal design)
종속변수(dependent variable)
짝짓기(matching)
타당도(validity)
편파적 표집(biased sampling)
해악으로부터의 보호(protection from harm)
현장실험(field experiments)
혼입변인(confounding variables)
횡단설계(cross-sectional design)
훈련효과(practice effect)

'평화의 출산'

Lotfeh Mohamed El Masri, 11세, Lebanon
이 그림은 예비 부모가 그들의 자녀를 키울 애정 세계에 대한 희망을 나타낸다. 어떻게 단세포의 유기체가 놀고, 꿈꾸고, 창조하는 인간의 능력을 갖춘 아기로 점차 변화해 가는가? 어떤 요소가 이러한 발달을 지지하거나 방해하는가? 제3장은 이러한 물음에 대한 대답을 제공하고 있다.

출처 : 워싱턴 D.C. 국제 아동화 재단의 허락으로 게재

생물학적 기초와 태내기 발달

유전적 기초
· 유전적 부호
· 성 세포
· 남아 혹은 여아?
· 다수의 쌍둥이
· 유전의 전달 양식
· 염색체 이상

생식적 선택
· 유전 상담
· 태내기 진단과 태아 의약

■ 사회적 쟁점 : 건강
생식기술에 대한 찬성과 반대

태내기 환경의 영향
· 기형 발생물질
· 어머니의 다른 요인들

유전, 환경, 행동 : 미래의 방향
· '얼마나?'의 질문
· '어떻게?'의 질문

■ 생물학과 환경
후성설의 예 : 임신 중 흡연이 유전자 표현을 변경함

발달에 대한 질문들에 답하기 위해서 우리는 유전적 기초로부터 시작해 보자. 자연은 우리가 생존에 필요한 것을 준비시키기 때문에 모든 인간은 공통적 특성을 가진다. 그러나 우리 각각은 또한 독특하다. 여러분이 잘 알고 있는 아이들을 떠올려 보자. 그 아이들과 부모 간의 가장 분명한 신체적, 행동적 유사성을 적어 보자. 여러분은 한 아이는 양쪽 부모를 모두 닮고, 다른 아이는 한쪽만 닮고, 세 번째 아이는 아무도 닮지 않았음을 발견했는가? 이러한 직접 관찰 가능한 특징들을 **표현형**(phenotype)이라고 부른다. 이것은 개인의 **유전형**(genotype)에 부분적으로 의존한다. 유전형은 우리의 종을 결정하고 우리의 독특한 특징에 영향을 주는 유전적 정보들의 복합체이다. 그러나 앞으로의 논의에서 보여 주듯이 표현형도 수정 이전부터 시작되는 환경의 영향을 받는다.

우리의 논의가 전개되는 동안, 천성과 양육의 영향에 대한 놀라운 사실을 발견하게 될 것이다. 예를 들어, 많은 사람들은 아기에게 좋지 않은 특성들이 유전되었을 때 도와줄 수 있는 것이 별로 없다고 믿는다. 다른 사람들은 유해한 환경이 아동에게 가한 해는 쉽게 고쳐질 수 있다고 믿는다. 그러나 우리는 이 두 가지 가정이 모두 옳지 않음을 보게 될 것이다. 이 장의 마지막 절에서 발달의 과정을 형성하기 위해 천성과 양육이 어떻게 작용하는지 보게 될 것이다. ■

유전적 기초

각 개인은 수조 개의 세포로 이루어져 있다. 모든 세포의 내부에는 핵이라고 하는 통제센터가 있고 핵에는 유전적 정보가 저장되고 전달되는 **염색체**(chromosomes)라는 막대모양의 구조가 있다. 인간의 염색체는 23개의 동일한 쌍(남성의 XY 염색체만 제외하고)으로 이루어져 있다. 한 쌍의 각각은 크기와 모양과 유전적 기능에서 대응되어 있고, 하나는 어머니로부터 다른 하나는 아버지로부터 유전된다(그림 3.1 참조).

유전적 부호

염색체는 **디옥시리보핵산**(deoxyribonucletc acid) 혹은 **DNA**로 구성되어 있다. 그림 3.2에서 보여 주듯이, DNA는 꼬인 사다리처럼 보이고 두 개의 긴 가닥으로 된 분자이다. 사다리의 각 발판은 **염기**(bases)라고 불리는 한 쌍의 화학물질로 구성되어 있다. 이 염기는 항상 똑같은 방법으로, 즉 A는 T와, C는 G와 사다리의 발판으로 짝짓지만 길이로는 어떤 순서로도 나타날 수 있다. 유전적 지시를 제공하는 것이 이 염기쌍의 순서이다. **유전자**(gene)는 염색체의 길이를 따라 있는 DNA의 한 부분이다. 유전자는 길이가 다르며 그 길이가 100개에서 수천 개의 사다리 발판에 이른다. 하나의 인간 염색체에는 대략 2만~2만 5천에 이르는 유전자가 들어 있다(Human Genome Program, 2008).

우리의 유전적 구성의 일부는 가장 단순한 유기체인 박테리아, 곰팡이와 동일하고 대부분의 유전적 구성은 다른 포유류, 특히 영장류와 동일하다. 침팬지와 인간의 DNA는 98~99% 동일하다. 이는 우리를 인간이게 하는, 즉 우리를 직립하게 하고 탁월한 언어와 인지능력을

그림 3.1 인간 염색체에 대한 핵형 혹은 사진

왼쪽에 보이는 염색체는 인간 세포에서 분리하여 염색하고, 확대하여 각 염색체의 위쪽 가닥의 크기가 줄어드는 순서로 쌍으로 배열하였다. 23번째 쌍이 XY로서 이 세포의 기증자가 남성임을 보여준다. 여성에게는 이 쌍이 XX가 될 것이다.

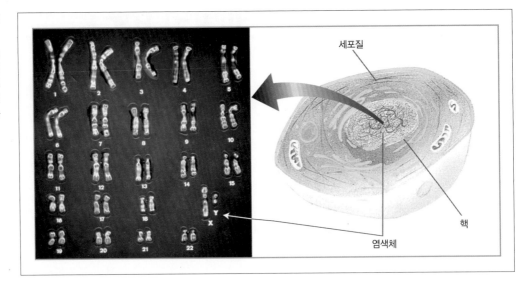

갖게 하는 특성들은 단지 적은 부분의 유전에 의해 이루어진다는 의미이다. 더구나 한 사람이 다른 사람과 유전적으로 다른 것은 훨씬 더 적은 부분이다! 전 세계의 개인들은 약 99.1%가 유전적으로 동일하다(Gibbons, 1998; Gibbons et al., 2004). 그러나 단하나의 기본상에서의 변화도 인간의 특성에 영향을 준다. 그러한 작은 변화는 다수의 유전자와 독특한 방법으로 결합하여 인간 종 내의 다양성을 확대할 수 있다.

　DNA의 독특한 모양은 **유사분열**(mitosis)이라고 하는 과정을 통하여 복제된다. 이러한 특수 능력이 수정 시에 단일 세포가 엄청난 수의 세포로 구성된 복잡한 인간으로 발달하게 해 준다. 그림 3.2에서 유사분열 시에 염색체가 어떻게 자신을 복제하는지를 볼 수 있다. 결과적으로 각 체세포는 같은 수의 염색체와 동일한 유전적 정보를 갖게 된다.

　유전자는 세포핵을 둘러싸고 있는 세포질에 풍부한 종류의 단백질을 만들도록 지시함으로써 그 임무를 완수하게 된다. 신체의 전 영역에 화학 반응을 일으키는 단백질은 우리의 특징들을 만들어 내는 생물학적 기초를 이룬다. 어떻게 인간은 한때 과학자들이 생각했던 것보다 훨씬 적은 (벌레나 파리보다 단지 두 배 더 많은) 유전자로 그렇게 복잡한 존재로 발달할 수 있는가? 그 답은 유전자가 만드는 대략 1,000만~2,000만 개에 달하는 엄청나게 다양한 수로 분열하고 재결합하는 단백질

그림 3.2 사다리 같은 DNA의 구조

이 그림은 사다리의 발판이 되는 염기쌍들이 매우 특정해서 아데닌(A)은 항상 티민(T)과 같이 나타나고 시토신(C)은 항상 구아닌(G)과 함께 나타남을 보여 주고 있다. 여기서 DNA는 사다리 발판이 중앙에서 갈라지면서 복제된다. 각각의 자유로운 염기들은 세포핵을 둘러싼 주변 영역에서 새롭게 보충되는 짝을 찾는다.

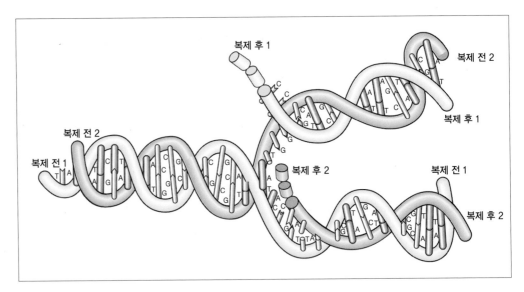

에 있다. 단순한 종은 훨씬 더 적은 단백질을 가지고 있다. 더욱이 유전자 활동을 미세 조정하는 세포핵과 세포질 간의 의사소통 체계가 인간의 경우 훨씬 더 복잡하다. 세포 내에서 광범위한 환경적 요소들이 유전자의 표현을 수정한다(Lashley, 2007). 이러한 극히 미세한 수준에서도 생물학적 사건들은 유전 및 비유전적 힘의 결과로 일어난다.

성 세포

새로운 인간은 **배우자**(gametes) 혹은 성 세포(정자와 난자)라고 하는 특수한 세포가 결합하여 생성된다. 배우자는 체세포의 반에 해당하는 23개의 염색체만을 포함하고 있다. 배우자는 체세포의 염색체 수를 반으로 가르는 **감수분열**(meiosis)이라고 하는 세포분열 과정을 거쳐 형성된다. 정자와 난자가 수정되어 결합하면 **접합자**(zygote) 세포가 생성되고 다시 46개의 염색체를 가지게 된다.

감수분열은 그림 3.3에 있는 단계에 따라 일어난다. 첫째, 염색체들은 각각 자기 자신을 복제한다. 그다음 염색체들이 하나 혹은 그 이상의 지점에서 끊어지고 옆에 있는 다른 염색체의 부분과 교환하는 **염색체 교차**(crossing over)라고 불리는 특별한 사건이 일어난다. 그 결과 한 염색체의 유전자가 다른 염색체의 유전자로 대체된다. 이러한 유전자의 뒤섞임이 새로운 유전적 결합을 창출한다. 다음에 염색체 쌍은 다른 세포로 분열된다. 같은 배우자 내에서 각 쌍의 구성원이 다른 어떤 구성원과 합쳐질지는 우연에 의해 결정된다. 마지막으로 각 염색체는 그 대응 염색체를 떠나 46개의 염색체가 아닌 단지 23개의 염색체로 구성된 배우자의 부분이 된다.

이러한 과정으로 인해 같은 부모로부터 태어난 쌍둥이가 아닌 자녀가 유전적으로 동일할 확률은

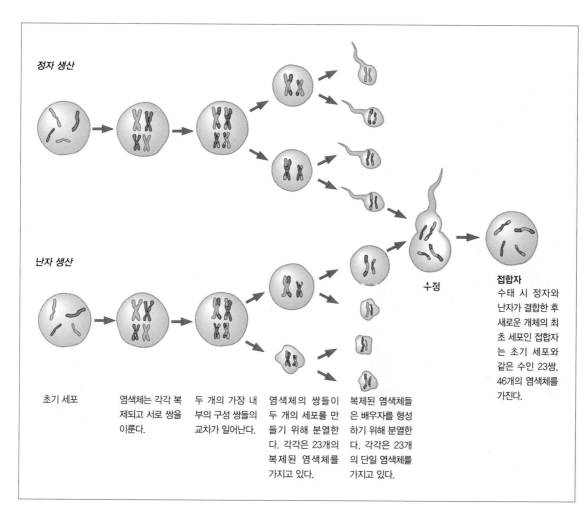

그림 3.3 성 세포 형성이 일어나는 감수분열의 세포분열 과정

(여기서의 최초 세포는 전체 23쌍이 아니라 두 쌍만을 가지고 설명한다) 감수분열은 일반 염색체 수의 반만을 가진 성 세포를 생성한다. 수정 시 정자와 난자가 결합할 때 새로운 개체의 첫 번째 세포(접합자)는 정확한 전체 염색체 수가 된다.

정자 생산

난자 생산

수정

접합자
수태 시 정자와 난자가 결합한 후 새로운 개체의 최초 세포인 접합자는 초기 세포와 같은 수인 23쌍, 46개의 염색체를 가진다.

초기 세포

염색체는 각각 복제되고 서로 쌍을 이룬다.

두 개의 가장 내부의 구성 쌍들의 교차가 일어난다.

염색체의 쌍들이 두 개의 세포를 만들기 위해 분열한다. 각각은 23개의 복제된 염색체를 가지고 있다.

복제된 염색체들은 배우자를 형성하기 위해 분열한다. 각각은 23개의 단일 염색체를 가지고 있다.

1/700조 정도로 극히 낮다(Gould & Keeton, 1996). 그러므로 감수분열은 왜 형제들이 공통의 특성을 가지고 있지만 다른지를 이해하는 데 도움을 준다. 감수분열에 의한 유전적 다양성은 적응적이다. 감수분열은 표현형이 다른 자녀들을 생성하기 때문에 적어도 종의 일부 구성원이 영원히 변화하는 환경을 극복하고 살아남을 가능성을 증가시킨다.

남성의 경우 네 개의 정자가 감수분열이 완성되었을 때 생성된다. 또한 정자를 만드는 세포들은 일생을 거쳐 계속 생산된다. 그러므로 건강한 남성은 성적 성숙 이후 어떤 연령에나 아버지가 될 수 있다. 여성의 경우, 감수분열은 단 하나의 난자만 생성하고 나머지 유전물질은 퇴화한다. 더욱이 여성은 난소에 모든 난자를 가진 채로 태어난다. 그리고 30~40년 동안만 임신을 할 수 있다. 그래도 아주 많은 여성 성 세포가 있다. 약 100만에서 200만 개의 난자가 출생 시 존재하며 4만 개는 청소년기까지 남아 있으며 여성의 가임기간에 대개 350~450개가 성숙한다(Moore & Persaud, 2008).

남아 혹은 여아?

그림 3.1로 돌아가서 유전학자들이 가장 긴 것(1)에서부터 가장 짧은 것(22)으로 번호를 매긴 22쌍의 염색체 쌍들을 살펴보자. 이들은 **상염색체**(autosomes, 성염색체가 아님을 의미함)라고 불린다. 23번째 쌍은 **성염색체**(sex chromosomes)로 구성되어 있다. 이 쌍은 여성은 XX로 남성은 XY로 불린다. X는 비교적 큰 염색체이고 Y는 짧고 유전적 정보를 적게 담고 있다. 남성에서 배우자가 형성될 때 X와 Y는 두 개의 다른 정자로 분리된다. 그러므로 새로운 유기체의 성은 X를 가진 혹은 Y를 가진 염색체가 난자와 만났는가에 의해 결정된다. 과학자들은 태내기에 남성의 성적 기관 형성을 주도하는 Y 염색체에 존재하는 유전자를 분리해 냈다(Sekido & Lovell-Badge, 2009). 그러나 성적 특징을 발달시키는 데 관여하는 앞으로 발견되어야 하는 다른 유전자도 있음을 과학자들은 알고 있다.

다수의 쌍둥이

때때로 복제하기 시작하는 접합자가 두 명의 개체로 발달하는 두 개의 세포 군집으로 분화할 수도 있다. 이들은 유전적 구성이 똑같기 때문에 **동일한** 혹은 **일란성 쌍둥이**(identical or monozygotic twins)라고 불린다. 일란성 쌍둥이의 출산율은 1/330로 전 세계적으로 비슷하다(Hall, 2003). 동물 연구에서 이러한 쌍둥이 출산이 촉진되는 다양한 환경 영향을 밝히고 있는데 온도 변화, 산소 수준의 변화, 난자의 늦은 수정 등이 포함된다. 소수의 경우에 유전적 영향을 암시하는 가계에 일란성 쌍둥이 내력이 존재한다(Lashley, 2007).

형제와 같은 혹은 **이란성 쌍둥이**(fraternal or dizygotic twins)는 다중 쌍둥이의 가장 흔한 형태로 두 개의 난자가 배란되고 수정된 결과이다(표 3.1 참조). 유전적으로 이란성 쌍둥이는 형제 정도 이상으로는 유사하지 않다. 고령의 어머니, 수정을 위한 약물, 시험관 수정(앞으로 논의하게 될)이 이란성 쌍둥이와 다른 다중 쌍둥이들이 과거 수십 년간 산업국가들에서 극적으로 증가하는 주요 이유들이다(Machin, 2005; Russell et al., 2003). 최근 이란성 쌍둥이는 미국에서 60건의 출생 중 한 건의 비율로 일어난다(U.S. Department of Health and Human Services, 2010a).

이 동일한 혹은 일란성 쌍둥이는 복제하기 시작한 접합자가 두 개의 세포 군집으로 분화된 것이며, 이로써 유전적 구성이 똑같은 두 사람이 발달한다.

표 3.1 이란성 쌍둥이에 연계된 모계 요인

요인	내용
인종	아시아 인종은 1,000명 중 4명 백인은 100명 중 8명, 흑인은 1,000명 중 12~16명[a]
쌍둥이 출산 가계 내력	어머니와 자매들이 이란성 쌍둥이를 낳은 여성들에서 더 많이 일어남
연령	어머니의 연령이 증가함, 35~39세를 정점으로 급속히 떨어짐
영양	부실한 영양 상태의 여성에게서는 덜 일어남. 키가 크고 정상보다 체중이 무거운 여성에게서 더 일어남
출산 경험	출산이 많을수록 더 일어남
임신 촉진 약물 복용과 시험관 임신	임신 촉진 호르몬과 시험관 임신의 경우 더 일어남. 또한 세쌍둥이, 네쌍둥이, 다섯쌍둥이 임신 확률도 증가

[a] 전 세계적 비율, 임신 촉진제로 인한 다둥이 출산은 제외하였음

출처 : Hall, 2003 Hoekstra et al., 2008; Lashley, 2007.

유전의 전달 양식

각 유전자의 두 가지 형태가 염색체의 동일 지점에 있다. 하나는 어머니로부터 유전되고 다른 하나는 아버지로부터 유전된 것이다. 유전자의 각 형태는 **대립 유전자**(allele)라고 불린다. 만약 부모로부터 온 대립 유전자가 유사하면 아동은 **동형접합체**(homozygous)가 되고 유전된 특성이 나타난다. 만약 대립 유전자가 다르면 아동은 **이형접합체**(heterozygous)가 되고 대립 유전자 간의 관계가 표현형을 결정한다.

우성–열성 관계 많은 이형접합체에서는 **우성–열성 유전**(dominant recessive inheritance)이 일어난다. 하나의 대립 유전자가 아동의 특성에 영향을 준다. 이 대립 유전자는 우성, 영향을 미치지 못하는 다른 하나는 열성이라 불린다. 머리색이 하나의 예가 된다. 검은 머리는 우성(대문자 D로 표시할 수 있음)이고 금발은 열성(소문자 d로 표시)이다. 동형접합체인 우성 대립 유전자(DD)가 유전되거나 이형접합체(Dd)가 유전되면 유전형은 다를지라도 검은 머리가 될 것이다. 금발은 두 개의 열성 대립 유전자(dd)가 유전되면 나타난다. 그러나 하나의 열성 대립 유전자를 가진 이형접합체(Dd)의 사람도 그 특성을 자녀에게 전달할 수 있다. 그러므로 그들은 그 특성의 **보인자**(carriers)라고 불린다.

우성–열성 유전 법칙을 따라 유전되는 인간의 특성이나 장애가 표 3.2에 나열되어 있다. 보다시피 많은 장애와 질환들은 열성 대립 유전자로부터 초래된다. 가장 흔히 일어나는 열성 장애가 페닐케토뇨증(phenylketonuria 혹은 PKU)이다. 이는 신체가 대부분의 음식에 포함된 단백질을 분해하는 방식에 영향을 미친다. 두 개의 열성 대립 유전자를 가지고 태어나는 아기는 단백질(페닐알라닌)을 구성하는 기초 아미노산의 하나를 신체 기능에 필수적인 부산물(티로신)로 변경하는 효소가 부족하게 된다. 이 효소가 없으면 페닐알라닌은 곧 중추신경계에 손상을 입히는 유해물질을 생성한다. 1세 정도에 PKU를 가진 영아는 영구적으로 지적 장애가 된다.

잠재적 손상 효과에도 불구하고 PKU는 유전되는 부정적 유전자가 항상 치료할 수 없는 조건이 되는 것은 아님을 보여 주는 좋은 예이다. 미국의 모든 지역에서는 신생아에게 PKU에 대한 혈액검사를 받도록 요구한다. 질환이 발견된 즉시 아기는 낮은 페닐알라닌 식이요법에 들어가게 된다. 아주 적은 양의 페닐알라닌도 뇌기능을 방해하기 때문에 이러한 치료를 받은 아기도 기억, 계획, 의사결정, 문제해결과 같은 어떤 인지 영역에서는 약한 결함을 나타낸다 (DeRoche & Welsh, 2008). 그러나 식이요법 치료를 일찍 시작하고 계속하면 PKU 아동은 대개 평균 지능을 달성하게 되고 정상적 생애를 보내게 된다.

표 3.2 우성과 열성 특징의 예

우성	열성
검은 머리	금발
정상 모발	패턴 탈모
곱슬머리	직모
빨간 머리가 아님	빨간 머리
보조개	보조개 없음
정상 청력	난청
정상 시력	근시
원시	정상 시력
정상 시력	선천성 백내장
정상 피부 색조	알비노 증상
이중 관절	정상 관절
A 혈액형	O 혈액형
B 혈액형	O 혈액형
RH플러스 혈액형	RH마이너스 혈액형

주 : 눈의 색과 같은 우성-열성 유전으로 알려졌던 많은 정상적 특징들이 지금은 다인자에 기인한 것으로 간주된다. 역 제시된 특징들은 대부분 전문가들이 우성-열성 관계라는 것에 동의한 것들이다.

출처 : McKusick, 2011.

우성-열성 유전에서 우리가 부모의 유전적 구성을 알게 되면 가족 중 그 특성이 표현되거나 보인자일 확률을 예측할 수 있다. 그림 3.4는 PKU에 대한 이 확률을 제시하고 있다. 이것이 나타나려면 각 부모가 열성 유전자(p)를 가져야 한다. 또 그림에서처럼 하나의 유전자가 하나 이상의 특성에 영향을 미칠 수 있다. 페닐알라닌을 티로신(색상을 결정하는)으로 변경할 수 없기 때문에 PKU를 가진 아동은 밝은 머리 색깔과 푸른 눈을 가진다. 또한 페닐알라닌이 세포에 쌓이는 정도와 치료가 효과적인 정도는 아동에 따라 다르다. 이는 다른 유전자의 효과를 상승시키거나 희석시키는 **수정 유전자**(modifier genes)의 활동에 기인한다.

희귀한 몇 가지 질환만이 우성 대립 유전자에 기인한다. 왜 그런지 생각해 보자. 우성 대립 유전자를 물려받은 아동은 항상 그 장애가 나타난다. 그들은 출산을 할 정도로 오래 살지 못한다. 그래서 유해한 우성 대립 유전자는 당 세대에서 가계의 유전으로부터 제거된다. 그러나 몇 가지 우성 장애가 존재한다. 그 하나가 중추신경계가 퇴화하는 **헌팅톤병**이다. 이 질환은 왜 오랫동안 지속될까? 그 증상이 우성 유전자를 그의 자녀에게 전달하기 전인 35세까지는 잘 나타나지 않기 때문이다.

불완전 우성　어떤 이형접합체의 경우에 우성-열성 관계는 완벽하게 지켜지지 않는다. 대신에 양쪽 대립 유전자가 모두 표현형으로 나타나서 결합된 특성이나 둘 간의 중간이 되는 유전 형태인 **불완전한 우성**(incomplete dominance)이 나타난다.

낫적혈구 빈혈은 많은 흑인에게서 나타나는 이형접합체로서 그 예가 된다. 낫적혈구 빈혈(표 3.3 참조)은 두 개의 열성 유전자를 가진 아동의 경우에도 그 증상이 일어난다. 대개 둥근 적혈구가 특히 산소가 부족하면 겸상(초승달 모양)의 모양이 된다. 이 적혈구가 혈관을 막고 피의 흐름을 방해하고 강한 통증, 부기 및 조직손상을 일으킨다. 의료 발전에도 불구하고 오늘날 문제를 가진 아동의 85%가 성인이 될 수 있다. 낫적혈구 빈혈이 있는 북미주 사람들의 기대 수명은 단지 평균 55세이다(Driscoll, 2007). 이형접합체의 개인은 대부분의 경우 질병으로부터 보호된다. 그러나 산소결핍을 경험할 경우(예 : 고위도에서나 강한 운동 후) 하나의 열성 대립인자가 강해져서 미약한 증상이 일시적으로 나타난다.

X 관련 유전　PKU나 낫적혈구 빈혈처럼 체세포로 전달되는 열성 질환을 유전받을 확률은 남녀가 동일하다. 그러나 유해한 대립 유전자가 X 염색체로 전달될 때 **X 관련 유전**(X-linked inheritance)이 적용된다. 남성은 성염색체가 동일하지 않기 때문에 더 많은 영향을 받는다. 여성의 경우 X 염색체의 어떤 열성 대립 유전자도 다른 X 염색체의 우성 유전자에 의해 억제될 확률이 높다. 그러나 Y 염색체는 단지 2/3 정도 길이이기 때문에 X 염색체의 대립 유전자를 누를 만한 상응하는 유전자가 부족하다. 잘 알려진 예가 정상적으로 혈액이 응고하지 않는 **혈우병**이다. 그림 3.5에서 어머니가 비정상 대립 유전자를 가진 남아의 유전 가능성이 더 큼을 보여 준다.

X 관련 질환 외에도 많은 다른 성차들은 남성이 불리함을 보여 준다. 유산의 확률, 영아나 유아 사망률, 출생 시 결함, 학습장애, 품행장애, 지적 장애 모두가 남아가 더 높다(Butler & Meaney, 2005). 이러한 성차가 유전자 부호의 차이로 추적될 수 있다. 두 개의 X 염색체를 가진 여성은 더 다양한 유전자 혜택을 볼 수 있다. 그러나 자연은 남성의 불이익에 적응하는 것 같다. 전 세계적으로 여아가 100명 태어날 때 남아는 약 107명이 태어난다. 유산과 낙태 등을 감안하면 그보다 더 많은 남아가 임신된다(United Nations, 2010).

그림 3.4　PKU로 설명한 우성-열성 유전 양식
양쪽 부모가 열성 유전자(p)의 이형접합체를 가지고 있는 경우, 25%의 자녀가 정상(NN)이 되고, 50%가 보인자(Np)가 되고, 25%가 그 질환이 유전될(pp) 가능성이 있다. PKU인 아동은 그 형제에 비해 밝은 색의 모발을 가짐을 주목하라. PKU의 열성 유전자는 하나 이상의 특징에 영향을 준다. 즉 모발의 색깔에 영향을 준다.

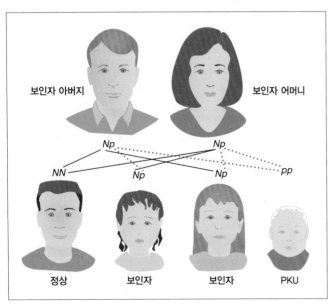

보인자 아버지　보인자 어머니

Np　Np

NN　Np　Np　pp

정상　보인자　보인자　PKU

표 3.3 우성과 열성 질환의 예

질환	기술	유전양식	발생률	치료
체세포 질환				
쿨리 빈혈	창백한 외모, 지체된 신체 성장, 영아기에 시작된 무력한 행동	열성	500명 출산 중 1명(지중해 민족)	빈번한 혈액 교체, 합병증으로 대개 청소년기 사망
페닐케토뇨증(PKU)	많은 단백질에 포함된 페닐알라닌이라는 아미노산의 신진대사 불능으로 생의 첫해에 심각한 신경계통의 손상이 일어남	열성	8,000명 출산 중 1명	특별한 식이요법으로 평균 지능과 정상 수명 가능, 기억, 계획, 의사결정과 문제해결에서 미묘한 문제가 종종 발생
낫적혈구 빈혈	적혈구의 이상형태가 산소결핍, 통증, 부기, 세포손상을 일으킴, 빈혈과 감염, 특히 폐렴 감염 가능성을 높임	열성	북미 아프리카 인종 500명 출산 중 1명	혈액 교체, 진통제, 감염의 조속한 치료, 알려진 치료법 없음, 55세 전 50% 사망
가족성흑암시백치	6개월경 시작하는 중추신경계의 손상으로 미약한 근력, 실명, 청각손상, 경련	열성	유럽계 유대인과 프랑스계 캐나다인 중 3,600출산에 1명	없음, 증상 발병 후 10~20년 사이에 사망
헌팅톤병	중추신경계의 퇴화가 근육조절 문제, 지적 감퇴, 성격 변화를 일으킴, 증상은 대개 35세까지 나타나지 않음	우성	북미인 18,000~25,000명 출산 중 1명	치료법 없음, 증상이 나타난 후 10~20년 후 사망
마르팡 증후군	키가 크고 마른 체형, 가늘고 긴 팔과 다리, 심장 결함, 눈 비정상, 특수 렌즈의 문제, 과도한 신체의 길이가 다양한 골격이상을 나타냄	우성	5,000~10,000명 출산 중 1명	심장과 눈의 결함 치료 가능, 초기 성인기에 심장 결함으로 사망
X 관련 질환				
뒤시엔느 근위축증	퇴행성 근육질환, 비정상적인 걸음걸이, 7~13세에 걷는 능력 상실	열성	3,000~5,000명 남자 출산 중 1명	치료법 없음, 순환계 감염이나 심장 근육 약화로 인한 청소년기 사망
혈우병	정상적 혈액 응고 실패, 심각한 내출혈과 세포손상 가능	열성	4,000~7,000명 남자 출산 중 1명	혈액 교체, 상처를 예방하는 안전 조치
당뇨	불충분한 바소프레신 호르몬 형성에 의한 과도한 갈증과 소변 탈수로 중추신경계 손상	열성	2,500명 남자 출산 중 1명	호르몬 대체

주 : 열성 질환의 경우 보인자가 혈액 검사나 유전자 분석을 통해 예비 부모에게서 감식될 수 있다. 모든 열거된 질환은 임신 중 진단이 가능하다 (표 3.5 참조).
출처 : Kliegman et al., 2008; Lashley, 2007; McKusick, 2011.

그럼에도 불구하고 최근 수십 년간 남아 출생률은 미국, 캐나다, 유럽 국가들을 포함한 선진국에서 감소하고 있다(Jongbloet et al., 2001). 일부 연구자들은 이러한 경향은 스트레스가 많은 삶의 조건들이 증가하고 이러한 조건에서 자연유산이 증가하고 특히 남아가 자연유산이 더 잘되기 때문이라고 본다(Catalano et al., 2010). 이러한 가설을 검증하기 위해 동독의 남-여 줄생 비율을 1946~1999년까지 54년간 추적하였다. 그 비율은 1994년에 가장 낮았고 그 해에 국가의 경제가 붕괴되었다(Catalano, 2003). 유사하게 1990년대 10년 동안 캘리포니아 연구에서 실업률(주요 스트레스 원인)이 평균보다 더 증가하는 달에 남아태아 사망률이 증가하였다(Catalano et al., 2009).

유전적 각인 1,000가지 이상의 인간 특성이 우성-열성과 불완전한 우성 유전 규칙을 따른다(McKusick, 2011). 이 경우, 부모가 새 개체에 어떤 유전자를 제공하든 간에 유전자는 같은 방법으로 반응한다. 그러나 유전학자들은 몇 가지 예외를 알아냈다. **유전적 각인**(genetic imprinting)에서 대립 유전자는 각인되거나 화학적으로 표시되어서 그 구성에 상관없이 쌍 중 하나가 (어머니의 것이든 아버지의 것이든) 활성화된다(Hirasawa & Feil, 2010). 각인은 종종 일시적이며 다음 세대에는 지워지고 모든 개체에서 다 일어나지는 않는다.

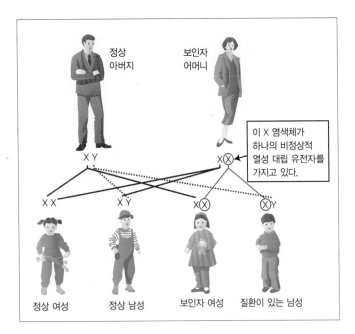

정상
아버지

보인자
어머니

이 X 염색체가
하나의 비정상적
열성 대립 유전자를
가지고 있다.

X Y

X Ⓧ

X X

X Y

X Ⓧ

Ⓧ Y

정상 여성

정상 남성

보인자 여성

질환이 있는 남성

그림 3.5 X 관련 유전

여기에 보여 주는 예에서 아버지의 X 염색체의 대립 유전자는 정상이다. 어머니는 X 염색체가 하나는 정상이고 하나는 비정상인 열성 대립 유전자를 가지고 있다. 부모의 대립 유전자들의 가능한 조합을 보면, 이 부모의 아들 중 50%가 질환을 가질 것이며 딸 중 50%가 보인자가 될 것이다.

각인은 어떤 혼란스러운 유전 양식을 이해하는 데 도움을 준다. 예를 들어, 어머니보다 아버지가 당뇨이면 자녀가 당뇨가 될 확률이 높다. 천식이나 건초열(hay fever)은 그 증상이 아버지보다 어머니에게 있는 경향이 높다. 각인은 몇 가지 소아암과 지적 장애와 심각한 비만을 보이는 프래더-윌리 증후군에 포함되어 있다(Butler, 2009). 이는 또 헌팅톤병이 왜 아버지로부터 유전되었을 때 더 일찍 발병하고 빠르게 진전되는지를 설명해 줄지 모른다(Gropman & Adams, 2007).

유전적 각인은 가장 흔한 유전적 지적 장애인 취약한 X 증후군에서처럼 성염색체에 작용할 수도 있다. 이 질환에서는 남아의 4,000명 중 한 명과 여아의 6,000명 중 한 명이 영향을 받는데 DNA 염기의 비정상적 순서가 X 염색체의 특정 지점에서 일어나 특정 유전자를 손상시킨다. 취약한 지점의 결손된 유전자는 어머니로부터만 자녀에게 전달된다. 이 장애는 X 염색체와 관련되었기 때문에 여아에 비해 남아가 더 심각한 영향을 받는다(Hagerman et al., 2009). 여아는 대개 정상적으로 기능하는 유전자가 다른 X 염색체(아버지에게서 유전된)에 있기 때문에 비정상 유전자를 부분적으로 보완할 수 있다.

취약한 X 증후군이 있는 아동에 대한 EEG와 fMRI 연구에 의하면 대뇌피질의 많은 영역에서 감소된 크기, 구조적 이상, 비전형적 활동을 보이는 것으로 나타났다(Schneider, Hagerman, & Hessl, 2009). 취약한 X 증후군의 지적 결함은 미약한 학습장애에서 심각한 지적 장애에까지 이른다. 큰 귀, 튀어나온 턱과 긴 얼굴, 남아의 경우 큰 고환과 같은 신체적 특징이 공통적으로 나타난다. 취약한 X 증후군이 있는 아동의 30%가량이 자폐증상을 보인다. 이 장애는 손상된 사회적 상호작용, 지연된 혹은 결함이 있는 언어와 의사소통, 한정되고 과도하게 강한 흥미 그리고 반복적·운동적 행동 등의 특징이 있다(Schwarte, 2008).

돌연변이 임신의 3% 미만이 유전적 이상이 있는 아기를 출생하지만 이러한 아동이 대개 영아 사망의 20%를 설명하고 평생토록 나타나는 손상된 신체적 정신적 기능의 상당 부분의 원인이 된다(U.S. Department of Health and Human Service, 2010f). 먼저 어떻게 그러한 해로운 유전자가 생성되었을까? 답은 **돌연변이**(mutation)로, DNA의 일부분을 갑자기 영구적으로 변화시킨다. 돌연변이는 하나 혹은 두 개의 유전자에 영향을 미치거나 우리가 곧 논의하게 될 염색체 이상에서처럼 많은 유전자에 영향을 미칠 수 있다. 어떤 돌연변이는 단순한 우연에 의해 자발적으로 일어난다. 다른 것들은 유해한 환경 요인에 의해 일어난다.

전자파와 극초단파(마이크로웨이브)인 비전리파 방사선의 형태는 DNA에 영향을 미치지 않지만 전리파(고에너지) 방사선은 돌연변이의 원인이 된다. 임신 전에 반복해서 노출된 여성은 유산하거나 유전적 결함이 있는 아기를 출산할 가능성이 높다. 신체적 기형이나 소아암과 같은 유전적 이상의 발생은 직장에서 방사선에 노출된 아버지의 아동에게 더 많다. 그러나 빈번하지 않고 미약한 방사선 노출은 유전적 결함을 초래하지 않는다(Jacquet, 2004). 장기간에 걸쳐 조사량이 높으면 유전적 이상을 가져온다.

지금 제시한 예들은 배우자 세포에서 일어나는 생식세포 돌연변이이다. 영향을 받은 개인이 짝짓기를 하면 결함이 있는 DNA가 다음 세대로 전이된다. 두 번째 유형은 체세포 돌연변이로 정상적 체세포가 생의 어떤 시기에든 돌연변이를 일으킨다. DNA 결함이 영향을 받은 체세포에서 분열된 모든 세포에 나타나고 결국 질병(암과 같은)이나 장애를 일으킬 만큼 광범위하게 퍼진다.

가계에 전수되는 질병이 어떻게 생식세포 돌연변이에 의해 일어날 수 있는지는 쉽게 이해할 수 있다. 그러나 체세포 돌연변이도 이러한 장애에 관련될 수 있다. 어떤 사람들은 유발 사건이 있으면 어떤 체세포가 쉽게 돌연변이를 일으키게 하는 유전적 감염 가능성이 잠복되어 있다(Weiss, 2005) 이러한 사실이 어떤 사람들은 흡연, 오염물질노출, 혹은 심리적 스트레스의 결과로 심각한 질병(암과 같은)으로 진전되는지를 설명해 준다.

다인자 유전 이제까지 하나의 특성이 나타나는지 아닌지를 보여 주는 유전 양식에 대해 논의하였다. 이 틀에 박힌 개인차는 신장, 체중, 지능, 성격 같은 개인 간 연속선상에서 정도의 차이가 있는 특징들보다 그 유전적 기원을 찾기가 더 쉽다. 이러한 특성들은 다수의 유전자가 그 특성을 결정하는 **다인자 유전**(polygenic inheritance)에 기인한다. 다인자 유전은 복잡하고 아직 잘 알려지지 않았다. 이 장의 마지막 부분에서 연구자들이 유전의 정확한 양식을 모를 때 인간의 특성에 미치는 유전의 영향을 어떻게 추정하는지에 대해 논의할 것이다.

정상아와 함께 미술 수업에 참여하는 9세 취약한 X 증후군 아동. 지적 장애를 유발하는 이 X 관련 질환은 비정상 유전자가 어머니로부터 자녀에게 전달될 때만 표현된다.

염색체 이상

유해한 열성 유전자 외에 염색체의 이상이 발달문제의 주요 원인이기도 하다. 대부분의 염색체 이상은 난자와 정자가 생성되는 감수분열 시의 오류에 기인한다. 염색체 쌍이 적절하게 분열하지 못하거나 염색체의 부분이 부서진다. 이러한 오류는 단일 유전자에 의한 문제보다 훨씬 더 많은 DNA를 포함하므로 많은 신체적 · 정신적 증상을 일으킨다.

다운증후군 가장 흔한 염색체 이상은 800명 출생에 한 명의 비율로 나타나는 다운증후군이다. 95%의 경우에, 감수분열 중 21번째 염색체 쌍의 결함으로부터 초래되고 새 개체는 둘 대신 세 개의 염색체를 유전받는다. 이러한 이유로 다운증후군을 상염색체성 21(trisomy 21)이라고 부른다. 다른 덜 흔한 형태는 또 하나의 21번째 염색체가 다른 염색체에 붙는 것이다(위치 전환 유형). 또는 오류가 유사분열 초기 단계에서 일어나서 전체의 체세포가 아니라 일부분의 염색체 구성에 결함을 일으킨다(모자이크 형태라고 불린다)(U.S. Department of Health and Human Services, 2011a). 모자이크 형태에는 더 적은 유전물질이 포함되므로 장애의 증상은 대개 덜 심하다.

다운증후군의 결과는 지적 장애와 기억과 언어문제, 한정된 어휘, 운동발달 지체로 나타난다. 뇌영상 연구에 의하면 두뇌 크기의 감소가 나타나고 피질의 어떤 영역에서 그 증상이 더 심각하다(Pinter et al., 2001). 이 증후군이 있는 사람은 신체적 특징도 구별되는데 작고 땅딸막한 체격에 납작한 얼굴, 불거진 혀, 아몬드 모양의 눈, 손바닥을 가로지르는 흔치 않은 손금(50%의 경우에) 등이 있다. 더욱이 다운증후군 영아는 백내장과 청각손상, 심장과 장의 결함을 가지고 태어난다(U.S. Department of Health and Human Services 2011a). 의학의 발달로 다운증후군이 있는 사람도 과거보다 일찍 죽지는 않는다. 다수가 50대까지 살고 소수는 60대에서 80대까지 산다. 기대 수명의 연장은 축하할 일이지만 다수의 40세 이상을 사는 사람들은 가장 흔한 치매인 알츠하이머병에 걸린다(Wiseman et al., 2009). 21번째 염색체 유전자는

손상된 발달에도 불구하고 이 다운증후군 걸음마기 유아는 자극이 풍부하고 보살피는 환경에서 자라고 있다. 그의 물리치료사는 아기에게 물놀이를 하게 함으로써 지적, 신체적, 정서적으로 유익하게 할 것이다.

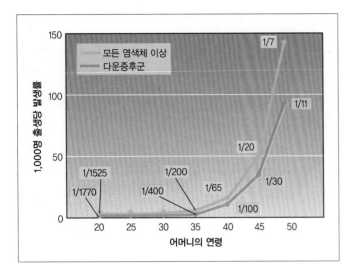

그림 3.6 모 연령에 따른 다운증후군과 모든 염색체 이상 위험성
35세 이후에 위험이 급격히 증가한다.

출처 : R. L. Schonberg & C. J. Tifft, 2007, "Birth Defects and Prenatal Diagnosis," from *Children with Disabilities*, 6/e, M. L. Matshaw, L. Pellegrino, & N. J. Roizen, editors, p. 85. Baltimore: Paul H. Brookes Publishing Co., Inc. Adapted by permission.

이 질환과 관련이 있다.

다운증후군인 아기들은 잘 웃지 않고 눈 맞춤이 잘 안 되고 근력이 약하며 물체를 끈기 있게 찾지 않는다(Slonims & McConachie, 2006). 그러나 아동이 자신의 환경에 더 관여하도록 부모가 격려하면 다운증후군 아동들은 더 좋아질 수 있다. 그들은 또한 영아와 유아 중재 프로그램을 통해 인지보다는 정서적, 사회적, 운동 기술적 측면에서 더 향상될 수 있다(Carr, 2002). 분명히 환경적 요소가 다운증후군 아동의 상태에 영향을 준다.

그림 3.6은 다운증후군 아기가 어머니의 연령 증가에 따라 극적으로 증가하는 것을 보여 준다. 그러나 정확하게 왜 고연령 어머니가 감수분열에서 이상이 있는 난자를 더 배출하는지는 알려지지 않았다(Martin, 2008). 5~10%의 경우에 특별한 유전물질이 아버지로부터 나온다. 이러한 돌연변이의 원인은 잘 알려지지 않았다. 어떤 연구에서는 고령의 아버지의 역할을 제안하기도 하지만 다른 연구에서는 연령 효과를 보여 주지 못했다(De Souza, Alberman, & Morris, 2009; Dzurova & Pikhart, 2005; Sherman et al., 2005).

성염색체의 이상 다운증후군 이외의 상염색체 장애는 발달이 심각하게 손상되어 유산이 일어난다. 그러한 아기는 태어난다 해도 거의 유아기 이상 살지 못한다. 대조적으로 성염색체 이상은 대개 더 적은 문제를 일으킨다. 사실 성염색체 이상으로 인한 장애는 사춘기가 지연되는 청소년기가 되어서야 인식된다. 가장 흔한 문제는 가외의 염색체(X 혹은 Y)가 있거나 여성의 경우 X 염색체가 없는 것이다(표 3.4 참조).

성염색체에 이상이 있는 개인에 대한 다양한 신화가 연구에 의해 기각되었다. 예를 들면 표 3.4에 분명히 제시된 것처럼 XYY 증후군의 남성이 XY 남성보다 반드시 공격적이거나 반사회적이지 않다. 그리고 대부분의 성염색체 이상인 아동이 지적 장애가 아니다. 대신 그들의 지적 결함은 매우 특정적이다. 예를 들어 읽기와 어휘 같은 언어적 어려움이 삼중 X 증후군(triple x syndrome)의 여아와 클라인펠터 증후군(Klinefelter syndrome)인 남아에게 흔하며 이들은 모두 가외의 X 염색체를 유전받았다. 대조적으로 터너증후군(Turner syndrome)인 여아는 하나의 X가 없는데 그림을 그리는 것, 좌우 구별, 이정표 따라가기, 표정 변화 알아채기 같은 공간관계에 어려움을 보인다(Kesler, 2007;

표 3.4 성염색체 장애

장애	특성	발생률	치료
XYY 증후군	가외 Y 염색체, 평균 이상의 키, 큰 이와 때로는 여드름, 지능, 남성성 발달, 생식능력 정상	남아 1,000명 출산 중 1명	특별한 치료가 필요하지 않음
삼중 X 증후군(XXX)	가외의 X 염색체, 키가 크고 손상된 언어지능, 여성성 발달과 생식능력 정상	500~1,250명 여아 출산 중 1명	언어능력 문제를 치료하는 특수 교육
클라인펠터 증후군(XXY)	가외의 X 염색체, 키가 큼, 여성 같은 신체지방 분포, 사춘기에 불완전한 성적 발달, 불임, 손상된 언어지능	남아 900명 출산 중 1명	성적 특징의 발달을 위한 사춘기 호르몬 치료, 언어능력 문제 치료를 위한 특수 교육
터너증후군(XO)	X 염색체의 결손, 작은 체격, 거미줄 모양의 목, 사춘기에 불완전한 성적 발달, 불임, 손상된 공간지능	여아 2,500~8,000명 출산 중 1명	아동기 신체 성장과 사춘기 성적 발달을 촉진하기 위한 호르몬 치료, 공간능력 문제를 치료하기 위한 특수 교육

출처 : Geerts, Steyaert, & Fryns, 2003; Kesler, 2007; Saitta & Zackai, 2005; Simpson et al., 2003.

Lawrence et al., 2003; Simpson et al., 2003). 뇌영상 연구는 X 염색체가 정상적 수보다 더 많거나 적어지는 것은 어떤 두뇌 구조의 발달을 변화시켜서 특정 지적 결함을 초래한다는 것을 확인해 주고 있다(Cutter et al., 2006; Itti et al., 2006).

생식적 선택

과거에는 가족에 유전적 장애가 있는 많은 부부가 이상이 있는 아기를 낳는 위험보다는 아기를 갖지 않기를 택했다. 오늘날 유전적 상담과 태내기 진단으로 사람들이 임신 또는 임신 말기까지 임신을 유지할지, 입양을 할 것인지를 정보를 가지고 결정할 수 있게 되었다.

유전 상담

유전 상담(genetic counseling)은 유전적 장애를 가진 아기를 출산하게 될 가능성을 평가하고 가족의 목표와 위험 상태를 예상하여 최선의 행동을 취할 수 있도록 부부들을 돕기 위해 설계된 의사소통 과정이다(Resta et al., 2006). 임신을 하기 어려웠던 사람들—예를 들어, 반복된 유산으로—혹은 가족 내에 유전적 문제가 있는 것으로 알고 있는 사람들이 이러한 상담을 원할 것이다. 더욱이, 35세까지 임신을 지연시켰던 여성들은 유전 상담을 받을 후보가 된다. 이 연령 후에는 염색체 이상이 일어날 확률이 급증한다(그림 3.6 참조). 그러나 저연령 어머니들의 출산율이 고연령 어머니보다 훨씬 높기 때문에 저연령 어머니들도 다수가 유전적 결함이 있는 아기를 출산할 수 있다. 그러므로 연령만이 아니라 어머니의 필요에 따라 유전 상담을 권고해야 한다고 주장하는 전문가들도 있다(Berkowitz, Roberts, & Minkoff, 2006).

지적 장애, 심리적 장애, 신체적 결함, 혹은 유전적 질환이 있는 가족사가 있으면 상담자는 부부를 면접하고 영향을 받을 가능성이 있는 가족의 계보인 가계도를 준비한다. 가계도는 이 장의 초반부에서 설명한 유전 원리를 사용하여 부모가 비정상 아동을 임신할 가능성을 추정하는 데 사용된다. 많은 장애의 경우, 분자 유전 분석(DNA가 검사되는)을 통해 부모가 유해한 유전자의 보인자인지를 알아볼 수 있다. 보인자 탐색은 취약한 X 증후군과 같은 모든 열성 유전 질환에 대해서도 가능하다(표 3.3 참조).

모든 관련 정보가 수집되면 유전 상담자는 적절한 선택을 고려하도록 도울 수 있다. 그중에는 임신을 기다리거나 입양, 다양한 생식기술 중에서 선택할 수 있다(pp. 70~71, '사회적 쟁점 : 건강' 참조).

태내기 진단과 태아 의약

비정상 아동을 임신할 가능성이 있는 부부가 임신했을 경우 몇 가지 **태내기 진단방법**(prenatal diagnostic methods)—출생 전에 문제를 알아내도록 하는 의학적 절차—이 가능하다(표 3.5 참조). 연령이 높은 여성은 양수천자와 융모막 융모 채취 방식의 주요 후보가 된다. 초음파와 모체 혈액 분석을 제외한 다른 방법들은 발달 중인 유기체에 상해를 입힐 위험이 있으므로 태내기 진단에 일상적으로 활용될 수 없다.

태내기 진단은 태아 의약의 발전을 이끌었다. 예를 들어, 의사는 자궁에 주삿바늘을 삽입하여 태아에게 약물을 주사할 수 있다. 심장 · 폐 · 횡격막 기형, 요도장애, 신경 결함, 미저골 종양과 같은 문제를 수술할 수 있다. 혈액에 질환이 있는 태아들은 혈액 교환을 할 수 있다. 면역에 결함이 있는 태아들은 골수 이식을 통하여 정상적으로 기능하는 면역체계를 형성할 수 있다(Deprest et al., 2010).

사회적 쟁점 : 건강

생식기술에 대한 찬성과 반대

유전적 질환 때문에 임신의 위험을 감수하지 않기로 하는 부부들이 있다. 실제로 임신 하고자 하는 부부의 1/6이 불임이라는 것을 발견하였다. 결혼하지 않은 성인과 게이 그리고 레즈비언 부부도 자녀를 갖고 싶어 한다. 오늘날 점차 많은 사람이 대체방법으로 임신을 하고자 하며 그 기술은 부모가 되려는 소망을 이루어 주지만 가열된 논쟁의 주제가 되고 있다.

기증자 인공수정과 시험관 수정

익명의 남성의 정자를 여성에게 주입하는 기증자 인공수정이 수십 년 동안 남성 생식문제를 극복하기 위하여 사용되어 왔다. 최근에는 이 기술이 남성 파트너가 없는 여성의 임신도 가능하게 했다. 기증자 수정은 70~80%의 성공률을 보이고 미국에서 매년 40,000명의 분만과 52,000명의 신생아 출산을 가능하게 한다(Wright et al., 2008).

시험관 수정은 점차 보편화되고 있는 또 하나의 생식기술이다. 1978년 최초로 시험관 아기가 영국에서 탄생한 이래로 선진국의 모든 아동의 1%, 미국 아기의 약 40,000명이 매년 이 기술로 임신된다(Jackson, Gibson, & Wu, 2004). 시험관 수정의 경우 여성에게 몇 개의 난자 성숙을 자극하는 호르몬을 투여한다. 이 난자들을 외과적으로 추출하여 배양 접시에 놓고 정자를 투여한다. 난자가 수정되고 몇 개의 세포로 복제되기 시작하면 어머니의 자궁 내로 삽입된다.

성 세포를 혼합하고 짝지음으로써 배우자 한쪽이나 양쪽 모두의 생식 문제를 해결하고 임신이 가능하다. 대개 시험관 수정은 나팔관이 영구적으로 손상을 입은 여성을 치료하기 위하여 사용된다. 그러나 최근에는

하나의 정자를 난자에 직접 주입하는 기술이 개발되어서 남성 불임도 극복하게 되었다. '성 선택' 방법으로 X 관련 질환을 가진 부부(흔히 남성에게 영향을 미치는)에게 딸을 낳을 수 있게 한다. 수정된 난자와 정자는 미래에 사용될 수도 있도록 태아 은행에 냉동 보관될 수도 있어 연령이나 질병으로 인해 수정에 문제가 생긴 경우 건강한 접합자를 사용할 수 있도록 한다. 보조적 생식기술이 성공할 확률은 35% 정도이다. 그러나 연령에 따라 성공률은 점차 감소하는데 35세 이하의 여성은 40%에서 43세 이상의 여성은 8%로 감소한다(Pauli et al., 2009). 이러한 방법으로 임신된 아기는 유전적으로 한쪽 혹은 양쪽 부모와 무관할 수 있다. 더욱이 시험관 수정을 한 대부분의 부모들은 그들의 자녀에게 그 태생에 대해 말하지 않는다. 이러한 기술들을 둘러싼 유전적 결속의 결여나 비밀들이 부모 자녀 관계를 방해하는가? 아마도 부모가 되려는 강렬한 열망 때문에 기증자 수정이나 시험관 수정으로 태어난 아기들은 실제로 더 따뜻한 양육을 받을 수 있다. 또한 시험관 수정 아기들은 부모에게 더 안정적으로 애착되어 있고 아동과 청소년들은 자연 수정된 아동들만큼 잘 적응하고 있다(Golombok et al., 2004; Punamaki, 2006; Wagenaar et al., 2008).

기증자 수정이나 시험관 수정은 많은 이점이 있지만 그 사용에 대해서는 심각한 의문이 제기된다. 미국을 비롯한 많은 나라들에서 아동의 유전적 배경이 심각한 질환의 경우에 매우 중요한 정보임에도 불구하고 의사들에게 기증자의 특성에 대한 기록을 보관하도록 요구하지 않는다(Adamson, 2005). 다른 하나의 관심은 '성 선택' 시험관 시술에서 부모의 성 선택으로 이어지고 남성과 여성이 동등하게 중요하다는 도덕적

가치를 퇴색시킬 수 있다.

더욱이 시험관 시술의 약 50%는 다둥이를 낳는다. 가장 흔한 것은 쌍둥이지만 세쌍둥이나 그 이상의 다둥이이다. 결과적으로 시험관 아기 중 낮은 출생 시 체중의 비율이 일반 출산보다 2.6배에 이른다(Wright et al., 2008). 난자 성숙을 위한 약물 사용, 자궁 밖에서 난자를 수정함으로써 오는 지연을 포함하여 많은 요인 때문에 주요 출생 결함의 비율이 두 배에 이른다(Neri, Takeuchi, & Palermo, 2008). 요약하면 시험관 수정은 자연 수정보다 영아 생존과 건강한 발달에 훨씬 큰 위험을 내포하고 있다.

대리모

의학적으로 도움을 받는 임신으로 더 논란이 되는 방법은 대리모이다. 이 절차는 부인이 불임인 경우 시험관 수정이 부부의 수정란으로 여성(대리모)에게 임신하게 하는 데 사용된다. 또한 부인이 불임인 남성의 정자가 아기를 친아버지에게 양도하겠다고 동의한 대리모에게 수정하는 데 사용된다. 아기는 그의 부인에게는 입양되는 것이다. 이 두 가지 경우 모두 대리모는 임신의 대가를 받는다.

이러한 모든 절차가 순조롭게 진행되지만 법정으로 가는 사례들은 모두가 우려한 심각한 위험이 들어나게 된다. 한 사례에서, 임신으로 초래된 심각한 장애를 가진 영아의 경우 양쪽 편 모두가 거부하였다. 다른 사례들은 대리모가 아기를 가지려 하거나 임신 중 부부가 마음이 변하는 경우였다. 이러한 아기들은 수년간 지속 위협이 있는 갈등 속에서 세상에 태어나게 된다.

대리모 임신은 대개 부유한 계약자와 경제적으로 열악한 대리모가 포함되므로 재정적으로 결핍된 여성

이러한 기술들은 종종 문제를 초래하기도 하는데 가장 흔히 일어나는 것이 조기 진통이나 유산이다(Schonberg & Tifft, 2007). 그러나 대개 부모들은 성공할 가능성이 아주 적어도 기꺼이 모든 가능성을 시도한다. 최근에 의학 전문가들은 부모들에게 태아 수술에 대한 정보를 충분히 가지고 결정할 수 있도록 하기 위해 노력하고 있다.

유전 공학의 발전이 유전적 결함을 수정할 수 있는 새로운 희망을 주고 있다. 인간의 유전물질(게놈)의 화학적 구성을 해독하는 야심차고 국제적인 연구 계획인 인간 게놈 프로젝트의 일환으로 연구자들은 인간의 모든 DNA 염기쌍들의 순서를 그려 냈다. 그 정보를 사용하여 게놈에 모두 '주석을 달고' 유전자의 단백질 구성물과 그 구성물들이 하는 일을 포함하여 모든 유전자와 그 기능을 밝혀냈다. 주요 목표는 단일 유전자로 일어나는 것이든 다중 유전자와 환경 요인의 복잡한 상호작용의 결과이든 4,000개로 추정되는 인간의 질환에 대하여 이해하는 것이다.

을 착취하는 일로 이어진다. 더욱이 대부분의 대리모는 이미 자신의 자녀를 갖고 있고 그들의 어머니가 아기를 낳았다는 것을 아는 것은 이 아동들에게 그들 자신의 가족의 안전에 대한 우려를 낳게 한다.

생식의 신 전초기지

생식기술은 사회가 이 절차의 윤리에 비중을 두는 것보다 더 빨리 변화한다. 의사들은 폐경기 이후 여성의 임신을 위한 시험관 시술을 위해 젊은 여성의 기증 난자를 사용할 수 있다. 대부분의 수납자는 40대이지만 50대나 60대 70대까지도 출산을 한다. 이러한 경우 부모가 자녀가 성인이 될 때까지 살지 못할 수 있는 아기를 태어나게 한다는 것에 의문이 제기된다. 미국의 기대 수명에 기초하여 55세에 아기를 낳은 3명의 어머니 중 한 명이, 아버지의 두 명 중 한 명이 자녀가 대학에 들어가기 전에 죽을 것이다(U. S. Census Bureau, 2011b).

최근에 전문가들은 다른 생식방법에 대해 논쟁 중이다. 기증자 은행에서 고객은 난자와 정자를 신체적 특징과 심지어는 IQ에 근거하여 선택할 수 있다. 과학자들은 인간 난자, 정자, 유전적 장애를 예방할 수 있는 태아의 DNA를 변경하는 방법을 고안하고 있다. 이 기술들은 다른 원하는 특징들도 바꾸는 데 사용될 수 있다. 많은 사람들이 유전적 구성을 조작함으로써 다음 세대의 특성을 통제하는 이러한 시술이 '고안된 아기'를 통한 선택적 번식을 위한 위험한 행보임을 걱정한다.

신 생식기술이 불임 부부들에게 건강한 아기를 기를 수 있게 하고 있지만 그러한 시술을 규제할 필요가 있다. 호주와 뉴질랜드 스웨덴에서 기증자 성세포로 임신된 개인은 그들의 유전적 태생에 대한 정보를 알 권리가 있다(Frith, 2001). 생식 분야에서 일하는 사람들의 압력으로 미국에서도 유사한 정책이 곧 시행될 것이다. 호주와 캐나다와 네덜란드에서는 인간 성 세포의 유전적 변경을 금지하고 있고 다른 나라들도 뒤따르고 있다(Isasi, Nguyen, & Knoppers, 2006). 그러나 일부 과학자들은 이러한 전면적 금지가 너무 제한적이어서 치료적 요구를 채워 주지 못하고 있다고 주장한다.

대리모의 경우, 윤리적 문제가 너무 복잡해서 미국의 11개 주와 콜롬비아 지역에서 그 시행을 까다롭게 제한하고 있다(Human Rights Campaign, 2008). 호주, 캐나다, 많은 유럽 국가들이 그것을 금지하고 있고 아기의 지위는 상업적 거래의 문제가 되어서는 안 된다고 주장한다. 덴마크, 프랑스, 이탈리아는 폐경 이후의 여성의 시험관 수정을 금지하고 있다. 현재 이러한 절차의 심리적 결과는 알려진 것이 없다. 그들의 태생에 대해 알고 어떻게 느끼는지를 포함하여 그러한 아동이 어떻게 자라는지에 대한 연구는 이 기술들의 찬성과 반대의 비중 결정에 중요하다.

수정 약물과 시험관 수정은 자주 다태아를 일으킨다. 이 네쌍둥이는 건강하지만 생식기술의 도움으로 태어난 아기들은 출생 시 저체중과 주요 출생 결함의 위험이 있다.

태내기 환경의 영향

태내기의 환경은 자궁 밖의 환경보다 훨씬 일정하기는 하지만 많은 요인들이 배아와 태아에 영향을 줄 수 있다. 다음 절에서 부모들—그리고 사회 전반적으로—은 출생 전 발달을 위하여 안전한 환경을 만들 수 있는 일이 많다는 것을 알게 될 것이다.

기형 발생물질

기형 발생물질(teratogen)이란 용어는 태내기에 손상을 일으키는 어떤 환경적 인자들을 일컫는다. 이 말은 희랍어의 teras로부터 유래한 것으로 '불구' 혹은 '기형'을 의미한다. 과학자들이 이 용어를 선택한 것은 심각하게 손상을 입은 아기들의 사례에서 태내기의 유해한 영향에 대해 처음 알았기 때문이다. 그러나 기형 발생물질에 의한 해는 단순하고 간단한 것만은 아니다.

- 용량. 특정 기형 발생물질을 논의할 때 더 큰 용량을 더 오랫동안 접했을 때 더 부정적 효과가 있음을 알게 될 것이다.
- 유전. 어머니와 발달하는 유기체의 유전적 구성이 중요한 역할을 한다.
- 다른 부정적 영향. 한 번에 여러 가지의 부정적 요인들이 존재하는 것, 예를 들면 영양결핍, 의료 치료의 결핍, 부가적 기형 발생물질들은 하나의 유해한 요소의 효과를 더 악화시킬 수 있다.
- 연령. 기형 발생물질의 효과는 노출 시 유기체의 연령에 따라 변한다. 이 마지막 항목은 제1장에서 소개한 민감기 개념을 생각하면 이해하기 쉬울 것이다. 민감기란 신체나 행동의 일부분이 생물학적으로 빨리 발달하도록 준비된 제한된 시기이다. 그 시기 동안 유기체는 그 환경에 특히 민감하다. 만약 환경이 유해하면 손상이 일어나고 회복이 어렵거나 때에 따라서는 불가능하다.

그림 3.7에 태내기의 민감기를 요약하였다. 자세히 보면 두뇌와 눈과 같은 신체의 어떤 부분들은 긴 민감기를 가졌음을 알게 될 것이다. 팔다리와 입천장 같은 부분은 더 짧은 민감기를 갖는다. 그림 3.7은 유해한 영향을 주는 시기에 대한 일반적 진술을 할 수 있게 한다.

착상 전 접합자 시기에 기형 발생물질은 거의 영향을 주지 않는다. 영향을 받으면 작은 세포덩이이므로 그 해가 너무 커서 죽게 된다.

배아기는 모든 신체의 기초가 형성되는 시기이므로 대개 심각한 손상이 일어나는 시기이다. 태아기에 기형 발생물질의 손상은 대개 크지 않다. 그러나 두뇌, 귀, 눈, 치아, 그리고 생식기 같은 기관은 강한 영향을 받는다.

기형 발생물질의 영향은 직접적인 신체 손상에 국한되지 않는다. 어떤 건강상의 결과는 지연되거나 수십 년 동안 나타나지 않을 수도 있다. 더욱이 심리학적 결과는 신체적 손상의 결과로 간접적으로 나타날 수도 있다. 예를 들어, 어머니가 임신 중 복용한 약물로 인해 초래되는 결함은 아동이 환경을 탐색하는 능력뿐 아니라 아동에 대한 다른 사람의 반응을 변화시킬 수 있다. 시간이 경과함에 따라 부모-자녀 상호작용, 또래관계, 그리고 탐색의 기회가 제한될 수도 있다. 더욱이 태

표 3.5 태내기의 진단방법

방법	설명
양수천자	가장 널리 사용되는 기술. 복부 벽을 통해 빈 주삿바늘을 주입해서 자궁의 양수를 채취한다. 유전적 결함이 있는지 세포를 검사한다. 임신 14주에는 시행할 수 있다. 검사결과가 나올 때까지 1~2주 걸린다. 약간의 유산 위험이 있다.
융모막 융모 채취	임신 초기에 결과를 원하거나 필요하다면 실시할 수 있다. 질을 통해 가는 관을 삽입하거나 복부 벽을 통해 빈 주사기를 주입할 수 있다. 자라고 있는 유기체를 둘러싸고 있는 막에 머리카락 같이 나와 있는 융모의 끝에서 작은 조직을 채취한다. 유전적 결함이 있는지 세포를 검사한다. 임신 후 9주부터 실시할 수 있고 결과는 24시간 이내에 확인 가능하다. 양수천자보다 유산 위험이 조금 더 크다. 조기에 이 절차가 수행되므로 약간의 사지 결함 위험이 있다.
태아경 검사	한쪽 끝에 전구가 달린 작은 관이 태아의 사지와 얼굴을 조사하기 위하여 자궁에 삽입된다. 또한 신경적 결함뿐 아니라 혈우병과 낫적혈구 빈혈과 같은 장애를 진단 가능하게 하는 태아의 혈액도 표집할 수 있다. 흔히 임신 후 15~18주에 실시할 수 있으나 5주에도 실시할 수 있다. 약간의 유산 위험이 있다.
초음파	고빈도 음파를 자궁에 보낸다. 반영된 것이 비디오 화면의 영상으로 전환되어 태아의 크기, 모양, 위치를 보여 준다. 태아의 월령, 쌍둥이 임신 여부, 큰 신체적 결함 등을 평가할 수 있게 한다.
초고속 MRI	초음파의 보강을 위해 때때로 사용된다. MRI가 뇌나 다른 비정상을 찾아내고 더 진단적 정확성을 제공한다. 초고속 기술은 태아의 움직임으로 인해 일어나는 영상의 흐름을 방지하고 다른 부작용의 증거가 없다.
모체 혈액 분석	임신 2개월에 발달하는 유기체의 세포가 어머니의 혈액 속으로 들어갈 수 있다. 상승된 알파태아단백 수준은 신장질환과 비정상 식도 폐쇄 혹은 무뇌증(뇌의 대부분이 없음)과 척추갈림증과 같은 신경 결함을 나타낼 수 있다. 적출된 세포로 다운증후군 같은 유전적 결함을 검사할 수도 있다.
착상 전 유전적 진단	시험관 수정에서 접합자가 8~10개의 세포덩이로 복제된 후에 1~2개의 세포를 절제하여 유전적 결함을 검사한다. 그 세포들이 밝혀진 유전적 장애가 없을 때에만 수정된 난자를 어머니의 자궁에 착상시킨다.

출처 : Hahn & Chitty, 2008; Jokhi & Whitby, 2011; Kumar & O'Brien, 2004; Moore & Persaud, 2008; Sermon, Van Steirteghem, & Liebaers, 2004.

내기에 노출된 아동들은 홀부모, 부모의 정서장애, 혹은 부적응적인 양육과 같은 환경적 위험에 덜 탄력적일 수 있다(Yumoto, Jacobson, & Jacobson, 2008). 따라서 그들의 장기적 적응에 위협이 될 수 있다.

제1장에서 논의한 발달에 관한 유전과 환경의 양방향적 영향이라는 중요한 생각들이 여기서 어떻게 작동하는지 주의해 볼 수 있다. 이제 과학자들이 다양한 기형 발생물질에 대해 무엇을 발견했는지 보기로 하자.

처방된 약물과 처방되지 않은 약물 1960년대 세계는 약물과 태내기의 발달에 관한 비극적 교훈을 받았다. 그 당시 탈리도마이드(thalidomide)라고 하는 진정제가 캐나다, 유럽, 남아메리카에서 널리 사용되었다. 임신 4~6주에 어머니가 복용한 탈리도마이드는 배아기에 주로 팔과 다리에, 또는 귀, 심장, 신장, 생식기에 막대한 기형을 초래했다. 전 세계적으로 약 7,000명의 영아들이 영향을 받았다(Moore & Persaud, 2008). 탈리도마이드에 노출된 아동이 자라난 후 지능이 평균에 미치지 못하는 경우가 많았다. 아마도 약물이 중추신경계에 직접 손상을 가하는 것 같았다. 아니면 심각하게 기형인 아동들의 양육 조건이 그들의 지적 발달을 손상시킨 것일지도 모른다.

다른 약물은 디에틸스티베스트롤(diethystibestrol, DES)이라는 합성 호르몬으로, 유산을 방지하기 위해서 1945~1970년 사이에 널리 처방되었다. 이러한 어머니의 딸들이 청소년기와 초기 성인기에 이르러 자궁 경부암, 자궁 기형, 불임 발생 비율이 유난히 높았다. 그들이 임신을 하려고 하

그림 3.7 태내 발달의 민감기
각 기관과 구조는 민감기를 가지고 있다. 파란색 수평 막대는 매우 민감한 시기를 나타낸다. 초록색 수평 막대는 손상은 일어나지만 기형 발생물질에 어느 정도 덜 민감한 시기를 나타낸다.

출처 : Adapted from *Before We Are Born*, 7th ed., by K. L. Moore and T. V. N. Persaud, p. 313. Copyright 2008, reprinted with permission from Elsevier, Inc.

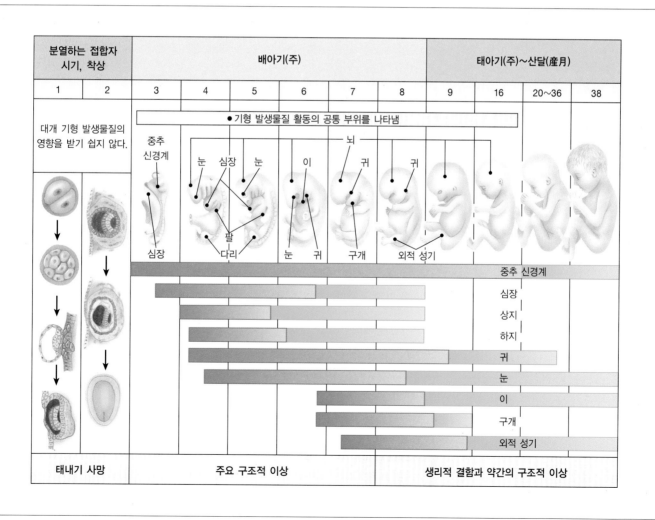

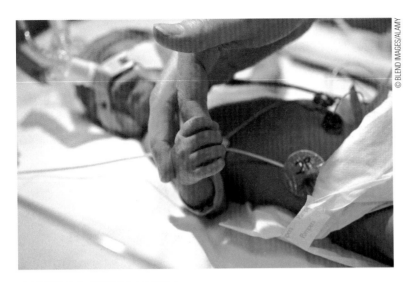

이 3개월 된 아기는 예정일보다 수주 일찍 태어났고 인공호흡기의 도움으로 호흡한다. 미숙아와 출생 시 저체중은 어머니의 약물과 흡연을 포함하는 다양한 환경적 요인에 의해 초래된다.

면 조산, 체중미달, 유산이 DES에 노출되지 않은 여성에 비해 더 자주 일어났다. 이러한 어머니들의 아들들에서는 생식기 이상이나 고환암의 위험이 증가하였다(Hammes & Laitman, 2003; Palmer et al., 2001).

최근에 여드름 치료제로 사용되는 애큐텐(상품명으로 아이소트레티노인으로 알려진)이라고 하는 비타민 A 화합물은 가장 널리 쓰이는 잠재적 기형 발생물질이다. 이 약물은 산업국가에서 수십만 가임 연령의 여성에게 여드름 치료제로 처방되고 복용된다. 임신 첫 3분기에 노출되면 눈, 귀, 두개골, 두뇌, 심장, 면역체계 비정상을 포함해서 발달하는 유기체에 광범위한 손상을 입힌다(Honein, Paulozzi, & Erickson, 2001). 애큐텐의 포장에 두 가지의 피임 방법을 사용하여 임신을 피하도록 경고하고 있지만 많은 여성들이 이러한 충고에 귀 기울이지 않는다(Garcia-Bournissen et al., 2008).

사실 태반의 장벽을 통과할 정도의 작은 분자를 가졌다면 어떤 약물도 배아나 태아의 혈류로 들어갈 수 있다. 그럼에도 불구하고 많은 임신 여성들은 의사와 상의 없이 진열된 약물을 계속 복용한다. 아스피린이 그중 하나이다. 몇몇의 연구들이 아스피린의 상시 복용은 출산 시 저체중과 연관되고 출산에 즈음한 영아 사망, 좋지 못한 운동발달, 유아기의 낮은 지능지수와 관련된다고 주장하지만 다른 연구에서는 확인되지 않았다(Barr et al., 1990; Kozer et al., 2003; Streissguth et al., 1987). 커피, 차, 콜라, 코코아는 흔히 섭취하는 또 다른 약물인 카페인을 포함하고 있다. 하루에 100밀리그램을 초과하는 양(한 컵에 해당하는 커피)으로 저체중과 유산이 증가한다(CARE Study Group, 2008; Weng, Odouli, & Li, 2008). 항울제는 조산의 위험과 순환계 이상과 지속적 영아기 고혈압을 포함하는 출산 문제의 위험 증가와 관련된다(Alwan & Friedman, 2009; Lund, Pedersen, & Henriksen, 2009; Udechuku et al., 2010).

이러한 연구결과들은 아동의 생명이 관계되므로 진지하게 받아들여야 한다. 동시에, 자주 사용되는 이러한 약물이 실제로 언급된 문제를 일으키는지 확신할 수는 없다. 종종 어머니들은 한 가지 이상의 약물을 섭취한다. 만약 배아나 태아가 손상을 받았다면 어떤 물질이 책임이 있는지 혹은 약물 복용과 관련 있는 어떤 다른 요소가 문제인지를 알아내기가 힘들다. 더 많은 정보를 알기 전에 임신한 어머니가 취할 가장 안전한 방법은 그러한 약물을 완전히 피하는 것이다. 불행하게도 그러한 약물이나 다른 기형물질에 노출이 가장 위험할 수 있는 시기인 배아기 초기 몇 주간 많은 여성들이 임신 사실을 알지 못한다.

불법 약물   코카인과 헤로인 같은 상당히 중독적인, 기분을 전환하는 약물이 점차 더 만연되고 있다. 특히 이러한 약물이 일상의 절망을 일시적으로 회피하도록 해 주는 빈곤층이 사는 도시 내 지역에서 더욱 만연되고 있다. 미국의 임신 여성 중 4%가 이러한 물질을 복용한다(Substance Abuse and Mental Health Services Administration, 2010).

코카인, 헤로인, 메타돈(헤로인을 끊은 사람들이 사용하는 중독성이 약한 약물) 사용자의 아기들이 조산, 출생 시 저체중, 신체적 결함, 호흡곤란, 출생에 즈음한 사망 등 다양한 문제의 위험에 처해 있다(Bandstra et al., 2010; Howell, Coles, & Kable, 2008; Schuetze & Eiden, 2006). 더욱이 이 영아들은 약물 중독인 채로 태어난다. 그들은 종종 열이 나고 보채고 수면에 문제가 있고 울음소리가 비정상적으로 날카롭고 찢어지는 듯하다. 이는 스트레스를 받은 신생아에게 공통적인 증상이다(Bauer et al., 2005). 그들 자신이 이미 많은 문제를 지닌 어머니들이 진정시키고, 달래고, 먹이기 어려운 이러한 아기를 보살펴야 할 때 이러한 행동문제가 지속될 가능성이 높다.

1년 동안 헤로인과 메타돈에 노출된 영아는 그렇지 않은 영아보다 환경에 관심이 적고 운동발달이 느리다. 영아기 이후 일부 아동은 호전되지만 일부는 계속 신경과민이고 주의력이 결핍된다. 왜 어떤 영아는 문제가 지속되고 다른 영아는 그렇지 않은지는 그들이 받은 양육 유형으로 설명할 수 있다(Hans & Jeremy, 2001).

코카인에 대한 증거는 태내기에 노출된 아기들이 지속적인 문제을 가진다고 시사한다. 코카인이 혈관을 수축하여 복용 후 15분 동안 발달하는 유기체에 산소 공급이 떨어지는 이유가 된다. 코카인은 또한 태아 두뇌의 뉴런과 화학적 균형의 생성 및 기능을 변화시킨다. 이러한 효과가 다수의 코카인 관련 신체적 결함을 야기한다. 이러한 신체적 결함에는 눈, 골격, 생식기, 요도, 신장, 심장 등의 기형을 비롯하여 뇌종양, 간질과 심한 성장지체가 포함된다(Covington et al., 2002; Feng, 2005; Salsbury et al., 2009).

몇몇 연구는 영아기의 지각, 운동, 주의, 기억, 언어, 충동조절 문제가 학령 전기와 학령기까지 지속된다고 보고하고 있다(Dennis et al., 2006; Lester & Lagasse, 2010; Linares et al., 2006; Singer et al., 2004). 그리고 코카인에 노출되지 않은 영아에 비하여 노출된 영아는 정서적으로 흥분되는 사건에 대하여 더 빠른 타액 내의 코르티솔 상승으로 나타나는 더 큰 스트레스 반응을 보인다(Eiden, Veira, & Granger, 2009). 학령기에 태내기 코카인 노출 경험이 있는 아동들은 스트레스가 있는 지적 활동에서 감소된 코르티솔 반응을 보인다(Lester et al., 2010) 너무 높거나 너무 낮은 코르티솔 수준은 교란된 스트레스 반응 시스템의 신호이고 질병, 학습과 행동문제의 위험요인이다.

그러나 다른 연구들은 태내기의 코카인 노출이 주요한 부정적 효과가 없음을 보여 준다(Behnke et al., 2006; Frank et al., 2005; Hurt et al., 2009). 이러한 상반된 결과는 불법 약물의 정확한 손상을 밝히기가 얼마나 어려운지를 보여 준다. 코카인 사용자들은 그들이 복용한 양, 강도, 코카인의 순도 등에서 많이 다르다. 그들은 또한 아동에게 결과를 더 악화시키는 요인들인 다수의 약물을 복용하거나 다른 위험행동을 하고 빈곤과 다른 스트레스 요인들로 고통받고 민감하지 못한 양육을 한다(Jones, 2006). 그러나 연구자들은 어떤 연구에서는 코카인 관련 손상을 발견하고 다른 연구에서는 그렇지 않은 것이 무엇 때문인지에 대해 정확히 설명하지 못하고 있다.

다른 불법 약물인 마리화나는 헤로인이나 코카인보다 더 널리 사용된다. 연구자들은 태내기 마리화나 노출과 작은 머리 크기(두뇌 성장 척도로), 주의와 기억, 학업성취 저조, 충동성과 과잉행동과 아동기와 청소년기의 분노와 공격성뿐 아니라 우울과 연관짓는다(Goldschmidt et al., 2004; Gray et al., 2005; Huizink & Mulder, 2006; Jutras-Aswad et al., 2009). 그러나 코카인에 대해서는 지속 효과가 잘 검증되지 않았다. 두 가지 합법적 물질인 담배와 알코올의 효과보다 불법 약물의 효과는 훨씬 일치하지 않는다.

담배 서양에서는 흡연이 감소하고 있지만 14%의 미국 여성이 임신 중 흡연을 한다(Tong et al., 2009). 임신 중 흡연에 대한 가장 잘 알려진 위험은 출산 시 저체중이다. 그러나 유산, 조산, 구개순과 구개열, 수면 시 손상된 심장 박동과 호흡, 영아 사망, 천식과 암 같은 다른 심각한 결과의 가능성도 증가하고 있다(Howell, Coles, & Kable, 2008; Jaakkola & Gissler, 2004; Mossey et al., 2009). 어머니가 담배를 더 많이 피울수록 아기가 영향을 받을 가능성이 커진다. 그리고 만약 임신부가 금연을 하면 임신 마지막 3분기일지라도 저체중으로 태어날 확률과 미래에 문제가 나타날 확률이 줄어든다(Klesges et al., 2001).

흡연모의 아기가 신체적으로 양호한 상태로 태어난 것처럼 보여도 작은 이상이 아동의 발달을 위협할 수 있다. 흡연모의 신생아들은 소리에 주의를 덜 기울이고 근육 긴장을 더 많이 나타내며 만지거나 시각적으로 자극하면 더 흥분하고 복통(계속해서 우는)을 더 자주 일으키는데, 이것은 두뇌발달에 부정적인 영향을 미친 것으로 발견되었다(Law et al., 2003; Sondergaard et al., 2002). 이러한 견해와 일치하듯이 태내기에 담배에 노출된 아동과 청소년이 주의집중 시간이 더 짧고, 충동성과 과잉행동의 문제가 있으며 기억력이 더 저조하고, 낮은 지능지수와 더 높은 수준의 행동문제와 공격적 행동을 보이는 경향이 있다(Fryer, Crocker, & Mattson, 2008; Lindblad & Hjern, 2010; Nigg & Breslau, 2007).

정확하게 흡연이 어떻게 태아에 영향을 미치는가? 담배에 있는 니코틴은 중독물질로서 혈관을 수축하고 자궁으로 혈액이 흘러가는 것을 감소시키고 태반이 비정상적으로 성장하게 한다. 이것이 영양물의 전달을 감소시키며 태아의 체중 증가가 저조해진다. 또한 니코틴은 모와 태아의 혈액에 탄산가스의 함량을 증가시킨다. 실험실 동물의 태아에게서 탄산가스가 혈액 세포의 산소와 바뀌면 중추신경계에 손상을 입히고 성장을 저하시킨다(Friedman, 1996). 인간에게서도 비슷한 효과가 나타날 것이다.

비흡연 임신부의 1/3에서 반 정도가 남편이나 친척 또는 동료 때문에 '간접 흡연자'가 된다. 간접 흡연자는 출산 시 저체중, 영아 사망, 아동기 순환계 질환, 주의와 학습, 행동문제의 장기적 손상 가능성과 관련되어 있다(Best, 2009; Pattenden et al., 2006). 분명히, 임산부들은 담배 연기가 가득 찬 환경을 피해야만 한다.

알코올 다트머스대학교의 인류학 교수 Michael Dorris(1989)는 감동적인 책 끊어진 탯줄에서 생모가 출생 직후 알코올 독성으로 죽은 입양 아들 아벨(이 책에서는 아담으로 불린)을 기르는 것이 어떠했는지에 대해 그리고 있다. 수 인디언인 아벨은 태아 알코올 증후군으로 태어났다. **태아 알코올 스펙트럼 장애**(fetal alcohol spectrum disorder, FASD)는 태내기의 알코올 노출로 인해 신체적, 정신적, 행동적으로 나타나는 모든 결과를 포괄하는 용어이다. 표 3.6에 나타나듯이 FASD를 가진 아동은 세 가지 진단명 중 하나로 진단된다.

1. **태아 알코올 증후군(FAS)**은 (a) 느린 신체적 성장, (b) 세 가지 얼굴 기형(짧은 눈꺼풀, 얇은 윗입술, 평평한 인중, 혹은 코 밑부터 윗입술 중앙까지 들어감) 그리고 (c) 두뇌가 충분히 성장하지 못했음을 표시하는 작은 머리와 적어도 세 영역에서의 손상 — 예를 들면, 기억, 언어와 의사소통, 주의집중 시간과 활동 수준(과잉행동), 계획과 추리력, 운동 협응 혹은 사회적 기술들 — 이 나타난다. 눈, 귀, 코, 목, 생식기, 요도, 면역체계의 결함 같은 다른 결함도 있을 수 있다. 아벨은 FAS로 진단되었다. 이 장애에서 흔히 그렇듯이 그의 어머니는 임신 중 폭음을 하였다.

2. **부분적 알코올 증후군(p-FAS)**은 (a) 세 가지 얼굴 기형 중 두 가지와 (b) 적어도 세 영역에서 손

표 3.6 **태아 알코올 스펙트럼 장애 : 진단의 준거**

준거	진단 범주		
	FAS	p-FAS	ARND
늦은 신체적 성장	있음	없음	없음
얼굴 기형 : • 짧은 눈꺼풀 • 얇은 윗입술 • 평평한 인중	세 가지 특징 모두 있음	세 가지 중 두 가지 있음	없음
뇌손상	세 가지 기능 영역의 미세 손상	세 가지 기능 영역의 미세 손상	세 가지 기능 영역의 미세 손상

출처 : Loock et al., 2005.

상된 기능이 나타나는 뇌손상으로 특징지어진다. p-FAS가 있는 아동의 어머니는 대개 적은 양의 알코올 섭취를 하고 아동의 결함은 알코올에 노출된 시기와 기간에 따라 달라진다. 더욱이 최근의 증거는 임신 즈음의 아버지의 알코올 섭취도 유전적 변형을 초래하고 증상을 나타낸다(Ouko et al., 2009).

3. **알코올 관련 신경발달적 장애(ARND)**는 전형적 신체적 성장과 안면 기형은 없지만 적어도 세 영역의 정신기능이 손상을 보인다. 태내기 알코올에 노출은 확인되기는 하지만 FAS에서보다 덜 심각하다(Chudley et al., 2005; Loock et al., 2005).

풍부한 영양이 공급되었을지라도 FAS 아기들은 영아기와 아동기에 정상적인 신체 크기를 따라잡지 못한다. 세 종류 모두 FASD 진단을 받은 경우 지적 손상도 영구적이다. 10대와 20대에 아벨 도리스는 정규직에 종사하고 유지하는 데에 어려움을 겪었다. 그는 서투른 판단력으로 어려움을 겪었다. 예를 들면, 거스름돈을 받기 위해 기다리지 않고 물건을 사려고 하며 일을 하는 도중에 돌아다니기도 했다. 그는 1991년 23세의 나이로 교통사고로 사망하였다.

여성이 임신 중 더 많은 음주를 할수록 유아기와 학령기에 자녀의 운동 협응력, 정보처리속도, 주의, 기억, 추론과 지능과 성취 검사의 점수가 낮다(Burden, Jacobson, & Jacobson, 2005; Korkman, Kettunen, & Autti-Raemoe, 2003; Mattson, Calarco, & Lang, 2006). FASD는 청소년기와 초기 성인기에 주의 지속력과 운동 협응력 결손, 낮은 학업성취, 법적인 문제, 부적절한 성행동, 알코올과 약물 남용 그리고 높은 스트레스 반응과 우울과 같은 지속적인 정신건강 문제들과 관련이 있다(Barr et al., 2006; Fryer, Crocker, & Mattson, 2008; Hellemans et al., 2010; Howell et al., 2006; Streissguth et al., 2004).

어떻게 알코올이 이러한 파괴적 결과를 일으키는가? 첫째, 알코올은 초기의 신경관 세포의 복제와 수초화를 방해한다. fMRI와 EEG 연구들은 두뇌의 크기의 감소, 다양한 두뇌의 구조적 손상, 두뇌의 한 부분에서 다른 부분으로 메시지를 전달하는 데에 포함되는 전기적·화학적 활동 등의 두뇌기능의 이상을 보여 준다(Haycock, 2009; Spadoni et al., 2007). 둘째, 신체는 알코올을 대사하기 위하여 더 많은 산소를 사용한다. 임신부의 다량의 음주는 발달하는 유기체가 세포의 성장을 위하여 사용하여야 할 산소를 뺏어 갈 수 있다.

약 25%의 미국의 임신부들이 임신 중 음주를 보고한다. 헤로인과 코카인에서처럼 알코올 남용

좌측 사진 : 이 걸음마기 영아의 어머니는 임신 중 심하게 음주하였다. 그녀의 넓은 미간, 얇은 윗입술, 짧은 눈꺼풀은 전형적인 태아 알코올 증후군(FAS)이다.

우측 사진 : 이 12세 된 아동은 FAS의 지적 손상과 작은 머리, 얼굴 기형이 있다. 그녀는 이 질병에 동반하는 늦은 신체적 성장도 보이고 있다.

이 아동의 기형은 1986년 임신 초기에 체르노빌 핵발전소의 재앙으로 인한 방사선 노출과 관련이 있다. 태아기 방사선 노출은 낮은 지능과 언어와 정서적 질환의 위험도 증가시킨다.

은 빈곤층에서 더 높다. 몇몇 미국 원주민 보호구역에서는 FAS 발생률이 10~20%에 이른다(Szlemko, Woods, & Thurman, 2006; Tong et al., 2009). 불행하게도 이 소녀들이 나중에 임신하게 될 때 이 증후군 때문에 판단력 미숙으로 그들이 왜 알코올을 피해야 하는지를 이해할 수 없게 만든다. 그래서 비극적 순환이 다음 세대로 이어질 수 있다.

임신 기간 중 어느 정도의 알코올이 안전할까? 매일 한 잔 정도의 적은 양의 음주도 감소된 머리 크기와 신체 성장이 아동기에서 청소년기까지 나타난다(Jacobson et al., 2004; Martinez-Frias et al., 2004). 유전적 혹은 환경적인 다른 요인들은 태아를 기형 발생물질에 더 치명적이게 만들 수 있음을 기억하라. 그러므로 아무리 적은 양도 안전하지 않으며 임신을 계획하는 부부와 임신부는 완전히 절주해야 한다.

방사선 우리는 앞서 이온화하는 방사선이 난자와 정자의 DNA에 손상을 입히는 돌연변이를 일으킬 수 있음을 보았다. 임신 중 어머니가 방사선에 노출되면 배아와 태아에게 더욱 해로울 수 있다. 방사선에 의한 결함은 제2차 세계대전 중 히로시마와 나가사키의 원자탄 폭격에서 살아남은 임신한 일본 여성에게서 태어난 아동들에서 현저하게 나타났다. 1986년 우크라이나 체르노빌 원자력 공장 사고가 있은 9개월 후에 유사한 비정상 사례가 나타났다. 각각의 재앙 후에 유산, 뇌의 미발달을 나타내는 아기들, 신체적 기형, 늦은 신체적 성장 발생이 급격히 증가하였다(Hoffmann, 2001; Schull, 2003). 2011년 3월의 지진과 쓰나미에 의해 파괴된 일본의 핵시설 인근 지역의 주민들을 소개시킨 것은 이러한 파괴적 결과를 예방하기 위한 것이었다.

방사선에 노출된 아기가 정상인 것처럼 보여도 나중에 문제가 일어날지 모른다. 예를 들어, 산업적인 누출이나 병원 X선과 같은 낮은 방사선 수준도 아동기 암 발생의 위험을 높인다(Fattibene et al., 1999). 태내기에 노출되었던 체르노빌 아동은 아동 중기에 EEG 뇌파의 이상, 낮은 지능지수, 언어와 정서장애 비율이 노출되지 않은 러시아 아동의 두세 배였다. 더욱이 거주지로부터 강제로 소개되고 방사능 오염지역에서 사는 것에 대한 걱정으로 인한 부모의 긴장이 더 많이 보고될수록, 자녀의 정서적 기능이 더 떨어진다(Loganovskaja & Longanovsky, 1999; Loganovsky et al., 2008). 스트레스가 많은 양육 조건은 태내기 방사능의 해독 효과와 함께 아동의 발달에 손상을 입히는 것 같다.

여성은 임신 중 의학적 X선 촬영도 피하도록 최선을 다해야 할 것이다. 만약 치과적, 갑상선의, 가슴의, 혹은 다른 X선 촬영이 필요하다면 복부 X선 방어복을 사용하는 것이 가장 중요한 보호책이 된다.

환경적 오염 놀랄 만한 수의 잠재적으로 위험한 화학물질이 산업화된 국가들의 환경에 배출된다. 미국에서 상용되는 새로운 공해물질이 매해 7만 5천 종 이상 소개된다. 미국의 병원에서 10명의 신생아를 무선적으로 표집하여 탯줄 혈액 분석을 한다면 연구자들은 놀랄 만한 산업 유해물질을 287개나 발견하게 될 것이다. 그 물질들은 많은 아기들의 태아발달을 손상시킬 뿐 아니라 이후에도 건강문제와 생명을 위협하는 질병을 일으킬 확률이 증가하는 화학물질들로 '오염되어 출생한다'는 결론을 내렸다(Houlihan et al., 2005). 예를 들어, 도로변에 거주하기 때문에 교통 관련 공기오염에 태아기에 노출되면 문제가 많은 임신기 위험에 따른 적은 출생 시 체중과 연결된다(Rich et al., 2009; Seo et al., 2010).

어떤 오염물질은 심각한 태내기 손상을 가져온다. 1950년대에 일본의 미나마타현에서 산업 공장들이 높은 수준의 수은을 함유한 쓰레기들을 수산물과 물을 공급하는 만으로 배출하였다. 그 당시 출생한 많은 아동들이 신체적 기형, 지적 장애와 비정상적 언어, 씹고 삼키기의 어려움, 부조화된 움직임을 보였다. 태내기의 높은 수준의 수은 노출은 광범위한 두뇌손상을 일으키는 뉴런 생성과 수초화에 장애를 나타낸다(Clarkson, Magos, & Myers, 2003; Hubbs-Tait et al., 2005). 탯줄의 혈액과 조직에 있는 수은량으로 측정되는 어머니의 수산물 섭식으로 인한 태내기 수은 노출은 하령기 인지적 처리와 운동 속도, 주의와 언어 수행 검사에서의 결함을 예측한다(Boucher et al., 2005; Debes et al., 2006). 임신부는 수은에 심하게 오염된 오래 사는 포식성의 황새치류와 날개다랑어 참치와 상어를 먹는 것을 피해야 한다.

수은과 같이 수로를 통해 음식물에 들어가는 것으로 연구에 의해 밝혀질 때까지 수년 동안 PCB(polychlorinated biphenyl)는 전자제품의 절연제로 사용되어 왔다. 타이완에서 쌀기름에 있는 높은 수준의 PCB 태내기 노출은 출산 시 저체중, 변색된 피부, 잇몸과 손톱의 기형, EEG 뇌파 이상, 지체된 인지발달을 유발하였다(Chen & Hsu, 1994; Chen et al., 1994). 지속적인 낮은 수준의 PCB 노출도 해롭다. PCB 오염된 생선을 자주 먹은 여성의 자녀는 적게 먹거나 전혀 먹지 않은 여성의 자녀에 비해 출산 시 더 낮은 체중, 더 적은 머리, 더 큰 스트레스 반응, 지속적 주의와 기억 곤란, 아동기에 더 낮은 지능검사 점수를 보였다(Boucher, Muckle, & Bastien, 2009; Jacobson & Jacobson, 2003; Stewart et al., 2008).

또 하나의 기형 발생물질인 납은 낡은 건물 벽의 페인트에서 떨어져 나오고 산업현장에서 사용되는 어떤 물질에 들어 있다. 높은 납 성분에 노출되는 것은 지속적으로 조산, 출산 시 저체중, 두뇌손상, 다양한 신체적 결함과 관련이 있다. 낮은 수준조차도 감염된 아기와 아동들은 약간의 낮은 지적·운동적 발달을 보인다(Bellinger, 2005; Jedrychowski et al., 2009). 태내기 납에 노출이 심할수록 더 낮은 검사 점수를 보인다.

마지막으로 쓰레기 소각으로 배출되는 유독물질인 다이옥신에 대한 태내기 노출은 아기의 두뇌, 면역체계, 갑상선 손상과 관련이 있고 호르몬 수준의 변화를 통해 일어나는 유방암과 자궁암의 증가와도 관련이 있다(ten Tusscher & Koppe, 2004). 더욱이 아버지의 혈류 속에 적은 양의 다이옥신조차도 2세의 성비에 극적인 변화를 초래한다. 감염된 아버지는 딸의 비율이 아들보다 두 배에 가깝다(Ishihara et al., 2007; Mocarelli et al., 2000). 다이옥신은 임신 전에 Y 염색체를 가진 정자의 생식력을 손상시키는 것 같다.

어머니의 질환 5%의 임신부가 감염성 질환에 걸린다. 일반 감기와 같은 대부분의 이러한 질환은 배아나 태아에 영향을 미치지 않는다. 그러나 표 3.7에서 보듯이 어떤 질병은 상당한 손상을 입힌다.

바이러스 1960년대 중반 전 세계적으로 유행한 풍진(3일간의 독일 홍역)으로 인해 미국에서 심각한 손상을 입은 아기가 2만 명 이상 태어났고 13,000명의 태아와 신생아가 사망했다. 민감기 개념과 일치하게 배아기에 풍진에 감염된 경우 더 큰 손상이 일어났다. 그 기간에 아팠던 어머니의 아기 중 50% 이상이 정력손상, 백내상을 포함하는 눈의 기형, 심장·생식기·요도와 징, 골격, 치아의 이상, 그리고 지적 장애를 보였다(Eberhart-Phillips, Frederick, & Baron, 1993). 태아기의 감염은 덜 해로우나 저체중, 청력손실, 골격이상이 일어났다. 태내기의 풍진으로 초래된 기관의 손상은 성인기에 심각한 정신질환(특히 정신분열증), 당뇨병, 심장-순환계 질환, 갑상선과 면역체계 기능이상을 포함하는 평생의 건강문제를 일으킨다(Brown, 2006; Duszak, 2009). 영아기와 아동기에 정규적인 예방주사를 맞는 것은 산업 국가들에서 새로운 풍진이 만연되는 사태를 막아 준다. 그러나 100,000명으로 추산되는 태내기 감염 사례들은 매년 계속 일어나고 이들은 주로 면역 프로그램이 미약하거나 전무한 아프리카와 아시아의 개발도상국에서 발생하고 있다(Bale, 2009).

인체면역결핍바이러스(HIV)는 후천성 면역결핍증후군(AIDS)을 일으키고 면역체계를 파괴하는 질환으로 지난 20년 동안 여성들에게 감염률이 증가하였다. 최근에 북미, 서유럽, 동아시아에서 새롭게 AIDS로 진단된 희생자의 약 1/4 정도가 여성이다. 산업화된 국가에서는 AIDS 발생률이 줄고 있지만 개발도상국에서는 만연하고 있으며 이 지역에서 95%의 새로운 발병이 일어나며 그중 반 이상이 여성이다. 남아프리카에서는 모든 임신부의 30%가 HIV 양성이다(Quinn & Overbaugh, 2005; South African Department of Health, 2009). HIV에 감염된 임신부의 20~30%는 태아에게 치명적인 바이러스를 전염시킨다.

영아의 경우 AIDS는 빠르게 진행된다. 6개월까지 체중 감소, 설사와 반복적 호흡계 질환이 흔히 나타난다. 바이러스는 간질, 두뇌의 점진적 무게 감소, 지체된 지적·운동적 발달로 나타나는 두뇌손상을 일으킨다. 태내기 AIDS 영아의 거의 반 정도가 1년 안에 사망하며 90%는 3세 정도에 사망한다(Devi et al., 2009). 항바이러스 약물이 아동에게 약물 처방의 유해한 부작용 없이 태내기 AIDS의 전염을 95%나 감소시켰다. 서양 국가에서 이 약물들은 태내기 후천성 AIDS의 극적인 감소를 가져왔다. 그러나 항바이러스성 약물의 보급이 증가하고는 있지만 세계의 광범위한 모든 빈곤 지역에서 사용이 가능하지 않다(UNICEF, 2010a).

표 3.7에서와 같이 발달하는 유기체는 백신과 치료제가 없는 헤르페스 바이러스류에 특히 민감하다. 이들 중 거대세포바이러스(cytomegalovirus, 호흡과 성적 접촉으로 감염되는 가장 흔한 태내기 감염)와 제2형 단순 헤르페스(성적으로 감염되는)는 특히 위험하다. 두 경우 모두 바이러스는 어머니의 생식기로 침입하고 아기들은 임신 중 혹은 출산 시 감염된다. 두 질환 모두 흔히 어떤 증상도 없거나 아주 미약한 증상 혹은 사람들에게 친숙하지 않은 증상만 있어서 감염률이 높다. 상호 일부일처의 부부 관계가 아닌 임신부의 경우 가장 위험하다.

박테리아와 기생충 질환   표 3.7에 몇 가지 박테리아와 기생충 질환이 포함되어 있다. 가장 흔한

표 3.7   **임신 중 감염질환의 효과**

질병	유산	신체적 기형	지적 장애	출산 시 저체중과 미성숙
바이러스성				
후천성 면역결핍증후군 (AIDS)	✗	?	✔	?
수두	✗	✔	✔	✔
거대세포바이러스	✔	✔	✔	✔
제2형 단순 헤르페스 (생식기 헤르페스)	✔	✔	✔	✔
이하선염	✔	?	✗	✗
풍진	✔	✔	✔	✔
박테리아성				
클라미디아(성병의 일종)	✔	?	✗	✔
매독	✔	✔	✔	?
결핵	✔	?	✔	✔
기생충류				
말라리아	✔	✗	✗	✔
톡소포자충증	✔	✔	✔	✔

✔ = 확증됨, ✗ = 현재는 증거가 없음, ? = 분명한 확증은 없지만 가능한 결과

출처 : Jones, Lopez, & Wilson, 2003; Kliegman et al., 2008; Mardh, 2002; O'Rahilly & Müller, 2001.

것이 많은 동물에게서 발견되는 기생충에 의해 일어나는 **톡소포자충증**이다. 임신부가 덜 익은 고기나 날고기를 먹거나 감염된 고양이의 변에 의해 감염될 수 있다. 감염된 여성의 약 40%가 발달 중인 유기체에 전염시킨다. 첫 3분기에 감염되면 눈과 두뇌손상을 일으킬 수 있다. 그 후의 감염은 약간의 시각적·인지적 손상과 관련된다. 분명한 손상의 표시가 없는 감염된 신생아들 중 약 80%는 나중에 학습과 시각장애를 보일 수 있다(Jones, Lopez, & Wilson, 2003). 임신 중인 어머니들은 톡소포자충증을 피하기 위하여 고기를 잘 익혀 먹고, 애완용 고양이가 그 병에 걸렸는지 검진하고 다른 가족들이 변을 치우게 하여야 한다.

어머니의 다른 요인들

기형 발생물질 외에도 어머니의 운동, 영양, 정서적 안정은 배아와 태아에게 영향을 미친다. 더욱이 많은 예비 부모들은 여성의 임신 연령에 대해 의문을 가진다. 다음 절에서 이러한 요인들의 영향을 살펴보고자 한다.

운동 건강하고 신체적으로 튼튼한 여성의 경우, 걷기, 수영, 자전거 타기, 에어로빅과 같은 정기적으로 적당한 운동을 하는 것은 출생 시 신생아의 체중 증가와 관련 있고 임신으로 인한 산모의 당뇨와 고혈압과 같은 임신 중 문제발생의 위험을 감소시키는 것과 관련이 있다(Kalisiak & Spitznagle, 2009; Olson et al., 2009). 그러나 일주일에 4~5번 30분 이상, 땀이 날 정도의 격렬한 운동을 자주 하면 특히 임신 말기에는 건강한 통제집단보다 출산 시 저체중아를 낳게 된다(Clapp et al., 2002; Leet & Flick, 2003). 순환계의 어려움 혹은 유산의 경험 등 건강문제가 있는 임신부는 운동 계획을 시작하거나 계속하여야 할지를 의사와 상의하여야 한다.

마지막 3분기에 배가 아주 많이 불렀을 때 산모는 자유롭게 움직이는 데 어려움이 있고 운동을 줄여야 한다. 그러나 대부분의 여성들은 자신과 아기의 건강을 위하여 임신기간 동안 적당한 운동을 충분히 하지 않는다(Poudevigne & O'Connor, 2006). 임신기간 동안 계속 적당한 체중을 유지한 예비 엄마들은 대개 등의 통증, 가슴이 치받는 느낌, 호흡곤란의 신체적 불편함을 덜 느낀다.

영양 태내기 동안에는 다른 어떤 시기보다 아기들은 전적으로 어머니의 영양에 의존한다. 산모의 10~13.5kg 정도의 체중 증가는 어머니와 아기의 건강에 도움을 준다.

태내기의 영양실조 결과 제2차 세계대전 당시, 네덜란드에 기근이 닥쳤을 때 태내기 영양의 효과에 대해 연구할 수 있는 흔치 않은 기회가 과학자들에게 주어졌다. 기형물질에서처럼 민감기 개념이 작동한다는 것이 밝혀졌다. 초기 3분기 동안 기근에 영향을 받은 여성들이 유산과 신체적 결함을 가진 아기를 낳을 가능성이 더 높았다. 첫 3분기가 지나면 태아는 대개 생존하지만 다수는 저체중이거나 작은 머리를 가지고 태어났다(Stein et al., 1975).

우리는 지금 태내기의 영양실조가 중추신경계에 심각한 손상을 입힐 수 있음을 안다. 어머니의 영양이 나쁠수록 뇌의 무게는 특히 마지막 3분기에 더 작아졌다. 뇌가 급속히 커지는 그 시기에 완전한 잠재력에 도달하려면 어머니는 모든 영양소가 풍부한 식사를 하여야 한다(Morgane et al., 1993). 임신 중 부적절한 식사는 평생토록 성인기 심장혈관 질환과 당뇨와 같은 건강문제를 일으키는 간, 신장, 췌장을 포함하는 다른 기관의 구조에 이상을 가져올 수 있다(Baker, 2008; Whincup et al., 2008).

부실한 영양은 면역체계의 발달을 억제하기 때문에 태내기 영양 결손은 흔히 호흡기 질환을 자주 유발한다(Chandra, 1991). 더욱이 태내기 영양 결손아들은 더 보채고 자극에 덜 민감하다. 약물 중독의 신생아처럼 양육자에게 특히 고통스러운 고음의 울음을 운다. 빈곤에 처한 가족의 경우 이러한 효과는 더 빠르게 스트레스가 많은 가정생활로 연결된다. 연령이 증가하면서 낮은 지능지수

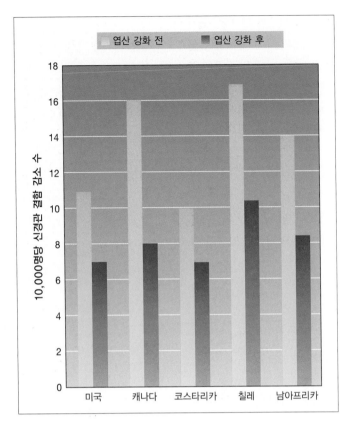

그림 3.8 **곡물에 엽산을 강화한 후 5개국에서 신경관 결함 발생률의 감소**

출처 : J. Berry, 2010, "Fortification of Flour with Folic Acid," *Food and Nutrition Bulletin, 31*, p. S27. Reprinted by permission.

와 심각한 학습문제가 나타나게 된다(Pollitt, 1996).

예방과 치료 적절한 음식을 임신부에게 제공하면 그 아기들의 건강에 상당한 효과가 있음을 많은 연구들이 밝히고 있다. 그러나 태내기 성장에 필요한 영양은 음식의 양을 늘리는 것 이상을 요구한다. 비타민과 무기질 강화가 필수적이다.

예를 들면, 수정 시기에 엽산(folic acid)을 보강하면 무뇌증과 척추갈림증 같은 신경계 이상의 70% 이상을 줄일 수 있다(표 3.5 참조). 임신 초기의 엽산 보충은 구개열, 요로이상과 사지기형을 포함하는 신체적 결함의 위험을 감소시킨다. 더욱이 임신 말기 10주 동안의 적절한 엽산 섭취는 조산과 저체중 출산의 위험을 반으로 줄일 수 있다(Goh & Koren, 2008; MCR Vitamin Study Research Group, 1991; Scholl, Hediger, & Belsky, 1996).

이러한 발견으로 미국 정부 지침서에서 모든 가임 연령 여성은 하루에 0.4mg 엽산을 섭취하도록 권장하고 있다. 이전에 신경관 결함이 있는 임신을 한 경험이 있는 여성은 권장량이 4~5mg이다(과다 섭취는 해로우므로 복용은 주의 깊게 모니터해야 한다)(American Academy of Pediatrics, 2006). 미국에서 반 정도의 임신이 무계획적으로 일어나기 때문에 정부의 규정들이 빵, 밀가루, 쌀, 파스타 등 곡물에 엽산을 강화하도록 강제하고 있다. 그림 3.8에서 보여 주듯이 강제 곡물 강화는 미국과 다른 나라들에서 신경관 결함을 상당히 줄일 수 있었다(Berry, 2010).

다른 비타민과 무기질도 이롭다. 칼슘을 보강한 여성의 식사는 산모의 고혈압과 아기의 조산을 예방하는 데 도움을 준다. 적절한 마그네슘과 아연은 많은 태내기와 출산 시 문제들의 위험을 감소시킨다(Durlach, 2004; Kontic-Vucinic, Sulovic, & Radunovic, 2006). 요오드가 강화된 소금은 많은 개발도상국에서 일어나는 지적 장애의 원인이 되는 태내기 요오드 결핍에 의해 일어나는 갑상선의 성장 방해와 지적 장애를 일으키는 영아 갑상선 기능부전을 없애 준다(Williams, 2008). 임신 초기에 충분한 비타민 C와 철분은 태반 성장과 출생 시 건강한 체중을 갖도록 촉진한다(Christian, 2003). 제2장에서 보았듯이 어머니의 당뇨에 의해 일어나는 태아기 철분 부족은 기억을 포함하는 뇌의 구조발달을 방해하고 이에 따른 아동의 학습능력을 손상시킨다. 그럼에도 불구하고, 보강 프로그램은 임신 중 산모의 식사를 대치하는 것이 아니라 개선하여 보충하는 것이어야 한다. 너무 적은 음식을 먹거나 적절하게 다양한 음식을 섭취하지 않는 여성들은 복합 비타민이 필요하지만 충분한 중재는 아니다.

임신 기간 중 영양결핍이 계속되면 영아는 식사 개선보다 더 많은 것을 필요로 한다. 그들의 피곤하고 불안정한 행동은 부모를 영아에게 덜 민감하고 덜 자극하게 된다. 그 결과 영아는 더 수동적이고 위축되게 된다. 성공적 중재는 이러한 냉담한 어머니와 아기의 상호작용 고리를 끊어야 한다. 어떤 중재는 어머니에게 아기와 어떻게 상호작용할지를 가르치고 다른 중재는 영아들이 그들의 물리적·사회적 환경에 더 적극적으로 개입하도록 촉진하여야 한다(Grantham-McGregor et al., 1994; Grantham-McGregor, Schofield, & Powell, 1987).

정서적 스트레스 여성이 임신 중 심각한 스트레스를 경험하면 아기가 많은 어려움을 겪게 된다. 특히 임신 1~2분기 동안의 강한 불안은 더 높은 유산율, 출산 시 저체중, 영아 순환기 질환, 소화기 이상, 콜릭(지속적 영아의 울음), 수면장애, 첫 3년 동안 더 보채기 등과 관련된다(Field, 2011;

Lazinski, Shea, & Steiner, 2008; van der Wal, van Eijsden, & Bonsel, 2007).

어떻게 어머니의 스트레스가 발달하는 유기체에 영향을 주는가? 이 과정을 이해하기 위해 당신이 지난번 스트레스 받았을 때 감지했던 변화들을 열거해보자. 우리가 공포와 불안을 경험할 때 자극 호르몬이 혈액에 분비되어 '행동을 준비'하도록 한다. 방어 반응으로 다량의 혈액이 두뇌, 심장, 팔 다리, 몸통의 근육 등 신체의 각 부위에 보내진다. 자궁과 같은 다른 신체 부위로 가는 혈액이 감소된다. 결과적으로 태아는 충분한 산소와 영양을 공급받지 못한다.

태반을 통과한 어머니의 스트레스 호르몬은 태아의 스트레스 호르몬(양수에 분명히 나타난)과 태아의 심장박동과 혈압과 혈당과 활동 수준을 아주 급격히 증가시킨다(Kinsella & Monk, 2009; Weinstock, 2008). 이러한 과정은 심혈관 질환과 당뇨와 같은 심각한 질환의 위험을 평생토록 증가시키는 것으로 알려지고 있다(Stocker, Arch, & Cawthorne, 2005).

과도한 태아기 스트레스는 신경계의 기능을 영구히 변경시킬 수 있어서 그 결과 이후에 인생에 스트레스 반응을 증가시킬 수 있다. 몇몇 연구에서 심각한 태내기 불안을 경험한 어머니의 영아나 아동들은 비정상적으로 높거나 낮은 코르티솔 수준을 나타내고 이 두 가지 모두 스트레스를 관리하는 생물학적 능력의 감소를 예고한다. 그러한 아동들이 새롭거나 도전적인 경험을 하게 되면 그 또래보다 더 흥분한다는 연구들은 이 결과들과 일치한다(Brand et al., 2006; Huizink et al., 2008; Yehuda et al., 2005). 다른 연구에서 태아기에 스트레스에 노출되었던 청소년과 젊은 성인들은 계속 상승된 스트레스 반응을 보인다(Entriner et al., 2009; Van den Bergh et al., 2008). 더욱이 임신 중 어머니의 스트레스는 아동의 불안, 짧은 주의집중, 분노, 공격성, 과잉행동, 낮은 지능 점수들을 예측할 수 있다. 이러한 위험은 임신 중 산모의 흡연, 저체중, 산후 어머니의 불안, 낮은 가족수입과 같은 다른 위험요소들을 능가하는 것이었다(de Weerth & Buitelaar, 2005; Gutteling et al., 2006; Lanzinski, Shea, & Steiner, 2008; Van den Bergh, 2004).

그러나 스트레스 관련 태내기 문제들은 산모를 지지해 주는 남편, 가족, 친구들이 있을 때 크게 감소한다(Glover, Bergman, & O'Connor, 2008). 긍정적 임신 결과에 대한 사회적 지지와 아동의 이후 발달 간의 관계는 특히 높은 스트레스를 겪고 있는 저소득층 여성에게 강력하다(Olds, et al., 2002, 2004). 임신부들을 위한 지지적 사회적 연결망을 강화하는 것은 태내기 문제들을 예방할 수 있게 한다.

산모의 연령과 이른 출산 지난 30년 동안 30대에 첫아기를 출산하는 여성이 네 배 이상 많아졌고 40대 출산은 두 배 정도 많아졌다. 많은 부부들이 그들의 직업이 안정되고 아기를 잘 지원할 수 있을 때까지 출산을 연기한다. 30대 혹은 40대까지 임신을 지연시킨 여성이 불임, 유산과 염색체 결함의 가능성이 높음을 기억하라. 나이 많은 산모의 경우 임신 중 다른 문제도 더 많을까? 그러나 건강한 30대 여성들은 20대와 비슷한 임신과 출산 중 문제를 갖는다(Bianco et al., 1996; Dildy et al., 1996; Prysak, Lorenz, & Kisly, 1995). 그림 3.9에서 보여 주듯이 그 후에는 문제 발생률이 증가하는데 50~55세의 여성에게서 급증한다. 이 연령에는 갱년기와 생식기의 노화로 자연적으로는 거의 임신이 되지 않는다(Salihu et al., 2003; Usta & Nassar, 2008).

10대 임신부의 경우 신체적 미성숙이 태내기 문제를 일으키는가? 연구에 의하면 10대의 몸은 임신을 지탱할 수 있을 정도로 충분히 크고 튼튼하다. 사실 제5장에서 보겠지만 자연은 소녀가 임

그림 3.9 어머니 연령과 태아기 및 출산문제의 관계

문제는 40세 이후 증가하다가 50~55세 사이에 급증한다. 자간전증은 임신 2분기 혹은 3분기 중에 고혈압, 체중 급증, 두통, 얼굴, 손, 발의 부종이 나타나는 심각한 질환이다. 즉시 치료를 하지 않으면 증세가 급진전되어 어머니와 태아의 질병이나 사망의 원인이 된다. 유사하게 출생 시 저체중은 영아의 사망과 건강문제의 위험요인을 증가시킨다. 출처 : Salihu et al., 2003.

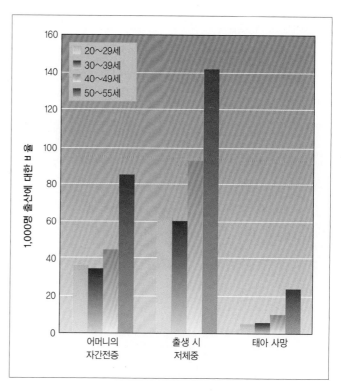

신을 하기만 하면 아기를 기르고 낳을 준비가 확실히 이루어지도록 한다. 10대 임신부의 아기가 문제가 더 많은 것은 사실이지만 직접적으로 산모의 연령 때문은 아니다. 대부분의 10대 임신부는 스트레스와 영양부실, 건강문제가 항상 존재하는 저소득층에 속한다. 또한 많은 10대 임신부들은 병원에 가기 두려워하고 미국에서는 건강 보험이 없어서 병원에 갈 수도 없다(U.S. Department of Health and Human Services, 2010a).

유전, 환경, 행동 : 미래의 방향

이 장의 모든 절에서 우리는 발달과정을 변화시킬 수 있는 힘을 가진 다양한 유전과 환경의 영향에 대하여 논의하였다. 이러한 점들을 모두 고려할 때 어떤 신생아도 모두 갖추고 태어난다는 것은 놀라운 것 같다. 그러나 대다수(북미주에서는 90%)가 그러하다. 이 발달하는 인류의 구성원들은 같은 가계에서 태어났을지라도 그래서 유전과 환경을 공유할지라도 특성이 매우 다르다. 어떤 아기들은 다른 아기들보다 가정, 이웃, 그리고 공동체의 영향을 더 받는다는 것을 알고 있다. 과학자들은 어떻게 매우 다른 방식으로 작용하는듯한 유전과 환경의 영향을 설명하는가?

행동유전학(behavioral genetics)은 인간의 특성과 능력에서 이러한 다양성에 대한 천성과 양육의 영향에 대해 밝히고자 하는 연구 분야이다. 우리는 이미 아동의 잠재력에 영향을 미치는 출생 이전의 유전적·환경적 사건들에 대해 연구자들이 이해하기 시작하였음을 보았다. 그러면 어떻게 연구자들이 그 후에 나타나는 많은 특징들의 근원을 해명하는가?

모든 현대 연구자들은 발달의 모든 측면이 서로 관련된다는 것에 동의한다. 그러나 지능과 성격과 같은 다인자 특성(많은 유전자에 기인하는 것들)에 대해서 유전이 어떤 영향을 미치는지를 과학자들이 정확하게 이해하기에는 아직도 요원하다. 그들은 복잡한 특성과 관련된 DNA연쇄에서의 변이를 찾아내는 데에 괄목할 만한 발전을 했지만 아직도 이러한 유전자들이 인간행동의 소량의 변이와 많은 심리적 장애 중 소수만을 설명한다(Plomin, 2005; Plomin & Davis, 2009). 대개의 경우 과학자들은 복잡한 특성들에 미치는 유전자의 영향을 간접적으로 연구해야만 한다.

일부 과학자들은 각각의 요인들이 아동 간의 차이에 얼마나 기여하는지에 대한 답은 유용하고 가능하다고 믿는다. 그러나 그 질문이 답할 수 없는 것이라는 데에 점차 많은 사람들이 동의하고 있다. 이 연구자들은 유전과 환경이 불가분의 관계라고 믿는다(Gottlieb, Wahlsten, & Lickliter, 2006; Lerner & Overton, 2008). 그들은 어떻게 천성과 양육이 공동으로 작용하는지가 중요한 질문이라고 본다. 각각의 입장을 차례로 살펴보자.

'얼마나?'의 질문

인간의 복잡한 특성에서 유전의 역할을 추론하는 데에 연구자들은 특별한 방법을 사용한다. 가장 흔한 방법은 유전성 추정이다. 이 절차가 생성해 낸 정보들을 그 한계와 함께 면밀하게 검토해 보자.

유전성 유전성 추정(heritability estimate)은 어떤 특정한 인구 중 복잡한 특성에서의 개인차가 유전적 요인에 기인하는 정도를 척도로 추정한다. 여기서 지능과 성격에 대해 발견된 유전성을 잠시 살펴보고 나중 장에서 더 자세하게 이 주제를 고려하고자 한

아드리아나와 타마라는 출생 시 입양으로 헤어져서 서로의 존재를 모르고 있었다. 20세에 만났을 때 그들은 많은 유사성을 발견하였다. 학업성취, 춤을 좋아하는 것, 의상에 대한 취향조차 유사했다. 분명히 유전은 심리적 특성에 기여한다. 그럼에도 불구하고 쌍둥이 연구로부터 전 인구에 일반화하는 것은 논란이 있다.

© JACQUIE HEMMERDINGER/THE NEW YORK TIMES/REDUX

다. 유전성 추정은 가족 구성원의 특징을 비교하는 **친족 연구**(kinship study)로부터 획득된다. 공통성이 가장 높은 친족 연구 유형은 모든 유전자를 공유하는 일란성 쌍둥이를 일부분만을 공유하는 이란성 쌍둥이와 비교하는 것이다. 유전적으로 더 유사한 사람들이 지능과 성격에서 더 유사하다면 연구자들은 유전이 중요한 역할을 한다고 가정할 수 있다.

지능에 대한 친족 연구는 아동발달 분야에서 가장 뜨거운 논쟁거리를 제공한다. 어떤 연구자들은 강한 유전적 영향을 주장하고 다른 연구자들은 유전이 거의 포함되지 않는다고 믿는다. 현재 대부분의 친족 연구는 유전의 역할을 중간 정도 지지한다. 많은 쌍둥이 연구를 고찰하면 일란성 쌍둥이들의 지능에서의 상관이 이란성 쌍둥이들의 상관보다 높다. 1만 쌍 이상의 요약에서 일란성 쌍둥이의 지능에서의 상관은 .86이고 이란성 쌍둥이의 상관은 .60이다(Plomin & Spinath, 2004).

연구자들은 이 상관들을 비교하기 위하여 복잡한 통계적 절차를 사용하여 0~1.00까지의 범위에 있는 유전성 추정치를 계산하였다. 서구 산업화된 국가의 아동과 청소년에게 지능의 유전성은 약 .50이었다. 이는 유전적 구성의 차이가 지능 차이의 반을 설명함을 시사한다. 입양된 아동의 지능은 양부모의 지능지수보다 친부모의 지능지수와 더 강하게 관련이 있는데, 이는 유전의 역할을 더 많이 지지해 준다(Petrill & Deater-Deckard, 2004).

유전성 연구는 성격에도 유전적 요인이 중요하다는 것을 보여 준다. 흔히 연구되는 특성인 사회성, 정서적 표현력, 상냥함, 활동 수준 등은 유전성이 아동, 청소년, 성인 초기 쌍둥이의 경우 .40~.50에 이르는 것으로 추정되었다(Caspi & Shiner, 2006; Rothbart & Bates, 2006; Wright et al., 2008).

정신분열증(조현병)에 대한 쌍둥이 연구들은 망상과 환각, 환상을 현실과 구분하지 못하는 것, 비합리적이고 부적절한 행동과 같은 심리적 장애가 일관성 있게 .80 정도의 높은 유전성을 보고했다. 반사회적 행동과 주요 우울장애에서 유전의 역할은 매우 분명하지만 덜 강력해서 .30대나 .40대를 보인다(Faraone, 2008). 입양 연구가 이러한 결과를 지지하는데 정신분열증과 우울증 입양 아들의 생물학적 친척들은 같은 질환을 공유할 가능성이 입양 친척들보다 더 크다(Plomin et al., 2001; Ridenour, 2000; Tienari et al., 2003).

유전성의 한계 유전성 추정의 정확성은 연구된 쌍둥이들이 모집단의 유전적·환경적 차이를 반영하는 정도에 달려 있다. 모든 사람이 유사한 가정, 학교, 지역사회 경험을 한 모집단에서는 지능과 성격의 개인차는 주로 유전적일 것이고 유전성 추정치는 1.00에 가까울 것이다. 반대로, 환경이 변화할수록 개인차를 설명하는 데 환경의 비중이 더 커질 것이고 낮은 유전성 추정치가 산출될 것이다. 쌍둥이 연구에서도 대부분의 쌍둥이들은 매우 유사한 환경 조건에서 같이 자랄 것이다. 분리되어 양육된 쌍둥이 연구의 경우도, 사회복지기관이 흔히 많은 측면에서 비슷하게 유복한 환경에 두 쌍둥이들을 배치한다(Rutter et al., 2001). 대부분의 쌍둥이들의 환경이 전체 인구의 환경보다 덜 다양하므로 유전성 추정은 유전의 역할을 과장할 수도 있다.

유전성 추정치는 쉽게 잘못 적용되기 때문에 논쟁이 일어난다. 예를 들면, 높은 유전성은 백인 아동에 비하여 흑인 아동의 수행이 더 나쁜 것과 같은 지능의 인종적 차이가 유전적으로 결정되는 것임을 시사하는 것처럼 사용될 수 있다(Jensen, 1969, 1985, 1998, Rushton & Jensen, 2005, 2006). 그러나 이러한 추론은 대부분 부정확한 것으로 간주된다. 대개 백인 쌍둥이 표집에서 산출된 유전성은 검사 점수의 인종 간의 차이에 대한 설명이 될 수 없다. 우리는 이미 상당한 경제적 그리고 문화적 차이들이 포함된다는 것을 보았다. 제8장에서 우리는 어린 연령에 경제적으로 유복한 가정에 입양되면 그들 점수가 평균 이상으로 올라가고 가난한 가정에서 자란 아동들의 점수보다 훨씬 높아진다는 것을 보여 주는 연구에 대해 논의하게 될 것이다.

아마도 유전성 추정치의 가장 중대한 비판은 그 유용성에 있다. 그들은 지능과 성격이 어떻게 발달하는지 혹은 가능하면 잘 발달하기 위하여 아동이 어떻게 그들의 발달을 위해 고안된 환경에 반응하도록 할지에 대해 어떤 정확한 정보를 제공하지 못한다(Baltes, Lindenberger, & Staudinger, 2006). 사실, 지능의 유전성은 부모의 교육과 수입이 증가할수록 증가한다. 즉 아동이 그들의 유전적 기초를 가장 잘 사용할 수 있는 조건에서 양육되면 유전성이 높다. 결과적으로 부모 교육과 높은 질의 유아교육 혹은 탁아와 같은 중재를 통하여 경험을 향상시키면 발달에 가장 큰 영향을 미친다(Bronfenbrenner & Morris, 1998; Turkheimer et al., 2003).

요약하면 유전성 추정치는 복잡한 특성의 광범위한 측면에서 유전이 기여한다는 것을 확인해 주고 있지만 환경이 어떻게 유전적 영향을 수정할 수 있는지에 대해 아무것도 말해 주지 못하고 있다. 아직도 과학자들은 성격 특성과 장애에 기여하는 특정 유전자를 찾기 위해 좀 더 비용이 드는 미세한 분석을 시도하기 전에 정적 유전성에만 의존하고 있다.

'어떻게?'의 질문

오늘날 연구자들은 대부분 발달을 유전과 환경의 역동적 상호작용의 결과라고 본다. 어떻게 천성과 양육이 같이 작동될까? 몇 가지 개념이 이 질문에 단서를 제공한다.

유전-환경 상호작용 이 개념 중 하나가 **유전-환경 상호작용**(gene-environment interaction)으로 이는 유전적 구성 때문에 개인이 환경의 질에 대한 반응에서 다르다는 것을 의미하다(Rutter, 2011). 다른 말로 바꾸면, 아동은 특정 경험에 대해 독특하고 유전적으로 영향을 받은 반응을 한다. 그림 3.10에서 이 생각을 좀 더 탐색해 보자. 유전-환경의 상호작용은 어떤 특징에도 적용해 볼 수 있다. 여기서 지능의 예를 들어 보면 환경이 극히 비자극적인 것에서부터 매우 풍부한 환경으로 차이가 있을 때, 벤의 지능은 점차 증가하고, 린다의 지능은 빠르게 증가했다가 떨어지고, 론의 지능은 환경이 중간 정도 자극적일 때만 증가하기 시작한다는 것에 주목하라.

유전자-환경 상호작용은 두 가지 중요한 점을 강조한다. 첫째, 우리 각각은 고유의 유전적 구성을 가지고 있기 때문에 같은 환경에 다르게 반응한다는 것을 보여 준다. 그림 3.10에서 열악한 환경에 있을 때는 세 아동 모두가 유사하게 낮은 점수를 받음을 주목하라. 그러나 린다는 환경이 중간 정도의 자극을 줄 때 가장 좋은 지능 점수를 보인다. 환경이 매우 풍부해지면 벤은 가장 잘하고 그 다음이 론이고 둘 다 린다보다 잘한다. 둘째, 다른 유전적·환경적 결합은 두 아동을 같게 보이도록 할 수도 있다! 예를 들면, 린다가 자극이 아주 적은 환경에서 자라면 일반 아동의 평균 지능인 100 정도일 것이다. 벤과 론도 이 점수를 받겠지만 그렇게 하기 위해서 그들은 상당히 풍요로운 환경에서 자라야 한다(Gottlieb, Wahlsten, & Lickliter, 2006).

최근에 연구자들은 성격발달에서 유전-환경 상호작용을 밝혀내려고 노력하기 시작했다. 고통받고 정서적으로 부정적인 조산아들이 다른 아기들보다 부적절하고 좋은 양육에 더 반응적이다. 유사하게 제10장에서 볼 수 있듯이 정서적으로 반응적인 기질의 위험을 증가시키는 유전자가 있는 어린 아동들이 양육의 질의 차이에 특히 강하게 반응한다(Pluess & Belsky, 2011). 양육을 잘하면 그들은 다른 아동들보다 더 잘 정서적으로 통제하고 적응한다. 그러나 잘못 양육하면 그들은 유전적으로 위험하지 않은 아동들보다 점차 더 성급해지고, 까다로워지며, 적응을 잘 못하게 된다.

운하화 운하화의 개념은 유전과 환경의 결합을 이해하는 또 하나의 방법을 제공한다. **운하화**(canalization)는 단 하나 혹은 소수

그림 3.10 유전-환경의 상호작용, 환경의 질에 반응성에서 차이가 있는 세 아동의 지능에 대한 설명

환경이 극도의 비자극적 상태에서부터 매우 풍요로워짐에 따라 벤의 지능 점수는 점차 증가하고 린다의 점수는 급격히 증가하다가 떨어지며 론의 점수는 환경이 중간 정도 자극적일 때 증가하기 시작한다.

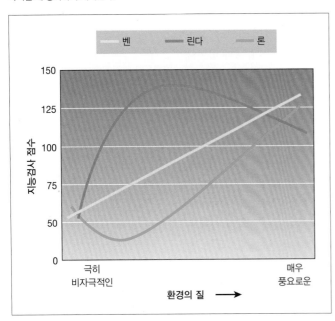

의 결과가 나타나도록 어떤 특성의 발달을 제한하는 유전의 경향성을 말한다. 강하게 운하화된 행동은 유전적 성장 계획을 따르며 강한 환경적 힘만이 그것을 변경할 수 있다(Waddington, 1957). 예를 들어, 영아의 지각적·운동적 발달은 강하게 운하화된 행동인 것 같다. 모든 정상 아기들은 결국 뒤집고, 물체를 향해 손을 뻗고, 앉고, 기고, 걷는다. 이러한 행동을 수정하거나 일어나지 않게 하기 위해서는 극단의 조건이 필요하다. 반대로, 지능과 성격은 환경의 변화에 따라 많이 변하기 때문에 덜 강하게 운하화되어 있다.

우리가 유전에 의해 제한된 행동을 바라볼 때 운하화는 매우 적응적이라는 것을 알게 된다. 그것을 통하여 자연은 아동의 생존을 촉진시키는 종 특유의 기술을 다양한 범위의 양육 조건에서도 발달시킬 수 있게 한다.

유전-환경의 상관 유전과 환경을 분리하려고 노력하는 데 중요한 문제는 그들이 자주 상관되어 있다는 것이다(Rutter, 2011; Scarr & McCartney, 1983). **유전-환경의 상관**(genetic-environmental correlation) 개념은 우리가 노출되는 환경에 유전자가 영향을 미친다는 것이다. 이것이 일어나는 방법은 연령에 따라 달라진다.

수동적·환기적 상관 어린 연령에는 두 종류의 유전과 환경의 상호작용이 일반적이다. 첫째는 아동이 환경에 대한 통제력이 없기 때문에 수동적 상관이다. 일찍부터 부모는 자신의 유전에 의해 영향을 받은 환경을 제공한다. 예를 들면, 부모가 훌륭한 운동가이면 야외활동을 강조하고 자녀에게 수영이나 체조 같은 교육을 시킨다. '체육 환경'에 노출될 뿐 아니라 부모의 체육능력이 유전된다. 결과적으로 자녀는 유전적, 환경적으로 모두 훌륭한 운동가가 될 가능성이 크다.

두 번째 유전과 환경의 상관 유형은 환기적이다. 아동은 자신의 유전에 의해 영향을 받은 반응을 일으키고 이 반응은 아동의 원래 스타일을 강화한다. 예를 들어, 적극적이고 사교적인 아기는 수동적이고 조용한 아기보다 사회적 자극을 더 많이 받을 것이다. 협동적이고 주의 깊은 아기는 부주의하고 산만한 아기보다 부모로부터 더 잘 참고 민감한 상호작용을 받을 것이다. 이러한 생각을 지지하는 것은 형제가 유전적으로 덜 유사할수록 부모가 그들을 온정성과 부정성에서 더 다르게 대한다는 것이다. 그러므로 일란성 쌍둥이를 다루는 부모의 양육은 더 유사하고 이란성 쌍둥이나 형제자매들의 양육은 중간 정도만 유사하다. 관계가 없는 계부모의 형제의 경우 부모의 온정성과 부정성에는 유사성이 거의 없다. 그림 3.11을 보라(Reiss, 2003).

능동적 상관 연령이 증가하면 능동적 유전과 환경의 상관이 일반적이 된다. 아동이 직접적 가족을 넘어서서 경험을 넓혀 가고 더 많은 선택이 주어질수록 그들의 유전적 경향성에 적절한 환경을 능동적으로 찾아간다. 잘 조화된 근육질의 아동은 방과 후 운동에 더 많은 시간을 보내며, 음악적 재능이 있는 아동은 학교 오케스트라에 들어가서 바이올린을 연습하고, 지적으로 호기심이 많은 아동은 지역사회 도서관의 친숙한 고객이

이 어머니는 딸과 피아노 치기를 좋아하는 것이 유사하다. 아마도 딸은 엄마의 음악재능을 물려받았을 것이다. 유전과 환경이 상관이 있을 때 하나의 영향을 다른 하나의 영향에서 분리할 수는 없다.

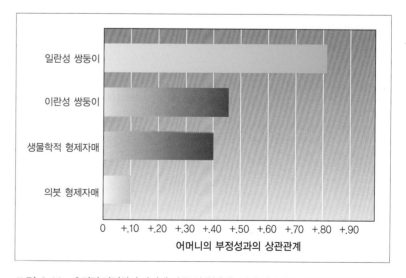

그림 3.11 유전적 관련성의 차이에 따른 형제(자매) 쌍의 어머니와 상호작용의 유사성
어머니의 부정적 대응성에 대한 상관을 보여 주고 있다. 환기적 유전-환경의 상관 유형을 설명해 준다. 일란성 쌍둥이는 그들의 유전적 동일성 때문에 유사한 어머니의 대응을 일으킬 것이다. 형제 간의 유전적 유사성이 감소함에 따라 상관의 강도가 떨어진다. 어머니는 각 자녀의 독특한 유전적 구성에 따라 반응하므로 상호작용이 변화한다.

된다.

유전을 보완하기 위해 환경을 능동적으로 선택하는 경향성을 **적소 선택**(niche-picking)이라고 한다(Scarr & McCartney, 1983). 영아와 어린 아동은 성인이 그들의 환경을 선택해 주므로 적소 선택을 할 수 없다. 반대로 나이 든 아동과 청소년은 자신의 환경에 훨씬 더 책임이 있다.

적소 선택 개념이 왜 일란성 쌍둥이가 아동기에 분리해서 양육되었다가 후에 다시 만났을 때 놀랍게도 유사한 흥미와 음식 선호, 직업을 가지고 있는지를 설명해 준다. 이러한 경향성은 쌍둥이가 더 유사한 환경적 기회를 가졌을 때 나타난다(Plomin, 1994). 적소 선택은 왜 지능이 나이가 들수록 일란성 쌍둥이는 좀 더 닮아 가고 이란성 쌍둥이와 형제들이 덜 닮아 가는지를 설명한다(Bouchard, 2004; Loehlin, Horn, & Willerman, 1997). 적소 선택은 청소년기 일란성 쌍둥이들이 같은 성의 이란성 쌍둥이나 일반 형제나 입양한 형제들보다 훨씬 더 자주 과락이나 실직, 약물 복용 같은 문제 등 스트레스가 있는 더 유사한 인생 사건을 보고하는지에 대한 설명이 된다(Bemmels et al., 2008).

유전과 환경의 영향은 일정하지 않고 시간이 지남에 따라 변화한다. 연령이 증가함에 따라 유전적 요소는 우리가 경험하고 선택하는 환경에 더 중요한 영향을 미친다.

유전자의 표현에 미치는 환경의 영향 지금 고려한 개념들 중에서도 유전의 우선성이 인정되고 있음을 주목하라. 유전-환경 상호작용에서 유전이 특정 환경에 대한 반응성에 영향을 준다. 운하화에서는 유전이 어떤 행동의 발달을 제한한다. 유사하게, 유전-환경 상호작용에서도 유전적으로 **주도되는 것**으로 본다. 즉 아동의 유전적 구성이 그들의 유전적 경향성을 실현하는 경험을 받아들이고, 일으키고, 추구하게 하는 원인이라고 본다(Plomin, 2009; Rutter, 2011).

더 많은 연구자들이 유전이 아동의 경험이나 발달을 경직된 방식으로 명령하지 않는 점을 들어서 유전의 우월성으로 이 문제를 받아들인다. 한 연구에 의하면 유전적 반사회적 행동 경향성이 있는 소년들이(동물과 인간 모두에서 X 염색체에 있는 이 유전자의 존재 유무에 기초해서 공격성의 성향이 있는 것으로 알려진) 심각한 아동 학대의 역사가 없다면 이 유전자가 없는 소년들보다 더 공격적이지 않다(Caspi et al., 2002). 그 유전자의 유무에 따라 학대의 경험에 차이가 없다는 것은 '공격적 유전형'은 학대에 노출을 증가시키지 않는다는 것을 보여 준다. 대규모 핀란드 입양 연구에서 건강한 양부모에 의해 양육된 정신분열증 어머니의 자녀는 거의 정신질환을 보이지 않았고 건강한 생물학적 부모와 입양 부모를 가진 통제집단보다 정신적 질환을 더 보이지 않았다. 대조적으로, 정신분열증과 다른 심리적 손상은 생물학적 부모와 양부모가 모두 장애가 있는 입양아들에게서 많이 나타난다(Tienari et al., 2003; Tienari, Wahlberg, & Wynne, 2006).

더욱이 부모와 다른 양육자들은 유전과 환경의 부정적 상관관계의 연결을 풀 수 있다. 그들은 유전의 표현을 수정하는 좋은 경험을 제공하여 긍정적 결과가 일어나게 할 수 있다. 예를 들면, 5세 된 일란성 쌍둥이 발달을 추적한 연구에서 쌍둥이들은 공격성에서 서로 닮았다. 그들이 공격성을 더 표출할수록 어머니의 더 높은 분노와 비판을 받았다(유전-환경 상호작용). 그럼에도 불구하고 어떤 어머니는 쌍둥이들을 다르게 다루었다. 7살이 될 때까지 추적한 결과, 어머니 부정성의 표적이 더 되었던 쌍둥이들은 더 반사회적 행동을 하였다. 대조적으로, 더 잘 대해 준 유전적으로 동일한 쌍둥이들은 파괴적 행동이 감소하였다(Caspi et al., 2004). 좋은 양육은 소용돌이치는 반사회적 발달 경로로부터 아동들을 보호하였다.

유전과 환경의 관계가 유전자로부터 환경과 행동으로 가는 일방통행이 아니라는 것을 축적된 증거들이 보여 준다. 오히려 이 장과 이전 장에서 고려했던 다른 시스템의 영향처럼 **양방적**이다. 유전자는 아동의 행동과 경험에 영향을 주지만 경험과 행동 또한 유전자의 표현에 영향을 준다(Diamond, 2009; Gottlieb, 2003; Rutter, 2007). 아동에게 내적인(세포질의 활동, 혈액에 호르몬을

생물학과 환경

후성설의 예 : 임신 중 흡연이 유전자 표현을 변경함

많은 동물실험 연구에서 환경이 유전자 염기서열에 영향을 주지 않음에도 불구하고 유전자의 작동에 영향을 미치는 방식으로 유전자를 수정할 수 있음을 보여 주었다(Zhang & Meaney, 2010). 개인의 표현형에 미치는 유전자의 영향은 유전자의 환경에 따라 다르다는 후성적 상호작용에 대해서 현재 인간을 대상으로도 활발하게 연구되고 있다.

임신 중 어머니의 흡연은 아동기의 가장 흔한 장애 중 하나인 주의력결핍 과잉행동장애(ADHD)의 위험요인 중 하나이다. 이에 대해서는 제7장에서 더 자세히 논의하게 될 것이다. ADHD 증상은 부주의, 충동성, 과잉행동으로서 대개 심각한 학업적 · 사회적 문제를 일으킨다. 특별히 반복적인 염기쌍을 포함하는 염색체-5 유전자(DD)가 동종접합인 개인들이 ADHD가 될 위험이 증가한다고 몇몇 연구들이 보고하고 있다. 그러나 다른 연구들은 이 유전자의 역할을 확인하지 못하였다(Fisher et al., 2002; Gill et al., 1997; Waldman et al., 1998).

동물연구 결과는 이러한 불일치의 한 이유로 태아기에 유독물질에 노출과 같은 ADHD와 관련된 환경의 영향이 유전자의 활동을 수정하기 때문일 수도 있다고 제안한다. 이러한 가능성을 검증하기 위하여 연구자들은 수백 명의 어머니와 6개월 된 아기들을 모집하여 분자 유전적 분석을 실시하기 위한 영아 혈액 표집을 하였다. 그리고 그 어머니들에게 임신 중 흡연 여부를 물었다(Kahn et al., 2003). 5년 후에 아동들의 ADHD 증상을 평가하는 널리 사용되는 행동평정척도에 부모들이 응답하였다.

결과는 DD 유전형 자체는 충동성, 과잉행동, 반항적 행동에 관련되지는 않는 것으로 나타났다. 그러나 임신 중 흡연을 한 어머니의 자녀는 비흡연 어머니의 자녀보다 이러한 행동 특성의 점수가 더 높았다. 더욱이, 그림 3.12에 나타났듯이 양쪽 부모의 니코틴 노출과 DD 유전형이 겹쳤던 5세 아동은 더 높은 충동성, 과잉행동, 반항적 행동 점수가 다른 집단보다 훨씬 더 높았다. 이러한 결과는 다양한 다른 요인들(가정환경의 질, 어머니의 인종, 결혼 여부, 출산 후 흡연)을 통제한 후에도 계속 나타났다.

청소년기까지 계속 추적한 다른 연구에서도 후성적 효과가 지속됨을 시사하는 유사한 결과가 나타났다(Becker et al., 2008). 어떤 과정이 이러한 결과를 설명할까? 동물연구에 의하면 흡연이 DD 유전형을 자극하여 충동성과 과잉행동을 촉진하는 뇌 화학물질의 분비를 촉진한다(Ernst, Moolchan, & Robinson, 2001). 이러한 행동들에 대응하여 거칠고, 처벌적 양육을 하게 하고 이는 다시 아동의 반항심을 일으킬 수 있다.

DD 유전형은 널리 퍼져 있고 50% 이상의 사람들에게 존재한다. 그러므로 태아기에 니코틴에 노출된 아동의 대다수가 학습과 행동문제의 높은 위험을 안고 있다. 후성적 상호작용에서 아직 환경적 요인이 잘 알려지지는 않았지만 다른 유전자들도 ADHD 증상에 기여할 수 있다는 증거가 증가하고 있다(Hudziak & Rettew, 2009).

임신 중 어머니가 흡연을 하였기 때문에 이 아기는 주의결핍 과잉행동장애(ADHD)일 위험이 있다. 태내기의 니코틴 노출은 매우 높은 충동성, 과잉행동 반항성 행동을 일으키는 방식으로 염색체-5 유전자를 변형시킨 듯하다.

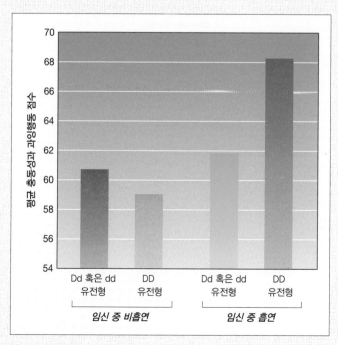

그림 3.12 어머니의 임신 중 흡연과 유전형이 5세에 충동성과 과잉행동에 미치는 결합 효과

태내기의 흡연이 없는 상태에서 염색체-5 유전자(DD)가 동형접합인 5세 아동은 다른 유전형(Dd 혹은 dd, 빨간색 막대)에 비해 충동성과 과잉행동(주황색 막대)의 상승이 나타나지 않는다. 모든 유전형의 아동의 경우, 임신 중 흡연은 이러한 행동의 증가와 관련된다(초록색과 보라색 막대). 임신 중 흡연과 DD 유전형의 결합은 충동성과 과잉행동을 매우 증가시킨다(보라색 막대). 아동의 반항적 행동도 유사한 후성적 유형을 따른다.

출처 : Kahn et al., 2003.

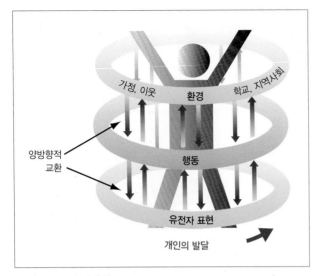

그림 3.13 후성적 틀
발달은 유전과 모든 수준의 환경의 지속적이고 양방향적 교환을 통해 일어난다. 유전자는 행동과 경험에 영향을 미친다. 경험과 행동은 또한 유전자의 표현에 영향을 미친다.
출처 : Gottlieb, 2007.

분비) 그리고 외적인(가정, 이웃, 학교와 지역사회) 자극이 유전자의 활동을 일으킨다.

연구자들은 유전과 환경의 이러한 관계를 후성적 틀(epigenetic framework)이라고 부른다(Gottlieb, 1992, 2007). 이는 그림 3.13에 설명되어 있다. **후성설**(epigenesis)은 발달이 유전과 환경의 모든 수준에서 지속적이고 양방적 교환으로 일어나는 것임을 의미한다. 설명하자면, 아기에게 건강식을 제공하면 유전자의 표현을 변형하는 신경 세포 간의 새로운 결합이 일어나는 두뇌의 성장을 증가시킨다. 이것은 아기가 물체에 대해 발전된 탐색을 하게 하고 양육자와 상호작용하고 더 나아가 두뇌 성장과 유전자 표현을 일으키는 새로운 유전자와 환경 간에 교환의 문을 열게 한다. 이러한 지속적이고 양방향적인 영향은 인지적 · 사회적 발달을 촉진한다. 반대로, 유해한 환경은 유전자의 표현을 너무 심각하게 위축시켜서 나중에 어떤 경험도 그 특성을 변화시키는 데 영향을 줄 수 없게 한다. 그리고 때로는 그 영향은 아주 심각해서 그 후의 경험은 원래는 유연했던 그 특성(지능과 성격)을 변화시킬 수가 없다.

천성과 양육의 논제에 연구자들이 흥미를 느끼는 주요 이유는 환경을 개선해서 아동들이 가능한 한 많이 발달할 수 있게 하기 위함이다. 후성설의 의미는 발달이 천성과 양육의 일련의 복잡한 교환으로 가장 잘 이해됨을 상기시킨다. 아동은 우리가 원하는 방향으로 변화될 수 없지만 환경은 유전의 영향을 수정할 수 있다. 발달을 개선하고자 하는 어떤 시도의 성공은 우리가 변경하고자 하는 특성과 아동의 유전적 구성과 중재의 시기와 유형에 따라 달라진다.

주요 용어

X 관련 유전(X-linked inheritance)
감수분열(meiosis)
기형 발생물질(teratogen)
다인자 유전(polygenic inheritance)
대립 유전자(allele)
돌연변이(mutation)
동일한 혹은 일란성 쌍둥이(identical or monozygotic twins)
동형접합체(homozygous)
디옥시리보핵산(deoxyribonucleic acid)
배우자(gametes)
보인자(carriers)
부분적 알코올 증후군(p-FAS)
상염색체(autosomes)
성염색체(sex chromosomes)

수정 유전자(modifier genes)
알코올 관련 신경발달적 장애(ARND)
염색체(chromosomes)
염색체 교차(crossing over)
우성(incomplete dominance)
우성-열성 유전(dominant recessive inheritance)
운하화(canalization)
유사분열(mitosis)
유전 상담(genetic counseling)
유전성 추정(heritability estimate)
유전자(gene)
유전적 각인(genetic imprinting)
유전형(genotype)
유전-환경 상호작용(gene-environment interaction)
유전-환경의 상관(genetic-environmental correlation)

이형접합체(heterozygous)
적소 선택(niche-picking)
접합자(zygote)
친족 연구(kinship study)
태내기 진단방법(prenatal diagnostic methods)
태아 알코올 스펙트럼 장애(fetal alcohol spectrum disorder, FASD)
태아 알코올 증후군(FAS)
표현형(phenotype)
행동유전학(behavioral genetics)
형제와 같은 혹은 이란성 쌍둥이(fraternal or dizygotic twins)
후성설(epigenesis)

'팽이놀이'

Takashi Hariya, 5세, Japan

순진한 열망과 호기심으로, 이 어린아이들은 한 쌍의 매혹적인 팽이를 탐색한다. 영아들이 자신의 주변의 끊임없이 변하는 소리, 모양, 패턴, 외관을 빠르게 인식하는 대단히 능력 있는 존재임이 연구를 통해 확인된다.

출처 : 국제 아동화 미술관(노르웨이의 오슬로)의 허락으로 게재

영아기 : 초기학습, 운동기술, 감각능력

신생아의 특징

제3장에서 살펴본 바와 같이 신생아의 외모는 볼품이 없으며 배불뚝이의 몸에 비해 머리는 너무 크고, 하체는 안짱다리이다. 그러나 태어난 지 얼마 되지 않은 신생아도 생존에 필요한 성인의 보호와 관심을 불러일으키기에 충분한 매우 다양한 능력을 보여 준다. 신생아는 태어나면서부터 주변의 물리적, 사회적 환경에 대하여 적극적으로 반응한다.

반사

반사(reflex)는 특별한 형태의 자극에 대해 반응하는 타고난 자동 반응이다. 신생아의 반사는 매우 뚜렷하고 조직화된 행동 패턴이 있다. 신생아의 기저귀를 갈고 있는 아버지가 테이블의 가장자리에 쿵하고 부딪히면 아기는 자신의 팔을 넓게 뻗어서 몸 쪽으로 팔을 끌어당긴다. 엄마가 아기의 볼을 살짝 건드리면 아기는 고개를 엄마 쪽으로 돌린다. 표 4.1은 신생아의 주요한 반사를 보여 준다. 이 신기한 행동의 의미와 목적에 대해 생각해 보자.

반사의 적응가치 일부 반사는 생존을 위해 필요하다. 근원반사는 모유를 먹는 아기가 엄마의 젖꼭지를 찾는 데 도움을 준다. 아기는 배가 고플 때와 다른 사람이 만졌을 경우에만 이러한 행동을 보인다. 아기 스스로 만졌을 때는 이러한 현상이 나타나지 않는다(Rochat & Hespos, 1997). 출생 시에 아기는 젖꼭지로부터 젖이 쉽게 나오도록 빠는 압력을 조절한다. 만일 신생아가 젖을 빨 수 없다면 인간은 단 한 세대도 생존할 수 없었을 것이다(Craig & Lee, 1999). 수영반사는 우연히 물에 빠진 아기가 물에 떠 있도록 해 준다. 이러한 반사는 양육자가 물에 빠진 아기를 구할 수 있는 기회를 높이는 데 도움이 된다.

다른 반사들도 인간의 진화 역사에서 아기의 생존에 도움을 주었다. 예를 들어, 모로 혹은 '껴안기' 반사는 엄마가 하루 종일 아기를 안고 다녀야 할 때 아기가 어머니에게 매달려 있도록 하는 데 도움이 되었을 것으로 생각된다. 만일 아기가 엄마에게 안길 때 도움을 받지 못한다면 이 반사는 아기로 하여금 잡기반사(생후 첫 주에도 아기의 전 체중을 지탱할 수 있을 정도로 강력함)와 함께 껴안기를 시도하여 다시 어머니의 몸을 붙잡게 해 준다(Kessen, 1967; Prechtl, 1958).

몇몇 반사는 부모와 아기가 즐거운 상호작용을 하도록 도와준다. 수유 시, 엄마의 가슴을 더듬어서 젖꼭지를 찾고 쉽게 빨거나, 엄마의 손가락이 닿았을 때 이를 잡는 행동은 부모로 하여금 사랑스럽게 반응하도록 하여 양육자로서 유능감을 느끼도록 해 준다. 또한 반사는 아기가 고통과 자극의 양을 조절하도록 해 주기 때문에 부모가 아기를 달래는 데 도움이 된다. 아기와 산책을 갈 때 고무젖꼭지를 가져가는 것을 확인하는 초보 엄마들은 까다로운 아기라 하더라도 빨 때는 조용해진다는 것을 알고 있는 것이다.

반사와 운동기술의 발달 몇몇의 반사는 나중에 발달할 복잡한 운동기술을 위한 기초가 된

신생아의 특징
· 반사
· 상태

■ **사회적 쟁점 : 건강**
영아돌연사의 이해할 수 없는 비극
· 신생아의 행동평가
· 학습능력

영아기의 운동발달
· 운동발달의 순서
· 역동적 체계로서 운동기술
· 소근육 운동발달 : 손 뻗기와 잡기

영아기의 지각발달
· 촉가
· 미각과 후각
· 청각

■ **생물학과 환경**
친근한 말과 얼굴, 그리고 음악으로 '주파수 맞추기' : 문화특정적 학습에 민감한 시기
· 시각
· 감각 간 지각능력
· 지각발달의 이해

초기 결핍과 풍요 : 영아기가 발달의 민감기일까

다. 예를 들어 목 강직 반사는 아기가 스스로 뻗기를 준비할 수 있게 해 준다. 등을 바닥에 대고 '펜싱 자세'로 누워 있을 때 아기는 자연스럽게 눈앞에 있는 손을 응시한다. 이 반사는 아기가 눈과 팔의 움직임을 협응하여 궁극적으로는 대상물에 손을 뻗게 한다(Knobloch & Pasamanick, 1974).

파악, 수영, 걷기반사와 같은 특정 반사는 일찍 사라지지만 그것과 관련된 운동기능은 나중에 새롭게 나타난다. 예를 들어 걷기반사는 원시적인 걷기 반응처럼 보인다. 다른 반사와는 달리, 걷기반사는 다양한 상황에서 나타난다. 즉 신생아의 몸이 옆으로 혹은 뒤집은 상태에서 발이 벽이나 천장에 닿을 때, 심지어는 허공에서 다리를 휘저을 때도 걷기반사가 나타난다(Adolph & Berger, 2006). 아기가 걷는 것과 같이 다리를 교대로 자주 움직이는 이유는 다른 운동 패턴에 비해서 쉽기 때문이다. 한 번에 한 다리 혹은 두 다리를 반복적으로 움직이는 것이 더 많은 노력을 필요로 한다.

출생 후 몇 주 내에 체중이 급격하게 증가한 영아의 경우, 허벅지와 종아리 근육의 힘이 포동포동한 다리를 들 만큼 강하지 않으므로 걷기반사는 사라진다. 그러나 만일 영아의 하반신이 물속에 잠기면 이 반사는 다시 나타난다. 이는 물의 부력이 아기의 근육에 주어지는 하중을 줄여 주기 때문이다(Thelen, Fisher, & Ridley-Johnson, 1984). 걷기반사를 규칙적으로 연습시키면 아기들은 자발적인 걷기 동작을 더 많이 보여 주고 근육도 강해진다. 결과적으로 걷기반사를 연습하지 않았을 때보다 몇 주일은 더 일찍 걷는 경향이 있다(Zelazo et al., 1993). 그러나 정상적인 아기들은 모두 제때에 걷기 때문에 특별히 걷기반사를 연습할 필요는 없다.

수영반사의 경우, 수영을 하도록 훈련시키는 것은 위험한 일이다. 아기를 수영장에 넣으면 손으로 물을 젓거나 발로 찰 수는 있지만 많은 물을 삼키게 된다. 이는 아기의 혈액에서 염분의 농도를 낮추고, 뇌의 팽창과 발작을 일으킬 수 있다. 따라서 이와 같은 반사능력에도 불구하고 적어도 3세

표 4.1 신생아의 반사행동

반사 유형	자극	반응	사라지는 시기	기능
눈 깜박임	아기의 눈에 밝은 빛을 비추거나, 머리 가까이에서 손뼉을 친다.	눈꺼풀을 빨리 닫는다.	영구적	강한 자극으로부터 보호한다.
찾기반사	입 주변의 뺨을 건드린다.	머리를 자극을 준 쪽으로 돌린다. 입을 벌린다.	3주(이때 자발적인 고개 돌리기가 됨)	젖꼭지를 찾게 한다.
빨기반사	아기의 입에 손가락을 댄다.	손가락을 규칙적으로 빤다.	4개월 후에 자발적인 빨기로 대체됨	젖을 빨게 한다.
수영반사[a]	물속에 아기의 얼굴을 담근다.	수영 동작으로 손을 휘젓고 다리를 버둥거린다.	4~6개월	물속에 빠졌을 때 살아나는 데 도움을 준다.
모로반사	아기의 등을 수평으로 받친 채 갑자기 머리를 떨어뜨리거나 또는 갑자기 큰 소리를 낸다.	팔과 다리를 벌리고 손가락을 펴며 마치 무엇을 껴안으려고 하는 자세를 한다.	6개월	진화과정에서 어머니에게 매달리도록 한다.
파악반사	아기의 손바닥을 손가락으로 누른다.	성인의 손가락을 자동적으로 쥔다.	3~4개월	자발적인 잡기를 준비시킨다.
목 강직 반사	등을 바닥에 대고 눕히고 머리를 한쪽으로 돌린다.	한쪽 팔은 머리가 향하고 있는 방향 앞으로 펴고, 다른 팔은 구부리며 마치 펜싱 자세를 취한다.	4개월	자발적인 뻗기를 준비시킨다.
걷기반사	아기의 팔 밑을 잡고 평평한 곳에 맨발이 닿게 한다.	걷는 것처럼 발을 교대로 움직인다.	체중이 빨리 늘어난 영아의 경우 2개월. 가벼운 아기들은 지속됨	자발적인 걷기를 준비시킨다.
바빈스키 반사	발가락에서 발뒤꿈치 쪽으로 발바닥을 건드린다.	발가락을 부챗살처럼 펴고 발을 안으로 비튼다.	8~12개월	알려지지 않음

[a] 아기를 수영장에 넣는 것은 위험하다. 본문 참조.
출처 : Knobloch & Passmanick, 1974; Prechtl & Beintema, 1965; Thelen, Fisher, & Ridley-Johnson, 1984.

전까지는 수영 교습을 시키지 않는 것이 바람직하다.

반사 평가의 중요성 표 4.1을 다시 보면, 대부분의 신생아 반사는 첫 6개월 만에 사라지는 것을 알 수 있다. 이것은 대뇌피질이 발달함에 따라 행동을 점차 자발적으로 조절할 수 있기 때문이라고 학자들은 믿고 있다. 신생아가 출생 시 문제가 있었을 경우, 소아과 의사는 세심하게 반사를 검사한다. 왜냐하면 반사는 신경계의 상태를 나타내기 때문이다. 반사가 약하거나 없을 경우, 혹은 과도하게 경직되거나 과장된 반사, 그리고 정상적으로 사라져야 하는 발달 시점에도 반사가 여전히 계속되면 대뇌피질에 손상이 있다는 조짐이다(Schott & Rossor, 2003; Zafeiriou, 2000). 그러나 반사 반응에도 개인차가 있으므로 이를 걱정할 필요는 없다. 따라서 신경계 기능의 정상과 비정상을 구별하는 다른 특징들과 함께 신생아의 반사를 평가해야 한다(Touwen, 1984).

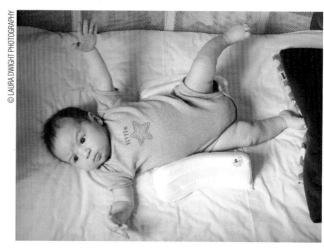

모로반사는 지지를 해 주지 않거나 갑작스러운 큰 소리가 나면 아기가 다리와 팔을 바깥쪽으로 뻗으면서 껴안는 동작을 하게 한다.

상태

낮과 밤 동안 신생아는 표 4.2에 열거한 것과 같이 다섯 가지의 **각성 상태**(states of arousal)나 혹은 잠이 들고 깨고 하는 과정을 반복한다. 첫 달에는 이러한 상태가 번갈아 자주 나타난다. 조용한 각성상태는 아주 잠깐 동안이며, 대개 짜증을 내면서 우는 단계로 넘어간다. 다행스럽게도 신생아들은 지친 부모를 위해 하루 중 가장 많은 시간인 16~18시간을 잠을 자면서 보낸다. 이는 태아가 엄마의 휴식과 활동 주기에 맞춰 함께 움직이는 경향이 있기 때문이다. 심지어 4~6주 된 미숙아조차도 낮보다는 밤에 잠을 더 많이 잔다(Heraghty et al., 2008; Rivkees, 2003). 그럼에도 불구하고 어린 아기들의 수면 각성 주기는 밤-낮에 의해서보다는 배고픔과 배부름에 의해 더 많은 영향을 받는다(Davis, Parker, & Montgomery, 2004; Goodlin-Jones, Burnham, & Anders, 2000).

출생부터 2세 사이에는 수면과 각성의 구성이 상당히 변화한다. 전체 수면시간은 서서히 감소하며, 2세 영아의 경우 하루 12~13시간의 수면시간을 필요로 한다. 수면시간은 줄어들지만 각성시간은 늘어나 점차적으로 수면과 각성 패턴이 24시간 주기의 리듬 혹은 24시간 스케줄을 따르게 된다. 영아는 2~3개월까지 어둠과 밝음에 반응을 잘한다. 이 월령의 아기들은 낮에 유모차를 태워 주어 밝은 빛에 더 많이 노출시키면 밤에 잠을 잘 잔다(Harrison, 2004). 6~9개월 된 영아의 대부분은 2번의 낮잠을 자고 약 18개월이 되면 대개 낮잠을 한 번만 잔다. 마침내 영아가 3~5세가 되면 낮잠을 자지 않는다(Iglowstein et al., 2003).

이같이 변화하는 각성 패턴은 두뇌발달에 기인하지만 또한 문화적으로 좌우된 신념 및 실제와 개별 부모들의 욕구와 같은 사회적 환경에 영향을 받기도 한다(Super & Harkness, 2002). 아기의 수면에 대해 네덜란드와 미국 중산층 부모들을 면담한 결과, 네덜란드 부모들은 미국

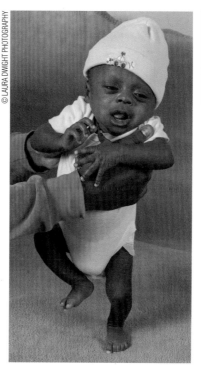

겨드랑이를 받쳐 세워 주면 신생아는 반사적인 걷기 동작을 보인다.

파악반사는 매우 강하여 생후 1주에도 이를 사용하여 몸 전체를 지탱할 수 있다

표 4.2 신생아의 상태

상태	설명	수면시간
규칙적 혹은 NREM 수면	완전한 수면 상태이며 몸은 거의 움직이지 않는다. 눈꺼풀은 닫혀 있고 눈동자가 움직이지 않는다. 얼굴은 이완되어 있으며 호흡은 느리고 규칙적이다.	8~9시간
불규칙적 혹은 REM 수면	팔다리가 부드럽게 움직이고 때때로 꿈틀거리고 얼굴을 찡그린다. 눈꺼풀은 닫혀 있으나 이따금 눈동자가 움직이는 것이 보이고 호흡이 불규칙적이다.	8~9시간
졸린 상태	잠에 빠져 있거나 깨어 있다. 신체는 불규칙적 수면보다 덜 활동적이지만 규칙적 수면보다는 활동적이다. 눈은 떠 있거나 감겨 있다. 눈을 뜨고 있을 때는 무엇인가를 응시한다. 호흡은 고르나 규칙적 수면 때보다 다소 빠르다.	다양함
조용히 깨어 있음(비활동적 각성)	신체는 거의 움직이지 않으며 눈을 뜨고 외부 자극을 응시하고 있다. 호흡은 규칙적이다.	2~3시간
활발한 움직임(활동적 각성)과 울음	협응되지 않은 운동활동이 자주 갑자기 나타난다. 호흡은 상당히 비규칙적이며 얼굴은 이완되거나 긴장되고 주름이 진다. 울 수도 있다.	1~4시간

출처 : Wolff, 1966.

부모들보다 수면의 규칙성을 훨씬 더 중요하게 생각하였다. 미국 부모들은 예측 가능한 수면 스케줄이 아동 내부에서 자연적으로 나타나는 것으로 간주한 반면, 네덜란드 부모들은 네덜란드 자녀 양육 전통에 기초하여 스케줄을 강요하거나 아동의 발달과정에서 겪어야 할지 모르는 것으로 확신하였다(Super et al., 1996; Super & Harkness, 2010). 생후 6개월경, 네덜란드 영아들은 미국 영아들에 비해 하루에 평균 2시간 일찍 잠자리에 들고 2시간 더 오래 잠을 잤다.

근무시간이나 다른 필요에 의해, 많은 서구 부모들은 3~4개월 된 아기에게도 저녁에 재우기 전에 수유를 하여 조용하고 따로 떨어진 방에 밤새 자게 하려고 노력한다. 이와 같은 방식으로 부모들은 자신의 어린 자녀에게 생리적인 능력의 한계까지 밀어붙인다. 생후 6개월이 되면 뇌에서 졸림을 촉진하는 멜라토닌 호르몬이 낮보다 밤에 훨씬 더 많이 분비된다(Sadeh, 1997).

게다가 수면을 촉진하기 위해 아기를 따로 재우는 것은 전 세계적으로 다른 곳에서는 보기 드문 일이다. 부모와 함께 잠을 자는 경우, 1~8개월 된 아기들의 평균 수면 주기는 세 시간으로 꾸준히 유지된다. 1세 말경이 되면 REM 수면(일반적으로 잠깐 깨는 상태)이 감소하면서 아기들은 성인과 같은 잠들고 깨는 주기로 변화한다(Ficca et al., 1999).

아기들은 밤새 잠을 자면서도 이따금씩 깨는 것을 반복한다. 오스트레일리아, 이스라엘, 미국의 부모를 대상으로 설문조사를 하고 수면을 관찰한 결과, 아기들이 밤에 깨는 것은 6개월경에 증가했으며, 1세 반에서 2세 사이에 다시 증가한 후 감소했다(Armstrong, Quinn, & Dadds, 1994; Scher, Epstein, & Tirosh, 2004; Scher et al., 1995). 생후 6개월경이 되면 아기들은 엄마가 직장에 다시 나가게 되는 것과 같은 양육 일상에서의 변화를 경험하게 된다. 제10장에서 제시하겠지만 생후 6개월경이 되면, 영아들은 자신과 친숙한 양육자에게 확실한 애착을 형성하고 양육자가 곁을 떠날 경우 저항을 하기 시작한다. 친숙한 양육자로부터 더 멀리 떨어지거나, 자신을 타인과 구별하는 자기 인식의 증가와 같은 걸음마기의 도전은 종종 불안감을 야기하고, 불안한 수면과 매달리는 행동에서 드러난다. 이러한 행동은 부모가 편안하게 해 주면 사라진다.

각성 상태는 연령이 증가하면 더 체계적으로 되지만 일상의 리듬에서도 많은 개인차가 있다. 이것은 아기에 대한 부모의 태도나 아기와의 상호작용에 영향을 준다. 일부 아기들은 어려서부터 오랫동안 수면을 취하여 부모들이 휴식을 취할 수 있게 해 주고, 이로 인하여 부모가 민감하고 반응적인 양육을 할 수 있게 된다. 어떤 아기들은 자주 깨거나 울어서 부모들이 아기를 달래기 위해 많은 노력을 해야 한다. 이때 아기가 쉽게 달래지지 않으면 부모들은 자신이 양육을 잘하지 못한다고 생각하며 자녀에 대해 긍정적인 생각을 하게 된다. 이러한 반응은 부모와 가족의 행복에 심각한 위기를 야기한다(Sadeh et al., 2007; Samrt & Hiscock, 2007).

각성 패턴은 또한 초기 인지발달에 대한 시사점을 가진다. 더 많은 시간을 조용하게 깨어 있는 채로 보내는 아기들은 더 많은 자극과 탐색의 기회를 얻게 되어 지능발달이 약간 더 앞서 갈 수 있다(Gertner et al., 2002). 성인과 같이 수면은 영아의 학습과 기억을 증진시킨다. 신생아는 많은 시간을 수면으로 보내기 때문에 잠자는 동안 외부 자극에 대한 학습능력은 주변세계의 적응을 위해 매우 중요하다. 한 연구에서, 안구운동과 ERP 뇌파 기록을 통해 잠을 자고 있는 신생아가 한 신호음이 눈에 훅 부는 느낌 후에 온다는 것을 쉽게 학습했음을 확인했다(Fifer et al., 2010). 짧고 무의미한 단어들은 유사하게 구조화한 문장을 들은 후 1시간 동안 잠을 잔 15개월 영아는 잠을 자지 않은 영아보다 새로운 문장에 공통 구조를 인식하고 24시간 후에 그것을 기억하는 것을 훨씬 더 잘했다(Gómez, Bootzin, & Nadel, 2006; Hupbach et al., 2009). 낮잠은 언어발달의 필수적인 기술인, 고차 언어 패턴(higher-order word pattern)의 보유를 촉진시켰다.

표 4.2와 같이 수면과 울음의 두 극단은 학자들에게 가장 큰 관심의 대상이 되었다. 각각은 정상적이고 비정상적인 조기발달에 대한 정보를 알려 준다.

수면 수면은 적어도 두 가지 상태로 구성된다. 불규칙한 혹은 **빠른 안구운동 수면**[rapid-eye-movement (REM) sleep] 동안 EEG로 측정된 전기뇌파활동은 깨어 있는 상태와 아주 유사하게 나타난다. 눈은 눈꺼풀 아래로 힐끗 보이고 심장박동, 혈압, 호흡은 고르지 않을 뿐 아니라 몸도 약간 움직인다. '아기처럼 잠을 잔다'라는 표현은 이 상태를 의미하는 것은 아니다. 반대로 규칙적인 혹은 **빠르지 않은 안구운동 수면**[non-rapid-eye-movement (NREM) sleep] 동안 신체는 거의 동요가 없으며 심장박동, 호흡, 뇌파활동은 느리고 규칙적이다.

아동이나 성인 같이 신생아는 REM과 NREM 수면을 반복한다. 그러나 그림 4.1과 같이 신생아들은 REM 수면이 더 길다. REM 수면은 신생아 수면시간의 50%를 차지하지만, 3~5세가 되면 성인 수준의 20%로 감소된다(Louis et al., 1997).

어린 아기들은 왜 많은 시간을 REM 수면으로 보내는 것일까? 나이가 많은 아동과 성인의 경우, REM 상태는 꿈과 관련이 있다. 아기들은 적어도 어른과 같은 방식으로 꿈을 꾸지 않는다. 학자들은 REM 수면의 자극은 중앙신경계의 성장에 필수적이라고 믿는다. 어린 아기는 깨어 있는 상태에서 주변 환경으로부터 정보를 얻을 수 있는 시간이 적기 때문에 이러한 자극을 특별히 필요로 하는 것 같다. 이러한 견해는 정상적으로 태어난 신생아보다 외부 자극에 덜 민감한 태아나 미숙아에게 특히 REM 수면의 비중이 크다는 사실에 의해 확인된다(de Weerd & van den Bossche, 2003; Peirano, Algarin, & Uauy, 2003).

REM 수면의 뇌파활동은 중앙신경계를 보호하는 반면, 빠른 안구운동은 눈의 건강을 지켜 준다. 안구운동은 유리체(눈에 있는 젤라틴 같은 물질)를 순환시켜 스스로 혈액공급을 하지 못하는 눈에 산소를 공급해 준다(Blumberg & Lucas, 1996). 잠자는 동안 눈과 유리체가 움직이지 않으면 눈은 무산소증의 위험이 있다. REM 수면을 통해 뇌가 순환하므로 급속한 눈운동은 유리체를 자극하여 눈에 산소가 공급되도록 해 준다.

신생아의 정상적인 수면행동은 체계적이고 정형화되어 있으므로 수면 상태의 관찰은 중앙신경계의 비정상을 확인하는 데 도움이 된다. 두뇌손상이 있거나 출생 시 결함이 있는 아기의 경우, 매우 불안정한 REM과 NREM 수면 주기가 나타난다. 좋지 못한 수면체계를 가진 아기는 행동적으로도 문제가 있어서 발달에 필요한 양육자와의 상호작용을 학습하고 유도하는 데 어려움을 보인다. 유아기 동안을 추적한 결과, 수면문제를 가진 유아들은 운동, 인지, 언어발달의 지연을 보였다(de Weerd & van den Bossche, 2003; Feldman, 2006; Holditch-Davis, Belyea, & Edwards, 2005). 신

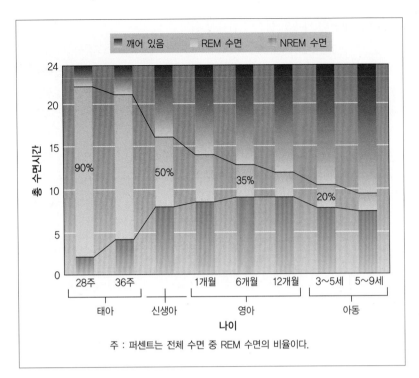

주 : 퍼센트는 전체 수면 중 REM 수면의 비율이다.

그림 4.1 태내기부터 아동기까지 REM 수면, NREM 수면, 그리고 깨어 있는 상태에서의 변화

REM 수면은 태내기와 생후 첫 1년 동안 꾸준히 감소한다. 3~5세 사이에는 REM 수면 시간의 비중이 성인과 같다.

출처 : de Weerd & van den Bossche, 2003; Roffwarg, Muzio, & Dementt, 1996.

생아의 수면 불규칙으로 인한 뇌기능 문제는 결국 영아 사망의 주요 원인인 영아돌연사 증후군에 이르게 할 수 있다.

울음 울음은 영아가 음식, 위안, 자극이 필요하다는 것을 부모에게 알리는, 다시 말해 의사소통하는 최초의 방법이다. 출생 후 첫 주 동안 모든 아기는 달래기 힘들 정도로 까다로운 시기를 보낸다. 대부분 이 시기 동안 울음의 특징은 울음에 이르게 한 경험과 함께 부모에게 울음의 원인을 알려 준다. 아기의 울음은 훌쩍이는 것에서부터 악을 쓰며 우는 것과 같이 강도가 다양하고 복잡한 청각적인 자극이다(Gustafson, Wood, & Green, 2000; Wood, 2009). 생후 몇 주 동안은 영아의 울음에 독특한 음성적 특징이 있어서 부모는 멀리에서도 자신의 아기를 식별해 낼 수 있다(Gustafson, Green, & Cleland, 1994).

아기들은 일반적으로 신체적인 필요에 의해서 운다. 대개 배가 고플 때 울지만 아무것도 입지 않았을 때 체온 변화에 대한 반응이나, 갑작스러운 소리, 고통스러운 자극이 있는 경우에도 운다. 영아의 상태는 울음에 대한 경향성(proneness)에 영향을 미친다. 조용히 깨어 있는 상태에서는 알록달록하고 소리가 나는 물체에 대해 흥미를 느끼지만 약간 불편한 상황에서는 울음을 터뜨린다. 그리고 신생아(영아도 마찬가지)들은 종종 다른 아기의 우는 소리에 울기도 한다(Dondi, Simion, & Caltran, 1999; Geangu et al., 2010). 어떤 학자는 이러한 반응이 다른 사람의 고통에 반응하는 타고난 능력을 반영하는 것이라고 생각한다. 게다가 울음은 전형적으로 초기 몇 주 동안에 증가하여 약 6주경에 절정에 이르다가 감소한다(Barr, 2001). 이러한 경향은 양육방식이 상당히 다른 많은 문화권에서도 나타나기 때문에 학자들은 중앙신경계의 자연스러운 재적응이 그 이유라고 믿고 있다.

영아 울음에 대한 성인의 반응성 아기가 울 때 성인의 반응에 대해 주의를 기울여 보자. 우는 소리는 남자와 여자, 부모든 부모가 아니든 똑같이 강한 각성과 불편한 느낌이 들도록 자극한다(Murray, 1985). 이 강력한 반응은 아기가 생존에 필요한 관심과 보호를 받을 수 있도록 모든 인간에게 본능적으로 계획되어 있다고 한다.

비록 부모들이 아기의 울음을 항상 정확하게 해석하지는 못한다 하더라도 그 정확도는 경험과 더불어 향상된다. 아기가 점점 자라면서 부모들은 울음의 강도뿐만 아니라 훌쩍거리는 것과 소리를 내는 울음의 미묘한 단서에 반응하게 된다(Thompson & Leger, 1999). 울음의 상황과 단서들로부터 부모는 무엇이 잘못되었는지 파악하게 된다. 만일 아기가 몇 시간 동안 먹지 않았을 경우 아기는 배가 고플 것이다. 깨어 있거나 어떤 자극에 반응하여 울고 난 후 아기는 피곤함을 느끼게 된다. 날카롭고 찌르는 듯이 지속되는 울음은 아기에게 고통이 있다는 것(아기가 아프다는 것)을 의미하며 양육자가 바로 아기에게 달려 가도록 만든다. 매우 강도가 높은 울음은 양육자로 하여금 더 나쁜 상황이란 인식을 갖게 하여 더 높은 수준의 생리적인 경각심을 유발시킨다(Crowe & Zeskind, 1992). 이 적응반응은 위험에 처해 있는 아기를 재빨리 도울 수 있게 해 준다.

동시에 부모들의 반응도 상당히 다양하다. 공감능력이 높고(어려운 상황에서 다른 사람의 입장을 고려하는 능력), 영아 양육에 있어서 아동 중심적 태도를 가진 부모들은 아기의 울음에 더 빠르고 민감하게 반응할 가능성이 있다(Leerkes, 2010; Zeifman, 2003). 한 실험실 연구에서, 아기의 칭

사회적 쟁점 : 건강

영아돌연사의 이해할 수 없는 비극

갑작스러운 죽음인 영아돌연사(Sudden Infant Death Syndrome, SIDS)는 보통 밤 사이에 한 살 이내의 영아에게 발생하는 원인 불명의 죽음이다. 산업화된 국가에서 영아돌연사는 출생 후 일주일에서 한 살 사이의 영아 사망률의 약 20%로 가장 높은 사망 원인이다(Mathews & McDorman, 2008).

영아돌연사로 사망한 영아는 일반적으로 초기부터 신체적인 문제가 있다. 영아돌연사 아기의 초기 의료기록을 보면 미숙아와 저출생 체중아의 비율이 높고, Apgar 지수가 낮고 근육 이완을 보인다. 비정상적인 심장박동수와 호흡, REM 수면과 NREM 사이 또는 수면 중 잠을 깨는 수면장애도 해당된다(Cornwell & Freigenbaum, 2006; Kato et al., 2003). 영아돌연사에는 호흡기 감염(Blood-Sigfried, 2009)도 많이 나타난다. 이것이 이미 취약한 영아에게 호흡장애를 일으킬 확률을 증가시킨다.

손상된 두뇌기능이 영아돌연사의 원인이라는 증거도 늘어나고 있다. 2~4개월 사이, 영아돌연사 발생이 가장 높을 때 반사행동이 줄어들고 스스로 움직이거나 학습된 반응으로 대체된다. 신경손상은 영아가 방어반사 작용을 대신하는 행동을 하는 것을 방해한다(Lipsitt, 2003). 그 결과 수면 중에 호흡 곤란이 발생해도 영아는 깨지도 못하고, 몸을 움직이지도 못하며, 도움을 청하기 위해 울지도 못해 결국 산소결핍으로 사망하게 된다. 부검에서도 영아돌연사로 사망한 영아의 뇌 속 세로토닌 수준이 비정상적으로 낮으며 호흡과 각성 통제 중추에서도 비정상이 나타난다(Duncan et al., 2010).

여러 가지 환경적인 요소가 영아돌연사와 관련이 있다. 산모의 임신 중 또는 출산 이후의 흡연이 사망 확률을 배가시킨다. 흡연에 노출된 영아는 잠에서 쉽게 깨어나지 못하며 호흡기 감염도 늘어난다(Richardson, Walker, & Horne, 2009; Shah Sullivan, & Carter, 2006). 출생 이전 약물 오남용은 중추신경계 기능을 약화시켜 영아돌연사 확률을 15배나 증가시킨다(Hunt & Hauck, 2006). 특히 산모의 약물 노출이 영아의 돌연사와 뇌이상 사이의 관련성을 더 높인다(Kinney, 2009).

영아돌연사로 사망한 영아는 누워서 자는 것보다 엎드려 자는 것을 좋아하고 담요에 완전히 덮여 너무 덥게 잔다. 엎드려 자면 숨쉬기 어려워도 쉽게 깨지 못한다(Richardson, Walker, & Horne, 2008). 반면 건강한 영아는 푹신한 이부자리에 엎드려 자면서도 계속 숨을 내쉬다가 사망하게 된다.

금연과 약물 복용 중지, 영아의 수면 자세 바꾸기, 푹신한 이부자리 바꾸기가 영아돌연사를 줄일 수 있다. 예를 들어 산모가 임신 중에 흡연을 자제하면 약 30%의 영아돌연사를 줄일 수 있는 것으로 추정된다. 부모가 영아를 뉘어 재우도록 하는 교육으로 많은 서구 국가의 영아돌연사를 반까지 줄일 수 있다(Moon, Horne, & Hauck, 2007). 또 다른 방안은 젖꼭지를 이용하는 것이다. 잠든 영아가 젖꼭지를 빠는 행동은 호흡이나 심장박동의 이상에 더 쉽게 반응하도록 한다(Li et al., 2006) 그렇지만 백인의 경우에 비해 빈곤에 시달리는 소수민족의 경우, 부모의 스트레스, 약 남용, 열악한 의료 서비스, 영아의 안전에 대한 지식 부족 등으로 영아돌연사

영아를 뉘어 재우도록 하는 교육을 통해 영아돌연사를 절반으로 줄일 수 있다.

가 2~6배까지 늘어난다(Colson et al., 2009; Pickett, Luo, & Lauderdale, 2005).

영아돌연사가 발생하면 그 가족은 영아의 갑작스럽고 예기치 못한 죽음에서 벗어나기 위해 많은 도움이 필요하다. 영아돌연사를 경험한 산모는 그로부터 6개월이 지난 후에도 이것을 최악의 위기로 기억하고 있으며 같은 경험을 한 사람들의 따뜻한 위로가 가장 필요하다.

얼거리는 울음에서부터 큰 울음까지를 찍은 비디오테이프를 부모에게 보여 주었을 때, 20초 만에 반응하는 부모가 있는 반면, 몇 분이나 기다렸다가 반응하는 부모도 있었다. 감정이입 점수가 높고 아동 중심적인 양육태도를 보인 부모들이 아기의 울음에 더 빨리 반응하는 경향이 있었다. 또 다른 연구에서 인공으로 만든 아기의 울음을 쉽게 조절할 수 있다고 믿었던 엄마들은 울음소리의 변화를 간파하는 데 어려움이 있었고, 양육에도 덜 민감하였으며, 그렇게 자란 아기들은 성장하여 협조성이 떨어지는 것으로 보고되었다(Donovan, Leavitt, & Walsh, 1997, 2000). 이와 같이 인공적인 아기를 달랠 수 없었을 때 방어적으로 반응하였던 엄마들의 내적인 상태는 우는 아기를 효율적으로 대처하는 능력을 방해하는 것으로 보였다.

우는 아기 달래기 다행스럽게도 수유와 기저귀 갈기가 제대로 이루어지지 않을 때 우는 아기를 달래기 위한 다양한 방법이 있다. 아기를 먼저 어깨까지 들어올려 흔들거나 혹은 걷게 하는 서양

우는 아기를 달래기 위해서 아버지는 자신의 부드럽게 움직이는 몸 앞쪽으로 아기를 세운다. 신체적 접촉, 곧추 세우는 자세, 움직임의 조합은 아기의 울음을 그치게 하고 조용히 각성하게 만든다.

부모들이 하는 방법이 매우 효과적이다. 다른 일반적인 달래는 방법은 아기를 담요에 편안하게 싸는 것이다. 페루의 춥고 높은 고도의 사막지역에 사는 Quechua 족은 어린 아기에게 머리와 몸을 덮는 옷이나 담요를 여러 겹 입힌다. 이 방법은 울음을 그치게 하고 잠을 재우는 데 도움이 된다(Tronick, Thomas, & Daltabuit, 1994). 또한 이 방법은 황량한 산악지대에 사는 페루사람들의 초기 성장을 위한 에너지를 비축하도록 해 준다. 영아의 울음에 즉각적이고 지속적으로 반응하는 것은 아기들에게 자신들의 욕구가 충족될 수 있고 시간에 지남에 따라 불평이나 불만이 줄어들 것이라는 신뢰감을 줄 수 있을까? 혹은 이것이 영아의 우는 행동을 강화하고 작은 폭군으로 길러내는 것일까? 해답은 서로 모순적이다.

생태학적 이론에 의하면, 부모의 반응성은 영아의 기본적인 욕구를 충족시킬 수 있다는 점에서 적응적이다(제1장 참조). 동시에 영아는 울음보다는 다른 방법으로 의사소통하게끔 격려하는 양육자와 긴밀한 유대관계를 맺는다. 이러한 견해를 지지하는 두 연구는 아기의 울음에 늦게 반응하거나 전혀 반응하지 않은 엄마들의 아기가 생후 12개월 즈음에 더 많이 울었다는 결과를 제시하였다(Bell & Ainsworth, 1972; Hubbard & van IJzendoorn, 1991). 게다가 많은 부족이나 종족사회에서 그리고 비서양 선진국(예 : 일본)에서 거의 지속적으로 양육자와 신체적 접촉을 하는 아기는 미국 아기들보다 우는 시간이 짧았다(Barr, 2001). 서양 부모들이 자녀를 많이 안아 줌으로써 '근접 보호'를 할 경우, 생후 몇 달 동안 울음의 양은 1/3이 줄어들었다(St James-Roberts et al., 2006).

그렇다고 모든 연구들이 부모들의 신속한 반응이 영아의 울음을 감소시킨다고 보고하지는 않는다(van IJzendoorn & Hubbard, 2000). 울음을 유발시키는 조건은 복잡하다. 그래서 부모들은 문화적으로 인정된 실제, 울음에 대한 이유, 그리고 울음을 터트린 상황—자신의 집과 같은 사적 장소, 혹은 식당에서 저녁식사를 하는 경우—을 기초로 무엇을 할 것인가에 대한 합리적인 선택을 해야 한다. 다행히도 아기의 연령이 증가함에 따라 울음은 감소하고 신체적인 이유보다는 심리적인(주의집중을 위한 요구, 좌절의 표현) 이유로 더 자주 운다. 모든 연구자들은 부모들이 월령이 많은 영아들이 자신의 욕구를 울음보다는 제스처나 발성(소리)과 같은 더 성숙한 방식으로 표현하도록 격려함으로써 울음을 줄일 수 있다는 사실에 확실하게 동의한다.

비정상적인 울음 반사와 수면 패턴과 같이 영아의 울음은 중추신경계 문제에 대한 실마리를 제공한다. 뇌가 손상되었거나 태아기 및 출생 시 결함이 있었던 아기의 울음은 건강한 아기의 울음보다 날카롭고 찢어지는 듯한 소리이며 지속기간도 짧다(Boukydis & Lester, 1998; Green, Irwin, & Gustafson, 2000). 영아산통 혹은 지속적으로 우는 것과 같은 아주 일반적인 문제를 가진 신생아도 귀에 거슬리는 높은 톤의 소리로 우는 경향이 있다(Zeskind & Barr, 1997). 영아산통의 원인은 알려지지 않았지만 불쾌한 자극에 특히 강하게 반응하는 특정 신생아들은 그렇게 울기도 한다. 이런 울음은 강렬하여 다른 아기보다 달래기가 어렵다. 영아산통은 대개 3~6개월 사이에 없어진다(Barr et al., 2005; St James-Roberts, 2007).

영아산통을 줄이려는 목적을 가진 처치에서, 간호사들은 정기적으로 가정방문을 하여, 매우 흥분한 아기의 초기 경고 신호를 확인한 후에, 아기를 진정시키는 효과적인 방법을 사용하고, 예측 가능한 수면-각성 주기를 촉진하기 위해 집안에서 불의 밝기, 소음, 활동을 조정하는 방법과 같은 도움을 제공하였다(Keefe et al., 2005).

대부분의 부모들은 특별한 관심과 주의를 기울여 우는 아기의 요구에 반응하려고 하지만 때때로 그 울음은 달래기가 너무 어려워서 부모들이 좌절하거나 화를 내게 된다. 미숙아와 아픈 아기는 스트레스가 많은 부모로부터 더 많은 학대를 당하곤 하는데, 이것은 부모를 짜증나게 하는 높은 톤의 울음이 부모의 동정심을 무너뜨리고 자제력을 잃어 아기에게 해를 입히기 때문이라고 설명한다 (St James-Roberts, 2007; Zeskind & Lester, 2001). 제14장에서 아동학대에 영향을 미치는 다수의 부가적인 영향에 대해 언급할 것이다.

신생아의 행동평가

의사, 간호사, 학자들은 신생아의 조직화된 기능을 평가하기 위하여 많은 도구를 사용하였다. 이 검사도구 중에서 가장 많이 사용되고 있는 것이 Brazelton의 **신생아행동평가척도**(Neonatal Behavioral Assessment Scale, NBAS)로, 이것은 아기의 반사, 근육긴장 상태 변화, 신체 및 사회적 자극에 대한 반응성과 다른 반응들을 평가한다(Brazelton & Nugent, 1995). 유사한 항목으로 구성된 Neonatal Intensive Care Unit Network Neurobehavioral Scale(NNNS)는 저체중, 미숙아, 태아기의 약물 노출, 혹은 다른 문제 때문에 발달상의 문제 위험에 있는 신생아에게 사용하기 위해 최근에 특별히 개발되었다(Lester & Tonick, 2004). 검사 점수는 그 영아의 독특한 욕구를 충족시키기 위해 부모들에게 가이드를 제공하고 적절한 개입방법을 추천하기 위해 사용된다.

전 세계의 많은 영아들을 대상으로 NBAS 검사를 실시한 결과, 신생아의 행동에서 나타나는 개별적, 문화적 차이에 대해, 그리고 어떤 양육 실제가 아기의 반응을 유지하고 변화시키는지에 대해 많은 것을 알게 되었다. 예를 들어, 아시아와 미국 원주민 아기들의 NBAS 점수는 백인 아기들보다 덜 예민하다는 것을 보여 준다. 이 문화권의 엄마들은 아기가 불편해하는 기색이 나타나면 아기를 포대기로 싸서 밀접한 신체적 접촉을 하며 달래어서 아기의 조용한 성향을 격려한다(Murett-Wagstaff & Moore, 1989; Small, 1998). 영아의 운동발달에 매우 높은 가치를 두는 케냐의 농촌 Kipsigis 족은 규칙적으로 아기를 마사지해 주고 아기가 태어난 후 얼마 되지 않을 때 걷기반사를 연습시키기 시작한다. 이러한 문화는 생후 5일 된 Kipsigis 아기들을 강하지만 유연성 있는 근력을 만드는 데 기여한다(Super & Harkness, 2009). 아프리카 잠비아에서 엄마의 보호는 영양실조에 걸린 영아의 저조한 NBAS 점수를 빨리 변화시켜 준다. 잠비아 엄마들은 하루 종일 아기를 업고 다니면서 다양하고 풍부한 감각 자극을 제공해 준다.

그 결과, 반응이 느리던 신생아들도 1주 후에는 동작이 기민하고 느긋한 아기가 되었다(Brazelton, Koslowski, & Tronick, 1976).

이 사례를 통해 한 번의 NBAS 점수가 후기 발달에 좋은 지표가 되지 못하는 이유를 설명할 수 있을까? 신생아 행동과 양육방식이 결합하여 발달에 영향을 미치기 때문에 (한 수치보다는) 첫 주 혹은 2주에 걸친 NBAS 수치의 변화가 출생이라는 스트레스로부터 회복하려는 아기의 능력을 가장 잘 평가해 준다. NBAS의 '회복곡선'은 정상적인 뇌기능(EEG와 fMRI에 의해 평가된), 지능, 그리고 정서와 행동문제의 부재를 예측한다(Brazelton, Nugent, & Lester, 1987; Ohgi et al., 2003a, 2003b).

어떤 종합병원에서는 건강전문가들이 NBAS나 NNNS를 부모들에게 이 도구가 평가하는 능력을 보여 주거나 논의하면서 신생아를 잘 알도록 하는

케냐 북쪽의 티 Molo 엄마들은 하루 종일 슬링에 아기를 넣어 데리고 다닌다. 서양 부모들도 이러한 방법을 따라 하여 풍부한 감각 자극을 제공하고 영리하고 침착한 성향을 촉진시킨다.

데 사용한다. 이 프로그램에 참여한 부모들은 처치를 받지 않은 통제집단과 비교해서 아기가 보내는 신호에 대한 반응으로 눈을 마주치고, 미소를 짓고, 소리를 내는 등의 아기와 더 효과적으로 상호작용을 한다(Browne & Talmi, 2005; Bruschweiler-Stern, 2004). 비록 발달에 미치는 지속적인 효과는 입증하지 못하였다 하더라도, 신생아행동평가 처치는 부모-영아 관계가 처음부터 잘 출발할 수 있도록 돕는 데는 효과적이다.

학습능력

학습이란 경험의 결과로 인한 행동의 변화를 의미한다. 아기들은 경험으로부터 즉각적으로 도움을 받을 수 있는 학습능력을 갖추고 세상에 나온다. 제1장에서 소개되었던 바와 같이 아기들은 고전적 조건형성과 조작적 조건형성의 두 가지 기본적 학습형태를 갖추고 있다. 또한 이들은 새로운 자극에 대한 타고난 선호에 의해 학습한다. 마지막으로 출생하자마자 아기들은 다른 사람을 관찰함으로써 배운다. 아기들은 성인의 얼굴 표정과 행동을 모방할 수 있다.

고전적 조건형성　신생아 반사는 어린 아기에게도 **고전적 조건형성**(classical conditioning)을 가능하게 해 준다. 학습의 형태에서 중립자극은 반사 반응을 이끄는 자극과 짝지어진다. 아기의 신경계가 두 개의 자극을 연결하면 새로운 자극은 저절로 행동을 만들어 낸다. 고전적 조건형성은 아기들이 일상세계에서 일어나는 사건들을 인식하도록 도와주기 때문에 다음에 일어날 일을 예견할 수 있다. 그 결과 환경은 질서정연하고 예측 가능한 것으로 인식하게 된다. 고전적 조건형성의 단계를 더 자세히 보기로 하자.

아기에게 수유를 하기 전에 매번 아기의 이마를 부드럽게 쓰다듬는다고 생각해 보자. 엄마는 아기의 이마를 쓰다듬을 때마다 젖을 빠는 움직임이 적극적이 된다는 것을 곧 알아차린다. 아기는 고전적으로 조건화되었다. 이것이 어떻게 일어나는지 살펴보자(그림 4.2).

- 학습이 일어나기 전에 **무조건자극**(unconditioned stimulus, UCS)이 반사나 **무조건반응**(unconditioned response, UCR)을 계속 만들어 내야 한다. 실례에서 달콤한 젖의 자극(UCS)이 빠는 행동(UCR)을 만들어 내었다.
- 학습이 일어나기 위해서는 반사를 이끌어 내지 않는 중립자극이 무조건자극과 동시에 혹은 이전에 제시되어야 한다. 엄마는 매번 수유를 시작할 때 아기의 이마를 쓰다듬고, 이 행동(중립자극)은 젖의 맛(무조건 자극)과 짝을 이룬다.
- 학습이 일어났다면 중립자극은 저절로 반사반응과 유사한 반응을 만들어 낸다. 중립자극은 이때 **조건자극**(conditioned stimulus, CS)이라 불리고 그것이 유발한 반응을 **조건반응**(conditioned response, CR)이라고 부른다. 수유상황(CS)에서 아기의 이마를 쓰다듬는 것은 빨기(CR)의 결과를 가져오기 때문에 아기는 고전적으로 조건화되었다는 것을 알 수 있다.

만일 조건자극이 무조건자극과 짝을 이루지 않고 여러 번 단독으로 제시된다면 **소멸**(extinction)이라고 불리는 결과의 조건반응은 더 이상 일어나지 않을 것이다. 다시 말하면 어머니가 아기에게 젖을 주지 않으면서 아기의 이마를 반복적으로 쓰다듬는다면 그 아기는 쓰다듬의 반응으로 빠는 것을 서서히 멈출 것이다.

아기들은 두 자극 간의 연합이 생존가치를 가질 때 가장 쉽게 고전적으로 조건형성이 될 수 있다. 규칙적으로 수유가 동반되는 자극인 학습은 음식을 얻고 생존하려는 아기의 능력을 향상시킨다(Blass, Ganchrow, & Steiner, 1984). 반대로 공포와 같은 반응은 아기에게 고전적으로 조건화하기가 매우 어렵다. 영아가 불쾌한 사건을 피할 수 있는 운동기술을 가질 때까지 영아들은 이러한 연합을 형성하려는 생물학적인 욕구를 가지지 않는다. 그러나 생후 6개월이 지나면 공포는 조건화

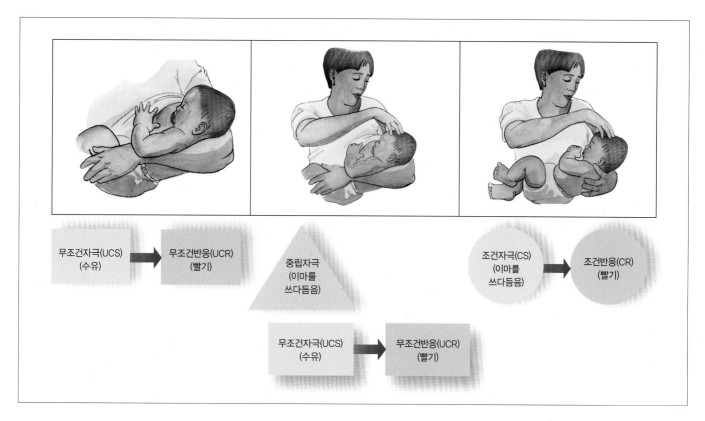

그림 4.2 고전적 조건형성 과정
이 그림은 엄마가 수유하기 전에 아기의 이마를 쓰다듬어 빠는 동작에 대해 고전적 조건형성을 하는 과정을 보여 준다.

되기 쉽다. Watson의 유명한 연구를 보면, 그는 어린 알버트가 하얀 쥐의 털을 보면 위축되거나 울도록 조건화하였다. 이제 Watson의 연구에서 UCS, UCR, CS, CR을 구분해 봄으로써 고전적 조건형성에 대한 여러분의 지식을 테스트해 보아라. 제10장에서는 다른 정서적 반응과 함께 공포의 발달에 대해 논의할 것이다.

조작적 조건형성 고전적 조건형성에서 보면 아기는 주변 환경으로부터의 자극 사건에 대한 기대를 가지지만, 그들의 행동이 자극을 일으키는 데 영향을 주지는 못한다. **조작적 조건형성**(operant conditioning)에서 영아는 주어진 상황에 행위를 가하고 행동에 따르는 자극은 그 행동이 다시 일어날 수 있도록 할 수 있다. 반응을 증가시키는 자극을 **강화인**(reinforcer)이라고 부른다. 가령, 달콤한 액체는 신생아에게 빠는 반응을 강화시킨다. 반응이 나타나는 것을 줄이기 위하여 바람직한 자극을 없애거나 불쾌한 자극을 제공하는 것을 **벌**(punishment)이라고 한다. 신맛이 나는 액체는 신생아의 빠는 반응에 벌을 주는 것이다. 이것은 아기들의 입술을 오므리게 하고 빠는 것을 완전히 멈추세 한다.

음식 외에도 많은 자극이 영아행동의 강화인으로 제공될 수 있다. 예를 들어, 시각적인 디자인, 음악, 혹은 사람의 목소리를 포함하여 흥미 있는 광경이나 소리가 나올 때 신생아들은 젖꼭지를 더 빨리 빨 것이다(Floccia, Christophe, & Bertoncini, 1997). 심지어 미숙아도 강화자극을 찾을 수 있다. 한 연구에서 아기들이 자신의 호흡과 같은 비율로 숨을 쉬는 부드러운 테디베어 인형과의 접촉은 증가한 반면 숨을 쉬지 않는 곰과의 접촉은 감소했다(Thoman & Ingersoll, 1993). 이 연구결과가 시사하는 바와 같이, 조작적 조건형성은 아기가 인식할 수 있는 자극과 이들이 선호하는 자극이 무엇인지를 알아내는 강력한 수단이 된다.

아기가 성장함에 따라 조작적 조건형성은 넓은 범위의 반응과 자극을 포함한다. 예를 들어 2~6개월 된 아기의 침대 위에 모빌을 달아 놓고, 아기의 발을 긴 끈으로 모빌과 연결해 놓아 아기가 발

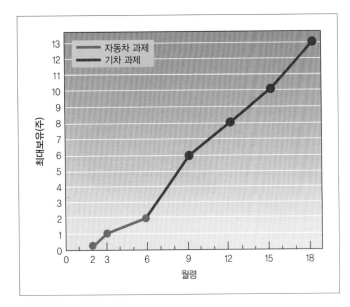

그림 4.3 2~18개월 영아들의 두 과제에 대한 조작적 반응 보유의 증가

2~6개월 아기를 발차기 반응으로 모빌을 회전시킬 수 있도록 훈련시켰다. 6~18개월 아기는 장난감 기차가 트랙 위를 움직이게 하도록 레버를 누르는 것을 훈련받았다. 6개월 된 아기들은 두 가지 반응을 학습하였고 같은 시간 동안 그것들을 보유하였는데, 이것은 두 과제가 동일하다는 것을 지적한다. 따라서 연구자들은 2~18개월까지의 조작적 조건형성의 보유를 한 개의 선으로 그려진 그래프로 만들 수 있었다. 그 선은 기억의 극적인 증가를 보여 준다.

출처 : C. Rovee-Collier & R. Barr, 2001, "Infant Learning and Memory," in G. Bremner & A. Fogel, eds., *Blackwell Handbook of Infant Development*, Oxford, U.K.: Blackwell, p. 150. Reprinted by permission of Blackwell Publishing Ltd.

을 차게 되면 모빌이 움직일 수 있게 하였다. 이러한 조건에서 아기가 힘차게 발을 차게 되기까지는 몇 분밖에 안 걸린다. 이러한 기술은 아기의 기억에 관한 중요한 정보를 만들어 냈다. 2개월 된 아기들은 훈련을 받은 후 1~2일 동안 그리고 3개월 된 아기들은 1주일 동안 그 모빌을 작동하는 방법을 기억한다. 6개월 된 아기는 기억이 2주로 증가한다(Rovee-Collier, 1999; Rovee-Collier & Bhatt, 1993). 약 6개월이 되면 아기들은 자극을 조절하기 위해 스위치나 버튼을 조작할 수 있다. 6~18개월 아기는 트랙 위로 장난감 기차를 움직이기 위하여 레버를 눌렀으며 기억의 지속기간은 나이가 듦에 따라 증가하였다. 18개월 아기는 13주 후에도 여전히 레버를 누르는 방법을 기억하였다(Hartshorn et al., 1998b). 그림 4.3은 첫 1년 반에 걸쳐 조건적 반응을 보유하는 기간이 급격하게 증가하는 것을 보여 준다.

2~6개월 아기들은 조작적 반응을 잊어버린 후에도 그 기억을 회복하기 위해서 모빌을 흔드는 한 성인과 같은 단지 간단한 단서만을 필요로 한다(Hildreth & Rovee-Collier, 2002). 그리고 6개월 아기들에게 단지 몇 분 동안 그 모빌을 발로 차서 흔들거리게 하거나 혹은 기차 놀잇감을 레버를 눌러서 움직이게 하는 반응을 스스로 재시도하려는 기회가 주어졌을 때, 아기들의 기억이 돌아왔을 뿐 아니라 17주까지 크게 연장된다(Hildreth, Sweeney, & Rovee-Collier, 2003). 게다가 1년 반에 걸쳐 계획되고 5번 크게

12개월 된 아기는 트랙을 따라 장난감 기차를 움직이게 하기 위해 레버를 누르는 것을 배웠다. 이 여아는 점차 긴 간격 후에 그 과제에 다시 노출되었을 때 기억하는 경향이 있는 반응을 보였다.

기간을 두고 성인이 상기시키는 것을 제공하는 기차 과제에서 생후 6개월에 훈련받은 영아들은 2세가 된 후에도 그 반응을 여전히 기억했다(Hartshorn, 2003).

처음에는 조건반응에 대한 영아의 기억이 상당히 맥락 의존적(content dependent)이다. 만일 2~6개월 아기에게 이전에 훈련받았을 때와 같은 상황 — 동일한 모빌 및 아기침대와 동일한 방 — 에서 테스트를 받지 않는다면 아기들은 잘 기억하지 못한다(Hayne, 2004; Hayne & Rovee-Collier, 1995). 영아의 특별한 기억은 모방에 적용된다. 어린 아기들에게 성인이 사용했던 것과 색깔과 모양이 동일한 놀잇감이 주어졌을 때 놀잇감에다 성인이 보여 준 행동을 흉내를 낸다. 9개월 후에 맥락의 중요성은 줄어든다. 월령이 많은 영아나 걸음마기 영아들은 장난감의 특징이 달라졌거나 다른 장소에서 실험해 본 장난감일 때도 장난감 기차를 움직이기 위해 버튼을 누르는 방법이나 장난감 동물을 소리나게 하는 방법을 기억한다(Hartshorn et al., 1998a; Hayne, Boniface, & Barr, 2002; Learmonth, Lamberth, & Rovee-Collier, 2004). 기어가기는 9개월 된 영아의 맥락 비의존적 기억형성과 깊은 관계가 있다(Herbert, Gross, & Hayne, 2007). 아기들은 스스로 움직일 수 있고 주변 환경에서 잦은 변화를 경험했을 때 학습된 반응을 더 융통적으로 적용하고 적절한 새로운 상황에 일반화한다.

제6장에서 더 명확하게 이해할 수 있겠지만, 조작적 조건형성은 또한 유사한 자극을 유목으로 분류하는 아기의 능력을 연구하는 데에도 사용되었다. 그것은 또한 사회적 관계를 형성하는 데 매우 중요한 역할을 한다. 아기들이 성인의 눈을 응시할 때 성인이 쳐다보고 미소를 지으면 아기는 이를 보면서 다시 미소를 짓는다. 각 파트너의 행동은 다른 파트너를 강화하고 둘은 즐거운 상호작용을 지속한다. 제10장에서 우리는 이러한 우연한 반응

성이 아기와 양육자 간 애착발달에 기여한다는 것을 배우게 될 것이다.

습관화 출생 시부터 인간의 두뇌는 신기한 것에 매력을 느끼도록 되어 있다. 영아들은 자신의 환경에 들어온 새로운 요소에 매우 강하게 반응하는 경향이 있으며 이는 영아들이 자신의 지식 기반에 지속적으로 추가하는 것을 가능하게 하는 성향이다. **습관화**(habituation)는 반복적 자극으로 반응강도가 점점 감소하는 것을 의미한다. 쳐다보기, 심장박동, 호흡률 모두가 감소할 수 있으며 이는 관심이 없어지는 것을 말한다. 일단 이러한 일이 일어나면 환경의 한 변화인 새로운 자극은 습관화된 반응이 **회복**(recovery)이라고 하는 더 높은 수준으로 돌아오게 한다. 예를 들어, 친숙한 장소에 있을 때 여러분은 벽에 걸린 새로 구입한 그림이나 위치를 옮겨 놓은 가구와 같이 새롭고 달라진 것을 알아차리게 된다. 습관화와 회복은 우리가 잘 알지 못했던 환경에 관심을 집중하게 함으로써 학습을 더 효율적으로 만들어 준다.

초기 주의집중, 기억, 지식에 대한 이해 영아가 주변세계를 이해하는 것을 조사하는 연구자들은 다른 어떤 학습능력보다 습관화와 회복에 의존한다. 가령, 시각적 패턴(한 아기의 사진)에 처음으로 습관화된 아기가 다음에 새로운 것(대머리 아저씨 사진)으로 회복하는 것은 첫 번째 자극을 기억하고, 두 번째 자극을 새롭고 다른 것으로 첫 번째와 구별하여 인식하기 때문이다. 영아의 주의집중, 지각, 기억을 연구하는 이러한 방법은 그림 4.4a에 제시하였듯이 신생아뿐 아니라 미숙아에게도 사용할 수 있다(Kavsek & Bornstein, 2010). 이것은 태아에게 다양한 반복적인 소리를 들려 주고 태아의 심장박동률 변화를 측정함으로써 외부 자극에 대한 태아의 민감성 연구에도 사용되어져 왔다(Dirix et al., 2009). 청각자극에 대한 습관화는 임신 후기에 분명해진다.

미숙아와 신생아는 새로운 시각적 자극에 대해 습관화하고 회복하는 데 약 3분에서 4분의 오랜 시간을 필요로 한다. 4∼5개월의 아기들은 복잡한 시각적 자극을 인식하고 이전 자극과 다르다는 것을 인식하는 데 5∼10초가 걸린다. 그러나 이러한 경향에도 예외가 있다. 두 달 된 아기는 신생아나 월령이 높은 영아보다 새로운 시각 형태를 습관화하는 데 더 오랜 시간이 걸린다(Colombo, 2002). 생후 두 달은 시각적 지각이 극적으로 증가하는 시기임을 뒤에서 알게 될 것이다. 아기가 어떤 정보를 처음 지각하고 나서 그것을 취하기까지는 더 많은 시간이 필요하다. 아기의 습관화에 오랜 시간이 필요한 또 다른 요인은 자극으로부터 주의를 분리하기 어렵다는 것이다. 4개월이 되면 주의를 기울이는 것에 더 융통성이 생긴다. 이러한 변화는 눈 움직임을 조절할 수 있는 뇌 구조의 발달 때문인 것으로 여겨진다(Blaga & Colombo, 2006; Posner & Rothbart, 2007a). 그럼에도 불구하고 몇몇 아기들은 주의 옮기기에 계속 문제를 나타낸다.

새로운 자극에 대한 회복 혹은 새로운 것에 대한 선호로부터 영아의 최근 기억을 알아낼 수 있다. 오랫동안 보지 못한 장소로 돌아갔을 때 무슨 일이 생길지 생각해 보자. 새로운 것에 주의를 집중하는 대신, "나는 알아, 전에 여기에 와 본 적이 있어!"라고 말하면서 친숙한 측면에 집중하는 경향이 있다. 마찬가지로 시간의 흐름에 따라 영아들의 선호는 새로운 것에서 친숙한 것으로 옮겨 간다. 즉 영아는 새로운 자극 대신에 친숙한

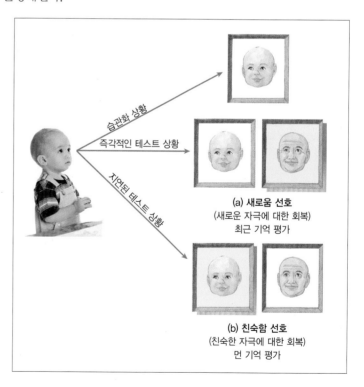

그림 4.4 영아의 기억과 지식을 연구하기 위한 습관화 사용
습관화 상황에서, 영아들은 그들의 쳐다보기가 감소할 때까지 한 아기의 사진을 본다. 테스트 상황에서, 영아들에게 다시 그 아기 사진을 보여 주는데 이번에는 대머리 남자와 나란히 보여 준다. (a) 습관화 상황 후에 테스트 상황일 때 그 아기 얼굴을 기억하고 남자 얼굴과 구별하는 실험 대상 아기는 새로움 선호를 보인다. (b) 테스트 상황이 몇 주 혹은 몇 달 동안 지연되면 그 아기 얼굴을 계속 기억하는 영아는 친숙함 선호로 바뀐다. 이들은 새로운 남자 얼굴보다는 친숙한 아기 얼굴을 더 잘 회복한다.

5개월 된 아기는 엄마가 비눗방울을 부는 것을 집중하여 쳐다본다. 아기는 사람의 행동에 사로잡히고 인상 깊게 오랫동안 그것을 기억한다.

자극을 회복한다(그림 4.4b 참조)(Bahrick & Pickens, 1995; Courage & Howe, 1998; Flom & Bahrick, 2010; Richmond, Colombo, & Hayne, 2007). 이러한 변화에 초점을 맞추어 학자들은 몇 주나 몇 달 전에 영아에게 노출되었던 자극에 대한 기억이나 먼 기억을 평가하는 데 습관화를 사용할 수 있다.

습관화 연구는 주변 환경에서 사물, 행위, 사건이 지속적으로 변화하는 흐름으로부터 영아들이 상당히 광범위한 자극을 간파하고 기억한다는 것을 알려준다. 영아들은 사물과 사람의 움직임에 특히 주의를 집중하고 여러 주 동안 그러한 정보를 보유한다. 한 연구는 5개월 반 된 아기를 어떤 행동(양치질을 하거나 비눗방울을 불거나 머리를 빗는 등)을 하는 여성의 얼굴이 담겨 있는 비디오에 습관화시켰다(Bahrick, Gogate, & Ruiz, 2002). 실험 장면 1분, 그리고 7주 후에 영아에게 친숙한 비디오 다음에 새로운 비디오를 보여 주었는데, 이때 같은 여성이지만 행동은 변화시켰다. 그림 4.5에서 보듯이 영아들은 그 행동을 정확하게 기억하였다. 실험 장면 1분에서, 대부분은 이전 행동보다는 새로운 행동을 더 오랫동안 쳐다봄으로써 새로운 것을 선호하였다. 그러나 7주에는 대부분 새로운 행동보다는 친숙한 행동을 더 오랫동안 응시함으로써 친숙함을 선호하였다. 사실 아기들은 여성의 행동에 주의를 집중하느라 여성의 얼굴은 무시하였다. 새로운 비디오에서 얼굴 인식을 평가하였던 부가적인 실험 장면(여자는 바꾸고 행동은 같게 하였다)에서 아기들은 얼굴에 대한 선호는 보여 주지 않았다.

이러한 연구결과들은 영아들이 특히 매혹적인 동작을 찾으며 그 안에 있는 사람의 특징보다는 행위에 훨씬 더 많은 주의를 기울이고 기억한다는 것을 확인시켜 준다. 후에 우리는 아기가 정지된 화면의 사람 얼굴을 아주 잘 변별한다는 것을 보게 될 것이다(그림 4.4 참조). 그러나 친숙하지 않은 사람의 얼굴이나 정지된 모습에 대한 기억은 3개월 된 아기의 경우, 약 24시간 정도로 짧으며 1세가 되면 며칠에서 몇 주까지 길어진다(Fagan, 1973; Pascalis, de Haan, & Nelson, 1998). 비교연구에서 사물의 이상한 움직임(예 : 앞뒤로 흔들리는 줄 끝에 달린 물건)에 대한 3개월 된 아기의 기억은 적어도 3개월은 지속된다(Bahrick, Hernandez-Reif, & Pickens, 1997).

습관화 연구에서 영아들은 조작적 조건형성 연구에서보다 더 오랜 시간 동안 어떤 정보를 기억한다는 것에 주목할 필요가 있다(그림 4.3 참조). 분명히 영아들은 자신의 주변에 있는 사물과 사건을 봄으로써 훨씬 더 많이 배우고 기억한다. 영아들은 새로운 정보를 습득하기 위하여 신체적으로 적극적일 필요는 없다(비록 운동행위가 이후 지각과 인지의 어떤 측면을 증진시킬 수 있다 하더라도).

습관화와 회복은 다양한 범위에서 언어 지각, 음악과 시각 패턴 지각, 대상 지각, 분류, 사회적 측면의 지식과 같은 영아의 지각과 인지능력을 평가하는 데 사용되어 왔다. 이러한 연구들은 조작적 조건형성 연구와 일치되지 않는 결과를 보여 준다. 습관화를 통한 평가에서는 영아학습이 맥락 의존적이지 않다. 이번 장과 다음 장에서 우리는 종종 함께 발생하는 말소리, 같은 유목에 속하는 사물, 사물의 리듬과 움직임의 속도와 소리 간의 어울림과 같은 서로 간의 관계탐지(detection of relationship)에 대한 많은 예를 보게 될 것이다. 생후 3개월에도 영아들은 새로운 정보를 지각하기 위해서 관계에 대한 최근의 관심(current awareness)을 사용한다(Bahrick, 2010).

습관화 연구의 많은 장점에도 불구하고 연구결과는 명료하지 않다. 쳐다볼 때와 빨 때, 심장박동 수가 감소하고 회복할 때, 아기는 자신이 반응하였던 자극에 대해 실제로 알고 있는 것이 무엇인지는 확실하지 않다. 제6장에서 이 어려운 문제를 다시 살펴볼 것이다.

습관화와 후기 지적 발달 습관화 선호에 대한 아기의 개인차는 장기간에 걸쳐 살펴보아야 한

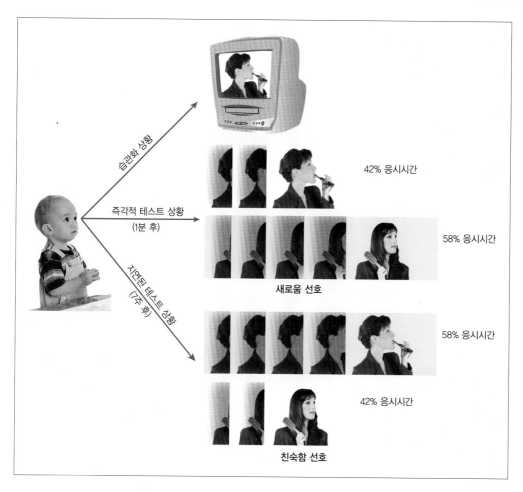

그림 4.5 인간행위에 대한 영아의 최근 기억과 먼 기억

5세 반 된 영아들은 양치질을 하는 한 여성의 얼굴을 보여 주는 비디오에 습관화되었다. 두 번의 테스트 상황에서 영아들은 새로운 비디오(여성의 얼굴은 같지만 머리를 빗는 행동으로 변경) 다음에 친숙한 비디오를 보았다. (최근 기억을 평가했던) 즉각적인 테스트 상황(1분 후)에서 영아들은 새로운 것에 대해 선호를 보였는데 이들은 친숙한 행동보다 새로운 행동을 더 오랫동안 쳐다보았다. 먼 기억을 평가하였던 지연된 테스트 상황(7주 후)에서 영아들은 친숙한 것에 선호를 보였는데, 새로운 행동보다 친숙한 행동을 더 오랫동안 쳐다보았다. 이 연구결과는 어린 영아가 오랫동안 인간의 행동을 기억한다는 것을 보여 준다.

출처 : Bahrick, Gogate, & Ruiz, 2002.

42% 응시시간

58% 응시시간

새로움 선호

58% 응시시간

42% 응시시간

친숙함 선호

다. 시각적 자극에 대한 습관화와 회복은 아동기와 청소년기의 지능을 조기에 예측해 주는 요소에 속한다. 영아기 반응 속도와 3~21세의 지능검사 점수 간의 상관관계는 .30~.60으로 나타난다 (Fagan, Holland, & Wheeler, 2007; Kavsek, 2004; McCall & Carriger, 1993). 한 연구에서 임신 후반기에 태아가 반복적으로 큰소리를 들었을 때 나타나는 치명적 놀람 반응이 감소하는 데 걸리는 시간은 생후 6개월에서 9개월 된 영아의 인지 수행(신기한 사람 얼굴 사진에 대한 회복으로 평가된)과 다소 관련이 있었다(Gaultney & Gingras, 2005).

습관화와 회복은 모든 연령에서 지적 행동의 근거가 되는 사고의 민첩성과 유연성을 평가하기 때문에 지능을 알 수 있는 효과적인 초기 지표이다. 신속하게 습관화되고 무언가를 발견하는 영아에 비해 습관화되는 데 오랜 시간이 필요한 영아는 한 곳에서 다른 곳으로 주의를 놀리는 데 어려움이 있다. 아기들은 한 자극에 대해 미세한 세부사항 다음에 전체적인 배열을 취하는 대신에 어떤 작은 특징에 빠져들게 되고 결과적으로 이런 아기는 훨씬 적은 정보를 처리하게 된다(Colombo, 2002; Colombo et al., 2004). 연구자들은 5개월 된 아기가 전체적으로 복잡한 디자인에 오랫동안 집중하여 쳐다보게 하기 위해 빨간 불빛을 사용하자 아기들은 단지 'short lookers'처럼 그들의 접근법과 정밀한 시각적 자극을 변화시켰다. 결국, 습관화 과제를 통해 시각적 자극을 변별하고 기억하는 영아의 능력이 향상된다는 것을 알게 되었다(Jankowski, Rose, & Feldman, 2001). 연구자들은 지적 발달에 그러한 초기 개입이 미치는 영향을 계속해서 연구하고 있다.

지금까지는 기억의 한 부분인 인식만을 고찰해 왔다. 이것은 기억의 가장 단순한 형태로 모든 아기들에게 새로운 자극이 이전 자극과 동일한 것인지 유사한 것인지를(응시, 발로 차거나, 레버를 누르거나 함으로써)나타내는 것이다. 두 번째로 회상은 존재하지 않는 어떤 것을 기억하는 것으로 도전을 요구하는 기억의 형태이다. 영아들이 회상을 할 수 있을까? 1세 중반에 가까워지면 숨겨진 물체를 찾을 수 있는 능력이 생긴다고 지적했듯이 다른 사람의 행동을 보고 난 후 몇 시간 혹은 며칠이 지나도 그 행동을 모방할 수 있다. 우리는 제7장에서 위의 내용을 다시 살펴볼 것이다.

신생아의 모방 신생아는 다른 사람의 행동을 따라 하는 **모방**(imitation)을 통하여 학습하는 원시적인 능력을 갖추고 태어났다. 그림 4.6은 생후 이틀에서 몇 주 된 아기가 성인의 얼굴 표정을 모방하는 것을 보여 준다(Meltzoff & Moore, 1977). 신생아의 모방능력은 머리와 집게손가락의 움직임과 같은 특정 몸짓까지 확대되며 이는 여러 민족과 문화에서도 증명되어져 왔다(Meltzoff & Kuhl, 1994; Nagy et al., 2005). 그림에서 보듯이 인간과 가장 가까운 침팬지의 새끼도 혀를 앞으로 내미는 것, 입을 벌리는 것, 입술을 앞으로 내미는 행동을 모방한다(Myowa-Yamakoshi et al., 2004).

비록 신생아의 모방능력이 널리 받아들여진다 하더라도 몇몇 연구에서는 인간을 대상으로 하여 같은 연구결과를 얻는 데 실패하기도 하였다(Anisfeld, 2005 참조). 신생아의 입과 혀의 움직임은 (경쾌한 음악이나 불빛을 번쩍이는 것과 같은) 자극에서 어떤 변화를 불러일으키는 빈도의 증가와 함께 일어나기 때문에 몇몇 연구자들은 특정 신생아의 '모방' 반응이 사실상 오물거리는 입짓이며, 이는 흥미로운 자극에 대한 일반적인 초기 탐색반응이라고 주장하였다(Jones, 2009). 더욱이 모방행동은 출생 직후의 아기보다 2~3개월 된 아기들에게 유도하는 것이 더 어렵다. 그러므로 어떤 연구자들은 이러한 능력을 반사와 같이 연령이 증가함에 따라 사라지는 자동적인 반응처럼 간주한다(Heyes, 2005). 다른 연구자들은 신생아들이 노력하여 얼굴 표정이나 머리 움직임과 같은 다양한 행동을 모방하고 성인이 그 행동을 더 이상 보여 주지 않을 때도 조금 지체한 후에 그 행동을 따라 한다고 주장한다(Hayne, 2002; Meltzoff & Moore, 1999). 게다가 이 연구자들은 반사는 사라지지만 모방행동은 사라지지 않는다고 주장한다. 몇 개월 된 아기들은 종종 성인의 행동을 즉시 모방하지 않는다. 왜냐하면 이들은 처음에 서로 간의 응시, 쿠잉, 미소, 팔을 흔드는 등의 사회성 놀이와 유사한 게임을 하려고 하기 때문이다. 성인이 어떤 행동을 반복하면 아기는 그 몸짓을 모방한다(Meltzoff & Moore, 1994). 마찬가지로 어미와 새끼 사이에 눈을 응시하거나 얼굴을 마주보는 행동이 늘어날 때 약 9주 된 침팬지 새끼들에게서도 모방행동이 줄어든다.

Andrew Meltzoff에 의하면 신생아는 스스로 느끼고 본 것을 적극적으로 신체 움직임과 맞추려고 함으로써 나이가 많은 아동과 성인이 하는 행동과 같은 방식으로 모방을 한다(Meltzoff, 2007). 나중에 우리는 어린 영아들이 감각체계를 통해서 정보를 조정하는 능력이 놀랍도록 능숙하다는 증거를 보게 될 것이다.

과학자들은 영장류의 대뇌피질의 많은 부분에서 이 능력들의 기저가 되는 **반사경 뉴런**(mirror neurons)이라고 불리는 특수 세포들을 확인해 왔다. 반사경 뉴런은 한 영장류가 한 행동을 듣거나 보게 될 때 그리고 그 행동을 스스로 실행해 볼 때 동일하게 작동된다(Rizzolatti & Craighero, 2004). 뇌영상 연구는 성인이 반

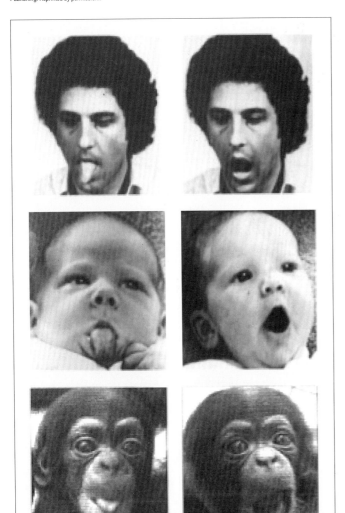

그림 4.6 신생아와 침팬지 새끼의 모방행동

2~3주 된 영아가 혓바닥을 내밀고 입을 벌리는 것을 흉내 내는 모습(가운데). 2주 된 침팬지가 성인의 얼굴 표정을 흉내 내는 모습

출처 : A. N. Meltzoff & M. K. Moore, 1977, "Imitation of Facial and Manual Gestures by Human Neonates," *Science*, 198, p. 75. Reprinted by permission of the publisher and A. N. Meltzoff. And from M. Myowa-Yamakoshi et al., 2004, "Imitation in Neonatal Chimpanzees [Pan Troglodytes]." *Developmental Science*, 7, p. 440. Copyright 1977 by AAAS, copyright 2004 by Blackwell Publishing. Reprinted by permission..

사경 뉴런의 특히 정교한 체계를 가지고 있음을 확신하고 그것은 우리 뇌에서 그 행동을 시뮬레이팅하는 동안 우리가 다른 사람의 행동(미소를 짓거나, 공을 던지는 것과 같은)을 관찰할 수 있도록 해 준다. 반사경 뉴런은 모방, 감정이입, 타인의 의도에 대한 이해를 포함한 서로 관련이 있고 복잡한 사회적 능력의 생물학적인 기초가 되는 것으로 보인다(Iacoboni, 2009; Schulte-Ruther et al., 2007).

뇌영상 연구결과들은 반사경 뉴런체계가 이미 생후 6개월에 작동한다는 것을 지지해 준다. 연구자들은 NIRS를 사용하여 운동행위에 스스로 참여한 아기들이 모방될 수 있는 한 행동(놀잇감이 뛰어나오도록 상자를 톡톡 건드리는)을 하는 모델을 관찰했을 때 대뇌피질의 같은 운동 영역이 생후 6개월 아기와 성인에게서 활성화되는 것을 발견하였다(Shimada & Hiraki, 2006). 이와는 반대로, 사람의 처치가 없이 저절로 움직이는 것(천장의 줄에 매달려 있는 공, 진자처럼 흔들리는)처럼 보이는 한 사물을 영아와 성인이 관찰하였을 경우에는 운동 영역이 작동되지 않았다.

신생아의 모방행동을 융통성 있고 자발적인 능력이라고 생각하는 Meltzoff의 견해는 여전히 논란의 여지가 있다. 반사경 뉴런은 아마 출생시에 작동이 되긴 하나 장기간에 걸쳐 발달된다(Bertenthal & Longo, 2007; Lepage & Théoret, 2007). 제6장에서 살펴보겠지만 영아의 모방능력은 생후 첫 2년에 걸쳐 크게 증가한다. 모방행동이 출생 시에 한정되어 있긴 하지만 모방은 개인의 시행착오와 발견보다는 훨씬 더 빠르고 강력한 학습의 수단이 된다(Meltzoff et al., 2009). 모방을 통하여 영아는 사회적 세계를 탐색하고 타인으로부터 배울 뿐 아니라 자신의 행태를 사람들에게 맞추면서 사람을 알게 된다. 이러한 과정에서 아기들은 자신의 행동과 다른 사람의 행동 사이의 유사성을 인지하게 되고 자신에 관해서 발견해 나가기 시작한다(Meltzoff et al., 2007). 이와 같은 방식으로 영아의 모방행동은 제10장과 제11장에 다루게 되겠지만 다른 사람의 생각과 정서를 이해하는 데 기반이 된다. 궁극적으로 양육자는 자신의 얼굴 표정과 행위를 모방하는 아기들에게서 큰 즐거움을 얻는다. 신생아의 모방은 확실히 부모와 자녀관계가 출발부터 긍정적일 수 있도록 하는 능력 중 하나로 보인다.

영아기의 운동발달

모든 부모는 자신의 아기가 고개를 들고 대상에 손을 뻗고, 스스로 앉고 걸을 때 뿌듯함을 느끼고 새로운 운동기술을 습득하기를 간절히 기다린다. 아기들이 새로운 방법으로 자신의 신체와 환경을 익히는 것과 같은 성취는 부모를 당연히 흥분하게 만든다. 예를 들어, 똑바로 앉는 것은 아기가 완전히 다른 관점으로 세상을 보게 해 준다. 손을 뻗는 것은 아기가 사물에 행위를 가함으로써 그 대상에 대해 어떤 발견을 할 수 있게 해 준다. 아기가 스스로 움직일 수 있으면 탐색 기회도 증가된다.

아기의 운동 성취는 사회적 관계에 큰 영향을 미친다. 아기가 일단 기어 다닐 수 있으면 부모들은 "안 돼"라고 하면서 가볍게 화난 감정을 표현하여 아기의 활동에 제재를 가하기 시작한다. 걷는 것은 '의지에 대한 시험'을 처음으로 하게 해 준다(Biringen et al., 1995). 막 걷기 시작하는 12개월 된 아기는 부모들의 경고에도 불구하고 선반 위에 있는 물건들을 계속 잡아당긴다. 엄마는 아기의 손을 반복적으로 치우고 고쳐 주면서 "하지 말라고 했지!"라고 말한다.

이와 동시에 막 걷기 시작한 아기들은 인사와 포옹, 숨바꼭질과 같은 즐거운 게임, 성인에게 흥미 있는 사물을 만지거나 가리키거나 가져가는 것과 같은 사회적 상호작용에 적극적으로 주의를 기울이고 주도한다(Clearfield, Osborne, & Mullen, 2008; Karasik et al., 2011). 이 시기에 부모들은 말을 더 많이 하고 즐거운 활동과 애정표현을 더 많이 하게 된다. 손 뻗기와 손가락으로 가리키기와 같은 특정 운동기술은 아기로 하여금 더 효율적으로 의사소통하게 해 준다. 아기들이 경사진 보도나 해가 되는 물건과 같은 위험한 상황에 직면하게 되었을 때 부모들은 아기들이 자신의 주변의 위태로운 상황을 알아차리고 운동 동작을 조절하고 언어를 습득하도록 돕는 풍부한 언어적 그리고 몸짓 정보를 정서적 경고와 함께 결합하여 개입한다(Campos et al., 2000; Karasik et al., 2008). 마침내 아기의 새로운 운동능력이 발달함에 따라 웃음, 미소, 옹알이와 같은 아기의 즐거움은 다른 사람에게 즐거운 반응을 유발하고 이것은 영아의 노력을 더 격려해 준다(Mayes & Zigler, 1992). 운동·사회·인지·언어능력은 함께 발달하고 서로서로를 지원한다.

운동발달의 순서

대근육 운동발달은 기거나 서고 걷는 것과 같이 영아가 환경을 탐색하는 행위를 조절하는 것을 의미한다. 반대로 소근육 운동발달은 손을 뻗고 잡는 것과 같은 보다 작은 움직임과 관련이 있다. 이 책 맨 뒤에 있는 발달이정표는 미국 영아 및 걸음마기 영아가 다양한 대근육과 소근육 운동기술을 습득하는 평균 연령을 보여 준다. 대다수의 영아가 각 기술을 성취하는 연령 범위를 보여 주는데, 운동발달의 속도에는 상당한 개인차가 있음을 시사한다. 손을 늦게 뻗는 아기가 반드시 늦게 기거나 늦게 걷게 되는 것은 아니다. 물론 많은 운동기술이 심각하게 지연된다면 아동발달에 대해 걱정해야 한다.

역사적으로 연구자들은 운동기술을 고정된 순서로 나타나는 별개의 타고난 능력으로 간주하였으며 이는 타고난 성숙 시간표의 지배를 받는다고 주장하였다. 이러한 견해는 오랫동안 비난을 받아 왔다. 오히려 운동기술은 서로 밀접한 연관이 있으며 각각은 이전에 이루어진 운동발달의 결과이고 새로운 운동기술을 습득하는 데 기여한다. 게다가 아동은 아주 개인적인 방식으로 운동기술을 습득한다. 가령, 대부분의 서양 아기들은 잡고 서거나 걷기 전에 기게 된다. 그러나 내가 알고 있는 한 아기는 엎드리는 것을 싫어하고 앉아 있거나 똑바로 있는 것을 즐기며, 기기 전에 잡고 서거나 걸었다. 아기들은 운동 규범에 제시된 순서에 따르기보다는 다양한 순서로 뒤집고, 앉고, 기고 걷는 것을 보여 준다(Adolph, Karasik, & Tamis-LeMonda, 2010).

첫 2년 동안의 운동능력에서 큰 변화는 아동의 내·외부적인 많은 영향이 함께 결합하며 일어난다. 제1장에서 소개되었던 역동적 체계 이론은 운동발달이 어떻게 일어나는지 이해하는 데 도움을 준다.

역동적 체계로서 운동기술

운동발달의 역동적 체계 이론(dynamic systems theory of motor development)에 의하면, 운동기술의 숙달은 점점 더 복잡한 동작의 체계를 습득하는 것을 의미한다. 운동기술이 하나의 체계로 작동할 때 각각의 능력은 함께 조화를 이루게 된다. 각각의 운동기술은 주변 환경을 탐색하고 통제하는 데 효율적인 방법을 만들어 내기 위하여 서로 협력한다. 가령, 머리와 상부 가슴의 조절은 서로를 도와 앉게 된다. 발로 차고 사지를 흔들고 손을 뻗는 것이 합쳐져서 기는 것을 돕게 된다. 기고 서고 발걸음을 떼는 것이 합쳐지면 걷는 것이 된다(Adolph & Berger, 2006; Thelen, 1989).

각각 새로운 기술은 다음의 요소들이 결합된 결과이다. (1) 중추신경계의 발달, (2) 신체의 움직임 능력, (3) 아동이 마음속에 가지는 목표, (4) 기술에 대한 환경 지원. 어떤 요소에서의 변화는 그 체계를 약간 불안정하게 만들고, 아동은 새롭고 더 효과적인 운동 패턴을 탐구하며 선택한다. 변화를 유발하는 요소는 연령에 따라 다양하다. 출생 후 몇 주 내에 영아가 머리, 어깨, 상체를 조절하게 될 때 뇌와 신체 성장은 특히 중요하다. 조금 더 지나면 아기의 목표(장난감을 잡거나 방을 가로지르는)와 환경적인 지원(부모의 격려, 영아의 일상적인 환경 속 사물)이 더 큰 역할을 한다.

또한 보다 다양한 물리적 환경은 운동기술에 크게 영향을 준다. 계단이 있는 집에 사는 영아들은 이른 나이에 계단을 기어오르는 것을 배우고 뒤로 내려오는 전략―계단 꼭대기에서 아기가 몸을 돌리고 자신의 목표로부터 시각적 도움을 포기하고 뒤로 기어야 하기 때문에 가장 안전하지만 가장 도전이 되는 자세―을 더 쉽게 터득한다(Berger, Theuring, & Adolph, 2007). 만일 아동이 중력이 약한 달에서 길러진다면 이들은 걷거나 달리는 것보다 점핑하는 것을 더 좋아할 것이다.

한 가지 기술이 처음 습득되었을 때 영아는 그것을 더 정교화시켜야 한다. 예를 들어 막 기기 시작한 한 아기는 종종 배가 바닥으로 무너지고 앞으로 가는 대신에 뒤로 움직인다. 곧 아기는 몇 주 동안 교대로 팔을 당기고 발로 밀면서 다양한 방식의 배밀이로 스스로 앞으로 나아가는 방법을 파악한다(Vereijken & Adolph, 1999). 영아들이 새로운 기술을 시도할 때 대부분의 아기들은 이 새로운 기술이 나타났다 없어졌다 하는 과정을 반복한다. 한 아기가 월요일에 뒤집고, 앉고, 기고 혹은 몇 걸음을 걸을 수 있다가 다시 금요일까지는 그렇게 하지 못할 수 있으며 다음 주까지 다시 안 할 수 있다. 또한 이전에 터득했던 기술도 종종 덜 확실해진다. 작은 두 발을 움직이며 몸을 수직으로 균형 잡는 초보 걸음마 아기의 실험에서 앉아 있는 동안의 균형은 일시적으로 덜 안정적일 수 있다(Adolph & Berger, 2006; Chen et al., 2007). 이러한 가변성은 그 시스템―역동적 체계 이론에서 덜 성숙한 상태와 더 성숙하고 안정된 상태 간의 필요한 전이―에서 안정성이 없다는 증거이다.

게다가 운동 숙달은 상당한 연습이 따른다. 걸음마를 배우는 과정에서 영아는 하루에 6시간 이상을 30미터 가까이 돌아다니면서 연습한다. 영아의 작고 불안정한 스텝이 점차적으로 긴 걸음으로 변하고, 발을 더 모아 걷게 되고, 발가락은 앞을 향하며, 다리는 대칭적으로 협응을 한다(Adolph, Vereijken, & Shrout, 2003). 움직임이 수천 번 반복되면 뇌에서 운동 패턴을 지배하는 새로운 연결이 촉진된다.

역동적 체계 이론을 잘 살펴보면 운동발달이 왜 유전적으로 결정되지 않는지를 알 수 있을 것이다. 이것은 탐색과 새로운 과제를 숙달하려는 욕구에 의해 동기화되며 유전은 그것을 단지 일반적인 수준으로 나타나게 할 뿐이다. 행동들이 신경체계 안으로 내장되기보다는 같은 운동기술에도 다른 경로를 허용하기 위해 유연하게 조합된다(Adolph, 2008; Thelen & Smith, 2006).

이 아기는 사다리의 꼭대기까지 가려고 결정하고 의도적으로 올라간다. 이 여아는 속도와 협응이 향상될 때까지 올라가는 것을 여러 번 반복할 것이다.

행위에서의 역동적 운동체계 영아가 어떻게 운동능력을 습득하는지 알기 위해서 연구자들은 영아가 어떤 기술을 처음 시도하여 부드럽고 쉽게 숙달할 때까지를 추적하는 미세유전학을 연구하였다. 이 연구전략을 사용하여 James Galloway와 Esther Thelen(2004)은 아기가 처음 관심을 보인 순간부터 손 뻗음과 잡기를 잘 협응할 때까지 영아의 손과 발 앞에 교대로 소리가 나는 장난감을 달아 놓았다. 그림 4.7에서 보듯이, 영아는 다리와 발의 조절을 먼저 함으로써 발달이정표에 제시된 팔과 손 조절의 규범적인 순서를 위반했다. 이 8주 된 아기들은 손을 뻗기 적어도 한 달 전에 발로 놀잇감을 탐색하였다.

왜 아기는 발을 먼저 뻗을까? 어깨가 팔을 제약하는 것에 비해 엉덩이 부분의 연결이 다리를 덜 구속하기 때문에 영아는 다리 움직임을 더 쉽게 조절할 수 있다. 결과적으로 손 뻗음은 발을 뻗는 것보다 훨씬 더 많은 연습을 필요로 한다. 이러한 연구결과는 운동기술이 발달하는 순서가 확실하게 이미 알려진 머리―다리 순의 패턴을 따르기보다는 사용하는 신체의 해부학, 주변 환경, 아기의 노력에 달려 있음을 명확히 보여 준다.

운동발달의 문화적 차이 비교문화연구는 초기 운동기회와 자극이 되는 환경이 운동발달에 어떻게 기여하는지를 보여 준다. 반세기 전에 Wayne Dennis(1960)는 영아의 운동기술 획득을 돕는 환

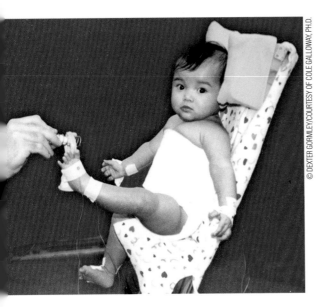

그림 4.7 발을 먼저 뻗음

소리가 나는 장난감을 아기의 손과 발 앞에 매어 놓았을 때, 아기들은 손을 뻗기 전 한 달 이상이나 빨리 생후 8주에 발을 뻗었다. 이것은 머리–다리 순 패턴의 명확한 위반이다. 고관절의 움직임의 제한은 팔 움직임보다도 다리 움직임을 더 쉽게 조절하도록 해 준다. 이 2개월 반 된 아기는 발로 사물을 능숙하게 탐색한다.

경을 박탈한 이란 고아원에서 영아들을 관찰하였다. 이 아기들은 가지고 놀 장난감도 없이 영아용 침대에 하루 종일 누워서 생활하였다. 그 결과, 대부분의 아기들은 2세가 될 때까지 혼자 힘으로 움직이지 않았다. 마침내 그들이 움직였을 때, 지속적으로 누워 있었던 경험으로 인해 아이들은 손과 무릎으로 기어 다니기보다는 앉는 자세에서 움직여 다녔다. 아이들은 손이 아닌 발로 가구와 같은 물체에 직면했기 때문에 걷기를 위한 준비에서 스스로를 서게 할 가능성이 훨씬 적다. 실제로 3~4세까지 이란 고아들 중 15%만이 혼자 걸었다.

양육행동에서의 문화적 다양성은 운동발달에 영향을 미친다. 여러분이 알고 있는 몇몇 부모들에게 다음과 같은 간단한 조사를 해 보아라. 앉고, 기고, 걸어 다니는 것을 의도적으로 향상시킬 수 있을까? 그 대답은 '문화마다 다양하다'이다. 예를 들어, 일본 어머니들은 아이들이 그냥 알게 되기 때문에 그러한 노력들은 불필요하다고 믿는다(Seymour, 1999). 멕시코 남부의 Zinacanteco 인디언과 케냐의 Gusii 족 사이에서는 빠른 운동의 진보를 적극적으로 막는다. 조리용 불과 직물제조기에서 멀리 떨어져야 한다는 것을 충분히 알기 전에 걷는 아기들은 그들 스스로에게 위험하고 다른 사람에게도 지장을 주는 것으로 간주된다(Greenfield, 1992).

대조적으로 케냐의 Kipsigis 족과 서인도 제도의 자메이카 아기들은 북미의 영아들보다 상당히 일찍 그들의 머리를 들고, 홀로 앉고, 걷는다. 두 사회 모두에서 부모들은 특별한 기술을 격려하기 위해 규칙적인 운동을 연습시키면서 초기 운동기능의 성숙을 강조한다(Adolph, Karasik, & Tamis-LeMonda, 2010). 첫 몇 달 안에 아기들은 몸을 꼿꼿이 할 수 있도록 담요에 감아 땅속 구멍 안에 앉혀진다. 어른들은 아기들을 자신의 무릎에 자주 세워 발로 아래위로 뛰도록 하고 걷기반사를 연습시켜 걷는 것을 촉진시킨다(Hopkins & Westra, 1988; Super, 1981). 이러한 문화권에 있는 부모들은 아기들이 똑바로 선 자세로 있는 것을 지원하고, 좀처럼 아이들을 바닥에 내려놓지 않기 때문에, 이 아기들은 서구에서 매우 중요한 것으로 간주하는 운동기술인 기기를 건너뛴다.

마지막으로 영아돌연사 증후군(SIDS)으로부터 아이들을 보호하기 위해 아기들을 똑바로 눕혀서 재우는 현재 서구 방식은 아이를 엎어 놓는 시간이 줄어들기 때문에, 대근육 운동의 중요한 이정표인 뒤집기, 앉기, 기기를 지연시킨다(Majnemer & Barr, 2005; Scrutton, 2005). 이러한 지체를 막기 위해서, 양육자들은 아이들이 깨어 있는 시간에 규칙적으로 엎드린 자세로 둘 수 있다.

서인도 제도의 자메이카 엄마가 일찍 걸음마를 하도록 의도적으로 아기를 높이 들어서 걸리게 한다.

소근육 운동발달 : 손 뻗기와 잡기

모든 운동기술 중에 손을 뻗는 것은 영아의 인지발달에 매우 중요한 역할을 한다. 사물을 잡고 뒤집으며 그것을 놓았을 때 무슨 일이 일어나는지 봄으로써 영아는 사물의 시각, 소리, 느낌에 대해 많은 것을 배우게 된다.

손을 뻗고 잡는 것은 다른 운동기술처럼, 크고 산만한 행동에서 세밀한 운동으로 진행된다. 그림 4.8은 생후 9개월에 걸쳐 손 뻗기의 발달이정표를 보여 준다. 신생아들은 자신의 손을 시야 안으로 가져오려고 활발하게 움직인다. 불빛이 희미한 방에서, 신생아들은 불빛이 움직이면 손을 움직이면서 불빛 안에 자기 손을 둔다(van der Meer, 1997). 또한 신생아는 눈앞에 있는 대상을 향해 서투르게 협응된 방법으로 팔을 휘두르는데, 이를 **손 뻗기 전 단계**(prereaching)라 부른다. 그러나 신생아는 자신의 팔과 손을 잘 조절할 수 없기 때문에 대상을 거의 건드리지는 못한다. 신생아의 반사행동과 같이, 손 뻗기 전 단계는 정확한 손 뻗기에 필요한 대상을 따라가고 응시하는 데 필요한 안구운동이 향상되는 약 7주경에 사라진다. 그러나 이러한 초기 행동은 아기가 탐색하는 행위를 하는 데 손과 눈의 협응이 생물학적으로 준비되어 있다는 것을 의미한다(Rosander & von Hofsten, 2002; von Hofsten, 2004).

손 뻗기와 잡기의 발달 약 3개월에서 4개월이 되면 아기들은 눈, 머리, 어깨 조절이 발달함에 따라 손 뻗기는 다시 나타나며 가까운 곳에 놀잇감이 있으면 목적의식을 가지고 팔을 앞으로 움직이고 점차적으로 정확도가 증가한다(Bhat, Heathcock, & Galloway, 2005; Spencer et al., 2000). 5~6개월경, 영아들은 스위치를 눌러 불이 꺼지는 동안 어두워진 방에서 사물을 향해 손을 뻗는다. 이 기술은 이후 몇 달에 걸쳐 향상된다(Clifton et al., 1994; McCarty & Ashmead, 1999).

이 연구결과는 아기가 손을 뻗을 때 손과 팔을 안내하는 데 시력이 필요 없음을 보여 준다. 대신에 손 뻗음은 신체의 자극으로부터 생기는 움직임과 위치의 감각인 자기수용 감각(proprioception)에 의해 조절된다. 시력이 손 뻗기의 기본동작으로부터 자유로울 때, 대상의 모양과 거리를 맞추기 위한 미세조정 동작과 같은 좀 더 복잡한 조정에 집중할 수 있다.

영아의 깊이 지각이 향상되고 영아의 자세와 팔과 손의 움직임을 더 잘 조절할 수 있게 되면 손 뻗는 기술도 향상된다. 4개월 된 아기는 움직이는 대상 앞으로 손을 뻗는 것을 목표로 하여 움직이는 사물을 잡을 수 있게 된다(von Hofsten, 1993). 5개월이 되면 손을 뻗어서 잡을 수 없는 곳에 사물이 있을 때는 잘 잡으려고 하지 않는다(Robin, Berthier, & Clifton, 1996). 7개월이 된 영아는 팔의 움직임이 더 독립적이 된다. 이 시기의 영아는 두 팔보다는 한 팔을 뻗어 물건을 잡으려고 한다(Fagard & Pezé, 1997). 다음 몇 개월 동안 영아는 회전하거나 방향이 변하고 가까워지거나 멀어지는 것과 같이 움직이는 대상에 손을 더 잘 뻗게 된다(Fagard, Spelke, & von Hofsten, 2009; Wentworth, Benson, & Haith, 2000).

일단 영아가 손을 뻗을 수 있게 되면 이들은 잡는 방법을 수정하게 된다. 신생아 시기의 잡기반사 행동이 3~4개월 후에는 약화되면서 손가락을 손바닥을 향해 오므리는 서투른 동작인 **척골잡기**(ulnar grasp)로 대체된다. 아직 4개월 된 아기인데도 대상의 크기와 모양에 따라 잡는 방법을 조정하게 된다. 대상에 접촉하기에 앞서 손을 더 정확하게 위치를 맞추고 뻗는 아기의 능력은 첫 1년에 걸쳐 향상된다(Barrett, Traupman, & Needham, 2008; Witherington, 2005). 4~5개월경, 아기가 앉기 시작하면 신체 균형을 유지하는 데 팔이 필요 없게 되어 대상을 탐색하는 데 두 손이 자유롭게 된다. 이 연령의 아기는 한 손으로 물건을 잡고 다른 손의 손가락으로 물건을 탐색하기도 하

그림 4.8 자발적인 뻗기의 이정표
제시된 월령은 각 기술을 습득하는 평균 월령이다.
출처 : Bayley, 1969; Rochat, 1989.

잡지 못한다(손 뻗기 전 단계)

신생아

손바닥으로 잡는다(척골잡기)

3~4개월

물체를 한 손에서 다른 손으로 옮긴다

4~5개월

손가락 끝으로 잡는다(손끝집기)

9개월

고, 물건을 이 손에서 저 손으로 자주 옮겨 잡는다(Rochat & Goubet, 1995). 1세 무렵, 영아는 엄지와 검지손가락을 마주보게 하여 잘 협응된 **손끝집기**(pincer grasp)를 한다. 그 이후로 물건을 다루는 능력이 크게 발달한다. 1세 아기는 건포도나 풀잎을 집거나 손잡이를 돌릴 수 있으며 작은 상자를 열거나 닫을 수 있다.

8개월에서 11개월 사이의 영아는 손 뻗기와 잡기의 연습이 많이 이루어진다. 그 결과, 관심은 운동기술에서부터 대상을 잡기 전과 후에 일어나는 사건으로 쏠린다. 가령, 10개월 된 아기는 자신의 다음 행동을 예상하면서 잡는 행동을 쉽게 조정한다. 이들은 좁은 튜브 안으로 공을 조심스럽게 떨어뜨릴 때보다는 던지려고 할 때 공을 더 빨리 잡으려고 손을 내민다(Claxton, Keen, & McCarty, 2003). 또한 이 시기에 영아는 숨겨진 장난감을 찾거나 발견하는 것과 같은 손 뻗기를 포함한 간단한 과제를 해결하기 시작한다.

마침내 손을 뻗어 사물을 다루는 능력은 성인이 동일한 대상에 손을 뻗어 다루는 방식에 대한 아기들의 관심을 증가시킨다(Hauf, Aschersleben, & Prinz, 2007). 아마도 반사경 뉴런의 도움으로, 아기들은 자신의 적극적인 손 뻗기의 경험을 타인 행동의 지각과 연결시킨다. 그 결과로 아기들은 다른 사람이 무엇을 하는지 관찰함으로써 타인 행동의 이해를 넓히고 다양한 대상에 행해질 수 있는 행동 범위에 대한 이해를 넓힌다.

초기 경험과 손 뻗기 다른 운동이정표와 같이 초기 경험은 손 뻗기에 영향을 미친다. 엄마들이 아기를 종일 엉덩이나 슬링(아기 포대기)에 데리고 다니는 문화권에서, 아기들은 자신의 손으로 탐색할 수 있는 풍부한 기회를 가진다. 아프리카 보스와나 쿵(Kung of Botswana) 사이에서는 엄마가 움직이면서 수유를 하는 동안 아기들은 스스로 균형을 잡거나 흔들리지 않게 하기 위해 엄마의 알록달록한 구슬 목걸이를 잡는다. 엄마가 함께 있는 동안 아기들은 엄마의 장신구과 달랑거리는 사물을 자주 잡아당기거나 조작한다(Konner, 1977). 그 결과, Kung 아기들은 손 뻗기와 잡기 발달이 빠르다. 그리고 말리와 우간다의 아기들은 하루의 반 이상을 앉아 있거나 서 있는다. 이는 손 뻗기를 촉진하기 때문에 역시 많은 시간을 누워서 보내는 서구 아기들보다 손의 기술이 발달한다(Adolph, Karasik, & Tamis-LeMonda, 2010).

아기의 시각적 환경은 영향력이 크다. 잘 알려진 연구에서, 적당한 양의 시각적 자극(처음에는 간단한 디자인으로 나중에는 아기 침대에 매달린 모빌)을 받은 시설 보호 영아들은 아무런 시각적 자극도 받지 못한 영아보다 6주 정도 더 빨리 대상을 향해 손을 뻗었다. 많은 양의 자극(패턴이 있는 아기 침대 범퍼와 자동차)을 받은 세 번째 집단 역시 자극을 받지 않은 아기보다 더 일찍 손을 뻗었다. 그러나 과도한 자극은 그에 따른 나쁜 영향도 있었다. 즉, 영아들이 시선을 돌리거나 오랫동안 울었으며 적당한 자극을 받은 집단만큼 손 뻗기에 있어 진전이 없었다(White & Held, 1966). 이 연구결과는 우리에게 많은 자극이 반드시 좋은 것은 아니라는 사실을 알려 준다. 영아가 감당할 수 있는 것 이상의 무리한 요구는 중요한 운동기술의 발달을 저해할 수 있다. 이 주제에 대해서는 본 장의 뒷부분과 제5장의 두뇌발달에서 다시 논의할 것이다.

영아기의 지각발달

영아들이 새로운 기술을 발견하는 데 지각과 행위가 밀접한 관련이 있다는 것을 설명한 이전 연구결과를 다시 생각해 보자. 물체에 다다르려고 손을 뻗거나 균형을 유지하거나 혹은 다양한 바닥 면을 지나가기 위하여 영아는 운동행동과 지각 정보를 계속 협응해야 한다. 행동하는 것과 지각하는 것은 분리된 경험이 아니다. 대신, 동적 활동들은 주변세계를 탐색하고 학습하는 데 있어 중요한 수단이 되고, 향상된 지각은 동적 활동을 효율적으로 할 수 있게 해 준다. 지각과 운동 정보의 통합은 신경계의 기본이 되고 각 영역들은 서로 다른 부분들의 발달을 도와준다(Adolph & Berger, 2006; von Hofsten, 2004).

영아가 자신의 감각을 가지고 지각할 수 있는 것은 무엇이며, 연령에 따라 지각은 어떻게 변화할까? 연구자들은 이 질문에 대한 해답으로 두 가지 이유를 찾았다. 그 첫째는 영아 지각에 관한 연구들이 아기가 세상을 지각할 수 있도록 생물학적으로 준비하는 방식과, 뇌발달과 경험이 영아의 능력을 어떻게 확장시키는지에 대해 밝힌 것이다. 두 번째는 영아의 지각은 발달의 다른 측면에도 통찰력을 주기 때문에 흥미롭다는 것이다. 예를 들어, 촉각, 시각, 청각은 우리가 타인과 상호작용할 수 있게 해 주기 때문에 이것들은 정서와 사회성 발달에 기본이 된다는 것이다. 청각을 통해 언어를 습득하고, 세상에 대한 지식은 감각을 통해 최초로 습득되기 때문에 지각은 인지발달의 토대를 제공한다.

아기들이 자신들의 경험을 설명할 수 없기 때문에 영아의 지각을 연구하는 것은 특히 어렵다. 다행스럽게도 연구자들은 쳐다보기, 빨기, 고개 돌리기, 표정 변화, 손 뻗기와 같은 자극에 따라 달라지는 다양한 비언어적 반응들을 이용할 수 있다. 이전에 언급한 것처럼, 연구자들은 영아가 변별을 할 수 있는지를 알아보기 위하여 조작적 조건형성과 습관화의 도움을 받는다. 연구자들은 영아들의 자극에 대한 조사, 특별한 특징에 대한 주의집중, 그리고 자극이 다양한 궤적을 따라 움직일 때의 응시 변화를 조사하는 데 안구운동 추적을 통해 영아의 시각능력에 관해 많은 것을 발견해 왔다. 그리고 호흡, 심장박동수, 그리고 ERP와 NIRS를 이용한 뇌활동에서의 자극유도 변화와 같은 신경생물학적 측정 또한 사용되었다. 여기서는 아기의 촉각, 미각, 후각, 청각과 시각적 자극의 민감성을 탐구할 방법들에 대해 알아볼 것이다.

촉각

촉각은 부모와 아기가 상호작용을 하는 데 중요한 수단이 된다. 생후 첫 며칠 내 엄마는 아기의 뺨이나 손을 쓰다듬으면서 자신의 아이를 인식한다(Kaitz et al., 1993). 촉각은 초기 신체 성장을 자극하고(제3장 참조) 또한 정서발달에 있어 매우 중요하다. 그렇기 때문에 촉각에 대한 민감성이 출생 시에 잘 발달되어 있다는 것은 놀라운 일이 아니다.

표 4.1에 열거된 반사는 신생아가 손바닥, 발바닥, 특히 입 주위의 자극에 반응한다는 것을 보여 준다. 태아기 동안, 생식기와 함께 이러한 부위들이 촉각에 가장 먼저 민감해진다(Humphrey, 1978; Streri, 2005).

출생 시부터 영아는 고통에 매우 민감하다. 신생아에게 진통제를 주는 것이 위험하다고 여겨마취 없이 남아에게 할례를 하는 경우가 있다. 아기들은 종종 고성과 긴장된 울음, 심장박동수와 혈압의 상승, 손의 땀, 동공 확장, 근육 긴장으로 고통에 반응한다(Lehr et al., 2007; Warnock & Sandrin, 2004). 고통스러운 의료시술 동안 ERP와 NIRS를 사용하여 뇌활농을 측정하였는데, 미숙아와 남자 아기들은 대뇌피질에 감각운동 영역이 강렬하게 활성화된 것을 보여 주었다(Bartocci et al., 2006; Slater et al., 2010). 중추신경계의 미성숙 때문에 이 아기들은 특별히 더 강하게 고통을 느끼는 것으로 보인다.

신생아의 국부마취에 대한 안전성을 확립한 최근 연구는 의료시술의 고통을 덜어 줄 수 있다고 설명한다. 달콤한 액체가 나오는 젖꼭지를 주는 것도 도움이 된다. 이는 조산아뿐 아니라 일반 아기들의 울음과 가벼운 통증을 빨리 줄여 준다. 모유수유는 특히 효과적일 수 있다: 엄마의 젖 냄새는 다른 엄마의 젖이나 조제분유의 냄새보다 일반적인 혈액검사 통증반응에 대한 아기의 고통을 더 효과적으로 감소시킨다(Nishitani et al., 2009). 그리고 부모가 편안하게 안고 달콤한 액체를 함께 주면 고통은 훨씬 더 줄어든다. 포유동물의 영아기에 대한 연구는 신체적 접촉이 엔돌핀(뇌에서 진통작용을 하는)을 방출한다는 것을 보여 준다(Axelin, Salanterä, & Lehtonen, 2006; Gormally et

6개월 된 아기가 공을 두 손바닥 사이에 놓고 뒤집으며 한 사물을 조사하기 위해 촉각을 사용하고, 그 공을 몰두해서 쳐다 보는 동안에 손가락 끝으로 독특한 질감을 조사하고 있다.

al., 2001). 아기로 하여금 심한 고통을 참도록 하는 것은 스트레스 호르몬이 있는 신경체계를 파괴하는 것이다. 이는 일상의 스트레스 인자 통제능력을 방해할 수 있다. 그래서 결과적으로 고통에 대한 민감성, 수면 방해, 섭식장애, 그리고 화를 진정시키기 어려움이 고조화된다(Mitchell & Boss, 2002).

반대로 부드러운 접촉은 아기의 물리적이고 사회적 환경에 대한 긍정적인 반응성을 높여 준다. 성인의 편안한 보살핌은 영아를 웃게 하고 성인의 얼굴에 집중하도록 한다(Stack & Muir, 1992). 부모의 접촉방법은 다양하다. 그리고 아기와 상호작용의 목표가 편안하게 해 주는 것, 애정을 보이고 미소나 주의를 유도하는 것, 아기와 놀이를 하는 것에 따라 접촉의 방식이 달라진다(Jean & Stack, 2009; Stack, 2010).

심지어 신생아도 자신들의 세상을 탐색하는 데 촉각을 사용한다. 친숙한 사물보다는 친숙하지 않은 모양이나 질감으로 된 사물을 더 오랫동안 잡는 경향에서 알 수 있듯이 아기들은 손바닥을 사용하여 작은 사물의 모양(각기둥 대 원기둥)과 질감(부드러움 대 거침)을 구별할 수 있다(Sann & Streri, 2008; Streri, Lhote, & Dutilleul, 2000). 손 뻗기가 발달함에 따라 아기들은 종종 새로운 물체를 입 안에 넣고 그 표면을 입술과 혀로 살펴본 후 입 안에서 꺼내 눈으로 응시한다. 손과 입의 접촉이 점점 정확해지기 때문에 입을 통한 탐색은 생후 6개월에 최고조에 이른다(Lew & Butterworth, 1997). 그 후 사물을 열심히 응시하면서 사물의 표면을 돌려 보고, 찔러 보고, 느끼는 등 손을 사용한 접촉이 보다 정교해지면서 입을 이용한 탐색은 감소하게 된다(Ruff et al., 1992).

미각과 후각

출생 시 표정의 변화는 아기가 기본적인 맛을 구별할 수 있다는 것을 보여 준다. 성인처럼 아기는 달콤함에 반응할 때 안면근육을 이완시키고 신맛을 느꼈을 때는 입술을 오므린다. 또 쓴맛을 느꼈을 때는 입을 아치 모양으로 벌린다(Steiner, 1979; Steiner et al., 2001). 이러한 반응은 생존에 매우 중요하다. 영아가 초기에 성장하는 데 가장 중요한 역할을 하는 음식은 단맛을 내는 모유이다. 생후 4개월이 되어서야 아기들은 맹물보다 짠맛을 선호하게 되며, 이러한 변화는 고체 음식을 받아들일 준비를 하고 있음을 의미한다(Mennella & Beauchamp, 1998).

그럼에도 불구하고 신생아들이 처음에 무반응이나 부정적인 반응을 유발하였던 맛을 나중에는 좋아하도록 쉽게 학습시킬 수 있다. 예를 들어 분유에 알레르기가 있는 아기들에게 콩이나 다른 야채로 만든 대체 식품을 주면(이것들은 전형적으로 강한 쓴맛을 낸다) 곧 이러한 맛들을 선호하게 된다. 이전에 싫어했던 맛이었지만 배고플 때 주면 좋아하게 될 수 있다(Harris, 1997).

미각과 함께 어떤 냄새의 선호는 출생 시부터 존재한다. 예를 들어, 바나나 초콜릿향에는 편안하고 즐거운 표정을 짓는 반면, 썩은 계란 냄새는 아기의 눈살을 찌푸리게 한다(Steiner, 1979). 임신 기간 동안 양수는 엄마가 먹은 음식물에 의해 다양한 맛과 향으로 가득하다. 이러한 초기 경험들은 신생아의 선호도에 영향을 준다. 프랑스의 알사스 지역에서 실시된 연구에서 연구자들은 그 지역 음식의 재료로 사용되는 아니스향에 신생아들이 어떻게 반응하는지를 알아보았다(Schaal, Marlier, & Soussignan, 2000). 몇몇 아기의 엄마들은 임신 기간 마지막 2주 동안 아니스를 먹었으며, 다른 엄마들은 아니스를 전혀 섭취하지 않았다. 아기가 출생했을 때 아니스를 섭취하였던 엄마의 아기들은 입을 오물거리고 아니스향이 있는 곳으로 고개를 더 오래 돌리고 있었다. 반면 아니스를 먹지 않은 엄마의 아기들은 고개를 금방 다시 되돌리거나 부정적인 표정을 훨씬 많이 지었다(그림 4.9 참조). 심지어 이 기간 동안 엄마들이 아니스를 섭취하지 않았음에도 불구하고 이러한 반응은 4일이 지나서도 여전히 명확하게 나타났다.

많은 포유동물에게 후각은 어미와 새끼가 서로를 알아보도록 해 포식자로부터 새끼를 보호하는 중요한 역할을 한다. 비록 인간은 후각이 잘 발달되지 않았지만 생존을 위한 흔적으로 여전히 남아 있다.

태어난 직후 영아들은 자발적으로 엄마의 가슴에 얼굴을 묻고 젖꼭지를 빤다. 그러고는 한 시간 내에 젖을 빨기 시작한다. 만약 가슴에서 나는 본래 냄새를 제거하려고 한쪽 가슴을 씻으면 대부분의 신생아들은 반대쪽의 씻지 않은 가슴쪽으로 움직인다. 이는 신생아가 냄새에 이끌린다는 것을 의미한다(Varendi & Porter, 2001). 생후 4일째, 모유를 먹는 아기는 친숙하지 않은 여성의 가슴 냄새보다 엄마의 가슴 냄새를 더 선호하게 된다(Cernoch & Porter, 1985). 모유와 분유를 먹는 3~4일 된 아기들은 조제분유보다는 친숙하지 않은 사람의 젖 냄새 쪽으로 더 향하고 더 오물오물 입질을 한다. 이것은 (출생 후에 노출된 적이 없는) 사람의 젖 냄새가 신생아를 더 끄는 힘이 있다는 것을 보여 준다(Marlier & Schaal, 2005). 신생아가 엄마의 냄새와 모유의 냄새 모두에 끌리는 것은 적절한 음식을 찾도록 도와주며, 이 과정에서 신생아들이 다른 사람과 양육자를 구별하는 것도 도와준다.

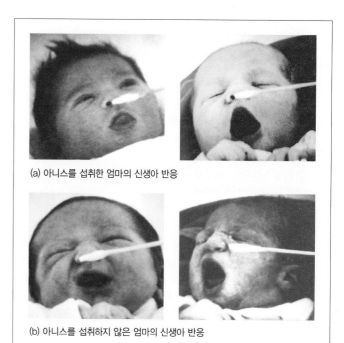

(a) 아니스를 섭취한 엄마의 신생아 반응

(b) 아니스를 섭취하지 않은 엄마의 신생아 반응

그림 4.9 임신 말기 동안 엄마의 아니스 섭취 여부에 따른 아니스에 대한 신생아의 얼굴 표정

(a) 아니스향이 담긴 음식을 섭취한 엄마의 아기들이 더 오랫동안 아니스향 쪽으로 고개를 돌리고 입맛을 다신다(빨고, 핥고, 씹는). (b) 아니스향이 담긴 음식을 섭취하지 않은 엄마의 아기들은 고개를 돌리고 이마와 코를 찡그리고, 윗입술을 올리며 입 가장자리는 내리고 눈을 감는 등 부정적인 얼굴 표정을 짓는다.

출처 : B. Schaal, L. Marlier, & R. Soussignan, 2000, "Human Foetuses Learn Odours from Their Pregnant Mother's Diet," *Chemical Senses*, 25, p. 731. Oxford University Press 2000. Reprinted by permission of Oxford University Press.

청각

출생 시에 귀의 구조를 통해 소리를 전도하고 뇌에 청각정보를 전달하는 것은 불충분하지만 신생아들은 다양한 소리를 들을 수 있으며 소리에 대한 민감성은 생후 첫 몇 개월에 걸쳐 크게 향상된다(Saffran, Werker, & Werner, 2006 ; Tharpe & Ashmead, 2001). 소리에 대한 반응성은 영아가 주변 환경을 탐색할 수 있도록 해 준다. 생후 3일 된 영아는 소리가 나는 방향으로 눈과 머리를 돌린다. 소리의 정확한 위치를 확인하는 능력은 생후 6개월에 걸쳐 크게 향상되며 유아기를 지나면서 더 향상된다(Litovsky & Ashmead, 1997).

출생 시 영아들은 다른 것이 섞이지 않은 순수한 음조보다는 소음이나 목소리 같은 복잡한 소리를 선호한다. 생후 며칠이 된 아기들은 다양한 소리 패턴—올라가거나 내려가는 순으로 배열된 일련의 음조, 음악에서 리드미컬한 다운비트가 있는 것과 없는 것의 음조 배열, 두 음절과 세 음절로 된 어조, 예를 들어 'ma-ma' 대 'ma-ma', 심지어는 같은 이중 언어자가 말한 프랑스어나 러시아어와 같은 리듬 특징이 다른 두 개의 언어—을 구별할 수 있다(Mastropieri & Turkewitz, 1999 ; Ramus, 2002 ; Sansavini, Bertoncini, & Giovanelli, 1997 ; Trehub, 2001 ; Winkler et al., 2009)

생후 1년에 걸쳐 영아들은 점점 정교한 패턴으로 소리를 조직화한다. 2~4개월에, 아기들은 조금 빠르게 연주되는 연속적인 음에서 박자의 변화를 구별할 수 있다(Baruch & Drake, 1997). 4~7개월 된 영아들은 음악 구절법(muscial phrasing)에 대한 감각을 가지고 있다. 그들은 어색한 쉼이 있는 것보다 구절 간에 쉼이 있는 모차르트의 미뉴에트를 더 선호한다(Krumhansl & Jusczyk, 1990). 6~7개월경, 영아들은 비트 구조(2배 혹은 3배)와 악센트 구조(매 비트 단위의 첫 음조에 혹은 다른 위치에 강조)를 포함한 리듬 패턴의 변화를 기초로 음악적 선율을 구별할 수 있다(Hannon & Johnson, 2004). 생후 1년이 되면 영아들은 다른 음조로 연주해도 같은 멜로디로 지각한다. 그리고 음의 순서가 약간 바뀌어도 멜로디가 다르다는 것을 안다(Trehub, 2001). 우리가 잠깐 살펴보겠지만, 6~12개월 아기들은 사람의 말소리에서 유사한 차이를 구별한다. 영아들은 나중에 언어학습을 촉진할 소리 규칙성을 쉽게 알아낸다.

언어 지각 영아들은 구조가 유사한 비언어적 소리보다는 사람의 말소리에 더 오랫동안 집중한다

생물학과 환경

친근한 말과 얼굴, 그리고 음악으로 '주파수 맞추기' : 문화특정적 학습에 민감한 시기

가족 및 공동체 구성원과의 경험을 나누기 위해 아기는 자신의 문화에서 의미 있는 지각 식별기술을 터득해야 한다. 우리가 보아 왔듯이, 아기들이 처음에는 거의 모든 말소리에 민감하지만, 6개월 무렵이 되면 그들은 자신이 듣고, 곧 말하게 될 언어를 구별하는 데 한해 초점을 좁힌다.

얼굴을 지각하는 능력은 나이가 들어감에 따라 유사한 지각적 협소화 효과(perceptual narrowing effect), 다시 말해 가장 빈번하게 접하는 정보에 더 많이 주목하게 되는 지각적 민감성을 보여 준다. 그림 4.10에 제시된 얼굴 각 쌍 중 한 구성원에 익숙해진 생후 6개월짜리 영아에게 낯익은 얼굴과 새로운 얼굴을 나란히 놓고 보여 주었다. 두 쌍 모두에 대해 아기들

이 (더 오래 바라보는 것으로) 새로운 얼굴을 찾아냈다는 것은 사람과 원숭이의 얼굴을 모두 제대로 구별해 낼 수 있음을 의미한다(Pascalis, de Haan, & Nelson, 2002). 그러나 생후 9개월 무렵, 영아에게 원숭이 쌍을 보여 주었을 때에는 더 이상 새로운 얼굴에 대한 선호를 나타내지 않았다. 성인과 마찬가지로 그들은 인간의 얼굴만을 구별할 수 있었다.

지각적 협소화 효과는 음악적 리듬을 지각하는 데서도 나타난다. 서구권 성인들은 모든 주요 곡조에 동일한 리듬 구조가 반복되는 서양 음악의 일정한 비트(even-beat pattern)에 익숙하며, 이 익숙한 비트를 방해하는 리듬의 변화를 쉽게 알아차린다. 그러나 발트해 연안의 전통적인 선율과 같이, 전형적인 서양의 리듬 형식에 따르지 않는 음악을 들려 주면 리듬 패턴이 벗어나는 것을 포착해 내지 못한다. 그렇지만 생후 6개월 된 영아는 서구권 및 비서구권 멜로디에서 나타나는 이런 리듬의 변주를 찾을 수 있다. 그러나 이후 추가적으로 서양 음악에 노출된 생후 12개월의 영아는 서양의 리듬 구조에 대한 민감성이 달라지지는 않았지만, 이국적인 음악의 리듬에서 나

타나는 차이를 더 이상 알아차리지 못한다(Hannon & Trehub, 2005b).

외국어 사용자와의 정기적인 상호작용과 비서구권 음악을 매일 들을 기회가 몇 주 동안 이어지면, 광범위한 말소리와 음악 리듬에 대한 12개월 영아의 민감성은 완전히 회복된다(Hannon & Trehub, 2005a; Kuhl, Tsao, & Liu, 2003). 이와 유사하게, 생후 6개월의 영아에게 포괄적인 '원숭이'가 아니라 각각 다른 이름('Carlos', 'Iona')이 붙여진 이미지를 이용하여 3개월간 원숭이의 얼굴을 구별하는 훈련을 시키면 생후 9개월이 되었을 때 원숭이의 얼굴을 구별하는 능력을 유지하게 된다(Scott & Monesson, 2009). 이와는 대조적으로, 성인은 유사한 양의 경험을 한다고 해도 지각적 민감성이 거의 향상되지 않는 모습을 보인다.

종합하면, 이 같은 결과들은 아기가 사회적으로 의미 있는 지각적 구별을 하는 데 '조준되도록(zero in)' 생물학적으로 준비되는 생후 6개월부터 12개월까지의 한층 높아진 역량 혹은 민감기를 시사한다. 이 시기에 몇몇 영역(말, 얼굴, 음악)에서의 학습이 얼마나 특별히 빠르게 이루어지고, 경험에 의해 얼마나 쉽게 수정되는지에 주목하라. 이는 전반적인 신경의 변화─아기들로 하여금 자신이 속한 문화적 공동체에 참여하도록 준비시키는 방식이라는 의미로, 모든 종류의 일상의 자극을 유사하게 분석하는 뇌발달의 특별한 시기─를 시사한다.

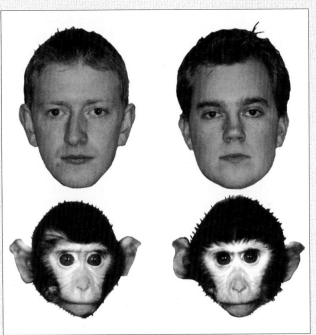

그림 4.10 **사람과 원숭이 얼굴의 변별**
이 쌍 중에 어떤 것을 구별하는 것이 더 쉬운가? 각 쌍에 있는 사진 중의 하나에 습관화된 후에 영아들에게 나란히 있는 친숙하고 다른 얼굴을 보여 주었다. 두 쌍에서 6개월 된 아기는 다른 얼굴에 회복하였는데(더 오래 쳐다보았다), 이는 아기들이 사람과 원숭이 얼굴을 똑같이 잘 변별하였다는 것을 의미한다. 12개월경 아기들은 그 원숭이 얼굴을 변별하는 능력을 잃어버렸다. 성인들과 같이 아기들은 사람의 자극에만 단지 신기함 선호를 보여 주었다.
출처 : O. Pascalis et al., 2002, "Is Face Processing Species-Specific During the First Year of Life?" Science, 296, p. 1322. Copyright © 2002 by AAAS. Reprinted with permission from AAAS.

(Vouloumanos, 2010). 그들은 사람의 어떤 언어도 감지할 수 있다. 신생아들은 많은 음들을 잘 구분한다. 예를 들어, '바' 음을 내며 젖꼭지를 주면 아기들은 한동안 활기차게 빤 다음 이를 습관화한다. '가'라는 소리로 바꾸면 빠는 것이 다시 원래대로 돌아오는데, 이는 영아가 민감한 차이를 감지함을 시사한다. 이러한 방법을 사용해 연구자들은 영아가 구별할 수 없는 말소리가 불과 몇 개밖에 되지 않는다는 것을 밝혔다. 영아들이 자신의 모국어에서 나타나지 않은 음을 지각하는 능력은 성인들보다 더 정확하다(Aldridge, Stillman, & Bower, 2001; Jusczyk & Luce, 2002).

여러분이 영아에게 말을 할 때 집중해 보자. 우리는 아마 말의 흐름에서, 천천히, 명확히, 높은 어조로, 분절 끝의 톤을 올리는 표현적인 목소리를 내고, 계속 말하기 전에 잠시 멈추고 말의 흐름

에서 중요한 부분은 강조하는 방식으로 말을 할 것이다. 성인들은 이와 같은 방식으로 말을 했을 때 영아들이 더 집중을 한다는 것을 알기 때문에 그러한 방법으로 의사소통한다. 실제로 신생아들은 이러한 특성을 가진 사람의 말소리를 더 선호하는데, 이는 부분적으로 영아들의 지각학습을 쉽게 만들기 때문이다(Saffran, Werker, & Werner, 2006). 게다가 신생아들은 친숙하지 않은 사람보다는 엄마의 목소리가 녹음된 것을 들었을 때, 외국어보다는 모국어를 들었을 때 젖꼭지를 더 잘 빤다(Moon, Cooper, & Fifer, 1993; Spence & DeCasper, 1987). 이러한 선호들은 출생 전 작게 들리는 엄마 목소리를 듣는 것에서부터 발달되었을 것이다.

생후 1년 동안 영아들은 모국어의 소리체계에 대해 많은 것을 학습한다. 영아는 주위 사람들이 말하는 것을 들으면서 중요한 음의 변화에 초점 맞추는 것을 배우게 된다. ERP 뇌파 기록은 5개월 된 영아가 모국어의 음절 강세 패턴에 민감해지는 것을 보여 준다(Weber et al., 2004). 6~8개월의 영아들은 모국어에서 사용되지 않는 음을 구별하기 시작한다(Anderson, Morgan, & White, 2003; Polka & Werker, 1994). 모국어 소리에 대한 민감성의 증가는 생후 6~12개월—아기가 사회적으로 중요한 정보를 얻기 위해서 다양한 지각기술을 습득하는 민감기—에서 보편적인 조율과정의 일부이다.

그 후 영아들은 의미를 파악하는 데 중요한 더 큰 소리 단위에 집중한다. 영아들은 말의 흐름에서 친숙한 단어를 지각하고 구와 절의 명확한 경계가 있는 말에 더 오랫동안 귀를 기울인다(Johnson & Seidl, 2008; Jusczyk & Hohne, 1997; Soderstrom et al., 2003). 7~9개월경, 영아들은 언어 구조에 대한 이러한 민감성을 각 단어에까지 확장한다. 그들은 말의 흐름을 단어와 같은 단위로 나누기 시작한다(Jusczyk, 2002; Saffran, Werker, & Werner, 2006).

언어 흐름의 분석 영아의 언어 구조 인식이 어떻게 그렇게 빨리 발달할 수 있을까? 영아들이 언어 흐름에 대하여 놀랄 만한 통계적 학습능력을 가진다는 것을 연구를 통해 알 수 있다. 영아들은 말 흐름의 패턴—반복적으로 일어나는 소리의 순서—을 분석하여, 나중에 의미를 배우게 될 언어 구조를 습득하는데, 그 시기는 영아가 말을 시작하기 훨씬 전인 12개월경이다.

그중 한 연구에서 연구자들은 8~9개월 된 영아들에게 무의미한 음절이 반복되는 것을 들려 주었다. 그런 후 영아들에게 짧고 새로운 음절을 다시 반복해서 들려 주었다. 몇몇은 처음 것의 음절 패턴을 따랐고 몇몇은 아니었다. 영아들은 매우 빠르게 음절의 구조를 추론했다. 그들은 처음의 음절 패턴에 있었던 새로운 말에 더 집중했다. 다시 말해, 영아들은 좀처럼 함께 쓰이지 않는 음절과 (같은 단어에 속해 있어서) 자주 함께 쓰이는 음절을 구분하는 통계적 규칙성에 주의를 기울였다. 영어를 예로 들면, 'pretty#baby'에서 단어의 반복을 생각해 보자. 1분 동안(약 60개의 단어) 말의 흐름에 귀 기울이게 하면 영아들은 단어 외부 음절 쌍(ty#ba)으로부터 단어 내부 음절 쌍(pretty)을 구분할 수 있게 된다(Saffran, Aslin, & Newport, 1996; Saffran & Thiessen, 2003).

영아들이 단어의 위치를 찾을 때, 그들은 단어에 집중하고 음절 강세 규칙성을 알아낸다. 예를 들어, 영어와 독일어에서 한 강한 음절(hap-py, rab-bit)은 종종 새로운 단어를 나타낸다(Swingley, 2005; Thiessen & Saffran, 2007). 10개월경, 영아들은 단어의 앞뒤 소리 규칙성을 들음으로써, 'surprise'와 같은 약한 음절로 시작하는 단어를 알아낼 수 있다(Jusczyk, 2001; Kooijman, Hagoort, & Cutler, 2009).

또한 영아들은 단어 순서의 규칙성에도 주의를 기울인다. 무의미한 단어를 사용한 연구에서 7개월 된 영아는 'ga ti ga'와 'li na li'의 ABA 구조와 'wo fe fe', 'ta la la'의 ABB 구조를 구별했다(Marcus et al., 1999). 영아는 단순한 단어 순서의 규칙을 이해한 것처럼 보이며, 이 능력은 영아들이 모국어의 기본 문법을 파악하는 데 도움이 된다. 이 규칙을 찾아낸 후에 아기들은 이것을 언어가 아닌 소리에 일반화한다. 무의미한 단어의 순서에 있는 규칙성에 노출된 7개월 영아는 일련의 음악적 음

조(톤)나 동물 소리에서 유사한 패턴을 찾을 수 있다. 그러나 하나만 제시할 때, 이 자극은 어떠한 규칙 학습을 만들어내지 못했다(Marcus, Fernandes, & Johnson, 2007). 말을 분석하는 것은 아기들이 자신의 청각세계의 다른 측면을 처리하거나 체계화하는 데 도움이 되는 것으로 보인다.

영아들은 지속적이고 복잡한 언어적인 자극으로부터 규칙성을 알아내는 뛰어난 능력을 가졌다. 몇몇 연구자들은 영아들이 환경 내에서 구조를 감지하는 일반적 학습기제를 선천적으로 가지고 있고 이것은 시각적 자극에도 적용된다고 믿었다(Kirkham, Slemmer, & Johnson, 2002). 의사소통은 종종 여러 감각(동시적으로 언어, 시각 그리고 촉각)과 관련이 있기 때문에 영아들은 말을 분석하는 데 있어 다른 감각의 도움을 많이 받는다. 엄마가 아기에게 설명을 하면서 대상의 이름을 명명하는 것(예 : 인형을 움직이면서 '인형'이라고 말하고 가끔은 영아에게 인형을 만져 보게 함)을 볼 수 있을 것이다. 연구를 통해 엄마들이 5~8개월 된 영아에게 말을 할 때 단어, 물체의 움직임, 접촉을 동시에 사용하는 것이 밝혀졌다(Gogate, Bahrick, & Watson, 2000). 그렇게 함으로써 엄마들은 영아들에게 도움이 되는 학습환경을 만들어 준다.

부모들은 종종 장난감이나 혹은 다른 사물의 이름을 말한다. 예를 들어, 장난감을 움직이고 때때로 그것을 아기에게 갖다 대면서 '곰'이라고 말한다. 이 다중 감각 의사소통은 아기로 하여금 사물과 단어들을 연합시키도록 해 준다.

두 연구에서 7개월 된 영아는 소리와 물체의 움직임을 동시에 접했을 때만, 소리와 사물 사이의 연관성을 기억했다(Gogate & Bahrick, 1998, 2001).

결국 언어에 대한 영아들의 독특한 반응성이 부모로 하여금 영아에게 말을 하도록 격려한다. 그렇게 함으로써 언어에 대한 준비와 주 양육자와 영아 사이의 정서적 유대감이 더욱 강화된다. 성인이 두 개의 유사한 모국어 소리를 말하는 동안 그 얼굴을 세심히 보는 기회는 6개월 된 아기들의 소리 변별을 용이하게 한다(Teinonen et al., 2008). 유사하게, 말에서 정서적 정보를 얻기 위해서 처음에는 청각과 시각적 자극의 연합에 의존한다. 3~4개월 된 영아는 얼굴을 보았을 경우에는 슬픈 어조의 말과 행복한 어조의 말을 구분할 수 있다. 이후에는 영아들이 처음에는 음성에서 그 후에는 표정에서 부정적 정서와 긍정적 정서를 구별할 수 있게 된다(Walker-Andrews, 1997).

시각

환경을 적극적으로 탐색하기 위하여 인간은 다른 감각보다 시각에 주로 의존한다. 그러나 출생 시 시각은 감각 중에 가장 발달하지 않은 상태이다. 눈과 뇌의 시각적 구조는 아직 완전히 형성된 것이 아니다. 예를 들어, 빛을 감지하고 뇌로 메시지를 전달하는 역할을 하는 망막세포는 안구 내부에 존재하는 막으로서 밀도 있게 채워지지 않고 성숙되지 않아 생후 몇 개월이 지나야 성숙된다. 이러한 메시지를 전달하는 시신경과 그것을 받는 두뇌의 시각중추는 생후 몇 년 동안에도 성인만큼은 발달하지 않는다. 게다가 거리 변화를 조정해 초점을 맞출 수 있게 해 주는 수정체의 근육 또한 약하다(Kellman & Arterberry, 2006).

그 결과, 신생아들은 초점을 잘 맞출 수 없고 **시력**(visual acuity)이 좋지 않고 세밀한 구별을 잘하지 못한다. 출생 시 영아들은 성인들이 200m 거리에 있는 사물을 명확하게 감지하는 만큼 영아들은 5~6m 내에서 명확하게 볼 수 있다(Slater, 2010). 게다가 성인(가까이 있는 사물을 가장 명확하게 보는)들과는 달리 신생아들은 다양한 거리에서 명확하게 보지 못한다(Banks, 1980; Hainline, 1998). 그래서 부모의 얼굴과 같은 이미지는 비록 가까이 있어도 그림 4.11a처럼 흐릿하게 보인다. 그리고 비록 신생아들이 회색보다는 색깔이 있는 것을 선호하지만 신생아들은 색깔을 잘 구별하지 못한다(Kellman & Arterberry, 2006).

시각체계는 처음 몇 개월에 걸쳐 급속히 발달한다. 생후 2개월이 되면 영아들은 성인들만큼 사물에 초점을 맞출 수 있게 되며, 4개월에 색깔 변별은 성인 수준이다(Kellman & Arterberry, 2006).

시력은 점차 좋아져 6개월이 되면 20/80까지 이르고 4세가 되면 거의 20/20인 성인 수준에 다다르게 된다(Slater, 2010).

비록 신생아들이 아직 잘 볼 수는 없지만 흥미로운 사물을 유심히 쳐다보거나 움직이는 물체를 추적하며 적극적으로 환경을 탐색한다. 그러나 안구운동은 느리고 부정확하다.

영아들이 보다 명확하게 볼 수 있게 되고 안구 움직임을 스스로 통제할 수 있게 됨에 따라 사물을 스캐닝하고 추적하는 것은 생후 6개월에 걸쳐 향상된다. 또한 영아들이 체계화된 지각세계를 형성하게 됨에 따라 안구의 움직임으로 다음에 어떤 일이 벌어질지를 예상하면서 철저하고 체계적이며 전략적으로 입수한 정보를 훑어본다(Haith, 1994; Johnson, Slemmer, & Amso, 2004; von Hofsten et al., 1998). 결과적으로 스캐닝은 지각을 향상시키고 (양방향 방식으로) 지각은 스캐닝 능력을 향상시켜 준다.

영아들이 자신의 시야를 탐색하게 되면 사물의 특징과 공간에 사물이 어떻게 배열되었는지를 알게 된다. 시각의 세 가지 측면(깊이, 패턴, 대상 지각)의 발달을 살펴봄으로써 이에 대해 더 잘 이해할 수 있게 될 것이다.

깊이 지각 깊이 지각은 대상의 거리를 판단하는 능력이다. 이는 환경의 배치를 이해하고 동적 활동을 안내하는 데 중요하다. 물체에 닿기 위해서는 영아들이 깊이에 대한 감각을 가지고 있어야 한다. 영아들이 기어 다니게 되었을 때, 깊이 지각은 영아들이 가구에 부딪히거나 의자에서 떨어지지 않도록 해 준다.

그림 4.12는 Eleanor Gibson과 Richard Walk(1960)가 고안하였으며 깊이 지각에 대한 초기 연구에서 사용되어 잘 알려진 시각 절벽이다. **시각 절벽**(visual cliff)은 플렉시 유리로 덮인 탁자로 구성되어 있으며 중앙에 단이 있고, 유리 아래 체크무늬로 된 '얕은' 면과 유리에서 어느 정도 떨어진 곳에 체크무늬의 '깊은' 면이 있다. 연구자들은 그 위를 기어 다니는 영아가 얕은 면은 쉽게 지나간다는 것을 발견했다. 그러나 대부분이 깊은 면은 두려워했다. 연구자들은 영아가 기어 다닐 때쯤 깊고 얕음을 구별하고 절벽은 피한다는 결론을 내렸다.

시각 절벽은 기는 것과 절벽에 대한 기피가 관련이 있음을 보여 주지만 그것이 어떻게 관련이 있으며 깊이 지각이 언제 처음 나타나는지에 대해서는 밝히지 못했다. 깊이 지각의 발달을 잘 이해하기 위해서 최근 연구는 영아에게 기어가도록 요구하지 않는 방법을 사용하여 특정한 깊이 단서를 감지하는 영아의 능력을 조사하였다.

깊이 지각의 출현 물체가 멀리 떨어져 있는 것이 아니라 가까이 있다는 것을 어떻게 알까? 아래의 실험을 통해 알아보자. 컵과 같은 작은 물체를 잡아 얼굴 가까이 가져가 보고 멀리 떨어뜨려도 보자. 가까이 가져갔을 때 이미지가 커지고 멀어지게 했을 때 이미지가 작아졌는가? 자동차나 자전거를 타 보자. 가까이에 있는 물체가 멀리 있는 것보다 더 빨리 시야에서 지나갈 것이다.

움직임(motion)은 영아들이 민감한 최초의 깊이 단서이다. 3~4주 된 영아는 물체가 얼굴을 칠 것처럼 가까이 다가오면 방어하기 위해 눈을 깜빡인다(Nánez & Yonas, 1994). 어른이 아기를 데리고 다닐 때, 사람이나 사물이 눈앞에서 회전하고 움직일 때 영아들은 깊이에 대해 더 많이 배우게 된다. 생후 3개월이 되었을 때, 움직임은 아기로 하여금 사물이 평면이 아니라 3차원이라는 것을

(a) 신생아의 시력   (b) 성인의 시력

그림 4.11 신생아와 성인의 시력
신생아의 제한된 초점능력과 좋지 않은 시력은 엄마의 얼굴을 가까이 대었을 때도 명확한 모습(b)이 아니라 흐릿한 모습(a)으로 보인다. 또한 신생아들은 색깔을 가지고 있지만 색깔을 변별하는 데 어려움이 있다. 연구자들은 신생아들에게 색깔은 대개 유사하게 보이지만 나이가 더 든 영아와 성인보다는 덜 밝게 보이는 것으로 추측한다.
출처 : Kellman & Arterberry, 2006; Slater et al., 2010.

그림 4.12 **시각 절벽**
깊고 얕은 각 면에 플렉시 유리가 덮여 있다. 깊은 면으로는 기어가지 않으며 얕은 쪽을 선호하는 것을 통해 영아들이 깊이 지각 능력이 있음을 알 수 있다.

알게 해 준다(Arterberry, Craton, & Yonas, 1993).

양안 깊이 단서(binocular depth cues)는 두 눈의 시야가 조금 다른 시각을 가지기 때문에 생겨난다. 입체영상이라고 불리는 과정에서 뇌는 깊이 지각의 결과로 나타난 두 이미지를 혼합한다. 양안 단서에 대한 영아의 민감성을 연구하기 위해 연구자들은 각각의 눈이 하나의 이미지를 받아들이도록 하는 특수 안경을 쓰게 하고 이들 앞에 두 가지의 겹쳐진 이미지를 투사한다. 실험 결과는 양안 단서의 민감성이 생후 2~3개월에 나타나고 생후 1년 동안 빠르게 발달한다는 것을 보여 주었다(Birch, 1993; Brown & Miracle, 2003). 영아들은 물체까지의 거리를 맞추기 위해 팔과 손의 움직임을 조정하는데 이때 양안 단서를 사용한다.

가장 늦게 발달하는 것은 예술가가 그림을 3차원으로 보이게 만드는 데 사용하는 그림 깊이 단서(pictorial depth cues)이다. 원근의 착각을 만들어 내는 희미해지는 선, 질감의 변화(가까이 있는 질감이 멀리 있는 것보다 더 세밀하다), 물체가 겹쳐지는 것(다른 물체에 의해 부분적으로 감추어진 물체는 보다 더 멀게 인식된다), 그림 비행기에서 높이(수평선에 가까이에 있는 대상이 멀리 떨어져 나타나는), 표면에 드리워진 그림자(대상과 표면 간에 공간에서의 분리를 지적하는)를 예로 들 수 있다. 습관화 연구는 3~4개월 영아들이 겹쳐지는 선과 선의 연결지점(접합점)의 단서에 민감하다는 것을 제시한다. 가령, 4개월 영아는 그림 4.13에서 정육면체의 구조적으로 '가능한' 그림과 '불가능한' 그림을 구분한다. 영아들은 불가능한 정육면체를 보고 어리둥절해하면서 더 오랫동안 쳐다본다(Bertin & Bhatt, 2006; Shuwairi, Albert, & Johnson, 2007). 연구자들이 아기가 그림 단서를 포함하는 이미지의 부분이 더 가까이 다가오는 것에 손을 뻗는지를 관찰한 연구는 5~7개월 사이에 상당히 향상된다는 것을 보여 준다(Arterberry, 2008; Kavsek, Granrud, & Yonas, 2009).

깊이 단서의 지각이 왜 방금 설명한 순서대로 나타나는 것일까? 연구자들은 운동발달과 관계있다고 생각했다. 예를 들어, 생후 처음 몇 주 동안 머리를 조절할 수 있는 능력은 아기가 움직임과 양안 단서를 감지하는 데 도움을 준다. 5~6개월경에 물체 표면을 돌리고, 찌르고, 느끼는 능력은 크기, 질감, 3차원 형태에 관한 정보를 취할 때 그림 단서의 민감성을 향상시킨다(Bushnell & Boudreau, 1993; Soska, Adolph, & Johnson, 2010). 우리가 다음에 알아볼 연구는 운동발달의 한 측면인 독립적 움직임이 깊이 지각을 향상시키는 데 중요한 역할을 한다는 것을 보여 준다.

독립운동과 깊이 지각 막 기어 다니기 시작한 생후 9개월 된 영아의 엄마들은 이들이 겁이 없는 무모한 아이라고 말한다. "만약 아기를 침대 중앙에 내려놓으면, 그 애는 오른쪽 가장자리로 기어갈 거예요. 똑같은 일이 의자에서도 일어나요."라고 영아의 엄마는 말한다.

습관화 단계

(a) 습관화

테스트 단계

(b) 가능한 정육면체　　(c) 불가능한 정육면체

그림 4.13 **그림 깊이 단서에 대한 영아의 반응성 검사-겹치는 선들과 선 교차점**
(a) 아기들이 겹치는 선과 선 교차점 자극이 있는 3차원을 쳐다보도록 만든 한 정육면체의 라인 드로잉에 습관화되었다. 그래서 그 부분의 구조에 대한 보기 선호를 테스트 받을 수 있었다. 다음에 아기들에게 교대로 두 개의 시험 진열을 보여 주었다. (b) 구조적으로 '가능한' 정육면체. (c) 그림 단서의 결합력을 수정하여 구조적으로 불가능하게 보이는 것으로 만들어진 정육면체. 4개월 된 아기는 불가능한 정육면체를 마치 어리둥절한 것처럼 더 오랫동안 쳐다보았는데, 이는 그림 단서의 민감성을 제시하는 선호로 보인다.
출처 : S. M. Shuwairi, M. K. Albert, & S. P. Johnson, 2007, "Discrimination of Possible and Impossible Objects in Infancy," *Psychological Science, Vol. 18, No. 4*, p. 304, copyright © 2007, Association of Psychological Science. Reprinted by Permission of SAGE Publications.

기어 다니는 것이 숙달되면 침대나 계단 가장자리에 대한 조심성이 생기게 될까? 연구자들은 그 렇다고 말한다. 언제 기기 시작했느냐와는 상관없이 기기 경험이 많은 영아들은 시각 절벽의 깊은 면을 가로지르는 것을 훨씬 더 거부하는 것 같다(Campos et al., 2000).

연구자들은 영아들이 일상의 경험으로부터 추락의 위험을 감지하기 위해 깊이 자극을 사용하는 방법을 차차 알게 된다고 했다. 그러나 낭떠러지로 떨어지게 되는 자세 조절의 실패는 각 신체의 자세에 따라 크게 다르기 때문에 영아들은 각 자세별로 학습을 해야 한다. 한 연구에서는 앉기는 하지만 기어 다니기 시작한 지 얼마 안 되는 9개월 된 영아들을 낭떠러지가 얕은 가장자리에 앉게 했다(Adolph, 2002, 2008). 영아들은 익숙한 자세로 앉아 있을 때는 떨어질 만한 거리에 있는 장난 감 쪽으로 상체를 내밀지 않았다. 그러나 익숙하지 않은 기어 다니기 자세에서는 거리가 매우 넓을 때에도 가장자리 부분으로 향했다. 영아들이 여러 자세와 상황에서 떨어지지 않는 법을 알게 되는 것과 같이 깊이에 대한 이해도 확장된다. 막 걷기 시작한 아기들은 절벽을 피하면서 필요한 자세 적응을 하지 않고 경사지 아래로 그리고 평평하지 않은 표면 위로 위태롭게 다닌다. 심지어 엄마가 앞으로 가지 말라고 단념시켰을 때조차 그렇게 한다. 이렇게 하여 아기들은 자주 넘어진다(Adolph et al., 2008; Joh & Adolph, 2006). 영아들이 다양한 자세와 상황에서 추락을 피하는 방법을 발견할 때 그들의 깊이에 대한 이해는 확장된다.

기어 다니기 경험은 다른 측면의 3차원적 이해를 촉진시킨다. 예를 들어, 기어 다니기가 익숙한 영아들이 그렇지 못한 영아들보다 물체의 위치를 기억하고 숨겨진 물체를 더 잘 찾아낸다(Bai & Bertenthal, 1992; Campos et al., 2000). 기어 다니기가 왜 이러한 차이를 만들까? 여러분이 스스 로 걷거나 운전할 때와 달리, 한 장소에서 다른 장소로 보내졌을 때, 그 환경의 경험을 비교해 보 자. 여러분 스스로 움직일 때 표지판이나 길을 더 잘 알게 되고 사물이 다른 관점에서 보이는 것에 주의를 더 기울일 것이다. 영아들 또한 그러하다. 사실 기어 다니기는 대뇌피질에 있는 보다 체계 화된 EEG 뇌파활동이 나타내는 것처럼 새로운 수준으로 뇌의 조직화를 끌어올린다(Bell & Fox, 1996). 기어 다니기는 신경계의 연결을 강화시켜 주는데 특히 시각과 공간의 이해와 관련이 있다. 독립적인 움직임과 공간 지식 간의 관련은 심각한 시각장애를 가진 영아와 같이 상당히 다른 지각 경험을 가진 사람들에서도 나타난다.

패턴 지각 심지어 신생아들도 평이한 것보다는 무늬가 있는 자극을 쳐다보는 것을 더 좋아한다 (Fantz, 1961). 영아들은 나이가 들면서 보다 복잡한 무늬를 선호한다. 예를 들어, 3주 된 영아들은 커다란 사각형이 있는 검정과 흰색의 바둑판을 가장 오랫동안 주시한다. 반면 8~14주 된 영아들 은 사각형이 더 많이 있는 바둑판을 선호한다(Brennan, Ames, Moore, 1966).

대조 민감성 대조 민감성(contrast sensitivity)이라고 불리는 일반적 원리는 초기의 패턴 선호를 설 명해 준다(Banks & Ginsburg, 1985). 대조란 이웃한 패턴 사이의 빛의 양 차이를 말하다 만약 영아 들이 두 개나 그 이상의 패턴 속에 있는 대조에 민감하다면 그들은 많은 대조가 있는 패턴을 선호 한다. 이러한 개념을 이해하기 위해 그림 4.14의 첫 번째 열에 있는 바둑판을 살펴보자. 작고 수많 은 사각형으로 구성된 대조적 요소가 많이 있다. 아래쪽은 이러한 바둑판이 생후 몇 주 된 영아들 에게 어떻게 보이는지를 나타낸다. 신생아들은 시력이 별로 좋지 않기 때문에 복잡한 패턴에서 작 은 특징들을 찾아내지 못한다. 그래서 그들은 커다랗고 선명한 바둑판을 선호한다. 미세한 세부사 항을 감지하는 능력이 좋아지는 생후 2개월경, 영아들은 복잡한 패턴에서 보이는 더 큰 차이에 민 감해지며 더 오래 응시하게 된다. 대조 민감성은 유아기와 아동기 동안 계속 향상된다(Gwiazda & Birch, 2001).

패턴 요소들의 조합 생후 초기 몇 주 동안 영아들은 패턴에서 분리된 부분에 반응을 한다. 영아들

기어 다니는 것이 능숙해짐에 따라 이 8개 월 된 아기의 경험은 다른 측면의 3차원적 이해―예를 들어, 사물의 위치를 기억하 고 사물이 다른 방향에서 어떻게 보이는 지―를 향상시켜 준다.

굵은 바둑판   복잡한 바둑판

아주 어린 영아들이 인식하는 바둑판 모양

그림 4.14 복잡성이 다른 바둑판이 생후 1주 영아들에게 보이는 방식

아주 어린 영아들은 좋지 않은 시력 때문에 복잡한 바둑판에 있는 세부 묘사를 회색판처럼 희미하게 본다. 크고 진한 바둑판은 대조가 많아서 아기는 이것을 쳐다보기 좋아한다.

출처 : M. S. Banks & P. Salapatek, 1983, "Infant Visual Perception," in M. M. Haith & J. J. Campos [Eds.], *Handbook of Child Psychology: Vol. 2. Infancy and Developmental Psychobiology* [4th ed.], New York: John Wiley & Sons, p. 504. Reprinted with permission from John Wiley & Sons, Inc.

은 어떤 대조적인 특징들을 계속 응시하면서 다른 흥미로운 자극으로 주의를 잘 돌리지 않는다(Hunnius & Geuze, 2004a, 2004b). 예를 들어, 1개월 된 영아는 사람 얼굴 그림을 관찰하면서 그림의 가장자리, 특히 머릿결이나 턱에 집중한다. 스캐닝 능력과 대조 민감성이 향상되는 2~3개월경에, 영아들은 두드러진 각 부분을 쳐다보기보다는 패턴의 내부 특징을 철저히 탐색한다(Bronson, 1994).

또한 영아들의 스캐닝은 패턴의 특징에 따라 다양하다. 엄마의 끄덕임, 웃는 얼굴과 같은 동적 자극이 주어졌을 때, 6주 된 영아들은 가장자리보다는 내부 특징(입, 눈)에 더 관심을 보인다. 게다가 자극이 동적일 때, 전체 자극에 대한 철저한 조사는 지체되어서 4개월 후에나 나타난다(Hunnius & Geuze, 2004b). *Sesame Street* TV 프로그램으로부터 정지화면이나 비디오 클립(짧게 제작한 비디오)과 같은 복잡한 자극이 제시되었을 때, 생후 6개월 이후에 걸쳐 아기들은 그 이미지를 이해하려고 노력하면서 조사 시간을 늘린다(Courage, Reynolds, & Richards, 2006). 복잡하게 움직이는 패턴을 탐색하는 것은 정지된 패턴을 탐색하는 것보다 더 많은 것을 요구한다.

일단 영아들이 패턴의 모든 측면을 받아들이면, 전체로 패턴을 통합한다. 4개월 된 영아들은 고정된 패턴의 체계를 감지하는 데 능숙하다(심지어는 실제 존재하지 않는 주관적 경계도 인식한다). 예를 들어, 그들은 우리가 하는 것처럼 그림 4.15a의 중앙에 있는 사각형을 인식한다(Ghim, 1990). 더 나이가 많은 영아들에게는 주관적 형태에 대한 이러한 반응성이 더 많이 나타난다. 예를 들어, 9개월 된 영아들은 사람이 걸을 때와 유사하게 움직이는 빛을 특별히 더 선호한다. 위아래로 혹은 뒤섞인 것보다는 이러한 형태를 더 오래 주시한다(Bertenthal, 1993). 12개월 된 영아들은 심지어 그림의 2/3가 없어도 불완전한 그림에 의해 보여지는 친숙한 사물을 감지한다(그림 4.15b 참조)(Rose, Jankowski, & Senior, 1997). 이러한 연구결과는 사물과 행위에 대한 영아의 지식이 증가되어 패턴 인식을 도와준다는 것을 알 수 있다.

안면 지각 패턴이 있는 자극에서 구조를 찾으려는 영아들의 경향은 얼굴 인식에도 적용된다. 신생아들은 거꾸로 되었거나 비스듬한 것처럼 부자연스러운 것보다는 사람의 얼굴처럼 자연스럽게 바로 배열된 것을 선호한다(그림 4.16a 참조)(Cassia, Turati, & Simion, 2004; Mondloch et al., 1999). 영아들은 다른 자극을 추적하기보다는 자신의 시야에서 움직이는 얼굴과 같은 모습을 더 멀리 추적한다(Johnson, 1999). 그리고 비록 내부 특징을 근거로 한 실제 얼굴을 구분하는 능력이 제한되어 있더라도, 출생 직후 아기들은 눈을 뜨고 똑바로 쳐다보는 얼굴의 사진을 선호한다(Farroni et al., 2002; Turati et al., 2006). 또 다른 놀라운 능력은 성인이 매력적인 얼굴이라고 평가한 얼굴을 그렇지 않은 얼굴보다 더 오래 쳐다본다는 점이다(Slater et al., 2000). 적어도 영아기 초기에, 이 매력 선호는 사람 얼굴을 넘어서 사람이 아닌 고양이나 야생 호랑이 같은 동물 얼굴까지 확장된다(Quinn et al., 2008). 이러한 선호는 신체적으로 매력적인 사람을 좋아한다는 일반적인 사회적 선입견의 기원이 될 것이다.

일부 연구자들은 많은 동물의 새끼가 그렇듯이 이런 행동이 자기와 같은 종족을 선호하는 타고난 능력을 반영한다고 주장한다(Johnson, 2001; Slater & Quinn, 2001). 이를 지지하는 입장에서는 신생아들이 시야(초기 두뇌 중심에 의해 조절되는 망막 부분)의 주변에 나타나는 자극을 볼 때만 수직적 얼굴을 선호한다고 주장한다(Cassia, Simion, & Umiltá, 2001). 다른 관점을 가진 연구자들은 신생아들이 가장 두드러진 요소가 그림 4.16b에 있는 '눈'처럼 패턴의 윗부분에 수평으로 배열된 자극을 선호한다고 주장한다. 정말로 신생아들은 이 특징이 있는 비얼굴 형태를 다른 비얼굴 형태보다 더 선호한다(Cassia, Turati, & Simion, 2004; Simion et al., 2001). 그러나 얼굴 패턴을 선호한다는 선입견이 그런 선호도를 조장한다. 다른 연구자들은 여전히 신생아들이 다른 자극보다 얼굴이라는 자극에 더 많이 노출되어 있다고 주장한다. 즉 초기 경험은 얼굴을 감지하고 매력적인 얼굴을 선호하도록 두뇌와 빠르게 연결시킬 수 있다(Nelson, 2001).

신생아들은 얼굴을 닮은 구조에 반응할 수는 있지만, 얼굴과 같이 복잡하고 고정된 이미지와 똑같이 복잡하지만 형태가 다른 것은 변별할 수 없다(그림 4.16c 참조). 비록 신생아들이 일부 특징이 아닌 전반적인 형태에 더 민감하다 할지라도, 엄마의 얼굴은 반복적으로 노출되므로, 아기는 낯선 여자보다는 엄마의 얼굴을 선호하게끔 빨리 학습한다. 신생아들은 패턴을 탐색하는 이러한 경향성을 안면 지각에 재빨리 적용한다. 전체 자극을 쫓아갈 수 있고 그것에 속하는 요소를 조직화된 전체로 조합할 수 있게 되는 생후 2개월이 되면 엄마 얼굴의 특징을 인지하고 선호하게 된다(Bartrip, Morton, & de Schonen, 2001). 아기는 다른 복잡한 배열의 자극보다는 사람의 얼굴 그림을 더 좋아한다(Dannemiller & Stephens, 1988).

생후 3개월이 되면, 영아들은 서로 다른 얼굴의 미세한 특징도 구별할 수 있다. 예를 들어, 낯선 두 사람이 적당히 비슷하게 생겼더라도 그 차이를 알 수 있다(Farroni et al., 2007). 생후 5개월에 영아들은 얼굴 전체로부터 정서표현을 인식한다. 이것은 생후 6개월이 지나면서 더욱 강화된다. 영아들은 긍정적인 얼굴(행복하거나 놀라는)과 부정적인 얼굴(슬퍼하거나 무서워하는)을 다른 것으로 취급한다(Bornstein & Arterberry, 2003; Ludemann, 1991). 이 시기쯤, 아기들은 얼굴 인식을 위해 점점 관계적 정보에 의존한다. 연구자들이 얼굴 사진에서 눈과 입 사이에 거리를 약간 변경하면 5개월 된 영아들은 얼굴의 변화를 감지한다(Hayden et al., 2007).

경험은 얼굴 인식과정에 영향을 주는데, 아기로 하여금 어린 나이에 집단 편견을 형성하도록 한다. 이미 3개월 때 영아들은 남자 얼굴들 사이에서보다 여자 얼굴들 사이에서 더 쉽게 구별하고 선호한다(Quinn et al., 2002; Ramsey-Rennels & Langlois, 2006). 이러한 영향은 영아들이 보다 많은 시간을 여자 성인과 보내기 때문이라고 설명되며, 초기 양육자가 남자인 아기는 남자 얼굴을 선호한다. 그뿐만 아니라 3~6개월 된 영아들은 주로 노출되었던 자신과 같은 인종의 얼굴을 보는 것을 선호하고 보다 쉽게 그들의 얼굴에서 차이를 발견한다(Bar-Haim et al., 2006; Kelly et al., 2007a, 2007b). 이러한 자신의 인종 얼굴 선호는 다른 인종과 빈번한 접촉을 했던 아기들에게는 나타나지 않으며, 이는 인종 간의 다양성에 노출함으로써 변화될 수 있다(Sangrigoli et al., 2005).

명확히 양육자와 서로 얼굴을 맞대고 한 상호작용은 얼굴 인식을 정교하게 하는 데 도움을 준다. 제10장에서 보게 되겠지만 사람 얼굴에 대한 영아의 민감성 발달은 최초의 사회적 관계를 지워해 주고 적응할 수 있는 방식으로 환경탐색을 조절하도록 도와준다.

대상 지각 패턴 인식에 관한 연구들은 2차원적 자극과 관련이 있다. 그러나 우리의 환경은 안정적인 3차원 물체로 구성되어 있다. 영아들이 자신과 타인 그리고 사물을 구별하기 위해 꼭 필요한 지식인 독립적인 물체들의 세계를 인식할 수 있을까?

크기와 형태 항상성 우리가 움직일 때 망막에 맺힌 이미지들은 그 크기와 형태가 계속 변화한다. 대상이 안정적이고 변하지 않은 것으로 인식하기 위해 우리는 변화하는 망막의 이미지를 하나의 표상으로 변화시켜야 한다.

크기 항상성(size constancy), 즉 망막에 맺힌 이미지의 크기가 변화해도 사물의 크기를 동일하게 지각하는 것은 생후 첫 주에 나타난다. 이를 증명하기 위해 연구자들은 시야로부터 다양한 거리에

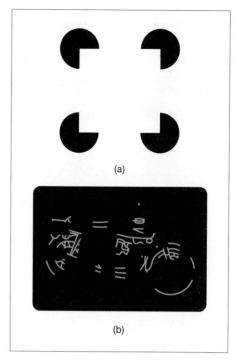

(a)

(b)

그림 4.15 시각 패턴에서 주관적 윤곽

(a) 여러분은 위쪽에 있는 그림의 가운데에 있는 사각형을 인식하는가? 4개월 된 아기도 인식한다. (b) 윤곽의 2/3가 빠져 있는 아래쪽에 있는 이미지가 어떻게 보이는가? 12개월 된 영아들은 오토바이의 이미지를 알아낸다. 불완전한 오토바이에 습관화시킨 후에 새로운 형태와 짝지어서 원래 형태의 오토바이를 보여 주었다. 이때 12개월 된 영아들은 새로운 대상을 더 오래 쳐다보는데, 이는 아주 적은 시각적 정보에 의존하여 오토바이 형태를 인식했다는 것을 시사한다.

출처 : Ghim, 1990; Rose, Jankowski, & Senior, 1997.

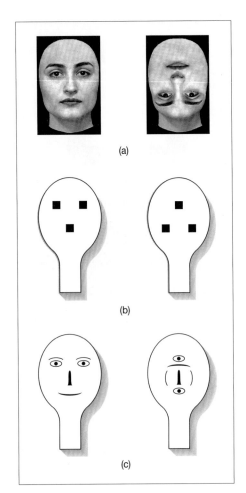

(a)

(b)

(c)

그림 4.16 초기 안면 지각

신생아는 얼굴 사진(a) 그리고 위아래가 바뀐 것보다 얼굴과 유사한 단순한 무늬(b)를 보는 것을 선호한다. (c) 왼쪽에 복잡한 형태의 얼굴 그림과 오른쪽에 똑같이 복잡하고 뒤섞인 얼굴을 신생아의 시야 쪽으로 옮겼을 때 아기들은 그 얼굴을 더 오랫동안 지켜본다. 그러나 두 자극이 움직이지 않으면 영아들은 2~3개월이 될 때까지 어떠한 선호도 보이지 않는다.

출처 : Cassia, Turati, & Simion, 2004; Johnson, 1999; Mondloch et al., 1999.

있는 작은 주사위에 영아들을 습관화시켰고, 주사위의 망막 이미지 크기의 변화에 둔감하게 하고 사물의 실제 크기에 주의를 기울이도록 하였다. 작은 주사위를 같은 크기의 망막 이미지를 만드는 크고 새로운 주사위와 함께 다른 거리에서 보여 주었을 때, 모든 아기들은 새롭고 큰 주사위에 회복하였다(더 오래 쳐다보았다). 이는 아기들이 망막 이미지 크기가 아닌 실제 크기에 기초하여 사물을 구별하였다는 것을 시사한다(Slater et al., 2010).

망막에 투영된 형태가 변화해도 물체의 형태를 안정적으로 인식하는 것을 **형태 항상성**(shape constancy)이라고 부른다. 습관화 연구에서는 영아가 손을 가지고 물체를 돌려 보고 다른 각도로 볼 수 있게 되기 훨씬 전인 생후 첫 주에도 형태 항상성이 있다고 제시한다(Slater & Johnson, 1999).

요약하면, 크기와 형태 항상성은 영아들이 일관된 물체의 세계를 감지하도록 해 주는 타고난 능력으로 보인다. 그러나 이것도 영아들의 대상 인식능력 가운데 일부분에 지나지 않는다.

대상 동일성의 지각　처음에 영아들은 사물을 확인하기 위하여 사물의 움직임과 공간 배열에 전적으로 의존한다(Jusczyk et al., 1999; Spelke & Hermer, 1996). 생후 4개월 미만의 영아들은 두 물체가 같이 움직이거나 서 있을 경우 이 두 물체를 구별할 수 없다. 이 장 앞부분에서 본 것처럼 영아들은 움직이는 사물에 매혹된다. 영아들은 사물의 움직임을 관찰하며 형태, 색깔, 질감과 같은 사물의 정보를 추가적으로 얻는다.

예를 들어, 그림 4.17에서처럼 생후 2개월 된 영아들은 움직이는 막대의 가운데 부분이 상자 뒷면에 가려져도 막대가 두 부분이 아니라 하나라는 것을 인지한다. 움직임, 감촉이 느껴지는 배경, 막대의 위아래 일직선, 작은 박스(막대의 대부분이 보인다)가 영아들이 하나의 물체라는 것을 추론하는 데 필수적이다. 영아들은 가장 중요한 정보를 스캔하는 능력이 아직 완전하지 않기 때문에 진열된 대상 간의 차이를 고조시키는 이 모든 단서를 필요로 한다(Amso & Johnson, 2006; Johnson et al., 2002).

영아들이 많은 물체에 익숙해지고 물체들의 다양한 특징을 하나로 통합할 수 있게 되면 움직임보다는 형태, 색, 질감에 더 의존하게 된다(Slater et al., 2010). 생후 4개월 반이 된 어린 영아들은 단순하고 다루기 쉬운 상황에 있는 물체들의 특징에 근거하여 만지고 있는 두 물체의 특징을 구별할 수 있다. 실험 물체 중 하나를 미리 보여 주는 것은 접촉하는 두 개의 물체 간의 경계를 파악하는 4개월 반 된 영아의 능력을 향상시킨다(Dueker, Modi, & Needham, 2003; Needham, 2001).

일상생활에서 보면 물체가 종종 시야로 들어왔다가 사라졌다가 하는 경우가 있다. 영아들은 물체가 동일하다는 것을 인식하기 위해 사라졌다 다시 나타나는 것을 계속 추적해야 한다. 공이 스크린 뒤에서 앞뒤로 움직이게 하는 습관화 연구에서 4개월 된 영아는 그 공의 경로가 연속적인 것으로 인식하는 것으로 밝혀냈다(그림 4.18 참조)(Johnson et al., 2003). 4~5개월 된 영아들은 점차적으로 물체의 복잡한 이동 경로를 모니터링할 수 있다. 미래 지향적인 안구운동에서 나타났듯이(영아들은 한 물체가 장애물 뒤에서 나타나는 곳의 앞을 쳐다보는), 5개월 된 영아들은 장애물 뒤에 있는 물체가 어디에 있는지를 예상하기 위하여 다양한 속도로 곡선으로 움직이는 물체를 계속 추적한다(Rosander & von Hofsten, 2004). 테스트를 하기 직전에 움직이는 물체가 완전히 볼 수 있는 경로를 쫓아가는 기회를 가진 경험은 영아들의 예측 가능한 눈의 추적을 향상시킨다(Johnson & Shuwairi, 2009).

4~11개월에 영아들은 스크린 뒤에서 움직이는 한 대상의 동일성을 알아내기 위해 점점 더 특징적 정보에 의존한다. 처음에는 형태(크기와 모양), 나중에 1세에는 표면 특징(패턴, 그다음에는 색깔)이다(Wilcox & Woods, 2009). 전과 마찬가지로 특히 물체를 물리적으로 조작하는 경험은 조금

나이든 영아들의 물체의 표면 특징에 대한 주의를 신장시킨다.

요약하면, 대상 동일성의 인식은 생후 1년에 걸쳐 점차적으로 숙달된다. 우리는 이러한 기능들을 제6장의 영아의 대상 영속성(시야에서 보이지 않는 물체라도 여전히 존재한다는 것)에서 다시 보게 될 것이다.

지금까지 우리는 감각체계에 대해 하나씩 살펴보았다. 지금부터는 이러한 것들의 협응에 대해 알아보자.

감각 간 지각능력

우리는 다양하고 지속적으로 감각 간 자극(동시에 하나 이상의 양상 혹은 감각체계로부터 동시에 입력되는 자극)을 제공하는 세상에 살고 있다. **감각 간 지각**(intermodal perception) 속에서는 하나의 물체나 사건을 지각함으로써 빛, 소리, 촉각, 향, 미각에 대한 정보의 흐름을 느끼게 된다. 예를 들어, 우리는 보거나 혹은 만지든지 간에 물체의 형태가 같다는 것을 알고, 입술의 움직임은 음성의 소리와 대등하고 그릇이 깨지는 것은 날카롭고 충돌소리가 나고, 발소리는 사람의 접근을 의미한다는 것을 안다. 자신을 안내할 사전 지식 없이 생을 시작하는 영아들이 어떤 감각 자극의 요소가 어울리고 어떤 것이 그렇지 않은지를 어떻게 알 수 있을까?

신생아들은 소리가 나는 방향으로 막연하게 고개를 돌리고 가장 기초적인 방법으로 물체 쪽으로 손을 뻗는다는 것을 상기해 보라. 이러한 행동들은 시각, 청각, 촉각이 함께 일어나기로 되어 있음을 의미한다. 연구에 의하면, 아기들은 어떤 하나의 양상에 특별하지 않고 속도, 리듬, 기간, 강도(시각과 청각의 경우)와 질감과 모양(시각과 촉각의 경우)과 같은 두 개나 그 이상의 감각체계가 중복되는 정보인 **범양식적 감각 속성**(amodal sensory property)을 감지하면서 여러 감각체계로 들어오는 자극을 하나의 통합된 방식으로 인식한다. 예를 들어, 튀는 공의 모양과 소리, 말하는 사람의 얼굴과 목소리를 생각해 보자. 각 사건에서 시각적, 청각적 정보는 동시에 그리고 같은 속도와 기간 및 강도를 가지고 전달된다.

심지어 신생아도 범양식적 특성을 가진다. 자신의 손바닥에 놓여진 원통형 용기와 같은 물체를 건드린 후에 그것을 시각적으로 인식하고 다른 모양의 물체와 구별도 한다(Sann & Streri, 2007). 영아들은 딸랑거리는 딸랑이와 같은 장난감의 소리와 형태 사이의 연관성을 학습하기 위해 단 한 번의 노출을 필요로 한다(Morrongiello, Fenwick, & Chance, 1998).

출생 후 6개월 내에 영아들은 상당한 정도로 감각 간 관계를 습득한다. 영아들은 입술-목소리 동일성, 정서표현, 심지어 화자의 연령과 성별에 근거하여 얼굴과 목소리를 맞출 수 있었다. 한 목소리를 들은 후, 아기들은 부적합한 얼굴보다는 적합한 얼굴을

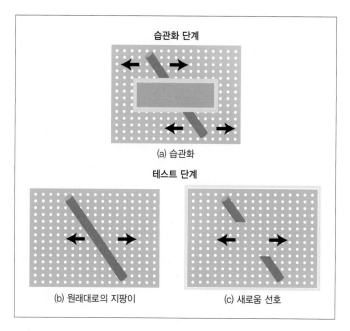

그림 4.17 대상 동일성을 지각하는 영아들의 능력 테스트
(a) 영아들은 무늬가 있는 바탕 위의 상자 뒤에서 앞뒤로 움직이는 막대기에 습관화된다. 다음에 교대로 두개의 장면을 보여 주었다. (b) 원래대로의 지팡이, (c) 상자 위치에 상응하는 갈라진 틈이 있는 부러진 지팡이. 각각의 자극은 습관화 자극과 같은 방식대로 바탕의 결을 배경으로 하여 앞뒤로 움직인다. 2개월 이상의 영아들은 원래대로의 지팡이보다는 부러진 지팡이를 오랫동안 쳐다본다. 새로움 선호는 영아들이 한 개의 단위로 먼저 보이는 상자 뒤의 지팡이를 인식한다는 것을 시사한다.
출처 : Johnson, 1997.

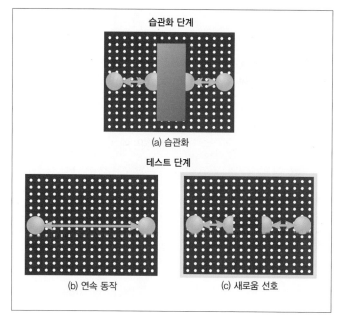

그림 4.18 사물의 운동 경로를 인식하는 영아들의 능력 테스트
(a) 영아들은 스크린 뒤에서 앞뒤로 움직이는 한 개의 공에 습관화된다. 다음에 두 개의 테스트 장면을 교대로 보여 준다. (b) 앞뒤로 연속적인 동작을 볼 수 있는 공. (c) 습관화 단계에서처럼 스크린 뒤에서 움직이지는 않으나 앞뒤로 불연속적으로 움직이는 공. 그 공이 습관화 단계에서 짧게 안 보이면 4개월 된 영아는 연속적인 동작보다는 비연속적인 동작을 더 오랫동안 쳐다본다. 새로움 선호는 영아들이 첫 번째 장면에서 스크린 뒤에서의 공의 움직임을 연속적으로 인식함을 시사한다.

출처 : S. P. Johnson et al., 2003, "Infants' Perception of Object Trajectories," *Child Development, 74*, pp. 98, 101. 2003 The Society for Research in Child Development, Inc. Reprinted by permission of Blackwell Publishing Ltd.

더 오래 쳐다본다(Bahrick, Netto, & Hernandez-Reif, 1998). 4~6개월 사이에 영아들은 친숙하지 않은 성인들의 독특한 얼굴과 목소리 짝을 인식하고 기억할 수 있다(Bahrick, Hernandez-Reif, & Flom, 2005).

감각 간 지각은 어떻게 그렇게 빨리 발달되는 것일까? 어린 아기들은 범양식적 정보에 집중하도록 생물학적으로 준비가 되어 있는 것으로 보인다. 보이는 것과 소리에서 공통적인 박자와 리듬과 같은 범양식적 관계의 파악은 특별한 한 사람의 얼굴과 그 사람의 목소리 간의 관계나 혹은 한 사물과 그것의 명칭 간의 관계와 같은 보다 더 구체적인 범양식적 일치성을 알아내기 위한 기초를 제공하는 것으로 보인다((Bahrick, Hernandez-Reif, & Flom, 2005).

아기의 감각 간 민감성은 인지발달에 중요하다. 영아가 초기 몇 개월 동안 감각 간 자극에 노출되었을 때만 범양식적 특성을 탐지한다. 가령, 3개월 된 아기는 시청각적인 장면에서 장난감 망치를 두드리는 리듬의 변화를 변별하였으나 순전히 청각적 표현(두드리는 소리를 단지 듣는 것)이나 시각적 표현(망치가 움직이는 것을 단지 보는 것)에서는 그러지 못하였다(Bahrick, Flom, & Lickliter, 2003). 감각 간 자극은 범양식적 특성(리듬과 같은)을 돋보이게 해 준다. 그 결과, 경험이 없는 아기는 통합적인 사건(망치의 복잡한 두드림)을 알아차리고 망치의 색깔이나 방향과 같은 그 상황과 관련이 없는 측면에는 관심을 보이지 않는다. 반대로 아기들은 순전히 시각적 정보에 노출되었을 때만 색깔, 방향, 패턴과 같은 시각적 특성의 변화를 알아차린다(Bahrick, Lickliter, & Flom, 2004). 경험에 따라 지각능력은 더 융통성이 생긴다. 생후 6개월 이후의 영아들은 감각 간 지각과 단봉의(unimodal, 시각 혹은 청각 홀로) 자극 모두에서 범양식적 특성을 구별할 수 있게 된다. 그러나 많은 자극이 친숙하지 않고 혼란스러웠던 초기에 감각 간 자극은 아기가 선택적으로 주변에 주의를 돌리고 지각하도록 돕는다.

감각 간 자극은 아기의 물리적 세계에 대한 지각을 수월하게 하는 것 외에, 사회적·언어적 과정을 촉진한다. 성인의 부드러운 접촉은 영아가 성인의 얼굴에 주의를 기울이도록 유도한다는 것을 기억해 보자. 성인의 얼굴을 응시하면서 아기들은 긍정적인 정서표현과 부정적인 정서표현을 구별하기 위하여 청각적·시각적 자극을 처음으로 필요로 한다. 게다가 언어를 인식하려는 최초의 노력에서 영아들은 말소리와 대상의 움직임 간에 임시적 동시성의 도움을 받는다. 유사하게 소리와 움직임의 임시적 동시성은 음악에서 리듬과 비트의 인식을 향상시킨다(Trainor, 2007). 7개월 된 아기가 악센트가 없는 음악적 리듬을 듣는 동안 어떤 아기들은 매 2초 비트(2박자 운율), 다른 아기들은 매 3초 비트(3박자 운율)로 아래위로 흔들어 주었을 때, 그 아기들은 나중에 범양식적으로 경험하였던 그 음악의 악센트가 있는 버전을 선호하였다(Phillips-Silver & Trainor, 2005).

요약하면, 감각 간 지각은 심리발달의 모든 측면을 촉진하는 기본적인 능력이다. 양육자가 동시에 일어나는 많은 볼거리, 소리, 감각, 냄새를 제공한다면 아기들은 더 많은 정보를 처리하며 더 빨리 배우고 더 좋은 기억력을 보여 준다(Bahrick, 2010). 감각 간 지각은 적극적으로 노력하는 영아들이 순서적으로 예측 가능한 세계를 만들어 내도록 돕는 또 하나의 기본적 능력이다.

지각발달의 이해

지금까지 영아들의 지각능력 발달을 고찰해 보았는데 이처럼 다양하고 놀랄 만한 결과를 어떻게 종합할 수 있을까? 이에 대한 답은 Eleanor와 Gibson의 연구에서 찾을 수 있다. Gibson의 **분화 이론**(differentiation theory)에 의하면, 영아들은 계속적으로 변화하는 지각세계 속에서도 안정적으로 유지되는 그 환경의 **불변의 특징**(invariant features)을 적극적으로 탐색한다. 가령, 패턴 지각의 경우 아기들은 얼굴에 나타나는 특징을 찾는다. 그리고 곧 아기들은 얼굴의 내부 특징을 탐색하고 그 특징들 간의 안정된 관계를 알아낸다. 그 결과 영아들은 복잡한 디자인이나 얼굴과 같은 패턴을 감지한다. 유사하게, 아기들은 단어와 어순 그리고 단어 내 일정한 음절 강세 패턴을 감지하면서 규칙성에 대한 말의 흐름을 분석한다. 감각 간 지각의 발달 또한 이러한 원리를 반영하고 있다. 아기들은 불변의 관계, 가령 모습과 소리로부터 흔한 속도와 리듬과 같은 범양식적 특성을 찾아낸다. 그리고 이 후에 독특한 목소리와 얼굴을 맞추는 것과 같이 연관성은 더 복잡해진다.

Gibson은 자신의 이론을 묘사하기 위하여 분화(분석하는 것, 쪼개는 것을 의미)라는 단어를 사용하는데, 이것은 시간이 지남에 따라 아기가 자극 사이에서 점점 더 세분화된 불변의 특징을 탐지하기 때문이다. 분화는 패턴 인식과 감각 간 지각 외에 깊이와 대상 지각에도 적용된다. 운동에 대한 민감성이 미립자의 특징에 대한 발견을 어떻게 앞서는지 회상해 보라. 그래서 지각발달을 이해하는 한 가지 방식은 나이가 들어감에 따라 점차적으로 세밀하게 만들어진 능력인, 순서와 일관성을 찾으려는 타고난 경향으로 그것을 생각하는 것이다(Gibson, 1970; Gibson, 1979).

환경에 작용을 가하는 것은 지각 분화에 필수적이다. Gibson에 의하면, 지각은 상황이 어떤 운동역량을 가진 유기체를 제공하는 행위 가능성인, **행동유발성**(affordance)의 발견에 따른다고 한다(Gibson, 2000, 2003). 아기들은 돌아다니면서 탐색하고, 물건을 쥐어 보고 튀겨 보고 쳐 보기도 하고, 어떤 면이 추락 가능성이 있거나 안전한지를 알아본다. 이 행동유발성에 대한 민감성은 우리가 그렇지 않을 때에 비해 비효율적인 행동을 수정하는 데 훨씬 적은 시간을 사용함을 의미한다. 그것은 우리의 행동을 사후 반작용이나 실수를 저지르게 하기보다는 미래 지향적이고 크게 성공적으로 만든다.

예를 들어, 독립적인 움직임의 경우 영아의 변화 능력이 그들의 지각에 어떻게 영향을 미치는지 생각해 보자. 아기들은 기고 걸으면서 점차적으로 가파른 언덕 표면은 떨어질 가능성이 있음을 깨닫는다(그림 4.19 참조). 이런 기술을 몇 주간 더 연습하고 나면, 아기는 위험한 경사를 기거나 혹은 걸어 내려가는 것을 주저한다. 다양한 표면 위에서 자신의 균형을 유지해 본 경험이 기거나 걷는 아기에게 자신의 움직임의 결과를 의식하도록 만든다. 기어 다니는 아기들은 경사진 면에 있을 때 체중이 팔에 많이 쏠려서 앞으로 떨어질 수 있다든지, 걷는 아기는 경사가 체중을 다리로 몰리게 만들어 더 이상 제대로 서 있을 수 없다는 것을 알게 된다. 막 기거나 걷기 시작한 아기들은 매일 자기 집에서 여러 종류의 바닥 표면을 돌아다니기 때문에 학습은 점진적이며 노력을 필요로 한다(Adolph, 2008; Adolph & Joh, 2009). 아기들은 각각에 적응하기 위해 균형과 자세 조정을 시험하게 되면서, 자신의 움직임을 안내할 새로운 방식으로 표면을 인식한다. 그 결과 영아들은 더 능숙하게 행동한다. 운동에 대한 이정표와 이 장에서 묘사된 지각발달 간의 다른 연관성을 생각해 보자.

어떤 연구자들은 아기들이 경험보다는 불변하는 특징의 탐색과 행동유발성의 발견을 통해 더 많은 것을 이루어 낸다고 생각한다. 아기들은 또한 주변 환경에 있는 물체와 사건의 범주를 구성하면서 자신들이 시각하는 것에 의미를 부여한다. 우리는 이 장에서 이 인지적인 견해에 대해 어렴풋이 이해하였다. 가령, 조금 자란 아기들은 친숙한 얼굴을 즐거움과 애정의 원천으로, 깜박거리는 빛의 패턴을 움직이는 인간으로 이해한다. 인지적인 관점이 영아기의 성취를 이해하는 데 통찰력을 또한 제공한다는 것을 인정하면서 영아의 인지에 대한 논의는 다른 장에서 다룰 것이다. 사실, 많은 연구자들은 생후 1년에 걸쳐 지각에서부터 인지로 진행하는 영아발달에 대하여 이 두 가지 입장을 같이 적용한다.

그림 4.19 환경에서의 행동은 지각변별에 주요한 역할을 한다.
기고 걷는 것은 아기로 하여금 경사면을 인식하는 방식을 변화시킨다. 왼쪽 사진에서 막 기기 시작한 영아는 경사 아래로 거꾸로 곤두박질친다. 이 아기는 떨어질 가능성이 있다는 것을 아직 배우지 못했다. 오른쪽에 있는 유아는 한 달 이상 걸어 다니기 시작했고 그 경사면을 조심스럽게 접근한다. 똑바로 있으려고 하지만 자주 굴러 떨어지는 경험은 움직임의 결과를 더 의식하도록 만들었다. 이 아기는 자신이 어렸을 때와는 다르게 경사를 지각한다.

초기 결핍과 풍요 : 영아기가 발달의 민감기일까

이 장을 통해 다양한 초기 경험들이 운동과 지각기술 발달에 어떻게 영향을 미치는지 살펴보았다. 영아의 자기 주도적 노력에 반응하는 자극적인 물리적 환경과 따뜻한 돌봄은 환경에 대한 활발한 탐색과 발달의 중요한 단계의 달성을 촉진하는 것으로 나타났다(Belsky & Fearon, 2002; Bendersky & Lewis, 1994).

초기 경험의 효과가 강력하다는 것은 정상적 가정의 풍부하고 다양한 자극이 부족한 영아들에서 분명하게 나타난다. 매우 불우한 가족 상황이나 시설에서 자란 아기들은 신체적·정신적 발달이 평균보다 많이 뒤떨어지고 아동기 및 청소년기 동안에 정서적·행동적 문제들을 보인다(Rutter et al., 2010). 이러한 연구결과들은 초기 경험이 상당히 큰 영향을 미친다는 것을 나타내지만, 영아기가 민감기 인지에 관한 여부에 대해서는 알려 주고 있지 않다. 만일 아기들이 생후 1년 또는 2년 동안 감각에 대한 적절한 자극을 경험하지 못할 경우, 완전한 복구가 가능한 것인가? 이 문제에 대해 많은 논쟁이 있다. 제1장의 내용을 상기해 보면, 초기 경험이 아동의 능력에 지속적으로 각인을 남긴다고 여러 이론가들이 주장하고 있다. 또한 다른 이론가들은 생애 초기에 발생한 일들로 인해 비롯된 대부분의 발달적 지체는 극복될 수 있다고 믿고 있다.

극단적 형태의 감각적 결핍에 노출된 동물들에 관한 연구들은 민감기가 존재한다는 많은 증거들을 제시하고 있다. 예를 들어, 출생 후 초기의 다양한 시각적 경험은 정상적인 뇌시각중추 발달을 위해서 반드시 미루어져야 한다. 생후 1개월 된 고양이는 3~4일간만 빛을 받지 못해도 뇌에서 그 영역이 퇴화된다. 만일 고양이를 생후 4주 이상 어둠 속에 두면 그 손상은 심각해지고 영구적인 것이 된다(Crair, Gillespie & Stryker, 1998). 그리고 초기 환경의 전체적인 질은 전반적인 뇌의 성장에 영향을 미친다. 태어날 때부터 신체적·사회적으로 자극이 있는 환경에서 자란 동물들과 고립된 상태에서 자란 동물들을 비교해 보면 자극을 받았던 동물들의 뇌가 더 크다(Greenough & Black, 1992).

윤리적 이유 때문에 우리는 영아들의 정상적인 성장 경험을 의도적으로 빼앗아 그 아기들의 뇌와 능력에 미치는 영향을 관찰할 수 없다. 그 대신 우리는 아이들이 불우한 초기 환경의 피해자였다가 나중에 바로잡아진 자연적 실험들로 눈을 돌려야 한다. 이러한 연구들은 앞에서 설명했던 동물에서의 증거들과 어느 정도 비슷하다는 것을 밝혔다.

예를 들어, 양쪽 눈에 백내장(명확한 시각적 이미지를 못 보게 하는 뿌연 수정체)을 가지고 태어났다가 4~6개월 이내에 교정수술을 받은 아기들은 시각에서 빠른 개선을 보였다. 하지만 얼굴 지각능력의 미묘한 측면들은 예외였는데, 이것이 발달되기 위해서는 대뇌피질로 초기의 시각적 유입이 이루어져야 한다(Le Grand et al., 2003; Maurer, Mondloch, & Lewis, 2007). 백내장 수술이 영아기를 지나 늦어질수록 시각적 능력에서의 회복은 덜 완전하게 이루어진다. 그리고 그 수술이 성인기에 이를 때까지 지연되면 시각은 심각하게 그리고 영구적으로 손상된다(Lewis & Maurer, 2005).

고아원에 있다가 나중에 가정에서 양육된 영아들에 관한 연구들은 전반적으로 자극을 주는 신체적 및 사회적 환경이 정신적 발달에 미치는 중요도를 확인시키고 있다. 한 연구에서 연구자들은 0~3.5세 사이에 루마니아의 고아원에서 영국의 가정들로 입양된 아이들의 대규모 표본에서 진행되는 과정을 추적했다(Beckett et al., 2006; O'Connor et al., 2000; Rutter et al., 1998, 2004, 2010). 입양 가정에 도착했을 때, 대부분의 아기들은 모든 발달 영역들에서 손상이 있었다. 유아기까지 신체적 크기에서는 다른 아이들을 급격하게 따라 잡았다. 인지적 측면을 따라잡는 것도 6개월 이전에 입양된 아이들에서는 좋았다. 이 아이들은 아동기와 청소년기 동안 평균적인 지능검사 점수를 계속 성취했고 초기 입양된 영국 태생의 아이들로 구성된 비교집단만큼의 성과를 냈다.

그러나 생후 6개월 넘게 시설에 있었던 루마니아 아이들은 심각한 지적기능의 결함을 보였다(그림 4.20 참조). 이 아이들은 아동 중기 동안에 지능검사 점수가 향상되기는 했지만(아마도 이것은 입양 가정 및 학교에서의 특별도움의 시간이 추가된 결과로 보이는데) 그래도 평균보다 상당히 낮은 점수를 유지했다. 그리고 대부분이 주의력결핍, 과잉행동, 통제가 안 되는 행동, 자폐증과 비슷한 증상들(주변에 대한 무관심과 같은 전형적 행동)과 같은 최소한 세 가지 이상의 심각한 정신건강 문제를 보였다(Kreppner et al., 2007, 2010). 시설에서 보냈던 시간과 빈약한 인지적·정서적 기능 사이의 주요 연관성은 평균보다 작은 머리 크기로 나타났는데, 이는 초기 자극의 부족이 뇌에 영구적인 손상을 주었다는 것을 시사한다(Sonuga-Barke, Schlotz & Kreppner, 2010).

신경생물학적 연구결과들은 아기들이 초기에 오랫동안 시설에 있게 되면 대뇌피질에서의 활동이 전반적으로 감소하게 된다는 것을 보여 주고 있다. 특히 복잡한 인지 및 충동의 통제를 관장하는 **전전두엽 피질**(prefrontal cortex)의 활동이 감소한다(제5장 참조). 전전두엽 피질과 감정조절에 관련되는 다른 뇌구조들을 연결하는 신경섬유 역시 감소된다(Eluvathingal et al., 2006; Nelson, 2007). 결과적으로, 제10장에서 다루겠지만, 생후 6~12개월까지 시설에서 자란 영아들은 다른 사람들의 정서표현을 구별하는 데 어려움을 겪었다. 즉 아기들의 정서적·사회적 적응문제를 야기하는 지속적인 장애를 갖게 된다.

시설에 있는 영아들 중에서는 한 영역에서의 비정상적 발달이 다른 부분에서의 발달을 방해하는 경우가 많다. 예를 들어 고아원에서 아이들을 입양한 부모들은 시각에서의 장애를 보고하는 경우가 많다. 흔한 문제 중 하나는 사시인데 이것은 근육의 약화 때문에 양쪽 눈이 공간의 같은 지점을 향하지 못하는 것이다. 사시가 몇 달 넘게 지속되는 치료받지 못한 영아들은 시력 및 깊이의 지각능력, 움직이는 사물의 추적능력, 그리고 주변의 공간적 배치에 대한 지각능력에서 영구적 장애와 뇌의 시각적 구조에서의 이상을 보이고 있다(Tychsen, 2001). 또한 고아원의 영아들이 단조롭고 색감이 없는 방에서 지내면서 거의 만져 주지도 않고 말을 해 주지도 않는 경우 감각 간 지각능력에서의 장애가 초래될 수 있다(Cermak & Daunhauer, 1997). 감각적 양상들 간의 정보를 통합하는 것에서 문제가 있는 아이들은 자극에 대해 압도되는 경향이 있고 그 자극에 대해 체계적이지 못한 행동이나 위축되는 반응을 보인다. 즉 빌딜의 모든 영역들이 지연되고 있는 상황을 보인다.

불행히도 가정이든 시설이든 불우한 환경에서 자란 영아들은 아동기 동안에도 불리한 조건들에 의해 계속적으로 영향을 받는다. 따뜻함과 자극을 주는 양육자와의 상호작용과 환경적 풍요함을 통해 이러한 경향을 깨뜨리는 중재는 지속적인 인지적·사회적 이점을 가질 수 있다. Bucharest Early Intervention Project에서는 약 200명의 시설 거주 루마니아 영아들이 5~30개월에 임의로 분류되어 이전과 같은 돌봄을 받거나 혹은 좋은 환경의 가족으로 입양되었다. 특별히 전문적 훈련을 받은 사회복지사들이 양부모들에게 아이들의 다양한 발달적 문제를 다루는 것에 관한 지원과 상담을 제

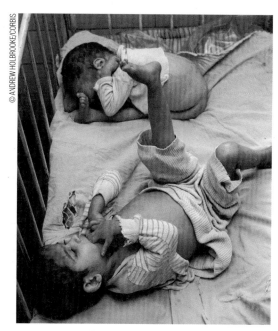

루마니아의 한 고아원에 있는 이 아동들은 성인의 접촉이나 자극을 거의 받지 못한다. 이와 같은 열악한 환경에 오래 있을수록 아동들은 모든 발달 영역에서 심각한 손상을 보일 가능성이 높다.

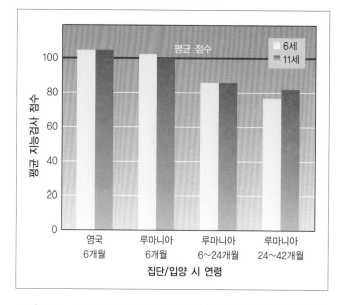

그림 4.20 영국과 루마니아 입양아들 사이에서 6세와 11세 때 입양 연령과 지능검사 점수와의 관계

생후 6개월에 루마니아 고아원에서 영국 가정으로 입양된 아동은 영국 초기 입양 아동과 마찬가지로 평균 점수를 취득했다. 이것은 루마니아 고아들이 극심한 초기 결핍을 완전히 만회하였다는 것을 의미한다. 6개월 이후에 입양된 루마니아 아동들은 평균 이하였다. 그리고 2세 이후에 입양된 아동들이 6세와 11세 사이에 향상은 되었지만 심각한 지적 결손을 보였다.

공했다. 2.5~4세 때의 후속연구들에서는 입양가족집단이 시설보호집단보다 지능검사 점수, 언어 능력, 정서적 표현의 지각능력, 정서적 반응, 그리고 뇌활동의 EEG 및 ERP 평가에서 훨씬 높았다. 모든 측정에서 입양 가정으로 일찍 배정될수록 결과가 더 좋았다(Nelson et al., 2007 ; Smyke et al., 2009). 그러나 초기 민감기와 일관되게 입양집단은 부카레스트(루마니아 남부의 도시) 가족과 함께 살고 있는 한 번도 시설에 맡겨진 적이 없는 또래집단들보다 여전히 뒤떨어졌다. 요약하면, 효과를 최대화하기 위해서는 집중적인 중재가 일찍 시작되어야 한다는 것이다.

마지막으로 빈곤한 환경뿐만 아니라 아이들의 현재 능력 이상의 기대로 아이들을 압박하는 환경 또한 발달을 저해한다. 최근 값비싼 조기교육 센터들이 생겨나고 있고 이곳에서 유아들은 글자 및 숫자 카드로 훈련을 받고 있다. 조금 더 큰 걸음마기 유아들은 읽기, 수학, 과학, 미술, 체육 등의 전체 교육과정을 받는다. 이 프로그램들이 더 똑똑하고 더 나은 '슈퍼베이비들'을 길러낸다는 증거는 없다(Hirsh-Pasek & Glinkoff, 2003). 대조적으로 영아들에게 준비가 되어 있지 않은 자극을 주입시키려고 하는 것은 영아들을 위축시키고 학습에 대한 자발적 흥미와 즐거움을 위협하며 자극이 없는 것과 거의 같은 조건을 조성하게 된다. 이 주제에 관해서는 제5장에서 뇌발달에 관해 다룰 때 다시 살펴볼 것이다.

주요 용어

각성 상태(states of arousal)
감각 간 지각(intermodal perception)
강화인(reinforcer)
고전적 조건형성(classical conditioning)
모방(imitation)
무조건반응(unconditioned response, UCR)
무조건자극(unconditioned stimulus, UCS)
반사(reflex)
반사경 뉴런(mirror neurons)
벌(punishment)
범양식적 감각 속성(amodal sensory property)
분화 이론(differentiation theory)

불변의 특징(invariant features)
빠르지 않은 안구운동 수면[non-rapid-eye-movement (NREM) sleep]
빠른 안구운동 수면[rapid-eye-movement (REM) sleep]
소멸(extinction)
손끝집기(pincer grasp)
손 뻗기 전 단계(prereaching)
습관화(habituation)
시각 절벽(visual cliff)
시력(visual acuity)
신생아행동평가척도(Neonatal Behavioral Assessment Scale, NBAS)

운동발달의 역동적 체계 이론(dynamic systems theory of motor development)
조건반응(conditioned response, CR)
조작적 조건형성(operant conditioning)
척골잡기(ulnar grasp)
크기 항상성(size constancy)
행동유발성(affordance)
형태 항상성(shape constancy)
회복(recovery)

'리듬체조선수'

Deanna Hodgson, 12세,
United Kingdom
청소년기의 힘과 협응능력에
서의 극적인 증가는 어린 리
듬체조선수의 우아함과 표현
성에서 자명하다. 확장된 신체
능력으로 인한 자신감과 즐거
움이 이 소녀의 활기 넘치는
도약에서 뿜어져 나온다.

출처 : 워싱턴 D.C. 국제 아동화
재단의 허락으로 게재

신체 성장

신체 성장의 과정

인간을 포함한 영장류 동물은 다른 동물에 비해 신체 성장 기간이 길다. 쥐는 수명의 2% 정도인 단 몇 주 만에 탄생과 사춘기 과정이 일어난다. 반면에 진화과정이 인간과 가장 유사한 침팬지는 수명의 16%인 7년 정도에 걸쳐 성장과정이 일어난다. 인간의 경우는 신체적인 미성숙이 더욱 극명하게 나타나서 성장을 위해 전체 수명의 약 20% 정도가 소요된다. 이렇게 신체적 미성숙 기간이 긴 것은 적응에 의한 것이다(Konner, 2010). 아동들이 어른에게 계속 의존적이란 것을 확인시킴으로써 아동들은 복잡한 사회에서 살아남기 위해 필요한 지식과 기술을 획득할 수 있는 시간을 벌게 된다.

신체 크기의 변화

신체 성장의 가장 명확한 징후는 전체적인 신체 크기의 변화이다. 영아기 동안의 신체 변화는 출생 이후 다른 어떤 시기보다도 급속하고 빠르다. 1세까지 영아의 키는 출생 시보다 50% 증가하고, 2세에는 75% 증가한다. 체중도 마찬가지로 급격히 증가한다. 5개월에는 출생 시 체중의 2배가 되고, 1세에는 3배, 2세에는 4배로 된다. 만일 아동들이 초기 발달의 비율대로 계속 성장을 한다면, 10세에는 키가 3m가 되고, 체중은 90kg 이상이 되겠지만 다행히도 아동 초·중기에는 성장이 느리다. 아동의 키는 매년 5~7cm, 체중은 약 2~3kg 남짓 증가한다. 그 후 사춘기에 급격한 변화를 겪는데 평균적으로 청소년들의 키는 25cm, 체중은 약 22~34kg 가까이 증가한다.

신체 크기의 전체 변화를 추적하는 데 두 가지 유형의 성장 곡선이 사용된다. 첫 번째로, 그림 5.1a의 **간격 곡선**(distance curve)은 각 연령에서 표본 아동들의 평균 키를 보여 주고 있으며, 나이별 전형적인 성숙과정을 나타낸다. 이 그림은 키와 체중의 증가 경향이 비슷함을 보여 준다. 영아기와 유아기 동안에 보통의 여아들은 보통의 남아들보다 약간 작고 체중이 덜 나가지만 남아와 여아가 얼마나 비슷한지 주목하라. 10~11세경, 전형적인 북미·유럽의 여아들은 남아들보다 키가 더 크고 몸무게가 더 많이 나간다. 이것은 여아들의 경우 사춘기의 성장 급등이 남아들보다 2년 빨리 오기 때문이다(Archibald, Graber, & Brooks-Gunn, 2006; Bogin, 2001). 남아들은 14세가 되면 성장 급등이 시작되면서 여아들을 추월하지만 여아는 이때 발달이 거의 완성된다. 대부분의 북미·유럽의 여아는 16세에, 남아는 17세 반에 키의 성장이 끝난다.

성장 곡선의 두 번째 유형은 속도 곡선으로 그림 5.1b와 같다. **속도 곡선**(velocity curve)은 1년 간격으로 성장의 평균적인 양을 그림으로 표시한 것으로 급격한 성장이 일어나는 정확한 시기를 보여 준다. 성장은 영아기에는 빠르지만 둔화되고 유아기와 아동 중기 동안에는 더 천천히 꾸준한 속도로, 그리고 청소년 초기에는 급격히 증가하나 신체가 성인 크기로 되면서 재발에 감소하는 것에 주목하라.

신체 성장의 과정
· 신체 크기의 변화
· 신체 비율의 변화
· 근육-지방 구성의 변화
· 골격 성장
· 대근육 운동기술의 향상

■ **사회적 쟁점 : 교육**
대근육 운동발달의 성차
· 신체 성장에서 호르몬의 영향
· 신체 크기의 국가 차이
· 추세변동

두뇌발달
· 뉴런의 발달
· 대뇌피질의 발달

■ **생물학과 환경**
뇌 가소성 : 뇌가 손상된 아동과 성인의 연구로부터 통찰력
· 다른 두뇌 구조에서의 진전
· 청소년기의 뇌발달
· 뇌발달의 민감기

신체발달에 영향을 주는 요인
· 유전
· 영양
· 전염병
· 정서적 복지

첫 2년 동안의 신체 성장의 극적인 속도는 4세 아이와 2세 아이를 나란히 보았을 때 뚜렷하다. 키는 75%, 체중은 4배 증가한다.

신체 비율의 변화

아동의 전체적인 신체 크기가 커짐에 따라 신체의 각 부분은 다른 비율로 성장한다. 이러한 변화는 두 성장 패턴에 의해 설명된다. 첫 번째는 머리에서 꼬리를 뜻하는 라틴어에서 유래한 **두미 방향**(cephalocaudal trend)이다. 태아기 동안에 배반엽(embryonic disk)부터 머리가 가장 빨리 발달하고, 하체가 다음으로 발달한다는 제3장의 내용을 기억해 보아라. 출생 이후, 머리와 가슴은 이미 발달해 있으나 몸통과 다리가 점차적으로 속도를 내며 발달한다. 두 번째 신체발달 패턴은 영·유아기 동안 중심에서 신체 외부로 진행되는 **중심 – 말초 방향**(proximodistal trend)이다. 머리, 가슴, 몸통이 먼저 성장하고 다음으로 팔과 다리, 마지막으로 손과 발이 발달한다.

사춘기 동안은 성장이 반대 방향으로 진행된다. 먼저 손, 다리, 발의 성장이 가속화되고 다음은 몸통이 성장한다(Sheehy et al., 1999). 이러한 발달의 패턴은 어린 청소년들이 다리가 길고 손과 발이 커서 비율이 안 맞아서 어색해 보이는 이유를 설명해 준다.

여아와 남아의 신체 비율은 영아기와 유아기에는 비슷하지만, 골격에 대한 성호르몬 작용으로 청년기 동안에는 차이가 커진다. 남아의 어깨는 엉덩이에 비례하여 넓어지지만, 여아의 엉덩이는 어깨와 허리에 비례하여 넓어진다. 물론, 최종적으로는 남아가 여아보다 더 크고, 남아의 다리도 신체의 나머지와 비례하여 더 길어진다. 이러한 차이의 주요 원인은 남아들의 다리가 가장 빨리 성장하는 시기인 청소년기 이전의 성장(preadolescent growth)이라는 별도의 2년의 기간이 있기 때문이다.

근육-지방 구성의 변화

신체 지방(대부분 피부 바로 아래에 있는)은 태내기의 마지막 몇 주에 증가하고 출생 후에도 지속적으로 증가하여 9개월에는 절정에 이르게 된다. 갓난아기 지방(baby fat)의 초기 증가는 아기들의

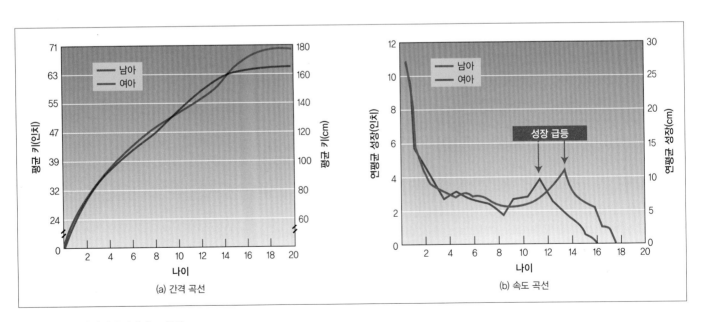

그림 5.1 키의 간격 곡선과 속도 곡선
(a) 간격 곡선은 각 연령에서 평균 키를 그래프로 나타낸 것이며 매해 성숙 정도를 보여 준다. (b) 속도 곡선은 매년 평균 성장의 양을 그래프로 나타낸 것이며 성장 급등의 시기를 나타낸다. 이 곡선은 수천 명의 미국 아동을 대상으로 하여 횡단적 방법으로 키를 측정한 것이다.
출처 : U.S. Department of Health and Human Services, 2000.

신체 온도를 일정하게 유지하는 데 도움이 된다. 두 살이 되면서 대부분의 걸음마기 영아들은 살이 빠지는데 이런 경향은 아동 중기까지 지속된다(Fomon & Nelson, 2002). 출생 시 여아는 남아보다 신체 지방이 약간 더 있으며, 이러한 차이는 초기 학령기까지 지속되다가 이후에는 차이가 더 커진다. 8세쯤에는 여아의 팔, 다리, 몸통에 지방이 더 증가하기 시작하고, 이는 사춘기 동안에도 계속된다. 이와 대조적으로 청년기 남자는 팔과 다리의 지방이 감소한다(Siervogel et al., 2000).

근육은 영아기와 유아기 동안 서서히 축적되다가 청년기 때 크게 늘어난다. 남녀 모두 사춘기 때 근육이 증가하지만 골격 근육, 심장과 폐활량이 보다 크게 발달하는 남아들의 경우 150% 더 증가한다(Rogol, Roemmich, & Clark, 2002). 또한 폐에서 근육으로 산소를 운반하는 적혈구의 수는 남아인 경우에는 증가하나 여아는 증가하지 않는다. 대체로 남아는 여아보다 근육의 힘이 훨씬 더 강해지는데, 이는 10대 남아들의 운동 수행능력을 더 우수하게 만드는 원인이 된다(Ramos et al., 1998).

골격 성장

같은 연령의 아동들이라도 신체 성장률이 다르다. 그로 인해 연구자들은 신체 성숙 추이를 측정하기 위한 방법을 고안하게 되었는데, 이것은 개인차의 원인과 결과를 연구하는 데 유용하다. 아동의 신체 성숙을 측정하는 가장 좋은 방법은 뼈의 발달을 측정하는 **뼈 나이**(skeletal age)를 이용하는 것이다. 태아의 골격은 처음에는 연골이라 불리는 부드럽고 유연한 조직으로 이루어진다. 임신 6주 때, 연골 세포는 골격 속에서 단단해지기 시작하고 이는 아동기와 청소년기 내내 점진적으로 진행된다(Moore & Persaud, 2008).

출생 직전에 **골단**(epiphyses)이라 불리는 뼛속의 특별한 성장 중추가 신체의 긴 뼈 양 끝부분에 나타난다(그림 5.2 참조). 연골 세포들이 골단의 성장판에 계속 만들어지면서 아동기 동안 연골 세포의 수가 증가하고, 성장이 진행됨에 따라 얇아지다가 결국 없어지게 된다. 일단 성장 중추가 없어지면 뼈 길이는 더 이상 성장하지 않게 된다. 그림 5.3과 같이 뼈의 X선을 찍어 얼마나 많은 골단이 있는지 그리고 융합된 정도가 어떤지를 알아봄으로써 뼈 나이를 측정할 수 있다.

뼈 나이를 조사해 보면, 미국 흑인 아동들이 미국 백인 아동들보다 약간 앞서는 경향이 있다. 여아는 남아보다 상당히 앞선다. 출생 시 남아와 여아 간의 차이는 약 4~6주인데, 이런 격차는 영아기와 아동기에 걸쳐 더 커진다(Tanner, Healy, & Cameron, 2001). 여아들은 다른 기관의 발달에서도 앞서 간다. 이러한 여아의 신체 성숙은 유해한 환경의 영향들에 더 잘 견딜 수 있게 해 준다. 제3장에서 논의한 바와 같이 여아들은 남아들보다 발달상의 문제를 덜 경험하고 영아기와 아동기 사망률도 조금 더 낮다.

대근육 운동기술의 향상

크기, 비율, 근육의 강도에서의 변화는 새로운 대근육 기술이 급격하게 증가할 수 있게 해 준다. 신체는 더 날씬해지고 상체가 덜 무거워 보이고, 무게의 중심은 몸통 아래로 이동한다. 그로 인해 훨씬 균형이 잡혀 보이고 대근육을 포함한 새로운 운동근육을 사용하는 기술이 가능하게 된다.

유아기와 아동 중기의 진전 2세가 되면 영아들의 걸음걸이는 유연해지고 율동감이 생긴다. 이들이 땅에서 발을 뗄 수 있을 정도로 안정되면 처음에는 달리고 점프하다가 3~6세 사이에는 깡충 뛰기도 할 수 있게 된다. 결국, 상·하부의 신체기술은 보다 효과적인 몸놀림으로 나타나게 된다(Haywood & Getchell, 2005). 예를 들어, 2~3세 유아는 팔만 이용하여 뻣뻣하게 공을 던진다. 4~5세 사이의 유아는 어깨, 중심, 몸통을 사용하여 유연성이 있는 동작으로 공을 더 빨리 그리고 더 멀리 날아가도록 한다.

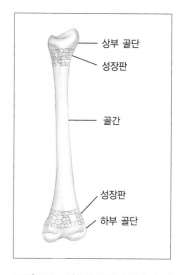

그림 5.2 상부와 하부 골단을 보여주는 긴뼈의 도식

연골 세포는 골단의 성장판에서 생성되고 점차적으로 뼈로 경화된다.

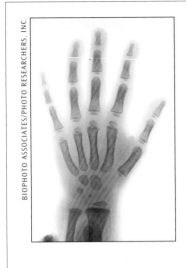
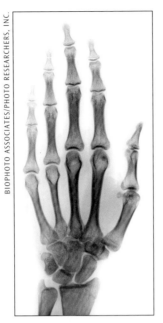

그림 5.3　유아와 10대의 골격 성장을 보여 주는 손 X선

걸음마기 유아의 손은(왼쪽). 손목뼈와 손가락 및 팔 뼈끝 사이에 넓은 간격이 있다. 성인 크기까지 자란 10대의 손은(오른쪽) 손목과 긴뼈가 완전히 결합된다.

학령기 동안에는 균형감, 힘, 민첩성, 유연성이 증진되어 달리기, 점프하기, 깡충뛰기, 공을 다루는 기술 등이 세련된다. 아동들은 운동장을 가로질러 단거리 경주를 하고, 복잡한 형태의 돌차기 놀이도 하며, 축구공을 차며 드리블하고, 동급생들이 던진 공을 배트로 치기도 한다. 청소년기의 신체 크기와 근육의 증가는 운동 근육을 계속 증가시킨다. 책 맨 뒤의 발달이정표에서 유아기와 아동 중기의 대근육 발달을 요약하여 보여 준다.

생후 2년 동안 운동발달을 지배하는 원리가 아동기와 청년기에도 계속 적용된다. 아동들은 이전에 습득한 기술을 더 복잡하고 역동적인 체계의 움직임으로 통합한다(제4장 참조). 아동들의 신체가 더 커지며 튼튼해지고, 중추신경계도 더 발달되고, 그들의 흥미와 목표가 더 명확해지고 환경이 새로운 도전을 제시하게 됨에 따라 아동들은 각 기술들을 수정한다. 취학전 시기에서도 나타나는 운동기술에서의 성차가 이와 같은 다차원적인 영향을 설명해 준다. 청소년기의 신체 크기와 힘은 남아들이 운동수행을 더 잘하는 데 기여하지만 신체 성장만으로 남아들이 보여 주는 아동기 이점을 완전히 설명할 수는 없다.

조직화된 유소년 스포츠　TV, 컴퓨터 게임, 인터넷의 안전성, 유용성, 유혹에 대한 부모들의 관심 때문에 오늘날 학령기 아동들은 이전 세대의 아동들보다 실외에서 비형식적인 신체놀이를 하며 보내는 시간이 줄어들었다. 동시에 리틀리그 야구와 축구, 하키리그와 같은 조직화된 스포츠는 상당히 확장되어 왔으며 아동들은 거리나 운동장에서 자발적으로 무리를 지어 보내는 시간이 많아졌다. 미국 아동의 약 절반 — 남아의 60%, 여아의 40% — 이 5~18세 사이에 학교 밖에서 조직화된 스포츠에 얼마간 참여한다(National Council of Youth Sports, 2008).

대부분의 아동의 경우, 지역사회 운동 팀에서 활약하는 것은 자기존중감과 사회적 기술의 증가와 관련이 있다고 한다(Daniels & Leaper, 2006; Fletcher, Nickerson, & Wright, 2003). 수줍음을 타는 아동들의 경우 스포츠 참여는 집단 소속감과 또래들과 소통하는 기반을 제공하기 때문에 자신감을 증진하고 사회적 고립감을 감소시키는 점에서 보호적 역할을 하는 것으로 보인다(Findlay & Coplan, 2008). 그리고 자신을 스포츠를 잘하는 것으로 간주하는 아동은 청소년기에도 팀에서 계속 운동을 하는 경향이 있다. 이것은 성인기 초기에 스포츠와 다른 신체적 피트니스 활동에서 더 많은 참여를 예측해 준다(Kjonniksen, Anderssen, & Wold, 2009; Marsh et al., 2007).

그러나 유소년 스포츠가 경쟁을 지나치게 강조하고 아동들이 규칙과 전략을 자연스럽게 실험하려는 것을 성인들이 통제하게 된다는 비평가들의 주장은 어떤 면에 있어서는 타당성이 있다. 아동들이 팀에 너무 일찍 합류하게 되어 팀에서 자신의 능력 이상의 기술을 요구하게 되면 곧 흥미를 잃게 된다. 그리고 격려해 주기보다는 비판하고 패배에 대해 화를 내는 코치는 아동들에게 강한 불안감을 불러일으킬 수 있다.

엘리트 수행을 촉진하고 스포츠를 뛰어나게 잘하라는 부모의 강한 압력과 강도 높은 잦은 훈련은 정서적인 문제를 일으키거나 운동을 일찍 포기하게 할 수 있다(Tofler, Knapp, & Drell, 1998; Wall & Côté, 2007).

대부분의 조직화된 스포츠에서 건강과 안전 규칙은 부상이 가볍고 적게 발생할 수 있도록 해 준다. 예외는 심각한 부상의 비율이 높은 축구이다(Radelet et al., 2002). 어떤 스포츠이든 강도 높고

대근육 운동발달의 성차

대근육 운동발달의 성차는 일찍이 취학전 시기에서 나타나고, 아동 중기에 증가하며, 청소년기에는 커진다. 이러한 성별의 격차가 커지는 것에 대한 기저는 무엇이며, 어떻게 하면 남아와 여아 모두에게 운동의 기술과 즐거움을 최대화할 수 기회를 갖도록 해 줄 수 있을까?

유아기와 아동 중기

유아기에 남아들은 힘과 파워를 강조하는 능력에는 여아를 앞선다. 5세경의 유아들은 조금 더 멀리 깡충뛰고, 달리고, 약 1.5m 공을 던질 수 있다. 아동 중기 동안에는 이러한 차이들이 더 커진다. 예를 들어, 평균적으로 12세 남아는 같은 연령대 여아보다 약 13m 더 멀리 공을 던질 수 있다. 또한 남아들은 공을 배트로 치고, 차고, 드리블하고, 잡는 것이 더 능숙해진다. 남아들의 근육량은 더 증가하고, 공 던지기의 경우 조금 더 긴 팔은 운동수행을 더 잘하는 데 기여한다. 부분적으로 전반적 신체 성숙이 더 커지기 때문에, 여아들은 글씨쓰기와 그리기와 같은 소근육 기술과 깡충뛰기와 한발뛰기 같은 균형감과 민첩성에 달려 있는 대근육 운동능력에서 약간 증가한다(Fischman, Moore, & Steele, 1992; Haywood & Getchell, 2005).

근육기술의 성차는 연령에 따라 증가한다. 신체능력의 차이는 아동기 동안에는 작다. 이것은 여아보다는 남아의 경우, 활동적이고 신체적으로 능숙하게 되라는 사회적 압력은 작지만 유전적으로 기초한 성차를 과장한다는 것을 시사한다. 이러한 견해를 지지하여, 남아들은 자신의 우세손을 이용할 때 여아들보다 더 멀리 공을 던질 수 있다. 아빠가 딸보다는 아들과 함께 공 잡는 것을 더 즐기는 관습은 이 이점에 원인이 된다. 남아들이 자신에게 우세하지 않은 손을 사용할 때는 이러한 성차가 아주 적다(Williams, Haywood, & Painter, 1996).

연구는 아동들이 어린 시기에 흡수하는 사회적 메시지는 부모들이 남아들의 운동수행에 대해 더 높은 기대를 건다는 것을 확인시켜 준다. 1학년부터 12학년의 여아들은 스포츠의 가치와 자신의 운동능력에 대해 부분적으로 부모의 신념에 의한 차이로 남아들보다 덜 긍정적으로 여긴다(Fredricks & Eccles, 2002).

여자들이 스포츠(하키와 축구 같은)에는 덜 유능하다는 여아들의 신념이 강할수록 여아들은 자신의 능력을 낮게 평가하고 자신의 실제 수행을 좋지 않게 판단한다(Belcher et al., 2003; Chalabaev, Sarrazin, & Fontayne, 2009).

이러한 성별에 기초한 평가를 바꾸는 데 있어 여아들은 학교에서의 기회가 적다. 더 많은 시간을 교과 수업에 할애하기 위해 미국 학교는 체육 교육을 줄였다. 현재 미국 초등학교와 중학교의 15%만 1주에 최소 3일 체육 교육 수업을 제공하고, 매일 수업을 제공하는 것은 6%뿐이다(Lee et al., 2007).

청소년기

사춘기가 되기까지 신체 크기와 근력에 있어 급격한 성차는 운동능력에서의 큰 차이를 설명하지 못한다. 청소년기 동안 여아들의 대근육 수행에서 증진은 느리고 점진적이고 14세쯤에 안정이 된다. 이와 대조적으로, 남아들은 힘, 속도, 지구력에 극적으로 급등을 보여 주고 10대에도 지속된다. 청소년 중기가 되면 몇몇 여아들은 달리기 속도, 멀리뛰기, 멀리 던지기를 평균 남아들만큼 수행한다. 실제로는 보통 여아들처럼 낮은 점수를 기록하는 남아들은 없다(Haywood & Getchell, 2005; Malina & Bouchard, 1991).

1972년 미국 연방정부는 운동을 포함한 모든 교육 프로그램에 남성과 여성에 대해 동등한 기회를 제공하는 학교 공공자금을 필요로 하였다. 그 이후 여아들의 고등학교 정규교과 외의 스포츠 참여가 증가하였지만, 여전히 남아들보다 매우 적었다. 50개 주의 고등학교 운동협회의 최근 조사에 의하면, 스포츠 참가자의 41%는 여아들이며, 남아들은 59%라고 한다(National Federation of State High School Associations, 2009).

고등학교에서 미국 남아들의 58%와 여아들의 55%만 어떤 체육 교육이든 수강한다고 하였고, 매일 체육 교육 수업은 미국 고등학교의 단 2%만 제공되었다(Centers for Disease Control and Prevention, 2007; U. S. Department of Health and Human Services, 2010g). 남녀 모두에게 신체활동은 청소년기 동안 감소하는데, 이는 필수 체육 교육에서의 감소(대개 경비를 아끼기 위해)와 병행하는 경향이나. 이러한 감소는 여아들에게 더 뚜렷한데, 여아들의 2/3(남아의 경우, 절반과 비교하여)가 고학년 동안 신체 교육을 받지 않는다.

중재

운동수행을 향상시키는 것 외에 스포츠와 운동은 인지와 사회성 발달에 영향을 미친다. 학교 간 그리고 학교 내의 운동은 팀워크, 문제해결하기, 적극성, 경쟁에 중요한 교훈을 제공한다. 규칙적으로 일관된 신체활동은 몸에 좋은 식사 습관과 관련되고, 면역력과 심장혈관 계통의 기능을 강화하고, 수면 질을 나아지게 하고, 심리적 안정에 좋으며, 청소년기에 알코올과 약물 사용

여아들의 스포츠 참여에 대한 부모의 격려는 운동의 참여, 기술, 즐거움에서 성차를 줄여 주는 중요한 요인이다.

을 감소시키고, 학업성취도 더 좋아진다는 것을 보였다(Brand et al., 2010; Castelli et al., 2007; Pate et al., 2000).

여아들이 운동을 잘할 수 있다는 자신감을 높이기 위해 특별한 조처가 취해져야 한다. 학령기 남아와 여아의 신체능력 간의 근소한 차이에 대한 부모 교육과 여아들 사이에 운동능력 향상에 대한 부당한 편견에 민감하게 반응해 주면 도움이 될 수 있을 것으로 보인다. 또한 여아들에게 운동 성취에 대한 관심을 증가시키는 것과 더불어 기술 훈련을 더 많이 강조하면 여아들의 참여와 수행을 향상시키는 경향이 있다.

마지막으로, 경쟁보다는 즐거운 게임과 개별 운동을 강조하는 학교에서 일상적인 체육 교육은 특히 여아들에게 동기 부여를 하고 지속적인 긍정적인 결과와 관계가 있다(Weinberg et al., 2000). 종단연구에서 14세에 팀 또는 개인 스포츠의 참여는 31세에 높은 비율의 신체활동이 예측되었다. 달리기와 자전거 타기와 같은 지구력 스포츠는—고가 장비 또는 특별한 시설 없이 한가한 때에 쉽게 수행할 수 있는 활동들—특히 성인기까지 영향을 미칠 수 있다(Tammelin et al., 2003). 체력이 요구되는 활동들은 운동 프로그램을 지속하는 데 있어 자신의 능력에 대해 높은 신체적 자기 효능감을 발전시킨다(Motl et al., 2002; Telama et al., 2005).

잦은 연습은 고통스러운 혹사로 인해 부상과 함께 극단적인 경우에는 긴뼈 골단의 조기 폐쇄로 피로와 관련된 골절에까지 이르게 할 수 있다(Frank et al., 2007).

부모와 코치들이 아동들에게 노력, 향상, 참여, 팀워크를 강조했을 때 어린 운동선수는 스포츠를 더 즐기고 자신의 기술을 더 향상시키려고 노력한다. 그리고 자신이 선택한 스포츠에서는 스스로를 더 유능하다고 인식한다(Ullrich-French & Smith, 2006). 이와 같은 장점에 대한 강조는 미국 아동과 청소년들이 몸을 움직이지 않는 것이 만연한 시점에 중요한 요소인 신체적 활동을 도모하도록 해 준다. 학령기 남아의 49%와 여아의 35%만이 건강에 좋을 만큼 활동적이다. 즉 매일 한 시간이나 혹은 그 이상 동안 적어도 보통 수준에서 강도 높은 운동을 한다. 아동이 청소년기로 접어들면서 이러한 비율은 남아가 25%, 여아가 11%로 급격히 감소한다(Troiano et al., 2007; U.S. Department of Health and Human Services, 2010g).

신체 성장에서 호르몬의 영향

내분비선은 아동기와 사춘기의 신체적 변화를 조절한다. 내분비선은 신체 한 부분의 특정 세포들에 의해 분비되어 다른 부분에 있는 세포들에게 영향을 미치는 화학물질인 호르몬을 생산한다.

인간 성장에 가장 중요한 호르몬들은 **뇌하수체**(pituitary gland)에서 분비된다. 이는 뇌하수체의 분비를 주도하고 조절하는 **시상하부**(hypothalamus)에서 가까운 뇌 기저에 위치하고 있다(그림 5.4 참조). 뇌하수체 호르몬이 혈류에 들어가면, 즉시 성장을 유도하기 위해 신체 조직에 직접 작용하거나, 신체의 다른 곳에 위치한 내분비선에서 다른 호르몬을 분비하도록 자극한다. 시상하부는 혈류에서 호르몬의 수준을 간파하는 특별한 수용체를 가지고 있다. 시상하부는 고도로 민감한 피드백 고리를 통해 호르몬의 양을 늘리거나 줄이도록 뇌하수체에 지시한다. 이런 식으로 성장은 세심하게 통제된다. 그림 5.5에 제시된 주요한 호르몬의 영향을 검토하고 유용한 점을 알아보자.

성장호르몬(growth hormone, GH) 일생을 통해 끊임없이 생산되는 유일한 뇌하수체 분비는 중추신경계와 생식기를 제외한 모든 세포조직의 발달에 영향을 미친다. 성장호르몬은 사춘기 동안에 두 배가 생산되어 신체가 급격하게 증가하도록 하며 성인기에 이르게 되면 감소한다. 성장호르몬은 신체에 직접 작용하며 유사 인슐린 성장 요소 1(IGF-1)과 같은 다른 호르몬을 분비하도록 간과 골격의 골단을 자극한다. 이것은 뼈, 근육, 신경, 골수(혈액 세포의 기원), 간, 신장, 피부, 폐의 세포 증식을 촉발시킨다.

성장호르몬은 태아기의 성장에 영향을 미치지 않는 것으로 보이지만 출생 이후의 신체발달을 위해서는 필요하다. 약 2%의 아동이 성장호르몬 부족이나 IGF-1(GH가 IGF-1을 자극하지 못함)의 부족을 야기하는 유전적 질환을 겪는다. 의학적인 처지가 없다면 그러한 아동들은 다 자란 평균 키가 121.92cm에서 137.16cm에 달한다. 만약 GH나 IGF-1(장애에 따라)의 주사를 맞아 초기에 치료한 경우에는 뒤처진 키를 만회한 후, 다시 정상 속도로 성장하여 치료를 받지 않은 아동들에 비해 키가 훨씬 더 크게 된다(Bright, Mendoza, & Rosenfeld, 2009; Saenger, 2003).

두 번째 뇌하수체 호르몬인 갑상선 자극호르몬(TSH)은 티록신을 분비하도록 목의 갑상선을 자극하는데, 이는 두뇌발달과 성장호르몬이 신체 크기에 최대한의 영향을 미치게 하는 데 필요하다. 티록신 부족으로 태어난 영아들은 즉시 티록신을 처방받아야 하고 그러지 않으면 정신적인 지체를 겪게 된다. 티록신이 너무 적은 아동들은 평균보다 낮은 비율로 성장하지만 두뇌발달이 가장 급속히 일어나는 기간이 끝났기 때문에 중추신경계가 더 이상 영향을 받지 않는다. 신속한 처치를 받게 되면 나중에는 정상 크기에 이르게 된다(Salerno et al., 2001).

그림 5.4 시상하부와 뇌하수체의 위치를 보여 주는 인간의 뇌 단면
이외에도 다음에 논의할 소뇌, 망상체, 편도체, 해마, 뇌량의 5개 추가 구조도 보인다.

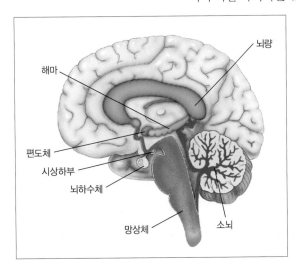

해마
뇌량
편도체
시상하부
뇌하수체
망상체
소뇌

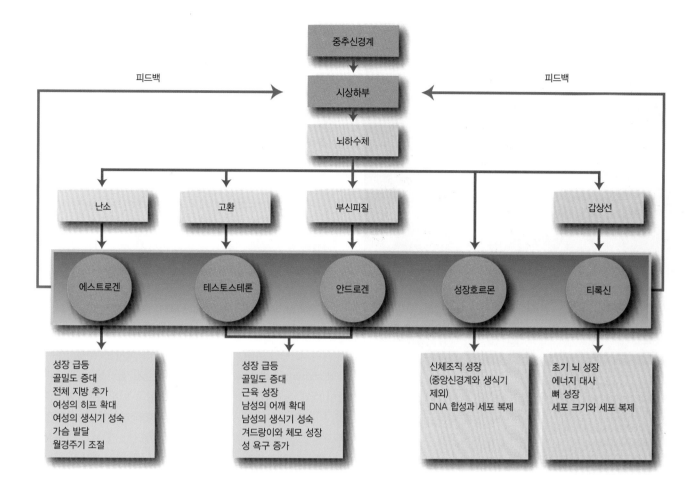

그림 5.5 **출생 후 성장에 미치는 호르몬의 영향**

시상하부는 성장을 직접 유도하거나 내분비선을 자극하여 성장을 유도하는 호르몬을 분비하도록 뇌하수체를 자극한다(붉은선). 매우 민감한 피드백 회로가 있어 시상하부가 혈류 속의 호르몬 수준을 탐지하고 뇌하수체가 각 호르몬의 양을 적당히 증가하거나 감소하도록 명령한다(파란선).

성적 성숙은 성 호르몬의 분비를 자극하는 뇌하수체 분비에 의해 통제된다. 보통 에스트로겐은 여성 호르몬이고, 안드로겐은 남성 호르몬이라고 생각하지만, 두 유형은 남녀 모두에 있으며 단지 양만 다르다. 남아의 고환은 많은 양의 안드로겐 테스토스테론을 분비하고, 이것은 근육 성장, 체모와 수염, 그리고 다른 남성 특징을 나타나게 한다. 안드로겐(특히 남아의 테스토스테론)은 신체 크기 성장에 크게 기여하는 성장호르몬 증진에 영향을 미친다. 고환은 소량의 에스트로겐도 분비하는데, 그로 인해 남아의 50%가 일시적으로 가슴이 커지는 것을 경험하게 된다. 남녀 모두에게 에스트로겐은 성장호르몬 분비를 늘리고 급격한 성장이 이루어지도록 하며, 안드로겐과 결합하여 골밀도를 증가시키는데 이것은 성인기까지 지속된다(Cooper, Sayer, & Dennison, 2006; Styne, 2003).

에스트로겐은 여이의 난소에 의해 분비되는데 가슴, 사궁, 질을 성숙하게 하고, 신체를 여성답게 만들어 주고, 지방을 축적시키기도 한다. 또한 에스트로겐은 월경 주기 조절에 도움을 준다. 부신 안드로겐은 각 신장의 상단에 위치한 부신으로부터 분비되는데, 이는 여아의 키가 급격하게 자라나게 하고 겨드랑이와 음부 체모의 성장을 자극한다. 부신 안드로겐은 남아들에게는 거의 영향을 미치지 않으며 남아들의 신체적인 특징은 고환에서 나오는 안드로겐과 에스트로겐 분비에 의해 주로 영향을 받는다.

신체 크기의 국가 차이

교실에 있는 아동을 보면 신체 크기에서 상당한 개인차가 나타난다. 이러한 다양성은 다른 국가의 아동들을 비교할 때 더 분명하게 나타난다. 전 세계적으로, 8세 아동 중 키가 가장 작은 아동과 키

신체 크기는 종종 특이한 기후에 대한 진화적 적응의 결과이다. 매우 더운 아프리카 평원에 살고 있는 탄자니아의 이 소년들은 자신의 신체를 시원하게 해 주는 길고 가는 팔다리를 타고난다.

가 가장 큰 아동 사이에는 23cm 정도의 격차가 나타난다. 키가 가장 작은 아동들은 남아메리카, 아시아, 태평양 연안의 섬들, 그리고 반투, 에티오피아, 베트남, 타이, 미얀마, 콜롬비아와 같은 인종집단을 포함한 아프리카의 각 지역에서 쉽게 찾아볼 수 있다. 키가 가장 큰 아동들은 호주, 유럽의 북부와 동부, 캐나다, 미국에 거주하고 체코, 네덜란드, 라트비아, 노르웨이, 스위스와 아프리카 출신이다(Meredith, 1978; Ruff, 2002).

성장 비율에서 인종 간의 변화도 흔히 볼 수 있다. 미국 흑인과 아시아의 아동들은 미국 백인들보다 훨씬 빨리 성장하고 유럽 아동들보다는 약간 앞서가는 경향이 있다(Eveleth & Tanner, 1990; Komlos & Breitfelder, 2008). 이러한 연구결과들은 이민 비율이 높고 소수민족이 많은 국가에서 성장 규준(연령에 따른 키와 체중의 평균)을 적용할 때 특히 주의해야 함을 시사한다.

유전과 환경 모두가 이러한 차이점에 관련이 있다. 때로 신체 크기는 특별한 기후에 적응하기 위한 진화의 결과이기도 하다. 예를 들어, 키가 크고 마른 체격은 더운 열대 지방에서 전형적이고, 키가 작고 단단한 체격은 추운 북극 지방에서 나타난다(Katzmarzyk & Leonard, 1998). 또한 키가 가장 많이 자라는 아동들은 음식물이 풍부하고 전염병이 대개 통제되고 있는 개발국가에 살고 있다. 신체적으로 작은 아동들은 빈곤, 굶주림과 병이 흔한 미개발 지역에서 사는 경향이 있다(Bogin, 2001). 가족들이 가난한 나라에서 부유한 국가로 이주하면 그들의 자녀들은 키가 커지고 다리가 긴 신체 외양으로 변화한다(아동기에 다리가 가장 빨리 성장한다는 것을 기억하라). 예를 들어, 과테말라의 마야 이민자의 부모에게서 태어난 미국 태생의 학령기 아동들은 과테말라 마야족 마을에 있는 동년배들보다 평균적으로 키가 11cm 이상 더 크고, 다리는 7~8cm 가까이 더 길다(Bogin et al., 2002; Varela-Silva et al., 2007).

추세변동

과거 150년 동안, 한 세대에서 다음 세대까지 신체 크기와 성장 속도의 변화를 일컫는 **신체 성장의 추세변동**(secular trends in physical growth)은 산업화된 국가에서 발생하였다(추세변동이란 장기간 서서히 일어나는 변화를 말한다 — 역자 주). 호주, 캐나다, 일본, 뉴질랜드, 미국, 유럽의 거의 모든 국가에서 오늘날의 대부분 아동들은 그들의 부모와 조부모들이 아동이었을 때보다 키도 더 크고 체중도 많이 나간다(Ong, Ahmed, & Dunger, 2006). 추세변동에 의한 증가는 생의 초기에 나타나고 아동기와 청소년 초기에 걸쳐 증가하다가 신체가 다 자라게 되면 감소한다. 이러한 패턴은 오늘날 아동들이 더 커진 것이 대부분 신체발달 속

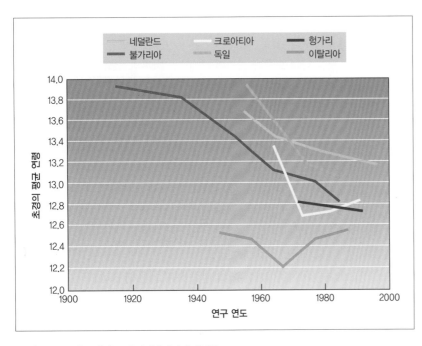

그림 5.6 6개 국가의 초경 연령에서의 추세변동

초경 연령은 1900~1970년 동안 낮아졌고, 그 이후 일부 국가에서는 과체중과 비만의 급속한 증가 때문에 완만하고 지속적으로 낮아졌다. 다른 국가에서는 동일한 수준이거나 약간 올라갔다.

출처 : S. M. P. F. de Muinck Keizer-Schrama & D. Mul, 2001, "Trends in Pubertal Development in Europe," *Human Reproduction Update*, 7, p. 289. © European Society of Human Reproduction and Embryology. Reproduced by permission of Oxford University Press/Human Reproduction and S. M. P. F. de Muinck Keizer-Schrama.

도가 빠르기 때문임을 시사한다. 이러한 견해와 일관되게 초경 연령이 1900~1970년 동안 10년마다 약 3~4개월이 꾸준히 빨라졌다. 남아에 관한 연구는 부족하기는 하지만 남아 또한 최근 10년을 보면 사춘기가 더 빨리 온다는 증거가 있다(Euling et al., 2008).

이와 같은 성장 증진은 건강과 영양이 개선되었기 때문이다. 개발도상국은 사회경제적 발전을 하게 되면 아동들은 추세적인 성장을 보인다(Ji & Chen, 2008). 추세변동은 좋지 못한 식품을 섭취하고 성장을 방해하는 질병을 더 많이 겪는 저소득층 아동들에게는 더 작게 나타난다. 만연된 빈곤, 기아, 질병이 있는 세계 각 지역에서는 추세변동이 일어나지 않거나 오히려 감소하였다(Barnes -Josiah & Augustin, 1995; Cole, 2000).

대부분의 산업 국가에서 키의 증가 추세는 느려지고, 그림 5.6에서 제시하였듯이 초경이 빨라지는 추세변동은 더 이상 나타나지 않고 있다. 그러나 덴마크, 핀란드, 네덜란드와 같은 소수의 유럽 국가들과 북미에서는 과체중과 비만이 초경을 조금 더 일찍 시작하게 하는 원인이 되기도 한다(Kaplowitz, 2008; Parent et al., 2003).

두뇌발달

현재 우리가 살고 있는 세상에서 가장 정교하고 효율적인 살아 있는 구조는 인간의 뇌이다. 비록 뇌는 복잡하지만 다른 어떤 기관보다 더 일찍 성인의 뇌 크기만큼 성장한다. 다음의 두 가지 점을 통해 뇌를 관찰함으로써 뇌 성장을 잘 이해할 수 있다. (1) 개별 뇌세포의 미시적 수준, (2) 복잡한 뇌 구조, 그리고 고도로 발달된 인간의 인지력에 해당하는 보다 거시적 수준의 대뇌피질.

뉴런의 발달

인간의 뇌는 정보를 저장하거나 전달하는 1~2천억 개의 **뉴런**(neurons)과 신경세포가 있고 이들 대부분은 수천 개의 다른 뉴런과 직접 연결되어 있다. 뉴런은 서로 단단하게 밀집되어 있지 않은 점에서 다른 체세포와는 다르다. 뉴런 사이에는 **시냅스**(synapses)라고 하는 아주 작은 공간이 있으며, 다른 뉴런 섬유와는 가깝게 연결되어 있으나 서로 붙어 있지는 않다(그림 5.7 참조). 뉴런은 시냅스를 통과하는 **신경전달물질**(neurotransmitter)이라 불리는 화학물질을 배출함으로써 다른 곳으로 메시지를 전달한다.

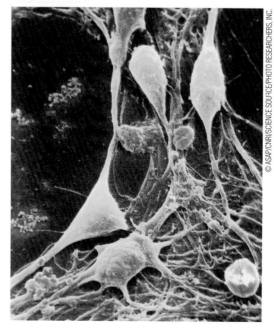

그림 5.7 뉴런과 뉴런이 결합된 섬유들

이 사진은 인접한 세포들이 정교한 시냅스 연결을 하는 것을 보여 준다.

ⓒ ASAP/CNRI/SCIENCE SOURCE/PHOTO RESEARCHERS, INC.

두뇌 성장에 관한 기본적인 이야기는 어떻게 뉴런이 발달하고 어떻게 이와 같은 정교한 의사소통 시스템을 형성하느냐 하는 것이다. 두뇌발달에서 주요한 단계는 그림 5.8에 요약되어 있다. 뉴런은 태아기 동안 태아의 원시신경관에서 생산된다. 뉴런은 유도세포(guiding cell)의 네트워크가 만들어 놓은 연결선을 따라 이동하면서 뇌의 주요 부분을 구성하게 된다(제3장 참조). 일단 자리를 잡으면, 뉴런은 이웃 세포와 시냅스 연결을 하기 위하여 그들의 섬유질을 확장하여 그들만의 독특한 기능을 수행하기 위해 분화를 시작한다. 영아기와 유아기에는 신경섬유의 성장이 폭발적으로 일어난다(Huttenlocher, 2002; Moore & Persaud, 2008). 뉴런은 이러한 연결이 가능하도록 하는 공간을 필요로 하기 때문에 **세포예정사**(programmed cell death)라는 뇌 성장의 놀라운 양상이 존재한다. 즉 시냅스가 형성되면서 위치에 따라 시냅스 주변에 있는 20~80%의 신경세포가 죽는다(de Haan & Johnson, 2003b; Stiles, 2008). 다행히도 태아가 성장하는 동안 뉴런관은 뇌가 필요로 하는 것보다 더 많은 뉴런을 생산한다.

뉴런이 연결망을 형성할 때 그들의 생존에 매우 중요한 것은 자극이다. 주변 환경으로부터 정보에 의해 자극받은 뉴런은 시냅스를 지속적으로 생산하고, 이렇게 만들어진 연결은 더 복잡한 능력을 발휘할 수 있도록 연결체계를 점점 정교하게 만든다. 언뜻 보기에는 자극이 시냅스를 너무 과잉으로 만든 것으로 보인다. 시냅스의 많은 부분은 동일한 기능을 하는데, 이것에 의해 우리 인간이 생존에 필요한 운동·인지·사회적 기술을 아동이 습득하게 된다. 자극을 거의 받지 못한 뉴런이 곧 시냅스를 잃어버리게 되는 과정을 시냅스의 **가지치기**(synaptic pruning)라고 한다.

사용하지 않는 뉴런을 가지치기로 잘라 버리면서 다른 발달을 지원하게 된다. 시냅스의 40%는 아동기와 청소년기 동안 제거된다(Webb, Monk, & Nelson, 2001). 이러한 과정이 진행되기 위해서는 시냅스의 형성이 절정에 이르는 시기에 아동의 뇌에 적절한 자극을 제공하는 것이 중요하다(Nelson, Thomas, & de Haan, 2006).

태아기 이후에 새로운 뉴런이 거의 만들어지지 않는다면 영아기와 유아기 동안 뇌 크기의 급격한 증가는 어떻게 발생할까? 뇌 크기의 절반 정도가 뇌의 **수초화**(myelination) 역할을 하는 **신경교세포**(glial cell)로 구성되어 있다. 수초화는 메시지 전달의 효율성을 향상시키는 미엘린이라 불리는 절연 지방세포막으로 신경세포를 감싸는 과정이다. 지방막으로 신경섬유를 덮는 것은 메시지 전달의 효과를 개선시켜 준다. 신경교세포는 임신 4개월부터 2세까지 급격히 증가하며, 청소년기에는 천천히 증가된다. 신경섬유와 수초화의 급격한 증가는 전체 두뇌 크기를 빠르게 성장시킨다. 신생아의 뇌는 성인 뇌의 약 30%이다. 2세 때까지 성인의 70%에 도달하고 6세 때에는 90% 수준이 된다(Johnson, 2005; Knickmeyer et al., 2008).

두뇌발달은 '살아 있는 조각품'의 조형에 비교될 수 있다. 뉴런과 시냅스가 과잉으로 생산된 후에 세포사(cell death)와 가지치기는 성숙한 뇌를 만들기 위하여 불필요한 조형 재료를 떼어 낸다. 이 과정은 유전자에 의해 계획되고 아동의 경험에 의해 영향을 받는다. 조각의 결과는 서로 의사소통을 하는 지구의 여러 나라와 같이 각각 특별한 기능을 가지고 상호 연결된 영역의 세트가 된다(Johnston et al., 2001). 뇌의 이러한 '지형'은 연구자들이 다양한 정신생리학적 방법, EEG, ERP, fMRI, NIRS(제2장 참조)를 사용하여 뇌의 조직을 연구할 수 있도록 한다. 대뇌피질의 발달을 살펴

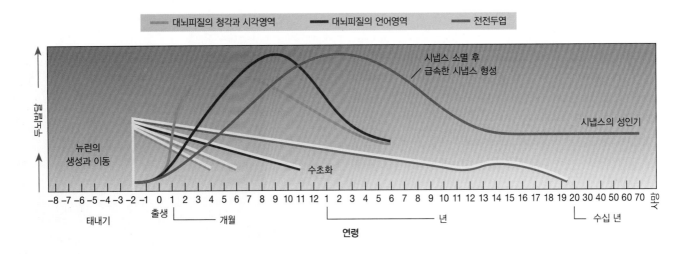

그림 5.8 두뇌발달의 주요 이정표
생후 첫 2년 동안 특히 대뇌피질의 청각, 시각, 언어영역에서 시냅스의 형성이 빠르다. 사고를 담당하는 전두엽은 더 오랜 시간 시냅스 형성이 진행된다. 각 영역에서 시냅스의 과잉생산은 시냅스의 가지치기 뒤에 일어난다. 전두엽은 청소년기 중기에서 말기 사이에 시냅스 연령이 성인 수준으로 되는 가장 마지막 영역에 속한다. 수초화는 생후 첫 2년 동안 극적인 속도로 일어난 후에 아동기와 청소년기에는 느린 속도로 일어난다. 다수의 노란선은 수초화의 시기가 뇌영역에 따라 다양하다는 것을 제시한다. 가령, 신경세포는 시각과 청각영역보다 언어영역과 특히 전전두엽에서 장기간에 걸쳐 수초화가 지속된다.
출처: Thompson & Nelson, 2001.

보면 이러한 도구에 대해 알게 될 것이다.

대뇌피질의 발달

대뇌피질(cerebral cortex)은 뇌를 둘러싸고 있고 호두 반쪽처럼 생겼다. 대뇌피질은 가장 큰 뇌구조이다. 대뇌피질은 뇌 무게의 85%를 차지하고 가장 많은 수의 뉴런과 시냅스를 포함한다. 대뇌피질은 뇌 구조 가운데 가장 늦게 성장이 멈추기 때문에 뇌의 다른 어떤 부분보다 더 오랫동안 환경의 영향에 민감하다.

대뇌피질의 위치 그림 5.9는 정보를 받아들이고 몸의 움직임을 명령하고 사고하는 것과 같은 대뇌피질의 특별한 기능을 보여 준다. 피질 부분이 발달하는 일반적인 순서는 영아와 아동에게서 이들 능력이 나타나는 시기와 일치한다. 예를 들어, 1세 때 ERP와 fMRI 수치는 청각·시각피질과 신체 움직임을 책임지는 영역에서 왕성한 활동을 나타낸다. 이 시기는 청각, 시각 및 운동기술의 습득이 급격하게 이루어지는 시기이다(Johnson, 2005). 언어영역은 영아기 후기에서부터 언어발달이 증가하는 유아기까지 특히 활발하다(Pujol et al., 2006; Thompson et al., 2000).

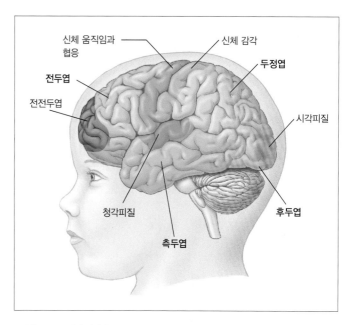

그림 5.9 대뇌피질을 보여 주는 인간 뇌의 좌측면
피질은 두 개의 엽으로 나뉘어 있으며 각각은 특수한 기능을 가진 여러 영역을 포함한다.

피질 부분 가운데 발달 기간이 가장 긴 것은 전두엽이다. **전전두엽**(prefrontal cortex)은 신체운동을 통제하는 영역의 앞에 있는데 사고, 특히 의식, 주의집중, 충동 억압, 정보 통합, 기억의 사용, 추론, 계획, 문제해결 전략을 담당한다. 생후 2개월부터 전전두엽은 더 효율적으로 기능하게 된다. 그러나 전두엽은 특히 유아기와 학령기 동안 시냅스의 급속한 수초화와 생성, 가지치기를 겪고 시냅스의 연결이 성인 수준으로 이르는 청소년기에 급속한 성장기가 뒤따른다(Nelson, 2002; Nelson, Thomas, & de Haan, 2006; Sowell et al., 2002).

대뇌피질의 편재화와 가소성 대뇌피질은 기능이 서로 다른 왼쪽과 오른쪽의 두 반구로 구성된다. 어떤 일은 한쪽 반구에서 대부분 수행되고 다른 반구에 의해서는 일부만 수행된다. 예를 들어 각각의 반구는 신체의 한쪽으로부터 감각정보를 받아들이고 그 반대쪽도 통제한다. 대부분의 사람들에게 있어서 좌반구는 주로 언어능력(말하기, 쓰기와 같은)과 긍정적 정서(예 : 즐거움)를 담당한다. 우반구는 공간능력(거리 판단, 지도 읽기, 기하학적 도형 인식)과 부정적 감정(고통과 같은)을 다룬다(Banish & Heller, 1998; Nelson & Bosquet, 2000). 이러한 패턴은 왼손잡이 사람들에게는 반대가 된다. 하지만 종종 왼손잡이의 피질은 오른손잡이보다는 분화가 분명하지 않다.

편재화(lateralization)라 부르는 두 반구의 전문화는 왜 일어나는 것일까? fMRI를 사용한 연구는 좌반구가 순서적이고 분석적인(서서히 조금씩) 방식으로 정보처리를 더 잘하는데 이것은 말(언어)와 정서(즐거운 미소)의 의사소통 정보를 처리하는 데 좋은 방법이라고 한다. 반대로 우반구는 전체적이고 통합적인 방법으로 정보를 처리하여 공간 정보를 인식하는 데 적절하고, 부정적 감정을 조절하는 것으로 특화되어 있다. 편재된 뇌는 인간이 변화하는 환경 요구에 성공적으로 적응할 수 있도록 했기 때문에 진화했을 것이다(Falk, 2005). 즉 양쪽이 정확히 같은 방식으로 정보를 처리하는 것보다 더 다양한 기능을 효과적으로 수행하도록 해 준다.

청각장애가 있는 걸음마기 유아는 수화로 의사소통하는 법을 배우기 때문에 이 여아는 또래보다 언어처리를 위해서 대뇌피질의 좌반구에 의존할 것이다.

생물학과 환경

뇌 가소성 : 뇌가 손상된 아동과 성인의 연구로부터 통찰력

출생 이후 몇 년 동안 뇌는 가소성이 아주 크다. 어린 뇌는 성인의 뇌가 하지 못하는 방법으로 특정한 기능을 수행하는 부위를 재구성할 수 있다. 영유아기에 뇌손상이 있었던 성인은 나중 시기에 뇌손상을 입은 성인에 비해 인지장애가 덜 일어난다(Holland, 2004; Huttenlocher, 2002). 그렇지만 아동의 뇌가 완전하게 가소성이 있는 것은 아니다. 뇌손상 시 그 기능은 제대로 발휘되지 않는다. 가소성의 범위는 뇌손상의 시기, 부위, 기능 영역과 같은 여러 가지 요인에 관련이 있다.

영아와 아동 초기의 뇌 가소성

출생 전 또는 6개월 이내에 대뇌피질에 손상을 입은 아동을 대상으로 한 많은 연구에서 청소년기까지의 언어와 공간능력을 계속 측정했다(Akshoomoff et al., 2002; Stiles, 2001a; Stiles et al., 2005, 2008)). 그 결과 모든 아동이 뇌발작이나 출혈을 경험했다. 뇌영상 기술은 손상 부위를 정확하게 밝혀냈다.

대뇌피질의 어느 부위에 손상을 입었든 관계없이 그런 아동은 세 살 반이 될 때까지 언어발달이 지연되었다. 초기 언어능력의 손상이 어느 쪽 뇌에서 발생했든 언어기능이 뇌 전반에 퍼지게 되는 것으로 나타났다. 다섯 살이 되면 그런 아동의 어휘와 문법능력이 정상을 따라 잡게 된다. 왼쪽 뇌든 오른쪽 뇌든 상관없이 손상되지 않은 뇌 부위가 언어기능을 대체하게 된다.

언어에 비해 공간능력이 초기 뇌손상으로부터 더 큰 장애를 받는다. 학교에 가기 전부터 청소년기에 이르기까지의 아동을 대상으로 어떤 그림을 따라 그리도록 한 결과, 오른쪽 뇌손상을 입은 아동이 전체 모습을 따라 그리는 기능에 문제가 있었다. 반면에 왼쪽 뇌손상을 입은 아동은 세부적인 내용은 아니지만 전체 형상을 그리는 데는 문제가 없었다. 하지만 나이가 들면서 그리기 능력은 뇌손상이 없는 사람 정도로 향상되었다(Akshoomoff et al., 2002; Stiles et al., 2003, 2008).

확실히 이른 시기에 입은 뇌손상의 회복은 공간능력보다는 언어에서 더 크게 나타났다. 왜 그럴까? 학자들은 공간능력이 우리의 진화 역사에서 언어보다 더 오래된 것이라서 출생에 더 편재된 것으로 추측하고 있다(Stiles, 2001b; Stiles et al., 2002, 2008). 하지만 초기 뇌손상에 비해 이후의 손상이 언어와 공간능력 모두에 훨씬 더 큰 영향을 준다. 즉 아동의 뇌가 훨씬 가소성이 있다는 것이다.

아동의 높은 뇌 가소성

언어와 그보다는 못하지만 공간능력의 회복과 관계없이 초기 뇌손상을 입은 아동은 학교를 다니면서 광범위한 정신능력에 결함을 보인다. 예를 들면 이런 아동은 읽기와 수리능력의 발달이 더디다. 말할 때도 뇌손상이 없었던 또래들에 비해 묘사가 더 단순하다. 청소년기가 되면 많은 경우 말하기 능력이 거의 비슷해지기는 하지만 말이다(Reilly, Bates, & Marchman, 1998; Reilly et al., 2004). 게다가 영유아기에 뇌 세포 손상이 많을수록 지능검사에서 점수가 더 낮았다(Anderson et al., 2006).

학자들은 높은 뇌 가소성에 단점도 있다고 한다. 건강한 뇌가 손상된 뇌의 기능을 대체할 때 '구축 효과'가 발생한다. 보통보다 적은 뇌 세포 영역에서 다중 임무가 부여되면 결국 뇌의 정보처리가 원래보다 늦어지고 부정확해진다. 모든 종류의 복잡한 지적 능력은 아동 중기까지 또는 그 이후까지도 영향을 받는다. 그 이유는 뇌가 더 잘 작동하기 위해서는 상당한 부분의 대뇌피질이 필요하기 때문이다(Huttenlocher, 2002).

아동 후기의 뇌 가소성

뇌 가소성은 영유아기 초기에 한정되는 것은 아니다. 훨씬 제한적이긴 하지만 뇌의 재생능력은 성인이 되어서도 나타날 수 있다. 예를 들어 뇌혈관 질환을 겪은 성인도 언어나 운동 자극에 반응해서 많이 회복되기도 한다. 뇌영상기술을 통해 영구 손상된 부위의 근처나 반대편 뇌의 대뇌피질이 손상기능을 돕도록 재조직되는 것을 볼 수 있다(Kalra & Ratan, 2007; Murphy & Corbett, 2009).

영유아기에 뇌발달의 목적은 필수기능을 확실하게

영아기에 뇌손상을 입은 이 아동은 초기 높은 뇌 가소성 때문에 심각한 장애를 면하게 되었다. 교사는 언어보다 더 손상이 되는 공간기술을 강화시키기 위해 모양을 그리는 유아의 손을 지도한다.

지배하도록 신경계통을 연결한다. 동물실험을 통해 뇌가 많은 새로운 시냅스를 만드는 동안 가소성이 최대화되는 것을 알 수 있다. 반면 시냅스 제거가 나타나는 동안에는 가소성이 줄어든다(Murphy & Corbett, 2009). 나이가 들면 전문화된 뇌 구조로 정착을 하지만 손상을 입은 후에도 어느 정도까지는 재조직이 가능하다. 성인의 뇌는 새로운 뉴런을 많이 만들어 낼 수 없다. 어떤 일을 하게 되면 뇌는 그와 관련해서 현재의 시냅스를 강화하고 새로운 시냅스를 만들어 낸다(Nelson, Thomas, & de Haan, 2006).

가소성은 신경계의 기반 자산과 같다. 연구자들은 경험과 뇌의 가소성이 어떻게 상호작용을 하는지를 밝혀서 뇌손상을 입은 또는 그렇지 않은 사람들을 최대한 도와줄 수 있기를 기대한다.

뇌 가소성   연구자들은 **뇌 가소성**(brain plasticity)에 대해 더 많은 것을 연구하기 위하여 뇌의 편재화에 관심을 가지고 있다. 가소성이 매우 높은 대뇌피질은 ─ 많은 영역은 구체적 기능이 아직 밝혀지지 않았다 ─ 학습을 위한 큰 능력을 가진다. 그리고 만약 뇌의 한 부분이 손상되더라도 다른 부분이 대신 그 일을 수행할 수 있다. 그러나 일단 각 반구가 편재화되면 한쪽 뇌가 손상을 입었을 때 다른 쪽 뇌가 그 이전의 기능만큼 회복될 수 없다는 것을 의미한다.

출생 시부터 반구는 이미 전문화되기 시작한다. 예를 들어, 대부분의 신생아들은 그들의 머리 위치와 반사적인 반응에서 몸의 오른쪽을 선호한다(Grattan et al., 1992; Rönnqvist & Hopkins, 1998). 또한 대부분은 말하는 소리를 듣고 긍정적 정서를 보여 주는 동안 왼쪽 뇌에서 더 큰 ERP(뇌파활동)를 보인다. 대조적으로 오른쪽 반구는 부정적 정서를 불러일으키는 비언어적 소리와 자극(신맛이 나는 액체와 같은)에 더 강하게 반응한다(Davidson, 1994; Fox & Davidson, 1986; Hespos et al., 2010).

그럼에도 불구하고 뇌가 손상된 아동에 대한 연구로부터 아기들의 뇌는 가소성이 높다는 증거를 찾을 수 있다. 또한 초기의 경험은 대뇌피질 형성에 큰 영향을 준다. 예를 들어 영아와 아동기에 신호언어(공간기술)를 습득한 성인 청각장애인은 언어처리를 위해 우뇌의 청각 기관들을 더 많이 사용한다(Neville & Bavelier, 2001). 또한 언어발달이 뛰어난 유아는 그렇지 않은 또래 아이들에 비해 언어를 담당하는 좌뇌가 더 큰 것을 알 수 있다(Mills et al., 2005). 마찬가지로 운동ㆍ인지능력을 사용하는 동안 아동들은 대뇌피질에서 fMRI 활동이 확산되는 것을 보여 주는데, 이는 청소년과 성인의 활동이 특정 피질 영역에 집중되는 것과 대조적이다(Casey et al., 2002; Luna et al., 2001). 분명히 운동ㆍ인지ㆍ언어기술을 획득하는 과정이 편재화를 진행시킨다.

요약하면 두뇌는 생의 어떤 시기보다도 첫 몇 년 동안이 더 유연하다. 시냅스 연결의 과잉은 뇌의 어떤 부분이 손상되었을 때조차 어린 아동은 어떤 능력을 습득할 수 있도록 해 주는 뇌 가소성을 지원한다. 그리고 대뇌피질이 반구 전문화의 시작으로 계획된다 하더라도 경험이 그것의 발달하는 조직의 속도와 성공에 영향을 미친다.

편재화와 잘 쓰는 손   잘 쓰는 손(handedness)에 관한 많은 문헌들은 천성과 양육 모두가 뇌 편재화에 영향을 준다고 제시한다. 이미 임신 10주에, 대부분의 태아는 엄지손가락을 빠는 동안 오른손의 선호를 보인다(Hepper, McCartney, & Shannon, 1998). 그리고 6개월경에, 영아들은 왼팔보다는 오른팔을 더 부드럽고 효율적으로 뻗는다. 생물학적으로 근거로 믿어지는 이러한 경향은 1세 말까지 대부분의 아기들의 오른손 편향에 기여한다(Hinojosa, Sheu, & Michel, 2003; Rönnqvist & Domellöf, 2006). 걸음마기와 유아기 동안 잘 쓰는 손은 다양한 기술까지 확장된다.

잘 쓰는 손이란 숙련된 운동행위를 수행하기 위하여 뇌의 한쪽의 우세한 능력—개인의 우세한 대뇌반구—을 반영한다. 다른 중요한 능력들도 우세한 반구에 위치해 있을지도 모른다. 서구 사회의 90%를 차지하는 오른손잡이 사람들의 경우, 언어는 운동통제 능력과 같이 좌뇌에 위치한다. 10%인 왼손잡이의 경우, 언어는 우반구에 혹은 더 종종 반구 사이에 나누어져 있다(Perelle & Ehrman, 2009). 이것은 왼손잡이 뇌가 오른손잡이의 뇌보다 편재화가 심하지 않음을 나타낸다. 이러한 이론과 일치되는 것이 대부분의 왼손잡이 사람들은 또한 양손잡이라는 사실이다. 비록 그들이 왼손을 쓰는 것을 선호할지라도 때로는 오른손도 능숙하게 사용한다.

왼손잡이 부모에게서 왼손잡이 아이가 태어나는 경향은 높지 않다(Vuoksimaa et al., 2009). 한 유전 이론은 대부분의 아동들이 오른손잡이와 좌반구가 우세하게 치우친 유전인자를 물려받는다고 주장하지만, 이러한 치우침이 아동들을 왼손잡이로 바꾸는 환경의 압력만큼 강한 것은 아니다(Annett, 2002). 심지어 태아기의 경험이 잘 쓰는 손에 큰 영향을 줄 수 있다. 일란성 쌍둥이와 이란성 쌍둥이 모두 손 선호에서 일반적 형제자매보다 더 큰 차이를 보였다. 아마 쌍둥이들이 대개 자궁에서 반대의 적응을 하였기 때문일 것이다(Derom et al., 1996). 대부분의 태아가 왼쪽을 향하고 있는 것은 몸 오른쪽 움직임을 더 잘하기 위한 것이라고 생각된다(Previc, 1991).

잘 쓰는 손은 또한 연습과도 관련이 있다. 신생아의 머리 위치가 한쪽으로 되었을 경우, 더 많은 시간 동안 한쪽을 쳐다보거나 한 손을 사용하게 되므로, 그쪽 손을 사용하는 기술이 더 늘어날 것이다. 또한 폭넓은 문화적 차이가 잘 쓰는 손의 비율에 영향을 준다. 예를 들어 탄자니아, 아프리카의 아이들은 왼손을 쓸 때 벌을 받고 제재를 당한다. 탄자니아의 성인 중 1% 미만이 왼손잡이이다 (Provins, 1997).

왼손잡이는 발달이 심하게 지체되고 정신적으로 문제가 있다는 말이 있는데, 비록 이것이 사실일지라도 두 변수 사이의 상관성은 한쪽이 다른 쪽의 원인이 됨을 의미하지는 않는다. 이러한 사람들의 문제는 아마도 부정형적 편재화 때문은 아닐 것이다. 대신에 그들은 좌반구에 초기 손상을 겪었을지도 모르며 그것으로 인해 장애가 생기고 잘 쓰는 손이 바뀌었을 수 있다. 이러한 생각을 지지하는 것은 왼손잡이가 분만 지연, 조산, Rh 부적합증을 포함한 뇌손상의 결과를 가져올 수 있는 태내기와 출산과정에서의 문제와 관련이 있다는 것이다(Powls et al., 1996; Rodriguez & Waldenström, 2008).

그러나 대부분의 왼손잡이는 발달상의 문제가 없다. 사실 일반적이지 않은 편재화는 확실한 어떤 이점이 있다. 왼손과 양손잡이 젊은이들은 오른손잡이보다 사고의 속도와 유연성에 약간의 이점이 있으며 언어와 수학적 능력이 현저하게 발달되는 경향이 있다(Flannery & Liederman, 1995; Gunstad et al., 2007). 이것은 인지기능이 두 반구에 걸쳐 고르게 분포되어 있기 때문일 수 있다.

다른 두뇌 구조에서의 진전

대뇌피질 외에도 뇌의 다른 영역은 영아기와 아동기 동안 크게 발달한다. 알다시피 이러한 변화는 뇌 부분들 사이의 연결을 만들고 중추신경계의 협응된 기능을 증가시킨다. 뇌의 저부와 후부는 **소뇌**(cerebellum)인데 이는 신체 움직임의 균형과 조절을 돕는다. 대뇌피질의 전두엽과 두정엽에서 소뇌로 연결되어 있는 섬유는 출생에서 학령 전기까지 성장하고 수초화된다. 이러한 변화는 시각-운동 협응이 극적으로 성장하는 데 기여하며, 그 시기에 그들은 학교를 다니기 시작하고 잘 통합된 운동능력으로 공을 가지고 이리저리 뛰어다니며 잡거나, 던질 수 있고 알파벳을 쓸 수 있다. 또한 소뇌와 대뇌피질 사이의 연결은 더 높은 인지과정을 지원한다(Diamond, 2000). 결론적으로 소뇌 관련 장애를 가진 아동들은 대개 기억, 계획, 언어와 관련된 문제를 포함한 운동과 인지의 결손을 보인다(Noterdaeme et al., 2002; Riva & Giorgi, 2000).

주의력과 지각력을 유지하는 뇌간의 구조, 즉 **망상체**(reticular formation)는 유아기 동안 시냅스와 수초화를 형성한다. 망상체의 뉴런은 뇌의 많은 다른 부분으로 섬유소를 보낸다. 대부분이 대뇌피질의 전두엽으로 보내지는데, 이는 주의력을 유지하고 조절하는 데 기여한다.

해마(hippocampus)로 불리는 뇌의 내부 구조는 우리가 길을 찾는 데 도움을 줄 수 있는 기억과 공간 이미지에 있어서 중요한 역할을 수행한다. 해마는 회상 기억과 독립적인 움직임이 나타날 때인 출생 후 첫해의 후반기에 빠른 속도로 시냅스 형성과 수초화가 일어난다. 취학전과 학령기 동안 해마와 대뇌피질의 주변 영역은 서로 간 그리고 전두엽 피질과도 연결을 형성해 가면서 빠르게 발달한다(Nelson, Thomas, & de Haan, 2006). 이러한 변화는 기억(저장 책략을 사용하는 것과 정보를 인출하는 능력)과 공간적인 이해(그림 그리기와 지도 읽기)에 있어서 대단한 성장을 만들어 낸다. 이후 제6장과 제7장에서 관련 내용을 더 다루고자 한다.

해마에 근접해 있으면서 뇌의 내부에 위치한 구조물이 **편도체**(amygdala)인데, 이는 감정적인 정보를 처리하는 데 있어 중심적인 역할을 한다. 편도체는 얼굴의 감정적인 표현, 특히 공포에 민감하다(Whalen et al., 2009). 이는 또한 감정적으로 두드러진 사건들과 관련된 기억을 향상시키는데, 이렇게 함으로써

청소년기에 뇌의 정서적·사회적 네트워크에서의 변화는 인지통제 네트워크의 발달을 앞지른다. 그 결과 10대는 아직 자신의 새롭고 종종 위험한 경험에 대한 강한 충동을 통제할 능력을 갖지 못한다.

©STEVE SKJOLD/ALAMY

생존과 관련된 정보―공포를 환기시키거나 안전을 의미하는 자극―가 장래에 인출될 거라는 걸 확신시켜 준다. 감정적인 학습에 대한 이러한 능력은 아동기 초반에 나타나는 것 같다. 초기 몇 해 안에 입은 편도체의 손상은 공포와 안전 신호에 대해 배울 능력을 상실하게 되고 일반적으로 여러 측면에 있어서 사회적으로 부적절한 행동을 초래하게 된다(Shaw, Brierley, & David, 2005). 아동 기와 청소년기 동안, 편도체와 전전두엽 간의 연결은 감정과 형태 그리고 수초의 통제를 담당하게 된다(Tottenham, Hare, & Casey, 2009).

뇌량(corpus callosum)은 양쪽의 대뇌반구를 연결해 주는 큰 섬유다발이다. 시냅스의 생산과 뇌량의 수초 형성은 생후 첫 1년 말쯤 증가하며 3~6세 때 절정을 이루고 청소년기에는 천천히 지속된다(Thompson et al., 2000). 뇌량은 신체 양쪽의 움직임을 부드럽게 협응하도록 만들고 지각, 주의집중, 기억, 언어, 문제해결 능력을 포함한 사고의 다양한 측면이 통합되는 것을 지원한다. 과제가 복잡할수록 양반구 간 소통이 더 중요하다.

청소년기의 뇌발달

아동기 중반부터 청소년기까지, 대뇌피질에서 서로 멀리 떨어져 있는 영역 간의 연결이 확장되고 빠른 소통을 이루게 된다. 그 결과, 전두엽은 다양한 영역의 통합된 기능을 감독 및 관리하고, 보다 복잡하면서도 유연한 그리고 적응적인 사고와 행동을 하게 되는 보다 효율적인 '행정부'가 된다(Blakemore & Choudhury, 2006; Lenroot & Giedd, 2006). 결과적으로, 청소년들은 사고의 속도와 주의, 기억, 기획, 정보를 통합하는 능력 그리고 인지 및 감정의 통제를 포함하여 다양한 인지기술을 습득하게 된다.

그러나 이러한 발달은 10대 시절 동안 점진적으로 일어난다. fMRI 증거는 전전두엽과 뇌의 다른 영역 간의 연결에 있어 청소년들이 성인에 비해 그다지 효과적이지 않음을 보여 주고 있다. 전두엽의 인지통제 네트워크는 여전히 미세한 조정을 필요로 하기 때문에 자기조절, 계획 수립, 그리고 미래 지향(보다 큰 미래의 보상을 위해 당면한 작은 보상을 거부하는 것)을 필요로 하는 과업들에 대한 10대들의 수행은 아직 충분히 성숙되지 않다(Luna et al., 2001; McClure et al., 2004; Steinberg et al., 2009).

이러한 자기통제 장애를 가중시키는 것은 뇌의 감정적/사회적 네트워크에 있어서의 변화이다. 인간과 다른 포유동물들이 성적으로 성숙해짐에 따라, 뉴런들은 흥분성 신경전달물질에 보다 반응적으로 된다. 그 결과, 청소년들은 스트레스를 주는 사건에는 보다 강하게 반응을 하고 유쾌한 자극은 더욱 격렬하게 경험한다. 그러나 인지통제 네트워크가 아직 적절하게 기능하지 못하기 때문에 대부분의 10대들은 이러한 강렬한 영향들을 잘 처리해 내지 못한다(Casey, Getz, & Galvan, 2008; Spear, 2008; Steinberg et al., 2008). 이러한 불균형은 약불복용이나 부주의한 운전 그리고 무방비 상태(콘돔을 사용하지 않는)에 이루어지는 성관계나 비행행동 등을 포함해 새로운 경험들에 대한 충동을 청소년들이 억제하기 힘들게 한다. 특히 스트레스 수준이 높거나 만성적인 감정적 고통에 대항하기 위해 보상을 추구하는 청소년들 사이에서 이러한 충동은 억제되기가 더욱 어렵다.

더욱이 사춘기에 급증하는 성호르몬(에스트로겐과 안드로겐 모두)은 전두엽과 내부 뇌 구조(예 : 편도체)의 민감성을 고조시키는데, 이는 뇌하수체에서 분비되는 옥시토신 호르몬도 촉진시킨다. 옥시토신은 초보 엄마들의 양육행동을 장려하는 역할을 한다. 10대들에게 있어 옥시토신은 다른 자극들로부터의 피드백을 포함하여 감정적이고 사회적인 자극들에 대한 반응성을 증가시킨다(Steinberg, 2008). 제14장에서 증가된 옥시토신의 민감성

경험-기대 뇌 성장은 일상적이고 자극이 있는 경험을 통하여 자연스럽게 일어난다. 이 취학전 유아들이 돋보기로 봄꽃을 탐색할 때 이들은 이른 시기에 뇌발달을 가장 잘 촉진하는 비형식적 활동의 유형에 참여하는 것이다.

은 청소년들이 왜 자의식이 강하고 타인의 의견에 예민한지를 설명해 준다. 이는 또한 또래 영향에 대한 10대들의 수용성 — 모든 종류의 위험을 감수하고자 하는 청소년들을 예측할 수 있는 강력한 변인 — 에도 영향을 미친다(Gardner & Steinberg, 2005: Ranking et al., 2004).

물론 모든 10대들이 부주의하고 위험한 행동들을 취하는 데 있어 이러한 경향을 보이는 것은 아니다. 개인의 기질과 부모의 양육 그리고 학교와 이웃의 자원들(위험을 무릅쓰고자 하는 기회들과 관련되어 있는 자원들)이 차이를 가져온다. 그럼에도 불구하고, 청소년들의 뇌 변화는 인지적인 향상과 이 시기에 우려되는 행동들 그리고 어른들의 인내와 지도를 필요로 하는 10대들의 마음을 이해하는 데 도움을 준다.

뇌발달의 민감기

우리는 뇌가 급속하게 발달할 때 뇌의 자극이 가장 중요하다는 것을 보았다. 제4장에서 언급하였던 동물연구에서 초기에 발생한 극도의 감각상실은 영구적인 뇌손상과 기능의 손실을 가져온다는 것이 밝혀졌으며, 이것은 뇌발달 민감기의 존재를 증명해 주는 결과이다. 루마니아 고아원에서 입양한 아동을 대상으로 한 연구는 아기에게 첫 6개월 이상의 오랜 시간 동안 궁핍한 시설 보호는 지속적인 지적 장애와 정신적 건강문제를 초래한다는 것을 보여 준 사례를 기억해 보아라.

많은 증거들이 생후 첫 몇 해 동안 뇌가 특히 스펀지 같아서 아동이 새로운 기술을 쉽고 빠르게 획득한다는 사실을 확인시켜 준다. 그러면 이 기간 동안 적절한 자극을 어떻게 규정할 수 있을까? 이 질문에 대한 답을 위해 연구자들은 뇌발달의 두 유형을 구분하였다. 첫 번째로, **경험-기대 뇌 성장**(experience-expectant brain growth)은 젊은 뇌의 급속한 발달 조직으로 언급되는데, 이는 사물을 보고 만지고, 언어와 다른 소리를 듣고, 환경을 탐색하는 기회인 일상적인 경험에 의존한다. 수백만 년 진화의 결과로 모든 영아, 걸음마기 영아, 유아들의 뇌는 정상적으로 성장하게 되면 이러한 경험들과 만나도록 기대된다. 뇌발달의 두 번째 유형은 **경험-의존 뇌 성장**(experience-dependent brain growth)으로 이는 우리의 삶을 통해 계속된다. 그것은 개인과 문화에 따라 상당히 다양한 구체적인 학습경험의 결과로 이미 형성된 뇌 구조가 부가적으로 성장하고 다듬어지는 것을 의미한다(Greenough & Black, 1992). 가령, 독서나 컴퓨터 게임을 하고, 복잡한 무늬의 러그를 짜고 시를 짓고 바이올린을 연습하는 것 등이 그 예이다. 바이올리니스트의 뇌는 시인의 뇌와 어떤 방식에서 다를 수 있는데, 이는 오랫동안 뇌의 다른 부분을 사용했기 때문이다.

경험-기대 뇌 성장은 양육자가 아기와 유아에게 연령에 적절한 장난감을 제공하고 식사 같이하기, 까꿍놀이 하기, 자기 전에 목욕하기, 그림책 읽기, 노래 부르기, 혹은 가게에 가기 등과 같은 즐거운 일상에 참여시키면 초기에 자연히 일어난다. 이러한 성장은 후에 일어나는 경험-의존 뇌 성장을 위한 기초를 제공한다(Huttenlocher, 2002; Shonkoff & Phillips, 2001). 제4장에서 우리는 적은 자극뿐만 아니라 과잉 자극, 즉 준비가 되지 않았을 때 과제를 주고 기대를 하여 아동을 압박하는 것은 발달을 위협할 수 있음을 지적하였다. 독서, 음악 공연, 혹은 운동과 같이 집중적인 훈련에 의존하여 기술을 숙달하는 데 5~6세가 민감기라는 증거는 없다(Bruer, 1999). 그와는 반대로 조기 학습을 서두르는 것이 뇌의 신경회로를 억압하여 뇌에 손상을 주어 인생에서 건강한 출발을 위해 필요로 하는 일상 경험에 대한 뇌의 민감성을 감소시킨다고 설명한다.

신체발달에 영향을 주는 요인

발달의 다른 측면과 같이 신체적 성장도 유전과 환경 요인의 지속적이고 복잡한 상호작용의 결과이다. 유전이 여전히 중요하지만 환경 요인도 유전자의 표현에 계속 영향을 미친다. 좋은 영양소, 질병으로부터 상대적 자유, 정서적 복지는 아동의 건강한 발달에 필수적인 반면 환경적 오염물질은 위협이 될 수 있다.

유전

이란성 쌍둥이에 비해 일란성 쌍둥이의 신체 크기가 더 비슷하기 때문에 우리는 신체 성장에서 유전이 중요한 요소임을 알게 된다(Estourgie-van Burk et al., 2006). 식이요법과 건강 상태가 적절한 경우, 키와 신체 성장의 속도(초경 시기와 골격 연령에 의해 측정된)는 유전에 의해 많은 부분이 결정된다. 사실 영양결핍이나 질병과 같은 부정적인 환경적 영향이 심각하지 않는 한, 아동과 청소년들은 따라잡기 성장(catch up growth) — 일단 조건이 개선되면 유전적인 영향을 받는 성장 궤도로 돌아가는 것 —을 보인다. 그러나 뇌에서 심장과 소화기 계통에 이르기까지 많은 내장기관들은 정상 궤도로 영구적으로 돌아가기 힘들다(Hales & Ozanne, 2003). (앞에서 논의한 바와 같이 불충분한 태내기의 영양분이 장기간의 건강에 미치는 결과를 상기해 보자.)

유전자는 신체의 생성과 호르몬에 대한 민감성을 통제함으로써 성장에 영향을 미친다. 돌연변이는 이러한 과정을 방해할 수 있으며 신체 크기에 있어 많은 편차를 유발한다. 때때로 돌연변이는 많은 사람들에게 퍼지기도 한다. 정상적인 성인의 키가 152cm 이하인 콩고 공화국 Efe 족의 경우, 유아기 동안 성장 속도가 점점 느려져서 5세 아동의 평균 키는 북미의 5세 아동의 하위 3%에 속한다. 유전적 이유로 Efe 족 아동들에게는 성장호르몬(GH)의 영향이 적다(Bailey, 1990). 5세에, 평균 Efe 아동은 북미 또래 아동의 97%보다 작다. Efe 족의 작은 키는 진화된 것이라고 보는데, 그 이유는 중앙아프리카 열대우림기후에서 식량이 부족하여 칼로리 필요량을 줄이고 빽빽한 숲 덤불 사이를 쉽게 통과할 수 있도록 해 주었기 때문이다(Perry & Dominy, 2009).

또한 유전적 구성은 체중에 영향을 미친다는 것을 쌍둥이 연구에서 알 수 있다(Kinnunen, Pietilainen, & Rissanen, 2006). 동시에 환경, 특히 영양과 식습관이 중요한 역할을 한다.

영양

영양은 모든 발달시기에 중요하지만 최초 2년 동안이 특히 결정적이다. 왜냐하면 이 시기에 두뇌와 신체가 아주 급속히 성장하기 때문이다. 비율적으로 보았을 때, 영아가 필요로 하는 에너지는 성인의 두 배이다. 그들의 총칼로리 섭취량의 25%는 성장을 위한 것이며, 급속히 발달하는 신체기관이 적절하게 기능하기 위해서는 여분의 칼로리가 필요하다(Meyer, 2009).

모유수유 대 인공수유 아기들은 충분한 음식뿐만 아니라 올바른 종류의 음식이 필요하다. 영아기 초기에 모유수유는 영아의 필요에 가장 적합하며, 조제분유는 단지 모유를 모방할 뿐이다.

이러한 이점 때문에 세계 빈곤 지역의 모유수유 아기들은 인공수유 아기들보다 영양 부족이 될 가능성이 훨씬 적으며 생애 첫 1년 생존율이 6~14배 더 높은 경향이 있다. WHO는 6개월부터 고형 음식물과 함께 2세까지 모유수유를 권장하며, 만일 이것이 널리 이루어진다면 연간 100만 이상 아동의 생명을 구하게 될 것이라고 한다(World Health Organization, 2011). 단지 몇 주 동안만의 모유수유라 하더라도 이는 개발도상국의 어린 아동들의 호흡기와 장 감염을 상당 부분 막아 준다. 또한 엄마가 젖을 먹이는 동안 임신할 가능성이 덜하기 때문에, 모유수유는 형제자매 간 간격을 넓히는 데 도움을 주고, 그것은 빈곤이 만연된 나라에서 영아기와 아동기 사망을 줄이는 중요한 요인이 된다. (주 : 그러나 모유수유가 산아제한을 위한 신뢰성 있는 방법은 아니다.)

그러나 개발도상국의 많은 엄마들은 모유수유의 장점에 대해 알지 못한다. 아프리카, 중동, 그리고 라틴아메리카에서, 생후 첫 6개월 동안 40% 이하의 엄마들만이 전적으로 모유수유를 하며, 1/4은 1년쯤에 모유수유를 완전히 중단한다(UNICEF, 2009). 모유 대신에 엄마들은 아기들에게 분유나 쌀물 또는 매우 묽은 소나 염소 우유 같은 저등급의 영양을 제공한다.

위생 상태가 불량하여 생긴 음식들의 오염은 흔한 일이며 종종 질병과 영아사망으로 이르게 한다. UN은 개발도상국의 모든 병원과 산과병원에서는 엄마가 아기에게 옮길 수 있는 바이러스나 박테리아 감염(HIV 또는 결핵)만 없다면 모유수유를 더 많이 권유한다. 오늘날 대부분의 개발도상국들은 막 엄마가 된 사람들에게 조제분유를 무료로 주거나 보조해 주는 관행을 금지했다.

지난 20년에 걸친 자연분만 운동의 결과로 모유수유는 산업화 국가, 특히 많은 교육을 받은 여성들 사이에서 더욱 보편적인 것이 되었다. 오늘날 미국 엄마의 75%가 모유수유를 하지만 반 이상이 6개월에 중단한다(U.S. Centers for Disease Control and Prevention, 2010). 모유수유의 건강상의 이점에도 불구하고 단지 미숙아의 50%만이 병원 퇴원 시에 모유수유를 받는다. 미숙아가 젖을 빨 수 있을 만큼 발달할 때까지 인공펌프로 충분한 모유 공급을 하고 성공적으로 젖 먹는 것을 배우도록 충분히 빠는 경험을 그 아기에게 제공하는 것 등 미숙아에게 모유수유는 큰 도전이다(Callen & Pinelli, 2005). 캥거루 케어(제3장 참조)와 건강 전문가의 지원은 도움이 된다.

모유는 아주 쉽게 소화되기 때문에 모유를 먹는 영아는 자주 배고픔을 느끼게 된다. 인공수유 아기의 3~4시간과 비교하면, 모유수유 아기는 1시간 30분에서 2시간 간격으로 젖을 먹는다. 이것은 많은 취업모들이 모유수유하는 것을 어렵게 한다. 출산 후 일찍 직장으로 복귀하는 엄마들이 젖을 일찍 떼려고 하는 것은 놀랄 만한 일이 아니다(Kimbro, 2006). 아기와 항상 함께 있을 수 없는 엄마들은 인공수유와 모유수유를 병행할 수 있다. 미국 보건복지부는 첫 6개월 동안 전적으로 모유수유를, 적어도 생후 1년까지 모유를 아기의 식단에 포함시킬 것을 권장한다.

모유수유를 할 수 없거나 원하지 않는 여성들은 아기들의 건강한 심리발달에 중요한 경험을 박탈하고 있다고 걱정한다. 그러나 산업화 국가에서 모유수유를 하는 엄마들은 아기에 더 애착되지 않았고 모유수유한 아동과 인공수유한 아동 사이의 정서적 적응은 차이가 없다(Fergusson & Woodward, 1999; Jansen, de Weerth, & Riksen-Walraven, 2008). 어떤 연구들은 여러 요인을 통제한 후 지능검사를 수행한 결과, 모유수유한 아동과 청소년들이 약간 우세하다고 보고한다. 그러나 대부분의 연구는 어떤 인지적인 이점도 발견하지 못하고 있다(Der, Batty, & Deary, 2006; Holme, MacArthur, & Lancashire, 2010).

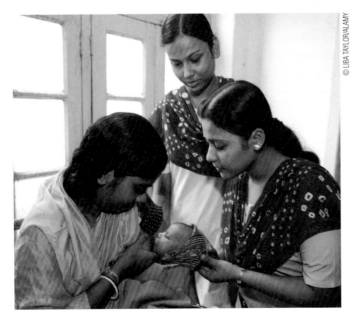

인도에 있는 조산원에서 한 엄마가 자신의 아기에게 젖을 먹이는 법을 배울 때 도움을 주고 있다. 모유수유는 생명을 위협하는 질병이나 조기 사망에 대해 아기를 보호하는 데 도움이 되는 개발도상국에서 특히 중요하다.

©LIBA TAYLOR/ALAMY

아동기와 청소년기의 영양 1세 무렵 영아 음식에는 모든 기본적인 식품군이 포함되어야 한다. 아기가 2세가 될 무렵 그들의 식욕은 예측할 수 없게 된다. 영아들은 어떤 음식을 잘 먹다가도 어떤 때는 그 음식에 거의 손도 대지 않아 영아들을 '먹는 것이 까다로운 사람(picky eater)'이라 하기도 한다. 이러한 식욕 감소는 성장이 느려지기 때문에 발생한다. 게다가 새로운 음식에 대한 영아들의 경계심은 적응을 위한 것이다. 영아들이 친숙한 음식을 고수하는 것은 자신을 보호해 줄 성인이 주변에 없더라도 위험한 물질을 삼킬 가능성이 적다는 것을 의미한다(Birch & Fisher, 1995). 부모들은 식사 때마다 먹은 양의 차이에 대해 걱정할 필요가 없다. 하루를 통해 보면, 유아들은 처음에는 적게 먹더라도 나중에 많이 먹어서 앞에서 적게 먹은 식사를 보충할 것이다(Hursti, 1999).

아동들은 자신이 동경하는 성인과 또래의 음식 기호 및 식습관을 모방하는 경향이 있다. 또래뿐만 아니라 성인, 예를 들어, 우유나 청량음료를 마시는 엄마들의 5세 된 딸은 비슷한 음료를 선호하는 경향이 있다(Fisher et al., 2001). 자극적인 음식 맛을 좋아하는 멕시코인 가족의 학령전 아동들은 칠리 고추를 매우 열심히 먹는 반면 미국 아동들은 그것을 거부한다(Birch, Zimmerman, & Hind, 1980).

또한 새로운 음식을 반복해서 주게 되면(먹으라는 직접적인 압력 없이) 아동이 그 음식을 받아들이게 된다. 브로콜리나 두부를 식탁에 차려 주는 것은 아동들이 건강에 좋은 음식을 더욱 좋아하게 만든다. 대조적으로, 달콤한 과일 혹은 청량음료를 주는 것은 '우유를 기피'하도록 조장한다(Black et al., 2002).

비록 아동들의 건강한 식사가 건강에 좋은 음식 환경에 달려 있다고는 하지만, 식사에 대하여 부모가 너무 지나치게 통제하게 되면 아동이 자기조절을 발달시킬 기회를 제한받게 된다. 어떤 부모들은 뇌물을 제공하지만("네가 야채를 다 먹으면 쿠키를 더 줄게.") 이러한 관행은 아동이 건강에 좋은 음식을 덜 좋아하고 그러한 보상을 더 좋아하는 경향을 만든다(Birch, Fisher, & Davison, 2003). 유사하게, 맛있는 음식에 대한 접근을 제한하는 것은 아동들을 그 음식에 집중시키고, 맛있는 음식을 먹고 싶어 하는 욕구를 증가시킨다. 어린이집에서 교사가 3~6세 아동들에게 간식시간에 애플바 쿠키를 투명한 병에 넣고는 이것을 선택하지 못하도록 했으나 복숭아바 쿠키(아동들은 역시 좋아했다)는 가질 수 있게 했다. 그런데 아동들은 애플바에 대해 더 많이 얘기를 하며 달라고 요청을 했고 그것을 얻으려고 노력했다(그림 5.10 참조)(Fisher & Birch, 1999).

사춘기에 도달하면, 급속한 신체 성장으로 인해 음식 섭취량도 급격하게 증가한다. 영양 필요량의 증가는 식습관이 가장 나쁠 때 온다. 모든 연령집단 중에 청소년들이 아침을 가장 많이 거르고 (비만으로 연결되는 습관), 칼로리가 없는 음식을 섭취하고, 급하게 먹는 경향이 있다(Ritchie et al., 2007; Striegel-Moore & Franko, 2006). 비록 10대가 선호하는 모임 장소인 패스트푸드 레스토랑에서도 지금은 일부 건강에 좋은 메뉴를 제공하고 있지만, 청소년들의 이러한 대체 음식물 선택에 대한 지침이 필요하다. 패스트푸드 음식과 학교 매점 등에서의 음식 구매는 (간이식당과 자판기의) 고지방 음식과 청량음료의 소비와 밀접한 관련이 있으며, 10대들은 종종 건강에 좋지 않은 식품을 선택하는 것으로 나타났다(Bowman et al., 2004; Kubik et al., 2003).

가족의 식사 빈도는 건강한 식사 ― 더 많은 과일, 채소, 곡물, 그리고 칼슘이 풍부한 음식 섭취 ― 의 강력한 예측인자이다(Burgess-Champoux et al., 2009; Fiese & Schwartz, 2008). 그러나 아동이 있는 가족에 비해, 청소년이 있는 가족은 함께 식사하는 빈도가 낮다. 바쁜 일정에도 불구하고, 가족이 함께 식사하는 방법을 모색하는 것이 10대의 음식물 섭취를 많이 개선할 수 있는 길이다.

영양실조 식량 자원이 제한된 개발도상국과 전쟁으로 인한 폐허지역에서 영양실조가 만연하고 있다. 최근 자료에 따르면 세계 아동의 약 27%가 5세 이전에 영양실조로 고통을 받고 있다고 한다(World Health Organization, 2010b). 심하게 영양실조에 걸린 10%는 두 가지 식이질병으로 고통을 받고 있다.

소모증(marasmus)은 모든 필수 영양소가 낮은 음식을 섭취하여 일어나는 신체 쇠약 상태이다. 이는 아기 엄마의 영양실조 상태가 심해서 충분한 모유를 만들 수 없고, 인공수유도 어려운 상황에서 보통 생애 첫 1년이 되는 시기에 나타난다. 굶주린 아기는 심하게 마르고 목숨을 잃을 위험에 처한다.

단백질결핍성 소아 영양실조증(kwashiorkor)은 단백질이 매우 부족한 불균형적인 음식물 섭취에 의해 일어난다. 이 질병은 보통 1~3세 사이에 젖을 뗀 후 갑자기 나타난다. 이러한 일은 아동들이 탄수화물 음식에서 충분한 칼

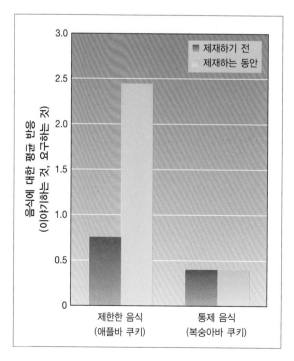

그림 5.10 간식시간에 제재 전과 제재 동안의 맛있는 음식에 대한 아동의 자발적인 행동 반응

3세와 6세 아동은 맛있는 음식(애플바 쿠키)을 먹기 전에 제재를 받은 후 3배 이상 더 그 음식에 대해 이야기를 했으며, 요구하였고 얻으려고 시도하였다. 이들은 연구를 하는 동안 내내 제재를 하지 않았던 다른 맛있는 통제 음식(복숭아바 쿠키)에도 같은 방식으로 반응하였다.

왼쪽에 있는 아프리카 나이지리아 아기는 모든 필수 영양소가 낮은 식사에 의해 쇠약해진 상태인 소모증이 있다. 오른쪽에 나이지리아 걸음마기 영아의 부풀은 배는 단백질이 낮은 식사로 인한 단백질결핍성 소아 영양실조의 증상이다. 만일 이 아동들이 살아남는다면 성장이 지체되고 지속적인 장기손상을 겪을 뿐 아니라 심각한 인지적·정서적 장애를 겪을 가능성이 있다.

로리를 얻지만 단백질원이 부족한 지역에서 흔하다. 아동의 신체는 비축된 단백질을 분해함으로써 반응한다. 곧 배가 커지고, 발은 부풀어 오르며, 머리카락이 빠지고, 피부에 발진이 나타난다. 한때 눈이 반짝이고 호기심 많았던 어린아이가 짜증을 잘 내고 활기를 잃게 된다.

이러한 극단적 영양실조에서 살아남은 아동들은 자라면서 종종 모든 신체 치수가 평균보다 훨씬 작고 뇌, 심장, 간 혹은 다른 장기에서 지속적인 손상을 겪는다(Müller & Krawinkel, 2005). 그러나 식생활이 개선되면 과도하게 체중이 증가하는 경우도 있다(Uauy et al., 2008). 세계의 많은 빈곤 지역에 대한 연구에서 성장이 저해된 아동이 그렇지 않은 또래보다 훨씬 더 과체중이 되는 경향을 볼 수 있다. 영양이 부족한 몸은 낮은 기초대사율로 스스로를 보호하며, 이런 경향은 영양이 개선된 후에도 지속될 수 있다. 또한 영양실조는 뇌에 있는 식욕조절 센터를 붕괴시켜 음식이 많을 때 아동이 과식하도록 만든다.

학습과 행동 또한 심각하게 영향을 받는다. 소모증 아동에 대한 한 장기 연구는 식이요법이 개선되더라도 머리 크기는 정상으로 돌아오지 못했다는 결과를 보여 주었다(Stoch et al., 1982). 영양실조는 대체로 신경성 섬유소의 성장과 발달을 방해하여 뇌 무게에 영구적인 손상을 야기한다. 동물실험 결과에서 불충분한 식사는 뇌에 있는 신경전달물질의 분비를 바꾸었다. 이것은 발달의 모든 측면을 방해할 수 있는 효과가 있다(Haller, 2005). 이러한 아동들은 지능검사에서 점수가 낮고, 소근육운동의 협응성이 좋지 못하며, 주의집중에 어려움을 겪는다(Bryce et al., 2008; Liu et al., 2003). 또한 그들은 두려움을 일으키는 상황에서 더 강한 스트레스를 보이는데, 아마도 이것은 심각한 기아의 고통이 지속되었기 때문일 것이다(Fernald & Grantham-McGregor, 1998).

균형이 잡히지 않은 영양소로 말미암아 영양이 부족한 아동은 수동적이고 성급한 성향이 악화된다는 것을 제3장에서 배운 태아기 영양실조와 관련지어 생각해 보자. 이러한 행동들은 단백질-칼로리 부족 정도가 단지 약하거나 보통 정도일 때도 나타난다. 또한 그것은 전 세계 영아와 아동의 약 25%에게서 나타나는 상태로 많은 중추신경계 과정을 방해하는 철분결핍성 빈혈증이 동반된다. 위축, 무기력, 화가 날 때 달래어지지 않는 것은 철분결핍성 아기의 주의집중하고 탐색하며 부모의 민감한 양육을 불러일으키는 능력을 감소시킨다(Lozoff, 2007; Lozoff et al., 2008). 이 영아들은 비빈혈증 영아들보다 운동과 지적 발달에서 낮은 점수를 받는데, 철 보충 하나만으로는 그 차이를 바로잡지 못한다. 한 추적연구에서 아기였을 때 심각하게 철결핍이었으나 그 이후에 철을 보충하였던 젊은 성인은 그럼에도 불구하고 다양한 인지과제에 점수가 좋지 못했다(Lukowski et al., 2010). 결과적으로 초기 철분 상태를 개선하는 개입 외에도 부모-자녀관계를 지원함으로써 발달을 촉진시켜야 한다.

불충분한 영양은 개발도상국에만 한정되는 것이 아니다. 보충식 프로그램을 후원한 정부가 이를 필요로 하는 모든 가정을 지원하지 못하기 때문에 21%로 추성되는 미국 아동들이 건강하고 활기찬 생활을 위해 필요로 하는 식품의 부족으로 고통을 받고 있다. 음식 부족은 특히 한부모 가정(35%)과 저소득층 소수민족 가정에서 높게 나타난다(예 : 흑인 가정 25%, 히스패닉 가정 27%)(U.S. Department of Agriculture, 2011b). 비록 이러한 아동 중 일부만이 소모증이나 단백질결핍성 소아영양실조증을 가지고 있지만, 그들의 신체 성장과 학습능력은 보다 큰 영향을 받게 된다.

비만 오늘날 미국 아동과 청소년의 32%가 과체중이며, 절반 혹은 그 이상은 매우 심각하다. 미국의 17%의 아동들이 **비만**(obesity)이다. 20% 이상이 **체질량지수**(BMI-체지방과 관련된 몸무게와 키의 비율)를 토대로 건강 체중 이상으로 증가한다. (아동의 연령과 성별을 고려하여 85%보다 높은 BMI는 과체중이고 95% 이상은 비만이다.)

지난 수십 년 동안 많은 서구 국가에서 과체중과 비만이 증가했으며 캐나다, 핀란드, 그리스, 영국, 아일랜드, 뉴질랜드, 특히 미국에서 더 크게 증가하였다(Ogden et al., 2010; World Health Organization, 2009, 2010a). 호주, 독일, 이스라엘, 네덜란드, 그리고 스웨덴을 포함한 다른 산업화 국가에서는 그보다는 적게 증가하였다.

또한 비만율은 개발도상국에서도 급속히 증가하고 있는데, 이는 도시화로 인하여 앉아 있는 생활양식으로 변화되었고 사람들이 육류와 열량이 높은 가공식품을 많이 섭취하게 되었기 때문이다(World Health Organization, 2010a, 2010b). 예를 들어, 중국에서는 이전 세대에서는 비만이 거의 존재하지 않았던 반면, 오늘날은 아동들의 20%가 과체중이며 7%는 비만인 것으로 나타났다. 지난 25년 동안 거의 5배에 달하는 증가이며 여아들보다 남아들에게 더 큰 영향을 미쳤다(Ding, 2008). 중국에서 아동기 비만은 특히 도시지역에서 높은 것으로 나타났는데, 10%에 이르고 있다(Ji & Chen, 2008). 생활양식의 변화 이외에 과도한 체지방은 부와 건강을 나타낸다는 지배적인 믿음이―수백만 명의 생명을 앗아간 기근이 발생한 반세기 전부터 이어져 내려온―이같이 우려할 만한 급격한 증가를 초래했다. 남아선호사상으로 중국 부모들은 이전에는 충분하지 않았으나 현재는 어디서든 구할 수 있는 고기나 유제품 그리고 고열량 음식들을 남아들에게 후하게 주었을 것이다.

과체중은 연령과 함께 증가하는데, 미국의 취학전 아동의 21%, 그리고 학령기 아동들과 청소년들은 35%가 과체중인 것으로 확인되었다(Ogden et al., 2010). 1,000명 이상의 미국 아동들을 대상으로 한 종단연구에서, 과체중인 취학전 아동들은 정상 체중의 또래들보다 12세에 5배 더 과체중이 되는 경향이 있다(Nader et al., 2006). 그리고 질병에 걸린 10대들의 약 70%가 성인이 되었을 때 과체중이 되는 것으로 확인되었다(U.S. Department of Health and Human Services, 2011b).

비만 아동들은 심각한 정서적·사회적 어려움 외에도 평생 동안 건강문제로 위험에 처해 있다. 고혈압, 높은 콜레스테롤 수치, 비정상적 호흡기 상태, 그리고 인슐린 저항이 초등학교 저학년에서 나타나기 시작한다. 그것은 심장병과 다른 혈액순환 문제, 2형 당뇨병, 담석증, 수면과 소화장애, 대부분의 암, 그리고 조기 사망을 예측할 수 있는 유력한 요인이

체중 감소 캠프에 참가하고 있는 중국 소년들이 수영할 준비를 하고 있다. 이러한 캠프는 과체중과 비만의 급속한 증가에 대한 한 대응이다. 이는 과잉 체지방과 부유함을 동일시하는 문화에서 생활방식 변화의 결과이다.

다(Krishnamoorthy, Hart, & Jelalian, 2006; World Cancer Research Fund, 2007). 실제로, 2형 당뇨병—아동기에는 거의 나타나지 않기 때문에 이전에는 '성인기 발증형(發症型)' 당뇨병으로 알려진—이 과체중 아동들 사이에서 빠른 속도로 증가하고 있다. 이는 때로 일찍이 뇌졸중이나 신부전 그리고 결국에는 실명이나 다리 절단의 위험을 초래하는 혈액순환상의 문제들을 포함한 심각한 합병증에 이르게 한다(Hannon, Rao, & Arslanian, 2005).

비만의 원인 모든 아동이 똑같이 과도한 체중 증가의 위험에 처한 것은 아니다. 과체중 아동에게는 과체중 부모가 있을 수 있으며, 이란성 쌍둥이보다 일란성 쌍둥이 사이에서 비만의 일치도가 높다. 그러나 유전은 단지 체중 증가의 한 경향을 말해 준다(Kral & Faith, 2009).

환경의 중요성은 산업화 국가에서 특히 미국에서 아프리카계 미국인, 남미계와 미국 원주민 아동과 성인을 포함한 소수민족 사이에서 낮은 교육 수준 및 수입과 과체중 및 비만 간의 지속적인 관련성이 나타난다(Anand et al., 2001; Ogden et al., 2010). 비만의 원인에는 고지방 및 저가 식품을 사는 경향, 식료품 가게와 식당에서 가격이 알맞고 건강한 식품을 편리하게 접근할 수 없는 지역사회, 그리고 과식을 하도록 하는 가족 스트레스 등이 포함된다.

게다가 앞에서 기술하였듯이, 생의 초기에 영양 부족이었던 아동은 나중에 과도하게 체중이 증가할 위험이 있다. 산업화 국가에서 이루어진 많은 연구들은 임신 기간 동안 흡연을 한 임산부들의 영아들과 이러한 이유로 저체중으로 태어난 영아들(제3장 참조)은 아동기에 과체중이나 비만이 될 가능성이 높다는 것을 확인시켜 주었다(Rogers, 2009). 그럼에도 불구하고, 개발도상국에서의(선진국과 달리) 비만의 위험성은 경제적으로 부유한 가정의 구성원들 사이에서 가장 높은데, 아마도 이는 음식은 보다 쉽게 구할 수 있는 반면에 활동 수준은 줄어들었기 때문일 것이다(Subramanian et al, 2011).

부모의 음식물 섭취 습관 또한 아동기 비만의 원인이 된다. 과체중 아동은 고칼로리, 당분과 지방 음식을 더 많이 먹는 경향이 있는데, 아마도 이러한 음식들이 과체중 경향이 있는 그들 부모의 식단에 아주 많이 포함되어 있기 때문일 것이다. 3,000명 이상의 미국 부모들을 인터뷰한 결과, 그 부모들은 4~24개월의 자녀들에게 매일 감자튀김, 피자, 캔디, 설탕이 든 과일 음료, 탄산음료를 준다는 것을 알 수 있었다. 평균적으로 영아들과 걸음마기 영아들은 자신들이 필요했던 것보다 각각 20%, 30% 이상 더 많이 먹었다(Briefel et al., 2004). 최근 연구에서 영아기의 급속한 체중 증가와 이후의 비만 간에는 명백한 관련이 있음이 밝혀졌다(Botton et al., 2008; Chomtho et al., 2008).

어떤 부모들은 아동이 불편해하는 이유가 음식에 대한 욕구라고 해석해서 걱정스러울 정도로 많이 먹였다. 다른 부모들은 자녀들에게 먹으라고 압력을 준다. 이는 유년기에 음식박탈 기간에 생존하였던 이민자 부모와 조부모 사이에 일반적인 관행이다. 또 다른 부모들은 자녀가 먹는 음식의 시간, 종류, 양을 지나치게 통제하며 제한하고 아이가 너무 많이 살이 찔까 봐 걱정한다(Moens, Braet, & Soetens, 2007). 각 사례에서 보듯이, 부모들은 아동들이 자신의 음식 섭취량을 조절하는 것을 배우도록 도와주지 못한다. 또한 과체중 아동의 부모들은 종종 다른 행동을 강화하기 위해 고지방, 단음식을 사용하며 아동으로 하여금 보상에 큰 가치를 두게 만든다(Sherry et al., 2004).

이러한 경험 때문에 비만 아동은 곧 부적응적인 식습관을 갖게 된다. 그들은 정상 체중 아동보다 음식과 관련된 외부 자극—맛, 시각, 냄새, 식사시간, 음식과 관련된 말—에 더 반응하며, 신체의 포만감 신호에 덜 반응한다(Jansen et al., 2003; Temple et al., 2007). 또한 그들은 일찍이 18개월부터 빨리 먹고 음식을 잘 씹지

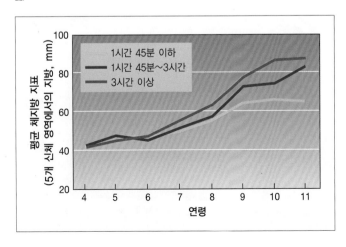

그림 5.11 4~11세 사이의 TV 시청과 체지방 증가 간의 관계

연구자들은 하루 TV 시청시간과 5개 신체부위(상박, 어깨, 복부, 몸통, 허벅지)의 피하지방 두께 측정을 종단적으로 조사하였다. TV를 많이 시청할수록 피하지방은 증가한다. 10~11세에 1시간 45분 이하로 TV를 시청하는 아동과 3시간 이상 시청하는 아동 간의 차이가 컸다.

출처 : M. H. Proctor et al., 2003, "Television Viewing and Change in Body Fat from Preschool to Early Adolescence: The Framingham Children's Study," International Journal of Obesity, 27, p. 831. Reprinted by permission from Macmillan Publishers Ltd.

않는 식습관을 보인다(Drabman et al., 1979).

체중 증가와 일관되게 관련되어 있는 또 다른 요인은 수면부족이다(Nielsen, Danielsen, & Sørensen, 2011). 감소된 수면으로 인해 먹는 시간은 늘어나게 되고, 아이들은 신체적 활동으로 더욱 피로감을 느낄 수 있다. 또는 배고픔과 신진대사를 통제하는 뇌기능도 방해를 받을 수 있다.

과체중 아동은 정상 체중 또래보다 신체적으로 덜 활발하다. 비활동성은 과도한 체중 증가의 원인이면서 결과이기도 하다. 아동기 비만의 증가는 부분적으로 미국 아동들의 장시간 TV 시청 때문이라는 것을 연구에서 알 수 있다. 4~11세까지 아동의 TV 시청을 추적한 연구에서, 아동이 TV를 더 많이 시청할수록 체지방이 더 증가했다. 하루에 세 시간 이상 TV를 시청한 아동은 1시간 45분을 시청한 아동보다 지방이 40% 이상 더 축적되었다(그림 5.11 참조)(Proctor et al., 2003). TV 시청은 신체운동에 소비하는 시간을 많이 감소시키며, TV 광고는 아동에게 살이 찌고, 건강에 좋지 않은 간식을 먹도록 자극한다. 침실에 TV가 있는 아동들 — 특히 높은 TV 시청과 연관된 실제 — 은 과체중이 될 더 큰 위험에 처해 있다(Adachi-Mejia et al., 2007).

마지막으로, 다양한 음식 환경이 비만 발생에 영향을 준다. 전통적인 식물성 음식물을 섭취하다가 지방이 많은 미국 음식물을 섭취하게 된 애리조나 주의 피마 인디언은 세계에서 가장 높은 비만율을 가진 사람들 중 하나이다. 멀리 멕시코의 시에라 마드레 지역에 살고 있는 같은 조상의 자손들과 비교하면, 애리조나 피마는 체중이 50%나 더 나간다. 이들의 절반은 당뇨병이 있고(전미 평균의 8배), 20대와 30대에서 이미 눈에 손상을 입고, 휠체어를 타거나 신장투석 등의 질병으로 장애를 갖게 되었다(Gladwell, 1998; Trauring et al., 2009). 체중 증가에 있어 유전적 성향을 가진 그 밖의 민족은 하와이 원주민과 사모아 섬사람 등을 포함한 태평양 연안의 섬사람들이다(Furusawa et al., 2010). 오늘날 이들 대다수는 고열량의 가공 식품 및 패스트푸드와 같은 미국 음식을 먹고 있는데, 이들의 80%는 과체중인 것으로 나타났다

비만의 결과 불행히도 신체적 매력은 사회적 인정을 나타내는 강력한 기준이 된다. 서구사회에서 아동과 성인 모두 비만한 아동들을 게으르고, 잠이 많고, 못생기고, 우둔하고, 의심이 많고, 남을 속이는 사람이라는 고정관념을 가지고 있으며 호감이 가지 않는다고 평가한다. 비만 아동들은 종종 사회적으로 고립되어 있다(Kilpatrick & Sanders, 1978; Penny & Haddock, 2007; Tiggemann & Anesbury, 2000). 비만 아동과 청소년들은 학교에서 또래들의 놀림감과 이것으로 인한 낮은 자기존중, 우울과 (비만 10대들 사이에서) 자살 생각과 자살 시도를 포함한 정서적·사회적 학교문제를 더 많이 겪는 것으로 보고된다. 불행과 과식은 서로에게 원인이 되기 때문에 그 아동은 계속 과체중을 유지한다(Puhl & Latner, 2007; Zeller & Modi, 2006). 아동기부터 청소년기까지 지속된 비만은 반항, 공격성 및 심한 우울증을 포함한 심각한 장애를 예언해 준다(Schwimmer, Burwinkle, & Varni, 2003; Young-Hyman et al., 2006).

비만의 심리적 결과는 지속되는 차별과 살아가면서 많은 기회를 잃게 하는 결과를 초래한다. 과체중인 사람들은 정상 체중 또래들에 비해 대학에서 재정 지원과 아파트 임대를 받을 가능성이 더 적을 뿐 아니라 짝을 찾거나 일자리 제의를 받을 가능성이 더 적다

다른 만성적 건강문제를 가지고 있는 사람들보다 학교 교육을 적게 받으며, 수입이 적고, 결혼할 가능성이 더 적었다. 이러한 결과는 특히 여성들에게 해당된다. 그리고 과체중인 사람들이 가족이나 또래 그리고 동료나 헬스케어 전문가들로

지방과 설탕이 많이 들어간 가공음식을 없애서 학교 급식 서비스를 개선한 예전 요리사가 진행한 한 프로그램 덕분에, 학생들은 건강하고 신선한 성분으로 준비된 학교 급식을 즐긴다.

부터 빈번하게 부당한 대우를 받는 것으로 보고되었는데, 이는 신체적이고 정신적인 문제의 원인이 된다(Carr & Friedman, 2005; Puhl, Heuer, & Brownell, 2010).

비만의 치료 아동기 비만은 가족장애이므로 치료하기가 어렵다. 한 연구에서, 과체중 부모들의 1/4만이 과체중 자녀들의 체중에 문제가 있다고 판단하였다(Jeffrey, 2004). 이러한 연구결과와 일관되게 대부분의 비만 아동들은 어떠한 치료도 받지 않는다.

비만에 대한 가장 효과적인 중재는 가족 단위이며 태도와 행동 변화에 초점을 두는 것이다(Oude et al., 2009). 한 프로그램에서, 부모와 아동들은 둘 다 식사 패턴을 바꾸고 매일 운동을 하고, 진전에 대해 칭찬과 포인트로 서로 강화하였고 그들은 특별한 활동과 시간을 함께 교환하였다. 부모들의 체중이 줄어들수록 그 자녀들의 체중도 줄어들었다(Wrotniak et al., 2004). 5년과 10년 후 추적조사에서 아동들이 성인들보다 더 효과적으로 체중 감량을 유지하였음을 알 수 있었는데, 이는 조기 중재의 중요성을 강조하는 연구결과이다(Epstein, Roemmich, & Raynor, 2001). 식이요법과 생활양식 모두에 초점을 맞춘 치료 프로그램은 아동과 청소년 사이에서 상당한 지속적인 체중 감량을 가져왔다. 그러나 이 처치는 부모와 아동의 체중문제가 심각하지 않을 때 효과가 크다(Eliakim et al., 2004; Nemet et al., 2005).

아동들은 학교에서 1일 필요 에너지 섭취의 1/3을 소비한다. 그러므로 학교는 규칙적인 신체활동을 실시하고 건강에 좋은 식사를 제공함으로써 비만을 줄이는 데 도움을 줄 수 있다. 비만은 포괄적인 예방전략이 없으면 더욱 증가할 것으로 예측되기 때문에 많은 미국 주 정부들과 도시들은 비만감소법안을 통과시켰다(Levi et al., 2009). 이러한 노력의 일환으로 다음과 같은 조치들이 이루어지고 있다. 모든 아동에 대한 학교의 체중 관련 심사, 개선된 영양 기준과 학교에 설치된 자동판매기에 접근 제한, 초등학생들에게 휴식시간 추가와 모든 학년의 체육시간 증대, 비만에 대한 인식과 학교의 교과과정 일부로 체중 감소 프로그램 그리고 레스토랑 체인들과 패스트푸드 식당 메뉴에 대한 영양성분 표시제도(칼로리 계산 포함) 등이 그것이다.

전염병

영양 상태가 좋은 젊은이들 사이에 보통의 아동기 질병은 신체발달에 영향을 미치지 않는다. 그러나 아동이 불충분하게 먹었을 때 질병과 영양결핍은 심한 악순환으로 서로 영향을 미치며 그 결과는 심각할 수 있다.

전염병과 영양실조 산업화된 국가에서 3세 이후까지는 대체로 나타나지 않는 홍역과 수두와 같은 질병이 대다수의 인구가 가난하게 사는 개발도상국에서는 훨씬 더 일찍 발생한다. 부실한 식사는 신체의 면역체계를 저하시키고, 아동들로 하여금 질병에 훨씬 더 잘 걸리게 한다. 전 세계적으로 매년 5세 이하에 죽는 900만 명의 아동들 중에 98%가 개발도상국에 있고, 70%는 전염병 때문이다(World Health Organization, 2010b).

질병은 다시 영양결핍의 주요 원인이 되며 그것은 신체의 성장과 인지발달을 방해한다. 질병은 식욕을 감소시키고 그것은 음식을 흡수하는 신체의 능력을 제한한다. 이러한 결과는 소화기 감염을 가진 아동들 사이에서 특히 심하다. 개발도상국에서 설사가 널리 발생하는데, 이는 위생적이지 않은 물과 오염된 음식물로 인하여 유아기 동안 증가하며, 매년 300만 명의 아동들을 죽음에 이르게 한다(World Health Organization, 2010b). 브라질과 페루의 빈민가와 빈민촌을 대상으로 실시된 연구조사 결과, 유아기에 설사를 많이 할수록 아동들은 키가 더 작고 학령기 동안 지능검사에서 낮은 점수를 보였다(Checkley et al., 2003; Niehaus et al., 2002).

설사병으로 인한 대부분의 발달 지연과 사망은 거의 비용이 들지 않는 무료로 제공되는 경구수분보충요법(oral rehydration therapy, ORT)으로 예방할 수 있다. 이것은 아픈 아동에게 손실된 체액을 신속하게 대체하는 포도당, 소금과 물 용액을 주는 것이다. 1990년 이후, 공중위생 연구가들은 개발도상국 국민들의 거의 절반에게 이런 방법을 가르쳤다. 한 달 분량이 단지 30센트 정도 되는 아연(면역체계 기능에 필수적인)은 장기간 계속되는 심한 설사도 상당히 감소시킨다(Aggarwal, Sentz, & Miller, 2007). 이러한 처치를 통해 매년 수백만 명 아동들의 생명을 구할 수 있다. 여전히 차드, 모로코, 소말리아, 토고와 같은 기난한 나라에서 설사병이 있는 소수 아동들은 ORT를 받는다(World Health Organization, 2010b).

예방주사 산업화된 국가에서 아동들의 질병은 지난 반세기 동안 영아와 어린 아동들의 보편화된 예방주사 때문에 크게 감소되었다. 그럼에도 불구하고, 미국의 영아와 걸음마기 영아들의 20%는 완전히 예방접종을 받지 않는다. 생후 2년 동안 예방접종을 받은 영아의 80% 중에 일부는 유아기에 필요로 하는 예방주사를 맞지 않았다. 전반적으로 미국 유아기 아동의 30%가 필수적인 면역이 부족하다. 그 비율은 매우 기난한 가정의 아동들의 경우 32%까지 증가하며, 그들 중에 많은 아동들이 초등학교에 입학할 5세나 6세 때까지 완전한 보호를 받지 못한다(U.S. Department of Health and Human Services, 2010g). 이와 대조적으로 덴마크와 노르웨이에서는 면역성이 부족한 유치원 아동은 10% 이하이며, 캐나다, 영국, 네덜란드와 스웨덴에서는 7% 이하이다(World Health Organization, 2010b).

어떻게 미국이 이러한 다른 국가들에 비해 예방접종이 뒤떨어졌을까? 앞 장에서 우리는 다른 서구 국가들과 비교할 때 많은 미국 아동들이 필요한 건강관리를 받지 못하고 있다는 것에 주목하였다. 1994년에 미국은 의료보험에 가입하지 않은 모든 아동들에게 무료 예방접종을 보장하였고, 이는 예방접종률을 증가시켰다. 하지만 여전히 예방접종을 하기 위해 의사에게 진료를 받는 비용은 보험으로 보장되지 않는다.

그러나 예방접종 비용을 지불할 수 없는 것은 불충분한 면역의 단지 한 가지 이유일 뿐이다. 스트레스가 많은 일상생활을 영위하거나 교육 수준이 낮은 부모들은 종종 예방접종 예약을 하지 못한다. 주치의가 없는 사람들은 혼잡한 미국의 공공보건진료소에서 오래 기다리기를 원하지 않는다(Falagas & Zarkadoulia, 2008). 수십 년 동안 백신에 사용된 수은이 들어간 방부제와 자폐증으로 진단받은 아동의 증가와의 연관을 제시한 언론보도가 일부 부모들에게 영향을 미쳤다. 대규모 연구들은 자폐증과 인지 수행 간에 일관된 영향을 밝히지 못했다(Dales, Hammer, & Smith, 2001; Richler et al., 2006; Stehr-Green et al., 2003; Thompson et al., 2007). 예방책으로 아동을 위한 수은 성분이 없는 백신은 지금 이용 가능하다. 많은 부모들이 자녀에게 예방접종을 거부하였던 지역에서 생명을 위협할 수 있는 풍진과 백일해(whooping cough)가 발생하였다(Kennedy & Gust, 2008; Tuyen & Bisgard, 2003). 시의적절한 예방접종의 중요성과 안전성에 관한 부모의 지식을 높이기 위한 대중교육 프로그램이 필요하다.

정서적 복지

우리는 애정이 건강한 신체 성장에 필요한 것이라고 생각하지 않을 수도 있지만, 사실은 음식만큼 중요하다. **성장 둔화**(growth falering)는 체중, 키, 머리 둘레가 연령과 관련한 성장 규준보다 상당히 아래이고 위축되고 무표정한 영아에 적용된 용어이다(Black, 2005). 그러한 사례의 반 정도의 경우, 부모와 영아 사이의 부조화가 정상적으로 성장하지 못한 원인이다. 이 영아들은 주변의 성인들에게 시선을 고정시키고, 그

4세 유아는 공중보건소에서 예방접종을 받고 있다. 이러한 병원은 사적 건강보험이 부족한 가족을 위한 유일한 선택이다. 미국 취학전 유아들의 약 30%가 필수 예방접종이 부족하다.

들의 모든 움직임을 걱정스럽게 쳐다본다. 그들은 엄마가 가까이 다가올 때도 좀처럼 웃지 않는다 (Steward, 2001).

성장 둔화와 관련된 가족의 환경은 이런 전형적인 반응을 설명하는 데 도움이 된다. 젖을 먹이고, 기저귀를 갈고, 노는 동안에 이들 영아의 엄마는 거리를 두고, 통제하고, 참을성이 없으며, 적대적으로 보인다(Hagekull, Bohlin, & Rydell, 1997). 이에 대한 반응으로 아기들은 위협적인 성인의 존재를 계속 멀리하면서 스스로를 보호하려고 하며, 성인이 다가오면 성인이 쳐다보는 것을 피한다. 종종 불행한 결혼이나 부모의 심리적 장애가 이런 심각한 양육문제들을 일으키는 원인이 된다. 그 아기는 대부분의 시간 동안 화를 잘 내며 젖을 잘 빨지 못하고 토하는 것과 같은 비정상적인 수유행동을 보이기도 한다. 그것은 성장을 방해하며 부모들을 불안하고 무력하게 만들고 부모와 영아 관계를 더 긴장시키게 만든다(Batchelor, 2008; Linscheid, Budd, & Rasnake, 2005).

영아의 수유문제에 개입하며, 부모들의 도전의식을 북돋워 주고, 민감한 양육을 격려하여 조기에 치료했을 때, 이 영아들은 신속히 따라잡기 성장(catch-up growth)을 보인다. 그러나 만약 영아기에 문제를 치료하지 않으면 대부분의 아동들은 계속 작거나 인지와 정서적 어려움이 지속된다(Black et al., 2007; Drewett, Corbett, & Wright, 2006)

극단적인 정서적 박탈감은 성장호르몬의 생산을 방해할 수 있고 **심리사회적 왜소증**(psychosocial dwarfism) 상태를 만들 수 있는데, 이러한 성장장애는 대개 2~15세 사이에 나타난다. 전형적인 특징으로 키가 매우 작고, 성장호르몬의 분비가 감소되고, 골격 연령이 미숙하고, 심각한 적응문제들이 있는데, 이것은 심리사회적 왜소증과 정상적으로 키가 작은 것을 구별하는 데 도움이 된다(Tarren-Sweeney, 2006). 그러한 아동들이 정서적으로 부적절한 환경으로부터 격리되면 성장호르몬 수준은 빠르게 정상으로 돌아와서 신속히 성장한다. 그러나 만약 치료가 지체된다면 왜소증은 영구적일 수 있다.

주요 용어

가지치기(synaptic pruning)	두미 방향(cephalocaudal trend)	시상하부(hypothalamus)
간격 곡선(distance curve)	망상체(reticular formation)	신경교세포(glial cell)
경험-기대 뇌 성장(experience-expectant brain growth)	비만(obesity)	신경전달물질(neurotransmitter)
	뼈 나이(skeletal age)	신체 성장의 추세변동(secular trends in physical growth)
경험-의존 뇌 성장(experience-dependent brain growth)	성장 둔화(growth faltering)	
	성장호르몬(growth hormone, GH)	심리사회적 왜소증(psychosocial dwarfism)
골단(epiphyses)	세포예정사(programmed cell death)	영양실조증(kwashiorkor)
뇌 가소성(brain plasticity)	소뇌(cerebellum)	중심-말초 방향(proximodistal trend)
뇌량(corpus callosum)	소모증(marasmus)	전전두엽(prefrontal cortex)
뇌하수체(pituitary gland)	속도 곡선(velocity curve)	편도체(amygdala)
뉴런(neurons)	수초화(myelination)	편재화(lateralization)
대뇌피질(cerebral cortex)	시냅스(synapses)	해마(hippocampus)

CHAPTER 6

'나의 사촌'

Moranun Pongpechprai, 13세, Thailand
이 사촌형제들은 점토로 과일 모양을 만드는 것을 즐긴다. 제6장에서는 아동들이 자신들의 탐색과 더 유능한
파트너의 도움을 통해 다면적인 환경을 이해하는 것을 보여 줄 것이다.

출처 : 국제 아동화 미술관(노르웨이의 오슬로)의 허락으로 게재

인지발달 : Piaget, 핵심지식과 Vygotsky 관점

Piaget의 인지발달 이론
· Piaget 단계의 기본적인 특성
· 인지적 변화에 대한 Piaget의 견해

감각운동기 : 출생부터 2세
· 감각운동 발달
· 감각운동기의 평가

■ 사회적 쟁점 : 교육
TV와 비디오로부터 아기 학습 : 비디오 결핍 영향

전조작기 : 2세부터 7세
· 정신적 표상의 발달
· 전조작기 사고의 한계
· 전조작기의 평가

구체적 조작기 : 7세부터 11세
· 구체적 조작기 사고
· 구체적 조작기 사고의 한계

형식적 조작기 : 11세 이상
· 가설적-연역적 추론
· 명제적 사고
· 청소년 인지 변화의 결과

Piaget와 교육

Piaget 이론의 전반적인 평가
· 인지적 변화에 대한 Piaget의 설명은 분명하고 정확한가
· 인지발달은 단계적으로 일어나는가
· Piaget의 유산

핵심지식 관점
· 영아기 : 물리적 및 수학적 지식
· 순진한 이론가로서의 아동
· 핵심지식 관점의 평가

Vygotsky의 사회문화적 이론
· 아동의 혼잣말
· 인지발달의 사회적 기원
· 가장놀이에 대한 Vygotsky의 견해

Vygotsky와 교육
· 상호교수

■ 문화적 영향
가장놀이의 사회적 기원
· 협력학습

Vygotsky 이론의 평가

인지는 '앎'으로 이끄는 정신의 내적 과정과 소산물로 언급된다. 인지는 주의, 기억, 상징화, 범주화, 계획, 추론, 문제해결, 창조, 상상하기 등의 모든 정신활동을 포함한다. 우리의 인지능력은 생존을 위해 아주 중요하다. 환경조건의 변화에 적응하기 위해 다른 종들은 위장을 하고 깃털과 털이 있으며 빨리 달릴 수 있는 이점이 있다. 이와 대조적으로 인간은 환경에 적응하기 위해서 뿐만 아니라 환경을 변화시키기 위해서 사고에 의존한다. 우리의 특별한 지적 능력은 생존을 위해 매우 중요하다.

이 장과 다음의 두 장에서는 인지발달을 다룬다. 영아의 지적 능력이 유아, 청소년, 성인의 능력으로 어떻게 변하는지 설명할 것이다. 인지발달 연구는 다음과 같은 세 가지 주요 이슈를 다루고 있다.

● 인지발달 연구자들은 대부분의 아동이 출생에서 성숙할 때까지 경험하는 변화를 보여 주는 전형적인 발달과정을 도표로 만든다. 인지발달 연구자들은 인지의 모든 측면이 일률적으로 발달하는지 혹은 어떤 아동이 다른 아동보다 빠르게 발달하는지 등에 의문을 가진다.

● 인지발달 연구자들은 개인차를 조사한다. 각 연령에서 어떤 아동들은 다른 아동들에 비해 더 또는 덜 성숙하게 그리고 다르게 생각한다. 제6장과 제7장은 인지발달의 과정에 대해 다루었고, 제8장에서는 개인차에 중점을 두었다.

● 인지발달 연구자들은 유전과 환경적인 요소가 특별한 형태의 변화를 낳기 위하여 어떻게 결합하는지 인지발달의 기제를 밝힌다. 이 장에서 우리는 인지발달에 관한 세 가지 관점을 소개하는데 각각은 변화에 대해 서로 다른 견해를 가진다. (1) Piaget의 인지발달 이론, (2) 핵심지식 관점(Piaget 접근의 대안), (3) Vygotsky의 사회문화적 이론으로, 처음 두 이론이 생물학적 요소를 강조하는 것과는 대조적으로 Vygotsky의 이론은 아동의 사고에 대한 사회와 문화적 기여를 강조한다.

이러한 견해들을 각각 살펴보게 되면, 아동의 인지적 기술이 간단한 것에서 복잡한 것으로 발전되고, 연령이 증가하면서 보다 유능한 사색가가 되는 것을 되풀이해서 보게 될 것이다. 그러나 아동들의 미성숙한 능력이 단지 불완전한 것으로, 어른보다 유능하지 못한 것으로 보지 않도록 주의해야만 한다. 왜냐하면 아동들은 한정적인 정보에만 집중할 수 있도록 적응되어 있기 때문이다(Bjorklund, 2012). 예를 들면, 지나친 자극으로부터 보호하기 위하여 어린 아기들은 복잡한 양상 가운데 일부 특징만을 주목한다. 낮고 폭이 넓은 용기와 길고 폭이 좁은 용기 속의 우유의 양을 비교할 때 단지 높이(너비가 아니라)에만 주의를 집중하는 것은 학령기 전 아동들에게 높이에 대해 철저히 파악하도록 하여 높이를 다른 차원과 효율적으로 통합하는 준비를 하게 한다.

인지적 미성숙의 적응적 가치는 교육과 밀접한 관계가 있다. 아동들의 수준을 더 높이려고 서두르는 것은 그들의 발달을 위태롭게 한다고 한다. Piaget는 아동을 혼란스럽게 하거나 과도한 자극을 피하고 적당한 도전 과제를 제시하는 학습 준비도의 중요성을 최초로 강조한 이론가이다. ■

Piaget의 인지발달 이론

스위스의 인지 이론가 Jean Piaget는 동물학을 전공하였고 따라서 그의 이론은 생물학적 특성을 바탕으로 한다. Piaget에 의하면 인간들은 처음부터 인지적인 존재로서 출발하지 않는다고 한다. 대신에 지각과 운동활동을 통하여 아동은 심리학적 구조—아동이 환경에 보다 효율적으로 적응하도록 해 주는 경험을 이해하는 조직화된 방식—를 구성하고 발달시킨다. 이러한 구조를 발달시키는 데에 아동들은 매우 능동적이다. 아동들은 현재의 구조를 사용하여 경험을 선택하고 해석하며, 실체의 미묘한 측면을 이해하기 위하여 현재의 구조를 수정한다. Piaget는 아동이 스스로의 활동을 통해 세상에 관한 지식을 발견하거나 구성한다고 보았기 때문에 그의 이론은 인지발달에 대한 **구성주의적 접근**(constructivist approach)으로 묘사된다.

Piaget 단계의 기본적인 특성

Piaget는 아동이 감각운동기, 전조작기, 구체적 조작기, 형식적 조작기의 4단계를 거쳐 발달한다고 믿었다. 즉 영아의 탐색적인 행동들이 청소년기와 성인기의 추상적이고 논리적 지능으로 변화된다. Piaget의 단계 순서는 세 가지 중요한 특징이 있다.

● 각 단계는 발달의 일반적인 이론을 제공한다. 즉 인지의 모든 측면은 유사한 과정을 따르는 통합된 방식으로 변화한다.
● 각 단계는 **불변**이다. 각 단계는 항상 고정된 순서로 일어나고, 어떠한 단계도 건너뛰지 않는다.
● 각 단계는 보편적이다. 각 단계는 모든 아동의 특성을 반영한다(Piaget, Inhelder, & Szeminska, 1948/1960).

Piaget는 발달의 순서가 인간의 뇌의 생물학에 근거한다고 보았다. 그러나 Piaget는 유전적이고 환경적인 요소에 있어서 개인차가 각 단계를 지나는 속도에 영향을 미친다고 강조하였다(Piaget, 1926/1928). 발달이 어떻게 일어나는지 Piaget의 견해를 이해하기 위하여 중요한 개념을 살펴보기로 하자.

인지적 변화에 대한 Piaget의 견해

Piaget는 경험을 이해하는 조직화된 방식인 **도식**(schemes)은 연령에 따라 변한다고 했다. 처음 단계에서 도식은 감각운동 행동 패턴이다. 물체를 쳐다보고, 손으로 잡고, 다시 놓는 6개월 된 아기를 보게 되면, 아기가 쥐고 있던 딸랑이나 치아발육기를 단순히 떨어지도록 내버려 두는 '떨어뜨리는 도식'은 경직되어 있다. 18개월이 되면 떨어뜨리는 도식이 계획적이고 창의적으로 변한다. 기회가 주어지면 이 연령의 아기는 물건을 보면 모두 아래층으로 내던지거나 어떤 것은 공중이나 벽에 던지고, 어떤 것은 부드럽게 던지고 다른 것은 힘차게 내던지기도 한다.

이윽고 걸음마기 영아들은 대상에 단순히 행위를 가하는 대신에 행동하기 전에 생각을 하게 된다. Piaget에 따르면, 이러한 변화는 주변세계에 대해 감각운동 접근에서 정신적 표상—마음이 조작할 수 있는 정보의 내적 묘사—에 기초한 인지적 접근으로 전이하는 전환점이 된다. 우리의 가장 우세한 정신적 표상은 심상(이미지)—대상, 사람, 공간의 정신적 그림—과 개념—유사한 대상과 사건들이 함께할 수 있는 범주—이다. 우리는 어떤 것을 제자리에 두지 않아 찾지 못할 때 지나온 길을 추적하기 위하여 혹은 다른 사람의 행동을 관찰한 뒤 오랜 후에 모방하기 위하여 정신적 심상을 사용한다. 개념들에 대해 생각하고 개념들에 명칭을 붙임으로써(예 : 놀이할 때 사용하는 완전히 둥글고 움직일 수 있는 물체를 공이라고 함), 우리는 다양한 경험들을 의미가 있고, 다룰 수 있으며, 기억할 수 있는 단위로 조직화하는 유능한 철학자가 된다.

Piaget의 이론은 감각운동기에서 표상적인 도식으로의 변화와 아동기에서 성인기까지 표상적 도식에서의 더 큰 변화에 대해 **적응**(adaptation)과 **조직화**(organization)라는 두 가지 과정으로 설명된다.

적응 기회가 있으면 영아와 아동들이 재미있는 결과를 가져오는 행동을 지칠 줄 모르고 반복하는 것을 관찰해 보자. 이것은 Piaget 이론의 중요한 개념을 설명하고 있다. **적응** (adaptation)은 환경과의 직접적인 상호작용을 통해 도식을 형성하는 것을 말한다. 그것은 **동화와 조절**이라는 두 가지 상호보완적인 활동으로 이루어진다. **동화**(assimilation)는 외부세계를 해석하기 위해 현재의 도식을 사용하는 것이다. 예를 들면, 물체를 반복적으로 떨어뜨리는 영아는 그것을 자신의 감각운동 도식에 동화를 하고 있는 것이다. 동물원에서 처음으로 낙타를 본 유아가 '말'이라고 외치지만 그 이상하게 보이는 동물과 유사한 점을 발견할 때까지 자신의 개념적 도식을 통해 조사를 계속한다. **조절**(accommodation)이란 현재의 사고방식으로 주변 환경이 완전히 파악되지 않으면 새로운 도식을 만들거나 옛날 도식에 적응하는 것을 의미한다. 아기가 여러 가지 방법으로 물체를 떨어뜨리는 것은 사물의 다양한 특성을 파악하기 위하여 떨어뜨리기 도식을 수정하고 있는 것이다. 낙타를 '둔한 말'이라고 부른 유아는 낙타의 어떤 특성이 말의 특성과 같지 않다는 것을 깨닫고는 도식을 적절하게 수정한 것이다.

Piaget는 동화와 조절 사이의 균형은 시간에 따라 달라진다고 했다. 아동들은 많이 변화하지 않을 경우 조절하기보다는 동화한다. Piaget는 이러한 상태를 일정하고 편안한 여건을 의미하는 인지적 균형이라고 불렀다. 그러나 인지적 변화가 급격히 일어나는 시기 동안 아동들은 **불균형** 혹은 인지적으로 불안한 상태에 있다. 아동들은 새로운 정보가 현재의 도식에 일치하지 않는다는 것을 알고 동화에서 조절로 이동한다. 일단 아동들이 도식을 수정하게 되면, 다시 동화로 되돌아가고 도식을 다시 수정할 준비가 될 때까지 새롭게 변화된 구조를 연습한다.

Piaget는 균형과 불균형 사이의 앞뒤 움직임을 요약하여 **평형**(equilibration)이라는 용어를 사용하였다. 평형이 일어날 때마다 보다 유능한 도식이 만들어진다. 조절을 가장 많이 하는 시기는 가장 어린 시기이기 때문에 Piaget 이론에서 감각운동기가 가장 복잡한 발달시기이다.

조직화 도식은 환경과의 직접적인 접촉 이외에 내적 과정인 **조직화**(organization)를 통해 변화한다. 일단 아동들은 새로운 도식을 형성하면 서로 밀접하게 상호 연결된 하나의 인지체계를 만들어내기 위해 다른 도식들과 연관시키면서 재배열한다. 예를 들면, 아기들은 '떨어뜨리기'를 '던지기', '멀리' 및 '가까이'라는 것과 관련시킬 것이다. Piaget에 의하면, 도식들이 주변 환경에 함께 적용될 수 있는 넓은 네트워크의 일부가 되었을 때 진정한 평형 상태에 도달한다(Piaget, 1936/1952).

Piaget 이론에서 이 아기의 첫 도식은 감각운동 행동의 패턴이다. 떨어뜨리는 도식을 실험하는 이 11개월 된 아기의 행동은 더 정교하고 다양해진다.

감각운동기 : 출생부터 2세

감각운동기(sensorimotor)는 생의 첫 2년까지 지속된다. 감각운동기의 명칭은 영아와 걸음마기 영아들이 자신들의 눈, 귀, 손, 그리고 다른 감각운동 장비를 가지고 '사고한다'는 Piaget의 신념을 반영한다. 이 시기의 영아들은 아직 머릿속으로 많은 활동을 수행할 수 없다. 그러나 감각운동기의 진전은 너무 크기 때문에 Piaget는 그것을 6개의 하위단계로 나누었다(표 6.1 참조). Piaget는 자신의 세 자녀를 관찰하면서 이러한 발달순서에 대한 기초를 제공하였다. 물론 표본이 매우 작기는 했지만 Piaget는 자신의 아들과 두 딸을 세심하게 관찰하였고 이들이 주변세계를 이해할 수 있도록 해 주는 일상의 문제들(예 : 감추어진 사물)을 제시하였다.

　　Piaget에 의하면, 출생 시 영아들은 자신의 주변세계에 대해 아는 것이 없기 때문에 의도적인 탐색을 할 수 없다. **순환 반응**(circular reaction)은 영아들이 최초의 도식에 적응하는 특별한 수단을 제공한다. 아기들은 우연히 자신의 운동활동으로 생긴 새로운 경험을 하게 된다. 이 사건을 몇 번이고 반복하기 때문에 반응은 '순환적'이다. 그 결과로 인해 우연히 처음 일어났던 감각운동 반응은 새로운 도식으로 강화된다. 예를 들어, 2개월 된 아기가 수유가 끝났을 때 우연히 입맛 다시는 소리를 만들어 냈다고 가정하자. 아기는 그 소리에 흥미를 느끼게 되면서 입맛 다시는 소리를 꽤 능숙하게 낼 때까지 반복한다.

　　순환 반응은 처음에는 영아 자신의 신체에 집중되지만 나중에는 외부, 사물의 조작으로 바뀐다. 생후 2년 된 영아의 순환 반응은 실험적이고 창의적이며, 환경으로부터 새로운 결과를 이끌어 내는 것에 목적을 둔다. 영아가 새롭고 흥미있는 행동을 억제하지 못하는 것이 순환 반응의 원인이 될 수 있다. 억제를 못하는 것은 적응적인 것으로 보이고 이것은 새로운 기술이 강화되기 전에 중단되지 않도록 도와준다(Carey & Markman, 1999). Piaget는 순환 반응이 변경되는 것을 매우 중요하게 생각하였기 때문에 이를 본떠서 감각운동 하위 단계의 이름을 명명하였다(표 6.1 참조).

감각운동 발달

Piaget는 신생아의 반사를 감각운동 지능의 구성요소로 보았다. 하위 1단계에서, 아기들은 직면하는 경험이 무엇이든 상관없이 똑같은 방식으로 빨고 쥐고 쳐다본다. 한 가지 재미있는 예를 들면, 한 엄마가 2주 된 딸을 잠자고 있는 아빠 옆에 내려놓았는데 어떻게 아빠가 놀라서 깼는지를 설명하였다. 그 아기는 아빠의 등에 달라붙어 빨기를 시작했었다.

우연한 행동 반복하기　아기들이 하위 2단계에 들어가는 1개월 정도가 되면, 기본적인 욕구로부터 동기화된 우연한 행동들을 반복함으로써 1차 순환 반응을 통해 행동을 자발적으로 통제하기 시작한다. 이것은 자신의 주먹이나 엄지손가락을 빠는 것 같이 어떤 단순한 운동 습관에 이르게 한다. 또한 이 단계에 있는 아기들은 환경적인 요구에 대한 반응으로 자신의 행동을 변화시킨다. 예를 들면, 아기들은 젖꼭지일 경우와 숟가락일 경우 입을 다르게 벌린다. 또한 어린 영아들은 사건을 예견하기 시작한다. 3개월 된 아기는 배가 고플 때 엄마가 방에 들어오면 곧 울음을 그치곤 한다. 이 것은 젖 먹을 시간이 가까워졌음을 알려 주는 사건이 된다.

　　4개월부터 8개월 말까지의 하위 3단계 동안 영아들은 일어나 앉고, 손발을 뻗어 잡는 행동에 숙달되고, 대상을 조작한다. 이러한 운동능력들은 외부 환경 쪽으로 관심을 돌리는 데 중요한 역할을

표 6.1 Piaget 감각운동기의 요약

감각운동의 하위단계	전형적인 행동
1. 반사도식(출생~1개월)	신생아 반사(제4장 참조)
2. 1차 순환 반응(1~4개월)	영아의 신체중심으로 단순한 운동습관, 사건의 한정된 기대
3. 2차 순환 반응(4~8개월)	주변 환경에서 재미있는 결과를 가져오는 사건을 반복하는 것에 목표를 둔 행동, 친숙한 행동 모방
4. 2차 순환 반응의 협응(8~12개월)	의도적이고 목표 지향적인 행동, 사물을 처음 숨긴 장소에서 찾을 수 있는 능력(대상 영속성), 사건에 대한 기대 증진, 영아가 흔히 하는 행동과는 약간 다른 행동 모방
5. 3차 순환 반응(12~18개월)	새로운 방식으로 사물에 행위를 가함으로써 사물의 속성 탐색, 새로운 행동의 모방, 숨겨진 사물을 찾기 위하여 여러 장소를 살피는 능력
6. 정신적 표상(18개월~2세)	문제에 대한 갑작스러운 해결을 하는 것에서 나타나듯이 사물과 사건의 내적 묘사, 보이지 않는 동안 이동되었던 사물을 찾는 능력, 지연모방, 가장놀이

한다. 2차 순환 반응을 사용하여 영아들은 자신의 행동으로 인해 일어나는 흥미 있는 사건을 반복적으로 시도한다. 예를 들어, Piaget(1936/1952)는 자신의 4개월 된 아들 앞에 몇 개의 인형을 달아 주었다. 이 아기는 우연히 인형들을 건드려서 재미있는 흔들림 동작을 만들어 낸 후, 점차적으로 '치기'의 감각운동 도식을 만들었다. 자신의 행동을 조절하는 능력이 향상되면 영아들이 다른 사람들의 행동을 효과적으로 모방하게 된다. 그러나 4~8개월 된 아기들은 새로운 행동을 모방할 만큼 충분히 융통성이 있거나 빠르게 적응하지 못한다(Kaye & Marcus, 1981). 따라서 이 아기들은 어른이 하는 짝짜꿍 게임을 보는 것을 즐기기는 하지만 같이할 수는 없다.

의도적인 행동   하위 4단계에서, 8~12개월 아기들은 도식을 새롭고 보다 복잡한 행동 순서와 결합한다. 그 결과, 새로운 도식으로 이끄는 행동은 더 이상 우연히 일어나지 않는다. 즉 우연히 엄지손가락을 입으로 가져가거나 인형을 때리는 것과 같은 행동은 그냥 아무렇게나 하는 행동이 아니다. 대신에, 8~12개월에는 **의도적**(intentional)이거나 **목표 지향적**(goal-directed)인 **행동**(behavior)에 몰두할 수 있고, 단순한 문제를 해결하기 위하여 도식들을 계획적으로 협응한다. 가장 확실한 예로 아기에게 예쁜 장난감을 보여 주고 나서 그것을 손이나 덮개로 숨기는 Piaget의 유명한 대상 숨기기 과제를 들 수 있다. 이 단계에 있는 영아들은 숨긴 물건을 찾을 수 있다. 물건을 찾을 때 영아들은 장애물을 옆으로 '밀기'와 장난감을 '잡기'의 두 개의 도식을 협응한다. Piaget는 수단-목적 행위 순서가 후에 모든 문제해결의 기초가 된다고 보았다.

영아들이 숨긴 물체를 찾는 것은 물체가 시야에서 없어졌을 때도 계속해서 존재한다는 것을 이해하는 **대상 영속성**(object permanence) 개념을 획득하기 시작했다는 증거이다. 그러나 이러한 인식은 아직 완전하지 않다. 아기들은 여전히 **A-not-B search error**를 범한다. 아기들이 감추어진 장소에서 여러 번 사물을 찾는다면(A), 그때 그것을 다른 장소로 옮겨진 것을 본다면(B), 아기들은 첫 번째 감춰진 장소에서 사물을 여전히 찾는다(A). Piaget는 아기들이 보는 앞에서 사물을 감추었을 때도 아기들은 같은 장소에서 계속 찾기 때문에 명확한 사물의 이미지를 아직 가지지 못한다고 결론을 내렸다.

하위 4단계에서 아기들은 사건을 더 잘 예견할 수 있고, 때때로 그러한 사건들을 변화시키려고 의도된 행동이라는 능력을 사용한다. 10개월 된 아기는 엄마가 코트를 입을 때 엄마를 밖에 나가지 못하도록 하기 위하여 훌쩍훌쩍 울면서 엄마를 따라 기어갈 수 있다. 또한 아기들은 평상시에 하는 것과 약간 다르게 행동을 모방할 수 있다. 어떤 사람을 지켜본 후에, 아기는 숟가락으로 휘젓고, 장난감 차를 밀고, 컵 속에 건포도를 떨어뜨리려고도 한다. 그러고는 다시 관찰된 행동에 맞게 도식을 의도적으로 수정하면서 의도적인 행동에 몰두한다(Piaget, 1945/1951).

하위 5단계에서 걸음마기 영아들은 변형이 있는 행동을 반복하는 3차 순환 반응이 나타난다. 아기가 아래층 계단에다 물체를 다양한 방식으로 떨어뜨리는 앞서의 예를 떠올려 보라. 이 의도적인 탐색 접근은 12~18개월 아기들이 더 우수한 문제해결자로 만든다. 예를 들면, 그들은 모양을 돌리고 비틀어서 용기 안에 있는 구멍 모양에 맞추는 방법을 파악할

10개월 된 아기는 헝겊 아래에 감춰진 장난감을 찾기 위해 모든 문제해결에 기초가 되는 의도적, 목표 지향적 행동을 시도한다.

수 있고 손이 닿지 않는 장난감을 얻기 위해 막대기를 사용할 수 있다. Piaget는 실험하려는 능력으로 인하여 대상 영속성이라는 더 발전된 이해능력을 얻을 수 있다고 하였다. 걸음마기 영아들은 정확한 A-B search를 보여 주면서, 한 장소 외에서도 숨겨진 장난감을 찾는다. 그들의 더 융통성 있는 행동 패턴은 블록 쌓기, 종이 위에 낙서하기, 재미난 얼굴 만들기와 같은 많은 행동을 모방할 수 있도록 해 준다.

3차 순환 반응을 사용하여, 이 아기는 블록이 구멍 속에 끼워질 때까지 비틀어 보고 돌려 보면서 문제 해결에 대한 신중한 탐색 접근을 한다.

정신적 표상을 위한 능력은 이 2살 된 아기에게 가장 놀이를 할 수 있게 해 준다. 유아기에는 가장이 확장 되어서 정신적 상징은 사고의 주요한 도구가 된다.

정신적 표상 하위 6단계에서, 감각운동 발달 은 결국 정신적 표상에 이르게 된다. 18~24개 월 사이에 영아들은 갑자기 시행착오를 거치 지 않고 문제를 해결하는 것은 정신적 표상의 표시이다. 이런 행동을 보면 머릿속으로 행동 을 실험해 보는 것 같다. 인형을 태운 유모차가 벽에 부딪히는 것을 보면서 Piaget의 딸은 마치 '생각하는' 것처럼 잠깐 멈추더니, 장난감을 즉 시 다른 방향으로 돌렸다. 첫째, 좀 더 월령이 높은 걸음마기 영아들은 덮개 아래의 작은 상 자 안으로 장난감을 옮기는 것과 같이 보지 않 는 동안 옮긴 장난감을 찾을 수 있는 진전된 대 상 영속성 문제를 풀 수 있다. 둘째, 표상은 **지 연 모방**(deferred imitation)을 가능하게 한다. 이것은 존재하지 않는 모델의 행동을 기억하여 모방하는 능력이다. 결국 표상은 **가장(假裝)놀 이**(make believe play)를 가능하게 하여 아동이 매일 연기를 하고 상상 활동을 하도록 해 준다. 감각운동기가 끝나 갈 때 정신적 상징은 사고 의 중요한 도구가 된다.

감각운동기의 평가

여러분은 영아들이 사건을 예상하고, 숨겨진 물체를 적극적으로 찾고, 정확한 A-B search를 보여 주고, 감각운동 도식을 융통성 있게 바꾸고, 가장놀이에 참여하고, Piaget의 시간 프레임 내에서 그 림이나 비디오 그림을 상징적으로 다룬다는 것을 알게 되었다. 그러나 2차 순환 반응, 대상 영속성 의 최초의 징후, 지연 모방, 분류, 유추를 통해 문제 풀기를 포함한 다른 능력은 Piaget가 예상했던 것보다 더 빨리 나타난다. 이러한 연구결과는 영아기와 걸음마기 영아의 인지적 성취는 Piaget가 예측한 대로 깔끔한 단계적 방식으로 발달하는 것은 아니라는 것을 보여 준다.

최근의 연구는 영아의 발달이 이루어지는 방식에 대한 피아제의 관점에 문제를 제기한다. Piaget 가 생각했던 것과 같이, 감각운동 행동은 영아가 지식의 일부를 구성하도록 돕는다. 예를 들면, 제 4장에서 우리가 살펴보았듯이 기는 경험은 깊이 지각과 숨겨진 물체를 찾아내는 능력을 증진시킨 다. 그러나 영아가 운동행동을 통해 많은 것을 이해하게 된다고 Piaget가 가정하였으나 운동행동 능력을 습득하기 전에 상당 부분을 이해한다는 증거 또한 확인되었다. 아기들의 놀라운 인지적 성 취에 대해 어떻게 설명할 수 있을까?

영아가 감각운동 활동으로 모든 정신적 표상을 형성한다고 생각했던 Piaget와는 달리, 오늘날 대 부분의 연구자들은 어린 아기가 경험을 이해하는 어떤 타고난 인지적 장치를 가지고 있다고 믿는 다. 그러나 이러한 초기 이해의 정도에 대해서는 일치하지 않는 부분이 많다. 우리가 보아 왔듯이 영아의 인지에 대한 많은 증거는 **기대위반 방식**(violation-of-expectation)에 의존하고 있다. 이런 방식을 신뢰하지 못하는 연구자들은 아기들의 인지적 시작점이 제한되어 있다고 주장한다. 이를테 면, 일부 연구자들은 신생아가 특정 정보에 편향된 상태에서 태어나며 복잡한 지각적 정보를 분석 하는 데 매우 효과적인 기술과 같이 여러 용도로 활용되는 학습 절차를 가지고 생을 시작한다고 믿 는다. 동시에 이러한 능력은 영아가 광범위한 도식을 구성하게 한다(Bahrick, 2010; Huttenlocher,

TV와 비디오로부터 아기 학습 : 비디오 결핍 영향

아동은 초기 영아기에 부모형제들이 보았던 프로그램에 노출됨에 따라 일찍 TV와 비디오 시청자가 된다. 부모는 아직 기저귀도 떼지 못한 영아에게 베이비 아인슈타인 같은 비디오 프로그램이나 TV를 틀어 주기도 한다. 미국에서는 3개월 된 영아의 약 40%가 TV나 비디오를 주기적으로 보고 있으며 두 살 때는 약 90%까지 증가한다. 이 기간 동안 시청시간은 하루에 평균 한 시간 이내에서 한 시간 반까지 증가한다. 부모는 아기가 TV나 비디오를 통해 배울 것이 있다고 생각하지만 연구에 따르면 그렇지 않다고 알려졌다(Zimmerman, Chistakis, & Meltzoff, 2007).

영아는 아주 어릴 때 비디오에 나오는 사람을 보면서 웃거나 팔 다리를 움직이고 6개월이 되면 TV에 나오는 사람의 행동을 따른다. 하지만 영아는 실물과 TV 속의 물체를 구분하지 못한다(Barr, Muentener, & Garcia, 2007; Marian, Neisser, & Rochat, 1996). 9개월에서 19개월의 영아에게 비디오로 멋진 장난감을 보여 주면 9개월의 영아는 장난감 그림을 보고 그랬듯이 손으로 TV 화면을 더듬는다. 19개월이 되면서 영아는 만지거나 TV 속의 물체를 잡으려고 하는 대신 손으로 가리키게 된다(Pierroutsakos & Troseth, 2003). 하지만 걸음마기 영아도 TV에서 본 것을 실제와 구분하는 것에는 아직 어려움이 있다.

2살 된 영아에게 옆방에 물건을 숨기는 장면을 실제 창문을 통해 보여 주고 같은 장면을 TV 화면으로 보여 주는 실험을 한 결과, 창문을 통해 직접 이 장면을 본 영아는 그 물건을 쉽게 찾아냈지만 비디오를 통해 본 영아는 물건을 찾는 데 어려움이 있었다(Troseth, 2003; Troseth & DeLoache, 1998). 이 비디오 결핍 영향—실제 시범보다 비디오 후에 덜 우수한 수행—이 2살 된 영아의 지연 모방, 언어학습, 수단과 목적 문제해결의 경우에도 나타났다(Deocampo, 2003; Hayen, Herbert, & Simcock, 2003; Krkmar, Grela, & Linn, 2007)

'비디오 결핍 영향'에 관한 한 설명에 의하면, 두 살 된 영아는 비디오 캐릭터가 사회적으로 관련된 정보를 제공하지 않는 것으로 본다고 한다. 성인이 비디오를 통해 어디에 장난감을 숨겼는지 알려주면 2살 된 영아 중에 장난감을 찾는 아이는 그리 많지 않다(Schmidt, Crawley-Davis, & Anderson, 2007). 반면 성인이 그 아동 앞에 서 있고 같은 단어를 말했을 때, 2살 된 아동은 즉시 그 사물을 찾아내었다.

걸음마기 영아는 비디오의 정보를 일상생활의 경험에 관련되는 것으로 받아들이지 않는 것으로 보인다. 그 이유는 양육자가 그랬던 것과는 달리 비디오 속의 사람은 직접 바라보거나 대화를 하거나 놀아 주지 않았기 때문이다. 한 실험에서 연구자들은 2살 된 영아에게 상호작용 비디오 경험을 제공하였다(양방향 폐쇄회로 비디오 시스템을 이용해서). 비디오에 있는 한 성인이 5분 동안 영아의 이름을 부르거나 형제자매나 기르는 동물에 대해 이야기를 하고 영아의 대답을 기다리고, 같이 놀아 주는 것처럼 영아와 상호작용을 했다(Troseth, Sayor, & Archer, 2006). 상호작용이 되지 않는 비디오를 통해 동일한 성인을 보았던 2살 된 영아와 비교하여, 상호작용을 한 영아들이 장난감을 찾기 위해 비디오 있는 사람으로부터 언어적 단서를 사용하는 데 훨씬 더 성공적이었다.

2살 반 정도가 되면 '비디오 결핍 영향'은 줄어든다. 미국 소아과 학회는 이 시기 이전의 영아는 대중매체에 노출시키지 말고 양육자와 많은 상호작용을 하고 최상의 두뇌 성장과 심리적 발달을 위해 주변 환경을 탐색하도록 해야 한다고 권고했다. 마찬가지로 TV 시청을 많이 하면 8개월에서 18개월 된 영아의 언어

이 아기는 자신이 TV에서 보는 아이가 실제인지 생각한다. 2세 반이 될 때까지 아기는 스크린에서 이미지가 실제 사람 및 사물과 어떻게 관련되는지 이해할 수 없을 것이다.

발달에 부정적인 영향이 있다고 한다(Tanimura et al., 2004; Zimmerman, Chistakis, & Melzoff, 2007). TV 시청을 많이 한 1~3세 사이의 영아는 저학년 때 주의력, 기억력, 읽기능력에서 어려움을 겪는 경향이 있다(Chistakis et al., 2004; Zimmerman & Chistakis, 2005).

걸음마기 영아는 비디오를 지각하는 데 있어서 복잡한 과제에 직면한다. 비록 실제와 혼동하지는 않더라도 비디오 이미지와 실제 대상 및 사람 간의 관계를 정신적으로 표상하는 방법을 알지 못한다. 2살 유아에게 카메라를 직접 쳐다보는 성인을 보여 주고, 유아에게 질문을 하고 답변을 기다리는 것과 같은 사회적 단서가 풍부할 때 비디오는 최고의 학습 도구이다. 2살 이상의 유아가 비디오 프로그램을 반복 시청하는 것은 유아가 비디오 내용을 이해하는 데 도움이 된다(Anderson, 2004).

2002; Quinn, 2008; Rakison, 2010). 기대위반 이론에서 밝혀진 결과를 신뢰하는 다른 연구자들은 영아의 인지적 발달이 초기에 급속히 이루어지도록 돕는 상당한 양의 선천적인 지식을 가지고 태어난다고 주장한다. 이 같은 핵심지식 관점(core knowledge perspective)은 지난 10여 년간 힘을 얻어 왔다. 우리는 먼저 아동과 청소년에 대한 Piaget의 단계에 대해 살펴본 후에 핵심지식 관점의 강점과 한계에 대해 논의하고자 한다.

전조작기 : 2세부터 7세

감각운동기에서 **전조작기**(preoperational stage)로 넘어가는 유아들(2~7세 정도)에게 가장 명백한 변화는 표상적 혹은 상징적 활동의 놀라운 증가이다. 물론 영아들과 걸음마기 영아들의 정신적 표상은 매우 인상적이나 표상능력은 유아기에 가장 발달한다.

정신적 표상의 발달

Piaget는 언어가 정신적 표상의 가장 융통성 있는 수단임을 인정한다. 사고가 행동으로부터 분리됨으로써 이전보다 더 효율적인 사고가 가능하다. 말 속에서 사고는 우리에게 순간적인 경험의 한계를 뛰어넘을 수 있도록 해 준다. 그래서 우리는 과거와 현재 그리고 미래를 동시에 다룰 수 있고, 배고픈 애벌레가 바나나를 먹는 것이나 한밤의 숲에 괴물이 날아다닌다고 생각하는 것처럼 독특한 방법으로 개념들을 연합할 수 있게 된다.

Piaget는 언어를 아동의 인지적 변화에서 중요한 요소로 보지 않았다. 대신 그는 감각운동기의 활동이 경험의 내적 이미지를 만들고 그다음에 아동이 단어로 이를 명명한다고 주장하였다(Piaget, 1936/1952). Piaget 이론과 같이 아동의 첫 단어는 강력한 감각운동의 기초가 된다. 유아들은 일반적으로 움직이거나 행위를 가할 수 있는 사물이나 친숙한 행위에 대해 말을 하게 된다. 이상과 같이, 영아들은 그들이 명명하기 위해 단어를 사용하기에 놀랄 만한 정도의 범주를 습득한다.

Piaget는 유아의 인지능력을 가속화하는 언어의 힘을 과소평가하였다. Vygotsky의 이론에서 영감을 받은 연구는 언어가 단지 인지발달의 정도를 나타내는 지표가 아니라 인지발달의 원동력이 된다는 것을 확인시켜 준다.

가장놀이 유아기 동안에 가장놀이는 표상발달의 좋은 예이다. Piaget는 유아들이 가장(假裝)을 통해 새로 습득한 표상 도식을 연습하고 이것이 강화된다고 믿었다. Piaget 이론을 연구하는 여러 연구가들은 유아기 동안 가장놀이의 변화를 추적하였다.

가장놀이의 발달 어린이집이나 여러 명의 어린 자녀가 있는 가정을 방문해서 18개월 영아와 2~3세경 유아의 가장놀이를 비교해 보면 다음과 같은 세 가지 중요한 진전이 있음을 알 수 있다.

● 놀이는 그것과 관련된 실생활 상황으로부터 분리된다. 초기의 가장활동에서 걸음마기 영아들은 장난감 전화기에 대고 말을 하거나 컵에 물을 따라 마시는 등의 사실적인 사물만을 사용한다. 초기 가장행동의 대부분은 성인의 행동을 모방하고 별로 융통성이 없다. 예를 들어 두 살이 안 된 영아들은 컵에 물을 따라 마시는 척하지만 컵을 모자로 가장하려 하지 않을 것이다(Rakoczy, Tomasello, & Striano, 2005). 그들은 대상(컵)이 이미 분명한 쓰임이 있을 때는 다른 사물(모자)을 위한 상징으로 같은 사물(컵)을 사용하는 것에 어려움을 가진다.

  2세 이후, 유아들은 덜 사실적인 장난감(블록이 전화 수화기인양 놀이하는 것처럼)을 가지고 가장놀이를 한다. 점차 그들은 실제 생활로부터 어떤 지원도 없이 사물과 사건을 융통성 있게 상상할 수 있게 된다(O'Reilly, 1995; Striano, Tomasello, & Rochat, 2001). 3세 유아들은 한 사물(노란 막대기)이 한 가장게임(칫솔)에서는 하나의 가상적 실체이고 다른 가장게임에서는 다른 가상적 실체(당근)일 수 있다는 것을 융통성 있게 이해한다(Wyman, Rakoczy, & Tomasello, 2009).

● 놀이는 자기중심화로부터 벗어나게 해 준다. 처음 가장은 자기 자신을 중심으로 나타난다. 예를 들어, 유아들은 자신이 젖을 먹는 척한다. 얼마 지나지 않아 유아들의 가장행위는 인형에게 젖을 먹이는 것과 같이 다른 대상을 향하게 된다. 그리고 세 살 정도가 되면 참여자에서 벗어나 인형이 스스로 우유를 먹거나 로켓을 발사하기 위해 버튼을 누르는 것과 같이 가장놀이의 목적이 대상에

게 부여된다. 가장은 가장행위의 주체와 객체가 자신들과 무관할 수 있음을
인식함에 따라 덜 자기중심적이 된다(Mccune, 1993).

● **놀이에 점차 복잡한 도식의 조합이 포함된다.** 18개월 된 영아는 컵으로 물을 마시
는 흉내를 내지만 아직 따르고 마시는 것을 연합시키지 못한다. 후에, 유아
들은 **사회극 놀이**(sociodramatic play)—2세 말경에 진행되어 유아기 동안에
급격히 복잡성이 증가하는 다른 아이들과 함께하는 가장—에서 가장 도식
을 또래들의 가장 도식과 연합한다(Kavanaugh, 2006a). 4세에서 5세경이 되
면 아동들은 서로의 놀이 아이디어를 확장하며 여러 역할들을 만들어 내어
협응하고 이야기의 흐름에 대해 구체적으로 이해한다(Göncü, 1993).

가장놀이는 유아기에는 더 복잡해진다. 아
동들은 점차 가장역할을 조정하고 덜 사
실적인 장난감, 가령 장난감 트럭을 전기
이발기로 가장한다.

2세 이전의 영아들은 가장이 표상활동이라는 자각(awareness)을 보여 준다.
유아기가 되면 유아들은 가상과 실제 생활을 구분하게 되고 가장이 상상을 행
동에 옮기기 위한 노력이라는 것을 파악하기 시작한다(Lillard, 2003; Rakoczy,
Tomasello, & Striano, 2004; Sobel, 2006). 유아들이 또래들과 함께 사회적 극
놀이에서 역할을 정하고 가장 계획을 협상하는 것을 자세히 들어보자. "너는
우주비행사처럼 하는 거야.", "기다려, 나는 우주선을 착륙시키려고 해." 가장
에 대해 서로 얘기를 주고받는 과정에서 유아들은 자신과 다른 유아들의 환상
적인 표상들에 대해 생각하게 되는데, 이것은 유아들이 사람들의 정신적 활동
에 대해 추론하기 시작했다는 증거이다.

가장놀이의 이점　오늘날 가장놀이를 단순히 표상적 도식들의 연습으로 보는
Piaget의 관점은 매우 한계가 있는 것으로 평가된다. 놀이는 유아의 인지와 사회적 기술을 반영할
뿐 아니라 이를 촉진한다. 사회극 놀이는 매우 깊이 있게 연구되어 왔다. 그림그리기나 퍼즐 맞추
기 등과 같은 비가장적인 사회적 활동과 비교했을 때 사회적 가장놀이를 하는 동안 유아들의 상호
작용이 오래 지속되었으며 참여가 더 많고 더 많은 유아들을 활동으로 끌어들이고 더 협조적이었
다(Creasey, Jarvis, & Berk, 1998).

이러한 결과들을 고려해 볼 때, 사회극 놀이를 하면서 많은 시간을 보내는 유아들이 사회적으로
더 유능한 것으로 교사에 의해 평가되는 것은 놀라운 사실이 아니다(Connolly & Doyle, 1984). 많
은 연구들은 가장행동이 유아들의 주의집중, 기억, 논리적 추론, 언어와 문해, 상상력, 창의성, 정
서이해 등의 여러 정신능력을 강화시킨다고 한다. 또한 자신의 생각을 반영할 줄 알며 충동을 자제
하고 행동을 조절하며 다른 사람의 관점을 수용하는 능력을 길러 준다고 밝혔다(Bergen & Mauer,
2000; Elias & Berk, 2002; Hirsh-Pasek et al., 2009; Lindsey & Colwell, 2003; Ogan & Berk,
2009; Ruff & Capozzoli, 2003).

유아들과 어린 학령기 아동들의 25~45%는 사람과 같은 특성을 부여한 특별한 상상의 친구를
만들어 혼자서 가장놀이를 많이 한다. 어떤 유아는 자신의 집 창가에 사는 한 쌍의 시끄러운 새들
을 상상의 친구로 만들어 내기도 하고 또 다른 유아는 자기 집 현관문에 주문을 걸어 성이 바뀌는
친구를 만들어 내기도 한다(Gleason, Sebanc, & Hartup, 2000; Taylor et al., 2004). 과거에는 상
상의 친구를 만들어 내는 것을 부적응의 증상으로 보아 왔지만 최근의 연구는 이러한 가정을 반박
하였다. 눈에 보이지 않는 놀이친구가 있는 유아들은 그들에게 친절과 애정으로 대하고, 마치 실
제 교우관계처럼 그 놀이친구는 관심과 위안을 주고, 좋은 친구가 되어 준다고 말한다(Gleason &
Hohmann, 2006; Hoff, 2005). 그 유아들은 더 복잡하고 상상적인 가장놀이를 하면서 자신의 개
인적 경험, 이야기책에 있는 사건들에 관해 더 정교한 이야기를 만들어 내며 다른 사람의 생각
을 이해하는 능력이 발달하고 또래들과 더 잘 어울린다(Bouldin, 2006; Gleason, 2002; Taylor &

Carlson, 1997; Trionfi & Reese, 2009).

그림 걸음마기의 영아에게 종이와 크레용을 주면 다른 사람을 모방하면서 무엇인가를 그려 낸다. 주변세계를 정신적으로 표상하려는 능력이 확장됨에 따라 종이 위에 있는 표시는 특정한 의미를 지니게 된다. 구상과 공간 지각력이 향상되는 것과 그림이 상징으로서 기능을 할 수 있게 되도록 인지가 발달하는 것은 유아들의 그리기 발달에도 영향을 미친다(Golomb, 2004).

긁적거림에서 그림까지 전형적으로 그리기 과정은 다음의 순서를 따라 발달한다.

1. 긁적거리기. 처음에는 종이 위에 긁적거린 결과로 보기보다는 영아의 행동에 자신이 의도한 표상이 담겨져 있다. 예를 들어 18개월 된 영아가 크레용을 잡고 종이 위에서 통통 튀겼다. 여러 개의 점을 만들고 "토끼가 깡총깡총 뛰고 있어요."라고 설명한다(Winner, 1986).

   18개월 때까지, 걸음마기 영아들은 실제적으로 보이는 그림을 상징적으로 다룬다. 그러나 선 그림을 해석하는 데 어려움을 겪는다. 성인이 아동에게 두 개의 대상 중 어느 것에 낙하산을 떨어뜨려야 하는지를 보여 주면서 한 개의 그림을 들어 올렸을 때, 3세 유아는 자신의 행동을 설명하기 위해서 그림을 상징으로 사용했으나 2세 유아는 그렇게 하지 못하였다(Callaghan, 1999).

2. 첫 번째 표상의 형태. 비록 소수의 3세 유아들이 자발적으로 그림을 그리고 자신의 그림이 표상하는 것을 다른 사람들이 알 수 있다 하더라도 약 3세경에 유아들의 긁적거림은 그림이 되기 시작한다. 대개 이것은 유아들이 크레용으로 어떤 행동을 만든 후에 생긴다. 유아가 긁적거리다가 우연히 어떠한 형태를 그린 다음 자신의 긁적거림과 누들(noodle) 간의 유사성을 알아차리고 자신의 창작품을 '치킨 파이와 누들'이라고 이름을 붙이는 것과 같이, 알아볼 수 있는 모양을 그리고 난 다음에 이름을 붙인다(Winner, 1986).

   그림의 주요한 이정표는 유아가 사물의 윤곽을 표현하기 위해 선을 사용하게 되면서 나타난다. 이것은 3~4세 유아가 처음으로 사람 그림을 그릴 수 있게 해 준다. 소근육 기술과 인지적 능력의 제약으로 인하여 사람을 사람처럼 보이도록 하는 가장 단순한 형태로 축소하는 것이 보통이다. 그림 6.1의 왼쪽 그림에는 동그란 모양에 선을 이은 일반적인 올챙이 모양이 있다. 4세경이 되면 눈, 코, 입, 머리와 손가락, 발가락 등의 특징을 덧붙인 올챙이 그림이 나타난다.

그림 6.1 아동의 그림

왼쪽 그림은 유아가 사람을 처음 그릴 때 나타나는 보편적인 그림으로서 올챙이 같은 모양이다. 올챙이는 곧 팔, 손가락, 발가락의 세부사항이 있고 얼굴 특징이 있는 모습으로 된다. 유아기 말에 아동들은 6세 아동이 그린 오른쪽 그림 같은 복잡하고 차별화된 그림을 그린다.

출처 : Left: From H. Gardner, 1980, *Artful Scribbles: The Significance of Children's Drawings*, New York: Basic Books, p. 64. Reprinted by permission of Basic Books, a member of Perseus Book Group. Right: From E. Winner, August 1986, "Where Pelicans Kiss Seals," *Psychology Today, 20* [8], p. 35. Reprinted by permission from the collection of Ellen Winner.

3. **보다 사실적인 그림.** 지각, 언어(시각적 세부사항을 묘사하는 능력), 기억력, 소근육 운동능력이 발달함에 따라 유아의 그림은 서서히 사실적으로 발전된다(Toomela, 2002). 그림 6.1의 오른쪽 그림처럼 5~6세가 된 유아는 조금 더 복잡한 그림을 그린다. 그림에는 상투적인 사람과 동물이 있고 머리와 신체가 구분된다.

좀 더 나이 든 유아들의 그림에도 이제 막 깊이를 표시하기 시작했기 때문에 여전히 지각적 왜곡이 나타난다(Cox & Littlejohn, 1995). 대상을 겹쳐서 그리거나 먼 거리에 있는 것을 작게 그리고, 대상을 비스듬히 그리고, 선을 한곳으로 모으는 것과 같은 깊이 단서의 사용은 아동 중기 동안 증가한다(Nicholls & Kennedy, 1992). 그리고 학령기가 되면 대상을 따로따로 그리는 대신에(그림 6.1에 있는 그림에서처럼), 조직적으로 공간을 조정하여 그릴 수 있게 된다(Case & Okamoto, 1996).

그리기 발달의 문화적 다양성 풍부한 예술적 전통이 있는 문화권에서, 아동들은 자신의 문화 관습을 반영하여 정교하게 그림을 그린다. 성인들은 의견을 제시하며 그리는 방법에 대해 시범을 보여 주고, 그림에 대해 이름을 붙이라고 요구하면서 어린 아동들의 그리기 활동을 격려한다. 또한 또래들은 서로의 그림에 대해 이야기 나누거나 따라 그린다(Boyatzis, 2000; Braswell, 2006). 이 모든 문화적 관습은 어린 아동들의 그리기 과정을 향상시킨다.

그러나 예술에 관심이 적은 문화권에서 훨씬 나이가 많은 아동들과 청소년들은 단순한 형태를 만들어 낸다. 고유한 회화가 없는 파푸아뉴기니의 외진 지역인 Jimi 계곡의 많은 아동들은 학교에 다니지 않아서 그리기 기술을 발달시킬 수 있는 기회가 거의 없다. 처음으로 사람 모습을 그려 보라고 하자, 대부분 학교를 다니지 않는 Jimi의 10~15세 아동들은 비표상적인 긁적거림과 모양 또는 단순한 '막대기'나 '윤곽' 그림을 그렸다(그림 6.2)(Martlew & Connolly, 1996). 이러한 형태는 그리기에서 보편적인 시작으로 보인다. 일단 아동들은 선이 사람의 특징을 떠올리게 해야 한다는 것을 깨닫기 시작하면, 이전에 설명하였던 발달의 일반적인 순서를 따르는 인물 그림에 해결책을 발견하게 된다.

상징-현실 세계와의 관계 가장놀이를 하며 그림을 그리고 사진, 모델, 지도 등과 같은 또 다른 형태의 표상을 이해하기 위해 유아들은 각각의 상징이 일상생활 속에서 어떤 것과 상응하는지를 인식할 수 있어야만 한다. 이러한 관계에 대한 파악은 아동으로 하여금 이들이 직접적으로 경험하지 않았던 물체와 장소를 찾기 위한 강력한 인지적 도구가 되게 해 준다. 앞 장에서 우리는 18개월 된 영아들이 실제처럼 보이는 그림(예 : 사진)을 상징적 기능으로 이해하는 것을 보았다. 이 시기의 유아들은 다른 더 도전적인 상징을 이해한다. 예를 들어, 3차원 모델은 실제 세계의 공간을 나타내는가?

한 연구에서 2세 반에서 3세 유아들에게 작은 크기로 만든 방에 성인이 작은 장난감(작은 스누피)을 숨기는 것을 보게 한 후 유아들에게 그것을 찾아보라고 하였다. 그 다음, 모형으로 만든 방과 똑같은 실제의 방에서 숨겨 둔 큰 장난감(큰 스누피)을 찾아보라고 하자 3세가 안 된 대부분의 유아들은 실제 방에서 큰 스누피를 찾기 위한 가이드로 모형 방을 사용할 수 없었다(Deloache, 1987). 2세 반 유아들은 모형이 장난감 방과 다른 방의 상징이 될 수 있음을 알지 못하였다. 어린 유아들은 상징 대상을 본래의 대상과 상징으로 보는 **이중표상**(dual representation)에는 어려움이 있었다.

이러한 해석은 연구자들이 모형 방을 창문 뒤에 두고 아동들이 그것을 손대지 못하게 하여 눈에 덜 띄게 만들었을 때 더 많은 2세 반의 유아들이 찾기 과제를 성공적으로 수행한 사실로 뒷받침된다(DeLoache, 2000, 2002). 또한 가장놀이에서 1세 반에서 2세 반 유아들은 다른 대상(모자)을 상징하기 위해서 명확한 사용처가 있는 대상(컵)을 사용할 수

그림 6.2 파푸아뉴기니의 Jimi 계곡에 살며 학교에 다닌 적이 없는 10~15세 아동이 그린 사람 그림

많은 아동은 (a) '막대기' 모양이나 (b) '윤곽' 모양으로 그렸는데, 이것은 취학전 유아들이 그린 올챙이 형태와 유사하다.

출처 : M. Martlew & K. J. Connolly, 1996, "Human Figure Drawings by Schooled and Unschooled Children in Papua New Guinea," *Child Development, 67*, pp. 2750-2751. © 1996, John Wiley and Sons. Adapted with permission of John Wiley and Sons.

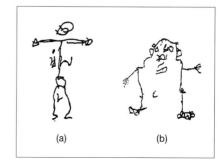

© ARIEL SKELLEY/CORBIS

다양한 상징을 경험하는 아동들은 한 사물(새집)이 다른 대상(사람들이 살고 있는 실제 크기의 집)을 나타낼 수 있음을 이해하게 된다.

없었던 유사한 경우를 상기해 보자. 그리고 2세 유아들은 선 그리기가 또한 실세계의 사물들을 나타낸다는 것을 아직 인식하지 못한다.

유사하게 다양한 방식으로 위장한 사물을 제시하고 '~인 것처럼' 보이는지 그리고 무엇이 실제와 거짓인지 물어보면, 취학전 아동들은 어려워한다. 예를 들어, 크레용처럼 생긴 양초가 '정말로' 양초인지 또는 계란처럼 보이도록 색칠한 돌멩이가 '정말로' 계란인지 물어보면 6세보다 어린 유아들은 '예'라고 반응하였다(Flavell, Green, & Flavell, 1987). 그러나 이러한 외양-실재 과제(appearance-reality tasks)를 아동들이 비언어적으로 해결하도록 하고, '실제로' 특정한 유사성을 가진 대상의 배열을 선택하게 함으로써 단순화한다. 그러면 대부분의 3세 유아는 이를 잘 수행한다(Deák, Ray, & Brennenman, 2003). 유아들은 한 대상이 다른 사물(크레용)을 상징하면서 또 다른 사물(양초)일 수 있다는 것을 알아차린다.

아동들은 상징 대상의 이중표상을 어떻게 이해할 수 있게 되는 걸까? 성인이 모형과 실세계 공간 간의 유사성을 지적해 주면 2세 반경의 유아들은 스누피 인형을 찾는 과제를 더 잘 수행한다(Peralta de Mendoza & Salsa, 2003). 또한 한 유형의 상징-실세계 관계에 대한 통찰력은 취학전 아동들이 다른 것도 숙달하도록 도와준다. 예를 들어, 한 그림의 주된 목적은 다른 것을 상징하기 때문에 아동들은 실제처럼 보이는 그림을 상징으로 간주한다. 그것은 흥미 있는 사물은 아니다(Preissler & Carey, 2004; Simcock & DeLoache, 2006). 그리고 큰 스누피를 찾기 위해 방의 모형을 사용할 수 있는 3세 유아는 자신의 이해를 간단한 지도로 쉽게 전환한다(Marzolf & DeLoache, 1994).

요약하면, 유아들이 다양한 상징물, 그림책, 사진, 그림, 가장활동, 지도 등에 노출될 경우 한 대상이 다른 것을 상징할 수 있다고 인식하는 일이 좀 더 쉬워진다. 나이가 들어감에 따라 아동들은 그들이 나타내고자 하는 것과 물리적으로 유사하지 않은 다양한 상징을 이해하게 된다(Liben, 2009). 그러한 상징은 풍부한 지식의 문으로 들어가는 길이다.

전조작기 사고의 한계

표상에서 진전 이외에 Piaget는 유아들이 이해할 수 없는 것들로 유아기 아동을 묘사하였다(Beilin, 1992). 전조작기라는 용어가 제시하듯이, Piaget는 유아들을 구체적 조작기에 도달한 나이가 더 많고 더 유능한 아동들과 비교하였다. Piaget에 따르면 유아들은 논리적인 규칙을 따르는 행위의 정신적 표상인 **조작**(operation)을 할 수 없다. 반면에, 유아들의 사고는 융통성이 없으며 한 번에 한 가지 상황에만 제한되고 또 사물이 그 순간에 보이는 방식에 크게 영향을 받는다.

자아중심성과 물활론적인 사고 Piaget는 전조작적 사고의 가장 큰 결점은 자신의 관점과 다른 사람의 관점을 분리하여 생각하지 못하는 자아중심성이라고 하였다. 그는 유아들이 세상에 대해 처음으로 정신적 표상을 하게 되었을 때 자신의 관점으로만 집중하는 경향이 있다고 믿었다. 그래서 다른 사람도 자신과 같은 방식으로 인식하고 생각하고 느낀다고 가정한다.

자아중심성에 대해 Piaget의 가장 확실한 증거는 그림 6.3에서 설명하고 있는 세 개의 산 과제이다. Piaget는 자아중심성이 전조작기 유아들이 무생물을 살아 있는 생명체처럼 생각하며, 원하고 느끼고 의도를 가지고 있다고 믿는 물활론적 사고의 원인이 된다(Piaget, 1926/1930). 구름이 와서

햇님을 가리자 화가 난 햇님이 구름을 쫓아 버리려고 한다는 3세 유아의 설명은 물활론적 사고를 보여 주는 것이다. Piaget는 이 시기 유아들은 물리적 사건에 인간의 목적을 자기중심적으로 부여하기 때문에 마법 같은 사고는 유아기 시기에 흔히 있는 일이라고 하였다.

Piaget는 자아중심적 편견 때문에 유아들이 물리적 · 사회적 세계의 반응에 조절을 하지 못하고 잘못된 추론을 수정하지 못한다고 주장한다. 이러한 결점을 완전히 이해하기 위하여 Piaget가 유아들에게 준 다른 과제를 살펴보자.

보존개념의 결여 Piaget의 유명한 보존개념 실험은 전조작적 사고의 여러 결점을 보여 준다. **보존개념**(conservation)이란 대상의 외양이 변했다 하더라도 어떤 물리적 특성은 그대로 남아 있다는 것을 말한다. 전형적인 보존개념의 예는 액체 보존 문제이다. 유아에게 똑같은 양의 물이 담긴 두 개의 긴 컵을 보여 준다. 유아가 똑같다는 것에 동의하면, 물의 양은 변하지 않았으나 외양은 변하도록 한 개의 컵 속의 물을 높이가 낮고 넓은 컵으로 붓고 난 뒤, 유아에게 물의 양이 똑같은지 달라졌는지를 물어본다. 전조작기

그림 6.3 Piaget의 세 개의 산 과제
각각의 산은 색깔과 정상의 모양에 의해 구별된다. 한 산에는 십자가가 있으며, 다른 산에는 작은 집이 있고, 또 다른 산에는 눈이 덮여 있다. 전조작기의 아동은 자아중심적으로 반응한다. 그래서 인형의 관점에서 본 산을 선택할 수 없고 자기 관점에서 본 산을 고른다.

유아들은 물의 양이 달라졌다고 생각한다. 그들은 '물의 높이가 처음 것보다 낮아졌기 때문에(물의 수면이 낮다) 줄어들었다'고 설명하거나 '물이 모두 퍼져 버렸기 때문에 많아졌다'고 설명한다. 유아들에게 실험할 수 있는 다른 보존 과제들은 그림 6.4에 제시하였다.

전조작기 유아들이 보존개념이 없는 것은 그들의 사고와 관련된 몇 가지 측면을 부각시킨다. 첫째, 전조작기 유아들의 이해력은 **중심화**(centration)의 특성을 나타낸다. 그들은 한 상황의 한 가지 측면만 보고 다른 중요한 특성은 무시해 버린다. 액체 보존 실험에서 유아는 물의 높이에만 관심을 두고 높이의 변화가 너비의 변화에 의해 보상된다는 점을 생각하지 못한다. 둘째, 대상의 지각적

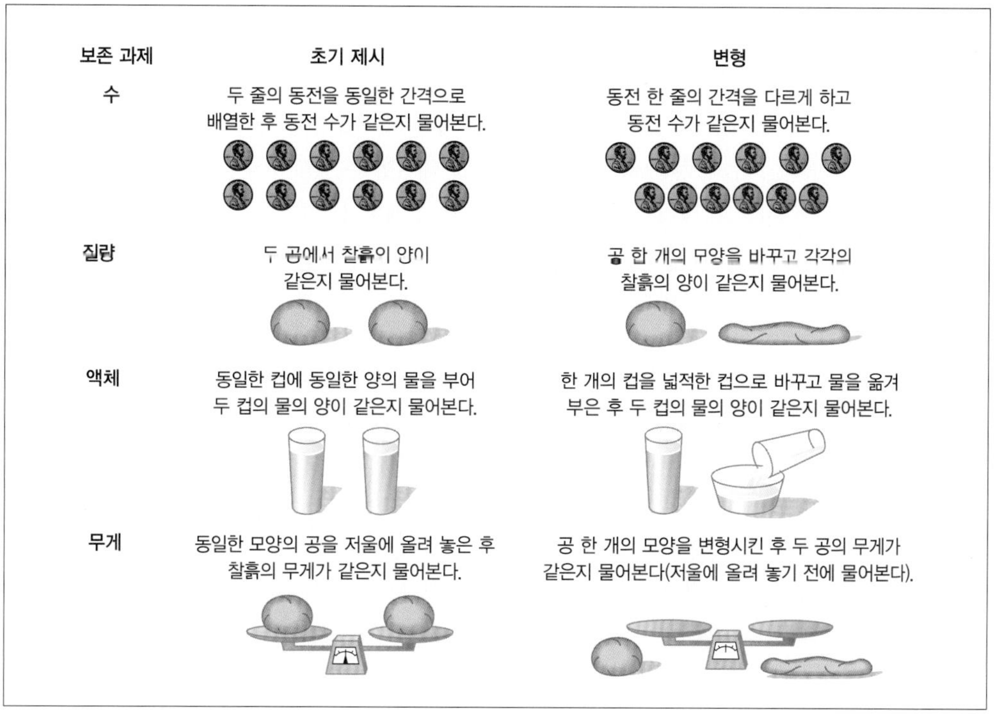

그림 6.4 Piaget의 보존 과제
전조작기의 아동은 보존개념이 없다. 이 과제들은 구체적 조작기 단계에서 점차적으로 숙달된다. 서구사회 아동은 수, 질량, 액체 보존은 보통 6세와 7세 사이에, 무게 보존은 8세와 10세 사이에 획득한다.

보존 과제	초기 제시	변형
수	두 줄의 동전을 동일한 간격으로 배열한 후 동전 수가 같은지 물어본다.	동전 한 줄의 간격을 다르게 하고 동전 수가 같은지 물어본다.
질량	두 공에서 찰흙이 양이 같은지 물어본다.	공 한 개의 모양을 바꾸고 각각의 찰흙의 양이 같은지 물어본다.
액체	동일한 컵에 동일한 양의 물을 부어 두 컵의 물의 양이 같은지 물어본다.	한 개의 컵을 넓적한 컵으로 바꾸고 물을 옮겨 부은 후 두 컵의 물의 양이 같은지 물어본다.
무게	동일한 모양의 공을 저울에 올려 놓은 후 찰흙의 무게가 같은지 물어본다.	공 한 개의 모양을 변형시킨 후 두 공의 무게가 같은지 물어본다(저울에 올려 놓기 전에 물어본다).

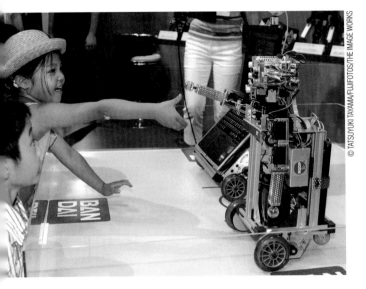

이 유아들은 살아 있는 것 같은 특성이 있는 로봇이 실제로 생명이 없다는 것을 이해하지만, 이들은 로봇이 보거나 사고하는 것과 같은 개념적 심리적 능력이 있다고 믿는다.

외양은 유아들을 쉽게 혼란시킬 수 있다. 셋째, 유아들은 물의 처음과 마지막 상태를 관련이 없는 사건으로 생각한다. 즉 처음과 마지막 상태 간의 역동적 변형(물을 붓는 것)을 무시한다.

전조작기 사고의 가장 중요한 비논리적인 특징은 비가역성이다. **가역성**(reversibility)이란 어떤 문제에서 일련의 단계를 따라가고 그 다음에 머릿속에서 원래 시작점을 향해 역방향으로 되돌아가는 능력으로 논리적 조작의 일부이다. 액체 보존 실험의 경우, 전조작기 유아는 물을 본래 담겨 있던 컵으로 다시 붓는 것을 생각하지 못하기 때문에 물의 양이 똑같다는 것을 알지 못한다.

위계적 분류능력의 부족　전조작기 유아들은 논리적인 조작능력이 부족하기 때문에 대상을 유사성과 차이점에 근거하여 유목과 하위유목으로 분류하는 **위계적 분류**(hierarchical clissification)를 어려워한다. 그림 6.5에서 보여 주는 Piaget의 유명한 분류 유목화 과제는 이러한 제한점을 설명하고 있다. 전조작기 유아들은 가장 현저한 특징인 빨강에만 초점을 둔다. 그들은 전체(꽃)에서 부분(빨강과 파랑)으로, 다시 이를 부분에서 전체로 전환하는 가역적인 사고를 할 수 없다.

전조작기의 평가

이 책 뒤에 있는 발달이정표는 유아기의 인지적인 성취에 대한 개요를 보여 준다. 이것을 전조작기 유아에 대한 Piaget의 설명과 비교해 보자. 전반적으로 연구결과들은 Piaget의 유아기 인지적 능력에 대해 일부는 옳고 일부는 잘못되었다는 것을 지적한다. 유아들에게 친숙한 경험을 기초로 한 단순화된 과제를 주었을 때 유아들은 논리적인 사고를 시작할 징조를 보인다. 어떻게 하면 Piaget의 연구결과와 최근 연구결과들 사이의 모순을 이해할 수 있을까?

유아들이 어떤 논리적 이해를 하는 것은 점차적으로 조작적 추론을 습득해 간다는 것을 의미한다. 시간이 지나면서 유아들은 문제해결을 위해 점차 효율적인 정신적 지각의 반대인 접근방법에 의존한다. 예를 들어 두 세트의 항목을 비교할 때 항목을 세지 못하는 유아는 수의 보존을 알 수 없다. 대신에 유아들은 두 세트의 항목에서 양을 비교하는 데 지각적 단서에 의존한다(Rouselle, Palmers, & Noël, 2004; Sophian, 1995). 일단 수를 셀 수 있게 되면 이 기술을 몇 개의 항목만이 있는 수 보존 과제에 적용하게 된다. 그 후에 숫자 세기 능력이 향상되면 더 많은 항목이 있는 문제도 해결할 수 있다. 6세경의 유아들은 아무것도 보태거나 빼지 않는 한 변형 후에도 길이와 간격에서 수가 변하지 않는다는 것을 이해한다(Halford & Andrews, 2006). 따라서 유아들은 답을 확인하기 위하여 더 이상 수를 세지 않아도 된다. 이와 같이 아동들은 학령기가 될 때까지 보존개념을 완전히 파악하지 못한다 하더라도(Piaget가 지적한 바와 같이), 보존 문제의 여러 변인들 사이에서 관계를 완전히 이해하기까지 여러 단계를 거쳐 통과한다.

유아기 아동들이 Piaget 과제를 잘 수행하도록 훈련될 수 있다는 증거가 조작적 사고가 한 번에 모두 나타나지 않는다는 생각을 지지해 준다(Ping & Goldin-Meadow, 2008; Siegler & Svetina, 2006). 조금 이해를 하는 아동들은 전혀 아무것도 알지 못하는 아동들과 달리 훈련을 통해 당연히 이점을 가질 것이다.

논리적 조작이 점진적으로 발달한다는 증거는 Piaget의 단계 개념으

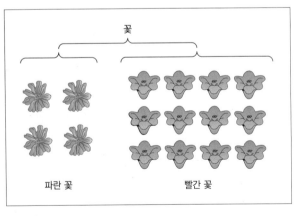

그림 6.5　Piaget의 유목 포함 과제
아동들에게 16개의 꽃을 보여 주었는데 그중 4개는 파란 꽃이고 12개는 빨간 꽃이다. 빨간 꽃과 꽃 중에서 어느 것이 더 많은지 물어보면 전조작기 아동은 빨간 꽃이 더 많다고 응답한다. 이들은 빨간 꽃과 파란 꽃 모두가 '꽃'의 유목에 포함되는 것을 깨닫지 못한다.

로는 설명되지 않는다. Piaget는 유아들의 사고가 과제를 해결할 만큼 발달하지 못한다고 하였지만 관련 연구들은 Piaget가 생각한 것보다는 유아들이 더 많은 능력을 가지고 있다는 것을 보여 준다.

구체적 조작기 : 7세부터 11세

Piaget에 따르면 7~11세에 이르는 **구체적 조작기**(concrete operational stage)는 인지발달에서 주요한 전환점이 된다. 사고는 이전보다 훨씬 더 논리적이며 융통성이 있고 조직화되어 성인의 추론능력과 유사하다.

구체적 조작기 사고

구체적 조작은 학령기 아동이 다양한 Piaget 과제를 수행할 때 명확히 나타난다. 이러한 다양한 성취에 대해서 알아보도록 하자.

보존 보존 과제를 성공하는 능력은 정신적 행동이 논리적 규칙을 따르는 조작을 할 수 있다는 명확한 증거이다. 액체 보존 과제에서 아동은 액체의 양이 변하지 않았다고 말하고 다음과 같은 설명을 하기도 한다. "물의 높이가 더 낮지만, 너비는 더 넓어요. 다시 부어 보면 같은 양이라는 것을 알게 될 거예요." 이 반응에서 아동이 어떻게 하나의 면에만 집중하지 않고 과제의 여러 측면을 협응하였는지 **탈중심화** 능력을 살펴보자. 이러한 해석은 가역성(보존의 증거로서 원래의 그릇에 물을 다시 담는 것을 상상하는 능력) 또한 설명해 준다.

분류 7~10세 사이의 아동은 Piaget의 유목 포함 과제를 풀 수 있다. 이것은 아동이 분류 위계화의 개념이 있으며 하나의 일반적인 것과 두 개의 특정한 유목(즉 한 번에 셋 사이의 관계) 사이의 관계에 동시에 집중할 수 있음을 의미한다(Hodges & French, 1988; Ni, 1998). 우표, 동전, 돌, 병뚜껑 등을 수집하는 것이 아동 중기의 보편적인 현상이다. 내가 아는 한 10세 아동은 커다란 야구 카드 박스를 분류하고 다시 분류하는 데 여러 시간을 보냈다. 한 번은 리그와 팀 멤버별로 나누고 또 다른 때에는 포지션과 평균 타율별로 나눈다. 그는 다양한 유목과 하위 유목으로 선수들을 나누고 다시 쉽게 정리한다.

서열화 길이나 무게와 같은 양적인 측면을 중심으로 항목을 순서대로 나누는 능력을 **서열화**(seriation)라고 한다. 이것을 입증하기 위해서 Piaget는 아동에게 길이가 다른 막대를 가장 짧은 것에서 가장 긴 것으로 배열하게 하였다. 연령이 높은 취학전 유아는 막대기를 열로 세우지만 많은 실수를 하면서 마구잡이로 한다. 반면 6~7세 아동은 가장 작은 막대기로 시작하여 그다음 큰 것을 옮기면서 규칙적인 순서로 효율적으로 서열화를 한다.

구체적 조작기의 아동은 **전환적 추론**(transitive inference)이라 불리는 능력, 즉 정신적으로 서열화를 할 수 있다. 아주 잘 알려진 전환적 추론 문제에서 Piaget(1967)는 아동에게 서로 색이 다른 막대의 짝을 보여 주었다. 막대 A가 막대 B보다 길고, 막대 B는 C보다 긴 것을 관찰한 후에 아동은 막대 A가 C보다 길다는 것을 추론해 내야 한다. Piaget의 유목 포함 과제에서처럼 이 과제가 아동에게 세 가지 관계를 한 번에 통합(A-B, B-C, A-C)하도록 요구하는 방법에 주목하자. 연구자들은 아동이 그 전제(A-B와 B-C)를 기억하도록 확신시켜 주기 위하여 여러 단계를 취하면 7세 아동은 전환적 추론을 할 수 있다(Andrews & Halford, 1998; Wright, 2006).

공간 추론 Piaget는 학령기 아동의 공간에 대한 이해가 취학전 유아들보다 더 정확하다는 것을 알아냈다. 이제 아동의 인지적 지도—자신이 살고 있는 이웃동네와 학교와 같은 친숙한 큰 규모의

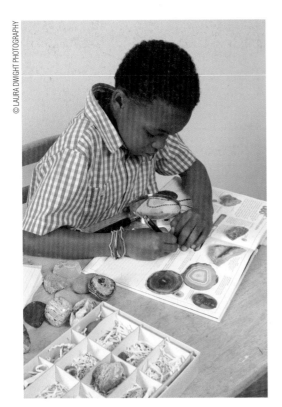

이 8살 된 아동은 자신의 수집품에서 돌을 세심하게 구분하고 분류한다. 범주화하는 향상된 능력은 수집하는 물건에서 아동의 관심에 근간을 이룬다.

공간의 정신적 표상—를 생각해 보자. 전체 공간을 한 번에 보여 줄 수 없기 때문에 아동은 각각 떨어져 있는 부분을 연관시켜 전체적인 배치를 추론해야 한다.

유아기와 학령기 초기 아동이 그리는 지도에는 이정표를 포함하지만 그것들의 배치는 항상 정확하지가 않다. 아동들은 자신의 교실이 그려진 지도에 책상과 사람의 위치를 표시하는 스티커를 붙이라고 할 경우에는 더 잘한다. 그러나 교실의 현 상태와는 다른 방향으로 위치를 바꾸면 스티커를 붙이는 데 어려움을 보인다(Liben & Downs, 1993). 만일 개의 윤곽과 같이 위치가 의미 있는 형태를 이루면 방 안에 숨겨진 대상을 찾을 때 회전된 지도를 더 잘 사용할 수 있게 된다(그림 6.6 참조)(Uttal et al., 2001). 아동에게 지도에 있는 패턴을 가리키는 것은 회전된 지도로부터 방에서 상응하는 위치를 유추하여 추론하는 데 도움을 준다.

8~10세쯤에는 아동들의 지도가 더 잘 구성된다. 즉 체계화된 이동 노선에 따라 이정표가 나타난다. 동시에 아동들은 길을 따라 사람의 움직임을 상상하는 '정신적 걸음(mental walk) 전략을 사용하여 한 장소에서 다른 장소로 이동하는 데 명확하고 잘 조직된 방향을 제시할 수 있다(Gauvain & Rogoff, 1989). 아동 중기 말에는 이정표와 길을 큰 규모 공간의 전체 조망으로 결합한다. 그리고 아동들은 지도의 방향과 그것이 표시하는 공간이 맞지 않을 때도 확장된 바깥 환경의 지도를 쉽게 읽고 그린다(Liben, 2009). 10세~12세의 아동은 공간과 그것을 지도상에 표상한 것 간의 비례적 관계인 축적도 이해한다(Liben, 2006).

지도와 관련된 경험은 아동의 지도에 대한 기술을 증진시킨다. 교사가 4학년 아동들에게 야외 공간이 표시된 지도 위에 (이정표가 있는 지점을 뜻하는) 스티커를 붙이기로 결정하기 위해 사용하였던 단서를 적어 보라고 하자, 아동의 정확성은 상당히 향상되어 있었다(Kastens & Liben, 2007). 학령기 아동과 청소년들 사이에서 이 같은 자발적인 설명(self-generated explanations)은 학습자가 여러 가지 유형의 문제해결에 도움이 되는 자신의 생각을 되새기고 수정하도록 도와주는 것 같다. 그리고 12가지의 지도 읽기와 지도 만들기 교습으로 구성된 'Where Are We'라는 컴퓨터를 이용한 교과과정은 다양한 지도 제작 과제에 대한 2~4학년 아동의 수행에 실직적인 향상을 이끌어 냈다(Liben, Kastens, & Stevenson, 2001).

문화적 준거(cultural frameworks)는 아동의 지도 만들기에 영향을 미친다. 여러 비서구권 공동체에서는 사람들이 길을 찾기 위해 좀처럼 지도를 사용하지 않고, 이웃이나 행인, 또는 상점에서

그림 6.6 방에 숨겨진 사물을 찾기 위한 5세 아동의 회전된 지도 사용

한 조건에서 (a) 지도에 있는 위치가 의미 있는 형태—개의 윤곽—를 만들기 위해 서로 연결되었다. (b) 지도에 있는 위치가 서로 연결되어 있지 않았다. 의미 있는 형태는 회전된 지도로부터 방에 있는 위치로의 유사성에 의해 추론하도록 돕는다.

출처 : Uttal et al., 2001.

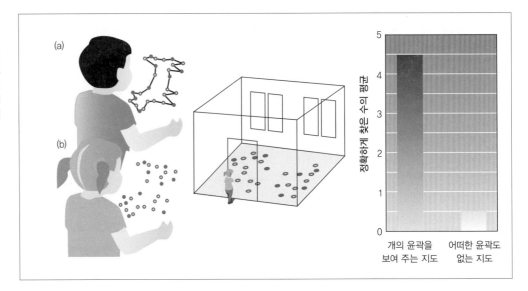

일하는 점원으로부터의 정보에 의존한다. 또한 서구권의 또래 아동과 비교할 때 비서구권 아동은 차를 타고 다니기보다 걸어 다니는 경우가 더 흔한데, 이것이 그들을 주변에 대해 더 친숙해지도록 한다. 각각 인도와 미국의 작은 도시에 사는 12세 아동들이 주변지역을 그렸을 때, 인도의 아동들은 자신의 집 주변 좁은 지역의 여러 지형지물이나 사람, 교통수단과 같은 사회적 생활의 측면을 표현했다. 미국의 아동들은 주요 도로나 동서남북과 같은 핵심적인 방향 표시를 강조함으로써 보다 공적이고 확대된 공간을 그렸지만, 이정표가 될 만한 지형지물은 거의 포함시키지 않았다(그림 6.7 참조)(Parameswaran, 2003). 비록 미국 아동의 지도가 인지적 성숙도의 측면에서 더 높은 점수를 받았지만, 이러한 차이는 그 과제의 문화적인 해석을 반영한다. '사람들이 길을 찾도록 도와주기 위한' 지도를 그리도록 했을 때에는 인도의 아동들도 미국의 아동만큼 범위가 넓고 조직적인 공간을 그렸다.

© ELLEN B. SENISI PHOTOGRAPHY

6세 아동의 동네 지도의 그림에는 친숙한 빌딩과 다른 이정표가 그려져 있지만 이 아동은 아직 그것을 노선을 따라 정확하게 배치하지는 못한다.

구체적 조작기 사고의 한계

이 단계의 명칭에서 나타나듯이 구체적인 조작적 사고에는 중요한 한계가 있다. 아동은 직접적으로 인식할 수 있는 구체적인 정보를 다룰 때는 체계적이고 논리적인 방식으로 사고를 한다. 그러나 아동은 추상적인 사고 정보를 다룰 때는 정신적인 조작을 잘 하지 못한다. 아동이 전환적 추론문제를 해결하는 것이 좋은 예가 된다. 길이가 다른 여러 개의 막대를 보여 주었을 때, 7세 이상의 아동은 만일 막대 A가 막대 B보다 길고, B가 C보다 길다면 막대 A는 막대 C보다 길 것이라는 것을 곧 알아낸다. 하지만 11세나 12세 전까지는 이 과제를 가설적인 형태로 제시했을 때 어려움을 겪는다. 예를 들어, "수잔은 샐리보다 크고 샐리는 메리보다 크다. 누가 가장 큰가?"

논리적인 사고가 처음에 직접적인 상황에 한정되어 있는 것은 구체적인 조작적 사고의 특징을 설명하는 데 도움이 된다. 학령기 아동은 Piaget의 구체적인 조작적 과제를 단계적으로 습득한다. 예를 들어, 아동은 수, 액체, 질량, 무게 순으로 보존개념을 점차적으로 획득한다. 이러한 논리적 개념을 점진적으로 습득하는 것은 구체적인 조작적 사고의 또 다른 한계를 나타낸다(Fischer &

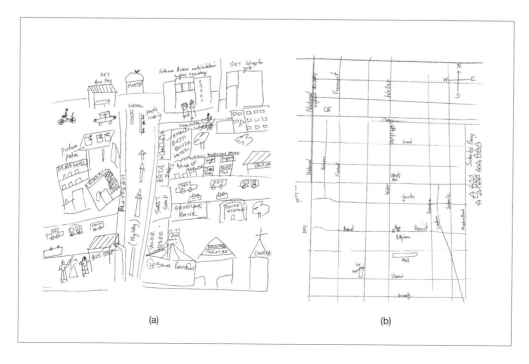

(a) (b)

그림 6.7 인도 및 미국 12세 아동이 그린 지도

(a) 인도 아동들은 자신의 집 가까이 작은 지역에 많은 지형지물과 사회생활의 특징을 묘사했다. (b) 미국 아동들은 보다 넓은 공간과 주요 도로 및 핵심 방향을 강조하였다.

출처 : Reprinted from Journal of Environmental Psychology, Vol. 23, No. 4, G. Parameswaran, 2003, "Experimenter Instructions as a Mediator in the Effects of Culture on Mapping One's Neighborhood," pp. 415-416. Copyright 2003, with permission from Elsevier.

Bidell, 1991). 학령기 아동은 관련된 모든 상황에 적용할 수 있는 보편적으로 논리적인 원리를 찾아내는 대신에 그들은 각 문제의 논리를 따로따로 해결해 나가는 것으로 보인다.

형식적 조작기 : 11세 이상

Piaget에 따르면 11세경의 아동은 추상적·과학적 사고 능력이 발달하는 **형식적 조작기**(formal operational stage)에 들어서게 된다. 구체적 조작기 아동은 '현실(reality)에서 조작'할 수 있으며, 형식적 조작기 청소년은 '조작에 대한 조작'이 가능해진다. 즉, 청소년들은 사고의 대상으로 더 이상 구체적 사물이나 사건을 필요로 하지 않게 되며 내적 반영을 통하여 새롭고 더 일반적인 논리적 규칙을 발견하게 된다(Inhelder & Piaget, 1955/1958). 형식적 조작 단계의 주요한 특징 두 가지를 살펴보자.

가설적-연역적 추론

Piaget는 청소년들이 **가설적-연역적 추론**(hypothetico-deductive reasoning)을 할 수 있다고 믿었다. 청소년들은 문제에 직면했을 때, 논리적이고 유연한 **추론**에서부터 결과에 영향을 미칠 수 있는 모든 가능한 변수들의 예측 또는 가설을 세우는 것에서부터 시작한다. 그리고 난 후, 실제 세상에서 이러한 추론이 확인받는 것을 보기 위해 조직적으로(분류법에 근거하여) 변수를 분리하고 결합한다. 이와 대조적으로, 구체적 조작기 아동은 한 상황에 대한 가장 명확한 예측인 실제적인 것과 함께 시작한다. 이것이 확실하지 않을 경우, 아동은 대안을 생각하지 못하고 문제를 해결하지 못한다. Piaget의 유명한 진자 과제에서 청소년의 수행은 이러한 새로운 접근에 대한 예증이 된다. 학령기 아동과 청소년에게 길이가 다른 실, 그 실에 묶여 있는 무게가 다른 물체, 실이 걸려 있는 판을 제시한다고 생각해 보자(그림 6.8 참조). 그리고 호를 따라서 진자가 흔들리는 속도에 영향을 주는 것이 무엇인지를 알아내도록 물어본다.

형식적 조작기 청소년은 4개의 변인이 중요할 수 있는 가설을 세운다. (1) 줄의 길이, (2) 줄에 걸려 있는 물체의 무게, (3) 진자운동하기 이전의 물체 높이, (4) 물체를 미는 힘. 그러고 난 후 다른 세 가지 가설을 똑같이 유지하고, 한 번에 한 요소만 다르게 함으로써 각각을 분리해서 실험해 보고, 만약 필요하다면 결합해서도 실험해 본다. 결국에 이들은 줄의 길이만이 차이를 만든다는 것을 발견한다.

반대로, 구체적 조작기 아동은 각 변인의 영향을 분리할 수 없다. 예를 들어, 짧고 가벼운 진자와 길고 무거운 진자와 비교할 때, 구체적 조작기 아동들은 무게를 일정하게 하지 않고 줄 길이의 영향을 검증한다. 또한 이들은 과제에서 구체적인 물체로 즉각 제시되지 않은 변인에 주목하지 못한다. 예를 들면, 물체를 놓았을 때의 높이와 그 물체가 내뿜는 힘이다.

명제적 사고

형식적 조작기의 두 번째 중요한 특징은 **명제적 사고**(propositional thought)이다. 청소년은 현실 세계의 상황을 고려하지 않고도 명제의 논리(언어적 진술)를 평가할 수 있다. 반대로 아동은 현실 세계에서 찾을 수 있는 구체적인 증거에 입각해서만 표현의 논리를 평가할 수 있다.

명제적 추론의 연구에서 연구자는 아동과 청소년에게 포커칩을 보여 주고 이 칩에 관한 진술이 진실인지, 거짓인지, 혹은 불확실한지에 대해 물어

그림 6.8 Piaget의 진자 과제
가설적-연역적 추론을 하는 청소년들은 진자가 그것의 호를 통해 흔들리는 속도에 영향을 줄 수 있는 변인을 생각한다. 그때 청소년들은 각 변인을 분리하고 테스트하고 또 각 변인을 조합하여 테스트한다. 결국 이들은 진자의 무게, 진자가 놓아질 때 높이, 그리고 강하게 미는 것은 영향이 없다는 것을 추론한다. 단지 줄의 길이만 차이를 만든다.

보았다(Osherson & Markman, 1975). 한 상황에서 조사자는 칩을 손에 숨기고 다음과 같은 명제를 제시하였다.

"내 손에 있는 칩은 초록색이거나 초록색이 아니다."
"내 손에 있는 칩은 초록색이면서 초록색이 아니다."

또 다른 상황에서 연구자는 모든 사람이 보는 앞에서 빨간색과 파란색 칩 중 하나를 손에 쥐고 같은 명제를 언급하였다. 학령기 아동은 포커칩의 구체적인 속성에 집중하였다. 칩이 숨겨져 시야에서 사라지면, 그들은 두 진술에 대해 불확실하다고 응답하였다. 포커칩이 보이면 초록색일 경우 아동들은 두 진술문 모두 진실이고, 빨간색일 경우 틀렸다고 판단하였다. 반대로 청소년은 진술문의 논리성을 분석하였다. 그들은 포커칩의 색에 상관없이 '그들 중의 하나'라는 진술문은 항상 진실이고 '그리고' 진술문은 항상 거짓임을 이해하였다.

Piaget는 아동의 인지발달에 있어서 언어가 중심적인 역할을 한다고 보지는 않았지만, 청소년기에는 언어의 중요성을 인식하였다. 형식적 조작은 언어에 기초하고 다른 상징적 체계는 고등수학에서처럼 현실적인 것을 나타내지 않는다. 중·고등학교 학생들은 대수학과 기하학에서 그러한 체계를 이용한다. 형식적 조작기 사고는 또한 추상적 개념에 대한 언어적 추론을 수반한다. 청소년은 물리에서 시간, 공간, 물질 사이의 관계에 대해 생각할 때 그리고 사회학, 철학에서 정의와 자유에 대한 의문을 가질 때 이와 같은 방식으로 사고할 수 있음을 보여 준다.

Piaget의 형식적 조작기 사고에서 청소년들은 명제적 사고를 한다. 이 학생들은 사회 수업에서 문제에 대해 토의하고 실세계 상황과 관련이 없는 명제에 대해 논리적으로 추론한다.

청소년 인지 변화의 결과

복잡하고 효율적인 사고의 발달은 청소년이 자신과 타인, 세상을 보는 방식에 상당한 변화를 가져온다. 그러나 청소년들은 자신의 달라진 신체를 쓰는 데 종종 서투른 것처럼 초기에는 더 진전된 사고를 하는 것이 불안정하다. 10대들의 자기관심, 이상주의, 비판주의, 우유부단함은 어른들을 종종 혼란스럽게 하고 걱정시키지만, 결국에는 대개 장점이 된다.

자기의식과 자기중심 자기 자신의 생각을 반영하려는 청소년의 능력은 그들이 겪고 있는 신체적·정신적 변화들과 함께 자기 스스로에 대해 많은 생각을 하게끔 한다. Piaget는 이 단계에서 자신과 타인에 대한 추상적인 관점을 구분하지 못하는 새로운 형태의 자아중심성(egocentrism)이 나타난다고 보았다(Inhelder & Piaget, 1955/1958). 그로 인해 Piaget의 추종자들은 자신과 타인 간의 관계에 두 개의 왜곡된 상이 나타난다고 하였다.

첫 번째는 청소년 자신이 다른 모든 사람의 주의와 관심을 받는다고 믿는 **상상적 관중**(imaginary audience)이다(Elkind & Bowen, 1979). 그 결과로 그들은 자기의식(self-consciousness)이 심해지고 스스로 당황하는 경우를 피하기 위해 많은 것을 감수한다. 상상적 관중은 청소년들이 외모의 섬세한 부분까지 신경 쓰는 데 많은 시간을 보내는 행동을 이해하는 데 도움을 준다. 또한 대중의 비판에 대해 민감해하는 것도 설명이 가능하다. 모든 사람들이 자신의 행동을 감시하고 있다고 생각하는 10대에게 부모나 교사로부터의 비판은 모욕감이 들게 할 수 있다.

두 번째 인지 왜곡은 **개인적 신화**(personal fable)이다. 10대는 다른 사람들이 자신을 관찰하며 생각한다고 확신하기 때문에 자신의 중요성을 과장하게 된다. 청소년들은 자신이 특별하고 독특하다고 느낀다. 많은 청소년은 자신이 다른 사람들이 이해할 수 없는 경험들, 자신들이 가장 영예로운 높은 수준에 있다거나 절망의 깊은 곳에 가라앉은 것으로 본다(Elkind, 1994). 한 10대는 자신의 일기장에 "우리 부모님의 삶은 너무 평범하고 진부해. 내 삶은 다를 거야. 나는 내 희망과 포부를 이루겠어."라고 적었다. 남자 친구가 자신의 애정에 반응하지 않아서 마음이 상한 다른 10대는 어머니가 위로하는 말에 대해, "엄마, 엄마는 사랑에 빠진다는 것이 어떤 건지 몰라요!"라며 저항했다.

비록 상상적 관중과 개인적 신화가 청소년기에 일반적이지만 이러한 자아의 왜곡된 시각은 Piaget가 제시한 것과 같이 자아중심성에서 비롯되는 것은 아니다. 오히려 그것은 부분적으로 조망 수용이 진전되어서 나타난 결과물이며, 그로 인해 10대들이 다른 사람들이 생각하는 것에 대해 더 관심을 가지게 만든다(Vartanian & Powlishta, 1996).

사실상 상상적 관중의 특정 부분은 긍정적이고 보호적인 기능을 할 수도 있다. 청소년에게 타인의 의견에 왜 걱정을 하는지 물어본 한 연구에서, 그들은 타인의 평가가 자아존중감, 또래 수용, 사회적 지지에 중요한 실제적 결과를 가지기 때문이라고 응답하였다(Bell & Bromnick, 2003). 다른 사람들이 자신의 외모와 행동에 관심을 가진다는 생각은 또한 정서적 가치가 있다. 이것은 부모로부터 독립하려고 애쓰고 독립된 자아감을 형성하기 위해 고군분투할 때 중요한 관계를 계속 유지하도록 해 준다(Vartanian, 1997).

초등학교 6학년에서 10학년 사이의 아동을 대상으로 개인적 신화에 대해 조사한 결과, 전능감(sense of omnipotence)은 자아존중감과 전반적인 긍정적 적응을 예측했다. 자기 자신을 유능하고 영향력 있는 사람으로 보는 것은 청소년들이 도전에 대처하는 것을 도와준다. 반면, 개인적 독특성에 대한 지각은 우울감 및 자살사고와 어느 정도 관련이 있었다(Aalsma, Lapsley, & Flannery, 2006). 개인의 고유한 경험이 가지는 특수성에 초점을 맞추는 것은 심리적으로 힘든 시기에 사회적 지지를 제공하는 친밀하고 가치 있는 관계 형성을 방해할 수 있다. 또한 개인적 신화는 감각 추구 성향과 결합했을 때 취약성에 대한 10대의 지각을 감소시킴으로써 청소년의 위험 부담의 원인이 되는 것으로 보인다(Alberts, Elkind, & Ginsberg, 2007). 높은 수준의 개인적 신화를 경험하면서 감각 추구에서도 높은 점수를 보인 젊은 사람들은 또래에 비해 더 큰 성적인 위험 부담을 감수하고, 보다 빈번하게 약물 사용 문제를 나타내며, 더 많은 문제행동을 일으키는 경향이 있다(Green et al., 2000).

이상주의 그리고 비판주의 추상적인 사고가 청소년으로 하여금 현실을 가능한 일로 만들 수 있도록 해 주기 때문에 추상적인 사고는 이상적이며 완벽한 세계를 열어 준다. 10대는 대안가족, 종교적, 정치적, 도덕적 체계를 상상할 수 있으며, 그것을 탐색하고 싶어 한다. 결과적으로, 그들은 편견과 차별이 없는 세계와 무색무취의 행동으로 완벽한 세계라는 광대한 비전을 구상한다. 10대의 이상적인 관점과 성인의 현실적인 시각의 차이는 부모와 자녀 간의 긴장을 유발한다. 자신의 부모와 형제들이 미치지 못한 완전한 가정에 대한 의식은 청소년을 까다로운 비판자로 만든다.

그러나 전체적으로 10대의 이상주의와 비판주의는 장점이 된다. 일단 청소년들은 다른 사람들이 장점과 단점을 동시에 가진다는 것을 알게 되면, 사회적 변화를 위해 더 노력하고 긍정적이고 지속적인 관계를 더 잘 형성할 수 있다(Elkind, 1994).

의사결정 청소년은 그들이 어렸을 때보다 더 효율적으로 인지적 과제를 다룬다. 그러나 뇌의 정서적·사회적 네트워크(network)에서 일어나는 변화가 전전두엽 피질의 인지적 통제망의 발달을 앞지른다고 했던 제5장의 내용을 떠올려 보라. 결과적으로 합리적인 사고를 위해 감정과 충동을 억제해야 하는 계획과 의사결정을 10대는 성인보다 못한다.

사진 속에 있는 한 10대가 으스대는 것은 자신감을 반영하고 이 아동은 자신에게 향하는 시선을 즐거워한다. 10대들이 자신을 매우 능력 있고 영향력이 있는 사람이라는 생각을 가지고 있는 동안, 개인적 신화는 청소년의 도전을 대처하도록 도울 수 있다.

훌륭한 의사결정은 다음과 같은 것을 포함한다. (1) 각 대안의 장점과 단점을 확인하기, (2) 여러 결과들의 가능성을 평가하기, (3) 목표가 충족되었는지 확인하기 위하여 자신의 선택을 평가하기, 만일 목표가 충족되지 않았다면, (4) 실수를 통해 배우고 미래에는 더 나은 결정 내리기. 연구자들이 카드 게임을 각각의 선택 후에 얻은 것과 잃은 것에 대한 즉각적인 피드백을 제공함으로써 강한 정서를 유발하도록 수정했을 때, 10대들은 훨씬 큰 위험을 감수한다는 점에서 20대 성인에 비해 더 비합리적으로 행동했다(Figner et al., 2009). 게임의 각 단계에서 피드백이 주어지지 않는 상태로 자신들이 할 것에 대해서만 지시를 받은 두 번째 조건에서는 의사결정의 질에 있어서 청소년과 성인이 차이를 나타내지 않았다. 추가적인 증거들은 성인에 비해 청소년들이 즉각적인 보상ㅡ위험 부담을 감수하려는 용의가 더 크고 잠재적인 손해를 덜 피하려는 경향ㅡ의 가능성에 더 크게 영향을 받는다는 사실을 확인해 준다(Cauffman et al., 2010; Ernst & Spear, 2009; Steinberg et al., 2009).

그럼에도 불구하고 다른 연구는 10대들이 침착하고 감정적이지 않은 상태에서도 의사결정을 할 때 성인에 비해 덜 유능하다고 지적한다(Huizenga, Crone, & Jansen, 2007). 한 연구에서, 참여자들에게 성형수술을 받을 것인지, 이혼 시에 어느 부모와 함께 살 것인지와 같은 현실에서 일어날 수 있는 가설적 딜레마가 주어지고 어떻게 결정할 것인지를 설명하도록 하였다. 성인은 청소년보다 의사결정을 하는 데 보다 우수하였다. 그들은 대안을 더 자주 고려하며 각각의 이득과 위험에 대해 경중을 구분할 줄 알고 특히 경험이 적은 분야(의학 결정과 같은)에서 의견을 구하였다(Halpern-Felsher & Cauffman, 2001).

게다가 의사결정에서 청소년은(마찬가지로 어려움을 겪는) 성인보다 더 자주 잘 학습된 직관적 판단에 의지한다(Jacobs & Klaczynski, 2002). 두 가지 주장에 근거하여, 전통적인 강의식 수업을 받는 것과 컴퓨터를 활용한 수업을 받는 것 사이에서 선택을 요구하는 가상의 문제를 생각해 보라. 한 가지 주장은 대규모 표본 정보를 포함한다. 학생 150명의 수업 평가에서 85%는 컴퓨터 수업을 원했다. 다른 주장은 소규모 표본의 개인적인 보고를 포함한다: 컴퓨터 수업을 싫어하고 전통적인 수업을 즐기는 두 우등생의 불만. 많은 청소년들은 대규모 표본의 주장을 선택하는 것이 '보다 영리하다'는 것을 알면서도, 그들이 일상생활에서 의지하는 비공식적인 의견과 유사한 소규모 표본의 주장에 근거하여 선택을 했다(Klaczynski, 2001).

요약하면, 좋은 의사결정이 '기분 좋은' 행동과 즉각적인 보상이 가진 매력을 억제하는 데 달려 있을 때, 뇌의 정서적 · 사회적 네트워크가 잘되는 경향이 있으며, 청소년은 성인에 비해 장기적인 목표보다는 단기적인 목표를 훨씬 더 강조하는 것 같다.

제5장에서 언급했듯이, 전전두엽의 인지적 조절체계에 의해 통제되는 처리기술은 20대 초반에 이르기까지 서서히 발달한다. 뇌발달의 다른 측면과 마찬가지로 인지적 조절체계는 경험으로부터 영향을 받는다(Kuhn, 2009). 다양한 상황에서 '초심자(first-timers)'로서의 청소년은 장단점을 고려하거나 발생 가능한 결과를 예측하기에 충분한 지식을 갖추고 있지 않다. 부정적인 결과가 동반되지 않은 위험한 행동에 연루되었던 10대들은 그런 행동을 시도하지 않았던 또래에 비해 위험행동의 이점을 보다 높게 평가하고, 그것의 위험성은 더 낮게 평가한다(Halpern-Felsher et al., 2004).

시간이 지남에 따라 청소년은 성공과 실패를 통해 배우게 되며, 의사결정에 영향을 미치는 여러 요소에서 정보를 모으고 그것을 의사결정 과정에 반영하게 된다(Byrnes, 2003; Reyna & Farley, 2006). 그러나 위험 부담에 연루되었으나 피해를 경험하지 않은 청소년은 해를 입지 않는다는 지각이 높아질 수 있기 때문에 그들의 의사결정이 향상될 때까지 위험 수준이 높은 경험으로부터 지도 감독과 보호가 필요하다.

Piaget와 교육

Piaget의 이론에서부터 나온 세 가지 교육적 원리들은 교사 훈련과 교실 실제에 지속적으로 상당한 영향을 미쳤으며, 특히 영유아기 동안 큰 영향을 미쳤다.

- 발견 학습. Piaget 이론을 적용하는 교실에서, 아동들은 환경과의 자발적인 상호작용을 통해 스스로 무엇인가를 발견하도록 고무된다. 기존 지식을 말로 제시하는 대신에, 교사들은 탐색과 발견을 이끌어 내도록 계획된 풍부하고 다양한 활동, 즉 미술, 퍼즐, 보드게임, 옷 입히기, 블록 쌓기, 책, 측정도구, 악기 등을 제공한다.
- 아동들의 학습 준비도에 대한 민감성. Piaget 이론을 적용하는 교실에서 교사는 아동의 현재 사고에 기반을 둔 활동들을 소개하고, 세상을 바라보는 그들의 잘못된 방법에 도전한다. 그러나 교사들은 아동들이 관심을 보이거나 준비된 모습을 보이기 전에는 새로운 기술을 부과하지 않음으로써 발달을 가속화하려고 노력하지 않는다.
- 개인차의 인정. Piaget의 이론은 모든 아동들이 속도의 차이는 있지만, 똑같은 순서를 통해 발달이 진행된다고 가정한다. 그러므로 교사들은 전체 학급을 위해서보다는 개인과 소그룹을 위한 활동을 계획해야 한다. 또한, 교사들은 아동 각각에 대하여 이전의 발달 수준과 비교하여 교육적인 진전 여부를 평가한다. 그들은 아동이 규준이나 또래의 평균 수행과 일치하는지에는 관심을 두지 않는다.

Piaget 이론의 교육적 적용에도 비판이 있다. 가장 큰 문제는 어린 아동이 주로 환경과의 상호작용을 통하여 배운다는 그의 주장과 언어적 지도와 교정적 피드백과 같은 다른 중요한 방법은 무시하였다는 것과 관계가 있다(Brainerd, 2003). 그럼에도 불구하고 Piaget가 교육에 끼친 영향은 대단하다. 그는 교사들에게 어린 아동의 발달을 관찰하고, 이해하고, 강화하는 새로운 방법들을 가르쳤고 교수와 학습에 대한 아동 중심적 접근을 위한 강력한 이론적 정당성을 제공하였다.

Piaget 이론의 전반적인 평가

Piaget가 아동발달 분야에 미친 공헌은 어떤 다른 이론가보다 크다. Piaget는 아동을 자신의 발달에 적극적으로 기여하는 호기심 많은 지식 추구자로 보는 관점을 심리학자들과 교육자들에게 인식시켰다. 더욱이, Piaget는 최초로 발달을 묘사하고 설명한 사람 중의 하나이다. 그의 선구자적인 노력으로 인하여 인지적 변화의 기제에 중점을 둔 개념이 널리 알려지게 되었다. 아동의 사고를 수정하도록 하는 생물학적·심리학적·환경적 요소는 제7장에서 설명할 것이다(McClelland & Siegler, 2001). 결국, Piaget의 이론은 어떤 측면에서는 오류가 있긴 하나 인지발달의 많은 측면에서 유용한 '길잡이'가 되었다. 그의 인지적 이정표들은 정서, 사회, 도덕성 발달을 이해하는 데 상당한 도움을 준다. 그럼에도 불구하고 Piaget 이론에 고취된 많은 연구들은 그의 이론의 단점을 밝혀내었다. 비평가들이 주장하는 두 가지 중요한 문제를 살펴보기로 하자.

인지적 변화에 대한 Piaget의 설명은 분명하고 정확한가

인지적 변화, 특히 평형화와 그것을 수반하는 적응과 조직화에 대한 Piaget의 설명에 관해 잠시 생각해 보자. Piaget 이론은 폭넓은 사고의 변화에 중점을 두었기 때문에 아동이 평형화를 하는 것이 무엇인지 분명치 않다. 각 단계의 구조들은 하나의 통일된 전체를 형성한다는 조직화에 대한 설명을 기억해 보자. Piaget 이론에 있어 각 단계의 다양한 성취가 하나의 중요한 사고형태에 의해 동시에 제한받는 것이 명료하지 않았다. 이러한 특성을 확인하려는 노력도 성공적이지 않았다. 다양한 과제에서 영아와 유아들은 Piaget가 가정했던 것보다 더 유능하고, 청소년과 성인들은 덜 유능한 것으로 보인다. 오늘날 연구자들은 아동들이 동화하고, 조절하고, 구조를 재조직하는 노력만 가지고 이러한 형태의 변화를 적절히 설명할 수 없다는 것에 동의한다.

더욱이, 영아들과 유아들이 자신들의 사고를 수정하기 위해서 환경에 행위를 가해야 한다는 Piaget의 믿음은 학습이 일어나는 방법을 설명하기에는 편협하다. 우리는 2~3개월 된 어린 아기도 인지 변화라는 주요 수단으로, 손동작과 일치하지 않은 결과인, 사물을 범주로 분류하고 감춰진 사물을 인식하는 것을 보아 왔다(Johnson, 2010). 그리고 언어적 설명을 포함하여 성인의 분명한 가르침이 없으면, 아동들은 효율적인 도식을 발달시키는 데 필요한 상황을 항상 알아차리지 못하거나 이해 못할 수 있다. 아동의 주도성에 대한 지나친 강조로 인하여 Piaget이론은 아동의 최적의 학습을 촉진하는 교수전략을 고안하는 데 실제적 중요성이 제한받아 왔다.

Piaget는 어린 아동들이 주로 환경에 행위를 가함으로써 학습하지만 성인의 교수 또한 중요하다는 것을 믿었다. 손으로 직접 해 보는 과학 수업에서 아동들은 지도를 하는 교사를 쳐다본다.

인지발달은 단계적으로 일어나는가

우리는 많은 인지적 변화가 천천히 그리고 서서히 진행되는 것을 보았다. 또한 인지적 평형화의 기간은 거의 존재하지 않는다. 대신에 아동들은 끊임없이 구조를 변경하고 새로운 기술을 습득한다. 오늘날 모든 전문가들은 Piaget가 믿었던 것보다 아동의 인지가 덜 단계적으로 진행된다는 것에 동의한다(Bjorklund, 2012). 게다가 현대의 연구자들은 보편적이거나 특정한 인지발달이 실질적으로 얼마나 일어나는지에 대해 의견이 일치하지 않는다.

어떤 이론가들은 발달을 물리적 · 수학적 · 사회적 지식의 다양한 인지 영역에 걸쳐 유사한 과정을 따르는 보편적인 과정이라는 Piaget의 주장에 동의하지만 단계의 존재는 인정하지 않는다. 대신에 사고과정이 정도의 차이는 있지만 모든 연령에 똑같다고 믿는다. 아동의 지식과 경험의 차이는 영역에 따라 고르지 않은 수행을 설명한다. 이러한 가정은 제7장에서 논의된 정보처리 관점의 기초를 만들어 낸다.

다른 연구자들은 단계 개념이 타당하지만 수정되어야만 한다고 생각한다. 그들은 2세경 표상의 번성과 청소년기의 추상적 · 조작적 사고를 향한 움직임과 같이 확실한 단계 변화에 대한 설득력 있는 증거를 지적한다. 그러나 그들은 많은 작은 발달이 그러한 변화에 이르게 한다는 것은 인정한다. 제7장에서 우리는 Piaget의 단계접근과 정보처리 견해를 결합시킨 신피아제 관점을 고찰할 것이다(Case, 1996, 1998; Halford, 2002; Halford & Andrews, 2006). 이에 따르면 Piaget의 단계에 대한 엄격한 정의는 관련된 능력들이 두뇌발달과 특별한 경험에 따라 장기에 걸쳐 발달하는, 다소 느슨하게 결합된 개념으로 수정되었다.

여전히 일부 사람들은 Piaget의 단계뿐만 아니라 인간의 정신은 어떤 인지적 과제에도 적용할 수 있는 일반적인 추론능력으로 구성되어 있다는 그의 믿음도 인정하지 않는다. 그들은 영아와 어린 아동들의 놀랄 만한 능력은 인지발달이 감각운동 반사보다 훨씬 더 많은 것을 가지고 시작한다는 사실을 시사하는 것이라고 주장한다. 즉 영아들은 몇 가지 기본적인 타고난 지식의 유형을 가지고 세상에 나오며 그 각각이 인지의 중요한 측면을 활성화시킨다고 본다.

Piaget의 유산

비록 발달에 대한 Piaget의 설명이 완전히 인정받지 못하였지만 Piaget의 이론을 수정하거나 대체하는 방법에 대한 합의가 이루어진 것은 아니다. 어떤 연구자들은 대안으로 제시된 것들 사이에서 접점을 찾기 시작했다. 또 다른 연구자들은 적극적인 존재로서의 아동을 강조하면서 아동의 생활 속에서 사물, 사건, 사람과 같은 환경의 역할을 같이 연결하여 생각하기도 한다. 예를 들면, Vygotsky 이론의 지지자들은 Piaget가 대부분 경시했던 아동의 사고에 영향을 미치는 사회문화적 영향을 열심히 연구하고 있다.

다양한 이론들과 연구 경향은 Piaget의 이론이 지배할 때인 수십 년 전보다 오늘날 훨씬 더 세분화하여 아동의 사고를 조사하게 한다. 그럼에도 불구하고 연구자들은 아동이 어떻게 새로운 능력을 획득하는지 이해하기 위하여 Piaget의 이론으로부터 계속 영감을 얻고 있다. Piaget의 연구결과는 사실상 인지발달에서 중요한 모든 연구 분야의 시작점을 제공해 왔다.

핵심지식 관점

핵심지식 관점(core knowledge perspective)에 따르면, 영아들은 사고의 핵심 영역(core domains of though)이라고 하는 **특정 목적 지식체계**(special-purpose knowledge systems)를 가지고 태어난다. 미리 내재된 이 이해력은 새롭고도 연관이 있는 정보를 파악하도록 해서 인지의 어떤 측면이 초기에 급속히 발달하도록 지원한다. 각 핵심 영역은 오랜 진화의 역사를 가지고 있으며 생존을 위해 필수적이다(Carey & Markman, 1999; Leslie, 2004; Spelke, 2004; Spelke & Kinzler, 2007). 핵심지식 이론가들은 영아들이 주변에 있는 정보의 중요한 면을 이해하기 위해 진화과정에서 유전적으로 '설정'되지 않고는 그렇게 광범위한 자극을 지각할 수 없다고 주장한다.

영아기에서는 두 개의 핵심 영역이 광범위하게 연구되어 왔다. 첫 번째는 물리적 지식, 특히 사물에 대한 이해와 사물들이 서로 간에 미치는 영향을 이해하는 능력이다. 두 번째는 수학적 지식으로 다양한 사물의 속성을 유지하는 능력과 작은 양을 더하고 빼는 능력이다. 물리적이고 수학적인 지식을 사용하여 우리 선조들은 자연환경으로부터 음식물과 자원들을 얻을 수 있었다.

핵심지식 관점은 유전적 기초가 유아기에 지식체계를 현저하게 진전시킨다고 주장한다. 제9장에서 취학전 아동들의 놀라운 언어기술에 대해 언어 지식이 인간의 두뇌 구조 안에 새겨져 있다고 보는 선천적 관점을 살펴볼 것이다. 영아들이 초기에 사람에게 지향하는 것은 자신의 행동에 영향을 미치는 정신상태(정서, 욕구, 믿음, 관점과 같은)를 가지는 대행자로서의 사람에 대한 이해인 심리학적 지식을 급속하게 발달시키는 기초를 제공하는 것이다. 이 심리학적 지식은 인간의 집단에서 살아남기 위해 중요하다. 또한 아동들은 성격의 유전성과 출생, 성장, 병, 죽음과 같은 신체과정에 대한 개념을 포함한 인상적인 **생물학적 지식**을 보여 준다.

핵심지식 이론가들은 발달을 일반적인 과정으로 간주하기보다는 각 핵심 영역의 독립적인 발달과 함께 **영역 특정적**(domain-specific)이고, 균등하지 않다고 본다. 처음의 지식은 선천적인 것으로 가정하지만 아동이 탐색하고, 놀이하고, 다른 사람과 상호작용함으로써 지식은 더 정교해진다 (Geary & Bjorklund, 2000; Leslie, 2004; Spelke & Kinzler, 2007). 아동들을 자신의 일상 경험을 물리적 · 심리적 · 생물학적 영역에서 설명하기 위해 핵심지식 개념에 의지하는 순진한 이론가로 본다. 사고의 핵심 영역의 존재를 알린 연구결과의 표본을 살펴보기로 하자.

영아기 : 물리적 및 수학적 지식

영아들은 어떤 지식을 내재하고 있기에 물리적이고 수학적인 이해를 어려서부터 할 수 있을까? 기대 위반 방법이 이 문제에 대한 답을 하기 위해 사용된다. 대상 영속성의 초기 인식에 대한 연구 외에, 핵심지식 이론가들은 어린 영아들이 기본적인 사물의 특성을 인식하며 일상 경험에서 관련된 결과에 노출됨으로써, 더 많은 세부적인 지식을 습득하여 이 지식을 빠르게 구축한다는 증거를 제시한다(Baillargeon, 2004; Baillargeon et al., 2009; Luo & Baillargeon, 2005).

예를 들면, 2개월 반 된 영아는 하나의 고형 물체가 또 다른 고형 물체를 통과할 수 없다고 인식하는 것 같다. 한 연구에서 어떤 영아들에게는 구멍이 있는 용기 안으로 물체가 내려가는 것을 보여 주었고, 다른 영아들에게는 구멍이 없는 용기 안으로 물체가 내려가는 것을 보여 주었다(그림 6.9 참조). 용기가 막혀 있는 것을 본 아기들이 더 오랫동안 대상을 응시하였는데, 이는 영아들이 이 불가능한 사건이 자신들이 알고 있는 물리적 사실의 개념을 위반하였다는 것을 알고 있음을 시사한다(Hespos & Baillargeon, 2001). 6개월 반이 되면 영아들은 적절한 크기의 물체가 통과하는 것을 볼 때보다는 구멍보다 더 큰 물체가 그 구멍을 통과하는 것을 볼 때 더 오랫동안 대상을 쳐다본다(Aguiar & Baillargeon, 2003). 7개월 반경에, 영아들은 용기 안에 끼워 넣기 적당한 높이의 물체를 쳐다볼 때보다 너무 커서 용기 안에 끼워 넣을 수 없는 물체가 용기 안으로 사라지는 것을 더 오랫동안 쳐다본다(Hespos & Baillargeon, 2001, 2006). 그리고 9개월 반이 되면, 영아들은 눈에 보이도록 투명한 용기 안에 들어간 물체가 용기를 통과할 거라고 예상한다(Baillargeon et al., 2009).

게다가 생후 6개월에 영아들은 객체지원(object support)의 기본적 원리에 대해 민감하다. 4개월 반 된 어린 아기들은 움직이는 물체가 지지대 없이 공중에서 멈추었을 때 더 열심히 쳐다본다(Needham & Baillargeon, 1993). 그리고 6개월 반 된 아기들의 주의집중은 증가하고 한 물체를 또 다른 물체의 윗부분에 놓되, 아직 그 물체의 표면 아랫부분이 아래쪽의 물체에 닿지 않고 있을 때—이 상태는 위에 있는 물체가 떨어지는 원인이 됨—영아들의 손 뻗기 행동은 감소한다(Baillargeon, 1994; Hespos & Baillargeon, 2008). 8개월쯤 되면, 영아들은 닿는 위치에 대해 민감하다. 아기들은 큰 직사각형 상자가 작은 정사각형 상자를 수평으로 받치고 있을 때, 큰 상자 중심에 작은 상자가 위에 있는 것이 충분히 지지받는다고 예상한다(Huettel & Needham, 2000).

또한 어떤 연구는 어린 영아들에게 기본적인 수 개념이 있다고 제시한다(Spelke, 2004; Spelke & Kinzler, 2007). 잘 알려진 한 연구는, 5개월 된 영아에게 스크린 뒤로 한 개의 동물 장난감을 숨기는 것을 보여 준 다음, 스크린 뒤로 똑같은 또 하나의 장난감을 숨기는 모습을 보여 주었다. 그다음에 한 개 혹은 두 개의 장난감이 보이도록 스크린을 치웠다.

그림 6.10과 같이, 영아들은 하나의 장난감만 보이는 불가능한 상황을 더 오랫동안 쳐다본다.

기대되는 결과 : 열린 용기 조건

기대하지 않은 결과 : 막힌 용기 조건

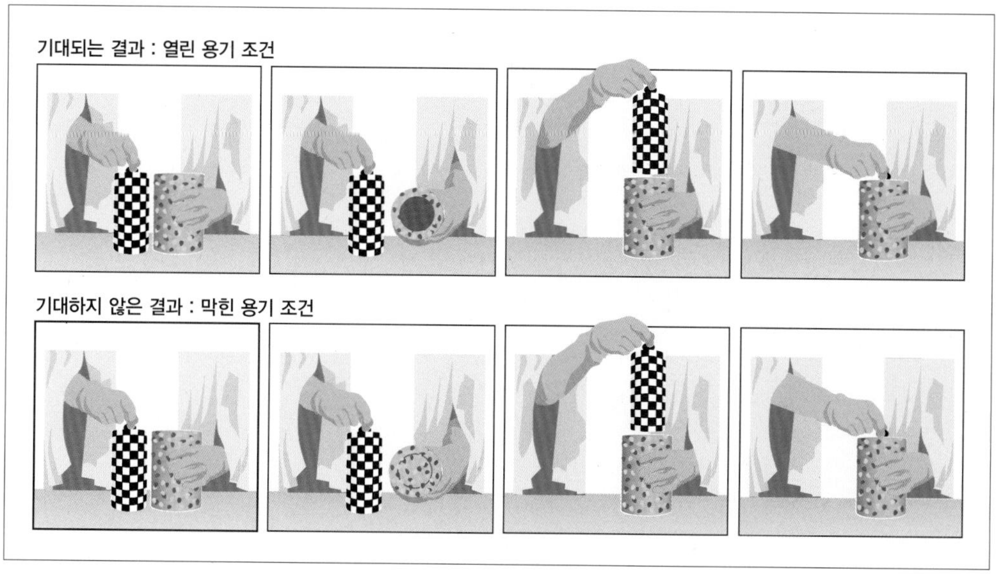

그림 6.9 기대위반 방식을 사용하여 영아가 고형 물체를 이해하는지를 검사하기

기대되는 결과(열린 용기 조건)에서 영아는 긴 물체와 긴 용기가 가까이에 있는 것을 보았다. 성인의 오른손은 물체의 꼭대기 부분을 잡고, 왼손은 용기를 기울여 영아가 그 용기가 열려 있음을 보게 한다. 몇 초 후 용기는 원래의 위치로 돌아가고 오른손이 물체를 들어서 용기 안에 집어넣는다. 마지막으로 손이 용기 밖으로 물체를 들어올렸다가 내려놓는다. 기대하지 못한 결과(막힌 용기 조건)에서 영아는 한 가지만 제외하고 같은 사건을 보았다. 그것은 용기의 위가 막혀 있어 용기 속으로 물체를 넣는 것이 불가능하다는 것이다(사실 용기는 속임수를 쓰고 있다. 물체의 바닥에 붙을 수 있는 자석 뚜껑으로 덮여 있어서 물체를 넣을 수 있다). 2개월 반 된 영아가 기대하지 못한 막힌 용기 조건을 더 오래 쳐다보았으며 이는 물체 고형적 특성을 인식하고 있음을 시사한다.

출처 : S. J. Hespos & R. Baillargeon, "Reasoning About Containment Events in Very Young Infants," *Cognition*, 78, p. 213. © Elsevier. Reprinted with permission.

만일 다른 오리가 추가되거나 아니면 한 오리를 치우면, 이 아기는 양이 변했다는 것을 알 수 있을까? 연구는 어린 영아가 3개까지는 양을 변별할 수 있고 단순한 덧셈과 뺄셈을 수행하는 데 그 지식을 사용할 수 있다는 것을 제시한다.

그리고 그들은 하나의 물체에 또 하나를 더하는 것을 요구하며, 두 개의 장난감이 보여야 함을 알려 준다. 이 과제를 이용한 부가적인 실험에서, 5개월 된 영아들은 두 개의 물체보다는 세 개의 물체를 더 오랫동안 쳐다보았다. 이 결과와 유사한 연구결과들은 영아들이 세 개까지 양을 식별하고 덧셈과 뺄셈의 간단한 연산(두 개의 물체는 스크린으로 덮고 한 물체만 제거하는 것)을 하는 데 그 지식을 사용함을 시사한다(Kobayashi et al., 2004; Kobayashi, Hiraki, & Hasegawa, 2005; Wynn, Bloom, & Chiang, 2002).

다른 연구는 6개월 된 영아가 두 세트 간에 항목의 차이가 아주 크다면 그 차이를 구별할 수 있다고 제시한다. 예를 들어, 영아들은 8개와 16개의 점 차이는 구별할 수 있으나, 6개와 12개의 차이는 분별하지 못한다(Lipton & Spelke, 2004; Xu, Spelke, & Goddard, 2005). 또한 6개월 된 영아는 비율을 구별할 수 있다. 예를 들어, 노란 팩맨(Pac-Men)당 파란 알갱이의 비율이 4:1(4 대 1)인 장면에서 2:1(2 대 1)인 장면을 구별할 수 있다(McCrink & Wynn, 2007). 그리고 그림 6.10의 실험과 같이, 9개월 된 영아는 항목들로 덧셈과 뺄셈 연산을 수행할 수 있다(McCrink & Wynn, 2004). 그 결과, 어떤 연구자들은 영아들이 작은 수의 변별 외에도 대략의 큰 수 값도 표상할 수 있다고 믿는다.

이러한 인상적인 결과들은 생후 1년에 양의 개념이 나타난다고 제시한다. 그러나 다른 기대위반 결과처럼 이에 대한 논쟁의 여지는 많다(Bremner, 2010). 비평가들은 이러한 결과가 수에 대한 민감성이라기보다는 대상 표시의 다른 측면 때문인지 의문을 제기한다(Cohen & Marks, 2002; Langer, Gillette, & Arriaga, 2003; Mix, Huttenlocher, & Levine, 2002; Wakeley, Rivera, & Langer, 2000).

14~16개월 전의 영아들은 작은 세트 간의 대소관계를 구별하는 데 어려움이 있다고 지적하는 다른 연구를 감안한다면 이 연구자들이 주장하는 영아들의 수 개념은 놀라운 것이다. 제7장에서 우리는 작은 항목들을 더하고 빼게 했을 때 유아들이 취학전 연령이 되어서야 비로소 정확하게 답한다는 것을 알게 될 것이다.

핵심지식 이론가들은 영아의 주시 행동들이 나이 든 아동의 언어적 · 운동적 행동보다 더 신뢰

그림 6.10 영아들의 기본적인 수 개념 테스트

(a) 먼저 영아들은 장난감 동물 앞에 올려진 스크린을 보았다. 그런 다음에 스크린 뒤로 동일한 장난감 한 개가 추가된다. 연구자들은 두 개의 결과를 제시하였다. (b) 기대되는 결과에서 두 개의 동물 장난감을 보여 주기 위해 스크린을 내렸다. (c) 기대하지 않은 결과에서 한 개의 동물 장난감을 보여 주기 위해 스크린을 내렸다. 기대하지 않은 결과를 본 5개월 된 영아들은 기대된 결과를 본 영아들보다 더 오랫동안 쳐다보았다. 연구자들은 영아들이 '한 개'와 '두 개'의 양을 변별할 수 있고 간단한 덧셈(1+1=2)을 하기 위해 그 지식을 사용한다고 결론 내렸다. 이 절차의 변형에서도 5개월 된 영아들이 간단한 뺄셈(2−1=1)을 할 수 있음을 시사한다.

출처 : K. Wynn, 1992, "Addition and Subtraction by Human Infants." Adapted with permission of Macmillan Publishers Ltd., *Nature*, 358, p. 749.

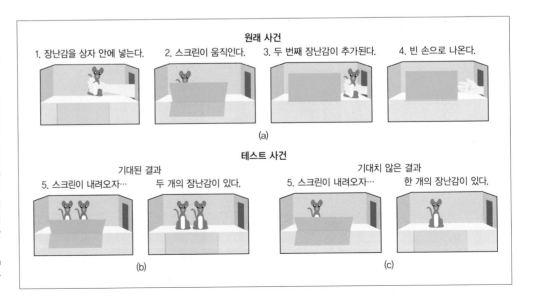

원래 사건

1. 장난감을 상자 안에 넣는다.
2. 스크린이 움직인다.
3. 두 번째 장난감이 추가된다.
4. 빈 손으로 나온다.

(a)

테스트 사건

기대된 결과
5. 스크린이 내려오자…   두 개의 장난감이 있다.

기대치 않은 결과
5. 스크린이 내려오자…   한 개의 장난감이 있다.

(b)   (c)

할 만한 척도일 수 있으며, 나이 든 아동들의 언어적 · 운동적 행동이 항상 그들의 진정한 능력을 보여 주는 것은 아니라고 한다(Wynn, 2002). 그리고 아기들은 단순한 연산 등식에 대해 정확한 답과 부정확한 정답을 보는 동안 측정한 ERP 뇌파 기록은 그들이 오류를 알아차릴 때 어른들이 보이는 패턴과 동일한 반응 패턴을 보인다(Berger, Tzur, & Posner, 2006).

마지막으로, 핵심지식 관점의 지지자들은 일상에서 언어적 계산 개념이 없는 브라질에서 외진 아마존 지역에 살고 있는 두 사람에 대한 연구를 언급한다: 자신의 언어에서 '2' 이상의 수 단어가 없는 Piraha와 '3'까지만 수 단어를 알고 있는 Munduruku. 이처럼 수학적 언어의 박탈에도 불구하고(사회적 의사소통을 통해 수에 대한 학습을 방해한), Piraha와 Munduruku 성인들은 영아들에게 나타난 결과와 유사한 초기 단계의 수 지식을 보여 준다. 그들은 3까지의 수학적 양은 정확하게 구별하고 비교할 수 있다(Gordon, 2004; Pica et al., 2004). 그럼에도 불구하고, 비평가들은 이러한 수학적 지식이 선천적으로 타고나기보다는 장기간에 걸쳐 구성되는 것이라고 주장한다.

순진한 이론가로서의 아동

많은 연구자들은 아동들이 핵심 영역들 사이에서 다른 사건들의 순진한 이론이나 설명을 구성한다고 믿는다. 이러한 **이론 이론**(theory theory, 이론가로서 아동들의 이론을 의미하는 것)에 의하면, 아동들은 사건을 관찰한 후, 사건의 원인을 설명하거나 이론화하기 위해 타고난 개념에 의지한다. 그런 다음에 아동들은 순진한 이론을 경험과 대조하여 검증하고, 순진한 이론이 새로운 정보를 적절히 설명하지 못할 경우에는 수정을 한다(Gelman, 2003; Gelman & Kalish, 2006; Gopnik & Nazzi, 2003). 이러한 수정은 개념과 설명의 복잡성이 극적이고, 질적으로 전환되는 단계와 같은 변화를 가져온다. 인지 변화에 대한 이러한 설명은 Piaget의 이론과 유사하더라도 이론 이론가들은 아동이 선천적 지식을 가지고 시작하기 때문에 원인과 결과에 대하여 정교하게 설명하는 아동의 추론은 Piaget가 제안하였던 것보다 더 빠른 시기에 발달한다고 주장한다.

가장 광범위하게 조사된 순진한 이론은 생후 첫 몇 년 동안 급속하게 형성되는 자아와 타인의 심리적 지식인 마음 이론이다. 이것은 제11장에서 살펴볼 것이다. 유아들은 또한 순진한 물리적 · 생물학적 이론을 가지고 있다. 어떤 연구에서 연구자들은 3세와 4세 된 유아들에게 심리적 · 물리적 혹은 생물학적 이유를 가진 사건들을 설명하도록 하였다. 유아들은 각 사건을 그것의 핵심 영역과 일치되는 방식으로 추론하였다. 예를 들면, 시리얼에 우유 대신 오렌지 주스를 붓는 유아에 대해서는 대체로 심리적 원인을 들었다('그 남자 아이는 그것을 우유라고 생각하였다'). 의자에서 뛰어 내려 공중에 뜨려고 시도하지만 떨어진 남자 아이에게는 주로 물리적 원인을 제시했다('그 남자 아이는 너무 무거워서 뜰 수가 없었다'). 나뭇가지를 끊임없이 걸어 놓으려고 애쓰지만 놓친 여자 아이는 생물학적 원인으로 받아들이는 경향이 있었다('그 여자 아이는 팔을 다쳤다'). 또한 일상의 대화에서 취학전 아동들이 대부분 제시하는 설명은 심리적 · 물리적 혹은 생물학적이며 이것은 인간, 동물, 사물의 행동과 적절하게 관련이 있다(Hickling & Wellman, 2001; Wellman, Hickling, & Schultz, 1997).

어린 아동들이 놀랄 만한 이론가이긴 하지만 다른 영역에서의 추론은 상이한 비율로 발달한다. 물리적이고 심리적인 설명은 2세 때에 우세한데, 아마도 이러한 이해가 영아기부터 시작되기 때문일 것이다. 생물학적 설명은 연령과 함께 증가한다. 생물학적 과정을 이해하는 것은 어렵기 때문에, 어린 취학전 아동들은 종종 생물학적 사건을 심리적 개념으로 설명한다(Carey, 1995, 1999; Inagaki & Hatano, 2002). 예를 들면, 3세 유아들에게 통증이 없어지는 것과 심장박동이 멈추는 것을 구별할 수 있는지를 물어보았을 때, 많은 3세 유아들은 '예'라고 말한다.

대조적으로, 4세 유아는 자신들이 생물학적인 과정을 조절할 수 없음을 알고 있다(Inagaki, 1997). 6세 때 아동들은 생물학적 과정을 설명한다. 특히 인간이 성장하고 활동을 활기차게 하고,

유아들의 생물학적 추론은 천천히 발달되는데, 이는 단지 타고난 기초가 약하다는 것뿐 임을 시사하는 것이다. 6세에 아동들은 이 병아리가 알에서 부화되고 음식과 물에 의해 활성화된 생명력을 통해 성장한다는 것과 같은 생물학적 과정을 이해한다.

병을 예방할 수 있도록 하는 음식물과 물로부터 얻는 '생명력'에 관하여 이해한다. 유아들에게 만약 음식을 매우 조금 먹으면 무슨 일이 일어날지 물어보았을 때, 그들은 "음식을 먹지 않으면 힘을 잃게 되고 죽는다."라고 말하는 경향이 있다(Inagaki & Hatano, 2004, p. 359). 그럼에도 불구하고 생물학적 사건을 심리학적 개념으로 설명하는 것은 학령기 초기까지 지속된다.

생물학적 지식은 다양한 문화에서 온 아동의 경우 늦게 나타나는데 이는 다른 핵심 영역과는 달리 어떤 부모가 낳은 아동이 다른 부모에 의해 양육된 이야기를 했을 때, 북미와 유럽 아동은 5~7세가 되어서야 비로소 유전된 생물학적 지식을 보이며, 입양 아동의 신체적 특성(머리 형태와 피부색과 같은)은 친부모를 닮을 것이고 신념과 기술은 입양 부모를 닮을 것이라고 일관되게 예측한다(Gimenez & Harris, 2002; Solomon et al., 1996; Weissman & Kalish, 1999).

어떤 비서구 부족사회에서는 인간의 성격에 미치는 생물학적 영향과 사회학습 영향 간의 차이를 청년기 혹은 성인기가 될 때까지 획득하지 못한다(Bloch, Solomon, & Carey, 2001; Mahalingham, 1999). 예를 들면, 아프리카 동남부에 위치한 마다가스카르의 Vezo 사람들은 아동들이 생물학적·유전적 성질을 이해하기 어렵게 만드는 어떤 민속 신앙을 가지고 있다. Vezo 사람들은 임산부가 어떤 사람에 관해 많은 생각을 하게 되면 아기가 그 사람을 닮는다고 말한다. Vezo 아동들은 학교에 가지 않기 때문에 그러한 민속 신앙을 부정하는 생물학 수업을 접하지 못한다(Astuti, Solomon, & Carey, 2004). 대신에 그들은 아동과 그들의 생물학적 부모가 서로서로 신체적으로 닮는다는 사실을 알아차려야 하고 서서히 이해해야 한다. 이것은 14세에서 20세가 될 때까지 습득되지 않는 어려운 과제이다.

핵심지식 관점의 평가

핵심지식 이론가들은 어떤 인지적 기술이 일찍 나타나고 급속하게 발달하는 이유에 대해 매력적인 진화론적 설명을 제공한다. 핵심지식 이론가들은 다른 관점보다 더 진지하게 '무엇이 학습을 시작하도록 하는가?'라는 문제를 다루었다. 그 결과, 영아들과 어린 아동들의 사고에 대한 우리의 이해를 넓혀 주었다.

그럼에도 불구하고 비평가들은 기대위반 방식 증거에 기초해서 영아들의 지식이 타고난다는 핵심지식 가정에 이의를 제기한다(Bremner, 2010). 타고난 핵심지식에 대한 명백한 증거는 학습하는 어떤 관련된 기회가 없을 때에도—출생 시 혹은 출생 가까이에—모든 핵심 영역에서 증명되어야 함을 요구한다(Johnson, 2010). 아기들이 다양한 유형의 지식을 빠르게 발견하기 위해 강력하고 일반적인 학습전략과 결합하여 영역의 특정한 이해나 최소한 지각적 편견을 가지고 출발한다는 점에 대해 최근에 뜨겁게 논쟁이 계속된다.

핵심지식 관점이 타고난 자질을 강조하기는 하나, 아동이 이러한 초기 지식을 정교화하는 데 경험이 중요하다는 것을 인정한다. 그러나 지금까지 핵심지식 관점은 생물학과 환경이 공동으로 어떻게 인지적 변화를 이루어 내는지에 대해 Piaget 이론보다 더 명확하게 설명하지 못하였다. 예를 들면, 핵심지식 관점은 아동이 자신의 선천적인 구조를 수정하기 위하여 무엇을 하는지 설명하지 않는다. 그리고 각 영역에서 어느 경험이 가장 중요하고 그러한 경험들이 아동들의 사고를 어떻게 향상시키는지에 대해 거의 언급하지 않는다.

결국, 핵심지식 관점은 Piaget 이론과 같이 아동이 독립적으로 더 적절한 구조를 형성한다는 견해를 공유한다. 핵심지식 관점은 다음 장에서 배울 Vygotsky 이론의 독특한 강점인 "아동은 다른

사람들과 상호작용을 통해 학습한다."에는 관심이 거의 없다. 이러한 제한점에도 불구하고, 핵심
이론 연구의 독창적 연구들과 논쟁의 여지가 있는 결과들은 인간의 인지에 대한 출발점을 구체적으
로 설명하고 출발점 위에 만들어지는 변화를 주의 깊게 추적하면서 이 분야의 관심을 북돋우었다.

Vygotsky의 사회문화적 이론

Piaget의 이론과 핵심지식 관점은 인지발달의 생물학적 측면을 강조한다. 두 이론은 인지의 가
장 중요한 근원을 아동에게 둔다. 아동은 바쁘고 자기 동기화된 탐색가이며, 주변 세계에 대한 개
념을 형성하고 검증한다. Lev Vygotsky 역시 아동을 적극적인 지식 추구자라고 믿었으나 풍부한
사회적, 문화적 맥락이 아동의 사고에 크게 영향을 미친다고 강조하였다.

Vygotsky 인생에서 초기 사건은 선천적으로 사회와 언어에 기반을 둔 인간의 인지에 대한 그의
시각에 영향을 미쳤다. Vygotsky는 대학을 다닐 때 언어영역, 특히 문학에 흥미를 가졌다. 대학을
졸업한 후에 Vygotsky는 처음에 교사가 되었으나 나중에 심리학으로 전환하였다. Vygotsky가 37세
에 결핵으로 죽었기 때문에 그의 이론은 Piaget의 이론만큼 완전하지 못하다. 그럼에도 불구하고
아동발달 분야에서는 Vygotsky의 사회문화적 관점에 상당한 관심이 있었다. Vygotsky의 이론이 매
력이 있었던 주된 이유는 사고가 사회적으로 형성된다는 견해를 지지한 반면, 발달하는 아동의 개
인주의적 관점을 거부한 데 있다(Bakhurst, 2007; Tudge & Scrimsher, 2003).

Vygotsky에 의하면 영아들은 다른 동물과 공유하는 기본적인 감각, 주의집중, 기억능력을 가지
고 태어난다고 하였다. 이것은 환경과 직접적인 접촉을 통하여 생후 첫 2년 동안 발달하고 그다음
에는 언어의 급속한 성장이 사고의 큰 변화를 가져온다. 사고는 유아에게 문화적으로 중요한 과업
을 숙달하도록 격려해 주는 유능한 사람과 사회적인 대화를 하게 되면 더 확장된다. 곧 어린 아동
은 자신이 다른 사람과 대화하는 것과 같은 방식으로 대화하기 시작한다. 그 결과, 기본적인 정신
능력은 유일한 인간의 고등 인지과정으로 변형된다.

아동의 혼잣말

유아들을 관찰해 보면 놀이를 하고 환경을 탐색하는 동안 자신에게 큰 소리로 말하는 것을 자주 볼
수 있을 것이다. 예를 들어, 4세 유아가 어느 날 유치원에서 퍼즐을 하고 있는데 "빨간 조각은 어디
에 있지? 나는 빨간 조각이 필요해. 이건 파랑이야, 이건 맞지 않아. 여기에 끼워 보자."라고 말하
는 것을 들었다고 하자.

Piaget(1923/1926)는 이러한 말을 자아중심적 언어라고 불렀는데, 이는 어린 아동이 다른 사람의
관점을 이해하기 어렵다는 Piaget의 생각을 반영한다. 이러한 이유로 Piaget는 아동의 말을 종종 '자
기에 대한 말'이라고 하였다. 이것은 듣는 사람이 이해하는 것과는 상관없이 아동들은 우연히 일어
나는 것을 어떻게 구성하든지 간에 생각을 밖으로 내보낸다는 점에서 그렇게 말하였다.

Piaget는 인지발달과 특정 사회적 경험은 결국 자아중심적인 언어에서 벗어나게 해 준다고 믿
었다. 또래와의 의견을 교환하는 과정에서 아동들은 다른 사람들이 자신과는 다른 견해를 가진
다는 것을 반복적으로 보게 된다. 그 결과, 자아중심적 언어는 감소하고 듣는 사람 편에서 말하
는 것에 적응하는 사회적 언어로 대체된다.

Vygotsky(1934/1986)는 Piaget의 결론을 강하게 반대하였다. 언어는 아동들의 정신적 활동과 행
동에 대해 생각하고 행위의 과정을 선택하는 데 도움을 주기 때문에 Vygotsky는 자신에게 말하는
것을 조절된 주의집중, 정교한 기억, 회상, 분류, 계획, 문제해결, 추상적인 추론, 자기반영의 모든
고등 인지과정에 대한 기초로 보았다. Vygotsky는 아동들이 자기지도(self-guidance)를 위해 스스

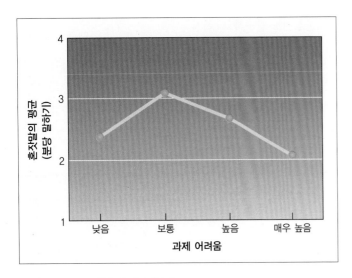

그림 6.11   5~6세 유아 사이에서 혼잣말과 과제 어려움과의 관계
연구자들은 문제해결 과제의 난이도를 높였다. 과제가 다소 어려워지자 혼잣말이 증가하였다. 그다음에 과제가 아주 어려워지자 혼잣말은 줄어들었다. 아동들은 과제가 근접발달지대나 숙달 범위에 있을 때 자기지도를 위해 혼잣말을 더 사용하는 경향이 있다.

출처 : Fernyhough & Fradley, 2005.

로에게 말한다고 추론하였다. 아동들이 연령이 많아지고 더 쉽게 과제를 찾게 됨에 따라, 자기지향적 언어는 일상적인 상황에서 생각하고 행동하는 동안 우리가 스스로에게 계속하는 언어적 대화인 조용하고 내적인 언어로 내면화된다.

지난 30년 동안 거의 모든 연구들은 Vygotsky의 관점을 지지해 왔다(Berk & Harris 2003 ; Winsler, 2009). 그 결과 아동들의 자기 지향적인 언어들을 자기중심적인 언어 대신에 **혼잣말**(private speech)이라고 부른다. 과제가 적절하게 도전을 요구할 때(너무 쉽거나 어렵지 않음), 실수를 한 후에, 혹은 어떻게 진행해야 하는지 혼돈스러울 때 아동들은 혼잣말을 더 많이 사용한다. 그림 6.11은 연구자들이 문제해결 과제를 약간 어렵게 만들었을 때 4세와 5세 유아들의 혼잣말이 어떻게 증가하였는지, 그다음에 과제가 매우 어려워짐에 따라 감소하였는지를 보여 준다(Fernyhough & Fradley, 2005). 또한 Vygotsky가 예측하였듯이, 혼잣말은 연령이 증가함에 따라 없어지는데, 이것은 속삭임과 조용한 입술 움직임으로 변한다. 게다가 도전 과제를 하는 동안 자신을 이끄는 혼잣말을 자유롭게 사용하는 아동들은 덜 수다스러운 또래들보다 주의집중과 몰두를 더 잘하고 더 우수한 과제 수행을 보여 준다(Al-Namlah, Fernyhough, & Meins, 2006; Lidstone, Meins, & Fernyhough, 2010; Winsler, Naglieri, & Manfra, 2006).

마지막으로 또래들과 비교하였을 때 학습과 행동에 문제가 있는 아동들은 발달과정에서 장기간에 걸쳐 혼잣말을 하는 비중이 더 높다(Berk, 2001b; Ostad & Sorensen, 2007; Paladino, 2006; Winsler et al., 2007). 아이들은 그들에게 많은 과제를 더 어렵게 만드는 주의집중과 인지처리에서의 결함을 보상하기 위해 혼잣말을 사용하는 것으로 보인다.

인지발달의 사회적 기원

혼잣말은 어디에서 오는 것일까? Vygotsky(1930~1935/1978)는 아동들의 학습은 근접발달지대 내에서 일어난다고 믿었다. **근접발달지대**(zone of proximal development)는 아동 혼자서 하기에는 어렵지만 성인이나 더 유능한 또래들의 도움으로는 가능한 과제의 범위를 말한다. 3세인 새미와 어려운 퍼즐을 맞추도록 도와주는 엄마의 공동활동을 살펴보기로 하자.

새미 : 나는 이 퍼즐을 안에다 넣을 수 없어. [퍼즐을 틀린 곳에 끼우려고 한다.]
엄마 : 어느 조각이 여기에 맞을까? [퍼즐의 밑부분을 가리킨다.]
새미 : 신발! [피에로의 신발과 유사한 퍼즐조각을 쳐다보지만 틀린 것을 시도한다.]
엄마 : 글쎄, 이 모양과 비슷한 것은 어느 조각일까?[퍼즐의 밑부분을 다시 가리킨다.]
새미 : 갈색이요. [그것을 맞추어 본다. 그 조각이 꼭 맞는다. 그다음에 다른 조각을 시도하고 엄마를 바라본다.]
엄마 : 그것을 약간 돌려 볼까? [새미에게 손짓으로 보여 준다.]
새미 : 맞았다! [엄마가 보는 동안 퍼즐 몇 조각을 끼워 넣는다.]

새미의 엄마는 새미가 다룰 수 있을 만큼의 난이도 수준에서, 질문을 하며 격려하고 전략을 제시함으로써 새미의 근접발달지대 안에서 퍼즐을 계속하도록 한다.

인지발달을 촉진하기 위하여 사회적 상호작용은 어떤 특징을 지녀야 한다. 첫 번째는 어떤 과제를 시작할 때는 서로 다르게 이해하고 있던 두 사람이 공유된 이해에 도달하는 과정인 **상호주관성**(intersubjectivity)이다(Newson & Newson, 1975). 상호주관성은 의사소통을 위한 공통의 근거를 만들어 주는데, 각 파트너는 다른 사람의 관점에 맞춘다. 아동이 이해하는 방식으로 성인들은 자신의 통찰력을 해석해 줌으로써 아동의 이해를 증진시키려고 노력한다. 아동이 그 성인을 더 잘 이해하게 됨에 따라 그 상황을 더 성숙된 접근으로 받아들인다.

상호주관성에 대한 능력은 일찍이 부모와 영아들이 서로 응시하면서 음성과 정서적인 신호를 교환하고 모방할 때, 사물을 가지고 함께 놀이할 때, 그리고 다른 사람의 의도를 추론하는 영아의 능력에서 존재한다(Csibra, 2010; Feldman, 2007c). 나중에는 언어가 상호주관성을 촉진시킨다. 대화기술이 향상되면 유아들은 점차 이익이 된다고 확신하는 사람의 도움을 찾고 도움을 요청한다. 3~5세 사이의 유아들은 또래들의 메시지를 확인하며 새로운 생각을 추가하고 진행되는 놀이가 상호주관성을 지속하는 데 기여할 때와 같이, 또래와의 대화에서 상호주관성을 얻으려고 노력한다. "나는 이 방법이라고 생각하는데 너는 어떠니?"라고 말하는 것을 들을 수 있는데, 이것은 자진해서 관점을 공유하려는 증거이다(Berk, 2001a). 이와 같은 방식으로 아동들은 서로에 대한 근접발달지대를 만들어 가기 시작한다.

사회적 상호작용의 두 번째 중요한 특징은 아동의 현재 수행 수준을 맞추기 위해서 교수를 하는 동안 제공되는 지원을 조정하는 **비계**(scaffolding)이다. 아동이 어떻게 해야 할지 잘 알지 못할 때 성인은 그 아동이 과제를 다룰 수 있는 단위로 쪼개거나 전략을 제시하고 그것들을 사용하기 위한 당위성을 제공하는 등의 직접적인 교수법을 사용한다. 아동의 능력이 향상되면 새미의 엄마처럼 효율적으로 비계해 주는 사람은 점차적으로, 그리고 민감하게 도와주는 일을 그만두고 아동에게 책임을 맡긴다. 그러면 아동은 이와 같은 대화의 언어를 취하고, 그것은 혼잣말의 일부가 되며 자신의 독립적인 노력을 조직하기 위하여 이 언어를 사용한다.

혼잣말은 이 유아가 한 움큼의 비누거품에서의 가능한 일을 탐색하도록 도와준다. Vygotsky가 이론화하였듯이, 아동들은 자신의 생각이나 행동의 방향을 안내하기 위해 자기지시적인 언어를 사용한다.

비계는 아동들이 학교에서나 혹은 퍼즐, 모형구성, 그림 짝짓기, (후에) 학문적인 숙제와 같은 학업과제를 수행할 때 일어나는 교수 상호작용의 형태를 포착한다. 이것은 인지발달에 중요한 다른 맥락, 가령 성인들이 계획적인 교수 없이 아동들의 노력을 주로 지원하는 놀이나 일상적인 활동에는 적용되지 않을 수 있다. 아동들이 다른 사람의 참여를 통하여 배우는 다양한 기회들을 아우르기 위하여 Babara Rogoff(1998, 2003)는 **인도된 참여**(guided participation)라는 용어를 제시한다. 이것은 의사소통이라는 정확한 특징을 명시하지 않고 능숙하거나 덜 능숙한 참여자 간에 공유된 노력을 의미하는 비계보다 더 넓은 개념이다. 따라서 이것은 상황과 문화에 따라 차이가 있다.

인지발달의 사회적 기원에 대한 Vygotsky의 생각을 지지하는 증거는 무엇일까? 많은 연구들은 성인이 자극을 주고 반응해 주고 지지해 줌으로써 상호주관성을 형성할 때 주의집중, 언어, 복잡한 놀이, 다른 관점의 이해 등과 같은 많은 능력이 촉진된다고 지적한다(Bornstein et al., 1992; Charman et al., 2001; Morales et al., 2000). 게다가 부모가 효율적인 비계 설정자인 자녀들은 더 많은 혼잣말을 사용하고, 그들 스스로 어려운 과제를 시도할 때 더 성공적이고 전반적인 인지발달이 더 앞서간다(Berk & Spuhl, 1995; Conner & Cross, 2003; Mulvaney et al., 2006). 백인 부모와 그들의 자녀 사이에서 소규모의 단계로 가르치고 전략을 제시하는 등의 성인들의 인지적 지원은 아동들의 성숙한 사고와 학업적 역량을 예측해 준다(Stright et al., 2001). 또한 격려해 주고 아동에게 책임을 전이시키는 성인의 정서적인 지원은 아동들의 노력을 예측한다(Neitzel & Stright, 2003).

그럼에도 불구하고 효과적인 비계는 문화권마다 형태가 다양하다. 동아시아에서 미국으로 이민을 온 Hmong 가족의 조사에서, 부모의 인지적 지원은 아동들의 추론기술의 증가와 관련이 있었다. 그러나 자녀들에게 과제에 접근하는 방식을 생각하도록 격려함으로써 독립심을 강조한 미국

한 아버지가 주먹밥을 준비하는 과업을 다루기 쉬운 분량으로 부숴 주며 전략을 제시하고 점차적으로 아동에게 책임을 넘기는 등의 비계를 한다.

백인 부모들과는 달리, 상호관계와 복종을 중요하게 생각하는 Hmong 부모들은 자주 자녀들에게 무엇을 하도록 말한다(가령, "이 블록을 여기에 두고, 이 블록은 그것 위에 두렴.")(Stright, Herr, & Neitzel, 2009). 백인 아동들 사이에서 그러한 지시적인 비계설정은 자기조절 부족 및 문제행동과 연관이 있었다(Neitzel & Stright, 2003). 그러나 Hmong 자녀들 사이에서는 규칙을 따르고, 정리를 잘하고 과제를 마무리하는 등의 좋은 유치원 적응을 예측하였다.

가장놀이에 대한 Vygotsky의 견해

인지발달에서 사회적 경험과 언어의 역할을 강조하는 것과 같이 Vygotsky(1933/1978)는 가장놀이를 매우 다양한 도전적인 기술을 시도하여 아동 스스로 향상이 되는 독특하고 영향력 있는 근접발달지대로 간주하였다. Vygotsky 이론에서 가장은 유아기 발달의 주요한 원천이며 두 가지 방식으로 발달을 진전시킨다.

첫째, 아동들이 상상적인 상황을 만들 때, 그들은 외적인 자극에 대한 반응이 아니라 내적인 생각과 일치하여 행동하는 것을 배운다. 아동의 사물대체는 이 과정에서 중요하다. '~인 척하는' 동안 아동들은 다른 대상을 상징하기 위하여 한 대상을 지속적으로 사용한다. 막대기가 말을 대신하고 둘둘 말은 담요가 잠자는 아기를 대신하도록 하는 것과 같이 아동들은 사물의 일반적인 의미를 바꾼다. 점차적으로 아동들은 생각(혹은 단어의 의미)이 대상과는 별도이고 생각이 행동을 안내하기 위하여 사용될 수 있다는 것을 깨닫는다.

가장의 두 번째 특징, 즉 가장의 규칙에 근거한 특성은 아동들이 행동하기 전에 생각하는 능력을 강화시킨다. Vygotsky가 지적하였듯이, 아동들이 놀이장면의 규칙을 따라야 하기 때문에 자신들의 충동에 반대되는 행동을 하도록 가장놀이는 계속해서 요구한다. 가령, 잠자러 가는 척하는 아동은 잠자는 행동의 규칙을 따른다. 자신이 아버지이고 인형을 자신의 자녀로 상상하는 아동은 부모의 행동 규칙을 준수한다(Bodrova & Leong, 2007). 아동들이 가장(make-believe)에서 규칙을 연기하기 때문에 이들은 사회적인 규범과 기대를 더 잘 이해하게 되고 이것들을 따르려고 노력한다.

많은 증거들이 가장놀이가 많은 능력을 나타나게 하고 그것을 정교화시켜 근접발달지대로서 기여한다는 Vygotsky의 결론을 지지해 준다. 가장이 다양한 인지와 사회적 기술을 증진시킨다는 증거를 살펴보기 위하여 제6장을 다시 읽어 보기 바란다. 또한 가장놀이에는 혼잣말이 풍부하다. 이것은 아동들이 생각의 통제하에 행동으로 옮기는 데 그것의 역할을 지원해 준다는 결과이다(Krafft & Berk, 1998). 그리고 사회극 놀이에 더 많은 시간을 보낸 유아들이 교실 규칙을 준수하고 자신의 감정과 행동을 조절하는 데 더 우수하다(Berk, Mann, & Ogan, 2006; Lemche et al., 2003).

마지막으로 Vygotsky는 가장은 2세 때 자발적으로 일어난다는 Piaget의 견해에 대해 이의를 제기하였다. 다른 고등 인지적 과정과 마찬가지로 유아기 시기의 정교한 가장은 사회적 기원이 있다고 주장하였다.

Vygotsky와 교육

Vygotsky는 사회적 맥락과 협동의 중요성을 강조하는 새로운 교수와 학습을 제시한다. Piaget 이론의 교실과 같이 Vygotsky 이론의 교실은 개인차를 인정하고 아동들의 적극적인 참여를 위한 기회를 제공한다. 그러나 Vygotsky 이론의 교실은 독립적인 발견 이상으로 진전된다. 이것은 지원받은 발견(assisted discovery)을 촉진한다. 교사들의 개입을 각 아동의 근접발달지대로 맞추면서 아동들의 학습을 촉진한다. 지원받은 발견은 또한 **또래협동**에 의해 촉진된다. 다양한 능력을 가진 아동들이 집단으로 활동하며 서로를 가르치고 도와준다.

유아기 동안 Vygotsky의 교육적인 메시지는 아동의 근접발달지대 내에서 사회적으로 의미 있는 활동과 가장놀이의 기회를 풍부하게 제공하는 것이다. 이것은 후에 학문적인 학습을 위해 요구되는 자기훈련(self-discipline)을 촉진하는 궁극적인 수단이 된다. 일단 형식적 학업이 시작되면, Vygotsky는 문해활동을 강조하였다(Scrimsher & Tudge, 2003). 아동들이 문학, 수학, 과학, 사회에 관해 이야기를 할 때, 교사들은 정보를 주고 잘못된 것을 지적해 주고 그들에게 설명하도록 요구한다. 결과적으로 아동들은 자신의 사고과정을 곰곰이 생각해 보고, 사회적으로 유용한 방식으로 개념을 상징하는 방법을 생각하는 더 높은 수준의 인지활동으로 진전된다. 점차적으로 아동들은 그들 문화의 상징체계를 조작하고 조절하는 데 더 능숙해진다. 이제 Vygotsky에 근거를 둔 두 개의 교육적 혁신을 살펴보기로 하자. 이 각각은 지원적인 발견과 또래협동을 포함한다.

상호교수

원래 학업성취가 떨어지는 학생들의 읽기 이해력을 증진시키기 위해서 고안된 이 교수법은 다른 주제로 확대되고 있고 모든 학령기 아동에게 적용되고 있다. **상호교수**(recipriocal teaching)에서 교사와 2~4명 학생은 협력집단을 만든 후, 서로 돌아가면서 교재에서 발췌한 문장의 내용에 대한 의견교환을 주도하는 역할을 한다. 이때 의견교환을 통해 구성원들은 질문, 요약, 명확화, 그리고 예측이라는 네 개의 인지적 전략을 이용한다.

리더(처음에는 교사, 나중에는 학생)는 교재에서 발췌한 내용에 대하여 질문을 하는 것으로 시작한다. 학생들은 답변을 하며 부가적인 질문을 하고 일치하지 않을 경우 교재를 다시 읽는다. 다음에 리더는 발췌된 내용을 요약하고 아동들은 그 요약에 대해 논의하고 잘 모르는 것을 명확히 한다. 마지막으로 리더는 발췌된 문장에 있는 단서를 근거로 하여 학생들이 앞으로 나올 내용을 예측할 수 있도록 도와준다.

상호교수를 받은 초등학교와 중학교 학생들은 다른 방식으로 배웠던 통제집단에 비해 읽기 이해력이 상당히 발전하였다(Rosenshine & Meister, 1994; Sporer, Brunstein, & Kieschke, 2009; Takala, 2006). 상호교수가 근접발달지대를 어떻게 만들어 가는지 주목해 보자. 어떤 의미에서, 근접발달지대는 아동이 서서히 서로에게 비계를 설정하는 것을 배우고, 교재를 이해하기 위해 더 많은 책임을 맡는 것이다. 다른 사람과 협동하면서 아동들은 높은 수준의 사고에 대한 집단 기대를 만들고 학습과 일상생활에서 성공을 위해 중요한 기술을 습득하게 된다.

협력학습

상호교수가 또래들의 협력을 이용하기는 하지만 이 방법의 성공을 위해서는 교사의 도움과 지도가 필요하다. Vygotsky에 의하면, 유능한 아동이 덜 성숙한 아동의 근접발달지대에 맞추어 도움을 줄 수 있으면 아동들의 발달을 자극할 수 있다고 한다. Piaget 역시 또래 상호작용은 인지 변화에 기여할 수 있다고 생각하였다. 그는 아동이 다른 친구의 관점을 알아차리는 과정에서의 논쟁인 또래 충돌관점(의견 불일치)은 논리적 사고를 촉진하기 위해 또래 간 상호작용에 필요하다고 주장했다(Tudge & Winterhoff, 1993).

오늘날 또래협력은 많은 교실에서 이용되고 있다. 그러나 어떤 특정 조건에서만 발달을 촉진한다는 증거들이 축적되고 있다. 중요한 요소는 소집단으로 이루어진 급우들이 공통의 목표를 위해 수행하는 **협력학습**(cooperative learning)이다. 견해 차이를 해결하고 책임을 나누고 잘못 이해한 것을 수정하기 위하여 서로에게 상세한 설명을 함으로써 또래들이 상호주관성에 도달하는 정

문화적 영향

가장놀이의 사회적 기원

나의 남편인 켄이 가장 좋아하는 활동은 어린 두 아들과 함께 파인애플 케이크를 굽는 것이다. 케이크를 만들고 있던 어느 날, 21개월 된 피터는 의자 위에 서서 부엌 싱크대에서 부지런히 컵에서 다른 컵으로 물을 붓고 있었다.

4살인 데이빗이 피터를 싱크대로부터 떼어 놓으려고 하면서 "아빠! 피터가 방해가 돼요." 하고 불평을 하였다.

켄은 "혹시 우리가 피터를 도와준다면, 피터가 우리에게 자리를 줄 수 있을 거야."라고 제안하였다. 이에 데이빗은 케이크반죽을 저어 가며 섞었고, 켄이 피터를 위해 작은 그릇에 반죽을 부어 주자, 피터는 싱크대 옆으로 의자를 움직였고, 피터에게 수저를 넘겨주었다.

데이빗은 으스대는 태도로 "이렇게 해 봐, 피터."라며 알려 주었다. 피터는 데이빗이 젓고 있는 것을 본 후, 데이빗의 동작을 따라하려고 노력하였다. 케이크 반죽을 부어야 되는 시간이 되자, 켄은 작은 그릇을 기울여 잡고 피터를 도와주었다.

켄은 "이제 구워야 할 시간이야."라고 말하였다.

피터는 "구워요, 구워요."를 따라하였고, 지켜보던 켄은 오븐 안에 팬을 넣었다.

몇 시간 후에, 우리는 피터의 가장놀이의 사례들 중 하나를 보게 되었다. 피터는 모래상자에서 통을 가져와 모래 한 줌을 채우고 그것을 부엌으로 옮기고 오븐 앞의 바닥에 놓았다. 피터는 "구워요, 구워요."라며 켄을 불렀다. 아버지와 아들은 함께 오븐 안에 케이크가 있는 것처럼 가장하였다.

Piaget와 그의 추종자들은 걸음마기 영아들이 표상적 도식(representational schemes)이 가능할 때 가장이 독립적으로 나타난다고 주장하였다. Vygotsky는 사회가 아동들에게 놀이에서 문화적으로 의미 있는 활동들을 표상하는 기회들은 제공한다고 이러한 관점에 의문을 제기하였다. 다른 복잡한 정신활동들과 마찬가지로 가장은 전문가의 지도 아래에 처음 배우게 된다. 위의 사례로 예를 들면, 켄은 피터가 오븐에 굽는 일을 이끌었고 놀이에서 그런 행동이 나오도록 도와주었을 때 피터는 매일 일어나는 일을 표현하는 능력이 확장

되었다.

최근의 증거는 초기 가장이 그것을 하려는 아동의 준비성과 가장을 촉진하는 사회적 경험이 합쳐진 결과임을 지지한다. 미국 중산층의 걸음마기 영아들을 대상으로 한 관찰연구에서, 가장의 75~80%가 어머니-영아 상호작용과 관련된다고 하였다(Haight & Miller, 1993). 12개월 영아들은, 대부분의 놀이 에피소드들이 어머니에 의해 시작된다고 하였다. 그러나 2세 말쯤의 유아들은, 가장 에피소드의 절반이 각자에 의해 시작된다고 하였다.

가장을 하는 동안, 어머니들이 걸음마기 영아들을 쳐다보며 웃어 주고 동일한 실생활 사건에 그들이 하는 것보다 더 과장된 움직임을 만들고 '우리'라는 말(가장하기는 공동의 노력이라는 것을 인정하는)을 더 많이 사용하여 그들이 가장한다는 것을 표시하는 풍부한 신호를 제공한다(Lillard, 2007). 이러한 어머니의 신호는 걸음마기 영아들이 참여하는 것을 격려하고 가상과 실제행동을 구별하는 능력을 촉진해 주며, 이 능력은 2~3세 이상이 되면 확고해진다(Lillard & Witherington, 2004; Ma & Lillard, 2006).

또한 성인들이 참여할 때, 걸음마기 영아들의 가장은 더 정교해진다(Keren et al., 2005). 걸음마기 영아들은 피터처럼 통에 모래를 넣고('케이크반죽 만들기'), 부엌으로 이동하여, (켄의 도움도 함께) 오븐에 넣는 것('케이크 굽기')처럼 가장행위를 복잡한 순서로 결합한다. 부모들이 걸음마기 영아들과 가장을 많이 할수록 영아들은 더 많은 시간을 가장하는 데 몰두한다.

확대가족과 형제자매가 돌보는 것이 흔한 인도네시아와 멕시코와 같은 일부 문화권에서는, 어머니와 함께 하는 것보다 손위 형제자매와 함께할 때 가장이 보다 빈번하고 복잡하게 나타난다. 빠르면 3~4세경 유아들은 자신보다 어린 형제자매에게 풍부한 도전적인 자극을 제공하며, 이 가르치는 책임을 진지하게 수행하고, 나이가 들수록 그것을 더 잘하게 된다(Zukow-Goldring, 2002). 멕시코 남부지역의 Zinacanteco 인디언 아동에 관한 연구에서, 8세가 된 형제자매 교사

한 케냐 아동이 가장놀이에서 어린 동생을 지도하고 있다. 형제가 돌보는 것이 보편적인 문화에서 나이가 많은 형제와의 가장은 엄마보다 더 빈번하고 복잡하다.

는 세탁과 요리와 같은 일상적인 일들을 2세 유아에게 보여 주는 것이 매우 능숙해졌다(Maynard, 2002). 그들은 일과를 통해 자주 언어적으로 신체적으로 걸음마기 영아들을 지도하고 피드백을 제공한다.

서부지역 중산층 가정의 손위 형제자매들은 계획적으로 가르치지 않지만 장난스러운 행동의 영향력 있는 모델로서 역할을 한다. 서유럽계 태생의 뉴질랜드 가정의 연구에 의하면, 부모와 손위 형제자매가 있을 경우, 걸음마기 영아들은 특히 형제자매가 가장에 참여할 때 영아들이 그들의 행동을 더 자주 모방하였다(Barr & Hayne, 2003).

가장놀이는 아동들의 인지기술을 확장하고 자신의 문화에서 중요한 활동을 학습하는 주요한 수단이다. Vygotsky의 이론과 그것을 지지하는 연구결과들은 자극을 주는 환경이 초기 인지발달을 촉진하는 데에 충분하지 않다는 것을 알려 준다. 게다가 걸음마기 영아들은 그들 문화의 더 유능한 구성원에 의해 주변의 사회적 세계에 참여 요청을 받고 격려되어야 한다. 부모와 교사는 걸음마기 영아들과 함께 자주 놀아 주고 가장 주제를 지도하고 정교하게 함으로써 초기 가장을 증진시킬 수 있다.

도에 비하면 갈등과 불일치는 덜 중요하게 보인다. Vygotsky 이론과 유사하게, 아동들은 자신의 또래가 그 과제를 특히 잘하는 전문가일 때 더 많이 향상된다. 나이가 많거나 더 유능한 학생이 더 어리거나 덜 유능한 학생들을 도와주면, 두 사람 모두 성취와 자아존중감에서 득이 되며, 저소득층과 소수민족 가정의 학생들에게 영향력이 더 크다(Ginsburg-Block, Rohrbeck, & Fantuzzo, 2006; Renninger, 1998).

그룹으로 배우는 것은 개인적인 문화권보다 집단주의 문화권에서 자란 아동들에게 더 쉽게 일어나기 때문에 서구 아동들은 협력학습이 성공적으로 이루어지기 위해 대개 상당한 지도를 필요로 한다. 교사들이 질문이나 힌트를 주어 유도하며, 설명하고 모델을 보여 주고 아동들이 함께 효과적으로 협력하는 방법에 대해 롤플레이를 하게 했을 때, 협력학습으로 인해 더 높은 수준으로 설명하고 학습을 더 즐기고 여러 교과목에서 학업성취의 진전이 있다(Gillies, 2000, 2003; Terwel et al., 2001; Webb et al., 2008). 또한 그것은 학생들로 하여금 교실 내외에서 미래 그룹 활동에 더 협력적으로 이끌면서 일반적으로 또래관계를 향상시킨다(Blatchford et al., 2006; Tolmie et al., 2010). 협력적인 학습을 통한 교수는 한 명의 아동이 한 명의 유능한 파트너(성인 혹인 또래)와의 협력에서부터 서로를 자극하고 격려하는 다양한 구성의 전문가가 있는 여러 파트너까지 Vygotsky의 근접발달지대의 개념을 확대시킨다.

개인주의적 문화권에서 양육된 아동들은 협력학습에 참여하기 위해서는 상당한 교사 지도를 필요로 한다. 1학년 아동들에게 교사 지원은 즐거움, 높은 수준의 설명. 성취를 촉진시킨다.

Vygotsky 이론의 평가

인지발달 과정에서 사회적 경험을 중요하게 생각함으로써 Vygotsky의 이론은 인지기술이 문화적으로 상당한 차이가 있음을 알려 준다. 보편적인 인지 변화를 강조하였던 Piaget와는 달리 Vygotsky의 이론은 발달의 매우 다양한 경로를 기대하도록 해 준다. 가령, 문명사회에서 학교에 다니는 아동들의 읽기, 쓰기, 수학적 활동은 공식 교육을 거의 받지 않는 종족과 부족사회에서 사는 아동들과는 다른 인지능력을 갖도록 한다. 오스트레일리아 원주민들에게 황폐한 사막에서 식량을 모으는 임무는 길을 찾는 것을 필요로 하기 때문에 정교한 공간 개념이 발달되고, 브라질의 어부들은 항해 경험에 의해서 비례항 추론이 향상된다(Carraher, Schliemann, & Carraher, 1988; Kearins, 1981). 각각은 문화적인 생활방식을 구성하는 활동에 의해 요구되는 상징적 사고의 독특한 형태이다.

Vygotsky(1934/1986)의 이론은 인지발달에서 교수의 역할을 강조하였다. Vygotsky에 의하면 더 유능한 파트너와의 의사소통을 통해 아동들은 언어화된 자기관찰(verbalized self-observation)을 하게 된다. 아동들은 자신의 사고과정을 반영하고, 수정하고 조절하기 시작한다. 이와 같이 부모와 교사가 아동에게 관여하면 아동 사고의 복잡성 정도를 크게 진전시킬 수 있다.

Vygotsky 이론이 도전을 받지 않은 것은 아니다. 비록 Vygotsky가 고등 인지과정의 발달에 다양한 상징체계(예 : 그림, 지도, 수학적 표현)의 역할을 인정하였더라도 그는 언어를 가장 중요한 것으로 보았다. 그러나 어떤 문화권에서는 아동이 배우는 과정에서 언어가 유일한 수단이나 혹은 가장 중요한 수단은 아니다. 서구 부모들은 어려운 과제를 푸는 자녀들에게 도움을 줄 때, 언어적인 교수를 자주 하고 대화함으로써 아동의 동기에 대해 많은 책임을 맡는다. 그들의 의사소통은 성인 생활을 위한 준비로 여러 해를 보내게 될 학교에서 일어나는 교수와 유사하다. 학업과 문해를 덜 강조하는 문화권에서의 부모들은 아동들이 예리한 관찰과 지역사회 활동의 참여를 통하여 새로운 기술을 습득하기를 기대한다(Paradise & Rogoff, 2009; Rogoff, 2003).

마지막으로 사회와 문화적인 영향력에 중점을 두면서, Vygotsky는 아동의 인지에 미치는 생물학적인 영향을 거의 언급하지 않았다. 가령, Vygotsky의 이론은 기초적인 운동, 감각, 기억, 문제해결 능력이 아동의 사회적 경험의 변화를 어떻게 야기하는지를 다루지 않는다. 또한 아동들이 자신의 정신적인 기능을 진전시키기 위하여 사회적 경험을 어떻게 내면화하는지도 알려 주지 않는다

(Miller, 2009; Moll, 1994). 결과적으로 이 장에서 언급한 다른 관점과 같이, Vygotsky의 이론은 인지적 변화에 대한 설명이 모호하다. 20세기 인지발달의 두 거장인 Piaget와 Vygotsky가 그들의 대단한 성취를 서로 엮을 기회가 있어서 더 광범위한 이론이 지금 존재한다고 상상하는 것은 흥미로운 일이다.

주 요 용 어

가설적-연역적 추론(hypothetico-deductive reasoning)
가역성(reversibility)
가장(假裝)놀이(make believe play)
가장놀이(make believe play)
감각운동기(sensorimotor)
개인적 신화(personal fable)
구성주의적 접근(constructivist approach)
구체적 조작기(concrete operational stage)
근접발달지대(zone of proximal development)
기대위반 방식(violation-of-expectation)
대상 영속성(object permanence)
도식(schemes)
동화(assimilation)
명제적 사고(propositional thought)

목표 지향적(goal-directed)인 행동(behavior)
보존개념(conservation)
비계(scaffolding)
상상적 관중(imaginary audience)
상호교수(recipriocal teaching)
상호주관성(intersubjectivity)
서열화(seriation)
순환 반응(circular reaction)
위계적 분류(hierarchical clissification)
의도적(intentional) 행동(behavior)
이론 이론(theory theory)
이중표상(dual representation)
인도된 참여(guided participation)
적응(adaptation)

전조작기(preoperational stage)
전환적 추론(transitive inference)
조작(operation)
조절(accommodation)
조직화(organization)
중심화(centration)
지연 모방(deferred imitation)
평형(equilibration)
핵심지식 관점(core knowledge perspective)
형식적 조작기(formal operational stage)
혼잣말(private speech)
A-not-B search error

'놀라운 광경'

Ralph, 11세, New York

한 유아가 거대한 공룡 뼈의 놀라운 광경을 눈여겨보고 있다. 학령기 동안, 주의집중, 기억, 전환, 문제해결을 위해 정보 사용능력이 크게 성장한다.

출처 : 일리노이주립대학교 밀너 도서관 국제 아동화전의 허락으로 게재

인지발달 : 정보처리 관점

"마침내!"** 6세 마르가리타가 1학년에 입학하는 날을 설명했다. "지금 나는 빅터처럼 진짜 학교에 가요!" 9세 오빠의 손을 잡고, 유아기에 경험했던 이상의 학습에 대한 교육적 접근을 따를 준비가 되어 마르가리타는 학교 문을 자신 있게 걸어 들어갔다.

마르가리타는 도전적인 정신적 활동을 위한 새로운 세상으로 들어갔다. 어느 날 아침, 마르가리타와 같은 반 친구들은 독서 영역에서 만났고, 한 자리 수의 더하기와 빼기를 하고, 열대 우림에 대한 학습을 보완하기 위해 열대 지방의 식물과 동물 벽화를 그리고, 식물원 현장 견학에서 가장 좋아했던 것이 무엇인지에 대한 저널을 썼다. 그 동안, 빅터의 4학년 교실에서, 샤프 선생님은 아동에게 덧셈과 뺄셈 간의 반대적 관계를 상기시키고, 세 자리수 뺄셈 문제 해결을 위한 크기를 어림셈하도록 하였다. 휴식 시간 후에, 선생님은 이번 주의 철자목록에 학급 아동들의 주의를 집중하게 하였다: "4학년 친구들, 우리는 왜 이 단어들을 기억하기 쉽고, 우리가 쓸 글 속에 이 모든 단어를 사용하는 것이 쉬울까? 빅터가 손을 번쩍 들었다. "그 단어들은 전기의 단위와 모두 관련된 것이에요.", 그는 외쳤다. "보세요, 배터리, 자력, 회로……를."

정보처리 연구는 아동의 주의력, 기억, 자기 관리 기술, 이러한 다양한 과제를 성공시키는 지식이 어떻게 발달되는지를 밝혀주고 있다. 제6장에서 설명한 관점과는 달리, 정보처리는 인지발달에 대한 단일화된 이론이 아니다. 그보다 정보처리는 변화의 기제(mechanisms of change)를 밝혀내는 노력으로 인지의 구체적 측면을 면밀히 연구하는 연구자들이 따르는 접근이다. 즉 아동과 성인들이 각기 다른 다양한 정보를 어떻게 조작하는지를 밝히기 위하여, 인지체계에 적합하도록 정보를 검색, 전환, 저장, 접근, 변형하여 정보를 조작하는 방법을 찾아내는 것이다.

이 장에서, 우리는 아동발달 연구에 주요 영향력이 있는 인간의 인지체계 모형에 따라 정보처리 접근의 기초 가설을 검토하고자 한다. 이를 위하여, 우리는 여러 단계의 일반적 인지 변화 즉 처리능력, 처리 속도, '실행(executive)' 처리(인지활동의 유목적적인 관리)를 살펴보고자 하는데, 이 변화는 연령의 증가에 따른 아동의 복잡성과 효율적 사고력 증가에 핵심적으로 기여하게 된다. 그다음, 인간의 사고로 들어가는 두 가지 기본 과정, 주의(attention)와 기억(memory)에 대하여 살펴보고자 한다. 마지막으로 아동이 어떻게 세상에 대한 지식을 확장하는지, 그리고 인지적 처리과정을 증진시키는 자신이 정신활동을 어떻게 인식하는지를 고찰하고자 한다.

이러한 주제를 검토하기 위하여, 다시 우리에게 친숙한 주제인 아동의 사고에 영향을 주는 과제 요구(task demand)와 문화적 맥락(cultural context)으로 방향을 돌려 보기로 한다. 우리는 학교 체제가 인지발달을 이끄는 문화적으로 독특한 방식, 즉 문해, 수학, 과학적 추론, 단편적 정보의 보유를 강조하는 방식에 특별한 관심을 기울일 것이다. 비록 정보처리 이론가들은 내재적, 자기조절적 인지 변화에 특히 관심이 있지만, 외부적 영향 요인인 교수법, 학습환경과 과제의 설계, 그리고 문화적 가치와 실제가 아동의 사고에 주는 영향도 밝히고자 한다. 인지발달의 이해를 위한 틀로서의 정보처리에 대한 평가로 이 장을 마무리하고자 한다. ■

정보처리 접근

정보처리의 일반 모형
· 정신체계의 구성요소
· 발달에의 시사점

정보처리의 발달 이론
· Case의 신 피아제 이론
· Siegler의 전략 선택 모형

■ 사회적 쟁점 : 교육
말–동작의 불일치 : 마음 읽기를 위한 손의 사용

주의
· 유지, 선택, 적응적 주의
· 계획하기

■ 생물학과 환경
주의력결핍 과잉행동장애 아동

기억
· 정보저장 전략

■ 사회적 쟁점 : 교육
미디어 멀티태스킹은 학습을 방해한다

· 정보인출
· 지식과 의미기억
· 일화기억
· 목격자 기억

■ 생물학과 환경
유아기억상실

상위인지
· 상위인지 지식
· 인지적 자기조절

정보처리 이론의 학업 증진을 위한 적용
· 읽기
· 수학
· 과학적 추론

정보처리 접근의 평가

정보처리 접근

정보처리 이론가들의 대부분은 정신을 컴퓨터처럼 환경으로부터 들어오는 정보를 처리하는 복잡한 상징-조작체계(symbol-manipulating system)로 보는 관점을 가지고 있다. 먼저, 정보는 이러한 체계를 통하여 입력, 즉 부호화(encoded)되고 상징의 형태로 보유된다. 그다음, 다양한 내적 과정이 이러한 상징 형태에 작동하여 재부호화(recoding)하거나, 혹은 상징적 구조를 좀 더 효율적 표상으로 수정하고, 즉 해독(decoding)하고, 혹은 체계 내의 다른 정보와 비교하고 결합하여 그 의미를 해석한다. 이러한 인지적 조작이 완성되면, 개인은 자신의 경험을 이해하고 문제를 해결하기 위하여 정보를 사용한다.

인간의 정신기능을 컴퓨터로 유추하여 명료화하고 정확하게 살펴보자. 컴퓨터와 같이 도표(diagram)와 순서도(flowchart)를 사용하여, 연구자들은 아동과 성인들이 과제나 문제에 직면했을 때 따르는 정확한 일련의 단계들을 지도화(map)할 수 있다(Miller, 2009). 몇몇의 연구자들은 이와 동일한 정신 조작을 컴퓨터로 프로그램화할 수 있을 정도로 상세화하고 있다. 그다음, 연구자는 아동과 성인들이 특정 과제에 행하듯이, 컴퓨터가 반응하는지 알아보기 위한 모의실험(simulation)을 수행한다. 다른 연구자들은 아동과 성인의 사고체제를 집중적으로 연구하기 위하여, 안구 운동 추적, 실수 패턴 분석, 그리고 정신활동에 대한 자기보고를 조사한다. 연구에 적용하는 접근이 무엇이든지 간에, 모든 연구자는 인지발달의 구성요소와 각 요소의 검증을 통하여 제기된 문제를 설명할 사고과정의 외현적 모형에 대한 강한 유대감을 공유한다.

정보처리의 일반 모형

정보처리 연구자들 대부분은 직·간접적으로 1960년대 말과 1970년대 초에 출현한 인지체계와 컴퓨터 유사성에 관한 관점을 수용하였다. 저장 모형(store model)으로 불리는 이 모형은 정보처리 과정의 정신 체계를 세 부분으로 보는데, 인간이 정보를 보유, 저장한다는 가설에 기초하여, 감각 등록기, 단기기억 저장, 장기기억 저장으로 본다(그림 7.1 참조)(Atkinson & Shiffrin, 1968). 정보가 정신체계의 각 부분으로 흐르면서, 인간의 정보 보유, 효율적 사용, 유창한 사고, 변화하는 환경에 대한 정보의 적응력을 높이기 위하여, 인간은 정보를 조작하고, 변형하기 위한 **정신적 전략**(mental strategy)을 사용한다. 이러한 체계를 더 명확하게 이해하기 위하여, 정신체계의 각 구성요소를 좀 더 상세히 살펴보고자 한다.

정신체계의 구성요소

첫째, 정보는 **감각 등록기**(sensory register)로 들어오게 된다. 즉, 시각 정보와 소리 정보는 직접 표상되어 짧은 시간 동안 저장된다. 주변을 둘러본 다음, 눈을 감아 보면 몇 초간 보았던 영상이 지속되지만, 그다음 영상을 보유하기 위한 정신적 전략을 사용하지 않는 한, 희미해지거나 사라지게 된다. 예를 들면, 인간이 어떤 정보에 더 주의 깊게 **주의집중**을 하게 되면, 정보는 정보처리 체계의 다음 단계로 전이되는 기회가 증가하게 된다.

정신의 두 번째 부분은 **단기기억 저장**(short-term memory store)으로, 주의집중한 정보를 잠시 유지하면서, 정해진 목적에 도달하기 위해 그것을 적극적으로 '작업(work)'할 수 있게 하는 것이다. 단기기억 저장을 보는 방법 중의 한 가지는 기본 용량(basic capacity)의 측면. 종종 단기기억(short-term memory)으로 부르는 것으로, 얼마나 많은 정보의 조각을 몇 초 동안 한 번에 보유할 수 있는가이다. 1, 4, 2, 3, 6의 순서로 된 숫자를 조작하는 수행을 하도록 요청받았다고 가정하자. 만약 숫자를 잠

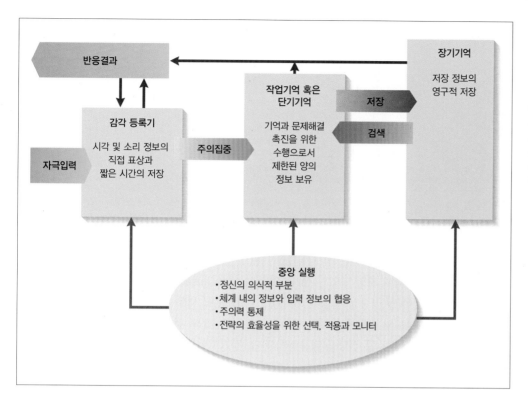

그림 7.1 인간 정보처리 체계의 저장 모형

정보는 정신체계의 세 부분, 감각 등록기, 단기기억 저장, 장기기억 저장으로 진행된다. 각 부분에 사고의 효율성과 정보 보유 기회를 증가시키기 위하여 정신전략이 정보의 조작에 사용된다. 중앙 실행은 정신체계의 의식적 · 반성적 부분이다. 중앙 실행은 체계 내의 기존 정보와 입력 정보를 협응하고, 주의집중할 것을 결정하고 전략 사용을 관장한다.

시 동안 유지하지 않는다면, 문제를 해결할 수 없을 것이다. 이러한 예와 동일 선상에서, 일반적으로 사용되는 기본적인 단기기억 과제는 축어적 숫자 기억 범위(verbatim digit span) 측정인데, 사람이 정확한 순서로 따라할 수 있는 가장 긴 순서의 항목(예 : 무작위 순의 숫자 목록)과 같은 것이다. 성인들 사이에서 평균 숫자 범위는 대략 7개 항목이다(Cowan, 2001).

그러나 우리는 그 정보를 능동적으로 생각하려면 항상 축어적 정보를 수동적으로 유지하는 것을 넘어서야 한다. 결과적으로, 대부분의 연구자들은 단기 저장에 대한 현대적 관점을 지지하고 있는데, 그것은 단기기억 용량의 좀 더 의미 있는 지표를 제공하는 작업기억이다. **작업기억**(working memory)은 몇 개의 항목을 잠시 정신에 보유하면서, 그동안 그 항목들을 모니터하거나 조작하기 위한 약간의 노력을 하는 데 관여하는 능력이다. 작업기억은 우리가 일상생활에서 많은 활동을 성취하는 데 사용되는 '정신적 작업 공간'으로서 생각할 수 있다.

연구자들은 작업기억 용량의 측정을 위하여 다양한 과제를 사용하고 있다. 언어기억 범위 과제(verbal memory-span task)는 아동에게 숫자를 역 순서를 반복하도록 요청하거나, 단순한 수 계산의 정확성을 확인하면서 동시에 단어의 목록을 기억하거나, 짧은 문장을 듣고, 각 문장의 마지막 단어를 회상하게 한 후, 그다음 정확한 순서로 단어를 반복하게 한다. 시각적 · 공간적 범위 과제(visual/spatial-span task)에서 연구자들은 아동에게 스크린 위에 명백하게 구별되는 색상환의 배열을 보여주고, 그다음 각각의 원이 위치하였던 빈 격자무늬에서 그 지점을 지적하라고 요청할 수 있다. 작업기억 범위는 통상적으로 단기기억 범위 보다 2개의 항목이 더 적다. 우리가 곧 보게 될, 아동의 작업기억 과제 수행력은 학습을 위한 아동의 능력에 대한 좋은 예측치이다.

감각 등록기는 제한적이기는 하지만 광범위한 정보의 파노라마를 갖고 있을 수 있음을 기억하라. 작업기억의 용량은 훨씬 더 제한적이다. 그러나 다양한 기본적 인지적 절차, 즉 관련된 항목의 주의집중하기와 그 항목을 빠르게 반복하기(연습하기)를 동원하여, 우리는 정보를 유지할 수 있고, 진행 중인 생각에 정보를 접근시키는 기회를 증진시키게 된다(Cowan & Alloway, 2009).

인지적 체계의 활동을 처리하기 위해, **중앙 실행**(central executive)은 정보의 흐름 즉, 앞서 언급한 기본적 절차를 적용하고 또한 복잡하고 융통성 있는 사고를 가능하게 하는 좀 더 복잡 미묘한 활동에 참여하도록 관장한다. 예를 들어, 중앙 실행은 체계 내의 기존 정보에 입력 정보를 협응시키고, 또한 기억 저장, 이해, 추론과 문제해결을 촉진하도록 전략을 선택하고, 적용하고, 모니터한다(Baddeley, 2000; Pressley & Hilden, 2006). 중앙 실행은 정신체계 내의 의식적이며, 반성적인 부분이다. 이 내용은 이 장의 후반부에서 언급되는 상위인지로, 사고에 대한 인식과 이해를 의미한다. 이는 우리의 목표 획득을 위하여 유목적적으로 우리의 인지적 과정을 견인하도록 책임지게 된다.

정보를 처리하기 위해 중앙 실행이 작업기억과 더 효과적으로 연계할수록, 이러한 인지활동을 더 잘 학습하며, 더 자동적으로 그것을 적용할 수 있게 된다. 자동적으로 차를 운전하면서 동시에 많은 생각을 하는 것을 고려해 보자.

자동화 과정(Automatic processes)이 잘 학습된 것으로, 작업기억을 위한 공간이 요구되지 않아서, 그 결과 그 일을 수행하는 동시에, 우리가 다른 정보에 초점을 맞추도록 허용하는 것이다. 더욱이, 우리가 작업기억에서 처리하는 정보가 많을수록, 그리고 우리가 그 정보들을 더 효과적으로 처리할수록, 세 번째의 최대 저장 영역인 **장기기억**(long-term memory), 즉 인간의 무제한적인 영구적 지식 기반으로 전이될 가능성이 높다. 사실상, 장기기억에 너무 많이 저장되면, 때로는 체계로부터의 정보 검색, 정보의 출력에 문제가 발생하기도 한다. 정보 검색을 돕기 위하여, 우리는 작업기억에서 수행하는 것과 같은 전략을 적용하게 된다. 장기기억의 정보는 도서관의 서가 체계와 같이 내용에 기초한 장기적 기본 계획(master plan)에 의하여 범주화를 한다. 그 결과로서 정보를 처음 저장하기 위하여 사용하였던 것과 동일한 연합 조직망을 따르게 되어 쉽게 인출하게 된다.

발달에의 시사점

발달에 적용하기 위하여, 저장 모형은 연령의 증가에 따른 두 가지 광범위한 인지체계를 제안하는데 (1) 저장의 기본 용량(basic capacity), 특히 작업기억, (2) 속도(speed), 즉 아동이 체계 내에서 정보를 작업하는 것과 관련된 속도, (3) 실행기능(executive function) 즉 목표 지향 행동에 기본 절차와 상위 수준의 전략을 적용하는 것이다.

작업기억 능력 단기기억과 작업기억 범위는 연령에 따라 점진적으로 증가하는데, 단기기억을 알아내는 축어적 숫자 과제를 살펴보면, 2세 반에는 약 두 개의 숫자에서 7세에는 4~5개의 숫자, 청소년기와 성인기 초기에는 6~7개의 숫자를 기억하고, 작업기억 과제에서는 유아기부터 성인기 초기까지 2개의 항목에서 대략 4~5개의 항목의 기억 범위로 증가한다(Cowan, 2005; Cowan & Alloway, 2009). 여전히, 모든 연령에서 개인차가 밝혀지고 있으며, 작업기억 용량은 지능검사 점수와 아동기 중기와 청소년기에 다양한 교과목의 학문적 성취를 예측하기 때문에 특별한 고려가 요구된다(Colom et al., 2007; Gathercole et al., 2005; St Clair-Thompson & Gathercole, 2006).

사실상, 읽기와 수학의 지속적인 학습지체를 가진 아동은 종종 작업기억 용량에 결함이 있다. 그리고 작업기억 범위 과제의 수행이 더 낮을수록, 지능의 개인차를 통제한 후에도, 아동의 성취 문제가 더 높게 나타났다(Alloway, 2009; Gathercole et al., 2006; Geary et al., 2007). 작업기억 용량의 결손은 학습을 위한 병목 현상을 만들게 된다. 작업기억 용량이 매우 낮은 점수를 받은 5~6세 아동의 관찰 연구에서, 아동은 많은 기억을 요구하는 학교 숙제를 종종 실패하였다(Gathercole, Lamont, & Alloway, 2006). 그들은 복잡한 설명을 따라할 수 없었고, 다차원의 단계로 된 과제에서 탈락을 하였으며, 과제 종료 전에 빈번하게 과제를 포기하였다. 그 아동은 어려움을 겪었는데, 과제의 완수를 위하여 충분한 정보를 마음속에 유지할 수 없었기 때문이다.

경제적으로 혜택을 받은 또래와 비교하여, 빈곤에 시달리는 가족의 아동은 작업기억 범위 과제에서 낮은 점수를 받는 경우가 많은데, 이 능력은 일반적으로 이 아동들의 낮은 학업성취에 중요한 기여를 하게 된다(Farah et al., 2006; Noble, McCandiliss, & Farah, 2007). 한 연구에 의하면, 빈곤 속에서 지내는 아동기는 성인 초기의 작업기억 용량의 결손을 예측한다(Evans & Schamberg, 2009). 아동기 스트레스의 생리적 척도(혈압 상승, 스트레스 호르몬 수준, 코르티솔의 상승)는 대부분 빈곤과 작업기억의 연합을 설명하고 있다. 만성적 스트레스는 제4장에서 다루었던 바와 같이, 두뇌의 구조와 기능, 특히 전두엽과 작업기억 능력을 지배하는 해마와 전두엽의 연결을 손상시킬 수 있다.

영국의 대규모 연구대상인 5~11세 아동 3,000명의 연구에서, 매우 낮은 작업기억 점수를 받은 10% 정도의 아동 다수는 학교에서 어려움을 겪고 있었다(Alloway et al., 2009). 명백하게, 기억의 부하량을 감소시키는 중재가 필요한데, 이를 통하여 이 아동들의 학습이 가능하게 하여야 한다. 효과적인 접근은 친숙한 단어로 된 짧은 문장으로 의사소통하기, 과제 지시 반복하기, 기억할 결정적 정보를 반복하여 회상하도록 요청하기, 복잡한 과제를 감당할 수 있는 부분으로 분할하기, 외현적인 기억 보조물(예 : 쓰기를 할 때 유용한 철자의 목록, 수학을 할 때 숫자로 된 수열)의 사용 격려하기가 포함될 수 있다(Gathercole & Alloway, 2008). 이런 기법은 인지발달을 촉진하는 것으로 알려진 제6장에서 다루었던 교수 형태로서 비계설정(scaffolding)을 연상시키는가?

처리의 속도 부분적으로 작업기억 용량의 발달적 증가는 처리 속도의 증가로 반영된다. 효율적 처리는 정보의 저장을 지원하는 작업기억을 위한 자원을 통하여 이루어진다. 아동이 기존에 학습된 정보를 소리내어 혹은 자기 속으로 조용히 더 빠르게 반복할수록, 아동의 기억 범위는 더 커지게 된다(Cowan & Alloway, 2009; Lune et al., 2004).

연구는 연령이 증가하면, 아동이 정보를 더 효율적으로 처리한다는 것을 확인시켜 주고 있다. 정보처리의 속도에 대한 연구도 기본 용량에 있어 연령 관련 증가를 지지하고 있다. 일련의 연구에서, Robert Kail(1991, 1993, 1997)은 7~22세 대상자에게 가능한 한 빨리 응답하여야 하는 다양한 인지 과제를 제시하였다. 예를 들면, 이름 검색 과제에서, 연구대상자들은 그림의 짝이 물리적 동일성, 이름의 동일성(예 : 우산 2개, 한 개는 펴진 우산, 한 개는 접혀진 우산)을 판단하게 하였다. 더하기 암산 과제로 더하기 문제와 답을 제시하고, 정답의 여부를 알아내도록 하였다. 그리고 시각 탐지 과제로 참가자에게 단일 숫자를 보여 주고 스크린에 나타났던 일련의 숫자들 중에 그 숫자가 보였는지 질문하였다. 연구결과는 모든 과제에서 연령에 따른 처리시간의 감소가 밝혀졌다. 덧붙여, 더 중요한 결과는 변화 비율로, 12세경에 매우 빠르게 감소하던 처리시간 비율이 더 이상 감소하지 않고 유지되었으며, 이러한 결과는 많은 과제 수행 활동에서 유사한 결과가 나타났다(그림 7.2 참조).

처리 속도의 변화는 그림 7.2와 같이, 캐나다, 한국, 미국에서도 밝혀졌다(Fry & Hale, 1996; Kail & Park, 1992). 다양한 문화 내 다양한 과제들에 의하여 밝혀진 발달적 유사성은 정보처리 체계의 기본적 변화를 시사하며, 뇌의 수초화(mylination)와 시냅스의 가지치기에 기인한다고 볼 수 있다(Kail, 2003). 처리 속도의 증가는 나이 든 아동과 성인이 정보를 좀 더 빠르게 훑어보고, 전략적으로 좀 더 빠르게 전환하여 한 번에 더 많은 정보를 작업기억 안에 보유하도록 한다. 효율적인 인지 처리는 학업성취에 간접적으로 영향을 주는데, 작업기억의 자원 증가와 이를 통한 많은 복잡한 인지활동의 지원으로 이루어지는 것이다(Rinderman & Neubauer, 2004).

실행기능 앞서 언급한, 중앙 실행은 인지체계의 전체적 감독관인데, 우리가 목표에 달성할 수 있도록 보장하는 활동을 관장하고 있다. 전두엽 피질에 손상을 입은 성인이 갖는 다양한 실행기술의 결함을 관찰한 후, 연구자들은 실행기능의 발달을 연구하는 데 흥미를 갖게 되었는데, **실행기능**(executive function)은 상대적으로 신기하고, 도전적인 상황에서 자기 주도적이며 유목적적인 행동을 위한 일련의 인지적 조작과 전략이다. 실행기능은 주의력 통제, 적응적 반응의 선호에 대한 충

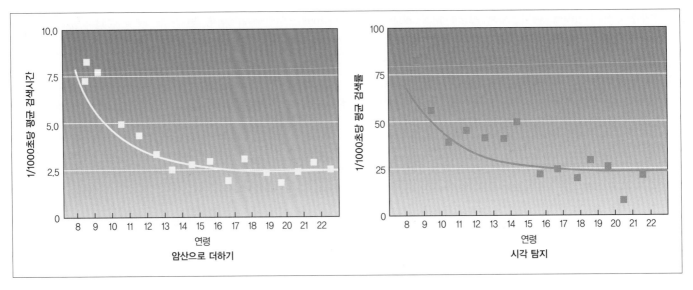

그림 7.2   암산으로 더하기와 시각 탐지로 설명된 진행시간 내의 연령 관련 저하율
처리 속도는 정신적 전략에 의존하지 않는 많은 과제 전반에서 유사하게 증가하였다. 이러한 공통된 경향은 기본 처리 용량의 연령 관련 획득을 의미하고 있다.
출처 : (왼쪽) Reprinted from *Journal of Experimental Child Psychology*, Vol. 45, No. 3, R. Kail, "Developmental Functions for Speeds of Cognitive Processes," p. 361, copyright 1988, with permission from Elsevier. (오른쪽) From R. Kail, "Processing Time Declines Exponentially During Childhood and Adolescence," *Developmental Psychology, 27*, p. 265. Copyright © 1991 by the American Psychological Association. Adapted with permission of the American Psychological Association.

동 억제, 작업기억 내의 정보 협응, 계획, 조직, 모니터링, 사고와 행동의 융통성 있는 전환이 포함된다.

우리가 추후 살펴볼 내용에서, 우리는 복잡한 인지활동 내의 아동의 주의력, 전략 사용, 자기통제를 다루게 되는데, 연구자들은 실행기능 각 요소의 처리과정을 밝히고 있다. 그러나 연구자들은 여전히 이러한 요소들이 어떻게 함께 작동하는지에 대한 많은 내용을 밝혀야 한다. 그리고 일부 연구자들은 실행기능을 단일능력으로 보고 있으며(Brookshire et al., 2004; Zelazo et al., 2003), 반면에 다른 연구자들은 목표 지향 행동과 협응되는 다차원적이며 명확한 인지능력으로 구성된다고 보고 있다(Anderson, 2002; Welsh, Pennington, & Groisser, 1991).

논의에서 드러나듯이, 유아기는 실행기능의 기초를 세우기 위한 핵심적 시간이다. 유아는 주의집중, 부적절한 반응 억제, 유연한 사고에서 진보를 이루는데, 이러한 발달은 전두엽 피질에서 시냅스의 가지치기에 의하여 병렬적이며 빠른 시냅스 형성과정에 따라오게 된다(그림 5.9 참조). 학령기는, 전두엽 피질의 지속적인 시냅스 가지치기와 성숙이 되는 시기로서, 실행기능의 발달이 가장 왕성하게 이루어지는 기간이다(Welsh, 2002). 유아는 작업기억, 억제, 계획, 전략의 유연한 사용, 자기 모니터링, 행동의 자기 수정의 통합이 요구되는 어려운 과제 처리에 증진이 이루어진다(Luciana, 2003; Welsh, Pennington, & Groisser, 1991). 그리고 실행기능은 청소년기에 더 향상이 되는데, 이 시기는 전두엽 피질의 시냅스가 성인 수준에 도달하게 된다.

유전 가능성에 대한 증거는 개인차에 기여하는 본질적인 유전 요인, 즉 부적절한 반응의 억제가 포함된 작업기억 용량과 주의집중 과정의 유전적 기여를 제안하고 있다(Hansell et al., 2001; Polderman et al.,

복잡한 지도 만들기 프로젝트의 협력활동에서, 4학년 아동들은 주의력, 부적절한 반응 억제, 유연한 사고, 작업기억 내 정보 협응에 초점을 두어야 한다. 이러한 기술은 아동 중기 동안 실행기능의 각 단계의 발달이 급격하게 이루어진다.

2009; Young et al., 2009). 그리고 유전적 분자 분석은 실행 요소의 심각한 기능결핍과 관련된 특정 유전자의 판별인데, 주의력과 충동 조절과 같은 것으로 이것은 (곧 다루게 되는) 주의력결핍 과잉 행동장애(ADHD)와 같이 학습과 행동장애에 영향을 주게 된다.

그러나 전형적·비전형적인 아동발달 둘 다에서, 유전은 실행기능에 영향을 주는 환경적 맥락과 결합하게 된다. 제2장에서, 우리는 어떻게 태아기 철분결핍이 유아의 지속적인 기억결핍을 가져오는 위험에 처하게 하는지를 보았다. 그리고 제3장에서, 우리는 태아기의 기형 발생물질(teratogen)이 주의력, 충동 통제, 기억손상에 의하여 실행기능과 어떻게 연계될 수 있는지를 보여주는 증거들을 살펴보았다. 마지막으로, 이 장에서 우리의 논의를 통하여 지원적인 양육과 교육 경험이 실행 요소의 최적 발달과 계획, 유연한 전략적 사고, 자기통제를 이루는 실행 요소의 궁극적 통합을 위한 핵심임을 확인하게 될 것이다.

정보처리의 발달 이론

저장 모형이 발달적 시사점이 있어도, 저장 모형은 아동의 사고가 어떻게 변하는지가 아니라 성인의 정보처리를 설명할 목적으로 시작되었다. 다음에, 우리가 고려할 점은 정보처리에 대한 두 가지 발달적 접근이다. 첫 번째 관점은 Case의 신 피아제 관점(neo-Piagetian perspective)으로 인지발달의 총괄적 비전을 구성하기 위하여, Piaget의 이론을 시발점으로 사용하였으며, 정보처리 용어에 그의 단계적 순서를 적용한 접근이다. 두 번째는 Siegler의 전략 선택 모형(model of strategy choice)으로 아동 인지의 다양성과 계속적으로 변화하는 본질적 특성을 설명하기 위하여 아동의 정신적 전략에 의한 실험과 선택을 강조하는 것이다.

Case의 신 피아제 이론

Robbie Case(1992, 1998)의 **신 피아제 이론**(neo-piagetian theory)은 Piaget의 단계를 수용하지만, 각 단계 내의 변화와 한 단계에서 다음 단계로의 이동은 아동이 자신의 제한된 작업기억 용량을 사용하는 효율성이 증가되었기 때문이라고 그 속성을 설명하고 있다. 각 주요 단계는 인지 구조의 특정 형태가 있는데, 즉 영아기의 감각 유입과 신체활동, 유아기의 사건과 활동에 대한 내적 표상, 아동 중기의 표상의 단순 전환, 청소년기의 표상의 복합 전환이 포함된다. 아동의 인지처리가 좀 더 효율적이 되면, 작업기억 내에 보유하고 연합할 수 있는 정보의 양이 확장되고, 더 높은 단계로 이동이 가능하게 된다. 다음의 세 요인은 인지적 변화에 중요한 역할을 한다.

- **뇌발달.** 수초화(myelination), 시냅스의 성장, 시냅스 가지치기를 포함한 신경학적인 변화들은 각 단계의 준비도를 이끄는 사고의 효율성을 향상시킨다. Case에 따르면, 생물학이 인지발달 체계 내의 최대 발달 폭을 부여하였다. 주어진 시간 내에 아동은 처리 용량의 최대한계를 넘어설 수 없다(p. 205, '처리의 속도'에서 관련된 연령과 관련성을 회상하여 보자).
- **도식과 자동화의 연습.** Case의 이론에서 피아제식 도식은 아동들의 정신전략이다. 아동이 도식을 반복적으로 사용하게 되면, 도식이 좀 더 자동화하게 된다. 자동화는 기존 도식의 연합과 새로운 도식의 생성을 위해 작업기억을 자유롭게 만든다. Case의 인지적 변화 메커니즘이 어떻게 Piaget의 동화와 조절 개념에 대해 명백하게 설명하는지 보자. 도식의 연습(동화)은 자동화를 이끌어 다른 활동을 위하여 사용되는 작업기억을 자유롭게 하고 도식의 연합과 구성(조절)을 가능하게 한다.
- **중심 개념 구조의 형성.** 일단 Piaget의 단계 도식이 충분하게 자동화가 되어 두뇌가 발달하게 되면, 작업기억 내의 충분한 공간은 진보된 표상 형태로 도식이 통합되는 것을 허용하게 된다. 그 결

과 아동은 **중심 개념 구조**(central conceptual structure), 즉, 좀 더 진보된 방식에 의하여 넓은 범위의 상황에 대한 사고를 가능하게 하는 개념과 관계의 연결망을 갖게 된다. 결과적으로 처리 용량은 좀 더 확장되게 된다(Case, 1996, 1998). 아동들이 새로운 중심 개념 구조를 형성하게 되면, 발달의 다음 단계로 아동은 이동하게 된다.

Case의 이론을 설명하기 위해 우리에게 익숙한 보존이라는 과제를 예로 들어 보자. 액체에 대한 보존개념이 없으나 약간의 고립된 개별 도식이 형성된 5세 유아의 예를 들면, ⑴ 긴 잔의 물을 작은 잔에 붓자, 물의 높이는 감소되었다. ⑵ 다음, 폭이 좁은 잔에서 넓은 잔으로 물을 붓자 물의 넓이는 증가하였다. 아동이 한 용기에서 다른 용기로 액체를 옮기는 경험을 하게 되면, 이러한 도식은 자동화되고, 보존 반응에 도식을 연결하게 된다. 양과 무게 등의 여러 다른 보존 상황에서도 유사한 연속성이 나타난다. 결과적으로, 아동은 새롭고 더 폭넓은 적용 원리, 즉 중심 개념 구조에 여러 가지 특정 보존 반응을 통합하게 된다. 이러한 현상이 발생되면, 인지는 단순 표상에서 복합 표상으로 이동하거나, 구체적 조작에서 형식적 조작으로 이동하게 된다.

Case와 그의 동료 연구자들은 수 단어 문제의 해결하기, 이야기 이해하기, 그림 그리기, 음악 악보 읽기, 돈 다루기, 사회적 상황 해석하기 등의 많은 과제에 그의 이론을 적용시켰다(Case, 1992, 1998; Case & Okamoto, 1996). 각 과제에서, 아동은 연령이 증가함에 따라 증가된 과제의 차원을 협응하게 된다. 이야기 이해하기로 예를 들면 유아들이 한 이야기만을 잡고 따라가게 한다. 초기 학령기에, 아동들은 하나의 줄거리 속으로 두 개의 이야기를 연합하게 된다. 9~11세경, 아동의 중심 개념 구조는 다차원의 통합이 이루어진다. 아동들은 주된 줄거리와 여러 부차적 줄거리로 핵심적 이야기를 조리 있게 말한다.

Case (1998)의 이론은 수평적 격차에 대한 정보처리 이론의 근거를 제공하는데, 한 번에 모든 숙달이 이루어지기보다는 다른 시간의 특수 상황에서 이해가 많이 이루어진다는 것이다(제6장 참조). 첫째, 동일한 논리적 통찰의 다른 형태, 즉 다양한 보존 과제에서처럼 과제별 정보처리 요구가 다양하다. 이렇게 획득된 처리 과정은 추후 좀 더 많은 정보를 작업기억에 보유하고, 연합하게 만든다. 둘째, 아동들은 광범위하게 다양한 경험을 한다. 종종 이야기를 듣고 말하지만 다른 활동보다는 이야기 말하기에서 좀 더 발전된 중심 개념 구조를 보여 주고 있다. 아동 자신의 연령에서 기대되는 중심 개념 구조가 나타나지 않는 아동들은 일반적으로 중심 개념 구조의 획득을 위한 훈련을 받을 수 있다(Case, Griffin, & Kelly, 2001). 그러므로 Piaget 이론보다, Case의 이론은 인지발달의 불균형에 대한 설명을 가능하게 한다. 비록, Case의 이론은 좀 더 많은 과제를 통한 증명이 요구되지만, Case의 이론은 아동들의 처리의 효율성, 전략 연습, 발달을 만들어 내는 아동 사고의 상호작용을 재조직하려는 노력이 어떠한지에 대한 통합된 그림을 유일하게 제공하고 있다.

Siegler의 전략 선택 모형

Robert Siegler(1996, 2006)의 **전략 선택 모형**(model of strategy choice)은 진화론적 은유 즉 '자연 도태'를 사용하여 인지적 변화에 대한 우리의 이해를 도와준다. 도전할 문제가 주어지면, 아동들은 각각의 유용성을 검증하는 다양한 전략을 생성하게 된다. 경험을 통한 몇 가지 전략을 선택하고, 빈번하게 선택된 전략은 '생존'하게 된다. 빈번하지 않게 선택된 전략은 '소멸'하게 된다. 물리적 특성의 진화와 마찬가지로 **변화와 선택**은 당면한 문제를 해결하기 위해 최적의 방법 중 하나인 적응적 문제해결 기술을 산출하는 아동의 정신전략의 특성이 된다.

돈으로 수 세기를 연습하면서, 이 6세 여아는 좀 더 효율적인 처리자가 되었는데, 중심 개념 구조에 다양한 차원의 과제를 협응시키는 능력, 즉 다양한 상황에 적용할 수 있는 일반적 표상을 하게 된다.

아동의 전략 사용에 대한 연구에서 Siegler는 미시발생적 연구설계(제2장 참조)를 사용하여 장시간에 걸쳐 아동에게 많은 문제를 제시하였다. 그는 아동이 많은 유형의 문제 즉 기본적인 수학적 사실, 숫자 어림셈, 보존, 목록의 항목 암기, 첫 번째 단어 읽기, 시간 말하기, 철자 말하기, 심지어 '틱-텍-토' 게임에 다양한 전략을 시도하는 것을 발견하였다. 5세의 데릴이 유치원 선생님이 책상에 제시한 짝이 되는 작은 주머니에서 나오는 구슬 더하기를 하고 있다. 데릴은 각각의 짝이 되는 구슬을 다루면서, 전략을 다양하게 적용하였다. 때로는 어떤 전략도 사용하지 않고 추측하였다. 다음에는 손가락으로 1부터 세었다. 예를 들면, 주머니에 있는 2+4 구슬 더하기에서는 손가락을 하나씩 들면서 '1, 2, 3, 4, 5, 6!'이라고 외쳤다. 경우에 따라, 낮은 수 2부터 세기 시작하는 '더하여 올라가기('2, 3, 4, 5, 6')'를 사용하였다. 혹은 높은 수 4부터 세기 시작하는 '더하여 올라가기('4, 5, 6')'를 적용하였는데, 이 전략은 작업을 최소화하는 최소 전략이라고 부른다. 때로는 암산으로 답을 검색하기도 하였다.

Siegler는 기본적인 수학적 사실, 그리고 다른 유형의 문제에 사용되는 전략이 중복 파도 형태를 따른다는 것을 발견하였다(그림 7.3 참조). 수행은 좀 더 진보된 절차를 사용하기 위하여, 간단한 부정확한 해결 접근에서 시작하여 유아가 다른 전략을 시도하는 고도의 다양한 상태로 진전을 보이는 경향이 있다. 단순 문제를 해결하는 2세도 손에 닿지 않는 장난감을 얻기 위해 도구를 사용하는 이러한 순차적 과정을 보여 주었다(Chen & Siegler, 2000; Siegler, 2007). 전략 시도를 하면서 아동들은 어떤 전략이 가장 잘 적용되고, 가장 덜 적용되며, 비효율적인지를 관찰한다. 점진적으로 아동은 정확성과 속도라는 두 가지 적응적 기준에 기초하여 전략을 선택한다. 아동이 효과적인 전략을 선택하게 되면, 즉각적으로 문제에 대하여 더 많은 것을 학습하게 된다. 그 결과, 정확한 해결책은 문제와 좀 더 강하게 연합되고, 아동은 가장 효과적인 전략, 즉 자동화된 해답의 인출을 보인다.

아동들은 어떻게 좀 더 효과적인 전략으로 이동할까? 아동들은 보다 시간 소모적인 기술을 사용함으로써 좀 더 빠른 과정을 발견하기도 한다. 예를 들면, 데릴은 손가락으로 더하여 올라가기를 반복하다가, 펴진 손가락의 수를 인지하기 시작하였다. 작은 수부터 세기와 최소화 세기 사용을 번갈아 적용한 후, 데릴은 최소화 세기가 더 속도가 빠르고 정확하다는 것을 직접 관찰하게 되었다(Siegler & Jenkins, 1989). 사실상, 짧은 시간 간격으로 동일한 문제를 제시하면, 아동은 고도의 진보된 접근에서 더 낮은 접근으로 무려 40% 정도로 시행이 퇴행한다! 아동의 전략이 더 다양해질수록, 아동의 궁극적인 수행도 더 좋아진다(Siegler, 2007). 난일 항목에서도, 아동은 다양한 절차를 도출할 수도 있는데, 아동의 단어와 몸짓이 다르다는 상황이 지표가 된다(p. 210, '사회적 쟁점 : 교육' 참조)

확실한 특징이 있는 문제는 아동에게 더 나은 전략을 발견하도록 돕는다(Luwel, Siegler, & Verschaffel, 2008). 데릴은 한 주머니에는 10개의 구슬이 들어 있고, 다른 주머니에는 두 개의 구슬이 있을 때, 최소화가 최선의 전략임을 알아챘다. 아동에게 직접적으로 문제와 관련된 개념에 대한 논리적인 추론을 가르치는 것도 도움이 된다(Alibali, Phillips, & Fischer, 2009; Siegler & Svetina, 2006). 초등학교 1학년들은 두 주머니가 합해지는 순서에 상관없이 동일한 결과가 나온다는 것(2+4=6, 그리고 4+2=6)을 인식하게 된 후에는 최소화의 전략 사용 빈도가 더 많아진다. 마침내, 아동들이 효과적 전략을 배우게 되면, 그 전략을 항상 적용하고, 성공 가능성이 더 낮은 기술은 버려 버린다(Siegler & Booth, 2004). 그러나 때때로 아동들은 새롭고 더 적응적인 전략의 이점을 즉시 취

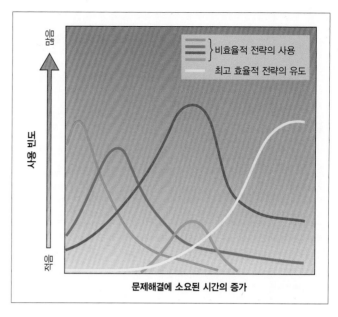

그림 7.3 문제해결에 사용된 전략의 중복된 파형

주어진 도전 과제에서, 아동은 다양한 전략을 도출하였고, 파형으로 각각을 표시하였다. 아동이 동시에 다양한 전략을 시도하기 때문에 파형이 중복된다. 파형의 최고점으로 알려주는 각 전략의 사용은 지속적으로 변화하고 있다. 아동이 전략을 최고로 적용할 때, 잘 적용하지 않을 때, 비효율적으로 적용할 때를 관찰하면서, 가장 빠르고 정확한 해결책의 결과 중 하나로 성공하게 된다.

R. S. Siegler, *Emerging Minds; The Process of Change in Children's Thinking,* copyright © 1996 by Oxford University Press, Inc. Used by permission of Oxford University Press, Inc.

말-동작의 불일치 : 마음 읽기를 위한 손의 사용

빌 선생님은 4학년 학급에서 동등성의 개념, 즉 '='의 한쪽 수량과 다른 쪽의 수량은 동일함을 소개하였다. 그다음 7명의 아동을 칠판 앞으로 나오게 하여 5+3+4=___+4의 문제를 풀게 하였다.

케리가 먼저 "5+3+4+4를 하여 16이 되었다."고 말을 하였는데, 케리는 '='표시의 위치를 무시하면서, 각 수를 언급하면서 손으로 지적하고 빈칸에 답을 적어 넣었다. 케리의 말과 동작은 일관성이 있으며, 둘 다 부정확한 전략의 사용을 보여주고 있다.

노엘이 다음 차례로 하였는데, 노엘도 동일한 부정확한 설명을 하였으나, 동작은 다른 의미를 전달하였다. 노엘은 왼편의 각 수를 지적하였고, 다음 '='표시를 지적하고, 다음 오른편의 4로 이동하였고, 마지막으로 빈칸에 손가락을 짚고 있었다. 노엘은 **말과 동작의 불일치**를 보여 주었다. 그녀의 손동작은 자기가 말하는 이상의 것을 알고 있음을 보여 주고 있다. 다음 몇 주 후에, 노엘은 케리보다 급속하게 동등성 문제를 알게 되었다. 노엘의 빠른 진보를 어떻게 설명할 수 있을까?

말과 동작 불일치가 일어나는 아동이 전이 상태에 있음을 밝히고 있다. 아동의 행동은 한 번에 두 가지 대비되는 전략을 고려하고 있음을 나타내며, 이는 학습 준비도의 징조이다. 미시발생학적 연구에서 연구자들은 더하기에 기초한 등식의 문제를 완전히 이해하지 못하는 아동을 말과 행동이 일치하는 집단과 말과 행동이 불일치하는 집단으로 구분하여 연구하였다. 그다음 대상 아동들은 많은 문제를 수행하면서, 각 집단의 일부는 등식의 원리를 설명하는 가르침(교육)에 기초하여 자기 답의 정확성에 대한 피드백을 받았으며, 다른 아동들은 어떤 중재도 받지 않았다. 마지막으로 아동 스스로 문제를 수행하도록 하여 아동이 학습한 것을 측정하였다(Goldin-Meadow, 2003a, 2006b).

말과 행동이 불일치하는 아동 중 교육 받은 아동이 다른 아동들보다 말과 행동이 불일치하는 상태에서 벗어나 정답을 말하게 된다. 이 아동들은 등식 문제에 기초한 곱하기 문제(5×3×4=5×___)에 대한 새로운 지식으로 더 잘 일반화하였다. 흥미롭게도 교육 훈련으로 학습이 증진된 말과 행동 일치 집단의 일부 아동 중 말과 행동 불일치 단계를 먼저 통과한 아동들만 학습한 것을 일반화하였다. 정확한 전략은 행동에서 먼저 나타나고 추후 말에서 나타난다.

학습이 거의 이루어진 아동은 말이 아닌 행동 접근인 전략을 갖는 것으로 나타났다(Goldin-Meadow, 2002). 아마도 말과 다른 행동전략의 표현은 갈등하는 아이디어를 인식하도록 촉진하여 좀 더 효율적 전략을 선호하여 불일치를 해결하도록 격려하게 된다. 말과 행동 불일치는 또한 연결주의에서 관심을 두고 있는 신경 회로가 강하게 성장하고 결정적 접점에 도달하게 됨을 나타낸다.

부모와 교사는 가장 적절한 시기에 교수를 제공하기 위하여 아동의 행동을 사용한다. 사실상 많은 성인들은 아동의 말과 행동 불일치에 민감하며, 그렇지 않으면 이를 알아채도록 가르칠 수 있다(Goldin-Meadow, 2005a). 한 연구에서, 성인들은 불일치를 보이지 않는 아동보다 불일치를 보이는 아동에게 다양한 문제해결 전략을 가르치는 시도를 하는 경향이 있

이 2학년생이 나타내는 손동작은 그가 분명하게 표현하는 것보다 더 많이 이해하고 있음을 의미한다. 이러한 말과 동작의 불일치는 교수학습이 이루어지는 기회를 제공한다.

다(Goldin-Meadow & Singer, 2003). 이렇게 하면서 Siegler의 전략 선택 모형에서 명확히 밝힌 바와 같이 아동의 학습을 촉진하는 많은 전략을 시도하도록 '불일치 아동'을 격려하였다.

마지막으로, 학습 지원을 위하여 아동의 손 사용을 격려하도록 가르치는 행동을 하는 성인은 수행의 향상을 이끌게 된다(Goldin-Meadow, Cook, & Mitchell, 2009). 이해를 높이기 위하여 동작은 어떻게 기여하는가? 아동(과 성인)이 아직 말로 표현할 수 없는 사고를 표상하는 능력이 생기면, 작업기억의 요구를 줄인다(Ping & Goldin-Meadow, 2010). 결과적으로, 학습자들은 과제에서 씨름하기 위해 추가적인 인지적 자원을 배분할 수 있다.

하지는 않는다. 다음에 우리는 새로운 전략을 사용하는 것은 작업기억의 용량에 부가되는 상당한 노력이 필요함을 알게 될 것이다. 아동들은 새로운 전략을 위하여 거의 자동화된 절차에서 잘 수립된 전략을 포기하는 것에 저항하는데, 그 이유는 처음에는 사고의 속도에서 얻는 이득이 작기 때문이다.

Siegler의 모형은 아동들이 같은 과제에서조차, 오직 한 가지 방법으로만 사고하지 않는다는 것을 밝혀 주었다. 한 아동에게 두 상황에서 동일 문제를 제시하였을 때에도 자주 다른 접근을 사용하였다. 전략의 다양성은 광범위한 문제해결 경험을 통해 '서서히 발전시키는' 새롭고 좀 더 적응적인 사고방법을 고안하는 데에 핵심요인이다.

전략 선택 모형은 발달에 대한 강력한 심상을 제공하는데, 즉 아동 사고과정의 다양성과 지속적 변화를 설명하는 단계 접근의 결함을 극복하게 한다. 극소 유전공학 방법의 활용에 의하여, 연구자

들은 인지적 진보에 필수적으로 기여하는 고도로 다양한 아동의 전략 사용의 기간에 관심을 갖게 되었다. 대표적인 횡단연구와 종단연구에서는 이러한 기간을 쉽게 놓치게 되는데, 인지적 변화는 실제 나타나는 것보다 더 갑작스럽게(즉, 단계와 같이) 나타난다는 것을 알게 되었다.

주의

이 장은 인지체계의 주요 부분으로서 아동의 처리과정, 즉 아동들이 어떻게 정보를 부호화하고, 작업기억에서 정보를 유지하고 전환하여, 그것을 장기기억으로 전이하며, 아동이 사고하고 문제를 해결할 수 있도록 정보를 인출하는지 검토하는 것이다. 이를 위하여 주의의 발달에 대한 연구부터 알아보고자 한다. 주의는 인간 사고의 기저인데, 주의가 특정 과제에서 고려할 정보를 결정하기 때문이다. 부모와 교사들은 어린 아동들이 과제에 참여하는 데 짧은 시간만을 쓰는지, 세부적 측면에 초점을 맞추는 데 어려움을 갖는지, 일련의 정신적 단계를 바꾸는 데 어려움을 갖는지를 발견한다. 유아기와 아동 중기에는 주의력이 매우 향상되어, 좀 더 유지되고, 선택적이며, 적응적이 된다.

유지, 선택, 적응적 주의

출생 후 1년간 영아는 신기하고 시선을 끄는 사건에 주의를 기울여, 그 동작을 좀 더 효율적으로 쉽고 빠르게 추적하게 된다. 또한 영아는 놀잇감과 비디오와 같은 복잡한 자극에 초점을 맞추는 데 시간을 더 많이 사용하고, 생리학 척도인 주의력 유지를 하는 동안 심장박동수가 더 느려지는 것으로 나타났다(Richards, 2008). 걸음마기로 전환되면서, 아동들은 의도적, 목표 지향적 행동능력이 증가하게 된다(제6장 참조). 결과적으로 신기함에 대한 매력이 저하되고(사라지지는 않음), 주의력 유지가 증진되는데, 이러한 능력은 특히 놀이에서 증진되는 것이 나타난다. 걸음마기 영아가 블록 쌓기, 블록을 용기에 담기와 같은 제한된 방법으로 목표 지향적 행동에 참여하게 되면서, 아동은 목표에 도달하기 위하여 주의를 유지하여야 한다. 걸음마기 영아와 학령전 유아의 장난감 놀이에 대한 연구에서, 주의력 유지가 2세와 3세 반 연령 사이에 가파르게 증가하였다(Ruff & Capozzoli, 2003).

전전두엽의 급속한 성장, 증대되는 복잡한 놀이 목표의 설정능력 증대(아동들은 능력 획득을 위하여 집중하여야 한다), 주의력을 위한 성인의 비계설정은 주의력 유지의 획득에 공동 책임이 있다(Ruff & Capozzoli, 2003). 걸음마기 영아와 학령전 유아들이 초점을 유지하도록 돕는 부모들은 유아들의 최근 관심에 대한 제안, 질문, 조언을 제공함으로써 주의력 유지가 향상된다. 더 주의를 잘하는 아동이 인지적, 그리고 사회적으로 좀 더 성숙한 것으로 나타난다(Bono & Stifter, 2003; Murphy et al., 2007; Pérez-Edgar et al., 2010). 언어, 탐색, 문제해결, 학업에 대한 학습, 사회적 상호작용, 협동, 복잡한 놀이와 같은 많은 기술들이 증진된 집중력으로 인해 이득을 본다.

주의력 유지가 증가되면, 아동들은 목표와 관련된 상황의 다양한 측면에 초점을 더 잘 맞추게 된다. 연구자들은 과제에 부적절한 자극을 소개하고, 아동이 핵심요소에 반응하는 방법을 보면서, 선택적 주의가 증가하는지를 연구하고 있다. 예를 들면, 컴퓨터 스크린에 숫자들이 흘러서 연이어 나오게 하고, 특정 순서의 두 숫자(1, 그리고 나서 9와 같이)가 나타날 때마다 버튼을 누르도록 요구하였다. 이 과제에서 발견된 내용은 선택적 주의가 6~10세 사이에 급속히 상승하고 이 능력은 성인기까지 지속된다는 것을 보여 준다(Gomez-Perez & Ostrosky-Solis, 2006; Tabibi & Pfeffer, 2007; Vakil et al., 2009). 일상적인 선택적 주의가 요구되는 누르기 과제에서도 유사한 경향이 나타난다. 한 연구에서, 연구자들은 6~11세 아동에게 안전한 건널목과 위험한 건널목의 컴퓨터 영

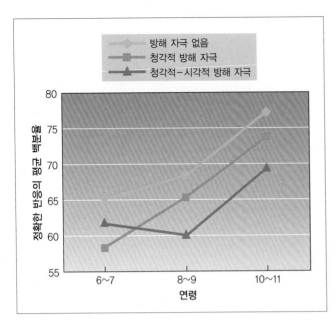

그림 7.4 6세에서 11세 아동용 위험한 건널목 장면의 안전성 판별 과제의 선택적 주의력 증가

아동에게 건널목 장면의 컴퓨터 영상을 보여 주고, 안전한 장면에는 초록색 버튼, 위험한 장면에는 빨간색 버튼을 누르게 한다. 몇 개의 장면에서, 연구자들은 시각적·청각적 방해 자극, 즉 개짖는 소리, 기차의 기적 소리, 소년이 고함치는 소리를 제시한다. 연령 증가에 따라 방해하는 조건에서도 정확도가 증가하였다.

출처 : Tabibi & Pfeffer, 2007.

방해물이 많은 지하철 내에서 아동들은 여전히 책에 몰두하고 있다. 6세와 10세 사이의 억제력 증가는 선택적 주의력, 즉 관련 없는 자극을 무시하고 과제에 초점을 두는 능력에 극적인 향상을 가져온다.

상을 보여 주고, 청각적·시각적 방해 자극을 어떤 경우에는 제시하고, 어떤 경우에는 제시하지 않았다(Tabibi & Pfeffer, 2007). 안전한 장소와 위험한 장소의 구별능력은 방해 자극의 제시 유무에 상관없이, 연령이 증가함에 따라 향상되었고(그림 7.4), 또한 실험실 상황의 주의 과제 점수와도 긍정적인 상관이 있었다.

나이 든 아동들은 또한 과제 내의 일련의 정신적 단계를 전환하는 과제의 요구에 자신들의 주의력을 융통성 있게 적용하였다. 색과 모양의 두 측면이 다양한 그림 카드를 분류하도록 요구하면, 5세 이상 연령의 아동들은 그 과제와 관련 있는 규칙 체계를 알고 있음에도 불구하고 요구한 대로 색에서 모양으로 분류 기준을 전환할 수 있으나, 5세 이하 연령의 유아들은 한 가지 방법으로만 분류하는 것을 지속한다(이전 전환: 빨강은 이 상자에, 파랑은 저 상자에; 이후 전환: 원은 이 상자에, 삼각형은 저 상자에)(Brooks et al., 2003; Zelazo, Carlson, & Kesek, 2008).

더 나아가, 연령의 증가에 따라 아동들은 주의력을 자신의 학습에 맞게 변화시켜 적용한다. 학습할 목록을 제시하고, 추후 공부를 위하여 반 정도를 선택하도록 허용하면, 1학년 아동은 체계적인 선택을 하지 못한다. 그러나 3학년 아동들은 사전에 놓쳤던 항목을 선택한다(Masur, McIntyre, & Flavell, 1973). 산문의 한 절과 같은 복잡한 정보에 대한 연구에서, 대학생 연령까지 사전 수행에 기초한 주의력 할당능력이 계속 증가한다(Brown, Smiley, & Lawton, 1978).

아동들은 어떻게 선택적·적응적 주의전략을 획득하게 될까? 여기에는 두 가지 실행기능 요소인 억제력과 주의전략의 획득이 핵심적 역할을 한다.

억제력 유지되고, 선택적이며, 적응적인 주의는 내·외적으로 분산된 자극을 통제하는 능력인 억제력을 요구한다. 억제력의 기술이 있는 개인은 마음을 대안적인 매력적 사고로부터 산만해지지 않도록 하며, 현재 목표와 관련성이 없는 자극에 주의를 뺏기지 않도록 한다(Dempster & Corkill, 1999). 작업기억이 부적절한 자극들로 분산되는 것이 아니라 억제력으로 많은 정보처리 기술을 지원하는 것이다(Bjorklund & Harnishfeger, 1995; Handley et al., 2004; Klenberg, Korkman, & Lahti-Nuuttila, 2001). 아동의 회상, 추론 및 문제해결을 돕는 것 이외에, 아동이 사회적 상황에서 행동을 통제하는 것을 돕는다. 다음 장에서 다른 아이들과 어울리기 위해, 아동들이 충동을 억제하고, 부정적 감정의 검열을 지속하는 것을 학습하여야 함을 알게 될 것이다.

사고와 행동의 억제능력은 유아기 때부터 향상되기 시작한다. 예를 들면, 3~4세 사이의 유아들은 '예수 가라사대'와 같은 게임에서 어떤 명령에만 따르고 다른 명령에는 따르지 않아야 하는 상황을 잘 고려하여 수행한다(Jones, Rothbart, & Posner, 2003). 분산된 자극을 억제하는 좀 더 복잡한 과제에서, 유아기부터 아동 중기까지 수행력의 증가가 나타난다. 예를 들어, 성인이 두 번 누른 후에 유아가 한 번 누르는 과제와 성인이 한 번 누른 후에 유아가 두 번 누르는 과제, 또는 해 그림은 '밤'이라고 말하고 달 그림는 '낮'이라고 말해야만 하는 과제를 생각해 보자. 그림 7.5에 의하면, 3~4세 유아는 실수를 많이 한다는 것을 보여 준다. 그러나 6~7세의 아동에게 그 과제는 더 쉽다는 것이 밝혀졌다(Johnson, Im-Bolter, & Pascual-Leone, 2003; Kirkham, Cruess, & Diamond, 2003). 아동은 자신의 주의를 '끄는'

우세 자극에 저항할 수 있는데, 이것은 유치원부터 고등학교까지의 사회적 성숙뿐 아니라 읽기와 수학 성취를 예측하는 기술이다 (Blair & Razza, 2007; Duncal et al., 2007; Rhoades, Greenberg, & Domitrovich, 2009). ERP와 fMRI 측정을 통하여 아동과 청소년들이 이러한 억제 과제에 참여하는 과제에서 다양한 피질 영역, 특히 전두엽의 활동이 연령과 관련하여 꾸준히 증가함을 보여 주었다(Bartgis, Lilly, & Thomas, 2003; Diamond, 2004; Luna et al., 2001)

양질의 유아 교육은 억제력과 실행기능의 다른 주의적 요소들을 향상시킬 수 있다. Vygotsky 이론에 의해 영감을 받은 유아 교육과정인 정신의 도구에서 주의력을 위한 비계설정을 모든 교실활동에 핵심으로 조직하여 넣었다(Bodrova & Leong, 2007). 예를 들어, 교사는 주의력을 지원하기 위한 외적 보조물을 제공하는데, 유아에게 듣기를 상기시키는 귀 그림을 손에 들고 있게 하면, 말하는 학급 친구를 방해하지 않는다. 교사는 또한 억제력과 규칙 전환이 빈번한 게임을 하게 한다. 그리고 교사는 가장놀이를 격려하여, 유아의 충동을 억제하고 행동하면서 사고를 사용하도록 도와준다(제6장 참조). 저소득 가정의 주의력결핍 유아들을 무작위로 정신의 도구 학급과 비교 학급을 지정하였을 때, 정신의 도구 사용 학급의 유아는 학년 말의 억제력과 다른 주의능력을 평가하는 과제에서 실제로 더 잘 수행하였다(Diamond et al., 2007). 정신의 도구를 적용한 교육과정을 통한 주의력 교육은 학업과 문제행동의 조기 예방에 강력한 힘이 있다는 것을 증명할 수 있다.

요약하면, 작업기억에서 불필요한 자극을 제거함으로써 억제력은 처리 용량을 증가시킨다. 이렇게 용량의 증가는 다시 말하면, 정신에 정보를 보유하여 더 효율적으로 작동하는 더 높은 수준의 전략 사용을 향한 문을 열어 준다.

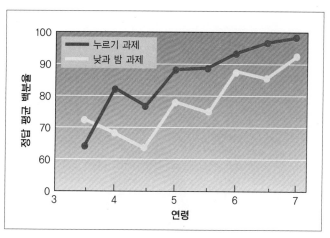

그림 7.5 3세와 7세 아동의 충동 억제와 경쟁 목표에 초점을 맞추는 과제의 수행력 증가

누르기 과제에서, 아동은 성인이 두 번 누르면 한 번 누르고, 성인이 한 번 누르면 두 번 누르도록 한다. 낮과 밤 과제에서, 아동은 해 그림에서는 '밤', 별이 있는 달 그림에서는 '낮'이라고 말하여야 한다.

출처 : A. Diamond, 2004, "Normal Development of Prefrontal Cortex from Birth to Young Adulthood: Cognitive Dunctions, Anatomy, and Biochemistry," as appeared in D. T. Stuss & R. T. Knight [Eds.], *Principles of Frontal Lobe Function.* New York: Oxford University Press, p. 474. Reprinted by permission of Adele Diamond.

주의전략 Patricia Miller와 동료 연구자들은 3~9세 사이의 아동에게 열리는 문이 나열되어 있는 큰 상자를 제시하는 선택적 주의전략을 요구하는 과제를 주었다. 문의 절반에는 동물 우리 그림을 제시하여, 각 그림 뒤에는 동물 그림이 있음을 알려 주었다. 문의 다른 절반은 집의 그림을 제시하여, 각 그림 뒤에는 가정용품이 있음을 알려 주었다. 아동에게 한 집단에 속하는 각 물건의 위치를 기억하도록 지시하면서, 원하는 대로 어떤 문도 열어 볼 수 있도록 하였다. 한 번에 하나씩, 관련된 물체의 그림을 아동에게 보여 주면서, 물체의 위치가 어디였는지 지적하도록 요구하는 검사를 하였다(DeMarie-Dreblow & Miller, 1988; Miller et al., 1986; Woody-Ramsey & Miller, 1988). 연구를 통하여 그림과 관련된 문만 열어 보는 가장 효율적인 주의전략의 출현은 다음 네 단계를 따르는 경향이 있음을 발견하였다.

1. **생성력 부족.** 학령전의 유아들은 주의전략을 거의 사용하지 못하였다. 다른 말로, 유아들은 도움이 될 수 있는 전략의 생성에 실패하였다. 과제에서 요구하는 대로 유아들은 모든 문을 열어 보기만 하였다.

2. **통제력 부족.** 초등학교 저학년 아동들은 때로 전략을 생성하지만 지속적이지는 못하였다. 아동은 효율적인 전략의 통제 혹은 실행에 실패하였다. 예를 들면, 5세 유아는 관련된 문만 여는 선택적 전략을 적용하였으나, 항상 이러한 전략을 사용하지는 못하였다. 때때로 유아들은 부적절한 문을 여는 것으로 되돌아갔다.

3. **이용력 부족.** 이후의 아동들은 일관성 있는 전략을 실행하지만, 그들의 수행은 향상되지 않았거나 더 나이가 많은 아동들보다 덜 향상되었다. 많은 6~7세 사이의 아동들은 문에서 그림을 제거한 후에는 사물의 위치에 대한 기억력이 증가하지 않아 적절한 문만을 열지 못하였다.

11세 아동이 여동생인 7세 아동에게 요리법에 따라 계획하여 안내할 때, 먼저 재료를 모으고, 그다음 정확한 순서에 따라 재료들을 혼합하라고 말해 준다. 일상의 많은 연습 기회를 통하여 계획하기는 연령에 따라 증가하게 된다.

4. 효과적 전략 사용. 초등학교 중간 정도에 아동들은 일관성 있는 전략을 사용하였고 수행이 향상되었다(Miller, 2000).

다음에 살펴볼 내용으로, 이러한 단계는 아동의 기억전략 사용에도 특징적으로 나타난다. 아동이 처음 전략을 사용할 때, 때로는 왜 전략이 잘 작동하지 않는가? 일반적으로 새로운 전략의 적용에는 많은 노력과 주의가 요구되므로 과제의 다른 부분을 수행하기 위한 작업기억의 능력이 거의 남아 있지 못하게 되기 때문이다(Woody-Dorning & Miller, 2001). 새로운 전략 획득에 대한 다른 추론으로는 어린 아동들이 과제 수행에 대한 모니터링을 잘하지 못하여 수행에서 높은 능력을 이끌어 내지 못하기 때문이라는 것이다(Schneider & Bjorklund, 2003). 왜냐하면 아동은 전략이 어떻게 잘 작동하는지 계속 추적하지 못해서, 전략을 일관성 있게 적용하지 못하거나, 다른 방법으로 잘 다듬지 못하게 된다.

계획하기

연령이 높아지면, 아동의 주의력이 실행기능에 더 기여하게 되어 많은 발달적 진보를 하게 된다. **계획하기**(planning)는 시간에 앞서 활동의 순서에 대하여 생각해 보고, 목표에 도달하기 위하여 주의를 배분하게 된다(Scholnick, 1995). 효과적인 계획하기의 씨앗은 영아기에 나타난다. 연구자들은 2개월에서 3개월의 영아들에게 왼쪽에서 오른쪽의 순서를 예측할 수 있는 연속적 그림을 보여 주면, 영아들은 자극이 나타나기 전에 다음 자극의 위치로 초점을 옮기는 것을 빠르게 학습하였다(Wentworth & Haith, 1998). 그리고 4개월 영아는 물체의 이동 흔적을 예측하는 데 관련 있는 능력을 기억해 낸다(제4장 참조). 매우 어린 영아들도 일상적 사건을 예측하는 능력을 나타내어 이들의 주의가 '미래 지향적인' 것처럼 보였다.

그러나 유아에게 미래 행동의 실행을 위하여 어떻게 최선을 다할 수 있는지를 추론하게 하는 상대적으로 간단한 과제에서도, 유아는 계획 세우기에 큰 어려움을 갖는다. 한 연구에서 3~5세 유아에게 3개의 동물우리가 있는 길을 따라 몰리라는 인형, 카메라, 미니 동물원을 보여 주었다. 첫 번째와 세 번째 우리에는 우리 옆에 보관함이 있고, 가운데 우리는 캥거루의 집으로 보관함이 없다(그림 7.6 참조). 유아에게 몰리는 한 번만 길을 따라 갈 수 있고, 캥거루 사진을 찍고 싶어 하지만, 캥거루 우리 옆에는 카메라를 넣은 보관함은 없다고 말하였다. 그다음, 유아에게 물었다. "몰리가 카메라를 꺼내 캥거루 사진을 찍을 수 있는 카메라를 넣어둘 보관함은 어떤 것일까?"(McColgan & McCormack, 2008). 5세 이하의 유아는 효율적인 계획능력이 없으며, 두 개의 보관함을 동등한 빈도로 선택하였다. 유아에게 추론을 요구하는 동일한 요소들이 있는 과제, 즉 몰리는 캥거루 사진을 찍고, 보관함에 카메라를 넣어 두고, 그 후에, 카메라를 발견할 수 없는 길을 따라가는 과정을 회상하여 그것을 할 수 있는 장소는 어디인가? 4세 유아는 종종 성공을 하였다.

이러한 결과, 그리고 다른 결과들은 5세경에 계획하기에 대한 눈에 띄는 증진이 나타났다(Hudson, Sosa, & Shapiro, 1997). 분명히, 유아가 전에 결코 경험한 적이 없는 미래 사건의 순서에 대한 추론은 유아가 직접 관찰한 과거 사건의 순서 추론보다 훨씬 더 어려워한다.

더 복잡한 계획하기 과제에서, 더 많은 향상이 아동 중기 동안 일어난다. 5~9세의 아동들에게 상점놀이에서 구입할 물건의 목록을 주었다. 나이가 많은 아동들은 구입 전에 상점을 훑어보는 데 좀 더 시간을 보냈다. 또한 물건을 집으러 이동하기 전에 각 물건을 찾기 위하여 좀 더 많이 멈추곤 하였다. 결과적으로, 아동들은 여러 통로들 중에서 더 짧은 길을 따라갔다(Gauvain & Rogoff, 1989; Szepkouski, Gauvain, & Carberry, 1994).

그림 7.6 유아의 계획하기 평가에 사용하는 미니 동물원

몰리가 캥거루 사진을 찍고 싶지만 길을 한 번 만 따라갈 수 있다고 말한 후에, 유아에 게 몰리가 카메라를 꺼내고 사진을 찍어야 하는 카메라 보관함을 왼쪽 그림에서 지적 하여 보도록 요청한다. 5세가 될 때까지 유 아는 계획을 하지 못하는데, 첫 보관함을 더 많이 선택하였으며, 종종 어린 유아는 동등 하게 두 보관함을 선택했다.

출처 : McColgan & McCormack, 2008.

대부분의 일상 과제에서 계획하기의 발달은 주의력이 어떻게 다른 인지처리와 협응하는지를 설명하여 준다. 다양한 단계가 포함된 문제해결에서, 아동들은 차선책에 무게를 두거나, 과제의 자료들(식품 목록에 있는 물건들과 같이)을 조직화하거나, 순서화된 계획의 각 단계에 주의를 기울여 기억하면서 행동하는 것을 미루기도 한다. 계획하기에서 아동들은 계획이 얼마나 잘 작동하는지 모니터해야 하고, 만약 필요하다면 그것을 재조정한다. 계획하기는 확실히 작업기억에 많은 부담을 준다. 그러므로 어린 유아들이 계획을 세울 때, 적은 수의 단계로 된 과제에서 성공하는 것은 놀라운 일이 아니다.

아동들은 문화적인 도구로부터 많은 것을 학습하게 되는데, 문화적 도구는 특히 좀 더 계획에 숙달된 사람과 협조하여 수행하는, 게임하기에서의 지시 사항, 구조물 만드는 법, 요리법에서 계획력을 지원한다. 4~7세 아동이 엄마와 장난감으로 공동으로 구조물을 만드는 것을 관찰했을 때, 그 아동의 어머니들은 계획에 유용하고 특정 단계에 어떻게 적용하는지에 대한 정보를 제공하는 "그림을 보고, 무엇이 어디로 가는지 보기를 원하니? 처음에 필요한 조각이 무엇이니?" 질문을 하였다. 엄마와 놀이를 한 후, 어린 아동은 스스로 구성할 때도 계획을 더 많이 참조하였다(Gauvain, 2004; Gauvain, de la Ossa, & Hurtado-Ortiz, 2001).

계획하기를 연습할 많은 기회를 갖게 되면, 아동들이 계획의 요소와 계획에 대한 지식의 사용을 이해하도록 도와준다. 부모들은 일상활동에서 계획하기를 격려하여 계획력을 기를 수 있는데, 예를 들면, 방학을 위한 계획에서 식기세척기에 그릇을 넣는 집안일 돕기를 시킬 수도 있다. 한 연구에서, 4~9세 아동의 계획하기에서 부모-아동의 논의는 청소년기의 계획하기 능력을 예측하였다 (Gauvain & Huard, 1999). 학교 숙제에서 요구되는 계획하는 방법에 대한 교사의 설명은 계획력의 증진에 기여하게 된다.

주의전략에 대한 고려는 학교와 인생의 성공에 결정적이다. 불행하게도 몇몇의 아동들은 주의 집중에 많은 어려움을 갖고 있다. 다음 상자글에 제시된 '생물학과 환경'은 주의력결핍 과잉행동장애 아동들의 심각한 학습과 행동문제에 대한 토의를 위하여 제시했다.

생물학과 환경

주의력결핍 과잉행동장애 아동

다른 5학년 아동들은 책상에 앉아 조용히 학업을 할 때, 켈빈은 움직이고, 연필을 떨어뜨리고, 창문을 내다보고, 신발 끈을 흔들고, 큰 소리로 "야 조이."라고 말하고, 다른 여러 급우들의 머리 위로 "수업 끝나면 공놀이 할 사람?" 하며 외쳤다. 그러나 조이와 다른 아동들은 켈빈과 놀기를 원하지 않는다. 놀이터에서 켈빈은 신체적으로 어색하고, 게임의 규칙을 따르는 데 실패한다. 그는 순서대로 방망이를 치는 데 문제가 있고, 외야에서는 공중에 야구 장갑을 던지고 공이 자기 쪽으로 오면 항상 다른데를 보고 있는 것처럼 행동한다. 켈빈의 책상은 어지럽게 흐트러져 있으며, 가끔 연필, 책, 학업 수행에 필요한 교재를 잃어버리고, 해야 할 숙제를 기억하는 데 어려움을 갖는다.

ADHD의 증상

학령기 아동의 3~5%가 **주의력결핍 과잉행동장애**(attention-deficit hyper-activity disorder, ADHD)를 갖고 있으며, 켈빈은 이들 중 한 명으로, 주의력 부족, 충동성, 과잉운동활동으로 학업과 사회적 문제를 갖고 있다(America, Psychiatric Association, 2000; Goldstein, 2011). 남아들이 여아들보다 4배 많은 것으로 진단되고 있다. 그러나 많은 ADHD 여아들은 증상

이 별로 심하지 않아 간과될 수도 있다(Abikoff et al., 2002; Biederman et al., 2005).

ADHD 아동은 몇 분 이상의 정신적 노력이 요구되는 과제에 집중하며 읽을 수가 없다. 덧붙여, 충동적·사회적 규칙을 무시하거나, 좌절을 하게 되면 적개심이 폭발하는 행동을 한다. 대다수(전부는 아니고)는 과잉행동을 보인다. 이들은 과잉운동활동으로 하루를 지내므로, 학부모와 교사를 지치게 하고, 다른 아동들을 성가시게 하여 쉽게 거부된다. ADHD로 진단된 아동들은 이러한 증상이 7세 전에 나타나 지속적 문제를 갖게 된다.

ADHD 아동은 집중력의 문제로 지능검사에서 다른 아동들보다 7~15점 정도 점수가 낮게 나타난다(Barkley, 2002). 연구자들은 실행기능의 결핍이 ADHD 증상의 기저에 있다는 데 동의한다. 한 관점에 의하면, ADHD 아동은 사고 관련 행동을 억제하는 능력이 손상되어, 실행처리의 광범위한 부적응에 기본적 어려움을 갖게 된 결과, 충동성과 비조직적 행동을 보인다(Barkley, 2003). 또 다른 가설은 ADHD는 자기 자신의 행동을 안내하는 능력을 방해하는 실행처리과정의 문제에 기인한 직접적인 결과이다(Brown, 2005, 2006). 결과적으로 이런 아동들은 주의력 유지가 요구되는 과제에 낮은 수행력을 보이고 관련성이 없는 정

보를 무시하는 데 어려움이 발견되며, 학업과 사회적 상황에 대한 기억력, 계획력, 추론력, 문제해결력에 어려움이 있게 되고, 종종 좌절감과 강한 정서 관리에 실패한다(Barkley, 2003, 2006).

ADHD의 기원

ADHD는 가족력을 가지며, 높은 유전성을 갖는데, 일란성 쌍둥이는 이란성 쌍둥이보다 더 많은 유사성을 갖게 된다(Freitag et al., 2010; Rasmussen et al., 2004). ADHD 아동들은 비정상적 뇌기능도 나타나는데, 제한적인 전기적·혈류적 활동, 전전두엽과 다른 영역의 비정상적 구조로 인해 주의력, 행동 억제력, 운동 통제력에 문제가 발생한다(제5장 참조)(Mackie et al., 2007; Sowell et al., 2003). 또한 ADHD 아동의 뇌는 더 느리게 성장하며 정상적인 또래 아동보다 뇌의 전체 부피가 3% 더 작다(Narr et al., 2009; Shaw et al., 2007). 신경전달물질 세로토닌(억제력과 자기조절과 관련된)과 도파민(효율적인 인지적 처리에 요구되는)의 기능을 방해하는 몇 가지 유전 인자는 장애에 영향을 미친다(Bobb et al., 2006; Faraone & Mick, 2010).)

동시에 ADHD는 환경적 요인과 연합된다. 태아기의 기형, 특히 약 오용, 술, 흡연 등에 장기적으로 노출

기억

주의와 기억전략이 향상됨에 따라, 작업기억에 정보를 보유하고 장기적인 지식 기반으로의 전환 가능성을 증가시키기 위해 정교한 정신활동을 하게 된다. 제4장과 제6장에서, 우리는 생후 2년 동안 조작적 조건화, 습관화, 지연–모방 연구에서 평가하였던 사물, 사람, 사건에 대한 기억에서 극적인 증진이 이루진다는 것을 보았다. 연령이 증가하면서, 영아는 장기간에 걸쳐 더 많은 정보를 기억하게 된다.

그러나 아동과 성인과 비교하면, 영아와 걸음마기 유아는 적은 노력과 전략적 기억을 하게 된다. 대부분의 진행 중인 활동 면에서, 영아와 걸음마기 유아는 무의식적으로 기억한다(Bjorklund, 2012). 그리고 기억전략이 유아기 동안 출현되지만 초기에는 거의 성공하지 못한다(Schneider, 2002). 아동 중기경에 이러한 기술이 점차 크게 도약하게 된다.

정보저장 전략

연구자들은 새로운 정보에 대한 기억력 향상을 위한 세 가지 전략, 즉 시연, 조직화, 정교화의 발달을 연구하였다.

우측의 ADHD 아동에게 교실에서 활동적인 학습을 하기 위해 제공되는 많은 기회는 그녀의 주의력 유지를 돕는 다른 중재와 결합한다.

되는 것은 부주의력과 과잉행동과 연결된다(제3장 참조). 더 나아가 ADHD 아동은 결혼생활이 불행하고 가족 스트레스가 높은 가정 출신이 더 많다. 그러나 스트레스가 많은 가정생활이 ADHD의 원인인 경우는 드물다. 대신에 이런 아동의 행동은 가정문제를 야기하여 아동의 기존 어려움을 강화하게 된다.

ADHD의 치료

켈빈의 의사는 결국 자극물 투여 처방을 하였는데, 가장 보편적인 ADHD의 치료이다. 투여량을 조심스럽게 정하기만 하면, 이 약을 투여한 70%의 아동들의 활동 수준이 저하되며, 주의력, 학습 수행력, 또래관계가 증진된다(Greenhill, Halperin, & Abikoff, 1999). 자극물 투여는 전두엽 활동을 증가시켜, 주의력을 유지하고 과제 이외의 행동과 자기 자극적 행동을 억제하는 아동의 역량을 증가시킨다.

2006년에, 미국 식품의약국의 자문단 패널 회의가 미국에서 개최되었는데, 흥분제는 심장기능을 손상시킬 수 있고, 심지어 어떤 개인에게는 돌연사를 야기할 수도 있다고 경고하며, 이러한 잠재적인 경고 표기를 주장하였다. 약물은 아동에게 부주의와 충동성을 보충할 것을 가르칠 수 없다. 가장 효율적인 처치 접근은 투약과 더불어 강화를 통한 적합한 학업과 사회적 행동을 위한 개입을 연계하는 것이다(American Academy of Pediatrics, 2005a; Smith, Barkley, & Shapiro, 2006).

가족 개입도 중요하다. 주의력이 제한되고 행동과 잉인 아동은 부모의 인내력을 혹사시켜, 부모가 체벌적이며 일관성 없는 아동의 부적절한 행동을 강화시키는 자녀양육 양식으로 반응하게 한다. 사실, 청소년 사례의 50~75%는 두 가지의 행동문제가 함께 발생한다(Goldstein, 2011).

어떤 대중매체 보고서는 ADHD로 진단된 북미 지역 아동의 수는 급속히 증가한다고 제안하고 있으나, 두 개의 광범위한 조사는 25년 전과 현재의 전반적 발생률은 유사하다고 보고하고 있다. 더 나아가, ADHD 발생률은 어떤 지역에서는 다른 지역보다 높다. 동시에, 아동은 과잉 진단과 불필요한 투약을 받는데, 그 이유는 부모와 교사들이 사실상 정상 범주의 주의결핍과 적극적 행동에 대해서 인내력이 부족하기 때문이다(Mayes, Bagwell, & Erkulwater, 2008). 홍콩에서는 학업성취가 특히 중요하여, 아동에 대한 진단율이 북미의 두 배로 나타났다. 영국에서는 의사의 ADHD 명명과 약 처방을 유보하여 많은 수의 주의결핍과 과잉행동 아동에 대한 진단을 하지 않고 있으며, 종종 그들이 필요한 치료를 받지 못하고 있다(Taylor, 2004).

ADHD는 평생 장애이다. 성인기까지도 ADHD 환자는 환경의 구조화, 부정적 감정의 조절, 적절한 직업의 선택, 성격보다는 생리적 결핍에 의한 자신의 상태 이해를 위한 계속적인 도움이 필요하다.

시연, 조직화와 정교화 다음 시간을 위하여 당신이 학습하여야 할 목록, 즉 국가나 각 주의 주요 도시, 혹은 식료품 가게에서 사야 할 물건 목록이 있을 때, 당신의 행동을 주목하여 보자. 사람들은 스스로 정보를 반복하는 **시연**(rehearsal)이라는 기억전략을 사용하게 되는데, 앞에서 언급하였던 절차인 작업기억에 정보를 유지하여 잡고 있는 과정이다. 그리고 사람들은 관련된 항목을 집합체(예 : 국가의 동일 지역의 모든 도시들)로 구성하는 **조직화**(organization)라는 전략을 사용한다.

왜 어린 아동들은 시연과 조직화를 잘 수행하지 못하는가? 기억전략은 충분한 작업기억의 추가 용량과 완전한 습득을 위한 시간과 노력을 요구한다. 학령기 아동들의 이러한 전략 사용은 7세경에는 시연, 8세경에는 조직화를 사용하는 빈도가 높아지지만, 많은 아동들에게 **통제력 및 사용력 결핍**(control and utilization deficiencies)이 나타난다(Bjorklund, Dukes, & Brown, 2009). 예를 들면, 7~8세의 아동들은 종종 조각조각으로 나누어 시연을 한다. 항목의 목록 안에 '고양이'라는 단어를 제시하면 아동은 "고양이, 고양이, 고양이."라고 말한다. 대조적으로 연령이 높은 아동들은 이전에 제시된 단어와 각각의 새로운 단어를 연결하여 "책상, 사람, 운동장, 고양이, 고양이."라고 말한다. 이러한 더 적극적인 시연 접근은, 인접한 단어에 회상을 자극하는 서로 다른 맥락을 만들어, 훨씬 더 많은 기억을 산출해 낸다(Lehman & Hasselhorn, 2007, 2010). 유사하게 어린 유아들은 보통 일상생활과의 연합으로 항목을 조직하는데, '모자-머리, 당근-토끼' 등과 같다. 연령이 높은 아동들은 의류, 신체 부위, 음식, 동물과 같은 공통된 속성을 토대로 분류 범주 항목으로 집단을 만든다. 극적

미디어 멀티태스킹은 학습을 방해한다

"**엄**마, 저 지금 생물학 시험에 대한 공부를 할 거예요." 16세 애슐리가 자신의 방문을 닫으면서 말했다. 책상에 앉으며, 애슐리는 노트북의 인기 있는 소셜 네트워킹에 접근했고, 헤드폰을 쓰고, MP3로 좋아하는 노래를 듣기 시작하면서, 휴대전화의 문자 메시지가 울리면 들을 수 있도록 애슐리의 팔꿈치 옆에 놓아 두었다. 그런 다음 애슐리는 교과서를 펼쳤고 읽기 시작했다.

미국의 전국 대표 표본 연구에서, 8~18세 학생은 23세 성인보다 동시에 혹은 대부분의 시간에 2개 혹은 그 이상의 미디어 활동에 참여하고 있는 것으로 보고되고 있다(Rideout, Foehr, & Roberts, 2010). 미디어 멀티태스킹의 가장 빈번한 형태는 과제를 하는 동안 음악을 듣는 것이며, 또한 공부를 하는 동안 TV를 시청하거나 인터넷을 사용하는 것으로 보고되었다(Jeong & Fishbein, 2007). 어린 아동의 방에 TV나 컴퓨터의 존재는 이러한 행동의 강한 예측변수이다(Foehr, 2006). 그리고 이러한 행동은 교실로 확장되고 있는데, 책상 아래에서 문자 메시지 보내기, 휴대전화로 인터넷 서핑하기를 볼 수 있다.

연구는 한 실험을 통하여 미디어 멀티태스킹이 학습을 크게 저하시킨다고 확인하여 주는데, 참가자들에게 두 개의 과제를 제시하는 것으로, 단서가 되는 색깔 칩을 사용하여 두 개 도시의 날씨를 예측하는 학습과 헤드폰을 통해 높은 피치의 음을 얼마나 많이 들었는지 마음으로 수 세기를 하는 것이었다. 연구대상의 반은 동시에 그 과제를 수행하였고, 다른 반은 분리하여 과제를 수행하였다. 두 집단 모두 2개의 도시 상황에서 날씨 예측을 학습하였으나, 멀티태스커(다중 업무자)는 새로운 날씨 문제에 자신의 학습 적용이 불가능하였다(Foerde, Knowlton, & Poldrack, 2006).

fMRI 증거는 날씨 과제에서 참가자의 해마만이 작동이 활성화되었다는 것이 밝혀졌으며, 해마는 의식적인 전략적 회상의 **외현기억**에 핵심적 역할을 하며, 새로운 정보를 본래의 학습 상황 이외의 맥락에 유연하고 적응적으로 사용될 수 있게 한다(제5장 참조). 대조적으로, 멀티태스커(다중 업무자)는 **암묵기억**이 일어나는 피질 하부 영역이 활성화되었는데, 무의식적으로 발생하는 표면적인 자동적 형태의 학습이 일어난다.

1980년대 초기에는 연구가 실행기능의 어려움과 관련된 중등 미디어 사용과 연계된 것이었다(Nunez-Smith et al., 2008). 미디어 멀티태스커(다중 업무자), 즉 과제 간에 주의력을 지속적으로 전환하는 것에 익숙한 사람은 그들이 멀티태스킹을 하지 않을 때 관련 없는 자극을 걸러내는 데 힘든 시간을 보낸다(Ophir, Nass, & Wagner, 2009).

공부하는 동안 휴대전화와 문자 메시지 점검은 무해하고 불가항력적인 것처럼 보인다. 그러나 연구는 미디어 멀티태스킹에 포함된 주의 전환은 학습을 방해한다고 제안하고 있다.

생물학 시험을 대충 준비하고, 애슐리는 컴퓨터와 MP3 플레이어를 끈 후에는 새로운 정보에 집중하고 전략적으로 처리하는 데 문제를 갖는 것 같다. 숙련된 교사는 종종 한 세대 전의 학생들과 비교하여 현재의 10대들은 완전한 학습이 덜 이루어지며 쉽게 산만해진다고 불평을 많이 한다. 한 교사는 "그것은 한 번에 많은 다른 일들을 짧은 시간에 처리하면서 성장하였던 방식이다."라고 반성적으로 생각했다(Cray, 2009, p. 40).

으로 기억력이 향상되면서 소수 몇 개의 범주에 수많은 항목을 넣는 효율적인 조직으로 구성하도록 한다(Bjorklund et al., 1994). 명확한 범주로 구성한 자료에 대한 경험과 성인의 시범과 조직하도록 자극을 주는 것은 아동이 조직화를 사용하도록 돕고, 결과적으로 명확성이 부족한 관련 자료에 전략을 적용하도록 돕는다(Güller et al., 2010; Schlagmüller & Schneider, 2002).

더 나아가, 연령이 높은 아동들은 한 번에 시연하기, 조직화하기, 범주명 언급하기의 여러 기억전략을 더 많이 적용하게 된다. 아동들이 동시에 더 많은 전략을 사용한다면, 더 잘 기억하게 된다(Coyle & Bjorklund, 1997; Schwenck, Bjorklund, & Schneider, 2007). 어린 아동의 많은 다양한 기억전략의 사용은 수행에 거의 영향을 주지 않더라도, 이러한 시도 경향성은 적응적이며, 어떤 전략이 각기 다른 과제에 최선으로 작동하는지, 어떻게 전략들을 효과적으로 연계하는지 발견하도록 한다. 예를 들면, 2~4학년 아동은 목록 학습하기에 가장 좋은 방법이 먼저 항목을 조직하는 것이며, 다음에는 범주명을 시연하고, 그다음 개별 항목을 시연하는 것임을 알고 있다(Hock, Park, & Bjorklund, 1998).

아동 중기 말에, 아동들은 세 번째 기억전략인 정교화를 사용한다. **정교화**(elaboration)는 동일 범주의 구성체가 아닌 둘 이상의 정보 단편 간의 관계, 공유된 의미의 구성에 개입한다. 학습할 두 단어들이 물고기와 파이프라면, '물고기는 파이프를 핀다'와 같은 언어적 진술이나 정신적 상을 생성할 수도 있다. 정교화는 고도의 효과적 기억 기술로서 청소년기 동안 좀 더 보편적이 되는데, 청년은 의미 있는 연합을 생성하는 동안에 마음에 둘 이상의 항목을 보유하는 것이 향상된다(Schneider & Pressley, 1997).

요약하면, 연령이 높은 학령기 아동과 청소년은 전략적인 기억하기에 숙련이 된다. 그러나 숙제를 하는 동안, 이들은 다른 몰입 활동의 빈도가 높아지는데, 대부분 빈도가 높은 활동은 미디어 활동으로 문자 메시지 보내기, 친구와 이메일하기, 음악 감상하기, TV나 비디오 시청하기에 빠지게 된다. 학습자가 이러한 '미디어 멀티태스킹'을 할 때 지식 습득이 어떻게 일어나는지를 알아보기 218쪽에 제시된 '사회적 쟁점 : 교육'을 참조하자.

전통 문자를 사용하지 못하는 콜롬비아 U'wa 족인 이 아동은 학교 과제에서 요구하는 정보를 분리된 부분으로 회상하는 데 어려움을 갖고 있다. 그러나 이 아동은 전통적인 cocara 나뭇잎으로 모자를 만드는 단계에 대해서는 예리한 기억력을 보이고 있다.

문화, 학교 교육, 그리고 기억전략   시연, 조직화, 그리고 정교화는 자신의 이익을 위하여 정보를 회상할 필요가 있을 때, 사람들이 일반적으로 사용하는 기술이다. 많은 다른 경우에, 기억은 일상의 활동에서 참여 결과에 의해 자연적으로 발생하게 된다(Rogoff, 2003). 이러한 생각을 설명하는 연구에 의하면, 4~5세 아동은 장난감으로 놀이하거나 장난감을 회상하여 말하도록 하였는데, 아동이 자발적인 조직화를 많이 사용하여 놀이 조건에서 훨씬 더 잘 회상하였다. 여기에는 물건의 일상적 사용(인형의 발에 신발 신기기)과 이러한 행동을 "나는 이 레몬을 짠다." 또는 "이 헬리콥터는 난다, 강아지야."와 같이 말로 하는 것이 포함된다(Newman, 1990).

이러한 반복된 연구결과는 형식적 학교 교육이 없는 비서구권 문화의 사람들은 기억전략을 위한 교육의 사용이나 이득이 거의 없는데, 그 이유는 이러한 기술을 사용하는 실제적 이유를 알아내지 못하기 때문이다(Rogoff & Mistry, 1985). 별개의 정보에 대한 기억을 요구하는 과제인 학교에서 보편적 과제는 아동들에게 기억전략을 사용하려는 많은 동기를 제공한다. 사실상 서구의 아동들은 사물의 공간적 위치와 배열, 즉 일상생활에서 용이하게 적용할 수 있는 단서 등에 의존하여 기억기술의 세련화하지 않는 이러한 학습 유형에 대해 많은 연습을 하게 된다(Mistry, 1997). 예를 들면, 과테말라 마야의 9세 아동은 놀이 상황에서 40개의 친숙한 사물의 위치를 회상하여 말하도록 하면, 북미의 또래보다 조금 더 잘한다. 북미 아동들은 종종 공간관계 추적을 유지하는 것이 좀 더 효과적일 때 사물 이름을 시연할 수 있다(Rogoff & Waddell, 1982). 이러한 방법에서 보듯이, 기억전략의 발달은 좀 더 유능한 정보처리 체계의 주요 요인은 아니다. 또한 기억전략은 과제 요구와 문화적 환경의 산물이다.

정보인출

한 번 정보가 장기지식 기반으로 입력되면, 정보를 다시 사용하기 위해 인출하여야 한다. 정보는 세 가지 방법, 즉 재인, 회상, 재구성을 통하여 기억으로부터 인출할 수 있다. 기억에 대한 이러한 접근방식의 발달에 대한 논의에서, 아동들의 지식 기반의 확장이 어떻게 기억 수행에 영향을 미치는지 검토하고자 한다. 또한 아동 목격자와 같은 법적 처리의 근거로 기억의 특수 형태에서의 정확성에 대한 탐구는 자신과 타인의 복지에 심각하게 영향을 미친다.

재인과 회상   유아에게 10개의 그림이나 장난감 세트를 보여 주고, 그다음 익숙하지 않은 항목들과 섞어 놓고, 유아에게 원래 세트에서 하나를 지적하도록 요구하였다. 이전에 경험하였던 자극과 동일하거나 유사한 자극에 주목하는 것을 **재인**(recognition)이라고 한다. 인출 단서로 기억해야 할 자료를 검사 시 완전히 제시하므로, 재인은 인출의 가장 단순한 형태이다.

제4장과 제6장에서 논의된 습관화 연구에 의하면, 영아도 재인을 잘한다. 좀 더 오랜 지연으로 많은 자극을 재인하는 능력은 연령과 함께 점진적으로 증진되어, 유아기 동안 성인의 수준으로 도달하게 된다. 예를 들면, 80개의 그림을 제시하였을 때, 4세 유아는 원래 세트에 없는 그림의 90%를 정확하게 판별해 냈다(Brown & Campione, 1972). 재인은 조기에 나타나서 급격하게 발달하기 때문에, 장기기억에 대한 면밀한 탐사에 의존하지 않는 아마도 상당히 자동화된 과정이다. 그럼에도 불구하고 저장되는 동안 시연과 조직화의 전략을 적용할 수 있는 높은 연령의 아동은 많은 수의 항목을 재인할 수 있는 능력이 증가된다(Mandler & Robinson, 1978).

다음으로 아동에게 좀 더 많은 도전 과제를 제시하고, 시야에서 벗어난 항목을 머릿속에 유지하도록 하고, 아동에게 보았던 항목의 명칭을 물어보았다. 이것은 **회상**(recall)을 요구하는 것으로, 사라진 자극에 대한 정신적 표상을 생성하도록 하는 것이다. 회상의 발달은 강한 단서로 기억될 경우 1세 후반에 나타난다. 제6장에서 논의한 6개월 이후에 진행되는 지연 모방으로 돌아가 생각하면, 영아기의 회상에 대한 좋은 증거이다. 회상발달은 영아기부터 재인보다 뒤떨어진다. 유아 기억의 가장 명백한 특징 중 하나는 정보의 단편을 유지하도록 요구하는 회상 과제에서는 재인 과제에서보다 능력이 낮게 나타난다는 것이다. 2세 영아는 하나 혹은 두 개 이상의 항목을 회상할 수 없으며, 4세경에 3~4개를 회상하게 된다(Perlmuter, 1984).

유아기의 회상력 증진은 언어발달과 강하게 연관되어 있으며, 과거 경험에 대해 장기적으로 지속성 있는 표상을 크게 향상시켜 준다(Melby-Lervag & Hulme, 2010; Ornstein, Haden, & Elischberger, 2006; Simcock & Hayne, 2003). 그러나 몇 주 전에 발생했던 사건을 회상하도록 요구하면, 유아들은 자신이 기억하는 부분만을 보고한다. 장기 연구에서, 6학년 아동은 유치원 시기에 역사박물관에 갔을 때 일어났던 일에 대해 말하도록 하였다. 6학년 아동들은 박물관 관람 6주후에 동일한 질문을 받는 유치원생들보다 경험에 대해 적게 응답하였다. 그러나 사건에 대한 사진이 포함된 특정 검색 단서에 대한 반응에서는 6학년 아동이 더 많은 내용을 기억하였다. 그리고 어떤 측면에서는, 6학년 아동들의 회상이 더 정확하였다(Hudson & Fivush, 1991). 예를 들면, 6학년 아동들은 성인들이 모래상자 속에 숨겨 놓은 물체들을 찾기 위하여 추론을 하였으나, 반면에 유치원 유아들은 물체를 찾기 위하여 단순히 파 보면서 회상하였다.

재인에 비하여 회상은 많은 증진을 보이는데, 그 이유는 연령이 높은 아동들은 광범위한 검색 단서를 사용하게 되기 때문이다. 연령에 따라 장기지식 기반은 더 크게 성장하고, 높아진 정교화와 위계적이며 구조화된 연결망의 조직력이 증진된다(Bjorklund, 2012; Schneider, 2002). 목록과 경험의 표상이 장기기억과 상호 연결되면, 내재화된 많은 검색 단서들은 추후 회상에 사용될 수 있다.

콜로라도 목장에서 성장한 이 아동은 할아버지에게 이야기를 하면서, 사건과 상세 내용의 재구성, 선택, 해석과 재배열을 하게 된다.

재구성 인간은 복잡하고 의미 있는 자료를 기억하여야 할 경우, 저장고의 체계 안에 단순히 자료를 복사하고 검색하여 원본에 충실하게 재현하지만은 않는다. 대신에 매일의 일상생활에서 직면하게 되는 정보를 기존의 지식에 의하여 선택하고 해석한다. 한 번 자료가 전환되면, 원본과 구별하는 것이 종종 어렵기도 하다(Bartlett, 1932). 구성주의적 처리과정은 정보처리 과정의 어떤 단계에서도 일어날 수 있다. 이 과정은 저장고에 있는 동안 발생할 수 있다. 사실상 조직화와 정교화의 기억전략은 구성적 기억의 영역 내에 있는데, 그 이유는 이들이 자극들 간의 관계 생성에 개입되기 때문이다. 구성주의적 처리는 정보의 **재구성**(reconstruction), 즉 정보가 체계 내에 있거나 인출될 때 이를 재부호화하는 것에 포함될 수도 있다.

아동들은 저장된 정보를 재구성하는가? 그 대답은 명백히 '그렇다'이다.

아동에게 이야기를 다시 말하도록 하면, 성인과 같이 아동들은 정보를 요약, 통합, 추가한다. 5~6세경 아동들은 이야기의 주요 특징을 회상하고, 중요하지 않는 특징은 잊게 되며, 정보를 좀 더 견고하게 조직된 단위로 연결하며, 좀 더 논리적으로 만들기 위하여 사건의 순서를 재배열하고, 더 나아가 맥락적 의미에 맞는 새로운 정보를 포함시키기도 한다(Bischofshausen, 1985).

더 나아가, 전에 회상했던 이야기와 관련된 새로운 정보를 받아들이면, 아동은 이야기를 좀 더 재구성하였다. 한 연구에서 성인이 5세 아동에게 세 가지 이야기를 말하여 주기 전에, 주인공의 긍정성('좋은' 아이), 부정성('나쁜' 아이), 중립성의 정보를 주었다. 유아들은 사전 정보에 적합하게 주인공의 행동을 재구성하였다(Greenhoot, 2000). 중립적인 조건에서보다 긍정적인 조건에서 더 긍정적으로 이야기하고 부정적인 조건은 더 부정적으로 이야기한다. 7~10일 후에, 유아들에게 주인공에 대한 네 번째 이야기를 추가 정보로 제공하였다. 주어진 조건에 따라 새로운 정보가 본래의 정보와 일관성을 유지하거나, 다른 조건에서는 정보가 갈등이 되었는데, 예를 들면 '좋은 아이'는 '깍쟁이'로 묘사되었다. 아동들은 주인공의 행동에 의하여 재수집된 정보로 다시 재편집하였다.

의미 있는 방법으로 정보가 재편집되는 동안, 아동들에게 회상과정에서 사용할 수 있는 풍부하고 도움이 되는 검색 단서들을 제공하였다. 시간이 지나면서, 본래 제공된 정보는 희미해지고, 아동들은 이야기를 이해 가능하도록 도와주는 사건과 해석을 추가하여 인물과 행동에 대한 더 많은 추론을 나타내었다. 이러한 처리는 재구성된 정보의 결집력을 증가시켜, 기억의 가능성을 높이게 된다. 작업기억 용량과 언어기술의 증가는 아동의 회상력의 조직성과 복잡성을 지원하여, 사전에 경험한 사건과 관점을 넘어서며, 관련된 그림에 기존의 그리고 새로운 세부사항을 정교화하고 통합한 것으로, 9~11세 아동이 새로운 정보에 반응하여 자신의 이야기 회상을 재구성하는 정도를 예측하게 한다(Tsethlikai & Greenhoot, 2006). 동시에 이러한 연구결과는 아동들과 성인의 회상이 부정확할 수 있다는 것을 발견하였다.

재구성의 다른 관점 : 퍼지 흔적 이론   지금까지 우리는 정보를 해석하기 위하여 새로운 정보와 장기적인 지식 기반을 사용하는 의미 있는 자료의 신중한 재구성을 강조하였다. C. J. Brainerd와 Valerie Reyna의 연구(1993, 2001), **퍼지 흔적 이론**(fuzzy-trace theory)에 의하면 사람들이 처음 정보를 부호화할 때, 세밀한 내용이 없고 핵심 내용만 유지하며 특히 추론에 유용한 **요점**(gist)이라는 모호하고 희미한 내용으로 정보를 자동적으로 재구성한다. 문자 그대로의 축약 내용으로도 보존할 수 있지만 요점으로 더 많이 보존하는데, 그 이유는 사고과정에 각 단계들에 대해 주의집중을 덜 하여 작업기억 용량이 덜 필요하기 때문이다. 예를 들어, 저녁식사를 준비하기 위해 여러 가지 요리법 중에 선택을 하는 과정을 살펴보고자 한다. 음식을 결정하기 위해서는 요리법이 좀 더 쉽고 재료비용이 저렴한 음식에 주목하는 요점 표상에 의존하게 된다. 그러나 한 번 요리법을 선택하게 되면, 음식을 준비하기 위한 축약적 정보가 필요하다. 상세 정보를 기억하기는 쉽지 않으므로 이때는 요리책을 참고하게 된다.

퍼지 흔적 이론가들은 정보의 재구성이 축약적 기억의 전환이라는 가정에 대해 문제를 제기하고 있다. 그 대신에 축약기억과 요점기억은 둘 다 존재하며, 분리되고 저장되어 다른 목적으로 사용될 수 있다고 믿고 있다. 연령에 따라 아동들은 축약기억에 덜 의존하고, 모호하고 재구성된 요점에 더 잘 의존한다. 이러한 변화를 설명하기 위하여, 연구자들은 아동들에게 다음의 문제를 제시하였다. "농부인 브라운은 많은 동물을 가지고 있다. 개 3마리, 양 5마리, 닭 7마리, 말 9마리, 그리고 소 11마리를 가지고 있다." 그다음, 연구자들은 두 가지 유형의 질문을 하였다. (1) 축약기억을 요구하는 질문("농부인 브라운이 소유한 소는 얼마나 되나, 11마리 아니면 9마리?") (2) 요점 축약기억만을 요구하는 질문("농부인 브라운은 소가 많을까, 말이 많을까?")을 하였다. 그림 7.7을 보면, 유아들은 요점 의존적 질문보다 축약 의존적 질문에 대답을 더 잘 한 반면, 초등학교 2학년생은

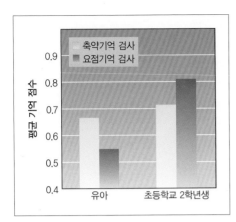

그림 7.7 유아와 초등학교 2학년생의 축약·요점기억 문제의 수행력

유아는 요점기억 검사보다 축약기억 검사를 더 잘하였으며, 초등학교 2학년생은 반대로 나타났다.

출처 : Brainerd & Gordon, 1994.

반대로 나타났다(Brainerd & Gordon, 1995).

퍼지 흔적 이론은 정보가 부호화되자마자 즉시 재구성이 이루어짐을 밝혀내어, 재구성에 대한 이해를 보충하여 주었다. 퍼지 흔적 이론 연구자들은 기억이 추론의 핵심이라도, 상세한 내용을 잊어버리면(어린 유아들의 행동 경향성) 효과적인 문제해결을 방해할 수 있음을 밝혔다. 그리고 퍼지 흔적은 잘 잊는 축약기억보다 낫기 때문에, 요점은 검색 단서로 유지되어 연령에 따른 회상력 향상에 기여한다(Brainerd & Reyna, 1995).

그러나 그러한 회상에서는 요점은 경험의 모호한 의미와 일치하는 가짜 항목을 보고하는 기회를 고조시킨다. 침대, 휴식, 일어나기, 피곤, 꿈, 담요, 낮잠, 선잠이라는 단어를 포함하는 목록을 공부한 후, 숙련된 기술로 요점을 더 잘 기억하는 청소년과 성인은 아동보다 정확하게 더 많은 항목을 회상할 뿐만 아니라 잠과 관련된 목록에 없는 더 많은 요점과 관련된 단어도 언급을 한다. 아동은 대조적으로 방금 공부한 목록과 관련이 없는 예를 들어, 잠과 관련된 목록 다음에 제시한 사탕 또는 불을 가짜 항목으로 잘못 보고하였다(Brainerd, Holliday, & Reyna, 2004; Brainerd et al., 2006). 퍼지 흔적 이론은 연령이 증가하면서 왜 어떤 기억의 부정확성이 감소하는지, 왜 다른 것은 증가하는지를 설명하는 데 도움을 준다.

지식과 의미기억

방대하고, 분류학상으로 조직적이며, 위계적으로 구조화된 일반적 지식체계인 개념, 언어적 의미, 사실, 규칙으로 구성된 지식체계(즉, 기억전략과 계산 절차)는 종종 **의미기억**(sematic memory)으로 인용된다. 앞 장에서 우리는 아동들의 지식 확장은 좀 더 의미 있는 새롭고 연관된 정보를 구성하는 것에 의하여 기억의 향상을 촉진시키게 되며, 저장과 인출이 더욱더 용이하게 된다고 제안하였다. 이러한 생각을 검증하기 위한 대표적 연구에서 3학년부터 8학년까지 체스 숙련자들이 복잡한 체스판의 배열을 얼마나 잘 기억할 수 있는지를 보았다(Chi, 1978). 이러한 아동들은 체스하는 방법은 알지만 특별한 지식을 갖고 있지는 않은 성인보다 체스 배열에 대하여 회상을 아주 잘하였다. 이러한 발견은 특별한 기억력과 매우 영리한 아동만 선정하였기 때문이라고 설명될 수 없었다. 동일한 연구대상들에게 숫자의 목록을 회상하도록 하였을 때, 성인들이 더 잘 수행하였다.

장기를 두는 이 어린 중국 아동은 게임 전문가가 되었다. 복잡한 장기판 배열의 정확한 회상에서, 장기와 관련된 정보에 대한 아동의 방대한 지식은 그에 대한 지식이 적은 성인보다 유리한 점이 있다.

Chi의 체스 놀이 연구에서 연구대상 아동들이 보여 준 높은 기억력은 체스와 관련된 더 큰 지식 기반에 기인하고 있다. 숙련자들은 또한 좀 더 정교하게 구조화된 지식을 가지고 있었다. 다른 연구에서 연구자들은 초등학교 아동들을 축구에 관한 지식 숙련자와 초보자로 분류하였다. 그다음 아동들에게 축구와 관련 없는 항목의 두 목록을 주고 학습하도록 하였다. Chi의 연구에서 숙련자들은 비숙련자보다 축구에 대한 목록(그러나 축구와 관련 없는 목록에서는 아니다)에서 더 많은 항목을 기억하였다(Schneider & Bjorklund, 1992). 그리고 회상을 하는 동안 숙련자들의 항목 목록은 더 잘 조직화되어 항목들이 범주로 묶여 있음을 나타내 주었다. 이렇게 인출을 위하여 더 잘 조직하는 것은 지식이 많은 아동들이 기존에 알고 있는 많은 수의 항목에 새로운 항목을 빠르게 연합시켜, 거의 노력하지 않거나 아무런 노력 없이 그들의 전문영역에 대한 기억전략을 적용하게 한다. 이러한 회상은 자동화되므로, 숙련자들은 추론과 문제해결을 위하여 회상된 정보를 사용하는 작업기억 용량에 더 많이 적용할 수 있도록 한다(Bjorklund & Douglas, 1997).

강력한 영향력에도 불구하고, 지식은 아동들의 전략적 기억처리에 유일한 중요 요인은 아니다. 한 영역에 숙련된 아동들은 또한 흔히 동기유발이 매우 높아져 있다. 새로운 정보에 직면하면, 아동들은 스스로에게 "이것을 더 효과적으로 학습하기 위하여 난 무엇을 할 수 있을까?"를 묻는다. 그 결과로 아동들은 지식을 더 빠르게 획득할 뿐만 아니라, 덧붙여 아는 것을 적극적으로 사용한다. 대조적으로 학업적으로 열등한 아동들은 어떻게 사전에 저장된 정보가 새로운 자료를 명료화할 수 있는지에 대해 질문하는 데 실패한다. 이것은 다시, 광범위한 지식 기반의 발달을 방해한다(Schneider & Bjorklund, 1998). 요약하면, 확장된 지식과 기억전략의 사용은 서로를 지지하여 준다.

일화기억

의미기억으로 구성된 지식은 정보가 언제, 어디에서 습득되었는지를 저장하도록 요구하지 않는다. 이러한 방식에서, **일화기억**(episodic memory), 즉 특정 시간과 장소에서 발생한 개인적으로 경험한 사건의 회상, 예를 들어, '오늘 아침에 일어난 후에 무엇을 했니? 또는 고등학교 졸업을 어떻게 축하했니?' 등과는 다르다. 제4장과 제6장에서 우리는 아동이 영아기에 의미 지식(범주와 단어 의미와 같은)을 습득하기 시작하고, 유아기 때 의미 지식의 기반이 상당하다는 것을 살펴보았다(Murphy, 2002). 아동은 더 연령이 높은 사람보다 적게 가지고 있지만, 의미 지식의 습득을 지원하는 의미 지식의 구조와 인지적 처리는 성인의 의미기억과 유사하다.

연구자들은 의미기억은 일화기억보다 더 일찍 발달한다는 데 동의한다. 영아와 걸음마기아가 독특한 사건의 부호화 능력이 있어도, 이런 사건을 일시적으로 조직하고 사건의 세부사항을 검색하는 능력에는 한계가 있다. 3~4세가 될 때까지, 유아는 잘 기능하는 일화 기억체계를 갖고 있지 않은 것으로 보인다(Howe & Courage, 1997).

의미 지식은 일화 기록의 발달에 중요한 기여를 한다(Murphy, McKone, & Slee, 2003). 개인적으로 경험한 사건의 해석을 위한 실질적인 지식을 습득한 아동은 지식을 덜 습득한 아동보다 이러한 사건의 회상능력이 더 높다(Robertson & Köhler, 2007). 덧붙여, 3~6세 아동의 급격히 확장된 의미 지식은 자극 간의 관계에 대한 기억을 증진시킨다. 예를 들어, 일련의 사진에서 아동은 그들이 본 동물만을 기억하는 것이 아니고, 터널에서 나타난 곰, 도로의 나무에 묶여 있는 얼룩말처럼 아동이 본 맥락을 기억한다(Lloyd, Doydum, & Newcombe, 2009). 정보를 함께 묶는 능력은 유아기의 일화기억 발달을 지원하게 된다.

더 나아가, 어린 아동의 자아감은 일화기억을 지원하기 위해 충분히 발달되어야만 한다. 사건을 회상하기 위하여, 아동은 시간과 장소 관련 특정 정보를 자기, 즉 자신의 내면 감각인 '정신적 시간여행'과 연결하여야 한다(Wheeler, Stuss, & Tulving, 1997, p. 332). 아동은 기억된 사건이 사실상 유치원 시기인 초기에 획득된 발달이정표로서, 유아 자신이 이전에 경험한 어떤 일이라는 것을 인식하여야 한다.

다음 장에서, 우리는 두 가지 형태의 일화기억의 발달을 추적하고자 하는데, (1) 되풀이 되는 시간의 기억, 즉 이동이 자신의 일상생활 과정에서 빈복적으로 경험하는 기억 (2) 중요한 일회적 사건으로, 아동이 개인 일생의 역사와 통합되는 기억이다.

대본(스크립트) 성인과 같이 학령기 전의 유아들은 친숙한 사건들, 즉 유아교육기관에 가거나 침대에 자러 갈 때 무엇을 하는지, **스크립트**(scripts)라고 부르는 특수 상황에서 무엇이 언제 일어나는지에 대한 일반적으로 묘사되는 반복된 사건을 기억하고 있다. 아동들의 스크립트는 하나의 주요 행동 장면으로 시작된다. 예를 들면, 식당에서 무슨 일이 일어나는지 3세 유아에게 말하도록 하면 "식당으로 들어가서, 음식을 시켜서 먹고, 그리고 돈을 낸다."고 말한다. 아동들의 첫 스크립트가 상황이 인과 순서로 일어나는 사건이 있는 한 단지 몇 개의

아동은 스크립트, 즉 특정 상황에서 일어나는 일에 관한 일반적 기술로 된 반복된 사건을 기억한다. 연령이 증가하면서, 스크립트는 더 정교화된다. "너는 치약을 짜고, 양치를 한다. 너는 입을 헹구고, 칫솔을 헹군다."

행동 장면을 담고 있어도, 아동은 거의 항상 정확한 순서로 회상하게 된다. 성인들은 질문과 자극 촉진을 통하여 영아들의 스크립트화된 보고를 얻도록 노력하여야 한다(Bauer, 2002, 2006). 연령과 함께 스크립트는 더 자발적이 되고, 정교화된다. 다음 5세 아동의 식당에 대한 묘사를 보자. "식당 안으로 들어가요. 식당의 작은 방에 들어가서 앉거나 식탁에 앉을 수 있어요. 그다음, 원하는 것을 식당 종업원에게 말해요. 식사를 해요. 디저트를 원한다면, 디저트를 먹을 수도 있어요. 그리고 음식 값을 내고 집으로 돌아와요."(Hudson, Fivush, & Kuebli, 1992)

스크립트는 재구성적 기억의 특수 유형이다. 반복적인 사건을 경험하면, 동일한 스크립트 표상으로 경험이 연합된다. 스크립트화된 경험의 어떤 특수한 장면은 회상이 어렵게 된다. 2~3일 전의 저녁식사를 회상하여 보자. 일상에서 벗어나지 않는다면, 아마도 이틀 전의 저녁식사로 무엇을 하였는지 정확히 기억하지 못할 수도 있다. 이러한 현상은 어린 유아들에게도 동일하게 적용된다. 이런 방식으로 스크립트는 중요하지 않은 정보로 흩어져 장기기억으로 전이되는 것을 막아 준다.

스크립트는 아동들(그리고 성인들)이 일상 경험을 조직하고 해석하는 기본 수단이다. 한 번 형성되면, 미래에 유사한 상황에서 발생할 일을 예측하는 데 사용할 수 있다. 유아들은 스크립트에 의존하여 여행가기 혹은 학교에서 놀이하는 가장놀이를 하고, 이야기 듣기와 말하기를 한다. 스크립트는 또한 유아들이 희망하는 목표로 이끄는 행동의 순서를 표상하도록 도와주어, 계획을 위한 유아의 초기 노력을 지원해 준다(Hudson & Mayhew, 2009).

몇몇의 연구자들은 스크립트의 일반적 사건 구조가 특별한 생일 파티나 주말여행과 같은 특정 사건에 대한 기억을 조직하는 사건에 기초를 제공한다고 믿는다. 일반적 사건의 단서를 주었을 때 ("생일 파티에 갔을 때 무슨 일이 일어났는지 나에게 말해 줘."), 3세 정도의 유아는 특정 기억을 검색할 수 있다(Hudson & Nelson, 1986). 그러나 감정("네가 놀랐을 때 무슨 일이 일어났는지 내게 말해 줘.")과 같은 다른 단서를 주었을 때, 학령전 유아는 어려워했다(Hudson et al., 1992). 일화기억의 두 번째 유형의 발달을 살펴보자.

자서전적 기억   우리들 각자는 독특한 **자서전적 기억**(autobiographical memory)을 가지고 있는데, 자서전적 기억은 오래 기억되는 한 시점의 사건 표상으로, 개인적인 의미를 불어넣은 기억이다. 동생이 태어난 날, 비행기를 처음 탄 때와 같은 자서전적 사건의 기억이 어떻게 발달하며 일생 동안 지속되는가? 선행 연구들은 자서전적 기억이 유아에게 형성되려면 적어도 두 가지 발달이 중요하다고 지적하고 있다. 첫째, 개인적으로 의미 있는 사건을 위한 앵커로서 사용될 충분하게 명확한 자아상을 가지고 있어야 한다. 즉, 2세경에 도달하는 발달적 시금석으로 '나에게 일어난 어떤 일'로서 사건을 부호화할 수 있어야만 한다(제11장 참조)(Howe, Courage, & Rooksby, 2009). 둘째, 아동들은 자신들의 경험을 의미 있고 시간적으로 조직된 인생의 이야기에 통합하여야 한다. 유아들은 세분화된 기억을 회상하여 확장시키는 성인들, 특히 부모와 함께 대화하는 이야기식의(narrative) 형식 안에 개인적으로 의미 있는 기억으로 구조화하는 것을 학습하게 된다(Nelson & Fivush, 2004).

부모들은 1세 반에서 2세 정도의 유아들과 과거 사건에 대하여 말하기 시작한다. 유아의 인지 및 언어기술이 향상되면, 과거 사건에 대한 부모와의 대화는 더 복잡해진다. 점진적으로, 유아는 이러한 대화에 내러티브적 사고(narrative thinking)를 사용하게 된다. 특정 사건에 대한 독립적 서술은 개인적인 관점을 통하여 더 잘 조직되고, 더 세분화되고, 더 풍부해지며, 그들의 삶의 더 큰 맥락과 연결된다(Fivush, 2001). 한 어린 유아는 "나는 캠핑 갔어요."라고 단순하게 보

이 걸음마기 유아는 엄마와 함께 과거 경험에 대해 이야기하는 동안, 엄마는 다양한 질문을 하고 자신의 기억을 말하면서 정교한 양식으로 유아에게 반응을 한다. 이런 대화를 통해, 엄마는 유아의 자서전적 기억을 풍부하게 한다.

고한다. 연령이 높은 유아는 언제, 어디에서 그 사건이 일어났는지, 누구와 함께 갔었는지와 같은 구체적 내용을 포함시킨다. 연령이 증가함에 따라, 유아는 평가 정보를 덧붙이는데, 왜 그 사건이 흥미로운지, 어려운지, 재미있고 슬펐는지, 자랑스러운지, 당황스러운지("나는 텐트에서 밤새도록 자는 것이 좋았어요!")와 같이 사건의 개인적 중요성을 설명한다.

성인들은 아동들의 자서전적 서술을 이끌어 내기 위하여 두 가지 양식을 사용한다. 정교화 양식 (elaborative style)을 사용하는 부모들은 많은 다양한 질문을 하고, 아동의 진술에 정보를 추가하며, 주어진 대화 속에서 엄마는 사건에 대한 재수집과 평가를 위한 자녀의 자원자가 된다. 예를 들어, 동물원을 방문한 후, 한 부모는 4세 자녀에게 다음의 질문을 하였다. "우리가 처음에 했던 것이 무엇이었지? 왜 새장 안에는 앵무새가 없었지? 나는 으르렁거리는 사자는 무서웠다고 생각했는데, 너는 어떻게 생각했니?" 이러한 방식으로 부모들은 유아의 기억을 외부로 꺼내어 재정립하고 재조직하도록 돕는다. 대조적으로, 반복적 양식(repetitive style)을 사용하는 부모들은 거의 추가 정보를 제공하지 않으며, 유아의 흥미를 고려하지 않은 동일한 짧은 답에 관한 질문을 반복해서 묻는다. "동물원을 기억하니?", "동물원에서 무엇을 했지?", "그곳에서 무엇을 했지?"

정교화 양식을 경험한 유아는 과거 사건에 대해 더 많은 정보를 회상하고, 또한 그 유아는 1~2년 후에 회상에 대한 추가 연구에서 더 조직적이고 세부적인 개인 이야기를 산출하였다(Cleveland & Reese, 2005; Farrant & Reese, 2000). 부모들은 정교화 양식 사용에 대한 훈련을 받을 수 있는데, 이를 통하여 유아의 자서전적 기억의 풍부함을 향상시키게 된다(Reese & Newcombe, 2007).

유아는 과거에 대하여 성인과 말하면서, 자서전적 회상의 확장뿐만 아니라 친밀한 관계와 자기 이해를 강화하는 공유된 역사도 만들게 된다. 이러한 이론에 따라, 안정 애착이 형성된 부모와 유아는 불안정 애착이 형성된 부모와 유아보다 더 정교화된 추억을 갖게 되는데, 이들은 일반적으로 그들의 반복적 양식에는 한계가 있다(Bost et al., 2006; Fivush & Reese, 2002). 그리고 정교화 양식을 사용하는 부모의 유아는 더 명확하게 좀 더 일관적인 방식으로 스스로를 묘사한다(Bird & Reese, 2006). 과거 사건에 대한 대화에서, 유아는 수영하기, 달리기, 오르기, 친구와 만나기, 동물원에 가기에서 재미를 찾는다는 것을 발견하고, '나는 무엇이 즐거웠는지'에 대한 일반적인 이해로부터 이러한 특정 경험과의 연계를 하기 시작한다. 그 결과는 스스로의 이미지를 더 분명하게 한다.

유아기 초기에, 여아는 남아보다 더 조직적이고 더 세밀한 자서전적 기억을 하게 된다(Bauer et al., 2007). 서양의 아동들은 아시아의 아동들보다 사고, 감정, 선호도에 대해 더 많은 말을 하는 이야기 능력이 나타나는데, 개인적 의미의 사건에 대한 공감에 기여하는 지식을 갖게 되고 그 결과 더 잘 회상하게 된다(Wang, 2008). 이러한 차이는 부모-자녀 대화의 다양성과 맞는 것이다. 부모는 딸에 대하여 더 상세히 회상을 하고, 사건의 정서적인 중요성에 대하여 더 자세히 말을 한다 (Bruce, Dolan, & Phillips-Grant, 2000; Fivush, 2009). 그리고 독립성에 대한 집단주의적 문화 가치관은 아시아인 부모들에게 아동 자신에 대해 말하는 것을 단념하도록 이끈다. 예를 들어, 중국 부모들은 유아와 덜 세부적이고 덜 평가적인 과거 사건에 대한 대화에 참여한다(Fivush & Wang, 2005; Wang, 2006a). 아마도 여성들의 어린 시절 경험은 더 조리 있는 이야기로 통합되기 때문에, 여성들은 남성들이 보고하는 것보다 좀 더 어린 시기의 첫 기억과 좀 더 선명한 초기 기억을 보고하고 있다. 그리고 서양인의 자서전적 기억은 타인의 역할을 강조하는 경향이 있는 동양인의 기억보다 자기 자신의 역할에 더 초점을 맞춘 더 어린 시절에 대한 더 자세한 사건을 포함하고 있다 (Wang, 2003, 2006b).

자서전적 기억은 아동 중기와 청소년기를 지나면서 정교함이 크게 증가한다. 10대들은 자서전적 기억의 평가적이며 개인적인 의미가 매우 확장되는데, 이 변화는 정체성에 대한 자신들의 탐구에서 과거 경험을 이해하려는 더 절실한 욕구를 반영할 수도 있다(제11장 참조)(Pasupathi & Wainryb, 2010). 그럼에도 불구하고 실질적으로는 3세 전에 일어난 자서전적 사건들은 거의 인출할 수 없다. 우리는 왜 이러한 유아기억상실(infantile amnesia)을 경험하는가? 이 질문에 답하는 연구
목적을 위해 227쪽의 '생물학과 환경'에 언급했다.

목격자 기억

아동의 일화기억에 대한 정확성과 안정성은 아동 학대, 방치, 양육과 다른 법적 문제를 포함한 법
정 증언에서 관련 있는 경험을 열거하는 유아의 능력에서 가장 중요하다. 최근까지 5세보다 더 어
린 유아들에게 증언을 위한 질문을 거의 하지 않았으며, 10세가 되지 않으면, 증언할 수 있는 완전
한 능력이 있다고 생각하지 않았다. 그래서 아동 학대 비율의 증가와 가해자 고소의 어려움에 대한
사회적 반응의 결과로, 미국에서 아동 증언에 대한 법적 요건이 완화되었다. 3세 이하의 유아도 증
언을 하는 빈도가 높아졌다(Sandler, 2006). 흔히 3세 정도의 유아는 목격자로 증언을 하게 된다.

학령전 유아들과 비교하여, 학령기 아동들은 과거의 경험을 더 정확하고 상세하게 서술하며, 타
인의 동기와 의도를 적절하게 유추한다. 연령이 높은 아동들은 또한 변호사들이 좀 더 많은 정보나
교차신문의 유도 혹은 아동의 반응하는 내용에 영향을 주기 위한 호도된 질문 유형에 더 잘 저항
한다(Roebers & Schneider, 2001). 무엇이 유아들의 기억 실수를 쉽게 이끌게 되는가? 다음의 여러
가지 요인이 영향을 주고 있다.

- 면접 질문에 대한 반응은 언어능력이 충분히 발달하지 않은 유아들에게는 도전이 된다. 학령전
  유아들은 가끔 이해하지 못하고 있음을 인식하지 못하고, 질문에 어쨌든 대답을 한다.
- 학령전기 유아들은 특히 출처에 대한 모니터링이 약하여, 지식을 획득한 후 몇 분이 지나면, 지식을
  얻게 된 곳을 변별하는 데 제한이 있게 된다. 유아는 종종 들은 내용과 실제로 발생하여 TV에서
  본 것을 혼동하기도 한다.
- 일시적인 어떤 정보의 정확한 보고는 어린 아동에게 어렵다. 8~10세 이전에 아동은 사건이 얼마
  나 자주 그리고 무슨 날짜에 사건이 발생하였는지 말하는 것보다 사건이 일어났던 순서를 제공
  하는 것이 훨씬 더 쉽다.
- 어린 아동은 억제력, 즉 관련 없는 정보를 무시하는 기술이 부족한데, 억제력은 경험한 사건과
  일관성이 없는 성인의 제안을 수용하려는 의지력에 더 많이 기여하는 능력이다.
- 성인이 '예-아니요'의 질문("그는 드라이버 도구를 잡고 있었니?")을 하면, 유아들은 더 동의를
  하는 경향이 있는데, 아마도 호감을 사기 위한 욕구의 표현이다.
- 축약적 표상(특수성 부호화)에 대한 편중으로 유아들은 연령이 높은 아동들보다 더 쉽게 망각하
  게 되는데, 유아들의 요점기억은 시간이 경과되어도 지속되며 세부사항에 대한 검색 단서로 제
  공된다. (그러나 222쪽에서 지적한 바와 같이, 연령이 높은 유아는 자신의 요점과 일관성이 있는
  기억의 부정확성을 따르기 쉽다.)
- 어린 유아들은 자신의 자서전적 기억을 체계적이며 완벽하게 보고하는 서술의 사용에 대한 능
  력이 부족하기 때문에, 유아들은 자신이 실제로 기억하는 정보를 빠뜨릴 수도 있다(Brainerd,
  Reyna, & Poole, 2000; Melinder, Endestad, & Magnusson, 2006; Pipe & Salman, 2009; Poole
  & Lindsay, 2001; Roberts & Powell, 2005).

그럼에도 불구하고, 적절한 질문이 제시되었을 때 3세 유아조차도 사건을 정확하게 회상할 수
있다(Peterson & Rideout, 1998). 그리고 편향된 면접 장면에서, 청소년과 성인은 종종 정교한 거짓
기억을 구성하게 된다(Ceci et al., 2007).

피암시성   법정 증언은 반복 질문을 하게 되는데, 그 과정은 자체로서 아동의 일관성과 정확한 반
응에 부정적 영향을 주게 된다(Krähenbühl, Blades, & Eiser, 2009). 성인이 부정확한 '사실'을 제안

생물학과 환경

유아기억상실

영아와 걸음마기 유아가 일상생활의 많은 측면을 기억한다면, 우리 대부분이 3세 이전에 우리에게 일어났던 사건을 검색하지 못하는 **유아기억상실**을 어떻게 설명할 것인가? 우리가 잊는 이유는 오래 전에 일어났던 수많은 사건을 회상할 수 있지만, 단순한 시간의 통로에 불과한 것이기 때문이다(Eacott, 1999). 현재, 유아기억상실의 몇 가지의 해석이 있다.

한 이론은 두뇌발달로 해석하는데, 해마와 전두엽 피질의 핵심적 변화가 유아가 의식적인 인식이 없는 **암묵기억**보다는 의식적으로 기억하는 **외현기억** 체계를 위한 통로의 길을 만든다고 제안한다(Nelson, 1995). 그러나 쌓여진 증거는 어린 유아도 의식적 회상에 참여한다고 지적한다. 유아의 기억처리는 근본적으로 아동, 성인과는 다르다. 예를 들어, 성인처럼, 유아 기억의 유지는 훈련이 증가되면 더 증가되며, 한 번에 많은 양보다는 여러 번으로 분산되어 훈련을 하면 더 증가하게 된다. 그리고 성인처럼, 아기는 기억 단서(인출 단서)를 주면 빠르게 잊혀진 반응을 회복하게 된다(제4장 참조)(Bauer, 2006; Hayne & Simcock, 2009; Rovee-Collier & Cuevas, 2009).

또 다른 해석은 연령이 높은 아동과 성인은 정보저장을 위하여 언어적 수단을 사용하는 빈도가 높은 반면, 영아와 걸음마기 유아의 기억 저장은 대부분 비언어적이며 초기 경험의 장기적 유지를 막는 상반된 특성이 있다. 이 견해를 검증하기 위하여, 연구자들은 유아가 기억하기 좋은 매우 특이한 장난감, 그림 7.8에 제시한 마술 축소 기계(magic shrinking machine)가 있는 2~4세 유아의 집에 2명의 성인을 보냈다. 한 성인이 기계 위를 열어서 물체를 넣은 후에, 빛이 나고 음악 소리가 활성화되도록 크랭크를 돌리는 방법을 유아에게 보여 주면, 유아는 기계의 앞에 있는 문의 뒤에 동일한 작은 물체(두 번째 성인이 활강로로 떨어뜨린)를 꺼낼 수 있다.

며칠 후, 연구자는 유아가 그 사건을 얼마나 잘 회상하는지 보기 위한 검증을 하였다. 유아의 비언어적 기억, 즉 '축소' 사건의 시연과 사진에 있는 '축소된' 물체의 재인을 기반으로 한 기억은 우수하였다. 그러나 유아가 어휘를 가지고 있어도, 3세보다 더 어린 유아는 '축소' 경험의 특징 묘사에 어려움이 있었다. 언어 회상은 유아가 '기억상실의 장벽을 넘는' 기간인 3세와 4세 사이에 급격히 증가했다(Simcock & Hayne, 2003, p. 813). 두 번째 연구에서, 유아는 6개월에서 1년 후 유아의 언어가 극적으로 향상되고, '축소' 기계의 사진을 보여 준 시기에도 게임에 대한 비언어적 기억을 언어로 전달하지 못하였다. 유아의 언어적 보고는 자신이 게임을 하였던 연령의 제한된 언어기술을 반영한 '시간 얼음'의 상태로 있었다(Simcock & Hayne, 2002).

이 연구는 우리에게 유아기억상실에 걸음마기 유아의 놀라운 기억기술을 조정하여 일치시키도록 도움을 준다. 처음 몇 년 동안, 유아는 시각적 이미지와 운동동작과 같은 비언어적 기억기술에 많이 의존한다. 그러나 언어가 발달하게 되면, 전언어적 기억에서 적용하기 위하여 언어를 사용하는 유아의 능력은 강한 맥락적 단서, 즉 회상될 경험의 물리적 환경과 같은 직접적인 노출을 요구하게 된다(Morris & Baker-Ward, 2007). 3세 이후가 되어야 유아는 사건을 언어로 재표상하게 된다. 유아가 언어적 형태로 한 번의 사건을 부호화하게 되면, 유아는 일회적 경험의 인출에 언어 기반의 단서를 사용할 수 있는데, 연령이 높아지게 되면 이러한 기억에 대한 접근성이 증가하게 되기 때문이다(Hayne, 2004).

다른 연구는 명확한 자아상의 출현이 유아기 기억상실이 끝나게 한다고 지적한다. 자아상 출현이 없으면, 유아가 자서전을 구성할 수 없다(Howe, Courage, & Rooksby, 2009). 자아감의 발달에 진보를 보이는 걸음마기 유아는 엄마와 과거의 사건에 대해 대화를 하면서 1년 전에 대한 언어적 기억을 더 잘 회상하였다(Harley & Reese, 1999).

아마도 신경생물학적 변화와 사회적 경험이 유아기 기억상실을 감소하게 만든다. 두뇌발달과 성인-유아의 상호작용은 자기 인식, 언어, 향상된 기억을 공동으로 길러주는데, 이 능력은 유아가 성인에게 개인적으로 중요한 과거 경험을 말할 수 있게 만들어 준다(Bauer, 2007; Howe, Courage, & Rooksby, 2009). 결과적으로 유아는 장기적으로 지속되는 자신의 삶에 대한 자서전적 내러티브를 구성하기 시작하며, 자신의 가족과 지역사회의 역사 속으로 들어가게 한다.

 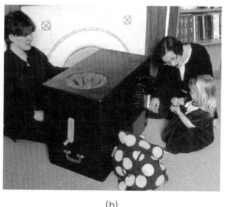 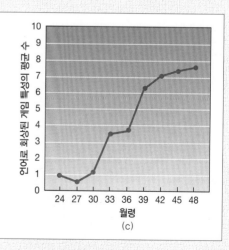

(a)　　　　　　　　　　　(b)　　　　　　　　　　　(c)

그림 7.8 마술 축소 기계, 특이한 사건에 대한 유아의 언어적·비언어적 기억의 검사에 사용

유아에게 기계가 어떻게 작동되는지 보여 준 후, 유아가 물방울 무늬 주머니에서 물체를 선택하여 기계의 위에서 물체를 떨어뜨리게 하였다. (a) 크랭크를 돌려서 움직이게 하면, '축소된' 물체가 만들어진다 (b) 다음 날 검사에서, 2~4세 유아의 사건에 대한 비언어적 기억은 우수하였다. 그러나 36개월 미만 영아의 언어적 회상은 개방형 면접에서 게임에 대하여 회상한 특징의 수에 기초하여 낮게 나타났다. (c) 36~48개월 사이에 회상은 향상되었는데, 이 기간은 유아기억상실이 감소된다.

출처 : G. Simcock & H. Hayne, 2003, "Age-Related Changes in Verbal and Nonverbal Memory During Early Childhood," *Developmental Psychology*, 39, pp. 807, 809. Copyright © 2003 by the American Psychological Association. Reprinted sith permission of the American Psychological Association. Photos: Ross Coombes/Courtesy of Harlene Hayne.

하고, 그들의 부인을 방해하고, 원하는 답을 주도록 강요하거나, 대립적인 질문 양식을 사용하도록 증언하도록 이끌면, 그들은 추후 아동과 청소년과 같이 부정확한 보고 가능성이 증가하게 된다 (Bruck & Ceci, 2004; Owen-Kostelnik, Reppucci, & Meyer, 2006).

한 연구에 의하면, 4~7세 아동들에게 한 주 전에 교실을 방문한 방문자에 대해 상세하게 회상하도록 요구하였다. 절반의 아동들은 학대를 암시하는 선두 질문("그는 너의 옷을 벗겼어, 그렇지 않니?")이 포함된 낮은 압력의 면접을 받았다. 다른 나머지 절반의 아동들에게 성인이 그녀의 친구들이 선두 질문에 "예."라고 대답했다고 말하고, 동의하는 아동에게 칭찬을 하고("너 참 잘했어."), 만약 아동이 동의하지 않으면 질문을 반복하는 높은 압력을 주는 면접을 받았다. 아동들은 높은 압력의 조건에서 심지어 아주 환상적인 사건을 만들어 거짓 정보를 더 많이 제공하였다(Finnilä et al., 2003). 아동이 거짓 기억을 구성하면, 그 기억이 지속될 수 있다. 편견이 없는 면접 질문이 추후 제시되는 때에도, 많은 아동들은 거짓 보고를 계속하였다(Garven, Wood, & Malpass, 2000).

아동이 법정에 나타날 때면, 해당 사건은 몇 주, 몇 달, 혹은 몇 년이 걸리게 되고, 목표로 하는 사건은 지나가고, 기억은 변질되기 쉽다. 장시간의 지연은 편중된 면담과정과 피고인에 대한 전형화('그가 감옥에 있는 것은 그가 나쁘기 때문이다')와 연합되어, 아동들은 쉽게 주어진 거짓 정보에 호도되는 경향이 있다(Gilstrap & Ceci, 2005; Quas et al., 2007). 개인적으로 사건의 배경 맥락과 차이가 있는 특이성이 많을수록, 시간의 경과 후에도 아동은 내용을 정확하게 회상하기가 더욱더 쉽다. 예를 들면, 1년이 지난 후 아동들은 호도된 정보에 노출되었을 때, 의학적 치료보다 부상에 대한 세부적 내용을 보다 더 잘 보고하였다(Peterson, Parsons, & Dean, 2004).

많은 아동 성추행의 경우, 해부학적으로 정확한 인형을 사용하여 아동들의 회상을 촉진시킨다. 이러한 방법은 연령이 높은 아동들이 경험한 사건의 세부 내용을 더 잘 제공하도록 도와주지만, 수치심과 당혹감 때문에 보고가 되지 않을 수도 있다. 그러나 그것은 학령전 유아들의 피암시성을 증가시키고, 발생한 적이 없는 신체적, 성적 접촉에 대해 보고하도록 촉진시킨다(Goodman & Melinder, 2007).

학령기 목격자는 유아보다 정확성, 상세한 묘사, 정확하게 타인의 동기와 의도를 추론하는 것을 더 잘하게 된다. 이 경찰관은 따뜻하고 지원적인 목소리의 사용과 유도 질문을 피하면서 아동의 정확한 회상을 증진시킬 수 있다.

개입 성인은 법정과정을 이해하며 기대하는 것을 알고 있기 때문에 아동의 증언을 준비해야 한다. '법정 학교'와 같은 장소에서 법정을 구성하여 놓고, 법정활동 역할극을 할 수 있는 기회를 준다. 아동에게 성인이 기대하는 것을 추측하거나 따르기보다는 답을 알고 있지 않으면 받아들이지 않도록 격려해 준다. 면접을 연습하는 과정은 도움이 된다. 즉 여기서 아동들은 가장 정확하고 가능한 세부적인 정보를 제시하도록 학습한다(Saywitz, Goodman, & Lyon, 2002). 예를 들어, 3~4세 아동이 자신의 기억 출처(실생활 혹은 TV에서 발생한 사건인지의 여부에 대한 기억)를 모니터하고, 정보 출처에 대한 호도를 거부하도록 훈련을 하면, 유아들은 새로운 사건에 대한 질문에 더 정확하게 응답하였다(Thierry & Spence, 2002).

동시에, 법률 전문가는 아동들의 정확한 보고능력이 증진되도록 면접과정을 사용하여야 한다. 세부사항을 공개하도록 자극하는 편중되지 않은 개방형 질문 또는 진술("무슨 일이 일어났는지 말해 보렴." 또는 "네가 남자가 있었다고 말했지. 그 남자에 대해 이야기해 줄래?")은 아주 어린 아동에게도 피암시성 위험을 감소시킨다(McAuliff, 2009). 또한 따뜻하고 지지적인 면담 말투는 아동들의 두려움이 이완되도록 하여 정확한 회상을 격려시키기도 한다. 이러한 조건에서, 아동들은 면접자의 거짓 암시에 대응할 수 있도록 더욱더 자유로움을 느끼게 된다(Ceci, Bruck, & Battin, 2000).

만약 아동들이 질문에 대답하는 것이 정서적 외상이나 추후 처벌(가족과의 싸움

같은)을 경험하게 하는 경향이 있다면, 법정 절차는 아동 보호책을 적용할 수도 있다. 예를 들어, 아동들이 폐쇄형 CCTV를 사용하여 증언을 할 수 있도록 하여, 아동이 아동 학대자와 대면하지 않도록 한다. 아동이 직접 참석하는 것이 현명하지 못하다고 판단되면, 전문 증인이 아동의 심리적 상태를 보고하고, 아동의 이야기에서 중요한 요소를 포함시킨 증언을 제공할 수 있다.

상위인지

이 장을 통하여, 연령이 높아지면서 인지과정이 좀 더 반성적이며 심사숙고하게 되는 많은 방법에 대하여 언급하였다. 이러한 경향은 지식의 또 다른 형태가 아동이 기억하고 문제해결을 하는 방법에 영향을 줄 수도 있음을 제안하고 있다. **상위인지**(metacognition)는 다양한 측면의 사고에 대한 인식과 이해에 대한 것이다.

유아기와 아동 중기 동안, 아동이 새로운 증거에 직면하여 재조직하는 정신적 존재로서 인간에 대한 핵심적 이해인, 순진한 **마음 이론**(theory of mind)을 구성하면서 상위인지가 급격히 확장한다. 대부분의 마음 이론에 대한 탐색은 아동들의 '마음 읽기'로 설명되는데, 이 능력은 아동 자신과 타인의 지각, 감정, 욕구, 믿음을 탐지하는 능력이다. 제10장과 제11장의 정서와 사회적 이해를 고려하여 이 측면을 참고하고자 한다. 상위인지 연구의 두 번째 국면은 정신활동 혹은 생각하는 것이 무엇을 의미하는지에 대한 아동의 지식을 중요하게 여긴다. 복잡한 과제에 숙달하게 되면, 아동과 청소년은 자기 자신의 사고에 대해 생각하여야 하는데, 즉 이를 위하여 "나는 전화번호를 받아 적는 것이 좋겠어, 아니면 나는 그것을 잊어버릴 거야." 그리고 "이 단락은 복잡해. 작가의 초점을 알기 위하여 다시 읽을 거야."와 같은 깨달음에 도달하여야 한다.

상위인지 지식이 유용하기 위해서는, 아동들은 자신의 인지적 활동을 가까이서 모니터하여야 한다. 아동이 어려움에 직면하게 되면, 아동은 목표에 도달하기 위해 노력을 재고하려는 생각과 체계적으로 주의력, 기억, 추론과 문제해결 전략의 배치에 대하여 알고 있는 것을 사용하여야 한다. 다음 장에서 우리는 이러한 실행기능의 상위 수준을 고찰하고자 한다.

상위인지 지식

연령이 증가하면, 아동은 인지 용량, 정보처리의 전략, 수행에 도움 혹은 방해되는 과제의 다양성에 대한 인식이 증가하게 된다.

인지 용량에 대한 인지 어린 유아들의 대화를 가까이서 들어 보면, 정신활동에 대한 초기 인식을 발견할 수 있다. 단어가 확장되면서, 2세 영아의 동사에는 *원하다, 생각하다, 기억하다, 가장하다*와 같은 단어들이 포함되는데, 유아들은 내적 상태의 언급에 이러한 단어를 적절하게 사용한다(Wellman, 2002). 3세경에 유아들은 '생각하기'는 자신의 머릿속에서 일어나며, 사람이 어떤 것에 대해서 보고, 말하고, 만지지 않아도 생각할 수 있음을 알게 된다(Flavell, Green, & Flavell, 1995).

하지만 정신의 작용에 대한 학령전 유아의 이해는 여전히 한계가 있다. 3~4세 때는 사람이 기다리고, 그림을 보고, 이야기를 듣고, 책을 읽는 동안에도 생각이 계속됨을 인식하지 못한다. 유아들은 사람들이 생각하고 있음을 알려 주는 명백한 단서가 없으면 정신활동은 멈춘다고 결론짓는다(Flavell, Green, & Flavell, 1993, 1995, 2000). 더 나아가, 6세 이하의 어린 유아들은 사고과정에 주의를 거의 기울이지 않지만, 대신에 사고결과에 초점을 두었다. 아는 것과 잊은 것처럼 정신상태 사이의 미묘한 차이에 대해 질문하면, 유아들은 혼란을 표현한다(Lyon & Flavell, 1994). 유아들은 항상 오직 학습한 정보만을 안다고 주장하였다(Taylor, Esbensen, & Bennett, 1994).

학령기 아동들은 좀 더 완전한 인지과정에 대한 인식을 가지고 있다. 예를 들면 6세와 7세 아동은 과제를 잘 수행하는 것은 집중하고 노력을 기울여 주의를 기울이는 정도에 달려 있다고 인식하고 있다(Miller & Bigi, 1979). 이 시기에 아동은 지식의 출처에 대한 이해가 확장된다. 아동들은 사건을 직접 관찰하고, 다른 사람이 말하는 것뿐만 아니라 정신 추론을 하는 것에 의해서도 사람들이 지식을 확장할 수 있음을 인식하게 된다(Miller, Hardin, & Montgomery, 2003).

10세경에, 아동들은 지식의 확실성에 기초하여 정신활동을 구별하게 된다. 아동들은 '추측한다', '예측한다', '비교한다'보다 '기억한다', '안다', '이해한다'라고 가정할 때, 좀 더 확실성이 있음을 인식한다. 초등학교 고학년의 아동은 인지적 과정의 상호 관련성, 즉 기억은 이해의 핵심이며, 이해는 기억을 강화하게 됨을 깨닫게 된다(Schwanenflugel, Fabricius, & Noyes, 1996; Schwanenflugel, Henderson, & Fabricius, 1998).

그러면 인지 용량에 있어 연령이 낮은 유아의 이해와 연령이 높은 아동의 이해 간의 차이를 어떻게 설명할 수 있는가? 유아들은 정신을 정보를 담고 있는 수동적인 그릇으로 보며, 사람들이 생각하는 것이 무엇인지 추론하는 데 어려움을 갖게 된다. 지식을 획득하는 방법에 관한 제한된 인식에 의하면, 유아들이 계획하기의 참여와 기억전략의 사용을 거의 하지 않는 것이 놀랍지 않다. 대조적으로, 연령이 높은 아동들은 정신을 정보를 선택하고 전환하는 능동적·구성적 기관으로 간주한다(Flavell, 2000).

이 7세 아동의 표현은 그녀가 어렵게 사고하고 있다는 것을 보여 주고 있다. 학령기 아동은 정신적 활동을 점차적으로 반영하는 동안, 사건의 직접적 관찰뿐만 아니라 정신적 추론을 구성하는 것도 자신의 지식을 확장할 수 있음을 깨닫는다.

언어발달(특히 정신상태의 어휘)과 복잡한 사고 용량은 인간 마음에 대한 학령기 아동들의 반성적이며 과정 지향의 관점에 좀 더 기여하고 있다(Lecce et al., 2010). 관련 있는 경험은 다음과 같다. 아프리카 카메룬의 시골 아동들에 대한 연구에 의하면, 학교에 다니는 아동들은 그렇지 않은 아동들보다 정신적인 활동에서 좀 더 진보된 인식을 가졌다(Vinden, 2002). 학교에서는 선생님이 종종 정신 작용에 대한 주의를 불러일으키는데, 이때 선생님은 아동들에게 주의 집중하도록 일깨우고, 정신 단계를 기억하도록 하며, 또래와 의견을 공유하도록 하고, 추론을 평가하도록 하였다.

전략 지식 마음에 대한 좀 더 능동적 관점과 마찬가지로, 학령기 아동들은 학령전 아동들보다 정신전략을 좀 더 많이 의식하고 있다. 예를 들어, 두 명의 아동에게 각기 다른 회상전략을 사용하는 비디오 장면을 보여 주고 어떤 아동이 더 잘 기억할 수 있는지 질문을 하면, 유치원생과 초등학교 저학년 아동들은 시연과 범주화를 보거나 명명하기보다 더 잘 기억할 수 있음을 알고 있다. 연령이 높은 아동들은 좀 더 미묘한 차이를 인식하고 있었는데, 예를 들면 조직화가 시연보다 더 낫다고 여긴다(Justice, 1986; Schneider, 1986).

그리고 3학년과 5학년 아동들은 전략이 어떻게 그리고 왜 작동하는지에 대한 이해력이 좀 더 발달한다(Alexander et al., 2003). 결과적으로, 5학년 아동이 어린 학령기 아동보다 좋은 추론과 나쁜 추론의 구별에서 성취 결과(답의 정확성, 선택의 만족감)와 상관없이 더 나았다(Amsterlaw, 2006). 질적으로 다양한 예를 주었을 때, 5학년 아동은 일관성이 있게 '좋은' 추론으로 평정을 하였는데, 그러한 추론이 좋지 않은 결과로 이끌어도 가능성의 무게(결론으로 건너뛰기보다는)와 증거의 수집(중요한 사실의 무시보다는)에 기반을 두었다.

일단, 아동들이 정신활동에 영향을 주는 많은 요인들을 의식하게 되면, 아동은 통합적 이해를 위하여 요인들을 연결하게 된다. 아동 중기 말에 아동은 여러 변인들의 상호작용, 즉 어떻게 학습자의 연령과 동기, 전략의 효과적인 사용, 과제의 난이도 모두가 인지적 수행에 영향을 주는지 고려하게 된다(Schneider, 2010; Wellman, 1990). 이러한 방식에 의하면 상위인지는 사실상 포괄적인 이론이 된다.

인지적 자기조절

상위인지적 지식이 확장되어도, 학령기 아동들과 청소년은 그들이 사고에 대해 알고 있는 것을 행동으로 옮기는 데 종종 어려움을 겪는다. 아동은 **인지적 자기조절**(cognitive self-regulation)에 능숙하지 못한데, 목적을 향한 지속적인 모니터링 과정과 과정의 통제, 즉 계획하기, 결과 검토하기, 성공 가능성이 없는 노력의 방향전환을 못한다. 예를 들면 대부분의 3학년에서 6학년 아동들은 기억하기 위하여 항목을 묶고, 확실하게 이해하도록 복잡한 문단을 다시 읽고, 기존에 알고 있는 정보에 새로운 정보를 관련지어야 함을 알고 있다. 그러나 아동이 항상 이러한 활동을 잘하는 것은 아니다. 제6장에서 보았듯이, 많은 10대는 좋은 추론의 구성요소에 대한 인식은 하지만, 효율적인 의사결정의 참여에 실패한다.

인지적 자기조절에 관한 연구를 위하여, 연구자들은 기억전략의 인식이 아동들이 자신이 얼마나 잘 기억하는지에 미치는 영향력을 밝히고 있다. 초등학교 2학년경에 아동들은 기억전략에 대하여 잘 알고 있을수록 회상을 더 잘하는데, 이러한 관계는 아동 중기까지 강화된다(Pierce & Lange, 2000). 그리고 아동이 유용한 전략을 일관성 있게 적용하면 전략에 대한 지식이 강화되어, 그 결과 상위인지와 자기조절을 증진하는 전략적 과정 간의 양방적 관계가 형성된다(Schlagmüller & Schneider, 2002).

왜 인지적 자기조절은 점진적으로 발달하는가? 학습 결과에 대한 모니터링과 통제에는 많은 노력을 요하며, 노력과 진보에 대한 지속적 평가를 필요로 한다. 먼저 아동들의 노력은 통제와 적용의 결핍으로 인해 어려움이 있다. 초등학교와 중학교를 통하여, 더 나은 자기조절 기술은 학습적 성공을 예측한다(Valiente et al., 2008; Zimmerman & Cleary, 2009). 학업을 잘 따라가는 학생은 자신의 학습이 언제 잘되고, 언제 잘되지 않는지 알고 있다. 아동이 장애물에 직면하게 되면, 아동은 장애물을 넘어서는 단계를 밟게 되는데, 예를 들면, 학습환경을 조직화하고, 혼돈되는 학습 자료를 재검토하거나, 더 노련한 성인이나 또래의 지원을 찾는다. 이러한 적극적이며, 목표 지향의 접근은 학업성취가 나쁜 학생의 소극적 성향과 완전히 대조적이다.

부모와 교사들은 아동의 자기조절력을 증진시키는 데 필수적인 역할을 한다(Larkin, 2010). 한 연구에서 부모가 3학년이 되기 전 여름방학 동안 아동의 문제해결력을 가르치는 것을 관찰하였다. 인내심을 갖고 과제의 주요 특징을 지적하고 전략을 제안하는 부모들의 자녀는 교실에서 문제에 접근하는 방법에 토의를 더 많이 하고 아동 자신의 수행을 모니터하는 것으로 나타났다(Stright et al., 2001). 또 다른 조사에서 학급의 규칙, 절차, 과제에 대해 명확히 조직된 정보를 제공한 1학년 교사들은 좀더 독립적으로 작업을 하는 학생과 책 읽기과정에서 더 진보를 보이는 학생을 담당하게 되었다(Cameron et al., 2008). 결국, 전략의 효율성에 대한 설명은 특히 유용하다. 성인들이 아동들에게 단지 무엇을 했는가보다는 왜 그것을 했는지를 말하여 주면, 미래 행동에 대한 이론적 근거를 제시하게 된다.

아동의 인지적 자기조절 향상을 위한 방식을 목록화한 '적용하기'를 보자(p. 232 참조). 효과적인 자기조절 기술을 획득한 아동은 자신의 능력에 대한 확신, 즉 미래에 자기조절의 사용을 지원하게 되어 학문적 자기 효능감이 발달한다(Zimmerman & Moylan, 2009). 학업기술 영역 내의 발달을 위하여, 자기조절의 중요성은 항상 현존하는 문제이다.

이 5학년 아동의 인지적 자기조절 용량은 교과서의 용어사전과 간편한 사전을 보면서 자료를 조직하는 방식으로 증명된다. 과제를 하면서 친숙하지 않은 단어에 직면하게 되면 아동은 그 정의를 재빠르게 찾아본다.

적용하기

아동의 인지적 자기조절의 향상

전략	설명
계획적인 학습의 중요성 강조	아동이 학습 과제를 조직하고 계획하도록 격려한다. 이를 위하여 아동이 과제의 수행에 필요한 시간과 연습이 포함된 과제에 접근하는 다양한 방식을 고려하고 적합한 학습 목적을 설정하도록 한다.
효과적인 학습전략의 제안	아동에게 효과적인 학습전략을 어떻게 사용하는지 보여 주고, 이 전략들이 왜 잘 작동하는지 설명하여, 아동은 미래에 어떤 전략을 언제, 왜 사용하는지를 알게 한다.
과정의 모니터링 강조	"내가 초점을 유지하고 있는가?", "계획된 전략을 사용하고 있는가?", "전략이 작동하는가 혹은 그 전략을 조정할 필요가 있는가?"와 같은 질문을 하면서 자기 모니터링을 통해 아동이 자신의 학습 목표를 향한 과정을 점검하도록 격려한다.
전략 효율성의 평가 제공	아동이 학습의 증진을 위한 자신의 수행을 평가하게 한다. 이를 위하여 "내가 얼마나 잘했지?", "나의 학습전략은 효과적이었나?", "무슨 전략이 더 잘 작동했었지?", "다른 과제가 이 전략으로부터 무슨 이익을 얻게 될까?"와 같은 질문을 하게 한다.

출처 : Schunk & Zimmerman, 2003.

정보처리 이론의 학업 증진을 위한 적용

지난 20년 동안 정보처리의 발달에 대해 발견된 기본 이론은 아동들의 학업기술 달성을 위해 적용되었다. 여러 학과목에서 연구자들은 숙련된 수행을 위한 인지적 구성요소를 밝히고, 발달을 추적하였으며 인지적 기술에 있어서 차이를 정확히 지적함으로써 능력 있는 학습자를 그렇지 않은 학습자로부터 구분하였다. 그 결과, 연구자들은 아동의 학습을 향상시킬 수 있는 교수방법을 설계하기를 희망했다. 다음에서 읽기, 수학, 과학적 추론에서의 이러한 노력의 예를 논의하고자 한다.

읽기

인간은 읽기를 위하여 많은 기술을 한 번에 사용하는데, 정보처리 체계의 모든 측면을 동원하게 된다. 읽기는 낱개의 글자들과 글자의 연결을 지각하고, 이러한 글자에서 말소리로 전환하고, 많은 보편적 단어의 시각적 외형을 재인하고, 그 의미를 해석하는 동안 작업기억에 문장의 묶음을 보유하고, 이해 가능한 전체로 교재 안 문단의 여러 부분의 의미를 연계하여야 한다. 읽기는 상당히 부담이 크기 때문에 이러한 대부분 혹은 모든 기술이 자동적으로 작동하도록 요구하게 된다. 만약 하나 이상의 기술발달이 저조하면 제한된 작업기억에 공간이 요구되어, 읽기 수행이 저하될 수 있다. 읽기에 유능한 사람이 되는 것은 유아기부터 시작되는 복잡한 과정이다.

유아기 유아들은 관습적 방법으로 읽고 쓰기를 시작하기 훨씬 전부터, 문어에 대한 많은 것을 이해하고 있다. 문어 상징으로 세상이 채워진 산업 국가의 아동을 보면 이러한 일은 놀라운 것이 아니다. 유아는 매일 그림책, 달력, 목록, 표지판을 포함한 활동을 관찰하고 참여하게 된다. 이러한 경험의 일환으로, 유아들은 문어 상징이 의미를 어떻게 전달하는지 알아내게 된다. 비형식적인 경험을 통한 문해 지식의 구성을 위한 유아의 능동적 노력을 **문해능력**(emergent literacy)이라고 부른다.

어린 유아들은 문자어의 단위를 찾게 되는데, 그림책 읽기에서 기억된 문장을 '읽고', 좋

유아는 일상적 활동에 참여함으로써 비형식적으로 문어 상징이 포함된 문해 지식을 습득한다. 이 어린 주방장은 전화로 주문받은 테이크 아웃 음식을 '메모'하고 있다.

© LAURA DWIGHT PHOTOGRAPHY

아하는 음식점의 계산대에서 '피자'와 같이 친숙한 표지를 인식하게 된다. 그러나 유아들은 인쇄 글자의 구성요소에 대한 상징기능을 아직 이해하지는 못한다(Bialystock & Martin, 2003). 많은 유아들은 단일 글자의 묶음으로 단어 전체가 되고 혹은 사람들의 서명에 있는 각 글자가 분리된 이름을 표상한다고 생각한다. 사실 처음에 유아는 그림과 글을 구별하지 못한다. 4세경에 유아가 쓴 글은 인쇄 글자와 구별되는 어떤 특징이 있는데, 선으로 배열된 분리된 형태이다. 그러나 유아의 쓰기에는 그림 같은 특징이 포함되는데, 즉 노란색 매직펜이나 동그라미 모양을 사용하여 '해'라는 글자를 쓴다(Levin & Bus, 2003). 그림의 상징적 기능에 대한 이해를 적용하여, 유아는 '글자 그리기'를 하게 된다.

유아는 자신의 지각적 · 인지적 용량이 증진되고, 여러 상황에서 글자를 접해 보고, 성인이 유아와 쓰기를 사용한 의사소통을 함으로써 글자에 대한 자신의 생각을 수정하게 된다. 점진적으로 유아는 문어적 특징에 좀 더 주목하고, 그림 7.9와 같이 '그림책'과 '식료품 목록'과 같이 쓰기의 다양한 기능을 알게 된다.

마침내, 유아는 글자가 단어의 부분이며 체계적인 방법으로 소리와 연계됨을 이해하여, 5세와 7세 아동이 고안한 철자 간에 특징적 차이가 나타난다. 처음에 유아는 글자의 이름에 소리를 붙인다. 'ADE LAFWTS KRMD NTU A LAVATR(80마리의 코끼리를 엘리베이터에 넣었다)' 시간이 지나면서, 유아는 소리와 철자가 대응한다는 것을 알아챈다. 유아는 또한 어떤 글자는 하나 이상의 보편적 소리를 갖고 있으며, 맥락에 의하여 소리에 영향을 준다는 것을 배운다(table과 cat에서 a는 다른 발음이 난다)(McGee & Richgels, 2012).

문해발달은 구어의 폭넓은 기반과 세계에 대한 지식에 의하여 구축된다(Dickinson, Golinkoff, & Hirsh-Pasek, 2010). 시간이 경과되면서, 아동들의 언어와 문해적 진보는 상호 촉진된다. **음운인식**(phonological awareness)은 구어의 소리 구조를 반영하고 조작하는 능력으로 단어 내의 소리 변화, 운율, 부정확한 발음에 대한 민감성으로 나타나는데, 초기의 문해지식의 강한 예측요인이다(Dickinson et al., 2003; Paris & Paris, 2006). 소리와 문자지식을 결합하면서, 아동은 말의 분절을 잘라서 구분하고, 그것을 문어 상징과 연결할 수 있게 된다. 어휘와 문법적 지식에도 영향을 준다. 그리고 성인과 아동 간의 서술적 대화는 문해적 진보에 핵심적인 다양한 언어기술을 증진시킨다.

유아가 비형식적인 문해 경험을 많이 가질수록, 유아의 언어와 초기의 문해발달과 이후의 읽기 기술이 더 나아진다(Dickinson & McCabe, 2001; Speece et al., 2004). 글자와 소리의 대응을 지적하고 언어와 소리에 대한 게임놀이는 언어의 소리 구조와 소리가 활자로 표상되는 방법에 대한 인식을 길러 준다(Ehri & Roberts, 2006; Foy & Mann, 2003). 그림책 상호 읽기, 즉 성인과 유아의 책 내용에 대한 토의는 언어와 문해발달의 많은 측면을 증진시킨다. 글자나 이야기 준비와 같은 서술적 대화에 초점을 둔 성인이 지원하는 쓰기활동은 커다란 도움이 된다(Purcell-Gates, 1996; Wasik & Bond, 2001). 종단연구에서 이러한 문해 경험은 아동 중기의 읽기 성취 증진을 예측한다(Hood, Conlon, & Andrews, 2008; Senechal & LeFevre, 2002; Storch & Whitehurst, 2001).

경제적으로 혜택받은 또래와 비교하여, 저소득층의 유아는 가정과 유아원의 언어와 문해학습 기회를 덜 갖게 되며, 이는 학령기 동안 읽기 성취에 뒤처지는 주된 이유가 된다(Foster et al., 2005; Foster & Miller, 2007; Turnbull et al., 2009). 연령에 적합한 도서를 예를 들면, 저소득층 유아의 주변에 거의 없다. 4개의 중산층과 저소득층 지역사회에 대한 한 조사에서, 중산층 주민은 유아 1인당 평균 13권의 도서를 보유하고 있고, 저소득 주민들은 유아 300명당 단 1권만을 보유하고 있었다(Neuman & Celano, 2001).

그림 7.9 **이야기와(a) 4세 유아에 의해 쓰인 식료품 목록(b)**

이 유아의 쓰기는 실제 활자의 많은 특징을 갖고 있다. 또한 다양한 형태의 문어 표현에 대한 인식이 나타난다.

출처 : McGee, Lea M.; Richgels, Donald J., *Literacy's Beginnings: Supporting Young Readers and Writers*, 4th Edition, © 2004. Reprinted by permission of Pearson Education, Inc., Upper Saddle River, NJ.

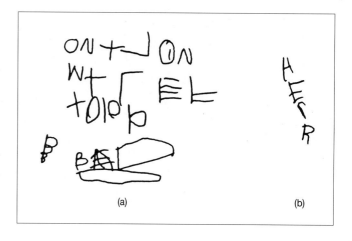

(a)　　　　(b)

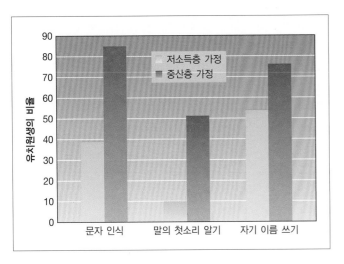

그림 7.10 소득 수준에 따른 유아의 읽기 준비도 기술
저소득층과 중산층 가정의 유치원 입학생의 초기 읽기발달에서의 차이는 크게 나타난다.
출처 : Lee & Burkham, 2002.

평균적으로, 저소득층 가정의 유아는 유아기 동안 25시간 동안 책을 읽고, 중산층 가정의 유아는 1,000시간 동안 책을 읽었다. 초기 문해 경험의 차이는 유치원 입학 시 읽기 준비도를 위한 필수적인 지식과 기술에서 큰 차이로 전이된다(그림 7.10 참조). 초기 문해에 뒤처진 유아는 저학년에서 읽기에서도 빈약한 수행으로 계속 뒤처지는 경향이 있다(National Early Literacy Panel, 2008). 시간이 흐르면서, 숙련된 읽기 능력자는 모든 성취 영역에서 형편없는 읽기 능력자보다 더 빠른 진보를 보이며 더 효과적으로, 광범위한 지식을 습득한다(Neuman, 2006). 이러한 방식으로, 학교 입학 시 문해결핍은 경제적으로 혜택받은 유아와 혜택을 받지 못한 유아 간의 광범위한 성취도 차이를 고등학교 시기까지 지속적으로 영향을 미친다.

저소득층 부모에게 아동용 도서를 제공하면서 초기 문해의 자극법을 안내하게 되면 가정의 문해활동이 크게 향상된다(High et al., 2000; Huebner & Payne, 2010). 그리고 유아 교사가 효과적인 유아 문해 교수에 관한 무료 대학 강좌를 제공하면, 그 교사들은 자신이 학습한 것을 쉽게 적용하여 담당 학급에 더 많은 문해활동을 제공하였다(Dickinson & Sprague, 2001). 유아기 문해발달을 지원하는 방식을 위하여, 235쪽에 제시한 '적용하기'를 참조하라.

아동 중기 아동이 초기의 문해에서 관습적 문해로 전이를 하게 되면, 음운 인식은 읽기(와 철자 쓰기) 진보에 대한 예측으로 이어진다. 처리 속도는 시각적 상징을 소리로 급속히 전달하는 능력을 기르는데, 이 능력도 읽기 우수아와 읽기 부진아를 구분하게 한다(McBride-Chang & Kail, 2002). 덧붙여, 시각적으로 꼼꼼하게 보기와 식별하기 놀이는 중요하며, 읽기 경험을 증진시킨다(Rayner, Pollatsek, & Starr, 2003). 이러한 모든 기술을 효율적으로 수행하면 문맥의 의미를 이해하는 데 요구되는 상위 수준 활동을 위한 작업기억의 적용이 높아진다.

최근까지 연구자들은 아동에게 읽기를 가르치는 방법에 대한 강도 높은 논쟁으로 들끓었다. **총체적 언어 접근**(whole-language approach) 연구자들은 아주 초기부터 아동을 완전한 형태인 이야기, 시, 글자, 포스터와 목록 등의 문맥에 노출시켜야 하는데, 이를 통하여 유아는 문어의 의사소통적 기능을 식별할 수 있다고 논의하였다. 이러한 견해에 의하면, 읽기가 계속 의미가 있으려면 아동들은 필요한 특수 기술의 발견을 위한 동기가 유발되어야 한다(Watson, 1989). 다른 접근은 **음운적 접근**(phonics approach)을 주장하는 연구자들이다. 이들의 관점에 의하면 아동에게 단순화된 읽기 자료를 제공하여야 하며, 처음에는 음운, 문어 상징을 소리로 전환하는 기본 규칙을 가르쳐야 한다. 단지 나중에는 아동이 이러한 기술을 숙달한 후에 복잡한 읽기 자료를 제공하여야 한다(Rayner & Pollatsek, 1989).

많은 연구들은 아동들이 두 접근의 혼합을 통하여 최선의 학습이 된다는 것을 제시하여 논쟁을 해결하였다. 유치원, 1학

교사의 안내에 따라 1학년 학생들은 단어를 변별하고 첫 자음에 따라 그것들을 분류한다. 효과적인 읽기 수업은 흥미 있고, 의미 있는 문맥의 노출을 통한 음운 교육이 균형을 유지하는 것이다.

© ELLEN B. SENISI PHOTOGRAPHY

적용하기

유아기의 초기 문해 지원

전략	설명
가정과 유치원의 풍부한 문해 환경 제공	가정과 기관 내의 유아의 민족적 배경 등 광범위하게 다양한 아동용 이야기책과 같은 풍부한 읽기, 쓰기 자료는 유아에게 풍부한 언어와 문해 경험을 제공한다.
상호적인 책 읽기 참여	성인이 이야기 내용에 대해 토론하고, 이야기 사건에 대해 개방형 질문을 하고, 단어의 의미를 설명하고, 활자의 특징을 지적할 때, 유아는 언어발달, 이야기 내용의 이해, 이야기 구조의 지식, 문어의 단위 인식이 향상된다.
도서관, 박물관, 공원, 동물원, 다른 지역사회 기관의 환경 제공	유아 중심의 지역사회의 기관 방문은 유아의 보편적 지식을 향상시키고, 일상에서 문어가 어떻게 사용되는지 볼 수 있는 많은 기회를 제공한다. 또한 내러티브 대화를 위해 개인적으로 의미 있는 주제를 제공하며, 문해발달을 위한 많은 핵심적 언어기술을 향상시킨다.
글자 소리 대응의 지적, 운율과 다른 언어 소리 게임놀이, 운율이 있는 시와 이야기 읽기	단어에서 소리를 분절하여 구분하도록 돕는 유아의 경험은 음운 인식을 증진하는데, 이것은 유아기 문해 지식과 추후 읽기와 철자법 성취도를 예측할 수 있다.
유아의 쓰기 노력, 특히 내러티브 작품의 지원	유아의 쓰기에 대한 노력, 특히 글자, 이야기, 다른 내러티브의 지원은 많은 언어와 문해기술을 증진시킨다.
문해활동의 모델 제공	유아가 읽기활동과 쓰기활동에 참여하는 성인을 보게 되면, 유아는 문해기술의 다양한 일상기능과 지식 그리고 문해가 주는 즐거움을 더 잘 이해한다. 결과적으로 글을 읽고 쓰게 되는 유아의 동기를 강화시킨다.

출처 : McGee & Richgels, 2012; Neuman, 2006.

년, 2학년에 음운이 포함된 교육이 읽기 성취 점수를 상승시켰으며, 특히 읽기능력이 뒤처진 아동에게 효과가 있었다(Stahl & Miller, 2006; Xue & Meisels, 2004). 그리고 교사가 실제 읽기와 쓰기에 음운 교육을 연계하고 다른 우수한 교수 실제의 참여, 즉 아동이 읽기 도전의 어려움을 넘기도록 지원하고 모든 학과목에 읽기를 통합하면, 1학년 아동은 문해능력에 더 많은 진보를 나타냈다(Pressley et al., 2002).

왜 음운과 총체적 언어의 연계가 최선으로 작용하게 되는가? 글자와 소리의 관계에 대한 학습은 아동이 해독 혹은 아동이 사전에 본 적이 없는 단어를 판독하게 한다. 음운 인식이 낮은 상태로 학교에 입학한 아동은 음운 훈련이 제공되면 훨씬 더 읽기에 진보를 보인다(Casalis & Cole, 2009). 아동은 금방 자신의 읽기에서 새로운 글자-소리 관계를 알아내고, 단어 해독의 유창성이 증가하게 되어, 문맥의 의미에 더 자유롭게 주의를 기울인다. 초기 음운 훈련이 없었던, 이러한 아동(가난에 찌든 가정의 많은 아동)은 3학년까지 문맥 이해능력에서 또래보다 많이 뒤처지게 된다(Foster & Miller, 2007).

그러나 만약 기초기술의 연습을 지나치게 강조하면, 아동들은 읽기와 이해하기의 목표에 대한 통찰력을 잃을 수도 있다. 의미의 저장 없이 유창하게 소리 내어 읽는 아동들은 효과적 읽기전략을 거의 알지 못하게 되는데, 예를 들면 아동은 즐거움을 위하여 읽기를 하는 아동보다 시험을 위한 읽기에서 좀 더 주의 깊게 읽어야 하는 것, 효율적 이해를 위하여 문장의 부분들 간의 관계를 이끌어내는 것, 자신의 말로 문장 설명하기는 이해한 내용의 평가에 가장 좋은 방법인 것 등이다. 아동의 지식 증가를 목표로 한 교육의 제공과 읽기전략의 즉각적 사용은 3학년부터 아동들의 읽기 수행을 증진시킨다(McKeown & Beck, 2009; Paris & Paris, 2006).

7세와 8세경에, '읽기를 위한 학습'에서 '학습을 위한 읽기'로 주요 전환이 나타난다(Melzi & Ely, 2009). 해독과 이해기술이 높은 수준의 효율성에 도달하면, 청소년 독자들은 능동적으로 문맥을 읽는 능력이 나타난다. 청소년들은 자신의 현재 목적에 맞는 읽기방법에 적용하게 되는데, 한 번은 새로운 사실과 생각을 찾고, 다음에는 작가의 관점에 의문을 갖거나 혹은 동의나 반대하기 위하여 읽기를 한다.

수학

수학적 추론은 읽기와 같이 비형식적 지식의 획득에 의하여 구성된다. 제6장에서 제시된 증거에 의하면, 영아는 기본적 수 개념을 가지고 있으나, 이런 초기 변별력과 이후의 수량적 발달 간의 연결은 아직 분명하지 않다. 14~16개월의 걸음마기 영아는 **서수성**(ordinality), 즉 수량 간의 순서적 관계의 기초를 파악하고 있음을 보여 주는데, 예를 들면 2보다 3이, 1보다는 2가 더 크다는 것을 알고, 이는 좀 더 복잡한 이해를 위한 기초가 된다(Starkey, 1992; Strauss & Curtis, 1984). 그리고 2세 영아는 수 세기를 하지 않고 어떤 집합의 항목이 다른 집합과 관련하여 '많은', '더 많은', 또는 '적은'을 지적할 수 있다(Ginsburg, Lee, & Boyd, 2008). 이런 발달적 획득은 더 복잡한 이해를 위한 기반으로서 역할을 한다.

유아기　때로 유아가 3세경에는 수 세기를 시작한다. 3세가 되는 시기에 대부분의 유아는 일렬로 된 다섯 개의 물체를 셀 수 있는데, 정확한 수 단어를 말하지만 그 단어의 의미를 정확히 알지는 못한다. 예를 들어, 하나를 달라고 하면, 유아는 한 개를 주지만, 2, 3, 4, 5개를 달라고 하면, 보통 더 많이 주지만 양이 부정확하다. 그럼에도 불구하고 2세 반에서 3세 반의 유아는, 예를 들어 5에서 6으로 수의 명칭이 변화되면, 물체 숫자가 변화되어야 함을 인식한다(Sarnecka & Gelman, 2004). 이들은 숫자 단어가 고유의 수량을 뜻함을 이해한다.

3세 반에서 4세경에 대부분의 유아는 10까지 수의 의미를 숙달하게 되며, 정확하게 세고, **기수성**(cardinality)의 핵심 원리인 수 세기 순서의 마지막 단어가 한 집합의 물체 수량을 나타냄을 알게 된다(Geary, 2006a). 기수 개념은 유아의 수 세기의 효율성에 의하여 증가된다. 4세경에 유아는 산수 문제 해결에 수 세기를 사용한다. 처음에 유아의 전략은 제시된 수의 순서와 연결되어, 2+4를 제시하면, 유아는 2부터 세어 올라간다(Bryant & Nunes, 2002). 그러나 곧 유아는 다양한 다른 전략을 실험하여 본다. 그 결과 유아는 최소전략을 숙달하게 되어 더 효과적인 접근을 한다(pp. 208~211, 'Siegler의 전략 선택 모형' 참조). 이 시기에 유아는 더하기는 빼기의 반대임을 인식한다. 예를 들어 4+3=7로, 유아는 7-3=4를 수 세기 없이 추론하게 된다(Rasmussen, Ho, & Bisanz, 2003). 이러한 원리를 알게 되면, 급속한 계산이 크게 촉진된다.

기본적인 산수 계산의 이해는 어림잡기(estimation)의 시작이 가능하다는 것으로 어림잡기는 근접한 답을 도출하는 능력이며, 정답의 정확성 평가에 사용할 수 있다. 접시에 있는 10개의 도너츠에서 4개의 도너츠를 더하거나 뺀 여러 개의 도너츠를 본 후, 3~4세 유아는 접시에 얼마나 많은 도너츠가 있는지 현명하게 예측을 한다(Zur & Gelman, 2004). 여전히, 유아는 계산능력의 제한을 넘어서는 것은 어림잡기만을 할 수 있다(Dowker, 2003). 예를 들어, 10까지 합하는 더하기 문제를 해결할 수 있는 아동은 약 20 이상의 합하는 답을 어림잡을 수 있다. 그리고 수 연산을 하게 되면서, 아동은 점진적으로 더 정확하고 효과적인 기법으로 이동하면서 다양한 어림잡기 전략을 시도하게 된다.

산수 지식은 주변 세계의 많은 문화권 안에서 나타나는 것을 단지 설명하고 있다. 하지만 학교와 유치원에서 성인이 의미 있는 상황에서 수 세기, 양 비교하기, 수 개념에 대해 이야기하기를 제공하면 유아는 좀 더 빨리 산수 지식을 이해하게 된다(Ginsburg, Lee, & Boyd, 2008; Klibanoff et al., 2006). 유치원에 들어갈 때 수학에 능숙하면 초등학교와 중등학교, 그 이후의 수학 성취를 예측할 수 있다(Duncan et al., 2007; Geary, 2006a).

초기 문해와 같이, 저소득층 가정의 유아는 경제적으로 혜택을 받은 또래보다 수학적 지식이 많이 부족한 채로 유치원에 입학을 하며, 이러한 수학적 지식의 차이는 환경적 지원의 차이 때문이다. 예를 들어, 성인과 수학 보드 게임 놀이에 참여한 몇 차례의 놀이시간으로도 저소득층 4세 유아의 수개념과 수 세기의 유능성이 극적으로 증진되도록 이끌었다(Siegler, 2009). 그리고 블록 구성으로 부르는 유아 수학 교육과정을 통하여, 교사는 유아의 수학 개념과 기술을 증진시키는 자료를 적용한 수학을 유치원의 일과활동 속에 블록 구성에서 미술, 그리고 이야기로 짜 넣을 수 있다(Clements & Sarama, 2008). 다른 유아 학교 프로그램에 무선 배정된 또래와 비교하면, 블록 구성을 경험한 경제적으로 혜택받지 못한 유아들은 수 세기, 순서, 산수 계산이 포함된 수학적 지식과 기술에서 학년 말에 상당히 큰 성적 향상을 보였다.

유아들의 장난감 개구리 '뛰기'의 길이 측정. 비형식적 수 개념의 탐색을 통해, 유아는 이후의 수학기술 학습의 핵심이 되는 산수에 대한 이해력을 구성한다.

아동 중기 초등학교의 수학 교육은 아동의 수 개념과 수 세기에 대한 비형식적 지식으로 구성되며 보다 더 풍부해진다. 문자화된 공식체계와 형식적 계산기술은 수의 표상, 계산, 측정을 위한 아동의 능력을 향상시킨다. 초등학교 저학년을 지나면서, 아동들은 빈번한 연습과의 연계, 숫자 개념에 대한 추론, 효과적인 전략 전달의 교육을 통하여 기본적인 수학적 사실을 획득한다(pp. 208~209의 연습의 확대와 개념의 이해 두 가지 모두의 중요성을 지원하는 연구 참조). 결과적으로, 아동들은 자동적으로 답을 검색하여 좀 더 복잡한 문제에 이 지식을 적용한다.

수학을 가르치는 법에 대한 논쟁은 읽기에 대한 논쟁과 유사하다. 강화된 속도 연습은 '수 감각' 혹은 이해에 대응되는 방법이다. 다시, 두 가지 접근의 융합이 가장 유익하다(Fuson, 2009). 수학의 기초 학습에서 부진한 수행력을 갖는 학생들은 방해되는 어떤 기술을 사용(더하기 문제에서 모든 항목 세기)하거나 혹은 너무 즉각적으로 기억에서 답을 검색하려고 시도한다. 수학에 부진한 학생들은 예를 들어, 2(2×8)를 포함한 곱셈 문제는 두 배(8+8)를 하여 더하는 것과 동일하다는 것을 알아채는 것과 같은, 무엇이 가장 효과적인지 알아보고, 논리적이며 효율적인 방식으로 자신의 관찰을 재조직하면서 전략을 충분히 실험하지 못한다. 그리고 수학 개념에 대한 이해를 나타내는 과제에서 유아의 수행은 취약하다(Canobi, 2004; Canobi, Reeve, & Pattison, 2003). 이것은 전략을 적용한 학생들을 격려하고 어떤 전략이 잘 작동하는 이유에 대한 이해를 확신하는 것이 수학의 기초에 대한 확실한 숙달의 핵심임을 제안하고 있다.

유사한 상황이 좀 더 복잡한 기술인 더하기에서 올리기, 뺄셈에서 빌려오기, 십진법과 분수 조작하기에서도 나타난다, 기계적으로 가르치면, 아동들은 새로운 문제에 그 과정을 적용할 수 없다. 대신에 아동은 이해하지 못하여 부정확하게 회상하는 '수학규칙'을 사용하여 지속적으로 실수를 하게 된다(Carpenter et al., 1999). 다음의 뺄셈에서 나타난 오류를 보자.

$$
\begin{array}{r} 427 \\ -138 \\ \hline 311 \end{array}
\qquad
\begin{array}{r} 7002 \\ -5445 \\ \hline 1447 \end{array}
$$

첫 문제에서 아동은 위에 위치한 숫자에 대한 고려 없이, 큰 숫자에서 작은 숫자를 일관적으로 뺀다. 두 번째는, 0이 있는 칸은 빌려오기를 뛰어넘고, 맨 위에 0이 있을 때면, 아래 숫자를 답으로 쓴다.

문제해결을 위한 실험, 전략의 이면에 있는 추론의 이해, 해결기술의 평가 등의 기회가 풍부하게 제공되면, 유아는 실수를 거의 하지 않는다. 한 연구에서 이러한 방법을 학습한 2학년 아동들은 정확한 과정을 숙달할 뿐 아니라 아동 스스로 성공적인 전략을 고안하면, 어떤 전략은 표준화된 학교 교수방법보다 우수한 것도 있다! 다음의 해결을 보라.

$$\begin{array}{r} \overset{3\ 15\ 14\ 12}{4\ 6\ 5\ 2} \\ -\ 1\ 9\ 6\ 8 \\ \hline 2\ 6\ 8\ 4 \end{array}$$

빼기에서, 아동들은 먼저 모두 교환을 하고, 오른쪽에서 왼쪽, 혹은 왼쪽에서 오른쪽으로 융통성 있게 이동을 한 후에, 모든 네 개의 칸에서 빼기를 하면 매우 효율적이며, 정확하게 접근하게 된다(Fuson & Burghard, 2003).

독일의 연구에서 교사들이 계산 연습과 수학적 사실의 기억 전에 서술형 문제의 의미를 능동적으로 구성하도록 함으로써 개념적 지식을 강조하면 할수록, 2학년에서 3학년의 수학 성적이 더욱더 높아졌다(Staub & Stern, 2002). 이런 학습경험을 한 아동은 효율적이고, 융통성 있는 절차를 도출하기 위하여 연산(예 : 나눗셈의 반대는 곱셈) 간의 확실한 지식을 갖게 된다(De Brauwer & Fias, 2009). 그리고 답을 어림잡도록 격려를 받았기 때문에, 계산에서 잘못된 길로 들어가고 있으면, 아동은 통상적으로 자기 수정을 한다. 더 나아가, 수학 연산과 문제 맥락 간의 연결도 인식하고 있다. 아동은 정확한 계산 대신에 어림잡기를 통하여 재빨리 문장으로 된 문제(만약, 제시가 바나나를 사는 데 3.45달러를, 빵을 사는 데 2.62달러를, 땅콩버터를 사는 데 3.55달러를 쓴다면, 제시는 모두 사기 위해 10달러를 지불하면 될까?)를 풀 수 있다(De Corte & Verschaffel, 2006).

아시아 국가의 학생들은 수학적 지식을 습득하기 위해 다양한 지원을 받으며, 보통 수학 추론과 계산에 우수하다. 미터법의 사용은 측정의 모든 영역에서 1, 10, 100, 1000의 값으로 표시되어, 아시아 아동은 자리 값의 획득에 도움을 받는다. 또한, 아시아 언어에서 수 단어(12는 열 둘, 13은 열 셋)의 일관된 구조는 이런 개념을 명확하게 만든다(Miura & Okamato, 2003). 그리고 아시아 수 단어는 더 짧고 더 빨리 발음되기 때문에 더 많은 숫자를 한 번에 작업기억에 보유할 수 있어서 사고의 속도가 증가하게 된다. 더 나아가, 중국 부모들은 수 세기와 계산을 매일 집중적으로 연습하는 경험을 아동에게 제공하고, 이러한 경험은 미국 아동의 수학 지식을 넘어선 중국 아동의 우수성에 기여하게 되었다(Siegler & Mu, 2008; Zhou et al., 2006).

마지막으로 미국과 비교하면, 아시아의 수학 수업은 수학 개념과 전략의 탐색에 더 많은 시간을 할애하고, 연습과 반복에 더 적은 시간을 할애하였다(Woodward & Ono, 2004; Zhou & Peverly, 2005).

5학년생들이 '사각형', '정육면체'와 같은 수학적 개념의 이해를 돕기 위한 조작 자료를 사용하고 있다. 개념적 지식의 향상을 위한 학습경험은 아동이 더 융통성이 있고, 효과적인 수학 문제 해결자가 되도록 돕는다.

과학적 추론

체육 수업의 자유시간 동안 13세의 하이디는 특별한 상표의 공을 사용할 때 테니스의 서브와 받기에서 더 많이 네트를 넘겨 상대편의 코트에 떨어지는지 궁금하였다. "공의 색과 크기 때문일까?" 스스로 물었다. "음…… 아니면 공의 표면 질감이 튀는 데 영향을 줄 수 있어."

Deanna Kuhn에 따르면, 과학적 추론의 본질은 증거에 의한 이론의 협응이다. 과학자들은 자신이 선호하는 이론을 명확히 설명할 수 있고, 그 이론을 지지하는 데 필요한 증거가 무엇이며, 반박하는 것이 무엇인지 알 수 있으며, 이론에 반대하는 사람들에게 이론을 수용하도록 이끄는 반대 이론에 대응하는 법을 설명할 수 있다. 하이디가 테니스공에 대한 이론을 확인하는 데 필요한 증거는 무엇인가?

Kuhn(2002)은 과학적 추론의 발달을 Piaget의 과제와 유사한 문제를 사용하여 여러 변인들이 한 가지 결과에 주는 영향에 대한 심도 깊은 연구를 하였다. 일련의 연구에서 3, 6, 9학년과 성인은 이론에 대한 때로는 일관된, 때로는 갈등적인 증거를 제공하였다. 그다음, 참가자들은 각 이론의 정확성에 대한 질문을 받았다.

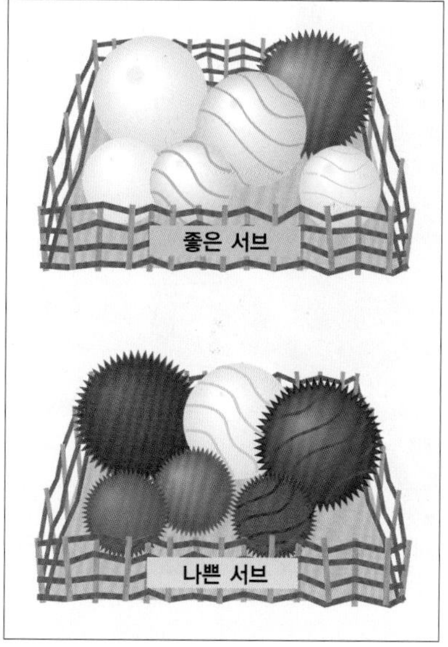

예를 들어, 참가자들에게 하이디가 제기한 문제와 같은 문제를 제시하였다. 즉, 스포츠용 공의 여러 특성인 크기(크고 작음), 색깔(밝고 어두움), 표면의 질감(거칠고 부드러움), 표면돌기의 유무 등이 선수의 서브 질에 영향을 주는지에 대한 이론을 세우도록 하였다. 다음에 공의 크기가 중요하다고 믿는 S씨의 이론과 색의 차이라고 생각하는 C씨의 이론에 대해 들었다. 마지막으로 면접자는 두 바구니, 즉 하나에는 '좋은 서브', 다른 것에는 '나쁜 서브'라고 명칭이 붙어 있는 어떤 특징에 의하여 공을 넣었다는 증거를 보여 주었다(그림 7.11 참조).

그림 7.11 크기, 색깔, 표면의 질감, 돌기의 존재 여부와 같은 공의 어떠한 특성이 서브 질에 영향을 주는가?

이 실험 자료는 색깔이 중요함을 제안하고 있다. 왜냐하면 밝은색 공은 좋은 서브 바구니에, 어두운색 공은 나쁜 서브 바구니에 넣었기 때문이다. 그러나 질감도 동일하다. 좋은 서브 바구니는 대부분 부드러운 공이고, 나쁜 서브 바구니는 거친 공이다. 모든 밝은색 공은 부드럽고, 모든 어두운색 공은 거칠기 때문에, 차이가 색인지 질감인지 말할 수 없다. 그러나 크기와 돌기의 존재 여부는 중요하지 않다고 결론지을 수 있다. 왜냐하면 이러한 특성은 좋은 서브와 나쁜 서브에 동등하게 나타나기 때문이다.

출처 : Kuhn, Amsel, & O'Loughlin, 1988.

연령 관련 변화 Kuhn은 연령에 따라 과학자와 같이 추론능력이 향상된다는 것을 발견하였다. 어린 참가자들은 종종 명백한 인과관계 변인을 무시하고, 그들의 초기 판단의 갈등적 증거를 무시하거나, 자신의 이론과 일관된 방식을 왜곡하였다. 한 3학년 아동은 크기가 원인(큰 공은 좋은 서브를 만들고 작은 공은 나쁜 서브를 만든다)이라고 판단하면서도 불완전한 증거(좋은 서브 바구니 안에는 단일의 크고 밝은색의 공이 있고 나쁜 서브 바구니에는 그 공이 없다)를 제시하였고, 그 아동은 여전히 S씨의 이론(또한 자신의 이론)의 정확성을 주장하였다. 설명을 요구하자, 단호하게 "왜냐하면 이 공은 크고, 색은 사실상 중요한 문제가 되지 않는다."라고 말하였다(Kuhn, 1998, p. 677).

이러한 결과와 유사한 다른 결과가 밝혀 주는 것은 복잡하고 다차원적 과제에서 이론과는 다른 증거를 찾거나 이론을 만드는 대신에, 아동들은 종종 '보이는 대로'의 단일한 표상 속에서 두 이론을 융합한다는 것이다. 아동은 특히 증거를 간과하는데, 그 증거가 인과관계 변인으로 받아들이기 어려울 때(예 : 운동용 공의 수행에 영향을 미치는 색깔) 과제 요구(평가할 변인의 수)가 높을 때, 선행의 신념과 일치하지 않기 때문이다(Zimmerman, 2005, 2007). 증거에서 이론을 구별하고, 복잡하고 다차원이 변인이 있는 상황에서 그들의 관계를 검토하여 논리적인 규칙을 사용하는 능력은 아동기부터 청소년기와 성인기까지 증진된다(Kuhn & Dean, 2004; Kuhn & Pearsall, 2000).

과학적인 추론발달 방법 어떤 요인이 이론에 증거를 조정하는 기술을 지지하는가? 한 번에 이론과 다양한 변인의 효과를 비교하기 위해서, 작업기억의 용량이 더욱더 확대되는 것이 중요하다. 덧붙여, 과학적 추론, 예를 들면 왜 특정 상황에서 과학자의 기대는 일상의 믿음, 경험과 왜 불일치하는가?의 비판적 특징을 강조하는 복잡성이 높은 문제와 수업에 노출이 된 참여자는 이득을 얻게 된다(Chinn & Malhotra, 2002). 이러한 결과는 왜 과학적 추론이 전통적 과학 과제(운동에서의 공과 같은 문제)를 개인이 풀려고 애를 쓰거나 혹은 비형식적 추론, 예를 들어 아동이 학교에서 실패하게 되는 원인이 무엇인지에 대한 이론을 판단하는 추론에 참여든지 간에, 학교 교육의 기간에 의하여 강한 영향을 받는가를 설명하고 있다(Amsel & Brock, 1996; Kuhn, 1993).

연구자들은 복잡 미묘한 상위인지적 이해가 과학적 추론의 핵심이라고 믿고 있다(Kuhn, 2009;

공학에 대한 여름캠프에서 고등학교 학생들이 물 풍선 로켓을 설계하고 있다. 학생들은 문제해결 전략을 반성하고 수정하고 증거에 의한 이론을 조직하면서, 과학적 추론을 획득하게 된다.

Kuhn & Pease, 2006). 미시발생학적 연구(제2장 참조)는 연령이 높은 아동들과 청소년들이 정기적으로 여러 주 동안 이론을 반박하는 증거에 대응하게 되면, 아동은 다양한 전략을 실험하고, 증거를 반영하고 재조정하며, 논리의 본질을 인식하게 됨을 보여 주었다. 그 다음, 아동은 자신의 논리에 대한 추상적 인식을 폭넓고 다양한 상황에 적용한다. 이론에 대하여 생각하기, 신중하게 변인을 분리하기, 모든 관련 변인 고려하기, 불확실한 증거를 적극적으로 찾아보는 능력은 청소년기 이전에는 드물게 나타난다(Kuhn, 2000; Kuhn et al., 2008; Moshman, 1998).

아동, 청소년, 성인이 보다 더 많은 능력을 갖게 되어도, 그들의 과학적 추론기술의 범위는 다양하다. 그들은 자기 제시적 편견을 지속적으로 제시하는데, 선호하는 생각보다 회의적인 생각을 더 효과적으로 논리에 적용한다(Klaczynski, 1997; Klaczynski & Narasimham, 1998). 과학적인 추론하기는 자신의 객관성을 평가하는 상위인지 역량, 즉 자기 제시적 경향보다 공정한 마음의 경향을 요구한다(Moshman, 2005). 제11장에서 융통성 있고, 개방적 마음의 접근은 곧 인지적 성과가 아니라 인성적 특징으로, 10대의 정체성 형성과 도덕성 발달을 조력하는 특성임을 제시한다.

아동과 청소년의 과학적 추론기술은 다른 유형의 과제와 유사한 단계적 형태로 발달하게 된다. 일련의 연구에서, 10~20세 사이의 아동과 청소년에게 난이도 등급이 있는 문제 세트를 제시하였다. 예를 들어, 한 세트는 그림 7.11의 스포츠용 공 문제와 같은 원인-실험 과제로 구성하였다. 다른 세트는 Piaget의 진자 문제와 같은 수량-관계 과제로 구성하였다. 그리고 다른 세트는 언어적 명제 과제로 구성하였다(제6장 참조). 각 형태의 과제에서 청소년들은 상위인지적 인식의 확장에 의하여 순차적 순서에서 구성요소적 기술을 숙달하였다(Demetriou et al., 1993, 1996, 2002). 예를 들어, 원인-실험 과제에서 참가자는 분리 혹은 연합하여 결과에 영향을 줄 수 있는 많은 변인을 인식하게 하였다. 이러한 능력은 참가자들이 공식을 만들고 가설을 검증하도록 하였다. 시간이 경과되어, 청소년들은 주어진 문제 형태의 많은 상황에 적용할 수 있는 일반 모형을 구성하는 데 분리된 기술들을 자연스럽게 기능하는 체계로 연합하였다.

207쪽에서 논의한, Robbie Case의 신 피아제 이론에서 중심 개념 구조에 대한 상위인지의 발전을 설명할 수 있을까? Piaget도 형식적인 조작적 사고인 '조작을 위한 조작'을 말하면서, 상위인지의 역할을 배경적으로 설명하였다(제6장 참조). 그러나 정보처리 과정의 발견은 과학적 추론이 Piaget의 믿음처럼 예기치 않게 발생하는 단계적 변화의 결과가 아님을 밝히고 있다. 대신에 아동과 청소년이 증거에 대응하는 이론을 설정하고, 자신의 사고를 반영하고 평가하도록 요구하는 다른 형태의 문제가 있는 많은 특수한 경험의 결과로 점진적으로 발달된다.

정보처리 접근의 평가

정보처리 접근의 주요 강점은 복잡한 인지활동을 구성요소로 잘게 분리한 명시성과 정밀성이다. 정보처리는 어떻게 어린 아동 대 나이가 많은 성인, 기술이 높은 사람 대 기술이 낮은 사람의 주의력, 기억력, 추론력, 문제해결력이 차이가 있는지에 대한 풍부하고 상세한 증거를 제공하고 있다. 또한 인지발달의 정밀한 기제를 제공하기도 한다. 표 7.1은 이러한 중요한 요인을 요약하고자 하였다. 각 요인을 검토하면서, 각각의 역할을 설명하는 이론과 연구결과를 회상해 보자. 마지막으

표 7.1 정보처리 관점에서 온 인지적 발달의 매커니즘

매커니즘	설명
기본 처리 용량	정신적 체계의 용량은 증가하여, 한 번에 작업기억에 더 많은 정보를 보유하게 된다.
처리의 효율성	기본 조작의 속도가 증가하여, 작업기억 내에 추가적 정신활동을 위한 자유로운 활용 공간을 제공하게 된다.
정보의 부호화	부호화, 즉 주의력의 형태로서 과제 요구를 더 잘 통과하고 더 잘 적응하게 된다.
억제력	주의력 집중으로부터 내적·외적 방해 자극을 막는 능력이 증가되어 기억하기, 추론하기, 문제해결하기를 위한 작업기억이 자유롭게 된다.
전략 실행	전략이 더 효과적이 되어, 저장과 인출, 추론과 문제해결을 위해 정보의 사용이 증진된다.
지식	지식 기반의 양과 구조가 증가되어, 더 의미있게 새롭고 관련된 정보를 만들어 저장과 인출이 용이하게 된다.
상위인지 지식	인지적 과정의 인식과 이해가 확장된다.
자기조절	자기조절이 증진되어, 더 광범위한 상황에서 더 효과적으로 적용될 전략을 이끌어 낸다.

로 정밀한 정보처리 연구는 아동 사고의 많은 측면들을 발전시키는 교수기술의 설계에 기여하였다.

정보처리 관점의 주요 한계는 역설적으로 핵심적 강점에서 기인하고 있다. 인지를 구성요소로 분석하면, 정보처리는 발달에 대한 광범위하고 포괄적인 이론으로 결집하는 데 어려움을 갖고 있다. 신 피아제 이론은 인지 변화를 설명하기 위해 정보처리 기제를 이끌어 내면서 Piaget의 발달 단계를 유지하려는 일반적 이론을 구성하려고 한 노력임을 보았다.

더 나아가, 컴퓨터 비유는 인간 정신에 대한 연구의 정밀성을 가져왔지만 결점을 가지고 있다. 인지처리의 컴퓨터 모형은 고유의 복잡성으로, 실생활적 학습경험의 풍부화를 반영하지 못한다. 이 접근은 상상과 창조와 같이 선형적이지 않으며 논리적이지 못한 많은 인지 측면을 간과하였다. 덧붙여, 컴퓨터는 욕구, 흥미, 의도를 갖고 있지 않다. 또한 컴퓨터는 아동이 부모, 교사, 또래로부터 학습할 때 하는 것처럼 타인과의 상호작용에 참여할 수 없다. 아마도, 컴퓨터 비유의 편협성으로 정보처리는 인지와 발달에서 다른 영역 간의 연결에 대해 아직 밝혀내지 못했다. 연구자들은 사회적 세계의 어떤 측면에 관한 아동의 사고에 정보처리적 가설을 적용하고 있는데, 추후 그 예를 이 책에서 볼 수 있다. 하지만 Piaget 이론을 확장하는 것이, 여전히 아동의 사회와 도덕성에 대한 이해를 연구하는 데 우세성을 가지고 있다.

그러한 단점에도 불구하고, 정보처리 접근은 이론적으로 매우 유망하다. 멀지 않은 미래에는 다양한 정신활동의 기저에 있는 인지발달과 신경학적 변화 기제의 이해와 아동의 학습을 지원하는 교수기술을 명확하게 하는 새로운 돌파구를 갖게 될 것이다.

주 요 용 어

감각 등록기(sensory register)
계획하기(planning)
단기기억 저장(short-term memory store)
마음 이론(theory of mind)
문해능력(emergent literacy)
상위인지(metacognition)
서수성(ordinality)
스크립트(scripts)
시연(rehearsal)
신 피아제 이론(neo-piagetian theory)
실행기능(executive function)

요점(gist)
음운 인식(phonological awareness)
음운적 접근(phonics approach)
인지적 자기조절(cognitive self-regulation)
일화기억(episodic memory)
자동화 과정(automatic processes)
자서전적 기억(autobiographical memory)
작업기억(working memory)
장기기억(long-term memory)
재구성(reconstruction)
재인(recognition)

전략 선택 모형(model of strategy choice)
정교화(elaboration)
조직화(organization)
주의력결핍 과잉행동장애(attention-deficit hyper-activity disorder, ADHD)
중심 개념 구조(central conceptual structure)
중앙 실행(central executive)
총체적 언어 접근(whole-language approach)
퍼지 흔적 이론(fuzzy-trace theory)
회상(recall)

'피아노 연주'

Eliska Feitiova, 7세, Czech Republic
지능검사가 아동의 학업성취를 예언하지만 이 피아니스트의 유연한 연주 혹은 화가의
표현적 심상에 나타나는 창의력과 재능을 평가하는 데는 아주 미흡하다.

출처 : 국제 아동화 미술관(노르웨이의 오슬로)의 허락으로 게재

지능

인 지발달에서의 **심리측정적 접근**(psychometric approach)은 아동의 정신능력을 평가하는 데 유용한 매우 다양한 지능검사들의 기초가 된다. 사고의 과정에 초점을 맞추는 Piaget 학파, Vygotsky 학파, 그리고 정보처리 관점과는 달리, 심리측정적 시각에서는 과정보다는 결과 지향적이다. 그것은 주로 다른 연령대의 아동들이 얼마나 많이 그리고 어떤 종류의 질문에 정확하게 대답할 수 있는가 하는 성과와 결과에 관심을 갖는다. 심리측정 연구자들은 이런 질문들을 한다.

● 어떤 요인과 차원이 지능을 구성하고 그것은 연령에 따라 어떻게 변하는가?
● 미래의 학업성취, 직업적 성과, 그리고 지적 성공과 같은 다른 측면을 예측할 수 있도록 하기 위해 어떻게 지능이 측정될 수 있나?
● 지능검사 점수는 아동기 청소년기를 거치며 대개 안정적인가 아니면 수행이 극적으로 변할 수 있나?
● 같은 연령대의 아동들이 지능에서 어느 정도 다르며, 무엇이 그 차이를 설명해 주는가?

이런 질문들을 접할 때, 우리는 오랫동안 논쟁거리가 되어 왔던 지능에 대한 천성(유전)과 양육(환경)의 기여에 대한 긴 논쟁에 빠르게 빠져 들게 된다. 또 특정 소수인종 집단 구성원의 정신 능력의 측정도구로서 지능검사가 편향되어 있거나 부정확한지에 대한 논쟁도 떠올리게 된다. 우리는 가정, 학교, 사회적 태도와 공공 정책과 같은 환경적 맥락에 대한 연구뿐 아니라 앞 장에서 살펴본 인지적 견해가 아동의 검사 수행에 대한 우리의 이해를 더 깊게 할 수 있음을 알게 될 것이다. 우리는 재능과 창의성에서의 영재성에 대한 논의로 이 장을 마무리하게 될 것이다. ■

지능의 정의

일반인과 전문가에게 높은 지능을 가진 사람들의 전형적 행동 목록을 응답하게 한 연구에서 두 그룹 모두 지능을 적어도 세 가지의 광범위한 특성으로 구성된 것으로 보았다. 즉 언어능력, 실제 문제해결 능력, 그리고 사회적 능력이나(Sternberg & Detterman, 1986). 그러나 응답자들은 이 특성들에 대한 묘사에서 의견이 다르다. 그리고 현대의 전문가들은 반 세기 전에 비슷한 연구를 했던 전문가들보다 지능의 구성에 대한 의견에서 덜 일치한다.

확실히, 대부분의 사람들은 복잡한 조합의 특성들로 지능을 생각하고, 그 요소들에 대해서는 전문가들 간에 거의 일치하지 않는다. 어떤 사람들은 지능을 구성하는 다양한 능력들이 매우 밀접하게 연결되어 있다고 생각하는 반면 다른 사람들은 그 능력들이 비교적 독립적이고 약한 상관만 가지고 있다고 기대한다(Siegler & Richards, 1980). 지능을 단일한 능력으로 보는 것과 느슨하게 관련되는 기술들의 집합으로 보는 견해 간의 논쟁은 지능검사에 대한 과거와 현대의 이론들에 상존하고 있다.

지능의 정의
· Alfred Binet : 전체적 견해
· 요인분석 : 다요인적 견해

지능 정의의 최근 경향
· 심리측정과 정보처리적 접근의 결합
· Sternberg의 삼원 이론
· Gardner의 다중지능 이론

■ **사회적 쟁점 : 교육**
정서지능

지능의 측정
· 흔히 사용되는 지능검사
· 적성과 성취검사
· 영아용 검사
· IQ 점수의 계산과 분포

지능검사는 무엇을 예측하고 얼마나 잘 예측하나
· IQ 점수의 안정성
· 학업성취의 예측요인으로서의 IQ
· 직업 획득의 예측요인으로서의 IQ
· 심리적 적응의 예측요인으로서의 IQ

IQ의 인종적 · 사회경제적 차이

IQ의 개인과 집단 간 차이에 대한 설명
· 유전적 영향
· 입양아 연구 : 유전과 환경의 공동 영향

■ **문화적 영향**
Flynn 효과 : IQ에서 보이는 대량의 세대 간 증가
· 검사에서의 문화적 편향

■ **사회적 쟁점 : 교육**
고부담 시험
· 검사에서 문화적 편향 줄이기
· 가정환경과 정신적 발달

초기 중재와 지능발달
· 초기 중재의 이점

영재성 : 창의성과 재능
· 심리측정석 관섬
· 중다요소적 관점

같은 연령의 아동들은 지능에서 어느 정도 다르며 무엇이 이러한 차이를 설명하는가? 유전이 역할을 하지만 아동의 가정환경과 아동이 경험하는 학교 교육의 종류도 그 역할을 한다.

Alfred Binet : 전체적 견해

19세기 후반과 20세기 초의 사회적, 교육적 풍조는 초기 지능검사의 발달을 이끌었다. 유럽과 북미 지역에서 일반 공교육의 시작과 함께 특권층이 아닌 모든 아이들이 학교에 등록할 수 있었을 때, 교육자들은 정규 학급 교육의 득을 보지 못하는 학생을 선별하는 방법이 필요하였다. 이러한 요구에 부응하여 첫 번째 성공적인 지능검사는 1905년 프랑스의 심리학자인 Alfred Binet와 그의 동료인 Theodore Simon에 의해 고안되었다.

프랑스 교육부는 특수학급으로 배정할 학생을 선별하는 정신능력에 기초한 (학급의 말썽쟁이가 아니라) 객관적인 방법을 고안하도록 Binet에게 의뢰했다. 그 당시 다른 연구자들은 감각 반응과 반응시간의 간단한 측정을 사용해서 지능을 평가하려고 노력했다(Cattell, 1890; Galton, 1883). 대조적으로, Binet는 검사항목이 기억과 추론 같은 지적인 행동에 포함된 복잡한 정신활동을 다루어야 한다고 믿었다. 결과적으로 Binet와 Simon(1908)은 각 문항에 생각과 판단을 필요로 하는 다양한 언어와 비언어적 항목을 포함하는 일반능력검사를 고안했다. 또한 그들의 검사에서는 처음으로 생활연령(Wasserman & Tulsky, 2005) 증가에 따라 점점 더 어려워지는 항목들을 개발하였다. 이것은 Binet와 Simon이 지능발달에 있어 한 아동이 또래들보다 얼마나 앞서 있는지 혹은 뒤처졌는지에 대한 평가를 가능하게 했다.

비네검사는 학교의 학업 수행을 예측하는 데 성공적이었고 새 지능검사들의 기초가 되었다. 1916년, 스탠퍼드대학교의 Lewis Terman은 영어를 말하는 아동들에게 사용하기 위하여 비네검사를 개정하였다. 그때부터 영어 버전은 스탠퍼드-비네 지능검사로 알려졌다. 후에 우리가 볼 수 있듯이 스탠퍼드-비네검사는 많이 바뀌었고 더 이상 단일한, 전체적 지능을 측정하지 않는다.

요인분석 : 다요인적 견해

지능이 하나의 특성인지 아니면 여러 능력들을 한데 모은 것인지를 알아내기 위해, 연구자들은 요인분석이라고 하는 복잡하고 상관적인 절차를 사용하였다. **요인분석**(factor analysis)은 한 군집의 항목에서 높은 수행을 보이는 피검자들이 그 군집의 다른 항목들에서도 잘하는 것을 보여 주는 항목들의 군집을 밝혀내는 것이며, 구별되는 군집을 요인이라고 부른다. 예를 들어, 어휘와 언어 이해와 언어 유추항목이 모두 높은 상관관계가 있다면 이것은 연구자들이 '언어능력'이라 부르는 하나의 요인을 형성한다. 요인분석을 사용함으로써 많은 연구자들은 성공적인 지능검사 수행에 기여하는 정신능력을 밝혀내고자 한다.

초기 요인분석 영국 심리학자 Charles Spearman(1927)은 초기의 영향력 있는 요인분석가였다. 그는 검사한 모든 검사항목들이 서로 상관이 있음을 발견하였다. 그 결과, 그는 각 항목에 영향을 미치는 'g'라고 불리는 공통적 기초가 되는 **일반지능**(geneal intelligence)을 제안했다. 또한, Spearman은 그 검사항목들 간에 완전상관이 부재한다는 것을 알아차리고 'g'가 각 항목들에 기여하는 정도가 다르다고 결론짓고, 과제에 독특한 **특수지능**(specific intelligence)을 측정하는 항목이나 유사한 항목조합을 제시하였다.

Spearman은 특수지능의 의미를 중시하지 않았고 'g'를 중심적이고 우월한 것으로 여겼다. 왜냐하면 관계 형성에 포함되고 일반원리들을 적용하는 검사항목들이 특히 강력하게 군집되었고 또 검사 상황 밖에서의 인지 수행에 가장 좋은 예언 요인이 되었기 때문에 'g'가 추상적인 추론능력이라고 추정하였다.

미국 심리학자인 Louis Thurstone(1938)은 곧 'g'의 중요성에 대립했다. 대학생들에게 50개의 지능검사를 실시하여 그 점수를 요인분석한 결과, 분리되고 관계없는 다수의 요인들이 있다는 것을 알았다. 이 요인들의 중요성을 주장하면서 Thurstone은 이들을 일차적 정신능력이라고 불렀다.

현대적 확장 Spearman과 Thurstone은 서로 다른 사람의 시각을 지지하는 발견들을 인정함으로써 결국 그들의 차이를 해결했다(Wasserman & Tulsky, 2005). 현재의 이론가들과 검사 설계자들은 두 가지 접근을 결합시킨 정신능력의 위계적 모델을 제안한다. 가장 높은 층의 'g'는 모든 개별적인 요인들에 다소간 들어 있는 것으로 가정된다. 그다음, 이 요인들은 관련된 항목들의 그룹인 하위검사에 의해 측정된다. 하위검사 점수들은 아동의 강점과 약점에 대한 정보를 제공한다. 그것들은 또한 일반지능을 나타내는 총점으로 합할 수 있다.

현대 이론가들은 요인분석 연구를 확장하고 있다. 가장 유력한 두 이론가로는 R. B Cattell과 John Carroll이 있다. 각 이론들은 지능에 대한 독특하면서도 다요인적인 시각을 제안하고 있다.

로마에 있는 성베드로 대성당의 디자인에 기초한 3차원 퍼즐 문제를 풀기 위해 이 건물을 전혀 본 적이 없는 이 10세 소년은 유동적 지능에 의존하고 있다. 이것은 정보를 효율적으로 분석하고 자극들 간의 관계를 찾아내는 능력이다.

결정적 지능과 유동적 지능 Raymond B. Cattell(1971, 1987)에 따르면 'g'에 더하여 지능은 두 가지 광범위한 요인으로 이루어져 있다. **결정적 지능**(crystallized intelligence)은 축적된 지식과 경험, 사리분별, 사회적 관습의 숙달에 의존한 능력이며, 개인의 문화적 가치 때문에 획득된 능력이다. 지능검사에서 어휘, 일반 정보, 산술 문제들은 결정적 지능을 강조한 항목들이다. 대조적으로, **유동적 지능**(fluid intelligence)은 기초적인 정보처리 기술에 더 의존한다. 자극들 사이의 관계를 인지하는 능력, 개인이 정보를 분석할 수 있는 속도, 그리고 작업기억의 용량들이다. 유동적 지능은 뇌의 상태에 따라 더 영향을 받고 문화의 영향을 덜 받는 것으로 간주된다. 그것은 때로 결정적 지능과 함께 효율적인 추론, 추상화, 그리고 문제를 해결하는 역할을 한다(Horn & Noll, 1997).

문화와 교육적 배경이 비슷한 아동들 사이에서 결정적 지능과 유동적 지능은 높은 상관관계를 보이고, 요인분석으로 구별해 내기 어렵다. 아마도 유동적 지능에서 점수가 높은 아동이 보다 쉽게 정보를 얻기 때문일 것이다. 그러나 아동의 문화적·교육적 경험이 매우 다를 때, 두 능력은 거의 관계를 보이지 않는다. 같은 유동적 능력을 가진 아동이 결정적 과제에서는 상당히 다르게 수행할 수도 있다(Horn, 1994). 이 발견에서 제안한 것처럼, Cattell의 이론은 지능검사에서의 **문화적 편향**의 문제에 대해 중요한 암시를 했다. 문화적으로 특수한 내용을 줄이는 것을 목적으로 하는 검사는 보통 결정적 항목보다 유동적 항목을 강조한다.

지능의 3계층 이론 개선된 요인분석 방법을 사용해서 John Carroll(1993, 2005)이 수백 편의 연구들에서 항목들 사이의 관계를 재분석하였다. 그의 연구는 Spearman, Thurstone 그리고 Cattell에 의해 제안된 이론들을 다듬은 **지능의 3계층 이론**(three-stratum theory of intelligence)을 제시하였다. Carroll은 지능의 구조가 세 계층을 가진 것으로 표현하였다. 그림 8.1에서 보는 것처럼 꼭대기에는 'g'가 있다. 두 번째 층에는 Carroll이 지능의 기본 생물학적인 요소로 간주한 광범위한 능력들이 배열되어 있다. 그것들은 'g'와의 관계가 감소하는 식으로 왼쪽에서 오른쪽으로 배열되어 있다. 세 번째 층에는 사람들이 두 번째 층의 요인들을 보여 주는 특정한 행동들인 좁은 능력들이 있다.

Carroll의 이론은 현재까지 가장 포괄적인 정신능력의 요인분석적 분류이다. 다음 절에서는 그것이 인지처리 용어로 지능검사 수행을 이해하려고 하는 연구자들을 위한 유용한 틀을 제공하는 것을 볼 수 있다. 또한 우리에게 지능요인이 매우 다양함을 일깨워 줄 것이다. 현재는 Carroll의 요인들을 모두 측정할 수 있는 검사는 없다.

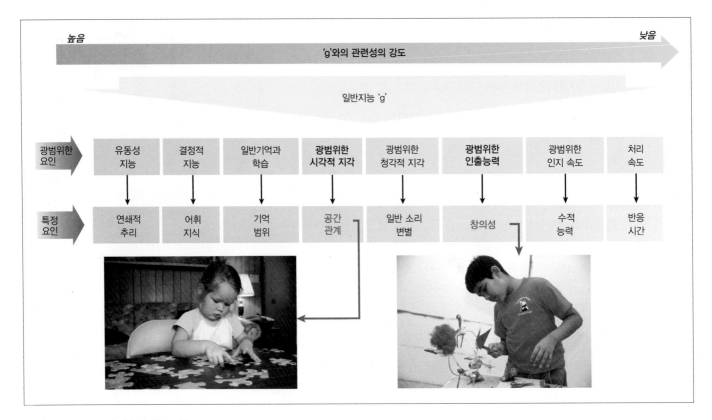

그림 8.1 Carroll의 계층적 지능 모형

맨 위에 일반지능 혹은 'g'가 있다. 두 번째 계층에 8개의 광범위한 능력 혹은 요인들이 'g'와의 관련성의 강도가 감소하는 순으로 왼쪽에서 오른쪽으로 나열되어 있다. 세 번째 계층에는 사람들이 이를 통해 광범위한 능력을 보여 줄 수 있는 좁은 요인들, 특정 행동의 예들이 있다. 왼쪽의 아동은 퍼즐을 풀면서 넓은 시각적 지각의 유형인 공간관계 과제를 완성하고 있다. 오른쪽의 아동은 미술 자료를 창의적으로 사용하는 것으로 폭넓은 인출능력을 적용하고 있다. Carroll의 모형은 지능검사에서 측정하는 다양한 능력을 반영하는 것이다. 그러나 어떤 단일검사도 이 모든 능력을 포함하고 있지는 않다.

출처 : Carroll, 1993, 2005. 사진 : (왼쪽) J. Burleson/Alamy, (오른쪽) Jeff Greenberg/PhotoEdit

지능 정의의 최근 경향

많은 연구자들은 지능요인들에 해당하는 인지과정들을 알아낼 수 없다면 지능검사 요인들이 별로 유용하지 못하다고 믿는다. 우리가 지능검사 항목을 풀 수 있는 사람과 풀 수 없는 사람을 구별하는 것이 무엇인지를 정확히 발견하기만 하면, 아동이 왜 더 잘하고 못하는지와 수행을 개선할 수 있는 기술이 무엇인지를 알게 될 것이다.

심리측정과 정보처리적 접근의 결합

요인분석의 한계를 극복하기 위해서 어떤 연구자들은 심리측정적 접근과 정보처리 접근을 결합시킨다. 그들은 아동의 검사 점수의 **성분분석**(componental analyses)을 한다. 이것은 정보처리의 측면(혹은 구성 성분)과 아동 지능검사 수행 사이의 관계를 찾고 있다는 것을 의미한다.

많은 연구들은 다양한 인지 과제에서의 반응시간으로 측정한 처리 속도가 일반지능과 시간이 경과함에 따라 나타나는 지능검사 수행의 향상과 상당히 관련되어 있음을 밝혔다(Deary, 2001; Li et al., 2004). 중추신경계가 좀 더 효율적으로 기능하는 개인은 정보를 더 빨리 입력하고 조작할 수 있으며 지적 기술이 우세해 보인다. 이러한 해석에 대한 지지 증거로 이러한 빠르고 강한 ERPs(자극에 대한 반응으로의 EEG 뇌파)가 빠른 인지과정과 더 높은 지능검사 점수 모두를 예측하는 것으로 나타났다(Rijsdijk & Boomsma, 1997; Schmid, Tirsch, & Scherb, 2002). 또한 fMRI 연구는 높은 점수를 받은 사람이 복잡한 과제를 하는 동안에 대뇌피질의 신진대사율이 더 낮다는 것을 보여 준다. 이는 높은 지능점수를 받은 사람들이 난해한 사고를 위해서 더 낮은 정신 에너지를 필요로 함을 제시한다(Neubauer & Fink, 2009; van den Heuvel et al., 2009).

그러나 다른 요인들, 즉 융통성 있는 주의, 기억, 추론전략들도 기본적 처리 효율성으로서 IQ 를 예측하는 데 중요하다. 이러한 요인들은 반응 속도와 좋은 검사 수행 간의 관계를 일정 부분 설명해 준다(Lohman, 2000; Miller & Vernon, 1992). 사실 작업기억 능력 척도는 학령기와 성인 기의 지능검사 점수와 특히 유동적 지능 점수와 상관이 높다(Conway, Kane, & Engle, 2003; de Ribaupierre & Lecerf, 2006; Kane, Hambrick, & Conway, 2005). 전략을 효과적으로 사용하는 아 동들은 검사 상황에서 유리하도록 더 많은 지식을 습득하고 더 빨리 지식을 인출할 수 있다. 작업 기억 능력은 당면한 과제와 관련없는 정보의 간섭을 막아 효과적 억제를 하는 능력임을 제7장의 내용에서 상기해 보라. 억제와 지속적, 선택적 주의는 IQ의 좋은 예언 요인들인 다양한 종류의 주 의기술들 중 일부이다(Schweizer, Moosbrugger, & Goldhammer, 2006).

이러한 연구결과들이 보여주는 것처럼, 인지처리와 지능검사 점수 간의 관계를 확인하는 것은 높은 지능에 영향을 주는 인지기술들을 분석해 내는 것을 더 가능하게 한다. 그러나 성분적 접근 방식은 하나의 주요 결점을 가지고 있다. 이 관점은 지능을 전적으로 아동 내부의 원인들에 기인하 는 것으로 간주한다. 문화적·상황적 요인들이 아동의 사고에 깊이 영향을 주는 것으로 살펴본 앞 장의 내용을 상기하라. Robert Sternberg는 구성 성분 접근을 지능을 내부와 외부의 산물로 보는 포 괄적인 이론으로 확장했다.

Sternberg의 삼원 이론

그림 8.2에서 보는 것처럼, Sternberg(2001, 2005, 2008)의 **성공지능의 삼원 이론**(triarchic theory of successful intelligence)은 상호작용하는 세 가지 광범위한 지능으로 구성된다. 즉 (1) 분석적 지능 또 는 정보처리 기술, (2) 창의적 지능, 새로운 문제를 해결하는 기술, 그리고 (3) 실제적 지능, 일상생활에 서 지적인 기술을 적용하기이다. 삶에서 성공하기 위한 지적인 행동은 개인적인 목표와 문화 공동 체의 요구에 따라 세 가지 지능 모두가 조화를 이루는 것이다.

분석적 지능 분석적 지능은 모든 지적인 행동의 기초가 되는 정보처리 요소들로 이루어져 있다. 그 것은 책략을 적용하는 것, 과제와 관련된 상위인지 지식을 획득하는 것, 그리고 자기조절을 하게 되는 것이다. 그러나 지능검사에서 처리기술은 가능한 방법 중 단지 몇 가지만 사용되어서 지적인 행동에 대한 너무 좁은 관점이 되어 버렸다. 우리는 작은 부족과 촌락사회의 아동들이 '학교'지식 의 측정에서 얼마나 열심히 하지 않고 잘 수행하려 하지 않는지를 많은 예에서 볼 수 있다. 그러나 이 아동들은 대부분의 서양인들이 매우 어렵다고 느낄 학교 밖 상황에서 정보를 처리할 때는 열심 히 한다.

창의적 지능 어떤 상황에서는 성공이 친숙한 정보를 처리하는 것뿐만 아니라 새로운 문제에 대한 유용한 해결책을 산출하는 것에 좌우된다. 창의적인 사람들은 새로움에 직면했을 때 다른 사람들보 다 능숙하게 사고한다. 새로운 과제가 주어졌을 때, 그들은 정보처리 기술을 재빨리 자동화하여 더 복잡한 상황을 위해 작업기억을 자유롭게 함으로써 그 기술을 아주 효과적인 방법으로 적용한다. 따라서 그들은 재빨리 높은 단계의 수행으로 옮긴다. 비록 우리 모두가 어느 정도의 창의성을 가지 고 있다고 할지라도, 단지 몇몇 개인들만이 참신한 해결을 할 수 있을 정도로 뛰어나다. 우리는 이 장 끝에서 창의성 요소들에 대해 더 상세하게 기술할 것이다.

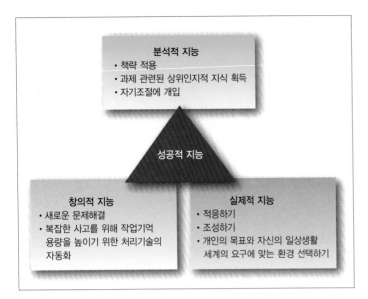

실제적 지능 마지막으로 지능은 환경에 적응·조성·선택하는 것 같은 실제적이고 목표 지향적인 활동이다. 지적인 사람들은 일상생활에서의 욕구와 요구에 적합하도록 자신의 사고를 기술적으로 적응한다. 그들이 상황에 적응할 수 없을 때 그들의 욕구에 맞도록 상황을 조성하거나 변화시킨다. 조성할 수 없을 때 그들의 기술과 가치와 목표에 더 잘 맞는 새로운 맥락을 선택한다. 실제적 지능은 지능이 결코 문화와 관련 없는 지적 행동이 아님을 일깨워 준다. 어떤 생애사를 가진 아동들은 지능검사에서 성공하는 데 필요한 행동을 더 잘할 수 있고 더 쉽게 과제와 검사 조건에 적응할 수 있다. 다른 생애사를 가진 아동들은 다른 배경으로 인해 검사 맥락을 잘못 해석하거나 검사를 거부할 수 있다. 그러나 그런 아동들은 일상생활에서 아주 세련된 능력을 보여 주기도 한다. 예를 들면 이야기하기나 복잡한 예술 활동이나 다른 사람과 기술적으로 상호작용한다.

그림 8.2 Sternberg의 성공지능의 삼원 이론

지능적으로 행동하는 사람들은 개인의 목표와 문화공동체의 요구에 의해 정의된 인생의 성공을 위한 세 가지 관련 지능, 즉 분석적·창의적·실제적 지능의 조화를 이룬다.

삼원 이론의 타당성을 검증하기 위하여 Sternberg와 동료들은 분석적·창의적·실제적 기술을 측정하는 검사 문항을 수천 명의 핀란드, 스페인, 러시아, 미국의 아동과 청소년에게 실시하였다. 요인분석에서 반복적으로 세 지능이 상당히 구별되는 것으로 나타났다(Grigorenko & Sternberg, 2001; Sternberg, 2003a; Sternberg et al., 1999, 2001).

삼원 이론은 지능적 행동의 복잡성과 그 복잡성을 측정하는 데 현재의 지능검사의 한계를 강조한다. 예를 들어, 학교 밖에서 실제적 형태의 지능은 인생의 성공에 아주 중요하며 왜 문화에 따라 지능적이라고 간주되는 행동이 달라지는지를 설명하는 데 도움을 준다(Sternberg, 2000). 연구자들이 인종적으로 다양한 부모에게 지적인 1학년 아동들에 대한 생각을 물었을 때 코카시아계 미국인들은 인지적 특성을 언급하였다. 반면에 소수인종(캄보디아, 필리핀, 베트남, 멕시코 이민)들은 비인지적 능력, 즉 동기유발, 자기관리, 사회적 기술 등을 특히 중요하다고 보았다(Okagaki & Sternberg, 1993). Sternberg에 의하면 지능검사는 일부 아동들, 특히 소수인종 아동의 지적 강점을 과소평가하거나 무시할 수 있다고 한다.

Gardner의 다중지능 이론

지적 행동에 정보처리적 기술이 어떻게 내재하는가에 대한 다른 하나의 이론에서 Howard Gardner (1983, 1993, 2000)는 **다중지능 이론**(theory of multiple intelligence)을 개인이 다양하게 문화적으로 가치가 있는 활동에서 문제를 해결하고 결과를 창조하고 새로운 지식을 발견할 수 있도록 하는 지능이라고 정의한다. Gardner는 일반지능에 대한 생각을 거부하고 적어도 8가지의 독립적 지능을 제안하였다(표 8.1 참조).

Gardner는 각 지능이 독특한 생물학적 기초가 있으며 구별되는 발달과정을 거치며 다른 전문적 상태 혹은 '목표 상태'가 있다고 믿는다. 동시에 그는 원래의 잠재력을 성숙한 사회적 역할로 변형하는 데에 장기간의 교육이 필요하다고 강조한다(Connell, Sheridan, & Gardner, 2003). 이것은 문화적 가치와 학습 기회가 아동의 장점을 실현시키고 그것들을 표현하는 방식과 관련이 많다는 것을 의미한다.

Gardner는 검사가 이 모든 능력을 측정하려면 이 검사들은 서로 관련이 거의 없어야 함을 인식하였다. 그러나 그는 그들이 분리되었음을 특별히 강력히 시사하는 신경학적 지지가 있음을 발견하였다. 성인 두뇌의 특정 부분의 손상이 다른 능력은 유지하고 단지 한 가지 능력(언어적 혹은 공간적 등)에만 영향을 미치는 것은 그 영향을 받은 능력이 독립적임을 보여 준다. 지능의 독특한 프

로파일을 가진 사람들이 존재하는 것 또한 별개의 능력이라는 Gardner의 신념과 일치한다. 많은 영역에서는 결손을 보이면서 탁월한 한 영역에서 강점을 보이는 서번트 증후군의 개인들이 그 예가 된다. 자폐증 아동들이 간혹 이런 유형을 보인다. 언어와 의사소통에서는 심각하게 손상되었지만 소수의 자폐증이 있는 개인들은 눈부신 기억력과 같은 뛰어난 능력을 가지고 있다. 이는 대개 수와 공간적 기술을 포함하고 노력 없이도 하는 암산력, 세밀화, 단지 한 번 들은 긴 피아노곡의 연주와 같은 대개 대뇌피질의 우반구에 있는 능력들이다. 서번트 증후군은 좌반구의 손상과 관련이 있고 우반구가 이를 보상하기 위하여 '강점의 섬'을 만들어 낸다 (Treffert, 2010).

Gardner의 견해가 제6장에서 논의했던 핵심지식 관점을 생각나게 하는가? 사실 그는 출생 시에 존재하거나 생의 초기에 발생하는 선천적 특정 사고의 핵심 영역이 존재한다고 생각했다. 그래서 아동은 문화의 요구에 반응함으로써 수행하도록 요구되는 활동에 적합하도록 지능을 변형시킨다. Gardner의 이론은 많은 나라에서 유치원에서부터 대학까지의 교육 개혁을 자극했다(Chen, Moran, & Gardner, 2009). 이 이론의 적용은 전형적으로 학생들에게 다양한 지능을 육성하는 실제로 참가하는 프로젝트를 통해 지식을 구성하도록 많은 기회를 제공하고 학업공동체에서 개인차를 높이 평가하도록 한다.

그러나 Gardner 이론에 대한 비판가들은 그가 주장한 지능의 독립성에 대해 의문을 제기한다. 그들은 서번트 증후군과 같은 비정상적 기술은 다른 기술에 의해 도움을 받을 수 없기 때문에 기계적이고 경직되어 있다고 제안한다. 대조적으로 대부분의 분야에서의 탁월성은 지능의 결합을 요구한다. 재능 있는 음악가는 점수를 해석하기 위하여 논리수학적 지능을 사용하고, 가르침에 반응하기 위하여 언어적 지능을 사용하고, 키보드를 작동하기 위하여 공간지능을 사용하고, 청중에 반응하기 위하여 개인 간 지능을 사용하고, 표현적으로 연주하기 위해 개인 내 지능을 사용한다. 더욱이 특별히 재능 있는 사람들은 특정 영역에 한정되기보다 광범위한 능력을 가지고 있다(Piirto, 2007). 마지막으로 현재 지능검사는 몇 가지 Gardner의 지능(논리수학과 공간적)을 다루고 있고 'g'에 대한 증거는 그들이 공통적 특성을 가지고 있음을 시사한다(Visser, Ashton, & Vernon, 2006).

그럼에도 불구하고 Gardner는 지능검사로 측정되지 않는 몇 가지 능력에 주의를 기울이도록 한다. 예를 들면, 개인 간 그리고 개인 내 지능은 사람들과 잘 지내고 자신을 잘 이해하는 능력들을

Gardner에 의하면 아동들은 적어도 8가지의 구분되는 지능을 보일 수 있다. 이 아동들은 새의 종을 분류하면서 자신들의 자연과학적 지능을 확장하고 있다.

표 8.1 **Gardner의 다중지능**

지능	과정 조작	목표 상태 수행 가능성
언어	소리, 리듬, 단어의 의미와 언어의 기능에 대한 민감성	시인, 언론인
논리수학적	논리적 · 수적 유형에 대한 민감성과 그것을 찾는 능력, 논리적 추론의 긴 연쇄성을 다루는 능력	수학자
음악적	음조, 리듬(혹은 멜로디) 음악적 표현양식의 심미적 질을 생산하고 감상하는 능력	악기 연주가, 작곡가
공간적	시 · 공간적 세계를 정확히 지각하는 능력과 그러한 지각을 변형하는 능력과 관련 자극이 없어도 시각적 경험의 관점을 재창조하는 능력	조각가, 항해사
신체운동적	목표 지향적 또는 표현적 목적을 위해 신체를 기술적으로 사용하는 능력과 물체를 기술적으로 다루는 능력	무용가, 운동선수
자연	다양한 동물, 광물, 식물을 인식하고 분류하는 능력	생물학자
개인 간	다른 사람의 기분, 기질, 동기, 의도에 대해 인식하고 적절히 반응하는 능력	치료사, 판매원
개인 내	복잡한 내적 감정을 구별하고 자신의 행동을 안내하기 위해 그 감정을 사용하고 자신의 강점 약점, 요구와 지능에 대해 아는 것	세부적이고 정확한 자기 지식을 가진 사람

출처 : Gardner, 1993, 1998a, 2000.

사회적 쟁점 : 교육

정서지능

휴 식시간에 에밀리는 클레어를 제외한 모든 5학년 여자아이들에게 생일파티 초대장을 돌렸다. 클레어는 반 친구들이 파티에 대해 재잘거리는 것을 슬프게 쳐다보고 있다. 그러나 에밀리의 친구 중 하나인 제시카는 고민스러운 표정이다. 에밀리를 옆으로 불러내어 소리쳤다. "왜 그러는데? 너는 클레어의 감정을 상하게 했어. 너는 그 애를 당황스럽게 했어. 초대장을 학교로 가져오려면 모든 사람에게 초대장을 주었어야만 해!" 방과 후에 제시카는 클레어를 위로하면서 "네가 초청받지 못하면 나도 안 갈 거야!"라고 말했다.

제시카의 IQ는 평균이 조금 넘지만 정서지능에서는 평균을 능가한다. 정서지능은 인생의 성공을 크게 높일 수 있는 간과해 왔던 기술들임을 제안하는 인기 있는 책들 때문에 대중의 관심을 끈 용어이다(Goleman, 1995, 1998). 하나의 영향력 있는 정의에 의하면 정서지능은 개인이 정서적 정보를 처리하고 적응할 수 있도록 하는 일련의 정서능력이다(Salovey & Pizarro, 2003). 정서지능을 측정하기 위해서 연구자들은 사람들이 그들 자신의 정서를 관리하고 다른 사람과 유하게 상호작용할 수 있는 정서기술들을 측정하는 문항들을 고안하였다. 한 검사에서는 얼굴 사진에 표현된 정서를 알아내고 그 강도를 평정하도록 요구하거나(정서 지각), 사회적 상황에서 정서에 대해 추론하도록 하였고(정서이해), 어떤 정서가 어떤 사고나 행동을 촉진하는지 찾아내거나(정서적 촉진), 부정적 정서를 통제하기 위해 사용하는 전략의 효율성을 평가하도록(정서조절) 한다. 수백 명의 청소년과 초기 성인들의 점수

에 대한 요인분석에서 하나의 상위 일반요인뿐 아니라 여러 개의 정서능력이 추출되었다(Mayer, Salovey, & Caruso, 2003).

정서지능은 지능과 학업 성취와는 약간 상관이 있거나 때때로 전혀 상관이 없다. 학령기 아동, 청소년, 성인들에게 자존감, 공감, 친사회적 행동, 협동, 지도력, 생애 만족과 정적으로 상관이 있으며 약물, 알코올 남용, 의존성, 우울, 공격행동과 부적으로 상관이 있다(Brackett, Mayer, & Warner, 2004;

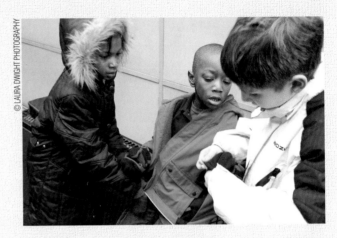

1학년 학생들이 더 어린 아동의 좌절을 정확히 해석하기 위해 두꺼운 겨울 외투를 입는 것을 도와주는 것은 높은 정서지능의 표시이다.

Mavroveli et al., 2007, 2009; Petrides et al., 2006). 성인기에는 정서지능은 관리 효율성, 생산적 동료관계, 직업 수행을 포함하는 다양한 측면에서의 직장에서의 성공을 예측한다(Mayer, Roberts, & Barsade, 2008; Mayer, Salovey, & Caruso, 2008).

아동을 위한 정서지능 측정도구는 거의 없다. 이는 일상활동에서 아동의 정서기술을 관찰하고 기록하도록 교사들을 면밀히 훈련하거나 부모로부터 정보를 수집하거나 인종적 배경을 감안할 것을 요한다(Denham, 2005; Denham & Burton, 2003). 더 좋은 척도가 더 많이 개발됨에 따라 중재를 통해 이득이 될 취약한 사회적·정서적 능력을 가진 아동을 찾아내는

데 도움이 될 것이다(Denham, 2006; Stewart-Brown & Edmunds, 2007).

정서지능의 개념은 학생의 사회적·정서적 요구를 만족시킬 경험을 제공하는 것이 그들의 적응을 개선할 수 있다는 교사들의 인식을 증가시켰다. 교실 안팎에서 정서이해, 다른 사람을 위한 존중과 배려, 정서를 조절하는 전략과 좋지 못한 또래 압력에 저항을 가르치는 기술 연습을 위하여 적극 학습기술을 사용하는 학습이 좀 더 보편화될 것이다(Bowkett & Percival, 2011)

포함한다. 위 상자글 '사회적 쟁점 : 교육'에서 지적하는 대로 연구자들은 이러한 중요한 능력을 정의하고 측정하고자 한다.

지능의 측정

지능검사는 좁은 범위의 인지능력 문제이지만 그 점수가 학교, 직장, 생활의 다른 측면에서 미래의 성공 예측요인이기 때문에, 심리학자와 교육자들은 학생들에게 이 검사를 실시한다. 학급에서 자주 시행되는 집단적으로 시행하는 검사는 한꺼번에 많은 학생들을 검사할 수 있고 교육 계획에 유용하고, 개인 검사로 좀 더 광범위한 평가를 요하는 학생을 찾아내는 데 유용하다. 최소한의 훈련으로 교사가 실시할 수 있는 집단검사와 달리 개인검사를 잘 시행하기 위해서는 상당한 훈련과 경험이 요구된다. 검사자는 아동의 답을 고려할 뿐 아니라 과제에 대한 흥미와 성인에 대한 경계

등 아동의 행동도 주의 깊게 관찰해야 한다. 이러한 관찰을 하면 검사 점수가 아동의 능력을 정확하게 반영했는가를 알 수 있다.

흔히 사용되는 지능검사

두 가지 개인용 검사인 스탠퍼드-비네 지능검사와 웩슬러 검사는 높은 지능의 아동을 알아내고 학습 문제를 가진 아동을 진단하기 위해 가장 자주 사용된다. 그림 8.3은 아동용 지능검사에서 전형적으로 나타나는 문항의 예들을 제시하고 있다.

스탠퍼드-비네 지능검사 최초의 성공적 지능검사인 비네검사의 현대판은 2세 유아부터 성인까지를 위한 **스탠퍼드-비네 지능검사 제5판**(Stanford-Binet Intelligence Scales, Fifth Edition)이다. 최근 판은 일반지능과 다섯 가지 요인, 즉 유동적 추리, 양적 추리, 지식, 시·공간적 처리와 작업기억을 측정한다(Roid, 2003). 각 요인은 전체적으로 10가지 하위검사로 이루어진 언어적 양식과 비언어적 양식을 포함한다. 비언어적 하위검사는 구어적 언어를 요하지 않으며, 영어에 제한이 있거나 청력손상이 있거나 의사소통 장애가 있는 사람들에게 유용하다. 양적 추리와 지식요인들은 어휘와 산수 문제와 같은 결정화된 지능(문화적 성격을 띤 사실 지향적인 정보)을 강조한다. 대조적으로 유동적 추리, 시·공간적 처리와 작업기억 요인들은 유동적 지능을 측정하고 문화적으로 덜 편향된 것으로 가정된다.

특별판 유아용 스탠퍼드-비네 지능검사는 축소된 검사 문항을 가지고 2세부터 7세 3개월까지의 아동을 측정하도록 되어 있다. 이 검사로 스탠퍼드 최신판이 이전의 것보다 유아기의 지적 문제를 진단하는 데 더 유용해졌다.

아동용 웩슬러 지능검사 아동용 웩슬러 지능검사-IV(Wechsler Intelligence Scale for Children-IV, WISC-IV)는 6~16세까지의 아동을 위한 검사로 널리 사용된다. 하향 확장판은 웩슬러 유아·초등학교 아동용 지능척도-III(WPPSI-III)로 2세 6개월부터 7세 3개월까지의 아동에게 적절하다(Wechsler, 2002, 2003). 웩슬러 검사는 스탠퍼드-비네검사보다 훨씬 먼저 일반지능 지수와 다양한 요인별 지수를 제공하였다. 따라서 많은 심리학자들과 교육자들이 이 검사를 선호한다.

WISC-IV는 언어적 추리, 지각적 추리, 작업기억, 처리 속도 등의 폭넓은 지능요인들을 측정한다. 각 요인은 두세 개의 하위검사로 구성되고 전체적으로 10개의 점수를 산출한다. WISC-IV는 문화 의존적인 결정화된 지능을 축소하고 이 지능은 네 요인 중 한 요인(언어요인)에서만 강조된다. 나머지 세 요인은 유동적, 정보처리 기술에 초점을 맞춘다. 검사 개발자에 따르면 현재 사용되는 지능검사 중 가장 이론적으로 현대적이고 '문화적으로 공평한' 검사라는 것이다(Williams, Weiss, & Rolfhus, 2003). 웩슬러 검사들은 인종적 소수민을 포함하는 미국 전체 전집을 대표하는 표집을 처음으로 사용하여 검사 점수를 해석하는 표준을 만들었다.

적성과 성취검사

적성과 성취검사와 같은 다른 두 유형의 검사도 지능검사와 밀접하게 관련되어 있다. **적성검사**(aptitude test)는 특별활동을 학습하는 개인의 잠재력을 평가한다. 예를 들면, 기계적 적성은 기계적 기술을 획득하는 능력이고 음악 적성은 음악기술을 획득하는 능력이고 학업 적성은 학교 과제를 숙달하는 능력이다. 잘 알려진 대학 지원을 위한 한 부분으로 제출하는 학업 측정검사(SAT)와 미국대학평가검사(ACT)는 학업 적성 점수를 산출한다. 대조적으로 **성취검사**(achievement test)는 실제적 지식과 기술 획득을 평가하는 것을 목적으로 한다. 학교 지역 행정 기구에서 4학년생의 읽기 이해를 평가하거나 대학 교수가 기말고사를 보는 것은 성취검사이다.

전형적 언어 문항

어휘	'카펫'의 의미를 말하라.
일반 정보	목요일 다음에 오는 요일은 무슨 요일인가?
언어 이해	왜 경찰관이 필요한가?
유사성	배와 기차는 어떻게 비슷한가?
산수	60달러짜리 재킷을 25% 깎으면 얼마인가?

전형적 지각과 공간 추리 문항

블록 디자인　아래 블록들을 왼쪽 그림과 같이 만들어라.

그림 개념　각 줄에서 같이 갈 수 있어 집단이 될 물체를 선택하라.

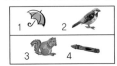

공간적 시각화　왼쪽의 패턴으로 만들 수 있는 상자는 오른쪽에서 어느 것인가?

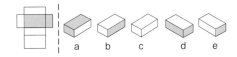

전형적 작업기억 문항

숫자 범위　다음의 숫자를 같은 순서로 따라 하라. 이제 이 숫자(같은 숫자들)를 거꾸로 따라 하라.

2, 6, 4, 7, 1, 8

글자-수 연쇄　이 숫자와 글자들을 따라 하라. 처음에 숫자를, 다음에 글자를 정확한 순서로 따라 하라.

8 G 4 B 5 N 2

전형적 처리 속도 문항

상징 찾기　왼쪽의 모양이 오른쪽의 것과 같으면 '예'에, 같지 않으면 '아니요'에 표시하라. 실수 없이 가능한 한 빨리 하라.

 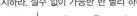

그림 8.3　지능검사에서 흔히 사용되는 검사 문항

언어 문항은 문화적 특성이 있고 사실 지향적 정보(결정적 지능)를 강조한다. 지각과 공간 추리와 작업기억과 처리 속도 문항들은 좀 더 정보처리 관점과 생물학적으로 기초한 기술(유동적 지능)을 측정하는 것으로 가정된다.

그러나 지능·적성·성취검사의 차이는 분명하지 않다. 어떤 문항들은, 특히 언어적·수학적 기술의 평가 문항들은 모두 유사하다. 이러한 중복이 시사하는 것처럼 대부분의 검사는 적성과 성취를 다른 비율이지만 모두 측정한다. 지능검사가 가장 넓은 범위의 기술을 측정하고 적성검사는 특별한 기술 영역에 초점을 맞춘다는 점에서 더 좁은 범위의 검사이다. 성취검사는 대개 특정 학교 과목들에서 최근의 학습을 측정하고자 하기 때문에 가장 좁은 범위를 포함한다.

영아용 검사

영아의 지능을 정확하게 측정하는 일은 아기들이 질문에 답하거나 지시를 따를 수 없기 때문에 특히 어렵다. 검사자는 할 수 있는 모든 자극을 제시하고 반응하도록 어르면서 행동을 관찰하는 것이다. 더욱이, 이들 어린 피검자는 항상 협조적인 것은 아니다. 어떤 검사는 어린 아동의 이런 불확실한 행동을 보완하기 위해서 부모가 제공하는 정보에 너무 의존하게 된다.

대부분의 영아용 검사는 지각적·운동적 반응들을 강조한다. 그러나 점차로 초기 언어·인지적·사회적 행동을 측정하는, 특히 좀 더 큰 영아나 걸음마기 유아들을 위한, 새로운 검사들이 개발되고 있다. 흔히 사용되는 베일리 영아와 걸음마기 발달검사는 1개월에서 3세 반의 유아에게 적절한 검사이다. 가장 최신판인 베일리-Ⅲ는 세 가지 하위검사로 구성되어 있다. (1) 인지적 척도는 익숙한 혹은 낯선 물체에 대해 주의 기울이기, 떨어지는 물체 찾기, 가장놀이와 같은 문항들이 포함되어 있고 (2) 언어 척도는, 예를 들어, 물체와 사람에 대한 재인, 간단한 지시따르기, 물체와 그림들에 명명하기와 같은 언어 이해와 표현을 다루고 (3) 운동 척도는 잡기, 앉기, 블록 쌓기, 계단 오르기와 같은 대근육과 소근육 기술을 평가한다(Bayley, 2005).

두 가지 부차적 베일리-Ⅲ 척도는 부모 보고에 기초한다. (4) 사회-정서 척도는 달래기 쉬운 정도, 사회적 반응, 놀이에서 모방과 같은 행동에 대해 양육자에게 질문한다. (5) 적응행동 척도는 의사소통, 자기조절, 규칙 따르기와 다른 사람과 잘 어울리기를 포함하는 일상생활의 요구에 대한 적응을 묻는다.

조심스러운 구성에도 불구하고 베일리 이전판을 포함하는 대부분의 영아검사는 이후의 지적 능력을 잘 예측하지 못한다. 영아와 걸음마기 유아는 쉽게 산만해지고 흔히 그들의 점수는 진정한 능력을 반영하지 않는다. 영아의 지각적·운동적 문항들은 더 큰 연령의 아동에게 주어지는 언어적, 개념적, 문제해결 기술을 더 강조하는 과제와 다르다. 대조적으로 베일리-Ⅲ의 인지적·언어적 척도는 아동기 검사와 더 잘 들어맞도록 되어 있어 학령 전기의 지능검사 수행을 잘 예측한다

(Albers & Grieve, 2007). 그러나 대부분의 영아 점수는 더 큰 아동의 측정된 지능 차원과 동일하지 않아서 IQ 대신 보수적으로 **발달지수**(developmental quotients, DQ)라고 부른다.

영아검사들은 매우 낮은 점수를 보이는 아기들의 장기적 예측을 하는 데 조금 더 좋다. 오늘날 미래에 발달적 문제를 가질 위험이 있는 것을 의미하는 매우 낮은 점수를 보이는 영아들을 계속 관찰하고 중재할 영아를 찾아내는 데에 도움을 줄 것이다.

제4장에서 습관화와 시각적 자극에 대한 회복의 속도는 사고의 속도와 유연성을 측정하기 때문에 후기 지능이나 영아기 지능과 상관이 가장 높은 요인 중 하나임을 상기하라. 전적으로 습관화/회복 문항으로만 구성된 검사인 페이건 영아 지능 검사가 제작되었다. 검사를 받기 위하여 영아는 어머니의 무릎에 앉아서 일련의 그림들을 본다. 각각에 노출된 후 검사자는 낯익은 것과 쌍이 되는 새로운 그림을 보는 시간을 기록한다. 그러나 매우 통제된 실험실 밖에서는 아기가 보이는 행동의 측정이 신뢰롭지 못하고 때에 따라 일관성이 없다. 낮은 검사–재검사 신뢰도 때문에 페이건 검사는 아동기 지능검사 점수를 예측하는 데 연구자들이 하는 영아의 습관화/회복 측정보다 덜 성공적이다. 페이건 검사 점수가 정신 발달 지체의 위험이 있는 영아를 찾아내는 데 유용한지에 대한 반대 증거가 있다(Andersson, 1996; Fagan & Detterman, 1992; Tasbihsazan, Nettelbeck, & Kirby, 2003).

어머니의 무릎에 앉아 있는 1세 된 아기에게 훈련된 검사 전문가가 베일리 영아 발달검사를 실시하고 있다. 이전 판에 비하여 베일리-Ⅲ 인지, 언어 척도는 유아의 지적 검사 수행을 더 잘 예측한다.

IQ 점수의 계산과 분포

영아, 아동, 성인의 지능 점수는 같은 방식으로 지능지수를 계산하게 되었다. **지능지수**(intelligence quotient, IQ)는 원점수(정답 문항의 수)가 같은 연령 아동의 전형적 수행으로부터 이탈된 정도로 표시한다. 이러한 비교가 가능하도록 검사 개발자들은 검사의 **표준화**(standardization)를 한다. 크고 대표가 되는 표집에 검사를 실시하여 그 결과를 점수를 해석하기 위한 표준으로 사용한다.

표준화 표집 내에서 각 연령 수준의 점수들 대부분이 평균 주위에 모이는 **정상분포**(normal distribution)를 형성한다(그림 8.4 참조). 평균에서 양극단으로 멀어질수록 더 적은 사람들이 분포

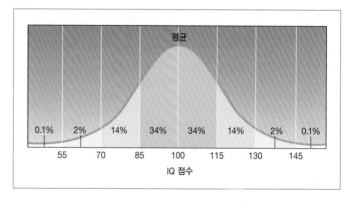

한다. 종모양을 닮은 이 분포는 연구자들이 다수의 표집으로부터 개인차를 측정할 때는 언제나 나타난다. 지능검사가 표준화되면 평균은 100에 맞추어진다. 개인의 IQ는 개인의 검사 수행이 표준화 표집의 평균에서 이탈되는 양만큼 100보다 더 높거나 낮다.

정상 곡선의 각 단위마다 떨어지는 사람들의 백분율을 알고 있으므로 우리는 어떤 IQ 점수가 의미하는 것을 정확히 알 수 있다. 예를 들면, IQ 100인 아동은 같은 연령의 아동의 50%보다 더 잘 수행했다. IQ 85인 아동은 단지 16%보다 더 잘했고 IQ 130인 아동은 98%보다 더 잘 수행했다. 대다수 사람들(96%)의 IQ는 70~130 사이에 있고 아주 소수만이 더 높거나 낮은 점수를 받는다.

그림 8.4 지능검사 점수의 정상분포
동일 연령 모집단의 몇 퍼센트가 특정 IQ를 가진 사람보다 더 잘했는지 그 IQ 점수의 왼쪽의 퍼센트를 합산하라. IQ 115인 8세 아동은 8세 모집단의 84%보다 더 잘했다.

지능검사는 무엇을 예측하고 얼마나 잘 예측하나

심리학자와 교육자들은 아동의 교육적 사정과 배치를 위하여 검사 점수를 사용하고 점수가 미래의 지능과 학업 수행에 좋은 지표가 될 것이라고 가정한다. IQ는 실제로 예측 척도로서 얼마나

양호한가?

IQ 점수의 안정성

안정성은 특정 연령에서의 IQ가 다른 연령의 IQ를 얼마나 잘 효과적으로 예측하는가를 말한다. 특정 IQ 점수를 3세나 4세에 받은 아동은 초등학교에서 그리고 고등학교에서 다시 검사했을 때 같은 정도로 수행하는가? 이 질문에 답하기 위하여 연구자들은 같은 아동을 반복적으로 검사하는 종단 연구에 의존한다.

상관적 안정성 IQ의 안정성을 검증하는 한 가지 방법은 각각 다른 연령에서 얻은 점수들의 상관을 구하는 것이다. 이것은 한 연령에서 또래와 비교해 점수가 낮거나 높게 나온 아동이 이후에도 그럴지에 대해 말해 준다. 이들의 상관을 검증한 결과, 연구자들은 IQ의 안정성에 대한 두 가지 일반적인 사실을 확인했다.

- 처음 검사시기의 연령이 더 높을수록 이후의 IQ를 더 잘 예측한다. 학령전 IQ는 학령기 점수를 잘 예측하지 못한다. 상관계수가 전형적으로 .30에 지나지 않는다. 그러나 6세 이후에는 상관계수가 대개 .70과 .80으로 안정성이 향상된다. 청년기 검사와의 관계는 .80과 .90 정도로 높아진다(Deary et al., 2004; Kaufman & Lichtenberger, 2002).
- 두 검사시기가 가까울수록 점수들 간의 관계는 더 강해진다. 예를 들어, 한 장기적 연구에서 4세의 IQ가 5세의 IQ와 .52의 상관이 있었으나, 9세에는 .46, 12세에는 .42로 떨어졌다(Schneider et al., 1999).

왜 학령전 점수가 이후의 점수를 더 잘 예측하지 못하나? 하나의 이유는 문항의 성격이 연령이 높아짐에 따라 구체적 지식을 덜 강조하고 다른 기술을 요하는 복잡한 추리와 문제해결을 더 강조하기 때문이다. 다른 하나의 설명은 급속한 발달시기에는 분포에서의 아동의 위치가 자주 바뀐다. 한 아동은 급성장을 하다가 정체가 되고 두 번째 아동은 천천히 꾸준하게 이동하여 앞의 아동을 따라잡고 급기야 앞지른다. 마지막으로 IQ는 매일의 학교 활동과 검사 문항이 점차 유사해지므로 학교 교육이 진행될수록 더 안정적이 된다. 학교 경험의 질과 그러한 경험을 숙달하는 아동 간의 차이는 IQ의 개인차를 유지해 준다.

절대 점수의 안정성 앞에서는 아동이 같은 또래와 비교한 상대적 위치를 얼마나 잘 유지하는가에 기초하여 IQ의 안정성을 보았다. 안정성은 또한 각 아동의 반복 측정 시의 IQ 점수 프로파일을 검토함으로써 절대적 의미에서도 고려해 볼 수 있다. 종단적 연구에 의하면 아동의 다수는 아동기와 청소년기 사이에 IQ의 10~20점, 때로는 그 이상으로 변화할 수 있음을 보여 주고 있다(McCall, 1993; Weinert & Hany, 2003).

가장 많이 변한 아동은 연령이 증가함에 따라 점수가 일관성 있게 증가하거나 감소하는 프로파일을 보이는 경향이 있다. 이러한 프로파일과 관련된 성격 특성과 생활 경험을 면밀히 검토해 보면, 점수가 증가하는 아동은 더 독립적이고 학교에서 잘하기 위해 더 경쟁적이다. 더욱이 그들의 부모는 온정적이고 합리적으로 훈육하며 성공하도록 격려한다. 대조적으로 점수가 감소하는 아동들은 매우 엄격하거나 여유로운 훈육을 하고 지적 자극을 거의 하지 않는다(Honzik, Macfarlane, & Allen, 1948; McCall, Appelbaum, & Hogarty, 1973; Sontag, Baker, & Nelson, 1958).

가난한 아동이 특정 연구를 위해 선택되었을 때 다수는 지능검사 점수가 감소한다. **환경 누적 가설**(environmental cumulative deficit hypothesis)에 따르면, 혜택을 받지 못하는 양육 조건의 부정적 효과는 아동이 그 조건에 더 머물러 있을수록 증가한다. 결과적으로 초기 인지 결함은 더 큰 결함을 낳고, 거의 극복하기 어려워진다(Klineberg, 1963). 이러한 생각을 지지하는 많은 연구들은 경제적으로 불리한 가정의 아동이 IQ와 성취에서 연령이 증가할수록 또래에 비해 더 뒤처지는 것을 보여 주고 있다. 또 더 많은 스트레스 요인(부모의 이혼, 실직, 질병, 가족의 사망과 같은)을 가진 아동일수록 더 큰 감소를 경험함을 보여 주고 있다(Gutman, Sameroff, & Cole, 2003; Gutman, Sameroff, & Eccles, 2002).

요약하면 많은 아동들이 절대적 IQ에서 상당한 변화를 보인다. 이러한 변화는 개인 특성, 아동 양육 방법, 생활 조건의 결합된 결과이다. 그럼에도 불구하고, 한번 IQ가 상관적으로 상당히 안정되면 다양한 중요한 결과들을 예측한다.

학업성취의 예측요인으로서의 IQ

수천 개의 연구들에서 IQ와 성취검사와의 상관은 .40~.80의 범위에 이르며 전형적으로는 .50과 .60이다(Deary et al., 2007; Rhode & Thompson, 2007; Zhu & Weiss, 2005). 높은 IQ의 학생들은 더 좋은 성적을 받으며 더 오래 교육을 받는다. 7세의 IQ는 성인의 교육 성취와 중간 정도의 상관을 보인다(McCall, 1977).

IQ가 왜 학업 수행을 예측하는가? 몇몇 연구자들은 IQ와 성취가 모두 'g'에 기초한 같은 추상적 추리에 의존하기 때문이라고 믿는다. IQ가 영어, 수학, 과학과 같은 좀 더 추상적인 학과목과 상관이 가장 높다는 것은 이러한 해석과 일치한다(Jensen, 1998). 다른 연구자들은 이에 대해 동의하지 않고 IQ와 성취검사가 모두 문화적으로 특정한 같은 종류의 정보에서 나왔기 때문이라고 논쟁한다. 이러한 견지에서 지능검사는 사실 성취검사이고 아동의 과거 경험이 두 척도의 수행에 영향을 미친다. 이러한 견해에 대한 지지 근거는 결정적 지능(획득된 지식을 반영하는)이 유동적 지능보다 학업성취를 더 잘 예측하는 것에서 나온다(Kaufman, Kamphaus, & Kaufman, 1985; Kunina et al., 2007).

상상할 수 있듯이 IQ의 개인차에 유전이 강력하게 기여한다고 믿는 연구자들은 이 첫 번째 설명을 선호한다. 환경의 힘을 믿는 연구자들은 두 번째 설명을 선호한다. 우리는 이 유전-환경 간의 논쟁을 좀 더 탐색해 볼 것이다. 그러나 현재로서는 IQ가 다른 어떤 검사보다 학업성취를 더 잘 예측하지만 상관은 완전하지 않다는 것을 주목해야 할 것이다. 어떤 아동들은 학교에서 더 열심히 노력하게 하는 동기나 성격적 특징 같은 다른 요인들이 학교 수행에서 개인차를 설명하는 데 IQ만큼 중요하다.

직업 성과의 예측요인으로서의 IQ

IQ가 장기적 인생 성공과 관련이 없다면 심리학자와 교육자들은 관심을 덜 가졌을 것이다. 그러나 연구들은 아동기 IQ가 성인의 직업 획득과 학업성취만큼 상관이 높음을 보여 준다. 2학년에 최상의 IQ를 보이는 아동들은 성장해서 공학, 법학, 의학, 과학 분야의 유망한 전문직에 들어갈 가능성이 높다(McCall, 1977).

다시 한 번 말하지만, IQ와 직업 획득과의 관계는 완전하지 않다. 부모의 격려, 직업적 성공의 모델 역할, 직업 세계의 연관성과 같은 가족 배경도 직업 선택과 획득을 예측한다(Kalil, Levine, Ziol-Quest, 2005). 더욱이 IQ가 직업적 지위와 관련되는 한 가지 이유로 IQ 유사 검사들(SAT와 ACT)이 고등교육에 접근하는 것에 영향을 준다. 교육적 성과는 직업적 성공과 수입에 IQ보다 더 강한 예측요인이다(Ceci & Williams, 1997).

성격 또한 직업 성취에 유망한 요인이다. 10년에서 40년에 걸친 7개의 종단적 연구를 검토한 결과 연구자들은 아동기 IQ와 부모의 교육적 직업적 성공을 통제하고 나면 아동의 정서적 안정성, 성실성, 사회성이 정적으로 직업적 성공을 예측하며 투쟁성과 부적 정서는 직업의 불안정성, 직업적 지위 감소와 낮은 수입과 같은 부정적 직업 성과를 예측하였다(Roberts et al., 2007).

마지막으로 개인이 일단 직장을 가지면 **실제적 지능**(practical intelligence) — 검사 상황이 아닌

실제 세계에서 나타나는 지적 능력—이 직업 수행을 IQ만큼 혹은 더 잘 예측한다. 그러나 지능검사와 실제적 지능은 매우 다른 능력을 요구한다. 지능검사 문항들은 다른 사람에 의해 작성되고 제공하는 정보가 완벽하고 종종 실생활로부터 분리되어 있고 하나의 답만 있는 반면, 실제적 지능은 분명하게 정의되지 않고 일상생활 속에 내포되어 있으며 각각 장점과 약점이 있는 여러 개의 적절한 답이 있을 수 있다(Sternberg et al., 2000). 실제적 지능은 가장 적게 움직여서 생산품을 완성하는 것을 발견하는 조립작업대의 근로자나, 하위 노동자가 자신이 가치가 있다고 느끼게 해서 생산성이 제고되도록 하는 사업 관리인에게서 찾아볼 수 있다. IQ와 달리 실제적 지능은 인종에 따라 다르지 않다. 두 종류의 지능은 서로 관련이 없고 직업적 성공에 독립적으로 기여한다(Cianciolo et al., 2006; Sternberg, 2003a).

요약하면 직업적 성과는 전통적으로 측정한 지능과 교육, 가족의 영향, 동기유발과 실제적 방법에 대한 지식 등 복잡한 기능으로 이루어진다. 최근의 증거는 IQ는 영향이 크지만 이와 같은 다른 요인들보다 더 중요하지는 않다는 것을 보여 준다.

심리적 적응의 예측요인으로서의 IQ

IQ는 정서적·사회적 적응과 중간 정도의 상관을 가진다. 예를 들어, 더 높은 IQ를 가진 아동과 청소년을 다른 또래들이 더 좋아하는 경향이 있다. 그러나 이러한 관계의 원인이 분명하지는 않다. 좋은 또래관계는 IQ 외에도 인내하면서도 확고한 양육방법과 편안하고 사교적인 성격과도 관련이 있다. 그런데 이 두 가지는 모두 IQ와 상관이 있다(Hogan, Harkness, & Lubinski, 2000; Scarr, 1997).

컴퓨터 고장의 원인을 진단하고 고칠 수 있다는 것에서 증명되는 이 10대의 실제적 지능은 IQ에서 나타난 것과는 확실히 다른 능력을 나타낸다.

IQ와 심리적 적응과의 관계를 탐색하는 다른 하나의 방법은 흔히 법을 어기는 공격적인 젊은이들의 지능검사에서의 수행을 보는 것이다. 평균적으로 비행 청소년들은 비행을 저지르지 않는 청소년들보다 IQ가 8점 정도 낮다. 지속적으로 공격적인 아동과 청소년들은 특히 언어능력이 결핍되어 있다(Dodge, Coie, & Lynam, 20006). 아마도 유사한 유전적·환경적 요인들(충동 경향성, 양육의 질, 가족 기능과 같은)이 IQ와 품행문제에 모두 영향을 미친다. 다른 설명으로는, 좀 더 성숙한 도덕적 판단을 하게 하고 그들의 행동의 미래 결과를 평가하고, 그들의 정서와 행동을 통제하는 능력에 낮은 IQ(특히 언어 점수)가 영향을 미쳐서 품행문제를 일으키게 하였을 수도 있다는 것이다. 양측의 설명들과 모두 일치하는 종단적 연구의 결과는 아동이 정서적·행동적 문제에서 높은 점수를 받았을 때에만 그리고 그들의 낮은 지적 기능이 지속적일 때에만 아동기 초기와 중기의 낮은 IQ가 후기의 반사회적 행동과 관련이 있다는 것이다(Fergusson, Horwood, & Ridder, 2005; Leech et al., 2003).

낮은 아동기 지능지수는 청소년기와 성인기에 높은 불안과 우울을 포함하는 다른 심리적 장애와 연관된다(Martin et al., 2007; Zammit et al., 2004). 그러나 이러한 관계는 그리 높지는 않고 아동기 가족의 불안정성과 경제적 불이익이 통제된 후에는 더 감소한다(Fergusson, Horwood, & Ridder, 2005; Gale et al., 2009). 제1장에서 우리는 높은 지능의 아동이 스트레스를 받는 생활 경험에서 더 탄력적이라는 것을 살펴보았다.

요약하면, IQ는 다양한 인생 성공지표들을 예측한다. 그러나 완전하지는 않다. 이러한 결과들이 우리가 아동의 미래를 예측하거나 중요한 교육적 배치 결정을 할 때 IQ에만 의존하지 말아야 한다는 주장에 강한 정당성을 부여한다.

IQ의 인종적 · 사회경제적 차이

산업화된 국가의 사람들은 사회적 지위와 경제적 안정에 중요한 직업과 소득에 따라 계층화한다. 연구자들은 **사회경제적 지위**(socio-economic status, SES)라고 하는 지표의 연속선에서의 가족의 위치를 평가한다. 이 지표는 세 가지 상관이 있는 그러나 완전히 중복되지는 않는 변인들, 즉 (1) 교육 연한, (2) 사회적 지위를 측정하는 직업의 지위와 직업이 요구하는 기술, (3) 경제적 지위를 측정하는 수입을 결합한 것이다.

사회경제적 불균형의 원인을 찾는 연구에서 연구자들은 소수인종 집단(예 : 아프리카계와 라틴계 미국인)은 몹시 낮은 수준의 SES를 보이고 다른 인종 집단(예 : 백인과 아시아계 미국인)은 중간이거나 상위 수준의 SES를 보이기 때문에 SES별 인종 집단에 따른 IQ 점수들을 비교하였다. 이 조사 결과는 IQ의 천성-양육 논쟁을 불러일으켰다. IQ의 집단 간 차이가 존재한다면 유전이 SES와 인종에 따라 변화하거나 어떤 집단들은 성공적 검사 수행에 필요한 기술들을 획득할 기회를 덜 가졌을 것이다.

미국의 흑인 아동과 청소년들의 점수는 평균적으로 미국의 백인 아동보다 10~12점 낮다. 지난 수십 년간 그 차이는 감소하고 있지만 3세까지는 상당한 격차가 존재한다(Edwards & Oakland, 2006; Flynn, 2007; Nisbett, 2009; Peoples, Fagan, & Drotar, 1995). 히스패닉 아동들은 흑인과 백인의 중간쯤이고 아시아계 미국인은 백인보다 약간 높다(3점 정도)(Ceci, Rosenblum, & Kumpf, 1998).

중간과 하위 SES 아동들 간의 차이는 약 9점 정도로서 IQ의 인종 차이를 약간 설명해 주지만 전부는 아니다. 흑인 아동과 백인 아동들을 부모의 교육과 수입을 통제하면 흑인-백인 IQ 차이가 1/3 내지 1/2 정도 줄어든다(Brooks-Gunn et al., 2003). 물론, IQ는 각각의 인종, SES 집단 내에서 크게 다르다. 예를 들어 그림 8.5에서 보여 주듯이, 흑인과 백인의 IQ 분포는 상당히 겹친다. 대략 흑인의 20%가량은 백인 평균보다 높고, 같은 퍼센트인 백인이 흑인 평균보다 아래에 있다. 사실, 인종과 SES는 IQ의 전체 변량의 단지 1/4만 설명한다. 그럼에도 불구하고, 이 집단 차이는 충분히 크고 그 결과는 무시할 수 없을 만큼 충분히 심각하다.

1970년대 심리학자인 Athur Jensen(1969)이 "우리는 IQ와 학업성적을 어느 정도 끌어올릴 수 있는가?"라는 표제를 단 논란의 여지가 있는 전공논문을 출판한 이후 IQ의 천성-양육 논쟁은 점점 고조되었다. Jensen의 답은 "별로"였다. 그는 개인, 인종, SES별 IQ 차이에 유전이 큰 책임이 있다고 주장했고, 그 입장을 여전히 유지하고 있다(Jensen, 1998, 2001; Rushton & Jensen, 2006, 2010). Jensen의 연구는 그의 결론이 사회적 편견을 조장할수 있다는 깊은 우려를 반영하는 윤리적 도전을 포함하여 폭발적 연구와 반응을 불러일으켰다. 그 논쟁은 *The Bell Curve*(1994)에서 Richard Herrnstein과 Charlse Murray에 의해 다시 되살아났다. Jensen처럼, 이 저자들은 IQ의 개인차와 SES 차이에 미치는 유전의 기여는 상당하다고 주장한다. 그리고 그들은 유전이 흑인과 백인의 IQ 격차에 꽤 큰 역할을 한다고 시사한다.

Jensen의 연구에서처럼 몇몇 연구자들은 Herrnstein과 Murray의 책을 칭송하였고 사회적으로 유해한 결과를 초래하는 것으로 평가 절하하는 다른 사람들은 그 책

그림 8.5 흑인과 백인 아동에 대한 IQ 점수 분포

평균은 아동의 친부모에 의해 양육된 아동의 연구에서 얻어진 대략의 점수를 보여 준다.

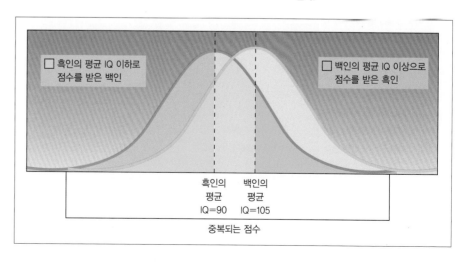

을 개탄하였다.

IQ의 개인과 집단 간 차이에 대한 설명

지난 30년간 연구자들은 지능의 개인 간, 인종 간, SES 간 차이를 설명하려고 하였다. 연구는 세 가지 넓은 유형으로 구분된다. (1) 유전의 중요성을 주장하는 연구, (2) IQ가 낮은 SES와 소수민족 아동의 능력에 대해 편향된 척도인지를 알아보는 연구, (3) 아동의 가정환경이 그들의 지능검사 수행에 미치는 영향을 검토하는 연구이다.

유전적 영향

제3장에서 행동유전학이 가족 구성원의 특징을 비교하는 친족 연구를 통해 복잡한 특질들에 대한 유전과 환경의 상대적 기여를 검증한다는 것을 회상해 보자. IQ에 대해 발견한 것이 무엇인지 면밀히 검토해 보자.

지능의 유전   제3장에서 유전성을 소개하였다. 간략히 복습하면, 연구자들은 유전자를 공유하는 정도와 가족 구성원과의 IQ 상관을 구하였다. 상관을 비교하는 복잡한 통계적 절차를 사용하여 연구자들은 특정 인구에서의 유전적 요인에 기인하는 차이의 비율을 나타내는 0∼1에 이르는 지표를 산출하였다.

그림 8.6에서 대략 5만 쌍의 쌍둥이와 다른 친척들에 대한 100편 이상의 연구에서 IQ 상관에 대한 결과를 요약하였다(Bouchard & McGue, 1981; Scarr, 1997). 가족 구성원들 사이에 유전적 유사성이 클수록 IQ가 서로 비슷함에 주목하라. 사실, 의심할 여지없이 두 상관관계는 유전이 지능검사 수행에서의 개인차에 부분적으로 책임이 있음을 보여 준다. 따로 양육한 일란성 쌍둥이의 상관관계(.76)가 함께 양육한 이란성 쌍둥이의 상관관계(.55)보다 더 높다.

이들 쌍둥이 상관관계에서 연령 관련 변화는 유전의 기여에 부가적인 지지를 해 준다. 그림 8.7에서 보는 것처럼, 일란성 쌍둥이의 상관관계는 성인이 될수록 적당히 증가하는 반면에 이란성 쌍둥이의 상관관계는 청년기에 급격하게 떨어진다. 이 경향들이 제3장에서 논의되었던 적소 선택 개념을 생각나게 하는가? 공동 양육 경험이 아동기 동안 이란성 쌍둥이의 유사성을 지지한다. 그러나 그들이 나이가 들고 가족 밖에서 더 많은 영향을 받는 경험을 할수록 각 이란성 쌍둥이는 그들의 독특한 유전적 기질에 맞는 발달 방향을 따르거나 적소를 찾는다. 그 결과로, 그들의 IQ 점수는 달라진다. 대조적으로, 일란성 쌍둥이의 유전적 유사성은 청년기와 성인기에 유사한 적소를 찾도록 한다. 결과적으로 그들의 IQ 유사성은 강해진다(Loehlin, Horn, & Willerman, 1997; McGue et al., 1993).

비록 친족 연구가 유전의 중요성을 강조할지라도, 그림 8.6의 상관관계는 환경이 분명히 포함되었음을 나타낸다. 함께 살고 있는 쌍둥이, 쌍둥이가 아닌 형제자매, 부모-자녀 상관관계는 따로 살고 있는 것보다 더 강하다. 그리고 함께 살고 있는 관련 없는 형

그림 8.6 쌍둥이와 다른 친척들의 IQ 상관에 대한 세계적 요약

상관은 가족 구성원 간의 유사성이 클수록 IQ 점수가 더 유사함을 보여 준다. 상관은 또한 더 큰 환경적 유사성이 더 유사한 IQ 점수를 보임을 보여 준다.

출처 : Bouchard & McGue, 1981; Scarr, 1997.

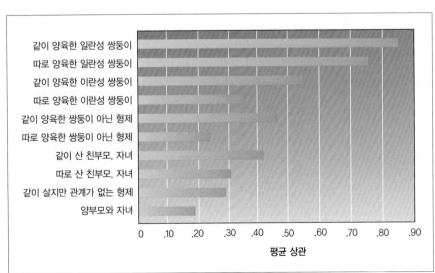

제뿐 아니라 부모와 입양아는 낮은 정적 상관관계를 보여 다시 한 번 환경의 영향을 지지한다.

제3장에서 보았듯이, 보통 유전성 추정치는 일란성과 이란성 쌍둥이의 비교에서 나온 것이다. 서구 산업 국가에서 전형적인 값은 .50이고 이는 IQ 변량의 반이 유전의 개인차에 기인한다는 의미를 가진다. 그러나 그 값은 연구에 따라 .40∼.80까지 매우 다르다(Jacobs et al., 2007; Plomin, 2003).

더욱이 쌍둥이가 같이 양육되고 대개 매우 유사한 전체적 환경을 경험하기 때문에 중간 정도의 유전성 추정치는 너무 높은 것이다. 따로 떼어서 양육된 쌍둥이조차도 일반적으로 유리하고 많은 면에서 유사한 가정에 배치된다. 쌍둥이들이 노출되는 환경의 범위는 제한되고 유전성은 환경의 역할을 과소평가하고 유전의 역할을 과대평가한다.

요약하면 유전성 연구는 유전자가 IQ에 기여한다는 확실한 증거를 제공하지만 유전의 역할 정도에 대해서는 불일치가 존재한다. 유전성 추정치는 유전적 환경적 요인들이 아동이 발달함에 따라 지능에 영향을 주는 복잡한 과정을 밝히지는 못했다.

유전성 추정치는 인종과 SES의 차이를 설명할 수 있는가 유전성 추정치의 한계에도 불구하고, Jensen은 IQ에서 인종과 SES 차이가 강한 유전적 기초를 갖는다는 주장을 옹호하기 위해 그것에 의지했다. 이러한 추론은 부적당한 것으로 여겨졌다. 흑인과 백인 인구 내에서 계산된 유전성 추정치는 유사하지만 집단 간 차이를 어떻게 설명할지에 대해서는 직접적 증거를 제공하지 못한다(Plomin et al., 2001; Sternberg, Grigorenko, & Kidd, 2005). 더구나, IQ의 유전성은 불이익을 받는 양육 조건(낮은 SES)보다 혜택받는 양육 조건(높은 SES)에서 더 높다는 제3장의 내용을 상기해 보자(Bronfenbrenner & Morris, 2006; Turkheimer et al., 2003). 태내기 보육의 취약함과 결핍, 가족 스트레스, 낮은 질의 교육, 효과적인 양육을 위한 지역사회 지지의 결여를 포함하는 낮은 수입과 빈곤과 관련된 요인들은 아동이 그들의 유전 잠재력을 달성하는 것을 방해한다.

유전론자인 Richard Lewontin(1976, 1995)에 의하면, 집단내 유전성을 사용하여 집단 간 차이를 설명하는 것은 다른 토양에서 다른 종자들을 비교하는 것 같다. 비료로 비옥해진 토양의 화분에 한 줌의 꽃씨를 심고 비료를 거의 주지 않은 화분에 다른 한줌의 꽃씨를 심었다고 상상해 보자. 각각의 화분의 식물은 크기에서 다를 것이다. 그러나 처음의 화분이 두 번째 화분보다 훨씬 더 자랄 것이다. 각각의 집단 내에서 식물의 크기에서 개인차는 모든 식물의 성장 환경이 동일하기 때문에 유전에 주로 기인한다. 그러나 두 집단 간의 크기의 평균 차이는 둘째 집단이 훨씬 적은 비료를 썼기 때문에 환경에 기인한다.

이 결론을 검증하려면 우리는 이 두 번째 집단의 씨에 충분한 비료를 공급하고 첫 번째 집단의 크기와 같은 평균 키가 되는지 보는 연구를 설계할 수 있다. 그러면 우리는 환경이 집단 간 차이에 책임이 있다는 결정적 증거를 갖게 된다. 이제 우리는 입양아 연구로 돌아가서 연구자들이 이러한 종류의 자연적 실험을 시행했는지 볼 것이다.

입양아 연구 : 유전과 환경의 공동 영향

입양아 연구들에서 연구자들은 두 종류의 정보를 모았다. (1) 유전과 환경의 영향을 알아보기 위해

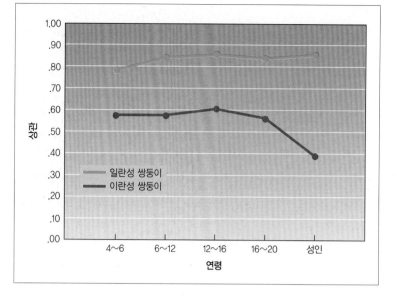

그림 8.7 일란성 쌍둥이와 이란성 쌍둥이의 IQ 상관의 횡단적 연령 관련 변화

일란성 쌍둥이의 상관은 성인기까지 약간씩 상승하는 데 반해 이란성 쌍둥이의 상관은 청소년기에서부터 급격히 떨어진다. 쌍둥이들을 종단적으로 추적했을 때도 유사한 경향성이 나타난다. 이러한 발견은 수천의 쌍둥이 쌍들을 포함하는 연구에서 나타났다.

출처 : . McGue, T. J. Bouchard, Jr., W. G. Iacono, & D. T. Lykken, 1993, "Behavioral Genetics of Cognitive Ability: A Life Span Perspective," in R. Plomin & G. E. McClearn [Eds.], Nature, Nurture, and Psychology, 1993, p. 63. Copyright 1993 by the American Psychological Association. Adapted by permission of the American Psychological Association and M. McGue.

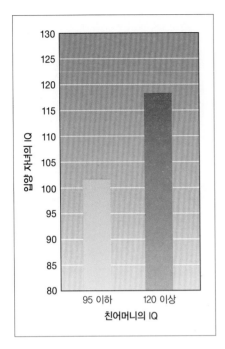

그림 8.8 텍사스 입양아 프로젝트에서 친어머니의 IQ에 따른 입양아들의 IQ

낮은 IQ와 높은 IQ를 가진 친어머니의 자녀들 모두 평균 이상의 IQ를 보이지만, 높은 IQ를 가진 어머니의 자녀들이 더 잘했다.

출처 : Loehlin, Horn, & Willerman, 1997.

입양된 아동의 IQ와 그들의 친부모와 양부모 IQ의 상관관계, 그리고 (2) 환경의 힘에 대한 증거를 위해, 혜택받은 입양 가족에서 자란 결과 나타나는 IQ 절대치의 변화가 그것이다.

어린 아동이 보살피고 자극하는 가정에 입양되면 입양되지 않고 경제적으로 빈곤한 가정에 남아 있게 한 아동들의 IQ와 비교했을 때 IQ가 상당히 상승한다는 것을 보여 준다(van IJzendoorn, Juffer, & Poelhuis, 2005). 그러나 입양된 아동들이 다양한 정도로 이익을 본다. '텍사스 입양아 프로젝트'라 불리는 한 연구에서, 친어머니의 IQ가 95 이하와 120 이상인 극단적인 두 집단의 아동들을 출생 시 평균 이상의 수입과 교육을 받은 부모들에게 입양하였다. 학령기 동안, 친어머니의 IQ가 낮은 아동들은 IQ에서 평균 이상의 점수를 얻었지만 높은 IQ의 친어머니를 가진 아동들이 유사한 입양 환경에 있을 때보다 덜 잘하였다. 이로운 환경은 검사 수행을 크게 향상시키는 것으로 나타났다. 그러나 비슷한 입양 가정에 보내진 친어머니의 IQ가 높은 아동들만큼 잘하지는 못했다(그림 8.8 참조). 더욱이, 부모-자녀 상관관계는 아이들이 자랄수록 그들의 IQ는 친부모와 더 비슷해지고 양부모와는 덜 비슷해지는 것으로 나타났다(Loehlin, Horn, & Willerman, 1997). 입양아 연구는 환경과 유전이 모두 IQ에 중요하게 기여한다는 것을 확인했다.

텍사스 입양아 프로젝트와 다른 유사한 연구들은 환경과 유전이 IQ에 모두 기여하는 것을 확인해 준다. 사실, 어린 시기에 입양된 아동들은 평균적으로 그들의 입양 부모들의 친자녀들의 점수와 비슷하고 학교와 지역사회의 입양되지 않은 또래들의 점수와 버금간다(van IJzendoorn, Juffer, & Poelhuis, 2005). 이러한 결과들은 지능검사 점수에서 SES 간의 차이를 설명하는 데 환경이 상당한 역할을 한다는 것을 시사한다. 동시에 입양아 연구들은 생물학적 친족들의 IQ 점수들 간의 상관이 입양 가족들 간의 점수의 상관보다 더 크다는 것을 보여 준다. 이는 유전의 기여에 대한 명백한 증거이다(Bouchard, 1997; Plomin et al., 2001; Scarr, 1997).

입양아 연구는 또한 흑인-백인 간의 IQ차이에 대해서도 밝히고 있다. 두 연구에서 생후 1년 안에 경제적으로 잘사는 백인 가정에 입양된 아프리카계 미국 아동들이 IQ 평균 110을 획득했고 아동기 중기에는 117이 되었으며 저소득 흑인 지역사회에서 성장한 아동들의 전형적 점수보다 20~30점 높은 점수를 보였다(Moore, 1986; Scarr & Weinberg, 1983). 한 연구에서, 흑인 입양아들의 IQ는 아마도 출생과 입양의 배경이 섞이는 인종적 정체성을 형성한 소수 10대들이 직면하는 도전 때문에 청소년기에 감소하였다(DeBerry, Scarr, & Weinberg, 1996). 이러한 과정이 정서적 격랑으로 가득차면 검사와 학업 동기를 감소시킬 것이다.

그럼에도 흑인 입양아들은 낮은 SES 아프리카 미국인들의 평균 IQ보다 높은 IQ를 유지한다. '검사와 학교 문화에서 양육된' 흑인 아동들의 IQ 증가는 빈곤이 많은 인종적 소수 아동들의 점수를 심각하게 낮춘다는 증거만큼 풍부하다(Nisbett, 2009). 한 세대에서 다음 세대로의 IQ의 극적 증가는 새로운 경험과 기회가 주어지면 억압된 집단의 구성원들이 그들의 현재 검사 수행을 훨씬 능가할 수 있다는 결론을 지지한다. 261쪽 상자글 '문화적 영향'에서 설명한 Flynn 효과에 대해서 알아보라.

검사에서의 문화적 편향

IQ의 인종 차이가 검사 편향의 결과인가에 대한 논쟁이 일고 있다. 모든 집단의 아동이 배우는 데 동일한 기회를 갖지 못한 지식과 능력을 평가하는 검사이거나, 검사 상황이 어떤 집단에게만 수행의 손상을 일으킨다면 검사 결과 점수는 편향되었거나 불공평하게 측정된 것이다.

어떤 전문가들은 지능검사가 편향되었다는 견해에 반대하고, 지능검사가 공통 문화에서의 성공을 반영하려 한다고 주장한다. 이 관점에 따르면, IQ가 주류와 소수집단 아동의 학업성취를 똑같이 잘 예견할 수 있기 때문에, IQ 검사는 두 집단 모두에서 공평하다고 할 수 있다(Edwards &

문화적 영향

Flynn 효과 : IQ에서 보이는 대량의 세대 간 증가

군대의 지능검사나 다른 대규모 표집에 대한 빈번한 검사를 통하여 20여 개의 산업화된 국가의 IQ 점수를 수집하여 분석한 결과 James Flynn(1994, 1999, 2007)은 IQ는 한 세대에서 다음 세대로 이동함에 따라 점차 증가한다는 **Flynn 효과**(Flynn effect)라고 알려진 매우 일관성 있고 흥미로운 발견을 하였다. 가장 큰 증가는 흔히 '문화적으로 공평한' 검사로, 그래서 유전적으로 결정된다고 가정되는 공간 추리 같은 유동적 능력검사에서 나타났다. 그림 8.9는 벨기에, 이스라엘, 네덜란드, 노르웨이 청년들로 구성된 군대 표집에서 실시한 한 검사에서 나타나는 증가를 보여 주고 있다. 세대 간(30년) 평균 18점의 IQ 상승이 나타났다.

이러한 추세변동(secular trend)과 (이 개념에 대해서는 제5장의 p. 142 참조) 일치하게도, 지능검사가 개정되면 새로운 표준화 표집은 거의 항상 이전의 표집보다 더 잘한다. 같은 개인이 하나나 둘의 스탠퍼드-비네검사나 웩슬러 검사를 받은 연구들(총 81개의 표집으로부터 10,000여 명의 참가자)을 추적하여 Flynn은 1932~2002년 사이의 IQ 변화의 비율을 추정하는 자료로 사용하였다. 평균적으로 IQ는 점진적으로 모든 연령에 유사하게 매년 1/3점씩 증가하였고 46년의 기간 동안 22점이 증가하였다(Flynn, 2007; Flynn & Weiss, 2007). 하위 영역들을 분석했을 때 역시 유동지능 과제에서 가장 증가가 컸다.

Flynn 효과는 1986년에서 2004년 동안 미국의 5~13세 전국 표집 27,000명에 대한 연구에서 재확인되었다(Ang, Rodgers, & Wänström, 2010; Rodgers & Wänström, 2007). 이 효과는 아프리카계, 히스패닉계, 백인계 남녀 모두에서 나타나며, 모든 어머니의 교육 수준과 가계 수입 가정에서도 나타난다. 대학 교육을 받은 어머니의 자녀들과 경제적으로 상위 계층의 아동에게서 더 증가한다.

분명히 Flynn 효과는 환경적이다. 개선된 영양, 건강, 기술 혁신(TV와 컴퓨터를 포함하는), 인지능력을 요구하는 여가활동(체스에서 비디오까지)에 더 많은 투자시간, 일반적으로 더 자극적인 세계, 더 큰 검사 수행 동기가 연속적 세대 각각의 추리력에 기여했을 것이다(Flynn, 2003; Rodgers & Wänström, 2007; Steen, 2009).

최근에 Flynn 효과는 특별히 좋은 건강, 사회적·경제적 조건과 더불어 몇몇 선진국가들에서 속도가 감소하거나 중지되었다(예 : 스칸디나비아)(Schneider, 2006; Sunder, Barlaug, & Torjussen, 2004). 동시에 그 효과는 개발도상국으로 퍼져 가고 있다. 케냐의 농촌 학교 아동들의 IQ는 1984년에서 1998년 사이에 많은 증가를 했다(Daley et al., 2003). 이 기간 동안 TV가 가전제품으로 등장하였고 부모의 교육과 읽고 쓰는 능력이 증가하였고 부모가 더 많은 시간과 자원을 자녀에게 쏟을 수 있도록 가족의 규모가 감소하였다. 지능 간의 세대 간 증가(18점)는 흑인-백인 간의 격차(12~13점)보다 더 크다는 것에 주목하라. 이는 IQ의 인종적 차이에 대한 환경적 설명이 가능하다. Flynn은 환경적으로 유래된 IQ의 시간 경과에 따른 큰 증가는 IQ의 흑인-백인 간 혹은 다른 인종적 차이가 주로 유전적이라는 가정에 대한 주요 도전을 제기한다(Dickens & Flynn, 2001; Flynn, 2007; Nisbett, 2009).

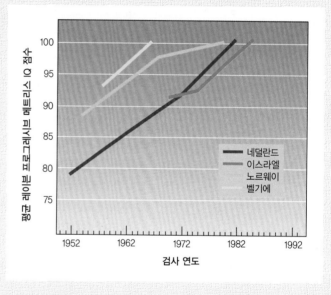

그림 8.9 **Flynn 효과 : 4개국의 공간 추리검사 수행에서 나타난 세대 간 증가** 이 발견은 각국의 거의 모든 청년을 포함하는 군대검사에 기초하였다.
출처 : J. R. Flynn, 1999, "Searching for Justice: The Discovery of IQ Gains over Time," *American Psychologist, 54*, p. 7. Copyright 1999 by the American Psychological Association. Adapted with permission from the American Psychological Association and James Flynn.

Oakland, 2006; Jensen, 2002). 다른 전문가들은 피검자의 인종 집단에 대한 부정적 고정관념과 함께 특정한 의사소통 방식과 지식을 잘 접하지 못한 것이 아동의 수행을 감소시킬 수 있다고 믿는다(Ceci & Williams, 1997; Sternberg, 2005). 그 증거를 살펴보기로 하자.

의사소통 방식 소수인종 가정은 종종 대부분의 교실과 검사 상황의 기대와 맞지 않는 독특한 언어기술을 촉진시킨다. 미국 남동부 도시의 낮은 SES의 흑인 가정을 관찰하는 데 많은 시간을 보낸 Shirley Brice Heath(1990)는 아프리카-미국 성인이 그들의 아이에게 중류 SES의 백인 가정에서는 전형적인 지식-훈련 유형("무슨 색이니?", "이 이야기는 무엇에 관한 것이니?")의 질문을 거의 하지 않는다는 것을 발견하였다. 이러한 질문 유형은 검사나 교실에서 하는 질문 유형과 유사하다. 대신에 흑인 부모들은 부모 자신도 대답할 수 없는 단지 '현실' 질문을 한다. 이들 질문들은 종종 유추

이 소년들은 같은 자극적이고 유리한 가정에서 자란 입양된 형제이다. 입양아 연구는 경험과 기회가 IQ의 인종적 차이를 설명한다는 견해를 지지한다.

질문("그것이 무엇처럼 보이니?")이거나 이야기-시작을 위한 질문("너 오늘 아침 샐리 선생님 이야기 들었어?")들로 개인의 경험에 대해 자세히 반응하거나 '정답'이 없는 질문들이다.

이러한 경험들이 흑인 아동이 가정에서 이야기하기와 재치가 넘치는 말을 교환하는 것과 같은 복잡한 언어기술들을 발달시키도록 이끌었다고 보고했다. 그러나 그들의 언어는 세상에 대한 사실보다는 감정적이고 사회적인 관심사를 강조한다. 흑인 아동이 학교를 시작할 때 검사 상황과 교실에서 직면하는 '객관적인' 질문에 익숙하지 않고 당황하는 것은 놀랍지 않다.

또한 아프리카계 미국 아동들은 문화적으로 특정한 담화(narrative) 형태를 반영하는 이야기 말하기라는 독특한 접근을 취한다. 경험한 것을 처음부터 끝까지 묘사하는 대부분의 학령기 아동의 주제-초점방식 대신에 아프리카계 미국 아동들은 몇 가지 유사한 경험을 뒤섞는 주제-연합방식을 사용한다. 예를 들어, 9세 아동은 이를 뺀 것과 관련하여 그녀의 동생의 이를 빼는 것을 본 것을 묘사하고, 그다음 어떻게 그녀의 유치를 뺐는지를 말하고 "나는 이 뽑는 전문가야. 그렇게 불러 줘, 곧 끝날 거야."라고 말을 마쳤다(McCabe, 1997, p.164). 그 복잡성에도 불구하고, 많은 교사들은 이 문화적으로 차이가 있는 담화 형식을 '비조직화'된 것으로 비판하고 언어검사 문항에 포함시키지 않는다(Beck, 2008). 오히려 지능검사는 전형적으로 이 사건들을 연속적 순서대로 재배열하도록 요구한다.

더욱이 교육을 많이 받지 않은 소수인종 부모들은 아동과 과제를 할 때 협동적 의사소통 방식(collaborative style of communication)을 더 좋아한다. 그들은 협동적으로 유연하게 각각 문제의 같은 측면에 초점을 맞추며 같이 작업한다. 이러한 성인-아동 협력 유형은 미국 원주민, 캐나다 에스키모, 히스패닉, 과테말라 마야 종족에게서도 발견된다(Chavajay & Rogoff, 2002; Crago, Annahatak, & Ningiuruvik, 1993; Delgado-Gaitan, 1994; Paradise & Rogoff, 2009). 교육을 많이 받을수록 부모들은 교실에서나 검사받을 때처럼 위계적인 의사소통 방식(hierarchical style of communication)을 확실히 사용하였다. 부모는 각 아동이 과제의 한 측면을 수행하도록 지시하고 아동은 독립적으로 일한다(Greenfield, Suzuki, Rothstein-Fish, 2006). 가정과 학교 사이의 의사소통 실제에서의 뚜렷한 단절은 SES가 낮은 소수인종 아동의 낮은 IQ와 학교 수행에 원인일 수도 있다.

사실 지능검사는 이러한 지시적 접근의 극단적 예이다. 과제는 단지 한 가지 방법으로 제공될 수 있고, 검사를 받는 사람은 피드백을 받을 수 없다. 아동이 맞게 하고 있는지에 대해 성인이 알려 주지 않을 때, 소수인종 아동은 '혼란스러운 두려움'으로 반응할 수 있으며, 마음에 떠오르는 아무 답이나 말하거나 검사 상황에 자신이 적절하지 않다고 거부할 수도 있다(Ferguson, 1998). 한 연구에서 7~14세의 호주 원주민 아동은 유럽계 호주 또래 아동보다 전형적 지필 수학검사에서 훨씬 낮은 점수를 받았는데 컴퓨터로 시행되는 상호작용이 있는 버전의 검사에서 극적인 수행 향상을 보여 주었다. 컴퓨터로 시행하는 검사는 즉시 정답에 대해 피드백을 줄 수 있고 부정확한 답에 대해서는 그 문항을 풀기 위한 간략한 언어로 된 학습을 하도록 유도한다(Hippisley, Douglas, & Houghton, 2005). 피드백을 제공하고 실패한 문항에 대해 새로운 방법으로 그 문제를 보도록 촉구함으로써 아동의 수학능력에 대한 좀 더 '문화적으로 공평한' 평가를 하게 한다.

지식 많은 연구자들은 IQ 점수가 주류 문화에서 길러지는 특정 정보에 의해 영향을 받는다고 주장한다. 이러한 견해와 일치하는 증거로 낮은 SES의 아프리카계 미국 유아들은 지능검사에서 그들의 문화공동체에서 다른 의미를 가진

같은 연령의 아동을 비교했을 때, 학교 교육을 더 많이 받은 아동들이 더 높은 IQ를 보인다. 이는 학교에서 중요하게 생각하는 지식과 사고방식에의 노출은 지능검사의 수행을 개선한다는 증거가 된다.

어휘를 틀린다. 예를 들어, 'frame(뼈대)'이라는 단어를 'physique(신체적)'로 혹은 'wrappping(포장하기)'을 음악 형식인 'rapping(랩핑)'으로 해석한다(Champion, 2003a).

지식은 효과적으로 추론하는 능력에 영향을 미친다. 연구자들이 지능검사의 문항으로부터 나온 어휘들의 친숙성을 흑인과 백인 전문대학 학생들에게 물었을 때 백인이 상당히 더 많은 지식을 가지고 있었다(Fagan & Holland, 2007). 그러나 흑인은 사전의 정의에서나 문장에서 사용하는 능력 모두, 즉 새로운 단어를 학습하는 능력에서 백인만큼 유능하였다. 백인 학생들이 더 잘 아는 단어와 개념에 기초한 언어 이해, 유사성, 검사 문항 간의 비유에서는 백인 학생들이 흑인 학생보다 더 잘하였다. 그러나 같은 종류의 문항이라도 두 집단이 동등하게 잘 아는 단어와 개념에 대한 것이면 두 집단이 다르지 않았다. 추론능력이 아닌 사전 지식이 수행의 인종 간 차이를 완전히 설명했다.

공간 추론과 같은 비언어적 검사 문항들조차도 학습 기회에 따라 달라진다. 예를 들어, 블록 디자인 복사를 위해 블록을 사용하는 것이나 빠른 반응을 요구하고 시각적 이미지를 회전하는 비디오 게임놀이를 하는 것은 공간검사 문항의 성공을 높인다(Dirks, 1982; Maynard, Subrahmanyam, & Greenfield, 2005). 때때로 '물체 지향적'이기보다 '인간 지향적' 가정에서 자란 낮은 수입의 소수인종 아동은 특정한 지적인 능력을 촉진시키는 게임과 물건을 사용할 수 있는 기회가 부족하다.

고정관념 여러분이 속한 집단의 구성원들이 무능하다는 것이 일반적인 태도일 때, 활동에서 성공하려고 노력하는 것을 상상해 보라. 당신 자신에 대해 무엇을 느끼고 말할 것인가? 부정적인 고정관념에 기초해서 평가되는 것에 대한 두려움, 즉 **고정관념 위협**(stereotype threat)은 수행을 방해하는 불안을 일으킨다. 고정관념 위협은 아동과 성인의 검사 수행을 저조하게 한다는 것을 확인할 수 있는 누적된 증거들이 있다(McKown & Strambler, 2009; Steele, 1997). 예를 들어, 연구자들이 아프리카계 미국인, 히스패닉계 미국인, 백인계 미국인의 6~10세 아동에게 언어 과제를 주었다. 어떤 아동에게는 그 과제를 '검사가 아니다'라고 말해 준 반면, 다른 아동에게는 '어린이들이 학교 공부를 얼마나 잘하는가에 대한 검사'라고 했다. 이러한 말은 소수인종의 아동들에게는 고정관념 위협을 일으키는 말이다. 인종 고정관념("흑인은 똑똑하지 않아." 같은)을 알고 있는 아동들 중에서, 아프리카계와 히스패닉계는 '검사가 아닌' 상황보다 '검사'인 상황에서 훨씬 나쁘게 수행했다. 대조적으로 백인계 아동들은 두 상황 모두 비슷하게 수행했다. 연구자들은 단지 '검사가 아니다'라는 지시 아래서만 소수인종 아동들이 전에 측정한 그들의 언어능력에 기초한 예상만큼 잘 나온다고 결론지었다(그림 8.10)(McKown & Weinstein, 2003). 아동 중기 이후에 아동은 점차 인종적 고정관념에 대해 더 의식하게 된다. 특히 고정관념의 대상이 되는 집단의 아동은 더 마음에 담고 있게 된다. 초기 청소년기까지 많은 하위 SES 소수인종 학생들이 학교에서의 성취를 무가치한 것으로 여기고 중요하지 않다고 말하게 된다(Cooper & Huh, 2008; Major et al., 1998). 고정관념의 위협으로 인해 자기보호적 비개입이 일어난다. 이러한 취약한 동기가 심각한 장기 결과를 가져온다. 연구들은 자기 절제—노력과 만족의 지연—는 적어도 IQ만큼 때로는 더 잘 학업성취를 예측한다(Duckworth & Seligman, 2005).

검사에서 문화적 편향 줄이기

비록 모든 전문가들이 동의하는 것은 아닐지라도, IQ 점수가 인종적 소수집단의 지능을 과소평가할 수 있다는 것을 인정한다. 소수인종의 아동을 학습지진아로 잘못 분류하여 일반학급보다 훨씬

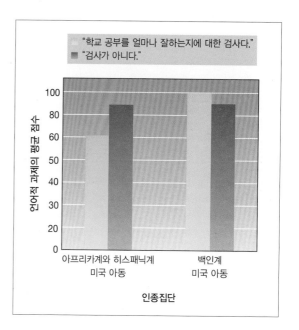

그림 8.10 **검사 수행에서 고정관념 위협의 효과**

인종적 고정관념을 알고 있는 아프리카계와 히스패닉계 미국 아동들은 언어 과제가 '어린이들이 학교 공부를 얼마나 잘하는가에 대한 검사'라고 말해 주었을 때, 과제가 '검사가 아니다'라고 말해 준 아동보다 수행을 훨씬 잘 못하였다. 이러한 말은 백인계 미국 아동에게는 수행에 거의 영향을 주지 않았다.

출처 : McKown & Weinstein, 2003.

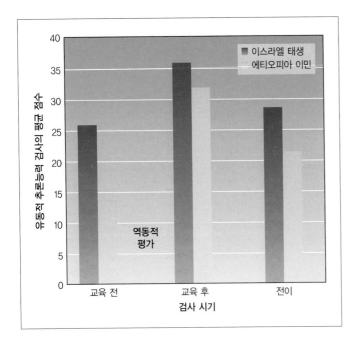

40

35 ███ 이스라엘 태생
██ 에티오피아 이민

30

25

20

15

10 **역동적 평가**

5

0

교육 전 | 교육 후 | 전이

검사 시기

유동적 추론능력 검사의 평균 점수

그림 8.11 에티오피아 이민과 이스라엘 출생 6~7세 아동의 정신능력 검사 점수에서 나타난 역동적 평가의 효과

각 아동은 교육하기 전 단계, 교육 후, 새로운 문제에 그들의 학습을 일반화하는 전이 단계에서 검사 문항을 완성한다. 역동적 평가 후 에티오피아와 이스라엘 아동의 점수는 거의 동등했다. 에티오피아 아동은 교육 전보다 전이 단계에서 훨씬 더 잘 수행하였다.

출처 : Tzuriel & Kaufman, 1999.

적게 자극을 받는 보충학급에 배정하는 것에 특별한 관심이 모아지고 있다. 이러한 위험 때문에 아동이 일상적 환경의 요구에 대처하는 능력인 적응 행동 평가와 함께 측정된 검사 점수가 필요하다. IQ 검사에서는 잘 못하지만 운동장에서는 복잡한 게임을 하면서 놀고, 부서진 TV를 어떻게 고치는지를 이해하거나, 어린 동생을 책임지고 잘 돌보는 아동은 지적으로 결핍되어 있는 것 같지 않다.

게다가 문화적으로 적절한 검사 절차는 소수인종 아동의 수행을 높여 준다. Vygotsky의 근접 발달 지대와 일치하는 혁신적 **역동적 평가**(dynamic assessment)라고 불리는 접근에서는 아동이 사회적 지지를 얻을 수 있는 것을 찾도록 하는 검사 상황으로 성인이 아동을 이끌어 간다(Lidz, 2001; Sternberg & Grigorenko, 2002). 역동적 평가는 사전검사-중재-재검사의 절차를 따른다. 중재하는 동안 성인이 아동에게 가장 적절한 교수방법을 찾아내고 아동이 새로운 상황에 적용할 수 있는 전략에 대해 의견을 나눈다.

연구에서는 IQ 점수처럼 '정적' 평가는 아동이 성인의 도움을 받으면 얼마나 더 잘할 수 있는지를 과소평가한다는 것을 보여 준다. 아동이 가르친 것을 받아들이고 배운 것을 새로운 문제에 전이하는 능력은 미래의 수행을 예측하는 데 상당히 도움을 준다(Haywood & Lidz, 2007; Sternberg & Grigorenko, 2002; Tzuriel, 2001). 한 연구에서 이스라엘에서 최근 이주해 온 에티오피아의 6세와 7세 아동들은 공간 추론 검사에서 그들의 이스라엘 태생의 또래보다 낮은 점수를 받았다. 에티오피아 아동들은 이런 유형의 사고에 대한 경험이 적었다. 그러나 성인이 효과적인 전략을 제안한 몇 가지 역동적 검사 세션 후에, 그 에티오피아 아동들의 점수는 이스라엘 태생의 아동들과 거의 똑같이 급격하게 올랐다(그림 8.11 참조). 그들은 또한 새로운 검사항목에 그들의 학습을 전이하였다(Tzuriel & Kaufman, 1999).

역동적 평가는 시간이 오래 걸리고 소수인종 아동이 잘 수행할 수 있도록 문화적 가치와 실제에 대해 광범위한 지식을 요한다. 아직 그 접근이 학업성취를 예측하는 데 전통적인 검사들보다 효과적이지 않았다(Grigorenko & Sternberg, 1998). 교사와의 상호작용이 역동적 평가 접근과 유사한 교실에서 더 잘 들어맞을 수 있을지도 모른다. 이 접근은 아동이 현재 발달수준을 넘어설 수 있도록 도와주기 위해 주의 깊게 선택한 과제를 개별적으로 도와주는 것이다.

그러나 높은 질의 교실학습경험을 지지하는 검사를 채택하는 것보다 미국 교육은 전통적 검사 점수에 더 강조를 하고 있다. 저조한 학생들의 학업성취를 향상시키기 위해 고부담 시험(high-stakes testing) 운동이 일어났고 시험결과에 따라 학교체제의 발전을 모색한다. '사회적 쟁점 : 교육(p. 265 참조)'에서 보여 주는 것처럼 표준화된 검사에서 성공하는 것에 높은 강조를 하는 것은 시험 준비를 하는 것이 수업의 초점이 되었고 학업성취에서 SES와 인종적 집단 차이를 더 벌어지게 하였다.

가정환경과 정신적 발달

앞에서 언급한 것처럼 같은 인종과 SES 배경의 아동들도 다양한 지능검사 점수를 보인다. 많은 연구들은 가정환경의 요인들이 이 차이에 기여한다는 결론을 지지한다.

연구자들은 가정환경의 영향을 두 가지 형태로 나누었다. 첫째, **공유 환경의 영향**(shared environmental influences)은 가정의 일반적인 분위기에 고루 미쳐서 그 가정의 모든 형제들에게 비슷한 영향을 준다. 예를 들면, 자극적인 장난감과 책과 인지적으로 도전적인 활동에 대한 부모의 모델링이 있는가를 포함한다. 둘째, **비공유 환경의 영향**(nonshared enviromental influence)은 형제간에 차이

고부담 시험

학교가 학생들 교육을 더 잘 감당하기 위해서 지난 20년 동안 많은 미국의 주에서는 학생들이 고등학교 졸업 시험을 보도록 강요하였다. 최근에는 2/3의 공립 고등학생들이 졸업 시험을 보았다(Center on Education Policy, 2009). 이러한 고부담 시험 성취검사들이 만연되면서 학교는 검사 프로그램 강도를 높여 갔고 초등학교에까지 검사 프로그램을 확장해 갔다. 몇몇 주와 학군 또한 학년 월반 제도를 만들었고(뉴욕 시에서는 3학년부터) 중등학교의 학업 인증을 검사 결과와 연계하였다.

미국의 아동낙오방지법(The U.S. No Child Left Behind ACT)은 고부담 시험으로 '통과'와 '실격' 학교로 구분하게 하였다. 법률적으로 각 주는 모든 공립학교가 매년 실시하는 성취검사를 통해 그 실적을 평가하였고 그 결과를 널리 공표하도록 하였다. 지속적으로 저조한(높은 실패 학생 비율을 보이는) 수행을 보이는 학교는 학부모들에게 인근의 높은 수행을 보이는 학교로 전학할 수 있게 하거나 보수 교육 학급에 등록하게 하는 식으로 자녀 교육의 질을 높이는 선택권을 제공하였다. 학교가 학생들을 잃으면 주와 연방정부의 기금을 잃게 된다. 몇몇 주는 높은 점수에 대해 학교장에게 공식적 격려와 재정적 보너스를 주는 학교 전체에 대한 포상을 실시한다. 낮은 점수에 대해서는 임원의 해고, 평가 인증의 철회, 추가 학교를 양도, 폐쇄, 다른 재구조화 등의 벌칙이 가해진다.

고부담 시험을 지지하는 사람들은 수업에서 열심히 가르치도록 하고 학생들의 동기유발을 고취하며 낮은 수행 학교들을 개선할 수 있게 하거나 학생들이 그 학교의 덫에 걸려 있게 하지 않도록 한다고 주장한다. 그러나 고부담 시험이 교육의 질을 향상시키는 것이 아니라 저하시킨다는 증거가 축적되고 있다.

고부담 시험이 교사들로 하여금 검사 문항과 매우 유사한 활동(대개는 반복연습에 기초한 학습)을 하는 데 많은 시간을 소요하게 한다고 연구자들은 지적한다. 쓰기와 연구 프로젝트를 포함하는 고급의 추론

을 요하는 수업활동이나 과제는 검사에서 나오지 않는 과목들이라고 덜 강조하게 된다(Jones & Egley, 2004; Ravitch, 2010). 미국 교사들에게 실시한 전국적 조사에서 고부담 시험을 채택한 주의 교사들은 검사에 나올 것 같은 자료들을 '가르치는' 것은 교육과정을 너무 빨리 가르치도록 요구하는 것 같은 압력을 느끼며 깊이 있는 이해를 하기보다 피상적 지식만을 가르치는 것 같다는 보고를 했다(Center on Education Policy, 2007).

고부담 시험의 주요 목표들이 저조한 수행을 보이는 학생들의 수행을 향상시키는 것이기 때문에 저소득과 소수인종 아동들이 특히 편협하게 집중되고 경직된 교육에 노출된다(Darling-Hammond, 2010). 동시에 영재이며 재능이 있는 학생들의 교육적 요구는 소홀히 된다(Scot, Callahan, & Urquhart, 2009).

부가적 관심은 고부담 시험이 교수와 학습을 향상시키기 위한 빈약한 동기유발 요인이 된다는 우려를 낳게 한다는 것이다. 교장과 교사들은 만약 학생들의 수행이 저조하면 기금과 직장을 잃을 것을 두려워하게 되고 그러한 처벌은 전례 없는 수준의 성인들의 부정이나 다른 교육적으로 치명적인 행동을 하게 한다. 학생들에게 답을 알려 준다거나 점수를 고치거나 학생들에게 높은 점수에 대해서 상(돈이나 값비싼 장난감)을 주거나 검사 직전에 저조한 성적이 나올 것 같은 학생들은 정학시키거나 학교에 오지 못하도록 하는 것 등을 행한다(Nichols & Berliner, 2007).

더욱이 학교 수업에서는 적게 다루어지는 기술들을 측정하는 시간 제한 검사이기 때문에 학교 성적으로는 통과하고 심지어는 높은 점수를 받은 학생들이 고부담 시험에서 실패한다(Hursh, 2007). 낮은 점수를 받은 학생들은 대개 빈곤한 환경에서 사는 소수인종의 청소년이다. 이러한 청소년들이 과목에서 낙제하고 유급되면 자존감과 동기유발은 급격히 떨어진다. 고부담 시험이 미국의 도심에 사는 소수인종 청소년의 높

고부담 시험을 준비하기 위한 매우 편협하게 집중된 수업이 피상적 학습과 흥미를 잃게 한다. 저소득층 소수인종의 청소년들이 검사에서 저조하게 수행하고 과락과 유급으로 처벌받게 되면 그들은 중퇴할 가능성이 크다.

은 탈락 비율에 기여한다는 것을 연구들이 확인하였다(Balfanz et al., 2007).

고부담 시험에 대응하기 위한 교수 경향성은 학업 성취의 문화 간 비교에서 높은 순위에 있는 국가들의 깊은 이해를 위한 교수에서 강조하는 것과 매우 대조를 이룬다. 검사 준비에 수백 시간을 할애하고서도 수천 명의 미국 학생들은 졸업 시험에서 실패하고 졸업하지 못한다. 대부분은 재시험을 치르지만 일부는 계속 실패한다. 이는 그들의 인생 경로에서 잠재적으로 비참한 결과를 가져올 수도 있다.

분명히 입법위원들이나 교육자들에게 고부담 시험의 사용에 대하여 해결책을 만들어야 할 중요한 과제가 남아 있다. 학생들을 더 좋은 학습자로 만드는 학교 개혁을 불러올 힘이 이들에게 있을지에 대한 의문이 든다.

를 가져오게 하는 것이다. 독특한 부모의 대우, 출생 순위와 터울, 한 형제나 자매에게 다른 아동보다 더 영향을 주는 (새 이웃이 이사 오는 것 같은) 특별한 사건이 그 예이다.

공유 환경의 영향 두 유형의 연구가 공유하는 환경의 영향을 밝히는 역할을 하고 있다. (1) 연구자들이 가정환경의 질(특성)과 IQ의 관계를 관찰하는 연구들과 (2) 학생의 수행에서 지적 성공에 대한 가족의 믿음의 영향을 검증하는 연구들이다.

적용하기

영아기와 걸음마기, 유아기, 아동 중기에서 높은 질의 가정 상황의 특성 : HOME 하위척도

영아기와 걸음마기	유아기	아동 중기
1. 부모의 정서적 · 언어적 반응성 2. 아동에 대한 부모의 수용 3. 물리적 환경의 조직 4. 적절한 장난감 제공 5. 아동에 대한 부모의 개입 6. 일상적 자극의 다양성	1. 장난감, 게임, 읽기 자료를 통한 인지적 자극 2. 언어적 자극 3. 물리적 환경의 조직 4. 정서적 지지 : 부모의 자부심, 애정, 온정 5. 학업행동에 대한 자극 6. 사회 성숙도에 대한 부모의 모델링과 격려 7. 다양한 일상 자극에 대한 기회 8. 신체적 처벌의 회피	1. 부모의 정서적 · 언어적 반응 2. 부모-자녀 간의 정서적 긍정적 관계 3. 사회 성숙도에 대한 부모의 격려 4. 적극적 자극의 제공 5. 성장 촉진 자료와 경험 6. 발달적 자극을 주는 경험에 가족의 참여 7. 자녀양육의 부모 개입 8. 물리적 환경 : 안전, 청결, 발달 지원적

출처 : Bradley, 1994; Bradley et al., 2001.

가정환경 질의 관찰　환경 측정을 위한 가정 관찰(Home Observation for Measurement of the Environment, HOME)은 관찰과 부모의 면담을 통해 아동의 가정생활의 질에 대한 정보를 얻기 위한 체크리스트이다(Caldwell & Bradley, 1994). 영아기와 걸음마기, 유아기, 아동 중기에 HOME이 측정하는 요인들을 위의 '적용하기'에서 제시하고 있다.

HOME을 사용한 증거들은 수십 년간 연구에서의 발견을 확인해 준다. 부모에 의해 제공된 자극이 지능발달과 상당히 연결되어 있다. SES와 인종에 상관없이 조직화된 자극적인 물리적 환경과 부모의 격려, 개입, 애정이 걸음마기와 유아기의 더 나은 언어와 IQ 점수를 예측한다(Berger, Paxson, & Waldfogel, 2009; Foster et al., 2005; Fuligni, Han, & Brooks-Gunn, 2004; Klebanov et al., 1998; Linver, Martin, & Brooks-Gunn, 2004; Mistry et al., 2008). SES와 가정환경의 질을 모두 통제한 연구에서 학령전 아동의 IQ에서 흑인-백인 간의 차이를 단지 몇 점 차이로 줄였다(Smith, Duncan, & Lee, 2003).

부모가 영아와 유아에게 말을 하는 정도는 특히 중요하다. 그것은 초기 언어발달에 강하게 영향을 주고, 이어서 초등학교에서의 지능과 학업성취를 예언한다(Hart & Risley, 1995). 언어의 음성구조(음운 인식)에 대한 지식, 어휘, 문법적 발달과 폭넓은 일반 지식은 읽기학습에 매우 중요하다는 제7장의 내용을 상기해 보라.

HOME-IQ 관계는 아동 중기에 감소하게 되는데, 아마도 나이가 들수록 학교와 가정 밖에서 보내는 시간이 길어지기 때문일 것이다(Luster & Dubow, 1992). 그럼에도 불구하고 적극적 자극을 제공하기(예 : 취미를 격려하기와 단체의 회원이 되기)와 발달 촉진 경험에 가족이 참가하기(친구 방문, 공연관람)는 두 가지의 아동 중기 HOME 척도로서 학업성취의 특히 강한 예언요인이다(Bradley, Caldwell, & Rock, 1988).

그러나 우리는 이 상관관계 발견들을 주의해서 해석해야 한다. 모든 연구들에서 생물학적인 부모에 의해 양육된 아동은 공통의 환경뿐 아니라 공통의 유전형질을 공유했다. 유전적으로 더 지적인 부모들은 더 좋은 경험을 제공할 뿐 아니라, 부모로부터 더 많은 자극을 이끌어 내는 유전적으로 더 똑똑한 자녀를 낳는다. 연구들이 이 유전-환경 상관(genetic-environmental correlation) 가설을 지지한다. HOME-IQ 상관이 입양아보다 친자녀에게 더 강하다는 것은 부모-자녀 유전적 유사성이 관계를 더 상승시킴을 지지한다(Saudino & Plomin, 1997).

그러나 유전이 가정환경과 지능점수 간의 모든 관계를 설명하지는 않는다. HOME 점수와 주변 이웃의 자원을 포함하는 가족의 생활 조건이 부모의 IQ와 교육의 기여 이상으로 아동의 IQ를 예측한다(Chase-Lansdale et al., 1997; Klebanov et al., 1998).

지적 성공에 대한 가족의 믿음 SES와 상관없이 최근의 아시아와 라틴 아메리카 이민자들은 지적인 성공의 중요성을 강조하고 그들의 아이들은 학교에서 눈에 띄게 잘한다. 부모와 아동의 IQ가 둘 다 높은, 상위 SES 가족에서 성취를 위한 부모의 지지가 더 잘되기 때문에 아동의 수행에서 가족 믿음의 영향을 분리하기 어렵다. 이민 부모들이 지적인 노력에 높은 가치를 두는 것과 자녀가 우수한 학업 수행을 보이는 것이 모두 IQ 때문인가? 아마도 아닐 것이다. 최근 이민자들이 10년이나 20년 전에 이민 온 부모들의 북미 태생인 자녀들보다 지적으로 더 좋지는 않다. 오히려, 교육이 삶을 개선하는 가장 확실한 방법이라는 이민 부모들의 믿음이 더 큰 역할을 하는 것 같다(Cooper, Dominguez, & Rosas, 2005; Fuligni & Yoshikawa, 2003).

멕시칸 미국 어머니가 교사 면담에서 3학년 과제의 예를 살펴보고 있다. 교육을 높이 평가하는 부모는 자녀의 학교생활에 더 개입하고 이는 자녀의 높은 학업성취와 연결된다.

비이민자 아동들에게도 부모의 믿음은 학업 수행과 관련되어 있다. 1,300명 이상의 학령기 백인계, 아프리카계 미국인 아동에 대한 연구에서 부모의 교육적 성취에 대한 기대는 학교활동에 부모의 참여, 숙제 감독, 또 2년 후의 아동의 읽기와 수학 성취를 예측하였다(Zhan, 2005). 유사하게 아시아계 미국인, 히스패닉, 백인계 미국인 가족의 조사에서, 각 집단 내 4, 5학년 아동의 교육에 대한 부모의 기대가 높을수록 아동의 학교 성적이 좋았다(Okagaki & Frensch, 1998).

비공유 환경의 영향 같은 가족 내에서 자란 아동의 경험은 어떤 면에서는 비슷하지만 다른 면에서는 다르다. 부모가 한 아이를 편애할지도 모르고 한 아동에만 특별한 역할을 줄지도 모른다. 예를 들어 한 아동은 공부를 잘하기를 기대하고 둘째는 다른 사람들과 잘 어울리기를 기대할 수 있다. 각 아동은 형제자매 관계에서 다르게 경험한다.

혈연연구는 비공유 환경의 요소들이 공유된 영향들보다 더 강력하다고 제안한다. 연구들은 IQ에서 공유 환경의 영향이 아동기에 가장 크다고 말한다(Finkel & Pedersen, 2001; Loehlin, Horn, & Willerman, 1997). 그 후에 청소년은 집 밖에서 더 많은 시간을 보내고, 형제들과는 다른 경험을 하고, 그들의 유전자가 형성한 것과 모순되지 않은 환경을 찾으려고 노력하는 등 환경이 비공유된 방식으로 바뀌게 된다.

그럼에도 불구하고 매우 적은 연구들은 IQ에서 비공유 환경 영향을 조사한다. 가장 널리 연구되는 요소들은 형제자매 출생순서와 터울이다. 다년간 연구자들은 먼저 태어나고 터울이 클수록 자녀가 부모의 관심과 자극을 더 받게 되고, 따라서 IQ가 더 높을 것으로 가정했다. 그러나 최근 증거들은 출생순서와 터울이 IQ와 관계가 없음을 보여 준다(Rodgers, 2001; Rodgers et al., 2000; Wichman, Rodgers, & MacCallum, 2006)). 왜 이렇게 되는가? 자녀에 대한 부모의 다른 대우는 가족구조 변화보다 형제자매의 성격, 흥미, 행동에 더 민감하게 나타난다.

초기 중재와 지능발달

1960년대에 미국에서 착수한 '빈곤과의 전쟁'의 일환으로 경제적으로 불리한 취학 전 아동들을 위한 많은 초기 중재 프로그램을 제공하였다. 그들의 목표는 낮은 SES 아동들에게 공통적으로 나타나는 공교육이 시작되기 전 초기 학습문제로 지적되는 IQ와 성취의 하락을 멈추게 하는 것이었다. 1965년에 미국 정부에 의해 시작된 **헤드 스타트 프로젝트**(Project Head Start)는 이들 프로그램

중 가장 포괄적인 프로그램이다. 전형적인 헤드 스타트 센터는 아동에게 학령전 2년 동안 영양과 건강 서비스를 함께 제공한다. 부모가 참여하는 것은 헤드 스타트 철학의 중심이다. 부모는 정책회의에서 일하고 프로그램 계획에 참여한다. 그들은 또한 교실에서 아이들과 함께 공부하고, 양육과 아동발달의 특별 프로그램에 참가하고, 감정적, 사회적, 직업적으로 필요한 서비스를 받는다. 현재 헤드 스타트는 90만 4,000명의 아동과 가족에 대해 서비스를 제공하고 있다(Head Start, 2010).

초기 중재의 이점

초기 중재의 장기적인 이점을 입증하는 20년 이상의 연구들이 헤드 스타트가 지속되도록 도움을 주고 있다. 이 연구들 중에 가장 포괄적인 것은 대학이나 연구기관에 의한 7개 중재 프로그램으로의 데이터를 합친 것이다. 연구결과, 프로그램에 참여했던 몹시 가난한 아동들은 처음 초등학교 2~3년 동안 IQ와 성취에서 더 높은 점수를 얻었다. 그 후에 차이는 감소하였다(Lazar & Darlington, 1982). 그럼에도 불구하고 중재를 받았던 아동과 청소년들은 학교적응의 정도가 실제 삶에 남아 있다. 그들은 특수교육에 덜 배치되거나 낙제를 덜 하고 고등학교를 졸업하는 수도 더 많다. 또한 그들은 태도와 동기에서 지속적인 이점을 보여 준다. 그들은 성취와 관련된 것들(학교나 직업에서의 성공 같은)을 더 자랑스러워한다.

다른 하나의 프로그램인 High/Scope Perry 학령전 프로젝트는 성인기까지 그 이점이 지속되는 것으로 나타났다. 100명 이상의 3~4세의 아프리카계 미국 아동을 무선적으로 2년제 인지적 풍부화 프로그램에 배정하거나 중재가 없는 조건에 배정하였다. 중재집단의 집으로 교사들이 매주 방문하여 부모들에게 어떻게 자녀를 가르칠지와 읽어줄지를 가르쳤다. 유아원 중재는 개선된 학교적응뿐 아니라 취업을 증가시키고 청소년기 임신과 비행을 감소시켰다. 유아원에 다닌 아동은 27세에 고등학교 졸업을 더 많이 하였고 대학에 더 많이 등록하였으며 수입이 더 많고, 결혼을 하였으며, 자신의 집을 가지고 있고, 정신적 손상 진단을 덜 받고, 복지 혜택을 덜 받았으며, 형사 재판과 관련이 덜 있었다(그림 8.12 참조). 가장 최근의 추후연구에 의하면 40세에는 중재집단이 교육, 수입, 가정생활, 준법생활을 포함한 인생의 성공 척도 모두에서 유리한 상황을 유지했다(Schweinhart, 2010; Schweinhart et al., 2005).

이렇게 잘 계획되고 잘 시행된 중재가 학교적응에 미치는 효과는 헤드 스타트나 다른 지역사회 기반의 유아 중재로 일반화할 수 있을까? 강하지는 않지만 향상은 유사하였다. 다른 프로그램보다 경제적으로 더 결핍된 헤드 스타트 유아들은 더 심각한 학습과 행동문제를 가지고 있다. 헤드 스타트의 질은 대부분의 낮은 SES 아동을 위한 유아 교육 프로그램보다 더 좋지만 대학에서 개발한 모델 프로그램의 질과 같지 않다(Resnick, 2010; U.S. Department of Health and Human Services, 2010e).

헤드 스타트와 다른 프로그램에 참여하여 향상된 IQ와 성취가 빨리 사라진다는 것이 지속적으로 발견되었다. 헤드 스타트 효과연구에서 전국적으로 표집된 5,000명의 3~4세 아동들을 무선적으로 1년의 헤드 스타트 집단과 다른 유아원에 갈 수 있는 통제집단으로 배분하였다(U.S Department of Health and Human Services, 2010e). 1년 후에 헤드 스타트 3세 아동들은 어휘, 초기 문해, 수학기술에서, 4세 아동은 어휘, 초기 문해, 색 구분하기에서 통제집단보다 더 향상되었다. 헤드 스타트 3세 아동들은 사회적으로도 향상되었는데 과잉행동과 위축행동이 줄었다.

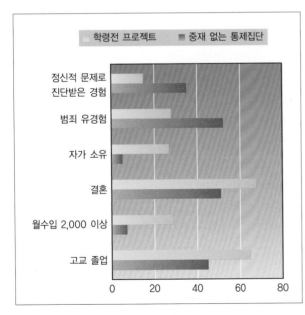

그림 8.12 High/Scope Perry 학령전 프로젝트의 27세의 추후연구 결과

2년간의 학령전 인지적 풍부화 프로그램은 빈곤 속에서 성장하는 효과를 없앨 수는 없지만 중재를 받은 아동들은 성인기가 될 때까지 중재를 받지 않은 통제집단보다 모든 인생의 성공 지표에서 이득이 있었다.

출처 : Schweinhart et al., 2005; Schweinhart, 2010.

그러나 언어기술을 제외하고는 학업 시험점수의 이점은 1학년 말에 사라졌다.

이러한 실망적인 결과는 어떻게 설명할 수 있나? 헤드 스타트 아동들은 전형적으로 몹시 가난한 이웃에 있는 열등한 공립학교에 입학하여 그곳에서의 경험이 학령전 교육에 의한 향상의 기초를 위태롭게 한다(Brooks-Gunn, 2003; Ramey, Ramey, & Lanzi, 2006). 그러나 3세에 시작하여 3학년까지 지속적으로 실시한 문해 중재와 부모 참여를 강조하는 시카고 아동-부모 센터의 프로그램은 학업성취의 향상이 중학교까지 지속되었다(Reynolds & Temple, 1998).

더욱이 질 높은 중재를 영아기부터 시작해서 유아기까지 지속했을 때 아동은 인지적·학업적 성취를 아동기와 청소년기 이후까지 더 잘하였다(Brooks-Gunn, 2004; Ramey, Ramey, & Lanzi, 2006).

영재성 : 창의성과 재능

이 장을 통해서 우리는 지능이 학교에서의 성공을 예측하는 정신능력보다 더 많은 것을 포함한다는 것을 알았다. 오늘날 교육자들은 특별한 지적인 강점을 보이는 **영재성**(gifted)이 있는 아동이 다양한 특징을 가지고 있다고 인정한다. 어떤 아동은 영재성의 기준이 되는 130 이상의 IQ를 가지고 있다(Gardner, 1998b). 우리가 본 것처럼 높은 IQ의 아동은 도전적 학업 과제를 해결하는 데 예리한 기억력과 탁월한 능력을 가지고 있다. 그러나 지능검사가 인간 정신능력의 전체가 아니라는 인식이 창의성을 포함하는 넓은 의미의 영재성의 개념을 제시한다.

창의성(creativity)은 독창적이지만 적절한 것을 만들어 내는 능력, 즉 다른 사람들이 생각하지 못했지만 어떤 측면에서 유용한 어떤 것을 생산하는 것이다(Kaufman & Sternberg, 2007; Sternberg, 2003b). 결과의 독창성과 질뿐만 아니라 거기에 도달하는 과정이 창의성의 판단에 영향을 미친다. 창의적인 일은 확립된 규칙을 따르는 것보다 이전에 각각 분산되어 있던 생각을 함께 모으는 것이다. 창의적 일은 또한 어려운 일과 마지막 결과로 이르는 동안 장애를 극복할 필요가 있다.

창의성은 직업과 일상생활에서뿐만 아니라 사회생활에서의 발전을 위해 중요하다. 그것 없이는 새로운 발명, 과학적 발견, 예술활동, 사회적 프로그램이 있을 수 없다. 따라서 아동기 창의성의 요소를 이해하고 그것을 육성하는 것은 엄청난 중요성을 띤다. 우리가 다음 절에서 볼 수 있듯이, 창의성에 대한 생각은 지난 20년 동안 완전히 바뀌었다.

심리측정적 관점

최근까지 순수한 인지적 접근이 창의성 연구에 지배적이었다. 일반적으로 사용되는 검사는 과제나 문제에 직면했을 때 다양하고 예외적인 가능성을 생각해 내는 **확산적 사고**(divergent thinking)를 다루었다. 확산적 사고는 하나의 정답에 이르기를 요구하는 지능검사에서 강조되는 **수렴적 사고**(convergent thinking)와 대조된다(Guilford, 1985).

창의성이 높은 아동은 (IQ가 높은 아동처럼) 종종 어떤 과제를 다른 과제보다 더 잘하기 때문에 확산적 사고를 위한 검사는 다양하다(Runco, 1992a, 1993; Torrance, 1988). 언어 측정에서는 흔한 물건(신문 같은)의 사용 방법을 말하라고 한다. 모양 측정에서는 원의 모티프를 기초로 그림을 그리도록 한다(그림 8.13 참조). '실제 세계 문제' 측정은 학생에게 일상생활 문

그림 8.13 확산적 사고의 도형적 척도에서 높은 점수를 받은 8세 아동의 반응

이 아동은 그 페이지에 있는 원으로 가능한 한 많은 그림을 그리라는 요청을 받았다. 그녀의 그림에 주어진 제목은 왼쪽에서 오른쪽으로 다음과 같다. '드라큘라', '외눈박이 괴물', '호박', '홀라후프', '포스터', '행성', '무비 카메라', '슬픈 얼굴', '그림', '정지 신호', '비치볼', 'O라는 글자', '자동차', '안경'. 확산적 사고검사는 창의력에 기여하는 복잡한 인지 요소를 다룬다.

출처 : Campbell et al., 2001.

제를 풀도록 요구한다. 이 모든 검사에 대한 반응은 생성된 생각의 빈도와 독창성으로 점수를 매길 수 있다. 예를 들어 언어검사에서 신문을 '자전거의 손잡이'로 사용할 수 있다고 말하는 것이 '물건을 닦기'라고 말하는 것보다 더 독창적이다.

확산적 사고의 검사는 표준화 표집의 수행과 비교해서 점수를 낼 수 있기 때문에 창의성의 심리측정적 접근이라고 부른다. 그러나 이 측정에 대한 비판자들은 그것이 창의성이라고 하는 복잡한 인지 중 단지 한 부분만 건드리기 때문에 일상생활에서의 창의적 성취는 잘 예언하지 못한다고 지적한다(Plucker & Makel, 2010). 그리고 그들은 창의적인 가능성을 촉진하는 성격 특질, 동기, 그리고 환경적인 상황에 대해 아무것도 말하지 못한다고 한다. 그래도 확산적 사고검사는 관련 있는 기술을 다루고 있고, 아동 창의성 연구의 주요 초점이 되고 (우리가 곧 보게 되겠지만) 창의성 발달의 이해를 향상시켰다.

중다요소적 관점

최근 이론들은 창의성을 위해서는 여러 요소들이 모여야 함에 동의한다(Kozbelt, Beghetto, & Runco, 2010; Renzulli, 2006). 한 유력한 중다요소적 관점은 Robert Sternberg와 Todd Lubart (1991, 1996)의 **창의성의 투자 이론**(investment theory of creativity)이다. Sternberg와 Lubart에 따르면, 참신한 프로젝트를 수행하는 것은 창의적이고 매우 가치가 있는 결과에 이르게 될 가능성을 증가시킨다. 그러나 사람이 참신성—독창적인 프로젝트를 시작하고 결실을 가져오는 것—에 투자를 할지 안 할지는 그 사람의 인지적, 성격적, 동기적, 그리고 환경적인 자원에 의존한다. 표 8.2에 요약되어 있는 것을 참조하라. 비록 하나의 강점(인내 같은)이 다른 하나의 약점(새로운 생각에 마음 내키지 않는 환경)을 보상할 수 있지만 각각은 창의성을 견고히 하기 위해 존재해야 한다.

일반적 믿음과 달리 창의성은 출생 시에 결정된 것도 아니고 소수의 엘리트만이 소유한 것도 아니다. 많은 사람들에게 다양하게 창의성이 발달하고 어린 연령부터 육성할 때 정점에 이르는 것처럼 보인다. 창의성의 구성요소와 아동에게 그것을 어떻게 강화시키는지를 살펴보자.

인지적 자원 창조적인 작업은 다양한 높은 수준의 인지기술들을 함께 요한다. 그것은 현재의 지식의 틈, 새로운 상품의 필요, 존재하는 수단의 부족을 알아내는 것과 같은 문제 발견하기를 요한다. 문제를 발견하면 막연한 것으로부터 명백하게 그 문제를 정의하는 능력이 중요해진다. 아동과 성인 모두 문제를 정의하는 데 더 많은 노력을 기울일수록 더 독창적인 창작을 한다(Runco & Okuda, 1988; Sternberg, 2003b).

확산적 사고는 문제의 참신한 해결을 낳는 데 꼭 필요하다. 그러나 성공적인 창작자는 최선의 반응을 선택하고 무익한 것은 무시해야 한다. 따라서 창의성은 확산적 사고와 수렴적 사고 간의 교류를 포함한다(Guignard & Lubart, 2006). 가능성을 좁히기 위해 창의적인 개인은 요소들을 갑작스럽

표 8.2 창의성에 필요한 자원

인지	성격	동기, 환경
문제 발견	혁신적 사고방식	자극이 풍부한 환경
확산적 사고	호기심	지적 호기심에 대한 강조
수렴적 사고 : 대립되는 사고의 평가	지적 위험을 감수하려는 의지	재능을 형성하는 체계적 교육
통찰	모호성에 대한 인내	생각을 반성할 시간
지식	자신의 신념에 대한 용기	독창적 사고와 그 사고에 대한 평가의 격려
		내적 동기에 대한 강조

고 유용한 방법으로 결합하거나 개조하는 **통찰과정**에 의존한다. 예를 들어, 독특한 연결을 하기 위해 유추와 은유를 사용하는 것은 뛰어난 창조적인 공헌을 한 사람들에게 공통적이다(Barron, 1988).

마지막으로 광범위한 지식은 창조적인 기여를 하기 위해 모든 영역에서 필요하다(Lubart, Georgsdottir, & Besancon, 2009). 그것 없이는 사람들이 새로운 생각을 인지하거나 이해할 수 없다. 이 인지적 요소를 검토하면 왜 높은 창의성이 하나나 몇 개의 관련 분야에서 탁월한 수행을 보이는 **재능**(talent)으로 나타나는지를 알 수 있을 것이다. 사례연구는 창작, 수학, 과학, 음악, 시각 예술, 체육, 지도력같은 능력에서의 탁월성은 아동기에 나타나는 특별한 관심과 기술들에 그 기원을 두고 있음을 보여 준다(Moran & Gardner, 2006). 그리고 연구는 거장 수준의 창의성에서는 그 분야에 최초 노출된 시기와 창조적 작업을 할 수 있는 충분한 전문가가 되기까지 10년이 필요하다는 10년 법칙을 지지한다(Simonton, 2000). 또한 IQ와 창의성은 전형적으로 .20에서 .40으로 적당히 상관있다(Lubart, 2003). 평균 이상의 일반지능 외에 다른 요소들이 창의적 영재성에 필요하다.

6학년 아동들이 그들이 쓴 희곡을 연습하고 있다. 이를 통해 그들은 문제 발견, 통찰과정과 대안적 사고를 평가하는 것을 포함하는 창의력에 기여하는 다양한 인지 자원에서 경험을 하게 된다.

성격적 자원 어떤 성격적인 특성들은 창의성이 적용되고 결실에 이르도록 하는 창의성의 인지적 요소들을 촉진한다.

● 혁신적인 사고방식. 창의적인 사람들은 새로운 방법으로 무엇을 찾을 뿐 아니라 그것을 즐기기까지 한다. 그들은 이미 주어진 과제보다 혁신적인 문제 발견을 포함하는 느슨하게 조직된 활동을 더 좋아한다.

● 모호함과 지속성에 대한 아량. 창의적 목적으로 일할 때 문제의 조각들이 잘 맞지 않는 단계가 있다. 그때 아동과 성인은 첫 번째(최선이 아닌) 해결을 추구하거나 포기해 버릴 수 있다. 창의성은 장해에 직면해서 참을성과 일관성을 필요로 한다.

● 위험 감수의 의지. 결과가 불확실할 때 창의성은 군중으로부터 벗어나 도전을 감당할 의지를 요한다.

● 자기 신념의 용기. 생각이 참신하기 때문에 창조자들은 때로 특히 회의적인 교사나 동료가 그들을 비판할 때 의심을 할 수 있다. 창의적으로 생각하는 사람들은 종종 당황스러움이나 적개심을 일으키는 저항에 부딪히게 된다. 판단의 독립과 자존감은 창의적인 노력이 필요하다.

동기적 자원 창의성에서 동기는 목표 지향적이기보다 과제 지향적이어야 한다. 높은 기준에 맞추려는 과제 지향적 동기를 가진 사람들은 작업과 문제에 집중하는 것에 힘을 쏟는다. 목표 지향적 사람들은 과제로부터 성적과 상품 같은 외적 보상으로 주의를 분산시킴으로써 수행을 손상시킨다. 한 연구에서 7~11세 소녀들에게 콜라주 활동을 하게 했다. 일부는 상품을 위해 경쟁하게 하고 다른 아동들은 추첨에 의해 상품을 기대하도록 하였다. 첫 번째 집단의 작품들이 덜 창조적이었다(Amabile, 1982).

외적 보상이 반드시 창의성에 부정적이지만은 않다. 과제에서 아동이 확산적으로 사고하는 방법을 가르치는 것과 독창적 반응에 보상을 주는 것이 그러한 반응을 증가시킨다(Collins & Amabile, 1999). 간혹 보상을 주는 것은 창의성의 사회적 가치를 강조하고 아동이 혁신적 과제를 착수하는 것을 격려한다.

적용하기

조기 언어학습의 지원

제안	내용
사고의 생성과 평가를 격려	확산적 사고의 기회를 제공하고 칭찬. 사고가 어리석거나 부적절할지라도 아동에게 건설적 비판을 하도록 함 : 사고가 가치가 거의 없을 때 아동의 사고의 관점을 포함하는 새로운 접근을 제안함. 대부분의 사고가 유용하게끔 수정하는 것을 보여 줌
적당한 위험 감수 격려	선택하거나 하나 이상의 답이 있는 과제와 활동을 제공함. 주로 최고점을 받는 것이나 새로운 사고방식을 피하게 하는 정답에 기초한 시험지에 대한 칭찬을 금함
모호성에 대한 인내 격려	창의적인 사람은 자신이 옳은 길을 가고 있는지에 대해 종종 불확실해한다는 점을 지적해 줌. 아동들에게 이런 감정들을 수용하도록 하고 불확실성을 이겨내기 위한 시간을 보내도록 격려. 더 좋은 생각을 가져올 수 있는 활동을 강조함
창의적 능력에 대한 아동이 믿음을 갖도록 도움	창의적 사고의 가치는 교사나 친구들의 승인에 의한 것이 아님과 그 생각의 독창성과 유용성에 있음을 상기시킬 것
아동이 하고 싶은 것을 발견하도록 도움	당신이 가치 있다고 생각하는 흥미를 수용하기보다 새로운 영역을 탐색하도록 아동을 격려함. 그들의 진정한 흥미를 발견하도록 돕고 각 아동이 능력과 재능을 학급에서 보여 줄 수 있도록 요구하고 가치 있는 흥미들의 다양성을 지적함
창의적 사고의 모델링	지식을 가르치는 것과 그 지식에 대하여 어떻게 생각하는지를 가르치는 것을 균형 있게 할 것. 아동이 그 주제에 대해 추론하도록 하고 여러 영역의 자료를 단순히 기억하는 것이 아니라 통합하는 것으로부터 창의적 통찰이 생길 수 있음을 지적할 것

출처 : Sternberg, 2003b.

환경적 자원   재능 있는 아동과 높은 성공을 한 성인의 배경에 대한 연구에서 종종 가족이 아동의 요구에 초점을 맞춘다고 나타난다. 부모들은 따뜻하고 민감하며, 자극적인 가정생활을 제공하고, 자녀의 능력을 발달시키는 데 헌신하며 열심히 일하고 높은 성취를 하는 모델을 제공한다. 그러나 지나치게 야심적으로 강압하기보다 이 부모들은 합리적으로 요구한다(Winner, 2000, 2003). 그들은 자녀가 어릴 때는 보살피는 교사를 선택하고 재능이 발달할수록 엄격한 훈련을 시키는 교사를 선택한다.

많은 영재아들과 청소년들은 사회적으로 고립된다. 부분적으로 그들의 높은 추진력 있는, 비동조적인, 독립적 방식이 동료로부터 한 발 떨어지게 하기 때문이기도 하지만, 그들이 재능을 발달시키는 데 필요한 고독을 즐기기 때문이기도 하다. 그래도 영재아는 만족스러운 동료관계를 소망한다. 그리고 어떤 아동은—종종 소년들보다 소녀들이 더—다른 아이들과 같아지고 싶어서 자신의 능력을 숨긴다. 그들의 평범한 또래들과 비교해 보면, 영재 청소년, 특히 소녀들이 낮은 자존감과 우울을 포함해 감정적인 어려움과 사회적인 어려움을 보고한다(Reis, 2004).

재능 있는 청소년들이 같은 생각의 또래와 상호작용할 수 있고, 광범위한 프로젝트의 주제를 선택하고, 지적인 위험을 감수하고, 다음 과제로 쫓기듯 밀려나지 않고, 생각을 반성할 수 있는 교육이 창의성을 촉진시킨다(Besancon & Lubart, 2008). 지식의 획득이 지식을 독창적으로 사용하는 것보다 더 강조되는 교실 환경에서는 아동의 사고는 정답을 산출하기 위한 제한된 평범한 연합에 얽매이게 된다. 부모와 교사들에 의해 너무 심하게 강요당할 때 이 학생들은 "왜 내가 이것을 해야 하지?"라고 묻는 것처럼 보인다. 그 답이 "그건 나를 즐겁게 하기 때문이야."가 아니라면, 그들은 그들에게 주어진 무언가를 하려고 하지 않을 것이다(Winner, 2000, p. 166).

주 요 용 어

결정적 지능(crystallized intelligence)

고정관념 위협(stereotype threat)

공유 환경의 영향(shared enviro-mental influences)

다중지능 이론(theory of multiple intelligence)

발달지수(developmental quotients, DQ)

비공유 환경의 영향(nonshared enviromental influence)

사회경제적 지위(socio-economic status, SES)

성공지능의 삼원 이론(triarchic theory of successful intelligence)

성분분석(componential analyses)

성취검사(achievement test)

수렴적 사고(convergent thinking)

스탠퍼드-비네 지능검사 제5판(Stanford-Binet Intelligence Scales, Fifth Edition)

실제적 지능(practical intelligence)

심리측정적 접근(psychometric approach)

아동용 웩슬러 지능검사-IV(Wechsler Intelligence Scale for Children-IV, WISC-IV)

역동적 평가(dynamic assessment)

영재성(gifted)

요인분석(factor analysis)

유동적 지능(fluid intelligence)

일반지능(geneal intelligence)

재능(talent)

적성검사(aptitude test)

정상분포(normal distribution)

지능의 3계층 이론(three-stratum theory of intelligence)

지능지수(intelligence quotient, IQ)

창의성(creativity)

창의성의 투자 이론(investment theory of creativity)

특수지능(specific intelligence)

표준화(standardization)

헤드 스타트 프로젝트(Project Head Start)

확산적 사고(divergent thinking)

환경 누적 가설(environmental cumulative deficit hypothesis)

환경 측정을 위한 가정 관찰(Home Observation for Measurement of the Environment, HOME)

'가봉인의 시장 가판대'

Fabric Dossa, 10세, Gabon
생동감 있는 소리의 합창이
이 노천 시장에 퍼진다. 언어
는 대단히 명확한 인간 성취
이다. 어떻게 언어는 아동기에
그렇게 급격히 그리고 쉽게 발
달하는가?

출처 : World Awareness 어린이 박
물관(뉴욕, 글렌즈 폴스)의 허락으
로 게재

언어발달

언어의 구성요소

언어발달 이론
· 생득론적 관점

■ 생물학과 환경
청각장애 아동이 언어를 창안한다

■ 생물학과 환경
윌리엄 증후군 아동의 언어발달
· 상호작용주의적 관점

전언어적 발달 : 말하기의 준비
· 언어의 수용성
· 첫 말소리
· 의사소통자 되기

■ 사회적 쟁점 : 교육
부모─아동 간 상호작용 : 청각장애 아동의 언어와 인지발달에 미치는 영향

음운론적 발달
· 초기 단계
· 음운론적 전략의 출현
· 후기 음운론적 발달

의미론적 발달
· 초기 단계
· 후기 의미론적 발달
· 어떻게 의미론적 발달이 일어나는가에 대한 생각

문법적 발달
· 첫 단어의 조합
· 단순 문장에서 복합 문법으로
· 복합 문법 형태의 발달
· 후기 문법 형태의 발달
· 어떻게 문법발달이 일어나는가에 대한 생각

화용론적 발달
· 대화기술의 획득
· 의사소통의 명확성
· 서술형
· 사회언어학적 이해

상위 언어학적 인식의 발달

이중 언어 : 유아기의 2개 국어 학습

■ 사회적 쟁점 : 교육
이중 언어 교육을 위한 두 가지 접근 : 캐나다와 미국

한살짜리 에린이 식탁의자(high chair)에서 꿈틀거리며 힘차게 "다 했다!"라고 말했다. 오스카와 메릴린은 서로 쳐다보고 같이 소리쳤다. "그녀가 '다 했다'라고 말했어?" 에린을 들어 올려 내리며, 메릴린이 "그래! 너는 다 했어."라고 말하며, 딸의 첫 번째 분명한 단어로 대답했다. 다음의 몇 주간은 그들 사이에서 더 많은 단어들이 나타났다. "맘마", "다 다", "주세요.", "고마워요.", "물론."

메릴린은 에린과 그녀의 11살짜리 오빠 아모스에게 영어로 말했다. 그러나 오스카는 그의 모국어로 오직 스페인어를 사용했는데, 그의 둘째 아이는 이중 언어를 사용할 줄 알게 되었다. 에린이 18개월이 되었을 때, 그녀의 어휘는 급격하게 증가했고 그녀는 두 언어의 단어를 결합했다. "이것을 읽어."라는 의미의 몸짓으로 그녀의 가장 좋아하는 그림책을 오스카에게 떠안기면서 그녀는 "책!"이라고 소리쳤다. 아빠와 딸이 함께 '읽을' 때, 에린이 'Nariz(코)', 'Boca(입)', '머리', 'Ojos(눈)', '하마', 'Grande!(크다!)'(하마 크기를 가리키며)라고 명명했다. 마지막 쪽에 다다랐을 때, 그녀는 'Gracias!(감사합니다)'라고 외쳤고 오스카의 무릎을 빠져 나갔다.

그녀의 두 번째 생일에 에린은 몇 백 단어의 어휘를 습득했다. 그리고 종종 그것들을 결합했다. "매우 크다!", "Muy grande(아주 큰)", "과자를 좀 더 주세요.", "Dame galleta(나에게 과자를 주세요)", "No quiero(나는 하기 싫어)". 대부분의 무언가의 제한에 에린의 의지가 재미있었다. 아모스는 그녀에게 약간의 속어를 가르쳤다. 식사시간 대화에도 에린은 끼어들었다. "사진 줘(Geta picture)" 그리고 질문을 할 때, 그녀는 때때로 아무 생각 없이 "아무거나 (whatever)"라고 대답했다.

2세 반이 되었을 때, 에린은 쉽게 반대로 말했다. 아쿠아리움 가족 여행 후에, 메릴린이 "뭐 봤니?"라고 물었다.

"큰 거북이가 그의 머리를 등껍질 속에 넣었어."라고 에린이 대답했다.

"왜 그렇게 할까?"

"그는 갔다(He goed away). 그는 졸리다."

언어는 가장 놀라운 보편적 인간 성취로 유아기에 엄청난 속도로 발달한다. 에린은 1세에 친숙한 사물에 명칭을 달고, 자신의 요구를 전달하기 위하여 한 단어로 된 언어를 사용한다. 1년 반 후에, 그녀는 다양한 어휘를 사용하고 문법적으로 정확한 문장으로 단어들을 조합한다. 실수('goed')도 하지만 능동적이며 규칙 지향적 언어가 나타난다. 그녀가 3세가 되기 전에, 자신의 요구를 만족시키고, 타인과 대화하고, 사회적 역할을 시험하는 언어를 창의적으로 사용한다. 그리고 그녀는 엄마와 오빠와는 영어로 그리고 아버지와는 스페인어로 말하는 2개 국어를 용이하게 사용하기도 한다.

유아의 굉장한 언어적 성취는 발달에 대한 의문을 제기하게 한다. 어떻게 유아는 그 짧은 시간에 어마어마한 양의 어휘를 습득하고 복잡 미묘한 문법체계를 획득하는가? 언어는 분리된 능력으로 사전에 신경선이 존재하여 뇌의 특수 목적적 신경체계에 의하여 작동되는가? 혹은 언어가 인간의 물리적·사회적 세계의 다른 측면에 적용되는 강력한 일반적 인지능력에 의하여 지배되는가? 모든 아동은 동일한 방법으로 언어를 습득하는가, 혹은 개인적·문화적 차이가 있는가?

우리의 토론은 이러한 질문에 대한 대답으로 크게 다른 언어발달의 중요한 이론들과 함께 펼쳐 진다. 그다음 영아의 첫 단어 단계를 형성하는 영아의 준비기술을 살펴보고자 한다. 그다음 아동이 습득하는 다양한 언어적 기술을 완전히 이해하기 위하여, 언어를 네 개의 구성요소로 구분하는 일 반적 실제를 따르고자 한다. 각 구성요소에서 무엇이 먼저 발달하는지 살펴보고, 어떻게 아동이 그 짧은 시간 내에 많은 것을 획득하는지 좀 더 논쟁의 여지가 있는 질문을 살펴보고자 한다. 마지막 으로 아동기의 이중 언어, 즉 2개 국어 습득의 도전과 이점에 대한 토론으로 마무리하고자 한다. ■

언어의 구성요소

언어는 하위체계인 소리, 의미, 전체적 구조, 일상적 사용이 작동하도록 구성되어 있다. 언어에 대한 지식은 이러한 각각의 언어적 측면을 숙달하고, 융통성 있는 의사소통 체계 속으로의 연결이 수반된다.

첫 번째 구성요소, **음운론**(phonology)은 말소리의 구조와 순서를 관장하는 규칙을 의미한 다. 만약 언어를 알지 못하는 외국을 방문한다면, 어떻게 사람들이 급속한 흐름의 말에서 조직 화된 단어배열을 분석하는지 의구심을 갖게 될 것이다. 인간은 말을 하면서, 복잡 미묘한 소리 형태를 이해하고 산출하는 일련의 규칙을 쉽게 적용한다. 인간이 어떻게 이러한 능력을 획득 하였는지가 음운론 발달에 대한 내용이다.

두 번째 구성요소인 **의미론**(semantics)은 어휘와 관련되는데, 단어와 단어의 조합으로 저변 의 개념들을 표현하는 방법이다. 유아가 처음 단어를 사용할 때, 그 단어는 종종 성인의 단어 와 동일한 의미를 갖고 있지 않다. 용도가 다양한 어휘를 구성하기 위하여, 유아는 말의 수천 가지 의미를 다듬어 관련된 용어에 관한 정교한 연결망으로 연결시켜야만 한다.

한 번 어휘의 숙달이 진행되기 시작하면 유아는 단어들을 결합하고 의미 있는 방법으로 변경 하게 된다. **문법**(grammar)은 언어의 세 번째 구성요소로, 두 가지 주요한 부분으로 구성되는데, 단 어를 문장으로 배열하는 규칙인 **통사론**(syntax)과 수, 시제, 격, 인칭, 성, 능동태와 수동태, 다른 의 미들을 지칭하는 문법적 표시에 관한 사용 규칙(복수형 혹은 과거형)인 **형태론**(morphology)이다.

마지막으로 **화용론**(pragmatics)은 적절하고 효과적인 의사소통에 관계되는 규칙을 의미한다. 성 공적인 대화를 하려면, 아동은 차례를 지키고, 동일한 주제를 담아, 분명하게 의미를 진술해야 한 다. 아동은 또한 어떻게 몸짓, 목소리 톤, 맥락이 의미를 분명하게 하는지를 이해해야만 한다. 더 나아가, 사회는 어떻게 말해야 하는지를 지시하므로, 화용론은 사회언어학적 지식이 포함된다. 아 동은 인사말과 작별의 말과 같은 특정한 상호작용 예절을 획득하여야 한다. 아동은 나이와 지위의 차이 같은 중요한 사회적 관계를 표시하는 말에 적응하여야 한다. 끝으로, 아동은 타인과 개인적인 의미 있는 경험을 공유하는 문화적 서술 모형에 숙달되어야 한다.

언어의 네 가지 구성요소를 보면서, 각 요소의 상호의존성이 있음을 살펴보고자 한다. 언어의 각 구성요소의 획득은 각기 다른 구성요소의 숙달을 촉진시킨다.

효과적인 의사소통을 위하여 이 유아는 소리, 의미, 구조와 일상생활에서 사용하 는 언어의 하위체계를 결합하여야 한다. 어떻게 유아는 발달에 대한 어렵고 놀라 운 의문을 일으키는 이 기술을 수행하는 가?

언어발달 이론

20세기 중반까지, 언어발달에 대한 연구는 전 세계 아동에게 적용되는 발달이정표 확인에 중점 을 두었다. 모든 영아는 6개월에 옹알이를 하고, 1세경에 첫 단어를 말하고, 2세 말경 단어들을 조 합하고, 4세에서 5세경에 방대한 어휘와 대부분의 문법적 구조를 습득하게 된다. 이러한 언어적 성취의 규칙성과 급격성은 대부분 성숙에 의하여 지배된다는 언어발달의 생득적 관점에서 영감을 받았음을 제안하고 있다. 최근에 새로운 증거가 상호작용주의자 관점을 낳았는데, 이 관점은 언어 습득을 위한 유아의 성향과 의사소통 경험의 공동적 역할을 강조하고 있다.

생득론적 관점

언어학자 Noam Chomsky(1957)는 생득론을 제안하였는데, 이는 언어를 인간 뇌의 구조에 각인된 인간 특유의 성취로 간주하였다. 문법에 초점을 두어, Chomsky는 문장 조직을 위한 규칙은 너무 복잡해서 직접 가르치거나 인지적으로 고도의 발달을 보이는 유아라도 알 수 없다고 추론하였다. 아동과 성인 모두 유사하게 자신들이 전에 말하거나 들은 적이 없는 무제한적 범위의 문장들을 쉽게 생성하고 해독한다. 이러한 비범한 언어 솜씨를 설명하기 위하여, Chomsky는 모든 아동은 **언어획득장치**(language acquisition device, LAD), 즉 언어를 수용하는 선천적 체계로, 아동은 충분한 어휘를 획득하자마자 새로운 어휘를 문법적으로 일관성 있게 말로 연결하며, 자신이 들은 문장의 의미를 이해한다고 제안하였다.

어떻게 유일한 언어획득장치로 유아가 세상의 다양한 언어를 습득하는지 설명할 수 있을까? Chomsky(1976, 1997)에 의하면, LAD 내에는 **보편적 문법**(universal grammar)이 존재하며, 모든 인간의 언어에 적용되는 내장된 규칙 저장고가 있다. 유아는 자신에게 노출된 언어 내에 존재하는 문법적 범주와 관계를 판독하기 위해 이 지식을 사용한다. 왜냐하면 LAD는 특수하게 언어처리에 맞춰졌기 때문에, 아동은 오직 제한된 언어 노출만으로도 언어의 구조를 자발적으로 습득하게 된다(Pinker, 1999). 이런 방식으로 LAD는 언어가 복잡함에도 불구하고 조기에 신속하게 습득됨을 확신하였다.

생득론적 관점에 대한 지지 아동은 생물학적으로 언어 획득을 위한 준비가 되어 있는가? 선행연구에 의하면 278쪽의 '생물학과 환경'에서 아동이 새로운 언어체계를 고안하는 괄목할 능력을 가지고 있다는 생득론적 견해가 가장 강력한 지지를 받고 있다. 세 가지 부가적인 증거들, 즉 동물에게 언어를 가르치려는 노력, 인간 뇌의 언어기능 담당 위치추정, 언어발달의 민감기 존재 여부에 대한 조사 등은 Chomsky의 관점과 일치한다. 각 증거를 순서대로 살펴보자.

동물도 언어 획득이 가능한가 문법적으로 복잡한 언어체계를 숙달하는 능력은 인간에게만 독특한 것일까? 이를 밝히기 위하여 돌고래, 앵무새, 고릴라, 오랑우탄, 침팬지를 포함한 동물들에게 언어를 가르치려는 시도가 많이 있었다. 강도 높은 훈련으로 이러한 동물들은 유아보다 일관성이 더 낮았지만, 수십에서 수백 개 범위의 상징 어휘를 습득할 수 있었으며, 짧고 신기한 문장에 반응을 할 수 있있다(Herman & Uyeyama, 1999; Pepperberg, 2000; Savage-Rumbaugh, Shanker, & Taylor, 1998).

침팬지는 진화적 위계에서 인간에 가장 가깝다. 가장 많이 연구된 종인 일반 침팬지에게 인공 언어(컴퓨터 키보드로 시각적 상징을 생성하기)와 수화를 가르쳤다. 수년간의 훈련에도 일반 침팬지는 규칙에 기초한 구조에 맞는 세 개 이상의 상징 배열을 생성할 수 없었다. 침팬지의 언어적 한계는 타인의 정신상태에 대한 한정된 이해에 기인할 수도 있다. 일반 침팬지는 목표가 행동으로 쉽게 표현되는 상황, 예를 들면 어떤 사람이 침팬지와 음식을 공유할 의도가 있는지와 같은 상황에서 타인의 목표를 정확하게 예측할 수 있다. 그러나 침팬

보노보 침팬지 칸지는 침팬지의 언어발달을 추적하는 Sue Savage-Rumbaugh 박사와 의사소통을 하기 위하여 상징이 있는 키보드를 누르면서 인공 언어로 표현하고 있다.

생물학과 환경

청각장애 아동이 언어를 창안한다

아동은 오직 최소한의 언어 투입과 함께 또는 선뜻 명백하지 않은 문법의 매우 일관성 없는 투입과 함께 복잡하고 규칙에 기반한 언어체계로 발달할 수 있는가? 만약 그렇다면 이 증거는 인간의 두뇌는 언어발달을 위해 미리 배선되었다는 Chomsky의 아이디어를 지지하게 될 것이다(Goldin-Meadow, 2005b, 2006a). 연구자는 청각장애 아동이 언어적으로 불완전한 환경에서 뒤처졌을 때조차도 복잡한 타고난 언어를 만들어 낼 수 있다는 것을 밝혔다.

최소한 언어 투입

일련의 연구들에서, Susan Goldin-Meadow(Goldin-Meadow, 2009)와 그녀의 동료들은 부모가 그들에게 언어적으로 수동적인 표시하기와 말하기에 의욕을 잃어버린 부모를 둔 청각장애 걸음마기 영아들과 유치원생들을 추적했다. 구어 습득에서 발달을 만들거나 그들 나라의 신호 언어의 가장 많은 공통된 몸짓을 사용한 아동은 없었다. 그럼에도 불구하고 그들은 개인적인 수화(home-sign)라 불리는, 아동의 구어를 듣기 위한 기본적인 구조와 현저하게 유사한 몸짓의 의사소통 체계를 자발적으로 만들었다.

청각장애 아동은 사물의 종류 또는 행동의 종류를 나타낸 각각의 명사와 동사를 위해 구분되는 형태와 함께 구어의 의미와 유사하게 몸짓 단어들을 만들었다(예 : 비틀어 돌리는(twist) 몸짓은 누군가 항아리를 열어달라고 요청하기 위한 그리고 문손잡이가 열리지 않는다는 것을 전달하는 것이다). 게다가 아동은 그들 부

모의 구어 중 불필요한 기본적인 문법적 규칙에 일치하도록 하면서 몸짓을 새로운 문장과 결합했다(Goldin-Meadow, Gelman, & Mylander, 2005; Goldin-Meadow et al., 1994). 예를 들면, 큰 비눗방울을 묘사하기 위해 그는 불었다. 한 아동이 먼저 비눗방울 병을 가리키고 그다음 '크게 부풀리는' 행동을 표현하기 위해 손가락을 편 두 개의 열린 손바닥을 사용했다.

아동은 그들의 몸짓체계를 몸짓이 제한 —말하는 동안 들을 수 있는 화자가 만들어 내는 몸짓은 다양하지 않다— 된 부모로부터 어쩌다가 알게 된 것은 아니다(Goldin-Meadow, 2003a). 오히려 아동은 개인적인 수화를 만들었다. 그리고 그들은 그것을 같은 어떤 언어로서 —사물과 사건을 언급하기 위해, 질문을 하기 위해, 다른 사람의 행동에 영향을 주기 위해, 이야기를 하기 위해, 그들 자신과 다른 사람의 신호에 대해 말하기 위해 그리고 그들 자신에게 말하기 위해— 다양한 목적을 위해 사용했다(Goldin-Meadow, 2009).

언어는 그것이 비실재 사물과 사건에 관해 말해질 때, 의사소통의 유연한 수단이 된다. 비실재에 대해 말할 때, 청각장애 아동은 들을 수 있는 아동처럼 같은 발달의 순서를 따랐다. 먼저 가까운 과거의 사물과 사건을 나타내거나 가까운 미래를 예측했다. 다음에 좀 더 먼 과거와 미래를, 그리고 마침내 가설을 포함하고

니카라과에서 선생님은 청각장애 아동과 청소년을 함께 공동체로 모은다. 40년간 그들은 새로운 언어를 창안했다—니카라과 수화.

공상의 사건을 예측했다(Morford & Goldin-Meadow, 1997). 한 개인적인 수화를 하는 아동이 "나는 푸들이 있었어."라고 말하면서 과거를 나타내기 위해 그의 어깨 너머를 가리킨다. 그리고 푸들의 그림을 가리켰다. 그리고 마지막으로 그의 앞에 있는 바닥을 가리켰다.

들을 수 있는 아동은 개인적인 수화를 창안하는 아동에 비해 언어 이정표에 좀 더 일찍 다다르고 좀 더 복잡한 문법을 더 많이 습득한다. 이러한 결과는 같은 언어를 '말하는' 짝과 함께 풍부한 언어 환경은 막 언급된 달성을 장려한다는 것을 가리킨다. 그러나 관습적인 언어에 접근 없이, 청각장애 아동은 그들의 언어체계를 만든다. 니카라과에서, 교육자들은 각각 유일

지는 언어 사용에 대한 동기유발과 같은 명확한 의도, 즉 타인이 지식과 생각을 교환하기를 원하는 것을 인식하지 못할 수도 있다(Tomasello, Call, & Hare, 2003).

보노보 침팬지는 일반 침팬지보다 좀 더 지적이고 사회적이다. '칸지'라고 명명된 보노보의 언어 획득은 특히 인상적이다(Savage-Rumbaugh, Shanker, & Taylor, 1998). 어릴 때 칸지는 그 어미와 조련사의 상호작용을 관찰하여 어미의 인공 언어를 알아챘다. 칸지의 사육사는 인공 언어와 영어 두 언어로 의사소통하여 칸지의 언어를 촉진시켰다. 칸지는 한 단어에 몸짓 결합하기를 선호하여 드물지만 단어의 결합이 나타났다. 예를 들면 '데리고 간다+[사람을 향한 몸짓]'을 '네가 칸지를 데리고 간다'의 의미로 사용하였다. 유창한 말을 들음으로써, 칸지는 괄목할 정도로 영어에 대한 이해력을 습득하였는데, 수백 개의 영어 단어를 구별하는 능력과 전에 들어 보지 못한 특이한 문장을 행동으로, 즉 '버섯에 돈을 넣어라'를 수행하였다. 칸지는 특이하고 역전된 문장 간의 차이도 대개 알아냈다(Savage-Rumbaugh et al., 1993; Shanker, Savage-Rumbaugh, & Taylor, 1999).

여전히 연구자들은 칸지의 언어적 성취에 동의하지 않고 있다. 몇몇 연구자들의 논쟁은 칸지가 정보를 공유하기를 원하는 괄목할 만한 대화자로 보는 것에 대한 것이다(Greenspan & Shanker,

한 개인적인 수화를 가진 청각장애 아동과 청소년을 공동체를 함께 형성하기 위해 데려왔다.

비록 그들은 공유된 언어를 갖지는 못했지만, 최소한 40년 미만 안에 그들은 정교한 구조적인 복잡성에서 다른 인간의 언어에 필적하는 니카라과 수화를 개발했다(Senghas & Coppola, 2001).

일관성 없는 언어 투입

언어 환경이 일반적으로 풍부하지 않고 거의 드문 아동에 대한 독특한 연구는 역시 아동의 언어를 창안하기 위한 놀랄 만한 수용력을 보여 준다. 시몬은 청각장애 아동으로서 부모가 청소년기가 될 때까지 미국 수화(ASL)(이것은 어떤 구어보다도 정교하다.)를 배우지 않은 청각장애 부모에게서 태어났다. 청각장애 아동이 막 설명할 때, 시몬의 부모는 오직 아동기의 구어에 노출되었다. 그들은 시몬과 영아기 때부터 미국 수화(ASL)로 의사소통을 했으나 그들은 늦은 미국 수화(ASL) 학습자이기 때문에 타고난 수화 사용자의 문법적인 복잡성에 도달하지 못했다. 그리고 그들은 많은 미국 수화(ASL) 구조를 일관성 없게 사용했다(280~281쪽 '언어발달의 민감기' 참조) 시몬은 들을 수 있는 어린 형제를 가졌고 들을 수 있는 교사와 아동이 함께 있는 학교에 다녔다. 그의 미국 수화(ASL)

는 오직 그의 부모로부터 주입되었다.

시몬이 7살 때, 연구자들은 그의 움직이는 동사의 지식을 측정하는 도전적인 미국 수화(ASL) 문법 과제를 그에게 주었다(Singleton and Newport, 2004). 미국 수화(ASL)에서 정확하게 움직임을 표현하는 것은 최고 7가지 문법적인 표지를 요구한다. 그것은 (1) 사물의 진로, (2) 사물의 방향, (3) 사물을 옮기는 방법(예 : 튕겨서 또는 굴려서), (4) 두 번째 사물과 관련된 사물의 위치, (5) 진로와 관련된 두 번째 사물의 위치, (6) 움직이는 사물의 모습(범주, 크기 또는 모양), (7) 두 번째 사물의 모습을 가리킨다. 연구자들은 몇 참조적인 집단과 함께 시몬의 수행을 비교했는데, 그의 부모, 즉 청각장애로 수화를 사용하는 부모의 청각장애 학령기 아동과 청각장애 수화를 사용하는 성인이 그 집단이었다.

결과는 시몬의 부모의 미국 수화(ASL) 문법은 수화 성인의 그것에 비해 더 약했다는 것을 확인했다. 아직 시몬의 언어는 그의 부모의 오류가 무척 많은 입력 거울이 아니다. 대신 그는 언어에서 그의 부모

의 사용을 뛰어넘는 일관성의 수준을 선보였다. 그림 9.1에서 보여 주는 것처럼, 그의 점수는 '움직이는' 과제에서 수화를 하는 청각장애 아동들의 평균 점수를 초과했고 수화를 하는 청각장애 성인의 수행에 가까이 있었다. 시몬은 부모의 불완전한 언어로부터 높은 체계적인 문법에 이르도록 일관성을 뽑아내기 위해 훈련했다.

청각장애 아동의 언어를 창안하는 놀랄 만한 수용력에도 불구하고 최소한 또는 비일관적인 주입은 내적인 LAD의 존재와 함께 양립성이 있다. 우리가 보게 될 때, 그러나 다른 이론가들은 의사소통의 과제에 적용된 비언어적인 인지적 수용력은 믿을 만하다고 주장한다.

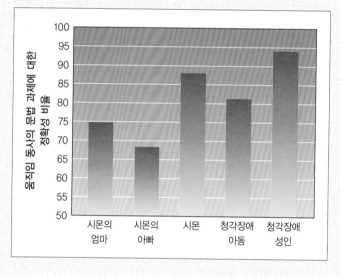

그림 9.1 **그의 부모와 선천적으로 수화를 사용하는 어린이와 성인의 수행과 비교하여 미국 수화(ASL) 문법 과제에 대한 도전에서 시몬의 수행**
그의 부모로부터 비일관적인 투입에도 불구하고, 7세의 시몬은 미국 수화(ASL)의 문법의 완성을 훌륭하게 보여 준다. 선천적으로 수화를 사용하는 청각장애 아동의 수행의 평균 수행을 넘어서고, 선천적으로 수화를 사용하는 청각장애 성인의 평균에 근접한다.
출처 : Singleton & Newport, 2004.

2004). 다른 연구자들은 칸지가 정보를 공유(딸기에 대해 말하기)하기보다 자신이 원하는 것(먹으려는 딸기)을 얻기 위하여 언어를 사용한다고 주장하고 있다(Seidenberg & Petitto, 1987). 그리고 칸지의 문법적 이해는 두 살짜리 인간을 넘어서지 못하며, 문법적 발달과는 멀다고 하였다. 전체적으로, Chomsky의 정교한 문법을 위한 인간 고유의 능력에 대한 가정은 지원을 받고 있다. 최고로 명석한 동물이라도 복잡하고 신기한 문장을 이해하고 생성할 수 있다는 증거는 없다.

뇌의 언어영역 제5장을 회상하면, 대부분의 개인에게 언어는 대뇌피질 좌반구에 광범위하게 위치한다. 이 영역 내에 두 개의 중요한 언어 관련 구조가 있다(그림 9.2 참조). 그 기능을 밝히기 위하여, 연구자는 수십 년 동안 이 구조에 손상을 경험하여 실어증을 보이거나 의사소통 장애를 보이는 성인을 연구하였다. 환자의 언어적 결핍은 전두엽에 위치하며 문법처리 과정과 언어 산출을 지원하는 **브로카 영역**(Broca's area)과 측두엽에 위치하여 단어 의미를 이해하는 역할을 하는 **베르니케 영역**(Wernicke's area)이라고 제안하였다.

그러나 최근 뇌영상 연구는 언어기능과 뇌 구조 간의 좀 더 복잡한 관계를 제안하고 있다. 브로

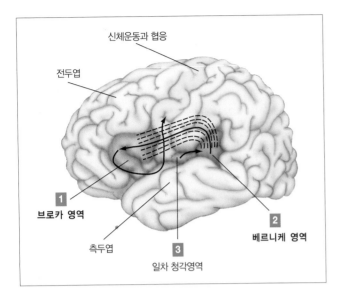

신체운동과 협응

전두엽

측두엽

1 브로카 영역

2 베르니케 영역

3 일차 청각영역

그림 9.2 대뇌 좌반구의 브로카 영역과 베르니케 영역

(1) 브로카 영역은 전두엽에 위치하며, 문법적 처리와 언어 산출을 지원한다. (2) 베르니케 영역은 측두엽에 위치하며, 단어 의미의 이해에 관여한다. 한때 알려진 바와는 대조적으로, 두 영역은 모두 언어기능의 독자적인 혹은 주된 책임이 없다. 대신에 각각은 좌반구의 많은 다른 영역과 협조를 하게 된다. 베르니케 영역과 브로카 영역은 그림의 점선으로 표시된 신경 조직을 통하여 의사소통을 한다. 베르니케 영역은 자극에 의한 충격을 받는 영역이다. (3) 일차 청각영역은 귀로부터 자극을 받는 영역이다. 브로카 영역은 말하기에 관련하는 운동영역과 의사소통을 한다.

이민자 엄마들이 도서관 문해 프로그램의 한 부분으로 자녀와 영어를 읽고 있다. 유아기는 최적의 언어발달을 위한 민감한 시기이기 때문에, 이민자 엄마들은 그들의 유아들처럼 영어에 능숙해질 수가 없다.

카 실어증 환자의 손상된 발음과 문법, 베르니케 실어증 환자의 의미 없는 흐름의 언어는 뇌손상에 의하여 촉발된 외피질 영역의 손상 범위와 좌뇌 피질의 광범위한 비정상적 활동이 영향을 준다(Bates et al., 2003; Keller et al., 2009). 장기간의 믿음과 대조적으로, 브로카와 베르니케 영역만이 유일하고 주된 특정 언어기능을 위한 책임을 지지는 않는다. 모든 개인에게 공통적으로 전두엽의 손상은 언어 산출 문제로, 다른 두엽의 손상은 이해의 문제로 나타난다(Dick et al., 2004).

좌반구 영역과 언어기능이 광범위하게 연합을 이루고 있는 것은 언어처리를 위하여 준비된 뇌가 있다는 Chomsky의 이론과 일관성이 있다. 그러나 이 결론에는 주의를 하여야 하는데, 제5장에서 출생시 뇌는 완전히 편재화되어 있지 않고, 높은 가소성이 있다고 하였다. 대뇌피질의 언어 영역은 유아가 언어를 습득하면서 발달하게 된다(Mills & Conboy, 2005; Mareschal et al., 2007). 좌반구가 언어처리로 편향되어도 초기 몇 년 동안에 손상된다면, 다른 영역이 언어기능을 인계받게 되어 그런 유아들 대부분은 정상적 언어능력을 획득하게 된다(제5장 참조). 그래서 좌반구 영역은 효율적 언어처리에 필수적인 것은 아니다. 사실상 제5장에서 밝혔듯이 유아기에 수화를 학습한 성인 청각장애자는 우반구에 좀 더 의존하게 된다. 추가적 연구는 뇌의 많은 부위가 언어기술과 그 기술의 개인적 숙달에 의하여 정도에 차이는 있어도 언어활동에 참여한다고 밝히고 있다(Shafer & Garrido-Nag, 2007).

일단 문법적 능력이 발달하게 되면, 언어의 다른 요소보다 특정 뇌 구조에 더 의존할 수도 있다. 2~2세 반 유아와 성인이 짧은 문장을 들었을 때, 들은 문장 중 어떤 문장은 구문론적으로 정확하고, 다른 문장은 구문의 구조에 위배된 문장이면, 두 집단은 왼쪽 전두엽과 측두엽에 각 문장 유형에 대하여 유사하게 구별된 ERP 뇌파 형태가 나타났다(Oberecker & Friederici, 2006; Oberecker, Friedrich, & Friederici, 2005). 이 결과는 2세 반 유아가 성인과 동일한 신경체계로 문장 구조를 처리한다는 것을 제안한다. 더 나아가, 좌반구가 손상된 연령이 높은 아동과 성인을 살펴보면, 문법적 능력은 우반구 영역에 더 많이 의존하는 것처럼 보이는 의미론과 화용론적 능력보다 더 많은 손상을 받는다(Baynes & Gazzaniga, 1988; Stromswold, 2000).

마지막으로, 손상 후 유아 뇌의 우반구에 언어영역이 할당될 때에는 전형적으로 언어를 지원하는 좌반구와 대략 동일한 영역 내에 위치하게 된다(Newman et al., 2002; Rosenberger et al., 2009). 이것은 그러한 영역이 언어처리를 위하여 독특하게 배치되었음을 제안하고 있다.

언어발달의 민감기 언어는 생의 초기에 획득되어야 하며, 이 시기는 두뇌가 특히 언어 자극에 민감한 연령 시기이다. 뇌의 편재화와 부합되는 민감기의 증거는 언어발달이 고유한 생물학적 속성을 갖는다는 생득적 견해를 지지한다.

이러한 생각을 검증하기 위하여 연구자들은 각기 다른 연령에 자신의 첫 언어로 수화를 습득한 청각장애 성인의 언어능력을 연구하였다. 연령이 높아서 학습한 사람으로 부모가 아동에게 구화 교육을 선택한 사람, 즉 말과 입술 읽기에 의존하고 수화 사용을 억제시키는 교육을 받은 사람은 심각한 청각장애 때문에 구어 획득을 하지 못한다. 그리고 민감기에 대한 언급과 일관성은 청소년기와 성인기에 수화를 학습한 사람은 아동기에 학습한 사람만큼 유창하게 되지 않는다는 것이다(그림 9.1의 시몬의 부모를 회상하면, 복잡한 문법 시험에서 시몬보다 더 낮은 점수를 받은 시몬의 부모는 청소년기까지 미국 수화(ASL)를 습득하지 못했기 때문이다)(Mayberry, 2010; Newport, 1991; Signleton & Newport, 2004). 더 나아가, 수화기능의 전형적인 우반구 영역화는 손, 팔, 안면운동의 시각-공간 처리과정이 요구되어, 사춘기 이후에 수화를 학습한 개인에게 더 많은 감소가 나타난다(Newman et al., 2002). 그러나 모국어 획득 능력이 쇠퇴하는 마감시기에 대한 정확한 연령은 설정되어 있지 않다.

외국어의 획득은 무엇인가? 언어발달의 민감기가 지나간 후, 이 과제는 더 어려워지는가? 한 연구에서, 연구자는 미국의 통계조사 자료를 토대로 미국에서 적어도 10년간 거주한 스페인어와 중국어 사용 이민자를 선정하여 연구하였다. 조사 형식은 객관적 언어 측정과 강력하게 상관이 있는 자기보고 형식으로 이민자에게 영어 사용 능력을 '전혀 못함'에서 '매우 잘함'을 자기보고하도록 요청하였다. 영아기, 유아기에서 성인기까지 이민 연령이 증가되면, 응답자의 교육 수준에도 불구하고, 영어 유창성이 감소하였다(그림 9.3 참조)(Hakuta, Bialystok, & Wiley, 2003). 다른 연구에서 모국어 억양으로 제2언어를 습득하는 능력이 5세에서 6세 초에 연령 관련성이 감소한다는 것이 확인되었다(Flege, Yeni-Komshian, & Liu, 1999; Flege et al., 2006). 더 나아가, 뇌활동의 ERP와 fMRI 측정은 외국어 처리과정이 어린 학습자보다 연령이 높은 학습자에게 덜 편재화됨을 밝혀 주고 있다(Neville & Bruer, 2001). 그러나 외국어 능력은 청소년기에 급격히 떨어지지 않는다. 그보다는 지속적인 연령 관련 저하가 나타난다.

무슨 요인이 어린 연령의 언어 학습에 대한 혜택의 기저가 되는가? 어떤 연구자들은 생의 첫해의 후반부 6개월 동안 언어 지각의 폭을 좁히는 핵심 역할을 한다고 지적하는데, 거의 모든 언어의 소리 구별에서 아기가 듣는 언어(혹은 언어들)에서 소리를 구별하는 민감성이 고조된다(제4장 참조). 그 결과, 신경의 연결은 모국어 소리의 처리, 모국어 학습의 강화에 집중하게 되고, 반면에 낯선 언어의 습득능력이 약화된다. 이 관점에 대한 사전 증거로서, 모국어 소리를 지각한 7개월 영아는 자신이 듣지 않은 언어의 소리 변형에 대한 둔감이 동반되어, 2년에서 3년 동안 급격한 어휘와 문법발달을 예측하게 된다(Kuhl et al., 2005; Kuhl, 2009).

요약하면, 모국어 형태에 좀 더 '헌신적인' 두뇌는 유아의 모국어의 숙달이 더 잘되고, 외국어의 습득에 덜 효과적이다(Kuhl, 2006). 이 신경의 약속은 언어의 숙달에 따라, 즉 연령에 따라 증가한다.

생득론적 관점의 한계점 Chomsky 이론은 언어발달의 최신 관점에 중요한 영향을 주었다. 인간이 독특한 생물학적 기저의 언어 획득 역량을 갖고 있다는 이 이론은 현재 광범위하게 수용되고 있다. 하지만 여전히 Chomsky의 발달적 관점은 여러 방면에서 도전을 받고 있다.

첫째, 연구자들은 인간 언어의 매우 다양한 문법적 체계의 근저에 있다고 Chomsky가 믿고 있는 보편적 문법을 명확하게 하는 데 많은 어려움을 갖고 있다. 이 이론에 대한 불만족의 지속적 원천은 추상적 문법 구조에 관한 완전한 설명의 부재 혹은 몇 개가 존재하는지와 그에 대한 최선의 예

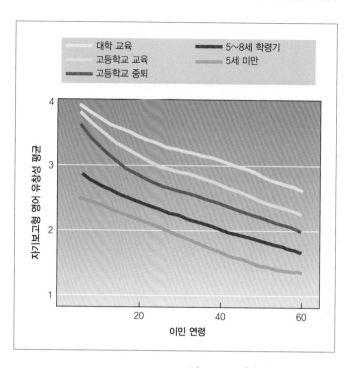

그림 9.3 스페인어계 미국인의 이민 연령과 자기보고형 영어 유창성의 관계

이민 연령이 증가할수록 모든 교육 수준, 즉 초등 저학년에서 대학 교육 수준의 모든 개인의 영어 유창성은 감소한다. 중국어 사용자에 대한 연구에서도 유사하다.

출처 : K. Hakuta, E. Bialystok, & E. Wiley, 2003, "Critical Evidence: A Test of the Critical Period Hypothesis for Second Language Acquisition" *Psychological Science*, Vol. 14, No. 1, p. 37, copyright © 2003, Association for Psychological Science. Reprinted by permission of SAGE Publications.

생물학과 환경

윌리엄 증후군 아동의 언어발달

윌리엄 증후군은 일곱 번째 염색체에 유전적인 물질의 결실로 7,500명의 신생아 중 한 명에서 발생하는 드문 질병이다. 이 증후군을 가진 사람은 얼굴, 심장, 신장이 비정상적이고 경도의 심각한 지적 장애를 보인다. IQ 점수는 보통 50에서 70 범위이며, 다운증후군을 가진 사람처럼 정신적으로 장애가 있다. 그러나 언어에서는 좀 더 진보되어 있다(Bellugi et al., 2000; Tager-Flusberg, 2007). 여러 해 동안 연구자들은 인지와 언어의 이 명백한 '짝풀림(decoupling)'을 언어는 내재된 LAD에 의해 조절된다는 증거로서 받아들였다. 그러나 장애와 함께 언어달성이 연합된다는 이 결론은 보증되지 않았다는 새로운 증거가 드러났다.

윌리엄 증후군 영아는 사회적 세상에 강하게 지향하게 한다. 얼굴과 목소리에 의해 강하게 매료되고 사교적이다(Zitzer-Comfort et al., 2010). 비록 지연되었지만 그들의 언어발달은 놀랍다. 학령기 동안 윌리엄 증후군 아동은 다운증후군을 가진 아동에 비해 많은 어휘들과 문법적으로 좀 더 복잡한 문장들을 산출한다(Mervis & Robinson, 2000). 예를 들면, 윌리엄 증후군을 가진 3세 유아의 가장 긴 문장은 "지금 당장 내 컵에 포도를 주세요."였다. 다운증후군인 그녀의 짝은 "여기(Here-ya-go)", "잡아 줘(Hold me)"라고 말했다(Jarrold, Baddeley, & Hewes, 1998, p. 361). 윌리엄 증후군을 가진 어린아이들의 어휘력은 청소년기까지, 많은 비일상적인 단어를 포함한다. 가능한 한 많은 동물의 이름을 물을 때, 한 10대는 "weasel, newt, salamander, Chihuahua, ibex, yak"라고 말했다(Bellugi et al., 1992, p. 11).

아직까지 질병에 걸린 사람들은 문법적인 규칙에 높은 도전과 함께 어려움을 겪는다. 예컨대, 윌리엄 증후군에 걸린 프랑스어를 사용하는 청소년은 문법적인 성 과제-어미와 불규칙 단어에 남성과 여성 명사의 조건(un 대 une와 같은)을 맞추기에 취약하다. 일반적으로 발달하는 프랑스 아동은 이 성 과제를 4살까지 숙달한다(Karmiloff-Smith et al., 1997). 그리고 영어를 사용하는 성인의 연구는 미묘한 동사 형태의 어려움을 밝혔다("그는 개와 투쟁했다."보다는 "그는 개와 투쟁한다.")(Karmiloff-Smith et al., 1998).

윌리엄 증후군은 왜 불규칙한 언어상 강점과 약점 둘 다의 부분을 보이는가? 최근의 증거들은 윌리엄 증후군의 인지적인 결손은 언어발달의 과정을 깊게 바꾼다고 한다. 장애를 가진 아동은 학습을 통제하는 데는 부족하지만 상대적으로 기억에는 훌륭하다(Karmiloff-Smith et al., 2003; Rowe & Mervis, 2006). 그들의 사회적 능력을 이용하기 위해 보완하려면, 얼굴과 목소리를 가까이하고 그들이 할 수 있도록 기계적인 암기로 많은 언어를 습득해야 한다.

이 설명을 지지하고, 윌리엄 증후군을 가진 걸음마기 영아는 일반적으로 발달하는 아동이 하는 것처럼 그들의 초기 단어들에 의도적인 몸짓(가리키기와 같은)과 범주화에서 진보를 만들지 못한다(Laing et al., 2002). 대신 그들은 종종 더 다른 사람들을 흉내 내고, 그들이 무슨 말을 하는지 이해도 없이 자주 말한다. 윌리엄 증후군을 가진 학령전 유아와 학령기 아동은 실용적인 결함을 가지고 있다. 그들은 대화에서 관련 없는 많은 말들을 하고 다른 사람의 요구를 파악하는 데 서툴다(Asada et al., 2010a, 2010b). 게다가 작업기

지적 장애에도 불구하고 윌리엄 증후군을 가진 이 아동은 인상적인 언어기술을 보이는 경향이 있다. 그러나 그의 인지적인 결함은 복잡한 언어 규칙을 습득하기 위한 그의 능력에 제한이 될 것이다.

억 능력은 일반적으로 발달하는 아동보다 윌리엄 증후군을 가진 아동의 문법적인 발달과 함께 좀 더 강하게 연결되었다(Robinson, Mervis, & Robinson, 2003). 이러한 결과의 모든 것은 언어를 학습하는 기억의 강한 의존과 일치한다.

요약하면, 윌리엄 증후군을 가진 개인의 언어는 다른 인지적인 제한의 관점에서 인상적이다. 그것은 중요한 방법에서 충분히 기능을 못한다. 이 근거는 언어는 Chomsky의 LAD 가정처럼 다른 인간의 정신적 능력으로부터 분리된 것이 아니라는 것을 가리킨다.

에 관한 동의된 목록이 없다는 데에 있다. Chomsky의 이론에 대한 비판은 일련의 규칙이 모든 문법 형태를 설명할 수 있음에 대한 의심이 드는데, 사실상 세계의 5,000에서 8,000개 언어 가운데 가능한 모든 구조적 방식으로 변형이 이루어진다(Christiansen & Chater, 2008; Evans & Levinson, 2009; Tomasello, 2003, 2005). 어떻게 유아들은 불분명하게 들은 일련의 단어 속의 엄청난 다양성에서 그러한 규칙을 연결하여 관리하는가?

둘째, 문법적 지식은 생래적으로 결정된다는 Chomsky의 가정은 언어발달에 대한 어떤 관찰에도 부합되지 않는다. 한번 유아가 생래적 문법 구조를 사용하기 시작하면, 그 언어에 모든 관련된 예에 광범위하게 이 구조를 적용할 것이 기대된다. 그러나 이후, 우리는 아동이 많은 단편적인 학습 참여와 학습에 따르는 실수를 하면서 전진적으로 많은 문법적 형태를 정교화하고 일반화하는 증거와 마주하게 될 것이다(Thomasello, 2000, 2003, 2006). 어떤 언어 형태(수동형과 같은)의 완전한 숙달은 아동 중기까지도 잘 성취하지 못한다(Tager-Flusberg & Zukowski, 2009). 이것은

Chomsky의 가정보다 학습과 발견의 개입을 제안하고 있다.

Chomsky 이론에 대한 불만족은 이해의 결핍에서부터 야기되기도 한다. 예를 들면, 이것은 아동이 연결된 말을 진술문으로 함께 짜 맞추고, 의미 있는 대화로 유지하는 법을 설명할 수 없다. 아마도, Chomsky는 언어의 화용적 측면을 깊이 연구하지는 않았으므로, 그의 이론은 언어 자극의 질과 언어처리 과정을 지원하는 사회적 경험에 거의 주의집중을 하지 않고 있다. 더 나아가, 생득론적 관점은 아동의 인지 역량의 중요성을 존중하지 않는다. 제6장에서 살펴본 바에 의하면, 인지발달은 아동의 조기 어휘 성장에 관여하고 있다. 그리고 지적 장애 아동의 연구는 인지 역량도 아동의 문법적 숙달에 영향을 준다고 밝히고 있다.

상호작용주의적 관점

최근에, 언어발달에 관한 생각은 생득적 사전 성향과 환경적 영향 간의 상호작용을 강조하고 있다. 상호작용 이론의 한 유형은 언어발달의 정보처리 관점이 적용되고, 다른 유형은 사회적 상호작용을 강조하고 있다.

정보처리 이론　최고로 영향력이 있는 정보처리 관점은 연결주의자 혹은 인공 신경망 모형에 관한 연구에서 도출되었다. 연결주의자 연구자들은 뇌 속에 있는 신경 연결의 다층 신경망을 자극하는 컴퓨터 프로그램과 기본적 학습 절차에 의한 프로그램, 예를 들면 연속적인 말 속의 규칙성에 반응하기를 설계하였다. 그다음, 인공 신경망은 다양한 유형의 언어 자극에 노출시키고, 반응의 정확성에 피드백을 주었다. 반응이 정확하면, 그것을 산출한 연결이 강화되고, 부정확하면 연결이 약화된다. 연결망의 전반적 반응 형태는 다른 연령 유아의 연결망과 유사하여, 연구자들은 연결망을 인간 학습과 발달의 좋은 모형으로 결론지었다.

어떤 언어 소리, 단어, 기본적 문법 형태의 검사는 이러한 연결만이 유아의 조기 실수를 찾아내고, 점진적으로 성인 언어적 양식을 감지한다는 것을 보여 주고 있다. 과거 시제 습득에서, 연결망은 처음에 어떤 단순한 규칙을 구성하는데, 예를 들면 '기억으로부터 과거-시제형의 인출'이다. '어떤 동사든지 -ed의 추가'는 때로 실수를 유발한다. 경험이 추가되면서, 연결망이 수정되고, 성인의 사용하는 단계의 규칙을 결합하게 된다. '자주 사용되는 동사[가다(go)와 같은]는 기억[갔다(went)]에서 독특한 과거 시제형을 인출하게 된다. 새롭거나 사용 빈도가 낮은 동사의 경우, 과거 시제는 -ed를 붙여서 구성한다(Taatgen & Anderson, 2002). 신경 연결망은 언어학습에 편중되지 않았다는 것을 알게 된다. 대신, 연구자들은 유아가 언어에 특별하게 맞추어진 역량보다는 일반적 영역에 강력하고 분석적인 역량을 적용하는 복잡한 언어 환경에 대한 감각을 갖고 있다고 추정한다(Bates, 1999; Elman, 2001; Munakata, 2006).

다른 이론가는 Chomsky의 생득적 관점과 인간의 뇌가 형태를 탐지하는 비범한 기술인 정보처리 주장을 융합하고 있다. 연구에서는 8개월 아기는 비범한 소리 흐름의 통계학적 분석가이며, 관련 소리가 가끔 함께 발생하는지, 발생하지 않는지를 탐지하는 능력, 즉 유창한 말의 흐름에서 단어를 변별하도록 도와주는 형태 분석능력이 있음을 제시하고 있다. 통계적 학습 이론에 의하면, 영아는 비언어학적 경험을 이해하기 위하여 사용하는 동일한 전략으로 언어의 기본 형태를 인식한다. 동시에, 연구자는 그러한 통계학적 계산이 높은 수준의 언어적 측면의 숙달, 예를 들면 단어와 문단 간의 먼 관계에 대한 인식에 요구되는 복잡 미묘한 문법적 구조를 설명하기에 불충분함을 인식하고 있다(Aslin & Newport, 2009). 최근에 통계학적 학습 이론은 어떻게 통계적 규칙에 대한 민감성이 다른 일반적 인지능력과 아동의 복잡도가 높은 언어 구조 획득을 설명하기 위한 특수 언어적 처리능력을 서로 연결하는지 조사하고 있다(Saffran, 2009).

정보처리 접근의 옹호자는 생물학적 증거를 이끌어 내어, 언어를 관장하는 뇌의 영역도 다른 유

사회적 상호작용주의 관점에 의하면 생득적 능력, 의사소통에 대한 강력한 욕구, 풍부한 언어 환경에의 노출은 이 유아가 언어의 기능과 규칙성을 발견하도록 도와준다.

사한 지각적 · 운동적 · 인지적 능력을 관장하고 있음을 지적하고 있다. 예를 들면, ERP와 fMRI 연구는 베르니케 영역이 포함된 좌반구 손상의 결과로 언어와 다른 형태의 자극, 즉 음악과 친숙한 모양을 탐지하는 움직이는 일련의 빛과 같은 자극의 이해에 어려움을 갖게 됨을 밝히고 있다(Bates et al., 2003; Saygin et al., 2004; Saygin, Leech, & Dick, 2010). 베르니케 영역은 특수 언어적 사고를 관장하는 한 영역으로 사실상 언어적 소리보다 비언어적 이해와 좀 더 강하게 연합되어 있다(Dick et al., 2004).

정보처리 이론가는 자신들의 생각을 인공 신경망과 실험실의 아동에게 제시된 대부분 단순화된 언어 자극으로 검증하고 있다. 많은 상황에서 연구자들은 밝혀진 학습전략이 일상의 사회적 맥락에서 아동의 언어 획득에 대한 일반화에 확신을 주지 못하였다. 다른 상호작용 이론가는 아동의 사회적 기술과 언어적 경험은 언어발달에 확실하게 개입된다고 믿고 있다.

사회적 상호작용 이론 사회적 상호작용 관점에 의하여, 타인에 대한 이해와 타인에 의하여 이해받고자 하는 천부적 능력과 강한 욕구, 그리고 풍부한 언어 환경은 결합하여 아동이 언어의 기능과 규칙성을 발견하도록 돕는다. 즉 언어 이해에 대한 능력을 부여받은 적극적인 아동은 의사소통을 하고자 노력한다. 그렇게 하면서 아동은 양육자가 적합한 언어 경험을 제공하도록 하는 단서를 주고, 다시 이 경험은 순차적으로 사회적 의미에 언어의 내용과 구조를 관련짓도록 도와준다(Bohannon & Bonvillian, 2009; Chapman, 2006).

사회적 상호작용 이론가들 사이에 아동이 일반적 인지 역량을 적용하는지 혹은 언어에 맞추어진 특수한 역량을 적용하여 복잡한 언어 환경을 이해하는지 여부에 대한 이론적 불일치가 계속되고 있다(Lidz, 2007; Shatz, 2007; Tomasello, 2003, 2006). 그럼에도 불구하고 언어발달 과정을 차트화하면, 아동의 사회적 능력과 언어 경험이 언어발달에 많은 영향을 준다는 핵심적 전제에 대한 많은 지지를 접하게 된다. 사실상 선천적 부여, 인지처리 전략, 사회적 경험은 언어의 각 요소를 고려한 균형의 차이에 작용할 수도 있다. 현재는 언어가 정확하게 어떻게 발생되는지보다는 언어발달 과정에 대하여 많은 것이 알려졌다.

전언어적 발달 : 말하기의 준비

매우 초기부터 영아는 언어 획득을 위한 준비가 되어 있다. 인생의 첫해에 언어에 대한 민감성, 인지적 · 사회적 이정표, 환경적 지원은 언어적 의사소통을 준비하는 것이다.

언어의 수용성

제4장을 회상하면, 신생아는 인간 목소리의 음높이에 민감하며, 특히 엄마의 목소리와 모국어를 다른 소리보다 선호하는데, 그 이유는 태내기에 엄마의 말에 반복해서 노출되었기 때문으로 보인다. 덧붙여, 신생아는 사실상 어떤 인간 언어의 소리 간의 미세한 차이를 구분하는 놀라운 능력을 가지고 있다. 이 기술은 모국어의 음운적 부호를 해독하도록 돕는 것 같은데, 이 점을 좀 더 자세히 살펴보고자 한다.

모국어 소리 범주와 형태의 학습 성인으로서 말의 흐름에서 **음소**(phonemes), 최소의 소리 단위로 의미의 변화를 부호화하여 '파'와 '바'의 자음 소리 간의 차이를 분석한다. 음운은 전 언어에 걸쳐 동일하지는 않다. 예를 들어, 영어를 하는 미국인이 구별하는 /r/과 /l/의 소리는 일본인에게는 동일한 소리로 들린다. 유사하게 영어를 하는 미국인은 태국어의 의미 구별에 사용되는 공기 파열음의 부드러운 /p/와 강한 /p/의 두 가지 /p/ 소리 간의 차이를 지각하는 데 어려움을 갖게 된다. 동일한 음소체에 속하는 유사한 범위의 소리를 동일한 것으로 지각하는 경향성을 **범주적 언어 지각**(categorical speech perception)이라고 칭한다. 성인과 같이 신생아도 이러한 능력이 있다. 그리고 인간들뿐만 아니라 다른 영장류와 친칠리아스는 말소리뿐만 아니라 비언어적 소리도 범주화한다(Burnham & Mattock, 2010). 이러한 결과는 범주 인식이 언어적인 입력에만 유일한 것이 아님을 알려 준다. 그보다는 이것은 청각체계의 특성이고, 인간 언어는 그것의 혜택을 받은 것이다.

어린 영아는 자신이 갖고 있는 언어보다 광범위한 범위의 많은 말에 민감하다. 영아는 주변 사람들의 말을 능동적으로 들으면서, 의미 있는 소리의 다양성에 초점을 두게 된다. 6~8개월 사이에, 영아는 자신의 고유 언어에 속하는 음운 범주로 말을 조직하기 시작하는데, 즉 모국어 숙달에 유용하지 않은 소리에 대해 주의를 기울이지 않게 된다(Burns et al., 2007; Kuhl et al., 1992; Mattock et al., 2008; Polka & Werker, 1994).

곧바로, 영아는 말한 문장의 줄에서 익숙한 단어를 재인하고, 명확한 절과 구의 범위로 더 긴 말을 듣고, 말의 흐름을 단어와 같은 분절로 구분하게 된다. 4~6개월경에, 영아는 가언어로 성인이 말하는 문장의 소리가 소거된 비디오만 보고서, 친숙하지 않은 언어(프랑스어)에서 모국어(영어)를 구별할 수 있다. 그렇지만, 8개월경에는 영어 학습 영아는 더 이상 이러한 시각적 차이를 알아내지 못하였다. 그러나 프랑스어-영어 이중 언어 가정의 8개월 영아는 두 언어의 시각적 구별이 지속되었으며, 이 변별은 한 번에 두 언어를 학습하는 데 도움을 준다(Weikum et al., 2007).

영아가 연령이 높아져 언어 규칙성에 의도적으로 초점을 두면, 영아는 곧 구어 문장에서 익숙한 단어를 인식하고, 명확한 절과 구의 경계로 된 말을 길게 들으며, 말의 흐름을 단어와 같은 단위로 나누게 된다(제4장 참조). 영아는 또한 개별 단어에 대한 운율적 민감도를 확장시킨다. 음운 순서와 강세 형태를 사용하여, 7개월 영아는 전형적인 소리로 시작하는 단어와 그렇지 않은 단어를 구별할 수 있다(Swingly, 2005; Thiessen & Saffran, 2007).

예를 들면, 영어와 네덜란드어를 사용하는 영아 학습자는 종종 새로운 단어를 나타내는 강한 음절에 의존하여 알아내게 된다. 10개월경, 영아는 약한 음절로 시작하는 단어를 탐지할 수 있다(Jusczyk, 2001; Kooijman, Hagoort, & Cutler, 2009). 흥미롭게도, 반대 패턴인 약한 음절로 시작하는 단어 탐지를 일찍 하는 것은 약강 강세 형태를 많이 갖고 있는 프랑스어를 습득하는 캐나다 영아의 특징이다(Polka & Sundara, 2003).

선행연구들은 결과들은 출생 6개월 후부터, 영아는 문장과 단어의 내적 구조 탐지, 즉 말의 단위에 그 의미를 연결하는 핵심 정보를 탐지하기 시작하고 있다. 어떻게 아기는 이러한 묘기를 수행하게 되는가? 영아는 소리 형태에 대한 주의 깊은 **통계학적 분석**이며, 영아는 첫해의 6개월 이후에 함께 발생하는 빈도가 높은 인접 음절(동일 단어에 속하는 신호 표시)에서 함께 발생하는 빈도가 낮은 음절(한 단어의 영역에 대한 신호 표시)을 구별할 수 있다. 연구에 의하면, 영아는 먼저 말 속에 단어 위치를 지정하는 이러한 통계학적 학습능력을 사용하게 된다. 그다음 영아는 단어들에 초점을 두어 자신의 언어 내에 있는 음절 강세의 규칙적 형태를 탐지하게 된다(Thiessen & Saffran, 2007). 더 나아가, 이 연령의 아기는 **규칙 학습자**로 발아하게 된다. 7세경에 영아는 궁극적으로 영아가 기본 통사를 알게 되도록 도와주는 능

이 엄마는 8개월 영아에게 영아 지향의 말, 즉 높은 억양의 과장된 표현으로 된 짧고, 분명하게 발음된 문장을 사용하며 말한다. 이 의사소통의 양식은 언어 이해의 과제를 용이하게 한다.

력인, 짧고 무의미한 단어순서 구조 내의 ABA 형태에서 ABB 형태를 구별하게 된다(Marcus et al., 1999).

명백하게, 영아는 12개월경 말을 하기 시작하기 전에 많은 양의 언어 특수적 지식을 획득하게 된다. 성인 말의 어떤 특징은 영아가 의미 있는 말 단위를 탐지하도록 많이 도와준다.

어린 언어 학습자를 위한 성인의 말   많은 국가의 성인은 영아와 걸음마기 영아에게 **영아 지향어** (infant-directed speech, IDS)로 말을 하는데, 높은 음조의 과장된 표현, 명확한 발음, 말의 분절 간에 명확하게 구분되는 멈춤, 다양한 맥락 내의 새로운 단어의 반복으로 된 짧은 문장으로 구성된 의사소통 유형이다("공 보자.", "공이 튄다.")(Fernald et al., 1989; O'Neill et al., 2005). 청각장애 부모는 자신의 아기에게 신호를 할 때, 유사한 의사소통 양식을 사용하게 된다(Masataka, 1996).

부모는 자신이 IDS를 사용하여 아기에게 말을 가르치기 위해 용의주도한 시도를 하는 것 같지는 않은데, 성인이 외국인과 의사소통할 때에도 동일한 언어적 수준이 나타난다. 그보다 IDS는 영아의 주의집중 유지와 이해를 쉽게 하려는 성인의 욕구에서 나타나며 이러한 방법은 효과적이다. 출생부터 영아는 다른 유형의 성인의 말보다 IDS 듣기를 선호한다(Aslin, Jusczyk, & Pisoni, 1998). 5개월경에, 영아는 좀 더 정서적으로 반응적이며, 다른 의미를 가진 IDS의 음색 유형, 예를 들면 승인과 달래는 어투를 구별할 수 있다(Moore, Spence, & Katz, 1997; Werker, Pegg, & McLeod, 1994). IDS에서 엄마의 과장된 발음은 6개월에서 12개월 영아의 증가된 모국어의 음소 범주에 대한 민감성과 말 흐름 안에서 단어 감지와 강하게 연합된다(Liu, Kuhl, & Tsao, 2003; Thiessen, Hill, & Saffran, 2005). 두번째 해에, IDS에서 보편적인 명사로 이끄는 짧고, 단순한 구("고양이가 어디 있지?", "고양이를 보자.")는 단어 의미의 감지를 촉진시킨다(Fernald & Hurtado, 2006). 아마도 이러한 구들은 걸음마기 영아가 중요한 단어는 나오고 있다는 기대를 가능하게 하며, 따라서 그것을 유심히 듣게 된다.

부모는 유아의 요구에 맞는 어투의 장단과 내용을 맞추면서, 지속적으로 IDS에 섬세하게 운율을 맞추고, 이 조정을 통하여 영아가 그 말에 참여하게 되고, 두 번째와 세 번째 해에 언어의 진보를 증진하게 된다(Murray, Johnson, & Peters, 1990; Rowe, 2008). 덧붙여, 걸음마기 영아가 생성하는 첫 단어와 문장은 영아에게 노출된 아동 지향적 언어에서 종종 발생하게 된다(Cameron-Faulkner, Lieven, & Tomasello, 2003).

첫 말소리

2개월경에 아기는 즐거운 '우-' 유형으로, 모음으로 구성된 **쿠잉**(cooing)을 시작한다. 점진적으로 자음이 첨가되어, 6개월경에 영아는 긴 길이의 자음과 모음 연합을 반복하는 **옹알이**(babbling)가 나타나게 되어, '바바바바', '나나나나나'와 같은 소리를 하게 된다.

초기 옹알이의 시기는 성숙에 기인하는 것처럼 보인다. 어디서나(농아에게도) 아기는 동일 연령에 옹알이를 시작하고 유사한 범주의 초기 소리를 생성하게 된다. 그러나 옹알이가 더 발달되기 위해서는 영아가 인간의 말을 들어야 한다. 아기가 청각손상을 입게 되면, 이러한 말과 같은 소리는 많이 지체되거나, 혹은 청각장애 영아에게는 전혀 나타나지 않는다(Bass-Ringdahl, 2010, Moeller et al., 2007). 그리고 표현 언어에 노출되지 못하는 청각장애 영아는 옹알이가 완전히 멈추게 될 것이다(Oller, 2000).

한 사례에서 청각장애로 출생한 5개월 영아는 외부 소리를 청각 신경 자극 신호로 변환하는 귀 속에 삽입하는 전자 장치인 달팽이관 이식을 받았다. 이 영아는 영아기에 전형적인 옹알이를 보였고, 3, 4세경에 또래의 듣기와 유사하게 되었다(Schauwers et al., 2004). 그러나 만약 2세 이후(통상적인 달팽이관 이식 수술의 시기)에도 청각적 투입이 저장되지 않게 되면, 아동의 언어발달이 뒤

처져 있게 된다. 그리고 만약 4세 이후에 이식을 하게 되면, 언어 지연이 심
각하고 지속적이 된다(Govaerts et al., 2002; Svirsky, Teoh, & Neuburger,
2004). 이러한 결과는 말에 노출되는 것이 정상의 언어처리에 필요한 유기
체의 발달을 위한 뇌에 핵심이 되는 민감기를 제안하고 있다.

아기는 처음에 제한된 수의 소리를 생성하고, 그다음 폭넓은 범위로 확
장된다(Oller et al., 1997). 7개월경에 옹알이는 구어에서 자음과 모음의 음
절이 포함된다. 양육자가 영아의 옹알이에 우연히 반응을 하게 되면, 영아
는 성인의 말 속에 있는 소리 형태와 같은 소리 형태가 포함된 영아 옹알이
로 수정하게 된다(Goldstein & Schwade, 2008). 8~10개월경에 옹알이는 유
아가 속한 언어 사회의 소리와 억양을 반영하여, 그중의 어떤 옹알이는 첫
단어로 전이된다('마마', '다다')(Boysson-Bardies & Vihman, 1991).

이 3개월 영아는 쿠잉으로 알려진 '우-'
와 같은 모음 소리를 내며 즐거워한다. 곧
자음을 붙이게 되고, 6개월경에는 모든 영
아와 같이 옹알이를 시작한다.

연령이 더 높아진 아기의 옹알이를 들으면, 어떤 소리가 특정 맥락, 예를
들면 사물 찾기, 책 보기, 위로 걸어 올라가기(기어 올라가기) 등에서 나타난다는 것을 알게 된다
(Blake & Boysson-Bardies, 1992). 영아가 관습적 방법으로 말하기 전에, 소리체계와 언어의 의미
를 실험하는 것처럼 보인다. 옹알이는 영아가 자신의 첫 단어를 말하게 된 이후 4~5개월까지 지속
된다.

청각장애 영아는 출생부터 수화에 노출되어, 들을 수 있는 영아가 말을 통하여 하는 동일한 방법
으로 손을 사용하는 옹알이를 한다(Petitto & Marentette, 1991). 더 나아가, 청각장애이고 수화를
사용하는 부모를 가진 청각이 정상인 아기는 자연스러운 수화의 운율적 형태로 된 옹알이 같은 손
움직임을 만들어 낸다(Petitto et al., 2001, 2004). 이 언어 운율에 대한 민감성은 언어 지각뿐 아니
라 아기의 옹알이 생성하기에 관한 증거로, 손이나 말의 양식 여부 모두 의미 있는 언어 단위의 발
견과 생산을 지원한다.

의사소통자 되기

출생 시, 영아는 이미 대화체 행동의 여러 측면이 준비되어 있다. 이를테면, 신생아는 눈 맞추기와
응시하기에 의하여 상호작용을 주도할 수 있다. 3~4개월에 영아는 성인이 보는 동일한 방향을 응
시하기 시작하고, 이 기술은 10~11개월 사이에 좀 더 정확하게 된다. 이 시기에, 영아는 성인이 응
시하는 정확한 방향에 민감하게 되는데, 그 이유는 타인의 초점은 의사소통적 의도(사물에 대하
여 말하기)나 다른 목적(사물을 얻기)에 대한 정보를 제공한다는 것을 알게 되기 때문이다(Brooks
& Meltzoff, 2005; Senju, Csibra, & Johnson, 2008). 사실, 12개월 된 영아는 성인이 눈을 뜰 때만
성인이 바라보는 곳을 쳐다본다. 그리고 12~14개월 된 영아들은 성인이 사물을 보는 시선을 막는
장애물이 없으면, 좀 더 응시에 참여하는 경향이 있다(Brooks & Meltzoff, 2002; Dunphy-Lelii &
Wellman, 2004). 첫돌경에 아기들은 개인의 시각적 응시는 보는 사람과 주변 간의 핵심적 연결이
라는 신호임을 인식하고, 영아도 응시에 참여하기를 원한다.

이러한 **공동 주의**(joint attention)는 아동이 언어적 정보를 제공하는 양육자와 함께 동일한 사물
과 사건에 주의집중을 하는 것으로 초기 언어발달에 많은 기여를 한다. 이러한 경험을 한 영아와
걸음마기 영아는 2년 동안 좀 더 주의집중을 유지하며, 좀 더 언어를 이해하고, 초기에 의미 있는
몸짓과 말을 생성해 내고, 좀 더 빨리 어휘 발달을 보여 준다(Brooks & Meltzoff, 2008; Carpenter,
Nagell, & Tomasello, 1998b; Flom & Pick, 2003; Silvén, 2001). 첫해의 후반기에 공동 주의 획득은
영아가 성인과 '공통 배경'을 구성할 수 있으며, 이를 통하여 영아는 성인의 언어적 명명의 의미를
이해할 수 있다.

4~6개월 사이에, 부모와 아기의 상호작용은 주고받기, 손바닥치기놀이, 까꿍놀이가 포함되기

이 아이는 아빠의 주의를 새집으로 끌기 위한 전언어적인 몸짓을 사용한다. 아빠의 언어적 반응은 구어로의 전환을 촉진시킨다.

시작한다. 처음에 부모는 흥겨운 관찰자로서 아기와 게임을 시작한다. 그러나 4개월 된 영아는 이러한 상호작용, 즉 비조직화된 까꿍놀이보다 조직화된 까꿍놀이 교환에 좀 더 미소를 보내는 상호작용의 구조와 시기에 민감해진다(Rochat, Querido, & Striano, 1999). 12개월경, 아기는 적극적으로 양육자와 역할 주고받기에 참여한다. 이런 행동을 하면서, 아기들은 대화의 주고받기 형태, 언어와 상호작용 기술을 위한 핵심 맥락을 연습하게 된다. 게임을 통한 영아의 놀이 완성과 발성은 1~2세 사이에 발전된 언어 진보를 예측하게 된다(Rome-Flanders & Cronk, 1995).

첫돌경에, 영아의 공동 주의와 사회적 상호작용 기술이 확장된다. 영아는 양육자를 향하여 뒤돌아보면서 성인의 주의를 끌고 영아의 행동에 영향을 주려는 노력으로 사물 혹은 위치를 지적한다. 1세 영아는 타인이 지적하는 의사소통적 기능도 파악하게 된다. 영아는 성인이 눈을 내리깔 때는 아니고, 눈 맞춤을 할 때만 숨겨진 장난감의 위치를 알려 주기 위하여 손가락으로 지적한다는 것을 해석한다(Liszkowski, Carpenter, & Tomasello, 2007; Tomasello, Carpenter, & Liszkowski, 2007).

영아는 타인의 행동에 영향을 주는 두 가지 유형의 구어적 몸짓을 하게 된다. 첫 번째, **초기서술적 몸짓**(protodeclarative)으로 아기가 사물을 만지고, 잡아 올리고, 자신이 알고 있다고 확신하도록 타인이 바라보는 사물을 지적한다. 두 번째, **초기명령적 몸짓**(protoimperative)으로 타인이 무엇인가를 하도록 영아가 손을 뻗고, 지적하고, 종종 동시에 소리를 내기도 한다(Carpenter, Nagell, & Tomasello, 1998a). 시간이 지나면서, 이러한 몸짓은 외현적인 상징이 되어, 유아의 초기 가장놀이와 같이 된다(제6장 참조). 예를 들면, 1~2세 사이의 유아는 양팔을 내흔들어 '나비'를 표시하거나, '모두 갔어'를 표시하는 손짓을 하게 된다(Goldin-Meadow, 1999).

영아 자신의 목적을 위하여 의사소통적 몸짓을 사용하는 것 이외에, 12개월에 영아는 타인의 요구를 위해 이 몸짓을 적용한다. 한 연구에서 영아는 성인이 위치를 알고 있는 사물보다 성인이 위치를 모르고 찾고 있는 사물을 더 자주 지적하였다(Liszkowski, Carpenter, & Tomasello, 2008). 효과적 의사소통의 핵심인 협동적 과정, 즉 타인의 의도와 지식에 맞추어 메시지 수정이 진행 중이다. 곧 걸음마기 영아는 "주세요."라고 말하면서 장난감을 가리키는 것처럼, 그들의 언어 메시지의 확장에 몸짓을 사용하여 말과 몸짓을 통합한다(Capirci et al., 2005). 점진적으로, 몸짓은 약해지고 단어는 우세해진다.

걸음마기 영아의 전언어적 몸짓 사용은 2~3년 내의 빠른 초기 어휘력 성장을 예측하고 있다(Brooks & Meltzoff, 2008; Rowe, Özçalişkan, & Goldin-Meadow, 2008). 그리고 걸음마기 영아가 더 어릴 때 단어-몸짓 연결이 형성되면, 사용하는 수가 더 많아지고, 2세 말에 두 단어 어투를 더 일찍 산출하게 되면, 3세 반에 문장이 더 복잡해진다(Özçalişkan & Goldin-Meadow, 2005; Rowe & Goldin-Meadow, 2009). 명확한 몸짓은 초기 언어발달의 끝 지점이며, 좀 더 진보된 구성을 위한 디딤돌로 제공된다.

민감하게 반응하고 영아와 대화 같은 상호교환에 참여하는 양육자는 영아의 조기 언어발달을 격려하게 된다. 어떤 문화, 파푸아뉴기니의 카루리, 서사모아의 사람들과 멕시코 남부의 마야인과 같은 문화권에서 성인은 어린 아동과 거의 의사소통을 하지 않으며, 사회적 게임도 함께하지 않는다. 영아가 기고 걸을 때까지 형제가 돌보고, 걸음마기 영아에게 말을 하고, 아기의 소리에 반응을 한다. 그래도 카루리, 사모아와 마야 아동도 정상적인 시간의 틀 내에서 언어를 습득한다(de León, 2000; Ochs, 1988).

부모-아동 간 상호작용 : 청각장애 아동의 언어와 인지발달에 미치는 영향

미국의 영아 1,000명 중 2~3명 정도는 완전한 청각장애로 태어난다(ASHA, 2011). 청각장애 아동이 부모와 의사소통에 온전히 참여할 수 없을 때, 발달은 심각하게 손상된다. 아직 아동의 언어와 인지에 대해 귀가 들리지 않는 것에 대한 결과는 사회적 상황에 따라 다양하지만, 들을 수 있는 부모의 청각장애 아동과 청각장애 부모의 청각장애 아동을 비교함으로써 밝혀졌다.

청각장애 아동의 90% 이상은 표현 언어에서 유창하지 않은 청각장애 부모를 두고 있다. 걸음마기 영아와 유아기에, 이러한 유아는 종종 언어와 가장놀이의 발달에서 지연되었다. 아동 중기에 학교에서의 많은 성취에서 부족하고 사회적 기술에 결함이 있으며, 충동 조절문제를 보인다(Arnold, 1999; Edmondson, 2006). 청각장애 부모의 청각장애 아동들이 이러한 문제들을 벗어나고 있지 못하다. 그들의 언어(표시의 사용)는 성숙을 나타낸다. 그리고 충동 조절은 들을 수 있는 아동들과도 같은 수준이다. 학교에 입학한 후에 청각장애 부모의 청각장애 아동들은 쉽게 그리고 성인과 또래와 함께 잘 어울린다(Bornstein et al., 1999; Spencer & Lederberg, 1997).

이러한 차이는 초기의 부모-아동 간 상호작용을 추적할 수 있다. 제한되고 덜 민감한 부모의 의사소통과 함께한 아동은 그들의 행동 조절-그들이 행동하기 전에 생각하는 것-을 성취하는 데 있어서 또래들 보다 뒤처진다. 영아기의 시작에 청각장애 아동의 들을 수 있는 부모는 유아의 의사소통에 대한 노력에 대해 덜 긍정적이고, 덜 반응적이고, 공동 주의집중과 주고받는 것을 성취하는 데 덜 효과적으로 하고, 놀이에 참여를 덜 하고, 좀 더 지시적이고 교수적이다(Spencer, 2000; Spencer & Meadow-Orlans, 1996). 반면, 청각장애 아동과 청각장애 부모 사이의 상호작용의 질은 들을 수 있는 아동과 들을 수 있는 부모의 것과 유사하다.

들을 수 있는 부모는 그들의 들을 수 없는 아동의 문제를 비난하지 않는다. 차라리 그들은 시각적인 의사소통의 경험이 없어 청각장애 부모는 청각장애 아동의 필요에 반응할 준비가 가능하다. 청각장애 부모들은 아동이 그들과 상호작용하기 전에 그들을 향해 뒤돌아서 기다려야 한다는 것을 안다(Loots & Devise, 2003).

들을 수 있는 부모는 유아의 주의집중이 직접적으로 있는 동안 말하거나 몸짓을 하는 경향이 있다(청각장애를 가진 파트너와 함께하는 것이 아니라 들을 수 있는 파트너와 함께 일하는 전략). 아동이 혼란스러워하거나 반응적이지 않을 때, 들을 수 있는 부모는 종종 당혹감을 느끼거나 몹시 통제하게 될 것이다(Jamieson, 1995).

듣지 못함에 대한 언어와 인지발달의 영향은 아동의 삶에서 부모와 다른 의미 있는 사람들로부터 어떻게 영향을 받는지에 따라 가장 잘 이해될 수 있다. 청각장애 아동은 자연스러운 언어학습을 경험하기 위하여 언어 모델-청각장애 성인과 또래-의 접근을 필요로 한다. 그리고 그들의 들을 수 있는 부모들은 들을 수 없는 상대와의 민감한 상호작용을 어떻게 하는지에 따른 사회적 지지로부터 이익이 있다.

판별기술은 출생 시에 청각장애 영아를 알아낼 수 있다. 많은 미국의 주들과 많은 수의 서구 국가들은 신생아를 검사하고, 효과적인 부모-아동 상호작용을 발전시키는 것을 목표로 한 프로그램들에 즉시 입소를 가능하게 한다. 아동이 심각한 청력손실이 있을 때, 생

많은 청각장애 아동의 들을 수 있는 부모들과는 다르게, 이 엄마는 몸짓 언어가 유창하다. 시각적인 의사소통을 사용하면서, 그녀는 그녀의 3세 유아의 의사소통을 하고자 하는 노력에 재빨리 반응한다. 결과적으로 이 유아는 일반적인 그녀 또래의 언어발달을 보인다.

의 첫 1년 이내에 중재받는 것을 시작하면, 그들은 언어, 인지, 사회성 발달에 훨씬 더 나은 발달을 보인다(Vohr et al., 2008; Yoshinaga-Itano, 2003)

이러한 연구결과는 출생 후 첫해 동안 성인의 의사소통 양상이 필수적이지 않음을 제시하고 있다. 그러나 2세경에 양육자와 유아의 상호작용은 언어로의 전환에 많은 기여를 하게 된다. 9개월과 13개월경의 엄마와 아동 놀이 관찰에서, 엄마의 유아활동에의 참여, 언어적 촉발의 제공, 유아 소리 발성의 모방과 확장의 빈도는 어린 유아가 주요 언어 이정표, 즉 첫 단어, 50단어 어휘, 두 단어 조합, 과거에 대해 말하는 언어 사용 등을 얼마나 빨리 획득하였는지를 예측하였다. 언어적 진보에 대한 엄마의 반응과의 관계는 13개월경에 특히 강하였다(Tamis-LeMonda, Bornstein, & Baumwell, 2001).

아동의 무능력이 반응적 의사소통에 참여하는 부모에게 어려움을 갖게 하여, 아동은 언어와 인지발달 모두 심각한 지체를 보이게 된다. 양육자가 유아의 조기 언어학습을 지원할 수 있는 방법은 290쪽 '적용하기'에 제시되어 있다.

적용하기

조기 언어학습의 지원

전략	결과
영아의 쿠잉과 옹알이에 말소리와 말로 반응하기	추후 첫 단어와 조합될 수 있는 소리 탐색의 격려 인간 대화의 차례 지키기 형태의 경험 제공
유아가 본 것에 대한 공동 주의집중과 의견을 제시하기	좀 더 빠른 언어 개시와 좀 더 빠른 어휘발달로 주의집중 유지력의 증진
영아기와 걸음마기에 까꿍놀이와 같은 사회적 게임 놀이하기	대화체 의견교환의 모든 측면의 증진
빈도 높은 대화에 아동을 참여시키기	학령기의 좀 더 빠른 언어발달과 학업능력의 증진
아동이 바로 말한 것에 새로운 정보를 약간 덧붙여 확장시키기	영아에게 "주스 달라고?", "여기 주스가 있네.", "사과 주스야"와 같이 어떤 말을 하면서 유아의 현재 수준보다 조금 앞서는 언어 사용의 모델이 되어 나타나는 언어적 진보
아동에게 자주 책을 읽어 주고 그림책의 대화에 참여시키기	언어의 모든 측면 어휘, 문법, 의사소통기술, 문해발달에 중요한 문어 상징과 이야기 구조에 대한 정보 노출의 제공

음운론적 발달

1~2세 영아가 시도하는 일련의 첫 말을 듣게 되면, 흥미 있는 발음의 집합뿐 아니라(예 : 바나나-나나, 비누-이누, 준비-주비) 성인의 말투와 유사하지 않은 말투(예 : 사자-아자)를 듣게 된다. 이러한 말의 통역은 유아의 부모에게 물어야 한다. 음운론적 발달은 소리의 순서에 주의집중하고, 소리를 내고, 이해 가능한 말과 절로 조합하는 아동의 능력에 의존하는 복잡한 과정이다. 1~4세 사이에, 유아는 이 과제에서 큰 발달적 진보를 하게 된다. 유아 주변의 사람들에게 말하기 위하여, 어린 유아는 첫째 말에 발달이 잘 이루어지면, 자기 모국어의 음운적 범주를 구별하는 놀라운 능력을 갖추게 된다. 유아는 또한 자신의 최근 신체적·인지적 능력 범위 내에 있는 성인 언어에서 가져온 소리를 내는 일시적 전략을 채택하게 된다(Menn & Stoel-Gammon, 2009).

초기 단계

아동의 첫 단어는 부분적으로 그들이 발음할 수 있는 적은 수의 소리에 영향을 받는다(Stoel-Gammon, 2011, Stoel-Gammon & Sosa, 2007). 가장 쉬운 소리 순서는 자음으로 시작하여 모음으로 끝나며, 반복된 음절이 포함되는 '마마, 다다, 바이 바이, 바바(밤)' 등이다. 때로 어린 유아는 다양한 단어를 표상하는 동일한 소리를 사용하는데, 이러한 구성된 말의 특징은 이해가 어렵다(Ingram, 1999).

연구자들은 더 많은 어휘의 단어 수를 가진 걸음마기 영아와 유아가 더 많은 말의 소리와 음절 구조를 발음할 수 있다고 확신하고 있다(Smith, McGregor, & Demille, 2006; Stoel-Gammon, 2011). 다행히도, 언어는 어린 유아의 음운론적 한계에 부응하게 된다. 전 세계에 걸쳐, '마마', '바바' 등 유사한 소리는 부모를 의미하는데, 이것이 유아가 어디서나 생성하여 구술하는 첫 단어라는 것은 놀라운 일이 아니다. 또한 영아 지향 언어에서 성인은 종종 걸음마기 영아에게 흥미 있는 사물에 대하여 말하도록 단순화된 말을 사용한다. 예를 들어, 자동차는 '빠방'이 되기도 하고, 기차는 '칙칙폭폭'이 된다. 이러한 단어 유형은 유아의 첫 말의 시도를 지원하고 있다.

1세 영아의 첫 말에 대한 학습은 친숙한 단어인 개, 아기, 공과 같은 단어들을 영아가 잘못 발음하더라도 어떻게 소리를 내야 하는지 필요한 조건이다. 연구자들은 14개월 영아에게 사물(아기, 개와 같은)과 짝이 되는 단어를 말한 목소리를 제시하였는데, 정확한 발음[베이비(baby), 약간 잘못된 발음[바비(vaby)], 심각하게 잘못된 발음[라비(raby)]으로 제시하였다(Swingley & Aslin, 2002). 걸음마기 영아는 여러 번 들어 본 단어의 정확한 발음을 용이하게 감지하였다. 영아는 단어를 약간 혹은 극단적으로 잘못 발음할 때보다 정확하게 발음하였을 때 적합한 사물을 더 오래 보았다(그림 9.4 참조). 그리고 영아는 첫소리나 끝소리 모두 잘못된 발음을 하는 이러한 방식으로 반응한다(Swingley, 2009).

그럼에도 불구하고, 새로운 단어를 학습할 때, 걸음마기 영아는 종종 소리의 미세한 세부적인 면인 자신의 발음 실수에서 비롯된 실패를 잡아 내지 못한다. 여러 연구에서 14개월 영아는 소리 구별 과제에서 'ㅂ'과 'ㄷ'의 차이를 용이하게 감지할 수 있어도, 두 개의 유사한 소리를 내는 무의미 단어('비히'와 '디히')에 두 가지 사물을 연합할 수 없었다(Fennell & Werker, 2003; Stager & Werker, 1997). 왜 걸음마기 영아는 새로운 단어를 습득할 때 소리를 말하기 위하여 자신의 감동적인 민감성을 적용하지 않는가? 단어와 칭하는 사물을 연합하려면 걸음마기 영아의 제한된 작업기억을 과도하게 요구하게 된다. 의사소통하려는 의도에 의하여, 걸음마기 영아는 단어의 소리를 희생하여 부정확하게 부호화하면서 말과 칭하는 사물의 짝에 초점을 두게 된다.

걸음마기 영아의 어휘가 증가되면, 새로운 단어의 유사한 소리 내기를 구별하는 자신의 지각능력을 사용하여 더 잘하게 된다. 한 번 걸음마기 영아가 유사한 소리로 된 일련의 여러 단어를 습득하면, 유아는 단어들 간의 미세한 차이에 좀 더 밀접하게 주의집중하려는 동기유발이 되기도 한다.

음운론적 전략의 출현

2세 중반에, 유아는 전체 음절과 말을 발음하려는 시도에서 단어 내의 각 개별 소리를 발음하려는 시도로 이동하게 된다. 그 결과, 유아는 음운 형태를 탐색하면서 들을 수 있다. 유아가 발음을 부분적으로 바르게, 부분적으로 틀리게 하는 발달적 중간 단계가 있다. 유아가 자신의 언어에서 빈도가 높게 발생하는 음운 형태에 대한 지각과 생성을 좀 더 연습하기 때문에, 유아는 사용 빈도가 높은 단어를 좀 더 정확하고 빠르게 발음하게 된다(Majorano & D'Odorico, 2011; Zamuner, Gerken, & Hammond, 2004). 소리 내는 법이 독특한 단어는 일반적으로 발음하기 어렵다. 근접한 관찰에 의하면, 유아는 새로 배우는 단어에 체계적 전략을 적용하여, 성인의 어투와 유사하고 자신의 발음 능력에 맞추게 된다. 유아가 채택하는 정밀한 전략은 개인차가 있지만, 일반적 발달 형태를 따르게 된다(Vihman, 1996).

처음에, 유아는 강세를 준 음정에 초점을 두고 자음과 모음 조합에 의한 발음을 시도하면서 최소 단어를 생성하게 된다. 곧 유아는 끝 자음을 추가하고, 모음 길이를 조절하고, 강세가 없는 음정을 추가하게 된다. 마침내, 유아는 소리를 정교화할 필요가 있을지라도, 정확한 강세 형태를 갖춘 완전한 단어를 생성하게 된다(Demuth, 1996; Salidis & Johnson, 1997).

유아가 하는 실수는 전 세계의 언어에 걸쳐 유사하게 나타난다. 그러나 언어의 소리체계 복잡성과 의미 전달을 위한 특정한 소리의 중요성에 의하여 음운적 발달 비율의 차이가 나타난다. 광둥어를 하는 유아를 예로 들면, 영어를 하는 유아보다 좀 더 빨리 발달한다. 광둥어에서 많

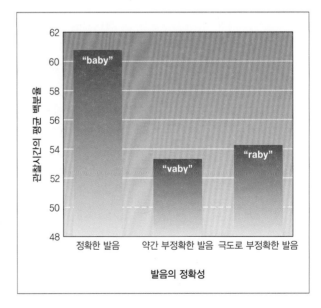

그림 9.4 1세 영아의 친숙한 단어의 정확한 발음에 대한 인식
14개월 영아에게 친숙한 사물의 쌍 아기와 개를 보여 주는데 사물 중 하나를 정확하게 발음하는 조건과 부정확하게 발음하는 조건을 달리하였다. 영아는 정확하게 발음한 단어의 사물을 더 오래 쳐다보았다. 각 조건에서 정확한 사물을 쳐다보는 시간이 50%를 넘는데 이것이 영아가 정확한 발음을 인식하는지 여부를 알려 준다.
출처 : Swingley & Aslin, 2002.

은 단어는 단일 음절이나 음절의 음색의 변화가 의미의 변화를 이끌 수 있다. 중국 유아는 2세경에 이러한 음색을 숙달하게 된다(So & Dodd, 1995).

유아기 동안 유아의 발음은 크게 증진된다. 유아의 음운론적 실수는 성인의 수정에 매우 저항적이므로 이러한 증진은 대부분 성대의 성숙과 유아의 능동적 문제해결을 위한 노력 때문에 일어난다.

후기 음운론적 발달

음운론적 발달이 대부분 5세경에 완전해져도, 의미에서 미묘한 차이를 나타내는 몇 개의 음절 강세 형태는 아동 중기와 청소년기에 습득된다.

추후 획득된 음운은 말의 의미론적 복잡성에 영향을 줄 수 있는데, 그 안에 있는 이해하기 어려운 말은 발음하기가 더욱 어렵다. 연령이 높아져도, 새로운 단어의 소리와 의미의 동시 작용은 인지체계에 과부화를 주는데, 그 이유는 유아가 일시적으로 단어의 의미를 더 잘 알아챌 때까지 발음을 희생시키기 때문이다.

의미론적 발달

단어의 이해는 첫해 중간에 시작한다. 6개월 된 영아가 부모의 사진이 나란히 배열된 비디오를 보면서 '엄마', '아빠'라는 단어를 들으면, 영아는 부모라고 명명한 비디오를 더 오래 보았다(Tincoff & Jusczyk, 1999). 9개월경 사물에 짝지어진 단어를 들은 후, 아기들은 다른 범주의 다른 사물들보다 동일한 범주의 다른 사물들을 더 오래 바라본다(Balaban & Waxman, 1997). 평균적으로, 영아는 12개월경에 첫 단어를 말한다. 6세경에 1만 개 단어의 어휘를 갖게 된다(Bloom, 1998). 이러한 능력을 성취하기 위하여 유아는 매일 다섯 개의 새 단어를 학습한다.

이러한 성취가 나타나면 유아가 이해하는 **언어 이해력**(comprehension)은 유아가 사용하는 **언어 산출력**(production)에 선행하여 발달한다. 5개월경에 50개 단어의 이해(13개월경)와 50개 단어의 산출(18개월경) 간의 차이가 존재한다(Menyuk, Liebergott, & Schultz, 1995).

왜 산출력에 선행하여 이해력이 나타나는가? 제7장에서 기억의 두 가지 유형인 재인과 회상의 차이를 고려하고자 한다. 이해력은 유아의 단어 의미의 인식만이 요구되며, 반면에 산출력은 유아의 회상 혹은 기억, 즉 기억 속에 있던 단어와 개념에 대한 검색이 요구된다. 산출력과 이해력은 관련성이 있다. 영아의 구어 이해 속도와 정확성은 2세가 지나면서 극적으로 증가한다. 이해가 더 빠르고 정확한 걸음마기 영아는 2세가 되면서 단어 이해와 산출에서 더 급속한 성장을 보인다(Fernald, Perfors, & Marchman, 2006). 빠른 이해는 새로운 단어를 알아채고, 의사소통에 새로운 단어를 사용하는 과제에 좀 더 요구되는 작업기억이 사용하는 공간을 허용하게 만든다.

초기 단계

말을 학습하기 위하여, 유아는 그들의 언어 공동체에서 각 명칭이 어떤 개념인지를 찾아내야 한다. 여러 부모들에게 걸음마기 영아의 첫 단어 목록을 요구하였다. Piaget의 감각운동기와 2세까지 유아에게 형성된 범주에 단어들이 기초하고 있음을 주목하라(제6장 참조). 미국과 중국어 사용 아기의 첫 10단어 추적 연구에서 중요한 사람['엄마(Mama)', '아빠(Dada)'], 일반 사물['공(ball)', '빵(bread)'], 효과음['우푸(woof-woof)', '브룸(vroom)']은 가장 빈도가 높게 언급되었다. 표 9.1에 제시된 바와 같이, 움직임 단어['때리다(hit)', '잡다(grab)', '안다(hug)']와 사회적 인습['안녕(hi)', '잘가(bye)']에 대한 단어는 3집단에서 나타나는 빈도가 높았으나, 미국 영아보다 중국 영아에게 더 자주 나타났다(Tardif et al., 2008). 첫 단어는 중요한 사람('엄마', '아빠'), 동물('개', '고양이'), 움직이

표 9.1 미국과 중국 걸음마기 영아의 가장 초기에 생성되는 20개 단어를 순서대로 배열

영어(미국)	중국어(홍콩)	중국어(베이징)
아빠(Daddy)	**아빠(Daddy)**	**엄마(Mommy)**
엄마(Mommy)	아(Aah)	**아빠(Daddy)**
매(하고 우는 소리)(BaaBaa)	**엄마(Mommy)**	할머니(어머니쪽)[Grandma(maternal)]
안녕(Bye)	*맛있어 맛있어(YumYum)*	할아버지(아버지쪽)(Grandpa(paternal))
안녕(Hi)	*언니/누나(Sister/older)*	**안녕(Hello)**
으악(OuOh)	**으악(UhOh)**	*쳐(Hit)*
으르렁거리는 소리(Grr)	*쳐(Hit)*	아저씨(Uncle)
병(Bottle)	**안녕(Hello)**	붙잡아(Grab/Grasp)
맛있어 맛있어(YumYum)	우유(Milk)	*이모[Auntie(maternal)]*
개(Dog)	말썽꾸러기(Naughty)	**안녕(Bye)**
싫어/아니(No)	*형/오빠(Brother/older)*	**으악(UhOh)**
멍멍(WoofWoof)	*할머니(어머니쪽)[Grandma(maternal)]*	우와(Ya/Wow)
부르릉(Vroom)	할머니(아버지쪽)[Grandma(paternal)]	*언니/누나(Sister/older)*
고양이(Kitty)	**안녕(Bye)**	**멍멍(WoofWoof)**
공(Ball)	빵(Bread)	*오빠/형(Brother/older)*
아기(Baby)	*이모[Auntie(maternal)]*	잡아(Hug/Hold)
오리(Duck)	*공(Ball)*	불(Light)
고양이(Cat)	할아버지(아버지쪽)[Grandpa(paternal)]	*할머니(어머니쪽)[Grandma(maternel)]*
아야(Ouch)	차(Car)	계란(Egg)
바나나(Banana)	**멍멍(WoofWoof)**	*부르릉(Vroom)*

주 : 단어는 동일 언어의 영어로 번역된다. 볼드체는 3개 국어 모두에서 공통적으로 나타난다. 이탤릭체 단어는 2개 언어에서 공통적으로 나타난다.

출처 : T. Tardif, P. Fletcher, W. Liang, Z. Zhang, N. Kaciroti, & V. A. Marchman, 2008, "Baby's First 10 Words," *Developmental Psychology, 44*, p. 932, Copyright © 2008 by the American Psychological Assoication. Reprinted with permission of the American Psychological Association.

는 사물('공', '차', '신발') 음식('우유', '사과'), 친숙한 행동('바이바이', '좀 더', '위'), 혹은 친숙한 행동의 결과('더럽다', '뜨겁다', '젖었다')에 대한 단어이다(Hart, 2004; Nelson, 1973). 걸음마기 영아의 첫 50개 단어에는 고정되어 있는 사물인 '식탁', '꽃병' 등의 단어는 거의 없었다.

어린 걸음마기 영아는 매주 세 단어의 속도로 천천히 어휘들을 추가하게 된다. 점진적으로 학습되는 단어의 수가 가속화된다. 8~16개월 사이에 학습되는 어휘 성장을 살펴보면, 증가의 속도는 단어 산출력보다 이해력이 더 빠르다(그림 9.5 참조)(Caselli et al., 1995). 18~24개월 사이에 단어 학습의 속도는 매우 놀랍기 때문에, 많은 연구자들은 산출되는 단어의 수가 50~100개에 도달하면 느린 단계와 빠른 단계 사이의 진이과정이 나타나는 길음마기 영아의 어휘 분출이 일어난다고 제안한다. 그러나 최근의 증거에서는 어휘 분출은 오직 소수민족 유아만의 특성이라고 제시하고 있다(Ganger & Brent, 2004). 대부분 유아는 점진적이며 지속적인 증가를 보이는데, 유아가 매일 9개의 새 단어를 추가하는 유아기 동안 지속적으로 단어학습률이 증가하게 된다.

어떻게 어린 유아는 그렇게 급속하게 어휘를 구성하게 되는가? 경험의 범주화(제6장 참조), 기억으로부터의 단어 검색, 새 단어의 발음을 위한 능력이 개입된다(Dapretto & Bjork, 2000; Stoel-Gammon, 2011). 덧붙여, 18개월 된 걸음마기 영아가 모방하는 증거에서 보았듯이 타인 의도에 대한 더 나은 이해는 걸음마기 영아에게 타인이 무엇을 말하는지 알아채도록 도와주어 급속한 어휘 성장을 지원하게 된다(Golinkoff & Hirsh-Pasek, 2006; Tomasello, 2003). 더 나아가, 걸음마기 영아의 경험 폭이 넓어지면, 명명할 흥미 있는 사물과 사건의 범위가 넓어진다. 예를 들면, 2세가 되어 가는 영아는 밖에 나가는 장소('놀이터', '가게'), 자동차('트럭', '소방차', '자전거')와 같은 언

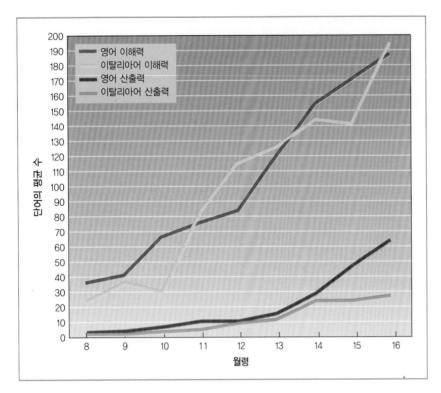

그림 9.5 **8~16개월 사이의 영어와 이탈리아어 학습자의 어휘 성장**
단어학습의 비율은 점진적으로 가속화된다. 어휘 크기의 증가는 산출력보다 이해력에서 매우 높게 나타난다. 단어
학습률은 점진적으로 가속화된다.
출처 : *Cognitive Development*, Vol. 10, No. 2, M. C. Caselli et al., "A Cross-Linguistic Study of Early Lexical Development," p. 172, copyright 1995

급이 더 많아지게 된다. 걸음마기 영아가 더 명
확한 자기 이미지를 구성하게 되면, 자기 자신
('나', '내 것')과, 자신과 타인의 신체와 옷('눈',
'입', '바지')을 언급하는 더 많은 단어를 추가하
게 된다(Hart, 2004).

연구자들은 유아가 잠깐 동안만 직면한 후 기
저의 개념에 새 단어를 연결할 수 있는 **빠른 지
도화**(fast-mapping)라는 과정을 발견하였다.
15~18개월의 영아도 놀라울 정도로 새로운 명
칭을 급속히 이해한다. 그러나 영아는 말에 기초
한 정보를 좀 더 기억하고 범주화하게 되는 유아
보다 여러 상황에 걸쳐 단어의 사용을 좀 더 반
복할 필요가 있다(Akhtar & Montague, 1999;
Fernald, Perfors, & Marchman, 2006).

걸음마기 영아의 빠르게 지도화된 단어의 이
해는 처음에는 불완전하나, 반복 노출로 더 깊이
각인된다(Swingley, 2010). 영아는 관련 개념과
단어의 연결이 형성되기 시작하면, 새 단어의 빠
른 지도화를 도와주며, 단어학습 비율의 증가는
연령 관련성에 기여하게 된다("가재를 봐. 가재
는 바다에 살아."). 훈련을 받는 걸음마기 영아
는, 통제집단과 비교하여, 더 빠르게 새로운 단

어를 획득하였다(Gershkoff-Stowe & Hahn, 2007). 유아기 동안에 점차 동일 상황에서 만난 둘 이
상의 새 단어를 빠르게 지도화하는 데에 능통하게 된다(Wilkinson, Ross, & Diamond, 2003).

개인차와 문화적 차이 영아가 평균적으로 12개월경에 첫 단어를 생성하지만, 그 폭이 8~18개월
로 넓으며 유전과 환경적 요인의 복잡한 융합의 결과로 다양성이 있다. 많은 연구들은 여아가 남아
보다 어휘의 성장에 약간 앞선다고 보고하고 있다(Fenson et al., 1994; Van Hulle, Goldsmith, &
Lemery, 2004). 가장 보편적인 생물학적 설명은 여아의 좀 더 빠른 신체적 성숙률로 좌반구의 좀
더 빠른 발달이 촉진된다는 믿음이다.

유아의 성 이외에 기질이 차이를 만든다. 내성적이고 조심스러운 걸음마기 영아는 종종 말을 시
도하기 전에 많은 이해를 할 때까지 기다린다. 유아가 마침내 말을 하게 되면, 유아기 동안 언어기
술 면에서 또래보다 약간 뒤처져 있더라도 어휘력이 급속히 증가된다(Spere et al., 2004). 기질적으
로 부정적인 영아들은 좀 더 느리게 언어를 습득한다(Salley & Dixon, 2007). 영아의 높은 정서적
반응은 언어적 정보처리에서 주의를 전환하게 하며, 양육자와의 관계는 종종 갈등을 담게 하고 그
결과, 언어적 발달 증진에 적합하지 않게 만든다.

양육자와 유아 간 대화의 양과 성인 어휘력의 풍부함도 강력한 역할을 한다(Zimmerman et al.,
2009). 사물 단어의 일반적 사용은 걸음마기 영아의 말에서 초기에 나타나고(표 9.1에서 다시 인
용), 양육자가 특정 명사를 더 많이 사용하면, 더 일찍부터 명사는 유아의 산출 어휘의 부분이 된다
(Goodman, Dale, & Li, 2008). 유아를 둘러싼 언어 환경 역시 차이에 영향을 준다. 엄마는 걸음마
기의 남아보다 여아에게 말을 많이 하며, 사회성이 높은 유아보다 수줍은 유아에게 말을 덜 하게
된다(Leaper, Anderson, & Sanders, 1998; Patterson & Fisher, 2002).

저소득층 유아는 고소득층 유아보다 가정에서 언어적 자극의 경험이 더 낮아서, 어휘 수가 더 적은 경향이 있다(Hoff, 2006). 부모와 자녀 간의 상호작용의 양과 질에서 부모와 유아의 그림책 읽기가 제한되면 어휘 성장에 영향을 미쳐 저소득층 유아가 4세 반까지 지속적으로 더 적은 어휘 수를 갖게 할 수 있다(제7장 참조). 그림 9.6에서 보여주듯이 2세 연령에서, 유아의 가정 문해 경험의 질은 어휘력 크기를 강하게 예측한다(Tamis-LeMonda et al., 2006).

더 나아가, 유아의 모국어의 특성은 영향력이 있다. 2세 영아의 구어 어휘는 본질적으로 언어에 따라 다양하다. 예를 들어, 스웨덴어를 습득한 유아는 약 180~200개 단어, 영어로 습득한 유아는 250~300개 단어, 중국어로 습득한 유아는 500개 단어로 다양하다(Bleses et al., 2008; Tardif et al., 2009). 스웨덴에서, 복잡한 음운은 변별할 음절과 단어 경계와 발음에 대조적으로, 중국어는 초성 자음의 발음이 용이한 많은 짧은 단어를 유아에게 제공한다. 중국 단어에는 각 음절이 사성 중 하나를 제공하여 변별에 도움을 준다.

유아는 또한 조기 언어학습의 독특한 양식도 갖게 된다. 대부분의 걸음마기 영아는 **참조적 양식**(referential style)을 사용하는데, 어휘들이 주요 사물을 칭하는 단어들로 구성된다. 좀 더 적은 수의 걸음마기 영아는 참조적 양식의 영아와 비교하여 **표현적 양식**(expressive style)을 사용하게 되는데, 이 영아들은 좀 더 '멈춰', '고마워' 등의 사회에서의 일상적 표현과 대명사를 사용하게 된다. 걸음마기 영아의 언어 양식은 언어의 기능에 대한 초기 생각을 반영하고 있다. 참조적 양식의 유아는 단어가 사물의 명칭이라고 생각하는 반면 표현적 양식의 유아는 단어가 사람의 감정과 요구에 대하여 말하는 것이라고 믿는다. 참조적 양식 유아의 어휘가 더 빨리 성장하는데, 그 이유는 모든 언어는 사회에서의 일상적 표현보다 사물의 명칭을 더 많이 담고 있기 때문이다(Bates et al., 1994).

걸음마기 영아의 특정 언어 양식의 선택은 무엇으로 설명할 수 있을까? 급속히 발달되면, 참조적 양식 유아는 종종 사물 탐색에 특히 적극적이 된다. 참조적 양식이 유아는 부모의 유창한 사물의 명칭 말하기를 열심히 모방하고, 그들의 부모는 되돌아 다시 모방을 하는데, 이는 유아가 새로운 명칭을 기억하도록 돕기 위한 신속한 어휘 성장을 지원하는 전략이다(Masur & Rodemaker, 1999). 표현적 양식 유아는 고도로 사회적인 경향이 있으며, 그들의 부모는 좀 더 자주 사회적 관계를 지원하는 일상적 언어('어떠세요?', '문제없어요')를 사용한다(Goldfield, 1987).

두 언어 양식은 문화와도 연계되어 있다. 사물 단어는 영어권 걸음마기 영아의 어휘에 특히 보편적이며, 사회적 일상어는 중국, 일본, 한국의 걸음마기 영아에게 더 수가 많다. 엄마의 말의 조사 결과는 이러한 차이를 반영하고 있나. 집단 구성원의 중요성을 강조하는 문화 때문에, 아시아계 엄마는 자녀가 말을 시작하자마자 사회적 일상어를 더 가르칠지도 모른다(Choi & Gopnik, 1995; Fernald & Morikawa, 1993; Tardif, Gelman, & Xu, 1999). 미국 엄마는 아기들과 상호작용하면서, 사물에 명명을 자주 하게 된다. 아시아 엄마들은 집단 구성원의 중요성을 강조하는 문화 때문에, 자녀가 말을 시작하면 사회적 일과를 가르친다.

전체의 초기 어휘발달에 대한 연구는 유아의 내재적 경향과 언어학적·사회적 세계의 혼합된 영향에 관한 사회적 상호작용주의자의 강조점을 지원하고 있다.

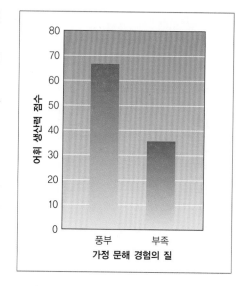

그림 9.6 2세 영아의 가정 문해 경험의 질과 어휘 생산력 점수의 관계

사회, 경제, 지위가 다양한 가정에서, 가정 문해 경험(연령에 적합한 많은 책의 접근성과 부모–아동의 책 읽기 공동 참여)이 풍부한 2세 영아는 문해 경험이 부족한 2세 영아에 비해 훨씬 더 많은 어휘력을 갖게 된다.

출처 : Tamis-LeMonda et al., 2006.

이 중국인 엄마는 걸음마기 영아와 사회적인 일상과 관련된 많은 단어를 포함시켜 의사소통한다. 그 결과 걸음마기 영아는 사회적 관계 형성에 초점을 둔 조기 언어발달의 표현양식을 보이는 경향이 있다.

이 엄마가 딸에게 사물의 이름을 붙일 때, 그녀의 어휘가 자라도록 하는 단어를 첨가한다. 어린 언어 학습자는 명사의 습득에서 종종 동사를 앞서는데, 이는 명사는 쉽게 인지하는 개념을 나타내기 때문이다.

단어의 유형 세 가지 유형의 사물, 실행, 상태 단어가 유아 어휘에서 가장 보편적이다. 각 단어 유형에 대한 사려 깊은 연구는 의미론적 발달과정에 대한 중요한 정보를 제공하고 있다.

사물과 행위 단어 많은 어린 언어 학습자는 초기 어휘 속에 행위 단어보다 사물 단어를 더 많이 가지고 있다(Bornstein & Cote, 2004; Kern, 2007). 행동 실행이 영아가 사회에 대하여 알아가는 데 특히 중요한 의미가 있다면, 왜 초기에 사물의 명칭을 강조하는가?

한 가지 이유는 지각하기 쉬운 개념(식탁, 새, 개 등)을 지칭하는 것이 명사라는 것이다(Gentner & Namy, 2004). 성인이 사물을 명명할 때는 흔히, 명칭을 제시하고 반복하면서 단어의 의미를 식별하도록 유아를 돕게 된다. 그 결과, 걸음마기 영아는 쉽게 사물과 그것에 대한 적절한 명칭을 대응시키게 된다. 그리고 성인이 동사를 사용할 때는 보통 그 동사가 의미하는 행동이 일어나지 않는다(Poulin-Dubois & Forbes, 2006). '부모가 움직여'라는 단어를 말할 때, 대부분 현재는 움직이는 것이 없다. 대신에 부모는 과거 사건('누가 움직였다') 혹은 미래 사건('움직이자')을 칭하게 된다. 동사의 학습은 좀 더 인지적인 도전으로, 매우 다른 언어로 말하는 유아는 동일한 범주의 다른 사물에 새로운 명사를 확장하는 것보다 동일한 행동(상자를 밀어 'push the box')의 다른 사례에 대한 새로운 동사(자전거를 밀어 'push the bike')를 확장하는 데 시간이 더 걸린다(Imai et al., 2008). 동사 의미의 습득에, 유아는 다른 맥락에서 같은 동사를 사용하는 많은 예에서 이득을 본다.

그럼에도 불구하고, 중국, 일본, 한국에서 명사는 종종 성인의 문장에서 생략되고 동사를 강조한다. 그 결과, 아시아계 걸음마기 영아는 전형적으로 행위 단어를 먼저 생성하고, 영어권 걸음마기 영아보다 더 많이 사용하게 된다(Kim, McGregor, & Thompson, 2000; Tardif, 2006). 동사에 대한 노출의 증가 외에, 중국어 사용 유아는 신체적 행동을 나타내는 많은 동사를 듣게 되어, 숙달이 용이한데, 수행의 다른 방식을 각기 의미하는 수행(carry)에 대한 여러 동사, 등으로, 팔로, 손으로 등이다(Ma et al., 2009).

상태 단어 2세와 2세 반경에, 유아의 상태(혹은 수식 어구) 단어 사용은 사물의 속성에 대한 명칭, 즉 크기와 색('큰', '빨간')뿐 아니라 소유형('내 장난감', '엄마 지갑')으로 확장된다. 사물의 기능을 의미하는 단어('덤프트럭', '픽업트럭')는 그 후 곧 나타나게 된다(Nelson, 1976).

상태 단어가 의미와 관련되면, 일반적 구별(더 쉬운 것)이 좀 더 특수한 구별 전에 나타나게 된다. 그래서 사물의 크기를 의미하는 단어들 간에, 유아가 먼저 획득하는 단어는 큰-작은, 그다음에는 높은-낮은, 긴-짧은, 마지막으로 넓은-좁은, 깊은-얕은 순이다. 그것은 때를 나타내는 용어에도 해당된다. 3~5세 사이에 유아는 먼저, 지금 대 다음, 전 대 후를 숙달하게 되고, 오늘 대 어제와 내일을 그 뒤에 알게 된다(Stevenson & Pillitt, 1987).

사물의 위치를 지칭하는 상태 단어는 어떻게 인지가 어휘발달에 영향을 주는지에 대한 부가적 예를 제공한다. 2세 전에 영아는 사물의 '안' 혹은 다른 사물 '위'에 놓는 성인의 행동을 쉽게 모방하지만, 한 사물의 '아래'에 다른 사물 놓기는 모방하는 데에 어려움을 갖는다. 이러한 용어는 이 순서대로 유아의 어휘 속에 나타나며, 2세 6개월경에 모든 세 가지 단어를 완수하게 된다(Clark, 1983).

상태 단어가 사물과 행동의 질을 지칭하기 때문에, 유아는 폭넓고 다양한 개념을 표현하는 데 상태 단어를 사용할 수 있다. 유아가 이러한 단어를 숙달하게 되면, 이들의 언어는 융통성이 증가하게 된다.

과소 확장과 과잉 확장 어린 유아가 처음 단어를 학습하면, 유아는 가끔 성인이 사용하는 대로 그 단어를 사용하지 않는다. 유아는 단어를 너무 좁게 적용하는데, 이 실수를 **과소 확장**(underextension)이라고 한다. 예를 들면, 16개월경 어린 영아는 '곰'이라는 단어를 애착이 가는 특정 테디곰을 지칭할 때만 사용하였다. 1세와 2세 6개월경의 좀 더 보편적인 실수는 **과잉 확장**(overextension)으로 단어를 적절한 사물이나 사건보다 더 폭넓게 사물과 사건의 집합체에 적용하는 것이다. 예를 들면, 걸음마기 영아는 '차'라는 단어를 버스, 기차, 트럭, 소방차에 사용하기도 한다.

걸음마기 영아의 과잉 확장은 범주적 관계에 대한 괄목할 만한 민감성을 반영하고 있다. 유아가 새 단어를 유사한 경험의 집단에 적용하게 되는데, 털이 있고 네 개의 다리가 있는 동물을 '개'라고 부르며, '열다'를 문을 열고, 과일을 깎고, 신발 끈을 푸는 데 적용하기도 한다. 더 나아가, '차'로 트럭, 기차, 자전거를 지칭하는 걸음마기 영아는 이해력 과제에서 명칭이 주어진 사물을 정확하게 지적하기도 하였다(Naigles & Gelman, 1995). 이것은 유아가 종종 고의로 과잉 확장을 한다는 것을 제안하는데, 그 이유는 유아가 회상에 어려움을 갖거나, 그에 맞는 단어를 습득하지 못하였기 때문이다. 덧붙여, 단어를 발음하기 어려우면, 걸음마기 영아는 종종 자신이 말할 수 있는 관련 단어로 대체한다(Bloom, 2000). 어휘와 발음이 증진되면, 과잉 확장은 사라지게 된다.

교사가 깡통에서 꺼낸 사물의 이름을 물어보면, 걸음마기 영아는 과잉 확장의 오류를 범하는 경향이 있다. 가령 모든 탈것을 '차'라고 부른다. 그러나 교사가 사물의 이름을 말하면, 정확히 사물을 변별한다.

신조어와 은유 유아가 학습하지 못한 단어를 채우기 위하여, 2세 연령의 유아는 자신이 기존에 알고 있는 단어에 기초하여 신조어를 만들게 된다. 처음에 유아는 배합하기 기술을 사용한다. 예를 들면, 유아는 '정원사'를 '식물 사람', 크레용을 사용하면 '크레용 사람'이라고 부른다. 이러한 표현은 여전히 언어에 대한 훌륭한 규칙 적용적 접근(rule-governed approach)에 나타난다.

유아는 또한 은유를 통하여 언어 의미를 확장하게 된다. 예를 들면, 3세 아동은 '배 아픔'을 '뱃속에 소방차'라고 설명한다(Winner, 1988). 어린 유아가 사용하고 이해하는 은유는 구체적이며 감각적 비교에 대부분 기초하는데, '구름은 베개', '나뭇잎은 춤추는 사람'이라고 한다. 한 번 세상에 대한 유아의 어휘와 지식이 확장되면, 유아는 비감각적 비교도 만드는데, '친구는 자석과 같다'와 같은 은유도 한다(Keil, 1986; Özçalişkan, 2005). 은유는 유아가 특별하게 선명하고 기억할 만한 방법으로 의사소통하도록 한다.

후기 의미론적 발달

초등학교 시기, 어휘는 네 배로 증가하여 결국 4만 개의 단어가 된다(Anglin, 1993). 평균적으로 학령기 아동은 매일 20개의 새 단어를 학습하며, 유아기의 성장률을 넘어서게 된다(그림 9.7 참조). 덧붙여, 빠른 지도화로 학령기 아동은 복잡한 단어의 구조를 분석하여 어휘를 확대하게 된다. '행복'과 '결정하다'에서 유아는 '행복하게'와 '결정'의 의미를 쉽게 도출하게 된다(Larsen & Nippold, 2007). 유아는 또한 맥락에서 단어 의미를 더 많이 알아차리게 된다(Nagy & Scott, 2000).

어린 시기에 유아는 좀 더 숙달된 언어 구사자와 대화에 참여하면서 도움을 얻는데, 특히 그들의 부모가 자녀에게 복잡한 말과 설명을 사용하면 더 도움을 얻게 된다(Weizman & Snow, 2001). 그러나 문어는 구어보다 좀 더 다양하고 복잡한 어휘를 담고 있으므로, 읽기는 아동 중기와 청소년기의 어휘 성장에 지대한 공헌을 하게 된다.

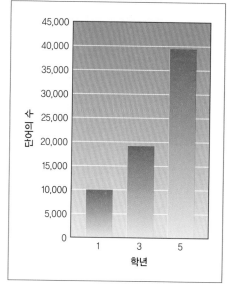

그림 9.7 1~5학년의 획득 예상 단어의 수
학령기의 어휘 성장 비율은 유아기의 성장 비율을 넘어선다.
출처 : Anglin, 1993.

유아가 매일 독립적으로 21분만 읽기에 참여하면, 매해 거의 2만 단어에 노출된다(Cunningham & Stanovich, 1998).

유아의 지식이 확장되고 좀 더 조직적이 되면, 학령기 아동은 단어에 대하여 생각하고 좀 더 정교하게 단어를 사용하게 된다. 덧붙여, 떨어지다(fall)는 동사의 예를 들면, 유아들은 넘어뜨리다(topple), 굴러 떨어지다(tumble), 곤두박질치다(plummet)도 사용한다(Berman, 2007). 단어 정의도 이 변화를 보여 주고 있다. 5세와 6세 아동에게 기능이나 외형을 지칭하는 구체적 설명을 제시하였는데, 예를 들면 칼로는 "당근을 썬다.", 자전거는 "바퀴, 체인, 손잡이가 있다."라고 말한다. 초등학교 말경에, 동의어와 범주적 관계의 설명이 나타나는데, 칼은 "썰 수 있는 것, 톱은 칼과 비슷하다, 무기도 될 수 있다."라고 말할 수 있다(Wehren, De Lisi, & Arnold, 1981). 이러한 발전은 연령이 높은 아동의 전반적인 언어적 지평에서 단어 의미를 다루는 능력을 반영한다. 아동은 단순히 주어진 정의에 의하여 자신의 어휘에 새 단어들을 추가할 수 있다.

학령기 아동이 언어에 대해 좀 더 반영적이며 분석적 접근을 하는 것은 단어의 다양한 의미를 헤아릴 수 있도록 한다. 예를 들면, 유아는 '멋있는(cool)' 혹은 '산뜻한(neat)'과 같은 많은 단어들은 물리적 의미뿐 아니라 심리적 의미를 갖고 있음을 인식하고 있는데 그 예로, '멋있는 옷!', '산뜻한 영화'라고 말하는 것이다. 이러한 이중 의미의 파악은 8~10세 아동이 미묘한 정신적 은유, 즉 '머리가 아주 좋은(sharp as a tack)', '비밀 누설하기(spilling beans)'를 이해하게 한다(Nippold, Taylor, & Baker, 1996; Wellman & Hickling, 1994). 이것은 또한 유아의 유머 변화를 이끈다. 초등학교 중반기경에, 주요 단어를 다른 의미로 사용하는 수수께끼와 익살이 보편적으로 나타난다.

청소년기로 전환되면서, 아동의 어휘에 많은 추상적 단어, 즉 직관에 반하는(counterintuitive), 혁명(revolutionized), 철학(philosophy)적 단어가 추가된다. 아동은 풍자는 특정 대상을 향한 비판적 언급이며 반면에 해학은 특별히 누구의 잘못도 아닌 기대가 충족되지 않는 것의 표현의 두 단어의 차이를 이해한다(Glenwright & Pexman, 2010; Winner, 1988). 엄마가 아동이 싫어하는 저녁식사를 만들면, 11세 아동은 빈정거리며, "아! 내가 좋아하는 거."라고 말한다. 학령기 아동은 때로 과장되고 조롱하는 목소리로 말하는 풍자적 언급이 위선적임을 인식한다. 그러나 청소년과 성인은 의도된 의미를 파악하기 위해 진술과 그 맥락 간의 불일치에만 주목할 필요가 있다(Capelli, Nakagawa, & Madden, 1990).

덧붙여, 청소년은 비유적 언어를 더 잘 파악하게 된다. 속담, 특히 미묘한 태도의 표현은 가장 도전적이다. 청소년은 언급('피는 물보다 진하다'), 해석('고자질은 약 올리는 것보다 더 나쁘다'), 충고('비굴함은 종종 자만심보다 많은 것을 얻는다'), 경고('나태에는 좋은 일이 따라오지 않는다'), 격려('모든 구름은 밝은 희망을 가지고 있다')를 사용할 수 있다. 읽기 유창성은 청소년기 동안 크게 증진되는 대명사의 이해를 길러 준다(Nippold, Allen, & Kirsch, 2001). 그리고 비유적 언어의 의미에 대해 더 잘 파악하게 하는 것은 10대들이 성인 문학 작품을 이해하도록 해 준다.

어떻게 의미론적 발달이 일어나는가에 대한 생각

연구는 성인의 피드백이 의미론적 발달을 촉진함을 보여 준다. 성인이 잘못을 수정하고 설명을 하면, 걸음마기 영아는 관습적 단어 의미로 더 잘 이동하게 된다(Chapman, Leonard, & Mervis, 1986). 여전히 성인은 유아에게 새 단어 각각의 개념 식별을 정확하게 말할 수 없다. 예를 들면, 성인이 개를 가리키며, '강아지'라고 부르면, 그 단어는 네 개의 다리가 달린 동물, 개의 흔들리는 귀, 혹은 짖는 소리를 의미할 수도 있다. 그러므로 유아의 인지적 처리과정은 주된 역할을 하여야 한다.

기억의 영향   어린 유아의 빠른 지도화는 작업기억의 특수 부위, 즉 말에 기초한 정보를 보유하도록 용납하는 **음운 저장고**(phonological store)를 지원하게 된다. 4세 유아가 좀 더 빨리 무의미 철자

(음운론적 기억기술의 측정)를 제시한 순서대로 회상할 수 있을수록, 유아의 현재 보유 어휘가 좀 더 많고, 다음 해의 어휘 성장이 더 클 수 있다(Gathercole et al., 1999; Parra, Hoff, & Core, 2010). 이것은 좋은 음운론적 기억을 가진 유아는 새 단어의 장기기억 전이와 관련 개념과의 연결 기회가 더 많다는 것을 제안하고 있다.

2세 말경에, 음운론적 기억은 걸음마기 영아가 단어의 첫 소리에 기초하여 친숙한 단어를 인식할 수 있을 만큼 좋아진다. 18~24개월 영아는 친숙한 사물의 이름을 듣자마자, 단어 전체를 말하기 전에 두 개의 물체 중 지적한 물체에 시선을 옮겨간다. 그리고 이 연령의 영아는 친숙한 단어의 둘 혹은 세 개의 첫 음소만을 제시하여도 '아기'의 '아'('baby'의 'ba'), '강아지'의 '강'('doggie'의 'daw'), 전체 단어를 들었을 때만큼 빠르고 정확하게 사물을 쳐다본다. 더 나아가, 더 나은 언어 인식 점수를 받은 걸음마기 영아는 더 많은 생성 어휘를 가지고 있다(Fernald, Swingley, & Pinto, 2001). 발달 초기에 음운론적 기억은 발전된 어휘발달과 연결되어 있다. 초기 소리에 기초하여 단어를 급속히 변별하는 능력은 분명한 이득이 있다. 이 능력은 다른 언어 과제, 즉 더 길고 더 복잡한 일련의 말에 대한 이해를 위한 작업기억에 여유를 제공하게 된다.

그러나 음운론적 기억은 단어학습에 대한 완전한 설명을 제시하지 못한다. 5세 후에 의미론적 지식은 유아의 음운론적 흔적 형성 속도에 영향을 주며, 음운과 의미론적 요인 둘 다 어휘 성장에 영향을 주게 된다(Gathercole et al., 1997). 더 어린 연령에서도 유아는 새 단어들의 의미를 탐지하는 데 기존에 알고 있던 단어들에 깊이 의존하고 있다.

단어학습을 위한 전략 유아는 기존에 자신이 아는 단어와 대비시키고, 자신의 어휘와의 간극에 새로운 명명을 배정하여 단어의 의미를 알아낸다. 대화에서 새 단어를 들으면, 시간의 60% 이상을 사용하여, 2세 영아는 단어를 반복하거나 다음 말에서 '야(yeah)' 또는 '아하(uh-huh)'로 단어를 인식한다(Clark, 2007). 이러한 연구결과는 유아가 단어에 예비된 의미를 부여하고 당장 그 단어를 사용하기 시작한다고 제안한다. 시간이 지나가면서, 유아는 단어의 의미를 세련되게 만들고, 언어 공동체에 적합한 단어의 관습적인 사용에 맞추도록 노력한다.

언니가 "이것은 버스야"라고 말하면, 이 17개월 영아는 손에 장난감 버스를 쥐고 동시에 학교 버스의 그림을 가리킨다. 사물에 대한 주의력 상승은 걸음마기 영아가 사물 이름을 빨리 숙달하는 데 도움을 준다.

새 명사의 학습을 하면서, 다양한 언어를 습득한 걸음마기 영아와 유아는 기초적 수준, 즉 일반화의 중급 수준에서 사물의 범주적 의미를 추측하는 경향이 있다(제6장 참조). 이러한 선호는 가능한 의미의 범위를 좁히도록 유아를 도와준다. 일단 기초적 수준의 이름(개)을 습득하게 되면, 유아는 다른 위계적인 수준의 이름을 추가하는데, 더 일반적 이름(동물)과 더 구체적 이름(비글, 그레이하운드)의 모두를 추가한다(Imai & Haryu, 2004; Waxman & Lidz, 2006).

어떻게 유아는 각 단어의 개념을 끄집어 내서 발견할까? 이 과정은 아직 완전하게 이해되지는 않았다. 한 가설은 유아가 초기 어휘력 성장에서 **상호배타적 편견**(mutual exclusivity bias)을 받아들인다는 것인데, 즉 유아의 가설은 단어들을 완전히 분리된 범주(겹치지 않는 것)로 사용하여야 한다는 것을 의미한다(Markman, 1992). 2세 영아는 사물의 명칭이 지각적 차이에 의한 상호배타성을 따르는 것처럼 보인다. 예를 들면, 두 개의 매우 다른 새로운 사물의 이름(클립과 피리)을 들은 후, 2세 영아는 각 단어를 사물의 한 부분이 아니고 전체 사물에 정확히 연관지었다(Waxman & Senghas, 1992).

사실상, 유아의 첫 몇 백 개의 명사들은 대부분 모양에 의해 잘 조직화된 사물을 의미한다. 한 번 걸음마기 영아가 75개 단어를 획득하면, **모양 편향**(shape bias)이 분명히 눈에 띈다. 모양에 기반을 둔 명사에 대한 사전 학습은 추가된 사물의 모양 속성을 향한 주의력을 고조시킨다. 연구에서, 걸음마기 영아에게

9주 동안 여러 다른 모양의 새로운 사물로 반복하여 놀이를 하고 그 이름을 들려주면, 영아는 곧 유사한 모양의 사물은 같은 이름을 갖고 있다는 일반화가 형성되었다(Smith et al., 2002; Yoshida & Smith, 2003). 이 훈련을 받은 걸음마기 영아는 훈련받지 않은 통제집단보다 실험실 밖 상황에서 어휘에 포함된 사물의 이름이 세 배나 더 많이 추가되었다. 모양은 대부분 유아가 기존에 학습한 이름에 대한 사물의 범주와 관련된 지각적 속성이기 때문에, 모양 편향성은 사물의 추가적 이름을 숙달하는 데 도움을 주고 어휘 습득이 가속된다.

일단 사물의 새 이름을 들어서 전체 사물의 이름에 익숙하게 되면, 2~3세의 유아는 상호배타성 추측을 확보하게 된다. 예를 들면, 만약 사물(물병)이 튀어나온 부분(주둥이)을 가지고 있으면, 유아는 쉽게 그 부분에 새 명칭을 적용하게 된다(Hansen & Markman, 2009). 그러나 상호배타성은 사물이 하나 이상의 이름을 가지고 있을 때, 어린 유아가 행하는 바를 설명할 수 없다.

3세경에 유아의 기억, 범주화, 언어기술이 확장되고, 유아는 많은 사물에 다양한 명칭을 쉽게 지정한다(Deák, Yen, & Pettit, 2001). 예를 들면, 유아는 회색 거위 모양의 스티커를 '스티커', '거위', '회색'이라고도 말한다. 유아는 종종 이런 경우에 도움이 되는 언어의 다른 요소를 부르기도 한다. 한 가지 가설은 **구문초기구동화**(syntactic bootstrapping)로 어떻게 단어가 구문, 즉 문장의 구조에 사용되는지를 관찰하여 유아가 많은 단어의 의미를 발견한다는 것이다(Gleitman et al., 2005; Naigles & Swenson, 2007). 성인이 영아에게 노란색 차를 보여 주면서, "이것이 담황색 차야."라고 말하면, 12개월 영아는 새 단어가 사물의 속성을 의미하는 형용사로 사용된 것으로 해석하게 된다(Hall & Graham, 1999; Imai & Haryu, 2004). 영아가 다양한 문장 구조('저 레몬은 밝은 유자')에서 단어를 들으면, 영아는 단어의 의미를 정교하게 만드는 구문 정보를 사용하고 다른 범주에 그 단어를 일반화시킨다.

어린 유아는 또한 성인이 새 단어를 소개할 때 성인이 자주 제공하는 풍부한 사회적 정보에서 이득을 얻기도 한다. 예를 들면, 유아는 종종 타인의 의도와 관점을 추론하기 위하여 확장하기 능력을 사용한다(Akhtar & Tomasello, 2000). 한 연구에서 성인은 사물에 행동을 하면서 마치 유아에게 놀이하도록 초대하는 것처럼 유아와 사물 사이를 번갈아 보면서, 새 명칭을 사용하였다. 2세 영아는 명칭이 사물이 아니고 행동을 뜻한다고 결론을 짓기 위하여 이러한 사회적 정보를 사용하였다(Tomasello & Akhtar, 1995). 걸음마기 영아는 성인과의 최근 경험을 참고하여 성인의 모호한 사물 요청("공이 어디에 있니?")을 정확하게 해석할 수 있다. 영아는 다른 성인이 놀이한 동일한 사물(파랑 바구니에 있는 공)이 아니고 방금 성인과 놀이한 특정 사물(빨간 바구니에 있는 공)을 회상한다(Saylor & Ganea, 2007). 그리고 3세 유아는 말하는 사람이 최근에 표현한 요구(성인이 좋다고 말한 2개의 새로운 사물에 대한 회상)를 알아내기 위하여 참고 단어("나는 이 악절(riff)을 연주하기를 정말 원해.")를 사용한다(Saylor & Troseth, 2006).

성인은 또한 유아에게 단어 의미에 대한 직접적 정보를 줄 수 있다. 부모는 일반적으로 여러 사물(빨간 자동차, 빨간 트럭)에 새 이름을 사용하여, 단어는 사물의 속성을 의미한다는 것을 유아가 알아내도록 돕는 정보를 제공하여 형용사의 의미를 강조한다(Hall, Burns, & Pawluski, 2003). 그리고 성인은 2개 혹은 그 이상 단어를 사용하면서 종종 설명을 하는데, 예를 들면 "너는 이것을 바다생물이라고 부를 수 있어. 그러나 이것은 돌고래라고 부르는 것이 더 좋아." 정보의 그와 같은 규명을 제공하는 부모는 더 빨리 어휘가 성장하는 유아를 갖게 된다(Callanan & Sabbagh, 2004; Deák, 2000).

어휘발달 설명 유아는 어휘를 효율적으로 정확하게 습득하는데, 그 이유에 대하여 어떤 이론가는 유아가 상호배타성과 같은 어떤 원칙을 사용하여 단어 의미를 도출하려는 생득적 편견이 있다고 믿고 있다(Lidz, Gleitman, & Gleitman, 2004; Woodward & Markman, 1998). 생득적이며 고정된 소수의 원칙으로 유아가 어휘의 숙달에 적용할 유용한 정보를 도출하는 다양하고 융통성이 있는 방법을 설명하기에 불충분하다고 지적하는 비판이 있다(Deák, 2000). 그리고 많은 단어의 학습전략은 생득적이 아닌데, 그 이유는 다른 언어를 습득하는 유아는 동일한 의미를 숙달하려는 다른 접근을 사용하기 때문이다. 예를 들면, 영어권 유아는 한 개의 사물(이것은 닥스이다), 동일 범주의 여러 사물들(이것들은 닥스들이다), 적절한 이름(이것을 닥스라고 해) 간의 차이를 말하도록 하는 구문초기구동화에 의존한다(Hall, Lee, & Belanger, 2001). 일본에서는 모든 명사에 동일한 구문론이 적용된다(이것은 닥스이다). 그럼에도 불구하고, 일본 유아는 영어권 또래만큼 빨리 학습하여 빠진 구문론적 단서를 보완하는 다른 방법을 발견한다(Imai & Haryu, 2001).

대안적 관점은 단어학습이 유아가 비언어적 자극에 적용하는 동일 인지전략에 의하여 관장된다는 것이다. 최근에 나온 발현적 연합 모형은 단어 학습전략이 유아의 언어 판독 노력에서 발현된다고 제안

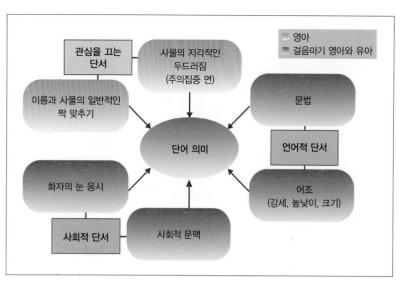

그림 9.8 단어학습 전략의 창발론자 연합 모델

아동은 단어의 의미를 추론하기 위해 단서, 즉 지각적·사회적·언어적 연합을 이끌어 낸다. 중요성에서 이러한 단서들은 연령과 함께 이동한다. 영아들은 단적으로 지각적 단서에만 의존한다. 감각적으로 지각적인 면에 계속 민감한 동안, 걸음마기 영아는 사회적 단서를 점점 더 처리한다. 좀 더 언어발달이 될 때 유아들은 언어적 단서를 추가한다.

출처 : Golinkoff, M. R. & Hirsh-Pasek, K., 2006, "Baby Wordsmith: From Associationist to Social Soghisticate," *Current Directions in Psychological Science*, Vol. 15, No. 1, p. 31, copyright © 2006, Association for Psychological Science. Reprinted by permission of SAGE Publications.

하고 있다. 이러한 전략은 범주, 어휘 크기, 사회적 단서에 대한 민감성에 대한 유아의 지식이 증진되면서 더욱더 효과적이 된다(그림 9.8 참조)(Golinkoff, & Hirsh-Pasek, 2006). 영아는 오직 지각에 의한 단서, 가령 부모가 장난감을 흔들며 그것의 이름을 부르는 것에 의존한다. 걸음마기 영아는 여전히 지각적 특징(사물의 모양과 물리적 행동과 같은)에 민감하며, 사회적 단서, 즉 말하는 사람의 응시 방향과 몸짓에 주의력이 증진하게 된다(Hollich, Hirsh-Pasek, & Golinkoff, 2000; Pruden et al., 2006). 그리고 언어가 좀 더 발달하면, 언어적인 단서, 즉 구문과 억양(강세, 높낮이, 크기)이 더 큰 역할을 하게 된다.

유아는 여러 유형의 정보 적용이 가능하면 가장 성공적으로 새 단어의 의미를 알아낸다. 연구자는 유아가 사용하는 다차원적 단서와 연합된 전략이 어떻게 유아의 발달과 더불어 일어나는지 연구하기 시작하였다(Saylor, Baldwin, & Sabbagh, 2005).

문법적 발달

유아의 문법에 대한 연구는 유아가 말을 할 때 한 단어 이상 사용하는 것을 요구한다. 연구자는 문법발달에 대한 다음의 질문과 같은 의문을 갖고 있다. 유아는 성인의 문법과 닮은 일관성 있는 문법을 상대적으로 쉽고 빠르게 구성하는가? 혹은 유아는 조금씩 좀 더 복잡한 형태를 습득하는가? 언어 특수적 전략, 일반 인지적 전략, 혹은 둘 다 유아의 진보에 개입하는가? 무엇이 성인에 의한 교육의 역할이며, 특히 문법적 실수에 특수하고 정확한 피드백을 주는가?

첫 단어의 조합

1세 반과 2세 반 사이에 생성된 어휘가 200~250개 단어에 도달하게 되는데, 유아는 두 단어를 조합하여 '엄마 신', '차 가', '과자 더'와 같은 말을 하게 된다. 이러한 두 단어 말은 **전보식 말**(telegraphic

표 9.2 유아의 두 단어 말하기에 의해 표현되는 일반적인 의미

의미	예
대리인-행동	"타미가 때렸어."(Tommy hit)
행동-사물	"쿠키 주세요."(Give cookie)
대리인-사물	"엄마 트럭"(Mommy truck)("엄마, 트럭을 밀어 주세요."라는 의미)
행동-위치	"책상 두다."(Put table)("책상 위에 x를 놓아 주세요."라는 의미)
독립체-위치	"아빠 밖"(Daddy outside)
소유자-소유물	"내 트럭"(My truck)
속성-독립체	"큰 공"(Big ball)
지시사-독립체	"그 강아지"(That doggie)
알아챔-알아채는 사물	"안녕 엄마"(Hi mommy), "안녕 트럭"(Hi truck)
반복	"우유 더"(More milk)
미존재-미존재 또는 사라진 사물	"셔츠 없어."(No shirt) "우유가 더 이상 없어."(No more milk)

출처 : Brown, 1973.

speech)이라고 부르는데, 왜냐하면 전보와 같이 유아가 중요한 내용의 단어에 초점을 두고, 더 작고 덜 중요한 단어를 삭제한 것이다. 단어 순서에 융통성이 있고, 작은 문법적 표시가 강조된 언어에서 유아의 첫 문장은 시작부터 전보식 말이 포함된다(de Villiers & de Villiers, 1999).

전 세계의 유아들은 두 단어를 사용하여 폭넓고 다양한 의미를 표현할 수 있다. 이때 유아의 문법 적용에 일관성이 있을까?(표 9.2 참조) 성인이 사용하는 것과 같은 완전한 문법이 이러한 두 단어 문장에 들어 있다(Gleitman et al., 1988; Lidz, 2007; Valian, 1991, 2005). 이러한 생각처럼 유아는 종종 동일한 문장구조를 사용하여 다른 의사를 표현하기도 한다. 예를 들면 유아의 '엄마 과자'라는 말은 엄마가 과자를 먹는 것을 볼 때 사용되기도 하고, 또한 유아가 엄마에게 과자를 달라고 요구할 때 사용될 수 있다. 아마도 유아의 마음속에는 좀 더 정교한 구조가 있지만 아직은 좀 더 긴 문장으로 말을 표현하지는 못하기 때문일 것이다.

이러한 생각과 마찬가지로 실제 유아는 산출하는 것보다 더 많은 문법 지식을 이해하고 있는 것 같다(Lidz, 2007). 걸음마기 영아에게 사물 영상을 보여주면 이들은 문법에 맞는 문장에 해당하는 사물을 좀 더 빠르고 정확하게 주시한다. 즉, 하나는 오리가 토끼에게 행동을 하고 다른 하나는 토끼가 오리에게 행동을 하는 두 영상을 보여 주었을 때, 영아는 모르는 새로운 동사가 포함되었더라도 문장과 정확하게 일치하는 사건의 영상을 더 오래 주시하였다.[오리는 토끼를 게걸스럽게 먹는다("The duck is gorping the bunny"라고 말하며 'gorp'이라는 영아들이 알지 못하는 새로운 동사를 사용한다).](그림 9.9 참조)(Gertner, Fisher, & Eisengart, 2006). 2세는 주어-동사-목적어의 단어 순서를 어느 정도 인식하며, 이러한 인식에 기초하여 알지 못하는 새로운 동사를 일반화하여 이해할 수 있다고 설명하였다.

그러나 다른 연구자들은 그림 9.9와 같은 연구에서 동일한 사물과 명사(즉, 오리와 토끼)가 주어-동사-목적어로 구성되면서 친숙한 동사가 사용된 훈련과정이 있었음을 지적하였다. 이러한 훈련과정은 2세 영아가 새 동사를 사용한 검사에서 해당되는 장면을 바라보도록 사전 지식을 제공할 수 있다(Dittmar et al., 2008). 후속연구에서 훈련과정의 모든 단서를 제거한 결과, 검사에서 2세 유아는 두 영상 중 선호하는 영상이 없는 것으로 나타났다(Chan et al., 2010). 3세가 될 무렵까지는 새로운 모르는 동사를 사용한 문장에 해당하는 영상을 더 자주 본다는 어떤 증거도 나타나지 않았다.

다른 연구자는 두 단어 문장이 대부분 단순형, 즉 'X 좀 더', 'X 먹다'와 같이 X의 위치

(a) "오리가 토끼를 게걸스럽게 먹고 있다." (b)

그림 9.9 영어를 배우는 2세 영아는 주어-동사-목적어의 단어 순서를 인식하는가?

2세 영아에게 모르는 새 단어가 포함된 문장과 함께 두 개의 영상을 나란히 제시하였다. 즉 "오리가 토끼를 게걸스럽게 먹는다(The duck ia gorping the bunny; 여기서 gorping이라는 단어는 2세 영아에게는 매우 생소한 단어임)"라는 문장이 제시되었다. 영아는 문장과 관련이 있는 사건 — 이 경우 '토끼가 오리를'보다는 '오리가 토끼를'에 해당하는 영상 — 을 바라보는 데 더 많은 시간을 사용했다. 그러나 이러한 주장은 논쟁의 여지가 있다. 이 연구의 훈련과정에 이루어진 연습으로 인해 2세 영아는 해당 장면을 더 많이 응시하도록 사전 지식이 전달된 것일지도 모르기 때문이다.

출처 : Y. Gertner, C. Fisher, & J. Eisengart, 2006, "Learning Words and Rules: Abstract Knowledge of Word Order in Early Sentence Comprehension," *Psychological Science, 17*, p. 686. Reprinted by permission.

에 들어갈 많은 다른 단어로 만들어진다고 논의하였다. 걸음마기 영아는 '나의 의자' 대신에 '의자 나의'와 같은 총체적 단어 순서에 대한 실수를 거의 하지 않는다. 그러나 유아의 단어 순서 규칙은 성인이 말하는 "빵 더 줄까?" 혹은 "딸기를 먹을 수 있는지 보자."와 같이, 일반적으로 성인의 단어 짝짓기에 대한 모방이다(Tomasello & Brandt, 2009). 두 단어 단계에 진입한 유아에게 다양한 무의미 철자의 명사와 동사를 가르치면, 유아는 쉽게 새 명사를 자신이 잘 알고 있는 단어에 연합한다. 그러나 유아는 새로운 동사에 단어 조합을 거의 만들어 내지 못한다(Tomasello, 2000; Tomasello et al., 1997).

많은 증거에서, 3세 이하의 유아는 사용하여 들은 바가 없는 구문 속에 새롭게 학습한 동사를 사용하도록 요청하였을 때 수행이 낮다는 증거가 있다(Tomasello, 2003). 동사를 융통성 있게 사용하지 못하는 능력은 유아가 영어 문법의 기초인 주어–동사와 동사–목적어의 관계를 아직 파악하지 못한다는 것을 의미한다. 이러한 대안적 관점에 의하면, 어린 유아는 처음에 유아가 들은 빈도가 높은 단어 짝으로부터 언어의 '구체적' 조각을 습득한다. 점진적으로 유아는 이러한 언어 조각으로부터 모국어의 단어순서와 다른 문법 규칙을 구성하여 일반화를 하게 된다(Bannard, Lieven, & Tomasello, 2009; Tomasello, 2006).

단순 문장에서 복합 문법으로

3세경에, 세 단어 문장이 나타나 영어권 유아는 주어–동사–목적어의 단어순을 따르게 된다. 다른 언어를 학습하는 유아는 자신들에게 노출된 성인 말의 단어 순서를 받아들인다. 2세 반에서 3세 사이에, 유아는 성인의 언어 구조에 순응한 형용사, 관사, 명사, 동사, 전치사, 관계절이 사용된 문장을 구성하게 되는데, 이것은 유아가 자신들 언어의 문법적 범주를 숙달하기 시작하였다는 것을 보여 준다.

문법적 구조의 점진적인 숙달 더 나아가, 유아의 독일어, 영어, 히브리어, 이누이트 족의 언어(북극 캐나다의 이누이트 족)와 같은 다양한 언어 획득에 대한 연구에 의하면 유아가 처음 사용하는 문법 규칙은 전체 단어에 걸쳐 적용하지 않고, 조금씩 오직 하나 혹은 매우 적은 단어에 적용한다. 유아가 성인의 말 속에 있는 친숙한 단어를 들으면서, 유아는 모델이 되는 성인이 사용하는 것에서 도출된 동사를 포함하여 자신의 말투를 확장하게 된다(Allen, 1996; Gathercole, Sebastián, & Soto, 1999; Lieven, Pine, & Baldwin, 1997; Stoll, 1998).

유아는 점진적으로 자신의 초기 문법 형태를 세련되게 하고 일반화한다. 많은 연구에서, 영어권 유아들에게 기본 영어 구문으로 구성된 새로운 문장을 도출하는 능력을 검사하였다. 유아는 수동태와 같은 다른 구조의 구문을 들은 후, 주어–동사–목적어 형태에 새 동사를 사용하게 하였다. 수행력이 높은 유아 비율은 연령과 함께 전진적으로 높아졌다. 그러나 그림 9.10과 같이, 3세 반에서 4세가 될 때까지, 대부분의 유아들은 새롭게 습득한 동사를 기본적인 주어–동사–목적어의 구조에 폭넓게 적용하였다(Chan et al., 2010; Tomasello, 2003, 2006).

문법적 형태소의 발달 일단 유아가 세 단어 문장을 구성하게 되면, 유아는 **문법적 형태소**(grammatical morphemes)[1], 즉 '존의 개', '그가 먹는다'에서와 같은 문장의 의미를 변화하는 작은 표시를 첨가하게 된다. 영어권 2세와 3세 유아는 규칙적 순서로 이러한 형태소를 습득하게 된다(Brown, 1973; de Villiers & de Villiers, 1973). 어려운 과제를 제시하여도, 유아의 실수는 놀랄 정도로 적게 나타난다(Maratsos, 1998).

---

1 형태소는 구어에서 의미의 가장 최소 단위이다. 더 많은 분할은 의미를 훼손하거나 의미 없는 단위를 만든다. 'dog'와 '-s'는 둘 다 형태소이다. '-s'는 문법적 형태소이다.

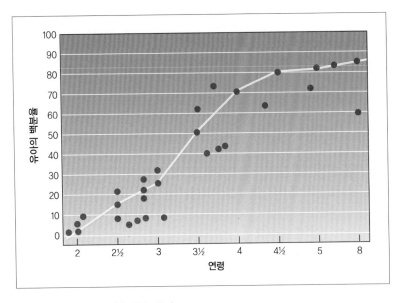

그림 9.10 다른 구성을 들은 후에 주어-동사-목적어 형태에 새 동사를 사용한 유아의 백분율 그래프의 각 점은 한 연구의 결과를 표시하고 있다.

주어-동사-목적어의 문법 구조를 광범위하게 적용하는 아동능력의 지표로서, 새로운 동사의 사용능력은 연령과 함께 지속적으로 상승한다. 아동은 이 기본적인 문법 구성력을 점진적으로 숙달하게 된다.

출처 : Reprinted from Cognition, Vol. 74, No. 3, M, Tomasello, 2000. "Do Young Children Have Adult Syntactic Competence?" p. 223, copyright 2000, with permission from Elsevier.

이러한 발달 순서는 무엇을 설명하는가? 형태소의 두 가지 특성은 중요한 역할을 한다. 먼저 구조적 복잡성인데, 예를 들면 -ing, 혹은 -s를 끝에 붙이면, 현재 동사(to be)의 형태를 사용하는 것보다 구조적으로 덜 복잡하게 된다. 현재 동사를 사용하면, 유아는 정확한 시제로 표현하여야 하고, 또한 주어와 동사가 일치되게 구성하여야 한다. 둘째, 문법적 형태소는 의미론적 복잡성 혹은 유아가 표현하는 의미의 수와 어려움이다. 예를 들면, 단어에 -s를 붙이면 오직 한 가지 의미론적 차이, 즉 한 개와 한 개 이상 간의 차이를 요구한다. 'to be'의 사용은 대조적으로 사람, 수, 일어난 시간에 대한 이해를 포함한 더 많은 내용이 들어간다(Slobin, 1982).

표 9.3을 보면, 유아는 어떤 불규칙적 유형의 형태소는 규칙적 유형 이전에 획득한다. 유아는 과거형의 불규칙 동사, 'ran', 'broke' 등은 규칙적 -ed 형을 획득하기 전에 사용한다. 한 번 유아가 규칙적 형태소 규칙을 알게 되면 유아는 예외 없이, **과잉 규칙 적용**(coverre-gularization)으로 단어에 적용하게 된다.

유아는 왜 이러한 불일치한 형태를 보이게 되는가? 유아는 종종 성인의 말에서 사용된 불규칙적 형태의 말을 듣기 때문에, 유아는 아마도 기계적 기억으로 학습하는 것 같다. 유아는 덜 보편적인 불규칙 형태에 대해서는, 여러 달 혹은 여러 해 동안 정확한 형태와 과잉 규칙 적용 형태들을 번갈아 선택하게 된다. 한 견해에 의하면, 두 가지 형태는 상호 경쟁하여 유아가 타인의 말을 더 많이 들으면, 불규칙적 형태가 결국은 승리한다고 하였다(Elman, 2003; Maratsos, 2002). 그러나 유아는 예외적으로 자주 'ated', 'felled', 'feets'를 말할 때처럼, 과잉 규칙 적용을 사용한다. 이러한 예는 불규칙적 형태소에 대한 기억을 못하여 유아가 규칙을 찾아낸 결과, 과잉 규칙 적용이 된다.

복합 문법 형태의 발달

한 번 유아가 조동사를 알게 되면, 다양한 새로운 표현이 가능하게 된다. 부정문과 의문문에 대하여 살펴보기로 한다.

부정문 부정문의 세 가지 유형이 중국어, 영어, 인도어의 각기 다른 언어를 학습하는 2세 반에서 3세 아동에게 다음의 순서대로 나타나게 되는데, (1) 부재, 즉 유아가 무엇인가 없다는 표시("과자 없네.", "사탕이 없어졌네."), (2) 거부, 즉 유아가 무엇인가의 반대에 대한 표현("목욕 안 해."), (3) 부정, 즉 유아가 무엇인가의 진실됨에 대한 부정("저거는 내 고양이가 아니야.")으로 나타난다(Clancy, 1985; Tam & Stokes, 2001; Vaidyanathan, 1991).

이런 부정문이 초기에 구성되는 것은 부모의 말을 모방하는 결과이다. 부모가 부재 혹은 거부를 표현할 때, 종종 문장에 '아니다(No)'를 넣게 되는데, "더 이상의 과자는 안 돼(No more cookies)", "안 돼, 다른 사탕은 가질 수 없어(No, you can't have another cracker)"와 같은 형태이다. 3세와 3세 반경에, 유아는 조동사를 붙이고, 부정문과 연결하는 방법에 민감하게 된다. 그 결과, 정확한 부정문 형태가 나타나는데, "거기에는 더 이상 과자가 없다(There aren't any more cookies)."(부재), "나는 목욕을 원하지 않는다(I don't want bath)."(거부), "저것은 나의 고양이가 아니다(That isn't my kitty)."(부정)의 형태가 나타난다(Tager-Flusberg & Zukowski, 2009).

의문문 부정문과 같이, 의문문은 처음 어린 유아기에 나타나며, 순서에 따라 발달된다. 영어권 유

표 9.3 영어 문법적인 형태소 습득의 순서

형태소	예제
1. 현재 진행형의 동사 어미('-ing')	"그는 노래를 부르고 있다(He singing)"
2. 전치사 '위에'('on')	"망아지 위에(on horsie)"
3. 전치사 '안에'('in')	"화물기차 안에(in wagon)"
4. 복수형 명사 '(-s)'	"고양이들(cats)"
5. 과거 시제 불규칙 동사	"그는 갔다(He ran)", "그것은 부서졌다(It broke)"
6. 소유격 명사	"아빠의 모자(Daddy's hat)"
7. 부사, 전치사, 명사구와 함께 사용되는 축약이 불가능한 'be' 동사	"고양이들은 자?(Are kitties sleepy?)"
8. 관사 'a'와 'the'	"쿠키 한 개(A cookie)", "그 토끼(The bunny)"
9. 과거시제 규칙동사 어미('-ed')	"그는 그것을 찼다(He kicked it)"
10. 현재시제 동사, 3인칭 단수 규칙 어미	"그는 그것을 좋아한다(He likes it)"
11. 현재시제 동사, 3인칭 단수 불규칙 어미	"그녀는 쿠키를 가지고 있다[She has (from have) a cookie]" "그는 잘한다[He does (from do) a good job]"
12. 조동사 축약이 불가능한 'be' 형태	"너 먹고 있니(Are you eating)?"
13. 부사, 전치사, 명사구와 함께 사용되는 축약이 가능한 'be'동사 형태	"그는 안에 있어(He's inside)", "그들은 자고 있어(They're sleepy)"
14. 조동사 축약이 가능한 'be' 형태	"그는 오고 있다(He's coming)", "강아지는 먹고 있다(Doggie's eating)"

출처 : Brown, 1973.

아는 많은 다른 언어를 말하는 유아들과 같이, '예/아니요' 질문으로 말을 바꾸어 올라가는 억양, '엄마 과자 구워?'와 같이 사용할 수 있다. 그 결과, 유아는 매우 일찍 그러한 표현을 생성하게 된다.

영어에서 정확한 의문문의 형태는 유아가 주어와 조동사를 뒤집는 것이 요구된다. 'wh-'의문문은 '무엇(what), 어디(where), 어느(which), 누구(who), 언제(when), 왜(why), 어떻게(how)'로 시작하는데, 'wh-' 단어는 또한 문장의 앞에 놓아야 한다. 처음 만든 의문문에서, 2세 영아는 많은 형태를 사용한다, 즉 "X가 어디야?(Where's X?)", "X가 뭐야?(What's X?)", "내가 X할 수 있어?(Can I X?)"(Dabrowska, 2000; Tomasello, 1992, 2003). 유아의 의문문은 다음 몇 해 동안 많은 다양성을 가지고 있다. 한 유아의 의문문에 관한 분석에서, 유아가 어떤 질문을 할 때는 주어와 동사를 바꾸지만, 다른 질문을 할 때는 그렇지 않았다고 밝히고 있다. 그 결과, 유아는 정확한 유형을 사용하긴 하지만(How do you like it?, What do you want?), 약간 부정확한 구조도 생성하였다(What she will do?, Why he can go?)(Rowland et al., 2005; Rowland & Pine, 2000). 정확한 표현은 자기 엄마의 말에서 많이 듣는 표현이다. 때로 유아들은 주어-조동사 일치("Where does the dogs play?")와 주어의 격("Where can me sit?")에서 실수를 한다. 이러한 다양한 실수들은 사전에 구성된 보편적 문법과의 조화를 어렵게 한다(Rowland, 2007). 다른 문법적 구성처럼, 유아들은 조금씩 점진적으로 정확한 질문을 산출하는 것처럼 보인다.

영어, 한국어, 인도어권 유아 중에서, 정확한 의문문 형태는 먼저 '예/아니요' 질문, 다음에 'wh-' 질문이 나타난다(Clancy, 1989; Vaidyanathan, 1988). 후자가 의미론적, 구조적으로 더 어

이 3세 유아는 엄마와 함께 딸기를 분류할 때, 그녀의 공동체의 언어인 보티(Bhoti)를 습득하고 있다. 영어를 사용하는 유아들처럼 그녀는 의미론적으로 구조적으로 더 어려운 'wh-'의문문 전에 '예/아니요' 질문을 습득하는 경향이 있다.

렵다. 'wh-' 질문 중에, 무엇(what), 어디(where), 누구(who)는 어떻게(how), 왜(why), 언제(when) 전에 질문을 하는 경향이 있으며, 이 질문들이 이해하기와 대답하기가 더 어렵다(de Villiers, 2000).

다른 복잡한 구성 3세 반과 6세 사이에, 유아는 좀 더 복잡한 구성을 생성하게 되며, 사용의 증가는 언어의 규칙을 구성하게 한다. 첫째, 연결은 전체 문장의 결합["엄마가 나를 데리고 그리고 공원에 갔다(Mom picked me up, and we went to the park)."]과 동사 구문["나는 일어나서 그리고 아침을 먹었다(I got up and ate breakfast)."]에서 나타난다. 가장 일반적인 연결은 '그리고(and)'가 가장 먼저 사용되고, 좀 더 특수한 의미를 표현하는 연결인 시간적 관계인 '그다음(then)'과 '때(when)', 인과관계인 '때문에(because)'와 '그래서(so)', 조건의 '만약(if)', 반대의 '그러나(but)'의 순으로 나타난다(Bloom et al., 1980). 다른 문법 형식에서도, 접속사의 첫 번째 사용은 조금씩 이루어지며, 대부분 부모가 사용하는 것을 모방하는 데 제한된다(Morris, 2008). 시간이 지나면서, 유아는 언어의 규칙에 일치시켜 사용하게 된다.

후에, 유아는 삽입 문장을 생성하게 되는데["나는 그가 올 거라고 생각해(I think he will come)."], 부가 의문문["아빠가 집에 곧 올 거지, 그렇지(Dad's going to be home soon, isn't he)?"]와 수동태 문장["개가 소녀에 의하여 토닥거려졌다(The dog was patted by the girl)."]이다. 유아기가 끝나 가면, 유아는 자기 모국어 대부분의 문법적 구조를 잘 사용하게 된다(Tager-Flusberg & Zukowski, 2009).

후기 문법 형태의 발달

학령기 동안, 아동의 복잡한 구성에 대한 숙달이 증진된다. 수동형을 예로 들면, 모든 연령에서 아동은 완전 수동형["창문은 메리에 의하여 부서졌다(The glass was broken by Mary)."]보다 약식의 수동형 진술["내가 부서트렸다(I got broken)."]을 좀 더 많이 생성한다(Israel, Johnson, & Brooks, 2000; Tomasello, 2006). 연령이 높은 아동은 또한 광범위한 명사와 동사에 수동형을 적용하게 된다. 유아는 문장의 주어가 무생물이고, 동사가 행동 단어이면 최대로 수동형을 이해하게 된다["소년이 소녀에게 뽀뽀를 당하였다(The boy is kissed by the girls)."]. 학령기 동안, 아동은 모자와 같은 무생물 주어["모자가 남자에 의하여 씌어졌다(The hat was worn by the man)."]와 '보다'와 '알다'와 같은 경험적 동사["개는 고양이에 의하여 보여졌다(The dog was seen by the cat)."]의 수동형 형태를 확장하게 된다(Lempert, 1990; Pinker, Lebeaux, & Frost, 1987).

비록 수동형이 도전적인 일이지만, 한 번 다시 언어가 입력되면 차이를 만들게 된다. 영어 사용 성인은 일상의 대화에서 완전한 경험 수동형을 사용하지 않는다(Allen & Crago, 1996). 그리고 다양한 수동적인 문장 유형을 포함하는 성인의 말에 노출이 되면, 4세와 5세 유아는 수동형 말투의 산출을 더 촉진시키게 된다(Savage et al., 2006). 다양한 입력은 일반적인 수동형 구문의 일반적 표상을 증진시키는 것으로 보인다.

아동 중기의 다른 문법적 성취는 부정사 구문의 이해에 대한 발달인데, "존은 즐기려고 노력한다(John is eager to please).", "존은 즐겁게 하기가 용이하다(John is easy to please)."의 to 부정사의 차이에 대한 이해이다(Berman, 2007; Chomsky, 1969). 어휘의 습득과 같이, 이런 미묘한 문법적 차이에 대한 식별은 언어를 분석하고 반영하며, 다차원의 언어학적 상황적 단서에 주의를 집중하는 유아의 발달된 능력에 의하여 지원을 받게 된다.

어떻게 문법발달이 일어나는가에 대한 생각

유아가 자신의 모국어에 대한 대부분의 문법을 숙달하는 것은 사실상 대단한 일이다. 이러한 위업을 어떻게 설명하는가는 언어발달 연구에서 가장 논쟁되는 이유이다.

문법 습득을 위한 전략 문법적 발달은 돌연성보다는 확대된 과정이라는 증거는 Chomsky의 생득론적 설명에 대한 의문에서 제기되었다. 어떤 전문가는 문법이 일반적인 인지발달의 생성으로, 모든 종류의 일관성과 형태를 환경에서 찾으려는 유아의 경향성이라고 결론짓고 있다(Bloom, 1999; MacWhinney, 2005, Maratsos, 1998; Tomasello, 2003, 2006). 그러나 이런 이론가들 사이에 계속적인 논쟁은 유아가 어떻게 문법을 숙달하는가에 대한 것이다.

한 견해에 의하면, 유아는 기본적 문법 규칙을 탐지하려고 언어의 다른 속성에 의존한다고 하였다. **의미론적 초기구동화**(semantic bootstrapping)를 예로 들면, 유아는 문장의 구조를 알아내기 위하여 단어 의미를 사용한다. 유아는 주어를 '행위자의 질(행동의 원인이 되는 실체)에 관한 단어', 동사를 '행동의 질'에 관한 단어로 함께 집단으로 구성하기 시작한 다음, 단어들이 문장에서 어떻게 사용되는지를 관찰하여 의미론적 범주와 연결시킨다(Bates & MacWhinney, 1987; Braine, 1994). 이러한 방법으로 유아는 기본적 문법 틀을 만들어 놓고, 예외를 받아들이면서 시간과 함께 수정하게 된다. 의미론적 초기구동화의 주요 문제는 어떤 언어에서는 의미론적 범주(행위자와 같은)와 기본적 문법 구조(주어와 같은)를 대응시킬 수가 없다는 것이다. 타갈로그어권의 필리핀에서는 어떤 행위자는 주어가 되지만, 다르기도 하다. 그럼에도 불구하고 타갈로그어권 유아는 특정 시간의 틀 내에서 자기 언어의 주된 문법을 알아내게 된다(Maratsos, 1998).

다른 이론가들은 유아가 언어 구조의 직접적 관찰을 통하여 문법을 숙달하게 된다고 믿고 있다. 즉, 유아는 단어가 문장의 동일한 위치에 나타나고, 동일한 형태소적 마무리를 하고, 다른 단어와 유사한 조합을 하게 된다는 것을 알아차린다. 시간이 경과하면서, 유아는 문법적 범주로 단어를 집단화하고, 문장 속에서 적절하게 사용하게 된다(Bannard, Lieven, & Tomasello, 2009; Bloom, 1999; Chang, Dell, & Bock, 2006; Tomasello, 2003, 2011).

또 다른 이론가들은 처리 기제에 초점을 두는 반면, 아동이 특정 언어학습에 조율되어 있다는 Chomsky 주장의 핵심에 동의하고 있다. 한 견해는 의미론적 초기구동화를 수용하지만 유아가 단어 의미를 집단화하는 문법적 범주가 생득적이며, 처음부터 나타난다고 제안하고 있다(Pinker, 1989, 1999). 다른 이론에 의하면, 유아가 생래적 지식으로 시작하지 않더라도 유아는 문법적 규칙의 발견을 지원하는 특수 언어 구성 능력, 즉 언어를 분석하는 특수한 구성과정을 가지고 있다. 40개 이상의 다른 언어를 학습하는 유아에 대한 연구는 보편적 형태, 일관성이 있는 일련의 기본적인 전략을 밝히고 있다(Slobin, 1985, 1997). 보편적 언어 처리 기제가 있는지 혹은 다른 언어를 들은 유아가 독특한 전략을 고안하는지에 대한 논쟁이 지속되고 있다(Lidz, 2007; Marchman & Thal, 2005).

문법발달을 위한 환경적 지원 유아의 역량에 대한 조사 이외에, 연구자는 문법숙달 과제를 쉽게 하는 언어 환경의 측면에 관심을 가지고 있다. 신행언구는 성인이 단어 이미에 대한 유아의 잘못된 추론을 높은 빈도로 정정한다고 하여도("저것은 새가 아니고, 그것은 나비이다."), 성인은 문법에 대한 직접적 피드백을 거의 제공하지 않는다(Brown & Hanlon, 1970). 부모는 종종 자녀의 문법적 실수를 간접적인 방법, 즉 대화가 계속 진행되는 동안 관습적 사용에 대하여 유아에게 정보를 주는 방법으로 정정한다.

세 명의 영어학습과 두 명의 프랑스어 학습 유아를 2~4세까지 추적한 연구에서, 연구자는 부모의 즉각적 반응과 그 반응에 대한 유아의 반응과 함께 발음, 단어 선택, 문법에 대한 수천 개의 말의 실수를 부호화하였다(Chouinard & Clark, 2003). 부모는 유아가 실수하는 표현의 2/3를 재구성하여 주었는데, 그 비율은 실수 유형에서도 유사하였고 다섯 명의 유아에게 전반적으로 유사하였다.

이 2세 영아들에게 반응을 하는 유치원 교사는 그들의 간단한 문장을 확장하고 문법적으로 올바른 형태 — 올바른 문법에 관해 영아들에게 알려 주는 기술 — 로 그들의 문장을 고쳐 준다.

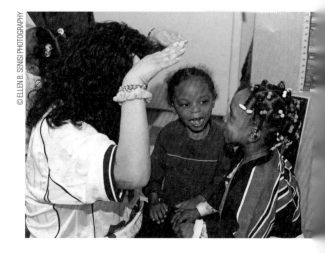

많은 성인 재구성은 유아에게 문법에 대한 정보를 제공하는 두 가지 기술, 종종 두 기술의 조합을 통하여 이루어지는데 **개작**(recast), 부정확한 말을 정확한 형태로 재구성하는 것과 **확장**(expansion), 즉 점점 더 복잡하게 언어를 정교화하는 것이다(Bohannon & Stanowicz, 1988).

다른 문법적인 자극을 통하여 유아가 의미하는 것을 명료화하도록 요청하여 상호작용을 지속할 수 있다. 예를 들면, 2세 반이 된 유아가 "나는 아바(Ava)를 안고 싶어."라고 말할 때, 엄마가 "무엇을 하고 싶다고?"라고 질문한다. 한 연구에서, 이러한 오류를 명료화하는 질문은 2세 반의 유아의 부정확한 구성에서 정확한 구성으로 16% 전환시켰으며, 4세 유아는 34%로 전환시켰다(Saxton, Houston-Price, & Dawson, 2005). 질문의 명료화는 유아가 자신의 말투를 반성적으로 생각하게 격려하고, 좀 더 지속적으로 정확한 문법에 대한 지식에 적용하도록 한다.

그럼에도 불구하고, 그러한 피드백의 영향은 도전적이다. 다른 연구자들은 부모의 재구성에 대하여 더 심각한 반대를 제기한다. 몇 연구가 재구성이 유아의 문법을 정정하는 효과가 있다고 보고하였으나, 다른 연구들은 영향이 없음을 보여 주었다(Strapp & Federico, 2000; Valian, 1999).

요약하면, 실질적으로 어떤 연구자는 어린 유아가 언어학적 구조의 놀라운 처리자라는 것에 동의한다. 그러나 언어 환경의 어떤 요인에 대한 확장이 실수를 정정하고 다음의 문법적 단계로 나아가게 하는지는 유아 언어 연구의 뜨거운 논쟁으로 남아 있다.

화용론적 발달

음운, 어휘, 문법의 숙달에 덧붙여, 유아는 사회적 맥락 내의 언어를 효과적으로 사용하는 것을 학습하여야 한다. 대화를 잘 진행하려면, 참여자는 차례를 지켜야 하고, 같은 주제에 대하여 말하여야 하고, 명확하게 메시지를 진술하고, 개인이 상호작용하는 방법을 지배하는 문화적 규칙을 따라야 한다. 유아기 동안, 유아는 언어의 화용론 숙달을 위하여 상당한 전진을 하여야 한다.

대화기술의 획득

어린 유아는 이미 숙련된 대화자이다. 대면을 통한 상호작용에서, 유아는 언어 교환을 주도하고, 눈 맞추기를 하고, 대화 상대자의 말에 적절하게 반응하고, 차례를 지킨다(Pan & Snow, 1999). 유아가 시간이 경과되어도 상호작용과 주제를 유지하는 능력을 지속하면서 대화를 주고받는 수는 연령과 함께 증가하는데, 그러나 2세 영아도 효율적인 대화의 능력이 있다(Snow et al., 1996).

추가적 대화전략은 유아기에 발달된다. 이러한 전략의 하나인 **방향 전환**(turnabout)으로, 말하는 사람이 현재 말한 것에 대한 언급뿐 아니라, 다시 상대방에게 반응하도록 하는 요구를 첨가하는 것이다. 2세 영아는 순서마다 많은 단어를 생성할 수 없기 때문에, 방향 전환이 드물게 나타나지만, 다음 몇 해가 지나면 유아들은 이 능력이 크게 증가한다(Goelman, 1986). 5세와 9세 사이에, 좀 더 발전된 대화전략이 나타나는데, **용암법**(shading)과 같이 토론의 초점을 수정하여 점진적으로 주제의 변화가 시작되는 것이다(Wanska & Bedrosian, 1985).

효과적인 대화는 또한 **반어법적 의도**(illocutionary intent), 즉 말의 형태가 그 의미와 완전하게 일치하지 않아도 말한 것의 의미가 무엇인지에 대한 이해에 의존하게 된다. 3세경에 유아는 직접적으로 표현된 요청이 아니고 행동을 통한 다양한 요청, 예를 들면 "나는 연필이 필요해." 혹은 "왜 나를 간지럽게 하지 않아?"와 같은 요청을 이해하게 된다(Garvey, 1974). 아동 중기 동안, 반어법적 지식은 더 발달하게 된다. 예를 들면, 가사일 돕기를 잊은 후에, 8세 아동은 엄마가 "쓰레기가 냄새가 나기 시작하네."라고 말하는 엄마의 실제 의미는 '쓰레기를 버려라'임을 이해한다. 이와 같은 언어 형태와 의도 짝짓기에 대한 이해는 유아의 인지적 역량 이상의 미묘한 추론을 유아가 하도록 요구한다(Ackerman, 1978).

　여전히 놀랄 만하게 발전된 대화능력은 매우 어린 연령에 나타나며, 성인의 인내력과 민감한 유아와의 상호작용은 유아의 대화능력을 격려하고 지지한다. 이 장에서 성인과 아동의 대화가 언어발달을 증진하는 예를 보았다. 가정이든 유아 교육 기관이든 관찰 장소에 관계없이, 일관성 있게 성인과 아동의 대화는 언어발달의 일반적 평가와 관련이 있다(Hart & Risley, 1995; NICHD Early Child Care Research Network, 2006). 그림책에 대해 부모와의 대화는 특히 효과적이다(Hoff, 2010). 그림책은 유아를 광범위한 언어 지식에 노출시키게 되는데, 어떻게 명확하고 조리 있는 서술양식―공동 그림책 읽기와 문해발달의 연결에 진정으로 기여하는 기술―으로 의사소통하는지를 포함한다(제7장 참조).

　마지막으로, 형제의 출현은 어린 유아의 대화기술을 증진시킨다. 걸음마기 영아의 쌍둥이 혹은 연령이 높은 형제와 부모 간의 대화를 근접 모니터하고, 걸음마기 영아에게 종종 대화에 끼도록 하였다. 유아가 그렇게 할 때, 대화는 각 참여자의 순서가 더 많아지고, 더 길게 진행되었다(Barton & Strosberg, 1997; Barton & Tomasello, 1991). 어린 동생은 대화를 들으면서, 중요한 기술, 인지 대명사(나, 너)와 같은 기술을 찾아내는데, 이것은 첫째 아이보다 둘째 아이 이상의 초기 어휘에 더 보편적으로 나타난다(Pine, 1995). 그리고 연령이 높은 형제는 어린 동생에게 과잉으로 상호작용 규칙에 초점을 둔 언급을 하였는데, "너 커미트 좋아해?" 또는 "좋아, 네 순서야."와 같은 언급이다(Oshima-Takane & Robbins, 2003). 이러한 강조는 아마도 어린 형제의 타인과의 대화기술에 공헌할 것이다.

그의 엄마가 "오늘은 쓰레기 가져가는 날이야."라고 소리칠 때, 이 10세 아동은 그녀의 말을 도로 끝 바깥으로 쓰레기통을 굴려서 이동시키라는 간접적인 요청으로 이해한다. 발화(illocutionary) 목적의 이해는 아동 중기 동안 개선된다.

의사소통의 명확성

효과적인 의사소통을 위하여, 명확한 언어 메시지를 생성하여야 하고 받은 메시지가 불명확하면, 좀 더 많은 정보를 요구할 수 있음을 인식하여야 한다. 언어의 이러한 측면은 **참조적 의사소통기술**(referential communication skill)이라고 한다.

　전형적인 실험 과제로 유아가 유사한 사물들 중 한 사물을 듣는 사람에게 설명하여야 하는 도전 상황을 제시하여, 명확하게 의사소통하는 유아의 능력을 측정하도록 하였다. 예를 들면, 한 연구에서 3~10세까지 아동에게 8개의 사물 배열을 보여 주었다. 각 사물은 크기, 모양, 색이 유사하였다. 대부분 3세 아동은 모호한 설명을 하였다. 명확하게 설명하도록 요구하면, 유아는 손가락 지적과 같은 몸짓에 많이 의존하였다(Deutsch & Pechmann, 1982). 명확한 메시지 전달능력은 연령과 함께 서서히 증가하였다.

　학령진 유아에게 더 간단한 과제를 제시하거나 친숙한 사람과 면대면 상호작용을 하게 하면, 유아는 자신의 말을 듣는 사람의 관점에 따라 더 잘 적응시킨다. 그러나 전화로 말하는 상황에서 4세 아동이 할아버지에게 전화로 대화하는 예를 살펴보자.

할아버지　너 몇 살이 되지?

존　　　　이렇게 많이.[네 손가락을 펴 보인다]

할아버지　응?

존　　　　이렇게 많이.[다시 네 손가락을 펴 보인다](Warren & Tate, 1992, pp. 259~260)

　유아의 참조적 의사소통은 유아가 듣는 사람의 반응을 볼 수 없거나 혹은 말하는 것에 대한 몸짓과 사물과 같은 전형적인 대화 도움체에 의존할 수 없는 높은 요구 상황에서는 더 미숙하다. 그러나 간단한 퍼즐을 해결하는 법을 듣는 사람에게 말하도록 요청하면, 3~6세 유아는 사람에게 직접 말하기보다 전화로 말하기에서 좀 더 자세한 지시를 하였다(Cameron & Lee, 1997). 4~8세 사이

그림 9.11 참조적 의사소통기술 검사의 그림

성인이 "상자 속의 책 위에 개구리를 놓아라."라고 지시하면 4~5세 아동은 '책 위에'와 '상자 속에'의 구문 간 모호성을 해결하지 못한다. 유아는 첫 참조 지시에 막히게 되어 빈상자 위에 개구리 하나를 놓는다. 아동 중기까지 책 위에 개구리 선택하기와 상자 속에 개구리 넣기에 관한 경쟁이 되는 두 표상을 통합하지 못한다.

출처 : Hurewitz et al., 2000.

유치원 교실에서 청교도와 인디언이 되어 첫 추수감사절을 연기하고 있다. 이야기 사건 단서가 있는 소품으로 하는 가장놀이 경험은 기억 요구를 줄이게 되어, 어린 유아들이 복잡성, 일관성이 더 있는 내러티브를 만들 가능성이 높아진다.

에, 전화로 지시를 전달하고 제공하는 능력 모두 크게 증진된다. 전화로 말하기는 유아기의 의사소통 기술이 상황적 요구에 의존한다는 좋은 예를 제공한다.

유아가 받은 메시지의 적합성을 평가하는 능력도 연령과 함께 증진된다. 3세경에 유아는 모호한 메시지를 분명하게 제시하도록 타인에게 요청하기 시작한다. 먼저, 유아는 메시지가 구체적 사물의 빈약한 설명을 하고 있음을 인식한다(Ackerman, 1993). 오직 나중에만, 유아가 메시지에 담긴 비일관성을 말할 수 있다. 예를 들어, 연구자가 4세와 5세 유아에게 그림을 보여 주고(그림 9.11 참조), "상자 속의 책 위에 개구리를 놓아라."라고 지시를 하면, 유아는 모호성 때문에 과제를 해결할 수 없다. 대부분의 유아는 유아 자신의 말에 유사한 내포 구문("책 위에 있는 개구리는 Squid 아줌마의 집으로 갔어")을 사용할 수 있을지라도, 상자 속보다 책 위에 개구리를 놓는다(Hurewitz et al., 2000). 이 과제는 듣는 사람에게 두 경쟁적 표상에 주의집중하고 통합하도록 요구한다. 이 과제에서 주목할 점은 지시의 첫 부분 "책 위에 개구리를 놓아라."의 특징이 두드러져서, 장면 안의 빈 책으로 이끄는 주의력을 억제하도록 요구하게 된다. 전시물을 등지고 지시를 듣도록 요청하여, 일시적으로 장면 안의 주의를 분산시키는 사물을 막았을 때, 거의 모든 4세와 5세 유아들은 전체의 메시지를 처리하였고, 정확하게 반응했다(Meroni & Crain, 2003).

서술형

과거 경험에 대한 성인과의 대화는 잘 조직되고, 세밀하며, 표현적인 서술을 생성하는 유아의 능력을 극적으로 파악하는 데 기여한다(제7장 참조). 개인적으로 중요한 사건과 관련된 것을 질문하면, 전형적인 4세 아동은 뛰어넘기 서술이라고 부르는 간단한 말의 연출을 하게 되는데, 그 이유는 유아는 비조직적 형태로 한 사건에서 다른 사건으로 건너뛰기 때문이다. 4세 반과 5세 사이에, 유아는 연대별 서술을 구성하기 시작하는데, 유아는 시간적 순서로 사건을 나열하고, 주요 시점별로 구성을 한다. "우리는 호수에 갔어. 그리고 낚시를 하고, 기다렸어. 폴이 기다렸고, 그리고 큰 메기를 잡았어." 6세경에, 연대별 서술은 고전적 서술로 확장되는데, 유아는 해결책을 첨가하게 된다. "아빠가 메기를 잡은 후에, 우리는 그것으로 요리를 하고, 모두 먹어 버렸지."(McCabe & Bliss, 2003)

유아의 한정된 대화는 부분적으로 유아의 제한된 작업기억 때문이다. 덧붙여, 어린 유아는 종종 자기 말을 듣는 사람이 실제로 가지고 있는 것보다 더 많은 공유 지식을 가지고 있다고 가정하는데, 그래서 유아는 시간, 장소, 참여자와 같은 사건에 대한 방향 참조적 정보를 거의 제공하지 못한다. 유아의 서술은 또한 아주 적은 평가를 담고 있는데, 즉 어떻게, 왜 사건이 일어나는지, 자신과 타인의 사고, 감정과 의도에 대한 언급이 거의 없다. 아동 중기에, 방향 지시 정보, 이야기의 조리성을 갖게 하는 자세한 설명과 연결어(다음, 그다음 그래서, 마침내)가 증가하게 된다. 그리고 8세에서 9세경에는 평가적 언급이 아동 중기와 청소년기까지 점진적으로 증가하게 된다(Melzi & Ely, 2009). 제7장에서 논의된 부모가 어린 유아의 서술 구성을 돕기 위하여 정교화 전략을 사용하면, 유아는 좀 더 조직적이고, 세밀하며, 평가적인 개인 이야기를 구성하게 된다.

서술형(내러티브)처럼, 가장놀이는 유아에게 줄거리를 둘러싼, 연결된 의미 있는 이야기 줄기로 구성된 사건을 조직하도록 요구하게 된다. 가장놀이와 서술형(내러티브) 역량은 서로를 지원한다(Nicolopoulou, 2006). 4세 유아가 가상 맥락 속의 서술형(내러티브)을 구성하게 되면("이 장난감을 사용한 이야기를 나에게 해 줘"), 유아는 즉흥적으로 만들어 내는 또래보다 더 복잡하고, 논리적인 이야기를 만들어낸다(Ilgaz & Aksu-Koç, 2005). 가장놀이 소품과 행동은 이야기 말하기의 기억 요구를 감소시켜 서술형(내러티브) 사건을 위한 강력한 단서로 제공된다. 그리고 학교 프로그램에서, 유아의 문학 작품에 대한 성인과 유아의 협동 극화에 14주 참여한 5세에서 7세 아동들은 14회기 동안 극화활동 없이 성인이 읽어 주는 이야기 듣기에 참여한 또래보다 서술형(내러티브) 발달에 더 높은 성장을 보였다(Baumer, Ferholt, & Lecusay, 2005).

유아가 유아의 삶에서 부모와 다른 중요한 성인의 서술 양식을 찾아내므로, 서술 형태는 다양하다. 제8장에 언급한 것처럼, 시작부터 끝까지 단일 경험과 관계 짓기 대신에, 아프리카계 미국인 유아는 종종 여러 유사한 일화를 융합한 주제 연합적 양식을 사용한다. 그 결과, 아프리카계 미국인 유아의 서술은 북미의 백인 유아의 서술보다 통상적으로 길고, 더 복잡하다(Champion, 2003b). 일본 유아도 보편적 주제와 관련된 사건을 연결하는데, 문화적으로 가치를 두는 시의 형태인 '하이쿠'와 유사한 구조를 사용한다(Minami, 1996).

명확한 구어적 서술을 도출하는 능력은 읽기 이해력의 증진과 좀 더 길고 외현적인 문어 서술을 구성하기 위한 유아의 준비에 의하여 문해발달에 기여하게 된다. 규칙적으로 식사를 하는 가족은 자녀의 언어와 문해가 발달하도록 하는데, 아마도 식사시간이 경청하는 기회를 많이 제공하고 개인적 이야기와 관계되기 때문일 것이다(Snow & Beals, 2006).

사회언어학적 이해

사회적 기대에 대한 언어적 적응은 **언어 등록기**(speech register)라고 부른다. 유아기에, 유아는 언어 등록기에 민감하게 된다. 한 연구에서, 4세에서 7세 유아에게 손 인형의 역할을 실행하도록 요구하였다. 제일 어린 유아도 자신이 다른 사회적 위치의 전형적인 인물에 대한 이해를 제시하였다. 유아는 사회적으로 지배적이고 남성적인 역할, 즉 교사, 의사, 아버지의 역할놀이에서 더 많은 명령을 사용하였다. 덜 지배적이며 여성적인 역할, 즉 학생, 환자, 어머니의 역할놀이에서 유아는 좀 더 정중하게 말하고, 간접적 요청을 더 사용하였다(Andersen, 1992, 2000).

언어 등록기 적응의 중요성은 얼마나 자주 부모가 정중함과 같은 사회적 일상 예절을 가르치는 지에 반영된다. 영아는 몸짓의 의미를 파악할 수 있기 전에 '바이 바이' 하며 손을 흔드는 것을 격려받게 된다. 2세경에, 유아가 '고맙다', '안녕', '잘 가'를 말하는 데 실패하면, 부모는 흔히 모델을 보이고 적합한 반응을 요구한다.

어떤 문화는 정중한 언어체계를 정교화한다. 일본의 예를 들면, 정중함이 언어적 비언어적 의사소통의 많은 측면에 영향을 주며, 성차, 연령, 사회적 배경, 화자와 청자와의 친숙도에 따라 다양하게 된다. 일본의 어머니와 유아 교육 기관 교사는 계속적으로 이러한 표현의 모델이 되고 가르치는데, 그래서 유아는 유아기보다 이른 시기에 많은 정중한 형태의 말투를 습득하게 된다(Burdelski, 2010; Nakamura, 2001). 예를 들면, 소꿉놀이에서 손님에게 인사하면서, 1세 영아도 "이라사이마세(어서 오세요)."의 정중한 인사를 사용한다. 2세에서 3세 유아는 좀 더 정중한 말, 즉 "마타 오이데 쿠다사이(또 오세요)."를 사용한다. 그리고 3세와 4세 유아는 일본 사회의 복잡한 존대어와 비속어의 습득을 위한 사려 깊은 전진을 하게 된다.

청소년은 사회적 맥락에 맞는 언어 양식을 적용하는 능력에서 극적인 증진을 보이는데, 그 이유는 10대들이 이전의 어린 연령에서 하였던 것보다 더 많은 상황 속에 들어가기 때문이다. 토론의 조에서 성공하기 위하여, 청소년들은 설득적이며, 잘 조직된, 속사포형으로 말을 하여야 한다. 작업에서, 청소년은 즐겁고 정중하게 고객에게 반응을 하여야 한

이 일본 유치원생은 교사에게 말할 때, 교사의 높은 사회적 지위를 알고 있다는 것을 표시하는 정확한 존경의 표현을 사용한다. 아동은 자신이 속한 문화체계에서 정교화된 예절을 숙지하여 자신의 방식대로 잘 행동하고 있다.

© MISA/GETTY IMAGES

다. 데이트에서, 청소년은 감수성과 친밀성을 고양하면서 의사소통을 하여야 한다. 언어의 특징을 반성적으로 생각하고, 인지적 자기 조절을 사용하는 높은 기술도 언어 등록기의 효율적 사용을 지원하게 된다(Obler, 2008). 10대들은 학령기 아동들보다 예견된 상황에서 무슨 말을 하기를 원하는지 연습하고, 무엇을 말했는지 검토하고, 더 잘 말하는 법을 알아내기 위하여 노력을 한다.

상위 언어학적 인식의 발달

4세경에 유아는 단어 명칭이 자의적이며 자신이 언급하는 사물의 한 부분이 아니라는 것을 안다. 사물을 새로운 언어에서 다른 이름으로 부를 수 있는지를 물으면, 유아는 '그렇다'고 대답한다. 유아는 또한 어떤 기본적인 구문론적 판단을 할 수 있는데, 예를 들면, "만져라 코를.", "토닥거려라 개를." 하고 말하는 손 인형이 문장을 거꾸로 하는 것을 안다(Chaney, 1992). 5세경에 유아는 '단어'의 개념에 대한 좋은 감각을 가지고 있다. 성인이 이야기 읽기를 멈추라고 요구하면서, "내가 말한 마지막 말이 무엇이지?"라고 물으면, 유아는 거의 항상 자신이 말한 모든 부분을 정확하게 대답한다. 유아는 'floor' 대신에 'on the floor', 'a' 대신에 'is-a'라고 말하지 않는다(Karmiloff-Smith et al., 1996). 이러한 초기 상위언어학적 이해력은 어휘와 문법발달의 좋은 예측요인이다(Smith & Tager-Flusberg, 1982).

그럼에도 불구하고, 상위 언어학적 기술의 완벽한 완성은 아동 중기까지 일어나지 않는데, 인지가 고도로 발전되고, 교사가 읽기와 쓰기활동에서 언어의 특징을 지적함으로써 이루어진다. 4~8세 사이에, 유아는 음운론적 인식의 큰 걸음을 걷게 된다(Homer, 2009). 유아는 운율과 단어 소리의 다른 변화에 민감하게 되는 반면에, 3학년 아동은 단어에 있는 모든 음소를 변별할 수 있다. 제7장을 회상해 보면, 음운론적 인식은 읽기발달을 강력하게 예측한다. 그리고 문해는 추후 상위언어학적 발달을 촉진시키는데, 언어가 분석되고 해부될 수 있는 사고의 대상이 될 수 있기 때문이다.

이 관점과 일치되어, 학령기 아동도 형태론적 인식의 가닥을 만들게 되는데, 여기에는 단어의 끝을 조작하고, 새로운 맥락에 그것을 적용하는 능력이 포함된다(Duncan, Casalis, & Cole, 2009). 8세경에 유아는 또한 단어의 의미가 틀리고 무의미하여도 문장의 문법적 정확성을 판단할 수 있다(Bialystok, 1986). 덧붙여, 상위 언어학적 지식은 단어의 정의, 익살과 해학, 은유의 다차원적 의미를 이해할 수 있는 초등학교 아동의 증진된 능력의 증거가 되며, 이러한 기술은 청소년기까지 증진이 계속된다(Berman, 2007).

이중 언어 유아는 상위 언어학적 인식(metaliguistic awarence)과 다른 인지기술에서 앞서고 있다. 그러나 이러한 주제로 마무리하기 전에, 언어발달에 관한 전반적 요약을 책 맨 뒤의 '발달이정표'에 제시하였다.

이중 언어 : 유아기의 2개 국어 학습

전 세계에서 많은 아동은 이중 언어, 두 언어의 학습, 때로는 둘 이상의 언어를 학습하며 성장한다. 제2장에 미국과 캐나다는 대부분 이민 인구로 구성되어 있다. 대략 미국 유아의 20%, 전체의 1,000만 가정에서 영어보다 다른 언어를 말하고 있다(U.S. Census Bureau, 2011b).

유아는 두 가지 방법으로 이중 언어자가 될 수 있는데, (1) 에린이 그랬던 것처럼 유아기에 동시에 두 언어를 습득 혹은 (2) 첫 언어를 숙달한 후 두 번째 언어를 습득하는 것이다. 유아기에 두 언어를 유아에게 가르치는 이중 언어 사용 부모의 유아는 언어발달에 특별한 문제가 나타나지 않는다. 시작부터 유아는 언어체계를 분리하여, 소리의 구별, 첫 단어 말하기, 두 언어에 걸쳐 50개 단어를 만들기(1세 반경), 전형적인 시간표에 의한 초기 언어발달 이정표를 획득하게 된다(Bialystok et al., 2009a; Conboy & Thal, 2006; Genesee & Nicoladis, 2007). 유아는 언어의 노출에 따라서, 자신의 주변 환경의 언어 속에서 정상적인 모국어 능력과 두 번째 언어에 대한 좋은 모국어 능력을 습득하게 된다(Genesee, 2001). 그러나 학령기 아동은 자신이 기존에 먼저 말하게 된 후에 두 번째 언어를 습득하게 되면, 일반적으로 모국어권 또래와 같이 두 번째 언어에 능통하려면 3(5)~5(7)년이 지나야 한다(Paradis, 2007).

많은 이중 언어를 사용하는 성인들처럼, 이중 언어 아동은 때때로 **언어 체계의 전이**(code switching, 한 언어에서 다른 언어체계로 전환하는 일)를 하는데, 이는 두 언어의 문법적 손상이 없이 다른 언어에 하나 또는 다수의 '손님(guest)' 말을 담아 내는 한 언어의 말투를 만들어 내는 것이다. 유아는 언어체계의 전이에 참여하게 되는데, 왜냐하면 유아는 한 언어로 특정 사고를 전달하는 어휘가 부족하여, 다른 언어를 사용한다. 그러나 대부분의 언어체계의 전이를 하는 유아의 부모도 종종 그렇게 한다. 이중 언어 성인은 문화적 정체성의 표현을 위하여 언어체계의 전이의 빈도가 높으며, 유아는 그에 맞추어 따르기도 한다. 즉 권위에 대한 존경의 표시로 영어를 사용하는 한국 유아는 피아노 교사의 교습에는 한국어로 전환한다(Chung, 2006). 언어체계의 전이를 듣는 기회는 이중 언어발달을 촉진시킬 수 있다(Gawlitzek-Maiwald & Tracy, 1996). 예를 들면, 영어를 손님 언어로 하여 프랑스어 문장 듣기에 익숙한 유아는 영어 단어 의미를 알아내는 데 문장 수준의 단서에 의존할 수 있다.

단일 언어 또래와 비교하여, 이중 언어 유아는 모든 언어에서 어느 정도 적은 어휘력을 가지고 있다. 그러나 이 차이는 대부분 어떤 단어의 습득 기회에 기인하는 것처럼 보인다. 예를 들면, 가정에서 소수집단의 언어로 말하고 학교에서 영어로 말하는 6세 이중 언어 유아를 근접 관찰하여 학교에서 자주 사용한 영어 단어(동물, 식물, 모양 등)의 이해에서 단일 언어와 차이가 없었다는 것을 밝혀냈다(그림 9.12 참조)(Bialystok et al., 2009a). 이중 언어 유아는 가정에서 사용된 영어 단어(음식, 가재도구)에서만 점수가 더 낮았다.

연구의 큰 부분은 두 언어가 유창한 아동은 인지발달에서 앞선다는 것을 보여 주고 있다. 뇌영상법 연구는 두 언어를 더 일찍 습득하고 더 많은 유창성을 갖는 개인은 좌반구의 언어영역 내 신경 연결이 더 조밀하다고 밝히고 있다(Mechelli et al., 2004). 이중 언어 아동들은 선택적 주의집중, 관련성 없는 정보의 억제, 분석적 추론, 개념 형성, 인지적 융통성의 검사에서 다른 아동보다 앞선다(Bialystok, 2001; Bialystok & Martin, 2004; Carlson & Meltzoff, 2008). 또한 이들은 상위 언어적 기술이 특히 잘 발달되어 있다. 아동들은 단어가 인위적 상징임을 더 잘 인식하며, 읽기 성취를 증진하는 능력인 언어 소리의 어떤 측면을 더 잘 의식하고, 문법과 의미, 대화의 관습(정중하고, 적합하게, 정보를 주며 반응하기)에 드러나는 실수를 더 잘 알아내게 된다. 그리고 아동들은 특히 만약 스페인어와 영어처럼 두 언어가 음운론적 특징, 글자-소리의 일치를 공유한다면 한 언어의 음운론적 인식기술을 다른 언어로 전환하게 된다(Bialystok, McBride-Chang, & Luk, 2005; Siegal, Iozzi, & Surian, 2009; Snow & Kang,

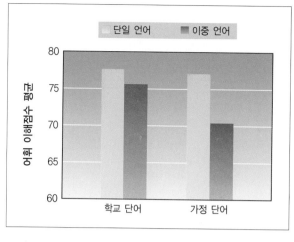

그림 9.12 단일 언어 사용과 이중 언어 사용 6세 유아의 '학교' 단어와 '가정' 단어의 영어 어휘 이해 점수

비록 이중 언어 학령기 아동의 영어 어휘가 그들의 단일 언어 사용 또래보다 적을지라도 오직 이중 언어 중 모국어를 말하는 가정에서 자주 사용되는 단어에 대해서만 그 차이는 적용된다. 두 그룹은 이중 언어 아동이 배울 기회가 넉넉했으므로 학교에서 주로 사용되는 단어의 이해에서는 동등했다.

만약 이 어린이들이 부모 양쪽의 모국어에 모두 유창해진다면, 그들은 인지발달과 상위 언어적 인식의 많은 면에서 향상될 것이다.

사회적 쟁점 : 교육

이중 언어 교육을 위한 두 가지 접근 : 캐나다와 미국

캐나다의 국가적 교육 정책은 활발하게 이중 언어 교육을 촉진한다. 공식적인 소수 언어 배경(영어를 말하는 지방의 프랑스인, 프랑스어를 말하는 퀘백에서 영국인)인 아동은 그들 각각의 언어에서 초등과 중등교육을 받을 권리를 가지고 있다. 게다가, 학교는 캐나다와 첫 번째 나라 언어를 역시 촉진하는 이민자들의 언어와 문화를 유지하는 프로그램을 제공하기 위해 북돋워야 한다. 비록 그러한 프로그램은 짧은 공급이지만, 그들을 위한 자금 조성은 증가하고 있다. 전반적으로 캐나다는 소수 아동의 모국어 능력을 높이는 이중 언어 교육에 높은 가치를 둔다.

국가적으로 프랑스어-영어 이중 언어는 1990년대 중반부터 12%가 증가되었다(Stastics Canada, 2007f). 주요한 이유는 영어를 말하는 초등학교 학생들은 몇 년간 완전하게 프랑스어로 가르침을 받는 캐나다의 언어 몰입 프로그램이다. 현재, 캐나다 초등학교 학생의 약 7%가 취학했다. 몰입전략은 두 언어에서 능숙한 아동이 발달하는 데 성공적이다. 그리고 그 아동이 6학년까지, 일반적인 영어 프로그램에서 그들의 또래처럼 읽기, 쓰기, 수학에서도 성취했다(Harley & Jean, 1999; Holobow, Genesee, & Lambert, 1991; Turnbull, Hart, & Lapkin, 2003). 캐나다 정부는 영어와 프랑스어 둘 다를 말할 수 있는 15~19세의 비율의 증가를 소망하며 언어 몰두 기회를 확대하는 단계를 취하고 있다(Government of Canada, 2009).

미국에서, 영어 숙달에 제한이 있는 소수 아동을 어떻게 교육할지를 넘어 격렬하게 논쟁한다. 몇몇의 아동의 모국어에서 의사소통을 하는 시간 소비는 학교와 직장에서 성공을 위해 중요한 영어 언어 성취를 줄인다. 다른 교육자들은 영어의 습득을 장려하는 동안 소수민족 아동의 모국어 발달에 헌신했다. 모국어 교수를 제공하는 것은 소수민족의 아동이 그들의 유산은 존중된다는 것을 알려준다. 그것은 역시 두 언어에서의 부적합한 능숙을 방지한다. 제2의 외국어를 배움으로써 점점 그들의 모국어를 잃어버리는 소수민족 아동들은 둘 다의 언어에서 결국 제한을 받게 된다(Ovando & Collier, 1998). 이 환경은 심각한 학습문제를 일으키고 학교 실패의 높은 비율과 미국의 언어 소수집단 인구의 거의 50%를 구성하는 히스패닉(라틴 아메리카계 사람)의 낮은 사회경제적으로 젊은 사람들 가운데 낙오자로 이끈다.

현재, 공적인 의견과 교육적인 관행은 영어만 공용어로 인정하는 교수를 선호한다. 많은 미국 주들은 학교는 소수민족 학생을 영어 외의 언어로 가르치는 데 의무가 없다는 환경이 만들어지고 그들의 공식적인 언어로 영어를 법으로 선언하는 것이 통과되었다. 아직 교실에서는 교육과정에 영어와 스페인어 둘 다가 통합되었지만, 미국 소수민족 학생들은 학습, 교실 토론에서 제2언어로 좀 더 쉽게, 좀 더 활발하게 참여하고, 말하고 읽는 기술을 습득하는 것에 좀 더 많이 포함된다. 좀 더 나은 학업적 성취를 기대하고, 대학에 다니고 졸업할 가능성을 증가시키고, 더 큰 직업적 달성을 얻는다(Guglielmi, 2008). 반면, 교사가 한 언어만을 말할 때, 아동은 거의 이해할 수 없고, 소수민족의 아동은 좌절, 지루함, 철회, 학업적인 어려움이 짙어짐을 보인다(Kieffer, 2008). 이 성취에 있어서 하향 나선형은 언어 소수민족의 아동의 필요를 지지해 주는 자원이 특히 드문 매우 가난한 학교에서 가장 크다.

이 영어-스페인어 이중 언어 교실에서, 아동은 학습에 더 참여하고, 교실 토론에 좀 더 활발하게 참여했다. 그리고 영어만 사용하는 교실에서 보다 쉽게 두 번째 언어를 습득한다.

미국의 영어로만 교육하는 지지자들은 종종 교실 수업이 제2의 언어로 이루어지는 캐나다 언어 몰입 프로그램을 성공의 이유로 든다. 그러나 캐나다 부모들은 그들의 아동을 자발적으로 몰입 교실에 입학시키며, 프랑스어와 영어 둘 다 캐나다에서는 동등하게 주요한 언어이다. 더욱이 아동의 모국어로 가르치기는 배제하는 것이 아니라 단지 지연되었다. 미국의 경우 영어로 말하지 않는 소수민족의 아동은 그들의 모국어는 큰 사회에 의해 가치 있게 여겨지지 않는다. 즉 다른 전략이 필요해 보인다. 하나는 그들이 영어를 배우는 동안 아동의 모국어 기술을 촉진하는 것이다.

2006). 이러한 능력은 앞서 언급한 바와 같이, 읽기 성취를 강화한다.

이중 언어의 혜택은 학교에서 이중 언어 교육 프로그램의 강한 정당성을 제공하였다. 상단 상자 글 '사회적 쟁점 : 교육'은 미국과 캐나다에서 이중 언어 교육을 위한 광범위하게 다양한 접근법을 설명하고 있다. 미국과 캐나다 두 국가에서 많은 이민 아동은 교실에서 자신의 모국어를 위한 지원을 제공받지 못한다. 최근 어떤 학교는 이중 언어 교육의 새로운 형태를 시도하고 있다. 이것은 양방향 이중 언어 프로그램으로, 일반 모국어로 말하는 영어 유창성에 제한이 있는 아동과 영어가 유창한 아동을 같은 교실에 같은 수로 지정하는 것이다. 교수하기는 모든 아동이 두 언어에 유창하고, 자신이 관련된 문화를 존중하도록 도움을 주기 위하여 방향을 정하고 있다(Padilla, 2006). 이 목적은 전체 국가의 언어학적, 인지적, 문화적인 풍부화를 조성하는 것이다.

주 요 용 어

개작(recast)
공동 주의(joint attention)
과소 확장(underextension)
과잉 규칙 적용(coverregularization)
과잉 확장(overextension)
구문초기구동화(syntactic bootstrapping)
모양 편향(shape bias)
몸짓(protoimperative)
문법(grammar)
문법적 형태소(grammatical morphemes)
반어법적 의도(illocutionary intent)
방향 전환(turnabout)
범주적 언어 지각(categorical speech perception)
베르니케 영역(Wernicke's area)

보편적 문법(universal grammar)
브로카 영역(Broca's area)
상호배타적 편견(mutual exclusivity bias)
언어 등록기(speech register)
언어 산출력(production)
언어 이해력(comprehension)
언어체계의 전이(code switching)
언어획득장치(language acquisition device, LAD)
영아 지향어(Infant-directed speech, IDS)
옹알이(babbling)
용암법(shading)
음소(phonemes)
음운론(phonology)
음운 저장고(phonological store)

의미론(semantics)
의미론적 초기구동화(semantic bootstrapping)
전보식 말(telegraphic speech)
지도화(fast-mapping)
참조적 양식(referential style)
참조적 의사소통기술(referential communication skill)
초기서술적 몸짓(protodeclarative)
쿠잉(cooing)
통사론(syntax)
표현적 양식(expressive style)
형태론(morphology)
화용론(pragmatics)
확장(expansion)

'엄마의 사랑'

미상, 15세, Korea

어린아이가 엄마의 손을 꼭 잡고 넓은 세상 속으로 자신감 있게 나아가고 있다. 온정적이고 민감한 양육자와의 안정된 애착 유대는 아동이 주변 환경을 탐색하고 정복하는 데 필요한 중요한 지원이 된다.

출처 : 일리노이주립대학교 밀너 도서관 국제 아동화전의 허락으로 게재

정서발달

정서의 기능
- 정서와 인지과정
- 정서와 사회적 행동
- 정서와 건강
- 기능주의적 접근의 다른 특징

정서표현의 발달
- 기본 정서
- 자의식적 정서
- 정서의 자기조절
- 정서표출양식의 획득

타인 정서의 이해와 반응
- 사회적 참조
- 아동기 정서적 이해
- 감정이입과 공감

기질과 발달
- 기질의 구조

■ **생물학과 환경**
수줍음과 사회성의 발달
- 기질의 안정성
- 기질의 측정
- 유전과 환경의 영향
- 아동행동의 예측변인으로서의 기질
- 기질과 양육 : 조화적합성 모델

애착의 발달
- Bowlby의 동물행동학 이론
- 애착 안정성의 측정
- 애착 안정성
- 문화적 다양성
- 안정 애착에 영향을 미치는 요소
- 다중 애착

■ **문화적 영향**
발달에 있어 아버지의 온정이 지닌 강력한 역할
- 애착과 후기 발달

애착, 부모의 취업, 그리고 자녀양육

정 서발달—지금까지 인지에 의해 가려졌던—은 급격하게 팽창하는 흥미로운 연구 분야이다. 이 장은 인간행동에서 나타나는 정서의 기능에 대한 논의에서 출발하고자 한다. 다음으로 연령에 따른 아동의 정서표현과 이해의 획득과정을 제시하였다. 아동이 변화하는 물리적·사회적 세계와 복잡한 상호작용을 함에 따라 팽창하는 정서적 능력에 대해 설명하였다. 다음으로 기질과 성격의 개인차로 우리의 관심을 돌려 이러한 개인차에 대한 생물학적·환경적 영향과 개인차가 미래발달에 미치는 영향에 대해 살펴보았다. 마지막으로 우리는 양육자–영아의 첫 번째 애정적 유대인 애착을 다루었다. 이러한 유대로부터 싹튼 안정감이 어떻게 아동의 탐색, 독립심, 팽창하는 사회적 관계를 지원해 주는지를 살펴보았다. ■

정서의 기능

과거에 대해 돌이켜 생각해 보자. 여러분은 시험 성적 때문에, 혹은 친구와의 대화로 인해 기쁨·슬픔·두려움·분노의 감정을 느껴 본 적이 있는가? 여러분이 이러한 사건의 결과에 대해 우려하여 이러한 사건들이 감정을 불러일으키게 된다. 여러분의 **감정**(emotion)은 주어진 상황에 부여한 개인적 의미에 대한 신속한 판단이며, 이러한 상황은 어떤 행동을 하도록 준비시켜 준다. 예를 들면, 행복은 주어진 상황에 다가가게 만들고 슬픔은 소극적으로 움츠러들게 하며, 두려움은 적극적으로 물러서게 만들고 분노는 장애를 극복하게 한다. 정서로 인해 여러분은 중요한 환경과의 관계를 형성·유지·변경하려는 모습을 지니게 된다 (Campos, Frankel, & Camras, 2004; Saarni et al., 2006).

정서의 **기능주의적 접근**(functionalist approach to emotion)에 관한 최근 이론에 따르면 정서가 지닌 광의의 기능은 개인적인 목적 달성을 목표로 행동에 활기를 북돋우어 주는 것임이 강조되고 있다(Barrett & Campos, 1987; Campos, Frankel, & Camras, 2004; Frijda, 2000; Saarni, et al., 2006). 주어진 사건들은 여러 가지 방식으로 개인에게 의미 있는 것이 된다. 첫째, 여러분은 이미 마음속에 시험을 잘 보겠다는 목표를 가지고 있기 때문에 시험 상황에 대한 강한 정서를 유발하게 된다. 둘째, 타인과의 사회적 행동이 상황의 중요성을 바꾸어 버린다. 예를 들면, 친구가 방문하면 친구의 다정한 인사말에 온화하게 반응하게 된다. 셋째로, 민감성 또는 마음의 어떤 상태가—시각, 청각, 미각, 후각, 촉각, 추억, 상상하기와 같은—개인적으로 의미 있는 것이 될 수 있으며, 긍정적 혹은 부정적 정서를 불러일으키게 된다. 이어서 정서적 반응은 이러한 경험을 반복하고자 하는 자신의 바람에 영향을 미치게 된다.

각 경우에 정서는 개인의 상황 변화에 따라 변화하는 기능을 융통성 있게 제공함과 동시에 인간과 환경 간의 지속적인 교류의 결과로 발생한다(Thompson, Winer, & Goodvin, 2011). 기능주의적 이론가들은 정서가 우리의 모든 노력—인지적 과정, 사회적 행동, 심지어 신체적 건강 등—의 핵심이라고 생각한다. 정서가 어떻게 각 영역의 경험을 조직하고 조절하는가에 대해 살펴보자.

정서와 인지과정

정서적 반응은 생존에 필수적인 학습을 이끌어 낸다. 예를 들면, 양육자가 '안 돼!' 하고 강하게 표현하면 막 걷기 시작한 영아는 전기콘센트를 만지거나 계단 아래로 내려가려던 행동을 멈추게 된다. 영아는 전기 충격이나 추락을 직접 경험하지 않고도 이러한 위험을 피할 수 있다.

정서와 인지의 관계는 불안이 수행에 미치는 영향을 보아도 알 수 있다. 아동과 성인의 높은 불안은, 특히 복잡한 과제의 인지처리과정에서 과제와 무관한 위협적인 자극과 걱정스러운 생각에 주의를 전환하여 사고를 방해한다(Derakshan & Eysenck, 2009). 정서는 또한 기억에 강력한 영향을 미친다. 예를 들면, 병원에서 주삿바늘에 큰 충격을 받은 유아나 학령기 아동은 위협적인 경험에 더 많은 주의를 집중하기 때문에 충격을 덜 받은 아이들보다 자신의 경험을 더 분명하게 기억하는 경향을 보인다(Alexander et al., 2002; Goodman et al., 1991). 동시에 흥분한 아동은 일반적인 상황에서 무엇이 일어날지 알 수 없는 공포를 자아내는 사건에 매우 민감한 경향을 보인다.

정서와 인지의 관계는 양방향적 — 영아기 초 이미 진행 중인 역동적 상호작용인 — 이다(Lewis, 1999). 한 연구에서, 연구자는 2~8개월의 영아에게 만족스러운 장면이나 소리를 얻기 위해 끈을 잡아당기도록 가르쳤다. 영아가 과제를 익히게 되면 흥미, 기쁨, 경이로움으로 반응했다. 그런 다음, 일정 시간 동안 끈을 잡아당겨도 더 이상 매력적인 자극을 나타내지 않도록 하였다. 영아의 정서적 반응은 급속히 변화하여 대부분의 영아는 화를 냈고 일부는 슬퍼했다. 일단 자극이 다시 시작되면, 화가 났던 영아는 흥미와 즐거움을 다시 나타내었으며 아기에게 나타났던 슬픔은 사라지게 된다(Lewis, Sullivan, & Ramsay, 1992). 정서는 인지과정과 뒤섞여 있으며, 이는 지속적 참여와 학습에 활력을 불어넣는 힘이 되며 숙달된 목표 달성에 중요한 역할을 하게 된다.

정서와 사회적 행동

미소, 울음, 집중된 흥미와 같은 영아의 정서적 신호는 타인의 행동에 강력한 영향을 미친다. 동시에 타인의 정서적 반응은 아동의 사회적 행동을 조절한다.

양육자와 영아의 상호작용에 대한 주의 깊은 분석 결과, 3개월경 상대방의 신호에 적절한 방식으로 적절한 순간에 반응하게 도와주는 복잡한 의사소통 체계가 자리잡게 된다(Weinberg et al., 1999). 몇몇 연구에서, 부모에게 무표정하고 무반응적이거나 우울한 정서상태를 가장하도록 하여 정서적 신호 교환을 방해해 보았다. 2~7개월 된 영아는 부모의 응답을 다시 얻고자 얼굴 표정, 소리, 신체의 움직임 등을 시도했다. 자신의 노력이 실패하면, 영아는 관심을 다른 곳으로 돌리거나 얼굴을 찡그리고, 울음을 터트렸다(Moore, Cohn, & Campbell, 2001; Papousek, 2007). 무표정에 대한 반응(still-face reaction)은 자연스러운 의사소통이 방해받을 때만(무표정한 인형이나 무표정한 표정가면을 쓴 엄마가 아닌) 나타났으며, 이러한 결과는 미국·캐나다·중국의 영아 모두에게서 유사하게 나타났다. 이는 이미 형성된 양육자의 의사소통 결핍에 의한 위축 반응임을 시사한다(Kisilevsky et al., 1998; Legerstee & Markova, 2007). 분명한 것은 어린 영아들도 면대면 상호작용을 수행할 때 상대가 정서적으로 반응하기를 기대한다는 것이다.

연령과 더불어, 정서적 표현은 신생아의 신중한 의사소통 수단이 되며, 영아는 자신의 의도와 관점을 평가하기 위해 타인의 정서적 표현을 점검한다. 예를 들면, 영아와의 긍정적 정서 교환은 대부분 엄마가 먼저 시도한다. 9개월경, 영아는 양육자의 미소에 앞서 미소를 띠면서, 정서적 교환을 시도한다(Cohn & Tronick, 1987). 더욱이, 제9장의 내용을 생각해 보면 1세 이하까지 영아는 점차 **공동 주의**(joint attention) — 양육자의 관심의 방향에 따르는(제9장 참조) — 에 익숙해져 간다. 영아와 걸음마기는 이러한 공동 주의 에피소드에서 언어적 정보뿐만 아니라 정서적 정보를 획득한다. 이 장의 뒷부분에서, 친근하지 않은 사람·사물·사건을 접했을 때, 좀 더 나이 든 영아는 양육자의 감정에 세심한 주의를 기울여 어떻게 반응해야 할지를 안내하기 위하여 양육자의 정서를 활용한다. 사회적 참조(social reference)라는 타인의 정서를 확인하는 과정을 통해, 유아는 다양한 일상적인 상황에서 행동하는 방식을 배우게 된다. 18개월 된 아기가 갓 태어난 동생이 우는 것을 처음 접하면 엄마의 반응을 점검한다. 이후에 같은 일이 발생하면, 아기를 토닥거리며 "아니, 아니, 아가야[아기의 애칭을 부르며], 울지 마." 하고 달랜다.

정서와 건강

많은 연구들은 정서가 아동의 신체적 복지에 영향을 끼치고 있음을 지적하고 있다. 제5장에서 정서결핍으로 인한 아동기의 두 가지 성장장애 ─성장쇠약(growth faltering)과 심리사회적 왜소증(psychosocial dwarfism) ─ 에 대하여 다루었다. 다른 많은 연구들은 불안·우울감·분노·과민성으로 인해 나타나는 지속적인 심리적 스트레스가 영아기에서부터 성인기에 이르기까지의 여러 가지 건강문제와 관련이 있음을 지적하였다. 예를 들면, 스트레스가 심장박동수와 혈압을 상승시키며, 면역반응 ─심혈관계 질환, 전염병, 그리고 몇 종류의 암과 스트레스의 관계를 설명하는 반응 ─을 억제한다. 또한 행동을 위해 몸을 움직이면 혈액이 뇌·심장·말단 부위로 흐르는데, 스트레스로 인해 뇌, 심장, 움직임을 위해 신체를 움직이는 말단 부위로 혈액이 흐르면서 소화활동을 감퇴시킨다. 결과적으로 변비, 설사, 대장염, 궤양 등의 소화장애를 일으키게 된다(Antoni & Lutgendorf, 2007; Ray, 2004). 또한 스트레스는 질병을 발생시킬 뿐만 아니라 질병에 의해 발생되기도 한다. 시간의 흐름에 따라 스트레스와 질병은 서로 악화시키는 순환적인 고리가 된다.

정서-건강 간의 관계에 대한 단적인 증거로 루마니아의 매우 열악한 고아원에서 초기 8개월간 양육되어 영아기에 만성적 스트레스에 노출된 후 캐나다에 입양된 아동들을 추적 연구한 것을 살펴볼 수 있다. 루마니아 고아원에서 이들은 성인의 관심과 자극이 부족했고 감염과 식중독 ─주로, 장내 기생충, 간염, 빈혈 등 ─으로 고생했다. 출생 후 바로 입양된 건강한 또래와 비교할 때, 이러한 신체적인 질병이나 정서적인 결핍을 경험한 아동들은 타액 속에 스트레스 호르몬인 코르티솔의 농도가 높게 ─만성적인 질병, 집중력과 분노나 충동의 통제의 결핍을 포함한 학습이나 행동문제에 연결된 생리적 반응 ─나타났으며 스트레스에 극단적 반응을 보였다. 고아원의 보호 속에서 보낸 시간이 길수록 코르티솔 수준이 더 높게 나타났고 심지어 입양 후에는 6년 반 동안이나 이러한 현상이 지속되었다(Gunnar et al., 2001; Gunnar & Cheatham, 2003). 다른 조사에서는 고아원 아동이 비정상적으로 낮은 코르티솔 수준을 가진 ─초기에 잦은 코르티솔 상승에 대한 중추신경계의 적응으로 인해 생리적 스트레스에 대한 반응이 무뎌져 ─것으로 나타났다(Loman & Gunnar, 2010). 매우 낮은 코르티솔 수준은 성장호르몬(GH)의 생성을 방해하고, 결과적으로 아동의 신체적 성장발육을 방해한다.

다행히도, 성인의 민감한 보호는 전형적인 발달을 하고 있는 영·유아와 정서적으로 상처받은 영·유아 모두의 코르티솔 생성을 정상화하는 데 도움을 준다. 적절한 양육은 과도한 혹은 부적절한 스트레스 호르몬 노출로 인해 잠재적 손상을 유발하는 결과로부터 어린 유아의 뇌를 보호해 준다(Gunnar & Quevedo, 2007; Tarullo & Gunnar, 2006). 양육적인 가정에 입양된 후, 고아원 아동의 코르티솔 생성은 보통 수준으로 전환되었고 성장과 행동의 문제가 감소되었다(Gunnar & Vasquez, 2001). 그럼에도 불구하고 제4장과 본 장에서 볼 수 있는 것처럼, 많은 시설 아동이 열악한 시설에서 생후 첫 1년의 대부분을 보낸 후 입양될 경우, 지속적인 적응문제로 심각한 고통을 받는 것으로 나타났다.

기능주의적 접근의 다른 특징

기능주의 이론가들은 인지·사회·신체발달에 있어서 정서의 절대적인 역할과 더불어, 정서가 자의식의 출현에 기여함을 지적하였다. 예를 들면, 새로운 물체에 대해 아기가 나타내는 관심과 흥분은 자기효능감(self-efficacy)─그들 주변의 사건을 통제할 수 있다는 자신의 능력에 대한 자신감─을 갖도록 돕는다(Harter, 2006). 2세 중반, 아동의 자의식이 충분히 발달되면 뚜렷한 기능을 지닌 정서의 새로운 측면을 경험하기 시작한다. 도덕성, 사회적 행동, 과제 완수 등의 기준에 비추어 자아의 좋은 점과 나쁜 점의 평가에 기초한 두 가지의 자의식적 감정(self-conscious emotion)인 자신감(pride)과 당혹감(embarrassment)을 생각해 볼 수 있다(Saarni et al., 2006).

마지막으로, 기능주의적 접근은 아동이 신체적·사회적 세계에 적응하기 위하여 마치 동작적, 인지적, 사회적 행동을 하는 것처럼 자신의 정서 통제를 획득하여야 한다고 주장한다. 이와 같이 증가하는 정서적 자기조절(emotional self-regulation)의 한 부분인, 언제 어떻게 정서가 전달되는지에 대한 문화적 규칙을 터득하게 된다. 결과적으로, 후기 아동기까지 몇몇 정서는 발달 초기에 그랬던 것처럼 솔직하고 자유롭게 표현된다.

정서표현의 발달

영아는 자신의 감정을 말로 설명할 수 없기 때문에, 영아가 어떤 정서를 경험하는지를 정확하게 판단하기가 매우 어렵다. 목소리나 신체 움직임이 정보를 제공해 주기도 하지만, 연구자들은 주로 얼굴 표정에 의존한다. 비교문화적 증거는 세계 각처의 사람들이 다양한 표정의 얼굴 사진이 같은 방식으로 정서에 연관되어 있음을 밝히고 있다(Ekman, 2003; Ekman & Friesen, 1972). 이러한 결과는 정서표현이 이미 준비된 사회적 신호임을 시사한다. 또한 이러한 결과는 연구자들을 자극하여 다른 연령에 나타나는 정서의 범위를 결정하기 위한 영아의 얼굴 패턴을 조심스럽게 분석하게 하였다.

그럼에도 불구하고 행동 패턴과 근본적인 정서상태 간의 밀접한 관련성은 오류를 발생시킬 수 있다. 영아, 아동, 성인은 특별한 정서를 표현하기 위해 다양한 반응을 사용한다. 예를 들면, 시각 절벽의 영아(제4장 참조)는 일반적으로, 두려움의 다른 증거─깊이가 깊은 부분에서 뒤로 물러서거나 기어가는 것을 거부하는─를 나타내며 두려움의 표정을 나타내지는 않는다. 제4장에서 눈맞춤을 할 수 없는 시각장애 영아의 경우, 부모가 물러서라고 암시하면 영아의 정서표현은 약화되었다. 치료사가 부모에게 손가락 움직임을 사용하여 시각장애 영아에 대한 정서표현방식을 제시하면, 부모는 더 상호작용적으로 변화하였다(Fraiberg, 1971; Saarni et al., 2006). 게다가 동일한 일반적인 반응이 여러 가지 정서로 표현되었다. 미소는 상황에 따라, 즐거움, 당황스러움, 모욕감, 사회적 인사표현 등으로 전달되었다.

역동적 체계의 관점(dynamic systems perspective)에서(제1장 참조), 정서표현은 개인의 발달적 역량, 목적, 맥락에 따라 달라진다(Lewis, 2000, 2008). 영아의 정서를 보다 정확하게 추측하려면 다양하게 상호작용하는 표현단서에 연구자의 주의를 기울여야 하며 다른 정서를 이끌어 내리라고 보는 상황에 따라 그러한 표현단서들이 어떻게 달라지는지를 살펴보아야 한다.

기본 정서

기본 정서(basic emotion)─기쁨, 흥미, 놀람, 공포, 분노, 슬픔, 혐오─는 인간과 영장류에게 공통적으로 나타나며, 생존을 위한 오랜 진화의 역사를 지니고 있다. 영아는 기본 정서를 표현할 수 있는 능력을 가지고 세상에 태어나는가? 모든 정서적 징후는 존재하지만 영아의 초기 정서적 상태는 두 가지의 총체적 각성상태로 구성된다: 유쾌한 자극에 대한 유인(attraction)과 불유쾌한 자극에 대한 회피(withdrawal)(Camras et al., 2003; Fox, 1991). 정서는 매우 서서히 명확하고 잘 조직화된 신호가 된다.

역동적 체계의 관점은 이런 일이 어떻게 발생하는지를 이해할 수 있게 도와준다. 역동적 체계에 따르면, 중추신경계가 발달하고 아동의 목표와 경험이 변화해감에 따라 아동은 독립된 기술을 더욱 효과적인 정서표현 체계로 통합하게 된다(Camras & Shutter, 2010). 자기 딸의 얼굴 표정을 6~14주 동안 비디오로 촬영한 Linda Camras(1992)는 초기 몇 주 동안 영아는 울려고 할 때 순간적으로 화난 표정이 나타났고, 울음을 그치려 할 때 슬픈 표정이 나타나는 것을 발견했다. 이러한 표현들은 극한 고통을 향하거나 이로부터 멀어지는 도중에 나타나는 것으로, 영아의 경험이나 욕구와 명확하게 연결되는 것은 아니다. 연령에 따라 영아는 목표가 봉쇄되었을 때 분노의 신호를, 장애를 극복할 수 없을 때 슬픔의 신호를 더 잘 유지할 수 있게 된다.

어떤 관점에 따르면, 아기의 산만한 정서적 행동의 양상을 부모가 선택적으로 반영하는 것처럼 민감하고 특정 행동에 의해 유발되는 양육자의 소통방식이 아기가 성인의 정서표현과 더 유사한 정서표현을 하도록 도와준다고 한다(Gergely & Watson, 1999). 얼굴, 응시, 목소리, 자세 등은 연령과 더불어, 주변 사건에 따라 의미 있게 변화하는 조직적인 형태를 갖추게 된다. 예를 들면, 6개월 경에 아기들은 일반적으로는 부모의 장난스러운 상호작용에 즐거운 얼굴 표정, 유쾌한 옹알이, 그리고 편안한 자세를 보이며 마치 '재미있어'라고 말하는 것처럼 반응한다. 그러나 반응적이지 못한 부모의 아기들은 슬픈 표정, 성난 목소리, 힘 없는 신체 상태('기운 없어'라는 메시지를 보내는)를 자주 나타내거나 화난 얼굴, 울음, '안아 줘'라고 하는 몸짓(마치 '이 불쾌한 일을 바꿔 줘'라고 말하는 것 같은)을 나타낸다. 생후 1년 중반, 정서표현은 더 잘 조직화되고 명확해지며, 결과적으로 이러한 정서표현은 영아의 내적 상태에 대해 많은 것을 알려 준다(Weinberg & Tronick, 1994; Yale et al., 1999). 정서표현은 점차 더 잘 조직되고 명확해진다. 그리하여 아기의 내적 상태에 대한 보다 정확한 정보를 제공해 주게 된다.

네 가지 정서—기쁨, 분노, 슬픔, 공포—는 많은 연구로부터 관심을 받았다. 이제 이러한 정서가 어떻게 발달하는지 살펴보자.

기쁨 기쁨—처음에는 더없이 행복한 미소로, 이후에는 원기왕성한 웃음으로 표현되는—은 발달의 여러 측면에 영향을 미친다. 운동 및 인지적 목표를 달성했을 때 기쁨을 표현하는 것처럼, 영아는 새로운 기술을 획득했을 때 미소 짓고 웃는다. 미소가 양육자의 애정과 자극을 촉진하고 그 결과 아기는 점점 더 미소 짓게 된다(Aksan & Kochanska, 2004). 기쁨은 발달 중인 영아의 능력을 촉진해 주는 다정하고 지지적인 관계를 통해 부모-자녀 간 유대를 형성시켜 준다.

초기 몇 주 동안, 신생아는 배가 부르거나 REM 수면 중일 때 미소를 지으며, 피부를 어루만지거나 기분 좋게 흔들어주는 부드러운 손길과 부드럽고 높은 톤의 엄마 목소리에 대한 반응으로 미소를 짓는다. 생후 1개월이 끝날 무렵, 영아는 시야를 가로지르며 갑자기 튀어 오르는 밝은 물체처럼 활기차게 시야를 끄는 흥미로운 광경에 미소를 짓는다. 그리고 6~10주경, 영아는 부모의 얼굴, 목소리, 미소에 주의를 기울이고 눈살을 찌푸리며 구구거리며 입을 벌리고 팔과 다리를 신나게 움직이며 정서적으로 긍정적인 상태가 된다. 이때 부모의

아기의 즐거운 웃음은 엄마의 친절한 반응을 이끌어 내며 모든 영역의 발달을 촉진하는 온정적이고 애정적인 관계로 두 사람을 연결시켜 준다.

대화는 **사회적 미소**(social smile)라고 하는 웃음을 자아내게 된다(Lavelli & Fogel, 2005; Sroufe & Waters, 1976). 이러한 변화는 영아의 지각능력—특히 아기가 사람 얼굴을 포함한 시각 패턴에 대해 나타내는 민감성—의 발달과 병행한다(제4장 참조). 그리고 즐거운 면대면 상호작용을 불러일으키고 유지하기 위하여 아기가 사회적 미소를 사용하는 것을 배우게 되면 사회적 미소는 더 조직화되고 안정화된다.

3~4개월경 나타나는 웃음은, 미소보다도 더 빠른 정보의 처리과정을 반영한다. 미소와 마찬가지로, 첫 웃음은 매우 적극적인 자극에 대한 반응으로 나타난다. 예를 들면, 부모가 재미있게 '잡았다' 하고 놀아 주고 아기의 배에다 입맞춤을 하는 등의 자극을 제공하면 영아는 이에 대한 반응으로 웃음을 보인다. 영아는 주변 세계에 대해 더 많은 것을 이해하게 되면서, 조용한 까꿍놀이 게임과 같이 가벼운 놀라움을 포함한 사건에도 웃음을 짓는다(Sroufe & Wunsch, 1972).

6개월경, 영아는 친근한 사람과 상호작용할 때 더 미소 짓고 웃는다. 이러한 선호성이 부모-아동 간의 유대를 강화한다. 8~10개월 사이에, 영아는 흥미를 보이는 성인에게 자신의 기쁨을 전달하기 위해 흥미로운 장난감을 가지고 놀다가 자주 중단하는 것을 볼 수 있다(Venezia et al., 2004). 10~12개월 된 영아는 성인들처럼 상황에 따라 다른 여러 종류의 미소를 짓는다. 부모의 인사에 크게 '활짝 웃는(cheek-raised)' 미소를 짓기도 하고, 친근해 보이는 낯선 사람에게는 무언의 미소를 지으며, 자극적인 놀이를 하는 동안에는 '입을 벌리고 웃는(mouth open)' 미소를 보이기도 한다 (Bolzani et al., 2005; Messinger & Fogel, 2007). 2세경, 미소는 신중한 사회적 신호가 된다.

8개월 된 영아는 자기가 원하는 것이 무엇이고 그것을 방해하는 사람이 누구인지를 안다. 아기가 의도적 행동을 할 수 있게 되고 자신의 목표에 도달하는 데 장애가 되는 것이 무엇인지를 파악하게 됨에 따라 분노의 반응이 증가하게 된다.

분노와 슬픔   신생아는 배고픔, 고통이 따르는 치료과정, 체온 변화, 매우 강하거나 약한 자극 등 여러 가지 불유쾌한 경험에 대해 일반적인 고통으로 반응한다(제4장 참조). 4~6개월부터 2세까지, 분노표현의 빈도와 강도가 모두 증가한다(Braungart-Rieker, Hill-Soderlund, & Karrass, 2010). 영아가 좀 더 나이 들면 다양한 상황에서 분노로 반응하게 된다. 흥미 있는 사물이나 사건이 사라질 경우, 기대했던 흥미로운 사건이 발생하지 않는 경우, 팔을 못 움직이게 잡거나 양육자가 잠시 자리를 비우는 경우, 낮잠을 재우려고 누이려는 경우 등에 분노로 반응한다(Camras et al., 1992; Sternberg & Campos, 1990; Sullivan & Lewis, 2003).

분노 반응은 왜 연령에 따라 증가할까? 이는 인지나 운동발달과 긴밀하게 연관되어 있다. 영아가 의도적 행동능력을 획득하면(제6장 참조), 자신의 행동과 자기가 만들어 낸 결과를 통제하는 데 가치를 두고, 의도적으로 바람직하지 않은 상태를 바꾸려고 한다(Alessandri, Sullivan, & Lewis, 1990). 또한 보다 지속적으로 원하는 사물을 획득하려 하고, 이러한 목표로부터 다른 곳으로 주의를 돌리기가 더 어려워진다(Mascolo & Fischer, 2007). 게다가 좀 더 나이 든 영아들은 누가 고통스러운 자극을 주는지, 장난감을 제거하는지를 더 잘 인지할 수 있게 된다. 결과적으로 온정적 행동을 기대했던 양육자로부터 불편함이 만들어지면 특히 강한 분노를 표출한다. 분노의 증가 또한 적응적이다. 새로운 운동능력으로 인해 영아는 자신을 보호하거나 장애를 극복하고자 분노에 의해 발생된 에너지를 사용할 수 있게 된다(Izard & Ackerman, 2000). 마지막으로 분노는 양육자가 아기의 고통을 달래게 만들고 다시 헤어질 때 바로 떠나지 못하도록 도와준다.

슬픔의 표현은 고통, 사물의 제거, 혹은 짧은 시간 동안의 헤어짐에 대한 반응으로 발생하지만, 분노보다 덜 빈번하게 나타난다(Alessandri, Sullivan, & Lewis, 1990). 반대로, 슬픔은 보편적으로 영아가 친근하고 좋아하는 양육자를 빼앗기거나 양육자-영아 간의 의사소통이 심각할 정도로 어려울 때 나타난다.

공포 분노와 마찬가지로, 공포는 생후 1년의 후반부터 나타나 다음 해까지 이어진다(Braungart-Rieker, Hill Soderland, & Karrass, 2010). 좀 더 나이 든 영아는 새로운 장난감을 가지고 놀기 전에 망설이며, 막 기기 시작한 영아는 높이에 대한 공포를 나타낸다(제4장 참조). 그러나 가장 빈번하게 나타나는 공포의 표현은 친숙하지 않은 성인에 대한 반응으로 **낯선 사람에 대한 불안**(stranger anxiety)이다. 이러한 반응은 항상 나타나는 것은 아니지만, 대부분의 영아와 걸음마기 영아들은 낯선 사람을 매우 두려워한다. 이에 영향을 미치는 몇 가지 요소가 있다. 기질(어떤 아기는 더 많이 더 두려워한다), 과거의 낯선 사람과의 경험, 현재의 상황 등이 그것이다. 친숙하지 않은 성인이 낯선 환경에서 영아를 안으려고 하면, 낯선 사람에 대한 불안이 나타날 것이다. 그러나 부모가 근처에 있을 때 성인이 가만히 앉아 있으면, 영아는 돌아다니면서 종종 긍정적이고 호기심 어린 반응을 보인다(Horner, 1980). 낯선 사람의 상호작용 방식 — 따뜻함을 보이고, 매력적인 장난감을 가지고 친숙한 게임을 하며 갑작스럽지 않게 천천히 다가서는 것과 같은 — 이 영아의 두려움을 감소시켜 줄 수 있기 때문이다.

낯선 사람에 대한 불안은 6개월이 지난 영아에게서 나타난다. 아빠의 품에 안겨 안정감을 느끼는 이 아기는 호기심을 표현하고 미소를 지으며 천천히 다가오면서 공포심을 덜어 주는 낯선 사람에게 조심스럽게 접근하고 있다.

문화 간 비교연구에서 밝힌 것처럼, 영아 양육방식이 낯선 사람에 대한 불안을 조정해 줄 수 있다. 서아프리카 콩고의 수렵채취에 의존하는 부족인 Efe에서는 산모사망률이 높다. 영아의 생존을 위해 이 부족에는 집단양육체계가 존재하여 출생 초기부터 Efe의 아기들은 이 사람 저 사람에게 옮겨다닌다. 결과적으로 Efe의 영아는 낯선 사람에 대한 불안을 거의 느끼지 않는다(Tronick, Morelli, & Ivey, 1992). 반대로, 이스라엘 키부츠(협동농장부락)에서는, 테러리스트의 공격에 취약한 고립된 공동체 내 생활로 인해 이곳 영아의 경우 낯선 사람에 대한 두려움을 보편적으로 나타낸다. 영아는 정서적 반응방식에 대한 단서를 얻기 위해 타인을 바라보는 첫돌 무렵, 도시에서 자란 영아보다 키부츠 아기에게서 낯선 성인에 대한 불안이 더 크게 나타났다(Saarni et al., 2006).

6개월 이후 막 움직이기 시작한 영아의 탐색은 공포감의 증가로 인해 그 열정이 방해를 받는다. 일단 경계심이 발달되면, 영아는 친숙한 양육자를 **안전기지**(secure base), 또는 환경을 탐색하거나 정서적 지지를 얻기 위한 탐색의 출발지로 여긴다. 이러한 적응체계의 일부로, 낯선 사람과의 만남에서 아기는 두 가지 상충되는 경향을 나타낸다. 즉 접근(흥미와 친밀을 나타내는)과 회피(공포를 나타내는)이다. 영아의 행동은 이 둘 간의 조화로 나타난다.

결과적으로 인지발달은 걸음마기 영아가 효과적으로 위협적인 사람이나 상황을 위협적이지 않은 사람이나 상황으로부터 구분하게 도와주며, 2세경에는 낯선 사람에 대한 불안과 다른 공포가 감소되는 것을 볼 수 있다. 머지않아 양육자가 아닌 다른 성인이 아동의 발달에 있어서 중요해지기 때문에, 이러한 변화는 적응적이다. 이는 정서의 자기조절을 설명하면 바로 이해할 수 있는 것으로 아동이 공포에 대처하기 위한 다양한 전략을 획득함에 따라 이러한 공포는 점차 약화된다.

자의식적 정서

기본 정서 이외에도 인간은 수치심, 당황, 죄책감, 질투심, 자부심 등을 포함한 이차적인, 즉 높은 수준의 감정을 가진다. 이러한 정서들은 자아감의 손상이나 증진을 포함하기 때문에 **자의식적 정서**(self-conscious emotions)라고 한다. 우리가 누군가를 해롭게 했음을 깨닫거나 잘못된 일을 바로잡고 관계를 회복하고자 할 때, 우리는 죄책감을 느낀다. 부끄러움이나 당황스러움을 느낄 때, 자신의 행동에 대해 부정적 감정을 갖게 되며, 다른 사람들이 더 이상 자신의 실패를 눈치 채지 못하도록 뒤로 물러서고 싶어 한다. 반대로, 자신감은 자신의 성취에 대한 기쁨을 반영하며, 다른 사람들에게 우리가 성취한 것을 이야기하고 더 큰 도전을 하고 싶어 하게 만든다(Saarni et al., 2006).

자의식적 정서는 2세 중반에 나타나는데, 이 시기는 18~24개월 된 영아가 자아를 확실히 분리된 유일한 개체로 인식하게 되는 시기이다. 걸음마기 영아는 눈을 아래로 내리깔고 고개를 떨구며 얼굴을 손으로 가려 수치심과 당황을 나타낸다. 죄책감과 같은 반응도 명확하다. 22개월 된 아이는 손에 쥐고 있던 장난감을 돌려 주고 화난 친구를 달래 준다. 자신감도 이 시기에 나타나며, 질투심은 3세경에 나타난다(Barrett, 2005; Garner, 2003; Lewis et al., 1989).

자의식적 정서를 위해서는 자기인식 이외에 자랑스러움, 수치스러움, 죄스러움을 느낄 때(when) 어른들의 가르침 등의 추가적 요소가 요구된다. 어른들이 이러한 자의식적 정서를 격려하는 상황은 문화마다 다르다. 서구의 개인주의적 국가에서, 대부분의 아동들은 개인적 성취―공을 더 멀리 던지는 것, 게임에서 이기는 것, (이후에) 좋은 성적을 받는 것과 같은―에 대해 자신감을 느끼도록 가르침을 받는다. 중국이나 일본과 같은 집단주의적 문화에서, 순전히 개인적 성취에 대해 관심을 불러일으키는 것은 당황스럽거나 조심스러운 태도를 갖게 한다. 또한 타인―부모, 교사, 고용주―에 대한 관심을 적절히 표현하지 못하여 문화적 기준을 어길 경우 강한 수치심을 느끼게 된다(Akimoto & Sanbonmatsu, 1999; Lewis, 1992).

자아개념이 발달함에 따라 아동은 점차 부모, 교사, 그리고 그들에게 중요한 성인이 제공하는 칭찬과 비난이나 그러한 피드백의 가능성에 민감해지는데, 이는 성인의 기대를 의무사항("아빠가 순서를 지켜야 한다고 했어.")으로 받아들이기 때문이다. 3세가 되면, 자의식적 정서는 자기평가와 명확하게 연결된다(Lewis, 1995; Thompson, Meyer, & McGinley, 2006). 학령 전 아동은 쉬운 과제보다 어려운 과제를 성공적으로 수행하였을 때 더 많은 자신감을 나타내며, 어려운 과제보다 단순한 과제를 실패했을 때 더 많이 수치스러워한다(Lewis, Alessandri, & Sullivan, 1992).

성인 피드백의 질적 수준이 이러한 초기 자기평가적 반응에 영향을 미친다. 아동과 아동의 성취에 대한 가치에 더 많은 피드백("엉망이야! 착한 아이인 줄 알았는데.")을 반복적으로 제공하는 부모는 자녀로 하여금 강한 자기의식적 정서를 경험―실패 후, 더 많이 수치스러워하고, 성공 후 더 자랑스러워하는―하게 만든다. 반대로 성취를 향상시키는 방식("이렇게 했구나. 이번엔 이렇게 하면 어때?")에 초점을 둔 부모는 자녀의 어려운 과제에 대한 수치심과 자신감의 적응적 수준을 높여 주며 지속성도 강하게 만든다(Kelley, Brownell, & Campbell, 2000; Lewis, 1998).

서구사회 아동의 강한 수치심은 개인의 부적절성에 대한 감정("나는 멍청해.", "나는 못 말리는 사람이야.")과 관련이 있으며 부적응―수치심을 불러일으키는 상황에 직면한 경우, 타인에 대한 강한 분노와 공격성뿐만 아니라 위축과 우울과 같은―과 연결되어 있다(Lindsay-Hartz, de Rivera, & Mascolo, 1995; Mills, 2005). 반대로, 죄책감―적절한 상황에서 발생하면서 지나치지 않거나 수치심을 동반하지 않는 경우―은 아동을 유해한 충동에 저항하도록 도와주기 때문에 적절한 적응과 관련이 있다. 죄책감은 해로운 충동에 저항하도록 아동을 도와주며, 나쁜 행동을 한 아동이 상처를 회복하고 더 사려 깊게 행동하도록 자극한다(Mascolo & Fischer, 2007; Tangney, Stuewig, Mashek, 2007). 그러나 지나친 죄책감―아동이 바꿀 수 없을 정도로 높은 정서적 고통을 포함한―은 3세경 우울증과 연관되어 있다(Luby et al., 2009).

그러나 아동의 적응에 대한 수치심의 영향은 문화마다 다양하다. 사회적 집단과의 관계 속에서 자신을 정의하는 아시아

교사의 칭찬은 6세 아동이 도전적인 수학 문제지를 완성한 것을 자랑스럽게 여기도록 도와준다. 교사가 없을 경우에도 학령기 아동은 자부심, 죄책감이나 다른 자의식적 정서를 경험한다.

집단주의 사회에서, 수치심은 타인의 판단에 대한 중요성을 적응적으로 깨닫게 해 주는 것이라고 본다(Bedford, 2004). 예를 들면, 중국의 부모들은 나쁜 행동을 한 아이가 수치심을 느끼게 하는 것은 중요하다고 믿는다. 2세 반 정도면 잘못된 것으로부터 옳은 것을 가르치기 위해 수치심을 사용하지만 지나친 수치심은 아동의 자아존중감을 해칠 것임을 잊지는 않는다(Fung, 1999). 중국 아동이 3세 무렵 수치심(shame)이라는 단어를 획득하는 것을 놀랄 만한 일이 아니며, 이는 북미의 아동보다 매우 이른 시기이다(Shaver, Wu, & Schwartz, 1992).

아동이 우월성, 좋은 행동에 대한 내적 기준, 그리고 개인적 책임감 등을 발달시켜 나감에 따라, 자의식적 정서를 경험하는 상황이 변화한다. 학령 전과 달리 학령기 아동은 성인 없이도 새로운 성취에 자신감을 느끼고 위반에 대해 죄책감을 경험한다(Harter & Whitesell, 1989). 또한 학령기 아동은 어렸을 때 그랬던 것처럼 불운에 대해서는 죄책감을 느끼지 않으나, 책임감의 무시, 속임, 거짓말과 같은 의도적인 잘못에 대해서 죄책감을 느끼는 것으로 나타났다(Ferguson, Stegge, & Damhuis, 1991). 이러한 변화는 학령기 아동의 도덕성이 더욱 성숙하였음을 반영하며, 도덕성에 대한 주제는 제12장에서 다룰 것이다.

정서적 자기조절

아동은 다양한 정서를 표현하는 것 이외에도 자신의 정서경험을 다루는 방법을 배우게 된다. **정서적 자기조절**(emotional self-regulation)은 우리가 자신의 목표를 달성할 수 있도록 편안한 수준의 강도로 자신의 정서적 상태를 조정하기 위하여 사용하는 전략을 일컫는다. 이는 제7장에서 설명한 몇 가지 인지적 능력—주의력 집중, 전이, 생각과 행동을 억제하는 능력, 스트레스 상황을 완화시키기 위한 계획이나 이것을 적극적으로 선택하는 과정—을 필요로 한다(Eisenberg & Spinrad, 2004; Thompson & Goodvin, 2007). 불안을 불러일으키는 사건이 곧 끝나리라는 것을 스스로에게 일깨울 경우, 친구의 행동에 대한 자신의 분노를 억제할 경우, 자신을 무섭게 할 괴기 영화를 보지 않으리라고 마음먹는 경우 등에 정서적 자기조절이 사용된다.

정서적 자기조절은 자발적이고 의도적인 정서관리를 요구한다. 이러한 의도적 통제(effortful control)는 전전두엽이 발달하면서 아동이 자기정서를 관리하도록 돕고 그렇게 할 수 있도록 전략을 가르치는 양육자의 도움으로 인해 점차 향상된다(Fox & Calkins, 2003; Rothbart, Posner, & Kieras, 2006). 정서의 자발적 통제에 있어서 개인차는 영아기에 명확하게 나타나며, 유아기 적응에 있어 매우 중요하다. 다음 절에 보게 될 것처럼 의도적 통제는 기질의 주요 차원이다. 영아기에서 청소년기에 이르기까지 정서의 자기조절의 변화에 대해 살펴보자.

신생아기 생의 초기 몇 달 동안, 자신의 정서상태를 조절하는 데 있어 제한된 능력을 지닌 영아들은 감정이 격해지면 내적·외적 자극에 의해 쉽게 압도된다. 영아는 주의를 다른 곳으로 돌리거나 방향을 전환하기 위해 양육자의 달래기 위한 개입행동—영아를 안고 흔들어 주며 부드럽게 쓸어 주고 부드럽게 이야기하는 등—에 의존한다.

전전두엽의 보다 효과적인 기능은 자극에 대한 아기의 인내심을 증가시킨다. 2~4개월 사이에 양육자는 면대면 놀이를 시도하고 사물에 대한 관심을 유도하여 이러한 능력을 형성하도록 도와준다. 이러한 상호작용 속에서, 부모들은 영아가 압도당하거나 고통스러워지지 않도록 자기행동의 속도를 조절하면서 즐거움을 불러일으킨다. 결과적으로, 자극에 대한 영아의 인내심이 증가하게 된다(Kopp & Neufeld, 2003).

4~6개월경, 주의를 전환하고 자기를 위안하는 능력이 영아 스스로 정서를 통제하도록 도와준다. 지나치게 자극적이고 신기한 사건을 보다 쉽게 외면하거나 자기위안을 할 수 있는 아기는 고통에 덜 취약하다(Crockenberg & Leerkes, 2003a). 첫돌 무렵, 기거나 걷는 것은 영아가 다양한 상

아동이 힘든 경험에 대비하도록 하는 성인과 아동 간의 대화를 통해 유아기 아동은 정서를 조절하는 방법을 배운다. 엄마의 안심시켜 주는 행동은 3세 유아가 유치원 일과에 적응하도록 도와준다.

황에 접근하거나 회피함으로써 보다 효과적으로 감정을 조절하도록 도와준다. 또한 추가적인 주의력 획득을 통해 걸음마기 영아는 자신의 주변 환경에 주의를 기울이거나 놀이활동에 오랜 시간 참여할 수 있다(Rothbart & Bates, 2006).

영아의 정서적 단서를 '읽고' 이에 공감적으로 반응하는 부모의 자녀는 덜 까다롭고 덜 두려워하며, 즐거운 정서를 더 많이 표현하고 탐색을 즐거워하며, 쉽게 달랠 수 있는 경향을 지닌다. 반대로, 참을성 없거나 화를 내며 반응하거나 영아가 매우 심하게 흥분할 때까지 기다렸다가 개입하는 부모들은 영아의 강한 고통이 갑작스럽게 상승하게 만든다(Braungart-Rieker, Hill-Soderlund, & Karrass, 2010; Crockenberg & Leerkes, 2004; Volling et al., 2002). 이는 부모가 나중에 아기를 달래는 것을 더 힘들게 만든다. 그리고 영아가 스스로를 진정시키는 방법을 배우는 것을 방해한다. 아직 스스로 자신의 정서를 조절할 수 없는 영아를 위해 양육자가 긴장된 경험을 조정해 주지 못하면, 긴장을 완화시키는 뇌 구조가 적절히 발달되지 못하고 결과적으로 정서문제를 다루는 능력이 감소되어 불안하고 정서적으로 반응하는(emotionally reactive) 아동이 되도록 한다(Feldman, 2007; Little & Carter, 2005).

2세경, 표상능력과 언어능력의 획득은 정서를 조절하는 새로운 방식을 이끌어 낸다. 감정에 대한 어휘 —'행복', '사랑', '놀람', '무서운', '지저분한', '화난' —는 18개월 이후 급격히 발달하지만, 걸음마기 영아는 아직 언어를 사용하여 정서를 잘 조절하지는 못한다. 분노폭발·생떼쓰기(temper tantrum)는 성인이 걸음마기 영아의 요구를 거절하거나, 특히 유아가 피곤하거나 배고플 때, 자주 느끼는 강한 분노를 통제하지 못함으로 인해 발생한다(Mascolo & Fischer, 2007). 자녀에게 금지된 행동 대신에 적절한 대안을 제공하여 자녀의 관심을 돌리거나 성인이 거절할 때 이를 잘 다룰 수 있는 방법을 알려 주어 정서적으로 교감되는 제한을 설정하는(정서폭발을 불러일으키지 않고) 부모는 자녀가 유아기에 보다 효과적인 정서조절 전략과 사회적 기술을 사용하게 도와준다(Lecuyer & Houck, 2006).

또한 참을성 있고 민감한 부모는 걸음마기 자녀가 자신의 내적 상태를 표현하도록 격려해 준다. 그러면 2세 영아는 고통을 느낄 때, 양육자로 하여금 자신을 돕도록 요구한다. 예를 들면, 괴물이야기를 들으면 22개월 된 영아는 "엄마, 무서워."하며 훌쩍거린다. 엄마는 책을 내려놓고 자녀를 안아서 달래 줄 것이다.

유아기 2세 이후, 영아는 자신의 감정에 대해 자주 이야기하며, 언어는 이러한 감정을 적극적으로 통제하는 수단이 된다(Cole, Armstrong, & Pemberton, 2010). 3~4세가 되면, 유아는 다양한 정서적 자기조절 전략을 말로 표현한다. 예를 들면, 이 시기 유아는 감정적 정보를 제한하거나(불쾌한 광경이나 소리를 피하기 위해 눈이나 귀를 막는 것), 스스로에게 말하거나("엄마가 곧 돌아오신다고 했어."), 자신의 목표를 변경하여(게임에 끼지 못하게 되면 놀고 싶지 않다고 생각하기) 정서를 무디게 하는 방법을 알고 있다. 유아의 이러한 전략 사용은 유아기에 걸쳐 정서적 분출이 줄어들게 됨을 의미한다(Thompson & Goodvin, 2007). 이러한 예들이 제시하는 것처럼, 좌절감의 원인으로부터 주의를 전환하는 것은 정서를 다루는 데 효과적인 방법이다. 좌절을 겪을 때, 자신의 관심을 돌릴 수 있는 3세 유아는 협동적이며, 문제행동이 거의 보이지 않는 학령기 아동으로 성장한다(Gilliom et al., 2002).

유아는 자기 자신의 감정을 다루고 다른 사람의 감정에 반응하는 성인의 행동을 관찰함으로써,

적용하기

유아기의 보편적 공포를 다루도록 도와주기

공포	제안
괴물, 유령, 어둠	실제로부터 겉으로 드러난 것을 구분할 수 있을 때까지 책과 TV의 무서운 이야기에 노출되는 것을 줄인다. 아동과 방에 괴물이 있는지 자세히 찾아보고 아무것도 없음을 확인한다. 야간등을 켜 두고 아이가 잠들 때까지 잠자리 곁에 있어 주고 아이를 보호하기 위해 아이가 좋아하는 장난감을 이불 속에 넣어 준다.
보육시설	유치원에 가는 것을 싫어하나 일단 유치원에 가면 만족한다면 두려움은 아마도 엄마와의 헤어짐 때문이다. 독립성을 갖도록 조심스럽게 격려하면서 온정과 양육을 느끼도록 한다. 아동이 기관에 있는 것을 두려워한다면 무엇이—교사, 아동, 아마도 복잡하고 시끄러운 환경 등—아이를 두렵게 만드는지를 파악한다. 아동과 함께하면서 충분히 지원해 주고 엄마가 함께하는 시간을 점차 줄인다.
동물	아이의 공포를 불러일으키는 개, 고양이, 또는 다른 동물에 가까이 하도록 강요하지 않는다. 아동이 자신이 편안한 속도로 움직일 수 있도록 허용해 준다. 동물을 안고 쓸어 주는 방법을 알려 주고 부드럽게 다루면서 동물들이 친근한 존재임을 보여 준다. 아이가 동물보다 클 경우, "너는 엄청 크네. 저 고양이는 아마도 널 무서워할 거야."라고 강조한다.
지속적 공포	아이의 공포가 강렬하고 오랜 시간 지속되며, 일상활동을 방해하여, 이미 제안된 방법으로 감소되지 않는다면, 공포증의 수준에 이르렀다고 볼 수 있다. 때때로 공포증은 가족문제와 관련이 있으며, 이를 감소시키기 위해서는 상담이 요구된다. 다른 경우, 공포증은 아동의 정서적 자기조절 능력이 향상됨에 따라 특별한 처치 없이 사라진다.

정서를 조절하는 전략을 획득한다. 온정적이고 인내심이 많은 부모는 전략을 제시하거나 설명하고 자신의 정서를 산출하도록 지적하는 것과 같은 언어적 안내를 사용하여 자녀의 스트레스 조절능력을 강화시켜 준다(Colman et al., 2006; Morris et al., 2011). 이 경우, 아동은 정서를 조절하기 위하여 혼잣말(private speech, 언어적 자기 안내)을 더 많이 사용한다(Atencio & Montero, 2009). 반대로, 부모가 긍정적 정서를 거의 표현하지 않거나 아동의 정서를 중요하지 않은 것으로 여기며 자신의 분노를 통제하는 데 어려움을 보일 때, 자녀들의 심리적 적응을 심각하게 방해하여 정서조절에 지속적인 문제를 나타내게 된다(Hill et al., 2006; Katz & Windecker-Nelson, 2004; Thompson & Meyer, 2007).

영아나 걸음마기처럼 부정적 정서를 강렬하게 경험한 유아는 자신의 감정을 억제하고 방해하는 사건으로부터 자신의 주의를 전환하는 데 어려움을 보인다. 이들은 불안감과 공포감을 더 많이 느끼거나 타인의 고통에 대해 더 신경질적으로 반응하고, 당황하면 화내거나 공격적으로 반응하며 교사나 또래와 잘 지내지 못하고, 학급일과에 적응하는 데 있어 어려움을 겪는다(Chang et al., 2003; Eisenberg et al., 2005a; Raikes et al., 2007). 이렇게 정서적으로 반응하는 아동은 양육하기가 점차 더 어려워지기 때문에, 비효과적인 양육의 대상이 되어 부적절한 자기조절을 형성하게 한다.

힘든 경험에 대비하도록 도와주는 성인과 아동의 대화는 아동의 정서적 자기조절을 촉진시켜 준다(Thompson & Goodman, 2010). 기대되는 행동이나 불안을 다루는 방법에 대해 대화하는 부모는 자녀들에게 적용 가능한 방법을 제시해 준다. 그럼에도 불구하고 겉으로 드러난 것과 실제 사이의 차이에 대한 유아의 생생한 상상력과 불명확한 이해는 유아기에 일반적인 공포를 형성한다. 공포를 다룰 수 있도록 도와주는 방법은 '적용하기'를 참조하라.

아동기와 청소년기 학교 입학 후 정서조절 전략이 보다 더 다양해지고 정교화되고, 유연해짐에 따라 정서적 자기조절을 급속히 획득하게 된다(Raffaelli, Crockett, & Shen, 2005). 6~8세경—정서를 느끼고 이를 표현할 때 발생하는 차이를 인식하게 됨에 따라—아동은 점차로 타인과 의사소통을 위한 정서표현을 완벽하게 습득하게 된다. 혼자일 때—자신이 경험한 정서가 강렬한 것이라고 말할지라도 — 아동은 혼잣말로 내면화하는 것처럼 내적으로 표현하면서 자신의 정서표현을 생략하게 된다(제6장 참조)(Holodynski, 2004). 이러한 자기와의 정서적 의사소통이라는 정신적 수준(mental level)의 출현은 아동이 자신의 정서를 반성적으로 사고하고 다룰 수 있도록 도와준다.

동시에 학령기 아동은 자존감의 발달과 넓은 세계에 대한 지식의 확장으로 발생한 부정적 정서의 조절이라는 새로운 도전에 직면하게 된다. 학령기의 일반적인 공포에는 낮은 학업 수행, 같은 반 친구로부터의 따돌림, 개인적 위험(강도나 총격), 부모 건강의 위협, 매스컴에서 보도되는 사건(전쟁이나 질병) 등이 포함된다(Gullone, 2000; Weems & Costa, 2005). 학령기 아동의 공포는 부분적으로 그들의 문화에 의해 형성된다. 예를 들면, 사회적 기준에 따른 자기 억제와 순종에 높은 가치를 두는 중국 아동들은 대부분 호주나 미국 아동보다 실패나 성인의 비판을 가장 중요한 공포로 언급하였으나 전반적으로 중국의 아동의 두려움은 크지 않았다(Ollendick et al., 1996). 그들이 보고한 공포의 수와 강도는 서구 아동과 유사하였다.

10세가 되면, 대부분의 아동은 정서를 다루는 두 가지 일반적인 전략을 적응적으로 활용한다. **문제 중심적 대처**(problem-centered coping)는 아동이 주어진 상황을 변화 가능한 것으로 보고, 어려움이 무엇인지를 알고 이를 위해 무엇을 해야 할지를 결정하는 것을 말한다. 문제가 해결되지 않을 경우, 아동은 내적이고 개인적인 **정서 중심적 대처**(emotion-centered coping)를 사용하게 되는데, 이는 어떤 결과에 대해 할 수 있는 일이 거의 없을 때 고통을 통제하는 데 목표를 둔다(Kliewer, Fearnow, & Miller, 1996; Lazarus, & Lazarus, 1994). 예를 들면, 불안을 일으키는 시험이 있거나 친구가 자신에게 화를 내는 경우, 학령기 아동은 문제해결과 사회적 지원의 추구를 최선의 전략으로 본다. 그러나 결과가 그들의 통제 밖에 있을 때 — 낮은 성적을 받은 후 — 그들은 혼란을 겪거나 그들이 현재 조건을 받아들이는 방식으로 주어진 상황을 재정리하려고 한다. "상황이 점점 더 안 좋아질 거야. 또 다른 시험이 있거든." 학령전 아동과 비교하여 볼 때, 학령기 아동은 정서를 조절하기 위해 이러한 내적 전략을 자주 사용한다. 이러한 변화는 상황을 평가하고 사고와 감정을 반영하는 능력이 향상되었기 때문이다(Brenner & Salovey, 1997).

계획이나 억제의 획득을 포함한 인지발달과 넓은 범위의 사회적 경험은 유연하고 효과적인 대처전략을 형성하게 해 준다. 정서적 자기조절이 잘 발달되면, 청소년들은 정서적 자기 **효능감** — 자신의 정서적 경험이 통제되는 느낌 — 을 획득하게 된다(Saarni, 2000; Thompson & Goodman, 2010). 이는 긍정적 자아상과 낙관적 사고를 촉진하며, 더 많은 정서적 도전에 대응할 수 있도록 도와준다.

정서표출양식의 획득

내적 정서상태를 조절하는 것과 더불어, 아동은 타인과의 의사소통을 통제하는 것을 배워야만 한다. 어린 유아는 어느 정도 자신의 표현행동을 수정하는 능력을 갖는다. 예를 들면, 저녁식사 시간 전 과자를 먹지 못하게 하면 2세 영아는 잠시 멈췄다가, 담요를 주워 들고 딱딱한 부엌바닥에서 자신을 편안하게 해 줄 거실의 부드러운 카펫으로 이동한 후 가서 크게 한숨을 내쉴 것이다!

처음에 아동은 개인적 욕구를 위해 정서표현을 수정하고 자신의 실제 감정을 과장한다(이처럼 아동은 관심이나 과자를 얻기 위해 행동한다). 곧 이들은 자신의 표현행동을 억제하는 것을 배우고, 불안하거나 실망했을 때 미소 짓는 등 다른 반응으로 대치하게 된다. 모든 사회는 언제, 어디서, 어떻게 정서를 표현하는 것이 적절한지를 밝히는 **정서표출양식**(emotional display rules)을 가지고 있다.

초기 몇 개월, 발달 초기에 부모들은 분노, 슬픔의 표현은 덜 모방하게 하고 흥미, 기쁨, 놀람의 표현을 모방하게 하여 영아가 부정적 정서를 억제하도록 자극한다. 남아는 여아보다 이러한 훈련을 더 많이 받는데, 부분적으로 남아가 부정적 정서를 조절하는 것이 더 어렵기 때문이다(Else-

Quest et al., 2006; Malatesta et al., 1986). 결과적으로, 잘 알려진 성차—여성은 정서를 표현하나 남성은 정서를 통제한다—는 어린 시기에 촉진된 것이다. 아마도 정서를 억제해야 한다는 사회적 압력이 크기 때문에 학령기의 남아는 여아보다 자신의 정서를 표현하는 데 정확성이 떨어진다. 캐나다의 연구에서, 정서적 각성을 유발하는 비디오를 보고 난 후, 남아는 여아보다 자신의 얼굴 표정과 일치되는 정서를 보고할 가능성이 적었다(Strayer & Roberts, 1997). 남아의 공적 메시지(얼굴 표정)와 정서의 언어적 인식 간의 불일치로 인해 가까운 관계의 친밀성에 있어 성차가 나타나게 된다. 이에 대해서는 제13장에서 살펴보자.

비록 양육자가 만들어 내는 정서적 행동은 발달 초기부터 시작되지만, 아동은 점차적으로 표출 양식에 순응하는 능력을 기르게 된다. 3세의 자기조절 능력은 자신이 느끼지 못하는 정서를 표현하는 아동의 기술—예컨대 원하지 않는 선물을 받고 좋아하는 것처럼 반응하기—을 예측할 수 있다(Kieras et al., 2005). 이러한 정서적 '가장(masks)'은 주로 기쁨이나 놀람과 같은 긍정적 정서에 제한된다. 모든 연령의 아동(성인처럼)은 기쁜 척하는 것보다 화나고, 슬프고, 싫어하는 것처럼 행동하는 것을 더 어려워한다(Lewis, Sullivan, & Vasen, 1987). 이러한 경향은 사회적 압력을 반영하고 있다. 조화로운 관계를 추구하기 위하여, 대부분의 문화는 아동이 긍정적 감정을 전달하고 불쾌한 정서표출을 억제하도록 가르친다.

아동은 부모, 교사, 또래와 상호작용하면서 타인의 바람직한 반응을 불러일으키는 방식으로 부정적 정서를 표현하는 방법을 배우게 된다. 학령기 아동은 울음, 심통, 공격보다 언어적 전략을 점점 더 선호하게 된다(Shipman et al., 2003). 연구결과에서 제시하는 바와 같이, 아동은 의식적인 표출양식을 점차 자각하게 된다. 일반적으로 유치원생들은 처벌을 피하고 타인의 승인을 얻기 위해 규칙에 따른다고 답했다. 초등학교 3학년이 되면, 아동은 사회적 조화를 위한 표출양식의 가치를 이해하게 된다(Jones, Abbey, & Cumberland, 1998). 타인의 감정을 중요하게 언급하면서 정서표출양식을 받아들이는 학령기 아동이 또래에 의해 더 선호되며, 교사에 의해 협조적이고 협동적이며 사회적으로 반응적인 아동이라고 평가된다(Garner, 1996; McDowell & Parke, 2000).

집단주의적 문화에서 아동에게 부정적 정서를 억제하도록 가르치는 방식은 매우 다양하지만, 특히 정서표출양식에 강조점을 두고 있다. 두드러진 예로, 연구자들은 네팔 시골의 두 지역의 집단주의적 소문화권에 거주하는 아동에 대해 연구하였다. 힌두교권의 아동은 정서적으로 긴장된 상황(또래 공격성이나 부당한 부모의 처벌과 같은)에 분노를 느끼며, 대부분 이러한 자신의 감정을 숨기려고 한다고 대답하였다. 반대로 불교권의 아동은 분노보다는 "괜찮아요(just OK)."라고 표현하며 상황을 해석하였다. "왜 화가 나죠?"라고 하면서 "이미 벌어진 일이잖아요."라고 설명한다(그림 10.1 참조). 이와 달리, 힌두교권의 엄마는 자녀에게 자주 자신의 정서적 행동을 통제하는 방법을 가르친다고 답하였으나 불교권의 엄마는 침착하고 평화로운 성향에 자신들의 종교적 가치를 두다고 답하였다(Cole & Tamang, 1998; Cole, Tamang, & Shrestha, 2006). 네팔의 이 두 집단과 비교할 때, 미국의 아동은 같은 상황에 자신의 분노를 언어적으로 전달하는 것을 선호하였다. 예를 들어, 부당한 처벌에 대하여 "내가 화났다고 말하면, 그는 나를 괴롭히지 않을 거야!"라고 답했다(Cole, Bruschi, & Tamang, 2002). 이러한 반응은 개인의 권리와 자기표현에 대한 서구의 개인주의적 강조점과 일치됨을 알 수 있다.

타인 정서의 이해와 반응

아동의 정서적 표현은 타인의 정서적 단서를 해석하는 능력과 긴밀하게 연결되어 있

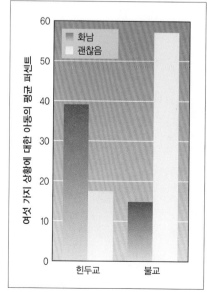

그림 10.1 정서적으로 긴장된 상황에서 힌두교와 불교 아동의 분노 감정과 '괜찮다'는 응답

힌두교의 아동은 분노를 느낄 거라고 응답했다. 조용하고 평화로운 성향에 가치를 두는 불교의 아동은 괜찮게 느낀다고 말했다.
출처 : Cole & Tamang, 1998.

다. 초기 몇 개월 동안 영아는 면대면 대화에서 양육자의 정서적 어조에 맞추려 하는 것을 볼 수 있다. 어떤 연구자는 어린 아기도 이미 형성된 자율적인 정서적 감화(emotional contagion)를 통해 타인의 정서와 유사한 양식으로 반응한다고 주장한다. 그러나 다른 연구자는 영아가 이러한 정서적 일치(emotional contingencies)를 조작적 조건화—웃음은 보통 양육자의 반응성에 의해 유발되고, 고통은 위안 반응을 불러올 것임을 학습하여—를 통해 획득한다고 생각한다(Saarni et al., 2006).

4개월경, 영아는 목소리에 담긴 정서와 말하는 사람에게 적절한 얼굴을 일치시킬 수 있으며, 면대면 상호작용의 구조와 시점에 민감해져 간다(제9장 참조). 아기들이 응시하고, 웃고, 말소리를 낼 때, 자신의 사회적 상대가 같은 양식으로 응답하기를 기대하며, 이에 대해 긍정적인 소리와 정서적 반응으로 응답하게 된다(Markova & Legerstee, 2006; Rochat, Striano, & Blatt, 2002). 이러한 상호작용 속에서 아기는 점차 더 정서적 표현의 범위를 자각하게 된다(Montague & Walker-Andrews, 2001). 이러한 초기 모방적 의사소통으로부터, 영아는 타인을 '나와 같은(like me)' 존재로 자각하기—자각이 타인의 생각과 감정을 이해하는 기초가 된다고 생각하는—시작한다는 제4장의 내용을 기억해 보라(Meltzoff, 2007).

5개월경, 영아는 얼굴 표정을 조직화된 패턴으로 인식하면서 말하는 사람에게 적절한 얼굴 표정과 목소리에 따른 정서를 일치시킬 수 있다(제4장 참조). 조직화된 전체로서 정서표현에 대한 아기의 반응은 이러한 신호가 그들에게 의미 있는 것임을 나타내 준다. 7~12개월 사이에 영아가 얼굴 표정에 주의를 기울이는 동안 기록된 ERP는 성인의 뇌파 패턴을 닮은 재조직화된 뇌파 패턴을 보여 주는데, 이는 정서적 단서의 더 나은 처리를 의미한다(Grossmann, Striano, & Friederici, 2007).

공유된 주의집중 기술이 향상됨에 따라, 영아는 정서적 표현이 특정한 의미를 가질 뿐만 아니라 특정 사물이나 사건의 의미 있는 반응임을 깨닫는다(Moses et al., 2001; Tomasello, 1999). 일단 이러한 이해가 생기면, 영아는 신뢰하는 양육자에게서 적극적으로 정서적 정보를 찾게 된다.

사회적 참조

자기 자신의 안전과 보호에 의해 친숙하지 않은 사람, 사물과 사건을 평가하기 시작하는 8~10개월 초에, 영아는 자주 **사회적 참조**(social referencing)—불확실한 상황을 평가하기 위하여 타인의 정서적 반응에 의존하는 것—를 사용하기 시작한다(Mumme et al., 2007). 많은 연구들은 1세 영아는 양육자의 정서적 표현(기쁨, 분노, 공포)에 따라 낯선 사람을 두려워할지, 낯선 장난감을 가지고 놀지, 시각절벽을 건널지 등이 달라짐을 볼 수 있었다(de Rosnay et al., 2006; Stenberg, 2003; Striano & Rochat, 2000). 양육자의 목소리—목소리만 들려 주거나 얼굴 표정과 목소리가 조합되어 있는 경우—는 얼굴 표정만 있는 경우보다 더 효과적이었다(Kim, Walden, & Knieps, 2010; Vaish & Striano, 2004). 목소리가 정서적 정보와 언어적 정보를 제공해 주기 때문에 아기는 성인을 향해 몸을 돌릴 필요가 없이 새로운 사건을 평가하는 데 집중할 수 있다.

아빠의 침착하고 자신감 있는 태도로부터 이 유아는 친숙하지 않은 동물에 접근하는 것이 안전하다고 생각하는 사회적 참조를 하게 된다.

회상기억과 언어기술이 향상되고 막 걷기 시작한 아기를 향한 부모님의 경고가 더 자주 강하게 전달됨에 따라, 아기들은 보다 긴 시간 동안 이러한 정서적 메시지를 간직하게 된다. 11개월 된 영아는 몇 분 후에도 적절히 반응하며, 14개월에는 1시간 이상 지난 후에도 적절히 반응하였다(Hertenstein & Campos, 2004). 2세 반경, 사회적 참조는 간접적 정서신호까지 포함된 것으로 확장된다. 장난감을 가지고 노는 것에 성인이 분노로 반응하는 것을 관찰하고 난 뒤, 18개월 된 영아는 화난 성인의 얼굴 표정을 모니터링하는 것이 증가되고 사물에 접근하는 것은 감소되었다

(Repacholi & Meltzoff, 2007).

걸음마기 영아는 타인의 정서적 반응이 자신과 다를 수 있음을 알기 시작함에 따라 사회적 참조를 통해 자신과 타인의 사건에 대한 평가를 비교할 수 있게 된다. 한 연구에서 14개월과 18개월 된 아이에게 브로콜리와 크래커를 보여 주었다. 첫 번째 조건에서는, 성인이 브로콜리의 맛을 좋아하고 크래커의 맛을 싫어하는 것처럼 행동하였다. 다른 조건에서는, 반대로 음식에 대한 선호성을 나타내었다. 성인과 음식을 나누어 먹도록 요구하면, 14개월 된 아이는 자신이 좋아하는 음식 종류 ─ 일반적으로 크래커 ─ 를 나누어 주었다. 반대로 18개월 된 아이는 자신의 선호성과 무관하게 성인이 좋아한다고 한 음식을 성인에게 나누어 주었다(Repacholi & Gopnik, 1997).

종합하면, 사회적 참조는 걸음마기 영아가 단지 타인의 정서적 메시지에 반응하는 것 이상을 가능하게 도와준다. 영아는 자기 주변 환경의 안전과 안위를 평가하고 자신의 행동을 안내하며 타인의 의도와 선호성에 대한 정보를 얻기 위하여 그러한 신호를 사용한다. 인지적·언어적 발달과 함께, 이러한 경험은 첫돌에서 두 돌이 되기까지 걸음마기 영아로 하여금 같은 유인가를 지닌 정서 ─ 가령 기쁨과 놀람, 분노와 공포 ─ 가 지닌 의미를 세분화하도록 도와준다(Gendler, Witherington, & Edwards, 2008; Saarni et al., 2006).

아동기 정서이해

유아기 동안, 정서에 대한 일상적인 대화에서 나타나는 바와 같이 아동의 정서이해는 급속히 팽창한다.

> 2세 영아　[아빠가 아이에게 소리를 지르자. 아이는 화가 나 소리치며 답하며] 아빠 땜에 화났어요. 난 갈 거예요. 잘 있어요.
>
> 2세 영아　[낮잠을 거부하며 우는 아이를 보며] 엄마, 애니가 울어요. 애니가 슬퍼요.
>
> 6세 유아　['아기가 울어서 힘들구나'라는 엄마의 말에 답하면서] 그래도 난 엄마만큼 힘들진 않아요. [왜냐고 엄마가 물으면] 응, 엄마가 나보다 아기를 더 좋아하잖아. 난 아기를 조금 좋아하는데, 엄마는 많이 좋아하니까, 그래서 아기 우는 소리가 엄마를 더 힘들게 할 거 같아요.
>
> 6세 유아　[엄마가 예배를 보는 동안 교회에서 어린 남자아이를 달래며] 엄마가 곧 오실 거야, 걱정하지 마. 내가 여기 같이 있잖아. (Bretherton et al., 1986, pp. 536, 540, 541)

인지발달과 정서이해　이러한 예에서 보듯이, 유아기 초반에는 정서의 원인, 결과, 그리고 행동적 신호를 언급하며, 시간이 흐름에 따라 유아의 이해는 점점 더 정확하고 복잡해진다(Stein & Levine, 1999). 4~5세경, 유아는 여러 가지 기본 정서의 원인을 정확하게 판단한다("그녀가 아주 높이 올라가니 좋아.", "엄마가 보고 싶기 때문에 그 아이는 슬플 거야."). 유아의 설명은 내적 상태보다 외적 요인을 강조하는 경향을 보이며, 이들 간의 균형은 연령에 따라 변화한다(Levine, 1995). 제11장에서 4세 이후 유아는 바람(desires)과 신념(beliefs) 모두가 행동을 유발한다는 것을 알게 된다. 일단 이러한 이해가 안정적으로 자리하게 되면, 내적 요인이 정서를 유발하는 방식에 대한 유아의 이해를 확장시켜 준다.

유아들은 특정 정서를 표현하는 친구가 무엇을 하려고 하는지를 예측할 수 있다. 4세 아동은 화난 아이는 누군가를 때리려고 하며 행복한 아이는 나누려고 할 것임을 안다(Russell, 1990). 그리고 이들은 사고와 감정은 서로 관련되어 있음 ─ 이전의 슬픈 경험을 잊지 않는 사람이 슬픔을 느끼게 된다는 것 ─ 을 깨닫는다(Lagattuta, Wellman, & Flavell, 1997). 게다가 이들은 슬픔을 감소시키기 위하여 안아 주는 것과 같이, 타인의 부정적 정서를 완화시키는 효과적인 방법을 생각해 낼 수 있다(Fabes et al., 1988).

아동기에는 타인의 감정을 설명할 때 대립되는 단서를 고려하는 능력이 향상된다. 망가진 자전

이 형제 중 형은 동생은 그렇지 않지만 동시에 두 개의 정서를 경험하는 것이 가능함을 명확히 인식하고 있다. 크리스마스 선물을 받은 것은 기쁘지만 선물에 대해서는 다소 실망하고 있다.

거와 함께 행복한 얼굴을 하고 있는 아동의 그림을 보여 주고, 어떤 일이 벌어졌는지를 물으면 4세와 5세의 유아는 정서적 표현에만 의존하는 경향을 보인다. "이 아이는 자전거 타는 것을 좋아하기 때문에 행복하고 있어요." 8~9세경 아동은 두 가지 단서를 보다 더 자주 고려한다. "아빠가 고장 난 자전거를 고쳐 준다고 약속했기 때문에 이 아이는 행복해요."(Gnepp, 1983; Hoffner & Badzinski, 1989). 이와 같이 좀 더 나이 든 아동들은 혼합정서를 유발하는 상황을 더 잘 지각하게 되어 각 감정은 긍정적이거나 부정적일 수 있고 강도에 차이가 있을 수 있음을 알게 된다(Larsen, To, & Fireman, 2007; Pons et al., 2003). 반대로 유아는 Piaget의 액체 보존개념 과제에서 두 변수(높이와 너비)를 통합하지 못하는 것처럼, 두 가지 정서가 동시에 발생할 수 있음을 철저히 부정한다(제6장 참조).

혼합정서의 인식은 학령기 아동으로 하여금 사람들의 표현이 그들의 실제 감정을 반영하는 것이 아님을 깨닫게 도와준다(Misailidi, 2006; Saarni, 1999). 이는 또한, 기본 정서보다 표현에 있어서 더 복잡한 자의식적 정서를 지각하도록 촉진한다. 예를 들면, 6~7세 사이의 유아는 자부심을 기쁨이나 놀람으로부터 구분하는 능력이 급격히 향상된다(Tracy, Robins, & Lagattuta, 2005). 그리고 8~9세의 아동들은 자부심이 두 가지 종류의 기쁨—성취에 따른 기쁨과 그러한 성취를 중요한 사람이 알게 되었다는 기쁨—이 결합된 것임을 이해한다(Harter, 1999). 제7장에서 언급된 상위인지(metacognition, 사고에 대한 사고)의 발달과 더불어, 아동기 정서에 대한 사고가 현저하게 개선된다.

사회적 경험과 정서이해   엄마가 유아와 대화할 때, 정서에 이름을 붙이고 설명하고 온정과 열정을 표현할수록, 유아는 더 많은 '정서 단어(emotion word)'를 사용하고 자신의 정서적 이해를 발달시키게 된다(Fivush & Haden, 2005; Laible & Song, 2006). 정서적 사고에 대한 엄마의 자극("무엇이 그를 두렵게 할까?")이 2세 영아의 정서적 언어를 예측하는 좋은 변수가 된다. 좀 더 나이 든 유아의 경우, 설명("얘는 자기 개가 도망가서 슬퍼요.")이 더 중요해진다(Cervantes & Callanan, 1998). 제6장에서 다룬, 비계(scaffolding)의 개념—즉 효과적이기 위해서는 성인의 가르침이 아동의 증가하는 능력을 조정해 주어야 한다는 것—이 생각나는가?

유아기 자녀들의 정서적 반응을 자주 인정해 주고 다양한 정서를 명백하게 가르쳐 주는 부모의 경우, 이후에 아동을 검사하면 타인의 정서를 더 잘 판단하는 것으로 나타났다(Denham & Kochanoff, 2002). 가족 구성원 간 불일치한 것에 대해 대화하는 것이 많은 도움이 된다. 한 연구에서, 2세 반 된 자녀와 감정에 대해 설명하거나 협상하고 갈등 상황에서 타협하는 엄마의 자녀는 3세가 되면 정서이해에 빠른 성장을 보이고 불일치를 해결하는 데 부모와 유사한 전략을 사용하는 것을 볼 수 있었다(Laible & Thompson, 2002). 모방을 통해 의사소통기술을 성숙시키고 이러한 대화를 통해 자녀가 정서의 원인과 결과에 대한 사고를 하도록 도와주는 것으로 나타났다. 더욱이 부모와 온정적이고 편안한 관계를 가진(안정 애착된) 3~5세 유아는 정서를 더 잘 이해하였다. 이는 아마도 안정 애착이 정서적으로 의미 있는 사건을 강조하는 정서적인 대화를 포함하는 보다 온정적이고 정교한 모자 간의 대화와 관련이 있기 때문일 것이다(Laible, 2004; Laible & Song, 2006; Raikes & Thompson, 2006).

유아가 성인과 대화를 통해 정서에 대해 더 잘 알게 되면, 특히 가장놀이를 하는 동안 형제나 친구와 정서적 대화를 더 많이 하였다(Hughes & Dunn, 1998). 또한 가장놀이는 다시 형제들과 놀이할 때 유아가 정서적 이해를 하도록 도와주었다(Youngblade & Dunn, 1995). 강한 형제관계의 속성이 감정을 자주 연기해 내는 것과 결합하여 정서에 대한 초기 학습에 적합한 맥락을 가장하도록 도와준다. 그리고 형제간의 분쟁에 부모가 추론과 협상으로 개입하면, 유아는 자기 형제의 감정에 대한 민감성을 획득하게 된다(Perlman & Ross, 1997). 그들은 대부분 자기 형제의 정서적 관점을 언급하면서("내가 나눠 주지 않으면, 넌 화를 낼 거지.") 덜 싸우게 된다.

정서에 대한 지식은 아동이 타인과 잘 지내려고 노력하는 데 많은 도움이 된다. 이러한 지식은 3~5세 정도의 어린 시기의 친절하고 사려 깊은 행동과 관련이 있다. 다른 사람에게 해를 입힌 후 기꺼이 수정하려는 마음, 또래와의 분쟁에 건설적인 반응 등이 해당된다(Dunn, Brown, & Maguire, 1995; Garner & Estep, 2001; Hughes & Ensor, 2010). 또한 유아가 친구와 상호작용할 때 감정을 더 많이 언급할수록, 또래는 그 유아를 더 많이 좋아하였다(Fabes et al., 2001). 아동은 타인의 정서를 인정하고 자기 자신의 정서를 설명하는 것이 관계의 질을 향상시킬 수 있음을 알게 된다.

감정이입과 공감

감정이입의 반응은 타인의 정서에 대한 인지와 이러한 정서의 대리적 경험을 요구하기 때문에 감정이입에 있어 정서의 이해와 표현은 서로 뒤엉켜 있다. 현대 이론가들은 **감정이입**(empathy)이 인지와 정서의 복잡한 상호작용을 포함하고 있음에 동의한다. 감정이입은 다른 종류의 정서를 감지하며 타인의 정서적 관점을 수용하고, 같이 감정을 나누며(feel with), 동일한 방법으로 정서적인 반응을 하는 능력이다. 유아기 초반의 감정이입은 **친사회적**(prosocial)이거나 **이타적 행동**(altruistic behavior)—자신을 위해 기대되는 어떠한 보상 없이도 타인을 이롭게 하는 행동—을 위한 중요한 동기이다(Eisenberg, Fabes, & Spinrad, 2006; Spinrad & Eisenberg, 2009). 그러나 모든 아동이 항상 친절과 도움의 행동을 하는 것이 아니며, 화가 난 성인이나 또래에 감정이입을 하면 오히려 개인적 고통(personal distress)만 상승시키기도 한다. 아동이 이러한 감정을 감소시키려고 할 때, 어려움에 처한 사람보다 자신의 불안에 초점을 두게 된다. 그 결과, 감정이입이 **공감**(sympathy), 즉 다른 사람의 곤경에 대한 관심이나 슬픔의 감정으로 이어지지 않는다.

감정이입의 발달 감정이입은 발달 초기에 그 기초가 형성된다. 신생아는 다른 아기의 울음에 대한 반응으로 같이 울음을 터뜨리게 된다(제4장 참조). 앞서 우리는 어린 영아도 자신의 정서를 타인의 정서표현과 일치시키려고 한다는 것을 강조하였다. 민감한 면대면 대화에서 영아는 양육자와 정서적으로 '연결되어(connect)'—감정이입과 타인에 대한 관심의 기초라고 생각되는 경험—있다(Zahn-Waxler, 1991).

자의식적 정서처럼 아동의 진정한 감정이입은 타인과 구별되는 자기에 대한 이해를 필요로 한다. 2세 말 자의식이 강화됨에 따라, 걸음마기 영아는 감정이입을 하기 시작한다. 연령에 따라 영아는 주어진 상황으로부터 타인의 불행을 느낄 뿐만 아니라 이를 해소하기 위해 도와줄 수 있는 것이 무엇인지를 적절히 추론할 수 있게 된다(Svetlova, Nichols, & Brownell, 2010). 예를 들면, 2~2세 반경의 영아는 떨면서 팔을 비비며 "부르르" 떠는 소리를 내는 성인에게 담요를 건네준다. 그리고 21개월 된 아이는 엄마가 슬픈 시늉을 하면 말이나 포옹으로 달래 주는 행동을 했다(Zahn-Waxler & Radke-Yarrow, 1990). 이 시기 유아는 마음의 상처를 입었지만 겉으로 감정을 드러내지 않은 성인(누군가가 소중한 물건을 망가뜨린)에 대해서도 달래주는 행동을 하거나 관심을 보였다(Vaish, Carpenter, & Tomasello, 2009). 좀 더 나이가 든 걸음마기 영아는 기본적인 정서적 조망수용(affective perspective-taking)—타

유아기 아동이 슬퍼하는 친구를 달래 주고 있다. 유아의 언어와 조망수용기술이 확장되어 감에 따라 감정이입이 증가하고, 정서조절에 유능한 유아는 공감적 관심과 친사회적 행동을 하게 된다.

인의 위치에 있는 자신을 생각하면서 타인이 어떻게 느낄지를 추론하는—을 나타낸다.

언어가 발달함에 따라 아동은 다른 사람을 달래 주는 말을 더 많이 사용하며, 이는 감정이입의 보다 높은 사고 수준을 나타낸다(Bretherton et al., 1986). 산타에게 보낸 선물 목록에 포함되지 않은 선물을 받은 4세 유아는, 선물이 다른 아이의 것이라고 생각하면서 부모에게 말한다. "이 선물을 산타에게 돌려줘야 해요. 산타가 큰 실수를 한 것 같아요. 이 선물을 받지 못한 아이는 울고 있을 거예요!"

학령기에는 넓은 범위의 정서를 이해하고 타인의 감정을 평가하는 데 다양한 단서를 사용할 수 있게 되며 따라서 감정이입 능력은 더 향상된다(Ricard & Kamberk-Kilicci, 1995). 아동 후기와 청소년기 동안 조망수용 능력은 더 향상되어 사람들의 즉각적인 고통뿐만 아니라 그들의 일반적 생활 조건에 대해서도 감정이입적 반응을 하게 된다(Hoffman, 2000). 불쌍하고 억압받고 아픈 사람에 대한 감정이입 능력은 젊은이들로 하여금 현재 상황을 넘어 지속적으로 정서적인 삶을 이끌어가는 사람들을 이해하려는 진보된 형태의 조망수용 능력이 요구된다.

개인차 감정이입이 유발될지, 감정이입이 동정적, 친사회적 행동 혹은 개인적인 고통과 자기 중심적인 반응을 유발할 것인지를 결정하는 데에는 기질이 중요한 역할을 한다. 쌍둥이 연구는 감정이입이 어느 정도 유전적임을 밝히고 있다(Knafo et al., 2009). 사교적이고 단호하고 정서조절을 하는 데 능숙한 아동은 타인의 고통에 대한 감정이입에 취약하지 않으며 공감적 관심을 나타내고 고통 속의 타인을 돕거나 나누거나 달래려고 한다(Bengtson, 2005; Eisenberg et al., 1998; Valiente et al., 2004).

반대로, 공격적인 아동의 높은 적개심, 취약한 타인 조망능력, 부정적 정서의 충동적 표출 등은 감정이입과 공감능력을 무디게 한다. 대다수는 아동기 동안 타인에 대한 관심이 하락—전형적으로 상승하는 것과 달리—하는 것으로 나타났다(Hastings et al., 2000; Strayer & Roberts, 2004b). 또한 수줍음이 많은 아이는 다른 사람들이 고통스러워할 때, 불안에 쉽게 압도되기 때문에 동정적 관심을 표출하지 못한다(Eisenberg et al., 1996).

감정이입과 공감에 있어서 개인차는 아동의 표정과 신경생물학적 반응에서도 명백하게 나타난다. 한 연구에서 아동에게 두 아이가 바닥에 누워 울고 있는 것과 같이 도움이 필요한 사람에 대한 비디오테이프를 보여 주었다. 대체로 관심을 나타내는 표정과 생리적 표시로 반응하는—흥미롭고 관심 있는 표현을 하거나 지향성이나 주의력을 나타내는 심장박동수의 저하가 나타나는—아동은 도울 기회가 제공될 경우, 친사회적인 행동을 나타내었다. 고통스러운 얼굴 표정이나 신체적 신호—찡그리기, 입술 깨물기, 심장박동수 증가 등—를 나타내는 아동은 덜 친사회적이었다(Fabes et al., 1994; Miller et al., 1996). 마찬가지로, 감정이입은 EEG 뇌파활동—감정이입적인 얼굴 표정 신호를 보이는 아동은 좌반구(긍정적 정서가 자리한)에서 가벼운 증가—과 관련이 있었다. 반대로 이러한 감정이입적인 신호를 보이지 않는 아동은 우반구(부정적 정서가 자리한 뇌파활동)의 급격한 증가—부정적 정서에 의해 압도되었음을 나타내는—가 더 많이 나타났다(Jones, Field, & Davalos, 2000; Pickens, Field, & Nawrocki, 2001).

양육은 감정이입과 공감에 깊은 영향을 미친다. 온정적이고 자녀의 정서적 표현을 격려하며 자녀의 감정에 민감하고 감정이입적 우려를 보이는 부모의 자녀는 타인의 고통에 대해 걱정하는 방식—청소년이나 초기 성인기까지 지속되는 관계—으로 반응하였다(Koestner, Franz, & Weinberger, 1990; Michalik et al., 2007; Strayer & Roberts, 2004a). 동정을 모방하는 것 이외에도, 부모들은 감정이입과 공감을 방해하는 분노 감정을 조절하는 것을 자녀가 배우도록 도와준다. 또한 부모들은 친절의 중요성을 가르치고 자녀가 부적절한 정서—높은 수준의 공감을 예측하는 전략—를 나타낼 때 관여하기도 한다(Eisenberg, 2003). 그리고 이러한 부모는 아동에게 자선적 헌금과 지역사회 봉사활동을 통해 공감적 우려를 나타낼 기회를 제공해 주었다.

반대로, 분노와 인과응보적 양육은 발달 초기―특히 부적절한 정서조절력을 가진 아동이나 그래서 특히 높은 수준의 개인적 고통으로 부모의 반감에 반응하는 아동의 경우―감정이입과 공감을 방해한다(Valiente et al., 2004). 한 연구에서, 연구자는 아동보육시설 내에서 신체적으로 학대받은 걸음마 영아는 학대받지 않은 다른 또래에 비하여 또래의 불행에 대해 관심을 표현하는 일이 드물었고, 대신 이들은 공포, 분노, 신체적 공격으로 반응했다(Klimes-Dougan & Kistner, 1990). 아동의 반응은 타인의 고통에 민감하지 않게 반응하는 부모의 행동을 닮게 된다.

지금까지 논의된 것과 마찬가지로, 아동의 정서적 편향에 대한 연구결과는 편차가 크다. 기질에 대한 주제로 넘어가면서, 이러한 차이에 있어 유전과 환경의 결합된 결과로 나타나는 추가적 증거에 대해 살펴보자.

기질과 발달

어떤 사람은 기분이 좋고 명랑하며 어떤 사람은 활동적이고 정열적이며 또 다른 사람은 침착하고 조심스러우며 안정적이거나 분노폭발하기 쉬운 것으로 묘사할 때, 우리는 **기질**(temperament)―초기에 나타난 반응성과 자기조절의 안정적인 개인차―을 언급한다. 반응성(reactivity)은 정서적 각성, 주의, 운동반응에 있어 민첩성과 강도를 말한다. 이미 언급한 바와 같이, 자기조절(self-regulation)은 그러한 반응을 조절하는 전략을 말한다(Rothbart & Bates, 2006). 기질을 형성하는 심리적 특성은 성인의 성격적 기초를 형성하는 것으로 생각된다.

1956년, Alexander Thomas와 Stella Chess는 141명의 아동을 신생아기부터 성인에 이르기까지 추적하여 기질의 발달에 대한 기초 조사인 뉴욕종단연구(New York Longitudinal Study)를 시작했다. 연구결과, 기질은 아동이 심리적 문제를 경험할 기회를 증가시키며, 반대로 스트레스를 주는 가정 생활의 부정적 영향으로부터 아동을 보호할 수도 있음을 발견하였다. 동시에 Thomas와 Chess(1977)는 양육방식이 아동의 기질을 상당히 변화시킬 수 있음을 밝혀내었다.

이러한 연구결과는 기질의 안정성, 생물학적 기반, 자녀양육 경험과의 상호작용 등 기질에 대해 엄청나게 많은 연구가 이루어지도록 자극하였다. 기질의 구조나 형성에 대해 살펴보고 측정방법을 고찰함으로써 이러한 주제를 살펴보도록 하자.

기질의 구조

표 10.1에 나열된 Thomas와 Chess의 9개의 차원으로 구성된 기질 모델은 뒤이어 다른 모델이 만들어지도록 자극하였다. 부모 면접으로부터 획득된 영아와 아동의 행동에 대한 자세한 설명은 여러 차원으로 평가되었고, 특정 특성이 함께 군집을 형성하여, 세 가지 유형의 아동으로 구분되었다.

- **쉬운 아동**(easy child, 표본의 40%)은 신생아기에 규칙적 일과를 보내며, 대체로 기분이 좋으며 새로운 환경에 쉽게 적응한다.
- **까다로운 아동**(difficult child, 표본의 10%)은 불규칙한 하루 일과를 보내며, 새로운 경험의 수용이 느리게 이루어지며, 부정적이고 강렬하게 반응하는 경향을 보인다.
- **더딘 아동**(slow-to-warm-up child, 표본의 15%)은 비활동적이며, 온순하고 환경적 자극을 겉으로 드러내지 않는 반응을 보이며, 부정적인 기분을 가지고 새로운 경험에 서서히 순응한다.

35%의 아동은 이러한 유형 중 어떤 것에도 해당되지 않는다는 사실에 주목해야 한다. 대신에 그들은 혼합된 기질의 독특한 특성을 나타내고 있다.

표 10.1 **기질의 두 모형**

Thomas & Chess		Rothbart	
차원	특성	차원	특성
활동 수준	활동적인 기간과 비활동적인 기간의 비율	**반응성**	
규칙성	수면, 기상, 배고픔, 배설 등 신체기능의 규칙성	활동 수준	대근육 활동의 수준
주의산만성	환경으로부터의 자극이 행동을 변화시키는 정도, 가령 장난감을 주면 울음을 멈추는지	주의력 간격/지속성	관심과 흥미의 기간
		강한 고통	새로운 환경에 적응하는 데 걸리는 시간을 포함하며, 강하고 새로운 자극에 대해 반응하는 걱정과 고통
접근성/회피	새로운 사물, 음식, 사람에 대한 반응	고통 민감성	욕망이 좌절되었을 때, 안달하고 울고 고통스러워하는 정도
적응성	새로운 장소에서 자거나 먹는 등 환경 변화에 대한 적응의 용이성	긍정적 정서	기쁨과 즐거움의 표현 빈도
주의력 간격과 지속성	모빌 쳐다보기나 장난감 가지고 놀기 등 활동에 몰입하는 시간의 양	**자기조절**	
반응강도	웃기, 울기, 말하기, 대근육 활동과 같은 반응에 대한 활력 수준	의도적 통제	보다 적응적인 반응을 계획하고 수행하기 위하여 지배적이고 반응적 반응을 자발적으로 억제하는 능력
반응역치	반응을 불러일으키는 데 요구되는 자극의 강도		
기분의 질	불쾌하고 불친절한 행동에 반하는 친근하고 즐거운 행동의 양		

까다로운 유형은 적응문제의 위험 ─ 유아기와 아동기에 불안한 위축과 공격적 행동 ─ 이 높기 때문에 가장 큰 흥미를 불러일으켰다(Bates, Wachs, & Emde, 1994; Ramos et al., 2005; Thomas, Chess, & Birch, 1968). 까다로운 아동과 비교할 때, 더딘 아동은 유아기에 문제가 더 적게 나타난다. 그러나 그들은 교실과 또래집단 속에서 활동적이고 빠르게 반응하는 것이 기대되는 유아기 후반부와 학령기 동안 지나친 두려움을 나타내고 느리고 제한된 행동을 보인다(Chess & Thomas, 1984; Schmitz et al., 1999).

오늘날 기질에 대한 가장 영향력 있는 모델은 M. Rothbart(표 10.1 참조)의 모델이다. 이 역시 Thomas와 Chess나 다른 연구자들이 제안한 특성을 포함하고 있으나 6개 차원의 간결한 목록으로 대체하였다. 예를 들면, '주의산만성(distractibility)'과 '주의력 간격/지속성(attention span/persistence)'은 같은 차원의 반대 극단으로 생각되며, '주의력 간격/지속성'이라고 이름 붙였다. Rothbart 모델의 독특한 특성은 '강한 고통(fearful distress)'과 '고통 민감성(irritable distress)'을 포함하는데, 이는 공포로 인한 반응과 욕구불만에 의해 유발되는 반응을 구분한다. 그리고 이 모델은 '규칙성(rhythmicity)', '반응강도(intensity of reaction)', '반응역치(threshold of responsiveness)'와 같이 지나치게 다양한 차원은 제거하였다(Rothbart, Ahadi, & Evans, 2000; Rothbart & Mauro, 1990). 수면이 규칙적인 아동은 식사와 배변도 규칙적이어야만 할 필요는 없다. 아주 즐겁게 미소짓고 웃는 아동이 공포, 과민성, 운동활동에도 강하게 반응해야 할 필요도 없기 때문이다.

아동 기질 측정에 대한 Rothbart의 차원은 요인분석에 의해 지지된다(요인분석 개념을 검토하기 위해서 제8장 참조). Rothbart의 차원은 기질 정의에 포함된 세 가지 기본적인 요인으로 구성된다. (1) 정서(emotion) : '강한 고통(fearful distress)', '고통 민감성(irritable distress)', '긍정적 정서(positive affect)', (2) 주의력(attention) : '주의력 간격/지속성(attention span/persistence)', (3) 행동(action) : '활동 수준(activity level). Rothbart에 따르면, 각 차원에 대한 개인의 반응뿐만 아니라, 기질의 자기조절적 차원, **의도적 통제**(effortful control) ─ 보다 적응적인 반응을 계획하고 실행하기 위하여 우세한 반응을 자발적으로 억제하는 것 ─ 에 있어 개인차가 나타났다(Rothbart, 2003; Rothbart & Bates, 2006). 아동이 얼마나 효과적으로 주의를 집중하고 바꿀 수 있는지, 충동을 억제

생물학과 환경

수줍음과 사회성의 발달

4개월 된 아기, 레리와 미치가 Jerome Kagan의 실험실을 방문했다. Kagan은 친숙하지 않은 여러 가지 경험에 대한 영아의 반응을 관찰하였다. 화려한 색의 장난감이 달려 있는 움직이는 모빌과 같은 새로운 장면이나 소리에 노출되자, 레리는 근육이 긴장되면서 흥분하여 팔과 다리를 움직이며 울기 시작했다. 반대로 미치는 주변의 흥미로운 사물을 향해 미소 짓고 옹알거리며 편안하고 조용하였다.

걸음마기가 되어 레리와 미치가 실험실을 다시 방문했을 때 불확실한 것을 유도하도록 설계된 몇 가지 과정을 경험하였다. 몸에 전극을 달고 팔에 심장박동수를 측정하는 혈압계를 부착하고, 장난감 토끼, 동물, 인형이 눈앞에서 움직이고, 친숙하지 않은 사람이 들어와 예상 못한 방식으로 행동하거나 독특한 의상을 입고 있었다. 레리는 흐느껴 울면서 급격히 위축되었으나 미치는 흥미를 보이면서 이상한 광경을 재미있게 바라보며 장난감과 낯선 사람에게 접근했다.

4세 반경에 세 번째 방문을 했을 때, 레리는 친숙하지 않은 성인과 면접 중 거의 말하지 않거나 웃지 않았다. 반대로 미치는 새로운 활동에 대해 즐겁게 반응하며 질문하고 의사소통했다. 놀이방에서 낯선 또래와 함께할 경우, 레리는 뒤로 물러서 지켜보았고 미치는 빠르게 낯선 또래와 친구가 되었다.

수백 명의 백인계 영아를 대상으로 청소년기까지 실시한 종단연구에서, Kagan은 4개월 영아의 약 20%가 레리와 같이 새로운 것에 쉽게 압도되었고, 40%는 미치와 같이 새로운 경험을 편안해하고 즐거워하기까지 했다. 이 극단적 집단에 속한 아동들 중 약 20~30%는 자신의 기질 유형이 나이가 들어도 계속 유지되었다(Kagan, 2003; Kagan & Saudino, 2001; Kagan et al., 2007). 그러나 대부분의 아동의 성향은 덜 극단적인 방향으로 변화하였다. 유전적인 구조와 자녀양육의 경험이 기질의 안정성과 변화에 공통으로 영향을 미쳤다.

수줍음과 사회성의 신경생물학적 관계

편도의 각성에 있어 개인차, 즉 회피 반응을 통제하는 뇌의 내부 구조가 이러한 대조적 기질에 관여한다. 수줍고 억제된 아동의 경우, 새로운 자극은 편도와 대뇌피질, 혹은 공감적 신경계의 연결을 쉽게 흥분시켜 위협에 직면하여 행동하도록 신체를 준비시킨다. 사교적이고 억제되지 않는 아동의 경우, 같은 수준의 자극이 최소한의 신경 흥분을 불러일으킨다(Kagan & Fox,

2006). 이러한 이론을 지지하는 것으로 2세경 친숙하지 않은 얼굴 사진을 볼 때, 억제되었다고 분류된 성인은 걸음마기 영아 때 억제되지 않는 아이로 분류된 성인보다 편도에서의 fMRI 활동이 더 강하게 나타났다(Schwartz, 2003). 또한 추가적인 편도에 의해 매개되는 것으로 알려진 신경생물학적인 반응이 두 정서 유형에 따라 다르게 나타났다.

- **심장박동수.** 출생 후 몇 주부터 사교적인 아동보다 수줍음이 많은 아동의 심장박동수가 항상 높았고 친숙하지 않은 사건에 대한 반응으로 더 가속화되었다(Schmidt et al., 2007; Snidman et al., 1995).
- **코르티솔.** 스트레스 호르몬인 코르티솔의 타액 농도는 사교적인 아동보다 수줍음이 많은 아동의 경우에 더 높았고, 스트레스 상황에 대한 반응으로 더 높아졌다(Schmidt et al., 1997, 1999; Zimmermann & Stansbury, 2004).
- **동공팽창, 혈압, 피부 표면온도.** 사교적인 아동에 비해 수줍음이 많은 아동은 신기한 것을 보면, 동공이 더 팽창되고 혈압이 상승하며 손끝이 차가워지는 경향을 보였다(Kagan et al., 1999, 2007).

사람이나 사물에 대한 접근-회피의 다른 생리적 관련을 보인 것은 전두엽의 EEG 뇌파 패턴 때문이다. 수줍음이 많은 영아와 유아는 부정적인 정서 반응성과 관련이 있는 우측 전두엽에서 EEG 활성화가 크게 나타났다. 사교적인 아동은 반대의 패턴을 나타내었다(Fox et al., 2008; Kagan et al., 2007). 편도의 신경활성화는 전두엽에 전달되는 것으로, 이러한 차이를 만들어 낸다. 억제된 아동은 대뇌피질의 일반적인 활성화가 크게 나타났는데, 이는 높은 정서적 각성을 나타내는 것으로, 잠재적 위협에 대항하여 새로운 상황을 점검하기 때문에 나타나는 현상이다(Henderson et al., 2004).

자녀양육 방식

Kagan에 따르면, 극단적으로 수줍음이 많거나 사교적인 아동은 특정 기질 유형에 치우치게 하는 생리적 기능을 타고난다. 그러나 유전가능성에 대한 연구는 유전이 수줍음과 사회성에 보통 수준으로 기여한다고 보았다(Kagan & Fox, 2006). 경험이 강력한 영향을 미친다.

자녀양육 방식은 정서적으로 반응적인 아기가 두려움이 많은 아이가 될 가능성에 영향을 미친다. 온정적

새로운 자극에 대한 강한 생리적 반응이 아이가 아빠에게 매달리게 한다. 참을성 있고 끈질긴 격려를 가지고 부모들은 수줍음 많은 자녀가 친숙하지 않은 사물로부터 물러서려는 충동을 극복하도록 도와줄 수 있다.

이고 지원적인 양육은 새로운 것에 대한 영아와 유아의 강한 생리적 반응을 감소시켜 주지만, 냉정하고 강압적인 양육은 불안을 높여 준다(Coplan, Arbeau, & Armer, 2008; Hane et al., 2008). 새로운 것을 싫어하는 영유아 자녀를 부모가 지나치게 보호할 경우, 자녀가 물러서려는 욕구를 극복하기 어렵게 만든다. 새로운 경험에 대한 자녀의 접근을 적절하게 요구하는 부모는 수줍음 많은 유아가 두려움을 조절하는 전략을 발달시키도록 도와준다(Rubin & Burgess, 2002).

억제가 지속되면 지나친 조심성, 낮은 자존감, 외로움을 형성하게 된다(Fordham & Stevenson-Hinde, 1999; Rubin, Stewart, & Coplan, 1995). 청소년기에, 이러한 수줍음이 지속되면, 심각한 불안, 특히 사회적 공포 — 사회적 상황에서 창피를 당할까 봐 걱정하는 강렬한 두려움 — 를 증가시킨다(Kagan & Fox, 2006). 억제된 아동이 효과적인 사회적 기술을 획득하기 위해서는 양육을 통해 자녀의 기질 — 이 장과 다음 장에서 다시 접하게 될 주제 — 을 적절히 조정해 주어야 한다.

할 수 있는지, 부정적 정서를 다루기 위한 문제해결을 수행할 수 있는지에 있어 의도적 통제의 편차가 뚜렷하게 나타난다.

제7장으로 돌아가 억제(inhibition)의 개념을 생각해 보고 의도적 통제(effortful control)와 억제 간의 강한 유사성에 대해 생각해 보자. 연구자는 이러한 두 역량을 유사한 방식으로 평가하고 있다. 개념, 측정, 결과의 수렴은 동일한 정신적 활동이 인지와 정서/사회 영역 모두에서 효과적인 조절을 이끌어 냄을 보여 준다.

기질의 측정

기질은 대체로 부모 대상 면접과 설문지를 통하여 평가된다. 연구자에 의한 실험실 관찰뿐만 아니라 소아과의사, 교사 및 아동과 친근한 사람들에 의한 행동평가도 사용된다. 부모설문지는 편리하며 여러 상황에서 아동에 대한 정보의 깊이 면에서 장점을 지닌다. 부모로부터 얻은 정보는 편파적인 것으로 비판되어 왔지만, 부모의 보고는 연구자의 아동행동 관찰과 적절한 관련성을 지닌다(Majdandžić & van den Boom, 2007; Mangelsdorf, Schoppe, & Buur, 2000). 그리고 부모의 인식은 부모가 자녀를 바라보고 자녀에 반응하는 방식을 이해하는 데 필수적이다.

가정이나 실험실에서 이루어지는 연구자에 의한 관찰이 부모 보고의 주관성을 피할 수는 있지만 다른 부정확성을 이끌어 낼 수도 있다. 가정에서 관찰자는 모든 적절한 정보, 특히 불만에 대한 영아의 반응과 같이, 드물게 발생하지만 주요 사건에 대한 모든 적절한 정보를 획득하는 데에는 어려움이 있다. 그리고 가정에서 특정 경험을 조용히 피하는 공포심이 많은 아동의 경우, 친숙하지 않은 실험실 상황에서 회피가 허락되지 않는다면, 너무 당황해서 실험시간을 버티지 못할 것이다(Wachs & Bates, 2001). 그럼에도 연구자는 실험실에서 아동의 경험을 적절히 통제할 수 있다. 그리고 기질의 생물학적 기초를 간파하기 위하여 행동의 관찰과 신경생물학적인 측정을 편리하게 결합할 수도 있다.

대부분의 심리생리학적 연구는 기질의 긍정적 정서(positive affect)와 강한 고통(fearful distress) 영역(표 10.1 참조)의 양극단에 위치한 아동에 초점을 두고 있다. 즉 새로운 자극에 부정적으로 반응하고 이러한 자극에 움츠러드는 **억제되거나**(inhibited) **수줍은 아동**(shy children)과 새로운 자극에 접근하고 긍정적 정서를 보이는 **억제되지 않거나**(uninhibited) **사교적인 아동**(sociable children). 생물학적인 반응 — 심장박동수, 호르몬 수준, 대뇌피질 앞부분에서 EEG 뇌파 등에 뚜렷하게 나타나는 — 은 억제되거나 억제되지 않은 기질로 아동을 구별해 준다.

기질의 안정성

주의력 간격, 민감성, 사교성, 수줍음, 의도적 통제에 높거나 낮은 점수를 받은 어린 아동이 몇 달에서 몇 년 후에, 경우에 따라서는 성인기에 다시 평가해도 유사하게 응답하는 경향을 유지하였다(Caspi et al., 2003; Kochanska & Knaack, 2003; Majdandžić & van den Boom, 2007; Rothbart, Ahadi, & Evans, 2000; van den Akker et al., 2010). 그러나 신생아나 걸음마기 영아의 경우 기질의 전반적 안정성이 낮으며, 유아기부터 보통 수준을 유지하였다(Putnam, Samson, & Rothbart, 2000). 동일하게 유지되는 아동도 있었으나 대체로는 변화하였다.

기질은 왜 안정적이지 않은가? 주된 이유는 기질 자체가 연령에 따라 발달하기 때문이다. 이를 설명하기 위해 민감성과 활동 수준을 살펴보자. 제4장에서, 초기 몇 달 동안은 대부분의 아기가 소란스럽고 울기만 한다고 설명했다. 영아가 자신의 주의력과 정서를 더 잘 조절함에 따라, 초기에 과민해 보이는 대부분의 영아도 조용하고 만족스러운 상태로 변화해 간다. 활동 수준의 경우에도 행동의 의미가 변화된다. 처음에 활동적으로 움직이는 영아는 매우 각성되고 불편한 경향을 보이나, 비활동적인 아기는 대체로 민감하고 주의를 기울이는 경향이 있다. 그러나 영아가 스스로 움직이게 됨에 따라 이러한 행동은 역전된다! 활동적으로 기어 다니던 아기는 민감하며 탐색에 흥미를 보이는 반면, 매우 비활동적이던 아기는 두려워하며 위축된 행동을 보인다.

아동의 반응양식이 보다 잘 형성되는 3세 이후부터 초기 기질의 장기적 예측이 최적으로 이루어지는지는 이유를 이러한 불일치를 통해 알 수 있다(Roberts & Delvecchio, 2000). 이러한 생각과 같은 맥락에서, 2.5~3세의 아동은 보상을 위해 기다리기, 속삭이기 위해 목소리 낮추기, '가라사대(Simon Says)'와 같은 게임을 성공적으로 수행하기, 반대 자극을 무시하면서 하나의 자극에 선택적 주의 기울이기 등과 같은 의도적 통제와 관련한 다양한 과제에서 현저한 향상을 보였으며 보다 일관된 성취를 나타내었다(Kochanska, Murray, & Harlan, 2000; Li-Grining, 2007). 연구자들은 이 시기 충동을 억제하는 데 관여하는 전전두엽 부위가 급격하게 발달된다고 보았다(Gerardi-Caulton, 2000; Rothbart & Bates, 2006).

그럼에도 불구하고 유아기 아동이 자신의 반응성을 쉽게 다룰 수 있는 능력은 정서 반응성의 유형과 강도에 따라 달라진다. 2세 때 공포 반응이 높은 유아는 4세 때 의도적 통제에 있어 또래보다 조금 점수가 높았다. 반대로 화내고 성미가 급한 2세 아동은 나중에 덜 효과적인 의도적 통제를 나타낸다(Bridgett et al., 2009; Kochanska & Knaack, 2003; Kochanska, Murray, & Harlan, 2000).

요약하면, 기질에 기반한 생물학적 체계의 발달, 의도적 통제에 대한 아동의 능력, 정서 반응성의 질과 강도에 따른 노력의 성공 등을 포함한 여러 요인들이 아동의 기질 안정성에 영향을 미친다. 우리가 이러한 증거를 전체적으로 고려할 때, 기질의 안정성은 낮거나 중간 수준임을 알 수 있다. 아동이 한 극단에서 다른 극단으로 변화하는 것은 드물지만 생물학적으로 타고난 기질 특성이 경험을 통해 상당 부분 수정될 수 있음을 확신한다. 즉 수줍음이 많은 유아가 실제로 매우 사교적으로 되기 힘들며 민감한 아동이 매우 느긋한 성격이 되지 못한다. 이러한 생각에 기초하여 기질과 성격에 대한 유전과 환경의 영향에 대해 살펴보도록 하자.

유전과 환경의 영향

기질(temperament)이라는 용어는 성격의 개인차에 대한 유전적 기초를 의미한다. 넓은 범위의 기질 특성(활동 수준, 수줍음과 사교성, 민감성, 주의 간격, 지속성)과 성격 특성(내향성/외향성, 불안, 동조성, 충동성)이 이란성 쌍둥이보다 일란성 쌍둥이에게서 더 유사하게 나타남을 연구들이 밝히고 있다(Bouchard, 2004; Bouchard & Loehlin, 2001; Caspi & Shiner, 2006; Roisman & Fraley, 2006; Saudino & Cherny, 2001). 제3장에서, 쌍둥이 연구로부터 얻은 추정된 유전가능성은 기질과 성격에 있어 유전적 요인이 적절한 역할을 하고 있음을 보여 준다. 개인차의 약 절반 정도는 유전적인 구조의 차이에서 기인한다고 본다.

그럼에도 불구하고 유전적 영향은 연구대상지의 기질적 특성과 연령에 따라 달라진다. 예를 들면, 추정된 유전가능성은 긍정적 정서보다 부정적 정서표현이 한층 더 높게 나타났다. 그리고 기질이 더욱 더 안정화되는 아동기나 그 이후보다 영아기에 유전의 역할은 상당히 낮았다(Wachs & Bates, 2001).

기질에 있어 유전적 영향이 분명하다고 하나 환경적 영향 또한 강력하다. 예를 들면, 지속적인 영양결핍과 정서결핍은 기질을 크게 변경시켜, 부적응적 정서 반응으로 나타난다. 영양 수준이 향상된 이후에도, 영아기에 심각한 영양실조에 노출된 아동은 자기 또래보다 여전히 더 산만하고 두려워하는 경향을 보인다는 제5장의 내용을 생각해 보라. 또한 가정 내 높은 수준의 소음이나 과밀 현상은 1세 이후의 위축이나 자극민감성과 연결된다(Matheny & Phillips, 2001; Wachs, 2006). 그리고 이 장의 초반에 언급한 것처럼 궁핍한 고아원에서 영아기를 보낸 아동이 스트레스 상황에 쉽게 압도되는 경향을 보였다. 부적절한 정서조절은 부주의와 잦은 분노표현을 포함한 충동 통제로

일본 할머니가 손주를 꼭 안고 부드럽고 편안하게 상호작용하고 있다. 이러한 양육자의 행동은 일본 아기가 평온하고 정서적으로 차분한 기질 유형을 형성하도록 도와준다.

낮게 나타났다.

다른 연구에서는 양육방식이 영아와 어린 유아가 자신의 기질적 특성 유지 여부와 관련이 높음을 보여 주었다. 실제세계를 향한 아동의 접근방식이 자신에게 제공되는 경험에 영향을 미치므로 유전과 환경은 기질에 공동적으로 기여하게 된다. 어떻게 이러한 과정이 일어나는지를 살펴보기 위하여 기질의 인종적 차이에 대해 자세히 살펴볼 필요가 있다.

문화적 다양성   북미의 백인 영아와 비교할 때, 중국과 일본의 아기는 덜 활동적이고 덜 민감하며 소리를 덜 내며, 화가 났을 때 달래기 쉬우며, 자신을 더 잘 안정시키는 경향이 있다(Kagan et al., 1994; Lewis, Ramsay, & Kawakami, 1993). 또한 일본과 중국 아기는 더 많은 공포를 느끼고 더 억제된 성격을 지니고 있어, 낯선 놀이방에서 부모곁에 더 가까이 머물러 있고 낯선 사람과 상호작용할 때 더 많은 불안을 나타낸다(Chen, Wang, & DeSouza, 2006). 그리고 그들은 미국의 백인계 아기보다 정서적으로 보다 더 억제되어 있고 덜 미소 짓으며 덜 운다(Camras et al., 1998; Gartstein et al., 2010).

이러한 다양성은 유전적 원인을 지니고 있으나 문화적 신념과 실제에 의해서도 설명된다. 일본 엄마들은 대체로 아기가 밀접한 신체적 접촉을 통해 부모에 대한 신뢰를 배우는 독립적 존재로 태어난다고 말했다. 일반적으로 북미의 엄마들은 이와 반대로, 즉 아기는 의존성을 버리고 자율성을 가져야 한다고 믿었다. 이러한 신념과 같이, 아시아 엄마들은 아기를 부드럽게 달래는 듯, 몸짓으로 상호작용하는 반면, 백인 엄마들은 보다 활동적이고 자극적인 언어적 접근을 사용하였다(Rothbaum et al., 2000b). 또한 영아의 평온함을 위해 강한 정서표현을 억제하는 중국과 일본 성인의 정서적 자기조절에 대한 논의를 기억해 보라.

비공유적 환경   다수의 아동이 포함된 가족 속에서는 기질에 다른 요소가 영향을 미친다. 제8장에서 비공유적 환경의 영향(nonshared environmental influences) — 형제를 서로 다르게 만드는 — 은 지능에 중요한 역할을 한다는 내용을 기억할 필요가 있다. 부모들에게 자녀의 성격을 표현하도록 요구하면, 부모들은 종종 형제간 차이를 강조하는 것을 볼 수 있다. "우리 딸은 매우 활동적이에요.", "우리 아들이 더 사교적이에요.", "딸아이가 훨씬 더 고집이 세요." 결과적으로, 부모들은 종종 다른 관찰자들보다 형제들을 더 많이 다르게 생각한다. 1~3세의 쌍둥이를 대상으로 한 대규모 연구에서, 부모들은 연구자 평가에서 제시된 것보다 일란성 쌍둥이의 기질이 서로 닮지 않았다고 평가했다. 연구자가 이란성 쌍둥이들의 유사성이 보통 정도인 것으로 평가한 반면, 부모들은 기질 유형이 다분히 서로 반대라고 보았다(그림 10.2 참조)(Saudino, 2003).

각 아동의 독특한 특성을 강조하는 부모의 성향이 자녀양육 방식에 영향을 미친다. 3세의 일란성 쌍둥이에 대한 한 연구에서, 쌍둥이에 대한 어머니의 차별적 대우가 쌍둥이 간 심리적 적응의 차이를 예측해 주었다. 온정적이고 비처벌적인 양육을 받은 쌍둥이 형제는 감정이나 친사회적 행동에 있어 보다 긍정적이며 행동문제가 줄어드

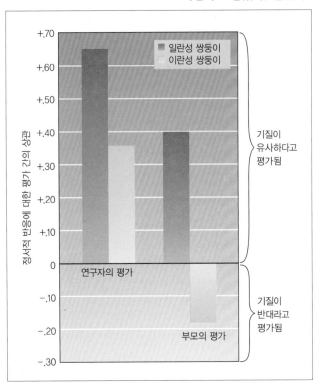

그림 10.2   부모와 연구자에 의해 측정된 일란성 쌍둥이와 이란성 쌍둥이 간 기질의 상관관계

1~2세의 일란성 쌍둥이 200명 이상을 대상으로 한 연구에서 부모는 연구자들보다 일란성 쌍둥이의 기질이 덜 유사한 것으로 평가하였다. 이란성 쌍둥이의 경우 연구자는 기질이 어느 정도 유사한 것으로 평가했으나, 부모는 다소 반대(부적 상관)라고 평가하였다.

출처 : Saudino, 2003.

는 것으로 나타났다(Deater-Decker et al., 2001). 양육 신념과 아동의 기질이 일치되도록 아동이 양육자의 반응을 자극한다.

가족 내 경험의 차이 외에도, 형제들은 성격발달에 영향을 미치는 교사, 또래, 지역사회의 여러 사람들과 구별되는 경험을 가지며 이러한 경험이 성격발달에 영향을 미친다. 그리고 대체로 형제들은 성장과 더불어 서로 다른 방식을 적극적으로 찾아간다. 이러한 이유로 일란성과 이란성 쌍둥이 모두 연령과 더불어 성격이 서로 점차 달라지는 경향을 보였다(Loehlin & Martin, 2001; McCartney, Harris, & Bernieri, 1990). 쌍둥이 형제들이 서로 덜 접촉할수록 이러한 효과는 더 커진다.

비공유 요인이 공유된 환경의 영향(shared environmental influences)—모든 형제에게 유사하게 영향을 미치는—보다 성격발달에 더 중요할까? 제14장을 보면, 가정 스트레스나 양육 유형과 같은 공유된 요인이 아동의 성격에 영향을 미침을 알 수 있다. 종합하면, 기질과 성격은 아동에게 특수한 것이며 동시에 공유된 가족 환경에서 유래한 환경적 조건의 복잡한 결합으로부터 영향을 받는 것이라고 생각된다.

협동하여 과학 과제를 수행하고 있는 5학년 학생들은 높은 수준의 의도적 통제—학문성 성취와 다른 긍정적 결과를 예측해 주는 기질의 측면—를 나타내고 있다.

아동행동의 예측변인으로서의 기질

기질에 관한 연구는 아동의 발달에 미치는 영향에 대한 강력한 설명을 제공해 준다. 아동의 기질적 특성은 인지적 · 사회적 기능을 일관성 있게 예측해 준다.

기질이 측정 가능한 가장 빠른 시기에 얻어진 아동의 주의력 간격은 학습과 인지발달을 예측해 준다. 예를 들면, 생후 1년간의 지속성은 영아의 지능검사 점수나 유아기 IQ와 관련이 있다(Matheny, 1989). 유아기와 아동기 동안의 지속성은 문해, 수학적 향상, 학교성적, IQ 등을 예측해 준다. 반대로 주의 산만성, 높은 활동 수준, 까다로운 기질은 낮은 학교성취와 연관되어 있다(Coplan, Barber, & Lagacé-Séguin, 1999; Martin, Olejnik, & Gaddis, 1994; Strelau, Zawadzki, & Piotrowska, 2001).

기질은 또한 사회적 행동과도 관련이 있다. 매우 활동적인 유아는 또래와 사교적이나 덜 활동적인 또래보다 더 많은 갈등을 보인다. 수줍음이 많고 억제된 아동은 종종 학급동료를 관찰하고, 놀이활동 주변을 맴돌거나 말이 없는 등 억제된 상호작용과 불안한 행동을 보인다(Chen, Wang, & DeSouza, 2006; Henderson et al., 2004). 그리고 제12장에서 설명한 것처럼, 억제된 아동이 나타내는 높은 불안 수준은 잘못된 행동을 한 후 더 불편해하거나 타인에 대해 보다 강한 책임감을 갖게 한다. 결과적으로, 어린 시기의 불안은 아동이 공격적으로 되는 것을 막는다. 반대로 민감하고 충동적인 아동은 공격적이고 반사회적인 행동의 위험을 지닌다(Sanson, Hemphill, & Smart, 2004; Vitaro et al., 2006).

수줍은 아동의 사회적 행동은 기질의 직접적인 결과처럼 여겨진다. 또한 사람들이 아동의 정서유형에 대해 반응하는 방식을 반영한다. 예를 들면, 활동적이고 충동적이며 예민하고 분노하기 쉬운 아동은 대개 갈등을 이끌어 내는 부정적 상호작용을 불러온다. 제12장에서 설명하고 있는 것처럼, 초기 충동성 및 부정적 정서와 이후의 규칙위반 및 공격적 행동 간의 관계는 산만하고 고집 센 아동이 주로 만들어 내는 부적절한 양육과 밀접한 관련이 있다.

마지막으로 유아기에 시작되는 아동의 의도적 통제 능력은 중국과 미국처럼 다양한 문화에서 적합한 발달과 적응과 관련이 있다(Zhou, Lengua, & Wang, 2009). 긍정적 결과는 지속성, 과제숙달, 학문적 성취, 협동심, 도덕적 성숙(잘못된 행동에 대한 걱정과 기꺼이 사과하려는 것과 같은), 감정이입, 공감, 나누기와 돕기 등과 같은 친사회적 행동을 포함한다(Eisenberg, 2010; Kochanska

자녀양육에 대한 부모의 확고하면서도 애정적인 접근방식은 기질적으로 까다로운 아동이 자기조절 능력을 획득하도록 도와 준다.

& Aksan, 2006; Posner & Rothbart, 2007; Valiente, Lemery-Chalfant, & Swanson, 2010). 또한 의도적 통제는 아동의 스트레스에 대한 저항성과 긍정적으로 연관되어 있다. 예를 들면, 의도적 통제는 부모 갈등의 부정적 영향에 따른 아동의 충격을 완화시켜 준다. 왜냐하면 의도적 통제가 높은 아동은 부모의 부정적 행동과 자신의 불안보다 긍정적인 사회적 환경 특성에 주의를 돌릴 수 있기 때문이다(David & Murphy, 2007). 또한 앞으로 설명하겠지만, 양육방식은 초기 기질과 발달 간의 연결에 많은 변화를 가져다 주는 아동의 의도적 통제를 방해하거나 촉진한다.

기질과 양육 : 조화적합성 모델

아동의 성향이 학습을 방해하거나 타인과 잘 어울리는 것을 방해한다면 성인은 친절하지만 지속적인 방식으로 아동의 부적응적 방식에 대항할 것이다. Thomas와 Chess(1977)는 어떻게 기질과 환경이 적절한 결과를 만들어 내는지를 설명하기 위하여 **조화적합성 모델**(goodness-of-fit model)을 제안하였다. 적응적 기능을 강조하면서 개별 아동의 기질에 대한 인식을 바탕으로 자녀의 양육 환경을 구성하는 것을 제안하였다.

적합성은 까다로운 아동(새로운 경험에 위축되고 부정적이여 강렬하게 반응하는)이 이후 적응문제의 위험이 높은 이유를 설명하는 데 도움이 된다. 이러한 아동들은 대부분 자신의 성향과 잘 맞지 않는 양육방식을 경험한다. 이러한 영아들은 민감한 양육을 받을 가능성이 낮기 때문이다(van den Boom & Hoeksma, 1994). 2세경, 까다로운 아동의 부모는—특히, 사회경제적 지위가 낮은 가정에서—주로 의도적 통제 발달의 기반이 되는 분노적이고 처벌적 훈육을 사용한다. 아동이 반항과 불순종으로 반응하면, 부모는 점점 더 스트레스를 받는다(Bridgett et al., 2009; Paulussen-Hoogeboom et al., 2007). 결과적으로, 부모들은 강압적인 방법을 지속하거나 아동에게 양보하는 방식으로 아동의 불순종에 대해 반응한다(Calkins, 2002). 이러한 방식은 아동의 까다롭고 갈등적인 방식을 지속하게 하고 향상시킨다(van Aken et al., 2007; Pesonen et al., 2008).

반대로 부모가 긍정적이고 참여적이면, 아기의 정서조절을 돕고 2~3세경이 되면, 이러한 어려움이 감소된다(Feldman, Greenbaum, & Yirmiya, 1999; Raikes et al., 2007). 걸음마기와 유아기 동안에는 부모의 민감성, 지지, 분명한 기대, 제한 등의 어려움이 지속되며, 정서적 · 사회적 문제를 만들 가능성을 감소시키는 의도적 통제가 촉진된다(Cipriano & Stifter, 2010; Jaffari-Bimmel et al., 2006).

최근 연구결과에 따르면, 기질적으로 까다로운 아동은 서투른 양육에 노출되면 다른 아동보다 더 심각해지지만 적합한 양육을 받으면 오히려 긍정적인 결과를 얻는다(Pluess & Belsky, 2011). 연구자는 유전자 분석을 사용하여 그 결과를 설명하는 유전-환경 상호작용을 조사하였다(제3장 참조). 한 연구에서, 17번 염색체의 유전자를 지닌 2세 유아는 특정 DNA(짧은 5-HTTLPR)가 반복된다. 이는 신경 억제 전달물질인 세로토닌의 기능을 방해하고(그래서 부정적 감정과 자기조절의 문제를 크게 증가시키고), 양육에 대한 엄마의 불안이 증가함에 따라 점차 더 민감해진다(Ivorra et al., 2010). 엄마의 불안감은 이런 유전적 요인이 없다면 거의 자녀에게 영향을 미치지 않는다. 다른 조사에서는 짧은 5-HTTLPR 유전자를 지닌 유아가 긍정적 양육으로부터 이익을 얻는다고 보고하였다. 부모의 애정과 지지를 받은 위험군 유아의 자기조절 역량은 위험 요소가 낮은 유전자형을 지닌 또래의 자기조절 역량과 유사해졌다(Kochanska, Philibert, & Barry, 2009).

그러나 도전적인 자녀에 대한 효과적인 양육은 삶의 조건—적절한 부모의 정신건강, 결혼생활의 조화, 만족스러운 경제 여건 — 에 의해 좌우된다(Schoppe-Sullivan et al., 2007). 러시아와 미국 아기의 기질을 비교해 보면, 러시아 영아는 불만족스러울 때, 정서적으로 좀 더 부정적이며, 두려워하고 당황해했다(Gartstein, Slobodskaya, & Kinsht, 2003). 연구시점은 러시아의 국가 경제가 심각한 불황 중이었다. 경제적 우려와 장시간의 근무시간으로 인해 러시아 부모들은 까다로움에 대항하여 인내심 있는 양육을 위한 시간과 에너지가 부족했기 때문이다.

중국에서 이루어진 연구에 따르면, 문화적 가치도 양육과 아동의 기질 간의 조화에 영향을 미친다. 자기주장을 억제하는 과거의 집단주의적 가치는 중국 성인들로 하여금 수줍어하는 자녀를 긍정적으로 평가하도록 도와주었다. 몇몇 연구에서 10~20년 전, 수줍음이 많은 중국 아동은 학문적으로나 사회적으로나 잘 적응한 것으로 보고하였다(Chen, Rubin, & Li, 1995; Chen et al., 1998). 그러나 성공을 위해 단호한 태도와 사교성을 요구하는 시장 경제가 급격히 팽창함에 따라 최근 들어 아동기 수줍음에 대한 중국 부모와 교사의 태도는 변화하였다(Chen, Wang, & DeSouza, 2006; Yu, 2002).

상하이 4학년생의 수줍음과 적응 간의 관련성은 시간에 따라 변화하였다. 1990년 수줍음은 교사가 평가한 능력, 또래 수용, 지도력, 학문적 성취와 정적 상관을 가졌으나, 1998년에 들어 이러한 관계는 약화되었으며, 2002년에는 서구의 연구결과와 유사하게 역전되었다(그림 10.3 참조)(Chen et al., 2005). 수줍은 아동이 지지되거나 비난받는지, 그리고 잘 적응하거나 적응 못하는지는 문화적 맥락에 따라 달라진다.

바람직한 기질-환경 관계는 부적응을 형성하기 전인 양육 조건과 아동 기질 간 효과적인 조화에서 가장 잘 드러난다. 까다로우면서 수줍음이 많은 아동은 새로운 경험에 숙달되기 위해 확실하면서도 합리적인 요구를 하는 온정적이고 수용적인 양육이 도움이 된다. 내성적이고 비활동적인 걸음마기 영아의 경우, 매우 자극적인 양육 — 질문하기, 가르치기, 사물 지적하기 — 이 탐색을 촉진할 수 있다. 그러나 활동적인 아기의 경우, 이러한 부모의 행동이 지나치게 지시적이어서 영아의 놀이와 호기심을 꺾어 버릴 수 있다(Miceli et al., 1998).

조화적합성 모델을 통해 아기들은 성인들이 수용해야만 하는 저마다 독특한 특성을 가지고 있음을 알 수 있다. 부모는 자녀의 가치를 모두 자신의 공으로 여길 수도 없으며, 모두 자신의 잘못이라고 스스로를 탓할 필요도 없다. 그러나 부모들은 환경을 자녀의 문제가 강조되는 환경에서 아이의 강점을 만들어 가는 환경으로 변화시킬 수 있다. 다음 절에서 조화적합성이 영아와 양육자 간 애착의 핵심임을 보게 될 것이다. 이러한 첫 번째 친밀한 관계는 부모와 아기 간의 상호작용에서 싹트며, 부모와 아기 모두의 정서 유형으로부터 영향을 받게 된다.

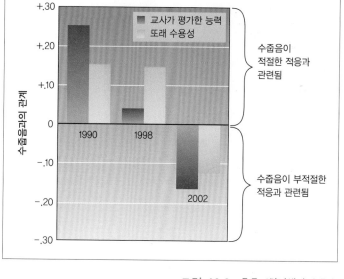

그림 10.3 중국 4학년생의 수줍음과 적응 간의 상관관계의 시간에 따른 변화

1990년 수줍음이 많은 중국 아동은 잘 적응하는 것으로 나타났다. 그러나 중국의 시장경제가 확산되고 단호함과 사회성에 대한 가치가 증가함에 따라 상관관계의 방향이 변화하였다. 2002년 수줍음은 적응과 부적 상관을 가졌다. 이 결과는 교사가 평가한 능력과 또래 수용성에 의한 것이다. 리더십(학생 조직의 임원이 되는 것)과 학업성취도에 대한 결과도 유사하게 변화하였다.
출처 : Chen et al., 2005.

애착의 발달

애착(attachment)은 특별한 사람들과 상호작용할 때 우리에게 기쁨과 즐거움을 느끼게 해 주고 스트레스를 느끼는 순간 그들의 존재에 의해 편안해지도록 해 주어, 삶 속에서 우리가 그 특별한 사람들에게 갖는 강한 정서적 유대이다. 생후 6개월경, 영아는 자신의 요구에 반응하는 친숙한 사람에게 애착을 형성한다.

대리모에 의해 양육된 아기 원숭이는 우유병이 부착된 철사로 된 엄마보다 부드러운 천으로 된 대리모에게 매달려 있는 것을 좋아한다. 부모와 영아의 애착이 배고픔의 욕구를 만족시키는 것 이상의 그 무엇에 기반함을 알려 준다.

이 시기의 아기들이 자신의 부모로부터 특별한 주의를 끌기 위해 어떻게 행동하는지를 관찰해 보자. 엄마가 방에 들어오면, 아기들은 갑자기 크고 친근한 미소를 짓는다. 엄마가 아기를 안아 올리면, 아기는 엄마의 얼굴을 어루만지고 엄마의 머리를 탐색하고 엄마의 몸에 바싹 다가가 안긴다. 아기가 불안감이나 두려움을 느낄 때에는 엄마의 무릎으로 기어가서 바싹 다가가 매달린다.

Freud는 엄마에 대한 영아의 정서적 유대가 이후의 모든 관계의 기초를 제공한다는 것을 처음으로 제안했다. 현재의 연구는 — 영아-부모 간 유대의 질이 참으로 중요하지만 — 이후의 발달은 초기 애착 경험뿐만 아니라 부모-자녀 관계의 지속적인 질적 수준의 영향을 받음을 지적하고 있다.

애착은 또한 강렬한 이론적 논쟁의 주제이다. 제1장에서 심리분석학적 관점(psychoanalytic perspective)은 양육자와 아기의 이러한 밀접한 정서적 유대를 형성하는 주요 맥락이 수유라고 여긴 것을 생각해 보라. 행동주의(behaviorism) 관점 역시 수유의 중요성을 강조하였으나, 이에 대한 설명은 달라진다. 잘 알려진 행동주의적 설명에 따르면, 영아는 부드럽게 달래기, 온정적으로 미소 짓기, 달래기 위한 부드러운 말하기 등(이차적 욕구)을 좋아하는데, 이는 이러한 사건이 아기의 배고픔을 달래 주는 긴장 완화와 짝지어져 있기 때문이다.

수유가 밀접한 관계를 형성하는 중요한 맥락이기는 하지만, 애착은 배고픔을 충족시켜 주는 것에 의해 좌우되는 것은 아니다. 1950년대, 유명한 실험을 통해, 부드러운 천과 철사망 '대리모(surrogate mothers)'와 함께 양육된 붉은털 아기원숭이는 철사망으로 된 '엄마(mother)'에게 우유병이 부착되어 있어서 젖을 먹기 위해서는 철사망 엄마에 매달리지만 부드러운 천으로 된 대리모에 매달려 지내는 것을 볼 수 있었다(Harlow & Zimmerman, 1959). 이와 마찬가지로, 영아들은 아버지, 형제, 조부모님 등을 포함하여 수유를 거의 하지 않는 가족 구성원들에게도 애착을 형성한다. 그리고 혼자서 자고 자기 부모로부터 낮 시간 동안 자주 격리되는 서구 문화의 걸음마기 영아들은 때때로 담요나 곰 인형 같은 친근한 사물에 대한 강력한 정서적 유대를 발달시키는 것을 볼 수 있다.

애착에 대한 심리분석학과 행동주의의 설명은 또 다른 문제를 내포하고 있다. 그들은 애착관계에 대한 양육자의 공헌을 강조했지만, 영아의 특성이 지닌 중요성에는 거의 주의를 기울이지 않았다.

Bowlby의 동물행동학 이론

오늘날, 양육자에 대한 영아의 정서적 유대가 생존 향상을 위한 진화론적 반응이라고 생각하는 **애착의 동물행동학 이론**(ethological theory of attachment)이 가장 광범위하게 수용되는 관점이다. 이러한 생각을 영아-부모의 유대에 처음 적용한 John Bowlby(1969)는 양육자에 대한 애착의 질이 신뢰로운 관계를 형성하기 위한 아동의 능력과 안정감에 중요한 영향을 미친다는 정신분석적 사고를 지니고 있었다.

동시에, Bowlby는 Konrad Lorenz의 각인 연구의 영향을 받았다(제1장 참조). Bowlby는 다른 종의 동물과 마찬가지로, 영아도 자신을 위험으로부터 보호하고 환경을 탐색하고 숙달하는 데 필요한 지원을 얻기 위하여 부모 가까이에 있으려는 뿌리 깊이 새겨진 일련의 행동을 부여받았다고 생각했다(Waters & Cummings, 2000). 또한 부모와의 접촉은 아기가 수유될 것임을 확신시켜 주지만, Bowlby도 수유가 애착의 기초가 되는 것은 아니라고 주장했다. 게다가, 애착은 종의 생존 — 안전과 능력 모두를 보장하는 — 을 극도로 중요하게 여기는 진화론적 맥락 속에서 가장 잘 이해될 수 있다.

Bowlby에 따르면, 부모와 영아의 관계는 성인을 아기 곁으로 부르는 타고난 신호체계에서 출발한다. 시간이 흐름에 따라, 진정한 애정적 결합이 형성되며, 온정적이고 민감한 보살핌뿐만 아니라 새로운 정서적·인지적인 능력을 통해 유지된다. 애착은 4단계로 발달한다.

1. **애착전 단계**(preattachment phase : 출생에서 6주). 마음속 깊이 새겨진 신호—잡기, 미소 짓기, 울기, 성인의 눈 응시하기—는 신생아가 다른 사람들과 가까운 접촉을 갖도록 돕는다. 이 연령의 아기들은 자기 엄마의 냄새, 목소리, 얼굴을 인식한다(제4장 참조). 그러나 이들은 아직은 친숙하지 않은 성인과 있더라도 개의치 않으므로, 아직 엄마와 애착을 형성하지는 않았다.

2. **'애착형성' 단계**('attachment-in-the making' phase : 6주에서 6~8개월). 이 단계에서 영아는 친숙한 양육자에게 낯선 사람과는 다르게 반응한다. 예를 들면, 아기는 엄마와 함께 있을 때 자유롭게 미소 짓고, 웃고, 옹알이를 하며, 엄마가 안아 올리면 더 빨리 울음을 멈춘다. 자신의 행동이 그들 주변 사람의 행동에 영향을 미친다는 것을 배우게 되면, 아기는 신뢰감(sense of trust)—신호를 하면 양육자가 반응할 것이라는 기대—을 발달시키기 시작하지만 양육자로부터 떨어지더라도 아직까지는 이에 대해 저항하지 못한다.

> 2세 유아는 엄마가 돌아올 것을 예측하는 언어와 표상기술을 가지고 있기 때문에 분리불안이 감소한다. 이 아이는 엄마가 가는 것을 받아들이고 있다.

3. **'명백한' 애착 단계**('clear-cut' attachment phase : 6~8개월에서 18개월~2세). 이제 친숙한 양육자에 대한 애착이 명확해진다. 아기들은 **분리불안**(separation anxiety)을 나타내며, 자신이 신뢰하는 성인이 떠나면 당황한다. 낯선 사람에 대한 불안처럼, 분리불안은 항상 발생하는 것은 아니다. 이는 영아의 기질과 현재 상태에 따라 달라진다. 그러나 많은 문화에서, 양육자가 보이지 않을 때에도 양육자는 언제나 존재한다는 것을 영아가 명확히 이해함을 의미하는 분리불안은 6~15개월 사이에 증가된다. 이처럼 Piaget의 대상 영속성을 아직 습득하지 못한 아기들은 엄마로부터 떨어지더라도 대체로 불안해하지 않는다(Lester et al., 1974).

   부모가 떠나는 것에 저항하는 것 외에도 나이 든 영아와 걸음마기 영아는 엄마와 함께 있으려고 애쓴다. 이 시기 영아는 타인보다는 엄마에게 접근하고, 따라다니고, 기어오른다. 그리고 이 장의 초기에 제시한 것처럼, 그들은 탐색을 위한 안전기지로 엄마를 이용한다.

4. **상호호혜적 관계 형성**(formation of reciprocal relationship: 18개월~2세 이후). 두 살이 끝나 갈 무렵, 표상과 언어의 급속한 성장은 걸음마기 영아로 하여금 부모가 오고 가는 것에 영향을 미치는 요소를 이해하고 언제 되돌아올지를 예측하게 도와준다. 그 결과, 분리저항이 없어진다. 이제 유아는 그녀의 목표를 변경하기 위해 요구와 설득을 사용하여, 양육자와 협상한다. 예를 들어, 어떤 2세아는 양육도우미에게 맡겨지기 선에 부모에게 동화책을 읽어 달라고 조른다. 아이는 부모가 어디로 가는지('찰리 삼촌과 함께한 저녁 약속')와 언제 올지('잠들자마자')를 더 잘 이해하고 있다. 또한 부모와 함께한 시간이 충분할 때 부모 없이도 아이가 견딜 수 있도록 도와준다.

Bowlby(1980)에 의하면, 이러한 네 단계를 통해 경험하지 않고도, 아동은 부모의 부재 중 안전기지로 활용할 수 있는 지속적인 애정적 유대를 형성한다. 이러한 심상은 **내적작용모델**(internal working model), 또는 애착 대상의 유효성에 대한 기대, 스트레스를 받을 때 지지할 수 있는 가능성, 그리고 그러한 대상과 자신과의 상호작용 등의 총체이다. 내적작용모델은 미래의 모든 가까운 관계에 대한 안내자의 역할을 하는 성격의 핵심적 부분이 된다(Bretherton & Munholland, 2008).

이처럼, 2세 초반의 걸음마기 영아는 부모의 위안과 지지에 대한 애착 관련 기대를 형성하게 된

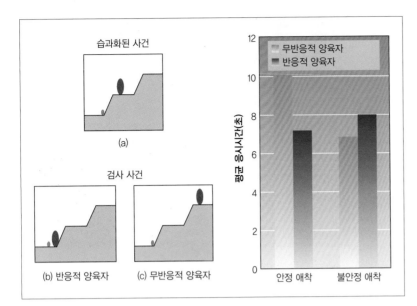

그림 10.4 걸음마기 영아의 애착 관련 내적작용모델 검사

(a) 우선 12~16개월 된 영아에게 움직이는 큰 도형(양육자)과 작은 도형(아동)이 있는 비디오를 보여 주고 습관화를 형성하였다. 양육자(큰 도형)가 중간 부분에 올라서면, 영아가 울 때 나타내는 맥박과 움직임을 나타내며 아동(작은 도형)이 울기 시작했다. 그런 다음, 연구자는 두 개의 검사 상황을 제시하였다. (b) 반응적 양육자 상황에서 양육자는 아동에게 돌아왔다. (c) 무반응적 양육자 상황에서 양육자는 아동을 두고 경사로 위로 올라갔다. 안정 애착된 영아는 애착 관련 기대와 일치하지 않는 양육자를 묘사하는 무반응적 상황을 더 오래 쳐다보았다. 불안정 애착된 영아는 두 검사 상황 모두에 차이가 없었다.

출처 : Johnson, Dweck, & Chen, 2007.

다. 두 연구에서, 안정 애착된 12~16개월 된 영아는 무반응적인 양육자(기대와 일치되지 않는)의 비디오를 반응적인 양육자의 비디오보다 더 오랫동안 쳐다보았다. 반대로 불안정 애착된 걸음마기 영아의 반응은 두 비디오 간에 차이가 없었다(그림 10.4 참조) (Johnson, Dweck, & Chen, 2007; Johnson et al., 2010). 나이가 들면서, 그들의 인지적, 정서적, 그리고 사회적 능력이 증가하고, 부모와 좀 더 상호작용하거나 성인, 형제, 친구들과 긴밀한 유대를 형성하면서, 아동들은 지속적으로 내적작용모델을 수정하거나 확장해 간다.

애착 안정성의 측정

가정에서 양육된 모든 아기들은 2세경 친숙한 양육자에게 애착을 형성하게 되지만, 이러한 관계의 질은 유아에 따라 다르다. 어떤 영아는 양육자가 있을 때만 편안하고 안정되어 있다. 그들은 양육자에 의존하여야 보호와 지지를 얻을 수 있음을 알기 때문이다. 다른 아기들은 불안해하고 확신을 못하는 것으로 나타난다.

1~2세의 애착의 질을 측정할 때 자주 사용하는 실험실 방법은 **낯선 상황**(Strange Situation) 실험이다. 이것을 고안할 때, Mary Anisworth와 그녀의 동료들은 안정 애착된 영아와 걸음마기 영아는 친숙하지 않은 놀이방을 탐색할 때 부모를 안전기지로 여긴다고 생각했다. 또한, 부모가 없을 때 친숙하지 않은 어른은 자신의 부모보다 덜 편안하다고 보았다. 낯선 상황에서 아기들은 부모와의 짧은 헤어짐과 만남이 있는 8개의 에피소드를 거친다(표 10.2 참조).

이러한 에피소드를 거친 영아들의 반응을 관찰하여 연구자들은 안정 애착 유형과 세 가지 불안정한 애착 유형으로 구분하였다. 그러나 일부 아이들은 특정 유형으로 구분되지 않았다(Ainsworth et al., 1978; Barnett & Vondra, 1999; Main & Solomon, 1990; Thompson, 2006). 분리불안은 집

표 10.2 낯선 상황 에피소드

에피소드	상황	애착행동
1	실험자가 부모와 아기를 놀이방에 안내한 후 방을 나간다.	
2	아기가 장난감을 가지고 노는 동안 부모가 앉아 있다.	안전기지로서의 부모
3	낯선 성인이 들어와 앉아서, 부모와 이야기를 나눈다.	친숙하지 않은 성인에 대한 반응
4	부모가 방을 나간다. 낯선 성인은 아기가 혼란스러워하면 아기에게 반응해 주고 달래 준다.	분리불안
5	부모가 되돌아와 아기를 반기고, 필요하면 달래 준다. 낯선 성인이 방을 나간다.	재결합 반응
6	부모가 방을 나간다.	분리불안
7	낯선 성인이 방에 들어와 달래 준다.	낯선 이에 의해 위안받는 능력
8	부모가 되돌아와 아기를 반기고 필요하면 달래 준다. 아기가 장난감에 다시 흥미를 갖게 한다.	재결합에 대한 반응

주 : 에피소드 1은 약 30초, 나머지 에피소드는 약 3분, 분리 에피소드는 아기가 매우 혼란스러워하면 중단, 재결합 에피소드는 아기가 진정하여 다시 놀이를 시작하기 위해 필요하다면 연장.

출처 : Ainsworth et al., 1978.

단 유형에 따라 다르게 나타났지만 재결합에 대한 아기의 반응이 애착의 질을 결정해 준다.

- **안정 애착**(secure attachment). 이러한 영아들은 부모를 안전기지로 사용한다. 분리되었을 때, 영아는 울기도 하고 울지 않기도 했지만, 우는 것은 부모가 없고 낯선 사람보다 부모를 좋아하기 때문이다. 부모가 돌아오면, 활발히 안기려고 하고 울음이 즉시 감소되었다. 북미 중산층 가정의 약 60% 정도 영아들이 이 유형으로 나타났다. (사회경제적 지위가 낮은 가정의 경우 불안정 유형에 해당되는 영아의 비율이 높았고 안정 애착 유형 아기의 비율이 더 낮았다.)
- **회피 애착**(avoidant attachment). 이러한 유형의 아기는 부모와 있을 때 부모에게 별 반응을 보이지 않는다. 대부분의 경우, 부모가 없어도 별로 괴로워하지 않고 낯선 사람에게도 부모와 비슷한 방식으로 반응한다. 부모와 재결합하면, 거부하거나 서서히 반기며 안아 주어도 대부분 매달리지 않는다. 북미 중산층 가정의 약 15% 영아가 이 유형으로 나타났다.
- **저항 애착**(resistant attachment). 분리에 앞서, 이 유형의 영아는 부모와 가까이 있으려 하며 탐색을 거의 하지 않는다. 대부분 부모가 나가면 괴로워하고, 다시 돌아오면 화를 내거나 저항적 행동으로 매달리며, 안아 주면 버둥거리거나 때리고 밀치기도 한다. 대부분의 아기들은 안아 주어도 계속해서 울거나 매달리며 쉽게 달래지지 않는다. 북미 중산층 가정의 보통 10% 영아가 이 유형으로 나타났다.
- **혼란 애착**(disorganized/disoriented attachment). 이러한 유형은 가장 큰 불안정 애착을 나타낸다. 이러한 영아들은 재결합 시 혼란스럽고 모순되는—예를 들면, 부모가 안으면 얼굴을 돌리고 무표정하거나 우울한 정서를 나타내면서도 엄마에게 접근하는—행동을 한다. 대부분 명한 얼굴 표정을 나타내며, 일부는 진정이 된 후에도 예상 못한 울음을 터뜨리거나 이상하고 경직된 자세를 취한다. 북미 중산층 가정의 약 15% 정도의 영아가 이 유형으로 분류되었다.

연구자들은 낯선 상황 실험절차를 유아들에게 적절하게 변경하여, 유아의 신체적 밀착, 눈 맞춤, 정서의 표현, 부모에게 하는 말의 내용과 방식—특히 재결합 에피소드 중—을 가까이에서 관찰하였다. 결과로 얻은 유아의 애착 유형은 이전에 획득된 영아 평가와 대체로 관련이 있었다(Crittenden, 2000; Main & Cassidy, 1988; Moss et al., 2005b).

낯선 상황에 대한 유아의 반응은 가정에서 부모를 안전기지로 여기는 것이나 헤어짐이나 재결합에 대한 반응과 유사하였다(Blanchard & Main, 1979). 따라서 이 절차가 애착 안정성을 평가하는 데 유용한 방법이라고 볼 수 있다.

1~4세 아이들에게 적합한 대안적 방법인 **애착 Q-Sort**(attachment Q-Sort)는 가정에서의 관찰에 의존한다(Waters et al., 1995). 부모나 잘 훈련된 평가자가 아이의 행동을 90개의 서술—'아이는 엄마가 방에 들어올 때 환한 미소로 반긴다', '엄마가 멀리 사라지면, 아이가 따라간다', 혹은 '어떤 것이 위험하거나 위협적일 때, 아이는 엄마의 얼굴 표정을 유용한 정보원으로 활용한다'와 같은—로 제시한 후, '매우 적절한(highly descriptive)' 것에서부터 '전혀 적절하지 않은(not at all descriptive)' 것까지의 9가지 범주로 분류한다. 그런 다음, 안정성이 높은지, 낮은지에 대한 해당 점수를 산출한다.

Q-Sort는 낯선 상황보다 더 넓은 범위의 애착 관련 행동을 다루고 있기 때문에, 일상생활에서 부모-자녀 관계를 더 잘 반영해 준다. 그러나 Q-Sort 방법은 시간 소모적이며, 부모가 아닌 평가자의 경우, 서술문을 분류하기 전에 아동을 관찰하는 데 많은 시간을 보내야 하기 때문에 불안정 유형들 간의 구분을 명확히 할 수 없다. 전문 관찰자의 Q-Sort 평가는 낯선 상황에서 영아의 안정을 토대로 한 행동과 일치하였다. 더 많은 연구가 유아의 일치성을 밝히기 위해 필요하다(Posada, 2006). 하지만 부모의 Q-Sort 평가는 낯선 상황에서의 평가와 관계가 거의 없는 것으로 나타났다(van IJzendoorn et al., 2004). 특히 불안정 애착된 아동의 부모가 자녀의 애착행동에 대해 정확하

게 보고하는 데 어려움이 있었다.

애착 안정성

1~2세 사이의 아이에 대한 애착 유형의 안정성에 관한 연구는 광범위한 범위의 연구결과를 제시해 주고 있다. 어떤 연구에서는 아기의 70~90%가 부모에 대한 반응이 동일하게 유지되었다. 다른 연구에서는, 오직 30~40%만 동일하였다(Thompson, 2000, 2006). 반응이 동일하게 유지된 아이들과 변화한 아이들을 자세히 살펴보면, 더욱 일관된 모습을 볼 수 있었다. 적절한 삶의 조건을 경험하고 있는 중간 정도 SES의 아기들에게 애착의 질은 일반적으로 안정적이고 일관성이 있었다. 그리고 불안정 애착에서 안정 애착으로 이동한 영아의 경우, 엄마는 대체로 긍정적인 가족관계와 친구관계를 맺고 있으며 매우 적응적이었다. 대부분 심리적으로 준비되기 전에 부모가 되었으나, 사회의 지지로 자신의 역할에 익숙해졌다.

반대로, 매일 많은 스트레스를 받고 사회적 지지도 결여되어 있으며, 사회경제적 지위가 낮은 가정의 경우, 애착은 일반적으로 안정 애착으로부터 멀어지며, 불안정 애착 유형 중 하나에서 다른 유형의 불안정 애착으로 변화하였다(Belsky et al., 1996; Fish, 2004; Vondra, Hommerding, & Shaw, 1999; Vondra et al., 2001). 장기간에 걸친 빈곤을 경험한 표본 중 안정 애착된 영아 대부분이 성인기 초기에 재평가되면 불안정 애착으로 나타났다. 이러한 청년들은 유아기 부적절한 대처, 모성 우울, 청소년기 부적절한 가족기능 등이 안정 애착을 유지하는 일부 청년으로부터 다른 차이를 나타내었다(Weinfield, Sroufe, & Egeland, 2000; Weinfield, Whaley, & Egeland, 2004).

이러한 결과들은 양육자와의 관계가 허약하고 불확실한 경향을 지닌 불안정 애착된 아기들보다 안정 애착된 아기들이 애착 상태를 더 많이 유지한다는 사실을 보여 준다. 예외는 혼란 애착—애착 안정성만큼 안정적인 불안정 애착 유형으로 2세 이후에 거의 70%가 이러한 분류 상태로 유지됨—으로 대부분 오랜 기간 동안 불안정 애착 상태로 남아 있어 초기 성년기에 부모에 대해 혼란스럽고 양가적인 감정을 계속해서 표현하였다(Hesse & Main, 2000; Sroufe et al., 2005; Weinfield, Whaley, & England, 2004). 대부분의 혼란 애착 영아들은 매우 부정적인 양육을 경험하며, 이는 혼란 애착을 지속시킬 정도로 심각한 정서조절 방해를 경험한다.

문화적 다양성

비교문화적 증거에 의하면 애착 유형이 문화에 따라 다르게 해석된다. 예를 들면, 그림 10.5가 보여 주듯, 독일 아기들은 미국 아기들보다 회피 애착을 더 많이 나타내었다. 독일 부모들은 독립심을 강조하고 그들의 영아가 매달리지 않도록 하기 때문에, 아이들의 행동은 문화적인 신념과 실제의 의도된 결과로 나타난 것이라고 볼 수 있다(Grossman et al., 1985). 반대로, 서아프리카 말리의 Dogon 족 영아에 대한 연구에서는 아무도 엄마에 대해 회피 애착을 나타내지 않았다(True, Pisani, & Oumar, 2001). 할머니가 주양육자인 경우에도(첫 아들인 경우처럼), Dogon 족의 엄마들은 아이를 안아 주고 배고픔과 고

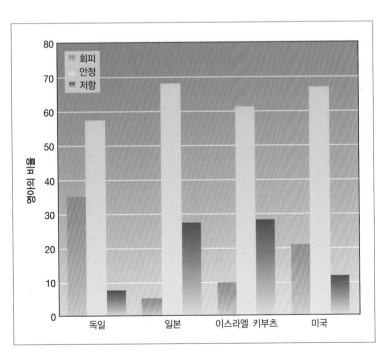

그림 10.5 낯선 상황에서 나타난 영아 반응에 대한 문화 간 비교
독일 아기들은 대부분 회피 애착으로 나타난 반면, 일본과 이스라엘 키부츠의 아기들은 대부분 저항 애착으로 나타났다. 이러한 반응은 실제적인 불안정성을 반영하는 것이 아님에 주의해야 한다. 이는 자녀양육 방식의 문화적 차이로 인한 것이다.

출처 : Sagi et al., 1995; van IJzendoorn & Kroonenberg, 1988; van IJzendoorn & Sagi-Schwartz, 2008.

통으로부터 신속히 보살피며 아이들과 가까이에 있으면서 아기가 쉽게 접근할 수 있도록 허용하였다.

일본의 영아도 거의 회피 애착을 나타내지 않았다(그림 10.5 참조). 대부분 저항 애착이었지만, 이러한 반응은 진정한 의미의 불안정을 나타내는 것은 아니다. 일본 엄마들은 아기와 밀접한 신체적 접촉을 할 시간을 많이 갖고, 타인의 보호 아래 거의 두지 않았다. 그래서 낯선 상황은 모성분리를 자주 경험하는 아기들보다 일본 아기들에게 더 많은 스트레스가 되는 것 같다(Takahashi, 1990). 또한, 일본 부모들은 아기가 낯선 상황에서 재결합할 때 매우 당황하리라고 기대하였다. 그들은 저항 애착의 부분적인 관심추구를 의존성과 안전의 욕구를 만족시키기 위한 노력의 일반적인 표시로 생각하였다(Rothbaum et al., 2000a). 마찬가지로 이스라엘 키부츠의 영아는 자주 저항 애착을 나타내었다. 지역사회에 널리 퍼져 있는 낯선 사람에 대한 공포를 감지하는 아기들의 경우, 낯선 상황은 일상적이지 않은 스트레스를 만들어 내었다(van IJzendoorn & Sagi, 1999). 문화적인 차이에도 불구하고, 애착 안정성의 유형은 현재까지 연구된 모든 사회에서 가장 공통적인 애착 유형이다(van IJzendoorn & Sagi-Schwartz, 2008).

안정 애착에 영향을 미치는 요소

안정적인 애착에 영향을 미치는 요소는 무엇인가? 연구자들은 네 가지 요소를 중요하게 보고 자세히 살펴보았다. (1) 발달 초기 일관된 양육자의 존재, (2) 양육의 질, (3) 영아의 특성, (4) 부모의 내적작용모델을 포함한 가족 상황

발달 초기 일관된 양육자의 존재 아기가 양육자와 밀접한 관계를 가질 기회가 없다면 어떻게 될까? 일련의 연구에서, René Spitz(1946)는 3～12개월 사이에 시설에 버려져 엄마가 아닌 양육자에 의해 양육된 아기들을 관찰하였다. 한 명의 유모가 7명의 다른 아기들을 돌보는 넓은 공간에 지낸 후, 아기들은 체중이 줄고 울면서 주위 환경에 위축되고 수면장애를 나타내었다. 일관된 양육자가 엄마를 대신하지 못한다면, 우울증은 더욱 깊어졌다. 이렇게 공공시설에서 키워진 아기들은 한 명 이상의 성인과 유대를 형성하지 못하여 정서적 어려움을 겪었다(Rutter, 1996).

또 다른 연구도 이러한 결과를 지지하고 있다. 연구자들은 양육자-아동의 비율이 적절하고 많은 종류의 책과 장난감을 제공되는 시설의 영아발달을 추적하였다. 그러나 직원이 너무 자주 바뀌어 아이들은 4세 6개월 동안 보통 50명의 다른 양육자를 만났다. 이들 중 대다수는 4세 이후에 가정으로 '늦게 입양(late adoptees)'되었다. 대부분은 양부모와 깊은 유대를 형성하여 첫 애착이 4～6세경 다소 늦은 시기에도 발달될 수 있음을 보여 주었다(Hodges & Tizard, 1989; Tizard & Rees, 1975). 그러나 이들은 애착의 어려움을 나타냈으며, 특히 성인의 관심에 대한 과대한 욕구, 친하지 않은 성인과 동료에 대한 '지나친 친절(overfriendliness)', 불안 상황에서 부모를 확인하려고 물러서는 행동의 부재, 우정결핍 등의 문제를 나타내었다.

1년 이상을 가난한 동유럽 고아원에서 지낸 아동들은—비록 입양 부모와 애착을 형성할 수 있더라도— 불안정 애착의 비율이 높게 나타났다(van den Dries et al., 2009; Smyke et al., 2010). 또한 그들은 정서적·사회적 문제의 위험성도 높았다. 대부분은 구분할 수 없을 정도로 친화적이었으나, 일부는 우울하고 불안해하고 위축되어 있었다(Chisholm, 1998; Fisher et al., 1997; O'Connor et al., 2003). 이러한 증상은 아동기와 청소년기의 인지장애, ADHD, 우울, 사회적 회피, 공격적 행동과 같은 광범위한 정신건강 문제와 관련이 있었다(Kreppner et al., 2007, 2010; O'

서아프리카 말리의 Dogon 족 엄마는 아기 곁에 있으면서 아기의 배고픔과 고통에 즉각적이면서도 부드럽게 반응한다. 항상 엄마가 곁에 있는 Dogon 족 아기들은 아무도 회피 애착을 나타내지 않았다.

Connor et al., 2003; Rutter et al., 2007, 2010; Zeanah, 2000).

그뿐만 아니라 빠르면 7개월경 시설아동은 정서 표정에 대한 반응으로 ERP 뇌파가 감소되고, 정서표현을 구분하는 데 어려움을 나타냈다. 이는 정서를 읽는 데 관련된 신경 구조의 파괴된 형태를 나타내는 결과이다(Parker et al., 2005). 이러한 문제는 2세경 입양된 유아에게 명확하게 나타났으며, 이들은 이야기 속 상황과 적절한 얼굴 표정을 일치시키는 데 어려움이 있었다(Fries & Pollak, 2004). 이러한 결과와 마찬가지로 MRI는 시설에 오래 있다가 입양된 아동의 편도(amygdala) — 정서 정보를 처리하는 데 사용되는 뇌영역 — 의 부피는 비전형적으로 크게 나타났다(Tottenham et al., 2011). 편도가 클수록 입양 아동은 정서처리 과제의 수행이나 정서조절을 적절하게 하지 못하였다. 이러한 결함은 사회적 관계와 적응문제에 기여한다. 전반적으로 고아원 아동에 관한 연구결과는 완전히 정상적인 정서발달이 생애 초 양육자와 밀접한 관계 형성에 달려 있음을 확실히 보여 준다.

양육의 질　많은 연구들이 **민감한 양육**(sensitive caregiving) — 신속하고 지속적이며 적절하게 영아에게 반응하며 조심스럽고 부드럽게 안아 주는 것 — 은 생물학적 엄마와 아기, 입양 엄마와 아기 모두와 모든 문화와 SES 집단의 안정 애착과 적절한 관련이 있다고 보고하고 있다(Belsky & Fearon, 2008; DeWolff & van IJzendoorn, 1997; van IJzendoorn et al., 2004). 반대로 불안정 애착된 영아는, 특히 엄마가 영아의 고통에 대한 반응으로 육체적인 접촉을 거의 하지 않았고 부적절한 방식으로 자녀를 다루거나 반복적인 방식으로 행동하였으며 경우에 따라 화를 내거나 거부하는 경향을 보였다(Ainsworth et al., 1978; Isabella, 1993; McElwain & Booth-LaForce, 2006; Pederson & Moran, 1996).

또한 북미 영아에 대한 연구에서는, **상호작용적 동시성**(interactional synchrony)이라는 특별한 형태의 대화방식에 따라 안정 애착된 아기와 불안정 애착된 아기의 경험이 달라졌다. 이러한 대화방식은 양육자가 아기의 신호에 맞춰서 규칙적이고 적절한 방식으로 반응하는 것으로, 민감하게 조율된 '감정적인 춤(emotional dance)'이라고 묘사할 수 있다. 또한 양육자와 아기의 정서상태가 일치되는 경우로, 특히 긍정적으로 일치되는 경우를 의미한다(Bigelow et al., 2010; Isabella & Belsky, 1991; Nievar & Becker, 2008). 앞서 우리는 상호작용적 동시성이 발생하는 민감한 면대면 놀이가 타인의 정서적 메시지에 대한 아기의 민감성을 증가시키고 정서를 조절하도록 도와줌을 알 수 있었다. 하지만 대부분의 영아 신호에 대한 성인의 반응이 지나치게 일치하는 경우보다는 성인과 영아 간의 일치가 보통 수준일 경우에 안정 애착이 더 잘 예측되었다(Jaffee et al., 2001). 아마도 온정적이고 민감한 양육자들은 정서적 불일치를 편안하게 수용하고 회복시켜서 동시적 상태로 되돌리기 위해 느슨하고 융통성 있는 대화방식을 사용하기 때문일 것이다.

문화에 따라 영아를 향한 민감성은 다양하다. 케냐의 Gussi 사람들은, 엄마가 아기의 욕구에 매우 반응적이지만 아이를 안아 주거나 포옹하거나 재미있게 놀아 주지는 않았다. 그러나 대부분의 Gussi 영아는 안정 애착된 것으로 나타났다(LeVine et al., 1994). 이는 안정 애착이 순간순간 우연히 일어나는 상호작용이 아니라 주의 깊은 보살핌에 의한 것임을 보여 준다. 순종과 사회적으로 적절한 행동에 높은 가치를 두는 푸에르토리코의 엄마들은 푸에르토리코의 문화 속에서 안정 애착에 연결된 양육방식으로 가끔 자녀의 행동을 신체적으로 제지하거나 억제한다(Carlson & Horwood, 2003). 하지만 서구 문화에서는 이러한 신체적인 통제와 탐색의 제한을 강제적인 것으로 보

아빠와 아기가, 특히 긍정적 정서에, 정서 상태를 일치시키는 상호작용적 동시성이라고 하는 민감하게 조율된 의사소통 방식을 나타내고 있다. 서구 영아들이 보여 주는 이러한 의사소통 방식은 안정 애착을 예측해 준다.

© GERI ENGBERG/THE IMAGE WORKS

고, 이에 의해 불안정 애착이 예측되었다(Belsky & Fearon, 2008; Whipple, Bernier, & Mageau, 2011).

안정 애착된 영아와 비교하면, 회피 애착된 아기들은 주로 지나친 보살핌을 받은 것으로 나타났다. 예를 들어, 엄마들은 아이들이 다른 곳을 보고 있을 때나 잠이 들었을 때에도 열성적으로 자녀에게 이야기를 한다. 이러한 영아들은 엄마를 회피함으로써 지나친 상호작용으로부터 달아나려고 한다. 저항 애착의 영아들은 주로 일관되지 않은 보살핌을 받았다. 이런 유형의 경우 엄마는 영아의 신호에 반응하지 않는다. 자녀들이 탐색하기 시작하면 이들의 부모는 아기의 관심을 자신에게로 되돌리기 위해 자녀의 탐색을 방해한다. 그 결과로, 아기는 엄마의 참여가 적으면 화를 낼 뿐만 아니라 엄마에게 지나치게 의지하게 된다(Cassidy & Berlin, 1994; Isabella & Belsky, 1991).

매우 부적절한 양육은 혼란 애착의 강력한 예측변수가 된다. 아동학대와 방임(제14장 참조)이 불안정 애착의 세 번째 유형과 관련이 있다. 학대받은 아동들 중 혼란 애착이 특히 많다(van IJzendoorn, Schuengel, & Bakermans-Kranenburg, 1999). 지속적으로 우울한 엄마, 결혼 만족도가 매우 낮은 엄마, 심각한 질병이나 사랑하는 사람을 잃은 것 같은 충격적인 사건으로 고통받는 부모의 경우, 이러한 유형의 불확실한 행동을 촉진하게 된다(Campbell et al., 2004; Madigan et al., 2006; Moss et al., 2005b). 자녀가 혼란 애착을 타나내는 엄마는 아이를 무섭게 쳐다보거나 조롱하고 놀리고, 멀리 잡아끌거나 팔로 거세게 끌어당기며 성난 아이를 가라앉히려는 것과 같은 위협적이며, 모순되며, 불쾌한 행동을 하였다(Abrams, Rifkin, & Hesse, 2006; Lyons-Ruth, Bronfman, & Parsons, 1999; Moran et al., 2008). 아이의 혼란적인 행동은 어떤 때는 편안하나 어떤 때는 공포를 불러일으키는 부모의 갈등적 반응을 반영하는 것이다.

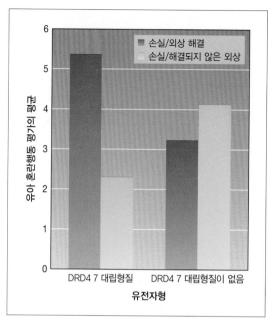

그림 10.6 **엄마의 미해결된 이별/정신적 충격과 영아의 DRD4 7 반복 유전자의 결합이 혼란 애착을 예측해 준다.** 엄마의 미해결된 이별이나 다른 정신적 충격의 경험이 DRD4 7 반복 유전자를 지닌 1세 영아의 혼란 애착과 관련이 있었다. (낯선 상황에서 혼란행동에 대한 평가가 5점 이상으로 혼란 애착으로 나타났다.

출처 : van IJzendoorn & Bakermans-Kranenburg, 2006.

영아의 특성 애착은 둘 사이에 형성된 관계(relationship)의 결과이기 때문에, 영아의 특성은 관계를 쉽게 형성하는 정도에 영향을 미친다. 제3장에서 조산, 출산 합병증, 신생아 질병이 양육자를 더 부담스럽게 만드는 것을 보았다. 스트레스가 많은 가정의 경우, 이러한 어려움이 불안정 애착과 연결되어 있다(Wille, 1991). 한 연구에서 조산과 엄마의 우울증의 결합(combination)이 ─ 조산만이 아닌 ─ 12개월경 불안정 애착의 가능성을 증가시켰다(Poehlmann & Fiese, 2001). 특별한 요구를 지닌 영아는 우울한 부모가 적절히 제공하지 못하는 민감성을 더 많이 요구한다. 그러나 부모가 그들을 돌볼 시간과 인내심을 가진 경우 위험군 영아는 안정 애착 속에서 아주 잘 자라게 된다(Brisch et al., 2005; Cox, Hopkins, & Hans, 2000).

안정 애착에 있어 영아 기질이 미치는 영향은 격렬한 논쟁거리이다. 어떤 연구자들은 자녀에 대한 부모의 민감도와 무관하게 성미가 급하고 두려움이 많은 영아들은 짧은 헤어짐에도 큰 불안으로 반응한다고 생각했다(Kagan, 1998; Kagan & Fox, 2006). 이러한 주장과 마찬가지로, 정서적으로 반응적이며 까다로운 아기들은 이후에 불안정 애착을 발달시키게 된다(van IJzendoorn et al., 2004; Vaughn, Bost, & van IJzendoorn, 2008).

하지만 다른 증거들은 부모의 정신적 건강과 양육이 관련이 있다고 주장한다. 출생에서 2세까지 지속된 연구에서, 까다로운 영아는 매우 불안한 엄마를 가진 경우가 많았다. 이러한 조합은 2세가 되면 엄마의 무감각과 불안정 애착으로 특징지어지는 '부조화된 관계(disharmonious relationship)'가 된다(Symons, 2001). 영아의 까다로움과 엄마의 불안은 서로를 지속시키며, 양육과 부모-자녀 사이의 유대를 위협한다.

혼란 애착된 영아에 초점을 둔 다른 연구들은 유전-환경 상호작용을 강조하고 있다(Gervai,

2009). 이러한 연구 중 한 연구에서 사랑하는 사람과의 이별이나 미해결된 경우 다른 정신적 충격의 경험이 특정 DNA 염기쌍을 지닌 염색체 11 유전자(DRD4 7 반복대립형질)를 지닌 경우, 영아의 혼란 애착과 관련이 있음을 밝히고 있다. 이 유전자는 자기조절력 결핍과 관련이 있다(그림 10.6 참조)(van IJzendoorn & Bakermans-Kranenburg, 2006). 이러한 유전 표식을 가진 아기가 강한 정서를 다루는 특별한 과제에 직면하게 되면 엄마의 적응문제에 부정적 영향을 미칠 가능성이 많다.

오로지 아동의 기질에 의해서만 애착 안정성이 결정된다면, 기질처럼 애착도 적어도 어느 정도 유전적이라고 기대할 수 있다. 하지만 쌍둥이 비교에 따르면 사실상 애착은 유전가능성이 거의 없음을 밝히고 있다(O'Connor & Croft, 2001; Roisman & Fraley, 2008). 실제 형제의 약 2/3는 — 일란성 쌍생아, 이란성 쌍생아, 쌍생아가 아닌 형제, 관련 없는 형제, 입양된 영아 — 서로 기질이 달랐지만, 부모와 유사한 애착을 형성하였다(Cole, 2006; Dozier et al., 2001). 형제의 경우, 대체로 기질이 다르게 나타났다(Dozier et al., IJzendoorn, 1995). 이는 안정 애착에 미치는 강력한 부모의 영향은 공유되지 않는(nonshared) 경험이며, 이는 각 아동의 개인적 필요에 따라 양육방식을 조정하는 대부분의 부모가 보여 주는 노력을 반영한다.

아동의 성격이 애착의 질과 강한 관계가 없는 것으로 나타나는 가장 큰 이유는 그들의 영향은 조화적합성에 따르기 때문이다. 이러한 시각에서 볼 때, 아동이 생각하는 많은(many) 요구에 맞추려고 양육자가 민감하게 자신의 행동을 조정할 때 안정 애착을 이끌어 낼 수 있다(Seifer & Schiller, 1995; Sroufe, 1985).

다루기 힘든 아이들과 민감하게 상호작용할 수 있도록 부모를 가르치는 중재 프로그램은 양육의 질이나 애착 안정을 향상시키는 데 매우 성공적이다(Velderman et al., 2006). 모성 민감성과 효과적 훈육에 초점을 둔 프로그램은 스트레스에 대한 반응성(낮은 수준의 코르티솔로 알 수 있는)과 ADHD나 외면화된 행동문제의 위험을 지닌 DRD4 7 반복 유전자를 지닌 걸음마기 영아의 행동장애를 감소시키는 데 특히 효과적이다(Bakermans-Kranenburg et al., 2008a, 2008b; Bakermans-Krannenburg & van IJzendoorn, 2011). 이러한 결과는 DRD4 7 반복 유전자가 아동을 부정적이거나 긍정적인 양육 모두의 영향에 보다 민감함을 보여 주는 것이다.

가정환경은 애착의 질과 관련이 있다. 부모가 보여 주는 심한 다툼을 관찰한 이 아이는 정서적 안정감이 위태로워질 수 있다.

가정환경 이 장과 앞 장에서 말했듯이, 양육의 질은 오직 부모와 자녀관계의 보다 큰 맥락에 의해 완전하게 이해될 수 있다. 실직, 결혼의 실패, 금전적인 문제, 그리고 다른 스트레스 요인들이 부모 양육의 민감성을 방해하여 애착을 간접적으로 방해할 수 있다. 또한 이러한 스트레스 요인들은 가족의 정서적 분위기를 변경하거나(예 : 화난 어른에 노출됨) 친숙한 일과를 방해하여 아기의 안정 애착에 직접적인 영향을 줄 수도 있다(Finger et al., 2009; Raikes & Thompson, 2005).

새로운 형제가 생긴 경우를 보면, 가정환경이 애착의 질에 어떻게 영향을 미치는지를 설명해 준다. 한 연구에서, 둘째 자녀를 출생한 후 안정 애착이 저하된 유아기의 첫째 자녀는 출산에 앞서 우울하고 불안하거나 적대적인 엄마를 경험한다. 이러한 증상은 첫째 자녀와의 좋지 않은 상호작용뿐만 아니라 결혼생활의 마찰(첫째 아이가 보통 눈치 채는)과도 관련이 있다. 엄마가 협력적인 결혼생활을 하고, 둘째 자녀의 출산에 잘 대처하며, 첫째 자녀와도 관계를 잘 유지하고 있을 경우, 유아는 안정 애착을 유지하였다(Teti et al., 1996). 사회적인 지지, 특히 상호조력적인 양육을 하는 좋은 관계를 가진 부모는 가족들의 스트레스를 감소시키고 더욱더 안정된 애착을 형성하였다(Belsky, 2006; Owen & Cox, 1997).

부모의 내적작용모델 부모는 가족 맥락에 자신의 애착 경험의 역사를 가져와 아기와 형성하는 유대감에 적용하는 내적작용모델을 지닌다. 애착에 대한 부모의 '정신상태(state of mind)'를 평가하기 위해서, Mary Main과 그녀의 동료는 성인용 애착 면접(Adult Attachment Interview)을 고안하여, 어린 시절 애착 경험을 기억하여 평가하도록 하였다(Main & Goldwyn, 1998).

표 10.3이 보여 주듯, 엄마의 작용모델의 질은 영·유아기 자녀의 안정 애착과 명확한 관련이 있다. 이 결과는 캐나다, 독일, 영국, 일본, 네덜란드, 미국에서도 동일하였다. 자신의 어린 시절에 대해 객관적이고 균형 잡힌 말을 하는 부모들은 안정 애착된 자녀를 두었다. 반대로, 초기 관계의 중요성을 잊어버리고 그것을 화나고 혼란스러운 방식으로 설명한 부모들은 주로 불안정 애착된 자녀들을 둔다(Behrens, Hesse, & Main, 2007; Steele, Steele, & Fonagy, 1996; van IJzendoorn, 1995). 양육행동이 이러한 관련성을 설명해 준다. 자율적이며 안정 애착적 표현을 한 엄마들은 자녀에게 더 온정적이고 민감하다. 그들은 (주로 더 깊은 애정을 가지고 편안하게 상호작용하며) 유아기 자녀에게 학습과 목표를 달성하도록 지지하고 격려하는 경향을 지닌다(Coyl, Newland, & Freeman, 2010; Pederson et al., 1998; Slade et al., 1999).

하지만 우리는 부모의 어린 시절 경험이 자녀와의 애착의 질에 직접적으로 전달된다고 가정하지 말아야 한다. 내적작용모델은 일생에 걸친 관계의 경험, 성격, 그리고 현재 생활의 만족 등을 포함한 여러 가지 요소에 영향을 받아 재구성된 기억들(reconstructed memories)이다. 종단연구에 의하면, 어떤 부정적 생애 사건이 개인의 영아기 안정 애착과 성인기의 안정적 내적작용모델 간의 관계를 더 약화시킬 수 있다. 그리고 불안정 애착 아동은 성인기에 불안정한 내적작용모델을 지니며, 성인기 자기보고에 따르면, 대체로 가정 위기로 가득한 삶을 보낸다(Waters et al., 2000; Weinfield, Sroufe, & Egeland, 2000).

종합적으로, 우리의 초기 양육 경험이 민감하거나 둔감한 부모가 되도록 운명 짓지는 못한다. 대신 우리의 아동기를 바라보는 방법 — 부정적인 사건을 받아들이고 애쓰고 새로운 정보를 우리의 작용 모델에 통합하고 이해하고 용서하면서 자신의 부모를 되돌아보는 능력 — 은 우리가 받은 양육의 실제 경험보다 우리의 자녀를 기르는 방식에 더 많은 영향을 미친다(Bretherton & Munholland, 2008).

표 10.3 엄마의 내적작용모델과 영아의 안정 애착의 관계

엄마의 내적작용모델 유형	특징	영아의 애착 유형[a]
자율적인/안정적인 (autonomous/ secure)	이러한 부모들은 자신의 아동기 경험이 긍정적이든, 부정적이든 이에 대해 객관적이고 균형 있게 설명한다. 그들은 자신의 부모를 이상화하지 않고 과거에 대해 분노하지도 않는다. 그들의 설명은 일관성이 있으며 신뢰롭다. 심리적 문제가 없는 약 58%의 북미 엄마와 아빠는 자율적이고 안정적인 상태이다.	안정
거부적인 (dismissing)	이 부모들은 자신의 애착관계의 중요성을 무시한다. 그들은 특별한 경험을 기억할 수 없으면서 자신의 부모를 이상화한다. 그들은 자신이 기억하는 것을 전혀 감정 없이 인지적으로 설명한다. 심리적 문제가 없는 약 23%의 북미 엄마와 약 28%의 아빠는 거부적인 상태이다.	회피
집착적인 (preoccupied)	이 부모들은 매우 격한 감정으로 아동기 경험에 대해 말하며, 때때로 자신의 부모에 대한 분노를 표현한다. 그들은 자신의 초기 애착에 압도되고 혼란되어 있는 것으로 나타나며 일관성 있게 설명하지 못한다. 심리적 문제가 없는 약 19%의 북미 엄마와 약 15%의 아빠들은 집착적인 상태였다.	저항
미해결적인 (unsolved)	이 부모들은 다른 세 유형 중 하나의 특성을 나타낸다. 동시에 그들은 사랑하는 사람의 상실이나 신체적·성적 학대의 경험을 이야기하면 비조직적이며 혼란스러운 방식으로 사고한다. 심리적 문제가 없는 약 18%의 북미 엄마와 약 15%의 아빠들은 미해결적인 상태였다.	혼란

a 내적작용모델의 유형과 영아 애착 분류의 일치도는 모─영아쌍의 60~70%에 이른다.

출처 : Bakermans-Kranenburg & van IJzendoorn, 2009; Bretherton & Munholland, 2008.

다중 애착

이미 지적했던 대로 아기들이 많은 친근한 사람들―엄마뿐만 아니라, 아빠, 조부모님, 형제, 전문적 양육자 등―에 대한 애착을 발달시킨다. 비록 Bowlby(1969)는 특히 아기들이 불편할 때만 특별한 한 사람에게 애착행동을 갖는다고 믿었지만 그의 이론은 이러한 다중 애착을 허용하였다.

아버지 불안해하고 행복해하지 않은 1세 영아는 편안함과 안정의 근원으로 엄마와 아빠 중에 선택하도록 하면 대개는 엄마를 선택한다. 그러나 이러한 선호성은 1세에서 2세 전까지 전형적으로 감소한다. 그리고 아기가 불편하지 않을 경우, 부모 모두에게 동일하게 접근하여 말로 표현하고 웃음 지으며, 그러면 부모는 다시 영아의 사회적 노력에 동일하게 반응한다(Bornstein, 2006; Parke, 2002).

엄마와 같이 아빠의 민감한 양육과 영아의 상호작용적 동시성이 안정적인 애착을 예측해 준다(Lundy, 2003; van IJzendoorn et al., 2004). 하지만 호주, 인도, 이스라엘, 이탈리아, 일본, 미국 등을 포함한 여러 문화권의 엄마와 아빠는 영아기 자녀와 다르게 상호작용하였다. 엄마들은 육체적 돌봄과 애정 표현에 더 많은 시간을 투여하고 아빠들은 놀이적 상호작용하는 데 더 많은 시간을 보냈다(Freeman & Newland, 2010; Roopnarine et al., 1990).

또한 엄마와 아빠는 다르게 놀이한다. 엄마는 주로 장난감을 제공하고, 영아와 대화하고, 쎄쎄쎄(pat-a-cake), 까꿍놀이와 같은 전통적인 게임을 더 자주 하였다. 반대로, 아빠는―특히 남아와 더불어―주로 놀이를 할수록 더 자극이고 흥분되는 신체적 놀이에 참여하는 경향을 보였다(Feldman, 2003). 이러한 자극적이고 놀라운 놀이 유형은 아기가 강렬하게 자극적인 상황에서 정서를 조절하도록 도와주며 새로운 신체적 환경과 또래와 놀이를 포함한 활동적이고 예측할 수 없는 맥락 속에서 자신 있게 탐색하도록 도와준다(Cabrera et al., 2007; Hazen et al., 2010; Paquette, 2004). 독일의 연구에서 유아기 아동과 아빠의 민감하고 도전적인 놀이가 유치원에서부터 초기 성년기까지의 정서적·사회적 적응을 적절히 예측해 주었다(Grossmann et al., 2008).

그림 10.7 · 1977년과 2008년 취업 중인 미국 부모가 평일에 자녀(12세 이하)와 보낸 평균 시간

수천 명의 취업 중인 부모에 대한 전국 조사에서 엄마가 자녀와 보낸 시간은 1977년에서 2008년 사이에 매우 안정적이었다. 아버지가 자녀와 보낸 시간은 급격히 증가하였다.

출처 : Galinsky, Aumann, & Bond, 2009.

수천 명의 근로자에 대한 최근 미국의 대대적인 조사에서 29세 미만의 미국 아빠는 엄마가 자녀와 보내는 시간의 약 85% 정도의 시간을 자녀와 보냈다. 평균적으로 평일에 하루 4시간 이상이었고, 이는 30년 전에 젊은 아빠들이 보고한 시간의 두 배에 해당한다. 비록 29~42세의 아빠는 자녀와 다소 적은 시간을 보냈지만 과거에 비해 그들의 참여도 상당히 증가하였다(그림 10.7 참조). 오늘날 미국 취업 여성의 1/3은 배우자나 파트너가 자녀양육을 동일하게 분담하거나 더 많은 책임을 진다고 답했다(Galinsky, Aumann, & Bond, 2009). 자녀에게 아빠의 존재는 사회경제적 집단이나 인종집단에 따라 한 가지 예외만을 제외하고 매우 유사하였다. 라틴 아메리카계 아빠는 더 많은 시간을 자녀와 보냈는데, 아마도 이는 라틴계 문화가 가족 참여에 높은 가치를 부여하기 때문이라고 여겨진다(Cabrera & García-Coll, 2004; Parke et al., 2004a).

맞벌이 가정의 엄마는 전업주부인 엄마보다 자녀에게 신나는 자극을 더 많이 제공하는 경향이 있다(Cox et al., 1992). 아빠가 주양육자인 경우, 자극적인 놀이 유형이 유지되었다(Lamb & Oppenheim, 1989). 이렇게 양육에 적극적으로 참여하는 아버지들은 성 고정관념적 신념이 덜하고, 공감적이고 친근한 성격을 가지며, 자녀양육에 아버지의 참여가 더 높아지며, 아버지 됨을 매우 중요한 경험으로 여겼다.

아기에 대한 아버지 참여는 가족들의 태도나 관계의 복잡한 체계 속에서 발생한다. 부모 둘 다 남자도 아이를 양육할 수 있다

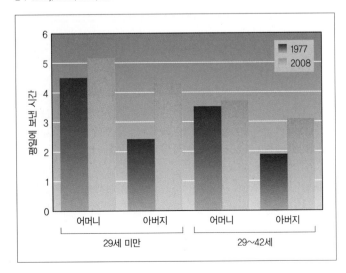

문화적 영향

발달에 있어 아버지의 온정이 지닌 강력한 역할

다양한 문화에서 이루어진 연구에 따르면, 아버지의 온정이 자녀의 발달에 장기적으로 긍정적인 변화를 이끌어 낸다고 서술하고 있다. 주변 세계의 많은 사회와 인종집단에 대한 연구에서 연구자는 아빠의 애정 표현과 양육―껴안아 주기, 안아 주기, 달래 주기, 놀아 주기, 언어적으로 사랑 표현하기, 아동의 행동을 칭찬해 주기 등과 같은 행동에서 명확하게 나타나는―을 기록하였다. 아버지가 지속적으로 나타내는 애정적인 참여는 어머니의 온정만큼 이후의 인지·정서·사회적 능력을 예측해 주었다. 그리고 경우에 따라서는 매우 강력하였다(Rohner & Veneziano, 2001; Veneziano, 2003). 서구 문화에서 아버지의 온정과 안정 애착은 아동의 성숙한 사회적 행동과 아동기 정서적·행동적 문제와 청소년기 약물 남용이나 비행을 포함한 광범위한 문제행동의 감소와 관련이 있었다(Grant et al., 2000; Michiels et al., 2010; Nelson & Coyne, 2009; Tacon & Caldera, 2001).

신체적인 보호에 시간을 보내지 않는 아빠는 놀이를 통해 온정을 표한다. 독일의 연구에서, 아빠의 놀이 민감성―걸음마기 영아의 놀이 주도권 수용하기, 걸음마기 영아의 능력에 맞추어 놀이행동 조절하기, 걸음마기 영아의 정서표현에 적절히 반응하기 등―은 아동기와 청소년기 동안에 나타나는 자녀의 안정 애

착의 내적작용모델을 예측해 준다(Grossmann et al., 2002). 아버지는 놀이를 통해 자녀들이 이후의 많은 도전을 극복할 수 있는 능력을 강화하도록 도와주는 아버지의 지지에 대한 자신감을 어린 자녀에게 물려줄 수 있다.

아버지의 온정을 향상시키는 요소는 무엇인가? 문화 간 연구는 영아 곁에서 아빠가 보내는 시간의 양과 보호와 애정의 표현 간의 일관된 관계를 밝히고 있다(Rohner & Veneziano, 2001). 중앙아프리카 Aka의 수렵채취인을 생각해 보자. 아빠는 다른 알려진 사회보다 자신의 아기와 신체적으로 밀접하게 많은 시간을 보냈다. 관찰 결과, Aka의 아버지는 반나절 이상 아기의 손이 닿는 곳에 있음을 알 수 있었다. 그들은 다른 수렵채취 사회의 아빠보다 최소한 5배 정도 아기를 안아주고, 껴안고, 같이 놀이했다. 왜 Aka 아빠들은 그렇게 참여하는가? Aka 부부 간의 결합은 유난히 협동적이고 친밀했다. 낮 동안 부부는 사냥, 음식장만, 사회적 활동이나 여가활동을 공유하였다. Aka 부모가 자녀와 같이하는 시간이 많을수록 아기와의 아빠의 애정적 상호작용이 더 많았다(Hewlett, 1992).

서구 문화에서처럼, 양육에 협동적인 배우자와 행복한 결혼생활을 하는 아빠가 더 많은 시간을 아기와 같이 보냈고 효과적인 상호작용을 하였다. 반대로 결혼에 대한 불만족은 덜 민감한 아버지 양육과 관련이

다양한 문화에서 아버지의 온정은 장기적으로 긍정적인 인지·정서·사회적 발달을 예측해 준다.

있었다(Brocon et al., 2010; Lundy, 2002; Sevigny & Loutzenhiser, 2010). 배우자나 아기와 아버지의 온정적 관계는 명백히 밀접한 관련이 있다. 사실상 모든 문화와 인종집단 연구에서 보고된 아버지의 애정의 영향력을 통해 볼 때, 더 많은 남성들이 어린 유아의 양육적인 보호에 참여하도록 격려하여야 함을 알 수 있다.

고 생각하면, 아빠가 양육에 더 많은 시간을 보냈다(Beitel & Parke, 1998). 온정적인 부부 간 유대는 부모 모두의 아기에 대한 민감성과 참여를 향상시켜 주지만, 이러한 유대는 특히 아빠에게 중요하였다(Lamb & Lewis, 2004). 아동발달에 부모의 온정적인 태도가 얼마나 중요한지에 대한 예가 상단의 상자글 '문화적 영향'에 제시되어 있다.

주양육자로서의 조부모 거의 240만 미국 아동―아동 인구의 4~5%―은 부모와 떨어져 조부모와 사는, 이른바 조손 가정(skipped-generation families)이다(U.S. Census Bureau, 2011b). 손자를 기르는 조부모의 수는 과거 20년 동안 증가하였다. 이는 모든 인종에서 나타났는데, 특히 아프리카계 미국

스트레스가 많은 가정 여건에도 불구하고 장기간 신체적·정서적 양육을 제공하는 조부모는 손주들과 깊은 애착을 형성하게 된다.

인, 라틴계 미국인, 미국 원주민 가정이 백인 가정보다 더 많다. 조부모 양육자는 남자보다 여자인 경우가 더 많았지만 조부의 참여도 많았다. 일반적으로 문제가 많은 부모의 삶―약물 남용, 아동학대나 방임, 가정폭력, 정신질환, 투옥, 청소년 부모 등으로 인해―이 아동의 복지를 위협하는 경우에 조부모가 개입하게 된다(Fuller-Thomson & Minkler, 2005, 2007; Minkler & Fuller-

Thomson, 2005). 대체적으로 이러한 가정은 2명 이상의 자녀를 양육하고 있었다.

결과적으로, 조부모는 극심한 스트레스를 지닌 생활 환경 속에서 양육을 맡게 된다. 바람직하지 않은 양육 경험이 아동에게 상처를 남기고, 아동의 학습장애, 우울, 반사회적 행동 비율이 높아진다. 부재중인 부모로 인한 적응문제가 가족관계를 악화시키기도 한다. 부모는 조부모의 행동 제한을 위반하거나 허락 없이 손자를 데려가거나 지키지 못할 약속을 아동과 하는 등 문제를 만들기도 한다. 이러한 젊은이들은 이미 저소득인 가정에 경제적인 부담도 부과하게 된다(Mills, Gomez-Smith, & De Leon, 2005; Williamson, Softas-Nall, & Miller, 2003). 그리고 조부모 양육자는 배우자, 친구, 여가 등을 위해 더 많은 시간을 가지기를 원하지만 이러한 시간을 갖지 못한다. 많은 사람들이 정서적 고갈을 느끼고 우울하며, 만약 자신의 건강이 나빠지면 아동에게 무슨 일이 벌어질지를 걱정한다고 보고하였다(Hayslip et al., 2002; Kolomer & McCallion, 2005).

그럼에도 불구하고 조부모는 신체적·정서적 보호를 제공하는 등 아동의 복지에 더 많은 시간을 투자하기 때문에, 조부모 양육자와 손자들은 의미 있는 애착을 형성한다(Poehlmann, 2003). 온정적 조-손 유대는 큰 어려움 속에서도 적응문제를 악화시키는 것으로부터 아동을 보호하게 해준다. 면접에 따르면, 아동은 사랑받고 보호받는다고 느끼고 자신의 미래에 대해 낙관적으로 생각하였다(Hicks & Goedereis, 2009; Sands, Goldberg-Glen, & Shin, 2009). 그러나 조부모 양육자는 사회적·경제적 지원이 많이 부족하며 위험에 처한 손자를 위한 개입 서비스를 필요로 한다.

애착과 후기 발달

정신분석학과 동물행동학 이론에 따르면, 건강한 애착관계로 인한 애정과 안정의 내적 감정은 모든 종류의 심리적 발달을 지원해 준다. 이러한 관점과 일치하는 Alan Sroufe와 그의 동료의 광범위한 종단연구에서, 많은 행동문제를 보이는 불안정 애착 아동보다 영아기 때 안정 애착된 유아는 교사 평가에서 자아존중감, 사회적 능력, 감정이입이 높았다. 11세가 되었을 때, 여름캠프에서 다시 조사했을 때, 안정 애착되었던 아동은 또래와 보다 우호적인 관계, 긴밀한 우정, 우수한 사회적 기술을 가진 것으로 캠프 지도자에 의해 평가되었다. 이러한 아동이 청소년이나 성인이 되었을 때, 그들은 보다 지지적인 사회적 관계망의 효과를 지속시켜 나갔으며, 보다 안정적이고 만족스러운 이성교제를 하고 높은 수준의 교육을 받았다(Elicker, Englund, & Sroufe, 1992; Sroufe, 2002; Sroufe et al., 2005).

어떤 연구자에게 이러한 연구결과는 영아기의 안정 애착이 이후에 인지적·정서적·사회적 능력 향상을 가져옴을 보여 주는 것으로 생각되었다. 그러나 반대되는 결과도 있다. 다른 종단연구에서 안정 애착된 영아가 불안정 애착된 영아보다 일반적으로 더 나았지만, 항상 그런 것은 아니었다(Fearon et al., 2010; McCartney et al., 2004; Schneider, Atkinson, & Tardif, 2001; Stams, Juffer, & van IJzendoorn, 2002). 그러나 혼란 애착은 예외였다. 혼란 애착은 유아기와 아동기 동안 일관되게 내면화된 문제(두려움, 불안)나 외면화된 문제(분노, 공격성)와 관련이 있었다. 혼란 애착된 아동은 부적절한 역할 전환을 나타내었다. 자기 부모의 혼란스러운 의사소통을 보상하기 위한 뚜렷한 노력으로, 이러한 아동은 과장된 편안함이나 적개심을 사용하여 부모의 행동을 통제하려고 하였다(Lyons-Ruth, 1996; Lyons-Ruth, Easterbrooks, & Cibelli, 1997; Moss et al., 2004, 2006; Moss, Cyr, & Dubois-Comtois, 2004).

초기 애착의 질이 미치는 영향에 대한 연구결과에서 나타난

부모의 민감성 — 영아기뿐만 아니라 아동기에 걸친 — 은 청소년의 사회적 자신감과 친구관계를 형성하는 능력에 영향을 미친다.

© LAURA DWIGHT PHOTOGRAPHY

비일관성은 어떻게 설명할 수 있는가? 추적된 증거들은 애착 안정성이 후기 발달과 어떻게 연관되어 있는지를 결정하는 것이 양육의 지속성(continuity of caregiving)임을 지적하였다(Lamb et al., 1985; Thompson, 2006). 영아기뿐 아니라 이후에도 부모가 민감하게 반응하게 되면, 자녀가 긍정적인 방향으로 발달한다. 반대로 부모가 민감하지 않게 반응하거나, 오랫동안 부정적인 가정 분위기에 노출된 아동은 회피적, 저항적, 또는 혼란된 행동 유형을 지속하며, 더 큰 발달적 어려움의 위험을 지닌다.

처음 몇 년간 양육과 아동 적응 간의 관계를 자세히 살펴보면, 이러한 해석이 지지됨을 알 수 있다. 혼란 애착된 영아의 부모는 심각한 심리적 문제를 갖고 있거나 매우 부적응적 양육 — 지속적이며 아동의 부적응과 강하게 연관된 조건 — 을 수행하였다(Lyons-Ruth, Bronfman, & Parsons, 1999). 그리고 1,000명 이상의 아동을 1세에서 3세까지 추적 조사했을 때, 민감한 양육에 따른 안정 애착을 지닌 아동은 인지적·정서적·사회적 결과에서 가장 높은 점수를 받았다. 다음으로 민감하지 않은 어머니가 양육한 결과로 인해 불안정 애착을 형성한 아동은 점수가 가장 낮았으며, 애착과 어머니의 민감성에 대한 혼돈스러운 경험을 지닌 아동은 중간 정도의 점수를 받았다(Belsky & Fearon, 2002). 특히 유아기 동안 엄마가 보다 긍정적이며 지지적이면 불안정 애착을 형성한 영아는 발달적 회복의 징조를 나타내었다.

이러한 경향이 제1장의 회복성(resilience)에 대한 논의를 떠올리게 하지 않는가? 부모의 양육이 향상되거나 가까운 가족이 아닌 다른 보상적인 애정적 유대를 지닌 아동은 역경으로부터 돌이킬 수 있었다. 반대로, 영아기에 부드러운 양육을 경험하였으나 공감적 유대가 부족한 아동은 이후에 문제에 처할 위험이 있었다.

첫돌에서 2세가 되는 걸음마기 영아는 부모의 편안함과 지지에 따라 애착 관련 기대를 형성하게 된다는 앞서 설명한 연구결과들을 생각해 보자. 인지발달과 양육자와의 지속적인 경험과 더불어, 이러한 초보적인 내적작용모델은 보다 넓고, 더 복잡한 표상으로 확대된다. 안정 애착된 유아의 부모는 보다 정교한 방식으로, 특히 정서에 대해 자녀와 대화를 나눈다. 어떤 연구자는 이러한 대화가 애착 대상에 대한 자아의 일관된 이미지를 구성하도록 촉진한다고 보았다(Fivush, 2006; Thompson, 2008). 아동이 새로운 애착 관련 경험에 직면하게 되면, 자신의 내적작용모델을 개선하고 '새롭게 변경해야(update)' 한다.

영아기의 안정 애착이 지속적인 양질의 양육을 보장할 수는 없지만 부모-자녀 관계가 긍정적으로 지속될 수 있는 경로를 제공해 준다. 많은 연구들은 초기의 온정적이고 긍정적인 부모-자녀 유대가 시간이 흐름에 따라 지속되고, 아동발달의 많은 측면을 촉진시킨다고 보았다. 보다 자신감 있고 복잡한 자아개념, 보다 앞서는 정서적 이해, 보다 강력한 정서적 자기조절, 보다 우호적인 교사 및 또래관계, 보다 효과적인 사회적 기술, 보다 강한 도덕적 책임감, 그리고 보다 높은 학업성취 동기 등을 촉진시킨다고 보았다(Thompson, 2006, 2008). 그러나 초기 안정 애착의 효과는 조건적(conditional) — 영아의 미래 관계의 질에 의존하는 — 이다. 마지막으로 우리의 논의에서 이미 밝혀지고 또 앞으로 밝혀질 것처럼, 애착은 아동의 심리적 발달에 영향을 미치는 복잡한 요소 중 하나이다.

애착, 부모의 취업, 그리고 자녀양육

지난 30년에 걸쳐 여성의 노동시장 참여의 양적 변화는 기록적이다. 오늘날 북미의 2세 미만의 아이를 가진 엄마 중 60% 이상이 취업 중이다(U.S. Census Bureau, 2011b). 이러한 경향이 말해 주듯, 연구자와 일반인 모두가 한 목소리로 보육이나 부모로부터 매일 영아를 격리시키는 것이 애착

관계에 미치는 영향을 문제시하였다.

보육의 질(quality of care)이 매우 중요하다는 많은 증거들이 제시되었다. 부모가 아닌 다른 사람에 의한 열악한 양육에 오랜 시간 노출된 영아나 유아들은 가정의 사회경제적 지위가 중간인지 또는 낮은지와 무관하게 인지적 · 사회적인 기술에 대한 측정 점수가 낮았다(Belsky et al., 2007; Hausfather et al., 1997; NICHD Early Child Care Research Network, 2000b, 2001a, 2003b, 2006). 반대로, 질적인 보육은 스트레스가 많고 가난한 가정생활에 미치는 부정적인 영향을 줄일 수 있으며, 경제적으로 부유한 가족에서 성장하는 것이 지닌 이득을 유지할 수 있었다(Lamb & Ahnert, 2006; McCartney et al., 2007; NICHD Early Child Care Reserch Network, 2003b).

보육시설을 방문해 보고 관찰한 내용을 기록해 보라. 보육이 국가적으로 통제되고 그 질을 보장하기 위한 재정이 지원되는 대부분의 유럽 국가와 호주와 뉴질랜드 등과는 대조적으로, 미국의 보육에 대한 보고서는 심각한 우려를 나타낸다. 보육준거는 개별 주에 의해 설정되며 매우 다양하다. 질에 대한 연구에 의하면, 단 20~25%의 보육센터와 가정보육시설(양육자가 자신의 집에서 아동을 돌보는)이 영아 및 걸음마기 영아에게 건강한 심리학적인 발달을 촉진하기에 충분한 긍정적이고 자극적인 경험을 제공하는 것으로 나타났다. 대부분의 시설은 기준 이하의 보육을 제공하고 있었다(NICHD Early Child Care Reserch Network, 2000a, 2004b).

안타깝게도, 수입이 적은 빈곤한 가정의 아동이 특히 부적절한 보육을 받았다(Brooks-Gunn, 2004). 그러나 매우 열악한 보육을 제공하는 미국의 보육시설은 중산층 가정에도 서비스를 제공하고 있다. 이러한 부모들은 질적 수준이 가장 심각한 영리추구 기관에 아동을 보낸다. 낮은 SES 아동은 집단 크기가 작고 교사 대 아동의 비율이 더 나은 공적인 지원을 받는 비영리 기관에 다닌다(Lamb & Ahnert, 2006). 여전히 낮은 SES의 아동이 경험하는 보육의 질은 매우 다양하다.

영아와 걸음마기를 위한 질적으로 우수한 보육은 **발달에 적합한 실제**(developmentally appropriate practice)의 기준에 기초하여야 한다. 이러한 기준은 미국유아교육학회에 의해 고안되었으며, 유아의 발달적 요구와 개인적 요구를 만족시키는 현재 연구자와 전문가 간의 합의에 기초하여 프로그램 특성을 명확히 제시하고 있다. 보육은 발달에 적합한 실제를 위한 기준에 따를 때, 아동의 학습기회와 더불어 양육자의 온정 · 민감성 · 안정성이 높아지게 된다.

미국의 보육은 개인적 가치에 대한 거시체계와 허술한 정부의 규정과 재정적 지원의 영향을 받는다. 더군다나, 많은 부모들은 자녀의 보육 경험의 질이 실제보다 더 높다고 생각한다(Helburn, 1995). 최근 보육이 위기 상태임을 인식하면서 미국 주정부와 몇몇 주에서 특히 저소득 가정을 위해 보육비용을 보조하는 추가적인 예산을 배정하였다. 요구 수준에 미치지는 못하지만 이러한 지원의 증가는 보육의 질과 접근성에 긍정적인 영향을 미친다(Children's Defense Fund, 2009).

우수한 보육이 모든 아동의 발달을 지원하는 비용 대비 효과가 가장 큰 수단이다. 위험에 처한 아동을 위해 제8장에서 논의한 프로그램처럼 효과적인 조기 개입을 제공할 수 있다. 아동기와 청소년기 동안의 발달은 제14장의 부모 취업과 아동 보육에서 다시 살펴본다.

주 요 용 어

감정(emotion)

감정이입(empathy)

공감(sympathy)

기능주의적 접근(functionalist approach to emotion)

기본 정서(basic emotion)

기질(temperament)

까다로운 아동(difficult child)

내적작용모델(internal working model)

더딘 아동(slow-to-warm-up child)

문제 중심적 대처(problem-centered coping)

민감한 양육(sensitive caregiving)

발달에 적합한 실제(developmentally appropriate practice)

분리불안(separation anxiety)

불안(stranger anxiety)

사회적 미소(social smile)

사회적 참조(social referencing)

상호작용적 동시성(interactional synchrony)

쉬운 아동(easy child)

안전기지(secure base)

안정 애착(secure attachment)

애착(attachment)

애착 Q-Sort(attachment Q-Sort)

애착의 비교행동학 이론(ethological theory of attachment)

이타적 행동(altruistic behavior)

자의식적 정서(self-conscious emotions)

저항 애착(resistant attachment)

정서의 자기조절(emotional self-regulation)

정서 중심적 대처(emotion-centered coping)

정서표출양식(emotional display rules)

조화적합성 모델(goodness-of-fit model)

의도적 통제(effortful control)

친사회적 행동(prosocial behavior)

혼란 애착(disorganized/disoriented attachment)

회피 애착(avoidant attachment)

'손에 손잡고'

Shing Nok Man, 11세, Hong Kong
아동이 자아개념을 형성함에 따라 자신을 독특한 능력, 성취, 야망을 가진 독특한 개인으로 바라볼 뿐만 아니라 타인과 불가결하게 연결된 존재로 여긴다.

출처 : 국제 아동화 미술관(노르웨이의 오슬로)의 허락으로 게재

자기와 사회적 이해

이 장에서는 아동의 **사회인지**(social cognition)의 발달 또는 사회적 세계의 다양한 이해 방법에 대해 다루고자 한다. 제6장과 제7장의 인지발달에 대한 논의와 마찬가지로 이 장에서는 경험에 대한 사고와 해석방법에 대해 살펴볼 것이다. 유아의 경험은 더 이상 물리적 환경에 제한되지 않고 자신과 타인에게도 관심을 돌리게 된다.

사회인지에 관심이 있는 연구자들은 다음과 같은 질문에 대한 답을 찾고자 한다. 영아가 타인과 사물로부터 자신을 구분하여 분리된 존재임을 깨닫게 되는 것은 언제인가? 자신과 타인의 정신적인 삶에 대한 아동의 이해가 연령에 따라 어떻게 변화하는가? (예 : 새로운 깨달음이 어떻게 창의적 속임 행동을 이끌어 내는가?) 아동이나 청소년에게 자신과 타인의 특성을 설명하라고 하면 어떻게 답하는가?

이러한 질문에 답하면서, 인지발달을 이해하는 경향이 아동의 사회적 이해에도 적용될 수 있음을 알 수 있다.

- 사회인지발달은 구체적인 것에서부터 추상적인 것으로(from concrete to abstract) 나아간다. 아동은 관찰 가능한 특성 —자신과 타인의 외모나 행동— 을 인지하는 것에서 출발한다. 그런 다음, 아동은 내적 과정 —욕구, 신념, 의도, 능력 및 태도의 존재— 을 깨닫게 된다.
- 아동이 개별행동을 자신과 타인의 성격과 실체에 대한 인식으로 통합해 감에 따라 사회인지는 연령에 따라 보다 잘 조직화(better organized)된다.
- 아동은 행동의 원인에 대한 자신의 생각 —단순하고 일방적인 설명(simple, one-sided explanation)에서부터 사람과 상황 간의 복잡하고 상호작용적인 관계(complex, interacting relationships)에 이르기까지— 을 수정할 수 있다.
- 사회인지는 상위인지적 이해(matacognitive understanding)를 향해 나아간다. 나이가 들어감에 따라, 아동의 사고력은 사회적 현실을 넘어 자신과 타인의 사회적인 사고를 반영하게 된다.

비사회적 인지와 사회적 인지가 여러 가지 특징을 공유하기는 하지만, 사회인지는 훨씬 더 복잡하다. 사물의 움직임 —구르는 공— 은 물체에 작용하는 물리적인 힘에 의해 완벽하게 이해할 수 있다. 반대로 사람들의 행동은 타인의 행동뿐만 아니라 직접 관찰될 수 없는 내적 상태의 영향을 받는다.

이러한 복잡성의 관점에 기초하여 우리는 사회적 인지가 비사회적 인지보다 더 천천히 발달할 것이라고 기대한다. 그렇지만 놀랍게도 꼭 그런 것은 아니다. 이는 사회적 경험의 독특한 특성에 의해 설명될 수 있다. 첫째, 사람들은 깊은 정서적 몰입을 하는 살아 있는 존재이며 대상이기 때문에, 정서에 대해 생각하는 것은 매우 흥미로운 것이다. 둘째, 사회적 경험은 자신이 기대하는 행동과 발생하는 행동 간의 불일치를 지속적으로 표현함으로써, 끊임없이 자신의 사회적 인지를 수정하도록 요구한다. 마지막으로, 모두 유사한 경험적 배경과 동일한 기초 신경계를 지닌 인간이기 때문에 종종 우리가 자신의 관점으로부터 행동을 해석하는 것은 타인의 행동에 대한 이해를 도와준다. 그뿐만 아니라 사람들은 다른 사람들의 사고와 감정이 무엇인지를 유추하게 해 주는 강력한 능력 —조망수용(perspective taking)— 을 갖고 있다.

자기의 출현과 자아개념의 발달
- 자기인식

■ 문화적 영향
개인적 이야기에서 나타난 문화적 다양성 : 초기 자아개념의 의미
- 범주화된 자기, 기억 속 자기, 지속적인 자기
- 내적 자기 : 유아의 마음이론
- 자아개념

■ 생물학과 환경
마음 인식 불능(mindblindness)과 자폐증
- 자아개념에 미치는 인지적 · 사회적 · 문화적 영향

자아존중감 : 자아개념의 평가적 측면
- 자아존중감의 구조
- 자아존중감 수준의 변화 : 사회적 비교의 역할
- 자아존중감에 미치는 영향
- 성취 관련 귀인

정체성 형성 : 나는 누구인가
- 정체성 형성과정
- 정체성 상태와 심리적 복지
- 정체성 발달에 영향을 미치는 요소

타인에 대한 사고
- 성격으로 사람 이해하기
- 사회적 집단 이해하기 : 인종과 민족

갈등의 이해 : 사회적 문제해결
- 사회적 문제해결 과정
- 사회적 문제해결력 향상시키기

우리는 발달의 세 가지 측면으로 나누어 생각해 볼 수 있다. 자신에 대한 사고, 타인에 대한 사고, 사회적 문제해결 방식을 포함한 갈등의 이해. 우리는 이미 몇 가지 사회적 인지에 대한 주제를 살펴보았다. 예를 들면, 제9장에서는 참조적 의사소통 기술과 제10장에서는 정서이해에 대해 살펴보았다. 도덕적 사고와 성차의 이해에 관한 연구는 사회적 인지의 또 다른 주제이며, 이에 대한 연구는 별도의 장을 구성할 정도로 매우 광범위하다. 제12장과 제13장에서 이를 다룬다. ■

자기의 출현과 자아개념의 발달

신생아기는 신체적 이해와 사회적 이해의 발달이 풍부하게 이루어지는 시기이다. 제6장에서 영아는 대상영속성을 발달시킨다는 것을 배웠다. 그리고 제10장에서는 첫돌까지 영아는 타인의 정서를 적절히 인지하고 이에 반응하며 친숙한 사람을 낯선 사람들로부터 구분한다는 것을 알 수 있었다. 영아에게 모든 사물과 사람이 독립적이고 안정적이라는 것은 독립적이고 영속적인 존재로서 자기에 대한 지식이 생기고 있음을 의미한다. 자기발달은 영아기 자기인식의 출현에서 시작하여, 아동기와 청소년기 동안에 보다 풍부하고 다면적이며 조직화된 자기의 특성과 능력을 발달시키게 된다.

자기인식

생의 첫 몇 달이 지나지 않아 영아는 거울에 비친 자신을 보고 미소 짓고 친숙한 행동으로 반응하는 것을 볼 수 있다. 아기들은 거울 속에서 자신에게 웃음으로 답하는 아기가 자기 자신이라는 것을 언제쯤 깨닫게 될까?

자기인식의 시작 출생 시, 신생아도 자신이 주위 환경으로부터 물리적으로 구별된 존재라는 것을 지각할 수 있다. 예를 들면, 신생아들은 자신의 자극(뺨에 닿는 자신의 손)보다 외적 자극(뺨을 만지는 성인의 손가락)에 보다 강한 근원반사를 나타낸다(Rochat & Hespos, 1997). 신생아가 지닌 감각 간 지각(intermodal perception, 제4장 참조)이라는 놀라운 능력은 자기인식의 출발을 뒷받침한다(Rochat, 2003). 그들이 자신의 촉감을 느끼고, 손발의 움직임을 바라보며, 자신의 울음소리를 느끼고 듣게 됨에 따라, 아기는 주변 사람과 사물로부터 자신의 신체를 구별하는 감각 간 조화를 경험한다.

생후 몇 개월 동안, 신생아들은 다른 자극으로부터 자신에 대한 시각적인 이미지를 구별하지만, 아직까지는 자기인식은 매우 제한적으로 — 지각과 행동으로만 표현되는 — 이루어진다. 하나는 자신의 관점(카메라가 아기 뒤에 위치한 경우)으로, 다른 하나는 관찰자 관점(카메라가 아기 앞에 위치한 경우)으로 된 두 종류의 비디오 영상을 나란히 제시하면, 3개월 된 영아는 관찰자 관점으로 된 영상을 더 오랫동안 바라본다(그림 11.1a 참조). 또 다른 비디오 영상의 비교에서, 정상적인 관점의 영상보다 발 위치가 반대로 되어 있는 영상을 더 오랫동안 바라본다(그림 11.1b 참조) (Rochat, 1998). 4개월경 신생아들은 자신의 비디오 영상보다 타인의 비디오 영상을 더 많이 바라보고 미소 짓는다. 이는 타인(자기와 대비되는 것으로)을 잠재적인 사회적 상대로 이해하고 있음을 의미한다(Rochat & Striano, 2002).

실시간 비디오 제시 상황에서 자신의 팔다리와 얼굴의 움직임을 타인의 것과 구분하는 것은 암묵적 자기-세계 변별 감각(implicit sense of self-world differentiation)을

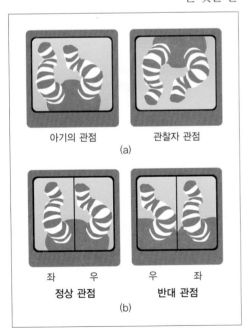

그림 11.1 **자기인식의 출현 : 3개월 된 영아의 비디오 영상에 대한 반응**

(a) 자신의 다리를 보여 주는 두 가지 영상을 나란히 제시했을 때, 새로운 모습인 관찰자 관점을 자기 자신의 관점보다 더 오래 쳐다본다. (b) 다리 위치가 정상적인 영상과 위치가 바뀐 영상을 같이 제시했을 때, 새로운 모습인 위치가 바뀐 관점을 더 오래 쳐다본다.

출처 : Rochat, 1998.

반영한다고 볼 수 있다. 이는 **명시적 자기인식**(explicit self-awareness)의 기초가 된다. 세계 속에서 자신이 독특한 대상이라는 것을 객관적으로 이해하는 것으로, 이는 자신의 신체적 특성과 신체 부위의 표상을 포함한다.

명시적 자기인식　2세가 될 무렵, 걸음마기 영아는 자신의 물리적인 특성에 대해 의식적으로 인식한다. 한 연구에서, 9~24개월 된 아기를 거울 앞에 앉혀 놓았다. 그런 다음, 아기의 얼굴을 닦는다는 핑계로 엄마에게 아기의 코나 이마에 빨간색 물감을 문지르게 하였다. 어린 신생아는 빨간 흔적이 자신과는 아무런 관련이 없다는 듯 거울을 만졌다. 그러나 20개월이 되면, 아기는 자신의 코나 이마를 문지르며, 자신의 독특한 얼굴 모양을 자각하고 있음을 나타내었다(Bard et al., 2006; Lewis & Brooks-Gunn, 1979). 더구나 걸음마기 영아는 자신의 모습을 장난스럽게 탐색하면서, 거울 앞에서 우스꽝스러운 행동을 하거나 수줍어하는 모습을 나타내기도 했다(Bullock & Lutkenhaus, 1990).

2세경, **자기인지**(self-recognition)— 물리적으로 유일한 존재로서의 자기에 대한 구분 — 가 가능해진다. 아동은 사진 속의 자신을 지적하고, 이름을 사용하여 자신을 나타낼 수 있다. 실제 거울 속 자기인식은 인칭대명사('나를', '나의', '내 것')의 사용이나 가장놀이의 출현을 포함한 자기표상을 반영하는 또다른 획기적 변화를 예측해 준다(Lewis & Ramsay, 2004). 곧 아동들은 거울보다 덜 섬세하고 덜 정확한 이미지 속의 자신을 알아볼 수 있다. 대부분의 2세 반 영아는 실시간으로 자신의 모습이 담긴 비디오를 보여 주면 자기 머리 위에 몰래 붙인 스티커를 손으로 만지고, 대부분의 3세 영아는 자신의 그림자도 인지할 수 있다(Cameron & Gallup, 1988; Suddendorf, Simcock, & Nielsen, 2007).

자기인식이 자리함에 따라, 걸음마기 영아는 명시적으로 신체에 대한 자기인식을 형성하게 된다. 그들은 자신의 신체를 장애물로 사용할 수 있다. 뒷바퀴 축에 부착된 발판 위에 올라 서 있는 영아에게 쇼핑카트를 밀라고 하면, 대부분의 18~21개월 된 영아(더 어린 영아가 아닌)는 카트가 움직이도록 발판에서 내려와야 함을 스스로 안다. 이는 연령에 따라 향상되는 능력이다(Moore et al., 2007).

그럼에도 불구하고, 걸음마기 영아는 자신의 신체 부위에 대한 객관적 이해가 부족하다. 그들은 자신의 신체 사이즈로 할 수 없는 것을 하려고 하는 **크기오류**(scale errors)를 보인다. 예를 들면, 인형 옷을 입으려 하거나 인형 크기의 의자에 앉으려고 하거나 통과할 수 없는 좁은 통로를 걸어가려고 애쓴다(Brownell, Zerwas, & Ramani, 2007; DeLoache, Uttal, & Rosengren, 2004). 크기오류는 2세경에 감소하지만 2세 반의 많은 영아가 여전히 크기오류를 나타낸다. 어린 유아는 계속해서 다른 사물을 대하는 것과 같은 방식으로 자신의 신체에 대한 신체적 정보를 처리하는 방법을 배워간다.

자기인식에 미치는 영향　자기인식의 획득에 기여하는 경험은 무엇인가? 첫돌까지 영아는 주변 환경에 반응하면서 자신, 타인, 사물을 분류하게 도와주는 요소가 무엇인지를 인식하게 된다(Nadel, Prepin, & Okanda, 2005; Rochat, 2001). 예를 들면, 모빌을 움직여서 자신의 행동에 따라 패턴이 다르게 흔들리는 것을 보여 주면서 자기와 물리적 세계 간의 관계에 대한 정보를 아기에게 제공해 줄 수 있다. 웃거나 말하며 응답하는 양육자에게 미소 짓고 말소리를 내는 것을 통하여 자기와 사회적 세계 간의 관계를 구분하게 도와준다. 자신의 손과 발의 움직임 — 타인이나 사물의 움직임을 보다 더 직접적인 통제하에 있는 것 — 을 보는 것은 다른 종류의 피드백을 제공해 준다. 이러한 경험들을 비교하면서 영아는 자신이 외적 실제로부터 분리되어 있음을 느끼도록 도와준다.

이 20개월 된 영아의 반응은 아기가 자기 고유의 신체적 특징을 인식하고 타인이나 다른 사물과 구분되는 분리된 존재로서 자신을 인식하고 있음을 나타낸다.

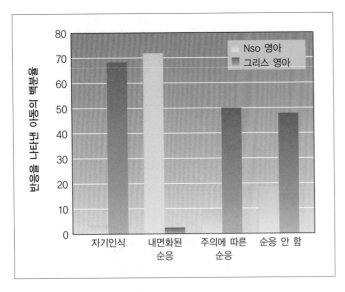

그림 11.2 Nso와 그리스의 걸음마기 영아 간 자기인식과 순응

18~20개월에 영아의 거울 속 자기인식과 순응성을 검사하였다(속이 들여다보이는 상자 속에 매력적인 장난감을 담아 두고 열지 말라고 이야기하였다). 독립성을 강조하는 그리스에서는 더 많은 아기가 자기인식을 획득하였다. 의존적인 문화에서 양육된 Nso 영아들은 순응성(주의를 주지 않아도 지시에 따르는)이 매우 높았으나 그리스의 영아들은 지시를 잊지 않도록 다시 주의를 주는 것이 필요하거나 지시에 따르지 않았다.

출처 : Keller et al., 2004.

그러나 연구자들은 걸음마기 영아가 명시적 자기인식의 다양한 측면을 어떻게 획득하는지에 대해 정확하게 알지 못한다. 그렇지만 민감한 양육이 중요한 역할을 한다고 생각한다. 불안정 애착된 또래에 비해 안정 애착된 걸음마기 영아는 자기라고 이름 붙여진 인형에게 물을 먹이거나 곰 인형에게 뽀뽀하는 등의 놀이를 하면서 보다 복잡한 수준의 자기 관련 행동을 나타내었다. 또한 이러한 영아는 자신과 부모의 신체적 특징—신체 부위에 이름 붙이기 등—에 대해 더 많은 지식을 가지고 있었다(Pipp, Easterbrooks, & Brown, 1993; Pipp, Easterbrooks, & Harmon, 1992). 양육자와 공동 주의를 더 자주 나타내는 18개월 영아는 거울 속 자기인식도 빠르게 나타났다(Nichols, Fox, & Mundy, 2005). 공동 주의는 걸음마기 영아에게 자신의 물리적 특성에 대한 인식을 향상시키는 사물과 사건에 대한 자신과 타인의 반응을 비교하는 기회를 제공한다.

문화적 다양성이 초기 자기발달에 존재한다. 독일과 그리스의 도시에 사는 걸음마기 영아는 사회적 조화와 타인에 대한 의무에 높은 가치를 두는 카메룬의 Nso 민족의 전체주의적 농촌사회 걸음마기 영아보다 더 빨리 거울 속 자기인식을 획득하였다(Keller et al., 2004, 2005). 독일과 그리스 영아와 비교할 때, Nso의 엄마는 면대면 의사소통과 사물 자극을 덜 수행하였으며, 아기와 신체 접촉이나 신체 자극을 더 많이 하였다. 독일과 그리스의 양육방식은 독립심(independence)에 가치를 두는 문화의 일반적인 원근양육 유형(distal parenting style)을 반영하며 Nso의 양육방식은 상호의존성(interdependence)에 가치를 두는 문화인 근접양육 유형(proximal parenting style)을 반영한다. 이러한 차이와 더불어 Nso의 근접양육이 자기인식의 늦은 획득과 관련이 있으며 도시의 양육방식은 성인의 요구에 따라 걸음마기 영아를 보다 빨리 훈련하는 것과 관련이 있었다(그림 11.2 참조).

자기인식과 초기 정서 및 사회성 발달 자기인식은 매우 빠르게 아동의 정서적 · 사회적 삶의 중심이 된다. 첫돌 무렵, 영아가 의도적으로 행동하게 됨에 따라, 자신의 목표(부서지기 쉬운 사물을 만지고 또래의 장난감을 가지려고 하는 것 등)가 타인의 목표와 자주 충돌함을 알게 된다. 영아들은 곧 자신이 타인의 의도와 정서적 반응의 초점이 될 수 있음도 깨닫는다. 결과적으로 그들은 점차 양육자의 정서적 메시지의 변화를 민감하게 인식하기 시작한다(Thompson, 2006). 이로 인해 사회적 참조를 위한 단계에 들어서고 2세 중반 자의식적 정서가 출현하기 시작한다(제10장 참조).

또한 자기인식은 다른 사람의 관점을 인정하려는 초보적 노력을 요구한다. 앞장에서 살펴본 것처럼, 걸음마기 영아는 점차 타인의 의도, 감정, 욕구를 인식하기 시작한다. 또한 그들은 감정이입도 할 수 있다(제10장 참조). 게다가 거울 속 자기인식은 지속적이며 상호적인 또래 모방—사물을 두드리는 모방 대상, 이러한 행동을 모방하는 영아, 다시 이를 흉내 내는 모방 대상, 이를 다시 모방하는 영아—의 출현을 이끌어 낸다(Asendorpf, Warkentin, & Baudonniere, 1996). 이러한 상호작용은 걸음마기 영아들이 단지 놀이친구에 흥미를 가질 뿐만 아니라 친구가 자기에게 관심이 가지고 있음을 인식하기 시작했음을 의미한다.

2세아의 자기인지는 소유권에 대한 감각을 갖게 해 준다. 자기에 대한 정의가 강하면 강할수록, 2세아는 사물을 "내 거야!"라고 말하며 사물의 소유를 주장하면서 점점 더 강한 소유욕을 보인다(Fasig, 2000; Levine, 1983). 자기에 대한 감각이 보다 확고해짐에 따라 사물에 대한 분쟁 해결하기, 게임하기, 단순한 문제해결하기 등에서 유아가 서로 협력하도록 도와준다(Brownell & Carriger, 1990; Caplan et al., 1991). 따라서 친근한 또래 간 상호작용을 향상시키려면, 부모나 교사들은 자

문화적 영향

개인적 이야기에서 나타난 문화적 다양성 : 초기 자아개념의 의미

다양한 문화적 환경의 유아들이 부모와 함께 개인적 이야기 나누기에 참여한다. 이러한 초기 내러티브에서 사건의 선택과 해석에 뚜렷한 문화적 차이가 존재하며 이러한 차이는 자녀가 자신을 바라보는 방식에 영향을 미친다.

한 연구에서 연구자는 2년에 걸쳐 시카고에 사는 중산층 아일랜드 미국인 6명과 타이완에 사는 중산층 중국인 6명의 이야기 상황을 오랜 시간 동안 조사하였다. 2세와 5세 자녀와 성인의 대화에 대한 방대한 녹음으로부터 연구자는 개인적 이야기를 찾아내고 이야기의 내용, 이야기 종료와 질, 아동의 평가 등을 코딩하였다(Miller, Fung, & Mintz, 1996; Miller et al., 1997).

두 문화권의 부모는 유사한 방식과 유사한 빈도로 즐거운 휴일과 가족 여행에 대해 이야기했다. 그러나 중국 부모는 아동의 잘못 — 무례한 언어를 사용한 것, 벽에 낙서한 것, 지나치게 난폭한 방식으로 놀이한 것 등 — 에 대한 긴 이야기를 더 자주하였다. 이러한 내러티브는 온정과 돌봄이 담겨 있었으나 잘못된 행동이 타인에 미치는 영향을 강조하고("네가 엄마 체면을 깎아내렸단다.") 적절한 행동에 대한 직접적인 가르침으로 마무리되었다("나쁜 말을 하는 건 좋지 않아."). 반대로 아일랜드 미국인 부모가 위반을 언급한 몇몇 이야기 사례에서 부모들은 행동의 이러한 심각성은 무시하고 자녀의 용기나 자기주장을 강조하였다.

자녀에 대한 초기 내러티브는 문화적으로 뚜렷한 경로를 통해 유아의 자아개념을 발달시킨다(Miller, Fung, & Koven, 2007). 직접적인 훈육과 사회적 의무에 대한 유교적 전통의 영향으로, 중국 부모는 자신의 이야기 속에 이러한 가치를 통합하면서 이야기의 결론에 가족에게 불명예를 가져다주지 않는 것이 중요하다는 것을 강조하고 겉으로 전달된 기대를 확신시켜 준다. 아일랜드 미국인 부모는 이야기 속에 잘못된 행동에 대해 거의 관여하지 않는다. 게다가 자녀의 단점은 긍정적인 관점에서 자존감을 향상시키기 위해 다룬다.

대부분의 미국인은 긍정적인 자존감이 건강한 발달을 위해 중요하다고 믿지만, 중국인은 일반적으로 중요하지 않거나 심지어는 부정적인 것—자녀가 기꺼이 듣고 수정하도록 하는—으로 여긴다(Miller et al., 2002). 이러한 생각처럼 중국인 부모는 개인적 특성을 기르는 데 거의 아무것도 하지 않는다. 대신 그들은 자녀가 사회적으로 책임 있는 행동을 하도록 안내하기 위해 이야기를 한다. 그런데 중국 아동의 자기 이미지는 타인에 대한 의무와 집단에 소속감을 강조한 반면 북미 아동의 자기 이미지는 더 자율적이다(Wang, 2006b).

중국 엄마가 자녀에게 적절한 행동에 대해 부드럽게 말하고 있다. 중국 부모들은 아동의 잘못된 행동이 다른 사람에게 어떻게 영향을 미치는지를 지적하면서 사회적 의무를 강조하는 자아개념을 격려한다.

기주장의 표현으로서 어린 아동의 소유권("그래, 그건 네 장난감이야.")을 수용하고 공유를 강요하기보다는 타협("그런데 좀 있으면, 넌 다른 사람에게도 놀 기회를 줄 거지?")을 권유하여야 한다.

범주화된 자기, 기억 속 자기, 지속적인 자기

2세 말이 되면 언어는 자기발달에 있어서 중요한 도구가 된다. 언어는 아동이 객관적 자기를 명확하게 표상하고 표현하도록 할 뿐만 아니라, 자기인식을 급속하게 증진시켜 준다. 18~30개월 사이 아동은 뚜렷한 특성과 행동—연령('아기', '소년', '어른'), 성별('소년' 대 '소녀'), 신체적 특징('크다', '강하다')—을 기초로 자신과 타인을 분류하여 **범주화된 자기**(categorical self)를 구성하게 된다. 이들은 또한 선과 악("난 착한 아이야!", "토미는 치사해!")이나 능력("해냈다!", "난 할 수 없어.")에 대해 언급하기 시작한다(Stipek, Gralinski, & Kopp, 1990).

과거에 대한 성인-아동 간의 대화가 자서전적 기억을 이끌어 낸다는 제7장의 내용을 생각해 보자. 이러한 일상적인 이야기에 대한 내러티브는 아동에게 **기억된 자기**(remembered self) — 첫 몇 년간에 대한 단편적이고 일화적인 기억들보다 더 통일성이 있고 지속적인 상세한 묘사—를 인식하게 해 준다. 개인적 이야기를 통해 유아는 타인의 세계에 깊이 새겨진 유일하고 지속적으로 존재하는 개인으로서 자신을 보게 된다. 2세경부터 부모들은 자녀에게 "으깬 감자를 만들 때 네가 우유를 넣었지. 그건 매우 중요한 일이었어."라고 말하면서 아동에 대한 규칙, 기준, 평가적 정보를 전달하는 이야기방식을 사용한다(Nelson, 2003). 양육자는 유아의 감각 속에 문화적인 가치를 자기 스스로에게 대한 스며들게 하는 중요한 수단으로 내러티브를 사용된다.

개인적으로 의미 있는 사건에 대해 말할 수 있게 되고 인지기술이 향상됨에 따라, 유아는 점차 **지속적인 자기**(enduring self) ─ 일정 시간 지속되는 자기에 대한 관점 ─ 에 대한 인식을 발달시키게 된다. 4세가 되기 전 유아는 여전히 비디오를 촬영한 지 몇 분 후에 재생된 비디오 속 자신의 이미지를 '자기'라고 확신하지 못한다(Povinelli, 2001). 마찬가지로 연구자가 3~5세아에게 미래 사건(폭포 옆을 걷기)에 대해 상상하게 하거나 세 가지 물건(비옷, 돈, 담요)을 제시하고 미래 자신의 상태를 고려하여 무엇을 가져가야 할지를 선택하라고 하면 이에 대한 결과 ─ 미래 상태에 적절한 ─ 는 3~4세 사이에 급격하게 향상되었다(Atance & Meltzoff, 2005).

내적 자기 : 유아의 마음이론

아동이 자신과 타인에 대해 더 많이 사고할 수 있게 됨에 따라, 그들은 초보적인 마음이론(theory of mind) ─ 자신과 타인의 풍부한 정신적 삶에 대한 일관된 이해 ─ 을 형성하게 된다. 2세 이후의 유아는 일상 언어에서 자주 그리고 적절하게 정신상태를 언급한다는 제7장의 내용을 생각해 보자. 비록 유아가 어떤 정신적 용어(제7장)를 혼동하기도 하지만 개인적 사고와 상상에 대한 **내적 자기**(inner self)는 명확하게 인식한다.

유아가 이러한 내적 자기를 어떻게 생각하며, 이러한 관점은 연령과 더불어 어떻게 변화하는가? 마음에 대한 생각이 우리 자신과 타인의 일상적인 행동을 예측하고 설명해 주는 강력한 수단이 되기 때문에, 연구자들은 이러한 질문에 흥미를 가진다. 발달 중인 유아의 마음이론은 **조망수용**(perspective taking) ─ 타인이 무엇을 생각하고 느끼는지 생각하고 자신의 관점으로부터 타인의 관점을 구분하는 능력 ─ 에 매우 중요한 기여를 한다. 또한 조망수용은 타인 정서이해(제10장), 참조적 의사소통 기술(제9장)과 (잠시 후 검토할) 자아개념이나 자존감을 포함한 다양한 사회인지적 성취에 있어 매우 중요하다.

정신상태에 대한 초기 이해 출생 후 첫 1년간, 의도, 욕구, 감정 등에 의해 자신의 행동이 좌우되는 신생아들은 살아 움직이는 존재로서 사람에 대한 내재적 평가를 형성한다. 이는 유아기에 발달하는 언어화된 정신적 이해를 위한 단계를 설정해 준다.

제10장에서 우리는 3개월 된 영아가 사물보다 사람들을 볼 때 미소 지으며, 정지된 표정을 짓거나 의사소통에 실패한 사람을 볼 때 당황하는 것을 볼 수 있었다. 6개월경, 영아들은 사람들이 이야기하는 모습을 볼 때, 당연히 그 이야기는 움직이지 않는 사물들이 아닌 다른 사람들을 향한 것이라고 생각한다(Legerstee, Barna, & DiAdamo, 2000). 첫돌이 될 무렵, 아기들은 사람을 서로의 정신상태를 나누고 이에 영향을 미칠 수 있는 의도적인 존재로서 여긴다. 이러한 정신상태는 의사소통의 새로운 형식 ─ 공동 주의, 사회적 참조, 언어 이전의 몸짓 및 언어 등 ─ 으로 가는 문을 열어 주는 이정표이다. 이러한 초기 이정표는 이후의 정신적 이해의 기초가 된다. 종단연구에서 10개월 된 영아가 타인의 의도를 구분하는 능력을 지닌 것을 통해 4세 때의 마음이론 능력을 예측할 수 있다(Wellman et al., 2008).

2세 말경의 걸음마기 영아들은 사람들의 정서와 욕구에 대한 명확한 이해를 가지고 있으며 증가되는 정신상태에 대한 어휘, 공감능력, 사람들이 서로 다를 뿐만 아니라 좋고, 싫고, 원하고, 요구하고, 바라는 것이 자신과 다를 수 있음에 대한 깨달음("엄마는 완두콩을 좋아하고 아빠는 싫어해. 아빠는 홍당무를 좋아해. 나도 홍당무를 좋아해.")이 명확해진다(Cassidy et al., 2005; Rakoczy, Warneken, & Tomasello, 2007). 그러나 여전히 타인의 바람과 자신의 바람 사이의 차이를 인식하는 능력은 서서히 발달한다. 18개월 된 영아는 타인의 정서적 표현을 사용하여 음식에 대한 선호도의 차이를 고려할 수 있으나(제10장 참조), 2~3세 영아는 보다 도전적인 과제—타인의 바람에 기초하여 선물 고르기 등과 같은—를 다루는 데 지속적인 어려움을 겪는다(Atance, Bélanger, & Meltzoff, 2010). 타인이 무엇을 좋아하고 싫어하는지를 관찰하는 경험을 통해 아동의 성취는 향상된다.

이러한 연구결과는 걸음마기 영아나 어린 유아가 자신과 타인의 행동으로부터 바로 추론하는 정신상태를 통해 이해할 수 있다. 그러나 그들의 이해력은 극단적으로 단순한 **욕구 마음이론**(desired theory of mind)을 제한한다. 그들은 사람들이 항상 자신의 욕구와 일치된 방식으로 행동한다고 생각하며, 믿음과 같이 덜 명확하고 더 설명적인 정신상태가 행동에 영향을 미친다는 것을 이해하지 못한다(Bartsch & Wellman, 1995).

믿음-욕구 추리의 발달 3~4세의 아동은 점점 더 자주 자신과 타인의 사고나 믿음에 대해 말한다(Wellman, 2011). 4세 때부터, 그들은 믿음과 바람이 행위(action)를 결정한다는 보다 복잡 미묘한 관점인 **믿음-욕구 마음이론**(belief-desire theory of mind)을 표출하며, 이러한 내적 상태들 간의 관련성을 이해하게 된다(Gopnik & Wellman, 1994; Ziv & Frye, 2003). 이 장의 초반부로 돌아가 4세의 엘렌이 자신을 처벌하려는 엄마의 바람(desire)을 피하려는 희망 속에서, 엘렌이 겉으로 나타나는 행동 뒤에 동기에 대한 엄마의 믿음(belief)을 변경하려고 어떤 의도적인 노력(목적어 '노력을') 하는지에 대해 주목하여야 한다. 유아기에서 아동 중기에 이르기까지, 타인의 믿음을 바꾸려는 노력이 증가되며 이는 아동이 행동에 영향을 미치는 믿음의 힘을 더욱 분명히 이해하고 있음을 의미한다.

취학전 아동들의 믿음-욕구 추론에 대한 극적인 증거는 **틀린믿음**(false beliefs)—현실을 정확하게 표상하지는 않는 것—이 사람들의 행동을 안내할 수 있다는 사실을 이해하는지를 검사하기 위한 게임을 통해 알 수 있었다. 아동에게 두 개의 작은 밀폐된 상자를 보여 주고, 하나는 친숙한 일회용 밴드 상자이고 다른 하나는 표시가 없는 평범한 상자였다(그림 11.3 참조). 그런 후, "반창고가 들어 있다고 생각되는 상자를 골라 볼까?"라고 말한다. 아동은 항상 표시된 상자를 고른다. 다음에, 상자들을 열어 자신의 믿음과는 반대로, 표시된 상자는 비어 있고 표시가 없는 상자는 반창고가 들어 있다는 것을 보여 준다. 마지막으로, 손인형을 아동에게 주고, "얘는 팜이야. 이 친구는 상처가 났어, 보이니? 너는 팜이 반창고를 어디에서 찾을 것이라고 생각하니? 왜 그녀는 그곳에서 찾았을까? 안을 들여다보기 전에, 너는 표시된 상자에 반창고가 있다고 생각했니? 왜?"라고 말한다(Bartsch & Wellman, 1995; Gopnik & Wellman, 1994). 3세 아동의 소수와 4세 아동의 다수가—그리고 자신의—틀린믿음을 설명할 수 있었다.

어떤 연구자는 언어적 설명을 요구하는 이러한 절차가 타인에 대한 틀린믿음에 대한 어린 유아의 능력을 극도로 과소평가한다고 주장한다. 이러한 연구자들은 기대의 위반 방식(겉으로 보이는 행동에 기초한)을 사용하여 15개월경에도 타인의 틀린믿음을 이해한다고 주장한다(Baillargeon, Scott, & He, 2010). 그러나 다른 기대 위반의 증거와 같이 이러한 결론에는 여전히 논쟁의 여지가 남아 있다(제6장 참조)(Ruffman & Perner, 2005; Sirios & Jackson, 2007). 능동적 행동(도움 주기)에 의존한 다른 연구에서도 대부분의 18개월 된 영아는—어른들이 보지 못하는 사이에 하나의 상자에서 다른 상자로 사물이 옮겨진 것을 목격한 후—어른이 처음 사물이

그림 11.3 틀린믿음 과제의 사례
(a) 성인이 일회용 밴드 상자와 표시가 없는 상자의 내용물을 아동에게 보여 준다. (b) 아동에게 팜이라는 손인형을 주고 팜이 어디서 반창고를 찾을지 예측하게 하고 팜의 행동을 설명하도록 한다. 이 과제는 표시가 없는 상자에 반창고가 있다는 것을 보지 않고 팜이 틀린믿음을 가진 것임을 이해하는지를 밝혀 준다.

(a)　　　　　(b)

있던 상자를 열려고 하면 유아는 그 어른을 도와 두 번째 상자에 사물이 있음을 알려 준다는 것을 관찰하였다(Buttelmann, Carpenter, & Tomasello, 2009). 걸음마기 영아가 틀린믿음과 같이 복잡한 정신 상태를 은연중에 파악하는지를 확인하는 것은 매우 중요하다(Poulin-Dubois, Brooker, & Chow, 2009). 실제 영아의 성취 수준은 매우 단순한 규칙에 기초한다. 지각적 접근이 없으면 알 수 없다(lack of perceptual access leads to not knowing). 즉 특정 용기의 내용물을 보지 못한 사람은 용기 속에 무엇이 있는지를 알 수 없으며, 따라서 실수를 하게 될 것이라는 것이다(Fabricius & Khalil, 2003).

다양한 문화와 사회경제적 배경의 아동 중에서 틀린믿음의 이해는 3세 반 이후 점차 강화되고, 4~6세가 되면 보다 안정화된다(Amsterlaw & Wellman, 2006; Callaghan et al., 2005; Flynn, 2006). 틀린믿음의 획득(mastery) —믿음의 해석(interpretations)이라고 보고, 실제의 단순한 반영이 아니라고 보는 능력— 은 표상에 있어 변화를 시사한다. 이는 제7장에서 논의된 학령기 아동의 마음에 대한 보다 적극적인 관점을 떠올리게 해 주는가? 믿음–욕구 추리는 이러한 전체적인 변화의 시작을 의미한다.

아동 중기의 믿음에 대한 추리 사람들이 마음의 추론(mental inferences, 제7장 참조)을 하게 되면 자신의 지식을 증가시켜 나갈 수 있다는 것을 깨닫게 된 학령기 아동은 틀린믿음의 이해를 보다 더 확장시켜 나갈 수 있다. 몇몇 연구에서, 연구자들은 아동에게 다른 사람의 믿음에 대한 한 사람의 믿음을 포함한 복잡한 이야기를 들려 준다. 그런 다음, 아동은 그 사람에게 다른 사람이 무엇을 할 것이라고 생각하는지에 대해 답하도록 요구하였다(그림 11.4 참조). 6~7세경, 아동은 사람들이 타인의 믿음에 대한 믿음을 형성한다는 것과 이러한 이차믿음(second-order belief)이 틀릴 수도 있음을 깨닫게 된다.

이차적 틀린믿음(second-order false belief)의 이해는 아동이 다른 사람이 어떤 믿음을 갖게 되는 이유를 정확히 알 수 있도록 해 준다(Astington, Pellertier, & Homer, 2002; Harris, 2006; Miller, 2009; Naito & Seki, 2009). 최소한 두 가지 관점으로부터 하나의 상황을 바라보는 능력 —둘 이상의 사람이 생각하는 것에 대해 동시에 생각하는 능력, **순환적 사고**(recursive thought)라고 부르는 조망수용의 형태— 이 어떻게 요구되는지를 알 수 있다. 우리는 "제이슨이 자기 베개 밑에 편지가 있다고 생각하리라고 리사는 생각하지만 이것이 제이슨이 진짜로 생각하고 있는 것이 아니라고 생각해. 그는 편지가 책상 속에 있는 것을 알고 있어."라고 말할 때, 순환적 사고를 하게 된다.

순환적 사고가 요구되는 다른 복잡한 과제의 수행은 아동 중기를 거쳐 향상된다. 새롭고 모호한 상황을 해석할 때 사람들이 지닌 기존신념(preexisting beliefs)의 역할에 대한 유아의 이해를 위한 연

그림 11.4 이차적 틀린믿음 과제의 예

세 장의 그림 속의 이야기를 들려 준 후, 연구자는 이차적 틀린믿음 질문을 하였다. "리사는 제이슨이 어디서 편지를 찾을 것이라고 생각할까? 왜 그렇게 생각하니?" 7세경 아동은 정확하게 답했다. 리사는 제이슨이 자기 책상 속에 편지를 숨기는 걸 보았는지 모르기 때문에 리사는 베개 밑에서 편지를 찾을 것이라고 생각한다.

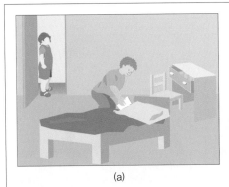
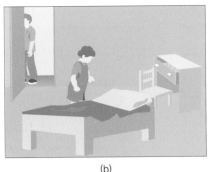

(a)

제이슨이 친구가 보내 준 편지를 가지고 있다. 리사는 그 편지를 읽고 싶었지만 제이슨이 싫어했다. 제이슨은 편지를 베개 밑에 숨겨 놓았다.

(b)

제이슨이 엄마를 도우려고 방을 나갔다.

(c)

제이슨이 나간 동안 리사는 편지를 꺼내 읽었다. 제이슨이 돌아와 리사를 보았지만 리사는 제이슨을 보지 못했다. 리사는 편지를 제이슨의 책상 속에 넣어 두었다.

구를 실시하여야 한다. 빈곤 아동을 위한 장난감으로 가득 찬 기부상자 앞에서 인형을 들고 있는 조안을 보았다는 이야기를 캐시와 사라가 학령기 아동에게 들려 주었다. 캐시는 조안을 좋아하지만, 사라는 조안을 싫어하며 조안이 말썽꾸러기라고 생각한다. 아동에게 캐시와 사라가 조안의 행동을 어떻게 해석할지에 대해 질문했다. 예를 들면, 아이들이 캐시는 조안이 친절한 마음으로 인형을 기부하려고 한다고 생각하지만, 사라는 조안이 인형을 훔치려고 한다고 생각한다고 해석할 것인가? 연구결과는 7~8세가 될 때까지 아동은 사람들이 이전에 가진 믿음이 자신의 관점에 어떤 영향을 미치는지를 명확하게 설명할 수 없음을 보여 주었다(Pillow, 1991). 이 시기 아동은 상황에 따른 신념이나 다른 편견이 무엇이든 간에 두 사람

순환적 사고능력은 아동으로 하여금 갈등이 종종 같은 실체에 대해 여러 가지의 합당한 해석에서 나온 것임을 이해하게 해 준다. 이러한 능력은 사회적 기술의 극적인 획득을 이끌어 낸다.

이 같은 사건을 다르게 해석할 것 — 본 적이 없는 더 큰 그림에서 제거된 불분명한 조각처럼 — 임을 안다(Lalonde & Chandler, 2002). 이 시기 아동은 같은 사실을 여러 가지 방식으로 구성할 수 있음을 알 수 있다.

종합하면, 보다 어린 유아와 비교하여, 학령기 아동은 마음에 대한 더욱더 민감한 관점을 갖는다. 아동은 경험에 대한 보다 적극적 해석자라고 여겨진다(상위인지적 지식에 있어 유사한 향상을 재검토하기 위해 제7장을 참조하라).

사회적 결과 사람들의 행동을 예측하기 위해 신념과 욕구를 모두 사용할 수 있는 유아의 능력은 사고와 정서에 대해 사고하기 위한 강력한 도구가 되며, 사회적 기술의 좋은 예측 변인이 된다(Harwood & Farrar, 2006; Watson et al., 1999). 틀린믿음의 이해는 유아가 친구와의 대화에서 생각과 느낌을 나누는 능력을 획득하는 것과 관련이 있다(Hughes, Ensor, & Marks, 2010). 그리고 이는 사회적 극놀이 — 특히 공동으로 계획하고, 가장된 역할을 협의하고, 실물 지원 없이 언어로 상상하는 능력 — 의 질을 예측해 준다(Jenkins & Astington, 2000). 이야기의 서술을 유아가 이해할 수 있도록 도와주기 때문에 틀린믿음의 이해는 초기 읽기능력과 관련이 있다(Astington & Pelletier, 2005). 일반적으로 이야기 줄거리를 따라가면서, 유아는 등장인물의 동기와 신념을 이야기 속 행동과 연결시킬 수 있다.

일단 유아가 신념과 행동 간의 관계를 파악하면, 자신의 이해를 다양한 범위의 상황에 적용시키게 된다. 예를 들면, 틀린믿음 과제를 통과한 유아가 보다 정확한 증언을 기억하였다(제7장 참조)(Templeton & Wilcox, 2000). 그들은 한 사람이 다른 사람에게 잘못된 정보를 제공할 수 있고, 다른 사람의 신념에 영향을 미칠 수 있음을 안다. 결과적으로 관찰된 사건을 기록할 때 이러한 아동은 자신을 잘못된 방향으로 이끌려는 시도에 더 많이 저항할 것이다.

학령기 아동의 순환적 사고능력은 사회적 기술의 극적인 변화를 더 많이 이끌어 낸다. 그들은 이제 하나의 사실에 대해 다양하지만 타당한 해석이기 때문에 갈등을 불러올 수 있음을 이해한다(Carpendale & Lewis, 2006). 결과적으로 그들은 종종 오해를 풀기 위해 자신의 순환적 능력을 요청한다. "내가 그 말을 했을 때, 내가 농담하고 있다고 네가 생각하리라고 생각했어." 그들은 자신의 실제 생각과 느낌을 언제 숨길지를 결정할 때도 이러한 순환적 사고에 의존한다. "내가 자신의 새 비디오 게임을 좋아하지 않는다고 말하면 내가 그를 질투한다고 생각할 것이다. 그래서 내가 좋아하는 것처럼 해야 해."

이러한 연구결과들이 설명하는 것처럼 유아기에서 아동기까지 마음이론의 발달은 자신과 타인의 신념 간의 관계에 대한 아동의 이해를 강화하고 타인의 신념을 변화시키려는 자신의 논리적인

시도를 향상시켜 나간다. 결과적으로 이는 다양한 사회적 역량에 기여한다.

유아의 마음이론에 영향을 미치는 요인들 아동들은 그렇게 어린 연령에 시작되는 마음이론을 어떻게 발달시켜 나가는가? 많은 연구자들은 언어, 실행능력, 가장놀이, 사회적 경험 모두가 기여한다고 주장한다.

언어와 언어적 추론 전두엽 피질은 마음이론 발달에 중요한 역할을 한다. 4~6세 유아가 타인의 신념에 대해 생각하는 동안 ERP 뇌파 기록은 틀린믿음 과제를 통과한 아동의 경우 (과제에 실패한 아동과 반대로) 같은 과제를 수행하는 성인과 유사하게 좌측 전두엽의 ERP 패턴에 활성화 패턴이 나타남을 밝히고 있다(Liu et al., 2009). 이 좌측 전두엽 ERP 패턴은 성인이 정신적 개념에 대해 언어적으로 사고할 때 전형적으로 나타난다.

마음을 이해하는 것은 생각에 대해 사고하는 능력을 요구하며 이는 언어를 통해 가능해진다. 많은 연구들은 언어능력이 틀린믿음에 대한 유아의 이해를 강력하게 예측해 준다고 지적하였다(Milligan, Astington, & Dack, 2007). 정신상태에 대한 단어를 포함한 복잡한 문장을 무의식적으로 사용하거나 사용하도록 훈련된 아동은 틀린믿음 과제에 보다 잘 통과하였다(de Villiers & de Villiers, 2000; Hale & Tager-Flusberg, 2003). 페루 산악지방의 Quechua 마을 사람들의 언어에는 정신상태에 대한 용어가 부족하기 때문에 성인들이 '생각한다'나 '믿는다'와 같은 정신상태를 간접적으로 언급하게 된다. Quechua 족 아동들은 산업화된 나라의 아동이 이러한 과제를 터득한 후에도 몇 년 동안 틀린믿음 과제를 어려워한다(Vinden, 1996). 반대로 중국어는 'believe'라는 단어를 붙인 동사 표식을 갖는다. 성인이 틀린믿음 과제에 이러한 동사를 사용할 때, 중국 유아의 수행 수준이 더 우수하였다(Tardif, Wellman, & Cheung, 2004).

실행기능 유아 실행기능의 몇 가지 측면—부적절한 반응을 억제하고 융통성 있게 사고하며 계획하는 능력—은 시간의 흐름에 따른 향상뿐만 아니라 틀린믿음 과제에 대한 현재 수행능력을 예측하게 해 준다(Hughes, 1998; Hughes & Ensor, 2007; Sabbagh et al., 2006). 언어처럼 이러한 인지능력은 아동의 경험과 정신상태를 반영하는 아동의 능력을 향상시켜 준다. 제7장에서 본 인지적 억제의 획득은 특히 틀린믿음 이해를 강하게 예측해 주는데, 이는 아마도 틀린믿음 과제를 잘하기 위해 아동은 부적절한 반응—다시 말해서, 타인의 지식과 믿음이 자기 자신의 것과 같다고 추측하는 경향—의 억제를 요구하기 때문이다(Birch & Bloom, 2003; Carlson, Moses, & Claxton, 2004).

안정 애착과 어머니의 '마음 챙김' 종단연구에서 안정 애착을 형성한 아기의 엄마는 그들 영아의 정신상태에 적절하게 대응하였다. "할머니 기억나?" "저 그네가 정말 좋아?" 자녀가 유아가 될 때까지 이러한 엄마는 자기 자녀를 정신적 특성으로 설명하는 것을 계속하였다. "저 애는 어엿한 자기 생각을 가지고 있어." 이러한 아기의 마음을 읽는 어머니의 '마음 챙김(mind-mindedness)'은 틀린믿음과 다른 마음이론 과제에 대한 이후의 수행뿐만 아니라 타인이 자신과는 다른 바람을 가질 수 있음을 이해하는 것과 같은 초기 정신상태의 획득과 긍정적으로 관련되어 있다(Laranjo et al., 2010; Meins et al., 1998, 2003; Ruffman et al., 2006).

정신상태에 대한 부모의 평가—처음에 '바람' 대화('원한다', '좋아한다', '바란다')에서 이후에는 보다 향상된 '생각한다', '믿는다', '안다' 등의 표현—는 영·유아가 자기 자신과 타인의 정신적 삶에 대해 생각하도록 도와주는 개념과 언어에 접하게 도와준다(Taumoepeau & Ruffman, 2006). 몇몇 연구자들은 아동의 내적 상태가 그들의 가까운 관계에 대한 내적작용모델을 구성하는 표상 중에 반영되어 나타난다고 주장한다(제10장 참조)(Reese,

이 유아는 오빠가 두 명이나 있기 때문에 사고, 신념, 정서에 대한 가족 간 대화에 더 많이 참여한다. 형제간 상호작용은 틀린믿음과 다른 정서상태의 이해에 기여한다.

© IAN SHAW/ALAMY

Newcombe, & Bird, 2006; Symons, 2004; Thompson & Raikes, 2003). 이러한 정신상태를 지식은 욕구, 의도, 믿음 및 정서에 대해 빈번하게 언급하는 부모와 안정 애착된 아동들 중에 보다 쉽게—또한 더 객관적이고 풍부할 것 같은—나타난다.

가장놀이 우리는 앞서 마음이론이 유아의 사회적 극놀이를 촉진한다고 하였다. 또한 가장놀이는 마음에 대한 사고에 풍부한 맥락을 제공해 준다. 아동이 역할을 수행할 때, 그들은 자신이 나타내는 인물의 생각과 정서의 함축적인 의미를 상상하고 표현한다(Kavanaugh, 2006b). 이러한 경험은 신념이 행동에 영향을 미친다는 아동의 인식을 증가시킨다. 이러한 견해와 마찬가지로, 광범위한 환상극 역할놀이에 빠지거나 상상 친구를 가진—가장된 인물을 만들어 내는 데 깊이 몰두한—유아는 틀린믿음과 마음이론의 다른 측면에 대한 이해에 있어서 앞서 있다(Astington & Jenkins, 1995; Lalonde & Chandler, 1995).

사회적 상호작용 아동기(영아가 아닌) 형제가 있는 유아는—형이 있거나 2명 이상의 형제가 있는—틀린믿음을 더 잘 인지하는 경향이 있다. 연령이 비슷한 손위형제나 많은 형제가 있는 아동은 사고와 믿음에 대한 가족들 간의 대화에 노출될 기회—그리고 참여할 기회—가 더 많다(Hughes et al., 2010; McAlister & Peterson, 2006, 2007; Symons, 2004). 마찬가지로 정신상태에 대한 이야기에 자주 참여하는 유아는 틀린믿음과 다른 정신상태의 이해에 있어 또래보다 앞서 있다(de Rosnay & Hughes, 2006; Hughes & Dunn, 1998).

성인-유아 상호작용의 유형 또한 기여한다. 부모와 2세아 간의 풍부한 대화—특히 사람의 행동에 대한 많은 설명과 말하는 사람들의 의견이 다른 사람의 이전의 의견과 관련된 잘 연결된 대화로 이루어진 담화—는 이후의 틀린믿음의 숙달을 예측해 준다(Ensor & Hughes, 2008; Lohmann & Tomasello, 2003). 그리고 4세가 되면, 정교하고 잘 연계된 부모-자녀 대화는 아동의 마음이론의 향상과 지속적인 연관을 가지고 있었다(Ontai & Thompson, 2010). 정신상태에 대한 언급은 특히 잘 연계된 대화 속에서 자주 발생하며 이는 다른 형식의 대화보다 깊은 이해를 불러일으킬 수 있다. Vygotsky의 이론에 따르면 이러한 상호작용적 경험은 아동으로 하여금 내적 상태에 대해 말할 기회를 더 많이 제공해 주며 피드백을 얻게 해 주며, 다른 관점을 관찰하고 자신과 타인의 정신적 활동을 더욱더 의식하게 해 준다.

핵심지식 이론가들(core knowledge theorists, 제6장 참조)은 방금 서술한 것처럼 아동이 사회적 경험으로 인한 이득을 얻으려면 생물학적으로 마음이론을 발달시킬 준비가 되어 있어야 한다고 주장한다. 그들은 틀린믿음의 숙달이 많이 지연되거나 부재한 자폐증 아동의 경우 정신적 상태를 감지하도록 해 주는 두뇌체계에 있어 결함이 있을 것이라고 주장한다.

유아의 자아개념은 관찰 가능한 특성과 전형적인 정서와 태도를 강조한다. 자신에 대해 묘사하라고 하면, 이 아이는 "나는 내가 먹을 우유를 따르는 것을 좋아해요." 라고 말할 것이다.

자아개념

아동은 자신의 내적 정신세계에 대한 이해를 발달시켜 나감에 따라, 더욱 열심히 자기에 대해 생각한다. 유아기 동안, 자기 개성에 대한 지식과 평가가 확장된다(Harter, 2003, 2006). 아동은 자신이 누구인지를 정의하는 특성, 능력, 태도, 가치의 총체인 **자아개념**(self-concept)을 형성해 가기 시작한다.

유아기 3~5세 유아에게 자신에 대해 이야기하라고 하면, 이런 이야기를 듣게 될 것이다. "나는 토미예요. 음, 나는 네 살이에요. 난 혼자서 머리를 감을 수도 있어요. 나는 새로 산 팅커 토이 세트가 있고, 나는 이렇게 아주 높은 탑을 쌓을 수 있어요." 이러한 이야기가 의미하는 것처럼, 유아의 자아개념은 대체로 이름, 물리적인 외모, 소유물, 일상적 행동 등과 같은 관찰 가능한 특징으로 구성된다(Harter, 2006; Watson, 1990).

생물학과 환경

마음 인식 불능(mindblindness)과 자폐증

마이클은 레슬리의 교실에 있는 물놀이대에 서서 레슬리가 와서 그의 행동을 바꿀 때까지 플라스틱 컵에 물을 채우고 버리기를 반복하고 있다. 레슬리의 얼굴을 보지 않고 마이클은 새로운 반복적인 과제로 전환한다. 하나의 컵에서 또 다른 컵으로 물 붓고 다시 붓고 하는. 다른 아이들이 놀이 공간에 들어와 이야기해도 마이클은 거의 알아채지 못한다.

마이클은 아동기의 가장 심각한 행동장애인 자폐증(자기 속에 열중함을 의미하는 용어)이다. 다른 자폐아와 마찬가지로 이 아이도 3세 때까지 세 가지 핵심적인 영역의 기능적 결함을 나타낸다. 첫째, 응시, 얼굴 표정, 제스처, 모방, 주고받기와 같은 성공적인 사회적 상호작용에 요구되는 비언어적 행동을 하는 데 제한된 능력을 지닌다. 둘째, 이 아이는 언어가 지체되고 고정적인 특성을 지닌다. 이러한 아이는 단어를 사용하여 타인이 말하는 것을 그대로 따라하거나 자기가 원하는 것을 가지려고 하지만 사회적으로 연결시키거나 생각을 교환하지는 못한다. 셋째, 이 아이는 다른 아이들처럼 가장놀이에 덜 참여한다(Frith 2003; Walenski, Tager-Husberg, & Ullman, 2006). 그리고 마이클은 자폐증의 전형적인 특성을 나타냈다. 그의 관심사는 협소하고 지나치게 격렬했다. 예를 들면, 어느 날 이 아이는 장난감 회전 관람차를 돌리느라 1시간 이상 앉아 있기도 하였다.

연구자들은 자폐증이 보통 유전이나 태내 환경 때문에 발생한 비정상적인 뇌기능으로 인한 것이라는 데 동의한다. 생후 1년의 초반부에 장애 아동은 평균보다 큰 뇌를 가지고 있는데, 이는 인지, 언어, 의사소통 기능의 정상발달에 수반되는 아마도 시냅스의 과도한 성장과 시냅스의 가지치기 부족 때문일 것이다(Courchesne, Carper, & Akshoom off, 2003).

편도는 특히 아동기에 비정상적으로 자라, 청소년기와 성인기에 평균 이상으로 크기가 감소된다. 이러한 비정상적 성장 패턴이 장애에 수반되는 정서적 반응성과 사회적 상호작용의 결핍에 기여하는 것으로 본다(Schumann et al., 2009; Schumann & Amaral, 2010). 전형적인 발달을 하는 아동과 비교하여 편도가 클수록 아동의 사회적, 의사소통적 장애는 더욱 심각하다. 게다가 fMRI 연구는 자폐증이 정서적·사회적 정보를 처리하는 데 관여하는 전두엽 영역의 활동 저하와 편도와 측두엽의 연결(표정처리에 중요한)의 취약성과 관련이 있음을 밝혀냈다(Monk et al., 2010; Theoret et al., 2005).

축적된 증거는 자폐증 아동의 마음이론이 결핍되어 있음을 밝히고 있다. 평균 4세의 지적 수준에 도달한 후, 오랫동안 이들은 틀린믿음 과제에 커다란 어려움을 나타냈다. 대부분은 마음 상태가 자신이나 타인에 기인한 것임을 거의 알지 못하였다(Steele, Joseph, & Tager-Flusberg, 2003). 이들은 '믿는다(believe), 생각하다(think), 안다(know), 느낀다(feel), 척한다(pretend)'와 같은 마음 상태에 관한 단어를 사용하지 않았다.

1세가 지날 무렵, 자폐아는 정신적 삶의 이해에 기여한다고 생각되는 정서적·사회적 능력의 결핍을 나타낸다. 다른 아동과 비교할 때, 이들은 얼굴 표정을 구분하는 데 어려움이 있으며 공동 주의의 형성이 부족하고, 사물이나 사건에 대한 흥미를 공유하는 것에 어려움을 나타내며, 사회적 창조가 부족하며 성인의 새로운 행동을 잘 모방하지 못한다(Chawar-ska & Shic, 2009; Mundy & Stella, 2000; Vivanti et al., 2008). 자폐아는 말하는 사람이 말하고자 하는 것의 단서인 시선응시에 비교적 무감각하기 때문에 다른 사람의 말이 자기가 보고 있는 것─이들이 빈번하게 하는 무의미한 표현이 가능한 이유로─을 의미한다고 추측한다(Baron-Cohen, Baldwin, & Crowson, 1997).

이러한 결과는 자폐증이 아동으로 하여금 '마음의 인식을 불가능하게(mindblind)' 하고 그래서 인간 고유의 사교성을 수행하지 못하게 하는 타고난 뇌의 핵심기능이 손상되었기 때문임을 의미하는가? 일부 연구자들은 그렇게 생각한다(Baron-Vohen & Belmonte, 2005; Scholl & Leslie, 2000). 그러나 다른 연구자들은 자폐증이 아닌 지적 장애를 지닌 경우에도 정신적 이해를 평가하는 과제에서 형편없는 결과가 나타남을 지적하고 있다(Yirmiya et al., 1998). 이는 일종의 일반적인 지적 결함과 관련이 있다고 지적하였다.

자폐가 있는 이 아동은 선생님과 학급 친구들을 겨우 인식할 정도이다. 이 아동의 '마음 인식 불능'은 사회적 인식의 기본적인 결함과 실행기능의 일반적인 손상, 또는 총체적 과정의 결함 때문이다.

한 가지 추측은 자폐아는 실행기능이 손상되었다는 것이다. 이는 상황에 타당한 측면을 강조하는 주의력 전환, 타당하지 않은 반응의 억제, 작업기억에 정보를 저장하는 전략 적용, 계획 세우기 등과 같은 유연하고 목표 지향적인 사고에 관련한 기술의 결함을 나타낸다(Joseph & Tage-Flusberg, 2004; Robinson et al., 2009).

다른 가능성은 자폐아가 형식이나 일관된 전체보다 자극의 일부를 처리하는 것을 선호하는 정보처리의 독특한 유형을 나타내기 때문이다(Happ'e & Fritch, 2006). 사회적 상호작용이 다양한 요인으로부터 바른 정보를 통합하거나 대안적 가능성을 평가할 것을 요구하기 때문에 사고 유연성과 자극의 총체적 처리의 결핍은 사회적 세계를 이해하는 것을 방해한다.

이러한 가설 중 어떤 것이 맞는지는 명확하지 않다. 어떤 연구는 사회적 자각, 유연한 사고, 일관된 전체의 처리나 언어능력의 장애가 자폐증에 독립적으로 기여함을 제안하였다(Morgan, Mayberg, & Durkin, 2003; Pellicano et al., 2006). 아마도 몇 가지 생물학적인 결함이 마이클과 같은 아동의 비극적인 사회적 고립에 기여할 것이다.

3세 반경, 아동은 또한 전형적인 정서와 태도에 의해 자신을 서술한다("나는 친구들과 놀 때 행복해요.", "난 무서운 TV프로그램을 좋아하지 않아요.", "나는 항상 엄마가 말한 대로 해요."). 이는 그들의 독특한 심리적 특성에 대한 초기 이해를 의미한다(Eder & Mangelsdorf, 1997). 그리고 5세경, 그렇게 많은 진술에 대한 일치 정도는 좀 더 나이 든 유아가 자신의 수줍음, 흡족함, 긍정적이나 부정적인 감정을 알게 됨을 나타내는 이들의 개인적 특성에 대한 어머니의 보고와 일치하였다(Brown et al., 2008). 막 싹트기 시작한 이러한 성격에 대한 이해를 더욱더 지지하는 증거로는 특성의 명칭['수줍음(shy)'이나 '인색함(mean)']이 주어질 경우, 4세 유아는 적절한 동기와 감정을 표현한다는 사실이다. 예를 들면, 수줍음이 많은 사람은 친숙하지 않은 사람들과 함께 있는 것을 좋아하지 않는다는 것을 안다(Heyman & Gelman, 1999). 그러나 유아는 "나는 도움이 되는 사람이에요." 또는 "나는 수줍음이 많아요."라고 말하지는 않는다. 개인적 특성에 대한 직접적인 언급은 보다 큰 인지적 성숙을 요구한다.

아동 중기 시간이 흐르면서, 아동은 전형적 행동과 내적 상태에 대한 자신의 관찰을 일반적인 성향으로 조직해 간다. 중요한 변화는 8~11세 사이에 일어난다. 11세 아동은 다음과 같이 자기에 대해 묘사한다.

> 나의 이름은 A예요. 나는 사람이고, 소녀예요. 나는 진실한 사람이지만 나는 예쁘지 않아요. 나는 공부는 그저 그렇게 하지만 매우 훌륭한 첼로 연주가이고, 매우 훌륭한 피아노 연주가예요. 나는 또래에 비해 약간 키가 큰 편이에요. 나는 좋아하는 남자 친구가 몇 명 있어요. 좋아하는 여자 친구도 몇 명 있어요. 나는 좀 시대에 뒤떨어진 편이에요. 나는 테니스를 칠 수 있고 매우 훌륭한 수영선수이기도 해요. 나는 도움이 되는 사람이 되려고 애쓰는 편이고 항상 누구에게나 친구가 될 준비가 되어 있어요. 대체로 나는 착하지만, 화를 내기도 해요. 나를 싫어하는 여자 친구나 남자 친구들이 있어요. 남자 친구들이 나를 좋아하는지는 나도 잘 모르겠어요(Montemayor & Eisen, 1977, pp. 317~318).

이 아동의 경우 특별한 행동보다는 자신의 능력을 강조하고 있음에 주목해야 한다. "나는 매우 훌륭한 첼로 연주가예요", "공부는 그저 그렇지만"(Damon & Hart, 1988). 또한 이 아이는 긍정적이고 부정적인 특성, 즉 '진실하다' 하지만 '성급하다' 등을 언급하면서 자신의 개성을 표현한다. 어린 아동보다 자신에 대해 극단적이거나 전부가 아니면 아무것도 아닌 방식으로 묘사하지는 않았다.

이러한 학령기 아동의 평가적 자기서술은 **사회적 비교**(social comparisons) — 자신의 외모, 능력, 행동을 타인의 외모, 능력, 행동과 관련하여 판단한 것 — 에 따른 것이다. 4~6세 아동은 한 명의 또래와 자기 자신의 성취를 비교할 수 있지만, 좀 더 나이 든 아동은 자신을 포함한 여러 명의 개인을 비교할 수 있게 된다(Butler, 1998; Harter, 2003, 2006). 결과적으로, 그들은 자신을 어떤 것에서는 '아주 훌륭하고,' 다른 것에는 '그저 그렇고,' 또는 나머지에는 '별로'라고 결론내린다.

청소년기 초기 청소년기에 자아는 더욱더 분화된다. 10대들은 사회적 맥락에 따라 다양하고 광범위한 특성 — 예를 들면, 엄마, 아빠, 가까운 친구, 연인과의 관계 속에 자신과 학생, 운동선수, 고용인으로서의 자기 — 을 언급한다. 한 어린 10대가 말한 것처럼 :

> 나는 친구들과는 사교적인 사람이에요. 말 많고, 꽤 수다스럽고 재미있는……. 부모님과는 우울한 경우가 많아요. 화가 날 뿐만 아니라 슬프고, 부모님들을 기쁘게 할 희망이 없다고 느껴요. 학교에서 나는 꽤 똑똑해요. 나는 교실에서 어떻게 해야 하는지에 관하여 매우 뛰어나기 때문이지요. 나는 새로운 것을 배우는 데 관심이 많고 문제해결에 관해서는 매우 창의적인 편이에요. 나는 내

가 잘 모르는 주변 사람들에게는 진짜 내성적이에요. 나는 나와 친한 친구가 아닌 내 또래가 나에 대해 생각하는 것에 대해 걱정이 많은데, 나는 완전히 뒤떨어진 사람일 거라고 생각해요(Harter, 2006, p. 531).

어린 청소년은 독립적 특성['영리하고(smart)', '호기심 강한(curious)']을 보다 추상적 서술['지적인(intelligent)']로 통합한다는 것을 알아야 한다. 그러나 자기에 대한 이러한 일반화는 상호연결되지 못하며 종종 모순된다. 예를 들면, 12~14세 청소년들은 반대되는 특성을 —'지적인(intelligent)'과 '멍청한(clueless),' '외향적인(extrovert),' '내성적인(introvert)' — 언급할 것이다. 이러한 차이는 청소년의 사회적 세계가 확장된 결과이며, 이러한 사회적 세계는 다른 관계 속에서 다른 형태의 자기를 표출하도록 압력을 가한다. 이러한 모순에 대한 청소년의 자각이 성장함에 따라, "어떤 것이 진짜로 나인가?"라는 문제로 자주 고뇌하게 된다(Harter, 1999, 2003, 2006).

청소년 중기에서 말기까지의 이러한 인지적 변화는 10대들이 자신의 특성을 조직화된 체계 속으로 통합하도록 도와준다. 수식어의 사용["나는 아주(fairly) 성격이 급한 사람이다.", "나는 완벽하게(thoroughly) 정직한 건 아냐."]은 상황적 변화에 따라 심리적인 특성들을 수용하는 능력이 증가했음을 보여 준다. 또한 나이가 든 청소년은 통합된 원칙들을 추가하는데, 이를 통해 이전에 힘들었던 모순을 이해하도록 도와준다. 한 청소년은 "나는 매우 융통성이 있어."라고 말한다. "내가 말한 것이 중요하다고 생각하는 내 친구들이 곁에 있을 때, 나는 아주 수다스럽지만, 내 가족과 함께 있을 때 나는 조용히 있는데 가족들은 실제로 내 이야기를 들을 정도로 충분히 흥미를 가지지 않기 때문이야."라고 말하기도 한다(Damon, 1990, p. 88).

학령기 아동과 비교해 보면, 10대들은 친근하고, 사려 깊고, 친절하고, 협조적인과 같은 사회적 가치 — 타인에 의해 긍정적이라고 판단되는 청소년에게 급증하는 관심을 반영하는 특성 —를 더 강조한다. 나이 든 청소년들에게 개인적이고 도덕적인 가치는 핵심적 주제로 나타난다. 17세 청소년이 자신을 어떻게 묘사하는지 살펴보자.

나는 꽤 양심적인 사람입니다. 언젠가 나는 법학전문대에 가고 싶어요. 그래서 좋은 학습 습관을 기르고 우수한 성적을 얻는 것은 매우 중요합니다. 나는 다른 사람을 공평하게 대우하는 윤리적인 사람이 되고 싶어요. 나는 항상 기준에 따라 생활하지는 않아요. 즉 때때로 나는 윤리적이라고 생각하지 않는 것을 하기도 해요. 그러한 일이 발생할 경우, 한 개인으로 나 자신을 좋아하지 않기 때문에 약간 의기소침해지기도 해요. 그러나 나는 나 자신에게 실수를 하는 것은 자연스러운 것이기 때문에 내심 내가 진짜 도덕적인 사람이라는 사실에 의문을 갖지는 않아요(Harter, 2006, pp. 545~546).

이렇게 잘 통합된 설명은 단편적이고 열거적인 아동기의 자기서술과는 매우 다르다. 청소년들이 지속적인 신념과 계획을 포함하여 자신에 대한 입장을 수정하기 때문에, 그들은 정체성 발달에 핵심이 되는 일종의 자기 통합성을 향해 나아가게 된다.

자아개념에 미치는 인지적·사회적·문화적 영향

자아개념의 이러한 수정을 설명하는 요인은 무엇인가? 인지발달은 변화하는 자기의 구조 (structure)에 확실한 영향을 미친다. 제6장에서 본 것처럼, 학령기 아동은 자신의 물리적인 세계에 대해 사고할 때 몇 가지 측면의 상황을 더 잘 조정하게 된다. 마찬가지로, 사회적 영역에서 그들은 안정적인 심리적 성향 속에 전형적인 경험과 행동을 결합하고, 긍정적·부정적 특성을 포함하며, 많은 다른 또래의 특성과 자기 자신의 특성을 비교한다(Harter, 2006). 그리고 형식적인 조작적 사고는 청소년의 자기에 대한 시각을 복잡하고, 잘 조직되고, 내적으로 일관된 심상으로 변화시켜 나간다(Harter, 1999, 2003).

자기에 대한 내용(content)의 변화는 인지능력과 타인이 제공한 피드백의 산물이다. 사회학자 George Herbert Mead(1934)는 자기를 **일반화된 타인**(generalized other) — 우리의 삶 속에서 중요한 사람이 우리에 대해 생각하는 것이 무엇인지를 상상한 것의 조합 — 이라고 하였다. 그는 아동이 자신을 향한 타인의 태도를 닮은 자기의 관점을 취했을 때 심리적 자기가 나타난다고 보았다. Mead의 생각은 조망수용기술(perspective-taking skills) — 특히, 다른 사람이 사고하는 것에 대해 추론하는 능력 — 이 성격 특성에 기초한 자아개념을 발달시키는 데 결정적임을 지적하였다. 아동 중기와 청소년기 동안, 젊은이들은 타인으로부터 받은 메시지를 '읽는(reading)'데 유능해진다. 학령기 아동은 타인의 기대를 내면화함에 따라 자신의 실제적 자기(real self)를 평가하는 데 사용한 이상적 자기(ideal self)를 형성하게 된다. 잠시 후 이 둘 간의 큰 불일치가 자존감을 크게 손상시킬 수 있으며, 슬픔, 절망, 우울을 이끌어 냄을 살펴보게 될 것이다.

부모의 지지는 아동의 자아개념의 명확성과 낙관주의에 매우 중요하게 기여한다. 한 연구에서 과거에 대한 대화에서 어머니의 정서적 의사소통의 풍부함 — 긍정적 사건에 대한 평가와 아동의 부정적 감정과 자신의 해법에 대한 설명 — 이 자신의 개인적 특성에 대한 5~6세 아동의 보고에 일관성이 커질 것이라고 예측하였다(Bird & Reese, 2006). 정교한 부모-자녀 대화의 경험을 지닌 학령기 아동은 보다 긍정적이고 자세한 개인적 내러티브를 구성하였고 보다 복잡하고, 호의적이며 일관성 있는 자아상을 지니고 있었다(Harter, 2006).

아동 중기, 아동은 학교와 지역사회의 보다 다양한 상황에 참여하게 되며, 따라서 가족 이외의 더 많은 사람들로부터 자신에 대한 정보를 찾는다. 그리고 자기서술은 사회적 집단에 대한 참조를 빈번하게 포함한다. "나는 보이 스카우트이고, 신문 배달원이면서, 프레리 시티의 축구선수예요."라고 열 살 된 아동이 말하였다. 아동이 청소년으로 점차 성장함에 따라, 자기정의의 근거는 보다 더 선택적이 된다. 부모와 교사의 영향력이 여전히 남아 있지만 자아개념은 친한 친구들의 피드백에 더 많이 의존한다(Oosterwegel & Oppenheimer, 1993).

그러나 자아개념의 내용은 문화에 따라 다양하다는 것을 명심해야 한다. 앞 장에서 아시아 부모들은 조화로운 상호의존을 강조하는 반면, 서구의 부모들은 분리와 자기주장을 강조

학령기 아동은 가정을 벗어나 많은 시간을 보내기 때문에 자기서술에서 사회적 집단 — "나는 학교의 요리 동아리 회원이에요." — 에 대해 점차 더 언급하게 된다.

한다고 하였다(Markus & Kitayama, 1991). 이러한 대조적 가치는 학령기 아동의 자아개념에 뚜렷이 반영된다. 개인적으로 의미 있는 과거 경험을 회상하라고 했을 때(마지막 생일, 부모에게 야단 맞은 때), 미국 아동은 보다 개인적 선호성, 기술, 의견을 포함하여 긴 설명을 하였다. 반대로 중국 아동은 사회적 상호작용과 타인에 대해 더 자주 언급하였다. 마찬가지로 자기묘사에서 미국 아동은 개인적 특성("나는 똑똑해요.", "나는 하키를 좋아해요.")을 나열하였고, 중국 아동은 집단소속감과 관계를 포함한 특성("나는 이씨 가문에 속해요." "나는 2학년이에요.", "나는 엄마 설거지 돕는 걸 좋아해요.")을 나열하였다(Wang, 2004, 2006b).

결과적으로 다양한 문화의 학령기 아동은 자신을 의미 있는 성인보다 자기 자신의 내적 특성에 대해 더 많이 알고 있다고 보았지만 일본 아동은 미국 아동보다 부모와 교사에 대해 상당히 더 많은 지식을 가지고 있었다(Mitchell et al., 2010). 아마도 더 상호의존적인 자기로 인해 일본 아동은 사람들이 공통적 이해를 공유한다고 가정할 가능성이 더 많으며, 따라서 자신의 내적 상태가 타인에 더 명료하리라고 가정할 가능성이 있다.

종합하면, 자신을 특징지을 때, 개인주의적 문화로부터 온 아동은 보다 이기적이고 경쟁적이며, 집단주의 문화로부터 온 아동은 타인에 대한 관계에 보다 관심을 둔다. 자아개념에 대한 사회적 환

경의 강력한 영향력을 강조하는 연구결과, 영아기부터 청소년기에 이르기까지 자기에 대한 광범위한 변화를 나타내게 된다.

자아존중감 : 자아개념의 평가적 측면

지금까지 자아개념의 일반적인 구조와 내용이 연령에 따라 어떻게 변화하는지에 초점을 두었다. 자아개념의 또 다른 요소는 자아존중감이다. **자아존중감**(self-esteem)은 우리 자신의 가치에 대한 판단과 그러한 판단과 관련된 감정을 말한다. 높은 자아존중감은 자기 개성과 능력에 대한 실질적인 평가를 의미하고, 자기수용(self-acceptance)과 자아존중(self-respect)의 태도와 연결된다.

자신의 능력에 대한 평가는 정서적 경험, 미래 행동, 장기적인 심리적 적응에 영향을 미치기 때문에 자아존중감은 자기발달의 가장 중요한 부분이라고 평가된다. 긍정적으로나 부정적인 특징을 지닌 범주적 자기가 생기자마자, 아동은 자기평가적 존재가 된다. 2세경, 유아들은 퍼즐 맞추기를 하고 "여기 보세요, 엄마!"라고 말하거나 손으로 가리키며 부모의 관심을 불러일으킨다. 게다가 2세 영아들은 어른들이 제공한 과제를 해결하면 미소를 짓고 실패하면 얼굴을 찌푸리거나 얼굴을 돌려 외면한다(Stipek, Recchia, & McClintic, 1992). 자아존중감은 발달 초기에 형성되며, 연령에 따라 자아존중감의 구조가 점차 더 정교화된다.

자아존중감의 구조

자아존중감에 대해 생각해 보자. 자신의 가치에 대한 여러 평가 이외에도, 여러 가지 활동을 얼마나 잘 수행하는가에 대해 개별적 자기판단을 하는가?

연구자들은 다음과 같은 문장에 대한 아동의 평가를 요인 분석하여(제8장 참조) 자아존중감의 다면적 특성에 대해 연구하였다. "나는 숙제를 잘한다.", "나는 게임을 위해 선택된 사람이다.", "대부분의 아이들은 나를 좋아한다." 4세경, 유아는 몇 가지 자기평가 — 학교 공부하기, 친구 사귀기, 부모와 함께 잘 지내기, 신체적 매력에 대한 느낌 등 — 를 한다(Marsh, Ellis & Craven, 2002). 그러나 좀 더 나이 든 아동과 비교할 때, 이들의 이해력은 매우 제한적이다.

자아존중감의 구조는 유아가 이용할 수 있는 평가적 정보와 그러한 정보를 처리하는 능력에 의존한다. 6∼8세경, 다양한 서구 문화 속의 아동은 최소한 네 가지, 즉 학문적 능력, 사회적 능력, 신체적/운동적 능력, 신체적 외모의, 즉 포괄적 자기평가를 형성하였다. 각 영역 내 연령에 따라 점차 명확해지는 보다 세밀한 범주가 존재하였다(Marsh, 1990; Marsh & Ayotte, 2003; Van den Bergh & De Rycke, 2003). 게다가, 학령기 아동이 안정된 성향으로 자신을 바라보는 능력은 새로이 형성된 능력을 자신의 개별적 자기평가에 대한 자신의 일반적인 이미지 — 자아존중감의 전반적 이해 — 와 결합하게 해 준다(Harter, 2003, 2006). 결과적으로, 자아존중감은 그림 11.5에서 보여 주는 것처럼 위계적 구조를 가지고 있다.

아동은 특정 자기평가를 보다 중요하게 여기고 이를 전체에 있어 더 중요하게 여긴다. 개인차가 존재하기는 하지만 아동기 및 청소년기 동안 지각된 신체적 외모는 다른 요소보다 자존감 전체와 더 강한 상관을 보인다(Klomsten, Skaalvik, & Espnes, 2004; Shapka & Keating, 2005). 외모에 대한 강조 — 매체, 또래관계, 사회에서 — 는 자신에 대한 전반적인 만족도에 중요한 영향을 끼친다.

청소년기에 이르러 이 시기의 중요한 관심사를 반영하는 자존감의 다른 새로운 영역들 — 친밀한 우정(close friendship), 이성적 매력(romantic appeal), 직업능력(job competence) 등 — 도 추가된다(Harter, 1999, 2003, 2006). 게다가, 청소년들은 자신의 자아존중감에 정당성을 제공해 주는 사람들을 더 잘 구분한다. 일부 청소년들은 부모나 교사 혹은 또래에 더 많이 의존한다. 이러한 차

그림 11.5 **초등학생의 자아존중감의 위계적 구조**
다른 상황에서의 경험으로부터 아동은 적어도 네 가지 분리된 자아존중감인 학문적 능력, 사회적 능력, 신체적/운동적 능력, 신체적 외모을 형성한다. 이는 추가적 자기평가로 분화하고 일반적 자아존중감을 형성하기 위해 결합된다.
사진 : (맨 왼쪽) © Mary Kate D enny/PhotoEdit; (중간 왼쪽) © Tim Pannell/CORBIS; (중간 오른쪽) © Mitch Wojnarowicz/The Image Works; (맨 오른쪽) Radius Images/Photolibrary

이는 10대들이 주어진 상황 속에서 사람들이 개인으로 자신에 대해 관심을 가지고 존중한다고 믿는 정도를 반영한다(Harter, Waters & Whitesell, 1998).

자아존중감 수준의 변화 : 사회적 비교의 역할

유아는 자신이 바라는 능력과 자신의 실제능력을 구분하는 데 어려움이 있기 때문에, 대체로 자신의 능력을 과대평가하고, 대부분의 경우 과제의 난이도를 과소평가하게 된다(Harter, 2003, 2006). 유아기 초, 높은 자아존중감은 적응적이며, 여러 가지 새로운 기술을 습득하는 기간 동안 유아의 주도성에 크게 기여한다.

초등학교 초 몇 년간, 다양한 영역에 대해 자신을 평가하도록 했을 때, 자아존중감은 감소하였다(Marsh, Carven & Debus, 1998; Wigfield et al., 1997). 아동이 능력과 관련된 피드백을 더 많이 받고, 타인의 수행과 비교히여 자신의 수행을 판난하고, 인지적으로 사회적인 비교를 할 수 있게 됨에 따라 이러한 감소가 나타난다.

자신의 자아존중감을 보호하기 위하여, 대부분의 유아는 사회적 비교와 개인적 성취 목표 간에 균형을 유지하려고 한다(Ruble & Flett, 1988). 아마도 이런 이유 때문에, 초기 학교생활에서 자아존중감의 하락이 해가 되는 것은 아니다. 4학년이 되면 자아존중감은 상승하고 대부분 높게 유지되며, 또래관계와 운동능력에 대해 특히 만족스러운 감정을 보고한다(Cole et al., 2001; Impett et al., 2008; Twenge & Campbell, 2001). 주된 예외는 중학교와 고등학교에 진학한 후, 몇몇 청소년들에게 나타나는 자기가치의 감소이다. 새로운 학교에 입학하면, 새로운 교사와 또래에 대한 기대와 더불어 행동과 성취의 실제적인 평가능력이 일시적으로 방해를 받는다. 제14장에서 이러한 학교진학의 효과를 살펴볼 것이다. 대부분의 청소년의 경우, 청소년이 되는 것은 자부심과 자기확신의 감정

청소년기 동안 자존감은 일반적으로 향상되며 새로운 능력과 자라나는 자기 확신에 대한 자부심을 길러 준다. 10대 소녀가 농산물 축전에서 획득한 상패를 보여 주며 환하게 미소 짓고 있다.

11세 소녀가 지역사회 kwanzaa 축전에서 전통 아프리카 춤을 추고 있다. 강한 민족적 자부심은 백인계 또래에 대한 아프리카계 미국인 아동의 높은 자존감에 기여한다.

을 갖게 해 준다.

자아존중감에 미치는 영향

아동 중기에서 청소년기에 이르기까지, 자아존중감의 개인차는 더욱더 안정되어 간다(Trzesniewski, Donnellan & Robins, 2003). 이 시기에는 자아존중감, 다양한 활동 존중하기, 행동의 성공적 수행 간의 긍정적인 관계가 나타나고 이는 연령에 따라 강화된다. 예를 들면, 학문적 자아존중감은 아동이 학교 교과의 중요성과 유용성, 열심히 노력하려는 자발성, 이러한 학과목에 대한 자기 성취의 평가 등에 대한 강력한 예측변인이 된다(Denissen, Zarrett, & Eccles, 2007; Valentine, DuBois, & Cooper, 2004; Whitesell et al., 2009). 높은 사회적 자아존중감을 지닌 아동과 청소년은 또래에 의한 선호도가 지속적으로 높아졌다(Jacobs et al., 2002). 그리고 제5장에서 본 것처럼, 운동능력에 대한 이해는 스포츠에 대한 투자나 성과와 긍정적인 관계가 있다.

게다가 연령, 성별, SES 및 인종집단에 걸쳐 긍정적인 자아존중감을 지닌 사람은 적응력이 뛰어나고 사교적이며 양심적인 경향을 보인다. 이와는 반대로, 모든 분야에서 낮은 자아존중감을 지닌 경우, 여러 영역에서 적응적 어려움을 지니고 있었다(DuBois et al., 1999; Kim & Cicchetti, 2006; Robins et al., 2001). 그러나 특정 자아존중감 요인들은 적응과 더 일정한 관련을 지니고 있다. 부모와의 관계에 불만이 많은 청소년은 대체로 공격적이며 반사회적이다. 학문적 자아존중감이 결여된 청소년은 불안하고 산만한 경향이 있다. 그리고 또래관계를 부정적으로 보는 청소년의 경우에도 불안하고 우울한 경향을 보인다(Marsh, Parada, & Ayotte, 2004; Rudolph, Caldwell, & Conley, 2005). 사실상 모든 10대 청소년들은 타인의 의견을 더 많이 고려하고, 지나치게 사회적 승인에 의존하는 청소년은 계속해서 자신의 자존감을 타인의 '눈높이'(on the line)'에 맞추려고 한다. 결과적으로, 그들은 자아존중감의 잦은 변화─평균적으로 일주일에 한 번 정도─를 나타낸다(Harter & Whitesell, 2003). 자아존중감에 영향을 미치는 요인─자아존중감의 수준과 안정성─에 대해 자세히 살펴보자.

문화 자아개념과 마찬가지로, 문화적 영향력은 자아존중감에 깊은 영향을 미친다. 학교에서 사회적 비교를 매우 강하게 강조하는 중국과 일본의 아동은 미국 아동보다 높은 학문적 성취에도 불구하고 자아존중감 점수가 낮은 결과─연령에 따라 커지는 차이─는 이를 뒷받침해 준다(Harter, 2006; Hawkins, 1994; Twenge & Crocker, 2002). 아시아 국가의 교실은 경쟁이 치열하며 성취압력도 높다. 동시에 아시아 문화는 겸손과 사회적 조화에 가치를 두기 때문에, 아시아의 아동은 자신의 자아존중감 향상을 위해 사회적 비교에 별로 의존하지 않는다. 게다가 그들은 자신에 대하여 긍정적 판단을 억제하는 경향이 있으나 타인에 대한 칭찬에 있어서는 관대한 편이다(Falbo et al., 1997).

성 고정관념적 기대는 자아존중감에 영향을 미친다. 한 연구에서 5~8세 여아가 친구들과 겉모습에 대해 얘기하면서 외모에 초점을 둔 TV 쇼를 보고 자기 친구들이 날씬한 것에 가치를 둔다고 생각할수록, 1년 후 자신의 신체에 대한 불만족이 커지고 전반적인 자아존중감이 낮아졌다(Dohnt & Tiggemann, 2006). 청소년기에, 여아들은 부분적으로 자신의 외모와 운동능력에 대해 자신감이 남아들보다는 좀 더 낮았다. 학문적 자아존중감에 있어 남아는 다소 유리하였다. 여아는 언어적 자아존중감에서 높았으나 남아는 수학, 과학, 신체에 대한 자아존중감이 높았다. 같은 기술 수준의 아동이 비교될 경우에도 그러하였다(Fredericks & Eccles, 2002; Jacobs et al., 2002; Kurtz-Costes et al., 2008). 동시에 여아는 우정이나 사회적 수용에 대한 자아존중감 영역에서 남아보다 높았다. 남아와 여아 간의 미미한 차이는 전반적 자아존중감에 있어서 존재하였으나, 널리 알려진 가설에 따르면 남아의 전체적 자기가치에 대한 감각이 여아보다 더 높은 것이 사실이다(Marsh & Ayotte, 2003; Young & Mroczek, 2003). 여아들은 부정적인 문화적 정보를 내면화하였기 때문에 자신에 대해 덜 만족스럽게 생각하였다.

또래의 백인 아동과 비교해 볼 때, 아프리카계 미국 아동은 좀 더 높은 자아존중감을 갖는데, 이는 아마도 온정적인 확대가족과 강한 인종적 자부심 때문이라고 생각된다(Gray-Little & Hafdahl, 2000). 또한, 신체적인 외모와 또래관계에 만족해하는 아프리카계 미국 여아는 백인계 여아에 비해 청소년기 초기에 자아존중감이 덜 감소하는 경향을 보였다. 결과적으로 자신의 SES와 인종집단을 대표하는 동네에 살거나 학교에 다니는 아동과 청소년들은 보다 강한 소속감을 느끼며, 자아존중감과 관련한 문제가 적게 나타났다(Gray-Little & Carels, 1997).

자녀양육 실제 온정적이고 수용적이며 성숙한 행동에 대한 합리적 기대를 제공하고 긍정적 문제해결(문제에 대해 아동과 협동하여 갈등을 해소하는)을 하는 부모는 아동 및 청소년기 자녀가 자신에 대해 좋은 감정을 갖게 해 준다(Lindsey et al., 2008; McKinney, Donnelly, & Renk, 2008; Wilkinson, 2004). 온정적이며 긍정적인 양육은 청소년들로 하여금 자신이 유능하고 가치 있는 존재로 수용됨을 인식하게 해 준다. 그리고 설명에 의해 뒷받침되는, 확고하고도 적절한 기대감은 현명한 선택을 하게 해 주며 적절한 기준으로 자신을 평가하도록 도와준다.

통제적인 부모—자녀들에게 너무 자주 도움을 주거나 결정해 주는 부모—는 자녀에게 부적절한 느낌을 전달해 준다. 반복적인 부정과 모욕을 동반한 부모는 낮은 자아존중감과 연관되어 있다(Kernis, 2002; Pomerantz & Eaton, 2000). 그러한 양육을 받은 아동은 지속적인 위로를 필요로 하며, 대부분 자신의 가치—공격성, 반사회적 행동, 비행을 포함한 적응문제에 대한 위험 요소—를 확신하기 위해 주로 또래에 의존한다(Donnellan et al., 2005).

반대로, 지나치게 허용적이고 관대한 양육은 비현실적으로 높은 자아존중감과 관련이 있는데 이 또한 발달을 서서히 손상시킨다. 이러한 아동은 과장된 자기상—타인이 자신에 대해 생각하는 것을 지나치게 걱정하는 것을 과장된 우월감과 결합한 자기도취(narcissistic)라고 연구자들이 이름 붙인—이 위협을 받을 때 자아존중감에 일시적으로 급격한 저하하는 취약성을 지닌다(Thomaes et al., 2010). 그들은 인색함과 공격성을 포함하여 반감이나 적응문제를 나타내고 또래를 혹평하는 경향이 있다(Hughes, Cavell, & Grossman, 1997; Thomaes et al., 2008).

북미의 문화적 가치는 자기에 대한 관심을 더욱더 강조해 왔으며, 부모들로 하여금 자녀에게 판대하게 행동하고 자아손승감을 지나치게 격려하도록 이끌었다. 미국 청소년들의 자아존중감은 1970년대서부터 1990년대까지—이때는 대부분의 부모를 위한 대중 서적에서 아동의 자아존중감을 향상시키도록 조언했던 시기이다—급격하게 상승하였다(Twenge & Campbell, 2001). 그러나 이전 세대와 비교해 보면, 이들은 성취 욕구가 낮으며 반사회적 행동이나 다른 적응문제를 더 많이 나타내었다(Berk, 2005). 실제적 재능에 기초하지 않은 칭찬('아주 멋진데')은 아무런 도움이 안 된다는 것을 연구결과들이 증명하고 있다(Damon, 1995). 긍정적이며 안정적인 자아상을 육성하기 위한 최고의 방법은 가치 있는 목표를 위해 노력하도록 자녀를 격려하는 것이다. 시간이 흐르면서 쌍방적 관계가 나타났다. 성취는 자아존중감을 촉진하고, 자아존중감은 성취를 위한 더 많은 노력을 이끌어 내며 결과적으로 성취의 획득에 기여한

확고하고 적절한 기대와 결합된 아빠의 온정과 수용은 아동이 긍정적이고 실제적인 자존감을 발달시키도록 도와준다.

다(Gest, Domitrovich, & Welsh, 2005; Marsh et al., 2005).

성인이 이러한 동기와 자아개념 간의 상호 지지적인 관계를 향상시키고 이러한 관계의 악화를 피하기 위해 할 수 있는 것은 무엇인가? 이에 대한 답은 성취 상황에서 아동에 대해 성인이 제공한 교훈의 정확한 내용을 다루는 연구에서 찾아볼 수 있다.

성취 관련 귀인

귀인(attribution)은 행동의 원인에 대한 일반적이며 일상적인 설명 "왜 나와 다른 사람은 그렇게 행동했는가?"라는 질문에 대한 답이다. 자신과 타인들의 행동 원인을 두 가지 넓은 범주―외적이고 환경적 원인과 내적이고 심리적인 원인―로 분류할 수 있다. 심리적 원인의 범주는 다시 두 가지 유형―**능력**(ability)과 **노력**(effort)―으로 나누어 볼 수 있다. 원인을 나누는 데 확실한 규칙이 사용된다. 하나의 행동이 많은 사람들에게, 그러나 단일 상황에서만 발생한다면(예 : 반 전체가 애플 선생님의 프랑스어 시험에서 'A'학점을 맞았다), 이는 외적인 원인(시험이 쉬웠다)이라고 결론 내린다. 반대로, 개인이 여러 상황에서 하나의 행동을 나타낸다면(샐리는 프랑스어 시험에서 항상 'A' 학점을 맞는다), 행동은 내적인 원인에 의한 것―능력, 노력 또는 둘 다에 의한(샐리는 똑똑하고 열심히 해)―이라고 판단한다.

제8장에서 지능이 학교 성적을 예측함에도 불구하고, 상관관계는 완벽한 것과 거리가 멀다는 사실을 보여 주고 있다. **성취동기**(achievement motivation)―도전적 과제를 지속하려는 경향―에 있어서 개인차는 중요하다. 오늘날, 연구자들은 어떤 아동은 쉽게 포기하지만 어떤 아동은 성공에 장해가 되는 것에 직면하면 오히려 추진력을 나타내는 데 그 주된 이유는 성취 관련 귀인 때문이라고 보았다.

성취 관련 귀인의 출현　3세 유아는 자신의 성공과 실패에 대한 귀인을 형성하기 시작한다. 이러한 귀인은 미래에 기꺼이 열심히 노력하려는 자신의 의도를 좌우하는, 성공에 대한 기대(expectancies of success)에 영향을 미친다.

여러 연구를 살펴보면 유아는 자신의 능력은 더 높게 평가하지만 종종 과제 난이도를 과소평가하는 경향을 보이며, 성공에 대한 긍정적 기대를 지니는 '낙관적 학습자(learning optimists)'임을 알

대부분의 유아들은 '낙관적 학습자'이다. 유아는 계속해서 노력하며 성공하리라고 생각한다. 유아의 귀인은 도전적 과제에 직면했을 때 주도성을 지지해 준다.

수 있다. 한 사람이 다른 사람보다 과제에 더 서투른 상황을 제시하고 유아의 반응을 물어보면 유아는 낮은 점수를 가진 사람이 더 노력하면 성공할 수 있을 것이라고 답했다(Schuster, Ruble, & Weinert, 1998). 인지적으로, 유아는 아직 자신의 성공과 실패의 정확한 원인을 구분하지 못한다. 대신에 그들은 모든 좋은 점들이 함께한다고 본다. 최선을 다하는 사람이 성공하며 현명한 사람이라고 생각한다.

그렇지만, 어떤 3세 유아는 도전적 과제에 직면하면 쉽게 포기하고 실패 후 수치심이나 낙담을 나타낸다. 이러한 비지속적인 유아는 자신의 가치와 성취에 대해서 비판적인 부모의 피드백과 과도한 통제―도전적 과제를 시도할 때 이에 대한 부모의 요구와 간섭이 빈번히 발생하는―를 받은 경험을 가진 경우이다(Kelley, Brownell, & Campbell, 2000; Moorman & Pomerantz, 2008). 반대로, 열정적이며 적극적인 또래는 어떻게 하면 성공할지에 대한 정보를 제공하면서 끈기 있게 자녀의 시도를("이건 스스로 해 보면 어떨까?") 격려하는 부모를 두었다.

비지속적인 유아에게 인형을 제공하고 실패에 대한 성인의 반응을 행동하도록 요구하면, 그들은 비난―예를 들면, "퍼즐을 맞추지 못했으니까 야단맞아야 해."라고 말하는―을 예측하였고 지속적인 유아는 "끝내지는 못했지만 열심히 했어. 다시 해 보면 좋겠네."라고 말했다(Burhans & Dweck, 1995). 유아는 성인의 평가를 즉시 내면화

한다. 지속적인 유아는 자신들을 '훌륭하다(good)'고 여기지만 비지속적인 유아는 자신을 '무가치하다(bad)'고 생각한다(Heyman, Dweck, & Cain, 1992). 비지속적인 유아의 자아존중감은 내적 기준이 아닌 타인의 판단에 전적으로 기초하고 있는 것처럼 보인다. 결과적으로, 그들은 아동 중기에 성취에 대해 일반적인 부적응의 초기 신호를 나타낸다.

숙달 지향 대 학습된 무기력을 지닌 아동   향상된 사고기술과 빈번한 평가 피드백으로, 학령기 아동은 점차 자신의 성취를 설명할 때 능력, 노력 및 외적인 요인들을 구별할 수 있게 된다(Dweck, 2002). 성취동기가 높은 사람은 자신의 성공을 능력에 돌리는 **숙달 지향적 귀인**(mastery-oriented attribution) — 이들이 새로운 도전에 직면했을 때 노력을 통해 결과를 향상시키려 하고 노력에 의존하려는 특성 — 을 나타낸다. 이러한 능력에 대한 **점진적 관점**(incremental view of ability) — 노력을 통해 변경될 수 있다는 — 은 숙달 지향적 아동이 부정적 사건을 해석하는 방식에 영향을 끼친다. 이들은 실패의 원인을 불충분한 노력이나 어려운 과제와 같이 변화나 통제할 수 있는 요인에 둔다(Heyman & Dweck, 1998). 이러한 아동은 성공하거나 실패하거나 간에, 학습에 대해 근면하고 지속적인 접근방식을 취한다.

반대로 **학습된 무기력**(learned helpessness)을 발달시킨 아동은, 성공이 아닌 실패의 원인을 자신의 능력에 둔다. 이들은 성공했을 때, 운과 같은 외적 사건에 책임이 있다고 결론내린다. 더구나 성취 지향적 아동과 달리, 이들은 능력에 대한 **실재적 관점**(entity view of ability) — 노력을 통해 향상시킬 수 없다는 — 을 지니고 있다(Cain & Dweck, 1995). 그래서 과제가 어려우면, 이러한 아동은 불안한 통제력 상실을 경험을 하게 된다. 그들은 실제로 노력하기도 전에 포기해 버린다.

아동의 귀인은 그들의 목표에 영향을 미친다. 숙달 지향적 아동은 **학습목표**(learning goal) — 노력을 통해 자신의 능력을 가장 잘 향상시킬 수 있는 방법에 대한 정보를 찾는 — 에 초점을 둔다. 그러므로 그들의 성취는 시간이 흐름에 따라 증가한다(Blackwell, Trzesniewski, & Dweck, 2007). 반대로, 학습된 무기력을 지닌 아동은 **성취목표**(performance goal) — 능력에 대한 자신의 불충분한 이해로 긍정적인 평가를 얻고 부정적 평가를 피하려는 — 에 초점을 둔다. 시간이 흐를수록 학습된 무기력을 지닌 아동의 능력은 얼마나 자신이 잘하는지를 더 이상 예측하지 못하게 된다. 한 연구에서, 4~6학년생이 자기 비판적 귀인을 많이 가질수록, 자신의 능력을 낮게 평가하고, 효과적인 학습전략을 잘 알지 못하며 도전을 피하려는 경향이 많아지고 학업성취도 낮았다. 이러한 결과는 자신의 능력에 대한 실재적 관점을 강화해 준다(Pomerantz & Saxon, 2001). 학습된 무기력을 지닌 아동은 성공과 노력을 연결짓지 못하기 때문에, 높은 성취에 필요한 상위인지력과 자기조절력을 발달시키지 못한다(제7장 참조). 효과적인 학습전략의 부족, 지속력의 감소, 성취도 저하, 통제력 상실감 등으로 인해 이러한 악순환은 계속된다(Chan & Moore, 2006).

청소년기의 젊은이들은 능력과 노력 간의 관계를 완전히 구분하여 이해한다. 그들은 다양한 능력을 지닌 사람들이 다른 수준의 노력으로 같은 결과를 성취할 수 있음을 깨닫는다(Butler, 1999). 청소년들이 자신의 능력을 고정되고 낮은 것으로 이해할 때, 도전적 과제를 완수하는 것은 비용 — 매우 많은 노력 — 대비 가치가 없다고 결론짓는다. 고통스러운 실패감으로부터 자신을 보호하기 위하여, 이러한 학습된 무기력을 지닌 청소년들은 덜 힘든 과정과 직업을 선택한다. 그림 11.6에서 보여 주는 것처럼, 학습된 무기력은 아동이 자신의 잠재력을 인지하는 것을 방해한다.

성취 관련 귀인에 미치는 영향   숙달 지향적인 아동과 학습

숙달 지향적 아동은 자신의 성공이 능력에 달려 있다고 보고, 노력을 통해 자신의 능력을 향상시키는 방식에 대한 정보를 얻으려 애쓴다. 결과적으로 이들은 결단과 지속성을 지닌 도전적 과제를 수행하려고 한다.

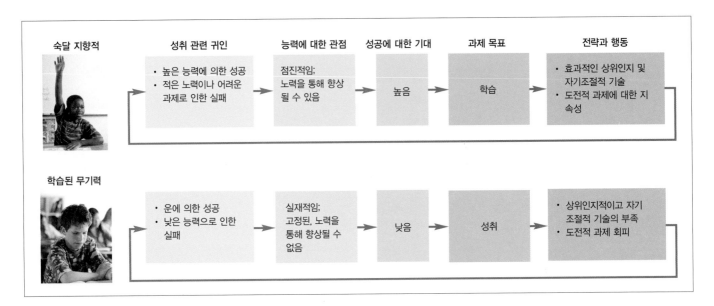

그림 11.6   숙달 지향과 학습된 무기력의 귀인 유형

사진 : (위) © Michael Newman/PhotoEdit; (아래) © Image Source Black/Alamy Images

된 무기력에 빠진 아동의 귀인의 차이를 어떻게 설명할 수 있는가? 유아의 경우, 성인의 의사소통 기술이 중요한 역할을 한다. 능력의 실재적 관점을 지니고 있는 부모는 능력이 고정된 것임을 부정하는 부모보다 자녀의 자기평가와 학교 성적이 부모의 능력평가와 더 밀접하게 일치하였다 (Pomerantz & Dong, 2006). 능력을 향상시키기 위해 할 수 있는 것이 거의 없다고 믿는 부모는 자신의 인식과 일치하지 않는 정보는 무시하여, 자녀가 부정적인 부모 평가에 대항할 기회를 거의 주지 않는다.

실제로, 학습된 무기력 유형에 속한 아동의 부모는 자녀가 별로 유능하지 못하며 그래서 성공을 하기 위해서는 다른 아이들보다 더 열심히 해야 한다고 믿는 경향이 있다. 아동이 실패할 경우 어른들은 "너는 그것을 할 수 없어, 알겠니? 그만둬도 괜찮아."라고 말한다(Hokoda & Fincham, 1995). 유아가 성공한 후에도, 어른들은 아동의 특성을 평가하는 피드백을 전달한다("너는 정말 영리하구나."). 특성에 대한 진술—긍정적일 경우조차—은 능력에 대한 실재적 관점을 받아들이도록 촉진하여 좌절에 직면했을 때 자신의 능력에 대해 의문을 제기하거나 도전을 포기하게 만든다 (Mueller & Dweck, 1998).

교사들의 메시지 또한 아동의 귀인에 영향을 미친다. 아동의 실패의 원인을 노력으로 돌리고 관심을 가지고 도움을 주며, 학습목표를 강조하는 교사는 학생들을 숙달지향적으로 만든다 (Anderman et al., 2001; Daniels, Kalkman, & McCombs, 2001; Natale et al., 2009). 1,600명의 3~8학년을 대상으로 한 연구에서, 교사가 긍정적이고, 지지적인 학습 조건을 제시한다고 여기는 학생들은 열심히 노력하고 학급에 보다 많이 참여하였다. 이는 높은 성취를 예측하는 요인으로, 노력의 가치에 대한 아동의 믿음을 지지해 준다. 반대로, 비지지적인 교사의 학생들은 자신의 성취를 외적으로 (그들의 교사나 운에 의해) 통제되는 것으로 여겼다. 이러한 태도는 학습활동의 위축과 학업성취의 저하—아동들이 자신의 능력을 의심하게 하는 결과—를 예측하게 해 준다(Skinner, Zimmer-Gembeck, & Connell, 1998).

어떤 아동의 성취는 성인의 피드백에 의해 손상될 수 있다. 남아들보다 여아들은 자신의 성취가 높았음에도 불구하고, 종종 자신의 낮은 성취를 능력의 부족의 탓으로 돌리는 경향이 있다. 여아들은 잘하지 못했을 때 자신의 능력이 문제라는 교사와 부모로부터의 메시지와 부정적 고정관념 (예 : 여아는 수학에 취약하다)의 영향을 받았다(Bleeker & Jacobs, 2004; Cole et al., 1999). 특히 사회경제적 지위가 낮거나 소수민족 아동의 경우 학교에 성취 수준이 낮은 동질집단에 배정되었을 때, 교사로부터 우호적인 피드백을 받지 못하였다. 이는 학문적 자아존중감과 성취도의 저하를 이끄는 조건이 되었다(Harris & Graham, 2007; Ogbu, 1997).

마지막으로, 문화적 가치는 유아가 학습된 무기력을 발달시킬 가능성에 영향을 미친다. 북미 부모와 교사보다 아시아 부모와 교사들이 능력에 대한 점진적 관점을 유지하는 경향이 있으며, 열심히 노력하는 것이 도덕적 책임감—아동에게 전달된 메시지—이라고 보는 경향이 강하다(Mok, Kennedy & Moore, 2011; Pomerantz, Ng, & Wang, 2008). 게다가 자기향상에 대한 문화적 가치가 높음으로 인해, 아시아인들은 실패는 어디에 수정이 요구되는지를 밝혀 주기 때문에 성공보다 실패에 더 주의를 기울인다. 반대로, 북미 사람들은 성공이 자아존중감을 향상시켜 준다고 믿기 때문에, 이에 더 초점을 둔다. 4~5학년생의 퍼즐 문제를 풀게 하고 미국과 중국 엄마의 반응을 관찰하면 미국 엄마는 성공에 대한 칭찬을 더 많이 한 반면, 중국 엄마는 아동의 부적절한 성취에 대한 지적을 더 자주 하는 것으로 나타났다. 성공이나 실패와 무관하게, 중국 엄마는 과제에 타당한 진술을 하였다("잘 집중했어.", "12개 중 6개밖에 못 맞혔네.")(그림 11.7 참조). 엄마가 방을 나간 후 과제를 지속하게 했을 때, 중국 아동은 성취에 더 큰 성장을 보였다(Ng, Pomerantz, & Lam, 2007).

성취지향적 접근방식 촉진 귀인연구에 따르면, 때때로 성인들의 선의의 메시지가 아동의 능력을 훼손하기도 함을 알 수 있다. **귀인재교육**(attribution retraining)이라는 개입을 통해 학습된 무기력에 빠진 아동이 노력을 배가함으로써 실패를 이겨 낼 수 있도록 격려하였다. 먼저 아동들에게 실패를 할 수밖에 없는 어려운 과제를 주고 자신의 귀인을 교정하도록 도와주는 반복적인 피드백을 제공하였다. "좀 더 노력하면 넌 할 수 있어." 아동들이 성공한 후, 자신의 성공이 기회보다는 능력과 노력, 모두로 인한 것임을 알려 주는 추가적인 피드백을 제공하였다. "너는 정말로 그것을 잘하는구나.", "너는 정말 열심히 노력했구나." 또 다른 접근방법은 노력을 덜 하는 학생들에게 점수에 초점을 두거나 반 친구와 비교하기보다는 개인적인 수행 향상에 초점을 두도록 격려하였다(Hilt, 2004; Horner & Gaither, 2004; Yeh, 2010). 효과적인 전략과 인지적 자기조절을 가르치는 것도 이 분야의 발달적 손실을 회복하고 새로운 노력이 성과를 가져올 것임을 확신시키는 데 매우 중요하다(Borkowski & Muthukrisna, 1995; Wigfield et al., 2006).

귀인재교육은 아동이 자신에 대한 관점을 변화시키기 어려워지기 전에 가능한 한 빨리 시작하는 것이 효과적이다. 낮은 학문적 자아존중감을 지닌 학령기 아동의 숙제를 부모가 도와줄 때, 성취 지향적 방식을 자주 사용하면 학문적 능력, 어려운 과제를 열심히 노력하여 해결하려는 의지, 6개월 뒤 긍정적 정서감 등을 획득하였다(Pomerantz, Ng, & Wang, 2006). '적용하기'에 요약된 전략은 학습된 무기력을 방지하는 데 도움이 된다.

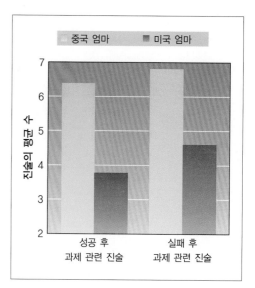

그림 11.7 **4학년 아동의 퍼즐 과제에서 자녀의 성공과 실패에 대한 중국과 미국 엄마의 과제 관련 진술**

관찰 결과, 자녀가 성공했느냐 실패했느냐와 무관하게, 중국 엄마는 미국 엄마보다 자녀가 많은 노력을 기울였음을 확신하는 데 목적을 둔 과제 관련 진술이 많았다.

출처 : Ng, Pomerantz, & Lam, 2007.

정체성 형성 : 나는 누구인가

청소년들의 잘 조직화된 자기기술과 자아존중감의 변별은 정체성 형성을 위한 인지적 기초를 제공한다. **정체성**(identity)은 정신분석학자인 Erik Erikson(1950, 1968)에 의해 처음 알려졌으며, 이는 주된 성격 형성의 과정으로 생산적이고 만족스러운 성인이 되기 위한 절대적인 과정이다. 정체성을 형성한다는 것은 나는 누구인지, 나의 가치가 무엇인지, 일생 동안 내가 추구하고자 선택한 방향이 무엇인지를 정의하는 것을 의미한다. 한 전문가는 이를 합리적 대리인(agent)—사고에 기초하여 행동하고, 그러한 행동에 대해 책임지며 이를 설명할 수 있는 사람—이라고 하였다

적용하기

학습에 대한 숙달 지향적 접근 촉진하기

과제 제공	의미 있고, 학생들의 다양한 흥미에 반응적이며, 아동들에게 도전적이며 의지를 꺾지 않는 아동의 현재 능력에 적합한 과제 선택하기
부모와 교사의 격려	온정, 유아의 능력에 대한 신뢰, 성취의 가치, 성공에 있어서 노력의 중요성 등에 대해 대화하기
	실패를 극복하려고 최선의 노력을 하는 모델 되기
	(교사의 경우) 부모들과 자주 아동의 노력과 향상을 촉진하는 방법을 제안하는 의사소통하기
	(부모의 경우) 학업 검토하기, 자기조절과 효과적인 지식 책략을 촉진할 수 있도록 비계 설정하기
성취에 대한 평가	비공식적 평가하기, 게시판, 별점, '영리한' 아동에 대한 특권 주기,' 최고'성취에 대한 상 등을 이용한 성공이나 실패를 공개하는 것 피하기
학교환경	목표 달성 및 개별적인 도움을 제공할 수 있도록 소규모 교실을 운영하기
	아동이 서로 도울 수 있는 협력학습과 또래교수를 제공하고, 아동의 향상에 대한 평가를 공개하는 능력별 집단 구성 피하기
	학습양식에서의 개인적이고 문화적인 차이 수용하기
	학습활동을 존중하고 모든 아이들이 학습할 수 있다는 분명한 메시지를 전달하는 분위기 형성하기

출처 : Hilt, 2004; Wigfield et al., 2006.

(Moshman, 2005). 무엇이 자기에 대한 진실이며 실체인지에 대한 탐색은 많은 선택—도덕적 · 정치적 · 종교적 이상뿐만 아니라 직업, 대인관계, 공동체 참여, 인종집단의 소속감 및 자신의 성적 지향성의 표현 등—을 요구한다.

Erikson은 영아기와 아동기의 성공적인 심리사회적 결과는 일관되고 긍정적인 정체성을 향한 길을 마련해 준다고 믿었다(Erikson의 발달 단계는 제1장 참조). 비록 정체성 형성의 씨앗은 초기에 형성되지만 후기 청소년기와 초기 성인기에 이르기까지 청소년은 이러한 과제에 열중하지 못한다. Erikson에 따르면, 복잡한 사회에서 10대들은 정체성 위기(identity crisis)—가치와 목표를 설정하기 전에 대안을 실험하는 일시적 고민기—를 경험한다. 내적 자기성찰의 과정을 거쳐 아동기에 정의했던 자기의 특성을 전환하고, 이러한 특성에 새롭게 출현한 특성, 능력, 참여를 결합해 나간다. 그런 다음, 이와 더불어 일상생활의 다른 역할에서도 동질감을 제공하는 견고한 내적인 핵심을 형성한다. 일단 정체성이 형성되면, 사람들은 초기의 실행과 선택을 재평가함으로써 계속적인 삶을 통해 정체성을 다듬어 간다.

현재 이론가들은 가치, 계획, 우선순위에 대한 질문이 성숙한 정체성을 위해 필요하다는 Erikson의 이론에 동의하지만, 더 이상 이러한 과정을 '위기'로 언급하지 않는다(Kroger, 2005). 실제, Erikson은 청소년의 내적 투쟁을 통해 명확하고 통합된 정체성에 이르는 것이 힘들다고 생각하지는 않았다(Côté, 2009). 대부분의 젊은이에게 정체성의 발달은 정신적 외상이나 혼란을 주기도 하지만, 탐색(exploration)에 이은 참여(commitment)의 과정이라고 보았다. 청소년들은 삶의 가능성을 시험해 봄에 따라 점차 자신과 자신의 환경에 관한 중요한 정보를 모으고, 지속적인 결정을 하게 된다. 이러한 과정을 통해 그들은 조직화된 자기구조를 형성한다(Arnett, 2000, 2006; Moshman, 2005).

Erikson은 부정적인 결과인 정체성 혼미(identity confusion)에 대해 설명하였다. 청소년들의 초기 갈등이 부정적으로 해결되거나 사회가 그들의 능력과 욕구와 일치하지 않는 것으로 그들의 선택을 제한하게 된다면, 이들은 피상적이고 방향성이 없는 것처럼 여겨지며, 성인기의 심리적 도전에 준비되지 않은 것처럼 여겨진다. 다음 장에서 Erikson의 기술과 매우 일치하는 방식으로 자기를 정의하는 청소년에 대해 살펴보도록 하자.

정체성 형성과정

James Marcia(1980)에 의해 고안된 임상적 인터뷰 절차나 간단한 설문을 이용하여, 연구자들은 Erikson 이론(탐색과 참여)으로부터 도출된 탐색(exploration)과 참여(commitment)라는 두 가지 핵심적 기준에 따라 정체성 발달의 과정을 평가하였다. 다양한 결합이 표 11.1에 요약한 네 가지 정체성 상태(identity status)로 나타나는데, **정체성 성취**(identity achievement)는 탐색에 따른 가치, 신념, 목적에의 참여이며 **정체성 유예**(identity moratorium)는 참여에 도달하지 않는 탐색, **정체성 유실**(identity foreclosure)은 탐색 없는 참여, **정체성 혼미**(identity diffusion)는 탐색과 참여 모두의 부족에 의해 특징지어진 냉담한 상태이다.

정체성 발달은 많은 경로를 거쳐 발생한다. 어떤 청소년들은 하나의 상태에 머무르며, 다른 청소년들은 많은 상태의 전이를 경험한다. 그리고 행동양식은 종종 성적 지향, 직업, 종교, 정치 및 다른 세계관과 같은 정체성 영역(identity domains)에 따라 다양하다. 대부분의 청소년들은 10대 중반과 20대 중반 사이에 보다 '낮은' 상태(유실이나 혼미)에서 보다 '높은' 상태(유예나 성취)로 변화하지만, 대부분 안정적인 상태로 머무르며, 어떤 청소년들은 역방향으로 이동한다(Kroger, 2005, 2007; Kroger, Martinussen, & Marcia, 2010). 탐색된 영역의 수와 그들이 검토한 정도는 매우 광범위하다. 거의 모든 청소년은 직업, 밀접한 관계, 가족으로 인해 고민한다. 다른 청소년들은 정치, 종교, 지역사회, 여가시간 참여를 포함하며, 이들 중 일부는 다른 것들보다 정체성의 중심이 되기도 한다.

대학에 다니는 것은 젊은이에게 교육 및 직업선택과 생활양식을 탐구하는 새로운 기회를 제공해 주기 때문에, 대학생들은 잠재적 참여가 집중된 심층적 고려와 재고를 통해 정체성 향상을 향해 나아갈 수 있다(Klimstra et al., 2010; Luyckx et al., 2006; Montgomery & Côté, 2003). 대학 졸업 후, 청년들은 종종 미국평화봉사단(U.S. Peace Corps)과 같은 프로그램을 통한 단기 자원봉사나 여행을 통한 다양한 삶의 경험을 시도해 본다. 고등학교 졸업 후 즉시 직업을 갖는 청소년은 대체로 일찍 자기정의를 확립한다. 그러나 이들은 훈련이나 직업 선택의 기회가 충분하지 않기 때문에 자신의 직업적 목표를 깨닫는 데 어려움을 지닐 경우 장기적 정체성 유실이나 혼미의 위험에 처하게 된다(Cohen et al., 2003; Eccles et al., 2003).

한때, 연구자들은 청소년기 소녀들이 정체성 확립의 과제를 지연하고, 대신 Erikson의 다음 단

표 11.1 네 가지 정체성 상태

정체성 상태	묘사	사례
정체성 성취	이미 대안을 탐색한 정체성 성취 수준의 개인은 자기가 선택한 명확하게 형성된 가치와 목적에 참여한다. 그들은 심리적 복리감, 시간에 따른 동질감, 자신이 어디를 향해 가는지를 아는 느낌 등을 지닌다.	뭔가 더 나은 것이 있다면 자신이 선택한 직업을 기꺼이 포기할 수 있느냐고 물으면, 달라는 "음, 그래, 그러나 정말 그럴까? 난 직업으로서 법학에 대해 오랫동안 열심히 생각해 왔어. 이것이 나에게 적절하다고 확신해."라고 답한다.
정체성 유예	정체성 유예는 '행동양식의 연기 또는 지연'을 의미한다. 이러한 개인은 명백한 참여를 하지 않는다. 그들은 탐색의 과정 중에 있다. 이는 자신의 삶을 안내하는 목적과 가치를 찾으려는 욕구를 가지고 정보를 수집하고 활동을 시도하는 것을 포함한다.	자신의 종교적인 신념에 대해 의심한 적이 없냐고 물으면, 레이먼은 "물론, 지금 그런 것 같아. 신이 존재하는지를 볼 수는 없지만 세상엔 많은 악마가 존재하잖아."라고 말한다.
정체성 유실	정체성 유실의 개인은 대안의 탐색 없이 가치와 목적에 참여한다. 그들은 권위적 인물(보통은 부모나 때때로 교사, 종교적인 지도자, 연인)이 자신을 위해 선택한, 이미 만들어진 정체성을 받아들인다.	정치적 신념을 재고해 본 적이 있냐고 물으면, 힐러리는 "아니, 우리 가족들이 이에 대해 꽤 많이 일치된 의견을 갖고 있어."라고 답한다.
정체성 혼미	정체성 혼미의 개인은 명확한 방향이 부족하다. 그들은 가치와 목적에 참여하지 않을 뿐더러, 적극적으로 이에 도달하려고 노력하지도 않는다. 그들은 대안을 탐색하지도 않을 것이며, 과제가 너무 위협적이고 불가항력적임을 안다.	비전통적인 성역할에 대한 그의 태도를 물으면, 조엘은 "오, 잘 모르겠어. 나에겐 큰 차이가 없어. 난 이걸 받아들일 수도 있고 버릴 수도 있어."라고 답한다.

계인 친밀성 발달에 초점을 둔다고 생각했다. 일부 소녀들은 성이나 가족과 같은 친밀성과 관련한 정체성 영역과 직업적 우선순위 사이에서 보다 복잡 미묘한 사고를 나타내었다. 그러나 모든 남녀 청소년들은 관계에 대한 순수한 친밀성을 경험하기 전에 일반적으로 정체성에 대한 관심을 발달시켜 나간다.

정체성 상태와 심리적 복지

정체성 이론가에 따르면, 유실과 혼미에서 유예와 성취를 향해 나아가는 이들은 다양한 영역이 통합된 잘 조직된 정체성을 형성하게 된다. 결과적으로, 그들은 개인적 연속성과 사회적 연결에 대한 만족감—시간과 상황에 걸쳐 동일한 인물이며, 성인 공동체의 능력 있고 존경받는 구성원이 되는—을 경험한다(Luyckx et al., 2009; Snarey & Bell, 2003). 많은 연구들이 정체성 성취와 유예는 성숙한 자기정의에 이르는 심리적으로 건강한 통로인 반면, 장기적 유실과 혼미는 부적응적이라는 결론을 지지한다.

유예 중인 청소년들이 그들 앞에 놓인 도전에 대해 걱정하지만, 그들이 개인적 선택과 문제를 결정하거나 문제해결을 하기 위해 적극적이고, 정보를 수집하는 인지양식(active, information-gathering cognitive style)을 사용할 때 정체성을 성취한 사람과 유사한 특성을 보였다. 그들은 타당한 정보를 찾고 이를 조심스럽게 평가하며, 자신의 관점을 비판적으로 반영하여 수정한다(Berzonsky, 2003, 2011; Berzonsky & Kuk, 2000). 정체성을 성취했거나 이를 탐색하는 청년은 높은 자아존중감을 지니고, 대안적 사고와 가치에 더욱 개방적이며, 자신의 삶에 대해 자신감을 가지고, 학교와 직업이 자신의 열망을 현실화하는 적절한 통로라고 여기며, 도덕적 사고를 보다 향상시킨다(Berzonsky et al., 2011; Kroger, 2007; Serafini & Adams, 2002). '전환점(turning point)' 내러티브(그들이 자신을 이해하는 데 중요하다고 여기는 과거 사건에 대한 설명)를 요구했을 때, 정체성을 성취한 개인은 보다 미묘한 개인적 통찰력을 포함하고 좋은 결과—개인적 갱신, 향상, 이해—를 낳는 부정적인 생애 사건을 묘사하곤 하였다(McLean & Pratt, 2006).

유실이나 혼미에 빠진 청소년은 정체성 문제에 직면했을 때 수동적이며 적응의 어려움을 갖는다. 유실된 청소년은 독단적이고 유연하지 못한 인지양식(dogmatic, inflexible cognitive style)을 지니며, 의도적인 평가 없이 부모나 타인의 가치나 신념을 내면화하고, 자신의 위치를 위협하는 정보를 거부한다(Berzonsky & Kuk, 2000; Berzonsky et al., 2011). 대체로 이들은 애정과 자아존중감을 위해 자신이 의지하는 사람에 의해 거부당하는 것을 두려워한다. 자신의 가족이나 사회로부터 소외된 몇몇 유실된 청소년은 자신의 과거와 다른 삶의 방식을 무비판적으로 받아들여, 사이비 종교나 다른 극단적인 집단의 구성원이 되기도 한다.

푸드뱅크를 위해 농산물을 수확하는 것은 청소년들이 지역사회의 가치와 목표를 탐색할 기회를 제공하며, 잠재적으로 자신의 정체성 발달에 기여한다.

지속적으로 혼미한 10대는 정체성 발달이 가장 덜 성숙된다. '난 상관없어' 식의 태도를 가질 경우 그들은 전형적으로 개인적 결정과 문제를 다루는 것을 피하는 혼미-회피적 인지양식(diffuse-avoidant cognitive style)을 사용하고, 대신에 자신의 반응을 좌우하는 현재의 상황적 압박을 허용한다(Berzonsky & Kuk, 2000; Krettenauer, 2005). 행운과 숙명에 자신을 맡기고, '대중'이 하는 것은 무엇이나 따르는 경향이 있으며, 단기적인 개인의 기쁨에 초점을 둔다. 결과적으로, 그들은 종종 시간 관리와 학업적 어려움을 경험하고 많은 청년 중 대부분이 반사회적 행동을 하거나 마약 중독에 빠질 위험이 있다(Archer & Waterman, 1990; Berzonsky et al., 2011; Schwartz et al., 2005). 종종 이들은 무감각과 충동성을 지니며 심각한 우울증과 자살의 위험을 지니고 미래에 대한 절망감으로 가득 차 있다.

정체성 발달에 영향을 미치는 요소

청소년 정체성 형성은 개인이나 상황의 변화가 정체성 재구성의 가능성을 열어 주어 생애 전반에 걸친 활기찬 과정을 시작하게 도와준다(Kunnen & Bosma, 2003). 폭넓은 다양한 요소들이 정체성 발달에 영향을 미친다.

성격　앞에서 본 것처럼 정체성 상태는 성격 특성이 그 원인이며 결과이다. 순응적이며 순종적인 청소년과 항상 절대적 진리를 획득할 수 있다고 가정하는 청소년은 정체성 유실일 경향이 높으며, 이기적이고 확신이 가는 것에 대해서도 의심을 품는 청소년은 보다 더 자주 정체성 혼미의 상태에 빠질 가능성이 있다. 호기심 많고 편견이 없으며, 여러 대안들 중에서 합리적인 선택 기준의 사용을 인정하는 청소년들은 유예나 정체성 성취의 상태에 있을 가능성이 더 많다(Berzonsky & Kuk, 2000; Berzonsky et al., 2011; Boyes & Chandler, 1992). 이 유연하고 자기성찰적인 접근방식은 청소년들이 교육적·직업적 목적이나 다른 삶의 목적을 확인하고 추구할 때 많은 도움이 된다.

가족　넓은 세계로 자신 있게 나아갈 수 있도록 가족이 '안전기지'의 역할을 할 때, 10대의 정체성 발달은 향상된다. 모든 인종이 가정에서 부모에게 애착을 느끼며 부모들이 효과적인 안내를 제공한다고 말하지만 자신의 의견을 자유롭게 말할 수 있는 청소년들은 정체성 성취 또는 유예 상태라고 볼 수 있다(Berzonsky, 2004; Luyckx et al., 2006; Schwartz et al., 2005). 유실된 10대는 대개 부모들과의 밀접한 관계를 맺지만 건강한 독립의 기회가 부족하였다. 그리고 혼미 상태인 청소년들은 매우 낮은 수준의 부모 지원과 온정적이고 솔직한 의사소통을 보고하였다(Reis & Youniss, 2004; Zimmerman & Becker-Stoll, 2002).

긍정적 문제해결을 추구하는—자녀에게 의견을 구하고, 해답을 찾기 위해 협력하여 갈등을 해소하려는—부모가 자녀의 자아존중감을 높일 수 있음을 기억하라. 또한 이를 통해 가족관계와 정체성 발달을 지원하는 자율성 간의 균형을 어떻게 촉진할지에 관심을 기울여야 한다(Deci & Ryan, 2002).

또래　학교와 지역사회 활동을 통한 다양한 또래 상호작용은 청소년이 가치와 역할의 가능성을 탐색하도록 격려해 준다(Barber et al., 2005). 그리고 부모처럼 친한 친구도 정체성 발달에 있어 정서적 지지나 지원 모델을 제공하는 안전기지의 역할을 한다. 한 연구에서, 온정적이고 신뢰성 있는 또래관계를 맺고 있는 15세 청소년이 관계에 관한 논쟁—예를 들면, 인생동반자로 무엇을 존중하는지에 대한 생각—에 더 많이 참여하였다(Meeus, Oosterwegel, & Vollebergh, 2002). 또 다른 연구에서, 대학생 친구에 대한 애착은 직업 선택의 과정을 예측해 준다(Felsman & Blustein, 1999).

학교, 공동체, 문화　정체성 발달은 풍부하고 다양한 탐험의 기회를 제공하는 학교와 공동체에 의해서도 좌우된다. 높은 수준의 사고를 촉진하는 수업, 낮은 사회경제적 지위와 소수민족 학생들의 대학 입학을 격려하는 교사나 상담사, 자신의 흥미와 재능과 일치하는 책임 있는 역할을 제공하는 방과후 활동이나 지역사회 활동, 성인들의 실제 직업세계에 청소년을 참여시키는 직업훈련 등은 지원적인 경험을 제공해 준다(Coatsworth et al., 2005; Cooper, 1998).

문화는 정체성 상태 접근방식—개인적 변화에도 불구하고 자기 연속성에 대한 이해를 형성하는 것—에 의해 파악되는 성숙한 정체성의 측면에 강한 영향력을 미친다. 한 연구에서 연구자는 캐나다 원주민과 문화적 다수자인 12~20세 청소년에게 과거와 현재의 자신에 대해 서술하도록 한 후 왜 자신이 같은 연속적인 개인인가에 대해 설명하도록 요구했다(Lalonde & Chandler, 2005). 두 집단은 연령에 따라 보다 복잡한 반응을 나타내었으나 그들의 전략은 다르게 나타났다. 대부분의

적용하기

건강한 정체성 발달 지원하기

전략	설명
온정적이고 편견 없는 대화하기	가치와 목적을 탐험할 수 있는 정서적 지원과 자유를 제공한다.
가정과 학교에서 높은 수준의 사고 촉진을 위한 토론 시도하기	대립하는 신념과 가치 중 합리적이고 신중한 선택을 하도록 격려한다.
방과후 활동이나 직업 훈련 프로그램에 참여할 기회 제공하기	젊은이들이 성인의 실제적 직업세계를 탐색하도록 허용한다.
정체성 문제를 경험한 성인이나 또래와 대화할 수 있는 기회 제공하기	정체성 획득을 위한 모델을 제공하고 정체성과 관련한 문제를 해결하는 방법에 대해 조언해 준다.
타인의 정체성 탐색을 지원하는 모든 영역과 민족적 포용력에 있어 정체성 성취를 촉진하기	민족의 전통을 탐색하는 기회를 제공하고, 존중하는 분위기 속에서 다른 문화에 대해 배운다.

문화적 주류집단 청소년은 개인주의적 접근방식을 사용했다. 그들은 지속적인 개인적 본질(enduring personal essence)의 변화에도 불구하고 동일하게 남아 있는 핵심적 자기를 설명하였다. 반대로 캐나다 원주민 청소년은 끊임없이 변화하는 자기(constantly transforming self)를 강조하는 새로운 역할과 관계로부터 유래한 상호의존적인 접근방식을 취했다. 그들은 자신이 의미 있는 방식으로 어떻게 변화했는지를 설명하는 이야기 맥락 속에서 자신의 삶을 시간과 연결하면서 전형적으로 조리 있는 이야기(coherent narrative)를 하였다.

마지막으로 사회적 압력은 동성애나 양성애 청소년과 인종적 소수 청소년이 안전한 정체성을 형성하는 데 직면한 특별한 도전의 책임을 지니고 있다(제5장 참조).

타인에 대한 사고

다른 사람에 대한 아동의 이해—개인과 특정 사회집단의 구성원으로서 자신의 귀인에 대한 추론—는 아동의 자신에 대한 이해의 발달과 많은 공통점을 지닌다. 이러한 사회인지적 측면도 연령과 더불어 점차 분화되고 조직화된다.

성격으로 사람 이해하기

대인지각(person perception)은 우리에게 친숙한 사람들의 특성에 대해 평가하는 방식을 말한다. 아동의 자아개념과 유사한 방법을 사용하여, 연구자들은 아동에게 그들이 잘 아는 사람에 대해 묘사하도록 요구하여 대인지각을 연구하였다. 예를 들면, 연구자는 "○○가 어떤 사람인지 말해 줄 수 있겠니?"라고 물었다.

자기서술과 마찬가지로 어린 아동의 타인에 대한 서술은 구체적 활동, 행동, 그리고 일반적으로 경험한 정서나 태도에 초점을 두었다. 자아개념에 대한 논의에서 지적했던 것처럼 나이 든 유아는 그들이 잘 아는 사람의 행동과 내적 상태의 일관성을 발견하기 시작한다. 8세경 이들은 성격 특성에 대해 언급한다.

처음에 이러한 표현은 행동과 밀접하게 관련되어 있으며, 함축된 특성으로 구성된다. "그는 항상 사람들과 다투곤 해." 또는 "그녀는 물건을 훔치고 거짓말을 해."(Rholes, Newman, & Ruble,

1990). 이후 아동들은 직접적인 특성을 말하지만 그들은 '좋다', '훌륭하다', '현명하게 행동한다'와 같은 모호하고 정형화된 언어를 사용하게 된다. 점차 날카로운 특성의 묘사—'정직한', '믿을 수 있는', '관대한', '예의 바른', '이기적인'—가 나타나며, 아동은 이러한 특성이 안정적임을 더욱 확신한다(Droege & Stipek, 1993; Ruble & Dweck, 1995).

청소년기 동안, 추상적 사고가 보다 더 잘 이루어짐에 따라 타인의 성격에 대한 추론은 조직화된 성격 묘사에 가까워진다(O'Mahoney, 1989). 결과적으로, 14~16세 사이에 10대들은 그들이 아는 사람에 대한 신체적 특성, 전형적 행동, 내적 성향을 통합한 풍부한 설명을 하게 된다.

사회적 집단 이해하기 : 인종과 민족

성인과 마찬가지로 아동의 대인지각은 사회집단 구성원의 영향을 크게 받는다. 어린 연령의 아동은 사회집단에 대한 고정관념을 획득하기 시작하며, 이러한 고정관념은 개인으로서 사람들을 평가하는 아동의 능력을 쉽게 압도한다.

범주화된 자기와 더불어, 어린 아동도 사람들을 연령, 성별, 인종 등과 같은 지각적으로 뚜렷한 특성에 기초하여 사회집단으로 분류하는 것이 가능하다. 성에 대한 아동의 이해는 제13장에서 자세히 설명할 것이다. 여기서는 인종과 민족에 대한 아동의 개념발달과 관련하여 급증하고 있는 문헌에 초점을 두었다.

대부분의 3~4세 아동들은 그림, 인형, 사람에 대해 '흑인'과 '백인'의 명칭을 사용하는 것처럼 인종과 민족에 기본 개념을 형성하고 있었다(Abound, 2003). 사회적 계층—교육과 직업적 지위—에 대한 척도는 유아들이 이해하기 쉽지 않았지만 그들은 의복, 주거지, 소유물과 같은 물리적 특성에 기초하여 부자와 가난한 사람을 구별하였다(Ramsey, 1991).

학령 초기 동안, 아동은 백인에게 권력과 권위를, 유색인종의 사람들에게 가난과 열등한 지위를 연결지으면서 널리 퍼져 있는 사회적 태도를 흡수하게 된다. 아동이 부모와 친구의 태도로부터 직접 이러한 관점을 획득하는 것은 아니다. 한 연구에서, 학령기 백인 아동이 부모와 친구들의 인종에 대한 태도가 자기 자신과 같으리라고 가정하기는 하지만 태도에 있어 유사성은 발견되지 않았다(Aboud & Doyle, 1996). 아마도 백인 부모들은 그들의 인종적·민족적 사고방식에 대해 아동과 토의하는 것을 꺼리며, 아동도 친구들과 이에 대해 거의 이야기하지 않았다. 아동에게 제한된 정보나 불명확한 정보가 주어지면 이들은 자신의 환경에서 접하는 정보를 가지고 부족함을 채우려고 하며, 그런 다음 자신의 태도에 기초하여 타인의 태도를 추론하려고 하였다.

이러한 생각과 마찬가지로, 연구는 아동이 자신의 주변 환경 속 메시지로부터 집단 상태에 대해 많은 정보를 얻을 것이라고 지적하였다. 이는 학교와 지역사회의 (1) 인종적·민족적 차별과 같은 집단으로 구분된 세계를 표현하는 사회적 맥락, 그리고 (2) 고정관념보다 중립적인 것으로 집단 구분이 제시될 경우에도 명시적 집단 명명에 따른 경험을 포함하고 있다(Bigler & Liben, 2007).

한 실험에서, 여름학교 프로그램에 참여하는 7~12세 아동들이 아동이 입고 있는 티셔츠의 색(노랑과 파랑)에 따라 사회적 집단에 무선배치되었다. 연구자는 교실에 노란색의 낯선 구성원이 보다 높은 지위를 갖는 것—예를 들면, 운동시합이나 철자법 대회에서 더 많이 우승한 것과 같은—으로 묘사된 포스터를 걸어 놓았다. 교사가 좌석배치, 과제 제시, 게시판 전시를 위한 근거로 이를 사용하여 이들의 사회적 지위를 인정했을 때, 높은 지위의 집단에 속한 아동은 다른 집단의 아동보다 자신의 집단을 더 선호하는 것으로 평가하였으며, 낮은 지위의 집단에 속한 아동은 자신의 집단을 덜 선호하는 것으로 평가하였다(Bigler, Brown, & Markell, 2001). 그러나 교사가 사회적 집단 형성을 무시한 경우, 어떤 편견도 나타나지 않았다. 이러한 결과는 어떤 근거—이 경우, 벽에 붙은 포스터의 정보—가 존재하지 않을 때 아동은 고정관념을 형성할 필요를 느끼지 않음을 의미한다. 그러나 권위 있는 인물이 명명하기, 분류하기, 집단을 다르게 다루기 등에 의해 지위체계의 정당함을 인정할 경우, 아동에게는 편협한 태도가 생겨나게 된다.

내집단과 외집단 편견 : 편견의 발달 다양한 서구 국가에서 이루어진 연구들은 5~6세경 백인 아동은 일반적으로 자신의 인종 내 집단을 우호적으로 평가했고 민족 외집단을 덜 우호적으로 또는 부정적으로 평가한다―많은 성인을 특징짓는 편견―고 보고했다. 먼저 내집단 선호성(in-group favoritism)이 나타난다. 아동이 단순히 자기 자신의 집단을 선호하며 자신을 유사한 타인과 일반화한다(Bennett et al., 2004; Cameron et al., 2001). 그리고 성인이 제공한 소수집단이라는 표식이 내집단 선호를 쉽게 도출할 것이라는 것은 명확한 사실이다. 한 연구에서 티셔츠 색에 기초해 5세의 백인계 미국 아동에게 집단 소속을 알려 주고, 집단의 상태에 대해 어떤 정보도 제공하지 않고 다른 집단 구성원을 만나지 못하게 하였다. 이 경우에도 그들은 여전히 내집단 선호를 강하게 표출하였다(Dunham, Baron, & Carey, 2011). 내집단이나 외집단 셔츠를 입은 친근하지 않은 또래의 사진을 보여 주었을 때, 아동은 자신의 집단에 속한 또래를 더 좋다고 하고 그들에게 더 많은 정보를 주었으며, 그들로부터 너그러운 행동을 기대하고, 내집단을 좋아하는 개인적 행동에 대한 편파적인 기억을 갖는 것으로 나타났다.

외집단 편견(out-group prejudice)은 내집단과 외집단 간의 보다 경쟁적인 사회적 비교를 요구한다. 그럼에도 불구하고, 특히 그러한 태도가 환경적인 상황에 의해 촉진될 때, 이들이 인종적 소수집단인 외집단에 대해 부정적인 태도를 획득하는 데에는 오랜 시간이 걸리지 않았다. 백인 지역에 살고 근처의 모두가 백인인 학교에 다니는 캐나다의 4~7세의 백인계 아동에게 백인 아동과 흑인 아동에 속한 것으로 표시된 상자에서 긍정적이고 부정적인 형용사를 분류하라고 했을 때 5세경에 외집단 편견이 나타남을 알 수 있었다(그림 11.8 참조)(Aboud, 2003).

불행히도, 많은 소수인종의 아동은 반대되는 경향을 보였다. 지배적인 다수인종에 긍정적인 특성을, 자신의 집단에 부정적 특성을 사용하는 외집단 선호성(out-group favoritism)을 보였다. 그들은 우세한 다수인종에 대해 긍정적 특성을 사용하였고 그들 자신의 집단에 대해 부정적 특성을 사용하였다. 한 연구에서, 연구자는 5~7세 아프리카계 미국 흑인 아동에게 흑인의 고정관념과 일치하거나 불일치하는 이야기 속에 담긴 정보를 회상하도록 요구하였다. 연구결과, 아프리카계 미국 흑인의 부정적 문화관과 일치하거나 자신의 피부색이 더 밝은 것으로 평가하거나 그래서 백인 다수와 자신을 일치시키려는 아동의 경우에, 편견을 가진 특성을 더 많이 기억했다(Averhart & Bigler, 1997). 마찬가지로, 캐나다의 연구에서도 2~4학년 캐나다 원주민은 백인 캐나다인에 대해 보다 긍정적인 귀인 특성에 대해 기억하고 있었으며, 캐나다 원주민에 대해서는 보다 부정적인 귀인 특성을 기억하였다(Corenblum, 2003). 유색인종의 가치를 절하하는 사회적 맥락은 소수인종 아동이 이러한 믿음을 쉽게 내재화하게 만든다.

그러나 연령과 함께, 아동은 내적 특성에 더 많은 주의를 기울이게 됨을 기억하여야 한다. 복합적인 방법으로 사회적 세계를 분류하는 능력은 학령기 아동으로 하여금 사람들이 '같으면서(the same)' '다를(different)' 수 있음―다르게 보이는 사람들이 생각하고 느끼고 행동하는 것이 다를 필요는 없음―을 이해하게 해 준다(Aboud, 2008). 결과적으로, 소수인종에 대한 부정적 태도의 표현이 감소된다. 7~8세 이후 다수인종과 소수인종의 아동 모두 내집단 선호성(in-group favoritism)을 나타내며, 백인 아동의 외집단(out-group)에 대한 편견은 대체로 약화된다(Nesdale et al., 2005; Ruble et al., 2004). 대부분의 학령기 아동과 청소년은 피부색에 기초하여 또래집단과 학습활동으로부터 타인을 배제하는 것은―불평등과 같은 그런 차별을 평가하는 것―잘못된 것임을 빠르게 표현하기 시작한다(Killen et al., 2002).

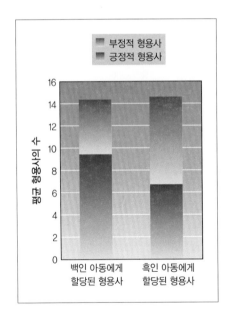

그림 11.8 5세 캐나다 백인 아동의 내집단 선호와 외집단 편견의 표현
백인 아동과 흑인 아동에 속한 것으로 분류된 상자 속에 긍정적·부정적 형용사를 분류하라고 요구했을 때, 5세의 백인 아동은 흑인 아동보다 백인 아동에게 긍정적 형용사(깨끗한, 멋진, 재치 있는 등)를 더 많이 할당하였다 : 내집단 선호의 증가. 5세의 백인 아동은 흑인 아동을 덜 긍정적으로 볼 뿐만 아니라 부정적 형용사(더러운, 버릇없는, 잔인한 등)를 흑인 아동에게 할당하였다 : 외집단 편견의 증거.
출처 : Aboud, 2003.

그럼에도 불구하고 아동은 인종적·사회적 계층에 대한 편견의 정도가 다양하게 나타난다. 다음과 같은 개인적이고 상황적 요인이 중요하다.

- **인성에 대한 고정된 관점.** 사람의 인성 특성은 변화 가능하다기보다는 고정된 것이라고 믿는 아동은 '좋고(good)', '나쁜(bad)' 것으로 사람들을 판단한다. 동기와 상황을 무시하면서, 그들은 제한된 정보에 기초한 극단적인 인상을 쉽게 형성한다. 예를 들면, 그들은 '학교에서 다른 아이들이 자기를 좋아하도록 하기 위해 거짓말을 하는 새로 전학 온 여학생'이 나쁜 아이라고 생각한다(Heyman, Dweck, 1998; Levy & Dweck, 1999).
- **매우 높은 자아존중감.** 매우 높은 자아존중감을 지닌 아동(그리고 성인)은 인종적·민족적 편견을 지닐 것이다(Baumeister et al., 2003; Bigler, Brown, & Markell, 2001). 이렇게 자아도취적인 사람은 자신에게 극단적으로 우호적이지만, 불안정한 자기평가를 정당화하거나 보호하는 소외된 개인이나 집단은 얕잡아 본다. 게다가 자신의 인종이 자신을 특히 '좋게(good)' 느끼게 한다고 말하는—그래서 아마도 사회적으로 우수한—다양한 배경의 아동은 내집단 선호와 외집단 편견을 나타내게 된다(Pfeifer et al., 2007).
- **사람들이 집단으로 분류되는 사회적 세계.** 성인들이 아동들을 위한 집단 구분을 강조하고 가정, 학교, 지역사회에서 가능한 인종 간 접촉이 적을수록, 백인 아동들은 내집단 선호와 외집단 편견을 나타낼 기회가 많아진다(Killen et al., 2010). 예를 들면, 다른 집단과 접촉이 적은 백인 아동은 모호한 상황에서 흑인계 미국 또래가 나쁜 행동(속이기, 훔치기, 타인 괴롭히기 등)을 하는 것으로 해석하는 것과 같이 미묘한 편견의 표현에 매우 취약할 것이다(McClothlin & Killen, 2006).

아동의 편견 감소시키기　연구들은 편견을 감소시키기 위한 효과적인 방법—아동과 성인 모두—을 통해 인종이 다른 개인이 개인적인 친분을 지니거나 권위적인 존재(부모나 교사 같은)와 동일한 지위에서 공통의 목표를 위해 일하고, 상호작용을 통한 집단 간 접촉이 이루어짐을 확인하였다. 다양한 배경과 특성을 지닌 또래와의 협동학습 집단에 배치된 아동들은 자신의 호감도의 표현과 행동에 대한 편견이 낮았다(Pettigrew & Tropp, 2006). 생각과 감정을 가까운 인종 간 친구와 나누는 것은 변화에 매우 저항적인 미묘하면서도 비의도적인 편견을 감소시킬 수 있다(Turner, Hewstone, & Voci, 2007). 협동학습의 긍정적 효과는 이러한 학습집단에 속하지 않은 외부집단의 구성원에게까지 일반화되지는 않는다.

이웃, 학교, 지역사회 집단 간의 장기적 접촉과 협동은 인종적 편견을 감소시키는 데 있어 가장 좋은 방법이다(Rutland, Killen, & Abrams, 2010). 이러한 관점과 마찬가지로 여러 인종으로 구성된 학교에 다니는 5~6세 백인 아동은 일반적으로 외부집단에 대한 긍정적인 태도를 제공해 주는 일상적 경험을 갖게 된다(Aboud, 2003). 아동을 다양한 인종에 노출시키고 인종적 차이를 이해하고 존중하도록 격려하며, 편견과 차별을 불러오는 문제에 대해 직접 설명하고 정의와 공평성의 도덕적 가치를 강조하고 조망수용을 격려하는 교실 환경은 부정적 편견의 형성을 방지하고 이미 획득된 편견을 감소시켜 준다(Pfeifer, Brown, & Juvonen, 2007).

또한 타인의 특성을 적응적인 것으로 여기도록 유도하는 것이 아동에게 도움이 된다. 사람이 자신의 인성을 변화시킬 수 있다고 믿는 아동과 청소년은 타집단에 호감을 나타내며, 같이 시간을 보내고 싶어 하고 자신을 불우한 집단 내 구성원과 유사하게 여기는 경향이 강해진다. 또한 인간 본성의 순응성을 믿는 젊은이들은 도움을 필요로 하는 사람을 돕기 위한 자원봉사—예를 들면, 노숙자에게 음식을 제공하거나 빈곤 유아에게 책 읽어 주기와 같은—에 보다 많은 시간을 보낸다(Karafantis & Levy, 2004). 결국 자원봉사는 젊은이들에게 소외된 계층의 사람들과 같은 처지에 놓인 자신을 생각하게 해 주어 불우한 조건의 자신을 상상하도록 도와주며, 결과적으로 타인에 대한 유연한 시각을 갖도록 도와주고 가난을 이끌어 내는 사회적 조건을 평가하도록 도와준다.

유감스럽게도 1954년 학교에 인종차별금지를 요청한 미국연방대법원의 브라운 대 교육위원회 (Brown v. Board of Education) 결정에도 불구하고, 법원이 인종차별금지의 명령을 파기하고 이러한 권리를 각 주와 시에 부여하자 미국의 학교 통합—1980년대 후반까지 지속적으로 증가되었던—은 극적으로 감소하였다. 현재 대부분의 미국 백인, 흑인, 라틴계 학생들은 동료학생 대부분이 자신과 같은 인종인 학교에 다니고 있다. 백인 학생은 가장 소외된 집단—전형적으로 80%가 백인인 학교에서—이다. 그리고 흑인계 미국인과 라틴계 학생들은 혼합된 인종으로 구성된 학교에 다닐 경우 다른 소수인종도 함께 소속된 학교에 다닌다(Frankenberg, Lee, & Orfield, 2003). 결과적으로 오늘날의 미국 학교는 부정적인 인종이나 민족 편견에 직면하기 위해 요구되는 다양성에 노출될 기회를 제공해 주지 못하고, 대신 편견을 영구화하는 역할을 한다. 인종 간 접촉과 존중을 촉진하는 캐나다의 이념과 정책은 보다 광범위한 학교 통합을 가져왔다. 양 국가에서 원주민 아동(아메리카 원주민과 캐나다 원주민)의 30~40%는 인종이 분리된 학교에 다니는 보호구역에 살고 있다 (Statistics Canada, 2008; U.S. Census Bureau, 2011b).

많은 연구에 따르면 통합된 교실에 참여하는 것—특히 통합이 이른 학년부터 시작될 경우—은 소수인종 학생들에게 높은 성취, 학력, 직업적 열망을 이끌어 낸다(Hanushek, Kain, & Rivkin, 2002). 학교 통합은 젊은이들이 성인으로서 통합된 삶의 가능성을 증가시킨다(Schofield, 1995). 다양한 인종의 학생들이 함께 배우는 환경은 집단 간 편견을 감소시키고 공통되고 통합된 사회적 정체성을 제공한다(Cameron et al., 2006; Dweck, 2009). 게다가 통합된 학교는 학생들에게 사회적 세계에 대해 보다 복잡한 방식으로 생각하도록 자극하고 다양한 관점을 극복하기 위해 노력할 수 있는 기회를 제공한다. 이 장 초반부에 제시한 것처럼, 아동이 타인의 관점을 이해하는 능력—특히, 순환적 사고능력—은 대인관계의 이해와 긍정적인 사회행동에 크게 기여한다.

갈등의 이해 : 사회적 문제해결

아동은 때때로 좋은 친구와도 갈등을 경험한다. 연령과 더불어, 아동은 자신과 또래의 목표가 일치하지 않는 상황을 해결하기 위해 자신과 타인에 대한 통찰력을 필요로 한다. 그러나 대부분의 유아는 분쟁을 생산적으로 다룰 수 있다. 유아 간의 불일치가 적대적인 충돌로 끝나는 경우는 거의 없다. 전반적으로 볼 때, 아동의 친숙하고 협동적인 상호작용과 비교할 때 갈등은 그다지 빈번하게 발생하지 않는다.

그럼에도 불구하고, 또래 간 갈등은 중요하다. 장난감("그건 내 거야!", "내가 먼저 가지고 있었어!"), 놀이의 시작 및 놀이에 대한 통제("나는 너랑 같은 팀이야, 제리.", "아니야 넌 안 돼!"), 그리고 사실, 생각, 신념의 불일치("내가 그보다 커.", "아니, 네가 더 크지 않아!") 등에 대해 분쟁 중인 아동을 관찰해 보면 유아는 갈등을 꽤 심각하게 다룬다. 유아기에서 학령기까지 갈등을 살펴보면, 물질적인 관심에서 심리적이고 사회적인 문제로 이동하고 있음을 알 수 있다(Chen et al., 2001). 제6장에서, 우리는 갈등 자체보다 갈등의 해결이 발달을 향상시킬 수 있음을 강조했다. 사회적 갈등은 아동의 **사회적 문제해결**(social problem solving)—자신에게 유익하면서 타인이 받아들일 수 있는 결과로 끝나는, 불일치를 막거나 이를 해결하는 전략의 산출과 적용—을 위한 반복적인 상황을 제공한다. 사회적 문제해결을 위해, 아동은 다양한 사회적 이해를 결합하여야 한다.

사회적 문제해결 과정

Nicki Crick과 Kenneth Dodge(1994)는 사회적 문제해결의 단계를 그림 11.9에 제시한 순환적 모델로 조직화하였다. 이러한 순서도는 아동이 사회적 문제를 파악하고 이를 해결하기 위해 해야 하는 것이 무엇인지를 정확하게 밝혀 주는, 정보처리적 접근방법(information processing approach)에 기초한다. 이를 통해, 처리과정의 결핍을 밝힐 수 있으며 그래서 개인적 욕구에 맞춘 중재교육을 할 수 있다.

사회적 문제해결은 또래관계에도 같은 영향을 미친다. 또래와 잘 어울리는 아동은 사회적 단서를 정확히 해석하고 관계를 향상시키기 위한 목표를 설정하며(또래에게 도움 되기 등), 효과적인 문제해결 전략의 기술, 예를 들면 공손하게 놀이 요구하기, 또래의 행동을 이해하지 못할 때 설명 요구하기 등의 기술을 지니고 있다. 반면 또래관계에 문제가 있는 아동은 종종 편파적인 사회적 기대를 갖는다. 결과적으로, 그들은 사회적 단서(적대적 행동)에 선택적 주의를 기울이며, 타인의 행동을 그릇되게 해석한다(의도적이지 않은 부딪침을 적대감으로 해석하는 등). 그들의 사회적 목표(충동을 만족시키기, 또래를 뒤쫓거나 피하기 등)는 자주 관계를 손상시키는 전략으로 나타난다(Dodge, Coie, & Lynam, 2006; Youngstrom et al., 2000). 그들은 요청하기보다는 놀이집단에 끼어들고 위협이나 신체적 힘을 사용하며 위협적으로 또래의 주위를 맴돈다.

대체로 유아기와 초기 학령기에 조망수용능력—특히 순환적 사고—을 획득한 결과로 사회적 문제해결력이 크게 향상된다(Carpendale & Lewis, 2006). 다른 아동을 복종시키려고 매달리고, 때리고, 고집부리는 대신에 5~7세 아동은 첫 시도로 해결되지 않으면 대안적 전략을 생각하고 성인의 개입 없이 불일치를 해결하고자 친근하게 설득하고 타협하려고 애쓴다(Chen et al., 2001; Mayeux & Cillessen, 2003). 때때로 새로운 공동의 목표를 제안하고, 현재의 문제해결방식이 미래 관계에 미치는 영향을 알고 있음을 볼 수 있다(Yeates, Schultz, & Selman, 1991). 5세경, 사회적 문제해결의 각 요소가 지닌 정확성과 효과성은 사회적 행동과 연관되어 있다(Dodge et al., 1986).

사회적 문제해결력 향상시키기

사회적 문제해결능력이 취약한 아동의 경우, 몇 가지 방식으로 개입하여 발달을 향상시킬 수 있다. 또래관계를 향상시키는 것 이외에도 효과적인 사회적 문제해결을 통해 스트레스가 많은 일상 사건에 직면했을 때 아동에게 숙달감을 제공해 줄 수 있다. 또한 사회경제적 지위가 낮고 문제가 많은 가정의 아동이 적응문제에 처할 위험을 감소시켜 준다(Goodman, Gravitt, & Kaslow, 1995).

한 개입 프로그램—유아를 위한 대안적 사고능력 향상(Promoting Alternative Thinking Strategies, PATHS)을 위한 교육과정—에서 주별 수업을 통해 아동에게 사회적 문제해결의 요소를 제시하였다. 이야기, 인형, 토론, 역할극 등을 사용하여 그들은 타인의 생각, 감정을 파악하고 일련의 행동을 계획하며 효과적인 전략을 산출하고 가능한 결과를 예측하는 기술을 가르쳤다. PATHS 평가에서 헤드 스타트에서 30회의 수업을 마친 유아가 개입을 제공하지 않은 통제집단의 유아보다 타인의 생각, 감정을 정확하게 읽었고, 사회적 갈등에 만족스러운 해답을 선택하였으며 또래와 언어적으로 협력하고 의사소통하는 데 있어 보다 높은 점수를 받았다(Bierman et al., 2008; Domitrovich, Cortes, & Greenberg, 2007).

그러나 전략을 산출하고 평가하는 것은 사회적 문제해결과정의 한 부분일 뿐이다. Making Choice라고 하는 종합적인 1년 개입 프로그램은 SES가 다양한 3학년생들에게 일상적인 건강 교육과정을 보완하여 그림 11.9에 제시된 사회적 문제해결에 대한 여러 가지 수업을 제공하였다. Making Choice-Plus 조건의 학생들은 개입과 더불어 교사와 가정으로부터 추가적인 강화를 제공하였다. 교사는 긍정적인 학급훈련과 정서조절을 강화하는 데 목표를 둔 활동을 제공하였고, 부모에게 가정에서의 후속 훈련을 위한 여러 가지 제안을 담은 안내문을 제공하였다(Fraser et al., 2005, 2011). SES와 무관하게 개입 프로그램의 아동은—일반 건강교실의 아동과 비교하여—교사가 평가한 사회적 능력이 향상되었고 6개월 후속연구에서 여전히 공격성이 명확히 감소되었다. Making Choice-Plus 조건의 아동은 다양한 사회적 문제해결과정 지식에 대한 이야기 기반 평가에

그림 11.9 사회적 문제해결의 정보처리 모델

이 모델은 아동이 대개 몇 가지 정보처리 활동을 동시에 착수하므로 순환적이다. 예를 들면, 그들은 인지한 정보를 해석하고 타인의 행동이 지닌 의미를 계속 고려하면서 동시에 문제해결전략을 산출·평가한다. 이 모델은 사회정보처리에 대한 정신상태의 영향을 고려하게 해 준다. 특히 아동의 사회적 규칙에 대한 지식, 과거 사회적 경험에 대한 표상, 미래 경험에 대한 그들의 기대 등. 또한 전략을 수행하는 또래평가와 반응은 사회적 문제해결에 있어서 중요한 요소이다.

출처 : N. R. Crick & K. A. Dodge, 1994.

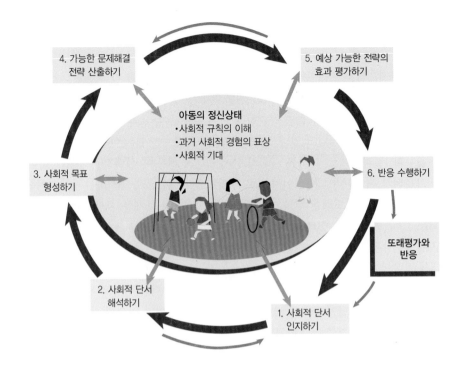

서 높은 성취를 나타내었다.

반응을 표현하도록 훈련은 개입 결과를 강화하였다. 종종 아동들은 효과적으로 사회적 문제를 해결하는 방법을 알고 있지만 이러한 지식을 적용하지 못한다(Rudolph & Heller, 1997). 또한 반복적으로 부적응적 반응을 나타내는 아동은 습관화된 자신의 행동을 극복하고 적응적인 사회적 정보처리 과정을 북돋우어 주기 위한 대안을 연습하여야 한다.

마지막으로, 조망수용과 사회적 문제해결에 목표를 둔 프로그램이 사회적 문제를 지닌 아동을 도와주기 위한 유일한 수단은 아니다. 부모의 부적절한 사회적 기술을 모방이나 비효과적인 자녀 양육 방식으로 인해 강도 높은 가족 개입이 필요하다. 다음 장에서 이러한 주제를 계속해서 다룰 것이다.

주요 용어

귀인(attribution)
귀인재교육(attribution retraining)
기억된 자기(remembered self)
내적 자기(inner self)
대인지각(person perception)
믿음–욕구 마음이론(belief-desire theory of mind)
범주화된 자기(categorical self)
사회인지(social cognition)
사회적 문제해결(social problem solving)
사회적 비교(social comparisons)

성취동기(achievement motivation)
숙달 지향적 귀인(mastery-oriented attribution)
순환적 사고(recursive thought)
실재적 관점(entity view of ability)
욕구 마음이론(desired theory of mind)
일반화된 타인(generalized other)
자기인지(self-recognition)
자아개념(self-concept)
자아존중감(self-esteem)
점진적 관점(incremental view of ability)

정체성(identity)
정체성 성취(identity achievement)
정체성 유실(identity foreclosure)
정체성 유예(identity moratorium)
정체성 혼미(identity diffusion)
조망수용(perspective taking)
지속적인 자기(enduring self)
학습된 무기력(learned helplessness)

'평화는 언젠가 올 것이다'
Nelma Sahinovic, 12세, Bosnia
자비로운 세상에 대한 이 그림
은 작가의 예리한 도덕적 민감
성을 표현하고 있다. 인간 본성.
가족, 또래, 학교 및 문화 모두
는 도덕성의 인지적 · 정서적 ·
행동적 요소에 기여한다.

출처 : 워싱턴 D.C. 국제 아동화 재단의
허락으로 게재

도덕성 발달

인간 본성에 바탕을 둔 도덕성

사회적 규범의 채택으로서 도덕성
- 정신분석 이론과 죄의식의 역할
- 사회학습 이론

■ **문화적 영향**
신체적 체벌 결과에 대한 인종 차이
- '사회적 규범의 채택으로서 도덕성'의 제한점

사회적 이해력으로서의 도덕성
- Piaget의 도덕성 발달 이론
- Piaget 이론의 평가
- kohlberg의 Piaget 이론 확장
- Kohlberg의 단계에 대한 연구
- 도덕성 추론에 성차는 있는가
- 도덕성 추론의 영향
- 도덕성 추론과 행동
- 종교적 참여와 도덕성 발달

■ **사회적 쟁점 : 교육**
시민 책무성 발달
- Kohlberg 이론의 추후 도전
- 도덕성 이해의 영역적 접근

도덕적 자기통제 발달
- 걸음마기
- 아동기와 청소년기
- 개인차

자기통제의 다른 측면 : 공격성의 발달
- 공격성의 출현
- 유아기와 아동 중기의 공격성
- 청소년의 공격성과 비행
- 공격성의 안정성
- 공격적 행동의 훈련 배경으로서의 가족

■ **생물학과 환경**
청소년 비행에 대한 두 가지 경로
- 사회인지적 결핍과 왜곡
- 지역사회와 문화적 영향
- 아동과 부모의 공격성 통제 돕기

■ **문화적 영향**
인종과 정치적 폭력성이 아동에게 미치는 영향

아동은 11세 정도부터 타인의 권리와 감정을 이해하기 시작하는데, 이러한 타인에 대한 인정은 유아기에서 시작되어 오랜 시간이 걸려 완성된다. 그러나 이러한 시작은 그 자체가 매우 중요한 것이다. 놀이친구에게 놀자고 권하는 친사회적 행동은 특별하지는 않다. 2세 말경 자기인식의 출현과 증진된 표상능력의 동반은 또 다른 최고의 성취인데, 유아가 도덕적인 사람이 되는 것이다. 이 시기에 유아는 감정이입, 동정적 배려심이 나타나고(제10장 참조), 자신과 타인의 행동에 대하여 '좋다, 나쁘다' 평가하기 시작한다(제11장 참조). 유아의 인지와 언어가 발달되고 사회적 경험이 확장되면서, 11세경에는 강한 정서가 동반된 정교한 도덕적 사고의 표현이 증가하게 되지만 때로는 도덕적 위반이 증가하기도 한다.

모든 문화권에서 도덕성은 올바른 행위에 대한 규율을 명시하여 모든 것에 우선하는 사회적 조직을 앞서게 하는 것이다. 동시에, 도덕성은 심리학적 구조의 각 주요 측면의 뿌리가 된다.

- 도덕성은 정서적 요소를 갖고 있다. 감정은 타인의 비탄에 감정이입을 하는 원인이 되거나 혹은 우리가 이러한 비탄의 원인이라는 것에 죄책감을 느끼게 되는 것이다.
- 도덕성은 중요한 인지적 요소도 갖고 있다. 유아의 사회에 대한 이해력의 발달은 유아 자신이 옳고 틀리다고 믿는 행동에 대해 심오한 판단을 하도록 한다.
- 도덕성은 핵심적인 행동적 요소를 갖고 있다. 도덕성과 관련된 사고와 감정의 경험은 오직 가능성만을 증가시키며 도덕성을 보증하지는 않는데, 이는 그에 동반된 행동을 할 수 있어야 하기 때문이다.

전통적으로 도덕성의 이러한 세 가지 측면은 각각 분리되어 연구되었다. 생물학과 정신분석학 이론은 도덕적 사고의 정서, 인지발달 측면에 초점을 두고, 사회학습 이론은 도덕적 행동에 초점을 두었다. 오늘날 많은 연구들은 이 세 측면의 상호 관련성을 밝히고자 한다. 그러나 여전히 주요 이론들은 무엇이 우선인지를 동의하지 않고 있다. 이론이 강조하는 측면은 어떻게 도덕성 발달의 기본적 경향을 개념화하는지, 즉 피상적이며 외현적으로 통제된 반응에서 내재적 기준 혹은 도덕적 이해력에 기본을 둔 행동으로의 전환에 주요 이론을 적용하는지에 대한 것이다. 사실상, 도덕적 개인은 사회와의 일치 혹은 권위적 인물의 기대를 위하여 옳은 일만 하는 것은 아니나. 내신에 이들은 광범위하고 다양한 상황에서 따르게 되는 좋은 행동으로서 온정적 배려와 이상을 발달시키게 된다.

도덕성 발달에 대한 논의는 최근 연구의 기초로서 언급된 이론들의 강점과 제한점에 초점을 부각하는 것으로 시작하고자 한다. 그다음, 자기통제(self-control)와 관련된 중요성을 고려하여 보고자 한다. 행하고자 하는 무엇인가를 행하는 것으로부터 자기를 지키는 개인적 결심의 발달은 도덕적 수행을 행동으로 전환시키는 데 결정적 요인이다. 또한 자기통제의 다른 측면인 공격성의 발달에 대해서도 논의하고자 한다. ■

인간 본성에 바탕을 둔 도덕성

1970년대에, 인간의 사회적 행동에 대한 생물학적 이론들은 많은 도덕성 관련 행동과 정서가 인간 진화 역사의 뿌리라고 제안하고 있다(Wilson, 1975). 이 견해는 동물행동학자들의 연구에 의해 지지되었는데, 이들은 동물들이 때로는 개체적 위험을 무릅쓰고 자기 종의 다른 구성원들을 돕는 것을 관찰하였다(Lorenz, 1983). 예를 들어 개미, 벌, 흰개미 들은 자기희생의 극단을 보여 준다. 많은 수의 개체들이 벌통을 위협하는 동물을 쏘거나 물기도 하는데, 종종 결과적으로 자신의 죽음을 부르는 전쟁 같은 반응이다. 가구에 손상을 입히거나 실내에 배변을 해서 주인의 금지사항을 어긴 개들은 비탄 혹은 복종의 형태로 강한 후회를 표현한다.

영장류 중에서 침팬지(유전적으로 인간에 가장 가까운)는 도덕성과 같은 규칙을 따르는데, 이 규칙들로 집단 구성원들은 상호 강요를 하게 된다. 예를 들어, 수컷이 암컷을 습격할 때, 예리한 송곳니의 사용을 피한다. 만일 수컷이 암컷 한 마리에게 상처를 입히면, 전체 집단은 분노의 울부짖음으로 함께 반응하며, 때때로 암컷의 무리가 공격자를 쫓아 버리는 행위가 뒤따른다(de Waal, 1996). 침팬지들은 또한 상호 호의적 감정을 주고받으며, 서로 관대하게 돌보고, 자기에게 동일하게 행동하는 침팬지들과 음식을 공유한다. 그리고 친절하고 위로하는 행동을 한다. 어린 침팬지들은 때로 두렵고 상처 입은 동료를 진정시켜 주고, 성인 암컷들은 아기 침팬지가 어미를 잃었을 때 입양을 하기도 한다(Goodall, 1990). 더 나아가, 육체적 싸움을 한 직후 서로 싸운 침팬지들은 포옹하거나 악수하거나 보듬어서, 자신들의 장기적 관계를 복원하려는 가시적인 노력으로 우호적 행위를 강화한다(de Waal, 2001, 2006). 이러한 증거에 기초하여, 연구자들은 진화는 인간의 도덕적 행동과 유사한 생물학적 기반의 규정을 만들었다고 추론하고 있다.

도덕성을 위한 다양한 기반이 형성되었어도, 감정이입, 돌봄, 자기희생(앞서 제시된 예)이 가장 중요하다(Haidt & Kesebir, 2010). 다른 종에서는, 대부분의 이러한 행동은 가족집단 내에서 나타나며, 가족 구성원은 일반적으로 번식에 대한 관심을 갖고 있다. 인간, 역시, 가족 구성원의 지원, 즉 유전적 관계 증진을 강화하고, 생사가 걸린 상황에서 특히 강해지도록 도와주는 것으로 편중되어 있는데, 목숨을 구하기 위하여 화재가 난 건물에 뛰어들거나 신장의 이식을 위한 기증과 같은 행동이다(Neyer & Lang, 2003). 그러나 인간은 또한 동족이 아닌 사람을 위한 희생과 같이 필적할 수 없는 능력을 가지고 있는데, 즉 인간은 공동체 안에서 도움이 필요한 사람 돕기, 자비를 위하여 관용을 베풀기, 위급 시 타인을 돕기, 전시에 조국을 위하여 목숨을 걸면서 시간과 노력을 투자하게 된다(Becker & Eagly, 2004; Van Lange et al., 2007).

진화 이론가들은 우리의 독특한 능력인 유전적으로 낯선 사람에 대한 친사회적 행동은 그 기원이 수백만 년 전의, 진화 역사의 95%를 차지하는 친족과 친족이 아닌 둘 다가 포함된 작은 수렵채집 무리 안에서 시작되었다고 추정하고 있다. 이기주의(집단의 기능을 쉽게 손상시킬 수 있는)를 제한하기 위하여, 인간은 사회적 교환관계의 비공식적인 체계를 발전시켰는데, 인간은 타인에게 자비롭게 행동하며, 이것은 타인이 미래에 자신들에게 똑같이 할 것이라는 기대를 갖고 행동하는 것이다. 이러한 상호 교환(앞서 언급한)은 다른 종들에게서도 나타나며, 특히 영장류에게 나타나지만, 영장류에게 훨씬 더 일반적이고, 다양하며, 인간에게 가장 발달되어 있다(Van Vugt & Van Lange, 2006). 자발적으로 타인을 돕고 자기희생에 참여하는 집단의 많은 구성원의 의지는

침팬지들은 음식 공유와 같은 도덕성의 규칙을 따르며, 서로 이러한 규칙을 강요한다. 이에 대해 연구자들은 침팬지가 인간의 도덕적 행동과 유사한 생물학적인 기반을 갖고 있다고 추정한다.

대다수의 생존과 번식을 보장하여 준다. 이러한 조건하에, 이타주의를 기르는 특성은 자연적 도태과정으로 진행되며, 차세대로 이어지면서 현격한 특성이 된다.

수렵채집 집단에서 다른 동족들에게 친사회적으로 행동하는 인간의 특별한 능력은 수백만 년 전에 비롯된 것으로 보인다. 탄자니아의 Hadza 채집인들은 천막에 있는 가족들에게 나누어 주기 위해서 딸기와 같은 열매를 딴다.

유전자가 어떻게 사회집단과 종의 생존을 지지하는 행동들에 영향을 미칠 수 있는가? 많은 연구자들은 사전에 배선된 정서적 반응들이 개입된다고 믿고 있다(de Waal, 2006; Haidt, 2001, 2003; Hoffman, 2000; Trivers, 1971). 제10장에서 신생아들이 다른 아기의 울음을 들으면 우는 것은 감정이입의 전조의 가능성으로 본다. 그림 12.1과 같이, 6개월 된 영아의 손을 뻗는 행동은 개인의 선호를 전하는 것이며, 이는 타인을 막으려는 사람을 도와주는 것으로 어린 시기에 나타나는 태도로 연구자는 추정하고 있다(Hamlin, Wynn, & Bloom, 2007). 2세가 되는 걸음마기 영아는 명확한 공감적 배려를 보이며, 또한 자기의식적 정서를 경험하기 시작하는데, 이는 사회적 기대에 대한 민감성을 크게 향상시키게 된다.

연구자들은 대뇌피질의 전두엽(ventromedial area, 콧대 바로 뒤쪽에 위치한 복내측 영역과 눈 주위에 위치한 안와전두 영역)이 타인의 고통과 자기의 비행에 대한 정서적 반응성의 핵심임을 확인하였다. 전두엽의 기능은 유아의 증가된 공감적 배려에 앞서 생후 2년 동안 향상된다(제5장 참조). 더욱이 이 영역에 손상을 입은 성인들은 무언가를 느끼기는 하지만, 인간에게 극단적인 위해를 가하는 영상에 부정적인 반응을 나타내지 않는다. 그리고 이들은 다른 사람보다 사회적 규범의 순응에 대한 배려를 덜 하게 된다(Damasio, 1994; Eslinger et al., 2007; Moll, de Oliveira-Souza, & Zahn, 2009). 조기에 뇌의 복내측 영역과 안와전두 영역의 손상이 일어나면, 사회적 학습을 심각하게 붕괴시켜 극단적인 반사회적 행동을 초래한다(Anderson et al., 1999; Eslinger, 1998). 더 나아가, 뇌전도(EEG)와 기능적 자기공명영상(fMRI) 연구에서 일말의 감정이입이나 죄책감 없이 타인에게 위해를 가하는 사이코패스(psychopath)들은 대뇌 영역의 활동이 감소된다는 것을 밝히고 있다(Raine, 1997).

인간의 정교한 반사경 뉴런계(mirror neuron system)도 감정이입 반응을 지원한다고 믿고 있다(제4장 참조). fMRI의 증거는 자신이 경험한 고통과 고통에 대한 타인의 얼굴 반응의 관찰이 대뇌

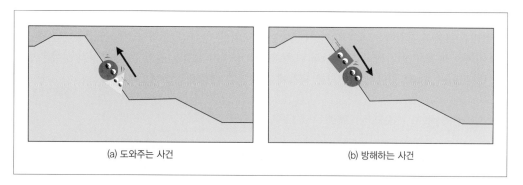

| (a) 도와주는 사건 | (b) 방해하는 사건 |

그림 12.1 영아는 타인을 방해하는 이를 도와주는 사람들을 좋아한다.

연구자들은 6개월과 10개월의 영아들에게 반복적으로 경사로를 오르려고 하는(빨간 원) 장면에 노출되도록 하였다. 세 번의 시도 후에, 영아들은 도와주는 사건과 방해하는 사건의 교차적 상황, 즉 (a) 도움을 주는 것(노란 삼각형)이 올라가는 것을 뒤에서 밀어주면서 도움을 주는 것, 또는 (b) 방해하는 것(파란 사각형)이 올라가는 것을 경사로 아래로 밀어내는 것을 보았다. 그런 다음 영아들은 도움을 주는 것과 방해하는 것 중에서 하나를 선택하라고 격려 받았다. 6개월인 영아 100%와 10개월인 영아 88%라는 압도적인 대다수는 도와주는 것에 손을 뻗었다. 그러나 다른 사람들은 초기 6개월 동안의 사회적 경험은 많은 유의미한 학습 기회를 제공한다고 주장하였다.

출처 : J. K. Hamlin, K. Wynn, & P. Bloom, 2007, "Social Evaluation by Preverbal Infants," Nature, 450, p. 557. Copyright © 2007, Rights Managed by Nature Publishing Group. Reprinted by permission from Macmillan Publishers Ltd.

피질에 있는 대응 영역을 활성화한다고 제시하고 있다(Botvinick et al., 2005). 심지어 타인이 경험한 고통의 강도는 관찰자의 감정이입에 대한 자기보고와 정적 상관을 보이는 반응으로 상승된 대뇌피질 활동을 반영하고 있다(Budell, Jackson, & Rainville, 2010; Saarela et al., 2007).

그러나 대부분의 다른 인간행동들과 같이 도덕성은 생물학적 기반에 의하여 완벽하게 설명할수 없다. 제10장에서 자부심, 죄책감, 감정이입, 동정심과 같은 도덕성과 관련된 정서의 발달을 위하여 강력한 보살핌이 필요하다고 지적하고 있다. 그리고 이러한 정서의 성숙한 표현은 인지발달에 의존하고 있다. 더 나아가, 정서가 도덕적 행동의 하나의 기초가 되어도 감정이입적 감정을 따르는 것이 항상 도덕적인 것은 아니다. 예를 들어, 의사의 진료 시 병든 유아의 두려움과 걱정에 대한 공감으로 부모가 의사의 진료를 받지 않는다는 결정을 한다면 우리는 대부분 부모의 행동에 의문을 제기할 것이다.

여전히 생물학적 관점은 도덕성의 적응적 가치를 다시 생각하도록 한다. 집단생활에 대한 요구로 인해, 인간은 자기중심적 동기에 대항하고 타인에 대한 배려를 증진하는 뇌 기반의 도덕성 기질을 진화시켜 왔다.

사회적 규범의 채택으로서 도덕성

정신분석 이론과 사회학습 이론의 두 관점은 유아들이 어떻게 도덕적 존재가 되는지에 대해 각기 다른 설명을 제공하고 있다. 그러나 두 관점은 모두 **내면화**(internalization)의 문제로서 도덕성 발달을 간주하고 있으며, 이것은 옳은 행동을 위한 사회적 기준의 채택이다. 다시 말해서, 도덕성이 어떻게 사회에서 개인으로 옮겨 가는지, 즉 유아들이 어떻게 사회 집단 구성원들에 의하여 폭넓게 유지되는 선행을 위한 규범이나 규정들을 습득하는가에 초점을 두고 있다.

두 이론은 여러 요인들이 공동적으로 유아들의 사회관습적 기준을 채택하려는 의지에 주는 영향을 밝히고 있다.

● 부모의 훈육양식, 즉 비행(misdeed)의 유형에 따른 다양한 훈육양식
● 연령과 기질을 포함한 유아의 특성
● 부모의 특성
● 비행과 부모 요구의 분별성에 대한 유아의 견해

이러한 목록이 지적하는 바와 같이, 내면화는 유아와 양육 환경 내 영향들의 연합에 의한 결과이다. 이러한 과정이 잘 진행되면, 외부적 힘은 유아의 긍정적 성향은 길러 주고, 부정적 성향은 반감시킨다(Turiel, 2006). 다음에서 이러한 생각에 관한 많은 예들을 살펴보고자 한다.

정신분석 이론과 죄의식의 역할

제1장에서 언급되었던 Sigmund Freud에 의하면 도덕성은 3~6세 사이에 출현하는데, 이 시기는 유명한 오이디푸스/엘렉트라 콤플렉스(Oedipus/Electra conflicts)가 생기는 시기이다. 유아들은 이성의 부모를 소유하려는 욕구를 가지고 있지만, 체벌과 부모 사랑의 상실에 대한 두려움을 갖기 때문에 이 욕구를 포기하게 된다. 자기 부모의 애정을 유지하기 위하여, 유아는 동성 부모와의 **동일시**에 의하여 초자아 혹은 양심을 형성하는데, 동성 부모의 도덕적 기준을 자신의 성격으로 받아들이게 된다. 마침내, 유아들은 도덕적 기준에 동반된 강한 정서를 내면화하기 위한 사고를 하게 된다. 유아들은 동성 부모를 겨냥했던 이전의 적대감을 자기 자신에게로 돌리며, 내면화된 적대감은 유아가 초자아에 불복종하는 매 시간 죄책감에 의한 고통스러운 감정을 이끌게 된다(Freud,

1925/1961). Freud에 의하면, 도덕성 발달은 아동 중기의 초자아 강화와 더불어 5세와 6세경에 대부분 완성된다.

오늘날, 대부분의 연구자들은 양심의 발달에 대한 Freud의 설명에 동의하지 않는다. 첫째, 죄책감을 자기에 대한 우회적인 적대적 충동으로 보는 Freud의 견해는 더 이상 수용되지 않는다. 대신에, 학령기 아동은 수용할 수 없는 행동에 의도적으로 개입하고, 결과에 대한 개인적인 책임감을 느낄 때 죄책감을 경험하게 된다(제10장 참조). 둘째, Freud는 처벌과 부모 사랑의 상실에 대한 두려움이 양심 형성을 자극한다고 추측한다. 그러나 위협, 명령, 물리적 힘을 빈도 높게 사용하는 부모의 유아들은 기준을 위반하는 경향이 있으며, 죄책감을 거의 느끼지 않는다. 반면, 부모의 온정과 민감성은 위반에 대해 더 많은 죄책감을 느끼게 하는 것으로 보고 있다(Kochanska et al., 2002, 2005, 2008). 그리고 만약 부모가 사랑을 철회하면, 예를 들어 유아에게 말하기를 거부하거나 유아에게 싫다고 말하면, 유아는 종종 비행을 한 후에 높은 수준의 자기비난으로 반응하게 된다. 유아는 '나는 나빠' 혹은 '아무도 날 사랑하지 않아'라고 생각할 수도 있다. 결국 이러한 유아는 압도적인 죄책감으로부터 자신을 방어하기 위하여, 정서의 부정을 할 수 있으며, 결과적으로 취약한 양심을 발달시키기도 한다(Kochanska, 1991; Zahn-Waxler et al., 1990).

교사는 한 유아에게 또래가 받은 고통에 대해 주목하며, 남아의 잘못된 행동이 다른 유아에게 어떤 영향을 미치는지에 대해 설명하고 있다. 귀납적 훈육은 친사회적 행동을 촉진시키는 감정이입과 동정적 배려를 조장한다.

귀납적 훈육　대조적으로, 양심의 형성은 귀납적 훈육으로 부르는 훈육의 형태에 의하여 조장되는데, 이러한 **훈육**(induction)은 성인이 다른 유아에 대한 유아의 비행행동의 결과를 지적한다. 특히 타인의 고통을 알려 줄 뿐 아니라 유아가 고통의 원인이 된다는 것을 명확히 제시함으로써, 유아가 타인의 감정을 느끼도록 돕는 것이다. 예를 들면 유아기 말에, "친구에게 소리 지르지 마. 그러면, 그 친구가 슬퍼하잖아. 그 친구는 너를 도우려고 했어."라고 부모들은 유아의 행동이 왜 부적절한지, 타인의 의도를 참조하여 설명할 수 있다. 그리고 추후 인지적 발달과 함께 좀 더 미묘한 심리적 설명을 제시할 수 있다. 즉, "그 친구는 자기 탑을 자랑스럽게 느끼고 있어. 그런데 네가 그걸 무너뜨려서 그 친구의 감정을 상하게 한 거야."(Hoffman, 2000)

일반적으로 온화한 부모들이 유아가 듣고 동의한 강한 주장에 대해 유아의 이해능력에 맞는 설명을 제공하는 한, 귀납적 훈육은 2세 정도에도 효과가 있다. 한 연구에서 귀납적 추론을 사용하는 부모의 유아는 비행을 수습하는 경향이 더 높다. 귀납법을 경험한 유아는 또한 좀 더 친사회적인 행동을 보이는데, 자발적으로 포옹하고, 장난감을 주고, 고통이 있는 다른 유아에게 언어적 동정심을 표시한다(Kerr et al., 2004, Volling, Mahoney, & Rauer, 2009; Zahn-Waxler, Radke-Yarrow, & King, 1979).

귀납적 훈육은 높은 연령에서 더욱 효과적이다. 한 연구에서, 귀납적 훈육(강한 주장과 사랑이 철회된 것과는 반대로)을 시행하였다고 보고된 청소년들이 많을수록 그들의 **도덕적 정체성**(moral identity), 즉 도덕적 가치에 대한 지지(공평, 친절, 관용과 같은)는 더욱 강해진다(Patrick & Gibbs, 2011). 청소년들은 또한 더 많은 죄책감과 감정적인 수용에 대한 귀납적 훈육에 반응하며, 자주 귀납적 훈육을 공평하고 적절한 부모의 반응이라고 바라본다. 기대에 대한 실망(10대의 더 높은 도덕적 규범능력의 강조)의 어머니 표현은 귀납적 훈육과 동시 발생하는 경향이 있으며 또한 도덕적 정체성의 예측에 기여하고 있다.

귀납적 훈육의 성공은 다음에 제시된 도덕적 기준에 대한 유아의 적극적 수행을 계발하는 힘 속에 놓여 있다.

● 귀납적 훈육은 유아에게 행동하는 방법을 알려 주어, 유아가 이 정보를 미래 상황에 사용할 수 있게 한다.

● 다른 유아들에 대한 유아 행동의 영향을 지적하여, 부모는 감정이입과 동정적 배려를 격려하고, 친사회적 행동에 귀납적 정보의 사용이 동기 유발되도록 한다(Krevans & Gibbs, 1996).

● 유아의 행동 변화를 위한 이유를 제공하여 부모 기대의 적절성을 판단하도록 하여, 다시 유아들이 이해하는 기준을 채택할 수 있도록 지원하게 된다.

● 귀납적 훈육을 지속적으로 경험한 유아는 타인을 해치는 것의 부정적인 정서적 결과에 대한 대본(script)을 갖게 된다. 즉 유아가 해치는 원인이며, 귀납적 메시지가 해친 것을 지적하며, 유아가 희생자에게 감정이입을 느끼며, 유아가 보상을 한다는 것이다(Hoffman, 2000). 이러한 대본은 미래의 위반행위를 억제하게 된다.

● 공평함으로 훈육을 보는 유아와 청소년들은 부모의 메시지를 듣고, 수용하고, 내면화하게 된다(Bugental & Grusec, 2006). 그리고 10대들이 자신의 자기묘사(self-description)에서 도덕적 자질에 대한 언급이 증가되면(제11장 참조), 기대에 대한 실망의 부모 표현은 어린 개인의 행동과 자기정의(self-definition) 간의 간격을 상승시켜 귀납적 훈육의 효과는 강화될 수 있다.

대조적으로, 처벌이나 사랑의 철회로 위협하는 지나치게 의존적인 훈육은 유아가 명확히 자신이 하여야 할 일을 알아내기에 충분한 생각을 할 수 없도록 너무 높은 수준의 공포와 걱정을 만들어 낸다. 결과적으로, 이러한 실제 경험은 유아가 도덕적 규준을 내면화하지 못하고, 이전에 언급했던 것처럼, 감정이입과 친사회적 반응을 방해한다(Eisenberg, Fabes, & Spinard, 2006; Padilla-Walker, 2008). 그럼에도 불구하고, 경고, 불인정, 명령은 방종하는 유아에게 귀납적 메시지를 듣게 하는 데 필수적이기도 하다(Grusec, 2006).

유아의 기여   좋은 훈육이 양심의 발달에 중요하지만, 유아의 특성도 성공적인 부모 양육기술에 영향을 준다. 제10장의 예를 들면, 감정이입은 유전에 의하여 중간 정도의 영향을 받는다. 좀 더 감정이입적인 아동은 권력을 덜 주장하고, 귀납적 훈육에 좀 더 반응적이다.

기질 또한 영향력을 미친다. 온화하고 인내심 있는 전략인 요청, 제안, 설명은 겁먹고 불안해하는 유아의 죄책감과 양심의 발달을 증진하기에 충분하다(Kochanska et al., 2002). 대조적으로, 겁이 없고 충동적인 유아에게 부드러운 훈육은 거의 효과가 없다. 강력한 주장도 유아의 의도적인 통제의 능력을 훼손하여 거의 작용하지 못하는데, 이러한 능력은 도덕적 내면화, 감정이입, 동정, 친사회적 행동을 강하게 예측한다(Kochanska & Aksan, 2006; Kochanska & Knaack, 2003). 충동적인 자녀의 부모들은 안정된 애착을 촉진하는 온화하고 다정한 관계를 형성함으로써, 그리고 비행행동에 대한 확실한 교정과 귀납적 훈육을 조화시켜 양심발달을 조성할 수 있다(Kochanska, Aksan, & Joy, 2007). 유아의 불안이 너무 낮아서, 부모의 개입이 유아에게 불안감을 없애는 원인이 된다면, 친밀한 부모와 유아의 결속은 도덕성의 대안적 기초를 제공한다. 이것은 유아들에게 부모의 귀납법에 귀를 기울이고 애정 어린 지원관계를 보존하는 수단으로서 부모가 정한 규칙들을 따르도록 자극한다.

요약하면, 초기 도덕발달을 위하여 부모는 유아의 성격에 훈육전략을 맞추어야 한다. 제10장에서 논의했던 적합성이 기억나는가? 다시 342쪽에서 이러한 내용을 살펴보자.

죄책감의 역할   양심발달에 관한 프로이트식 관념에 대한 지원이 거의 없어도, Freud는 죄책감이 도덕적 행위의 중요한 동기부여자라고 수정하였다. 걸음마기 후반에, 죄책감에 대한 반응이 명확해지고, 타인에 대한 유아의 주장은 부모의 도덕적 목소리 즉 "엄마 목소리를 안 들었니? 이 놀잇감으로 놀이하지 않는 게 좋아."가 내면화되었음을 알려 주는 것이다(Thompson, 2009).

유아의 행동이 희생자의 고통과 번뇌를 야기하며, 부모를 실망시킨다는 설명에 의해 **동정심**에 기초한 **죄책감**(empathy-based guilt, "미안해, 내가 너를 괴롭혔어." 같은 개인적 책임감과 후회의 표현)을 유도하는 것은 강압을 사용하지 않으면서 유아들에게 영향을 미치는 수단이다. 동정심에 기초한 죄책감은 해로운 행위의 금지와 비행으로 야기된 손상을 치료하고, 미래의 친사회적 행동의 개입과 연합되어 있다(Baumeister, 1998; Eisenberg, Eggum, & Edwards, 2010). 동시에, 부모는 유아들이 죄책감을 건설적으로 처리하도록 도와야 하는데, 비도덕적 행동을 최소화하고 용서하기보다는 만회하도록 유아를 지도한다(Bybee, Merisca, & Velasco, 1998).

그러나 Freud의 믿음과 대조적으로, 죄책감은 도덕적으로 행동하도록 강제하는 유일한 힘은 아니다. 그리고 도덕성 발달은 사실상 유아기의 말에 완성된 돌연한 사건은 아니다. 그보다는 점진적 과정으로 유아기에 시작되어 성인기에 확장된다.

사회학습 이론

사회학습 이론의 관점은 도덕성을 발달의 독특한 과정을 지닌 특수한 인간활동으로 간주하지 않고 있다. 그보다는 도덕적 행동이 강화와 모델링을 통하여 여타의 반응들과 유사하게 습득된다고 하였다.

모델링의 중요성 조작적 조건화(operant conditioning), 즉 승인, 사랑, 보상의 형태를 강화하여 유아들의 '좋은 행동'이 뒤따르게 하는 것은 유아가 도덕적 반응을 획득하는 데 충분하지는 않다. 강화되어야 하는 행동은 먼저 자발적으로 일어나야 한다. 그러나 많은 친사회적 행동인 공유, 도움, 혹은 불행한 놀이 친구의 위로는 유아기의 급속한 발달을 설명할 수 있을 만큼 강화가 처음에 충분히 자주 일어나지 않는다. 대신, 사회학습 이론가들은 유아가 대부분 모델링, 즉 적절한 행동에 대해 시범 보이는 성인을 관찰과 모방함으로써 도덕적인 행동을 학습한다고 믿고 있다(Bandura, 1977; Grusec, 1988). 일단 유아가 진실의 공유나 그에 대한 언급과 같은 도덕적 반응을 획득하면, 행위("그건 정말 잘한 일이야.")와 유아의 성격("너는 아주 친절하고 사려 깊은 아이구나.")을 칭찬하는 형식으로 강화의 빈도가 증가된다(Mills & Grusec, 1989).

많은 연구들은 유익하고 관대한 모델을 갖는 것이 유아의 친사회적 반응을 증가시킨다는 것을 보여 준다. 그리고 모델의 어떤 특성은 유아의 모방 의지에 영향을 준다.

● 다정함과 반응성. 유아들은 냉정하고 거리감 있는 성인보다는 다정하고 반응적인 성인의 친사회적 행동을 더 많이 본뜨려고 한다(Yarrow, Scott & Waxler, 1973). 다정함은 유아가 모델에게 좀 더 주의집중하고 수용적이 되게 하며, 그 자체로 친사회적 반응의 모델이 된다.

● 능력과 힘. 유아들은 능력 있고 강력한 모델을 모방하기 좋아하고 그를 모방하려고 선택하는 경향이 있는데, 그 이유는 유아가 특히 연령이 높은 또래와 성인들의 행동을 본뜨려는 의지가 있기 때문이다(Bandura, 1977).

● 주장과 행동 간의 일관성. 모델의 말과 행동이 다른 경우, "타인을 돕는 것은 중요하다."라고 말하지만 돕는 행위에 거의 참여하지 않으면, 유아들은 일반적으로 성인이 시범을 보이는 행동의 가장 관대한 기준을 선택한다(Mischel & Liebert, 1966).

유아가 충동적이고 불안감이 낮을 때, 안정된 애착관계는 양심발달을 촉진시키게 된다. 유아는 아버지와의 다정하고 지지적인 관계를 유지하기 위해서 아버지의 규칙을 따르길 원한다.

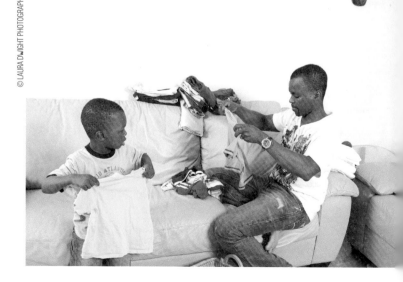

돕기행동의 모델링은 특히 유아기에 영향력이 있다. 이 3세 유아는 아버지의 빨래 개는 시범을 주의 깊게 바라보고 있다.

모델은 유아기에 가장 영향력이 있다. 한 연구에 의하면, 걸음마기 영아의 열정적이고 의지력을 가진 어머니 행동의 모방은 도덕적 수행(게임에서 속이지 않기)과 3세에는 위반에 따르는 죄책감을 예측하고 있다(Forman, Aksan, & Kochanska, 2004). 유아기 말에, 성인의 보호를 지속적으로 경험한 유아는 모델의 존재 여부와 상관없이 친사회적으로 행동하는 경향이 있다. 그 시기에 유아들은 타인의 반복적 관찰과 타인에 의한 격려로부터 친사회적 행동과 좋은 수행 규칙을 내면화하고 있다(Mussen & Eisenberg-Berg, 1977).

처벌의 효과   많은 부모들은 잘못된 행동을 한 자녀들에게 소리 지르고, 나무라며, 엉덩이를 때리는 것이 효과가 없는 훈육전략임을 알고 있다. 유아의 감금과 질책을 위한 심한 비난과 물리적 힘의 사용은 즉각적인 복종이 필요한 경우에 정당화되는데, 예를 들어 3세 유아가 거리로 뛰어들려 할 때와 같은 경우이다. 사실상 부모들은 이런 조건하에서 강력한 방법들을 사용할 가능성이 크다. 그러나 부모들은 유아들이 타인에 대한 친절한 행동과 같은 장기적 목표를 키우려고, 다정함과 추론에 의지하는 경향이 있다(Kuczynski, 1984). 더 나아가 부모들은 종종 거짓말과 도둑질 같은 아주 심각하게 잘못된 행동에 대응하여, 종종 추론과 강력한 주장을 혼합시키기도 한다(Grusec, 2006; Grusec & Goodnow, 1994).

그러나 사용 빈도가 높으면 처벌은 순간적 복종만을 불러오고, 유아행동의 지속적 변화를 증진하지는 못한다. 반복적 비난, 고함, 매를 맞는 유아는 성인들의 시야에서 벗어나는 순간, 용인 불가능한 반응을 재시도할 가능성이 있다. 많은 연구들이 유아가 경험한 거친 위협, 물리적 통제(유아의 물건을 낚아채기, 거칠게 다루기), 신체적 처벌이 강할수록, 유아들은 심각하고 지속적인 정신건강 문제를 더 많이 발달시키게 된다고 주장하고 있다. 여기에는 도덕적 규칙의 취약한 내면화가 포함되는데 유아기와 청소년기의 우울증, 공격성, 반사회적 행동, 부진한 학업 성적, 그리고 성인기의 우울증, 알코올 중독, 범죄성, 그리고 배우자와 자녀학대가 포함된다(Afifi et al., 2006; Bender et al., 2007; Gershoff, 2002a; Kochanska, Aksan, & Nichols, 2003; Lynch et al., 2006).

거친 체벌은 여러 바람직하지 못한 부작용을 일으킨다.

- 부모의 모욕과 엉덩이 때리기는 종종 유아의 공격성에 대한 반응으로서 나타나게 된다(Holden, Coleman, & Schmidt, 1995). 게다가 처벌 그 자체는 공격성의 모델이 된다.
- 거친 취급을 당한 유아는 분노, 분개, 개인적으로 위협받는 존재로서의 만성적인 감각으로 반응하여, 타인의 요구에 대한 동정적인 지향보다 자기고통에의 초점을 자극하게 된다(제10장 참조).
- 빈도 높은 처벌을 받은 유아는 더 갈등을 유발하고, 덜 지원적인 부모−자녀 간의 관계를 형성하며, 또한 처벌하는 부모 회피를 학습하게 된다(McLoyd & Smith, 2002; Shaw, Lacourse, & Nagin, 2005). 그 결과, 이런 성인들은 바람직한 행동들을 가르칠 기회를 거의 갖지 못하게 된다.
- 거친 처벌이 유아들의 잘못된 비행을 일시적으로 멈추게 하는 작용을 하는데, 이것이 성인에게 즉각적인 안도감을 제공하여, 추후 강제적인 훈육의 사용을 강화하게 된다. 결과적으로 처벌을 많이 하는 성인은 시간의 경과와 함께, 더 큰 빈도의 처벌을 가하게 되며, 심각한 학대의 소용돌이로 상승하게 되는 행위의 과정이 되기도 한다.
- 부모의 신체적 처벌, 즉 고통은 가하지만 상해는 없는 물리적 힘의 사용을 경험한 아동, 청소년, 성인들은 이러한 훈육에 좀 더 허용적이다(Deater-Deckard et al., 2003; Vitrup & Holden, 2010). 이런 방식으로 신체적 처벌의 사용은 다음 세대로 전이될 수 있다.

비록 신체적 체벌이 사회경제적 지위의 전 층에서 나타나지만, 빈도와 거침의 정도는 학력이 낮고 경제적으로 빈곤한 부모들 사이에서 더 높아진다(Giles-Sims, Straus, & Sugarman, 1995;

Lansford et al., 2004, 2009). 또한 지속적으로 갈등이 매우 높은 결혼과 정신건강 문제가 있는 부모(정서적인 예민성, 우울감, 공격성)는 더 징벌을 받고, 다루기 힘든 자녀가 되기 쉬우며, 자녀의 반항은 더 높은 부모의 난폭성을 야기하게 된다(Berlin et al., 2009; Erath et al., 2006; Knafo & Plomin, 2006; Taylor et al., 2010). 이런 연구결과는 세습이 처벌적 훈육과 적응의 어려움 간의 연결에 기여한다고 제안하고 있다. 그러나 세습이 완벽한 설명을 제공하지는 않는다. 제3장으로 돌아가서 좋은 부모 양육은 반사회적 행동의 가족 배경을 가진 유아를 반사회적으로 되는 것을 막을 수 있다고 지적하고 있는 부분을 다시 살펴보자. 다른 연구는 부모의 난폭성이 다양한 기질을 가진 유아들의 정서적 · 행동적 문제를 예측하게 한다고 지적하고 있다.

더 나아가, 15개월부터 3세까지 확장된 종단연구에서, 초기의 신체적 체벌이 다양한 기질을 가진 유아의 정서적 행동적 문제를 예측하였다(Mulvaney & Mebert, 2007). 부정적인 결과는 까다로운 기질의 유아에게 더 많이 양산하였다. 다른 종단연구의 결과에서는 신체적 체벌과 유아기 및 청소년기 이후, 더 나아가 자녀 육아 이후에 나타나는 공격성 간의 유사한 상관을 밝히고 있으며, 또한 이들 연구에서는 관계에 의한 가족 특성을 통제한 결과이다(Berlin et al., 2009; Lansford et al., 2009, 2011; Taylor et al., 2010).

인류학적 증거들은 신체적 처벌이 독재 정치적 의사결정과 폭력의 문화가 있는 사회에서 증가한다고 지적하고 있다(Ember & Ember, 2005). 그러나 경제적 복지, 집단 인구의 학력, 집단주의와 개인주의를 포함한 특성이 광범위하게 다른 국가들의 고함, 비난 및 신체적 체벌 사용의 증가는 유아의 불안과 공격성에 정적인 관계를 맺고 있다(Gershoff et al., 2010; Lansford et al., 2005). 신체적 체벌과 유아의 불안 및 공격성 간의 관계는 이 행동을 광범위하게 수용하는 국가에서는 조금 덜 강하게 나타나는데, 그 이유는 아마도 이러한 국가의 부모는 신체적 체벌을 가볍고 덜 충동적 방식으로 적용하기 때문이다. 그러나 부정적인 유아에 대한 결과는 여전히 나타나고 있다.

이런 결과를 고려하면, 북미 부모들에 의한 신체적 처벌의 광범위한 사용은 많은 우려의 원인을 제공한다. 미국의 국가적 대표 연구대상의 조사에서 신체적 처벌은 영아부터 5세까지 증가하고, 그다음 감소는 하지만 모든 연령에서 높음이 밝혀졌다(그림 12.2 참조). 대부분의 부모들은 자녀의 신체적 체벌을 보통 한 달에 1회 혹은 2회만 한다고 보고하고 있다. 여전히, 미국의 35~50% 영아들이 성인의 지도에 순응할 능력도 아직 없는데, 엉덩이를 맞거나 구타를 당하는 것은 매우 놀라운 일이다(Oldershaw, 2002). 또한 미국에서 신체적 처벌을 한 부모의 1/4 이상이 자녀의 체벌에 빗자루 혹은 허리띠 같은 단단한 물건을 사용했다고 보고한다(Gershoff, 2002b).

미국 사람의 가장 지배적인 믿음에 의하면, 사려 깊은 부모에 의한 체벌의 실행은 무해하며 심지어 유익하다는 것이다. 그러나 이런 가설은 위에서 제시하고 있는 문화적 영향 표에서 밝히는 바와 같이, 어떤 사회적 맥락에서 제한된 사용의 조건하에서만 타당하다.

서친 체벌에 대한 대안 비난, 뺨 때리기, 엉덩이 치기에 대한 대안책은 처벌의 부작용을 감소시킬 수 있다. 타임아웃(time out) 기법은 유아가 적절하게 행동할 때까지 현재 장소에서 유아를 이동하게 하여, 예를 들면 자기 방으로 보내기와 같은 내용이 포함된다. 유아가 통제 불능 상태에 있을 때, 잠시 동안의 타임아웃은 행동의 변화에 충분한 시간을 제공하고 또한 그 시간에 부모는 화를 가라앉히게 된다(Morawska & Sanders, 2011). 다른 접근법은 용돈, 좋아하는 TV 프로그램 시청과 같은 특혜 철회(withdrawal of privileges)이다. 타임아웃과 같이, 특혜 철회는 유아의 분노를 도출할 수도 있으나, 부모

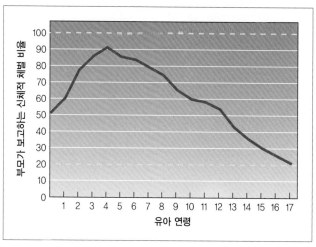

그림 12.2 유아의 연령에 따른 신체적 처벌의 정도

미국의 부모 비율에 기초한 추정 표본에서 거의 1,000명이 과거에 한 번 이상, 엉덩이 때리기, 꼬집기, 흔들기, 딱딱한 물체로 때리기를 하고 있다. 신체적 처벌은 유아기에 급격히 증가하고 그다음 감소하나, 모든 연령에서 전반적으로 높게 나타났다.

출처 : M. A. Straus & J. H. Srtewart, 1999, "Corporal Punishment by American Parents: National Data on Prevalence, Chronicity, Severity, and Duration in Relation to Child and Family Characteristics", *Clinical Child and Family Psychology Review*, 2, p.59. Adapted with kind permission from Springer Science and Business Media and Murray A. Straus.

문화적 영향

신체적 체벌 결과에 대한 인종 차이

아프리카 미국인 사회 안에서, 자녀양육이라는 도전에 직면한 부모들을 위한 조언자의 역할을 자발적으로 하고 있는 성인 6명은 사회복지 단체에서 양육 이슈에 대해 토론하기 위해 모였다. 훈육에 대한 이들의 사고방식은 백인 사회복지사들의 사고방식과는 두드러진 차이가 있었다. 성인들은 제각기 성공적인 자녀양육에는 적절한 신체적 방법이 필요하다고 주장하였다. 동시에, 이들은 통제 불가능한 부모의 행동을 '폭력적'이라고 소리치면서, 유아에게 고함을 지르거나 욕을 해서는 안 된다고 강하게 표명하였다. 가장 나이가 많고 존경받는 멤버인 루스는 좋은 양육을 다정함, 가르침, 훌륭하게 말하기, 그리고 신체적으로 훈육하기의 복합적인 조합이라고 보았다. 그녀가 경험이 적은 부모였을 때, 나이가 많았던 이웃이 그녀에게 자녀를 다루는 것에 대해 어떻게 조언해 주었는지를 이야기해 주었다.

소리를 지르지 말고 이야기를 해 보세요. 자녀가 위험한 행동을 하고 당신이 그런 행동을 좋아하지 않아도, 자녀에게 진짜 훌륭하고 즐겁게 이야기해 보세요. 바람직한 작은 변화를 얻게 될 것이고, 그날 당신은 어떠한 애도 먹지 않을 거예요. 이것이 제가 그들에게 제기하는 방법이지요(Mosby et al., 1999. pp. 511~512).

다른 사람들은 관대한 체벌을 강조하면서, "조금, 가볍게 때리자.", "(지나치게 엄한) 것과 같이한다면, 이는 스스로를 학대하는 것이다."라며 맞장구를 쳤다(Mosby et al., 1999, pp. 511~512).

신체적 체벌이 다수의 유아의 부정적인 결과와 연결되어 있을지라도 예외는 존재한다. 한 종단연구에 따르면, 연구자들은 12년 동안, 초기 및 중기 유아기에 어머니가 사용한 훈육전략에 대한 정보와 어머니와 청

소년기에 문제행동을 보이는 그들 자녀에 대한 정보를 모으면서 수백 가구를 추적했다. 심지어 많은 유아와 가족들의 특성이 통제된 이후에도, 결과는 두드러진 다. 즉, 백인 가정에서 신체적 체벌은 청소년의 공격성과 반사회적 행동에 정적인 관계를 가지고 있었다. 하지만 이와 대조적으로, 흑인 가정에서는 어머니가 유아기에 신체적으로 훈육을 많이 할수록 10대 자녀들은 화를 내고, 표출행동을 하며 또한 학교와 경찰과의 마찰하는 행동들이 줄어들었다(Lansford et al., 2004).

흑인과 백인 부모들은 신체적 체벌을 다르게 가하고 있는 것으로 보인다. 흑인 가정 안에서, 이러한 훈육은 부모의 온정이라는 맥락 안에서 일반적이고, 문화적으로 인정되고, 관대하게 전달된 것이며, 또한 자녀가 책임감 있는 부모로 성장하도록 돕는 목적을 가지고 있다. 이와 대조적으로 백인 부모들은 일반적으로 신체적 체벌을 나쁜 것이라고 여기고 있다. 그래서 백인 부모들은 이러한 훈육에 의지하게 되었을 때, 종종 자녀들을 거부하면서 크게 동요된다(Dodge, McLoyd, & Lansford, 2006). 결과적으로, 대부분의 흑인 유아는 때리는 체벌을 마음속 최고의 관심사로 수행된 관습이라고 보는 반면, 백인 유아는 이러한 체벌을 '개인적 공격성의 행동'이라고 간주한다(Gunnone & Mariner, 1997. p.768).

이러한 견해를 지지하면서 인종적으로 다양한 천명의 유아들이 유치원 이후부터 저학년 기간을 이어왔

© ELLEN B. SENISI PHOTOGRAPHY

아프리카계 미국인 부모의 훈육전략은 관대한 신체적 체벌을 종종 포함하고 있다. 이는 문화적으로 인정되고 또한 부모의 온정이라는 맥락하에 나타나기 때문에, 유아들은 이와 같은 훈육을 그들의 완전한 성숙을 격려하기 위한 노력으로 여기고 있다.

을 때, 부모가 다정하고 지지적이지 않고 냉정하고 거부적이라면, 때리는 체벌은 문제행동의 증가와 관련이 있었다(McLoyd & Smith, 2002). 다른 연구에서 때리는 체벌은 단지 어머니가 이러한 체벌을 인정하지 않고, 결과적으로 그들이 화가 나고 좌절했을 때 이와 같은 체벌을 사용하는 경향이 있는 소수의 흑인 유아 사이에서 우울 증상을 예측하고 있었다(McLoyd et al., 2007).

이와 같은 결과들이 신체적 체벌을 지지하는 것은 아니다. 타임아웃, 특혜 철회, 그리고 408쪽 '적용하기'에 제시한 긍정적인 전략들을 포함한 훈육의 다른 유형들은 더욱 효과적이다. 그러나 신체적 체벌의 의미와 영향이 허용 수준, 온정과 지지적 맥락, 그리고 문화적 승인에 따라 매우 급격하게 달라진다는 것은 주목할 만하다.

가 쉽게 폭력이 강화되는 난폭한 기법을 피하게 한다.

그 유용성에 한계는 있어도, 처벌은 도덕적 발달에 가치 있는 역할을 할 수 있다. 부드러운 경고와 승인을 하지 않는 것이 경우에 따라서 유아가 부모의 귀납적 교수에 주의집중하는 데 필수적임을 지적하고 있다. 부모가 처벌을 사용하기로 결정하면, 처벌의 효율성을 여러 가지 방식으로 증대시킬 수 있다.

● 일관성. 어떤 상황에서는 유아의 부적절한 행동을 허용하고, 다른 상황에서는 비난을 하면, 유아는 행동하는 법에 대하여 혼돈을 초래하며, 수용할 수 없는 행동을 지속하게 된다(Acker & O'Leary, 1996).

- **다정한 부모-자녀관계.** 양육적 부모의 자녀들은 특히 불쾌한 처벌에 동반된 부모 애정의 중지를 알게 된다. 결과적으로, 유아는 부모의 다정함과 승인을 가능한 한 빨리 회복하기를 원하게 된다.
- **설명.** 설명은 유아들의 잘못된 행동을 상기시키고, 미래의 행동에 대한 기대로 연관시키도록 돕게 된다. 결과적으로, 부드러운 처벌(타임아웃 같은)에 대한 이유의 제공은 처벌만을 사용하는 것보다 훨씬 더 많은 비행의 감소를 가져온다(Larzelere et al., 1996).

긍정적 관계와 긍정적 훈육 가장 효과적인 형식의 훈육은 유아와 상호 존중적인 유대를 구축하고, 유아가 사전에 행동하는 법을 알고, 성숙한 행동을 칭찬하며 좋은 행동의 수행을 격려하는 것이다(Zahn-Waxler & Robinson, 1995). 민감성, 협동심, 공유된 긍정적 정서가 엄마와 걸음마기 영아 혹은 유아 간의 공동활동이 분명하게 나타나면, 유아는 좀 더 확고한 양심의 발달인 잘못에 대한 감정이입의 표현, 책임감 있는 행동, 게임에서의 공정한 놀이, 타인의 복지에 대한 배려를 보여 준다(Kochanska et al., 2005, 2008). 초기의 상호적인 반응과 즐거운 엄마-자녀 유대는 초기 학령기의 더 강한 양심에 대한 예측이 지속되도록 한다(Kochanska & Murray, 2000). 부모-자녀의 친밀성은 유아가 부모의 배려에 주의를 기울이게 하는데, 유아가 관계에 대한 의무감을 느끼기 때문이다.

긍정적으로 훈육하는 방법에 대해서는 '적용하기'를 참조하라. 이러한 전략을 사용하는 부모는 장기적인 사회적 인생기술인 협동, 문제해결, 타인에 대한 배려에 초점을 둔다. 그 결과, 부모는 처벌에 대한 요구를 크게 감소시킨다.

부모의 안내와 격려와 함께, 긴 자동차 여행 기간 동안, 여자형제는 지도에서 여행 경로를 따라간다. 이처럼 긍정적인 양육전략은 자녀들이 구조적으로 참여하도록 하며, 비행행동의 가능성을 감소시킨다.

'사회적 규범의 채택으로서 도덕성'의 제한점

앞에서 지적한 정신분석과 사회학습 이론 모두 도덕적 발달을 사회적 규범의 채택과정으로 보고 있다. 사회적 규범에 대한 개인적 책무는 의심의 여지없이, 도덕성 발달의 필수적 요인이다. 내면화와 공유적인 도덕적 코드와 귀납적 훈육을 통한 감정이입의 계발이 없으면, 사람들은 자신의 욕구가 갈등적일 경우 상호의 권리를 무시하고, 타인이 자기행동을 관찰할 수 없게 되자마자 잘못을 저지르게 된다.

그럼에도 불구하고, 도덕성을 전반적인 규범의 내면화에 대한 문제로 간주하는 이론들은 비판받아 왔다. 왜냐하면 지배적 규준이 중요한 인종적 원칙과 사회적 목적에 불평등을 제공하기 때문이다. 이런 조건하에서 고의적인 규범 위반은 비도덕적이 아니고 정당성과 용감성일 수 있다(Appiah, 2010). 어떤 사회적 규범의 수용을 거부하기 때문에 위대하게 여겨지는 역사적 인물들에 대해 생각해 보고자 한다. 즉, Abraham Lincoln의 노예제도 반대, 여성 참정권 운동에서의 Susan B. Antony의 리더십, 인종적 편견을 없애려는 Martin Luther King Jr.의 캠페인이 그 예이다.

유아에 대한 존중으로, 내면화에 대한 부모의 배려는 종종 다른 목적이 동반되기도 한다. 동시에, 부모는 자녀가 합리적 정당성을 제공하면 수용 가능한 불순종을 존중하여 주기도 한다(Kuczynski & Hildebrandt, 1997). 예를 들어, 가족의 축하를 위하여 놓아둔 케이크를 잘라 배고픈 친구에게 한 조각을 주게 되어 부모의 금지사항을 어기게 된 한 소년을 고려해 보고자 한다. 부모의 비난이 시작되자, 소년은 친구가 온종일 굶었으며, 냉장고가 거의 비어 다른 대안이 없었다고 설명하였다. 이러한 경우, 많은 부모들은 소년의 이유와 타협기술에 대한 아동의 주장에 도덕성의 가치를 부여하게 된다.

인지발달 이론가들은 부모와의 동일시, 가르침, 모델링, 강화 등이 유아가 도덕적으로 되는 주

적용하기

긍정적 훈육 사용하기

전략	결과
잘못을 가르칠 수 있는 기회로 잘못을 이용하기	유아가 해롭고 위험한 행동에 참여하면, 귀납적 훈육을 사용하여 유아가 친사회적으로 수정하고 행동하게 동기유발을 한다.
잘못된 행동에 대한 기회를 감소시키기	장거리 자동차 여행 시, 유아의 가만히 있지 못하는 행동을 완화할 수 있는 뒷자석 활동들을 준비한다. 슈퍼마켓에서는 유아와 대화를 나누고 쇼핑을 돕도록 허용한다. 결과적으로, 선택이 제한되면 유아가 건설적인 정신 사로잡기를 학습하게 된다.
규칙을 위한 이유를 제공하기	유아는 규칙이 관련된 모든 면에서 공정하고 독단적이지 않음을 존중하며 규칙을 따르려고 노력하는데, 규칙이 합리적이고 이성적이기 때문이다.
가족의 일상과 의무에 참여하도록 유아를 배정하기	성인과 식사 준비, 설거지, 낙엽 긁어 모으기에 참여하면서 유아는 가족과 공동체 삶에 책임감 있게 참여하는 의미를 발달시키고, 많은 현실적 기술을 획득하게 된다.
유아의 고집에 타협과 문제해결을 시도하기	유아가 순종을 거부하면, 유아의 감정에 대한 이해를 표명하고("청소하는 게 재미없다는 걸 알아."), 타협을 제시하고("네가 이걸 치우면, 나는 이걸 처리할게."), 미래의 문제를 회피하는 방법을 생각하도록 돕는다. 확고하지만 친절하고 존중하는 반응은 만족감을 배양하며, 유아에게 미래에 대한 증진을 상승시킨다.
성숙한 행동을 격려하기	"최선을 다했구나.", "도와줘서 고마워."와 같은 유아의 학습능력과 노력과 협력에 대한 감사로 신뢰를 표현한다. 성인의 격려는 성공에 대한 자부심과 만족감을 배양하여, 유아에게 미래에 대한 증진을 상승시킨다.
유아의 신체적 · 정서적 자원에 민감하기	유아들이 피곤함, 질병, 지루함, 불편함에 대한 반작용으로 주의 끌기, 비조직적이고 다른 부적절한 행동에 참여하는 경향이 있다. 이런 경우 유아의 요구에 대한 충족은 훈육보다 더 낫다.

출처 : Berk, 2001a; Grusec, 2006; Nelson, 1996.

에콰도르의 Shuar인들의 놀이친구들은 과일을 나누어 가지면서, 이들은 또한 어제, 누구와, 그리고 왜 그들이 공유해야만 하는지에 대해 생각한다. 인지발달 관점에 따르면, 유아는 점차 연령에 적합한 정당성과 공정함에 대한 개념을 적극적으로 구성한다.

요 수단이 아니라고 믿고 있다. 인지발달적 접근은 기존 규칙과 기대를 내면화하는 대신에 개인이 구성을 통해 도덕적으로 발달한다고 한다. **구성**(construction)은 사회적 갈등이 일어나는 상황에 대한 적극적인 주의집중과 다중적인 관점의 상호연관성, 그로 인한 새로운 도덕적 이해의 도출을 의미한다. 다시 말하면, 유아는 자신의 정의와 공정성을 구사하는 개념의 기초 위에 도덕적 판단을 하게 된다. 연령과 함께 이러한 개념은 점차 적절하게 되고, 유아는 도덕성에 관한 합리적 기반과 깊은 이해력을 갖게 되고 보존이 물리적 세상의 진실인 것과 같이 도덕성이 사회적 세상의 진실인 그 무엇이 되어야 한다는 것을 경험하게 된다(Gibbs, 1991, 2010).

요약하면, 도덕성에 대한 인지발달적 입장은 유아를 선과 악에 관해 의심하고, 도덕적 진실을 찾아 사고하는 도덕적 존재로 본다는 점에서 독특하다. 인지발달 이론가들은 유아의 사고의 변화가 도덕성 발달의 핵심이라고 보고 있다.

사회적 이해력으로서의 도덕성

인지발달적 관점에 의하면, 인지적 성숙성과 사회적 경험은 도덕적 이해력의 발달을 이끄는데, 피상적인 지향으로부터 대인 간의 관계, 사회적 제도, 입법체계에 대한 좀 더 심오한 존중을 향한 물리적 힘과 외부적 결과에까지 영향을 준다(Carpendale, 2009; Gibbs, 1995, 2010). 사회적 협동에 대한 이해가 확장됨에 따라, 사람들의 요구와 욕망이 갈등을 일으킬 때 무엇을 행하여야 하는지에 관한 유아의 생각과 도덕적 문제에 점점 더 정의롭고, 공정하고, 균형 잡힌 해결책을 지향하도록 변화하게 된다.

Piaget의 도덕성 발달 이론

유아의 도덕성 판단에 대한 Piaget(1932/1965)의 초기 연구는 인지발달적 관점에 대한 원천적 생각을 고취시켰다. 임상적 인터뷰를 통해서 Piaget는 5세에서 13세까지 스위스 아동들에게 판단력 게임의 규칙에 대해 이해하는지를 질문하였다. 덧붙여, 아동에게 선과 악의 행동을 하는 주인공의 의도와 그 행동의 결과가 달라지는 이야기를 제시하였다. 이 이야기 중 유명한 내용은 두 소년 중 좋은 의도를 가진 존이 저녁을 먹으러 가다가 컵 15개를 깨뜨리고, 나쁜 의도를 가진 헨리가 잼을 훔치려다가 컵 1개를 깨뜨리면, 어느 소년이 잘못된 행동을 한 것인지, 그 이유는 무엇인지 질문을 하였다. 유아들의 반응에 기초하여, Piaget는 도덕적 이해력에 대한 두 개의 광범위한 단계를 제시하였다.

타율적 도덕성(약 5~8세) 타율성은 타인의 권위하에 있음을 의미한다. **타율적 도덕성**(heteronomous morality)이란 용어는 첫 단계의 유아는 규칙이 권위(신, 부모, 교사)에 의하여 좌우된다고 보며, 권위는 영구적 존재, 불변성, 엄격한 복종이 요구되는 것으로 본다는 것을 시사한다. 예를 들면, 유아는 구슬 게임의 규칙은 변화되지 않으며, "신이 (새로운 규칙을) 가르치지 않았다.", "너는 어떤 다른 방법으로 놀이할 수 없어." 혹은 "그것은 속임이고……, 공정한 규칙은 게임 속에 있는 하나이다."라고 언급한다(Piaget, 1932/1965, pp. 58, 59, 63).

Piaget에 의하면, 두 가지 요인은 아동의 도덕적 이해력에 제한을 두는데, (1) 인지적 미성숙으로 특히 타인의 관점을 상상하지 못하는 아동의 제한된 능력이다. 어린 아동은 모든 사람이 동일한 방법으로 규칙을 본다고 생각하므로, 이들의 도덕적 이해력은 **현실주의**(realism)로 특징지을 수 있으며, 즉 아동은 규칙을 의지에 의하여 수정할 수 있는 협동적 원칙보다는 현실적인 외부적 특징으로 본다. (2) 아동의 순종을 주장하는 성인의 힘으로, 규칙과 규칙을 강요하는 사람에 대하여 이유 없는 존경을 유발하며, 성인의 힘, 자기중심성, 현실주의(realism) 모두 피상적인 도덕적 이해력의 결과이다. 행동의 그림에 대한 판단에서, 어린 유아는 위해를 가한 의도보다는 결과에 초점을 둔다. 예를 들면, 앞에서 언급한 존과 헨리의 이야기에서, 유아는 정직한 의도에도 불구하고 존을 더 나쁘다고 간주하는데, 컵을 더 많이 깼기 때문이다.

협력적 도덕성(약 9~10세 이상) 인지적 발달, 성인의 통제로부터의 점진적인 해방, 또래 상호작용은 유아를 두 번째 단계인 **협력적 도덕성**(morality of cooperation)으로 전이하도록 이끄는데, 여기서 유아들은 규칙을 너 이상 고정된 것으로 보지 않고, 다수의 의지에 맞추어 변형될 수 있는 융통성 있고 사회적으로 합의된 원칙으로 간주한다. Piaget는 또래 간 불일치를 특히 촉진으로서 간주하고 있다. 또래 간 불일치를 통하여, 유아들은 도덕적 행위에 대한 인간의 관점은 달라질 수 있고, 구체적인 결과가 아닌 의도가 행동을 판단하는 기본으로 제공된다는 것을 인식하게 된다.

더 나아가, 유아가 또래와 동등하게 상호작용하면서 유아는 상호호혜적 방식으로 갈등을 안정시키는 방법을 학습하게 된다. 유아는 점진적으로 상호성(reciprocity)이라고 불리는 공정성의 기준을 사용하기 시작하는데, 여기서 유아는 자기 자신에 행하는 것과 동일한 타인의 복지를 위한 배려를 표명한다. Piaget는 처음에, 유아의 상호성이 미숙하고, '유치한' 주고받기의 이해임을 발견하였다. "네가 내 등을 할퀴었으니까 나도 네 등을 할퀼 거야." 이것은 협력적 도덕성의 시초로 정의할 수 있다. 연령이 높은 아동과 청소년은 이러한 보복적 도덕성을 넘어, 기대의 상호관계로서 상호성

Piaget의 견해에 따라, 또래 간의 논쟁은 규칙이 절대적이고 불변한다는 신념의 타율적 도덕성에서, 규칙이 유동적이고 사회적으로 합의된 원칙이라는 협력적 도덕성으로 유아의 전이를 돕는다.

에 대한 진전된 이해력으로 이동하게 되는데, 이를 **이상적 상호호혜성(ideal reciprocity)**이라고 부른다. 대부분의 사람은 황금률의 형식으로 이상적 상호호혜성에 익숙하다. "상대가 하는 대로 상대를 대하라." 이성적 상호성은 유아로 하여금 규칙이 개인 상황을 고려하도록 재해석되고 수정될 수 있으며, 그에 의하여 모두에게 공평한 결과를 보장할 수 있음을 인식하도록 도와준다.

Piaget 이론의 평가

후속 연구에서, Piaget의 이론은 도덕적 판단의 변화에 대한 일반적 방향을 정확하게 설명하고 있다고 지적하고 있다. 많은 연구에서 유아들은 연령이 높아지면서, 육체적 손상이나 처벌과 같은 외부적 특질들이 행위자의 의도 혹은 타인의 요구나 욕구와 같은 더 미묘한 면의 고려로 옮겨진다. 또한 많은 증거들은 도덕적 이해가 인지적 성숙성, 성인의 통제로부터의 점진적 해방, 또래 간 상호작용에 의해 지원된다는 Piaget의 결론을 증명하고 있다. Lawrence Kohlberg와 그 추종자들에 의한 Piaget 연구의 확장을 통하여 이러한 결과를 고려하고자 한다. 그럼에도 불구하고, Piaget 이론의 여러 측면은 유아의 도덕적 능력을 과소평가하기 때문에 의문이 제기되었다.

의도와 도덕적 판단 통상적으로 나쁜 의도에는 손해가 적고, 좋은 의도는 손해가 많은 것과 짝이 되므로, Piaget의 방법은 의도를 존중하는 유아의 능력에 대한 보수적 상황을 밝히고 있다. 인간의 의도를 인간이 행한 손해만큼 강하게 고수하는 방법으로 도덕적 쟁점에 대하여 의문이 있으면, 유아와 학령기 초반의 아동은 좋은 의도를 가진 사람보다 나쁜 의도를 가진 사람을 더 못된 자로, 좀 더 벌을 받는 사람으로 판단을 잘할 수 있게 된다(Helwig, Zelazo, & Wilson, 2001; Jones & Thomson, 2001).

추가적 증거로, 4세의 유아는 두 가지 도덕성과 관련된 의도적 행동들 간의 차이, 즉 진실과 거짓을 명확히 인식하게 된다. 유아에게 탐지되지 않고 거짓이 유지되어도, 유아는 진실을 말하고 거짓을 용인하지 않음을 받아들인다(Bussey, 1992). 그리고 Piaget의 연구결과에서 기대한 연령보다 이전인 7세와 8세경에, 유아는 친사회적·반사회적 의도에 의한 거짓과 진실의 판단을 통합하게 된다. 예를 들어, 유아는 특히 부정적인 사회적 결과를 가져올 가능성이 있는 사회적 상황에서는 진실을 말하는 것을 아주 부정적으로 등급을 준다(친구가 그린 그림을 싫어한다고 말하는 것)(Bussey, 1999; Ma et al., 2011).

비록 집단적 가치에 의한 영향으로, 중국 아동들은 한 학생이 학교 운동장에서 사려 깊게 쓰레기를 주워 들고서 "내가 그러지 않았어." 하고 말할 때와 같이, 어떤 의도가 포함된 겸손에서 캐나다 아동들보다 거짓말을 우호적인 것으로 평가할 가능성이 더 커도, 중국과 캐나다 유아들은 반사회적 행위에 대한 거짓말을 '매우 못된 짓'으로 평가한다(Lee et al., 1997, 2001). 이와 유사하게, 중국 유아는 캐나다 유아보다 개인을 희생하면서 집단을 지지하는 거짓말에 대해서는 우호적이다(아프고 보잘것없는 가수인 네가 노래 대회에서 이길 수 있는 기회에 해를 끼칠 수 없다고 말하는 것). 대조적으로, 캐나다 유아는 집단을 희생하면서 개인을 지지하는 거짓말에 대해서는 우호적이다(맞춤법이 부족한 친구이지만 맞춤법 대회에서 학급을 대표하고 싶어 하므로 실제로 맞춤법을 잘 알고 있는 친구라고 이야기 하는 것)(Fu et al., 2007).

그럼에도 불구하고, 의도적인 도덕성의 더 높은 이해는 협동적 도덕성을 기다리는 것이다. 더 어린 유아들은 다른 중요한 정보는 무시하는 반면, 자신들의 판단에 현저한 특징과 결과에 집중하거나 초점을 둘 가능성이 더 크다. 예를 들어, 취학전 유아들은 연령이 더 높은 아동들보다 거짓말을 항상 나쁜 것으로 평가한다(Peterson, Peterson, & Seeto, 1983). 그리고 이들은 탐지되지 않은 거짓말을 용납하지 않지만, 또한 거짓말하지 않는 것보다 처벌을 이끄는 거짓말을 좀 더 부정적으로 판단한다(Bussey, 1992). 그리고 유아는 죄책감과 관련 있는 이전의 사건들을 무시하고, 지금 현재에 초점을 두는 경향이 있다. 많은 유아들은 놀이터에서 한 유아가 다른 유아를 그네에서 밀어낸 다음, 그네를 타고 있는 일련의 사진을 보고, 그저 가해자에게 "행복해요, 이 아이는 그네를 타고 있어요."라고 말한다(Arsenio, Gold, & Adams, 2006).

더 나아가, 학령기 초기 연령 동안 아동은 일반적으로 엄격하고 타율적인 형태의 의도에 대한 설명을 해석하게 된다. 아동은 일단 무엇인가를 하겠다고 말하면, 통제 불가능한 상황(교통사고 같은)이 일을 어렵게 혹은 불가능하게 만들어도, 의무를 따라야 한다고 믿는다. 9세와 10세경, 아동들은 말한 것을 지키지 않는 것이 어떤 상황에서는 다른 상황, 즉 할 수 있는 능력이 있고, 행위를 하도록 다른 사람이 허용하게 되는 상황에서 더 나쁘다고 인식하게 된다(Mant & Perner, 1988). 요약적으로, 도덕적 추론의 이러한 측면에 의하면 Piaget는 부분적으로 옳고, 부분적으로 틀렸다.

집단주의 가치의 영향으로, 중국 초등학생들은 의도가 크지 않다면 종종 거짓말을 용서해 준다. 이 아이들은 비록 한 명이나 두 명의 아이들이 높은 기여를 했음에도 불구하고 집단의 노력으로 인해 원통 잡아당기기(drum-pulling)를 이겼다고 말할 가능성이 있다.

권위에 대한 추론 권위에 대한 유아의 이해력을 조사한 연구에서 유아들은 성인을 Piaget가 가정한 대로 절대적 존경으로 간주하고 있지 않음이 드러났다. 유아도 때리기, 도둑질 같은 어떤 행동들을 권위자의 의견에 상관없이 나쁘다고 판단한다. 설명을 요청하면, 3세와 4세의 유아는 성인의 명령에 복종하기보다 타인을 위해하는 것에 대한 걱정을 표현하게 된다(Smetana, 1981, 1985).

4세경에, 유아는 학령기에 다듬어지는 권위자의 합법성에 대한 언급을 변별하게 된다. 많은 연구들에서 유치원생에서 6학년생까지 성인의 권위가 얼마나 광범위한가에 대한 견해를 평가하도록 설계된 질문을 하였다. 거의 모두가 성인이 일반적 권위를 갖고 있다는 것을 부정하였다(Laupa, 1995). 예를 들어, 아동은 교장 자신이 학교 이외의 상황에서 규칙과 쟁점을 만들도록 지시하는 그 교장의 권리를 거부하였다.

게임에서 따라야 할 규칙과 같은 비도덕적 배려에 대한 존중에 의하여, 유아들은 보통 사회적 입장이 아니고, 상황에 대한 인간의 지식에 대한 권위의 합법성을 기초로 두고 있다. 그리고 지시가 공정하고 사려 깊으면(예 : 유아에게 싸움을 멈추거나 사탕을 나눠 먹으라고 말하기), 유아들은 그 말을 한 사람이 누구든지 교장, 교사, 학급 반장, 혹은 다른 유아에 상관없이 옳은 것으로 보고 있다. 이것은 문화가 성인에 대한 존경과 복종에 높은 가치를 두는 한국의 유아에게도 진실로 나타난다. 7~11세의 한국 아동들은 계속 싸우기, 훔치기, 공유 거부하기를 지시하는 교사 혹은 교장의 명령을 부정적으로 평가하였고, 이러한 반응은 연령과 함께 강화되었다(Kim, 1998; Kim & Turiel, 1996).

이런 결과들에 의하면, 성인의 지위는 취학전 유아와 학령기 아동에게 누군가를 권위자로서 보도록 요청할 수 없다. 지식이 많은 또래나 타인의 권리를 보호하는 행동을 하는 또래는 합법성에 의한 정의로 간주하게 된다. 그러나 권위에 대한 추론에서, 취학전 유아와 어린 초등학생들은 피상성에 집중하는 경향이 있다. 아동은 힘, 지위, 권위자에게 불복종하여 초래된 인상적 결과에 대하여, 연령이 더 높은 아동들보다 더 많은 무게를 두고 있다.

순차 진행적 진보   Piaget 이론에 추가된 점은 많은 유아들이 타율적 추론과 자율적 추론을 동시에 보여 준다는 것인데, 이것은 각 단계가 도덕적 판단 반응에 관한 일반적이고 단일화된 조직화를 표상하고 있는지에 대한 의심을 제기하고 있다. 그러나 공정성에서 Piaget(1932/1965)는 또한 유아에게 이러한 혼합성이 관찰되며, 촘촘히 짜여진 단계보다는 유동적, 중복적 단계로 두 가지 도덕성을 간주하고 있다.

마지막으로, 도덕성 발달은 최근에 Piaget의 믿음보다 좀 더 확장된 과정으로 보고 있다. 사실상, Kohlberg의 6단계는 자율적 도덕성의 첫 출현을 넘어서는 세 단계를 변별하고 있다. 그럼에도 불구하고, Kohlberg의 이론은 Piaget가 시작한 연구의 직접적인 계승이다.

Kohlberg의 Piaget 이론 확장

Piaget와 같이 Kohlberg도 임상법의 절차를 이용하여 도덕성 발달을 연구하였다. 그러나 Piaget가 유아에게 한 쌍의 이야기에 등장하는 두 유아 중 누가 더 잘못된 행동을 하였는지를 판단하고 설명하라고 요청한 반면, Kohlberg는 좀 더 개방적 접근을 사용하였다. 즉 Kohlberg는 가설적인 도덕적 딜레마를 제시하고, 주인공이 무엇을, 왜 하여야 하는지 질문하였다.

임상법   Kohlberg의 도덕적 판단 임상법(moral judgment interview)에서 개인은 두 가지 도덕적 가치에 관한 갈등을 제시하고, 자신의 결정을 정당화하는 딜레마를 해결하게 한다. 이 중 유명한 딜레마는 '헤인즈 딜레마'인데, 인간 생명에 대한 가치(죽어 가는 사람을 구하기)에 대응하는 법의 준수에 대한 가치(도둑질하지 않기)가 제시된다.

> 유럽에서 한 여성이 암으로 거의 죽어 가고 있었다. 의사 생각에 그녀를 구할 수 있는 약은 한 가지가 있었다. 같은 마을에 사는 약사가 약을 발견했지만, 그는 자신이 만든 약 값의 열 배를 내라고 하였다. 아픈 여성의 남편, 헤인즈는 자기가 아는 모든 사람들에게 돈을 빌리러 갔지만 약 값의 절반밖에 모으지 못했다. 약사는 약 값을 덜 받고 약을 파는 것도, 나중에 벌어서 갚겠다는 것도 거부했다. 그래서 헤인즈는 절망하게 되었고, 약국에 침입하여 자기 아내를 위해 약을 훔쳤다. 헤인즈는 그렇게 하여야만 하였는가? 왜 그래야 하는가? 아니면 왜 그러지 말아야 하는가? (Colby et al., 1983, p. 77)

참가자들은 자신의 답변에 대한 설명에 덧붙여, 딜레마가 기반을 두는 갈등적 도덕 가치를 평가하라고 요청을 받았다. 반응에 대한 점수는 복잡하고 큰 노력이 요구되어, 아마도 면접 점수체계가 가장 복잡하다(Gibbs, Basinger, & Grime, 2003; Miller, 2007).

도덕적 성숙은 딜레마에 대한 개인적 추론 방식에 의해 결정되며, 반응의 내용(훔쳐야 할지 말아야 할지)에 의해 결정되지 않는다. 헤인즈가 약을 훔쳐야 한다고 믿는 개인들과 하지 않아야 한다고 믿는 개인들은 Kohlberg의 첫 4단계 각각에서 발견할 수 있다. 가장 높은 두 단계에서, 도덕적 추론과 내용은 명백한 논리적 체계와 함께 오게 된다. 개인들은 특정 행위가 왜 정당화되어야 하는지에 대해서는 동의하지 않는다. 유아는 또한 사람들이 도덕적 딜레마에 직면하면, 무엇을 하여야 하는지에 대하여 동의하여야 한다(Kohlberg, Levine, & Hewer, 1983). 법의 준수와 개인 권리 보존 간의 선택이 제시되면, 가장 앞선 도덕적 사고를 하는 사람은 헤인즈 딜레마에서 생명을 구하려고 약을 훔친 개인의 권리를 지지한다.

질문지 접근법   도덕적 추론에 대한 좀 더 능률적인 수집과 점수화를 위하여, 연구자들은 단답형 질문지를 고안하였다. 가장 최근의 질문지는 사회 도덕성 반영 측정-간편 양식(Sociomoral Reflection Measure-Short Form, SRM-SF)이다. Kohlberg의 임상법과 같이, SRM-SF도 개인에게 도덕적 가치의 중요성을 평가하고, 도덕적 추론을 산출하도록 요청한다. 다음에 11문항 중 네 문항을 소개하고자 한다.

- 당신 친구 중 하나가 도움이 필요하며, 죽을 수도 있다고 말을 하고, 그 친구를 구할 수 있는 유일한 사람은 당신뿐이라고 하자. 사람에게 (자기 생명을 잃지 않으면서) 한 친구의 생명을 구하는 것은 얼마나 중요한가?
- 누군가의 생명을 구하는 것은 어떠한가? 사람이 (자기 생명을 잃지는 않으면서) 모르는 사람의 생명을 구하는 것은 얼마나 중요한가?
- 사람이 타인에게 속한 물건에 손을 대지 않는 것은 얼마나 중요한가?
- 사람이 법을 준수하는 것은 얼마나 중요한가?(Gibbs, Basinger, & Fuller, 1992, pp. 151~152)

각 문항의 질문을 읽은 후, 참가자들은 그 문항이 전하는 가치의 중요성에 ('아주 중요함', '중요함', '중요치 않음') 평정을 하고, 그 등급에 대한 짧은 설명을 쓰게 된다. 그 설명은 수정된 Kohlberg 단계의 해석에 따라서 점수화를 한다. SRM-SF의 점수는 도덕적 판단 임상법에서 받은 점수와 높은 상관관계를 보이며, 유사한 연령 추세를 보여 주지만, 합산 점수를 얻는 데 훨씬 시간이 적게 든다(Basinger, Gibbs, & Fuller, 1995; Gibbs, Basinger, & Grime, 2003; Gibbs et al., 2007).

Kohlberg 단계의 도덕적 이해력   초기 조사에서, Kohlberg(1958)는 10세, 13세, 16세 남아에게 도덕적 판단 임상법을 적용하여 청소년도 포함된 참가자들로 Piaget가 연구한 연령 범위보다 확대하였다. 그다음 추후 20년 동안 3년과 4년의 간격으로 재면접을 하여 참가자를 종단적으로 추적하였다(Colby et al., 1983). 남아의 도덕적 판단에 있어서 연령 관련된 변화를 분석하여, Kohlberg는 6단계의 연속성을 도출하였다.

Piaget의 발달적 진보를 통하여, Kohlberg의 처음 세 단계는 이상적 상호호혜성에 기초한 도덕성의 결과에 초점을 둔 도덕성으로 이동하는 아동의 특성을 규명하였다. 연령이 더 높은 청소년을 포함하여 4단계를 산출하였는데, 청소년은 인간이 서로 공정하게 다루는 것을 완수하는 핵심으로서 사회관습적 규칙과 법을 달성하는 이상적 상호호혜성에 대한 언급으로 확장되었다. 청소년의 소수의 도덕적 판단 반응의 기본에 의하여, Kohlberg는 추후 순서를 확장하여 5단계와 6단계를 설정하였다. 이러한 단계는 계속된 연구에서 희귀한 단계로 남아 있다.

Kohlberg는 6단계를 세 가지 일반적 수준으로 조직하였고, 고정된 순서의 도덕적 변화에 대해서는 Piaget보다 더 강한 주장을 제시하였다. 이렇게 함으로써, Kohlberg는 Piaget가 그의 인지적 단계의 순서를 설명하는 데 사용했던 특성을 도출하였다.

- Kohlberg는 다양성이 없고 보편적인 것으로 어느 곳의 인간도 고정된 순서를 통하여 이동하는 단계의 순서로서 도덕적 단계를 중시하였다.
- Kohlberg는 도덕적 단계를 좀 더 논리적으로 일관성이 있고, 도덕적으로 적합한 공정성의 개념의 결과로서 선행 단계의 추론을 구성하는 각각의 새로운 단계로 본다.
- Kohlberg는 조직화된 전체, 사람이 광범위한 상황에 걸쳐 적용하는 도덕적 사고의 질적으로 구분된 구조로서 각각의 단계를 보았다(Colby & Kohlberg, 1987).

더 나아가, Kohlberg는 도덕적 이해력은 Piaget가 인지발달의 중요성을 고려하는 동일한 요인에 의하여 증진된다고 믿고 있는데, 그 요인은 (1) 불균형 혹은 도덕적 쟁점의 파악과 최근 사고의 약점에 대한 인식, (2) 개인에게 복잡하고 효과적인 방법으로 도덕적 갈등을 해결하기 위한 조망수용의 획득이다. Kohlberg의 발달 순서와 헤인즈 딜레마에 대한 반응을 설명하기 위하여, 각 단계에서 가정하는 인지와 조망수용의 변화를 찾아보고자 한다.

전 관습적 수준   **전 관습적 수준**(preconventional level)에서, 도덕성은 외부적으로 통제된다. 아동

© MYRLEEN FERGUSSON CATE/PHOTOEDIT

오른쪽 소녀가 그녀가 친구를 도와준 것에 대한 보답으로 친절을 기대한다면. 그녀는 Kohlberg의 전 관습적 단계에 있는 것이다. 그녀가 이상적인 상호주의에 의해 자극받는다면. 그녀는 관습적 수준으로 전진한 것이다.

은 권위적 인물의 규칙을 수용하고, 행동은 행동의 결과에 의하여 판단한다. 처벌의 결과를 가져오는 행동은 나쁘며, 보상을 가져오는 행동은 좋다고 본다.

● 1단계 : 처벌과 복종의 지향. 이 단계의 아동은 도덕적 딜레마에서 두 가지 관점을 고려하는데 어려움이 있음을 안다. 그래서 아동은 사람의 의도를 무시하고, 대신에 도덕적으로 행동하는 이유로서 권위에 대한 공포와 처벌의 회피에 초점을 둔다.

> 찬성 : "만일 아내를 죽게 내버려 둔다면, 문제에 빠질 것이다. 아내를 돕는 데 돈을 쓰지 않았다고 비난받을 것이며, 아내의 죽음 때문에 남편과 약사에 대한 조사를 받게 될 것이다."(Kohlberg, 1969, p. 381)
> 반대 : "약을 훔쳐서는 안 되는데, 왜냐하면 체포되어 감옥으로 보내질 것이기 때문이다. 달아나면, (겁을 먹게 될 것이다) 경찰이 언제 당신을 쫓아올지 모른다." (Kohlberg, 1969, p. 381)

● 2단계 : 도구적 목적 지향. 아동은 사람이 도덕적 딜레마에 대한 다른 관점을 가질 수 있으나, 처음에 이 이해력은 매우 구체적임을 인식하게 된다. 아동은 자기 관심에서 나오는 것으로 바른 행동을 보고 있다. 상호호혜성은 호의의 동등한 교환으로서 이해된다.

> 찬성 : "약사는 자신이 원하는 것을 할 수 있고, 헤인즈도 자신이 원하는 것을 할 수 있다. 그러나 헤인즈가 자기 아내를 구하기 위하여 감옥에 가는 위험을 무릅쓰기로 결정한다면, 그의 인생은 위험에 빠지게 된다. 그가 약을 갖기를 원하면 할 수 있다. 그리고 이는 약사에게도 마찬가지이다. 자기가 원하는 것을 결정하는 것은 그에게 달려 있다."(Rest, 1979, p. 26)
> 반대 : "헤인즈는 가치(거의 죽어 가는 아내를 구하는 것)보다는 더 큰 위험에 빠지게 된다."(Rest, 1979, p. 27)

관습적 수준   관습적 수준(conventional level)에서 개인은 중요성으로서 사회적 규칙에 대한 일치를 지속적으로 존중하지만 자기 관심의 이유는 아니다. 더욱이, 아동은 최근 사회적 체계의 적극적 유지가 인간관계와 사회관습적 명령을 보증한다고 믿고 있다.

● 3단계 : '착한 아이' 지향 혹은 대인 관계적 협동의 도덕성. 사회적 조화를 증진하기 때문에 규칙에 복종하려는 요구는 가까운 사람과의 관계의 맥락에서 처음 나타난다. 3단계에서 개인은 '착한 사람 되기'에 의하여, 신뢰, 충성심, 존경심, 도움, 다정함으로 친구와 친척의 사랑과 승인을 유지하기를 원한다. 공평하고 외부적 관찰자의 우월한 관점으로부터 두 사람의 관계를 보는 능력은 도덕성에 대한 이 해로운 접근을 지지하고 있다. 이 단계에서 개인은 황금률로 표현된 이상적 상호호혜성을 이해하게 된다.

> 찬성 : "만일 약을 훔치더라도 아무도 나쁘다고 생각을 하지 않지만, 가족은 약을 훔치지 않으면, 비인간적인 남편으로 생각할 것이다. 아내를 죽게 내버려 두면, 다시는 어느 누구의 얼굴도 볼 수 없게 될 것이다."(Kohlberg, 1969, p. 381)
> 반대 : "범죄자라고 생각할 사람은 약사만이 아니며, 다른 사람도 역시 그렇게 생각할 것이다. 약을 훔친 후에, 얼마나 가족과 자신에게 불명예를 가져왔는지 생각하면 기분이 나빠질 것이다." (Kohlberg, 1969, p. 381)

● 4단계 : 사회적 질서 유지의 지향. 이 단계에서 개인은 더 큰 관점, 즉 사회관습적 법을 고려하게 된다. 도덕적 선택은 더 이상 타인의 가까운 관계에 의존하지 않는다. 대신에, 규칙은 모두를 위한 동일한 공평한 형태이며, 사회의 각 구성원은 자신을 지지하는 개인적 의무를 갖도록 강요한다.

4단계에서 개인은 법이 어떤 분위기하에서 불복종할 수 없다고 믿는데, 왜냐하면 법은 사회적 질서와 개인 간에 협동적 관계를 보증하기 위한 핵심이기 때문이다.

> 찬성 : "약을 훔쳐야 한다. 헤인즈는 자기 아내의 생명을 보호할 의무가 있다. 이는 혼인에서 서약한 것이다. 그러나 도둑질은 나쁜 것이므로, 약사에게 약 값을 지불하고 후에 법을 어긴 처벌을 받을 생각으로 약을 취해야 할 것이다."
>
> 반대 : "자기 아내를 구하기를 원하는 것은 헤인즈에게 자연스러운 일이지만…… 아내가 죽어 가도, 법을 준수하는 것은 여전히 시민으로서 그의 의무이다. 누구도 도둑질하도록 허용되지 않는데, 왜 그는 허용되어야 하는가? 모두가 뒤죽박죽 법을 위반하기 시작하면, 문명이란 없을 것이고 범죄와 폭력만이 있을 것이다."(Rest, 1979, p. 30)

후 관습적 수준 혹은 원칙적 수준   **후 관습적 수준**(postconventional level)에 있는 개인은 그들 사회의 규칙과 법에 대한 의심할 수 없는 지지 이상으로 옮겨 간다. 이들은 모든 상황과 사회에 적용하는 추상적 원칙과 가치에 의하여 도덕성을 정의한다.

● 5단계 : 사회적 계약의 지향. 5단계에서, 개인은 추후의 인간 목적을 위한 융통성이 있는 법과 규칙을 존중한다. 이들은 사회적 질서에 대한 대안책을 상상할 수 있으며, 법을 해석하고 변화하기 위한 공정한 과정을 강조한다. 법이 개인의 권리와 대다수의 관심에 일관성이 있으면 각각의 사람은 법을 따르는데, 사회적 계약의 지향은 법이 존재하지 않는 것보다 사람을 위한 좀 더 좋은 것을 가져오기 때문에 체계에 자유롭고 의지력이 있는 참여를 하게 된다.

> 찬성 : "도둑질에 대응하는 법이 있어도, 그 법이 개인의 생명권을 위반하는 의미를 가지고 있지는 않다. 약을 가져가는 것은 법률 위반이지만, 이 경우 헤인즈는 절도를 정당화하게 된다. 헤인즈가 절도로 기소되면, 법은 사람의 삶을 유지할 자연적 권리에 대응하는 상황을 고려하여 재해석할 필요가 있다."
>
> 반대 : 이 단계에서는 반대에 대한 답변이 없다.

런던에서 항의자들이 따돌림을 당한 10대 피해자의 가족과 함께 시위를 하고 있다. 사회악의 끝을 상상하면서, 젊은이들은 일정한 성숙 수준을 전달한다.

● 6단계 : 보편적인 윤리적 원칙 지향. 이 최고의 단계에서 올바른 행동은 법과 사회적 동의에도 불구하고, 모든 인간에게 타당한 양심의 자기선택의 윤리적 원칙에 의하여 정의된다. 이러한 가치는 십계명과 같은 구체적인 도덕적 규칙이 아니고 추상적이다. 6단계의 개인은 전형적으로 모든 개인의 주장을 동등하게 고려한 원칙과 같은 것을 언급하고, 각 사람의 가치와 존엄을 존중한다.

> 찬성 : "헤인즈가 자기 아내를 구하기 위해 할 수 있는 모든 것을 하지 않으면, 그는 무엇인가에 생명의 가치보다 더 높은 가치를 두고 있는 것이다. 생명 그 자체의 존중 이상으로 사유 재산을 존중하는 것은 이해가 안 된다. '사람들은' 사유 재산이 전혀 없어도 함께 살 수 있다. 인간 생명과 인격에 대한 존중은 절대적이며, 따라서 '사람들은' 죽음으로부터 서로를 구할 상호 의무를 가지고 있다."(Rest, 1979, p. 37)
>
> 반대 : 이 단계에서는 반대에 대한 답변이 없다.

Kohlberg의 단계에 대한 연구

Kohlberg의 가설적 딜레마를 사용한 기존 연구와 다른 종단연구들은 단계 연속성에 대한 가장 설득력 있는 증거들을 제공하고 있다. 거의 예외 없이 개인들은 예측된 순서대로 1부터 4단계를 이동한다(Boom, Wouters, & Keller, 2007; Colby et al., 1983; Dawson, 2002; Walker, 1989; Walker & Taylor, 1991b)

한 놀라운 결과는 종단적 혹은 횡단적으로 평가한 도덕적 판단 임상법이나 SRM-SF를 이용한 도덕적 추론발달과 서구 산업화나 비서구 농업 문화 모두에서 도덕적 추론발달은 느리고 점진적이라는 것이다(Colby et al., 1983; Gibbs et al., 2007; Snarey, 1985). 추론 1단계와 2단계는 초기 청소년기에 저하되며, 반면 3단계는 청소년 중기에 증가하고 다시 저하된다. 4단계는 10대를 거치면서 높아져서, 성인 초기까지 지속되는데, 이것은 전형적 반응이다. 4단계 이상으로 이동하는 사람은 거의 없다. 앞에서 지적하였듯이, 후 관습적 도덕성은 드물며, 사실상 Kohlberg의 6단계는 5단계 다음에 온다는 명확한 증거가 없다. 도덕성 발달의 최고 단계는 심사숙고할 문제이다.

Kohlberg의 단계는 전체적으로 조직화되었는가   최근에 당신이 직면했던 실제 도덕적 딜레마에 대해 생각해 보자. 당신은 그것을 어떻게 해결하였는가? 헤인즈 딜레마에 대해서 당신이 생각했던 것과 같은 단계에 속하는가? Kohlberg의 각 단계가 전체적으로 조직화되었다면, 개인은 많은 과제와 상황에 걸쳐서, 즉 가설적 딜레마가 아니고 매일의 도덕적 문제에서도 동일 수준의 도덕적 추론을 사용하여야 한다. 사실상, 당신을 이용하려는 친구를 계속해서 도와줄 것인지 아닌지와 같이 실제 삶 속에서의 갈등들은 실제적인 고려사항들과 혼합된 인지가 강렬한 감정에 영향을 미치기 때문에, 인간의 실제 능력보다 낮은 도덕적 추론을 이끌어 낸다(Carpendale, 2000). 청소년들과 성인들은 여전히 이러한 딜레마를 해결하는 데 가장 높은 빈도로 사용하는 전략으로 추론하기를 언급하고 있지만, 그들은 또한 타인과 쟁점에 대해 이야기 나누기, 직관에 의지하기, 종교 및 영적인 생각을 요구하기와 같은 또 다른 전략을 참조하기도 한다. 또한 사람들은 고갈되고, 혼돈되고, 유혹에 손상된 감정, 즉 가설적 상황에서 다루지 않은 도덕적 판단의 동기적 · 정서적 측면을 언급하였으며, 이것은 개인들의 위험을 간섭하지 않고 반영하였기 때문에 도덕적 생각의 상한선을 자아내게 된다(Walker, 2004).

도덕적 추론의 상황적 요인에 주는 영향은 Piaget의 인지 단계와 같이, Kohlberg의 도덕적 단계는 부정확하게 조직되어 있음을 나타내고 있다. 정연하고 순차적 형태의 발달보다는, 사람은 맥락 내에서 다양한 도덕적 반응의 범위를 이끌게 된다. 연령과 함께 이러한 범위는 위쪽으로 옮겨 가며, 덜 성숙한 도덕적 추론은 더 높은 도덕적 사고에 의하여 점진적으로 대체된다.

도덕성 추론의 인지적 선행 조건   Kohlberg 이론에 기반을 두고 있는 도덕적 성숙은 지능지수, Piaget의 인지적 과제, 조망수용기술의 수행력과 긍정적 상관이 있다(Krebs & Gilmore, 1982; Lickona, 1976; Selman, 1976; Walker & Hennig, 1997). Kohlberg의 단계적 순서는 그의 이론을 연구하지 않은 청소년과 성인에게도 적용된다. 러시아의 고등학교와 네덜란드 대학생에게 전형적 Kohlberg 단계에 대한 진술을 분류하도록 요구하면, 이들은 좀 더 복잡한 각각의 연속적 단계의 추론으로 등급 짓는 경향이 있다. 그러나 좀 더 높은 단계에서 좀 더 많은 참가자가 이러한 등급에 동의하지 않게 되는데, 왜냐하면 이들은 자신의 최근 단계 이상으로 진술을 순서 짓는 데 어렵기 때문이다(Boom, Brugman, & van der Heijden, 2001).

그와 동시에 Kohlberg는 도덕적 진보를 보장하기 위해서 인지적, 조망수용능력 획득은 충분조건이 아니라고 주장하고 있으며, 이는 또한 도덕적 영역의 독특한 사고의 재조직을 요구하고 있는 것이다. 그러나 더 성숙한 도덕적 판단을 요구받는 인지적 구성요인들이 처음으로 나타나는 영역이 인지적인지, 사회적인지, 도덕적인지는 여전

왼편에 있는 학생이 자신은 거의 모든 과제를 끝냈다고 깨달은 이후에도 급우와 공동으로 과제를 지속해야만 하는가? 이와 같은 실생활 안에서의 도덕적 딜레마는 강한 감정과 인지가 함께 혼합되는 것이다.

히 불분명하게 남아 있다. 제6장과 제7장에서 아동이 좀 더 확장된 경험을 갖는 과제에서 좀 더 높아진 추론을 나타냄을 보여 주는 풍부한 증거를 볼 수 있다. 사회적 · 도덕적 쟁점을 자주 파악하는 청소년은 더 높은 발달을 위하여 직접적인 인지적 지원을 실제로 구성할 수 있으며, 반면에 사회적 혹은 도덕적 배려에 대한 추론을 구성할 수 있다(Carpendale, 2009; Gibbs, 2010).

도덕성 추론에 성차는 있는가

이미 살펴보았던 것처럼, 실생활의 도덕적 딜레마는 도덕적 판단에 대한 정서의 역할을 강조하고 있다. 이 장은 타인의 보호와 헌신에 초점을 두는 여성의 논점에 초점을 두고자 한다. Carol Gilligan(1982)은 Kohlberg의 이론이 원래 남성의 면접에 기초하여 형성되어, 여아와 여성의 도덕성을 표상하는 데 부적합하다고 주장한 매우 유명한 학자이다. Gilligan은 여성적 도덕성으로 Kohlberg의 체계를 가치 절하하는 '보호의 윤리'를 강조하여야 한다는 신념을 가지고 있다. Kohlberg의 3단계는 상호신뢰와 애정에 기반을 두고, 대조적으로, 4, 5단계는 공정성, 즉 도덕적 이상에 대한 추상적이며 합리적인 헌신을 강조한다. Gilligan에 의하면, 타인을 위한 배려는 다르며 타당성이 덜한 것이 아니고, 비인격적 권리에 초점을 두기보다 도덕적 판단에 기본을 두고 있다.

많은 연구에서 Kohlberg의 접근이 여성의 도덕적 성숙을 과소평가한다는 Gilligan의 가설을 검증하였고, 대부분은 지지를 받지 못하였다(Turiel, 2006; Walker, 2006). 가설적 딜레마뿐 아니라 일상의 도덕적 문제에서, 그리고 SMR-SF에서 청소년과 성인 여성은 남성 연구대상과 동일한 단계의 추론을 보였으며, 경우에 따라서도 높은 단계로 나타났다. 또한, 공정성과 보호의 주제는 두 성에서 반응을 하는 것으로 나타났고, 여아가 대인관계적 배려에서 높아지면, 이들은 Kohllberg의 체계에서 낮은 등급을 받지 않았다(Jaffee & Hyde, 2000; Walker, 1995). 오히려 많은 연구들은 남아보다 여아가 2단계에서 3단계 추론하기로 더 빠르게 이동한다고 보고하고 있다(Gibbs et al., 2007). 이러한 결과는 Kohlberg가 최고의 도덕적 이상으로 보호보다 공정성을 강조하였어도, 그의 이론은 두 요인의 가치를 포함하고 있다고 제안하고 있다.

그럼에도 불구하고 남성과 여성의 도덕성 모두의 지향점을 건드린다고 하여도, 여성은 보호와 감정이입적 조망수용을 강조하는 경향이 있고, 반면에 남성은 공정성을 강조하고 혹은 공정성과 보호에 동등한 초점을 두고 있다는 증거를 보이고 있다(Jaffee & Hyde, 2000; Wark & Krebs, 1996; Weisz & Black, 2002). 강조점의 차이는 가설적 딜레마보다 실생활에서 더 지주 나타난다. 결과적으로, 이것은 내부문 타인을 위한 보호와 배려가 개입된 매일의 활동에 여성이 더 많이 참여하기 때문일 것이다.

사실상, 문화적 · 상황적 맥락은 배려 지향의 사용에 상당한 영향을 미친다. 한 연구에서, 미국과 캐나다의 17~26세 여성은 남성 연구대상보다 보호에 대한 쟁점에서 좀 더 복잡한 추론력이 나타났다. 그러나 노르웨이 남성이 노르웨이 여성보다 보호에 기본을 둔 이해력이 더 앞서고 있다(Skoe, 1998). 아마도, 노르웨이 문화에서 성 동등성이 가정, 학교, 직장에서 확실하여, 남아와 남성의 대인 관계적 책무에 대한 깊은 사고를 유도한다고 볼 수 있다. 호주인 대상의 연구에서, 연구자들은 도덕적 딜레마의 세 가지 상황 중 하나, 즉 친숙함의 다른 주인공인 (1) 교실의 친한 친구 (2) 교실에서 단지 어렴풋이 아는 친구 (3) 불특정한 관계를 제시하였다(Ryan, David, & Reynolds, 2004). 학과목의 낙제 위험에 있는 주인공에게 최근 완성된 과제 중 1부를 빌려 줄지 여부를 물어

사진 속 10대는 할머니의 일상적인 일들을 기쁘게 돕는다. 남성과 여성, 두 성의 청소년들은 정당함의 주제와 그들의 도덕적 반응에 대한 배려를 표현하지만, 여성들은 특히 실생활 속 딜레마에 대한 추론을 할 때 배려를 강조하는 것으로 보인다.

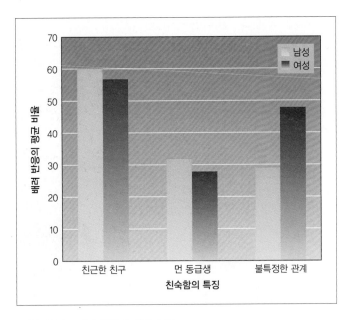

그림 12.3 배려 반응에 대한 도덕적 딜레마에서 주요한 특징의 친숙한 관계

남녀 대학생들은 거리가 먼 동급생보다는 친근한 친구에 대해 고려할 때, 더 많은 배려 반응을 나타냈다. 성차는 여성들이 더 많은 친근함의 양상을 나타낼 것으로 여겨지는 것과 같이 명시되지 않은 조건에서 나타났다.

출처 : M. K. Ryan, B. David, & K. J. Reynolds (2004). "Who cares? The Effect of Gender and Context on the Self and Moral Reasoning", *Psychology of Women Quarterly*, 28, 246-255. copyright © 2004 by the American Psychological Association. Reprinted by permission of the American Psychological Association.

보았을 때, 남녀 참가자 모두 사회적으로 거리가 먼 동급생보다는 가까운 친구에게 더 배려하는 응답을 하였다. 그림 12.3에서 보듯이, 성차는 단지 불특정한 조건에서만, 가까운 관계 구축의 경향이 있는 여성이 친숙함에 더 많이 의존하는 것이 나타났다.

요약하면, 아마도 Piaget(1932/1965)는 스스로에게 이 최고의 단계를 다음과 같이 말하였다. "좀 더 세련된 형태의 공정성, 그리고 소위 적절한 사랑 간에, 거기에는 더 이상의 어떤 실제적 갈등은 없다."(p. 324)

도덕성 추론의 영향

많은 요인이 도덕적 추론의 성숙에 영향을 주며, 도덕적 요인에는 청소년의 성격과 광범위한 사회적 경험인 자녀양육 실제, 또래 상호작용 실제, 학교 재학, 문화의 측면이 포함된다. Kohlberg의 신념과 같이, 이러한 경험은 적어도 두 가지 방법으로 작용한다는 많은 연구의 증거가 있다. 즉, 경험은 아동이 타인의 관점을 이해하도록 격려하고, 아동에게 인지적 도전을 제시하여 인지적 불균형을 유도하며, 좀 더 복잡한 방법으로 도덕적 문제에 대한 생각을 자극하게 된다.

성격 새로운 정보와 경험에 대한 융통적이며, 개방적 접근은 도덕성의 발달을 변별할 수 있는 도덕적 추론의 획득과 연결된다(Hart et al., 1998; Matsuba & Walker, 1998). 개방적 아동은 좀 더 사회적 기술이 우수하므로, 좀 더 많은 사회적 참여의 기회를 갖게 된다. 더 풍부한 사회적 생활은 타인의 관점에 대한 노출을 증가시키며, 개방성은 청소년이 그 노출로부터 도덕적 통찰력을 이끌도록 도와준다. 대조적으로, 새로운 경험의 적응에 어려움을 갖는 청소년은 타인의 도덕적 생각과 정당화에 관심을 적게 가진다.

자녀양육의 실제 성숙한 도덕적 추론과 연합된 자녀양육의 실제는 동정, 생각의 교환, 성숙에 대한 적절한 요구와 연계되어 있다. 도덕적 이해력을 최대로 획득한 아동과 청소년은 도덕적 토론에 참여하고, 친사회적 행동을 격려하며, 타인에 대한 존경과 공정성을 주장하고, 민감한 경청, 명료한 답변 요청, 높은 수준의 추론을 보여 주는 지지적 분위기를 만드는 부모를 두고 있다(Carlo et al., 2011; Pratt, Skoe, & Arnold, 2004; Wyatt & Carlo, 2002). 한 연구에서, 11세아에게 거짓말, 도둑질, 약속 위반행동을 하지 않기와 같이 도덕적 규칙의 정당화를 말하는 부모를 어떻게 생각하는지 물었다. 따뜻함, 요구, 의사소통적 부모를 가진 아동은 동년배보다 이상적 상호호혜성의 중요성을 더 잘 지적하면서, "나는 너를 믿는다.", "만약 내가 너에게 그것을 하였으면 너는 좋아하지 않을 거야."라고 더 많이 말을 하는 경향이 있었다(Leman, 2005). 대조적으로, 훈계, 위협 혹은 빈정대는 말을 하는 부모의 아동은 변화가 적거나 없게 된다(Walker & Taylor, 1991a).

요약하면, 도덕적 이해를 촉진하는 부모는 정서적, 언어적, 합리적이며, 가정생활의 협조적 양식을 증진하였다. 이 장의 초반에 논의한 이러한 매우 중요한 특징이 유아의 도덕적 내면화를 촉진시킨다는 것에 주목하자.

학교 재학 대부분 도덕적 추론은 청소년 후기와 학생으로서 학교에 재학하는 기간인 초기 성인기에 발달하게 된다(Dawson et al., 2003; Gibbs et al., 2007). 아마도 고등교육은 도덕적 발달에 큰 영향을 주는데, 정치적 혹은 문화적 집단 전체와의 개인적 관계 이상까지 확장되는 사회적 쟁점을 청소년에게 소개하기 때문이다. 이러한 생각과 일관성 있게, 더 많은 조망수용의 기회를 보고하고

(예 : 의견에 대한 개방적 토론의 강조, 다른 문화 배경의 타인과의 우정을 강조하는 교실), 사회적 다양성을 더 많이 갖는다고 지적하는 대학생은 도덕적 추론이 더 앞서는 경향이 있다(Comunian & Gielen 2006; Mason & Gibbs, 1993a, 1993b).

또래 상호작용 또래와의 상호작용에 대한 Piaget의 신념을 지지하는 연구는 도덕적 이해력을 증진할 수 있다. 아동이 협상과 타협에 참여하면, 사회생활이 권력관계보다는 동등한 관계 간의 협동에 기반을 둘 수 있음을 인식하게 된다(Killen & Nucci, 1995). 좀 더 긴밀한 친구 관계를 보고하고, 친구와 자주 대화하고, 지도자로서 동급생에게 간주되는 청소년은 도덕적 추론에서 더 높은 점수를 받는다(Schonert-Reichl, 1999). 우정의 상호성과 친밀성 즉 공감에 의한 동의를 기반을 둔 결정을 증진시키면 도덕성 발달에 특히 중요하다. 나아가, 제11장을 회상하면, 집단 간의 접촉, 즉 학교와 지역사회 내의 인종 간의 우정과 상호작용은 인종과 민족적 편견을 감소시킨다. 또한 인종이나 다른 유형에 기반을 둔 또래의 배제가 잘못되었다는 확신의 강화는 도덕적으로 어린 청소년에게 영향을 주게 된다(Crystal, Killen, & Ruck, 2008).

문화적으로 다양한 또래와 생각에 대해 이야기를 나누는 기회를 통해, 고등학생들은 조망수용능력과 도덕적 이해하기를 획득하게 된다.

도덕적 문제에 대한 또래 토론과 역할놀이는 고등학교와 대학생의 도덕적 이해력 증진에 목적을 둔 개입에 기반을 제공한다. 예를 들어 이러한 개입이 효과적이 되려면, 이러한 중재들은 효과적이어야 하며, 청소년은 서로 다른 견해에 직면하고, 비판하고, 명료화하는 시도에 참여하여야 한다(Berkowitz & Gibbs, 1983; Comunian & Gielen, 2006). 또한 도덕성 발달은 점진적 과정으로, 몇 주 혹은 몇 달간의 많은 또래 상호작용 시간은 도덕적 변화를 만들기 위하여 필요하다.

문화 Kohlberg 단계의 3단계 이상의 발달이 드문 낙후된 농업사회의 개인보다 산업화된 국가의 개인은 더 높은 수준으로 좀 더 빨리 이동하고 발전된다. 이러한 문화적 차이에 대한 한 가지 설명은 높은 도덕적 이해력을 위한 좀 더 큰 사회 구조의 중요성에 초점을 두고 있다. 농업사회에서, 도덕적 협동은 인간 간의 직접적 관계에 기본을 두고 있으며, 또한 진보된 도덕적 이해력의 발달(4~6단계)을 허용하지 않게 되어, 도덕적 갈등을 해결하는 법과 정부 기관과 같은 더 큰 사회적 구조에 대한 역할 존중에 의존한다(Gibbs et al., 2007).

이러한 견해를 지지하는 바에 의하면, 청소년이 유아에게 자신의 사회 제도에 참여하는 문화에서는 도덕적 추론이 더 앞선다는 것이다. 예를 들면, 키부츠, 이스라엘의 작지만 공학적으로 복잡한 농경 거주지의 아동은 아동기까지 자신의 지역사회 행정부에서 훈련을 받게 된다. 3학년에 이들은 이스라엘의 도시에서 양육된 아동이나 미국 아동보다 도덕적 갈등에 대한 토론에서 사회적 법과 규칙에 대한 고려를 더 잘 언급하게 된다(Fuchs et al., 1986). 청소년과 성인기 동안, 미국보다 키부츠에 사는 사람이 Kohlberg의 4~5단계에 도달하는 비율이 더 높았다(Snarey, Reimer, & Kohlberg, 1985).

두 번째 가능한 추론은 문화적 다양성으로, 집단 문화(농업사회를 포함하여)의 도덕적 딜레마에 대한 반응은 서구 유럽과 북아메리카보다 더 타인 지향적이다(Miller, 2007). 상호의존에 높은 가치를 부여하는 농촌과 산업화된 사회에서, 사회집단과 핵심적으로 연계된 개인상은 매우 일반적이다. 한 연구에 의하면, 일본의 남녀 청소년들은 통합 보호에 더 무게를 둔 보호와 공정성에 기반을 둔 추론을 하였으며, 이것은 지역사회의 책임감으로 간주하였다. 한 소년의 언급에 의하면, '야사시(친절/신사적)'와 '오모이야리(감정이입)'는 '모든 사람이 보여 주는 '정상적인 어떤 것'이다(Shimizu, 2001).

중국의 파미르 산속 마을에 살고 있는 청소년들은 도덕적 협력이 사람들 간의 직접적인 관계에 기반하고 있다고 본다. 그들의 도덕적 추론은 개인과 집단 간 책임에 대해 밀접한 연계를 강조하기 쉽다.

유사하게, 인도에서 실행된 연구에 따르면, 심지어 높은 교육을 받은 사람들(Kohlberg의 4~5단계에 속할 것으로 보이는)은 도덕적 딜레마 해결을 개인이 아니라 전체 사회의 책임으로서 보고 있었다(Miller & Bersoff, 1995).

이러한 결과는 Kohlberg의 가장 높은 단계가 개인의 권리와 내적이며 사적인 양심에 대한 호소를 강조하는 서구사회의 하나의 한계를 가진, 문화적으로 특수한 사고방법을 표상하는지에 대한 의문을 제기한다. 동시에, 40개 이상 사회에서 이루어졌던 100개 이상의 선행연구 고찰에서 연령 경향성은 Kohlberg의 1~4단계와 일치하고 있음이 확인되었다(Gibbs et al., 2007; Snarey, 1985). 보편적인 공정한 도덕성은 거대한 다른 문화에 속한 사람들의 딜레마에 대한 반응의 명확한 증거이다.

도덕성 추론과 행동

인지발달적 접근의 중심적 가정은 도덕적 이해력이 도덕적 동기에 영향을 주어야 한다는 것이다. 청소년이 인간의 사회적 협동의 도덕적 '논리'를 획득하면, 이들은 이러한 논리를 어기게 될 때 당황하게 된다. 그 결과, 아동은 생각하는 방법에 따라 바른 행동을 하는 것이 사회적 세상을 만들고 유지하는 핵심임을 인식하게 된다(Blasi, 1994; Gibbs, 2010). 이러한 생각에 대한 일관성에 의하여, 더 높은 단계에 있는 청소년은 돕기, 공유하기, 불공정한 희생자 옹호하기에 의한 친사회적인 행동을 더 많이 하게 된다(Carlo et al., 1996, 2011; Comunian & Gielen, 2000, 2006). 이들은 또한 속이는 부정행위, 공격성, 다른 반사회적 행동에 덜 참여하게 된다(Raaijmakers, Engels, & Van Hoof, 2005; Stams et al., 2006)

도덕적 사고와 행동 간의 명확한 연결이 존재한다고 하여도, 그것은 오직 중간 정도이다. 도덕적 행동은 인지 이외의 많은 요인들, 즉 감정이입, 동정심, 죄책감의 정서 요인, 기질적인 개인 차이, 도덕적 선택과 결정에 영향을 미치는 개인 경험의 긴 역사가 포함되어 영향을 받는다(Haidt & Kasebir, 2010). 도덕적 자기타당성(moral self-relevance)은 도덕적 행동에 영향을 준다(Hardy & Carlo, 2011). 도덕적 목적이 개인적인 중요성에 있으면, 개인은 자신의 도덕적 판단을 수행하는 데 책임감을 더 많이 느끼게 된다. 저소득층인 미국계 흑인과 스페인계 10대에 대한 연구에서, 자기묘사에서 도덕적 특성과 목적을 강조한 청소년은 지역사회 봉사에 있어 예외적인 수준을 보였다. 그러나 이러한 높은 친사회적 청소년은 도덕적 추론에서 동년배와 차이가 없었다(Hart & Fegley, 1995). 자아감과 도덕적 배려의 합성이 도덕적 행동으로 동기화된다는 것은 또한 도덕적 원인, 즉 시민의 권리, 빈곤에 대항하는 투쟁, 의학적 윤리, 종교적 자유와 같은 요인에 대한 현저한 배려를 하는 사람의 연구에 의하여 지지되고 있다. 이러한 도덕적 표본이 되는 사람의 면담은 이들의 가장 뚜렷한 특성이 개인적 동일시를 도덕적 이상인 '상처 없는 통합'으로 본다고 밝히고 있다(Colby & Damon, 1992. p. 309).

연구자들은 도덕적 책무성의 증진 기회를 위하여 도덕적 정체성의 근원을 파악하기 시작하였다. 본 장의 초반에서 살펴보았듯이, 귀납적 훈육과 분명하게 전달된 도덕적 기대를 가진 자녀양육의 실제는 청소년들의 도덕적 정체성을 증대시켰다. 어렸을 때, 도덕적 자기지각을 강화하는 것은 행동 안에 도덕적 인지가 실현되는 기회를 증가시키는 좋은 방법이 될 것이다. 종단연구에 따르면, 유아기 동안에 확고한 양심발달(부모의 규율에 대한 내면화로 측정된 것으로서)과 어머니의 아픔(상처 입은 손)에 대한 감정이입의 배려는 5세경의 강한 도덕적 자기지각을 예측하였으며, 이것은 되돌아, 6세 반경에 유능하고, 친사회적이며, 규칙을 지속해서 지키는 행동을 긍정적으로 예측하였다(Kochanska et al., 2010). 초기에 순조로운 경로로 양심발달과 감정이입을 시작하게 하는 부모의 전략은 장기적으로 도덕적 정체성과 행동에 핵심적으로 기여하게 된다.

다른 추측은 특정 학교에 기초한 경험이 도덕적 수행에 활기를 줄 수 있다는 것이다. 이것은 바로 교육적 환경이 포함되는데, 교사가 학생에게 민주적 의사결정, 규칙 설정, 민사상의 논쟁 해결, 타인의 복지를 위한 책임감 갖기를 안내하는 것이다(Atkins, Hart, & Donnelly, 2004). 한 연구에 의하면, 공정한 교사의 처리를 보고한 10학년 학생들은 불공정한 대우를 경험했던 학생들보다 인종에 기초한 또래 배제를 도덕적 위반이라고 간주할 가능성이 더 큰 것으로 나타났다(Crystal, Killen, & Ruck, 2010). 자비로움과 바른 학교 분위기는 빈곤에 찌든, 소수인종의 아동과 청소년에게 특히 중요할 수 있다. 이러한 많은 청소년을 위하여 의미 있는 학교사회의 참여는 편견과 훼손된 기회가 사회에 스며들어, 마침내 극복할 수 없는 비관적 결론으로부터 이들을 지키는 핵심적 요인이 된다(Hart & Atkins, 2002).

학교는 또한 시민으로서의 참여를 증진시켜 학생으로서 경험할 기회를 확대하고, 도덕적 정서, 사고, 행동을 탐색하게 한다. 청소년에게 지역사회에서 자원봉사할 수 있는 기회를 제공하는 것은 개인적 관심과 공공의 관심 간의 연결로서 도덕성의 모든 측면을 기를 수 있는 통찰력을 갖도록 도와준다.

종교적 참여와 도덕성 발달

실생활의 도덕적 딜레마의 해결에서, 많은 사람은 종교와 신성을 언급하면서 목소리를 높인다. 이러한 개인에게 도덕성과 신성은 분리할 수 없고, 이들의 가치, 판단, 행동은 이들의 신념에 깊이 내재되어 있다. 단지 최근에 연구자들은 도덕성 발달에서 종교와 신성한 영향을 조사하기 시작하였다.

종교는 북미 가족생활에서 특히 중요하다. 최근 국가투표에서, 미국인의 2/3와 캐나다인 1/2이 종교적 존재로서 자신을 보고하였는데, 영국과 이탈리아 사람의 1/3, 그리고 서부 유럽의 국가에서는 더 적게 나타났다(CIA, 2009; Gallup News Service, 2006; Jones, 2003). 교회, 유대회당, 혹은 회교회당과 규칙적 종교 예배의 참여에 입회하는 개인들 중에, 많은 사람은 아동의 부모이다. 아동

종교적 공동체의 부분으로서 이 어린이 성가대 구성원들은 그렇지 않은 또래들과 비교했을 때, 도덕적 가치와 행동에 혜택을 받을 가능성이 있다.

중기에는 주목할 만큼 복잡하고, 자신의 생활에서 도덕적 힘으로 제공되는 종교와 신성에 대한 생각을 형성하기 시작한다.

국가적 조사 결과에 따르면 미국 10대들의 81%가 한 가지 종교를, 3%가 두 가지 종교를 가지고 있는 것으로 나타났다(Smith & Denton, 2005). 청소년기 동안, 미국 청소년의 형식적인 종교 참여는 저하되어, 13세와 15세에는 55%에서 17세와 18세에는 40%가 된다(Donahue & Benson, 1995; Kerestes & Youniss, 2003). 이 저하는 통상적으로 10대 말과 20대까지 완성되지 않은 과제인 증가된 자율성과 개인적으로 의미 있는 종교적 정체성을 구성하려는 노력과 일치하고 있다(Hunsberger, Pratt, & Pancer, 2001).

그러나 종교집단 사회의 부분으로 남아 있는 청소년은 도덕적 가치와 행동에 이득을 얻게 된다. 비참여집단의 청소년과 비교하여, 이들은 운이 덜 좋은 사람들을 돕는 목적의 더 많은 지역 봉사에 참여하게 된다(Kerestes, Youniss, & Metz, 2004). 그리고 종교적 참여는 책임감 있는 학구적 · 사회적 행동을 증진시키고, 비행을 저지하게 된다(Dowling et al., 2004). 이것은 10대 약물과 알코

시민 책무성 발달

추 수감사절에 질, 토드, 그리고 브렛은 무료 급식소에서 가난에 시달리는 사람들에게 휴일 저녁을 제공하기 위해서 그들의 부모를 합류시켰다. 1년 내내, 질과 브렛은 아파서 누워 있는 노인들과 대화를 나누면서 토요일 아침이면 양로원에서 봉사를 했다. 의회 선거운동 기간 동안 3명은 의원과 특별한 청년과의 만남에서 논의거리에 대한 질문을 제기했다. 학교에서 토드와 그의 여자 친구는 민족과 인종 간의 관용을 촉진시키는 데 시간을 쏟는 조직을 만들었다.

이러한 청소년들은 인지, 정서, 그리고 행동의 복합적인 결합인 시민 책무성에 대한 강력한 인식을 보여주고 있다. 시민 책무성은 정치적 논쟁에 대한 지식, 공동체 안에서 변화를 가져오고자 하는 욕망, 그리고 다른 견해를 공정하게 해결하고, 회의를 이끌어서 모든 참가자들이 발언권을 가질 수 있도록 하는 방법과 같이 시민적 목표를 성취할 수 있는 기술을 포함시키고 있다(Flanagan & Faison, 2001).

청소년들이 사람들의 필요나 공공의 문제에 그들을 드러내는 것과 같은 사회봉사에 참여할 때, 그들은 이후 봉사에 대한 헌신을 표현하게 되는 것이다. 또한 도덕적 추론하기에서 진보된 경향이 있는 청소년 봉사자들은 참여의 결과로 도덕적 성숙을 더 많이 획득하게 된다(Gibbs et al., 2007; Hart, Atkins, & Donnelly, 2006). 가정, 학교, 그리고 공동체 경험은 청소년들의 시민 책무성에 도움을 준다.

가족 영향

논의의 여지가 있는 쟁점에 대한 의견을 만들어 볼 것을 격려하는 부모가 있는 10대들은 지역사회 문제에 대해서 아는 것이 더 많으며, 또한 한 가지 관점보다 더 많은 관점을 통해 이러한 문제를 바라본다(Santoloupo & Pratt, 1994). 또한 사회봉사에 참여하고 동정심을 강조하는 부모가 있는 청소년들은 사회적으로 합리적인 가치를 유지하는 경향이 있다. 실직과 가난에 대한 원인이 무엇인지 물어보았을 때, 이들은 상황적이고 사회관습적인 요인들(교육, 정부 정책, 또는 경제 상황의 결핍)에 대해 자주 언급한다. 상황적이고 사회관습적인 원인을 지지하는 청소년들은 결과적으로 가난을 근절하거나 후세대를 위해서 직장을 유지하는 작업과 같이 더 많은 이타적인 인생의 목표를 가지고 있다(Flanagan & Tucker, 1999). 그리고 그들은 초기 성인기까지 더 많은 시민활동에 참여한다(Zaff, Malanchuk, & Eccles, 2008).

학교와 공동체의 영향

학생들에게 타인의 말을 듣고 존중하라고 주장함과 동시에 논쟁 쟁점에 대한 토론을 조장하는 교사들이 있는 학교에서, 민주적인 분위기는 정치적 관심과 사회적인 대의명분에 전념하도록 하는 비판적 분석과 지식을 발달시킨다(Torney-Purta, Barber, & Wilkenfeld, 2007). 더욱이 공동체가 부모들이 청소년들에게 관심을 가지고 또한 더 나은 공동체를 만들기 위해 일하는 곳으로 여기고 있는 고등학생들은 시민 참여에 있어 더 높은 수준을 보이고 있다(Kahne & Sporte, 2008). 학교와 청소년 단체에서의 비스포츠이며 정규 교과 이외 활동들은 또한 성인기까지 지속되는 시민 책무성과 관련이 있다(Obradovic & Masten, 2007).

이러한 참여의 두 가지 양상은 그들에게 지속적인 영향을 미칠 것을 설명하고 있는 것으로 보인다. 첫째, 그들은 청소년들에게 비전과 성숙한 시민 참여를 필요로 하는 기술들을 소개한다. 학생 자치회, 특별 이익 단체 및 다른 단계를 포함해서, 청소년들은 그들의 행동이 어떻게 광범위한 학교와 공동체에 영향을 미치는지에 대해 살펴보게 된다. 이들은 한 사람이 혼자서 달성한 것보다 집단적으로 했을 때 더 좋은 결과를 얻을 수 있다는 것을 깨닫게 된다. 또한 확고한 신념과 절충의 균형을 맞추면서, 함께 협력하는 것에 대해 알게 된다(Atkins, Hart, & Donnelly, 2004; Kirshner, 2009). 둘째, 주간 신문 출판, 연극 작품에 참여, 또는 공공사업을 수행하면서 청소년들은 정치적, 도덕적 개념들을 탐구해 나간다. 종종 이들은 타인의 불행을 없애기 위해 노력하는 책임을 포함하기 위해서 그들의 정체성을 개선해 나간다(Wheeler, 2002).

시민적 책임을 조장하는 가족, 학교, 공동체의 힘은 토론, 교육 실제, 그리고 도덕적 사고, 정서 및 행동을 함께 촉진시키는 활동들에 달려 있을 것이다. 28개국에서 14세를 국가적으로 대표하는 표본들을 비교했을 때, 봉사에 전념하는 단체에서 보고한 회원 수의 50%로서 사회봉사에서 미국 청소년들이 뛰어났다

LA에 살고 있는 사진 속 어린 10대에게 있어, 지구의 날(Earth day)행사인 나무 심기는 성인기까지 지속적인 효과를 미칠 수 있는 시민 책임 감각을 촉진시킨다.

(Torney-Purta, 2002).

현재 66%의 미국 공립학교에서는 학생들에게 사회봉사 기회를 제공하고 있다. 거의 절반의 공립학교에서는 봉사활동을 학교 교육과정에 통합시키는 것으로서, 봉사학습 프로그램을 운영하고 있으며, 약 1/3의 학생들이 등록하고 있다. 지역사회에 봉사할 것을 요구받은 고등학생들은 봉사를 했던 학생들이 그랬던 것처럼 계속 참여할 것이라는 강한 열정을 표현하고 있다. 또한 이들이 초기 성인기에 도달하게 되면, 지역사회 단체에 참여하고 공정하게 투표할 가능성이 있다(Hart et al., 2007; Metz & Youniss, 2005).

여전히 봉사학습 프로그램을 제공하고 있는 대부분의 미국 학교에서는 이러한 프로그램을 요구하거나 격려할 만한 정책을 가지고 있지 않다(Scales & Roehlkepartain, 2004). 더욱이, 낮은 사회경제적 지위와, 도시 빈민가의 청소년들은 이들이 비록 사회적 정의와 사회 기여에 높은 관심을 표현하고 있을지라도, 시민적 지식과 참여에 있어 높은 사회경제적 지위를 가진 청소년들보다 대체로 더 낮은 점수를 보이고 있다(Balsano, 2005). 시민들의 기개를 촉진시키는 광범위한 사회관습적 약속들은 이러한 청소년들에 대한 지지적인 학교와 지역사회 경험에 특히 주목해야만 하며, 그렇게 된다면 변화를 가져올 그들의 열정은 달성될 것이다.

올 사용을 강력히 막으며, 조기 성적 행동의 정도를 더 감소시킨다. 이것은 또한 긍정적 부모-자녀, 또래 제휴만큼 강하게 영향을 미치지는 않지만, 더 낮은 비행 발생률과 연합되어 나타나게 된다(Regnerus, Smith, & Fritsche, 2003).

다양한 요인들은 이러한 긍정적인 결과에 기여할 것이다. 도심지역 고등학생들을 대상으로 한 연구에서, 종교에 참여한 청소년은 부모, 성인, 비슷한 세계관을 가진 친구들과의 관계에 더 신뢰가 있다고 보고하고 있다. 이러한 관계 공유에 더 적극적일수록 감정이입적 배려와 친사회적 행동의 점수가 더 높아진다(King & Furrow, 2004). 더 나아가 종교교육과 청소년 활동은 타인의 배려를 직접적으로 가르치며, 도덕적 토론과 시민 참여 기회를 제공한다. 그리고 더 높은 존재와 연계감을 느끼는 청소년은 친사회적 가치와 강한 도덕적 정체성이 포함된 어떤 내면의 힘을 발달시키게 될 것이며, 이는 실생활의 도덕적 딜레마를 성숙하게 해결하도록 돕고, 생각을 행동으로 전환하게 만든다(Hardy & Carlo, 2005; Sherrod & Spiewak, 2008).

대부분의 10대들은 공식적 종파에 상관없이, 종교적 종파와 자신을 동일시하고, 고등 존재로서 자신을 믿는다고 말하기 때문에, 종교 기관은 도덕적, 친사회적 참여를 기르는 데 유일하게 적합하며 위험한 행동을 낮추게 한다(Bridges & Moore, 2002). 사회적 지원에 대한 대안적 자원이 적은 도시 내 이웃 속의 청소년에게, 종교 기관에 의하여 닿을 수 있는 봉사는 삶을 변화시키는 참여로 이끌 수 있다(Jang & Johnson, 2001). 예외적으로 종교적 추종이 발생하여, 집단 믿음 속의 엄격한 세뇌, 개성의 억압, 도덕적 성숙에 대항하는 모든 사회로부터의 소외가 나타난다(Richmond, 2004).

Kohlberg 이론의 추후 도전

Kohlberg 이론이 지지를 받아도, 도전에 계속 직면하게 된다. 이러한 도전이 가장 중요한 점은 도덕적 성숙에 대한 Kohlberg의 개념과 도덕적 추론과 일상행동에 대한 단계 모델의 적합성, 유아의 도덕적 추론을 특징짓는 그의 단계의 적합성에 관한 것이다.

핵심 논쟁은 도덕적 성숙이 후 관습적 수준까지 성취되지 않는다는 Kohlberg의 신념과 관련된 것이다. 만약 인간이 사실상 도덕적 성숙이 되는 5~6단계에 도달하여야 하면, 어디에도 측정될 사람은 거의 없다. John Gibbs(1991, 2010)는 '후 관습적 도덕성'은 다른 수준이 미성숙하다는 것을 판단하는 대응하는 기준으로서 볼 수가 없다고 논의하고 있다. Gibbs는 상호호혜성을 강조하는 3~4단계의 개정된 이해력의 성숙성을 발견하고 있다. 이러한 단계는 Kohlberg가 가정한 '관습적' 혹은 사회적 적합성은 아니다. 대신에 유아는 심오한 도덕적 구성, 즉 사람(3단계)과 규칙과 법을 설정하여 광범위하게 받아들여지는 도덕적 기준(4단계) 간의 관계에 대한 기초로서 이상적인 호혜주의에 대한 이해력을 요구한다.

Gibbs(2010)에 따르면, '후 관습적' 도덕적 추론은 고도의 반성적, 상위 인시석 노력의 부분이다. 여기에는 인간의 존재론적 쟁점을 붙잡고 있는데, 인간이 '왜 살아가야 하는가?', '왜 도덕성인가?'에 대한 것이다. 그러한 질문을 심사숙고하는 대부분의 사람은 왜 5단계와 6단계가 드물게 되는가를 밝혀 주는 통상적인 철학과 같은 고등 교육을 받고 있다. 그러나 때때로, 영혼을 탐색하는 인생 위기, 인생에 위협적인 사건, 영적인 일깨움의 결과로서, 철학에 대한 형식적 훈련을 받지 않은 청소년과 성인들은 존재의 의미, 즉 도덕적 삶을 이끄는 개인의 해결책을 고양시킬 수 있는 변형에서 윤리적 통찰력을 도출하게 된다. 그 결과, Gibbs가 제안한 바에 의하면, '후 관습적' 도덕성 판단은 때때로 청소년기만큼 조기에 나타나는데, 이 시기는 청소년들이 사람이 먼저 후 관습적 도덕성 판단을 위하여 요구되는 형식적 조작과 조망수용능력을 갖게 된다.

더 급진적 도전은 Dennis Krebs와 Kathy Denton(2005)에서 나오게 되었는데, 이들은 Kohlberg의 이론이 일상생활의 도덕성 설명에 부적합하다고 주장한다. 이 연구자들은 상황에 따라 도덕적 추론의 성숙에는 폭넓은 가변성이 있다고 지적하면서, 도덕성의 실용적 접근을 위한 Kohlberg의 단계 포기를 옹호하고 있다. 이들은 각 개인은 개인의 현재 맥락과 동기에 의존하는 다양한 성숙 수준의 도덕적 판단을 한다고 주장하고 있다. 사업 거래를 둘러싼 갈등은 2단계(도구적 목적) 추론, 우정이나 결혼 분쟁은 3단계(이상적인 상호주의) 추론, 계약 위반은 4단계(사회 질서 유지) 추론을 유발하게 된다(Krebs et al., 1991). Krebs와 Denton에 따르면, 일상의 도덕적 판단은 단지 문제해결에 도달하는 노력보다는 인간이 목적 성취에 사용하는 실제적 도구이다. 개인적 이득을 위하여, 인간은 타인과의 협력을 옹호하여야 한다. 그러나 많은 사람들은 행동을 먼저 하고, 그다음 그 행동이 자기중심인지 이타주의적인지에 상관없이 자신의 행동을 합리화하는 도덕적 판단을 하게 된다(Haidt, 2001; Haidt & Kesebir, 2010). 그리고 때로 인간은 비도덕적 목적으로 도덕적 판단을 사용하는데, 예를 들면 자신의 위반에 대한 변명, 타인의 비난, 과분한 존경의 유혹 등이다. 이러한 도덕적 추론의 실용성에 대한 Krebs와 Denton의 논점은 도덕적 판단의 성숙과 행동 간의 강한 연합의 결핍에 그 이유를 돌리고 있다.

인간은 자신이 개인적으로 개입되지 않은 가설적 딜레마나 실생활 갈등이 제시될 때만 자신이 할 수 있는 최고로 발달된 추론을 사용하여 가능한 공정한 방식으로 도덕적 딜레마를 해결하려고 노력하는가? Gibbs(2006)는 일상의 상황에서 혼합된 동기에도 불구하고, 인간은 종종 타인의 권리를 지지하려고 자기만족을 초월한다고 지적하고 있다. 예를 들어, 사업에 대한 도덕적 사례에서 2단계 추론을 따르기보다 신뢰, 정직, 선의, 공정한 법률 및 행동 강령의 중요성을 따른다(Damon, 2004). 더 나아가, 실용적 접근은 더 높은 단계의 도덕적 판단에 대한 더 높은 적합성 인식에 실패하는데, 매우 타락한 환경에도 몇 사람들은 행동을 한다. 그리고, 갑작스러운 이타적 행동에 참여하는 사람은 관련된 도덕적 쟁점을 사전에 고려하여, 그들의 인지적 구조는 자동적으로 활성화되어 즉각적 반응을 일으키게 된다(Gibbs et al., 2009a; Pizarro & Bloom, 2003). 이러한 경우에, 사후 합리성 개입을 보이는 개인은 실제로 많은 사전 숙고를 하고 행동한다.

마지막으로, Kohlberg의 단계는 대부분 초기와 중기 아동기보다는 청소년기와 성인기의 도덕적 추론 변화를 설명하고 있다. Nancy Eisenberg는 법률적 추론을 할 수 없는 딜레마 대신에 친사회적인 행동에 대한 자신의 욕구를 만족시키는 함정, 예를 들면 생일파티에 가기 대 부상당한 동료를 돕는 데 시간이 걸려서 그 파티를 놓치는 것과 같은 딜레마를 구성하였다(Eisenberg, 1986; Eisenberg et al., 1991, 1995). 그러한 딜레마에 대한 아동과 청소년의 친사회적 도덕성 추론은 Kohlberg의 단계와 비교하면 분명히 앞서고 있다. 더 나아가, 연구는 감정이입적 조망수용은 친사회적 도덕적 사고와 일상행동에서의 도덕적 실현이 강화된다고 제안하고 있다(Eisenberg, Fabes, & Spinrad, 2006; Eisenberg, Zhoe, & Koller, 2001).

요약하면, Kohlberg는 사회적 세계의 뚜렷한 외적 특징에 중심을 둔 어린 아동의 경향성에 초점을 두기 때문에, 깊은 도덕적 이해력에 대한 아동의 잠재성을 과소평가하였다. 다음 장에서는 아동과 청소년의 도덕적 추론에 대한 추가 증거를 고려하고자 한다.

도덕성 이해의 영역적 접근

도덕적 이해에 영역적 접근을 하는 연구자들은 도덕적 의무를 분별하고 통합하는 아동의 발달능력에 초점을 두고 있는데, **도덕적 의무**(moral inperatives)는 사회 규칙과 기대의 두 가지의 다른 유형으로 인간의 권리와 복지를 보호하는 것이다. **사회적 관습**(social convention)은 식사예절, 사회적 상호작용의 의식('안녕하세요', '실례하겠습니다', '감사합니다')과 같은 합의에 의하여 오직 결정되는 관습이며, **개인적 선택의 문제**(matters of personal choice)는 친구, 머리 스타일, 여가활동과 같이 권리를 침해하지 않고 개인이 결정할 일이다(Killen, Margie, & Sinno, 2006; Nucci, 1996; Smetana, 2006). 영역 이론가에 의하면, 유아는 사회적 세상의 세 가지 유형의 규칙성에 대한 경험으로부터 이러한 사회적 지식체계를 구성한다(Turiel, 2006). 그리고 연구는 유아는 Kohlberg의 전 관습적 도덕성을 외부적으로 통제된 경험에 의하여 추정한 좀 더 고차원적인 도덕적 추론을 보이면서 초기에 이러한 구별을 하게 된다고 밝히고 있다.

도덕성 대 사회적 관습의 구별 3세와 4세 유아의 면접을 통하여, 유아는 사회적 관습(손가락으로 아이스크림 먹기)보다 더 나쁜 것으로 도덕적 위반(사과 도둑질과 같은)을 판단하고 있다. 유아는 또한 도덕적 위반이 일반적으로 더 나쁘며, 다른 국가와 학교와 같은 헌신적인 환경에도 불구하고 옳지(OK) 않다고 말하게 된다. 그리고 유아는 도덕적(그러나 사회적 관습은 아님) 위반(transgression)은 권위적 인물(부모 혹은 교사)이 도덕성에 헌신하는 것을 보지 못하고, 위반을 방지하기 위하여 존재하는 규칙도 없으면, 여전히 옳지 않을 수 있다고 지적하고 있다(Smetana, 2006; Yan & Smetana, 2003).

어린 유아들은 어떻게 이러한 차이를 구별하게 되는가? Elliott Turiel(2006)에 의하면, 유아는 매일의 사회적 관계를 반영하면서 차이를 구별한다. 유아는 도덕적 위반 후에, 또래가 강한 부정적인 정서로 반응하고, 자신의 부상과 손해를 설명하고, 다른 유아를 금지시키거나 혹은 보복에 대하여 말하는 것을 관찰한다(Arsenio & Fleiss, 1996). 그리고 개입하는 성인은 희생자의 권리와 감정에 주의를 불러일으키는 경향이 있다. 대조적으로, 또래는 사회적 관습의 위반에 대하여 강력하게 반응하지 않는다. 이러한 상황에서, 성인은 통상적으로 순서 지키기의 중요성에 대한 설명이나 지적 없이 복종을 요구한다.

그러나 도덕적 위반이 사회적 관습 위반보다 더 나쁘다는 인식에도 불구하고, 유아와 어린 초등학교 아동(Piaget가 지적하듯이)은 도덕적 영역, 예를 들면 사람에게 이러한 행동을 하게 된 도덕적으로 건전한 이유를 갖고 있을 때에도 도둑질과 거짓말은 항상 나쁘다고 항의하는 것에 엄격한 추론을 하는 경향이 있다(Lourenco, 2003). 때리는 것에 대한 규칙이 없어도 타인을 때리는 것이 왜 나쁜지에 대한 아동의 설명은 단순하며 신체적 손상에 초점을 두는데, 언제 네가 맞았는지, 다쳤는지, 울기 시작했는지에 관한 것이다(Nucci, 2008). 그리고 결과에 대한 초점은, 비록 충족되지 않았어도, 약속은 여전히 약속이라는 인식에 실패했음을 의미한다(Maas, 2008; Maas & Abbeduto, 2001).

유아는 도덕적 규칙의 융통성 있는 존중력을 구성하게 되면, 도덕적 의무와 사회적 관습을 명확히 하고 연결을 하게 된다. 점진적으로 유아의 이해력은 좀 더 복잡하게 되며, 규칙의 목적과 인간의 의도, 지식, 신념, 그리고 인간행동의 맥락이 포함된 다양하게 증가한 변인들을 고려하게 된다. 학령기 동안, 예를 들면 유아는 명확한 목적(부상을 방지하기 위하여 학교 복도를 뛰지 않기)과 확실한 정당성이 없는 목적(놀이터의 '금지' 선 밟기)을 갖는 사회적 관습을 구별하게 된다. 유아는 도덕적 위반에 근접한 목적 있는 관습 위반을 인식하게 된다(Buchanan-Barrow & Barrett, 1998).

연령과 함께, 유아는 또한 인간의 의도와 행동의 맥락은 사회적 관습 위반에 대한 도덕적 적용에 영향을 준다는 것을 인식하게 된다. 캐나다 연구에서, 많은 6세 유아는 항상 물리적 결과를 인용하면서 깃발 불태우기를 비난하고 있다. 대조적으로, 8세에서 10세 아동의 판단은 미묘한 차별을 반영하고 있다. 유아는 깃발의 상징적 가치 때문에, 국가의 비난을 표현하기 위하여 혹은 식당의 가스불로 시작된 불이 사고로 불이 난 것보다 더 나쁘다고 진술한다. 유아는 또한 공공의 깃발 불태우기는 사적인 깃발 불태우기보다 더 나쁘다고 하는데, 왜냐하면 타인에게 가하는 정서적 해로움

짧고 딱 붙는 원피스를 입는 것은 이 10대의 개인적 선택문제이다. 그러나 그녀의 어머니가 지적할지도 모르는 것처럼, 예배 때 그 원피스를 입는 것은 도덕적 영향을 초래하면서, 사회적 관습을 어기는 것이며, 잠재적으로 예배를 보러 온 다른 사람들의 기분을 상하게 할 것이다.

때문이다. 동시에, 유아는 깃발 불태우기는 표현의 자유에 대한 형태임을 인식하게 된다. 국가에서 국민을 부당하게 취급하는 것에 대한 인식의 대부분은 수용되게 된다(Helwig & Prencipe, 1999).

더 나아가, 학령기 아동은 또한 다른 지식을 가진 사람은 도덕적 위반의 동등한 책임이 없을 수도 있음을 인식하게 된다. 많은 7세 아동은 남아들보다 여아들에게 좀 더 많은 간식을 주기로 한 교사의 결정에 관대한데, 그 이유는 여아가 더 많은 음식이 필요하다고 (부정확하게) 생각하기 때문이다. 그러나 교사가 여아에게 더 많은 간식을 주는 이유는 교사가 비도덕적 신념(남아보다 유아에게 더 좋게 하는 것이 옳다)을 갖고, 거의 모든 아동의 행동을 부정적으로 판단하기 때문이다(Wainryb & Ford, 1998).

개인과 도덕적 영역의 관계   유아는 개인적 영역의 인식에 대한 싹이 보이는데, "나는 이 셔츠를 입을 거야."와 같은 언급을 통하여 전달한다. 유아의 도덕적 강제와 사회적 관습에 대한 파악이 강화되면, 어떤 선택에 대한 자신의 확신은 개인에게 중요해진다. 초기에, 유아는 부모와 교사가 개인적 쟁점, 동시에 사회적 관습 요인에 타협하게 되지만 도덕적 고려에는 적용되지 않는다는 것을 학습하게 된다.

마찬가지로 유아와 청소년들이 성인의 권력에 도전을 할 때, 전형적으로 개인적 영역 내에서 그 행동을 하게 된다(Nucci, 2001, 2005). 서구와 비서구의 다양한 문화에서, 개인적 선택의 중요성은 10대를 거치면서, 정책성에 대한 청소년의 의문에 대한 반성과 증가된 독립성으로 강화된다(Neff & Helwig, 2002; Nucci, 2002). 청소년의 주장이 증가되어 부모는 개인적 영역, 즉 옷차림, 머리 스타일, 일기, 우정에 대한 침해를 못하고, 이러한 쟁점에 대한 반박이 더 자주 발생하게 된다. 부모가 개인적 일을 침해하는 빈도가 높은 10대는 더 높은 정신적 스트레스를 보고한다(Hasebe, Nucci, & Nucci, 2004). 대조적으로, 청소년은 부모가 자녀에게 도덕적, 사회관습적 상황에서 어떻게 행동할지 말할 권리가 있다고 전형적으로 말한다. 그리고, 이러한 논쟁이 불화를 촉발하면, 10대는 부모의 권위에 거의 도전하지 않는다(Smetana & Daddis, 2002).

개인적 선택에 대한 의견은 결과적으로 유아의 도덕적 이해력을 증진시킨다. 6세경에 유아는 개인의 권리를 부정하는 법이 존재하더라도, 개인의 권리로서 언어와 종교의 자유를 보고 있다(Helwig, 2006). 그리고 유아는 개인을 차별하는 법, 예를 들면 의학적 보호와 교육에 대하여 어떤 사람의 접근을 거부하는 법은 틀리고 위배할 만하다고 간주한다(Helwig & Jasiobedzka, 2001). 유아 반응의 정당화를 위하여, 아동 중기 말까지 아동은 개인적 특권과 공정한 사회의 유지를 위한 개인적 권리의 중요성과 같은 민주적 이상에 호소하게 된다.

동시에, 연령이 높은 학령기 아동은 주변 환경에 따라 개인의 선택에 대해 제한을 하기도 한다. 민주적으로 결정된 최선으로서의 비학구적 문제(견학을 가는 장소와 같은)를 고려하는 반면에, 아동은 학구적 교육과정은 그러한 결정을 하게 된 교사의 우수한 능력에 기초한 교사의 영역이라고 믿는다(Helwig & Kim, 1999).

아동이 개인적으로 중요시하는 것이 확대되면, 청소년은 개인적 선택과 공동체 의무 간의 갈등, 즉 조건의 여부와 어떤 조건하에 있는지에 더 집중적으로 생각하는데, 이것은 언어, 종교, 결혼, 출산, 집단 구성원과 다른 개인의 권리 제한의 허용 가능성이 된다(Helwig, 1995; Wainryb, 1997). 10대는 학령기 유아보다 이러한 쟁점에서 더 미묘한 생각을 나타낸다. 예를 들어, 인종이나 성에 기초하여 우정과 또래집단에서 친구를 배제하는 것이 괜찮은지를 질문하면, 4학년생들은 배제가 항상 불공평하다고 말한다. 그러나 10학년 경에, 어린 아동이, 공정성을 염두에 두는 것이 증가하여도, 어떤 상황하에서, 즉 친밀한 관계(우정)와 사적 맥락(집 혹은 작은 모임), 그리고 인종보다는 성에 기초하여, 배제가 괜찮다고 지적하고 있다(Killen et al., 2002, 2007; Rutland, Killen, & Abrams, 2010). 설명을 통하여, 아동은 개인적 선택뿐 아니라 효과적 집단기능에 대한 배려로 언급하고 있으며, 모든 소년 음악 클럽의 구성원으로 소녀가 들어오게 할 필요가 없다는 신념을 정당화하였는데, 한 10학년은 "그것은 좋지 않아. 그러나 그것은 소년들의 클럽이야"라고 말하고 있다. 다른 학생들은 "(여학생과 남학생)들은 아마도 매우 많은 일에 관련되지 않으려고 한다." 라고 언급하였다(Killen et al., 2002, p. 62).

청소년들이 이상적인 상호주의와 개인적인 권리를 통합하면서, 자신들에게 원하는 보호를 타인에게로 확장하기를 요구하였다. 예를 들어, 연령이 높아지면서, 청소년은 공공의 더 많은 이익에 대한 흥미로 흡연과 음주 같은 건강에 해로운 행동을 하는 개인 자유를 제한하는 정부의 권한을 더 많이 옹호하게 된다(Flanagan, Stout, & Gallay, 2008). 유사하게, 청소년은 도덕적 책무, 사회적 관습, 개인적 선택 간의 중복을 더 많이 염두에 두게 된다. 결국, 개인적 선택의 주장을 위하여 강하게 유지된 관습의 위배, 즉 결혼식에 티셔츠 착용하고 등장하기, 학생회의에서 순서 어기고 말하기는 걱정을 야기하거나 공정한 처리를 격하시켜 타인에게 피해를 줄 수 있을 것이다. 시간이 흐르면서, 공정성에 대한 파악이 깊어지면, 아동은 많은 사회적 관습에는 도덕적 적용을 가지고 있음을 깨닫게 되고, 이것이 공정하고 평화로운 사회 유지에 핵심임을 알게 될 것이다(Nucci, 2001). 이와 같은 이해가 Kohlberg의 4단계의 핵심이며, 이것이 청소년기가 거의 끝나가면서 전형적으로 획득되는 것임을 주목하라.

문화와 도덕성, 사회적 관습, 개인적 차이 서구와 비서구의 다양한 문화에 속한 아동과 청소년은 도덕적, 사회적 관습, 개인적 관심에 대한 추론에 유사한 범주를 사용하게 된다(Neff & Helwig, 2002; Nucci, 2002, 2005). 예를 들면, 중국과 일본 청소년들은 권위를 존중하는 높은 가치의 문화에서 사는데, 그럼에도 불구하고 성인은 아동들이 자유시간을 보내는 방법과 같은 아동의 개인적 문제를 방해할 권리가 없다고 말한다(Hasebe, Nucci, & Nucci, 2004; Helwig et al., 2003). 콜롬비아 아동은 이야기 나누기 시간에 앉을 장소를 학생에게 말하는 교사의 정당성에 대하여 물으면, 맹렬한 항변으로 개인적 통제에 대한 권리를 설명하고 있다. 교사로부터 도덕적 추론이 제시되지 않으면, 아동은 단호하게 '원하는 곳에 앉을 수 있어야 한다' 고 주장한다(Ardila-Rey & Killen, 2001, p. 249).

여전히 어떤 행동은 문화에 따라 다르게 분류된다. 예를 들면, 동인도의 힌두교 아동은 아버지가 죽은 날 닭고기를 먹으면 도덕적으로 잘못인데, 힌두교 교리는 아버지의 영혼이 성스러운 곳에 도달하는 것을 방해한다고 명시하고 있다. 북미 아동은 대조적으로, 이러한 실제를 임의적 관습으로 간주한다(Shweder, Mahapatra, & Miller, 1990). 그러나 아동이 확실한 손해 혹은 권리 위반을 이끄는 행동에 대하여 물어보면, 약속 위반, 사유물 파손, 동물학대와 같은 전 문화에서 유사한 행동을 우세하게 대답하였다(Turiel, 2006). 공정성 고려는 도덕적 사고의 보편적 특징이다.

앞서 살펴본 연구는 유아기의 도덕적 이해력이 풍부하고 다양한 현상이라고 밝히고 있다. 도덕적 사고의 완전한 발달을 표상하기 위하여, 연구자들은 폭넓은 범위의 문제에 대한 유아의 반응을 조사하여야 한다.

도덕적 자기통제 발달

도덕적 판단에 대한 연구는 사람들이 해야 할 일에 대하여 무엇을 생각하고, 왜, 언제 도덕적 문제에 직면하는지 밝히고 있다. 그러나 사람들의 좋은 의도는 종종 결핍되어 있다. 유아와 성인이 자신의 신념에 맞추어 행동하는지는 정신력, 굳은 결의, 좀 더 간단히 자기통제라고 하는 성격의 한 부분이다. 제10장에서 아동이 자신의 반응성을 관리할 수 있는 정도, 통제 노력의 광범위한 기질적 영역의 개인차를 살펴보았다. 특히, 도덕적 영역의 자기통제, 도덕적 기준을 위반하는 행동 도발의 억제력, 유혹에 대한 저항에 초점을 두고자 한다. 이 장의 첫 부분에서 부모의 온정, 합리적 기대, 제한된 환경, 정서 관리에서의 언어적 지도, 귀납적 훈육과 모델 보이기는 아동의 자기통제 행동을 증진시킨다고 언급하였다. 그러나 이러한 연습은 유아가 유혹에 저항하는 능력을 가지고 있을 때만 효과적이다. 이러한 역량은 언제, 어떻게 발달하는가?

걸음마기

앞 장에서 논의되었듯이, 자기통제의 시작은 2세 때 성취되는 것으로 입증되었다. 자기통제적 방식으로 행동하기 위하여, 유아 자신의 행동을 지시하는 분리된 자율적 존재로서 유아 자신을 생각하는 어떤 능력을 가져야 한다. 그리고 유아는 표상적 기억과 양육자의 지시를 회상하는 억제기술을 가져야 하고 이를 자신의 행동으로 적용시켜야 한다(Rothbart & Bates, 2006).

이러한 역량은 12~18개월 사이에 출현하며, 자기통제의 첫 어렴풋한 기색은 **순종**(compliance)의 형태로 나타난다. 걸음마기 영아는 양육자의 바람과 기대에 대한 명확한 인식을 보이기 시작하며, 간단한 요청과 명령에 복종할 수 있다. 부모는 통상 걸음마기 영아의 규칙을 따르며 새롭게 발견된 능력에 기뻐하는데, 유아가 사회생활의 규칙을 학습할 준비가 되었다는 것이 나타나기 때문이다. 그럼에도 불구하고, 처음에 유아의 행동통제는 양육자의 지원에 강하게 의존하게 된다. Vygotsky(1934/1986)에 의하면, 유아는 성인과 유아의 담화를 표상한 기준을 자신의 자기지시적 언어 속에 통합하기 전까지는 유아 자신의 행동을 안내할 수 없다(제6장 참조). 순종은 걸음마기 영아의 첫 양심적 언어, 예를 들면 정교한 사물을 만지거나 소파에서 뛰기 전에 "아니, 하면 안 돼." 라고 말하며 자기를 정정하는 말로 빨리 이끌게 된다.

연구자들은 전형적으로 한 연구자가 언급한 것과 같은 실험실 상황을 구성하여 자기통제를 연구하였다. 이것은 **지연 만족**(delay of gratification)으로, 유혹적 행동이 개입된 적절한 시간과 장소에서 기다리는 상황이다. 1세 반에서 3세 사이에, 유아는 축하 음식 먹기, 선물 열어보기, 놀잇감으로 놀이하기 전에 기다리는 능력의 증가를 보인다(Vaughn, Kopp, & Krakow, 1984). 주의집중과 언어의 발달적 진보가 된 유아는 지연 만족의 능력이 앞서는 경향이 있으며, 이러한 결과는 여아들이 남아들보다 자기조절 능력이 전형적으로 더 높은지를 설명하는 데 도움이 된다(Else-Quest et al., 2006).

일반적으로 노력이 요구되는 통제에서 생물학적인 기질적 요인과 양육의 질은 지연 만족을 위한 유아의 역량에 영향을 미친다(Kochanska & Aksan, 2006; Kochanska & Knaack, 2003). 억제된 유아는 화나고, 성미가 급한 유아보다 기다리는 것을 더 쉽게 하는 것으로 밝혀졌다. 부모의 다정함과 단순함을 경험한 걸음마기 영아는 자녀의 행동을 끈기 있게 재지시하는 길고 자세한 말투와 반대되는 경험을 하게 되어, 협력적이며 유혹에 저항하기가 쉽다(Blandon & Volling, 2008; Hakman & Sullivan, 2009). 그러한 부모 양육은 격려뿐 아니라 인내와 비충동적 행동에 모델이 되어 특히 기질적으로 반응적인 유아에게 중요하다(제10장 참조). 자기통제가 증진되면, 부모는 점진적으로 부모가 걸음마기 영아에게 따르기를 기대하는 규칙의 범위가 소유물과 사람을 위한 안전과 존경에서부터 가족의 일상, 예절, 간단한 잡일에 대한 책임감까지로 증가하게 된다(Gralinski & Kopp, 1993).

아동기와 청소년기

자기통제에 대한 역량이 3세 때에 구성되어도 완전하지는 않다. 특히, 주의집중과 정신 표상에 의하여 획득되는 인지발달은 유아가 효율적인 다양한 자기교수 전략의 사용이 가능하게 한다. 그 결과, 유혹에 대한 저항은 증진된다.

유혹에 저항하는 전략 Walter Mischel은 유아가 유혹에 대한 저항력을 증진하기 위하여 생각을 하고, 자신에게 말하는 것을 연구하였다. 여러 연구에서 유아는 두 가지 보상인, 유아가 기다림을 통하여 가질 수 있는 욕구가 높은 것(10개의 작은 마시멜로)과 유아가 언제나 가질 수 있는 욕구가 낮은 것(2개의 작은 마시멜로)을 보여 주었다(Mischel, 1996; Mischel & Ayduck, 2004). 연령에 따라, 행동 수행은 향상되었다(Atance & Jackson, 2009; Mischel, Shoda, & Rodriguez, 1989). 동시에 개인들 간의 차이가 다양하게 나타났는데, 즉 자기통제력이 가장 높은 유아는 자신이 원하는 사물에서 주의 전환을 하기 위한 전략으로 눈 가리기, 노래하기, 잠 청하기를 사용하였다.

매일의 상황에서, 유아는 오랫동안 활동과 사물의 유혹에서 자신의 마음이 떠나도록 유지하는 것이 어렵다는 것이 발견되고 있다. 유아의 사고를 유혹적이지만 금지된 목적에서 우회하려면, 정신적인 표상방법으로 자기통제를 함으로써 큰 성공을 하게 된다. Mischel은 자극의 변형, 지연 만족을 조장하기 위하여 유아의 주의 전환과 정서적 반응 통제를 돕는 접근으로, 유혹을 하는 것에 대한 질적인 고양을 약화시키는 방법을 유아에게 가르치는 것임을 발견하였다. 한 연구에서, 일부 유아에게 상상적으로 마시멜로를 '희고 폭신한 구름'으로 생각하라고 말하였다. 다른 유아에게는 실제 존재하는 자신의 '달콤하고 쫀득한 소유물'에 초점을 두라고 요청하였다. 자극 전환을 한 유아들은 상상적 조건의 유아가 마시멜로 먹기의 보상을 받기 전에 더 오래 기다렸다(Mischel & Baker, 1975).

기다리는 동안 흥미 있는 어떤 일을 하는 것도 또한 유아가 보상으로부터 주의를 전환하고 유혹에 저항하는 데 도움을 준다(408쪽의 잘못된 행동에 대한 기회 감소 참조). 변형된 지연 만족 과제로 유아가 즐거운 작업('배고픈' 아기 새에게 색으로 장식한 구슬 먹이기)에 참여하도록 하면, 단순히 수동적으로 기다린 유아보다 두 배 이상의 유아들이 매력적인 보상을 기다렸다. 그러나 작업이 매력적이지 않으면(구슬 분류하기), 유아는 지연 만족에 성공을 덜 하게 된다(Peake, Hebl, & Mischel, 2002). 유아는 종종 유혹적인 보상이 자신의 주의를 사로잡는 경향이 증가되면, 지루한 작업을 잘하게 된다.

학령기에, 아동은 유혹 저항을 위한 자신의 전략을 생각해 내고 더 잘하게 된다. 이 시기에 자기통제는 **도덕적 자기조절**(moral self-regulation)을 위한 융통성 있는 역량으로 전환되는데, 이 능력은 주변 환경에서 내재된 기준을 위반할 기회가 나타나면 이것을 지속적으로 적응하여 자신의 행위를 모니터하는 것이다(Kopp & Wyer, 1994; Thompson, Meyer, & McGinley, 2006).

전략에 대한 지식 제7장에서 상위인지 지식 혹은 전략의 인식은 자기규제의 발달에 기여한다고 밝혔다. 지연 만족을 돕는 상황적 조건과 자기교수에 대한 면접에서, 아동 중기 동안에는 폭넓은 범위의 각성 감소전략을 제안하였다. 그러나 초등학교 말까지는 보상이나 자신의 각성 상태의 전환에 개입되는 기술을 언급하지 못하였다. 예를 들면, 11세 아동은 "마시멜로는 악마적 매력으로 가득 찼다."라는 말을 추천하였다. 다른 아동은 스스로에게 "나는 마시멜로를 미워해. 나는 견딜 수가 없어. 그러나 성장한 후 되돌아보면, '나는 마시멜로를 사랑한다'고 스스로에게 말하고, 그것을 먹을 거야."라고 하였다(Mischel & Mischel, 1983, p. 609). 아마도 생각의 전환에 대한 인식은 발달 후기에 나타나는데, 형식적 조작 사고의 추상적, 가설적 추론을 요구하기 때문이다. 그러나

사진 속 4세 유아가 어떻게 유혹을 견딜 수 있게 될까? 다른 활동이나 딸기를 먹을 수 없는 물체로 상상하면서 주의를 전환한다면 더 긴 시간 동안 기다릴 수 있을 것이다.

뜨거운 체계	차가운 체계
정서적	인지적
'가다'	'알다'
단순	복잡
반사적	반성적
빠른	느린
초기 발달	후기 발달
스트레스에 의한 약화	스트레스에 의한 희석
자극통제	자기통제

그림 12.4 자기통제의 발달에서 '뜨거운', '차가운' 체계의 특성
연령 증가에 따라 인지적 · 반영적 차가운 체계는 정서적 · 반응적인 뜨거운 체계를 통제하게 된다. 제10장의 표 10.1에서, Rothbart의 기질에 대한 반응적이고 자기조절적 차원을 다시 살펴보자. 어떻게 이것이 여기에서 제시된 뜨겁고 차가운 처리체계와 유사한가?
출처 : Kross & Mischel, 2010.

한 번 이러한 고도의 상위인지 이해력이 출현되면, 도덕적 자기 조절은 크게 촉진된다(Rodriguez, Mischel, & Shoda, 1989).

개인차

일련의 연구에서, 지연 만족을 잘하는 4세 유아는 특히, 청소년 기에 자신의 행동에 대한 상위인지 기술 적용에 정통하게 되었다. 이들의 부모는 자녀들이 좀 더 추론에 반응적이며, 집중력과 계획력에서 더 잘하며, 스트레스를 좀 더 성숙하게 다루는 것을 보았다. 대학에 응시할 때, 유아기에 자기통제력이 있는 아동은 SAT(학력평가검사) 점수가 어느 정도 더 높았으나, 이들이 다른 아동보다 지능이 더 높지는 않았다(Eigsti et al., 2006; Mischel, Shoda, & Peake, 1988; Shoda, Mischel, & Peake, 1990). 더 나아가, 지연 만족이 높은 아동은 효과적인 사회적 문제해결과 긍정적 또래관계를 지원하는 정확한 사회적 단서의 해석을 위하여 충분히 기다릴 수 있다(Gronau & Waas, 1997).

Mischel은 두 처리체계, 즉 뜨겁고, 차가운 처리체계의 상호 작용은 자기통제의 발달을 관장하며, 개인차를 설명한다고 제안하였다(Kross & Mischel, 2010; Mischel & Ayduk, 2004). 그림 12.4는 각각의 특성을 제시하였다. 연령이 증가하면서, 전전두엽의 기능 증진의 결과로, 정서적 반응적 뜨거운 체계는 인지적 반영적 차가운 체계를 점진적으로 종속시키며, 이 능력은 실행기능을 중심으로 참여시킨다(제7장 참조).

아동기와 청소년기를 거치면서, 기질과 부모 양육은 차가운 체계의 표상이 뜨거운 체계의 반응성을 통제하는 정도에 공통적으로 주는 영향이 지속된다. 이 장과 이전의 장에서 권력 주장적, 일관성이 없는 훈육으로 특히 기질적으로 상처받기 쉬운 아동에게 차가운 체계의 빈약한 기능을 하게 하는 결과로 차가운 체계가 우세하게 되는 것을 나타내는 증거를 설명하였다. 그러한 아동은 적개심과 통제가 안 되는 행동과 도덕적 수행의 심각한 결손을 보인다.

자기통제의 다른 측면 : 공격성의 발달

영아기 후반이 시작되면서, 모든 영아는 때때로 공격성을 나타낸다. 형제와 또래와의 상호작용이 증가되면, 공격성 폭발이 좀 더 자주 발생한다(Dodge, Coie, & Lynam, 2006; Tremblay, 2004). 공격성이 경우에 따라, 친사회적 결말을 제공하여도(예 : 타인에게 해를 주어 희생자를 막는 것), 대부분의 많은 인간의 공격성은 분명히 반사회적이다.

유아기에는 비정상적으로 높은 비율의 적대감을 보인다. 유아는 언어적으로 신체적으로 약간 혹은 성이 안 나도 타인을 습격한다. 만약 지속적으로 허용하면, 이들의 호전적 행동은 도덕성 발달의 영속적 지연, 자기통제의 결핍, 결과적인 반사회적 생활양식을 이끌 수 있다. 이러한 과정을 이해하기 위하여, 공격성이 아동기와 청소년기에 어떻게 발달하는지 살펴보고자 한다.

공격성의 출현

6~12개월 사이에, 영아는 분노, 좌절, 유아에 대하여 폭언을 하는 동작기술의 원천을 변별하는 인지 역량이 발달하게 된다(제10장). 2세가 되었을 때, 두 가지의 명백한 목적을 지닌 공격적 행동이

나타난다. 초기에 가장 보편적인 것은 **적극적(혹은 도구적) 공격성**(instrumental aggression)으로, 유아가 사물, 특권, 공간을 원하거나, 성인의 관심이나 (높은 연령의 유아) 또래의 존경을 받는 것과 같은 사회적 보상을 원해서 이러한 목적을 달성하기 위해 누군가를 냉정하게 공격하는 것이다. 다른 유형은 **반응적(혹은 적대적) 공격성**(hostile aggression)으로, 이는 화나게 하거나, 자신의 목적을 막으면 화가 나고 방어적인 반응을 보이게 되는 것이며, 다른 사람을 다치게 하는 수단이다 (Dodge, Coie, & Lynam, 2006; Little et al., 2003).

교실이나 놀이 상황에서 유아의 자연적 관찰은 도구적 공격성과 적대적 공격성 간의 낮은 정적인 상관관계가 있음을 밝히고 있다(Polman et al., 2007). 그러나 부모나 교사들이 평정한 공격성에 의하면, 도구적 공격성과 적대적 공격성은 높은 상관관계를 가지고 있다(Vitaro, Brendgen, & Tremblay, 2002). 따라서 두 가지 유형의 공격성이 구별된 양식으로 나타나는 정도는 분명하지 않다. 적어도, 어느 정도 많은 공격적 유아는 두 유형의 공격성에 참여하는 것으로 보이며, 대부분의 연구들은 이 유형들 간의 차이를 구별하지 못한다.

도구적 · 적대적 공격성에 대한 대다수 연구의 초점은 세 가지 유형으로 나타나고 있다.

- **신체적 공격성**(physical aggression)은 신체적 상해를 통하여 타인에게 해를 주는 것으로, 밀기, 때리기, 차기, 타인을 치기, 다른 사람의 물건 망가트리기이다.
- **언어적 공격성**(verbal aggression)은 신체적 공격성, 별명 부르기, 혹은 적대적으로 놀리기를 통하여 타인에게 해를 주는 것이다.
- **관계적 공격성**(relational aggression)은 다른 사람의 또래 관계를 사회적 배척, 악의적 험담, 혹은 친구관계의 조작을 통하여 손상하는 것이다.

언어적 공격성은 항상 직접적이지만, 신체와 관계적 공격성은 직접적 혹은 간접적일 수 있다. 예를 들면, 때리기는 사람에게 직접 상해를 주는 반면, 소유물 파괴하기는 간접적으로 신체적 위해를 입히게 된다. 이와 유사하게 "내가 말한 대로 해. 그렇지 않으면 난 네 친구가 되어 줄 수 없어." 라고 말하는 것은 관계적 공격성을 직접적으로 전달하는 반면, 소문을 내거나, 또래와의 대화를 거부하면서, "그 친구와 놀지 마. 그 아이는 멍청해."라고 누군가를 뒤에서 이야기하면서 친구관계를 조작하는 행동들은 간접적이다.

유아기와 아동 중기의 공격성

3세에서 6세 사이에 신체적 공격성은 감소하는 반면 언어적 공격성은 증가한다(Alink et al., 2006; Tremblay et al., 1999). 급격한 언어발달은 이러한 변화에 기여하지만, 또한 신체적 공격에 대한 성인과 또래의 강한 부정적 반응을 야기하게 된다. 더 나아가, 유아의 증진된 지연 만족 역량은 타인의 소유물 잡아채기를 피하는 능력이 가능하게 되면서, 도구적 공격성은 쇠퇴하게 된다. 대조적으로, 언어와 관계적 유형 내의 적대적 공격성은 유아기와 아동 중기 동안 증가하게 된다(Côté et al., 2007; Tremblay, 2000). 연령이 높은 유아는 악의적 의도를 파악할 수 있게 되어, 그 결과, 좀 더 자주 적대적 방식으로 대응한다.

17개월경, 남아는 여아보다 신체적으로 더 공격적인데, 이 차이는 많은 문화권의 유아기에 발견되고 있다(Baillargeon et al., 2007; Card et al., 2008; Dodge, Coie, & Lynam, 2006). 제13장에서 공격성의 성차에 대해서 자세히 살펴보며, 특히 남성 호르몬(안드로겐)과 남아와 여아의 차이에 영향을 주는 기질적 특질의 효과는 초기에 더 많은 남아의 신체

초기와 중기 유아기 동안 신체적 공격성은 대부분 언어적 공격성으로 대체되는 반면, 성차는 여전히 존재한다. 남아는 여아보다 더 신체적으로 공격적이다.

적 공격에 기여한다는 것을 살펴볼 것이다. 성역할 일치도 공격성의 한 가지 요인이 된다. 유아가 2세가 되자마자 성 정형화, 즉 남성과 여성이 차이가 있게 행동하도록 기대하는 것을 어렴풋이 인식하게 되면, 신체적 공격성은 남아보다 여아에게 좀 더 급격하게 떨어지게 된다(Fagot & Leinbach, 1989).

여아가 언어적으로, 관계적으로 남아보다 더 공격적이라는 말을 듣지만, 제13장에서는 성차가 적다고 밝히고 있다(Crick et al., 2004, 2006; Crick, Ostrov, & Werner, 2006). 유아기 초기에, 여아는 관계적 범주 내에서 공격적 행동의 대부분이 집중된다. 남아는 더 다양한 방식으로 해를 가하게 되어, 여아보다 전반적으로 더 높은 공격성의 비율을 보이고 있다.

동시에, 여아들은 특히 여아들 간에 중요한 친밀한 관계를 분열시키는 간접적인 관계적 전략을 종종 사용하는데, 이 전략이 특히 비열할 수 있다. 신체적 공격은 일반적으로 간단한 반면, 간접적인 관계적 공격행동은 몇 시간, 몇 주, 심지어 몇 달까지 연장될 수 있다(Nelson, Robinson, & Hart, 2005; Underwood, 2003). 한 예를 살펴보면, 2학년 여학생은 거의 전 학년 동안 학교 안에 '예쁜 여학생 클럽'을 만들고, 이 집단 구성원들은 "못생기고 냄새난다."라고 말하면서 몇몇 동급생들을 배제시킬 수 있다고 확신하였다. 최소한 아동기에는 한 가지 성을 다른 성보다 더 공격적이라고 설명하는 것은 의미가 없을 수 있다.

청소년의 공격성과 비행

교사 및 또래가 보고한 바에 따르면 대부분의 청소년들의 공격성이 감소되었지만, 10대 시기는 비행행동의 증가가 수반된다. 미국 청소년 범죄가 1990년대 중반 이래로 줄어들고 있고, 12~17세 청소년들, 이 중 14세 청소년의 경우 단지 8% 비율만 차지하고 있지만, 이들은 경찰 체포에 상당히 많은 비율을 차지하고 있다(U.S. Department of Justice, 2010). 10대에게 직접적으로 신뢰할 수 있게 법률 위반에 대하여 질문하면, 대부분의 청소년들은 사소한 도둑질이나 무질서한 행동과 같이 일반적으로 경미한 범죄를 지었다고 시인하고 있다(Flannery et al., 2003).

경찰 체포와 자기보고식 응답에 따르면 비행은 초기와 중기 청소년기에 증가하고 그 이후로는 감소하는 것으로 나타났다(Farrington, 2009; U.S. Department of Justice, 2010). 제5장에서 사춘기 두뇌의 정서 및 사회적 네트워크의 변화가 10대들 사이에서의 반사회적 행동 증가에 기여한다고 밝혔던 부분을 회상해 보자. 시간이 흐르면서 의사결정, 정서적 자기조절, 도덕적 추론능력은 향상된다. 즉, 또래의 영향력이 감소되고, 아동들은 사회적 맥락에 들어가게 되어(고학력, 일, 직업, 결혼과 같이), 법률 위반을 덜 수행하게 된다.

대부분의 청소년에게, 법과의 충돌이 장기적인 반사회적 행동을 예측하지는 않는다. 그러나 반복된 체포는 고려할 만한 원인이 된다. 10대는 미국의 폭력 범죄의 15%의 원인이 되고 있다(U.S. Department of Justic, 2010). 작은 범죄율은 재범으로 발전되어 이러한 범죄의 대부분을 저지르게 된다. 몇몇은 종신범으로 들어가게 된다.

청소년기에 신체적 공격성의 성차의 폭이 커진다(Chesney-Lind, 2001). 여아는 폭력에 의한 청소년 체포의 약 1/5을 차지하는 반면, 이들의 범죄의 대부분 단순한 폭행(밀거나 침 뱉기와 같은), 즉 최소한의 심각한 범주로 제한되어 있다. 비행(범죄가 아닌 행동)을 저질렀다는 꼬리표가 붙게 되면, 현재 이러한 행동들은 체포로 이어질 가능성이 크고, 특히 아동의 행동을 경찰서에 신고한 부모와의 물리적 교환으로 이끌게 된다(Chesney-Lind & Belknap, 2004). 그러나 심각한 폭력 범죄는 대부분 소년들의 영역으로 지속되고 있다(Dahlberg & Simon, 2006).

사회경제적 배경과 인종이 체포의 강한 예측요인이어도, 성차는 반사회적 행동에 대한 10대의 자기보고와 약한 관련성이 있다. 이 차이는 고소득층 백인과 아시아계 청소년보다 저소득층의 소수인종 청소년이 좀 더 자주 체포, 벌금, 처벌되는 경향성에 기인하기 때문이다(Farrington, 2009;

U.S. Department of Justice, 2010). 다른 생활환경과 별개로, 인종은 폭력 및 다른 법률 행위 행동에 참여하는 청소년들의 경향에 대해 거의 설명하지는 않는다.

공격성의 안정성

또래에 비하여 상대적으로 신체적·관계적 공격성이 높은 아동은 시간이 지나도 변화되지 않는 경향이 있다(Côté et al., 2007; Vaillancourt et al., 2003). 1,000명 이상의 6~15세의 캐나다, 뉴질랜드, 미국 소년의 연구에서, 연구자는 네 가지 변화 형태를 제시하였다. 신체적 공격성이 높은 유치원 남아(연구대상의 4%)는 특히 높은 수준의 청소년기 공격성으로 옮겨 가 폭력적 비행에 참여하게 되었다. 대조적으로, 중간 정도의 신체적 공격성을 보인 유치원 남아는 통상 시간이 경과되면 공격성이 저하되었다. 그리고 유아기에 전형적으로 신체적 공격성이 드문 남아는 비공격성을 유지하였다. 그러나 기회적 행동(불복종과 배려심 부족과 같은)이 높은 소수의 남아들은 신체적 공격성은 없지만, 청소년 비행에서 폭력성이 적은 형태(도둑질과 같은)로 급강하하였다(Brame, Nagin, & Tremblay, 2001; Nagin & Trambley, 1999).

다른 종단적 증거에 따르면, 학령기 이후에 감소되는 높은 신체적 공격성은 종종 간접적인 관계적 공격성으로 대체된다. 이러한 경향성은 남녀의 성에 모두 적용되지만 남아보다 여아에게 더 자주 나타난다(Vaillancourt, Miller, & Boyle, 2009). 이러한 아동은 반사회적으로 향상된 조망수용능력을 보이며, 뒷면에서 관계적 공격을 범한다. 이들의 공격성은 실제로 안정성이 유지되어, 즉 다른 형태로 표현된다. 남녀 유아 모두, 지속적으로 높은 신체적 혹은 관계적 공격성은 외로움, 걱정, 우울, 낮은 질의 우정, 반사회적 행동이 포함된 이후의 어려움과 사회적 기술결핍의 내면화와 외현화를 예측하고 있다(Campbell et al., 2006; Côté et al., 2007; Crick, Ostrov, & Werner, 2006).

위에서 확인했던 생물학 및 환경적 경우에서처럼, 아동기에 출현하는 공격적 행동은 청소년기에 처음 나타나는 공격성보다 장기간 적응성 어려움으로 전환되기가 쉽다. 특히, 비록 화를 잘 내고, 겁이 없으며, 충동적이며 과잉행동적인 아동은 공격성의 위기에 처하여도, 그들이 공격적이 되는지의 여부는 자녀양육 조건에 달려 있다. 투쟁 지배적 가족, 취약한 부모 양육기술, 공격적 또래, TV의 폭력은 반사회적 행동과 강하게 연결되어 있으며, 또한 타인의 고통에 대한 민감성을 감소시킨다. 이 장에서 가족과 또래 영향을 살펴보고, 제14장에서 TV 영향을 살펴보고자 한다. 지역사회와 문화적 영향은 적대적 대인관계 양식의 유지로 아동의 위기를 높이거나 감소시킬 수 있다.

공격적 행동의 훈련 배경으로서의 가족

도덕적 내재화와 자기통제를 약화시키는 부모의 같은 양육행동인 애정 철회, 힘에 의한 주장, 부정적 언급, 정서적·신체적 처벌, 비일관적인 훈육은 다양한 문화 속의 유아기부터 청소년기까지의 공격성과 연결되는데, 이러한 양육 실제의 대부분은 신체적 관계적 공격성 형태 모두를 예측하고 있다(Bradford et al., 2003; Côté et al., 2007; Gershoff et al., 2010; Kuppens et al., 2009; Nelson et al., 2006).

공격적 아동의 가정 관찰은 즉각적 분노와 처벌이 갈등 지배적 가족 분위기와 '통제 불능' 아동을 만든다는 것을 밝히고 있다. 그림 12.5에 제시한 형태는 강압적 훈육으로 시작되는데, 스트레스

일반적으로 사소한 도둑질과 무질서한 행동들인 비행은 초기 청소년기에 증가하지만 그런 다음에는 감소한다. 그러나 소수의 청소년들은 반복적이고, 심각한 범죄를 저지르며, 또한 범죄생활을 할 가능성이 있다.

생물학과 환경

청소년 비행에 대한 두 가지 경로

지속적인 청소년들의 비행은 두 가지 발달과정을 따르는데, 한 가지는 소수의 청년들이 유아기 때의 문제행동의 시작과 함께 연루되는 것이고, 다른 한 가지는 다수의 청소년들이 청소년기 때의 문제행동의 시작에 연루되는 것이다. 초기 시작 유형은 공격성과 범죄행위에 대한 생애 패턴을 이끌 가능성이 더 크다(Moffitt, 2006b). 후기 시작 유형은 초기 성인기를 지나서 보통 지속되지 않는다.

유아기 시작과 청소년기 시작 모두는 심각한 범죄행위를 유발하는데, 즉 비정상적인 또래와의 교제, 약물남용, 위험한 성관계, 위험한 운전에 참여, 교도소에 수감되는 것이다. 왜 첫 번째 집단에게서 더 자주 반사회적 행동이 지속되고 폭력성이 증가되는가? 종단연구에서는 이러한 의문에 대해 유사한 답변을 밝혀냈다. 대부분 연구에서는 남아들에게 초점을 두고 있지만, 몇 조사에서는 유아기에 신체적으로 공격적인 여아들 또한 가끔 폭력적인 비행이지만 더 잦은 다른 일반적인 폭력적 행동과 정신분석적 장애를 보이는 것과 같은 이후의 문제를 일으킬 위험이 있다고 보고하고 있다(Broidy et al., 2003; Chamberlain, 2003). 초기 관계적 공격성은 청소년기 문제행동과 또한 관련이 있다.

초기 시작 유형

초기 시작 아동들은 그들에게 공격성의 성향을 갖게 하는 특징들을 물려받는 것으로 보인다(Pettit, 2004). 예를 들어, 충동적인 경향이 있는 남아들은 2세 초반처럼 정서적으로 부정적이고 가만히 있지 못하며, 고집이 세고 신체적으로 공격적이다. 이들은 또한 언어, 기억, 인지 및 정서적 자기조절 발달 방해에 영향을 미치는 인지기능에서 미묘한 결핍을 보이고 있다(Moffitt, 2006a; Shaw et al., 2003). 몇몇 아동들은 학습과 자기조절 문제로 이루어진 주의력결핍 과잉행동장애(ADHD)를 가지고 있다(제7장 참조).

그러나 대부분 초기 시작 남아들이 시간이 흐르면서 공격성이 감소되는 것과 같이, 이러한 생물학적 위험 요소가 반사회적 행동을 유지시키는 데 충분하지는 않다. 생애 주기를 따르는 아동들 사이에서, 부적절한 양육은 그들의 지배된 유형을 청소년들 사이에서 폭력적 비행의 강한 예측변수인 반항과 지속적인 공격성으로 변환하도록 만든다(Brame, Nagin, & Tremblay, 2001; Broidy et al., 2003). 아동들이 학업에서 실패하고 또한 또래로부터 거부되었을 때, 비록 우울감이 안정될지라도, 다른 누군가의 폭력적 행동을 조장하는 비정상적인 아동과 친구가 된다(그림 12.6 참조)(Hughes, 2010; Lacourse et al., 2003). 제한된 인지

와 사회기술은 반사회적 참여에 더 기여하게 되면서 높은 비율의 학교 중퇴와 실직이라는 결과를 낳는다. 이들 중 남아들은 종종 18세까지 만성적인 범죄자가 될 것이라는 좋은 지표인, 14세가 되기 전에 최초의 체포를 경험하기도 한다(Patterson & Yoerger, 2002).

관계적 공격성이 높은 유아는 또한 지나치게 활동적인 경향이 있으며 또래와 성인과 자주 충돌한다(Willoughby, Kupersmidt, & Bryant, 2001). 이러한 행동들이 또래 거부를 유발시킬 때, 관계적으로 공격적인 여아들은 다른 여아들과 높은 관계적 적대감 안에서 친구가 되고 또한 그들의 관계적 공격성은 증가하게 된다(Werner & Crick, 2004). 관계적 공격성이 높은 청소년들은 종종 화를 내고, 복수심이 있으며 또한 성인의 규칙에 반항한다. 신체적 · 관계적 적대감을 모두 가지고 있는 10대들 사이에서, 이러한 반대 반응들은 심각한 반사회적 행동의 가능성을 증가시키면서 정도가 심해진다(Harachi et al., 2006; Prinstein, Boergers, & Vernberg, 2001).

후기 시작 유형

다른 아동들은 참여가 점차 증가되면서 사춘기 즈음 첫 번째 반사회적 행동을 나타낸다. 이들의 문제행동은 일반적인 청소년들의 새로움 탐색 및 수용에서 비

적 일상 경험(경제적 어려움 혹은 불행한 결혼과 같은), 부모의 불안정한 성격 혹은 까다로운 아동에서 더 자주 일어나게 된다(Dodge, Coie, & Lynam, 2006). 전형적으로, 부모는 위협, 비난, 처벌을 하고, 부모가 '포기'할 때까지 아동은 짜증, 고함, 거부를 하게 된다. 각 부정적 교환의 마무리는 부모와 아동 모두 타인의 불쾌한 행동이 멈추어 위안을 얻게 되기 때문에, 그 행동이 반복되고 증가하게 된다.

그림 12.5 가족 구성원들 간의 공격성을 조장하고 유지시키는 위압적인 상호작용 패턴

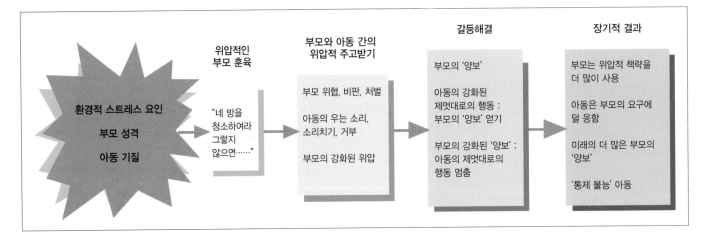

롯되어 또래에게 영향을 미친다. 몇몇에게 있어, 양육의 질은 결과적으로 아마 가족의 스트레스나 다루기 힘든 10대들을 훈련시키는 도전의 시간을 감소시킬 것이다(Moffitt, 2006a). 연령이 성인의 특권을 충족시킨다면, 아동들은 청소년기 이전에 습득한 친사회적 기술에 의지하고 그들의 반사회적 방식을 단념한다.

소수 후기 시작 아동들은 반사회적 행동을 지속적으로 한다. 청소년 범죄의 심각성은 합리적인 행동에 대한 기회를 차단하는 상황 안에 그들이 빠져나갈 수 없도록 만드는 것으로 보인다. 취업, 학교 그리고 긍정적으로 형성을 하는 가까운 관계는 20~25세까지 범죄의 끝을 예측한다(Farrington, Ttofi, & Coid, 2009; Stouthamer-Loeber et al., 2004). 대조적으로, 반사회적 아동들이 교도소에서 더 많은 시간을 보낼수록 그들이 범죄생활을 유지할 가능성은 더 커진다.

이와 같은 결과들은 아동 범죄의 중단에 목적을 두고 있는 정책에 대한 새로운 시각의 필요성을 제안한다. 발달의 결정적 시기 동안 그들에게 어두운 장래를 비난하면서, 아동 범죄자들을 오랜 시간 동안 가둬 두는 것은 그들의 직업생활에 지장을 주며, 또한 사회적 지원에 대한 접근에도 지장을 준다.

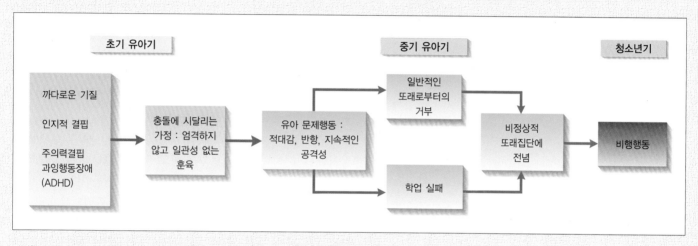

그림 12.6 유아기 - 시작 반사회적 행동을 지닌 청소년들에 대한 만성적 비행행동 경로
까다로운 기질과 인지적 결핍은 이러한 아동들의 초기 유아기 때의 특징이며, 몇몇 아동들은 주의력결핍 과잉행동장애(ADHD)를 가지고 있다. 엄격하지 않은 양육은 생물학적으로 자기조절 어려움에 기반했던 것에서 적대감과 반항으로 전환된다.

이러한 순환은 더 자주 이루어지며, 곧 다른 가족 구성원 간의 분노와 성가심을 만들게 되어, 가족 모두가 적대적으로 상호작용하게 된다. 전형적인 가족의 형제와 비교하여, 비난과 처벌을 하는 부모의 유아 형제는 상호 간에 언어적·신체적 공격성이 더 많다. 신체적, 언어적, 관계적으로 파괴적인 형제 갈등은 결과적으로 학령기 초기의 낮은 충동통제와 반사회적 행동에 기여하게 되어, 또래관계에 빠르게 퍼지게 된다(Garcia et al., 2000; Ostrov, Crick, & Stauffacher, 2006).

남아는 여아들보다 가혹한 신체적 훈육과 비 일관적 부모 양육의 표적이 되는 경향이 더 많이 있는데, 왜냐하면 남아늘이 더 적극적이고 충동적이어서 통제가 더 어렵기 때문이다. 극단적인 이러한 특성을 지닌 유아들이 정서적으로 부정적이고, 부적절한 부모 양육에 노출되면, 이들의 정서적 자기조절, 감정이입적 반응, 범죄 이후의 죄책감에 관한 능력이 극심하게 파괴된다(Eisenberg, Eggum, & Edwards, 2010). 결과적으로, 이들은 실망, 좌절, 또는 슬퍼하고 두려워하는 피해자와 마주했을 때 심하게 비난하며, 공격성은 지속된다(pp. 434~435, '생물학과 환경' 참조)

직접적인 공격성의 조장 이외에, 아동에 대한 서투른 감독을 통하여 부모는 간접적으로 공격성을 격려할 수 있다(Vitaro, Brendgen, & Tremblay, 2000). 불행하게도, 이미 심각한 반사회적 경향성을 보여 주는 갈등 지배적 가정의 아동은 적절한 부모 모니터링을 가능하게 하는 협력적인 부모-자녀 관계가 부족하다. 그 결과, 가정 밖의 활동과 적대적 양식의 반응을 격려하는 반사회적인 친구와의 연합에 대한 제한이 거의 없게 된다.

사회인지적 결핍과 왜곡

앞에서 설명된 가족이 만들어진 과정의 아동은 곧 사회에 대한 폭력적이며 냉담한 견해를 획득하게 된다. 아동은 또래의 의도가 불명확한 상황, 손상이 우발적인 상황, 또래가 도움이 되는 상황에서도 존재하지 않는 적대적 의도를 보게 된다(Lochman & Dodge, 1998; Orobio de Castro et al., 2002). 공격적 아동은 위협을 느끼게 되면(연구자는 함께할 또래가 기분이 나쁘고, 싸움을 선택할 수도 있음을 아동에게 말한다), 우발적 사고를 적대적으로 특별하게 해석하는 경향이 있다(Williams et al., 2003). 결과적으로, 이러한 아동은 공격적 보복을 일으키는 이유 없는 습격을 많이 하게 된다.

도구적 공격성이 높은 아동은 다양한 사회인지적 결핍을 가지고 있다. 비공격적 또래와 비교하여 도구적 공격성이 높은 아동은 적대적 행동에 참여하는 것이 대가가 거의 없고 더 많은 이익이 있다고 생각한다(Arsenio, 2010; Dodge et al., 1997). 그리고 유아는 공격성이 물질적인 보상을 만들어 내고 타인의 기분 나쁜 행동을 감소시키는 작용을 한다고 생각할 가능성이 있다(Arsenio & Lemerise, 2001; Goldstein & Tisak, 2004). 따라서 유아는 목표를 이루어 내기 위해서 태연하게 공격성을 사용하며, 또한 이후에 더 심각한 문제의 수행, 폭력적 행동, 비행과 연합된 공격양식으로 타인에게 고통을 주는 것에 대해 상당히 무관심하다(Marsee & Frick, 2010).

도구적 공격성의 아동과 청소년의 다른 편향된 사회인지적 속성은 학업과 사회적 실패에 직면하여도 과도하게 높은 자존감이다. 이들의 필연적으로 거만하고 건방진 행동은 우쭐하고 허약한 자아상에 도전을 받게 되고, 이들은 분노로 반응하고 타인에게 거칠게 행동한다(Costello & Dunaway, 2003; Orobio de Castro et al., 2007). 이들의 자기도취증은 개인적 특권의식과 공감의 결여, 타인에 대한 힘을 얻을 목적을 두고 있는 매우 정교하고 고도로 조작된 관계적 공격전략과 연합되어 있다(Barry, Frick, & Killian, 2003; Kerig & Stellwagen, 2010).

더 나아가, 반사회적 청소년은 자신들의 희생자 비난하기와 같은 인지적 왜곡기술을 사용하여 공감에 대한 자신들의 기본 생물학적 역량을 중화하게 된다. 그 결과, 이들은 공격적으로 행동한 후 긍정적 자기평가를 유지하게 된다(Liau, Barriga, & Gibbs, 1998; McCrady et al., 2008). 자신이 저질렀던 주거 침입을 되돌아보며, 한 범죄자가 반성적으로 말하였다. "나는 마음이 불편하기 시작하면, 나 자신에게 말하였다. '그가 안 되었어. 그는 집 문을 잘 잠그고 경보등을 켜 놓았어야 해.'"(Samenow, 1984, p.115)

반사회적 청소년은 도덕적 판단의 성숙이 지연되고, 또한 도덕적 영역에서보다 사회관습적, 개인적 영역 안에서 공격성을 바라보는 경향이 있다(Harvey, Fletcher, & French, 2001; Tisak, Tisak, & Goldstein, 2006). 이러한 방식으로, 자신의 반사회적 행동의 해로운 영향을 최소화하고, 자신의 행동을 수용 가능성 혹은 찬양까지 하며 합리화를 한다. 16세와 19세 대학생에 대한 연구에서 미성숙한 도덕적 추론과 도덕적 자기타당성이 낮은 청소년은 높은 수준의 수행행동이 예측되는 자기봉사적 인지 왜곡(희생자 비난과 위해의 최소화)의 경향이 있었다. 남아와 비교하여 여아는 반사회적 행동의 더 낮은 비율에 대한 기여 요인으로서 도덕적 자기타당성은 더 높게, 자기봉사적 인지 왜곡은 더 낮은 점수를 받았다(Barriga et al., 2001). 남아와 비교했을 때, 여아들은 도덕적 정체성에서 높은 점수를 보이고, 더 낮은 전반적인 공격성에 기여할 가능성이 있는 인지적 왜곡에서는 낮은 점수를 보이고 있다.

지역사회와 문화적 영향

광범위한 스트레스 요인, 즉 낮은 질의 학교, 제한된 여가와 고용 기회, 높은 성인 범죄를 포함한 빈곤에 찌든 이웃 속에서, 청소년의 반사회적 행동은 더 높을 가능성이 있다(Leventhal, Dupere, &

Brooks-Gunn, 2009). 아동과 청소년은 정상이 아닌 또래, 약물, 총기(미국의 경우), 폭력과 연계된 모든 것에 쉽게 접근하게 된다. 특히 청소년들은 거대한 폭력적 비행행동을 범하는 반사회적 집단으로 모이게 된다(Thornberry & Krohn, 2001). 더 나아가, 전형적으로 이러한 장소의 학교는 학생의 발달적 요구에의 적합성이 떨어진다(Chung, Mulvey, & Steinberg, 2011; Flannery et al., 2003). 다른 영향이 통제된 이후에도, 대규모 학급, 취약한 교수, 엄격한 규칙, 약화된 학문적 기대와 기회는 높은 비율의 법률 위반과 연합된다.

더 나아가, 앞에서 설명한 지역사회 조건은 아동에게 사람과 관계에 대한 적대적인 견해를 높이며, 즉각적인 보상에 대한 선호, 사회관습과 도덕적 규범에 대한 냉소적 태도를 고조시킨다(Simons & Burt, 2011). 이전 장에서 언급했던 것에 덧붙여, 이러한 사회인지적 편견은 청소년이 반사회적 행동을 정당화하는 방식으로 상황을 해석할 기회를 증가시킨다.

윤리와 정치적 편견은 추후 분노와 호전적 반응의 위기를 확대시킨다. 도시 내 빈민가와 세계에서 전쟁으로 피폐해진 지역에서, 많은 수의 아동이 지속적 위험, 혼돈, 빈곤의 가운데 살아가고 있다. 이러한 청소년은 심각한 정서적 스트레스, 도덕적 추론의 결핍, 문제행동의 위기에 놓이게 된다.

아동과 부모의 공격성 통제 돕기

공격적 아동의 처리는 반드시 가족 구성원 간의 적대적 주기를 단절하고, 타인과의 관계 증진을 위한 효과적 방법을 증진시켜야 한다. 유아와 학령기 아동에 대한 개입은 가장 성공적이다. 한 번 형성된 반사회적 형태는 청소년기까지 지속되며, 많은 요인들이 반사회적 형태를 지속시켜, 처치가 더 어려워진다.

부모 훈련　사회학습 이론에 기반한 부모 훈련 프로그램은 문제행동을 하는 유아기와 학령기 아동의 부모 양육을 증진시키고자 고안된 것이다. '놀라운 연령(Incredible Years)'이라는 매우 효과적인 한 접근에서, 부모는 두 명의 전문가로부터 계획된 18주간의 집단 수업을 받게 되는데, 이 전문가들은 자녀의 학업, 정서, 사회기술의 촉진과 방해행동을 관리하는 부모 양육기술을 가르친다. 수업은 코칭, 모델링, 효과적인 부모 양육행동의 실제가 포함되며, 부모 자녀 간의 파괴적 상호작용을 막고 긍정적 관계와 능력의 증진에 목적을 둔 경험을 하게 된다(Webster-Stratton & Reid, 2010b). 특별한 초점은 긍정적 부모 양육이며, 유아에게 긍정적인 주의집중, 격려, 친사회적 행동의 칭찬이 포함된다. 부모와 공격적인 자녀 간의 강압적인 순환이 만연하여, 아동은 적절하게 행동하여도 종종 처벌을 받기도 한다.

'놀라운 연령'은 또한 교사들의 교실운영 전략향상과 학생들의 사회적 기술, 친구관계, 정서적 자기조절 능력의 향상을 목적으로 교사에게 6일간의 보충적 훈련 프로그램을 제공하고 있다. 또한 22주 보충적 프로그램은 적절한 교실행동과 자기조절, 사회적 기술을 교육하여 유아를 직접적으로 중재한다.

공격적인 자녀의 가정을 무선적으로 '놀라운 연령' 집단이나 통제집단에 배정한 평가에서 프로그램이 부모 양육기술의 향상과 유아의 문제행동 감소에 매우 높은 효과가 있음이 밝혀졌다. 교사와 유아 또는 교사나 유아의 개입과 연합된 부모 양육 훈련은 유아의 결과를 강화시킨다(Webster-Stratton & Herman, 2010). 그리고 부모 훈련의 효과는 지속되었다. 8세에서 12세 후속 연구에서, '놀라운 연령'에 참여한 부모의 심각한 문제행동 아동의 75%가 10대를 잘 적응하였다(Webster-Stratton & Reid, 2010a; Webster-Stratton, Rinaldi, & Reid, 2011). 이러한 긍정적인 효과는 조기에 발생된 행동장애 아동에게 나타나는 전형적인 상당한 적응문제와는 뚜렷이 대조된다.

사회인지적 개입　공격적 유아의 사회인지적 결핍과 왜곡은 공격적 행동의 중요한 억제요인인 타인의 고통과 괴로움에 대한 동정을 막고 있다. 더 나아가, 공격적 유아는 민감하고 보호적인 방법

문화적 영향

인종과 정치적 폭력성이 아동에게 미치는 영향

전 세계적으로 많은 아동이 무력 분쟁, 테러, 그리고 인종과 정치적 갈등에서 기인한 다른 폭력적 행동과 함께 살아가고 있다. 몇몇 아동들은 강요 때문에, 혹은 성인을 기쁘게 하기 위해서 싸움에 참여할 것이다. 또한 다른 아동들은 납치를 당하고, 구타를 당하며, 괴롭힘을 당한다. 행인들은 종종 직접적인 총격을 받으며 살인을 당하거나 신체적인 상해를 입게 된다. 그리고 가족 구성원, 친구, 이웃들이 도망가는 것과 같은 공포심에 대한 많은 주시들이 상처를 입히고 또한 죽게 만든다. 지난 10여 년 사이에, 전쟁은 6백만 명의 아동들에게 신체적 장애를 입혔으며, 20만 명의 살 집을 없앴고, 1만 명 이상의 아동은 부모와 분리되었다(UNICEF, 2011)

전쟁과 사회적 위험이 일시적이라면, 대부분의 아동들은 안락한 생활을 할 것이며 또한 장기간의 정서적 어려움을 보이지 않을 것이다. 그러나 만성적인 위험은 아동들에게 정신적 기능이 심각하게 손상될 수 있는 상당한 적응을 요구한다. 전쟁에서의 많은 아동은 안전에 대한 감각을 잃고, 폭력에 무감각해지며, 관입 기억력을 위협받게 되면서 괴롭힘을 당하고, 또한 미성숙한 도덕적 추론을 보일 뿐 아니라 미래에 대한 비관적인 관점을 만들게 된다. 공격성과 반사회적 행동이 증가하는 것과 같이 걱정과 우울 또한 증가한다(Eisenberg & Silver, 2011; Klingman, 2006). 이러한 결과들은 연구되었던 모든 전쟁 지역, 즉 보스니아, 앙골라, 르완다, 수단에서부터 서안지구, 가자, 아프가니스탄, 이라크의 유아들 사이에서 분명해지면서, 문화적으로 보편적인 것으로 여겨지고 있다(Barenbaum, Ruchkin, & Schwab-Stone, 2004).

양육의 영향과 확신은 지속적인 문제를 방어하는 최고의 방법이다. 부모가 안전함을 제공하고 외상성 경험에 대해 공감하며 이야기를 나누고, 안정된 정서적 강화와 같은 롤 모델을 제공한다면, 대부분의 아동들은 심지어 극심한 전쟁 관련 폭력에도 잘 견뎌 낼 수 있다(Gewirtz, Forgarch, & Wieling, 2008). 부모들과 분리된 아동들은 사회의 도움에 의지해야만 한다. 주거지 환경 안에 자리 잡고 있으며, 성인과 정서적으로 가까운 유대관계를 형성할 수 있는 에리트레아의 고아원은 인간미 없는 환경에 자리 잡고 있는 고아원에서보다 5년 후에 더 적은 정서적 스트레스를 보였다(Wolff & Fesseha, 1999). 교육과 오락 프로그램들은 아동들의 삶에 교사와 또래의 지지를 동반한 일관성을 제공하면서, 또한 강력한 보호 장치가 된다.

테러리스트들이 세계무역센터와 미국 국방부를 공격했던 2001년 9월 11일, 몇몇 미국 아동들은 비행기가 박히고 건물이 화염으로 뒤덮이고 무너지는 모습을 교실 창문을 통해서 목격하면서, 극심한 전시 충돌을 직접 경험하였다. 그러나 대부분의 아동들은 미디어나 양육자 또는 또래로부터 공격에 대해 간접적으로 학습하게 되었다. 비록 직접적이고 간접적인 노출이 아동과 청소년들의 고통을 유발시킬지라도, 가족 구성원에게 영향을 받거나, TV에서 공격하는 모습을 반복적으로 보게 되는 것과 같이, 장기간에 걸친 노출은 더 심각한 증상을 낳게 된다(Agronick et al., 2007; Otto et al., 2007; Rosen & Cohen, 2010). 다음 몇 달 동안, 충돌에 시달리는 부모-자녀 관계나 기존의 적응문제를 가진 아동들에게는 더 늦춰졌을지라도, 정신적 고

가자 지구 안 이웃의 잔해가 있는 한복판에서 외상 상담 전문가가 아동들의 기운을 북돋운다. 전쟁을 겪은 많은 아동들은 안전 의식을 약화시킨다. 이들의 지속적인 정서적 문제를 방지하게 위해, 부모들의 특별한 관심이 요구된다.

통에 대한 반응은 감소되었다.

개발도상국의 많은 전쟁에 충격을 받은 아동들과는 달리, 교실 창문으로 건물이 무너지는 것을 목격한 뉴욕의 31개 공립학교 학생들은 쓰기, 그리기, 믿음과 신뢰를 쌓는 데 목적을 두고 있는 경험에 참여하고 토론하기를 통해 감정을 표현하는 '외상성 장애과정'으로 즉각적인 중재를 받았다(Lagnado, 2001). 높은 연령의 학생들은 이슬람 동급생의 감정, 아프가니스탄 아동들의 참담한 조건, 무력감을 극복하는 수단으로서 피해자를 돕는 방법에 대해 학습하였다.

전시 상황이 가족과 사회자원을 고갈시켰을 때, 국제적 조직은 아동에게 개입해서 그들을 도와야 한다. 아동들의 신체적, 정신적, 그리고 교육적 복지를 유지하기 위한 노력은 후세대들에게 폭력의 대물림을 막는 최선의 방법인 것이다.

으로 행동하는 가족 구성원을 볼 기회가 적기 때문에, 유아는 공감과 동정을 증진하는 중요한 초기 경험을 놓치게 된다(제10장 참조). 이러한 반응은 직접적으로 가르칠 수 있다.

학교를 기반으로 한 사회인지적 처치는 아동과 청소년에게 타당하고 비적대적인 단서에 주의를 기울이고, 행동 전에 추가 정보를 찾고, 효과적인 사회 문제해결 전략을 도출하고, 잠재적 반응의 효과성을 평가하는 것을 가르치는 데 초점을 두고 있다(제11장 참조). 조망수용능력에 대한 훈련은 또한 사회적 단서에 대한 더 정확한 설명, 타인에 대한 공감, 동정적 배려의 증진을 도와준다.

이러한 프로그램을 지원하는 자원의 결핍으로 많은 미국 학교들은, 제로 관용 정책(zero tolerance policy)을 이행하고 있으며, 이 정책은 모든 와해와 위협적인 행동들, 크고 작은 일반적인 정학이나 퇴학을 엄격하게 처벌한다. 그러나 이러한 정책들은 종종 일관성이 없이 적용되어, 낮은 사회

경제적 지위의 소수 학생들은 아주 적은 비행행동에도 처벌받을 가능성이 2~3배 정도 높다(Goode & Goode, 2007; Skiba & Rausch, 2006). 청소년 공격성과 다른 위법행위의 형태의 감소는 그에 목적을 둔 제로 관용 성취에 대한 증거가 없다(Stinchcomb, Bazemore, & Riestenberg, 2006). 대조적으로 몇몇 연구에서는 학교에서 배제된 학생에게, 제로 관용 정책은 고등학교 중퇴와 반사회적 행동을 높인다고 밝히고 있다.

포괄적 접근 어떤 연구자들은 반사회적 청소년을 위한 효과적 처치는 다면적으로 둘러싼 부모 훈련, 사회적 이해, 타인과의 관계, 자기통제로 구성되어야 한다고 주장한다. EQUIP(비행 처치 프로그램)라는 프로그램에서 긍정적 또래 문화, 즉 성인의 안내와 청소년의 수행에 의한 소집단 접근은 처치의 기본으로서 반사회적 행동을 대치하는 친사회적 행동을 제공하는 분위기 조성에 목적을 두고 있다. 그들 스스로 또래집단 문화는 반사회적 행동을 감소시키지 않는다. 오히려 때때로 비정상적 또래 영향을 영속시킨다(Dodge, Dishion, & Lansford, 2006). 그러나 EQUIP에서, 이 접근은 사회적 기술, 분노 관리, 인지적 왜곡의 수정, 도덕적 추론의 훈련을 보충하여야 한다(DiBiase et al., 2011; Gibbs et al., 2009b). EQUIP에 참가한 비행 청소년은 상대적으로 개입을 받지 않은 통제집단보다 다음 해에 사회적 기술과 수행의 증진이 나타났다. 또한, 집단 모임 동안 출현된 좀 더 고도의 도덕적 추론은 반사회적 청소년들의 법률 위반행동을 억제하는 능력에 장기간의 영향을 주었다(Leeman, Gibbs, & Fuller, 1993).

다차원적 처치라도, 만약 청소년들이 적대적 가정생활, 낮은 질의 학교, 반사회적 또래집단, 폭력적 이웃에 끼어서 산다면 영향력이 짧아진다. 다른 프로그램은 다원체계치료(multisystemic therapy)라고 하는데, 치료자는 의사소통, 모니터링, 훈육기술을 부모에게 훈련시키고 긍정적 학교, 일, 여가활동에 폭력적 청소년을 통합시키고, 폭력적 또래로부터 청소년들을 분리시킨다. 개별치료와 비교하여, 개입을 무선 배정은 부모-청소년 관계와 학교 수행의 증진을 이끌었으며, 처치 이후 20년간 지속된 범죄 횟수가 극적으로 감소되었으며, 참가자가 범죄에 관련되었을 때도 강력 범죄의 비율이 감소하였다(그림 12.7 참조). 다원체계치료는 또한 이혼, 친자 확인, 자녀 지원에 대한 민사소송 관여로 측정되는 성인기의 가족 불안정성을 제한하는 데 도움을 주었다(Borduin, 2007; Henggeler et al., 2009; Sawyer & Borduin, 2011). 가족, 지역사회, 문화적 수준에서 비공격적 환경을 만드는 노력은 비행 청소년을 돕고, 모든 청소년의 건강한 발달을 조장하는 것이 요구된다.

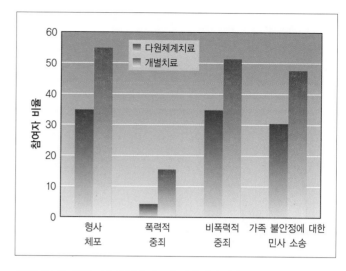

그림 12.7 처치 이후 22년간 체포와 가정 관련 민사 소송에 대한 다원체계 치료의 영향

처치 이후 20년 동안 폭력적인 아동에 대한 후속 조치는 개별치료로 임의적으로 배정되었던 참가자들과 비교했을 때, 다원체계치료로 배정된 이들이 범죄를 저질렀을 때, 전반적으로 형사상 체포가 거의 없었고 또한 폭력적 범죄를 저지를 가능성이 낮았다고 밝히고 있다. 또한 이혼, 친자 확인, 또는 성인 적응에 더 긍정적인 증거인 자녀양육에 대한 민사 소송의 수를 살펴보았을 때, 다원체계치료를 받은 이들은 가족 불안정이 낮아진 것으로 나타났다.

출처 : Sawyer & Borduin, 2011.

주 요 용 어

개인적 선택의 문제(matters of personal choice)	반응적(혹은 적대적) 공격성(hostile aggression)	지연 만족(delay of gratification)
관계적 공격성(relational aggression)	사회적 관습(social convention)	타율적 도덕성(heteronomous morality)
관습적 수준(conventional level)	순종(compliance)	현실주의(realism)
구성(construction)	신체적 공격성(physical aggression)	협력적 도덕성(morality of cooperation)
내면화(internalization)	언어적 공격성(verbal aggression)	후 관습적 수준(postconventional level)
도덕적 의무(moral inperatives)	이상적 상호호혜성(ideal reciprocity)	훈육(induction)
도덕적 자기조절(moral self-regulation)	적극적(혹은 도구적) 공격성(instrumental aggression)	
도덕적 정체성(moral identity)	전 관습적 수준(preconventional level)	

CHAPTER 13

'우정'

Diduli Sathsava, 14세,
Sri Lanka
우정에 대한 확실히 구분되는
성 전형적 그림. 이 그림의 화
가는 높은 여성의 가치로 정
서적 민감성과 가까운 관계에
서의 친밀함을 그렸다.

출처 : 국제 아동화 미술관(노르웨이
의 오슬로)의 허락으로 게재

성차와 성역할의 발달

성 고정관념과 성역할
· 유아기의 성 고정관념
· 아동 중기와 청소년기의 성 고정관념
· 성 고정관념의 개인차와 집단차
· 성 고정관념과 성역할 채택

성 고정관념과 성역할 채택에 영향을 주는 요인
· 생물학적 요인
· 환경 요인

성 정체성
· 성 정체성의 출현
· 아동 중기의 성 정체성
· 청소년기의 성 정체성
· 성 도식 이론

남아와 여아는 성 고정관념화된 특징에서 얼마나 차이가 있는가
· 지적 능력
· 성격 특성

성 고정관념이 없는 아동으로 기르기

아 주 어린 시기부터 아이들은 이미 성과 연관된 문화적 기준을 획득하기 시작한다. 여자아이들은 전형적으로 여성의 특성으로 간주되는 보살핌의 장면을 연출하기 위해 의상과 인형, 소꿉놀이 도구를 사용하는 반면 남자아이들의 놀이는 활동적이고, 경쟁적이며, 남성적인 주제를 가지고 있다. 그리고 남자와 여자아이들 모두 동성의 또래들과 더 자주 교류한다.

어린 아동들의 놀이와 사회적으로 선호하는 행동들이 왜 이처럼 강력하게 성적인 고정관념을 벗어나지 못하며, 이러한 태도와 행동은 연령 증가와 함께 어떻게 변화하는가? 아동들이 자신을 남성 혹은 여성이라고 생각하게 하는 데 사회적 기대가 영향을 미치는가, 또 이로 인해 그들의 잠재력은 제한되는가? 여성과 남성의 특성이라고 널리 알려진 것들이 실제를 얼마나 반영하고 있는가? 평균적으로 남자아이는 적극적이고 경쟁적이며 공간능력이 우수하고 수학을 잘하는 데 비해, 여자아이들은 소극적이며 보살핌과 언어능력이 우수하다는 것이 사실인가? 성차는 얼마나 크며, 유전과 환경은 성차에 어떻게 기여하는가? 이런 질문들이 성 전형화를 연구하는 학자들의 관심사이다. 이 장에서 이러한 질문에 답해 보고자 한다.

아마 아동발달의 다른 어떤 영역보다도 성 전형화 연구는 사회적 변화에 따라 변화하였다. 1970년대 초까지는 심리학자들은 성 전형화된 신념과 행동을 건강한 적응에 기본적인 것으로 여겨왔다. 그러나 이러한 견해는 여성의 권리가 진보됨에 따라 변화되었다. 오늘날 많은 사람들은 남성의 극단적인 공격성이나 경쟁성 혹은 여성의 수동성이나 동조성과 같은 성 전형화된 특징들은 정신건강에 위협이 된다고 본다.

이와 함께 성 전형화 연구는 이론적 수정을 거치게 된다. 최근의 주요 접근들로는 모델링과 강화를 강조하는 사회학습이론, 아동을 자신의 사회적 세계에 대한 능동적 사고를 하는 사람으로 보는 인지발달적 이론이 있다. 그러나 이 두 이론 모두 하나만으로는 충분치 않다. 정보처리적 접근인 **성 도식 이론**(gender schema theory)은 아동이 어떻게 성 전형화된 지식을 습득하는지에 대한 양쪽이론을 모두 결합하고 있다.

우리의 논의의 핵심에 특별히 중요한 용어들이 있다. 두 가지 용어는 사회에서의 성에 대한 공적인 측면을 포함한다. **성 고정관념**(gender stereotypes)은 여성과 남성에게 적절하다고 여겨지는 특성에 관한 일반적 관념이다. **성역할**(gender roles)은 일상생활에서의 행위에 이러한 고정관념이 반영된 것이다. 세 번째인 **성 정체성**(gender identity)은 성의 개인석 측면이다. 성 정체성은 성격상 상대적으로 여성적 또는 남성적이라고 자아를 지각하는 것을 말한다. 끝으로 **성 전형화**(sex typing)는 성에 대한 문화적 고정관념에 부합하는 방식으로 생물학적 성을 대상, 활동, 역할, 혹은 성격과 연관짓는 것을 말한다. 따라서 성 전형화는 성과 관련된 모든 반응들을 포함하는 용어이다(Liben & Bigler, 2002). 아동과 청소년의 성 전형화의 면모를 탐색하는 데는 생물학적 · 인지적 · 사회적 요인들이 포함될 것이다. ■

성 고정관념과 성역할

성 고정관념은 오랫동안 종교와 철학, 그리고 문학작품 속에 나타나 있다. 고대에서부터 현대에 이르기까지 아래에 인용한 작품 속 문구들을 생각해 보라.

- "여성은 남성보다 정서적이고 눈물이 많다. …… 그러나 남성은 …… 여성보다 위험에 처한 상황에서 도움을 주는 경향이 더 많고, 더 용감하다."(Aristotle, cited in Miles, 1935)
- "남성은 자신이 아는 것을 말하고 여성은 자기가 좋아하는 것을 말한다."(Jean-Jacques Rousseau, *Emile*, 1762/1955)
- "남자는 이성으로 여자는 감성으로, 남자는 명령을 여자는 복종을, 그렇지 않으면 모두가 혼란스러울 것이다."(Alfred, Lord Tennyson, *Home They Brought Her Warrior*, 1842)
- "남자에게 사랑은 분위기 이상 아무것도 아니다. 여자에게 사랑은 삶 아니면 죽음이다."(Ella Wheeler Wilcox, *Blind*, 1882)
- "남자는 상황을 더 어렵게 만들 위험이 있기 때문에 꼭 필요하지 않다면 관계 문제에 직면하지 않는다. 여자는 좀 더 심각해지지 않기 위해 작은 문제들조차도 열심히 찾는다."(Lewis, *Why Don't You Understand? A Gender Relationship Dictionary*, 2009)

지난 40여 년간, 남녀 각자에게 가능한 다양한 역할들에 관하여 인식이 새로워지고 있지만, 성차에 대한 신념은 여전히 강하게 남아 있다. 1960년대 시행된 연구에서 남성과 여성이 지닌 전형적인 성격 특성은 무엇인지에 대해 묻기 시작했다. 많은 연구들에서 폭넓은 일치성이 도출되었다. 표 13.1에서 보듯이 유능함, 합리성, 자기주장적 특성과 같은 **수단적 특성**(instrumental traits)은 남성적인 것으로, 온화함, 보살핌, 민감성과 같은 **표현적 특성**(expressive traits)은 여성적인 것으로 간주되었다. 1970년대와 1980년대의 양성평등을 증진시키기 위한 정치적 운동에도 불구하고 이러한 고정관념은 기본적으로 변함이 없이 여전히 남아 있다(Lueptow, Garovich, & Lueptow, 2001; Ruble, Martin, & Berenbaum, 2006; Vonk & Ashmore, 2003). 더 나아가 30개국을 대상으로 시행된 비교문화 연구에서도 수단적, 표현적 특성으로 성적 특성을 양분한 고정관념은 전 세계적으로 보편적이었다(Willams & Best, 1990).

성격 특성 이외에도 다른 성 고정관념이 존재한다. 신체적 특징(남자는 키가 크고, 강하며, 굳건하다. 여자는 부드럽고, 온순하며, 우아하다), 직업(남자에게는 트럭운전사, 보험중개인, 화학자를 여자에게는 초등학교 교사, 비서, 간호사를), 그리고 여러 활동과 행동들(남자는 수리를 잘하고, 지도력이 있으며 여자는 육아와 집 단장 등을 잘한다)에 대해서도 성 고정관념이 존재한다(Biernat, 1991; Powlishta et al., 2001).

남성적, 혹은 여성적이라고 지속적으로 지칭해온 다양한 특성들, 이 특성들에 대한 보편적 수용, 그리고 시대 변화와 상관없이 지속되는 안정성은 성 고정관념이 사고 유형에 깊이 뿌리박힌 것임을 시사한다. 특히 이러한 고정관념은 남성을 긍정적으로, 여성을 부정적으로 비추는 일이 많다. 남성과 결부된 특성과 행동, 역할들은 여성과 비교하여 그 수가 더 많고, 다양하며, 바람직하다. 예를 들면, 서구사회에서 전형적으로 남성적인 직업은 여성적인 직업보다 훨씬 많다(Liben & Bigler, 2002). '공격적', '범죄에 잘 빠지는 성향'과 같은 단지 몇 개의 남성적 특성만이 부정적이다. 압도적 다수의 특성들이 장점이 되며 높은 직위와도 관련이 있다. 대조적으로 여성적 특성들은 대부분 비호의적이며 낮은 지위와 관련된 특성들이다.

성인들은 특히 아동들에게 성 고정관념을 강력하게 적용한다. 20~40세 성인에게 성인과 아동의 사진을 보여 주고 '남성적', '여성적' 또는 '중성적' 성격 특성

표 13.1 남성과 여성의 성격 특성에 대한 고정관념

남성적 특성	여성적 특성
활동적이다.	타인의 감정을 잘 알아챈다.
지도자로서 행동한다.	사려 깊다.
모험을 한다.	쉽게 눈물을 흘린다.
공격적이다.	타인에게 헌신적이다.
야망이 있다.	정서적이다.
경쟁적이다.	위기에 흥분을 잘한다.
쉽게 포기하지 않는다.	정서적으로 쉽게 상처를 입는다.
지배적이다.	암전하다.
우월하다고 느낀다.	가정적이다.
압박감을 잘 견딘다.	친절하다.
독립적이다.	어린이를 좋아한다.
쉽게 결정을 한다.	깔끔하다.
쉽게 영향을 받지 않는다.	승인 욕구가 크다.
거침이 없다.	수동적이다.
거칠다.	미적 감각이 있다.
자신감이 있다.	타인을 잘 이해한다.
당당하다.	타인과의 관계가 원만하다.

을 평정하여 점수를 부여하도록 한 연구결과를 보면, 성인을 남자와 여자로 구분하는 것보다 더 확연하게 아동을 남자와 여자로 구분하는 경향이 있었다(Powlishta, 2000). 많은 성인들이 아동들을 성차에 근거해 본다는 사실을 감안하면, 아동들이 두 살 때부터 이미 성차가 담긴 메시지를 흡수하기 시작한다는 점은 놀랄 일이 아니다.

유아기의 성 고정관념

18개월에서 3세 사이의 아동들은 '언니', '오빠', '아줌마', '아저씨'라는 단어를 사용할 수 있다. 일단 아동들이 활동과 행동의 측면에서 성에 따라 분류하게 되면 미묘한 고정관념이 나타나고 빠르게 확장된다. 2세 전에 아동은 대부분의 우리가 가지고 있는 것과 같이 남자는 거칠고 모나며 여자는 부드럽고 원만하다는 성차에 따른 미묘한 연상을 하기 시작한다. 18개월 된 영아는 전나무와 망치를 남자와 연관시켰다는 연구결과가 있다(상응하는 여성적 연합은 발달시키지 못했지만)(Eichstedt et al., 2002). 유아들은 장난감과 의류, 연장, 가사도구, 게임, 직업, 색깔(파랑과 분홍), 행동(관계적 혹은 신체적 공격)까지도 하나의 성과 연관시켰다(Banse et al., 2010; Giles & Heyman, 2005; Poulin-Dubois et al., 2002). 그들은 '곰은 남자아이가, 나비는 여자아이가'와 같은 성 고정관념이 들어 있는 연상어구들을 획득하였다(Leinbach, Hort, & Fagot, 1997).

유아기에 성 고정관념은 강화된다. 많은 아동들이 융통성 있는 지침이라기보다 예외 없는 규칙으로 고정관념을 받아들인다. 아동들에게 옷, 머리 모양, 그리고 특정 장난감(바비인형과 지아이 조)에서 성 고정관념이 바뀔 수 있는지를 물으면 3~4세 아동의 반 이상이 아니라고 답한다(Blackmore, 2003). 더욱이 대부분의 3~6세 아동은 성 고정관념을 깨트리는 아동과(손톱을 다듬는 남아, 트럭을 가지고 노는 여아) 친구가 되고 싶지 않다고 단호히 말한다(Ruble et al., 2007).

유아가 세상을 성 고정관념적으로 본다는 놀랄 만한 증거는 연구자들이 대상 아동을 소년 혹은 소녀라고 지칭하고 그 아동의 특성을 성 고정관념적이거나 비 고정관념적으로 제시한 연구에서 나타난다. 이 연구에서 아동에게 대상 아동이 다양한 성 고정관념적 특성을 어느 정도 가지고 있을지를 평가하도록 요청했을 때, 아동들은 다른 자세한 정보는 무시하고 오로지 성명칭에 따라서만 평가하였다(Biernat, 1991; Martin, 1989). 예를 들면, "토미는 남자아이야. 토미의 절친은 여자야. 토미는 소꿉놀이를 좋아해."라고 말해 주었음에도 불구하고 6세 이하의 유아들은 토미가 재봉틀이나 인형을 가지고 노는 것보다 차와 기차를 가지고 놀 것이라고 답하였다.

유아기의 성 고정관념에 있어서의 경직성은 이들의 일상생활에서 관찰되는 행동들을 이해할 수 있게 한다. 유아들은 스커트를 입은 스코틀랜드의 백파이프 사진을 보고 "남자는 스커트를 입지 않아!"라고 말하기 쉽다. 유아들은 여자는 경찰이 될 수 없고, 남자는 아기를 돌볼 수 없다고 한다. 이와 같은 유아들의 일방적 판단은 환경에 의한 성 고정관념과 상충하는 정보원을 융합할 수 없는 유아들의 인지적 능력의 한계에서 비롯된 것이다. 대부분의 유아들은 성과 관련된 특성들, 즉 행동, 장난감, 직업, 머리 모양, 의복 등이 성을 결정하지 않는다는 점을 깨닫지 못한다. 유아들은 남자와 여자가 신체적으로 다르지만 다른 많은 면에서 유사하다는 점을 이해하는 데 인지적 어려움이 있다.

아동 중기와 청소년기의 성 고정관념

5세가 되면 아동들은 행동과 직업상의 성 고정관념이 잘 형성된다.

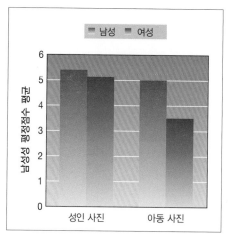

그림 13.1 성인들의 '남성적' 성격 특성에 대한 평정점수 비교

성인들은 사진 속의 성인 남녀에 대해서는 성별 '남성성'의 차이를 적게 지각하였다. 그러나 사진 속의 남녀 아동에 대해서는 남아와 여아의 '남성성'의 차이를 크게 지각하였다. 즉 성인들은 성인의 성별 특성 차이보다 아동의 성별 특성 차이를 더 크게 지각하고 있는 것이다.
출처 : Powlishta, 2000.

성 고정관념적 믿음은 유아기에 강화된다. 이 유아들은 남자아이가 자기들의 차파티에 같이할 수 있는지 제안하면 "안 돼."라고 답할 것이다.

아동 중기와 청소년기에는 성격 특성이나 성취와 같은 성 구분이 덜 분명한 영역에서의 고정관념이 증가한다(Serbin, Powlishat, & Gulko, 1993; Signorella, Bigler, & Liben, 1993). 동시에 이 시기 아동들은 성 고정관념상의 특성들이 정의적 특성이 아니라 성과 연합된 특성임을 이해하기 때문에, 남성과 여성에게 가능한 능력이나 특성들에 대한 믿음이 다소 유연해진다(Banse et al., 2010; Martin, Rubin, & Szkrybalo, 2002).

성격 특성 고정관념적 성격 특성을 측정하기 위해 연구자들은 아동들에게 '남성적' 형용사('거친', '합리적', '잔인한')와 '여성적 형용사'('부드러운', '애정적인', '의존적인')를 남성과 여성 인물에 할당해 보라고 하였다. 여러 나라의 연구에서 성격 특성에 대한 성 고정관념은 연령 증가에 따라 서서히 증가하고, 11세경에는 성인과 같은 수준이 되는 것으로 나타났다(Best, 2001; Heyman & Legare, 2004). 아동들이 성 고정관념상의 성격 특성들을 학습하는 유형을 조사한 캐나다의 대규모 연구에 의하면 처음으로 아동들이 획득하는 고정관념은 '내집단 선호' 경향을 나타내고 있다. 유치원생에서 초등학교 2학년에 이르는 아동들은 자신들의 성을 긍정적으로 묘사한 성격 특성에 대해 가장 많은 지식을 가지고 있었다. 유치원에서 2학년까지 자신의 성을 나타내는 긍정적 성격 고정관념에 대한 지식이 최고조에 달했다(Serbin, Powlishta, & Gulko, 1993). 일단 성격 특성들에 대한 성 고정관념을 획득한 초등학생들은 내집단과 외집단이 긍정적·부정적 특징들을 모두 가진 것으로 평가하였다. 남녀 모두 각각의 성을 부정적이기보다 긍정적 특징이 더 많이 있는 것으로 평가했지만 이러한 경향성이 내집단에 더 강하게 나타났다. 즉 내집단 선호의 증거는 지속적이었다. 소녀들이 소년보다 더 내집단 선호와 외집단 편견의 평가를 보였다(Powlishta et al., 1994; Susskind & Hodges, 2009). 아마도 소녀들이 더 쉽게 여자아이들은 '새콤달콤, 착하며', 남자아이는 '뱀, 달팽이, 강아지 꼬리'라는 식의 널리 보편화된 성 고정관념을 갖게 되는 것 같다.

성취 영역 초등학교에 입학하면서 아동들은 학습 교과목과 기술 영역을 남성적인 것과 여성적인 것으로 구분한다. 읽기와 철자법, 미술과 음악은 여자아이들을 위한 것이고, 수학과 체육, 기계기술 과목은 남자아이에게 더 적합하다고 여긴다(Cvencek, Meltzoff, & Greenwald, 2011; Eccles, Jacobs, & Harold, 1990; Jacobs & Weisz, 1994). 이러한 고정관념이 아동들의 특정 과목에 대한 선호와 유능감에 영향을 미친다. 예를 들어, 아시아와 유럽의 국가들 모두에서, 능력이 동일함에도 남자아이들은 수학, 과학, 체육에 유능하다고 느끼며 여자아이들은 언어에 유능하다고 느끼는 경향이 있다(Bhanot & Jovanovic, 2005; Hong, Veach, & Lawrenz, 2003; Kurtz-Costes et al., 2008).

고무적인 것은 성취에 대한 몇 가지 성 고정관념은 변화한다는 것이다. 캐나다, 프랑스, 미국에서 시행된 몇몇 최근 조사연구에 의하면 다수의 초중등학생들이 수학이 '남성적' 과목이라는 생각에 동의하지 않았다(Martinot & Desert, 2007; Plante, Theoret, & Favreau, 2009; Rowley et al., 2007). 캐나다 학생들은 수학을 '여성적' 과목이라는 선택지(이전 연구에서는 제시하지 않은)에 대해 평정하게 했을 때에 (여학생이 더 그러했지만) 수학이 여성적이라는 견해를 표시했다. 그러나 젊은이들의 대다수는 계속 언어기술은 전통적으로 '여성적'이라고 보았다. 그들은 아직도 여자아이들이 수학보다 언어기술을 더 잘한다고 보았다.

성 고정관념 융통성의 증가 분명히 학령기 아동들은 광범위하고 다양한 성 고정관념을 지니고 있지만 이들은 남성과 여성이 '할 수 있는' 일에 대해서는 점점 더 개방적인 관점을 발달시켜 나가며, 이러한 개방적 성향은 청소년기까지 계속된다.

성 고정관념에 대한 연구에서는 일반적으로 **성 고정관념 융통성**(gender-stereotype flexibility)을 측정하기 위해 아동에게 양성 모두의 성격 특성인지, 그리고 양성 모두가 할 수 있는 활동인지 아닌지를 묻고 그 반응을 조사하였다. 독일의 연구에서 5세에서 10세까지의 아동들을 추적한 결과 초기의 성 고정관념 경직성의 정도에 관계없이 융통성은 7세 이후 급격히 증가하였다(그림 13.2 참조)(Trautner et al., 2005). 그들은 사회적 갈등 단서를 통합하는 능력이 발달되어 감에 따라 개인의 성은 그 사람의 성격, 활동, 행동을 예언하는 요인이 못된다고 지각했다. 유사하게 초등학교 말에는 대부분의 아동들이 성 전형적 행동(특히 여아들의)은 천성이거나 고정된 것이 아니라고 보았다. 오히려 그들은 사회적으로 영향을 받은 가정 양육 환경의 효과라고 보았다(Taylor, 1996; Taylor, Rhodes, & Gellman, 2009).

그러나 남아와 여아들이 성을 구획하는 선을 넘나들 수 있음을 인식한다는 것은 항상 그런 행동을 해도 좋다는 것을 의미하지는 않는다. 한 종단적 연구에서 7세에서 13세 까지의 아동들은 여아들에 대해 좀 더 개방적이 되고 남아들처럼 기회가 제공되어야 한다고 생각하게 되었다. 그러나 이러한 변화는 남아들에게는 덜 나타났다(Crouter et al., 2007). 더욱이, 학령기 아동들은 여성들이 높은 지위의 기회를 갖는 것을 제한하는 남성 내집단 선호의 힘을 잘 인식하고 있었다. 5세에서 10세의 아동들에게 왜 남성만 미국 대통령에 당선될 수 있었는지를 물었을 때 가장 흔한 답은 남성들이 여성 후보에게 투표하지 않기 때문이라는 것이었다(Bigler et al., 2008).

더욱이 많은 학령기 아동들은 남자아이가 인형놀이를 한다든가, 여자 옷을 입는 것, 여자아이가 시끄럽고 거칠게 노는 것과 같은 특정한 성역할 고정 행위의 위반에 대해서는 아주 단호하게 거부한다. 그들은 특히 남아가 성 고정관념에 반하는 행동을 하는 것에 대해 비도덕적이라고 생각할 만큼 못견뎌 한다(Blackmore, 2003; Levy, Tayor, & Gelman, 1995). 개방형 질문으로 남아와 여아에 대한 묘사를 요구했을 때 여아에 대해서는 신체적 외모('예쁘다', '드레스를 입고 있다')를, 남아에 대해서는 행동과 성격('트럭을 좋아한다', '거칠다')을 언급하였다(Miller et al., 2009). 이렇게 고정관념이 두드러진다는 것은 왜 다른 성의 아동이 비전형적 행동을 했을 때 심각한 또래 따돌림을 경험하게 되는지를 설명해 준다.

성 고정관념의 개인차와 집단차

아동 중기까지 아동들은 광범위한 성 고정관념에 대한 지식을 획득한다. 그러나 아동의 성 고정관념의 구성 내용은 아주 다양하다. 성 고정관념을 구성하는 다양한 요소 — 활동, 행위, 직업, 성격 특성 — 들은 상관관계가 높지 않다. 한 영역의 고정관념에 대해 잘 알고 있다 해도 다른 영역의 성 고정관념에 대해서는 잘 모를 수 있는 것이다(Serbin, Powlishta, & Gulko, 1993). 성 전형화는 '아동이 독특한 방식으로 맞추어 가는 복잡한 퍼즐'(Hort, Leinbach, & Fagot, 1991, p. 196)과 같음을 시사한다. 성에 대한 조화로운 개념을 형성하기 위해 아동은 많은 요소들을 짜 맞추어야 한다. 조각들을 획득하는 정교한 유형, 그렇게 하는 속도, 그들의 신념의 융통성 등은 아동마다 다르다.

성 고정관념의 집단별 차이도 존재한다. 가장 강력한 차이는 성별요인이다. 아동기에서 청소년기에 이르기까지 남아들은 여아들보다 강한 성역할 고정관념을 지닌다(Steele, 2003; Turner, Gervai, & Hinde, 1993). 그러나 앞에서 보았듯이 수학이 남성적이라는 고정관념은 남아들 사이에서조차도 감소해 간다. 한 연구에서 남녀 청소년 모두 가상적으로 높은 성취를 보이는 주인공이 여아일 때 더 선호하는 것으로 응답하였다(Quatman, Sokolik, & Smith, 2000). 고무적인 것은 남아들이 성역할에 대해 좀 더 다양성을 포용하기 시작했다는 것이다.

제한된 연구결과이지만 소수민족에 대한 연구에 의하면, 미국의 흑인 아동들이 미국의 백인 아동들보다 성역할과 성취 영역에 대해 고정관념이 덜 한 것으로 나타났다(Bardwell, Cochran, & Walker, 1986; Rowley et al., 2007). 이는 미국의 흑인 가정들에서 볼 수 있는, 보다 비전통적 성역할 모델이 반영된 결과인 듯하다. 예를 들면, 백인 어머니들에 비해 흑인 어머니들의 취업률이 더 높다(U.S. Census Bureau, 20011b). 청소년기와 성인기에 SES가 높은 집단이 낮은 집단에 비해 더 융통성 있는 성역할 관념을 가지는 경향이 있다(Lackey, 1989; Serbin, Powlishta, & Gulko, 1993).

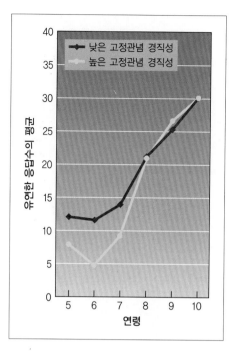

그림 13.2 5세에서 10세 사이에 성 고정관념 융통성의 변화

종단적 연구에서 독일의 학령기 아동은 매년 성 고정관념적 신념의 융통성에 대한 질문지에 응답하였다(양성 모두 그 성격 특성이나 활동을 할 수 있는지를 묻는). 5세에 아동은 성 고정관념의 경직성에서 차이를 보였으나 점차 평등한 쪽으로 유연해졌다. 경직성의 개인차는 지속되지 않아 융통성 추론의 인지적 변화가 강력한 역할을 한다는 것을 지지하는 결과를 나타냈다.

출처 : H. M. Trautner et al., 2005, "Rigidity and Flexibility of Gender Stereotypes in Childhood: Developmental or Differential?," *Infant and Child Development*, 14, p. 371. copyright c 2005 John Wiley & sons Limited. Reprinted with permission.

성-관련 기대가 잘 정립된 아동일지라도 일상생활 활동에서 반드시 성 고정관념적이지는 않다. 이 소년은 인형을 가지고 노는 것이 소녀뿐 아니라 소년에게도 적절하다고 여기는 것 같다.

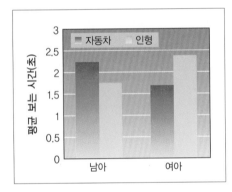

그림 13.3 **18개월 된 여아와 남아가 자동차와 인형을 바라보는 시간**

이미 성역할 선호가 분명하다. 남아는 자동차를 더 오래 쳐다보고 여아들은 인형을 더 오래 쳐다보았다.

출처 : Serbin et al., 2001.

보다 높은 학력과 보다 많은 삶의 기회가 주어짐으로써 이러한 차이가 나타났을지 모른다.

성 고정관념과 성역할 채택

성 고정관념적 사고가 아동의 성역할 채택에 영향을 주어서 아동의 경험과 잠재력을 제한하는가? 증거는 불명확하다. 성 전형화된 선호와 행동은 유아기에 급격히 증가한다. 동시에 유아의 고정관념도 급격히 형성된다. 양성 중 성 고정관념이 더 강한 남아들이 자신의 성역할에 대한 동조성을 더 많이 보였다(Bussey & Bandura, 1992; Ruble, Martin, & Berenbaum, 2006).

그러나 같이 일어난다고 해서 성 고정관념이 아동의 행동을 형성한다고 말하는 것은 아니다. 아동이 고정관념에 대해 알기 오래전에 어느 한 성역할에 대한 선호가 이미 형성되었기 때문에 이런 경우에는 역방향으로 영향을 미쳤다고 볼 수도 있다. 예를 들어, 2세 중반에 남아와 여아는 서로 다른 장난감을 선호한다. 연구자들이 18개월 된 아기들에게 자동차와 인형 사진을 쌍으로 보여 주었을 때 남아들은 여아보다 더 자동차를 오래 쳐다보았고 여아들은 인형을 더 오래 쳐다보았다(그림 13.3 참조)(Serbin et al., 2001).

더욱이 성과 관련된 기대에 대해 잘 알고 있는 아동들도 일상생활에서 어떤 때는 매우 성 전형화되어 있고 어떤 때는 그렇지 않다(Downs & Langlois, 1988; Serbin, Powlishta, & Gulko, 1993; Weinraub et al., 1984). 왜 그럴까? 첫째, 우리는 아동들이 성 고정관념화된 지식의 구성요인을 다양한 방법으로 습득한다는 것을 알았다. 그리고 그 방법들은 각각 아동의 행동에 다른 시사점들을 가진다. 둘째, 아동 중기까지 자연적으로 모든 아동들은 성 고정관념에 대해 많은 것을 알게 된다. 이 지식들은 너무 보편적이어서 행동에서의 변화를 예측할 수 없다.

고정관념적 지식보다는 고정관념에 대한 융통성이 중기 아동기의 성역할 채택의 좋은 예언요인이 될 수 있다. 많은 고정관념적 특성들이 양성에 모두 적절하다는 것을 알고 있는 아동들은(예 : 여자가 트럭을 가지고 노는 것도 괜찮아) 활동, 친구 사귀기나 직업적 역할 선택에서 성 고정관념을 탈피한 선택을 더 많이 한다(Liben, Bigler, & Krogh, 2002; Serbin, Powlishta, & Gulko, 1993; Signorella, Bigler, & Liben, 1993). 이는 아동이 성 고정관념을 사회의 미래 일원으로 놀이를 할 때, 학교에서 무엇을 할 수 있고 할 수 없는지에 대한 자기지각인 성 정체성에 통합했을 때에만 행동에 영향을 미침을 시사한다. 아동의 성 전형화 신념과 행동을 향상시키는 다양한 영향에 대해서 알아보자.

성 고정관념과 성역할 채택에 영향을 주는 요인

사회학습 이론에 따르면, 성 고정관념의 이해와 행동은 직접 교수를 통하여 아동에게 전수된다. 많은 연구들이 이러한 관점과 일치한다. 한편 다른 관점에서는 생물학적 요소가 개인의 성에 맞는 특정 역할을 하도록 유도하고 있으며, 대체로 사회에서는 유전에 기초한 성차를 격려하는 것 이상 별로 하는 것이 없다고 주장한다. 이러한 관점에 대한 증거가 있을까?

생물학적 요인

현대의 이론가들은 아무도 '생물학적인 것이 운명적인 것이다'라는 주장에 대해 논쟁하지 않지만, 성역할 전형화에 있어서의 생물학적 영향에 관한 질문은 여전히 남아 있다. 진화론적 관점에 의하면, 인류의 조상들 가운데 남자들은 배우자를 얻기 위해 경쟁 지향적이었고, 여자들은 양육 지향적이었다. 따라서 남자들은 선천적으로 지배적 성향을 띠고, 여자들은 친밀하고, 반응적이며, 협동적이다. 이러한 행동의 성차는 침팬지와 유인원 등을 포함한 97%의 포유류에 공통적으로 존재한다(de Waal, 1993, 2001). 진화론자들은 생물학적 성차의 강도에 가족적 문화적 요인이 영향을 줄 수 있다고 주장한다. 그래서 어떤 사람은 다른 사람보다 더 강력하게 성 전형화되어 있다. 그러나 인류 역사상 적응적 기능을 하는 성 전형화의 측면을 경험이 불식시킬 수는 없다(Geary, 1999; Maccoby, 2002).

생물학적 요인의 역할을 뒷받침하는 두 가지 증거로서 (1) 성 고정관념과 성역할 채택에서의 범문화적 유사성, (2) 성역할 행동에 대한 호르몬의 영향력이 거론되어 왔다.

성 전형화에 범문화적 유사성이 얼마나 존재하는가 이 장의 서두에서 우리는 수단적 역할과 표현적 역할과 같은 이분법적 성역할이 많은 국가에서의 성 고정관념에 반영되어 있다는 점을 지적한 바 있다. 이러한 발견은 성차가 유전적 차이에 기초하며 사회적 영향이 약간 있을 뿐이라는 견해에 부합하는 것이기는 하지만 이러한 결론을 내리는 데는 신중할 필요가 있다.

비교 문화적 접근에 의하면 다수의 사회에서 남자에게 수단적 특성을, 여자에게 표현적 특성을 격려하고 있으나 정도의 차이가 매우 크다(Konner, 2010; Munroe & Romney, 2006; Whiting & Edwards, 1988b). 예를 들어, 케냐의 작은 농경마을인 Nyansongo에서는 어머니들이 밭에서 4~5시간을 일한다. 어린아이를 돌보고, 화덕을 관리하고, 설거지를 하는 일은 나이가 많은 자녀들에게 맡긴다. 자녀의 성에 관계없이 이 일을 같이 수행하기 때문에 여자아이들이 전적으로 '여성적' 일을 맡지 않아도 되고 친구들과 어울릴 수 있다. 더 자유롭고 독립적이기 때문에 이 마을의 여아들은 다른 부족의 여아들에 비해 지배성과 자기주장성 등에서 높은 점수를 나타내었다. 대조적으로, 남아들에게 남을 보살피는 역할을 부여함으로써 남아들도 자주 남을 돕고, 정서적 지지를 많이 하는 것으로 나타났다(Whiting & Edwards, 1988a). 산업사회의 예로 스웨덴은 전통적 성역할 신념과 행동이 상당한 정도 감소된 사회로 널리 인식되고 있다.

이러한 사례들은 경험이 성역할 전형화에 깊이 영향을 미치고 있음을 말한다. 그럼에도 불구하고, 전통적 성역할과 반대되는 사례는 드물다. 범문화적 접근으로 발견한 것들에 대한 결론이 유보적이기 때문에 학자들은 생물학적 요인의 중요성을 더 직접적으로 검증하고자, 성역할 전형화에 대한 호르몬의 영향을 연구해 오고 있다.

성호르몬과 성역할 전형화 제3장과 제5장에서 우리는 유전적 구성이 호르몬을 매개로 성적 발달과 신체적 성장을 규정하는지에 대해 논의한 바 있다. 성호르몬은 동물의 두뇌발달과 신경활동에 영향을 미치며, 인간에도 영향을 준다(Hines & Green, 1991). 이처럼 신체구조에 광범위하게 영향을 미치는 호르몬이 성역할 적응에도 중요한 영향을 미치는가?

놀이 유형과 동성 또래친구의 선호 동물실험에 의하면 태내에 안드로겐(남성호르몬)을 투입하면 성과 관계없이 동물의 능동적 놀이가 증가한다. 여러 종에서 안드로겐은 남성적 행위와 공격성을 촉진하고, 보살핌과 같은 모성적 행동을 억제한다(Lephart et al., 2001; Sato et al., 2004).

Maccoby(1998)는 이러한 호르몬의 영향이 최소한 인간에게도 적용될 수 있다고 주장한다. 유아기에 아동들은 동성의 놀이친구를 찾는다. 동성의 놀이친구를 찾는 것은 많은 포유류에서 발견되는 현상이다(Beatty, 1992; Munroe & Romney, 2006). 4세의 유아는 이미 이성의 친구에 비해 세 배나 많은 시간을 동성의 또래친구와 지낸다. 6세가 되면 이 비율은 11 대 1이 된다(Martin & Fabes, 2001). 동성친구에 대한 선호 경향은 초등학교 시기 내내 계속된다.

왜 이러한 성적 분리가 광범위하게 일어나고 지속되는가? Maccoby에 의하면 일찍부터 호르몬이 아동의 놀이 유형에 영향을 주어 남자아이들은 거칠고 소란스러운 활동을 하고 여아들은 조용하고 얌전한 활동을 하게 만든다는 것이다. 다음에 그들은 흥미와 활동이 비슷한 동성친구를 선택하게 된다. 실험실에서 남아와 여아를 같이 놓아두면 여아들은 가만히 서 있지만 남아들은 장난감을 탐색한다(Benenson, Apostoleris, & Parnass, 1977). 동물들도 비슷한 반응을 보인다(Beatty, 1992).

유아기에 여아들은 다른 여아들을 찾아 짝지어 놀기를 좋아한다. 왜냐하면 협동적 역할을 수반하는 조용한 활동을 공통적으로 선호하기 때문이다. 남아들은 보다 큰 집단 속에서 함께 달리고 기어오르고, 경쟁하며, 싸워 이기는 놀이를 좋아한다(Fabes, Martin, & Hanish, 2003). 성에 적합한 놀이에 대한 사회적 압력과 아동의 인지적 요인, 특히 자신과 동성인 친구들을 더 긍정적으로 평가하는 경향과 다른 성의 친구와 놀이를 하면 타인으로부터 부정적 반응이 있을 것이라는 예상 등의 성 고정관념 또한 성역할 분리에 기여한다(Ruble, Martin, & Berenbaum, 2006).

어쨌든 성 호르몬은 영향을 미치게 된다. 한 연구에 의하면, 태아기에 남성호르몬 테스토스테론(양수 진단에서 채취된 양수 샘플에서 측정)의 수준은 여아와 남아의 아동 중기까지 추적된 '남성성' 유형의 놀이를 강하게 예측한다(Auyeung et al., 2009). 예외적인 성발달에 대한 연구는 이러한 연구결과들과 일치하고 있다.

예외적 성의 발달 선천성 부신 과형성증(Congenital Adrenal Hyperplasia, CAH)은 유전적 손상으로 인해 태아기부터 아드레날린 호르몬을 비정상적으로 과다 생산하는 장애이다. 남아에게는 큰 영향을 미치지 않지만 CAH 장애를 지닌 여아들은 남성화된 외부 생식기를 가지고 태어난다. 대부분의 아이들은 영아기에 수술로 교정을 받으며 호르몬의 불균형을 극복하기 위해 지속적인 약물치료를 받는다.

면접이나 관찰연구들에 의하면 태내기의 안드로겐 노출이 특정 측면의 남성적 역할행동을 뒷받침한다. 다른 여아들과 비교하여 CAH 여아들은 활동 수준이 높고, 자동차를 좋아하며, 인형보다는 블록놀이를 좋아한다. 놀이친구로는 남자아이를 좋아하며, 트럭운전사, 군인, 비행사와 같은 남성적 직업을 좋아한다(Beltz, Swanson, & Berenbaum, 2011; Cohen-Bendahan, van de Beek, & Berenbaum, 2005; Pasterski et al., 2011). 더 나아가 CAH 여성들은 어린 시절 자신들이 남성적 놀이를 즐겼고, 여성이라는 점에 불만이 있었음을 회고한다(Hall et al., 2004; Servin et al., 2003). 태내에서 정상 범위의 안드로겐에 노출된 여아의 경우에도 성 전형화된 놀이행동과 연계되었다. 더 나아가, CAH를 가진 여아들은 이러한 영향을 받지 않은 자매보다 혼자 놀이를 하거나 엄마나 아빠 앞에서 놀이를 할 때 여아용 장난감으로 놀이하도록 부모로부터 좀 더 많은 격려를 받게 된다(Pasterski et al., 2005).

초기의 안드로겐 노출이 비정상적으로 낮은 유전성을 가진 남성에 대한 연구는 거의 없다. 안드로겐 불감 증후군(androgen insensitivity syndrome)에서, 검사에서는 정상적인 안드로겐의 수준으로 나타나지만, 신체 세포의 안드로겐 수용체는 부분적으로 혹은 완전히 손상되어 있다. 다른 조건에서는 검사 결과에서 안드로겐 생산이 감소되었다. 손상의 정도에 따라 신체적 외형의 범위는 남성 우세에서 전형적인 여성 비뇨 생식이나 외부 생식기로 나타난다. 이러한 아동에 대한 한 연구에서, 태내 안드로겐 노출 감소의 정도는 장난감 선택, 놀이행동 및 여아 놀이 친구 선호도가 포함되는 여성 전형화 행동을 예측하였다(Jürgensen et al., 2007). 그럼에도 불구하고, 완전한 안드로겐 불감 증후군의 모든 아동은 여아로 양육된다. 그리고 부분적인 안드로겐 효과를 가진 아동은 아동 양육을 위한 역할 제안의 결과에 의하여 남아로 양육되기보다는 여성 행동이 더 나타나도록 여아로 양육된다.

모호한 성기 모양으로 인해 자신과 다른 성으로 대우받으며 양육된 사람에 대한 연구는 성 정체성이 자신의 유전적 성과 관계없이 양육될 때의 성과 대체로 일치하였다. 그러나 남성화된 성기를 가진 CAH 여아의 일부는 여성으로 양육되는 것에 상당히 불편해했다(Sliiper et al., 1998). 연구자들은 이러한 결과가 뇌의 호르몬 영향과 성별 규명을 위한 부모의 노력을 포함한 생물학적·사회적 요인에 기인한다고 보았다. 때로는 딸에 대한 부정적 태도를 나타내기도 한다(어떤 부모는 아기의 남성화된 성기 때문에 남아로 규정한 뒤, 유전적 성별을 확인한 후 여성으로 재규정한다).

연구결과에 의하면 성호르몬은 성 전형화에 영향을 미친다. '성별에 적합한' 놀이와 장난감, 직업에 대한 선호 경향 등에서 일관성 있게 성호르몬은 영향을 미친다. 그러나 우리는 경험의 역할을 최소화하지 않도록 주의해야 한다.

환경 요인

2세 반부터 8세까지 거의 14,000명의 영국 아동에 대한 연구에서, 성 전형화된 행동은 눈에 띄게 안정적이다. 대부분의 성 전형화된 어린 유치원생들은 대부분 성 전형화된 학령기 아동으로 발달하게 된다(Golombok et al., 2008). 비록 태내기의 호르몬 노출이 좀 더 성 전형화된 확실한 특성으로 사전 영향을 줄 수 있지만, 환경적 힘이 성역할 적응을 위한 강력한 지지를 제공한다는 것이 풍부한 증거들을 통하여 밝혀지고 있다. 성인은 남아와 여아를 다르게 보고 다르게 다룬다. 더 나아가, 아동의 사회적 맥락, 즉 집, 학교 및 사회는 성 전형화된 방식으로 행동하는 남자와 여자를 관찰할 많은 기회를 제공한다. 그리고 유아기 초기에, 또래는 성 전형화를 강력하게 촉진한다.

환경 요인이 성역할 발달에 강력한 영향을 준다는 증거들은 아주 많다. 성인들은 남아와 여아를 달리 보고, 달리 취급한다. 더욱이 아동의 사회적 환경 — 가정, 학교, 지역사회 — 은 남녀 아동이 성적으로 고정된 행동들을 관찰할 기회를 부여한다. 또한 아동들이 또래들의 세계로 진입하자마자 또래들은 맹렬하게 아동의 성 전형화를 부추긴다.

성인과 부모의 지각과 기대 성인은 영아기의 아이들을 이미 성에 대한 편견을 가지고 대한다. 성과 무관하게 중립적인 옷을 입히고 여아와 남아로 지칭된 영아들을 보고, 성인은 인위적으로 지칭된 성에 따라 아이의 신체적 특성과 성격 특성을 부여한다(Stern & Karraker, 1989; Vogel et al., 1991). 남아는 건강하고 크며 협응능력이 좋고, 여아는 부드럽고 섬세하다는 식으로 반응한다.

부모들은 아동기와 청소년기 자녀의 성에 따라 다르게 지각하고 다른 기대를 한다. 유아기 자녀에게는 성에 적합한 장난감을 가지고 놀기를 바라며, 양육 가치관 측면에서도 아들에게는 성취와 경쟁, 감정의 절제를 중요하게 생각하고, 딸에게는 다정함과 '숙녀다운' 행동들을 중요하게 여긴다(Brody, 1999; Turner & Gervai, 1995). 또한 성에 반하는 행동을 하는 자녀에 대해서는 거부적인 반응을 보이며, 아이가 적응을 잘 못하는 것으로 본다(Sandnabba & Ahlberg, 1999).

부모의 대응 성인은 고정관념에 따라 자녀를 대하는가? 많은 연구들을 종합분석한 결과, 전체적으로 부모가 아들과 딸을 사회화하는 방식의 차이는 미미했다(Lytton & Romney, 1991). 이는 부모의 대응방식이 중요하지 않음을 의미하는 것은 아니다. 연령대, 상황, 행동 등을 망라해 일반화할 때, 명확한 특성을 거의 발견할 수 없음을 지적하는 것이다. 그러나 보다 세부적으로 살펴보면 일관된 효과가 나타났다. 어린 아동은 나이 든 아동보다 성역할에 대한 보다 직접적인 훈련을 받았으며, 이러한 결과로 성 전형화가 아동기에 급속히 나타나는 것이 결코 놀라운 일이 아니다(Golombok et al., 2008). 연구마다 광범위한 차이는 특정 부모들이 다른 부모들보다 훨씬 더 강하게 차별적인 대우를 하고 있음을 시사한다.

남아의 옷, 침실 장식, 장난감에서, 이 영아의 부모는 이미 성 전형화된 선호와 행동을 촉진하기 시작한다.

© MICHAL NEWMAN/PHOTOEDIT

영아기와 유아기 영아기와 유아기에 부모들은 다양한 방식으로 성 특유의 활동을 격려한다. 생애 첫 몇 달 동안 자녀가 자신의 선호를 표현하기 이전에 부모들은 아들과 딸에게 침실의 색깔과 성 고정적 장난감을 주는 등 다른 환경을 제공한다. 부모들은 적극적으로 아들에게는 독립성을, 딸에게는 의존성을 강화한다. 예를 들어 아들이 자동차와 트럭을 가지고 놀며 관심을 끌고 달리고 기어오르고 다른 아이의 장난감을 뺏는 행동을 보이면 긍정적으로 반응한다. 반면, 딸에 대해서는 놀이를 자주 지시하고 도움을 주며 가사일을 격려하고 대화를 하며, 칭찬과 인정 등 지지적인 말을 자주 해 준다(Clearfield & Nelson, 2006; Fagot & Hagan, 1991; Kuebli, Butler, & Fivush, 1995). 어머니들은 딸에게는 감정을 말함으로써 딸이 남의 감정을 잘 이해하도록 사회화시키지만 아들에게는 감정의 이유와 결과를 설명하여 왜 감정의 통제가 중요한지 가르친다(Leaper, 2000).

이러한 차이점의 발견은 언어가 자녀의 성역할 편견과 성역할 사회화에 강력한 비지시적 수단임을 제시하고 있다. 자녀의 성적 편견이 부모의 성 고정관념과 유사하지 않다는 연구도 있다(Tenenbaum & Leaper, 2002). 그러나 강력하게 성 평등의 신념을 가진 부모조차도 자녀를 양육하면서 전통적인 성역할과 성역할 구분에 관한 정보를 자녀에게 제공하는 언어를 사용하곤 한다.

발달 초기 부모들은 아들에게는 자기주장, 탐색, 신체적 활동에의 참여 등을 격려하는 한편, 딸에게는 모방, 타인에 대한 의존, 정서적 민감성을 격려하는 경험들을 풍부하게 제공한다. 이러한 경험들은 어린 자녀에게 성별에 따라 구분된 고정관념을 강조하는 세계관을 구성하는 데 풍부한 신호를 제공하는 것이다.

아동 중기와 청소년기 아동의 능력이 확장되면서 성취문제가 부모에게 중요해진다. 부모와 자녀의 상호작용에 대한 관찰 결과에 의하면 아들에 대해서는 더 많은 독립성을 요구한다. 예를 들어 아들이 도움을 요청하면 무시하거나 거절하지만 딸에게는 곧바로 도움을 준다. 아들에게는 보다 완성 지향적으로 행동하고, 높은 기준을 요구하며, 특히 성 고정적 활동을 하는 동안에는 과제의 중요 부분을 지적해 준다(Crowley et al., 2001; Tenenbaum & Leaper, 2003). 예를 들어, 5세와 9세의 자녀와 자석놀이를 요청하였을 때, 어머니는 딸보다는 아들과 과학적 개념과 원리에 대한 말을 더 많이 하면서 참여하였고, 자석을 창의적으로(구성놀이와 가장놀이를 위한) 사용하는지 더 자주 제안하였다(그림 13.4 참조)(Tenenbaum et al., 2005). 9세에 어머니의 과학적 대화는 2년 후 6학년 아동의 과학적 읽기 이해를 예측하였다.

자녀와의 상호작용 유형과 마찬가지로 부모들은 자녀의 학교 교과목 수행능력과 관련하여 성별에 따라 구분된 지각과 기대를 가지고 있다. 어머니들은 비슷한 영어 점수를 받는 남아보다 여아가 좀 더 잘한다고 평정을 한다(Frome & Eccles, 1998). Jacobs와 Eccles(1992)의 종단연구에 의하면 부모들은 아들들의 실제 수행과는 관계없이 딸에 비해 수학을 잘한다고 평정하고 있다. 어머니의 성 전형화된 판단은 자녀의 수학에 대한 자기지각, 수학에 헌신하는 노력, 추후 지속되는 결과가 있는 수학성취에 영향을 미친다. 고교 졸업 2년 후, 그리고 24~25세에 다시 실시된 동일한 피조사자에 대한 추적 조사에서는 어머니들의 초기 지각은 더 이상 아들의 성취를 예측해 주지 못하였다. 그러나 딸들의 자기지각과 직업 선택은 지속적으로 예측하였다. 어머니가 높은 수학능력을 지니고 있는 것으로 평가한 딸들의 경우, 과학 관련 직업을 선택한 경우가 많았다(Bleeker & Jacobs, 2004). 비관적 판단이 딸의 성취에는 장기적으로 부정적 영향을 끼치지만 이처럼 낙관적 판단을 하는 어머니들은 드물다.

관련 연구에서, 연구자들은 10세와 13세 아동과 그들의 어머니와 아버

그림 13.4 **5세와 9세 아동과 자석 놀이 시 모의 과학 관련 말**

어머니와 아동에게 강한 자석과 몇 개의 작은 금속과 플라스틱 물체를 제공하고, 이 자료로 놀도록 요청하였다. 두 연령에서 어머니들은 여아보다 남아와 좀 더 과학적 개념과 자석의 창의적인 사용에 대한 말을 자주 사용하였으며, 9세에서 그 차이는 특히 더 크게 나타났다.

출처 : Tenenbaum et al., 2005.

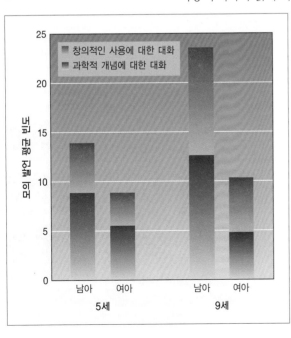

지는 자녀가 중등학교에 도달하였을 때, 그들이 택하는 교과목을 선택하게 하였다. 그런 다음, 아동과 부모들은 자신들의 결정에 대하여 토론을 하였다. 부모는 딸을 위하여 언어 교과목을 더 많이 선택하였고, 아들을 위하여 과학 교과목을 더 많이 선택하였으며, 아동의 선택에서도 경향성이 명백하게 드러났다. 특히 인상적인 것은 토론하는 동안, 부모의 성 편파적 언급으로, 언어, 수학, 과학의 모든 유형의 교과목에 걸쳐 딸이 아들보다 두 배로 많은 비관적 말을 들어야 했다("수학은 정말 어려워.", "너에게는 없는 기술이야.")(Tenenbaum, 2009).

부모가 아들딸을 구분하여 대하는 것은 일상생활에서의 자유를 허용하는 정도에서도 나타난다. 부모는 딸에게 더 직접적 화법(명령이나 구체적 제시를 하는 말)을 쓴다(Leaper, Anderson, & Sanders, 1998). 더 나아가 자율과 책임의 영역에서도 남녀를 구분한다. 즉 아들에게는 통제와 자율을 동반시켜 요구하는가 하면("음악연습을 언제 하는 것이 좋겠니?"), 딸에게는 결정을 해서 요구한다("저녁식사 끝나고 바로 연습해라.")(Pomerantz & Ruble, 1998b). 학령기 아동들이 부모의 통제를 잘 의도된 안내에 의하여 나타나는 자율성이 없다고 해석하여도, 아동들도 그것은 그들을 무능하게 느끼게 한다고 말한다(Pomerantz & Ruble, 1998a).

아들에게 감독 없이 집을 멀리 벗어나 더 많은 자유를 갖도록 하는 증거는 많다. 여러 문화권에서 여아들에게는 가사 작업을 부가하지만 남아들에게는 들판에서의 작업이나 심부름을 시키는 등 더 넓은 세계로 나갈 수 있는 일거리가 주어진다(Whiting & Edwards, 1988a).

아무튼 양육 가치와 성별에 따른 비전통적인 양육의 실제가 일치하면 자녀들에게는 장점이 된다. 전통적인 성역할 문화에 반하지만 성 평등적 가치관을 가진 가정에서 양육된 아동들은 전형적으로 성 고정관념적 양육을 받은 아동들보다 성별에 따른 전형적인 직업과 성역할 행동이 감소하였고 딸의 비전통적인 직업에 대한 열망이 증가하였다(Tenenbaum & Leaper, 2002; Turner & Gervai, 1995; Weisner & Wilson-Mitchell, 1990).

어머니와 아버지 대부분의 남아와 여아에 따라 다른 대우는 아버지의 차별이 대부분이다. 예를 들어, 제10장에서 우리는 아버지가 남녀 성의 영아와 함께 놀이할 때 딸보다 아들에게 더 많은 신체적인 자극을 주는 경향이 있으며, 반면 어머니들은 두 성의 아기들 모두에게 더 조용한 놀이를 하는 경향이 있다는 것을 보았다. 아동기에, 아버지는 어머니보다 '성-적합성' 행동을 더 격려하였으며, 딸보다 아들에게 성취에 대하여 더 압력을 가한다(Gervai, Turner, & Hinde, 1995; Wood, Desmarais, & Gugula, 2002).

부모들도 특히 자신의 성과 같은 아동의 성 전형화를 보장하도록 강요하는 것처럼 보인다. 어머니는 딸과 쇼핑이나 빵을 굽는 반면, 아버지는 아들과 잡기놀이, 토요일 아침 축구의 코치 돕기, 낚시 등에 데려간다. 더 나아가, 자신과 같은 성의 자녀와 더 많은 시간을 보내면서, 부모는 아동이 집을 떠나 있는 동안 같은 성의 자녀 활동을 좀 더 주시하며 행동하였다(Leaper, 2002; Tucker, McHale, & Crouter, 2003). 동성 자녀와의 참여가 더 많은 이러한 행동 유형은 아버지에게 좀 더 분명한 경향성이 나타나는 것으로 성역할 훈련의 또 다른 측면이다(Parke, 1996).

교사 어떤 면에서 유치원과 초등학교 교사들은 남아와 여아 모두에게 남성적 행동보다는 여성적 행동을 강화한다. 교실에서는 남녀 교사 모두 아이들에게 순종을 중시하고, 자기주장적인 행동을 억제한다(Fagot, 1985a). 이런 '여성성 편향'은 남아에게 불안을 야기하고, 기꺼이 이에 동조하는 여아들에게는 장기적으로는 독립심과 자존감 등에 부정적 결과를 가져오기 때문에 더욱 해로울 수 있다.

교사들은 가정에서 배운 성역할을 유지시키거나 확장시키는 방식으로 행동한다. 부모처럼 유아 교사들은 여아에게 성인-구조화된 활동에 더 참여하도록 격려한다. 여아들은 지시를 따르면서 교사 주변에 모여 있는 빈도가 높은 반면, 남아들은 성인이 최소한으로 포함된 놀이 영역에 매

여성 수의사를 돕는 기회는 이 청소년에게 수의학을 전통적인 남성 직업으로 보기보다는 유사한 직업을 가질 자신에 대한 그림을 그리도록 촉진한다.

력을 갖는다(Campbell, Shirley, & Candy, 2004; Powlishta, Serbin, & Moller, 1993). 결과적으로, 남아와 여아는 다른 사회적 행동을 연습하게 된다. 도움에 대한 복종과 권유가 성인 구조화된 맥락에서 더 자주 일어나는데, 독단성, 지도력, 비구조화된 추종 내의 자료의 창의적 사용이 나타나게 된다.

교사들은 자주 학생들을 '남자는 저쪽으로', '여자는 이쪽으로' 하는 식으로 남녀를 구분하곤 한다. 교사들은 대화 중에 여아들의 말을 가로채는 일이 남아의 경우보다 많다. 그리하여 남아에게 사회적 지배성을, 여아에게는 피동적 성향을 강화한다(Hedrick & Stange, 1991).

유치원 시기처럼 초기에, 교사들은 여아보다는 남아에게 전반적으로 좀 더 많은 주의집중(긍정적, 부정적인 주의집중 모두)을 하며, 중국, 영국, 미국을 포함한 다양한 국가에서 각기 다른 증거를 제시하고 있다. 교사들은 아마도 남아의 점수가 여아보다 더 낮기 때문에 동기부여의 수단으로 남아의 학업 지식에 더 많은 칭찬을 하는 경향이 있다.

교사들은 남학생들에게는 그들의 지식에 대해 칭찬하고, 여학생들에 대해서는 순종하는 것을 칭찬한다(Chen & Rao, 2011; Davies, 2008; Swinson & Harrop, 2009). 남녀 학생 모두의 규정 위반행위를 제재하지만, 교사들은 남학생들을 더 자주, 더 강력하게 제지하며, 여학생들의 경우보다 타협을 하고 그들의 행위를 개선하기 위하여 함께 타협하거나 계획을 세우는 경향이 있다(Erden & Wolfgang, 2004). 교사들이 여학생보다는 남학생에 대하여 통제를 더 많이 하는 것은 남학생들은 비행을 더 많이 저지르는 경향이 있다는 성 고정관념 때문일 수 있다.

관찰학습 성인들로부터의 직접적인 압력 이외에도 아동의 환경에는 수많은 성 전형화를 위한 모델이 있다. 사회 변화에도 불구하고 아동들은 학교와 사회에서 전통적인 성역할에 동조하는 성인들을 지속적으로 만난다. 특히 저학년 아동을 교육하는 교사, 간호사, 사서는 주로 여성이고, 학교 교장, 컴퓨터 전문가, 비행기 조종사는 남성이다. 한 연구에서 연구자들은 학령기 아동, 청소년, 대학생에게 직업인의 성과 직업 성취에 대한 개인적 가치(돈, 권력, 이타심, 가족을 위한 시간)이 다양한 새로운 직업을 시각적, 언어적 묘사와 함께 제시하였다. 모든 연령에서, 연구 참여자들은 자신과 동일한 성의 직업인이 수행하는 직업에 다른 성의 직업인이 수행하는 동일한 직업보다 더 큰 관심을 표현하였는데, 이 결과는 직업에서 성차에 대한 단순한 관찰이 그러한 직업 분야에 대한 관심에 영향을 준다는 것을 확인시켜 주고 있다(Weisgram, Bigler, & Liben, 2010). 더 나아가, 모든 연령의 남성은 특히 고소득으로 묘사된 직업에, 여성은 이타심이 높은 직업에 끌리는데, 가치는 직업군에서 전형적으로 보여 주는 성적 분류에 기여하는 것으로 나타났다. 대중매체에도 성 고정관념은 그대로 반영되어 있다. 텔레비전 프로그램의 성역할 표상은 최근에도 거의 변하지 않았다. 성 고정관념은 특히 만화, 음악 TV, TV 광고 및 비디오 게임에도 투영되어 있다(Calvert et al., 2003; Dietz, 1998; Kahlenberg & Hein, 2010). 성 평등한 이야기책과 교과서의 증가에도 불구하고 많은 어린이들은 남자는 주인공이며 핵심적 활동을 하고 자기주장적이며 창의적인 것으로 묘사된 반면, 여자는 순종적이고 의존적이며 수동적인 것으로 보여 주는 옛날 책을 읽고 있다(Tepper & Cassidy, 1999; Turner-Bowker, 1996). 그리고 유아 대상의 상을 받은 그림책의 연구에서 아버지는 어머니에 비해 오직 반 정도만 나타났고, 아버지가 포함될 때도 정서가 표현되거나 양육에 참여하는 것이 거의 드물고 대신에 부모 역할에서도 유리된 것처럼 보였다(Anderson & Hamilton, 2005).

아동들이 성역할의 비전형적 모델에 노출되면 그들은 덜 전통적인 신념과 행동을 한다. 어머니가 집수리를 하는 식으로 남성적 역할을 하고, 아버지가 아이를 돌보는 일을 하는 등, 부모들이 상대방 성의 역할을 해내면 자녀들에게 성 고정관념이 덜 전수된다(Turner & Gervai, 1995; Updegraff, McHale, & Crouter, 1996). 어머니들이 직업 지향적이면 딸들은 특별히 이점을 지니는 것으로 보인다. 그들은 높은 교육적 포부를 갖고, 성 고정관념에서 벗어난 비전통적 직업에 대한 목표를 갖는다(Hoffman, 2000).

또래집단   대부분의 아동이 거의 모두 자신의 성과 같은 또래와 함께 놀기 때문에, 또래 맥락은 특히 성역할 학습환경의 잠재적 자원이다. 유아원부터 유치원, 학령기까지 추적하여 조사한 한 연구에 따르면, 동성의 짝과 놀이를 하며 지낸 시간이 많은 아동들이 장난감 선택, 활동 수준, 공격성, 성인과 같은 놀이를 하는 정도 등에서 성 전형화 경향을 더 많이 나타냈다(Martin & Fabes, 2001).

이 남아들은 다른 아동의 성 전형화된 놀이를 긍정적으로 강화하고 있다. 유치원의 유아 중, 특히 남아들은 '다른 성(cross-sex)'의 장난감으로 놀이하는 또래를 참지 못하고, 이런 아동의 행동이 변화하도록 비난하고 압력을 행사하는 경향이 있다.

성 분리된 또래집단 내의 성역할 학습   유아기에 동성의 또래들은 서로 성적으로 적절한 놀이를 모방하고, 함께하고 칭찬하면서 긍정적으로 성역할을 강화한다. 반대로 유아들이 성별에 따른 비전통적인 놀이를 하면 또래들이 비난하고, 또래의 행동이 변하도록 압력을 행사하고, 심한 경우에는 괴롭히고 또래를 신체적으로 공격한다. 남아들은 특히 비남성적 놀이를 더 못 견뎌 한다(Fagot, 1984; Langlois & Downs, 1980; Thorne, 1993). 비전통적 놀이에 참여하는 남자아이들은 또래들로부터 배척당하고, 남성적 놀이를 할 때조차 무시당한다.

지속적으로 아동들은 성적으로 구분된 놀이를 수용하는 것에 대한 믿음을 형성하고 이러한 믿음은 성 고정관념과 그에 따른 성별에 따라 구분된 활동들을 강화한다. 남아와 여아가 분리되면서 동성의 또래집단에 대한 선호는 결국 지식과 믿음, 관심과 행동들을 공유하는 '두 개의 분명한 하위문화(subculture)'를 가져오고, 남성과 여성의 분리된 사회를 유지시키는 요인이 된다(Maccoby, 2002; Ruble, Martin, & Berenbaum, 2006).

일부 교육자들은 교육현장에서의 남녀 혼합된 집단활동이 성 고정관념을 감소시키고 양성의 학생들에게 잠재력을 넓힐 수 있게 하는 데 중요한 수단이라고 믿는다. 그러나 이것이 성공적이기 위해서는 지도방법이 동성의 또래관계에서 배운 사회적 영향의 유형을 수정할 수 있어야 할 것이다. 그렇지 않으면 남아들이 여아들을 지배하고 여아들은 수동적으로 반응하기 쉽고, 그리하여 아동들이 다른 성에 대해 가지고 있는 전통적 성역할과 성 고정관념을 강화하게 된다.

더 나아가, 전통적 성역할의 확인을 위한 또래에게 주는 아동의 직접적인 압력을 조절하는 것이 핵심이다. 성공적인 중재의 하나는, 아동 스스로 또래의 성차별주의적 언급에 도전하는 것을 학습하는 것이다.

형제자매   동성 또는 이성의 형제와 성장하는 것 역시 성 전형화에 영향을 미친다. 그러나 또래집단의 영향과 비교하면, 형제의 영향은 더 복잡하다. 왜냐하면 그 영향이 형제의 출생순위와 가족의 크기에 따라 다르기 때문이다(McHale, Crouter, & Whiteman, 2003). 동생은 형(언니)의 성 전형화에 거의 영향을 미치지 않는 반면에 형(언니)은 동생의 성역할 유형화에 강력한 모델이 된다. 영국의 5,000명의 어머니를 대상으로 한 명의 형이 있거나 형제가 없는 3세 자녀의 놀이와 행동을 조사한 한 연구에 의하면, 그림 13.5에서 보여 주듯이, 동성의 형제가 있는 아동들이 형제가 없는 아동들에 비해 더 성 전형화되었고 결과적으로 다른 성의 나이가 더 많은 형제가 있는 아동보다 더 성 전형화되었다(Rust et al., 2000). 학령기에도 동생의 성 전형적 태도와 성격 특성, 놀이 성향에 미치는 형의 영향력은 계속 증가한다(McHale et al., 2001).

그림 13.5 동성의 형제 혹은 이성의 형제가 있거나, 형제가 없는 학령전 남아, 여아의 '남성적' 행동 점수 비교

3세 유아의 놀이 등, 유아행동에 관한 영국의 한 연구에 의하면, 동성의 형을 둔 유아는 형제가 없는 유아들보다 성 전형화 점수가 더 높은 것으로 어머니들에 의해 보고되었다. 형제가 없는 유아들은 누나나 오빠가 있는 경우보다 성 전형화 경향이 더 크다. 그림에서 남성성 점수가 가장 낮은 남아들은 누나가 있고, 반면에 높은 남성성 점수를 나타낸 여아들이 오빠가 있음을 주의해서 보라.

출처 : Rust et al., 2000.

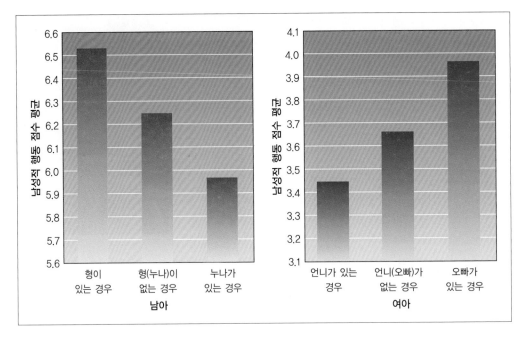

그러나 재미있게도 다른 연구들은 동성의 형제가 있는 아동들은 혼성의 가족이 있는 아동들보다 흥미와 성격 특성에서 고정관념이 덜하다는 것을 지적하면서 이 연구결과를 반박한다(Grotevant, 1978; Tauber, 1979). 이 상반된 결과들을 어떻게 설명할 수 있을까? 형제들은 종종 서로서로 달라지려고 노력한다고 한 제10장의 내용을 상기해 보라. 아동들이 동성으로 구성되고 더 두드러지려는 욕구를 느낄 수 있는 대가족 출신일 때 이러한 효과가 크다. 자세히 살펴보면 모델링과 강화 효과(동성 형제들 사이에서 성 전형화의 증가)를 보고하는 연구들은 2명의 자녀를 가진 아동에 초점을 둔다. 이와는 반대로 **구별 효과**(differentiation effect)를 보고하는 연구들에는 종종 대가족 출신의 아동이 포함된다.

부모들은 자녀들이 모두 동성일 때, 성 전형화에 대한 압력을 완화시킬 수 있다. 예컨대 동성의 형제가 있을 경우 어머니는 성별에 따라 비전형적인 장난감을 자녀들에게 선물로 제공한다(Stoneman, Brody, & Mackinnon, 1986). 동성의 자녀만 있는 부모들은 가사일 중에서 성별에 따라 비전형적인 가사 작업을 자녀들에게 시키게 된다. 따라서 동성의 자녀들은 자신의 성과 전통적으로 일치하지 않는 작업에 참여할 수 있는 기회가 더 많이 주어질 수 있다.

요약하면, 형제관계에서 형은 동생에게 성역할 모델이다. 그러나 가족의 크기, 부모의 압력과 같은 가족 환경이 이러한 모델의 영향력을 변화시킬 수 있는 것이다.

성 정체성

생물학적 요인과 환경적 요인 이외에 다른 요인, 즉 성 정체성이 아동의 성 고정관념과 성역할 행동에 영향을 미친다. 성 정체성은 자신을 상대적으로 남성적 또는 여성적으로 특징짓는 한 개인의 지각을 말한다. 아동 중기에는 연구자들이 아동에게 스스로 성격 특성을 평정하도록 요구함으로써 성 정체성을 측정하였다. 왜냐하면 아동 중기에는 구체적 행동에 대한 심리적 경향성을 강조하면서 자아개념이 발달하기 시작하기 때문이다. '남성적' 정체성을 가진 아동이나 성인은 전통적으로 남성성을 표현하는 문항(포부가 큰, 경쟁적인, 자기충족적)에서는 높은 점수를 받고, 여성성을 표현한 문항(감정적, 명랑한, 부드럽게 말하는)에 대해서는 낮은 점수를 받는다. 여성적 정체성을 지닌 사람

은 그 반대다. 비록 대다수 사람들이 자신의 성 전형화된 정체성을 지니지만 상당수의 소수자들(특히 여성들)은 남성과 여성의 성격 특성 모두에서 높은 점수를 보이는 **양성성**(androgyny)으로 일컬어지고 있는 성 정체성을 가지고 있다.

성 정체성은 개인의 심리적 적응을 예견할 수 있는 중요 요인이다. '남성적' 및 '양성적' 아동 및 성인은 높은 수준의 자존감을 지니고 있는 반면, '여성적'인 사람들은 자신을 낮게 평가하곤 한다(Boldizar, 1991; DiDonato & Berenbaum, 2011; Harter, 2006). 자신의 역할을 융통성 있게 규정함으로써 양성적 정체성을 지닌 사람들이 적응력(예컨대 남성적 독립성을 보이면서도 상황에 근거한 여성적 민감성 등)이 더 높다(Huyck, 1996; Taylor & Hall, 1982).

이 연구결과들을 자세히 살펴보면, 전통적 정체성을 가진 여성보다 양성적 여성이 심리적으로 건강한 것은 양성성의 남성적 요소 때문인 것을 알 수 있다. 여성다운 여성은 그들의 특성의 많은 것들이 사회로부터 크게 인정을 받지 못하기 때문에 적응상의 어려움을 보인다(Bronstein, 2006). 양성적 정체성의 존재는 아동들이 남성성과 여성성의 긍정적 특성들을 함께 획득할 수 있음을 나타내는 것이며, 이것은 아동들이 자신들의 잠재력을 실현하도록 잘 도울 수 있는 성향이다. 여성적 특성이 현재의 남성적 특성만큼 많이 보상받는 미래의 사회에서는 양성성이 바람직한 특성으로 나타날 것이다.

성 정체성의 출현

아동의 성 정체성은 어떻게 발달하는가? 사회학습 이론에 의하면 행동은 자기지각에 선행한다. 유아들은 처음에 모방과 강화를 통해 성 전형화된 반응들을 획득한다. 그다음에서야 아동들은 이러한 행동을 자신들의 성과 연결된 개념으로 조직화한다. 대조적으로 인지발달 이론은 자기지각이 행동에 선행한다고 주장한다. 유아기가 지나면서 아동들은 성은 영속적인 것임을 인지적으로 이해한다. 그들은 **성 항상성**(gender constancy), 생물학적 근거에 의한 성 명명, 성 안정성, 성 지속성 등을 포함한 성의 완전한 이해를 발달시키는 것이다.

성 항상성 개념의 발달   Lawrence Kohlberg(1966)는 6~7세 이전의 아동이 Piaget의 보존 문제를 풀 수 없는 것처럼, 성의 항상성 개념이 없다고 주장하였다. 아동들은 아주 서서히 다음의 발달 단계를 거쳐 이 개념을 획득한다.

1. **성 명명**(gender labeling)   유아기에 아동들은 자신과 타인을 남자 또는 여자로 부를 수 있다. 그러나 "한 여자아이가 자라면 아빠가 될 수 있는가, 또는 네가 원하면 남자아이가 될 수 있느냐?"고 물으면 쉽게 그렇다고 대답한다(Slaby & Frey, 1975). 유아가 바라보는 상태에서 인형의 머리 모양을 바꾸면 성이 변한 것이라 말한다(Chauhan, Shastri, & Mohite, 2005; Fagot, 1985b).

2. **성 안정성**(gender stability)   이 단계에서 아동들은 시간이 지나도 성은 안정된 것임을 부분적으로 이해한다. 그러나 남자 아기와 여자 아기가 커서 소년과 소녀가 되고 성인 남녀가 된다는 점을 알고 있지만, 여전히 머리 모양이나 의복, '성에 적합한' 활동을 변화시키면 사람의 성도 바뀐다고 주장한다(Fagot, 1985b; Slaby & Frey, 1975).

3. **성 지속성**(gender consistency)   유아기 후반과 학령 초기의 아동들은 성이 생물학적으로 결정된 것이며 '반대 성'의 옷을 입거나 성적으로 비전통적 행동을 하더라도 성은 동일하다는 것을 이해한다(Emmerich, 1981; Ruble et al., 2007).

많은 연구들이 이러한 성 항상성의 발달과정을 확인해 주고 있다. Kohlberg가 가정했듯이 성항상성의 이해는 보존개념의 획득과 관련된다(De Lisi & Gallagher, 1991). 또한 외양과 실제 과제를 수행하는 능력과도 깊이 관련되어 있다(Trautner, Gervai, & Nemeth, 2003). 정말로 성 항상성 과제는 아동들이 어떤 한 사람이 보이는 것과 실제로 누구인지를 구별해야 하는 외양-실제 문제의 한 유형으로 볼 수 있다.

　많은 문화권에서 어린 아동들은 반대 성의 알몸을 거의 보지 못하기 때문에 성에 관한 기본적인 생물학 지식이 없다. 그러나 아동들에게 성기의 차이에 관한 정보를 제시하는 것이 성 항상성의 결과를 가져오지는 못한다. 그러한 지식을 가진 취학전 아동은 대개 인형의 옷이나 머리 스타일을 변화시켜도 그 인형의 성이 달라지지 않을 것이라고 말한다. 그러나 그들에게 자신의 응답에 대해 왜 그런지 설명하라고 요구하였을 때, 아동들은 성은 타고나고 변하지 않는 사람들의 특성이라고 하지 못한다(Szkrybalo & Ruble, 1999). 이것은 어린 아동들이 성의 영구성을 획득하는 데 어려움을 겪는 것이 사회적 경험이 아니라 대개 인지적 미성숙에 기인한다는 것을 시사한다.

성 항상성이 성역할 습득을 얼마나 잘 예측하는가　성 항상성이 아동의 성역할 행동의 원인이 된다는 인지발달 이론이 정확한가? 이 가정에 대한 증거는 미흡하다. 성에 적절한 행동은 취학전 시기 초기에 나타나고 그것의 최초 출현은 사회학습 이론이 제시하듯이 모델링과 강화의 결과일 것이다.

　성 항상성이 성역할 일치를 주도하지 않는다 하더라도 그것에 이르게 하는 인지적 변화는 성 전형화를 조장하는 것으로 보인다. 성 명명의 단계에 일찍 도달한 어린 아동들은 또래들보다 늦은 아동들보다 성에 적합한 놀이 선호와 성 고정관념의 지식이 급속히 발달하는 것으로 나타난다(Fagot, Leinbach, & O'Boyle, 1992; Zosuls et al., 2009). 유사하게 성 안정성의 이해는 성 고정관념, 동성의 놀이친구 선호, 성에 적합한 놀잇감 선택, 그리고 자신의 성 집단과의 동일시를 향상시킨다(Martin & Little, 1990; Ruble et al., 2007). 이 연구결과들은 아동들이 기본적인 성 범주들을 형성하자마자 자신의 사회적 세계와 자신에 관한 성 적합한 정보를 습득하기 위해 성 범주들을 사용한다고 제시한다.

　반대로 성 지속성 단계는 다르게 기능한다. 결과들이 완전히 일관되지 않는다 하더라도 옷이나 행동에서의 피상적인 변형에도 불구하고 성은 변하지 않는다는 깨달음은 학령기 초기에 증가하는 성 고정관념 융통성에 기여하는 것으로 보인다(Ruble et al., 2007). 그러나 전체적으로 성 전형화에 미치는 성 항상성의 영향은 크지 않다. 다음에서 알 수 있듯이, 성역할 습득은 아동 자신의 성과 행동 간의 연결이 얼마나 비슷한가에 관한 아동의 믿음에 더 큰 영향을 받는다.

아동 중기의 성 정체성

아동 중기의 아동들은 성별로 다른 발달 유형을 나타낸다. 남아들은 자신의 성적 특성에 관한 평정에서 남성적 특성들을 강하게 나타내지만 여아들은 여성적 특성들이 다소 감소하는 것으로 나타난다. 여아들은 아동 중기에도 여전히 주로 여성적 특성을 나타내기는 하지만 남아들에 비해 반대 성의 특성이나 양성적 특성을 더 많이 나타낸다(Serbin, Powlishta, & Gulko, 1993). 이러한 차이는 아동들의 행동에서 분명하다. 남아들은 남성적인 활동에 집착하는 반면, 여아들은 보다 광범위한 영역에 참여한다. 요리와 바느질, 아이 돌보기 이외에도 여아들은 조직화된 팀 스포츠와 과학적 과제, 마당에 집을 짓는 등의 다양한 작업에도 참여한다(Liben & Bigler, 2002).

　이러한 변화는 인지와 사회적 힘의 조합에 기인한다. 두 성의 학령기 아동은 사회가 남성적 특성에 더 높은 특권을 부여한다는 것을 인식한다. 예를 들어, 아동들은 여성적 직업보다 남성적 직업이 더 높은 지위를 가진다고 평정한다. 그리고 그들은 신기한 직업(예 : 배터리를 테스트하는 사람인 clipster)이 더 높은 지위를 갖게 된다고 생각하고 그것이 여성 노동자보다 남성 노동자로 제시하였을 때 남성과 여성 모두에 적합한 것으로 간주한다(그림 13.6 참조)(Liben, Bigler, & Krogh,

2001; Weisgram, Bigler, & Liben, 2010). 남성의 활동과 높은 지위와의 높은 연관성에 비추어 여아는 '남성적인' 특성을 파악하기 시작하고 전형적으로 남성적인 어떤 활동에 끌리는 것은 놀랄 일이 아니다.

학령기의 아동은 사회적으로 비교하고 안정적으로 자신을 특징화함에 따라 성 정체성은 아동의 적응에 결정적 영향을 미치는 다음의 자기평가를 포함한 것으로 발달한다.

● 성 전형성. 아동이 자신의 개인적 평정에 근거하여 자신이 동성의 타인과 비슷하다고 느끼는 정도를 말한다. 아동이 높은 성 전형성을 가져야 할 필요는 없으나, 성 전형성은 아동 자신이 동성의 또래들과 잘 맞는다는 느낌으로서의 심리적 행복감과 어느 정도 관련되어 있다(Egan & Perry, 2001).
● 성 만족감. 아동이 자신에게 부여된 성에 만족을 느끼는 정도를 말한다. 성 만족감은 개인의 만족과 행복감을 증진시킨다.
● 성역할 동조에 대한 압박감. 아동이 부모나 친구로부터 자신의 성과 관련된 행동이 수용되지 못하고 있음을 느끼는 정도를 말한다. 이러한 압력은 아동이 자신의 흥미와 재능과 관련된 활동을 탐색할 가능성을 감소시키기 때문에 성 전형화에 대한 강한 압력을 느끼는 아동들은 불만과 스트레스를 느끼기 쉽다.

3학년에서 7학년 아동까지 종단연구에서 성 전형적(gender-typical)이고 성에 만족하는(gender-contented) 아동들은 다음 해에 자기존중감이 높아졌다. 반대로 성 비전형적(gender-atypical)이고 성에 불만족한(gender-discontented) 아동들은 자기존중감이 감소하였다. 게다가 성역할에 따르려는 강한 압력을 보고하였던 아동들은 위축, 슬픔, 낙담, 불안 등의 심각한 어려움을 경험하였다(Yunger, Carver & Perry, 2004).

확실히 아동들이 자신의 성 집단과 관련하여 자신에 관해 어떻게 느끼나 하는 것은 아동 중기에 아주 중요해진다. 그리고 자신의 성 비전형적 특성 때문에 거부를 경험하는 아동들은 큰 고통을 겪는다. 연구자들과 치료자들은 성 비전형적임을 느끼는 아동을 최선으로 돕는 방법에 대해 열띤 토론에 참여한다. 일부는 그 아동들에게 전통적인 성역할 활동에 참여하는 것을 강화하고 그래서 동성의 또래들과 더 잘 지내도록 전통적 성역할 활동에 참여하도록 하는 치료를 통하여 그들을 더 성 전형적으로 만드는 것을 지지한다(Zucker, 2006). 다른 사람은 그것이 성 비전형성(gender atypicality)이라는 병적인 관점을 고취시키고 순응하려는 압력을 높이는 경향이 있고(이것은 부적응을 예측한다), 그리고 변화를 하지 못한 아동들에게 부모로부터 거부당하는 결과를 가져올 수 있다는 근거로 이 접근을 반대한다. 이들 전문가들은 아동들의 성 비전형적 흥미와 행동들을 더 인정하도록 돕는 개입을 통하여 부모와 또래의 태도를 수정시키는 것을 주장한다(Bigler, 2007; Conway, 2007; Crawford, 2003).

청소년기의 성 정체성

한 가설에 의하면, 청소년기의 도래는 전형적으로 **성 유형의 강화**(gender intensification), 즉 태도와 행동의 성 고정관념 증가와 한층 더 전통적인 성 정체성을 향한 움직임을 동반한다(Hill & Lynch, 1983). 그러나 성 유형의 강화에 대한 연구는 상반된다. 어떤 연구결과는 그것에 대한 증거를 보고하고 다른 연구들은 그렇지 않다(Basow & Rubin, 1999; Galambos, Almeida, & petersen, 1990; Huston & Alvarez, 1990; Priess, Lindberg, & Hyde, 2009). 성 유형의 강화 현상은 양쪽 성의 청소년에게 모두 해당되지만, 아동 중기에는 남아보다 더 양성적이었던 여아들이 청소년 초기에 와서는 성 전형화가 더 강력하게 나타난다. 전반적으로 여자들이 남자들보다는 성 전형적 행동

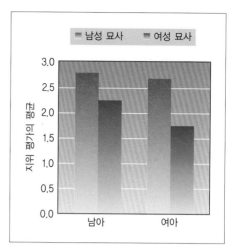

그림 13.6 남성과 여성 노동자로 묘사된 신기한 직업에 대한 11세 아동의 지위 평가

각 직업에 대한 사전 지식이 없었고 '남성적' 혹은 '여성적' 직업이라는 사전의 고정관념이 없는 경우에도, 단순히 남성 노동자로 직업을 묘사할 경우 지위를 더 높게 평가하였다.

출처 : Liben, Bigler, & Krogh, 2001.

을 덜한다고는 하지만 청소년기 여아들은 다른 성의 행동과 활동을 탐색하는 데 보다 자유스럽지 못하다.

무엇이 이처럼 청소년의 강력한 성 전형화 경향을 설명해 주는가? 생물학적 · 사회적 · 인지적 요인들이 작용한다. 사춘기는 외모에서의 성차를 극대화시킨다. 이는 청소년들로 하여금 자신들을 성과 관련하여 더 많은 시간을 생각하게 만든다. 사춘기의 신체적 변화는 타인들로부터 성 전형적 행동에 대한 압력을 촉발한다. 특히 전통적인 성역할 신봉자들인 부모들은 아동기보다 더 많이 성역할에 맞는 행동과 활동을 부추긴다(Crouter et al., 2007; Shanahan et al., 2007). 청소년들이 데이트를 시작하게 되면 자신의 매력을 증가시키는 방식으로 더 성 전형화된다(Maccoby, 1998). 결국 인지적 변화—특히 다른 사람이 어떻게 생각하는가에 대한 관심의 증가—가 10대의 청소년들에게 보다 더 성역할 기대에 부응하여 행동하도록 만든다.

성 유형의 강화는 전형적으로 청소년기 후기에 감소한다. 그러나 젊은 사람들이 그것을 같은 정도로 지나가도록 영향을 미치지는 않는다. 어떤 여아들은 자신들의 생각과 감정을 억눌러 갈등을 피함으로써 자신의 실제적 신념과 일치하지 않은 방식으로 행동하여 성 전형화된 사회적 압력을 힘들어한다(Tolman, 2002). 한 연구에서, 부모나 또래의 불인정을 피하기 위해서 자신의 진짜 의견과 감정을 밝히지 않음으로써 자신의 진실성을 타협한 8학년 여아들은 더 진실된 또래들보다 자기존중감에서 전형적 청소년의 증가만큼 덜 보여 주는 경향이었다(제11장 참조)(Impett et al., 2008).

성 비전형화된 옵션을 탐색하고 자신과 사회에 관한 성 고정관념의 가치에 대해 의문을 제기하도록 격려를 받은 10대들은 양성적 정체성을 더 형성하는 경향이 있다. 이처럼 사회적 환경은 이전과 마찬가지로 청소년기의 성역할 융통성을 촉진하는 데 매우 중요한 요인이다.

성 도식 이론

성 도식 이론(gender schema theory)은 환경의 압력과 아동의 인지가 성 전형화를 형성하기 위해 어떻게 함께 작용하는지를 설명하는 정보처리 접근이다(Martin & Halverson, 1987; Martin, Ruble, & Szkrybalo, 2002). 또한 이 이론은 성 고정관념, 성 정체성, 그리고 성역할 습득의 성 전형화의 다양한 요소를 남성적과 여성적 성향이 나타나고 탄탄하게 유지하는 방식으로 통일된 하나의 그림으로 통합한다.

이른 시기에 아동들은 다른 사람으로부터 성 고정관념화된 선호와 행동을 선택한다. 동시에 아동은 자신의 경험을 성 도식 혹은 남성적, 여성적 범주로 조직화하고 그것을 자신의 세계를 해석하는 데 사용한다. 취학전 아동이 명명하고 자신의 성의 안정성을 인식할 수 있게 되자 이들은 그것과 일치되는 성 도식을 선택한다(단지 남아만이 의사가 될 수 있거나 요리는 여성이 하는 일이다). 그리고 그 유목을 자신에게 적용한다. 그들의 인식은 그때 성 전형화가 되고 아동이 정보를 처리하고 자신의 행동을 안내하기 위해 사용하는 부가적인 도식의 역할을 한다.

우리는 아동이 성 전형화된 견해를 지지하는 정도에는 개인차가 있다는 것을 이해하였다. 그림 13.7은 성 도식을 종종 자신의 경험에 적용하는 아동과 그렇게 하지 않은 아동의 상이한 인지적 경로를 보여 준다(Liben & Bigler, 2002). 인형을 대하는 빌리를 생각해 보자. 빌리가 성 도식화된 아동이라면 그의 성 현저성 필터(gender-salience filter)는 즉각적으로 성을 매우 적절하게 만든다. 자신이 이전에 학습한 것을 끌어 내면서 '남아들이 인형을 가지고 놀 수 있을까?' 하고 스스로에게 질문한다. 만일 그의 대답이 '예'이고 그 인형이 그의 흥미를 끈다면, 그는 그 인형에게 접근하여 탐색하고 많은 것을 학습한다. 만일 그가 '아니요'라고 답한다면, 그는 성-부적절한 놀잇감을 무시하는 반응을 할 것이다. 빌리가 자신의 세계를 성과 연결된 용어로 거의 보지 않는 성 비도식적인(gender-aschematic) 아동이라면 자신에게 "내가 이 놀잇감을 좋아하는가?" 하고 단순히 물을 것이고 자신의 흥미에 기초하여 대답한다.

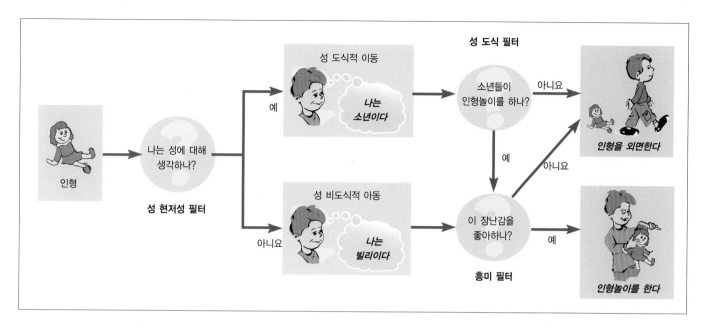

그림 13.7 **성 도식적과 성 비도식적 아동을 위한 인지 경로**

성 도식적 아동은 성 현저성 필터가 즉각적으로 성 관련성을 만들어 준다. 빌리는 인형을 보고 "나는 소년이야. 소년이 인형놀이를 할 수 있을까?"라고 생각한다. 자신의 경험을 토대로 빌리는 '예'나 '아니요'로 응답한다. 만약 '예'라고 답한다면, 그 인형에 흥미를 보이고, 인형을 가지고 놀 것이다. 반면에 '아니요'라고 답한다면, 성에 부적절한 인형을 외면할 것이다. 성 비도식적 아동은 주변 세계를 성과 연관된 용어로 보지 않는다. 빌리는 단순히 "내가 이 장난감을 좋아하나?"라고 물어보고 자신의 흥미를 토대로 반응한다.

출처 : Rebecca Bigler, University of Texas, Austin.

성 도식 처리과정의 순서를 검증하기 위하여 연구자들은 4세와 5세 아동들에게 있는 다양한 중성적 놀잇감을 보여 주었다. 한 성인은 어떤 것을 남아들의 놀잇감으로, 다른 성인은 여아들의 놀잇감으로, 세 번째 집단은 명명하지 않았다. 대부분의 아동은 자신의 성에 해당하는 것으로 명명된 놀잇감을 선호하고 동성의 또래가 그러한 놀잇감을 좋아할 것인지 예측하면서 성 도식적 추론을 하였다. 특히 매우 매력적인 놀잇감이 다른 성으로 명명되었을 때는 매력을 잃어버렸다(Martin, Eisenbud, & Rose, 1995). 그리고 성 도식적 유아들은 전형적으로 "내가 좋아하는 것은 나와 같은 성의 아동들도 좋아할 것이다."라고 판단하기 때문에 그들은 자신의 성 편견에 덧붙여 자신의 선호성을 사용하게 된다. 가령, 굴을 싫어하는 여아는 "남자들만 굴을 좋아해." 하고 분명하게 말한다. 비록 그러한 고정관념을 지지하는 정보를 실제로 받은 적이 없다 하더라도 말이다(Liben & Bigler, 2002).

성 도식적 사고는 너무 강해서 다른 사람이 '성에 일관되지 않는 방식(gender inconsistent)'으로 행동하는 것을 보았을 때 아동들은 종종 그 행동을 기억할 수 없거나 그것을 '성과 일치하는 것(gender-consistent)'으로 만들기 위해서 왜곡한다. 가령, 남자 간호사의 그림을 보여 주었을 때 그것을 의사로 기억한다(Liben & Signorella, 1993; Martin & Ruble, 2004). 시간이 지남에 따라 아동들은 '다른 성(cross-gender)'의 활동이나 행동에 관해 배우는 것보다 자신의 성 도식에 맞는 사람, 사물, 사건에 대해 훨씬 더 많이 배우게 된다.

학령기 아동에게 성에 편향된 사회적 메시지에 대응되는 인지기술을 훈련시키면 세상을 성 도식적 용어로 보는 경향이 줄어든다. 연구자들이 성이 아니라 능력과 흥미로 한 사람이 어떤 활동을 잘 수행할 수 있는지를 판단하도록 5~10세 아동에게 가르쳤을 때 고정관념 융통성과 성에 일치하지 않는 정보['다른 성 과제(cross-gender task)'에 관여되었던 이야기 주인공]에 대한 기억이 증가되었다. 흥미롭게도 아동들에게 사물을 한 번에 두 개의 분류하도록 요구하였던 중성적 자극과 함께 분류 훈련은 동일한 효과를 나타냈다(Bigler & Liben, 1992).

이 연구결과가 밝혔듯이, 성에 관한 다차원적인 사고와 세상에 관한 다른 측면을 향상시키는 처치는 보다 성에 공정한 신념을 구성하도록 한다. 그러나 만일 사회가 성과 연결된 다양한 조합을 가르치지 않았다면 성 도식적 사고는 지식과 학습 기회를 확실하게 제한하는 것을 조작할 수 없다.

남아와 여아는 성 고정관념화된 특징에서 얼마나 차이가 있는가

지금까지 우리는 아동의 성 전형화된 선호 및 행동과 생물학적 · 사회적 · 인지적 요인과의 관련성을 조사해 왔다. 그러나 우리는 남아와 여아가 정신적 능력과 성격 특성에 있어 실제로 얼마나 차이가 있는지에 대해서는 언급하지 않았다. 수세기 동안에 수천 연구들이 이 특성에 대한 성차를 평가해 왔다. 연구자들은 남자와 여자 간의 안정된 차이를 살펴보았고 거기에서부터 각각 차이에 생물학적 그리고 환경적 영향을 조사하였다.

단 하나의 연구와 소규모의 잠재적으로 편파적인 연구대상에 의한 결론에 기초하지 않기 위하여, 연구자들은 메타분석이라고 불리는 기법 — 이것은 많은 조사의 자료를 함께 재분석하는 것 — 을 종종 사용한다. 이 방법은 성차가 존재하는지 우리에게 말해 주는 것 이외에 그것의 크기에 대한 평가도 제공해 준다. 표 13.2는 최근의 증거를 바탕으로 지적 능력과 성격 특성에서 남아와 여아 간의 차이를 요약해 준다. 이 표에 제시된 대다수의 연구결과들은 차이가 작거나 보통 정도이다. 게다가 남자와 여자의 분포는 대체로 많이 중복된다. 개인차는 대부분 다른 요인들에 의한 것이고 성차는 개인차의 5~10% 정도밖에 설명해 주지 못한다. 결과적으로 남자와 여자는 실제로 발달적 잠재력에서 다르기보다는 유사하다. 그럼에도 불구하고 이제부터 살펴볼 몇 가지의 경우는 성차가 크다.

표 13.2 정신능력과 성격 특성의 성차

특성	성차
언어능력	학령기 전체에 걸쳐 여아는 언어발달, 읽기, 쓰기의 성취에 유리하다. 언어능력 검사, 특히 쓰기에 의존한 검사에서 여아가 남아보다 우월하다.
공간능력	신생아에서 전 생애에 걸쳐 공간능력에 있어 남아가 여아보다 우월하며, 머릿속에서 회전을 해야 하는 과제에서 특히 더 차이가 난다.
수학적 능력	유아기나 초등 1학년 때, 여아는 수 세기, 계산, 기본 개념의 습득에서 다소 유리하다. 아동기와 초기 청소년에는 남아가 추상적 사고나 기하학을 포함한 복합한 문제와 수학시험에서 여아보다 우월하다. 특히 높은 성취 수준을 보이는 학생들 중에 성차가 더 크게 나타난다.
학교수행	초등학교부터 중학교 때까지 여아가 수학과 과학을 포함한 성적이 우수하다. (여아가 지니는 우수성은 학교에서 직접 가르치지 않는 복잡한 문제를 포함한 고등학교 수학과 과학 수행에까지 이어지지는 않는다. 위 칸의 수학적 능력 참조)
성취동기	성취동기의 성차는 과제 유형에 따라 다르다. 남아는 수학, 과학, 스포츠, 기술에서 성공에 대한 보다 높은 자신감과 기대를 갖는 것으로 인식하고 있는 반면, 여아는 읽기, 쓰기, 문학, 예술 등에서 자신에 대한 보다 높은 기대 수준을 가지며 보다 높은 기준을 설정한다.
정서적 민감성	정서이해, 공감, 감정이입에 대한 자기보고에서 남아보다 여아의 점수가 높았다. 친사회적 행동에서 여아의 특성은 친절, 배려가 높았으나 도움주기는 그렇지 않았다.
공포, 불안	여아는 남아보다 두려움이나 겁이 더 많았다. 이는 1세 이전부터 존재하는 차이이다. 여아는 학교에서의 실패를 두려워하고 이를 피하려고 더 많이 노력한다. 아동-청소년기의 남아는 위험을 감수하려는 경향을 보이며 따라서 상해 비율이 높다.
의도적 통제	남아와 비교할 때 여아의 의도적 통제는 높은 경향을 보인다. 이는 욕구를 억제하고 정서적 반응을 불러일으키는 자극이나 타당하지 않은 자극으로부터 주의를 전환하는 능력을 포함한다. 이러한 특성으로 인해 여아의 경우, 학업성취도가 높고 문제행동이 낮다.
순종 및 의존	여아는 주의 통제로 인해 성인이나 또래의 지시에 순종하는 경향을 보인다. 이들은 성인의 도움을 추구하며, 성격검사에서 의존형 점수가 높다.
활동 수준	남아가 여아보다 더 활동적이다.
우울	청소년기 여아는 남아보다 우울 증상을 더 많이 보고한다.
공격성	남아가 여아보다 신체적으로 공격적이며, 청소년기에 반사회적, 폭력적 범죄에 더 많이 개입하게 된다. 관계적 공격성은 여아가 다소 높다.
발달적 문제	말하기, 언어장애, 읽기장애와 더불어 과잉행동, 호전적인 행동 경향, 정서적 · 사회적 미성숙 등과 같은 행동적인 문제를 포함한 문제가 여아보다 남아에게 더 일반적이다. 더 많은 남아가 유전적 장애, 신체장애, 지적 장애를 가지고 태어난다.

지적 능력

지적 능력에서의 성차는 소수민족과 사회계층 차이만큼이나 논란이 많다. 일반적 지능에서는 남아와 여아의 차이가 없으나 특수 영역에서 나타나는 지적 능력의 차이는 다양하다. 많은 연구자들은 유전적인 요인으로 이러한 차이가 있는 것이라고 보고 생물학적 과정을 규명하고자 했다. 그러나 어떠한 생물학적 요인도 사회적·문화적 배경 없이 작용하지는 않는다. 각 능력에 대한 경험이 중요한 역할을 하는 것으로 생각된다.

언어능력 발달 초기 여아들은 남아에 비하여 언어능력이 다소 앞선다. 학령기에도 여아들은 읽기에서 높은 점수를 받으며 보충수업을 받는 여아의 비율이 남아보다 낮다. 평가가 이루어진 모든 국가에서 아동 중기와 청소년기의 여아가 남아보다 언어능력 검사에서 지속적으로 다소 높은 점수를 나타내었다(Bussiére, Knighton, & Pennock, 2007; Mullis et al., 2007; Wai et al., 2010). 언어검사가 쓰기에 치중된 경우에도 여아가 매우 앞서 있었다(Halpern et al., 2007).

읽기와 쓰기에 있어 청소년기 여아가 앞서고 남아가 취약한 것—미국과 선진국에서 나타나는 명확한 특징—은 특별한 관심이 되고 있다(그림 13.8 참조)(OECD, 2010a; U.S. Department of Education, 2007; 2010). 문해기술의 이러한 차이는 대학입학 시 성차를 더욱 벌어지게 하는 데 기여한다. 40년 전 미국 대학생 중 60%가 남학생이었으나 이제는 43% 정도로 소수가 되어 가고 있다(U.S. Department of Education, 2011b).

여아들은 생물학적으로 언어능력을 관장하는 좌측 뇌(left hemisphere)의 발달이 남아들보다 앞서고 있음을 제9장에서 보여 주었다. fMRI 연구에서 힘든 언어 과제(말이나 글로 된 두 단어의 음운을 맞히는 것과 같은)에서 9~15세 여아는 언어를 관장하는 뇌영역이 집중적으로 활성화되었다. 반면 남아는 보다 광범위한 영역이 활성화—언어영역과 더불어 언어가 제시되는 방식에 따라 청각, 시각영역의 활발한 활동—되었다(Burman, Bitan, Booth, 2007). 이는 남아보다 여아가 감각적 뇌영역에 의존하고 말이나 글로 된 단어를 남아와 다르게 처리하는 보다 더 효율적인 언어처리자임을 보여 준다.

그러나 여아는 유아기부터 청소년기에 걸쳐 보다 더 많은 언어적인 자극을 받기 때문에 보다 효율적인 처리를 할 수 있게 된다(Peterson & Roberts, 2003). 더욱이 아동의 언어영역은 여성적인 교과목이라고 생각한다. 제8장에서 지적한 것처럼 고부담 시험 문화로 인해 오늘날의 학생들은 자기 책상에 앉아 엄격한 방식—남아의 높은 활동 수준에 맞지 않는—으로 수업을 듣는 데 더 많은 시간을 보낸다.

마지막으로 이혼과 혼외출산의 높은 비율로 인해 오늘날 많은 아동이 모범적인 작업 습관이나 기술적 모델이며, 이를 격려해 주는 아버지의 지속적 부재 속에 자라나게 된다. 모와 부의 참여는 남녀 청소년의 성취와 교육 수준에 기여한다(Flouri & Buchanan, 2004). 그러나 한 연구에서 성취 수준이 높은 한 아프리카계 미국 남아는 주로 온정적이고 언어적인 의사소통과 성취를 강조하는 아버지와 함께한 가정에서 자랐음을 지적하였다(Grief, Hrabowski, & Maton, 1998). 남아의 언어적 기술의 취약성을 뒤바꾸는 것은 가정, 학교, 지원적 지역사회의 집중적인 노력이 요구되는 매우 중요한 일이다.

수학능력 유아기와 초등 1학년 때 수학능력에 있어서의 성차에 관한 연구결과는 일관성이 없다. 어떤 연구는 차이가 없다고 하고 또 다른 연구는 평가된 영역에 따라 다소 다르다고 한다(Lachance & Mazzocco, 2006). 여아들은 수 세기, 산수, 기초개념의 획득에 유리한 경향을 보이는데, 이는 더

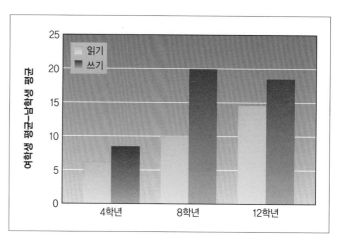

그림 13.8 **4, 8, 12학년 남학생과 여학생의 읽기와 쓰기에서의 성취도 격차**
연구결과는 미국 전국적 교육평가를 토대로 하였다. 막대그래프는 여학생들의 평균점수에서 남학생들의 평균점수를 뺀 것을 나타낸다. 즉 막대그래프의 높이는 여학생들이 남학생을 능가하는 정도, 청소년기에 증가하는 차이를 가리킨다. 8학년과 12학년에서 여학생들은 특히 쓰기기술에서 상당한 이점을 보인다. 다른 산업화된 국가에서도 유사한 경향이 뚜렷하다.
출처 : U.S. Department of Education, 2007, 2010.

나은 언어기술이나 보다 방법적인 문제해결 접근방식 때문일 것이다. 그러나 아동 후기나 초기 청소년기에 수학적 개념이나 문제가 보다 추상적이고 공간적인 것을 요구하면 특히 남아가 여아보다 복잡한 사고나 기하학적 능력이 요구되는 시험에서 더 앞선다(Bielinski & Davison, 1998; Gibbs, 2010; Lindberg et al., 2010). 과학성취 역시 문제가 어려워짐에 따라 고등학교 남학생의 우수성이 두드러진다.

남아와 여아의 고등교육 접근성이 동등한 대부분의 국가에서 남아의 우수성이 나타났다. 그러나 전체적으로 그 차이는 적었으나, 국가에 따라 매우 다양하고 과거 30년간 그 차이는 감소하고 있다(Aud et al., 2011; Bussiére, Knighton, & Pennock, 2007; Halpern, Wai, & Saw, 2005; Lindberg et al., 2010; U.S. Department of Education, 2009). 10만 명 이상의 우수한 7~8학년 학생을 대상으로 SAT(Scholastic Assessment Test)를 실시한 연구에서 남학생들이 여학생들보다 매년 점수가 높았다. 그러나 이러한 차이는 줄어들고 있다. 30년 전, 여학생의 13배 이상의 남학생이 SAT 수학영역에서 700점 이상(800점 만점)을 획득했으나, 오늘날에 7학년은 4배, 고등학생은 2배 정도이다(Benbow & Stanley, 1983; Wai et al., 2010).

어떤 연구자들은 유전적 요인이 수학에 있어서 성차를 만들어 내며, 특히 더 많은 남학생이 매우 우수한 재능을 타고나는 경향이 있다고 생각했다. 지금까지 축적된 자료들에 의하면 남학생들의 우수한 사고력은 두 가지 능력에서 비롯되는 것으로 알려져 있다. (1) 남아들의 빠른 수 기억능력이 복잡한 정신작용을 활성화시키며, (2) 보다 우수한 공간적 사고능력이 수학적 문제해결에 크게 기여한다(Geary et al., 2000; Halpern et al., 2007). 실제 미국 고등학생을 대표하는 표본을 대상으로 50년 간 종단연구를 실시한 결과, 지속적으로 높은 공간능력을 지닌 청소년이 수학전공 분야에서 상위 교육을 받고 과학, 기술, 공학, 수학(STEM) 관련된 직업을 갖는 것으로 나타났다(Wai, Lubinski, & Benbow, 2009).

사회적 압력도 이러한 성차에 영향을 미친다. 대부분의 아동들은 수학을 '남성적인' 과목으로 본다. 부모들은 남아들이 수학을 잘한다고 생각하고 이러한 생각—수학을 잘하려면 더 열심히 공부해야 하며 자신의 실수를 노력의 부족으로 돌리도록 하고 자신의 미래에 불필요한 것으로 여기도록 여아들을 이끄는 태도—은 결국 여학생의 수학에 대한 자기 효능감을 저하시켜 수학성취도 검사와 대학에서 STEM 직업 선택에 악영향을 미친다(Bhanot & Jovanovic, 2005; Bleeker & Jacobs, 2004; Kenney-Benson et al., 2006). 또한 고정관념의 압박—부정적 고정관념에 의해 판단된다는 두려움—은 여학생이 어려운 수학 문제에서 자신의 능력보다 낮은 결과를 갖도록 만든다(Ben-Zeev et al., 2005; Muzzatti & Agnoli, 2007). 결과적으로 이러한 모든 영향의 결과, 여학생—매우 우수한 능력을 지닌 경우에도—은 효과적인 수학적 사고능력을 발달시키지 못하게 된다.

긍정적인 신호는 오늘날 미국 남아와 여아는 동일한 비율이 수학과 과학영역에서 고등학교의 상위 수준까지 도달하였다(Gallagher & Kaufman, 2005). 그러나 여전히 수학과 과학에 있어 여아의 흥미와 자신감을 향상시키기 위한 추가적인 노력이 요구된다. 그림 13.9에서 나타난 것처럼, 성 평등에 가치를 둔 문화에서 고등학교 학생들의 수학성취도에 있어서 성차는 더 적어졌

그림 13.9 성 평등 순으로 배열된 10개국 산업 국가에서의 수학성취도 성차

수학성취도 점수는 각 나라의 15세 아동들이 동일한 검사로 수행된 것이다. 국가별 성 평등은 여성에 대한 문화적 태도와 경제활동, 정치, 행정에 참여하는 여성, 그리고 여성의 교육 수준과 경제적 기회를 포함하는 복합척도이다. 성 평등이 증가하는 국가에서는 남학생의 수학 성취도점수가 감소한다. 아이슬란드의 경우, 여학생들의 수학점수가 남학생의 수학점수보다 높다.
출처 : Guiso et al., 2008.

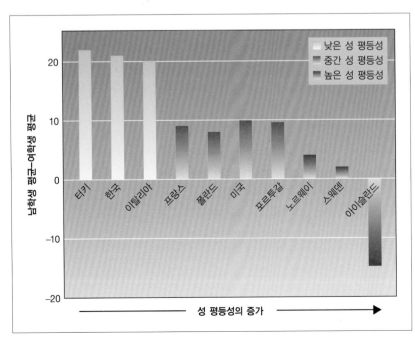

고 어떤 경우에는 역전되었다! 아이슬란드 고등학교 여학생의 수학점수는 남학생을 앞섰다(Guiso et al., 2008). 마찬가지로 과학을 '남성적인' 것으로 생각하는 사람이 적은 국가에서 고등학교 여학생의 과학성취도는 남학생과 유사하거나 오히려 남학생보다 뛰어났다(Nosek et al., 2009).

게다가 효과적인 공간전략을 적용하는 방법—도표 그리기, 의식적으로 조작된 시각 영상, 수 패턴 찾기, 그래프 그리기—을 유치원에서부터 시작되는 수학 교육과정에서 가르치는 것이 중요하다(Nuttall, Casey, & Pezaris, 2005). 여아들은 언어적 처리에 치우쳐 있고 남아보다 공간기술 성취도가 낮기 때문에 공간적으로 사고하는 방식을 특별히 가르치지 않으면, 자신의 수학·과학 잠재성을 인지하지 못한다.

마지막으로 성공적인 여성의 모델이 여아의 흥미와 상위 수준의 수학과 과학 과목 및 STEM 분야의 직업에서 성공할 것이라는 기대를 더 많이 갖게 해 준다. STEM 영역에서 남성의 높은 점유율—공학자의 90%, 수학과 컴퓨터 분야의 75%, 물리학자의 90%—이 확연히 드러난다(U.S. Census Bureau, 2011b). 한 연구에서 대부분이 남성으로 구성된 과학학회 비디오를 본 여성 과학전공자는 성 균형적인 비디오를 본 집단보다 소속감의 감소, 학회 참석 욕구의 저하, 고정관념 압박과 연관된 신경생물학적 신호(심장박동수나 체표면 온도 등과 같은)의 증가 등이 더 많이 나타났다(Murphy, Steele, & Gross, 2007). 여성 수학자, 물리나 전산학자, 공학자에 노출은 여아나 여성에게 특히 중요하게 여기는 이타주의적인 가치가 어떻게 STEM 직업에서 성취될 수 있는지를 전달하는 데 도움이 된다.

성격 특성

성격에서의 성차는 고정관념의 문제다. 특성의 차이는 주로 정서적 민감성, 우울증, 공격성을 다루고 있다.

정서적 민감성 여성은 남성보다 정서적으로 더 민감하며, 이러한 차이는 어릴 때부터 나타난다. 유아기부터 여아들은 타인의 정서상태와 그러한 정서상태의 원인을 남아보다 더 잘 유추한다. 남아와 비교할 때 여아는 보다 복잡하고 자의식적 정서를 더 잘 이해한다. 이러한 우월성은 성인기까지 이어진다(Bosacki & Moore, 2004; Browm & Dunn, 1996; Bybee, 1998). 분노를 제외하고 여아가 자신의 느낌을 더 자유롭고 강력하게 일상생활에서 표현하였다(Chaplin, Cole, & Zahn-Waxler, 2005; Geary, 1998). 또한 여아는 자신의 감정을 더 잘 구별한다. 아동에게 정서적으로 민감한 비디오를 본 후 자신의 느낌을 말하라고 하면, 아동의 정서적인 얼굴 표정을 관찰했을 때 여아의 언어적 보고는 남아보다 더 자신의 정서표현과 일치하였다(Strayer & Roberts, 1997).

정서적 민감성에서의 성차가 정서적 공감, 동정심, 친사회적 행위로 이어진다고 보지만 이에 대한 엇갈린 증거가 존재한다. 자기보고식 측정에서 어아나 여성이 남아나 남성보다 점수가 높았다. 행동적 표현을 관찰했을 때는 성차의 일관성이 떨어졌다. 여성들은 친절함과 배려에서 두드러진 친사회적 반응에서 다소 높은 점수를 보였지만 남을 돕는 행동에서는 그렇지 않았다(Eisenberg & Fabes, 1998; Eisenberg, Fabes, & Spinrad, 2006). 또래의 친사회적 행동을 기술하라고 했을 때, 청소년들은 자신감과 자기주장을 요구하는 아직까지 연구된 적이 없는 많은 사례들을 보고하였고 특히 남아들에게 이러한 특성이 공통적으로 나타났다(Bergin, Talley, & Hamer, 2003). 이는 타인이 기술을 발달시키도록 돕기(야구하는 법에 대한 비법을 알려주는 것), 신체적 도움 제공하기(지역사회의 잔디 깎기 봉사하기), 해로운 행동이나 다른 부적절한 행동에 대해 타인과 맞서기 등을 포함한다.

다른 특성과 마찬가지로 정서적 민감성의 성차에 대한 생물학적 설명과 환경적 설명이 존재한다. 진화론적으로 보면, 여성은 유전적으로 보살피는 역할을 효과적으로 해내기 위하여 정서적으로 더 민감하게 진화되어 왔다. 그러나 많은 연구들은 여아들이 원래부터 보살피는 성향을 지니고 있는 것은 아님을 보여 준다. 5세 이전의 유아들은 남녀 모두 동일한 시간 동안 아기와 말하거나 놀이하였다(Fogel et al., 1987). 아동 중기에 이르면 미국의 유럽계 백인 남아들은 아기들을 보살피는 일이 감소되었지만, 흑인 아동들은 이 면에서 남녀 간 차이가 없다(Reid & Trotter, 1993). 또한 자녀와의 상호작용에 있어서 정서적 민감성의 성차는 명확하게 드러나지 않는다. 아버지도 어머니처럼 자녀양육에 애정적이고 유능함을 제10장을 통해 알 수 있었다. 그리고 남성과 여성이 우는 아기 소리에 유사하게 반응함을 제4장에서 언급했다.

여아는 온화하고 표현적이어야 하며 남아는 냉담하고 자제력이 있어야 한다는 문화적 기대가 정서적 민감성에 있어서의 남녀 간 차이에 영향을 미치는 것으로 보인다. 영아기에 엄마들은 남아보다 여아의 기쁨과 고통에 더 자주 반응한다(Malatesta et al., 1986). 마찬가지로 유아기 때 부와 모는 남아보다 여아의 슬픔이나 불안에 더 주의를 기울이고 이러한 부모의 주의는 2년 뒤 자녀들의 이러한 정서표현을 증가시켰다(Chaplin, Cole, & Zahn-Waxler, 2005). 또한 부모가 여아에게 권유적 양육방식을 더 많이 사용하며 주의 깊고 배려 깊도록 압력을 가하였다(Zahn-Waxler, Cole, & Barrett, 1991). 마지막으로 딸과 대화할 때 정서에 대해 이야기하는 데 더 많은 시간을 보낸다는 것을 생각해 보라. 종합하면, 이러한 결과들에 따르면, 남아보다 여아가 더 정서를 표현하고 반성적으로 사고하도록 더 많은 격려를 받고 있음을 의미한다.

우울증 우울증 — 비애감과 좌절감을 느끼며, 삶에 대한 희망이 없고 대부분의 활동에서 기쁨을 못 느끼면서, 수면, 식욕, 집중력, 열정 등에서의 장애가 있는 — 은 청소년기 가장 흔한 심리적 문제이다. 미국 10대의 15~20%는 한 가지 이상의 우울증 사례를 지니고 있다. 더 걱정스러운 것은 하나 이상의 우울증 — 몇 달씩, 경우에 따라서는 몇 년씩 침울하고 자기비판적인 — 을 경험한 경우가 15~20%로 성인과 유사한 비율이었다(Graber & Sontag, 2009; Rushton, Forcier, & Schectman, 2002).

1~2%의 아동은 심각한 우울증에 시달리고 있으며 이들 중 많은 아동(특히 여아들)은 청소년기까지 이어진다. 또한 우울증은 산업화된 국가에서 12~16세부터 급격히 증가하며 남아보다 더 많은 여아에게서 이러한 증세가 나타났다. 10대 남아의 두 배에 해당하는 여아가 지속적으로 우울한 감정을 보고하였다. 이러한 성차는 일생에 거쳐 지속되었다(Dekker et al., 2007; Hankin & Abela, 2005; Nolen-Hoeksema, 2002). 우울증이 지속되면 사회적·학업적·직업적 기능에 심각한 장애를 가져온다.

우울을 일으키는 정확한 생물학적·사회적 요인은 개인에 따라 다양하다. 친족 연구는 유전의 역할이 중요함을 밝히고 있다(Glowinski et al., 2003). 유전자는 뇌의 신경전달물질의 균형, 부정적 정서의 억제를 관장하는 뇌영역의 발달, 스트레스에 대한 신체의 호르몬 반응에 영향을 미쳐 우울증을 발생시킨다(Kaufman & Charney, 2003).

그러나 경험도 우울증을 활성화시켜 이러한 생물학적 변화를 촉진한다. 우울한 아동과 청소년의 부모는 우울이나 다른 심리적인 장애의 발생률이 높았다. 유전적 위험이 부모로부터 자녀에게 대물림된다고는 하지만 우울하거나 다른 이유로 스트레스가 많은 부모들은 자녀와 불안정 애착을 형성하며, 자주 부적절한 양육행동을 나타낸다. 그 결과, 여러 인지적·사회적 기술에서의 심각한 장애를 일으키며 이로 인해, 자녀들의 정서적 자기조절 능력이나 애착, 자존감 등이 손상될 수 있다(Abela et al., 2005; Yap, Allen, & Ladouceur, 2008). 우울한 청소년은 긍정적인 학문적·사회적 결과가 자신의 통제를 넘어서 학습된 무력감의 귀인방식을 나타낸다(Graber, 2004), 취약한 청소년의 경우, 다양한 부정적인 사건들 — 예컨대 중요한 일에서의 실패, 부모의 이혼, 친구 또는 이성과의 결별, 학교진학의 과제 등 — 이 우울을 발생시킬 수 있다.

왜 여아가 남아보다 우울증에 더 취약한가? 사춘기의 생물학적 변화가 원인은 아니다. 왜냐하면 우울증에서 나타나는 성차는 산업사회 국가의 사람들에게 국한된 것이기 때문이다. 개발도상국가에서는 남녀의 우울 증세가 거의 같거나 간혹 남성의 우울증 비율이 여성보다 높다(Culbertson, 1997). 여성이 남성보다 우울증이 더 많기는 하지만 그 차이는 각기 다르다. 예컨대 국가적으로 남녀의 불평등을 감소시키기 위해 노력해 온 중국은 미국의 경우보다 성별에 따른 차이가 작다(Greenberger et al., 2000).

스트레스가 많은 생애 사건과 성 전형화된 대처방식도 관련이 있다. 조숙한 여아가, 특히 스트레스가 많은 여러 가지 생애 사건에 직면할 경우, 우울증에 더 취약하다(제5장 참조). 청소년의 성 유형 강화가 여아의 수동성, 의존성, 불안, 문제를 되새기는(반복적으로 곰곰이 생각하는) 경향 등 —복합 문화에서 청소년에게 기대되는 과제에 대한 부적응적 접근방식 — 을 강화한다. 이러한 설명과 마찬가지로, '여성적인' 특성을 강하게 동일시하는 청소년은 성별과 무관하게 더 많이 되새기거나 더 우울한 경향을 보인다(Lopez, Driscoll, & Kistner, 2009; Papadakis et al., 2006). 반복적으로 좌절을 경험한 여아는 지나치게 반응적인 생리적 스트레스 반응을 발달시키며 미래 과제에 보다 부적절하게 대처한다(Hyde, Mezulis, & Abramson, 2008; Nolen-Hoeksema, 2006). 이러한 방식으로 스트레스 경험과 스트레스 반응은 서로를 향상시키며 우울증을 지속시킨다. 반대로 양성적이거나 '남성적' 성 정체성을 지닌 여아는 우울증 증세의 비율이 낮다(Priess, Lindberg, & Hyde, 2009; Wilson & Cairns, 1988).

불행하게도 청소년기를 '질풍노도'의 시기로 보는 고정관념적인 관점은 많은 성인들이 청소년 우울증의 심각성을 과소평가하게 하였고, 이를 단순히 거쳐 가는 시기로 잘못 해석하게 만들었다. 결과적으로 우울한 10대의 좌절을 경험하고 있는 대다수의 청소년은 처치를 받지 못한다(Asarnow et al., 2005). 대처전략을 기르고 스트레스에 대한 높은 반응성을 감소시키는 개입 없이 청소년의 우울증은 일생에 걸친 방식으로 서서히 발전된다.

공격성 공격성은 다른 성차보다도 더 많은 주목을 받았다. 제12장에서 2세 전에 남아는 여아보다 더 많은 신체적 공격성(physical aggression)을 나타내었다. 그러나 언어적 공격성(verbal aggression, 신체적 위해를 가한다는 위협, 별명 부르기, 적대적인 놀림)과 관계적 공격성(relational aggression, 다른 사회적 관계를 손상시키는 데 목적을 둔)에서의 성차는 미미하다. 일반적이나 부정확한 가정은 소문 퍼뜨리기, 사회적으로 소외시키기, 관계적 공격성 형성을 위한 관계 조작의 다른 유형 등은 여아에서 매우 일반적이라는 생각이다. 그러나 여아의 관계적 공격성의 정도는 남아보다 약간 높을 뿐이다(Crick et al., 2004, 2006; Crick, Ostrov, & Werner, 2006). 많은 사람들이 여아들은 관계적 공격성을 더 많이 나타내는 것으로 생각하지만 대부분의 여아가 거의 관계적인 방법만을 사용하기 때문에 그러하다. 반대로 남아들은 남에게 해를 가하는 다양한 수단 — 그 순간에 적절하든 말든 — 에 의존한다.

남아와 여아 모두 관계적 공격이 매우 상처가 된다는 것을 알지만, 남아보다 여아가 특히 더 이에 대해 잘 알고 있으며, 더 많은 고통을 호소하고 더 많이 이를 정당하지 못한 것으로 판단한다(Galen & Underwood, 1997; Murray-Close, Crick, & Galotti, 2006). 여아는 친밀한 관계에 더 높은 가치를 두기 때문에 우정을 손상하는 것이 또래에게 상처를 입히는 가장 강력한 방법이다. 다른 이유도 있는데, 관계적 공격성은 여아의 적대적 행동의 많은 부분을 설명한다. 첫째, 여아는 대부분을 성인과 가까운 관계를 가지고 많은 시간을 보내고 성인의 승인에 더 민감하다. 여아는 관계적 공격성을 강조하는데, 이는 성인이 파악하기 힘들며 처벌하기도 힘들기 때문이다. 둘째, 제14장에서 명확히 다루겠지만, 여아의 경우 남아의 또래집단보다 지배적인 관계가 덜 명확하다. 따라서 여아는 사회적 지위를 자주 조정하며 자신의 지위를 보호하기 위해 관계를 조작한다(Underwood,

2003).

공격성의 성차에 대한 우리의 논의는 신체적 공격성에 집중되어 왔다. 현재로서는 관계적 공격성에 기여하는 요인들에 대해서는 알려진 바가 거의 없다.

생물학적 영향   남성의 높은 신체적 공격성은 생애 초부터 명확하고 문화적으로 일반화되어 있으며 많은 동물들의 경우에도 발견되는 것이기 때문에, 대부분의 연구자들은 생물학적으로 유래한 것이라고 생각하였다. 남성호르몬이 동물의 공격성과 관련이 있고 인간의 경우에도 중요한 역할을 하는 것으로 생각되었다. 그러나 출생 전 비정상적으로 높은 남성호르몬에 노출된 CAH 아동이 일관성 있게 더 공격적이지는 않다(Berenbaum & Resnick, 1997; Mathews et al., 2009). 아마도 남성호르몬은 어떤 경우 공격적인 결과를 가져올 가능성을 높이는 특정 행동을 촉진할 수도 있다.

출생 전 남성호르몬이 신체적 활동과 경쟁—어떤 상황에서 공격성으로 변할 것 같은 행동들—을 촉진한다는 것이 가능한 설명 중 하나이다(Dodge, Coie, & Lynam, 2006). 예컨대 대집단 활동에 자주 참여하는 활동적이고 경쟁적인 아동은 소집단 활동을 선호하는 아동보다 더 공격적이다. 이러한 생각을 탐구하고자 연구자들은 실험실에서 유치원생과 1학년생을 일부는 같은 성의 친구 두 명이나 같은 성의 친구 네 명과 같이 게임을 하도록 하였다. 게임에서 아동은 주사위를 굴려 나오는 수만큼 공동으로 제공된 더미(비경쟁적 진행)에서 구슬을 가져가거나 다른 친구(경쟁적 진행)의 구슬을 가져오도록 하였다. 집단의 크기는 여아의 경쟁적 진행에 아무런 영향을 미치지 못하였으나 남아는 두 명보다는 네 명이 같이할 때 경쟁적으로 진행하는 경향이 거의 두 배 가까이 나타났다(Benenson et al., 2001). 여아와 비교할 때 남아가 대집단 활동에서 노는 시간—진화 이론에 따르면, 남성 조상이 경쟁적 성인의 삶에 준비하도록 적응된 흡인력—이 더 많았다. 대집단은 경쟁과 사회적 우위를 추구하고 이는 공격성을 촉진하는 맥락을 제공한다.

또 다른 가설은 성호르몬이 정서적 반응에 영향을 주어 뇌기능에 영향을 미친다는 것이다. 이러한 관점에 따르면, 호르몬 수치는 빈번한 흥분, 분노, 불안의 표출을 이끌어 내며 이로 인해 어떤 상황하에서 더 많은 공격성을 나타낸다. 이러한 예측과 일치하여 높은 남성호르몬 수준을 지닌 청소년기 남아는 더 지배적이며 따라서 또래가 자극하면 더욱더 공격적으로 반응하게 된다(Olweus et al., 1988; Tremblay et al., 1997). 한 연구에 따르면, 높은 여성호르몬과 남성호르몬은 청소년기 여아가 부모와의 토론시간에 분노를 표현하는 것과 관련이 있었다(Inoff-Germain et al., 1988).

더 많은 연구들이 이루어져야겠지만 현재까지의 연구결과는 성호르몬과 신체적 공격성 간에는 여러 경로가 존재한다고 본다. 또한 환경적 조건에 의해 호르몬이 유도한 정서나 행동을 공격적 행동으로 이어질지에 대해서는 더 많은 설명이 요구된다.

환경적 영향   제12장에서 강압적인 자녀양육 방식이 공격성을 조장한다는 것을 살펴보았다. 부모가 남아에게 더 자주 신체적 처벌을 가하여 아동의 개인적인 관계에도 같은 방식을 적용하도록 촉진하기 때문에 여아보다 남아에게 더 많은 영향을 미친다(Hester, He, & Tian, 2009; Sobring, Rodholm-Funnemark, & Palmerus, 2003).

동시에 부모와 교사는 남아와 여아의 신체적 공격성에 대해 다르게 반응한다. 보통 남아에게 긍정적인 관심을 보이며, 명확하고 확고하게 금지하기보다는 달래거나 요청하거나 무시하면서 규칙을 느슨하게 적용한다(Arnold, McWilliams, & Harvey-Arnold, 1998; Kerig, Cowan, & Cowan, 1993; Radke-Yarrow & Kochanska, 1990). 남자아이들은 '다 그렇지 뭐(boys will be boys)' 식의 고정관념이 지나치게 극단적이지 않다면 남아의 적대적인 행동을 무시하거나 너그러이 봐주게 한다. 그래서 남아들은 신체적 공격성이 묵인되는 것으로 받아들이는 반면 여아들은 이를 억제한다. 따라서 학령기 남아가 여아보다 부모의 허락을 별로 기대하지 않으며 공격성에 대한 죄책감을 별로 느끼지 않는다고 보고하는 것은 놀라운 사실이 아니다(Perry, Perry, & Weiss, 1989).

적용하기

성 고정관념과 성역할 순응성 감소시키기

전략	설명
다양한 장난감이나 활동의 선택을 허용하기	아동이 장난감이나 활동을 성역할에 적합한 것이 아니라 자신의 흥미에 기초하여 선택하도록 격려하여 성 고정관념에 반대하고 보다 다양한 경험을 제공한다.
성취 영역에 대한 성 고정관념 전달하지 않기, 많은 노력을 통해 모든 영역에서 능력을 향상시킬 수 있음을 강조하기	남아와 여아에게 적합한 것이 무엇인지에 대한 성 고정관념을 피하여 아동이 다른 성의 전형적인 영역에 대한 유능감, 흥미, 동기를 격려하고 그로 인해 자신의 학문적 잠재성을 깨닫게 해 준다.
성이나 성 고정관념에 대한 불필요한 언급 피하기	개인차(예 : 다른 것에 대해 이야기하고 있는 어떤 여성, "그녀는 나랑 다르기 때문에 매우 흥미로워.")를 강조하여 자신의 성과 관련된 전형화된 태도나 행동에 수용하도록 아동에게 제공되는 압력을 감소시켜 준다.
성 고정관념화되지 않은 모델 제공하기	전형화되지 않은 활동이나 직업에 참여하고 있는 성인들에게 노출시키는 것은 다양한 선택이 아동에게 가능하다는 아동의 자각을 향상시켜 준다.
각 성별집단의 다양성 강조하기	"어떤 남자아이가 수학을 잘하고 어떤 여자아이도 수학을 잘해요." 혹은 "어떤 남자아이는 스포츠를 좋아하고, 어떤 남자아이는 스포츠를 싫어해요."와 같은 말은 아동에게 성별이 아닌 능력이나 흥미가 개인의 성취를 결정짓는다는 것을 가르쳐 준다.
혼성의 상호작용 제공하기	다른 성별의 또래와 공동의 노력에 참여한 경험을 가진 아동은 성 고정관념을 덜 갖는다.
아동과 성 편견에 대해 이야기 나누기	특정 사회적 역할이 왜 특정 성별과 전형적으로 연결되어 있는지에 대해 이야기를 나누는 것은 아동이 편견의 환경적 요인을 인정하고 타고난 성차에 따른 설명을 거부하도록 도와준다.

성 전형화된 또래집단은 공격성 표현에 대한 성인의 학습을 확장한다. 남아들은 골목대장 행세를 하며 거친 공격행동을 자주 하는 반면, 여아들은 신체적인 분쟁을 서로 자제하도록 격려한다. 한 연구에서, 주로 정서적으로 반응적인 유아기 남아가 다른 남아들과 놀이할 때 교사에 의해 보고된 문제행동('싸움을 건다' '어른에게 반항적이다')이 증가하는 것으로 나타났다. 정서적으로 반응적인 여아의 경우에는 다른 여아들과 놀이할 때 문제행동이 감소하였다(Fabes et al., 1997). 아마도 이러한 여아들은 자신의 분노를 간접적으로 풀려고 했을 것이다. 아동 중기, 여아의 관계적 공격성이 남아보다 더 악의적이고 친한 친구를 향하는 것으로 나타났다(Pronk & Zimmer-Gembeck, 2010; Rose & Rudolph, 2006). 반대로 남아는 운동기술의 부족, 드러난 '여성적인' 정체성, 신체적 허약성 등으로 인해 또래를 대집단에서 배제시키는 관계적 공격성을 자주 사용하였다.

종합하면, 초기 경험이 남아의 신체적 공격성을 조장하며, 여아의 경우 자신이 적대감을 감추고 관계적인 돌파구를 찾으려고 자신을 격려하면서 자신의 공격성을 억제한다. 전체적으로 생물학적인 경향과 사회적 자극이 공격성의 성차에 함께 기여한다.

성 고정관념이 없는 아동으로 기르기

아동의 발달적 잠재력이 지속적인 성 고정관념의 문화 속에서 심각하게 제한된다는 점을 논의하였다. 많은 학자와 일반인들 모두가 성역할 기대를 위반하는 것에 대한 두려움 없이, 아동이 자신의 인간적 자질을 표출하도록 자유롭도록 양육하는 것이 중요함을 잘 알고 있지만, 이 어려운 과제를 완수하기 위한 쉬운 처방은 없다. 여러 가지 장애―가정, 학교, 더 넓은 사회에서―가 방해를 한다.

생물학적 요인이 남아에게는 능동적이고 경쟁적인 놀이를 유도하고, 여아에게는 조용하고 보다 친밀한 교류를 유도하는 등, 아동의 성역할 전형화에 분명히 영향을 준다. 이렇게 유도된 차이는 평균적으로 남녀가 이러한 경향성에 부합하는 행동과 사회적 경험을 찾도록 이끈다. 그러나 성역할과 남성과 여성의 관계에 있어서의—광범위한 개인, 가족, 그리고 문화적 다양성과 같이—대폭적인 수정은 대부분의 성역할이 지닌 고정적 측면이 인간의 생득적 특성에 기인하는 것이 아님을 드러내고 있다(Maccoby, 2000b). 나아가 장기간의 아동기는 생물학적 요인에 기초한 성차에 대한 경험의 영향을 크게 해 준다(Ruble, Martin, & Berenbaum, 2006).

우리는 이미 성 고정관념과 성역할 순응성을 감소시키는 전략을 논의했다. '적용하기'에 이를 요약하여 제시하였다(p. 467 참조). 운 좋게 성 고정관념을 최소화시키는 가정과 학교에서 자란 아동이라 할지라도 결국에는 남녀의 역할이 다른 지역사회와 대중매체를 만나게 된다. 따라서 아동에게는 성역할 고정과 연관된 광범위한 문화적 네트워크에 맞설 수 있도록 비전형적 성역할에 대한 조기 경험이 필요하다.

유아는 문화적 경험이 성차를 결정하는 것으로 여기는 인지적 한계를 지니고 있기 때문에, Sandra Bem(1993, 1998)은 부모나 교사는 유아가 성 고정관념화된 메시지의 학습을 지연시키기 위한 노력에 서로 협력해야 한다고 제안하였다. 어른들은 자신의 행동과 아동에게 제공하는 대안에서 전통적인 성역할을 제거하는 것에서부터 출발할 수 있다. 예를 들면, 부모는 저녁식사 준비하기, 자녀들 목욕시키기, 가족을 위한 자동차 운전하기 등을 순서를 바꾸어 가며 하거나 아들과 딸 모두에게 트럭과 인형을 주고 분홍색과 파란색 옷을 제공해 줄 수 있다. 교사들은 모든 아동이 성인에 의해 구조화된 활동과 구조화되지 않은 활동에 일정 시간을 보내는지 확인하여야 한다. 성 고정관념을 전달하는 언어의 사용을 피하고 성 고정관념을 담은 미디어에 노출되는 것으로부터 아동을 보호하여야 한다.

아동이 자신의 사회에 존재하는 다양한 형태의 성 고정관념을 알게 되면, 부모와 교사는 예외적인 것을 지적해 주어야 한다. 예컨대, 아동이 전통적이지 않은 직업에 종사하는 남성과 여성을 볼 수 있도록 고려하고, 성이 아닌 흥미와 기술이 개인의 직업을 결정한다는 것을 설명해 줄 수 있다. 좀 더 나이 든 아동의 경우, 성인이 역사적인 원인과 성 불평등의 현재 결과, 예컨대 왜 아직까지 미국에 여자 대통령이 없는지, 왜 아버지는 어린 자녀를 거의 돌보지 않는지, 왜 남성과 여성에 대한 전형화된 관점이 변화하기 힘든지 등에 대해 이야기를 나누어 볼 수 있다. 추가로 Bem(1983)은 '성차별적 구조(sexism schema)'—도덕적 분노를 촉발하는 성역할 고정관념과 편견을 처리하기 위한 지식 구조—를 아동에게 제시하라고 주장한다. 이러한 방식으로 아동은 긍정적인 사회 변화를 촉진하는 데 기여할 수 있다.

연구에 따르면 남아와 여아가 할 수 있는 것에 대해 보다 융통성 있는 신념을 지닌 학령기 아동은 성차별의 사례를 더 잘 인식할 수 있었다(Brown & Bigler, 2004). 아동이 남성-여성의 양분화에 제한되지 않는 자신과 사회적 세계에 대한 개념을 형성하게 되면, 그들은 사회적 가치의 변화에 기여하게 된다. 그 결과, 사람들이 전통적 성역할의 압박에서 풀려날 시대를 앞당기게 될 것이다.

주 요 용 어

성 고정관념(gender stereotypes)

성 고정관념 융통성(gender-stereotype flexibility)

성 도식 이론(gender schema theory)

성 명명(gender labeling)

성 안정성(gender stability)

성역할(gender roles)

성 유형의 강화(gender intensification)

성 전형화(sex typing)

성 정체성(gender identity)

성 지속성(gender consistency)

성 항상성(gender constancy)

수단적 특성(instrumental traits)

양성성(androgyny)

'무제'

Anagha, 12세, Kuwait

모든 환경은 아동의 발달에 영향을 미친다. 가족의 영향력은 가장 크다. 고요한 겨울 풍경에서 부모와 자녀의 모습은 가족이 제공하는 안정감과 안전함의 느낌을 불러일으킨다.

출처 : 국제 아동화 미술관(노르웨이의 오슬로)의 허락으로 게재

가족

"**나**는 내가 어렸을 때 가족이 같이 모였던 것이 잘 기억나지 않아요."라고 19세 된 해나가 이브 이모와 찰리 삼촌과 저녁을 하면서 회상했다. "우리 부모님은 서로 털어놓고 대화하지 않으셨고 우리한테도 솔직하지 않으셨어요. 식사도 같이 하지 않으셨고 어디를 같이 간 적도 별로 없었어요. 나는 걸스카웃 단원이어서 여름 캠프에 갔어요. 나는 거기서 한 활동들을 좋아했고 많은 친구들을 사귀었어요. 그러나 그런 것들은 따뜻한 가족시간을 갖지 못한 것을 보충해 줄 수는 없었어요."

해나가 9살이 되었을 때 부모님은 이혼하였고 그녀는 어머니와 함께 멀리 이사하게 되었다. 처음에 아버지는 몇 달마다 방문했고 해나를 데리고 나가서 외식도 시켜 주고 원하는 것을 모두 사주었다. 집에서 해나가 어머니의 규칙이나 요구에 반대하면 어머니는 아버지에게 악담을 했고 아버지를 해나의 양육에 책임도 지지 않는 '디즈니랜드 아빠'라고 불렀다. 이러한 논쟁이 반복되자 해나의 아버지는 점차 방문하는 것을 줄였다.

경제적 어려움으로 인해 해나의 어머니는 저녁과 주말에 일하는 시간을 늘려갔다. 해나는 저녁을 마카로니 치즈로 혼자서 때우는 일이 많아졌고 숙제를 소홀히 하고 수시간 TV를 보거나 친구와 문자를 하거나 몽상을 하며 보냈다. 점차 집중하기 어려워졌고 성적이 떨어졌다. 고등학교 때 남자친구와 격정의 관계가 끝나자 해나는 우울했고 버려진 느낌을 받았다. '망망대해'에 목표 없이 떠돌며 그녀는 아무것도 할 수 없다고 단정했다.

17살에 해나는 운전면허를 땄다. 가족이 같이 모이는 것이 그리워지면 해나는 인근 도시의 에바 이모와 찰리 삼촌을 찾곤 했다. 그들은 해나의 말에 귀기울이고 그녀를 격려해 주었고 시간관리, 학업과 친구문제에 대해 조언해 주었다. 2년 후 해나는 고등학교를 졸업했고 대학에 갈 계획을 세웠다. 그녀는 자신의 동기와 자신감의 전환을 이모와 삼촌의 따뜻한 관여와 지도 때문이라고 생각한다.

가족은 아동의 발달에 처음이자 가장 오래 지속되는 환경이다. 인류의 아기는 독립된 개체로 준비되기 전에 다른 종에 비해 천천히 발달하고 수년간의 보호와 지원과 교육을 필요로 한다. 성숙으로의 점진적 여행을 위하여 인류는 여러 가지의 인간적 사회 기구를 아기에게 각인시킨다. 가족은 어디에나 있고 보편적이며 양육은 아동의 삶에 중요하다. 만족스럽고 지지적인 가족생활이 결핍된 아동은 그것을 갈구한다. 해나와 같은 몇몇의 아이들은 종종 확장된 가족이나 다른 특별한 성인으로부터 그 욕구를 채운다.

물론, 다른 환경도 아동의 발달에 영향을 주지만 가족만큼 강력하고 범위의 영향을 미치는 것도 없다. 부모와 형제들과 맺은 애착은 평생 지속되고 이웃과 학교 같은 더 넓은 세계에서의 관계 형성의 모델이 된다. 가족 내에서 아동은 첫 사회적 갈등을 경험한다. 부모의 훈육과 형제 간의 싸움은 복종과 협동을 학습하게 하고 다른 사람에게 영향을 미치는 방법을 배울 기회를 제공한다. 마지막으로 가족 내에서 아동은 언어와 기술과 그 문화 속에서의 사회적 도덕적 가치를 배운다.

이제 우리는 이러한 사회적 단위가 어떻게 생기게 되었고 수천년 간 존속하게 되었는지에 대한 논의로 시작하려 한다. 그리고 가족을 아동에게 상호작용을 통해 많은 영향을 미치는 사회적 체계로 보는 최근의 관점을 소개하고자 한다. 그다음 우리는 아동의 발달에 영향을 미치는 요인인 양육 태도와 그 결과들을 고려하면서 가족이 핵심 사회화 기구라는 점을 면

가족의 기원과 기능

사회체계로의 가족
· 직접적 영향
· 간접적 영향

■ **사회적 쟁점 : 건강**
부모 되기
· 변화에 대한 적응
· 환경 속에서의 가족체계

가족의 사회화
· 양육태도의 유형
· 무엇이 민주적 양육 유형을 효과적이게 하는가
· 양육태도를 아동발달에 적용하기

■ **생물학과 환경**
양육이 정말 문제인가
· 양육태도에서 사회경제적, 인종적 차이

■ **문화적 영향**
아프리카계 미국인 확장가족

가족의 생활양식과 변화
· 대가족에서 핵가족으로 변환
· 외동아이 가정
· 입양아 가정
· 동성애자 가정
· 미혼 한부모 가정
· 이혼 가정
· 혼합 가족
· 취업모와 맞벌이 가정
· 보육
· 자가보육

상처입기 쉬운 가족 : 아동학대
· 발생 정도와 정의
· 아동학대의 기원

■ **사회적 쟁점 : 건강**
아동 성적 학대
· 아동학대의 결과
· 아동학대의 예방

밀히 살펴보고자 한다. 우리는 또한 다양한 가족생활 문화로 이끄는 최근의 사회적 변화에 대해 논의할 것이다. 마지막으로 현대 가족이 보호와 정서 지지적 부모 자녀관계의 붕괴에 취약하다는 점을 인식하고 아동의 학대의 원인과 결과를 논의할 것이다. ■

가족의 기원과 기능

가장 보편적 형태로서의 가족은 자녀가 성숙할 때까지 먹이고, 안식처를 제공하고, 양육하기 위하여 남자와 여자가 지속적 의무를 지는 것으로 수만년 전 수렵과 채집을 하는 우리의 조상으로부터 유래되었다. 진화론적 관점에서 볼 때, 인류의 가족은 남성 수렵인과 여성 채집인 간에 비교적 평등한 균형을 이룸으로써 결핍의 시기에 기아로부터 보호받을 수 있게 되었고 인류 보존을 위한 가치를 높여 왔다(Lancaster & Whitten, 1980).

남자와 여자 간의 지속적인 관계를 유지함으로써 남자가 새로 태어난 아기가 자신의 자손임을 확신하고 아이와 그 어머니를 위하여 보살피고 먹이고 그 아이의 생존 가능성을 높이기 위하여 아이를 양육하는 데 투자할 동기를 유발하였다(Bjorklund, Yunger, & Pellegrini, 2002; Geary, 2000). 조부모, 삼촌과 이모, 고모, 사촌으로 형성된 더 광범위한 친족 간의 유대관계는 근원적 인간관계 자원으로서 다른 사람들과의 성공적 경쟁 기회를 높여주었고 자녀양육에 도움을 주었다.

구성원의 생존을 높이는 것 외에 진화상 우리의 조상들의 가족 공동체는 다음과 같은 사회적 기능을 수행하였다.

● 생식기능. 죽은 구성원을 대체
● 경제적 기능. 재화와 서비스의 생산과 분배
● 사회적 질서. 갈등을 줄이고 질서를 유지하는 절차를 개발
● 사회화. 유능하고 참여하는 사회 구성원이 되도록 자녀를 훈련
● 정서적 지원. 감정적 위기 상황을 극복하게 돕고 각 개인에게 헌신과 목적의식을 부여

보편적인 가족 구조인 핵가족은 수천년 전보다 증가하였는데 그 이유는 생존율이 증가하였기 때문이다. 왼쪽 사진 : 한 멕시코 가족이 개별 바비큐 그릴을 제공하는 시장에서 고기를 굽고 있다. 오른쪽 사진 : 한 중국계 미국인 가족이 뉴욕에서 중국식의 새해를 축하하고 있다.

사회가 복잡해지면서 가족은 더 이상 자체적으로 그 기능을 이행할 수 없게 되었다. 따라서 이러한 가족기능을 도와줄 수 있는 기관들이 등장하였고 가족은 더 큰 사회적 구조와 연결되었다(Parke & Kellam, 1994). 예를 들어, 정치적 · 법적 기관들이 사회의 질서를 유지하는 책임을 지게 되었고

© DAVID M. GROSSMAN/THE IMAGE WORKS

학교와 종교기관들이 가족의 사회화 기능을 보강하였다. 그리고 일부 가족 구성원은 아직도 공동으로 경제적 과업을 수행하고 있지만(가족 경영 농장과 사업) 이 기능은 대부분 직업세계를 구성하는 기관들에 이양되었다.

다른 기관들과 일부 기능을 공유하지만 자녀와 관련된 중요한 세 가지 일차적 책임인 생식, 사회화, 정서적 지원은 아직도 가족에 의해서 이루어져야 한다. 연구자들은 **사회체계론적 관점**(social systems perspective)에서 더 큰 사회 환경과 일련의 상호작용을 하고 있는 가족이 어떻게 가족기능을 수행하는가에 관심을 갖고 있다.

사회체계로의 가족

가족기능에 대한 사회체계론적 관점은 가족 구성원들 간의 복잡한 상호작용 유형을 설명하기 위한 연구자들의 노력으로부터 발전된 것이다. 체계론적 관점은 제1장에서 살펴본 Bronfenbrenner의 생태체계 이론(ecological systems theory)과 상당히 유사한데, 가족체계론자들은 부모가 자녀를 기계적으로 양육하는 것이 아니라는 것을 인식하였다. 오히려 부모와 자녀가 서로 영향을 주고받는 '양방향의 상호작용'에 바탕하고 있음을 강조하였다. 가족체계(family system)라는 용어 자체가 상호의존적인 관계의 관계망임을 암시한다(Bornstein & Sawyer, 2006; Bronfenbrenner & Morris, 2006; Parke & Buriel, 2006). 이러한 체계들의 영향이 직접적, 간접적으로 작용한다.

직접적 영향

최근에 나는 슈퍼마켓에서 계산대를 통과할 때 부모와 자녀가 어떻게 서로 영향을 주는지를 보여주는 두 가지 예를 목격했다.

● 네 살짜리 데니는 어머니가 카트에서 계산대 위로 식품들을 올려놓는 동안 사탕진열대를 간절한 눈으로 쳐다보았다. "제발 엄마, 하나만 가져도 돼요?" 데니는 풍선껌을 집어 들고 간청하였다. "1달러예요. 하나만"

"안 돼. 오늘은 안 돼." 어머니가 대답했다. "네가 좋아하는 특별한 시리얼을 샀잖니? 그 때문에 돈이 들었어." 어머니는 조용히 풍선껌을 빼앗고 시리얼 상자를 디밀었다.

"여기 계산해 주세요." 말하면서 어머니는 계산대가 보이도록 데니를 안아 올렸다.

● 세 살짜리 멕은 어머니가 식품들을 계산대 위에 올려놓고 있는 동안 쇼핑카트에 앉아 있었다. 갑자기 멕은 뒤돌아서 바나나 한 송이를 집어 들고 껍질을 벗기기 시작했다.

"멈춰. 멕" 멕의 손에서 바나나를 뺏으면서 어머니가 소리쳤다. 그러나 잠깐 직불카드에 신경을 쓰는 동안 멕은 근처에 있는 초콜릿을 집어 들었다. "멕, 몇 번이나 말해야 해. 만지지 마." 어머니는 멕의 조그만 주먹에서 사탕을 뺏으면서 손등을 찰싹 때렸다. 멕은 분해서 얼굴이 빨개지며 울기 시작했다.

이러한 관찰은 가족체계에 대한 연구에 적합한 예이다. 다양한 인종의 가족에 대한 연구에서 단호하지만 다정한(데니의 어머니 같은) 부모의 자녀는 부모의 요구에 순종적이다. 자녀가 협조적일 때 부모는 미래에 다정하고 자상할 것이다. 반대로 엄격하고 참을성이 부족한 훈육을 하는 부모의(멕의 어머니처럼) 자녀는 거부하고 반항할 것이다. 자녀의 잘못된 행동은 부모에게 스트레스이므로 처벌을 더 많이 하게 되고 자녀를 더 제멋대로 자라게 할 것이다(Stormshak et al., 2000; Whiteside-Mansell et al., 2003). 각각의 경우에 가족 구성원의 행동은 다른 구성원의 상호작용 양상을 유지하게 하고 자녀의 안녕을 촉진하거나 저해하게 된다.

부모 되기

아기가 가족의 일원이 되는 초기 수주 동안은 엄청난 변화가 일어난다. 지속적 양육의 요구와 부가적인 재정적 수요로 부부는 서로에게 할애할 시간이 더 적어진다. 그래서 부부의 성역할은 아주 강력한 성역할 평등주의 부부에게조차도 좀 더 전통적인 역할로 바뀐다(Cowan & Cowan, 2000; Katz-Wise, Priess, & Hyde, 2010). 어머니는 좀 더 집에서 아기와 보내게 되고 아버지는 좀 더 경제적 공급자로서의 역할에 초점을 맞춘다.

대부분의 새로운 부모들에게 아기의 출생은 종종 부부 간의 관계 만족과 의사소통의 질을 떨어뜨리지만 주요한 결혼생활의 긴장을 초래하지는 않는다. 만족한 지적적 결혼 상태는 그대로 유지되는 경향이 있다(Doss et al., 2009; Feeney et al., 2001; Miller, 2000). 그러나 문제가 있던 결혼 상태는 아기의 출생 후 더 악화된다. 6년간 매년 정기적으로 면담했던 새로 결혼한 쌍들의 연구에서 남편의 애정, '우리-의식'(그의 아내와 유사한 가치와 목표)의 표현, 아내의 일상생활을 인식하는 정도는 출산 후 아내의 안정되고 증가하는 결혼 만족도를 예측한다. 반대로 남편의 부정성, 부부의 통제할 수 없는 갈등은 아내의 만족도를 떨어뜨린다고 예측한다(Shapiro, Gottman, & Carrere, 2000).

가정에서의 노동 분담에 대한 기대가 깨지는 것도 새로운 부부의 복지를 깨뜨린다. 맞벌이 부부의 경우, 남편과 아내의 양육 책임에 대한 차이가 클수록 출산 후 결혼 만족도가 감소하는데 아내의 경우 더 심하다. 이는 부모-자녀 상호작용에 부정적 결과를 가져온다. 대조적으로 양육과제를 분담하는 것은 더 큰 부모 만족과 아기에 대한 다정함을 예측한다(McHale et al., 2004; Moller, Hwang, & Wickberg, 2008). 그러나 전통적 성역할을 지지하는 하위 SES 직업 여성의 경우는 예외이다. 이들 여성들은 남편이 자녀양육에 더 조력할 때 고통을 더 보고하는 경향이 있다. 아마 그들은 자녀양육을 대부분 자신이 해야 한다는 욕구를 만족시킬 수 없어서 실망감을 느끼는 것 같다(Goldberg & Perry-Jenkins, 2003).

부모 되기를 20대 후반 혹은 30대로 지연시킨 부부는 부모 되기로의 전환이 쉬운 것 같다. 지연시킨 것

은 부부가 직업에서 성공할 수 있게 하고 생의 경험을 더 풍부하게 하고 관계를 더 강화시킨다. 이런 상황에서는 남자들이 더 아버지 되기에 열심이고 기꺼이 양육에 참여하게 된다. 자신의 직장생활이 안정적인 아내는 남편이 가정일에 더 참여하도록 하고 남편의 개입을 부추긴다(Lee & Dorherty, 2007; Schoppe-Sullivan et al., 2008).

최근에 둘째를 낳은 고학력의 어머니들은 첫째 아이 때만큼 스트레스를 보고했다(Krieg, 2007). 둘째 아이는 대체로 아버지가 더 양육에 참여할 것을 요구한다. 어머니가 첫째 출산에서 회복해야 하고 첫째와 아기를 보살피는 데 더 많은 일을 해야 하기 때문이다. 결과적으로 잘 기능하는 가족들도 첫아이 출산 때보다 더 전통적 책임의 분산을 해야 한다. 부모 역할하기에 더 초점을 맞추는 아버지의 의지가 둘째 아이 출산 후 어머니의 적응과 관련된다(Stewart, 1990).

부모 되기 전환을 쉽게 하는 특별 중재 프로그램이 있다. 위험이 높지 않은 사람들을 위하여 상담자가 아주 효율적으로 부모집단을 이끌어 간다(Glade, Bean, & Vira, 2005; Petch & Halford, 2008). 한 프로그램에서는 최초로 예비 부모가 되는 부부들을 6개월 동안 일주일에 한 번 모여서 그들의 가족에 대한 꿈과 아기 출산 후 다가올 관계의 변화들을 토의하게 하였다. 프로그램이 끝난 후 18개월에 중재를 받지 않은 아버지들보다 중재집단의 아버지들은 자신이 자녀에게 더 관심이 있다고 보고하였다. 아마 아버지의 자녀양육 분담이 어머니들로 하여금 가족과 일의 역할에서 결혼 전의 만족감 수준을 유지하게 하는 것 같았다. 출산 3년 후 모든 참여 부부는 결혼을 유지하였고 부모가 되기 이전과 같이 행복하였다. 대조적으로 중재를 받지 않은 부부들은 15%가 이혼하였다(Cowan & Cowan, 1997; Schulz, Cowan, & Cowan, 2006).

빈곤으로 고통받는 혹은 장애아가 있는 고위험군 부모들은 좀 더 강력한 중재가 필요할 것이다. 전문적 중재자가 가정을 방문하여 사회적 지원을 증가시키고 부모 되기 훈련을 시킨 결과 개선된 부모-자녀 상호작용과 아동 중기까지 인지적·사회적 발달에 이점이 되었다는 프로그램도 있다(Petch & Halford, 2008). 결혼하지 않은 저소득 부부의 경우 임신에 남편이 개

입하는 것(예비 어머니에게 재정적·사회적 지원을 해주고 출산 시 옆에서 지켜 주는 것)은 초기 몇 년간 부모의 자녀에 대한 양육 관심을 증가시킨다. 이는 부분적으로 남편이 아내에 대한 관계를 더 유지시키고 이 부부가 공동 양육이나 결혼하게 할 가능성을 높게 하기 때문이다(Cabrera, Fagan, & Farrie, 2008). 결과적으로 결혼하지 않는 남성이 양육에 더 개입하게 하는 중재는 가족의 결속과 양육을 강화하는 전망이 있는 접근이 될 것이다.

넉넉히 출산 휴가비를 지급하는 것은 — 미국에서는 실행되고 있지 않지만 선진국에서는 널리 실행되고 있는 — 부모가 되는 전환을 용이하게 하는 데 중요하다. 유연한 근무시간 또한 도움이 될 것이다. 노동 정책이 우호적이고 서로의 요구에 지지적인 부부관계는 아기의 출생으로 일어날 스트레스를 견딜 만하게 할 것이다.

첫아기 출산의 기쁨, 따뜻하고 만족한 결혼생활, 육아의 분담은 아기에 대한 더 큰 민감성과 관련이 있다.

간접적 영향

가족관계가 아동발달에 미치는 영향은 두 가족 구성원 사이에 다른 가족이 있을 때의 상호작용을 고려하면 더 복잡해진다. 제1장에서 Bronfenbrenner는 이와 같은 간접적 영향력을 '제삼자 효과

(effect of third parties)'라 정의하였다. 최근 연구자들은 다양한 관계들, 즉 부모가 같이 있을 때, 부모와 다른 형제자매가 같이 있을 때, 부모와 조부모가 같이 있을 때 자녀의 경험이 어떻게 변화하는지에 관심을 갖고 있다. 사실, '사회적 쟁점 : 부모 되기'에서처럼 자녀의 출생은 자녀의 발달과 안녕에 영향을 미치는 부모의 상호작용에 제삼자 효과를 일으킬 수 있다.

제삼자는 아동발달에 긍정적으로 기여할 수도 있고 부정적인 영향을 줄 수도 있다. 예를 들어, 부모의 부부관계가 서로 존중하고 배려하며 안정적일 경우에는 부모는 서로의 양육행동을 지지하며 좀 더 효과적인 공동양육을 하게 된다. 그러한 부모들은 자녀와 더 안정된 애착관계를 형성하고, 자녀의 행동에 대해 칭찬을 자주 하며, 끊임없이 지적 자극을 제공하고, 잔소리와 꾸중은 적게 한다. 효과적 **공동양육**은 긍정적 부부관계에도 도움이 된다(Morrill et al., 2010). 이와 달리 부부관계가 갈등 상태에 있거나 서로 적개심을 갖고 있는 부모는 서로의 자녀양육을 방해하고, 자녀의 요구에 적절하게 반응하지 못하고, 양육 원칙을 지키지 못하고, 비판적이거나 분노를 표현하는 경우가 많다(Caldera & Lindsey, 2006; Krishnakumar & Buehler, 2000; McHale et al., 2002). 분명히 부부관계에서 발생한 소통과 감정이 부모-자녀 관계에 영향을 준다.

아동은 부모의 분노나 해결되지 않은 부부 갈등에 지속적으로 노출될 경우, 정서적 안정감과 자기조절 능력에 관련된 많은 문제행동을 나타내게 된다(Cummings & Merrilees, 2010; Schacht, Cummings, & Davis, 2009). 이런 문제행동으로 자기 자신에 대한 비난, 걱정과 공포심, 부모의 부부관계 개선을 위한 노력과 같은 내면화된 문제들을 보인다(특히 영아들의 경우에). 외현화된 문제로는(특히 남아들의 경우에) 충동적 행동이나 공격성 등을 보이게 된다(Cummings, Goeke-Morey, & Papp, 2004; Davies & Lindsay, 2004). 더욱이, 방글라데시, 중국, 보스니아, 미국 등의 다양한 국가에서 이루어진 연구들은 부모의 갈등이 지속적으로 청소년에 대한 비판을 증가시키고, 무시하고, 그들이 어디에 가는지 무엇을 하는지 감시를 소홀하게 하는 등의 좋은 양육을 저해한다고 보고하고 있다(Bradford et al., 2003). 이러한 부모의 양육은 청년의 문제행동을 증가시킨다.

그러나 부모의 갈등이 아동의 발달에 긴장을 초래하더라도 다른 가족 구성원의 개입을 통해 효과적인 상호작용을 회복시킬 수 있다. 예를 들어 조부모는 온정적 양육과 부모에게 적절한 지원을 제공하는 직접적 방식으로, 또는 자녀양육 방법에 대한 조언을 해주고, 자녀양육 기술에 대한 모범이 되고, 때로는 경제적 도움을 주는 등의 간접적 방식들로 아동발달에 긍정적 영향을 줄 수 있다. 물론 다른 어떤 간접적 영향처럼 조부모는 해로울 수도 있다. 조부모와 부모의 관계가 논쟁적일 때, 부모-자녀 의사소통과 자녀의 적응은 고통받을 수도 있다.

변화에 대한 적응

다음은 Bronfenbrenner의 이론에서 제시되었던 시간체계를 생각해 보자. 가족체계의 상호작용은 개별 가족원이 다른 가족원의 발달에 저응해 가면서 역동적이고 지속적으로 변화한다. 예를 들어, 자녀가 새로운 기술을 습득하면 부모는 자녀의 향상된 능력에 적절한 방법으로 자녀를 대한다. 예를 들어, 아기가 기는 기술을 습득하면 부모는 더 많은 게임을 하고, 애정을 표현하고, 자녀의 활동에 더 많은 제약을 가하게 된다. 자녀양육에서 이러한 변화가 가족관계에서 새로운 성취를 이루게 하고 더 이상의 개선을 하게 한다. 이러한 예를 다른 장의 논의에서 찾아볼 수 있겠는가?

한편, 부모의 발달이 아동에게 영향을 주기도 한다. 초기 청소년기에 들어선 자녀와 부모의 관계에서 갈등이 증가하는 것은 단순히 10대 청소년의 독립성이 증가하였기 때문만은 아니다. 이 즈음에 부모는 중년기에 도달하게 되고, 머지않은 시간에 자녀가 부모의 품을 떠날 것을 인식하면서 그들 스스로도 자녀와의 관계에 대한 입장이나 태도가 변화하면서 나타나는 결과이기도 하다(Steinberg & Silk, 2002). 청소년기 자녀가 자율성을 추구하게 되는 반면, 부모는 자녀와 함께하고자 하는 욕구가 강해지고, 이러한 부모-자녀의 불균형은 마찰을 빚게 된다. 하지만 부모와 자녀 모두 서로의 변화에 적절히 적응해 가면서 이들의 갈등관계는 점진적으로 해결될 수 있다. 사실, 가족을 제외하면 어떠한 사회조직도 그 구성원의 변화에 끊임없이 적응할 것을 요구하지 않는다.

환경 속에서의 가족체계

사회체계론적 관점은 가족을 둘러싼 사회적 환경으로부터 가족이 끊임없이 영향을 받는다고 가정한다. 특히, Bronfenbrenner의 중간체계와 외체계 모델은 이웃과 지역사회가 연결되어 있음을 명백히 하고 있다. 학교, 직장, 여가활동 센터, 보육시설, 종교집단 등의 공식적 조직뿐만 아니라 친인척이나 동료집단과 같은 비공식적인 사회관계망도 부모-자녀 관계에 영향을 준다.

몇몇의 연구에서 사회경제적 지위가 낮은 계층의 아동들에게 빈곤지역을 벗어나 빈곤 정도가 다른 지역에서 생활하도록 지원한 후, 빈곤지역에 거주하는 또래들과 건강 수준 및 학업성취도를 비교해 보았다. 그 결과, 빈곤율이 낮은 지역으로 이주한 아동이 빈곤지역에서 계속 생활하는 아동과 비교하여 신체적·정신적 건강 수준이 우수하고 학업성취도가 월등하게 높아진 것을 확인할 수 있었다(Goering, 2003; Leventhal & Brooks-Gunn, 2003).

도심지역의 축제에서 아동들이 부모가 참관하는 동안 도넛 따먹기 게임에 참여하고 있다. 사회적 체계의 관점에 의하면 지역사회와의 연대는 가족이 그 기능을 최적화하는 데 핵심이 된다.

이는 황폐한 주거 환경, 무질서한 학교, 체육시설, 공원, 운동장과 지역사회 지원의 부족 등으로 인해 부모는 높은 수준의 생활 스트레스를 받게 되고, 그 결과 자녀양육에 있어서도 부모의 인내심과 애정, 참여의지, 보호능력 등이 감소하고, 일관되지 않은 양육태도와 무관심 등을 초래하기 때문이다. 이러한 지역에서는 가정폭력, 아동학대와 방임, 아동의 문제행동, 청소년들의 반사회적 행동, 성인 범죄율이 특히 높다(Brody et al., 2003; Dunn, Schaefer-McDaniel, & Ramsay, 2010). 이와는 대조적으로 친인척들과의 교류가 활발하게 이루어지고, 종교활동에 적극적으로 참여하는 등 가족을 둘러싼 외부 환경과 긍정적 상호작용을 지속하는 가정의 청소년들은 문제행동이 상대적으로 적게 나타난다(Boardman, 2004; Leventhal & Brooks-Gunn, 2003).

가족과 지역사회의 관계가 아동발달 과정에서 나타날 수 있는 스트레스를 감소시키고 긍정적 영향을 주게 되는 이유는 무엇일까? 이는 다음에 제시한 다양한 방법을 통해 지역사회가 제공하는 사회적 지지에서 그 답을 찾을 수 있다.

● 부모의 자존감. 자녀양육에 따르는 고민과 문제를 들어 주고 함께 해결하기 위해 노력하는 이웃이나 친인척이 있을 경우 부모의 자존감이 높아진다. 이에 따라 부모는 자녀의 욕구에 보다 민감하게 반응하며 참여적 태도를 갖게 된다.

● 유용한 정보와 서비스에 대한 접근성. 일자리를 구하거나 주거지를 찾기 위해 애쓰고 있는 부모에게 구직정보를 알려 주고 공공주택시설에 입주할 수 있는 서비스를 이용하도록 함으로써 부모는 생활 스트레스를 줄이고 자녀에게 보다 많은 관심을 가질 수 있다.

● 자녀양육 조절과 역할 모델. 자녀와 상호작용하는 효과적인 방법을 알려 주고 부적절한 양육태도를 지적해 주는 친구, 이웃들이 있다면 부모의 양육기술이 개선될 수 있다.

● 자녀양육에 대한 직접적 지원. 아동이 부모의 사회적 관계망에 참여함으로써 부모 이외의 성인으로부터 발달에 필요한 관심과 보호를 받을 수 있으며, 바람직한 역할 모델을 갖게 된다. 이러한 방식으로 가족과 지역사회의 연결은 부적절한 부모의 양육태도가 주는 부정적 영향을 감소시키게 된다(Silk et al., 2004). 이웃의 어른들이 아동이 학교를 빠지거나 반사회적으로 행동할 때 개입

할 수도 있다.

캐나다 온타리오의 '더 좋은 시작, 더 좋은 미래'는 빈곤한 이웃의 비참한 결과를 예방하는 정부 보조 프로젝트였다. 지역 초등학교를 기반으로 기울인 노력 중 가장 성공적인 것은 4세에서 8세 아동에게 수업 중, 학교 시작 전과 후에 여름활동을 실시한 것이었다. 각 아동의 부모를 정기적으로 방문하고 지역사회 자원에 대해 알려 주고 자녀의 학교생활과 지역사회 생활에 적극 참여하도록 권고하는 것이었다. 생활공간으로서 지역사회의 질을 높이고, 지도자 훈련과 성인교육 프로그램을 제공하고, 지역사회가 안전을 최우선으로 하는 특별한 행사와 축제를 할 수 있도록 지역사회를 구성하는 데 집중하였다(Peters, 2005; Peters, Petrunka, & Arnold, 2003). 아동이 3, 6, 9학년이 되었을 때 평가한 결과 이러한 프로그램 없이 빈곤지역에서 생활한 아동, 가족과 비교하여 광범위한 이점이 나타났다(Peters et al., 2010). 그 결과를 열거하면 부모의 개선된 결혼 만족도, 가족기능 개선, 효율적 자녀양육, 지역사회 참여 등이 있었고, 또래와 성인과의 긍정적 관계, 친사회적 행동, 자기조절, 정서적 행동문제의 감소 등과 같은 아동의 학업성취와 사회적 적응의 향상이 나타났다.

어떠한 연구도 가족의 사회체계적 관점의 모든 측면을 연구할 수는 없다. 그러나 이 장의 전체 내용에서 이러한 상호 연결된 부분들이 어떻게 발달에 영향을 미치도록 결합되는가를 보여주는 예를 설명하게 될 것이다.

가족의 사회화

가족의 기능 가운데 사회화 기능은 아동발달의 핵심적 요소이다. 부모는 자녀가 그들의 지시에 따를 수 있게 되는 2세를 전후로 사회화를 시작한다. 그리고 자녀가 성장·발달함에 따라 부모의 사회화 강도는 점진적으로 높아지고, 부모가 수행하는 사회화 역할의 양태는 매우 다양해진다. 애정적이고 협조적인 부모-자녀 관계를 형성하고, 바람직한 역할 모델을 제시함으로써 자녀의 발달을 증진할 수 있음은 앞서 논의하였다. 이를 바탕으로 효과적인 양육태도에 대해서 살펴보도록 하자.

아동의 연령과 능력에 적합한 자율성을 부여하여, 권위 있는 부모는 아동의 역량과 성숙을 증진시킨다. 이 9세 아동은 플로리다 주 마이애미에 있는 작은 아이티 이웃을 위한 공공 공원의 조성을 도우면서 책임을 수행하고 있다.

양육태도의 유형

양육태도 유형(child-rearing style)은 자녀를 양육하는 과정의 다양한 상황에서 나타나는 부모 행동들의 복합체로, 지속적 자녀양육 분위기를 조성한다. 일련의 획기적 연구에서 Baumrind는 부모와 그 유치원 자녀가 상호작용하는 것을 관찰하여 자녀양육에 대한 정보를 수집하였다(Baumrind, 1971; Baumrind & Black, 1967). 그 연구와 그 이후의 연구들에서 발견된 사실에 의하면, 효율적 양육과 비효율적 양육의 차이의 세 가지 특징, 즉 (1) 자녀와의 정서적 유대를 형성하는 자녀에 대한 허용과 자녀의 생활에 개입 (2) 좀 더 성숙한 행동을 하도록 기대하고, 규칙을 정하고 감독하는 행동적 통제 (3) 자립을 격려하는 자율성 허용에서 다르다는 것이다(Barber & Olsen, 1997; Gary & Steinberg, 1999; Hart, Newell, & Olsen, 2003; Maccoby & Martin, 1983). 표 14.1에서 자녀양육 유형의 차이를 보여 주고 있다.

앞서 제시된 세 가지 측면에서 부모의 양육태도를 민주적, 권위적, 허용적, 그리고 무관심한 유형 등 네 가지로 구분할 수 있으며, 각 유형별 특성은 다음과 같다.

민주적 양육태도　**민주적 양육태도**(authoritative child-rearing style)는 자녀를 양육하는 데 있어서 가장 성공적인 접근방식으로서 허용적이고 개입하며 적응적 통제기술

표 14.1 자녀양육 유형의 특성

양육태도	허용과 참여	통제	자율성의 인정
민주적	온정적이고, 관심이 있으며 참을성 있고 자녀의 요구에 민감하게 반응	적응적 행동통제 : 성숙한 행동을 하도록 자녀에게 합리적 요구를 하고 일관되게 유지하며 설명을 해 줌	준비도에 맞게 결정하도록 하고 자녀의 생각, 감정, 욕구를 표현하도록 하고 자녀와 의견이 불일치할 때 가능한 한 공동의 결정을 내리도록 함
권위적	냉담하고 거부적	강압적 행동통제 : 힘과 처벌로 성숙한 행동을 과도하게 요구하고 자녀의 자율성과 부모와의 애착을 해할 정도로 통제하고 조정하고 간섭함	자녀를 위해 결정을 내려 주고 자녀의 견해를 전혀 들으려 하지 않음
허용적	온정적이지만 너무 관대하거나 관심이 적은	행동통제가 느슨함 : 성숙한 행동에 대한 요구가 거의 없음	자녀가 준비되기 전에 많은 결정을 하도록 허용함
무관심	정서적으로 분리되고 고립된	행동통제가 느슨함 : 성숙한 행동에 대한 요구가 거의 없음	자녀의 결정이나 입장에 대해 무관심

을 사용하고 적절한 자율성을 인정한다. 민주적 양육태도를 보이는 부모는 자녀에게 온정적일 뿐만 아니라 자녀의 요구에 대한 수용도가 높고 민감하게 반응한다. 자녀가 부모에게 아주 밀접한 관계를 유지하도록 즐겁고 정서적으로 충만한 부모-자녀 관계를 형성할 수 있다. 또한 자녀의 행동에 대해 자녀가 스스로 결정하는 적절한 자율성을 형성할 수 있도록 단호하고 합리적인 행동통제를 할 수 있다. 동시에 부모는 자녀에게 적절한 성숙을 기대하고, 그들의 기대에 대한 이유를 설명하고, 훈육을 자녀의 자율적 조절을 촉진하는 '교육적 기회'로 삼고, 자녀가 가는 곳과 하는 활동을 감시한다. 더욱이 민주적 부모들은 점진적이고 적절한 자율성을 허용함으로써 자녀가 선택할 수 있는 영역에서 결정을 하도록 허용한다. 그들은 소통을 가장 중요한 원칙으로 삼고 자녀가 자신의 생각, 감정, 욕구를 표현하도록 격려한다. 부모와 자녀가 의견이 불일치할 경우에는 민주적인 부모는 가능한 범위에서 함께 의사결정이 이루어지도록 노력한다. 자녀의 입장에 맞추려고 하는 부모의 노력은 자녀로 하여금 순종이 필요한 경우 부모를 따르게 할 가능성이 크다(Kuczynski & Lollis, 2002; Russell, Mize, & Bissaker, 2004). 아동기와 청소년기 전반에 걸쳐 민주적 부모는 자녀의 다양한 능력을 길러 주는데, 자녀들은 즐겁고 행복감을 느끼면서 자기조절 능력과 인내심을 갖고 과업을 수행하며, 학업성취가 높고, 부모에게 협조적이며, 높은 자존감을 형성하며, 부모의 입장에 대해 민감하며, 사회적, 도덕적으로 성숙된 모습을 보인다(Amato & Fowler, 2002; Aunola, Stattin, & Nurmi, 2000; Gonzallez & Wolters, 2006; Mackey, Arnold, & Pratt, 2001; Milevsky et al., 2007; Steinberg, Darling, & Fletcher, 1995).

권위적 양육태도 권위적 양육태도(authoritarian child-rearing style)를 갖고 있는 부모는 자녀의 요구에 대해 비교적 덜 수용적이며 참여 정도 또한 낮고, 강압적 행동 통제를 하고, 자녀의 자율성을 거의 인정하지 않는다. 이러한 부모의 행동은 냉담하고 거부적이라고 인식된다. 또한 이러한 부모는 통제력을 확보하기 위해 호통을 치며, 지시하고 비판하고 위협한다. "내가 말했으니 너는 해야 해!" 하는 것이 그들의 태도이다. 자녀를 대신하여 모든 결정을 시도하며, 자녀는 부모의 지시에 대해 무조건적인 복종을 하지 않으면 강요하고 처벌한다. 그들은 발달하고 있는 자녀의 능력 이상으로 높은 기대를 한다.

부모의 권위적 양육태도를 경험한 자녀는 행복감을 갖지 못하고 항상 불안을 느끼게 되며, 결과적으로 낮은 수준의 자존감과 자기신뢰감을 형성한다. 그들은 좌절하였을 때 불만족스러운 상황에 대해 강한 적대감을 표현하

권위적 부모는 자주 심리적 통제를 가함으로써 자녀를 위축시키고 애정 철수를 처벌로 사용한다. 이에 대한 대응으로 자녀는 불안해지거나 위축되고 반항적이고 공격적이 된다.

© SW PRODUCTIONS/GETTY IMAGES/PHOTODISC

고 자신의 부모가 그러하듯이 자신이 희망하는 방향으로 상황이 변화하도록 억지를 부리는 것이다. 특히, 남아들은 강한 분노와 반항적 태도를 보이고, 여아의 경우에도 이와 유사한 행동을 보이지만, 대체로 의존적이고 자신에게 주어진 새로운 과업이나 상황에 대해 관심을 보이지 않거나 압도당하게 된다(Hart et al., 2003; Kakihara et al., 2010; Thompson, Hollis, & Richards, 2003). 권위적 유형의 양육태도를 경험한 아동이나 청소년은 학업성취도가 대체로 저조하다. 그러나 일부는 다음에 논의할 두 가지 유형의 양육태도를 가진 부모의 자녀들에 비해 부모의 강압적 지시와 개입으로 종종 우수한 학업성취를 달성하기도 하고, 덜 반사회적 행동을 보이기도 한다(Steinberg, Blatt-Eisengart, & Cauffman, 2006).

권위적 유형의 양육태도를 가진 부모들이 어떻게 자녀의 자기표현과 독립심을 억압하는지 살펴보자. 잘 먹혀들지 않는 식의 행동통제 외에("내가 말한 대로 해!"), 권위적 부모는 **심리적 통제자**(psychological control)가 되기도 한다. 그들은 자녀의 언어적 표현, 개별성, 부모와의 애착에 개입하고 조작하여 자녀의 심리적 욕구를 이용하려 시도한다. 부모는 자녀와 관련된 거의 모든 사항을 결정하면서 자녀 개인의 생각이나 의사결정, 심지어 친구의 선택마저도 중단하거나 억압한다. 그리고 부모가 불만족스러운 자녀의 행동에 대해 사랑을 철회하거나, 자녀의 복종 여부에 따른 조건부 애정과 관심을 보인다. 심리적 통제를 경험한 아동과 청소년은 불안하고 위축되고 반항적이고 공격적 행동을 보인다. 다시 한 번 남아가 여아보다 더 반항적이고 반사회적 행동을 할 가능성이 크다(Barber & Harmon, 2002; Kakihara et al., 2010; Silk et al., 2003). 탐색의 기회를 거의 갖지 못하므로 성인기 초기에 정체성 발달에 손상이 있다(Luyckx et al., 2007).

허용적 양육태도 허용적 양육태도(permissive child-rearing style)는 대체로 온정적이고 수용적이지만, 개입하지 않는다. 부모가 자녀의 요구에 대해 지나치게 관대하거나, 관심이 없기에 거의 행동통제를 하지 않는다. 점진적으로 자율성을 인정하는 대신에 자녀가 그럴 능력이 없는 나이에도 많은 결정을 하도록 허락한다. 자녀들은 그들이 원할 때 먹고 잘 수 있으며 아무 때나 텔레비전을 볼 수 있다. 그들은 좋은 행동을 배울 수 없고 집안일도 할 필요가 없다. 일부 허용적 부모는 이러한 방법을 신뢰하지만, 대부분의 경우 자녀양육에 대한 자신감이 없고 자녀의 행동에 미칠 수 있는 자신의 영향력에 대한 확신이 부족하다(Oyserman et al., 2005).

허용적 양육태도를 가진 부모의 아동들은 충동적이거나 불복종적이고 반항적이다. 부모의 적절한 통제를 받는 아동과 비교하면, 어른들에게 의존적이고 과도한 요구를 하는 경우가 많으며, 참을성이 없고, 학업성취가 낮고 더 반사회적 행동을 보인다. 허용적 양육태도와 의존적, 성취가 낮은 반항적 행동의 관련성은 남아의 경우 더 현저하다(Barber & Olsen, 1997; Baumrind, 1971; Steinberg, Blatt-Eisengart, & Cauffman, 2006).

무관심한 양육태도 무관심한 양육태도(uninvolved child-rearing style)는 자녀양육에 대한 참여 의지도 희박하고 자녀의 요구에 대한 수용 정도도 낮은, 거의 통제하지 않고 자율성에 무관심하다. 이런 부모는 정서적으로 자녀와 유리되어 있고 우울감에 빠져 있어 생활 속의 다양한 문제를 해결하고 스트레스 대처에 급급한 나머지 자녀를 위한 정력과 시간 투자가 불가능하다고 생각한다. 따라서 간단하게 해결될 수 있는 자녀의 요구에만 대체로 응하게 되고 숙제와 사회적 행동에 대한 규칙을 세우고 따르게 하거나 자녀의 의견을 듣고 적절한 선택을 하도록 안내하고 자녀의 거취와 활동에 대해 감독하는 것 같은 장기적 목표를 위한 전략은 사용하지 못한다.

최악의 경우에는, 특히 어린 시절부터 시작될 경우, 모든 발달에서 문제를 일으키는 아동학대의 유형 가운데 하나인 방임의 단계에 이르기도 한다. 덜 극단적인 수준에서도 아동과 청소년은 학업성취 곤란, 우울, 분노와 반사회적 행동에서 문제를 보인다(Aunola, Stattin, & Nurmi, 2000; Kurdek & Fine, 1994; Schroeder et al., 2010).

표 14.2   양육태도와 발달적 적응적 결과와의 관계

양육태도	아동기	청소년기
민주적	낙관적이고 명랑한 기분 : 높은 자존감, 자기조절, 과제 지속성, 학업성취와 협동성	높은 자존감, 학업성취, 사회적 도덕적 성숙
권위적	불안하고 위축되고 저항적이고 공격적 행동, 불행한 기분, 좌절 시 적개적, 학업성취 곤란	온정적 양육태도로 기른 또래보다 덜 적응적, 그러나 어느 정도 좋은 학업성취, 허용적 혹은 무관심 양육태도로 기른 또래보다 덜 반사회적 행동
허용적	충동적, 불복종적, 반항적 : 성인에게 과도하게 요구적이거나 의존적, 낮은 과제 지속과 학업성취	낮은 학업성취 : 저항적 반사회적 행동
무관심	애착, 인지, 놀이, 정서적 사회적 기술의 결손	낮은 학업성취, 우울, 분노, 반사회적 행동

무엇이 민주적 양육 유형을 효과적이게 하는가

표 14.2에 네 가지 자녀양육 태도와 그 효과에 대해 간략히 요약하였다. 다른 상관연구에서 처럼 민주적 양육 유형과 아동의 능력과의 관계는 해석상의 문제를 포함할 수도 있다. 잘 적응된 자녀의 부모는 자녀가 협조적이기 때문에 민주형이 될 수 있다. 자녀의 특징이 부모가 민주형이 될 수 있게 기여할 수 있다는 것이다. 기질적으로 두려움이 없고 충동적인 아동들과 정서적으로 부정적이고 까다로운 아동들은 더 강제적이고 일관성 없는 훈육을 받을 수 있음을 상기하자. 동시에 더 온정적이고 확고한 통제는 이러한 아동의 부적응을 수정해 준다(Cipriano & Stifter, 2010; Kochanska, Philibert, & Barry, 2009; Pettit et al., 2007). 마찬가지로, 두려움이 많고 억제된 아동은 부모가 과잉보호하고 사회적 문제를 대신 해결해 주고자 하는 경향성으로 인해 아동의 소심함을 더욱 악화시킨다. 대신 억제된 아동은 자기주장을 하도록 격려하고 자율성을 표현하도록 함으로써 좋아질 수 있다(Nelson et al., 2006; Rubin & Burgess, 2002).

종단적 연구에서 다양한 기질을 가진 유아들이 민주적으로 양육되면 10년 후 청소년기에 더 성숙하고 적응을 잘하고 권위적이거나 허용적 양육은 미성숙과 적응문제를 보이게 하는 것으로 나타났다. 또한 지시적이지만 강제적이 아닌 강력한 행동통제를 한 변형된 민주형은 좀 더 민주적인 접근만큼 긍정적·장기적 효과를 보였다(Baumrind, Larzelere, & Owens, 2010). 부모의 지시적 특성은 부모의 성격, 자녀양육관, 자녀의 요구로부터 나올 수 있다. 기질과 양육에 대한 연구결과들은 자녀들의 특성 때문에 강한 권위형 처방이 요구될 수도 있음을 보여 준다.

시간이 경과함에 따라 양육과 아동의 특성과의 관계는 점차 더 양방적이 되고 각각은 과거의 경험에 기초해서 상대방의 행동을 수정하고 상대방에 대한 기대를 형성한다(Kuczynski, 2003). 예를 들어, 14세에서 18세까지 청소년을 추적한 부모의 감독 결과에 대한 연구를 생각해 보자. 부모가 자신의 자녀가 어디 있는지 어떤 활동을 하는지 더 많이 알수록 비행이 더 감소하였다(Laird et al., 2003).

부모의 감독이 책임 있는 청소년의 행동을 촉진하고 부모가 알고 있음으로써 이득이 있게 하는 양방적 관계를 설명하는 것은 무엇인가? 적절한 감독을 하는 부모들은 다른 면에서도 효율적으로 양육을 할 것이고 청소년 자녀에게 비행을 저지를 기회와 이유를 감소시키게 된다. 청소년의 반사회적 행동에 대한 예방적 중재를 하는 부모는 긍정적 부모-자녀 관계를 위해 준비하게 되고 10대는 부모에게 더 많은 정보를 제공해 준다. 반대로 감독이 소홀하고 비행이 발생하면 부모와 청소년의 상호작용은 점차 부정적이 될 것이다. 결과적으로 부모는 양육하는 것을 더 방임하고 부모와 청소년 모두 이러한 불유쾌한 상호작용을 회피하고 싫어하는 사람들과의 접촉을 줄이게 된다.

대부분의 아동과 청소년들은 민주적 양육태도를 갖고 있는 부모로부터 경험한 부모의 애정과 적절한 수준의 조정·조절, 자기결정에 대한 존중을 부모가 그들의 능력을 향상시키기 위한 선의의 노력으로 생각한다. 따라서 자녀가 성숙해 감에 따라 부모의 민주적 양육태도에 점진적으로 적응하고 협조하게 되며, 부모는 자녀에 대한 기쁨과 만족을 경험하고 자녀양육에 대한 자신감을 가지게 되어 점차 더 민주적이게 될 가능성이 높아진다. 요약하면 민주적 양육태도는 긍정적 정서환경을 조성하여 다음과 같은 과정을 통해 아동발달에 기여하게 된다.

● 자녀에게 제시하는 기준이 안정적이며, 온정적으로 개입하는 부모는 자신 있고 자기통제를 잘하는 행동뿐 아니라 배려하는 행동에서 모델이 된다.

- 부모가 공정하고 합리적이며 독단적이지 않을 때, 아동은 행동통제 능력을 내면화하고 부모에게 보다 순종적이다.
- 온정적이면서도 논리적이고 합리적으로 행동통제를 할 수 있는 부모는 자녀가 그들의 기대 수준에 맞추려고 노력할 때 칭찬하거나 인정하지 않는 것을 잘 이용하는 더 효율적인 강화 수여자가 될 수 있다(제12장 참조).
- 민주적 양육태도를 가진 부모는 적절한 요구를 하고 스스로 책임을 질 수 있는 일에 자녀의 자율성을 적절히 허용함으로써 자녀가 스스로 성공한 유능한 사람임을 인식하게 한다. 이렇게 부모는 자녀의 자아존중감과 인지적 · 사회적 성숙을 증진시킬 수 있다(제11장 참조).
- 민주형의 지지적 특성은 자녀를 부정적인 가족생활 스트레스 또는 빈곤으로부터 보호할 수 있는 탄력성의 강력한 근원이 된다(Beyers et al., 2003).

여전히 일부 연구자들은 부모의 양육태도 자체가 아동발달에 미치는 영향은 크지 않다고 주장한다. 자녀는 부모의 유전인자를 공유함으로써 유전적 영향을 받아 기본 성향이 결정된다고 보기 때문이다. 그러나 '생물학과 환경 : 양육이 정말 문제인가'에서 확인할 수 있듯이 부모가 자녀에게 주는 환경적 영향력을 입증하는 수많은 연구결과들을 통해 양육이 근본적으로 아동의 능력에 기여한다는 것을 확신시켜 준다.

양육태도를 아동발달에 적용하기

민주적 양육태도를 가진 부모들은 자녀가 성장해 감에 따라 아동의 연령에 적합하도록 양육기술의 변화를 시도하는데, 자녀의 행동에 대한 부모의 간섭을 점진적으로 줄여 가고, 자녀의 자율성에 대한 허용 수준을 높여 간다.

아동 중기의 양육 : 공동조절

11세 소녀가 친구와 밖에서 놀다가 집으로 전화를 하고 있다. 공동 규칙의 참여, 즉 일상적인 단속을 훈련시켜 소녀가 일과 활동에 책임지도록 하면서 소녀의 부모는 청소년기에 더 많은 독립심을 갖도록 준비시킨다.

아동발달의 중기에 다다르면 아동들은 부모와 함께하는 시간이 급속하게 감소한다. 자녀의 독립성이 증가하면서 부모는 새로운 문제들에 접하게 된다. 어떤 어머니는 "나는 아이에게 얼마나 가사를 돕게 할지, 용돈을 얼마 주어야 할지, 또 친구들이 좋은 영향을 미치는지, 학교에서의 문제들을 위해서 무엇을 해야 하는지와 씨름한다. 계속 추적하고 다닐 수 없기 때문에 그들이 밖에 나가면―집에 있을지라도―거기서 무슨 일이 일어날지 모른다."라고 말한다.

이러한 새로운 걱정에도 불구하고, 초기에 민주적 양육태도를 형성하면 부모에게 양육이 상당히 수월해지는 것을 경험하게 된다. 이는 학령기의 아동은 논리적 사고능력이 더 커지기 때문에 합리성이 증가하고 부모의 전문적 지식에 대한 존경심이 증가하기 때문이다(Collins, Madsen, & Susman-Stillman, 2002). 솔직히 의사소통하고 자녀와 같이 의사결정하는 부모의 자녀들은 순종이 매우 중요한 문제에 당면해서 부모의 견해를 더 경청한다(Russell, Mize, & Bissaker, 2004).

아동이 일상생활 습관에 익숙해지고 책임감을 보이게 되면 효율적인 부모는 점차로 통제권을 아동에게 주게 된다. 그들은 일시에 완전히 주는 것이 아니라 부모가 전반적인 사안에 대해 의사결정을 하고 자녀는 순간순간의 의사결정 책임을 갖게 되는 **공동조절**(coregulation)을 하게 된다. 공동조절에서 부모와 자녀는 주고-받기(give and take) 원리에 의해 온정적이고 협동적인 관계를 형성한다. 부모는 멀리서 안내하고 감독하고 자녀와 함께 있을 때 효율적으로 그들의 기대를 자녀와 소통한다. 자녀들은 부모에게 자신의 위치와 활동, 그리고 고민들을 상의하거나 공유하여 적절한

생물학과 환경

양육이 정말 문제인가

몇 개의 널리 알려진 연구 개관에서 아동발달에 부모는 단지 사소한 영향을 미치고 그 영향력이 아동의 유전적 특징과 또래 문화의 효과를 가린다고 보고하고 있다(Harris, 1998, 2002). 이러한 결론은 같은 가족 내에서 자란 형제자매가 부모가 평가한 기질에서 거의 유사하지 않다는 증거에 기초하고 있다(제10장 참조). 이러한 결과는 양육이 아동의 유전적 특성에 대한 단순한 반응이며 아동을 의미 있을 정도로 변화시키지 않는다는 것이다. 분명히 이러한 입장에 대한 지지자들은 아동발달에 육아가 매우 약하거나 중간 정도의 효과밖에 없다는 많은 연구들을 들어서 주장한다. 아동과 청소년은 형제자매보다 또래와 더 닮았다는 유사한 내용의 연구도 있다. 그러므로 또래는 부모보다 아동의 행동에 영향을 미치는 강력한 힘이 있다.

다수의 연구가 이런 주장을 반박한다. 이들은 부모가 유일한 영향은 아니지만 깊은 효과를 미친다는 증거를 제시한다(Berk, 2005; Collins et al., 2000; Hart, 2007; Hart, Newell, & Olson, 2003; Maccoby, 2000a; Steinberg, 2001). 그 발견들을 고찰해 보자.

- 잘 설계된 연구에서 양육과 아동발달의 관계는 매우 깊다는 결과가 나타나고 있다. 예를 들어, 한 대규모 연구에서, 민주적 양육과 청소년의 사회적 책임감과 어머니의 경우 .76, 아버지의 경우 .49라는 높은 상관을 보였다(Hetherington et al., 1999). 마찬가지로 부모가 청소년 자녀의 문제해결에 협력적이면, 즉 단호하고 일관성 있는 통제를 하고 청소년의 거취를 감독하면 반사회적 행동과 강한 부적 상관을 보인다는 연구가 있다(Patterson & Forgatch, 1995).
- 육아는 때로 다른 아이에게 다른 효과를 낸다. 육아와 아동의 발달 간에 약한 상관이 발견된다고 해서 반드시 그 상관이 육아의 약한 효과 때문은 아니라는 것이다. 육아 실제는 다른 아이에게 다른

영향을 미치기 때문이다. 부모가 자녀에게 다른 기질로 다르게 대하지만 관계는 꼭 반응적인 것이 아니다. 이 장과 앞 장에서 부모는 충동적이고 까다롭고 수줍은 아동의 부적응적 태도를 수정할 수 있음을 보여 주었다.

- 종단적 연구에서는 아동발달에 부모가 영향을 미친다는 것을 시사한다. 많은 종단적 연구들은 아동발달의 다양한 측면에서 부모의 영향은 아동의 초기 특징들의 효과를 제거한 후에도 나타났다고 보고한다(Baumrind, Larzelere, & Owen, 2010; Carlson, 1998; D'Onofrio et al., 2006; Laird et al., 2003). 이러한 연구들은 부모의 영향이 심각하고 오래 지속적임을 시사한다.
- 부모양육 중재는 양육이 개선되면 아동의 발달도 따라서 변화함을 보여 준다. 부모가 문제된다는 가장 강력한 증거는 중재 실험으로부터 나온다. 한 연구에서, 최근 이혼한 학령기 자녀를 둔 홀어머니들을 14주의 부모훈련과 지지 프로그램에 무선적으로 할당했다. 중재를 받지 않는 통제집단에 비하여 이 어머니들은 강압적 훈육을 덜 사용하였고 그들의 아들들은 행동문제와 일탈된 또래관계를 덜 보였다. 9년간의 추적연구에서 이러한 변화는 청소년 비행의 감소로 나타났다(DeGarmo & Forgatch, 2005; Forgatch & DeGarmo, 1999; Forgatch et al., 2009). 더욱이 제12장에서 논의한 것처럼 부모양육 기술 훈련 효과는 부모-자녀 적개심의 악순환을 끊고 아동의 공격적 행동을 줄여준다는 것을 상기해 보자.
- 부모는 자녀의 또래관계에 영향을 준다. 아동과 청소년은 자기와 비슷한 친구를 선택하기 때문에 그

연구들은 부모가 아동발달에 큰 영향을 미침을 확인했다. 온정적 부모가 풍부하고 다양한 경험을 제공함으로써 자녀의 긍정적 능력을 촉진한다.

들의 친구와 닮았다. 그러나 유아기 초기에 부모는 자녀들의 사회적 활동을 관리하면서 특정 친구들을 선택해 준다. 제15장에서 보겠지만 민주적 자녀양육을 할 때 부모는 아동과 청소년이 또래 상황으로 가져오는 가치와 성향에 영향을 미치고 아울러 친구 선택과 또래 상호작용과 활동에도 영향을 미친다(Furman et al., 2002; Laird et al., 2003; Zhou et al., 2002).

- 어떤 부모의 영향은 쉽게 측정될 수 없다. 많은 사람들은 부모와의 잊지 못할 기억들을 가지고 있다. 반대로 부모의 약속 불이행과 나중에 알게 된 속임은 부모-자녀 간의 신뢰를 깨뜨리고 미래 양육의 영향을 변화시킨다.

요약하면, 양육의 효과는 유전이나 또래와 같은 다른 요인들과 복잡하게 얽혀 있다. 각 요인의 기여는 서로 완전히 분리해 낼 수는 없지만 부모는 다양한 연구에서 강력하게 영향을 미치는 것으로 나타났다.

부모의 개입과 도움을 받는다(Maccoby, 1984). 공동조절은 아동이 많은 중요한 결정을 스스로 해야 되는 청소년기를 위해 준비하도록 지지하고 보호한다.

학령기 아동들은 더 큰 독립에 대한 압력을 느끼지만 그들은 또 부모의 지지가 얼마나 필요한지를 안다. 한 연구에서 5, 6학년 아동들이 부모가 그들의 생애에서 가장 영향력 있는 사람이라고 응답했고 애정과 충고를 해 주기를 바라고, 자기가치감을 높여 주고, 모든 문제에서 도움을 주는 사람이라고 보고했다(Furman & Buhrmester, 1992).

청소년기의 양육 : 자율성 육성 청소년기에는 자신을 독립적이고 자치적으로 보는 **자율성**(auto-nomy)을 확보하기 위한 노력이 핵심적인 발달 과업이 되는데, 자율성은 두 측면 (1) 정서적 측면과 (2) 행동적 측면이 있다. 정서적 측면에서는 자기 자신에게 의존하고 부모의 지원이나 안내를 덜 필요로 하는 것이며 행동적 측면에서는 자기 자신의 판단에 무게를 두면서 독립적으로 의사결정하고 다른 사람의 제안에 대해 합리적 행동 절차를 밟는다(Collins & Laursen, 2004; Steinberg & Silk, 2002). 이러한 자율성은 청소년의 정체성 형성과 밀접한 관련이 있다. 성공적으로 의미있는 가치관과 인생의 목표를 세운 젊은이들은 자율적이다. 그들은 부모에 의존하는 것을 포기하고 좀 더 성숙하고 책임있는 관계를 형성한다.

어느 순간 청소년은 부모의 권위에 도전하면서 자신의 자율성을 주장한다. 그러나 대부분 가까운 부모와의 유대는 특히 부모가 자녀들의 생각과 사회적 역할을 탐색하도록 자유를 허용할 때 유지된다.

다양한 경험이 청소년기의 자율성을 지원한다. 제5장에서 본 것처럼 사춘기에는 부모로부터 심리적 거리를 두도록 한다. 또 청소년들이 성숙하게 보일수록 부모는 자녀에게 자유롭게 생각하고 스스로 결정하도록 하고 자신의 활동을 자율적으로 조절하고 더 많은 책임을 지도록 한다(McElhaney et al., 2009). 인지발달 수준도 청소년기의 자율성 형성을 돕는다. 청소년들은 문제해결 능력이 향상되고 효율적으로 의사결정한다. 또한 사회적 관계에 대한 논리적 판단이 가능해지면서 부모를 덜 이상화하고 '단지 보통사람'으로 보게 된다. 따라서 어릴 때와는 달리 부모의 권위에 대한 무조건적인 복종을 거부한다.

앞 장에서 논의했던 학업성취 동기, 자아정체성의 형성, 도덕적 성숙을 지지하는 양육태도에 대해 생각해 보자. 여러분은 아마 동일한 주제에 도달하게 될 것이다. 청소년기의 효율적 양육태도는 연결과 분리 간의 균형을 유지하는 것이다. 다양한 인종집단, 사회경제적 지위, 국적, 가족 구조(한부모, 양부모, 계부모 등)에서 온정적이고 지지적인 부모 청소년 관계는 적절한 성숙을 요구하고 다양한 생각과 사회적 역할을 탐색하는 것을 허용함으로써 자율성을 기르고 결과적으로 높은 자립심, 의도적 통제, 학업성취, 일에 대한 적응, 긍정적 자아존중감, 사회적 능력을 길러 주고 대학 입학을 용이하게 한다(Bean, Barber, & Crane, 2007; Eisenberg et al., 2005b; Supple et al., 2009; Vazsonyi, Hibbert, & Snider, 2003; Wang, Pomerantz, & Chen, 2007).

반면, 자녀의 심리적 통제자 역할을 하거나 강압적인 부모들은 자녀의 자율성 발달을 방해한다. 부모의 심리적 조정을 받은 청소년은 낮은 정체성, 우울증, 반사회적 행동을 나타내게 되며, 이러한 부정적 여파는 성인기까지 지속되는 결과를 나타내는 것으로 확인되었다(Barber, Stolz, & Olsen, 2005; Bronte-Tinkew, Moore, & Carrano, 2006; Wissink, Deković, & Meijer, 2006).

그럼에도 불구하고 10대와 같이 사는 부모들은 스트레스가 높다고 보고한다. 앞서 언급했던 대로 가족은 체계로서 그 구성원의 변화에 적응해야 한다. 청소년의 빠른 신체적·심리적 변화는 부모자녀 관계에서 갈등적 기대를 유발한다. 제12장에서 우리는 개인적 일에서 선택을 하는 것에 대한 관심이 청소년을 강화시킴을 보았다. 그러나 부모와 10대는—특히 어린 10대는—의상, 학교생활, 친구와의 외출, 데이트에 대한 통제의 연령 적절성에 대해 날카롭게 대립된다(Smetana, 2002). 부모는 10대가 아직 준비가 되지 않았다고 생각하는 반면 10대들은 이미 오래전에 인정되었어야 한다고 생각한다. 청소년들이 자신의 일상생활에 대해 기꺼이 정보를 제공하는 협동관계를 통해 부모가 일관성 있게 관심을 가지면, 궁극적으로는 바람직한 방향으로 적응하게 된다. 부모의 관심과 지도는 비행을 예방할 뿐만 아니라 청소년기에 성적 유희에 몰입하지 않도록 가이드라인을 제공하고, 학업성취도를 향상시킬 뿐만 아니라 심리적으로도 안정적인 생활을 유지하는 데 긍정적인 영향을 미친다(Crouter & Head, 2002; Jacobson & Crockett, 2000).

부모 자신의 발달 또한 10대와의 갈등을 유발할 수 있다. 자녀는 전도양양한 미래와 아주 많은 선택에 직면하는 반면 중년의 부모는 자신의 가능성이 한계에 이른 시기가 된 것이다(Holmbeck, 1996). 종종 부모는 왜 청소년이 또래와 같이 있기 위해 가족 행사에 참여하지 않으려 하는지 이해할 수 없다. 부모는 자녀양육이 중요한 성인기가 곧 끝날 것이므로 자녀가 가능하면 가족과 함께하기를 원하는데 청소년은 이를 이해하지 못한다.

가족 간의 유대와 권위에의 순종을 미덕으로 삼는 이민 가정의 부모들은 10대 자녀들의 자율성에 대한 강력한 요구에 큰 어려움을 경험하고 청소년의 반대에 더 강하게 반응한다(Phinney & Ong, 2001). 청소년이 점차 이민한 나라의 언어에 익숙해지고 개인주의적 가치에 접촉하게 되면 이민 부모들은 더 비판적이 되고 청소년들은 사회적 지지원으로 가족에 덜 의존하게 된다. 결과적으로 문화적 차이에 의한 스트레스는 자존감을 낮추고 불안과 우울 증상을 높이고 음주와 비행 같은 일탈행동을 높인다(Crane et al., 2005; Park, 2009; Suarez-Morales & Lopez, 2009; Warner et al., 2006).

청소년기를 거치면서 부모-자녀 관계는 청소년의 정신건강 수준을 예측할 수 있는 가장 대표적인 변수가 된다. 잘 기능하는 가족 내에서는 청소년 자녀는 부모와 적절한 애착관계를 유지하면서, 더 큰 자유를 보장받는 상황에서 필요한 경우 부모로부터 충고와 조언을 받는다(Collins & Steinberg, 2006; Steinberg, 2001). 과정 중 일어나는 약간의 갈등은 가족 구성원들이 청소년들에게 불일치를 표현하고 인내하는 방법을 배울 수 있도록 도와줌으로써 자녀의 정체성과 자율성을 촉진시킬 수 있다. 이러한 갈등은 청소년 자녀의 요구와 기대 수준이 변화되었음을 부모에게 알려 주는 중요한 정보가 되며, 부모-자녀 관계의 변화가 필요한 시기임을 알려 주는 신호가 되기도 한다.

청소년 중기와 말기 사이에 대부분의 부모와 자녀들 간에는 이러한 성숙하고 상호적이고 조화로운 상호작용이 증가한다. 서구의 10대들이 부모와 보내는 시간이 감소하는 것(미국의 경우 5학년에서 깨어 있는 시간의 33%였던 것이 고등학교 3학년에는 14%로 감소)은 갈등과는 관련이 없다(Larson et al., 1996). 이는 북미와 서구의 10대들에게 비구조화된 시간―평균적으로 깨어 있는 시간의 반을 차지하는―이 증가했기 때문이다(Larson, 2001). 청소년들은 이 자유로운 시간을 집에서 보내지 않고 시간제 일이나 여가, 자원봉사, 또 친구와 보내는 시간으로 할애한다.

이러한 가족이 함께하는 시간이 감소하는 것은 전반인 것은 아니다. 한 연구에 하위-중간 SES를 가진 도시 아프리카계 미국 청소년들이 집에서 가족과 보내는 시간이 줄지 않았다. 이는 집단적 가치를 가진 문화권의 전형적 패턴이다(Larson et al., 2001). 더욱이 위험한 이웃들과 사는 10대들은 부모가 더 강력한 통제를 하고 걱정되는 행동을 하지 못하도록 압력을 넣으려 할 때 부모와 더 신뢰 관계를 가지며 더 잘 적응한다(McElhaney & Allen, 2001). 거친 환경 속에서 청소년들은 신중한 자율성 허용을 부모의 사랑의 표시로 해석하는 것 같다.

양육태도에서 사회경제적, 인종적 차이

실증연구결과들에 의하면 민주적 양육태도는 가족의 사회경제적 지위, 인종, 국적 및 가족구조 등과 관계없이 아동발달에 긍정적 영향을 준다(Crouter & Head, 2002; Slicker & Thornberry, 2002; Vazonyi, Hibbert, & Snider, 2003). 동시에 사회경제적 지위, 인종 등에 따라서 부모의 양육태도에 차이가 있다.

사회경제적 지위 사회경제적 지위(socio-economic status, SES)에 따라 부모와 자녀는 가족기능에 미치는 영향이 달라짐을 경험한다. 사회경제적 수준(교육 수준, 직업의 지위, 기술과 수입)의 각 요인별로 이 영향이 달라진다. 연구자들은 이 요인들의 각각의 영향을 밝히고자 한다. 교육과 수입은 가장 강력한 요인이고 직업은 덜 영향을 주지만 중요한 역할을 한다(Duncan & Magnusson, 2003).

SES는 부모 되는 시기와 가족 규모와도 연결된다. 숙련 혹은 반숙련 기술을 요하는 직업(예 : 건설업, 트럭운전, 관리인) 종사자는 전문직보다 일찍 결혼하고 자녀도 일찍 가지며 더 많은 자녀를 둔다. 두 집단은 자녀양육 가치와 기대도 다르다. 자녀에 대한 기대에 대해 질문하면 낮은 사회계층의 부모는 복종, 예의바름, 단정함 등의 외적 특징들을 강조한다. 반면에 상위 SES 부모는 호기심, 행복, 자기주도, 인지적 · 사회적 성숙과 같은 심리적 특성을 강조한다(Duncan & Magnusson, 2003; Hoff, Laursen, & Tardif, 2002; Lareau, 2003).

이러한 차이들은 가족의 상호작용에 반영된다. SES가 높은 부모는 아기와 유아들에게 더 많이 말하고 읽어 주고 여러 가지 방법으로 자극을 준다(제9장 참조). 큰 아동들과 청소년들에게는 더 온정적으로 설명을 해 주고 합리적인 원칙을 제시하고 칭찬을 많이 한다. 또 자녀에게 더 높은 학업성취와 발달적 목표를 제시하고 의사결정할 기회를 더 많이 준다. 명령("내가 말했으니까 그걸 해!"), 비판, 신체적 처벌은 하위 SES 가정에서 더 많이 일어난다(Bush & Peterson, 2008; Mandara et al., 2009).

교육 수준도 이러한 차이에 상당히 기여하게 된다. 언어적 지지와 내적 특성 양상에 대한 상위 SES 부모의 관심은 그들의 수학 기간과 관련되는데, 이들은 이 긴 수학 기간 동안 자녀의 인지적 · 사회적 발달을 위하여 추상적, 주관적으로 사고하고 투자하도록 배웠을 것이다(Mistry et al., 2008; Vernon-Feagans et al., 2008). 아울러 경제적으로 안정된 상태이기 때문에 부모들은 보다 많은 시간과 에너지를 자녀양육이나 자녀의 심리정서적 안정을 도모하는 일에 투자할 수 있는 여건을 누리고 있다(Cheadle & Amato, 2011; Votruba-Drzal, 2003). 또한 경제적으로 더 유복함은 부모들이 더 많은 시간과 에너지, 물질적 자원을 자녀의 심리적 특성을 양육하는 데 할애하게 한다(Cheadle & Amato, 2011; Vootruba-Drzal, 2003). 반면, 경제적으로 불안정하고 높은 수준의 가정생활 스트레스에 시달리고 있는 낮은 사회경제적 지위의 부모들은 자녀양육에 있어 자극적 상호작용과 활동이 적고 강압적 훈육방식을 더 많이 사용한다(Brooks-Gunn, Klebanov, & Duncan, 1996; Chin & Phillips, 2004; Conger & Donnellan, 2007).

교육 수준이 낮고 사회적 지위가 낮기 때문에 많은 하위 SES 부모들은 가정 이외의 관계에서 무기력하게 느낀다. 직장에서 다른 권위적 지위에 있는 사람들의 규칙에 복종해야 한다. 집에 오면 부모-자녀 상호작용이 이러한 경험을 반복하게 한다. 그러나 이때는 그들 자신이 권위 있는 인물이다. 높은 SES 부모들은 반대로 그 자신의 삶에 더 많은 주도권을 가진다. 직장에서 독립적 의사결정을 하고 다른 사람에게 자신의 견해를 확인시킨다. 가정에서는 자녀에게 이러한 기술을 더 많이 가르치게 된다(Greenberger, O'Neil, & Nagel, 1994).

빈곤 가족이 빈곤으로 빠져들 때 효율적 양육과 자녀의 발달은 위협받게 된다. 미국의 남동부 한 소도시의 흑인 거주지에서 자란 지나 메이에 대해 생각해 보자(Heath, 1990). 그 지역에 실직의 위기가 왔을 때 16세 된 지나 메이는 애틀랜타로 이주한다. 2년 후 그녀는 딸 하나와 아들 쌍둥이를 둔 엄마가 되고 급증하는 공공 주택으로 이주한다. 그녀는 끊임없이 식탁에 놓을 음식을 걱정하고 세탁하거나 장보러 갈 동안 아기를 돌볼 사람을 구해야 하고 점점 많아지는 부채로부터 헤어날 수 없으며 돈을 보내주지 않는 쌍둥이의 아빠를 찾느라고 노심초사한다. 그녀의 입에 밴 말은 "나는 너무 피곤해."이다. 아이들은 차려 준 하루 한끼를 먹고, 배고프거나 심심하면 먹는다. 아이들의 놀이 공간은 거실 의자 혹은 마루의 매트리스 위이며 장난감은 담요 조각이나 숟가락과 과자 봉지이며 고무공과 플라스틱 자동차와 버려진 롤러스케이트뿐이다. 연구자의 요청으로 지나 메이가 자녀들과의 상호작용을 녹음하도록 허락했다. 그녀는 가족

이미 경제적으로 타격을 받은 이 가족은 공원의 화재로 인해 트레일러를 잃은 후 노숙자가 되었다. 빈곤과 동반되는 지속적인 스트레스는 자녀의 웰빙에 심각한 부적 결과를 가져오고 가족체계를 약화시킨다.

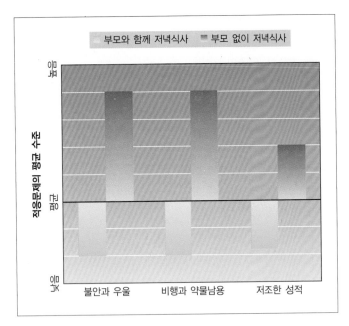

그림 14.1 부모와 함께 저녁을 먹는 것과 청소년의 적응문제와의 관계

부모와 자주 저녁을 먹는 6학년 아동들에 비해 부모와 거의 함께 먹지 않는 아동들은 다른 많은 양육 변인들을 통제한 후에도 불안과 우울, 비행, 약물남용을 보일 가능성이 훨씬 높다. 이 연구에서 잦은 가족과의 식사는 도심의 아동들이 비행과 약물남용과 학교에서의 학습문제로부터 보호하는 것으로 나타났다.

출처 : Luthar & Latendresse, 2005b.

과 지역사회에서 고립된 채로 경제적 고통과 무력감에 압도되어 자녀들과 상호작용을 할 수가 없는 상태였다. 500시간의 녹음시간 동안 고작 18번을 자녀들과 대화하였다.

빈곤으로 일어나는 끊임없는 스트레스는 점차 가족체계를 와해시킨다. 매일 위기가 닥치면 부모는 우울하고 초조하고 산만해지며, 적대적 상호작용이 증가하고 자녀의 발달은 위협당한다(Conger & Donnellan, 2007; Evans, 2006). 빈곤이 미치는 부정적 파급효과는 한 부모 가정이거나 열악한 주거 환경에서 생활하는 혹은 노숙자 가족의 자녀들에게 특히 심각하게 나타난다. 이러한 열악한 여건은 매일의 생존을 위협하고 경제적 곤란을 극복할 수 있는 사회적 지원도 감소시킨다(Hart, Atkins, & Matsuba, 2008; Leventhal & Brooks-Gunn, 2003).

스트레스와 갈등 외에도 빈곤은 부모의 자녀양육에 대한 관심을 감소시키고, 적절한 가정교육과 발달 자극을 제공하지 않게 됨으로써 아동의 인지발달 및 정서적 안정을 위협한다(지나 메이처럼). 앞 장에서 설명한 것처럼 생의 초기에 시작된 빈곤은 아동의 신체적, 정신적, 건강과 지능, 학업성취에 계속 유해한 영향을 미친다.

부유함 그러나 교육 수준이 높고 경제적으로 부유한 부모들도 — 높은 지위의 직업을 가지고 수억 원의 연봉을 받아도 — 가족 상호작용과 양호한 발달을 촉진하는 양육행동을 하지 못한다. 몇몇 연구에서 연구자들이 교외의 상위 SES 가정에서 자란 젊은이들을 추적하였다(Luthar & Latendresse, 2005a). 많은 청소년들이 중학교 1학년에서 심각한 문제를 일으켰고 고등학교에서 더 나빠졌다. 그들의 학교성적은 저조했고 오히려 하위 SES 청소년들보다 더 알코올, 약물중독에 빠져들었고 높은 불안과 우울을 보고하였다(Luthar & Becker, 2002; Luthar & Goldstein, 2008). 더욱이 일부 부유한 10대들은 약물남용이 불안과 우울이 연관되어 있으며 이는 부유한 젊은이들이 약물을 자가치료 방법으로 사용하고 계속적으로 남용하고 있음을 시사한다(Luthar & Sexton, 2004).

왜 많은 부유한 청소년들이 어려움을 겪는가? 잘 적응하는 부유한 청소년들에 비해 잘 적응 못하는 부유한 청소년들은 직업적으로 사회적으로 더 바쁜 그들의 부모와 정서적 밀착감을 덜 느끼며 감독을 덜 받고 있는 것으로 보고한다. 부유한 부모들은 심각한 경제적 압박을 받는 부모와 마찬가지로 청소년들에게 물리적으로도 정서적으로도 거의 시간을 내지 못한다. 동시에 이 부모들은 자녀에게 과도한 성취 요구를 한다(Luthar & Becker, 2002). 부모들이 성격이나 정서적 안녕보다 성취에 더 가치를 두는 청소년들은 좀 더 학업과 정서적 문제를 보인다.

부유한 청소년이나 하위 SES 청소년 모두에게 부모와 저녁을 먹는 것 같은 일상이 부모양육의 다른 측면을 통제한 후에도 적응문제의 감소와 관계가 있다(그림 14.1 참조)(Luthar & Latendresse, 2005b). 부유한 부모에게 경쟁적 삶의 대가와 최소한 가족과 나누는 시간의 가치를 인식시키는 중재가 시급하게 요구된다.

인종 민주적 양육이 대체로 유익하지만 인종적 소수자 부모들은 독특한 자녀양육 신념과 문화적 가치와 가족 환경을 반영하는 양육방식을 가지고 있다. 몇 가지 예를 들어 보자.

서구 부모들에 비해 중국의 부모들은 덜 온정적이고 좀 더 통제하

부모의 권위에 대한 존경을 단호히 요구하는 히스패닉 가족은 부모의 높은 온정성에 더하여 경쟁과 가족 충성도에 대해서도 더 많이 요구한다.

문화적 영향

아프리카계 미국인 확장가족

아프리카계 미국인 확장가족은 대부분 흑인 미국인의 아프리카에서의 유산으로 추적해 볼 수 있다. 많은 아프리카 사회에서 새로 결혼한 부부는 자신들만의 가정을 꾸리지 않는다. 대신 그들은 일상의 모든 측면에서 서로 돕는 확장된 대가족 속에서 산다. 친족관계의 넓은 연결망을 유지하는 이런 전통은 노예시절 북아메리카로 전수되었고 빈곤의 파괴적 효과와 아프리카계 미국인에 대한 인종적 차별에서 보호기능을 했다. 오늘날 백인보다 흑인들이 자신의 자녀 이외의 다른 친척들과 같은 집에 산다. 아프리카계 미국 부모들은 친척과 가까이에서 살며 친구와 이웃들과 가족 같은 관계를 유지한다. 더 자주 만나고 친척들을 더 중요한 사람들로 생각한다(Boyd-Franklin, 2006; McAdoo & Younge, 2009).

신체적인 보호에 시간을 보내지 않는 아빠는 놀이를 통해 온정을 표현한다. 독일의 연구에서, 아빠의 놀이 민감성 — 걸음마기 영아의 놀이 주도권 수용하기, 걸음마기 영아의 능력에 맞추어 놀이행동 조절하기, 걸음마기 영아의 정서표현에 적절히 반응하기 등 — 은 아동기와 청소년기 동안에 나타나는 자녀의 안정 애착의 내적 작용 모델을 예측해 준다(Grossmann et al., 2002). 아버지는 놀이를 통해 자녀들이 이후의 많은 도전을 극복할 수 있는 능력을 강화하도록 도와주는 아버지의 지지에 대한 자신감을 어린 자녀에게 물려줄 수 있다.

아버지의 온정을 향상시키는 요소는 무엇인가? 문화 간 연구는 영아 곁에서 아빠가 보내는 시간의 양과 보호와 애정의 표현 간의 일관된 관계를 밝히고 있다(Rohner & Veneziano, 2001). 중앙아프리카 아카(Aka)의 수렵채취인을 생각해 보자. 아빠는 다른 알려진 사회보다 자신의 아기와 신체적으로 밀접하게 많은 시간을 보냈다. 관찰 결과, 아카의 아버지는 반나절 이상 아기의 손이 닿는 곳에 있음을 알 수 있었다. 그들은 다른 수렵채취 사회의 아빠보다 최소한 5배 정도 아기를 안아 주고, 껴안고, 같이 놀이했다. 왜 아카 아빠들은 그렇게 참여하는가? 아카 부부 간의 결합은 유난히 협동적이고 친밀했다. 낮 동안 부부는 사냥, 음식장만, 사회적 활동이나 여가활동을 공유하였다. 아카 부모가 자녀와 같이하는 시간이 많을수록 아기와의 아빠의 애정적 상호작용이 더 많았다(Hewlett, 1992).

서구 문화에서처럼, 양육에 협동적인 배우자와 행복한 결혼생활을 하는 아빠가 더 많은 시간을 아기와 같이 보냈고 효과적인 상호작용을 하였다. 반대로 결혼에 대한 불만족은 덜 민감한 아버지 양육과 관련이 있었다(Brocon et al., 2010; Lundy, 2002; Sevigny & Loutzenhiser, 2010). 배우자나 아기와 아버지의 온정적 관계는 명백히 밀접한 관련이 있다. 사실상 모든 문화와 인종집단 연구에서 보고된 아버지의 애정의 영향력을 통해 볼 때, 더 많은 남성들이 어린 유아의 양육적인 보호에 참여하도록 격려하여야 함을 알 수 있다.

마을 축제에서 함께 어울리는 3세대. 확장가족의 강한 유대감은 많은 아프리카계 미국인 아이들에게 빈곤의 파괴적인 효과와 인종 차별로부터 보호 역할을 해 준다.

는 양육을 한다고 보고한다. 그들은 자녀의 자기조절과 높은 성취를 위해 가르치고 자녀의 시간 계획에서 좀 더 지시적이다. 그들은 칭찬을 덜하고 자기만족적 결과에 연연하고 자녀를 덜 동기 유발한다(Chao, 1994; Chen, 2001). 어른을 존경하고 매우 깊게 관여하는 부모들에 의해 교육된 사회적으로 바람직한 행동을 하라는 엄격한 공자 사상을 반영하여 높은 통제를 한다. 중국의 부모들도 서양의 부모처럼 애정을 표현하고 언어적 사고를 하고 합리적 훈육을 한다고 보고하지만 잘못하는 자녀에게 자주 수치심을 주고 사랑을 주지 않고 신체적 체벌을 가한다(Cheah et al., 2009; Shwalb et al., 2004; Wu et al., 2002). 이러한 양육방법이 과도해서 심리적·억압적 통제를 하는 권위적 양육태도를 갖게 되면 중국의 자녀들도 서양처럼 저조한 학업성취, 불안, 우울, 공격적 행동 같은 부정적 결과를 보인다(Chan, 2010; Nelson et al., 2005, 2006; Pong, Johnston, & Chen, 2010; Wang, Ponerantz, & Chen, 2007).

부모의 권위에 대한 존경을 단호히 요구하는 히스패닉 가족, 아시아 태평양 군도 가족, 아프리카 카리브해 가족, 동인도 부족은 부모의 높은 온정성에 더하여 능력과 가족 충성도에 대한 요구도 한다(Harrison et al., 1994; Roopnarine & Evans, 2007). 한 연구에서 빈곤한 멕시코계 미국 어머니들은 아동과 청소년의 품행문제 감소와 관련된 보호적 기능으로 알려진 엄격한, 어느 정도 혹독한 통제를 온정성과 결합하여 사용하는 경향이 있다(Hill, Bush, & Roosa, 2003). 한때는 강압적인 것으로 보였던 현대 히스패닉계 미국 아버지들은 자녀와 많은 시간을 보내고 온정적이고 민감하다(Cabrera & García Coll, 2004; Jambunathan, Burts, & Pierce, 2000). 미국으로 이민 온 카리브해 가족에서 아버지의 권위는(어머니는 아님) 유아기의 문자와 수학기술을 예측한다. 이는 아마도 카리브해 아버지들이 자녀의 학업성취에 안내 역할을 하고 있기 때문으로 보인다(Roopnarine et al., 2006).

다양하긴 하지만 하위 SES 아프리카계 미국 부모들은 즉각적 복종을 기대한다. 그러나 멕시코계 미국 부모들에게서 발견된 것처럼 열악하고 우범지역에서 살고 사회적 지지를 거의 못 받을 때 엄격한 통제가 긍정적 효과를 보이고 반사회적 행동을 예방한다. 다른 연구에서는 흑인 부모들은 다양한 이유에서 단호한 통제를 하고 자조능력, 자기조절과 위험한 환경에 경계적 태도를 가져서 범죄의 희생이 되는 것을 예방한다. 이러한 견해에 일치해서 좀 더 통제하는 전략을 사용하는 하위 SES 아프리카계 미국 부모들은 인지적 사회적으로 유능한 자녀로 키운다(Brody & Flor, 1998). 신체적 처벌 경험은 아프리카계 미국 청소년의 반사회적 행동의 감소와 관련되지만 백인계 미국 청소년의 증가와 관련되어 있음을 생각해 보자(제12장 참조). 엄격하고 무의미한 훈육을 사용하는 대부분의 아프리카계 미국인 부모는 신체적 처벌을 적게 사용하고 온정성과 합리성을 결합하여 사용한다.

많은 소수민족의 가족 구조와 아동양육 관습은 빈곤으로 인한 스트레스와 불화를 줄여 준다. '문화적 영향 : 아프리카계 미국인 확장구조'에서 설명했듯이 핵가족과 더불어 한 명 이상의 성인 친척이 같이 사는 확장된 가족 구성은 심각한 경제적 박탈과 편견에도 불구하고 자녀를 성공적으로 기르는 것을 가능하게 하는 소수민족 가족생활의 중요한 형태이다. 확장된 가족 연계는 높은 생활 스트레스 상황에서 아동발달을 보호하기 위한 문화적 전통을 작동하게 하는 특별한 가족기능의 예가 된다.

가족의 생활양식과 변환

현대의 산업사회 국가에서 가족의 형태와 생활양식은 과거 어느 때보다 다양해지고 있다. 오늘날, 가구당 출산이 감소하고 있으며, 입양을 희망하는 성인, 자신의 성적 성향을 드러내는 여성 및 남성 동성애자, 미혼 부모들이 증가하고 있다. 더 나아가 높은 비율의 이혼, 재혼, 어머니의 취업은 가족체계를 재편성하고 있다.

이러한 요인이 가족 관계와 아동발달에 영향을 미치는지에 강조를 두고 가족의 변화에 대해 토론하고자 한다. 다양한 가족형태를 고려하면서 사회적 체계의 관점을 되돌아보고, 아동복지가 가족 상호작용의 질에 어떻게 영향을 주는지, 친족과 지역사회의 지원적 연계와 우호적인 공공정책에 의하여 유지되는지 주목해 보자.

대가족에서 핵가족으로 변환

1960년대까지 미국의 가임 연령 여성당 평균 자녀 수는 3.1명이었다. 그러나 현재는 미국 2.1명, 영국 1.9명, 호주 1.8명, 스웨덴 1.7명, 캐나다 1.6명, 독일 1.4명, 이탈리아와 일본 1.3명이다(U.S. Census Bureau, 2011a, 2011b).

효과적인 산아 제한에 덧붙여, 이와 같은 감소의 주요 원인은 한두 자녀의 가족 규모로 조절하여 여성이 가족과 일에 자신의 에너지를 나누어 양립시키려는 결정에 의한 것이다. 전문적으로 확실히 자리 잡고 경제적으로 안정될 때까지 임신을 미루는 많은 부부의 경향(제3장 참조) 또한 가족 규모가 더 작아진 원인이기도 하다. 덧붙여, 결혼 불안정성도 한몫을 하고 있다. 오늘날 더 많은 부부들이 그들의 자녀계획을 완성하기 전에 이혼을 한다. 마지막으로 아동육아와 그들에게 기회를 제공하는 데 비용이 많이 들며, 이것은 가족의 규모가 작아지고 있는 것에 기여한 또 다른 요인이다. 보수적인 추정에 의하면, 오늘날 미국의 새로운 부모들은 약 280,000달러(약 3억 8천만 원)를 출생에서 18세까지 키우는 데 쓸 것이며, 많은 부모들은 상당한 추가비용을 자녀들의 고등교육을 위해 지출할 것이라고 보고하고 있다(U.S. Department of Agriculture, 2011a).

가족의 크기와 아동발달 미래의 부모들에게 일반적인 조언은 흔히 자녀들의 지적 발달을 향상시키는 한 자녀에 대한 부모의 더 많은 애정, 관심, 물적 자원인 '자녀양육의 질'을 위해 가족의 규모를 제한하라고 추천한다. 이러한 조언처럼 과연 대가족이 정말로 아동을 덜 지적으로 만들었을까? 이를 알아보기 위해 연구자들은 2세대에 걸친 종단적 연구를 실시하였다.

1972년 초창기 NLSY(U.S. National Longitudinal Survey of Youth)는 14세부터 22세까지의 몇천 명의 대표 표본을 추적했었다. 1986년 원래의 연구 참가자들의 아동들이 이 연구에 추가되었다. 두 집단은 지능검사를 받았기 때문에, 연구자들은 아동의 지적 기능을 저하시키는 추가적인 여부가 있는지를 알아내기 위해 IQ와 가족 내 자녀들의 출생 순서와의 관련성을 추정할 수 있었다.

그림 14.2에서의 수평선에서 나타나듯이, 아동들의 지능검사 결과는 자녀의 출생 순서와 함께 감소되지 않았다. 더 많은 자녀를 가지는 것이 그들의 지적 능력을 저해한다는 믿음과 반대되는 결과이다. 같은 시기에 그림의 선들의 차이점들은 더 큰 가족일수록 모든 형제들의 점수들이 더 낮다는 것을 보여 준다. 또한 연구자들은 가족 크기와 자녀들의 IQ 사이의 연결점은 더 많은 자녀를 낳는 인지적으로 낮은 점수를 받은 어머니들의 강한 경향에 의해 설명될 수 있다는 것을 발견하였다(Rodgers et al., 2000). 다른 NLSY 연구에서 가족의 크기와 IQ의 상관관계는 밝고 경제적으로 유리한 어머니들의 자녀들 사이에서 사라졌다(Guo & Van Wey, 1999). 이것은 낮은 SES가 대가족 안에서 어머니와 자녀의 낮은 IQ에 강력하게 기여한다는 것을 시사한다.

다른 증거는 새로운 자녀의 출생으로 인한 양육의 질 저하보다는 부모들은 그들의 에너지를 재분배한다는 것을 확인해 준다. 캐나다의 두 가족을 대표 표본으로 한 국가 수준의 종단적 연구에서는 대부분의 어머니들은 아마도 일반적으로 따뜻함이 남아 있긴 하지만, 새로운 출생은 기존의 나이가 있는 자녀들에 대한 부모의 애정의 감소를 이끌었다. 같은 시기에 연령이 높은 자녀가 집안일하기, 숙제하기, 다른 사람들에게 예의 바르게 행동하기와 같은 성숙한 행동으로 부모들의 기대를 어느 정도 충족하는지에 대한 양육의 일관성은 시간이 지날수록 증가했다. 새로운 동생이 태어난 이후 어머니들은 모든 자녀의 요구를 충족시키기 위해 양육행동을 재구성하는 것처럼 보인다.

요약하면 가족의 크기를 제한하는 것에 대한 많은 좋은 이유들이 있지만, 추가적인 출산에 대한 우려는 자녀양육 효과성을 제한할 것이고, 자녀들의 지능과 삶의 기회들을 보장할 수 없을 것이다. 학교를 중퇴하고, 빈곤하며 그들의 미래에 대한 희망이 부족하고 가족계획에 실패하는 지능검사에서 낮은 점수를 받은 젊은 사람들이 대부분 대가족의 형태를 갖는 것으로 보인다(Amato et al., 2008). 이러한 위험요소들을 가지고 있는 청소년들을 위해 교육적 기회와 가족계획의 중재는 중요하다.

형제들과의 성장 가족 규모가 축소되고 있다고는 하지만 북미와 유럽 아동의 80%가 적어도 한

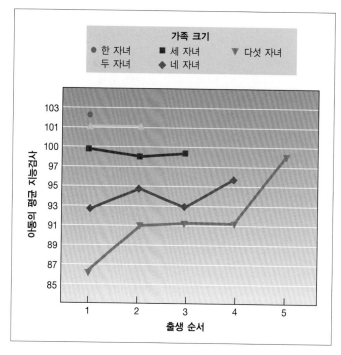

그림 14.2 **지능에 대한 출생 순서와 가족의 크기**

미국 국가 수준의 청소년 종단적 연구에서 만약 대가족이 아동의 경험의 질을 약하게 하였다면 예측되었을 것과 마찬가지로 아동의 지능은 늦은 출생 순서에도 떨어지지 않았다. 이와 반대로 가장 큰 가정에서 가장 어린 자녀들은 다른 형제자매보다 높은 성적을 받는 경향이 있다. 그러나 큰 규모의 가정일수록 모든 형제자매의 점수가 낮게 기록된 선들의 차이점을 기억하라.

출처 : J.L. Rodgers, H.H. Cleveland, E. can den Oord, & D.C. Rowe, 2000, "Resolving the Debate over Birth Older, Family Size, and intelligence," *American Psychologist*, 55, p. 607. copyright 2000 by the American Psychological Association. Reprinted by permission of the American Psychological Association.

명 이상의 형제들과 함께 성장하고 있고(Dunn, 2004b), 형제자매는 서로의 관계를 통해 직접적으로 추가적인 자녀의 영향이 부모의 행동을 통해 간접적으로 발달에 영향을 미친다. 이전의 장들에서, 우리는 초기 언어발달, 성격, 자기 이해와 사회적인 이해, 성 고정관념에 영향을 미치는 것을 포함한 형제, 자매를 갖는 것의 몇 가지 결과들을 알아보았다. 이제 형제관계의 특성을 자세히 살펴보자.

형제자매 관계의 출현   대부분의 영유아기 자녀에게 동생의 출생은 달갑지 않은 생의 경험을 제공하는데 그들은 이제 부모의 관심과 애정을 나누어 가져야 한다는 현실을 인정해야 하면서 그들은 보통 한동안 부담이 되고 달라붙고 의도적으로 말을 듣지 않는다. 애착 안정성 또한 특히 스트레스를 받고 있는 평균 2세 이상의 자녀(위협과 변화를 느낄 수 있는 충분한 나이)와 그들의 어머니에게서 전형적으로 감소한다(Baydar, Greek, & Brooks-Gunn, 1997; Teti et al., 1996).

하지만 동생에 대한 거부행동은 형제자매의 풍부한 정서적 관계의 일면에 지나지 않는다. 또한 첫째 아동들은 애정과 동정적 고려를 보여 주기도 한다. 동생에게 뽀뽀를 하거나 동생을 토닥이고, 아기가 울 때 "엄마, 동생이 엄마를 찾아요!"라고 외치기도 한다. 첫째가 끝날 즈음, 아기들은 보통 많은 시간들을 형제자매들과 같이 보내게 되며 짧은 부모의 부재에도 형제자매와 있으며 편안해한다. 이러한 아동기 동안, 아동들은 계속해서 그들의 형제자매를 애정의 존재로서 대하고, 부모가 도와줄 수 없는 힘든 상황 안에서 편안하게 변한다(Seibert & Kern, 2009).

그들의 빈도와 감정의 강도 때문에 사회의 능력 확장 안에서 형제자매의 관계는 독특한 맥락을 보인다. 두 번째 해에는, 영아들은 종종 친밀해지며 그들의 두 번째와 네 번째 생일 사이에 영아들은 형제자매의 놀이에 참여하고 점진적으로 보다 활동적인 역할을 가진다. 부모나 아동(연령의 차이가 많은)보다는 연령이 가까운 형제자매와 서로를 더 평등한 관계로 이해한다. 그들은 종종 가상 놀이를 하며 기분을 이야기하고 장난을 치고 놀리기도 한다. 그리고 갈등이 생겼을 때 스스로 요구에 주의를 기울인다. 이러한 기술들은 감정과 다른 사람들의 감정을 이해하고 조망수용, 도덕적 성숙, 그리고 동료와의 관계에 있어서의 능력에 기여한다(Kramer, 2011). 이러한 결과들과 일치하는 긍정적 형제자매의 유대관계는 사회적 어려움의 위험이 있는 적대적인 유아들의 사이에서도 우호적인 적응을 기대할 수 있다(Modry-Mandell, Gamble, & Taylor, 2007; Stormshak et al., 1996).

그럼에도 불구하고 형제자매 관계에서의 개인적 어려움들은 새로운 아기의 출생 이후 바로 나타난다. 높은 감정적 반응도 또는 활동 수준의 어떤 기질적 특성들은 형제자매의 갈등의 기회를 증진시킨다(Brody, Stoneman, & McCoy, 1994; Dunn, 1994). 양육은 또한 아주 중요하다. 아이들에 대한 어머니의 모성은 긍정적 형제자매의 상호작용과 관계가 있고 힘든 어린 동생들에 대한 영유아들의 도움과도 관계가 있다(Volling, 2001; Volling & Belsdy, 1992). 그리고 자주 자녀들과의 놀이에 참여하는 부모와 영아의 요구들을 형제자매인 아동들에게 설명하여 잠재적인 갈등을 차단하는 어머니들은 형제자매의 협력적 관계를 발전시킨다. 반대로, 어머니의 엄격함과 관계의 부족은 점진적으로 적대적 형제자매 관계를 야기한다(Howe, Aquan-Assee, & Bukowski, 2001).

마지막으로 안정적인 결혼생활은 자녀들 사이에서 발생한 질투와 갈등에 잘 대처하는 적응적인 능력과 연결된다(Volling, McElwain, & Miller, 2002). 부부 간의 원활한 의사소통은 효과적인 문제해결의 모델을 제공해 줄 것이다. 또한 질투를 느끼는 원인을 적게 제공하면 일반적인 행복한 가정환경을 조성할 수 있을 것이다.

아동 중기에서의 형제자매의 관계   아동 중기에 이르러 아동이 다양한 활동에 참여하게 되면서, 부모는 이들의 태도와 성취에 대한 비교를 하게 되고, 그 결과 아동의 형제자매에 대한 경쟁심은 이전에 비해 증가하는 경향을 보인다. 한편, 부모의 관심과 인정을 덜 받았고 물질적 지원 또한 적게 받은 자녀는 쉽게 화를 내거나 상당 기간의 적응문제를 나타내기도 한다(Dunn, 2004b;

Tamrouti-Makkink et al., 2004).

　형제관계가 동성(same sex)이면서 연령 차이가 크지 않을수록 부모의 비교행위는 자녀들 간의 빈번한 다툼과 적개심의 원인이 된다. 특히 부모가 재정적인 어려움, 부부관계의 갈등, 한부모 아이에 대한 부정성 때문에 스트레스를 받고 있는 경우, 이러한 현상은 더욱 뚜렷하게 나타난다(Jenkins, Rasbash, & O'Connor, 2003). 에너지가 소진된 부모들은 공정함에 대해 부주의하게 된다. 결국 아버지이기 때문에 어머니보다 자녀들과 적은 시간을 보내고, 아버지가 한 명의 자녀를 선호할 때 특히 강하게 반응하게 된다(Brody, Stoneman, & McCoy, 1992).

　학령기에 이르러 형제관계의 갈등은 대체로 심화되지만, 서로에 대한 신뢰, 의존, 정서적 지지는 아동이 일상생활을 수행하는 데 중요한 자원이 된다(Siebert & Kerns, 2009). 연구자들이 공유된 일상적인 활동에 대해 형제자매에게 물었을 때, 아동들은 연령이 높은 자녀가 연령이 어린 동생들이 학문적인 활동이나 또래와의 도전을 하는 것을 돕는다고 말했다. 둘 다 서로 가족의 문제를 돕는 것을 나타냈다(Tucker, McHale, & Crouter, 2001). 서로의 또한 부모-자녀 관계와 마찬가지로 형제 간의 상호작용은 청소년기에 접어들면서 변화한다. 청소년기 동생의 자율성과 자아정체성이 형성되어 가는 과정에서 이들은 형(오빠)이나 누나(언니)의 지시를 거부하고, 친구관계 또는 이성관계에 몰입하는 경향을 발견할 수 있다. 그러나 부모-자녀 관계와 마찬가지로 형제관계 역시 아동의 발달에 중요한 영향을 주게 되며, 부모의 양육태도가 온정적이고 참여적일수록 이들의 긍정적 효과는 증가한다(Dunn, Slomkowski, & Beardsall, 1994). 온화하고 사려 깊은 형제자매 관계에 대한 부모의 격려는 대단히 중요하다. 이들의 관계가 긍정적일수록 의견충돌을 더 건설적으로 해결하고, 서로 정서적 지지와 구체적인 형태의 도움을 주게 되며, 부모의 분리와 이혼과 같은 주된 스트레스 요인에 직면했을 시 회복에 더 많이 기여하게 된다(Conger, Stocker, & McGuire, 2009; Soli, McHale, & Feinberg, 2009).

　형제 간에 우애가 깊을 때, 나이가 많은 형제의 학업과 사교능력은 동생에게 영향을 주는 경향이 있는데, 이는 위탁가정이나 또래관계보다 더 높게 나타난다(Brody & Murry, 2001; Lamarche et al., 2006). 그러나 아동 중반기에 나타나는 형제 간의 깊은 갈등은 해로운 결과를 낳게 되는데, 이는 갈등으로 인한 낮은 형제 간의 관계, 불안감, 우울증, 그리고 후에 마약과 비행, 그리고 이후에 다른 가정관계 요인에도 영향을 끼치게 된다(Criss & Shaw, 2005; Kim et al., 2007; Stocker, Burkwell, & Briggs, 2002).

　어떻게 형제 간에 규칙을 만들고, 의견을 조율하는 것인지, 그리고 어떻게 가능한 해결책에 대하여 토론을 하는지 등, 부모와 함께 중재(仲裁)하는 훈련을 하는 것은 형제 간의 서로의 관점에 대한 인식을 증기시키고, 반감을 줄여 준다(Smith & Ross, 2007). 그리고 형제 사이에 직접적인 개입은 그들 사이에 공감능력학습, 조망수용능력, 감정적 자기제어, 그리고 갈등관리, 긍정적 상호작용 향상과 형제가 부모의 개입에 대한 요구를 감소시키는 데 부정적인 결과를 불러일으킨다(Kennedy & Kramer, 2008).

청소년기의 형제관계　부모-자녀의 관계와 같이 형제 간에 상호작용은 청소년기의 발달에 따라 적응하게 된다. 유아기에 형제들이 더 독립적이 될수록, 형제들은 자신의 손위형제들과 약간씩 다르게 행동하며, 형제 간의 영향이 감소하게 된다. 또한 10대에 교우관계와 연애관계가 증가할수록, 그들은 형제 간의 관계에 대하여 시간과 에너지를 덜 사용하며, 이를 통해 그들은 자신이 속해 있는 가족에게서 독립을 할 수 있게 된다. 긍정적이든 부정적이든 결과적으로 형제관계는 점점 약해지게 된다(Hetherington, Henderson, & Reiss, 1999; Kim et al., 2006).

비록 형제자매의 경쟁은 아동 중기에 증가하는 경향을 보이지만, 형제자매는 또한 서로에게 정서적 지원을 제공하고 때로는 힘든 일이 있을 때 돕는 인내심을 제공한다.

하지만 형제 간의 애착은 부모와의 친밀함과 마찬가지로 대부분 청소년들에게 강하게 남아 있다. 전반적으로 유아기부터 지속적으로 배려와 애착을 통해 긍정적인 유대감을 형성하고 있는 형제관계는 청소년기에 더 호의적인 감정으로 조정된다(Kim et al., 2007; Samek & Rueter, 2011). 손위형제는 흔히 그들의 동생이 연애관계, 학업, 미래에 대한 결정을 내려야 하는 과제와 직면했을 때 효과적인 조언을 제시해 준다. 서로의 감정적인 친밀감이 일치할 가능성이 높은 소녀들과 같이, 여자형제가 그들의 남자형제보다 더 친밀감을 보였으며, 이는 여자형제들끼리 더 가깝다는 사실을 나타낸다(Kim et al., 2006). 문화 또한 형제관계에 영향을 끼치는 중요한 요소 중 하나다. 멕시코-미국 청소년들을 대상으로 한 연구에서, 멕시코 문화권이 미국 문화권보다 형제 간의 갈등해결에 좀 더 협력적인 성향, 즉 강압적이고 대치하기보다 타협하는 반면 미국 문화권에서는 개인주의적인 가치관을 나타내었다(Killoren, Thayer, & Updegraff, 2008).

형제들 간의 상호작용에서 청소년기는 다른 인간관계로부터 지속적인 영향을 주고받는다. 따뜻하고 힘이 되는 가정과 친밀감이 오랜 기간 동안 형성된 가정의 10대일수록 형제 간에 친밀감이 더 강한 모습을 나타내었다(Busell et al., 1999; Kramer & Kowal, 2005). 또한 서로 주고받는 따뜻한 청소년기의 형제관계는 더욱 친밀한 우정을 형성하는 데 기여한다(Yeh & Lempers, 2004). 사이 좋은 형제 간에서는 부모의 애정이 차별적인 것을 인지한다고 해도 이로 인해 질투심이 유발되지 않으며, 대신 형제로부터의 애정을 바라게 된다(Feinberg et al., 2003). 청소년기의 형제관계의 해석은 부모관계와 함께 독특한 가족관계로 해석될 수 있는데, 일반적으로 이 관계가 받아들여지는 동안, 그들의 자아정체성이 형성되는 만족스러운 징후를 나타낼 것이다.

외동아이 가정

형제관계가 아동발달에 여러 가지 좋은 영향을 주지만, 아동의 바람직한 발달에 필수적인 것은 아니다. 예를 들어, 외동아이에 대한 일반적인 편견과는 달리 이들은 발달과정에서 오히려 외동아이로서의 장점을 갖는다는 연구결과가 지속적으로 발표되고 있다. 북미지역에서 성장한 외동아이 가정과 다자녀 가정과의 성격 특성에 대한 자체 평가에서는 차이를 보이지 않았다(Mottus, Indus, & Allik, 2008). 그리고 외동아동을 형제가 있는 아동과 비교한 결과에 따르면, 외동아동은 형제자매가 있는 아동과 비교하여 상대적으로 자존감이 높고, 성취동기 또한 높은 것으로 나타났으며, 학교생활을 원활히 하여, 학업성취 수준이 높은 것으로 나타났다. 이러한 결과가 나온 주된 이유 중 하나는 외동아동이 숙달과 성취에 대한 압박을 가하는 부모들과 좀 더 친밀한 관계를 유지하고 있기 때문이다(Falbo, 1992). 더욱이 외동아이들은 또래관계에 보다 적극적으로 참여함으로써 형제관계

30년보다 더 많은 기간 동안 중국의 국가 정책으로 가족의 크기가 제한되고 있다. 도심지역에서 부부의 대다수는 한 명 자녀를 두고 있다.

를 대체하기도 한다. 하지만 그들은 또래집단에 잘 받아들여지지 못하는 경향이 있는데, 이는 그들이 형제 간의 상호작용을 통하여 효과적인 갈등해결 방안을 배울 기회가 없었기 때문인 것으로 보인다(Kitzmann, Cohen, & Lockwood, 2002).

외동아동의 유리한 발달점은 중국에서도 그 특징을 찾아볼 수 있는데, 중국에서는 지난 30년 동안 1가구 1자녀 정책을 엄격히 진행하여 인구 성장을 통제하여 왔다(Yang, 2008).

형제가 있는 동년배와 비교하여, 외동 가족이었던 아이의 인지발달과 학업발달이 더 앞서 있었다. 그들은 또한 더 확실한 자신감을 보였는데, 이는 다자녀 가구의 정부정책에 대한 반감이 외동아동에 비해 더 긴장을 촉진시켰기 때문인 것으로 보인다(Falbo & Poston, 1993; Jiao, Ji & Jung, 1996; Yang et al., 1995). 대부분 중국인 어머니들은 반드시 그들의 자녀가 그들의 첫 사촌과(형

제로 간주될 수 있는) 상시 연락을 주고받게 한다. 아마도 이러한 결과로, 중국인 외동아동은 형제가 있는 동년배 아동과의 사회생활기술과 또래수용능력에 있어서 큰 차이를 보이지 않는다(Hart, Newell, & Olsen, 2003). 하지만 그다음 세대에 중국 외동아동은 첫 사촌을 가질 수 없을 것이다.

중국인들의 출산율은 부부당 1.5명이고, 대도시에서는 0.7명으로 현재 선진국보다도 낮다. 결과적으로, 이 고령층은 급격히 증가하는 반면에 노동인구층은 증가하지 않고 있어서, 이러한 불균형은 국가 경제 발전에 위협이 되고 있다. 그리고 중국은 딸보다 아들을 귀하게 여기기 때문에, 이 정책은 여아를 낙태시키거나 버리는 것을 유행시키는 결과를 낳게 되어서, 어마어마한 인구 성비 불균형이라는 결과를 낳고 말았는데(남자 아동 130명 대 여자 아동 100명), 이는 사회적 안정을 위태롭게 할 것이다(Zhu & Hesketh, 2009). 그 결과, 중국은 1가구 1자녀 정책 완화를 고려 중이지만, 현재 문화적으로 뿌리 깊게 자리 잡고 있어서 부부들이 다자녀 가구를 꾸릴 기회를 제공한다고 하더라도, 둘째 자녀를 원치 않는다고 말하고 있다(LaFraniere, 2011).

입양아 가정

불임인 성인과 유전적인 장애를 지닌 성인, 또는 나이가 많거나 혼자인 성인들은 많은 수가 입양에 의한 가족을 원한다. 출산에 의해 자녀가 있는 사람들은 때때로 입양을 통해 가족을 확대하는 것을 선택한다. 입양기관들은 부모와 인종적 · 종교적 배경 등이 유사하거나 부모의 연령을 고려하여 입양아를 연결시켜 주기 위해 노력한다. 건강한 아기를 출산할 가능성이 줄어들고 있기 때문에(어린 미혼모들은 과거에 비해 그들의 아기를 쉽게 포기한다.), 북미와 유럽의 많은 사람들은 다른 나라로부터 입양을 하거나 영아기를 지난 아동이나 발달적인 문제가 있다고 알려진 아동을 받아들인다(Schweiger & O'Brien, 2005).

입양된 아동과 청소년은 입양된 부모의 나라의 출생 여부에 상관없이, 다른 아동보다 학습과 정서적 어려움이 있으며, 입양 당시 아동의 연령이 높으면 학습과 정서적 어려움을 더 증가시키는 경향이 있다(Nickman et al., 2005; van IJzendoorn, Juffer, & Poelhuis, 2005; Verhulst, 2008). 또한 첫돌 이전에 입양된 아동이 입양 부모에게 안정된 애착을 하는 반면, 이후에 입양된 아동들은 불안정 애착의 비율이 더 높게 나타났다(van den Dries et al., 2009).

입양아들의 많은 문제적 아동기에 대한 다양한 설명들이 있다. 생물학적 부모는 부분적으로 유전적인 문제로 믿어지는 알코올 중독이나 심한 우울증 때문에 그 아동을 돌볼 수 없었거나 이러한 경향이 자녀에게 영향을 미칠까 봐 아동을 돌볼 수 없었을 것이다. 또한 어머니는 임신 기간 동안 스트레스, 열악한 음식섭취, 불충분한 의료 혜택을 경험했을 것이다. 게다가 영아기 이후에 입양된 아동은 입양되지 않은 또래보다 더 많은 가족관계, 부모의 관심 부족, 무시와 학대 또는 불우한 보호시설에서의 양육과 같은 갈등 지배적인 입양 이전의 역사를 가지고 있는 것처럼 보인다. 마지막으로 일반석으로 관계가 없는 입양 부모와 아동은 생물학적인 친족들보다 지적인 능력과 성격이 덜 유사하기 때문에 이러한 차이는 가족의 화합을 위협할 수 있다.

이러한 위험에도 불구하고 대부분의 입양된 아동은 잘 성장하고 이러한 기존의 문제들을 가지고 보통 빠르게 진보해 나간다(Arcus & Chambers, 2008; Bimmel et al., 2003). 네덜란드의 국제적으로 입양된 아동의 연구에서 영아기의 민감한 어머니의 양육과 안정된 애착은 7세에서의 인지적 · 사회적 능력을 예측하였다(Stams, Juffer, & van IJzendoorn, 2002). 그리고 나이가 들었을 때 입양이 된 문제가 있는 가족의 역사를 가진 아동은 일반적으로 사랑받고 지지받는 느낌을 접하면서 그들의 입양 부모에 대한 신뢰와 관심의 느낌을 향상시킨다(Verissmo & Salvaterra, 2006).

청소년기에 입양아의 생활은 그들의 근원에 대한 풀리지 않는 궁금증 때문에 복잡해진다. 일부는 그들을 낳아준 부모를 절대 알 수 없을 것이라는 가능성을 받아들이는 데 어려움을 겪고 갑자기 생부, 생모가 나타날 것 같은 걱정을 한다. 입양된 10대들은 또한 출생 가족과 입양 가족의 양상을

XINHUA/LANDOV

중국 문화 축제와 같은 행사 참여를 통해 부모들은 입양아들의 출생과 양육 배경을 건강하게 조화시킨 정체성을 향상시킬 수 있도록 도와준다.

그들의 정체성의 출현에 통합을 시도하면서 스스로를 정의하기 위한 더 많은 도전 과정에 직면한다.

그럼에도 불구하고, 대부분의 입양 아동은 성인으로서 잘 적응하는 것 같다. 부모들이 입양에 대한 의사소통에서 따뜻하고 열려 있고 지원을 아끼지 않을 때, 아동은 전형적으로 긍정적인 자기 감정을 구축해 나간다(Brodzinsky, 2011). 입양 부모가 입양한 아동의 유산에 대해 배우는 것을 돕기 위한 노력만 한다면 다른 인종집단 또는 문화에서 입양된 청소년들은 일반적으로 출생과 양육 배경이 건강하게 혼합된 정체성이 발달한다(Nickman et al., 2005; Thomas & Tessler, 2007).

입양은 대부분의 부모와 아동 모두에게 만족하는 가족 대안이다. 좋은 결과는 아동과 부모의 주의 깊은 연결과 잘 훈련된 사회적 서비스 전문가에 의한 입양 가족을 위한 안내의 준비에 의해 촉진될 수 있다.

동성애자 가정

최근 조사에 따르면 대부분 예전의 이성애자 결혼과 몇몇의 입양, 생식기술(reproductive technologies)을 통해 부모가 되며, 약 20~35%의 레즈비언 부부, 5~15% 게이 부부들이 부모가 된다(Gates et al., 2007; Goldbeg, 2010; Patterson & Riskind, 2010). 이러한 수치는 많은 동성애자 부모들이 자신들의 존재를 밝히는 것에 대해 주저하여 실제 숫자보다 적게 보고된 것이다. 과거에는 동성애자들이 적절한 부모가 될 수 없다고 가정하는 법 때문에 이성의 배우자와 이혼했던 그들은 자녀들의 양육권을 갖지 못했다. 오늘날 몇몇의 주(state)들은 본질적인 성적 취향을 수용하고 양육권과는 무관하다고 본다. 그러나 몇몇의 주들은 동성애자 부부가 입양하는 것을 금지하고 있다. 아르헨티나, 벨기에, 브라질, 캐나다, 아이슬란드, 멕시코, 네덜란드, 노르웨이, 남아프리카, 스페인, 스웨덴, 영국, 우루과이에서는 동성애자 부부의 입양이 합법이다.

대부분의 동성애자 가족의 연구에는 자발적인 참여가 제한적이다. 보고에 따르면 동성애자 부모들은 이성애자 부모처럼 헌신적이고 효과적으로 양육한다고 하며, 때로는 더 이성애자 부모보다 더 헌신적이고 효과적으로 양육하는 것으로 나타났다(Bos, van Balen, & van den Boom, 2007; Tasker, 2005). 또한 그들의 부모들 사이에서 태어나거나 입양 또는 인공수정을 통해 얻든지 간에 동성애자의 자녀들은 이성애자의 자녀들과 정신건강, 친구와의 관계, 또는 성 역할 행동과 다르지 않았다(Allen & Burrell, 1996; Bos & Sandfort, 2010; Farr, Forssell, & Patterson, 2010; Goldberg, 2010). 불임 클리닉에서 아이를 갖게 된 모든 레즈비언 어머니의 가족들이 포함된 자원 참가자들의 잠재적인 편견을 극복한 두 개의 추가 연구는 또한 그들의 자녀들은 유망하게 자라고 있었다고 보고하였다(Brewaeys et al., 1997; Chan, Raboy, & Patterson, 1998). 마찬가지로 영국인 어머니들의 대표 참가자들에서 정해진 몇몇 참가자들과 그들의 레즈비언 가족들 사이에서 자라난 7세 자녀들은 다른 이성애자 사이에서 자란 아이들과 적응과 성 역할 선호도에서 다르지 않았다(Golombok et al., 2003).

게다가 동성애자 부모들의 자녀들은 다른 자녀들의 성적 취향에서도 비슷했다. 대부분의 자녀들이 이성애자였다

동성애자 부모들은 이성애자 부모와 같이 자녀양육에 헌신적이고 효과적이다. 그들의 자녀들은 잘 적응하며, 자녀들의 대다수가 이성애자의 성적 취향으로 발달한다.

© CREATAS IMAGES/JUPITER IMAGES/GETTY IMAGES

(Tasker, 2005). 하지만 몇몇 증거들은 아마도 특별히 다름과 불일치에서 견뎌야 하는 가족과 사회 안에서 양육된 결과로서 잠시 동안 두 가지 성의 파트너를 경험하는 동성애자 청소년기 자녀의 실험을 제안한다(Bos, van Balen, & van den Boom, 2004; Golombok & Tasker, 1996, Stace & Biblaz, 2001). 이 관점을 지지하기 위해, 네덜란드의 연구는 8~12세의 레즈비언 부모의 자녀는 이성애자 부모들이 자녀들에게 하는 것보다 성적 역할에 따르는 부모의 압력을 약간 적게 느꼈다. 두 집단은 성 정체성의 다른 측면에서는 비슷했다(성 대표성, 성 만족성, 제13장 참조). 같은 시기에 레즈비언 부모들의 자녀들은 두 집단의 차이점이 약하지만 미래 이성적 매력과 관계에 대한 불확실성에 대한 더 많은 성적 질문이 많았음이 보고되었다(그림 14.3 참조)(Bos & Sandfort, 2010).

동성애자 부모들의 주된 문제는 자녀들이 부모들의 성적 취향 때문에 낙인찍힐 수 있다는 것이다. 대부분의 연구들에서 나타나기를 놀림 또는 괴롭힘의 사건들이 드물다. 왜냐하면 부모들과 자녀들이 그들이 다른 사람에게 알려지는 이야기들에 대해 신중히 관리하기 때문이다(Tasker, 2005). 그러나 호주에서의 연구에서는 대부분 3학년에서 10학년 아동들은 그들 부모의 관계에 있어 친구와 토론하는 것으로 문제를 해결하지만, 거의 반 정도는 괴로움이 있음을 보고하였다(Ray & Gregory, 2001). 전반적으로 도움을 받지 못하는 사회에 살아감으로써 동성애자 부모의 자녀들은 다른 아동들로부터 구별될 수 있다.

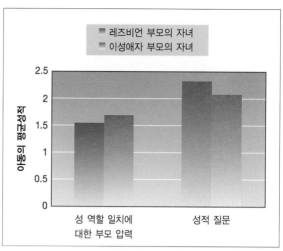

그림 14.3 레즈비언과 이성애자 부모들의 8~12세 자녀들의 성 역할 일치에 대한 부모의 압력과 성적 질문

이성애자 부모들과 비교하여 레즈비언 부모의 자녀는 부모의 압력을 다소 적게 받는 것으로 나타났으며, 부모의 압력 또는 성적 질문이 강하게 표현되지 않았다(참가자들은 각각 4점 만점에 1.5에서 2.3을 기록).

출처 : Bos & Sandfort, 2010.

미혼 한부모 가정

지난 10년 동안, 미혼모는 산업화된 국가에서 급격하게 증가하였다. 오늘날, 미국에서 미혼모가 출산율의 40%에 해당되고 있는데, 이는 1980년도에 비해 두 배가 넘는 비율이다. 10대 부모들은 최근 감소하고 있는 반면에(제5장 참조), 20대 혹은 그 이상 연령대 여성들에게서 독신인 어머니, 즉 미혼모들은 증가하였으며, 특히 그중에서도 30~40대 높은 지위 여성들이 이에 해당되는 것으로 나타났다(U.S Census Bureau, 2011b). 그러나 사회적 지수가 높은 이들에게서, 여전히 나이 많은 미혼모들은 적은 수치이며, 이들의 아동발달에 대한 정보 역시 잘 알려져 있지 않다.

미국에서 흑인 젊은 여성들이 가장 많은 미혼 가정을 형성하고 있다. 흑인 어머니들의 64%가 남편 없이 가정을 이루며, 이에 비해 백인 어머니의 경우 28%가 미혼 가정을 이루고 있다(U.S. Census Bureau, 2011b). 미국 내 흑인 여성들의 결혼 기피나 출산율은 다른 미국 내 인종에 비해 낮지 않다. 실직, 장기 실직 등은 결과적으로 많은 흑인 남성의 무능력함으로 이어지고, 이는 흑인 가정이 결혼하지 않고 미혼모 가정으로 형성되는 데 기여하고 있다.

미국의 흑인 미혼모 가정은 대가족을 이루기도 하는데, 특히 그들 어머니와 가끔 다른 남자 친척들이 그들의 아동을 돌보는 데 도움을 준다(Gasden, 1999; Jayakody & Kalil, 2002). 그리고 이들의 3분의 1—반드시 생물학적인 아버지는 아닌—은 결혼생활 9년 이내에 첫 아이를 얻게 된다(Wu, Bumpass, & Musick, 2001). 이 커플은 다른 처음 결혼한 부모들과 같은 기능을 하게 된다. 그들의 아동들은 자신의 아버지가 양아버지라는 사실에 대해 인지하지 못하며, 부모들은 자녀양육의 어려운 점이 대부분 재혼과 연관되어 있다는 것을 알리지 않고 있는데, 이것은 논의된 지 얼마 되지 않았다(Ganong & Coleman, 1994).

여전히 사회경제적 지위가 낮아 빈곤문제를 겪는 미혼모들은 꾸준히 증가하고 있다. 50% 가까이 되는 백인 어머니와 60%에 이르는 흑인 어머니들은 미혼 상태에서 둘째 아이까지 출산한다. 그들은 이혼 가정과는 전혀 다르게, 자녀의 생부로부터 정기적인 양육비를 지원받지 못하고 있다. 결과적으로, 미혼모 가정의 대부분 아동들은 경제난과 연관된 문제점을 보이고 있다(Kotchick,

Dorsey, & Heller, 2005). 더욱이 아버지의 애정과 관심을 받지 못한 미혼모 자녀들은 다른 낮은 사회적 지위를 가진 결혼한 가정들보다 인지발달에 어려움을 보였으며 반사회적 행동을 많이 보이는 것으로 나타났다(Waldfogel, Cragie, & Brooks-Gunn, 2010). 그러나 생부의 존재가 이익이 되는 것은 아버지의 경제적·정서적 신뢰가 반드시 존재할 때이다. 어머니가 반사회성을 지닌 아버지와 결혼했다면, 아동은 미혼모 혼자서 양육될 때보다도 더욱 엄청난 위협에 놓이게 될 것이다(Jaffe et al., 2003).

시간이 흐르면서, 적절한 교육을 받지 못하고 경제적으로 어려움을 겪는 미혼 아버지들은 그들의 아동과 더 적은 시간을 사용하고 덜 함께한다(Lerman, 2010). 낮은 사회경제적 지위를 가지고 있는 부모들을 위해 사회적 지지와 교육 및 고용 기회를 강화하는 것은 미혼의 어머니와 그들 자녀들의 복지를 크게 향상시켜 줄 것이다.

이혼 가정

1960년과 1985년 사이에 서구 국가의 이혼 비율은 대부분의 국가들에서 안정되기 전에 극적으로 증가했다. 미국은 지난 20년 이상 초혼 연령이 크게 증가함으로 인해 이혼율 감소를 경험했다(Amato & Dorius, 2010). 그럼에도 불구하고, 미국은 전 세계에서 매우 높은 이혼율을 보이고 있다(그림 14.4 참조). 이혼으로 끝난 미국인 결혼의 45% 중 반절은 자녀가 있다. 어떤 한 시점에서 미국 아동의 1/4은 한부모 가정에서 자란다. 비록 대부분 그들의 어머니와 살지만, 아버지 가장 가정의 비율은 약 12%로 조금씩 증가되었다(Federal Interagency Forum on Child and Family Statistics, 2011).

이혼 가정의 1/3의 아동은 평균 약 5년간 한부모와 생활을 한다. 많은 이들에게 이혼은 새로운 가족관계로 이어진다. 이혼 가정의 약 2/3가 부모의 재혼에 따르는 새로운 가족생활을 경험하게 된다(Hetherington & Kelly, 2002).

이러한 수치들은 이혼이 그 자체로서의 삶의 사건(life event)으로서 의미를 가질 뿐만 아니라 주거, 소득 수준, 가족 내 역할 및 책임, 가족관계 등 광범위한 생활상의 변화를 초래하는 것을 나타낸다. 따라서 1960년대 이후 많은 연구들은 부모의 이혼이 자녀에게 미치는 부정적 영향에 대해서 논의해 왔다. 그러나 한편에서는 부모가 이혼을 수용하는 수준은 개인차가 많다는 주장이 있다(Hetherington, 2003). 양육권을 갖고 있는 부모의 심리적·정신적 건강 상태, 아동의 성격 및 주변 친인척은 물론 지역사회 관련 요인에 따라서 이혼이 미치는 영향은 달라진다고 주장하는 것이다.

즉각적인 결과   이혼할 시점의 가족의 갈등은 양육권과 소유물을 결정할 때 종종 증가한다. 일단 한 부모가 떠나면, 추가적인 사건들이 부모와 자녀 사이 지원적 관계를 위협한다. 어머니가 이끄는 가정은 전형적으로 급격히 낮아진 수입을 경험한다. 미국 이혼모의 27%가 빈곤을 경험하고 보다 많은 사람들이 낮은 수입과 아버지로부터의 완전한 지원보다 적게 받거나 전혀 받지 않는다(Grall, 2009). 그들은 보다 싼 집으로 이사를 해야 하고 이웃들과 친구들의 지원적인 관계를 줄여야 한다.

결혼에서 이혼으로의 변화는 전형적으로 어머니의 높은 스트레스, 우울함, 불안감, 혼란스러운 가족 상황을 이끈다. 안녕이 줄어드는 것은 어린 아동을 가진 어머니들에게 가장 크다(Willians & Dunne-Bryant, 2006). 여성에 의해 일상적으로 이루어지던 식사, 취침, 가사노동 등의 규칙이 깨지

그림 14.4   12개의 산업화된 국가에서의 이혼 비율

미국은 이혼 비율이 산업화된 국가들 중에서 다른 국가들보다 훨씬 높다.

출처 : U.S. Census Bureau, 2011b.

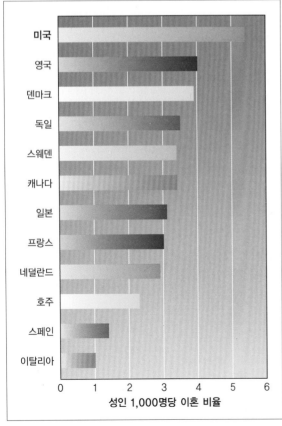

성인 1,000명당 이혼 비율

면서 아동들은 불안정한 가정환경에 대해 불만을 나타내고, 스트레스를 받게 된다. 아울러 시간이 경과되면서 양육권이 없는 아버지를 만나는 기회가 감소하거나(Hetherington & Kelly, 2002), 가끔 만나는 아버지의 지나치게 허용적인 태도는 양육을 담당한 어머니의 양육태도와 충돌을 일으켜 또 다른 갈등의 원인으로 작용하기도 한다.

부모들이 더 많이 싸우고 자녀들에게 사랑과 참여 그리고 지속적인 안내를 제공하지 않을수록 자녀들의 적응은 더욱 힘들어진다. 이혼 가정의 약 20~25%의 자녀들은 심각한 문제행동을 보이고, 이는 이혼하지 않은 가정에서는 약 10%의 비율을 보이는 것과 비교된다. 이때 아동들의 연령, 기질, 그리고 성별에 따라 반응들은 다양하다.

부모가 이혼을 했을 때 유아들은 스스로를 비난하고 공포감과 분노의 감정으로 반응한다. 이 아버지의 부드러운 말들은 이혼이 딸의 책임이 아니라는 것을 이해하는 데 도움을 준다.

아동의 연령 유아들은 부모의 헤어짐을 자신의 탓으로 돌려 스스로를 비난하거나 혹시 부모가 자신을 버리지 않을까 두려워한다(Lansford et al., 2006a). 따라서 부모의 이혼이 자신의 탓이 아니라는 인지적 성숙함을 가진 연령이 높은 아동과 청소년들보다 아동들은 두려움, 공포감과 분노, 반항의 두 가지 감정을 보이기 쉽다.

여전히 많은 학령기 청소년들도 강력하게 반응하는 데 특별히 가족의 갈등이 심했거나 부모의 보호가 낮았을 때에 우울함, 학교 성적의 하락, 통제의 어려움과 가출, 무단결석, 그리고 이른 성적 행동과 같은 바람직하지 않은 활동으로 도피한다(D'Onofrio et al., 2006; Lansford et al., 2006a). 특별히 가정에서 몇몇 첫째 자녀들은 더욱 성숙한 행동을 보인다. 자발적으로 가족과 집안일을 책임지거나 어린 동생들을 돌보고 우울하고 불안한 어머니의 정서적 도움을 주기도 한다. 그러나 만약 이러한 요구들이 너무 지나쳤을 때 자녀들은 결국에는 화를 내고 가족에서 물러나 분노와 반항을 할 것이다(Hetherington, 1999).

아동들의 기질과 성별 힘든 삶의 사건과 부적절한 양육에의 노출은 기질적으로 힘든 아동들의 문제를 확대시킨다(Lengua et al., 2000). 또한 부모의 분노 목표가 되는 것이 낮은 순한 기질의 자녀들은 고난을 잘 대처한다.

이러한 결과들은 성별에 따른 이혼에 대한 반응을 설명하는 데 도움을 준다. 여자아동들은 가끔 울음과 자기비난과 위축과 같은 반응을 보인다. 남자아동과 여자아동 모두 보다 자주 지나친 요구와 주의를 끄는 행동을 보인다. 이러한 심리적 안정의 감소는 이혼 가정의 자녀의 낮아진 학문적 성취에 영향을 끼친다(Potter, 2010). 어머니가 양육권을 가지고 있는 가정에서는 아들이 심각한 적응문제들을 좀 더 많이 가지고 있다(Amato, 2001, 2010). 제13장의 내용을 다시 살펴보면 남자아동들은 부모의 갈등과 일정하지 않는 훈육에 많이 노출된 행동들로 더욱 활동적이고 순응적이지 않다. 연구에서는 부모의 이혼이 있기 오래전 남자아동은 그들의 부모의 문제들에 의해 발생된 행동으로 충동성, 반항과 공격성에서 높은 비율을 보이는 것으로 나타났다(Hetherington, 1999; Shaw, Winslow, & Flanagan, 1999; Strohschein, 2005). 결과적으로 많은 남자아동은 이혼 시기에 가족의 스트레스를 대처하는 능력이 떨어지고 혼란의 시기로 들어간다.

그들의 행동은 통제되지 않기 때문에 이혼 가족의 아들들은 어머니와 교사, 친구들로부터 감정적 도움을 적게 받는 경향을 보인다. 더욱이 분노하고 반항적인 아들과 이혼한 어머니의 사이에서의 강제적인 관계의 순환은 곧 형제자매 관계와 혼합된 적응의 문제점들로 퍼진다. 부모의 이혼 이후 반항하는 아동들은 일반적으로 더욱 심각해진다.

장기적 결과 일반적으로 부모의 이혼 이후 약 2년 정도가 지나면 자녀들은 어느 정도 적응을 하게 된다. 그러나 이혼 가정의 자녀는 부부관계를 유지하는 가정의 자녀들보다 자아정체성이나 학업성취도가 다소 낮고, 심리정서적으로 불안정하여 문제행동을 표출하는 경우가 많다는 연구결과가 있다(Amato, 2001; Lansford, 2009). 그리고 이들의 일부는 부모 이혼의 부적응 문제를 성인기까지 가져가는 경우도 있어, 성인기에 이르러서도 원만한 대인관계를 유지하지 못하고 특히 이성관계의 어려움을 겪기도 한다. 부모의 이혼을 두 번 이상 경험한 아동의 경우에는 부적절한 성관계를 빠르게 경험하거나, 본인이 이혼을 경험할 확률이 높다는 연구결과도 발표되었다(Wolfinger, 2000). 몇몇 아동들은 감소된 학문적 성취, 문제 있는 연인관계와 성인기의 결혼과 이혼, 그리고 불만족스러운 가정과 자녀와의 관계와 같은 다른 어려움들을 경험한다(Amato, 2006, 2010; Lansford, 2009). 따라서 이혼은 다음 세대에도 영향을 미친다.

아동이 부모의 이혼에 적응하는 데 가장 필요한 것은 이혼으로 야기된 가정환경의 변화에 따른 스트레스를 효과적으로 관리하고 문제를 해결해 나가려는 부모의 긍정적 양육태도이다(Leon, 2003; Wolchik et al., 2000). 어머니가 양육권을 갖고 있는 경우, 아버지와의 접촉도 중요한 요인이 되는데, 정기적으로 접촉할 기회를 갖고 온정적인 관계를 유지하는 경우 아동들은 부모의 이혼에 대해 덜 반항적이고 공격적 행동을 보이지 않는다. 특히, 여아의 경우 이혼 후 떨어져서 생활하는 아버지와 안정적 관계를 유지하고 있을 때, 부모의 이혼이 자신의 이성관계에 미치는 부정적 영향력을 약화시키는 것으로 나타났다(Dunn, 2004a).

몇몇 연구들에서는 아들을 위해 아버지가 양육권을 가졌을 때의 결과들이 더 좋다고 보고하였다(Clarke-Wtewart & Hayward 1996; McLanahan, 1999). 아버지의 많은 경제적인 안정과 권위의 이미지는 아들의 효과적인 양육을 돕는 것으로 보인다. 또한 아버지가 양육권을 가지고 있는 아들들은 두 부모의 참여로부터 많은 이익을 얻을 것이다. 왜냐하면 양육권을 가지고 있지 않은 어머니가 양육권을 가지고 있지 않은 아버지보다 자녀의 삶에 더욱 참여적이기 때문이다.

사실, 아동들에게 부모의 이혼은 상당히 고통스러운 문제이지만, 심각한 가족갈등에 지속적으로 노출되는 것보다는 오히려 바람직한 변화라고 볼 수 있다(Green et al., 2003; Strohschein, 2005). 하지만 최근 증가하고 있는 이혼의 상당수는 극심한 갈등관계가 아니라 하더라도, 관계 자체에 만족하지 못하고 인내심이 부족하여 이혼하는 경우가 상당수 있다는 점은 간과할 수 없다. 가족문제를 심각하게 인식하지 못하고 있는 상태에서 부모가 이혼을 한 경우, 자녀들의 이혼 후 적응은 더욱 힘들어지는 것으로 알려지고 있다. 아마도 부모 이혼에 대한 이해의 부재와 행복한 가정생활의 상실로부터 오는 슬픔은 왜 이혼 아동의 적응문제가 시간이 지나면서 더 심화되는지 설명할 수 있을 것이다(Amato, 2001; Lansford 2009).

그들의 마찰의 정도를 고려하지 않아도 그들의 의견충돌을 한쪽으로 미뤄 놓고 효과적인 공동양육에 참여하는 부모들은 자녀의 만족스럽고 안정적이고 행복한 성장의 기회를 많이 향상시킨다. 그림 14.5에서 볼 수 있듯이 8세에서 15세의 아동들 중 높은 부모 수용과 양육의 일관성을 경험한 아동들은 적응문제의 가장 낮은 수준을 보이고 있다(Wolchik et al., 2000). 이혼으로 야기된 장기적 어려움은 친족, 교사, 형제자매, 친구들의 관심과 도움으로 점진적으로 감소할 수 있다는 점을 기억해야 할 것이다(Hetherington, 2003; Lussier et al., 2002).

이혼 중재, 공동양육과 자녀의 지원 이혼이 부모들과 자녀들에게 상당히 힘들다는 인식은 힘든 이혼 가족들을 돕는 것을 목표로

그림 14.5 뒤따르는 이혼의 자녀 적응에 대한 자녀양육 방법들의 관계
높은 부모의 수용과 일관된 훈육은 낮은 수준의 문제행동을 보인다. 자녀양육의 질이 낮아짐에 따라 문제행동은 증가한다. 부모의 수용과 훈육의 일관성이 모두 낮을 때, 문제행동은 더욱 심각해졌다. 이 연구의 모든 8~15세 아동들은 아주 힘든 부모의 이혼을 경험했다.
출처 : Wolchik et al., 2000.

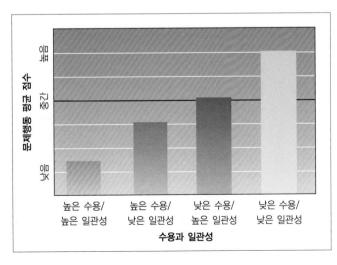

한 사회 기반 서비스(community-based services)를 생겨나게 하였다. 이러한 서비스 중 하나는 이혼중재(divorce mediation)이다. 이 프로그램은 대체로 상담의 형식을 이용하여 이혼을 고려하는 부부 갈등의 해결을 시도하거나, 이혼이 불가피한 경우 이혼에 따르는 법적 절차 등을 지원하고, 무엇보다 가족원 모두 이혼 후의 생활에 적응할 수 있도록 전문적 상담과 정보를 제공한다(Douglas, 2006; Emery, Sbarra, & Grover, 2005). 한 연구에서는 적대적인 법적 과정과는 반대로 중재를 통해서 갈등을 해결한 부모들은 12년 이후에도 여전히 자녀의 생활에 더욱 참여적이었다(Emery, Sbarra, & Grover, 2005).

갈등을 해결하기 위한 부모들을 격려하기 위해서 부모교육 프로그램은 일반화되어 가고 있다. 여러 회기 동안, 전문가는 부모들에게 바람직한 갈등해결의 효과와 아동의 안녕(well-being)을 위한 존중적이고 협동적인 공동양육에 대해 가르친다(Braver et al., 2005; Cookston et al., 2006; Wolchik et al., 2002). 부모의 협력에 관한 부모교육의 입증된 효과 때문에 많은 미국의 법정에서는 이 프로그램을 참여하도록 요구할 수도 있다.

자녀양육에 대한 중요한 결정에 있어 각 부모가 이야기할 수 있도록 허락하는 **공동양육**(joint custody)은 점진적으로 일반화되어 가고 있다. 한 명의 부모가 양육권을 가지고 있는 전형적인 상황에서 아동들은 일반적으로 한 부모와 거주하고 정해진 일정에 따라 다른 부모를 만난다. 다른 경우에는 부모들은 물리적 양육권을 공유하고 자녀들은 두 부모의 가정 사이에서 이동하며 때로는 학교나 친구의 모임도 옮기기도 한다. 이러한 전환들은 특히 몇몇의 아동들에게는 힘들 수 있다. 공동양육 부모들은 거의 갈등을 가지고 있지 않다. 다행히 공동양육에 따른 동의와 생활의 동의를 고려하지 않고도 그들의 자녀들은 한 부모가 양육권을 가진 자녀들보다 잘 적응하는 경향을 보인다(Bauserman, 2002).

마지막으로 많은 한부모 가정은 경제적인 부담에 따라 자녀의 양육을 결정한다. 모든 미국의 주들은 임금의 원천징수를 내기 어려운 부모들을 위한 절차를 가지고 있다. 비록 자녀양육이 한부모 가정을 빈곤에서 들어올리기는 충분하지 않지만 부담은 상당히 가벼워질 수 있다. 정기적으로 자녀와 만나는 비양육권의 아버지는 정기적으로 자녀 양육비를 더 많이 지불하는 것으로 보인다(Amato & Sobolewski, 2004). 그리고 시간이 지나면서 자녀와의 만남과 자녀의 지원은 더 좋은 공동양육 관계를 기대할 수 있다(Hofferth, Forry, & Peters, 2010). 500쪽의 '적용하기'는 부모의 이혼에 대한 아동들의 적응을 돕는 방법들을 요약한다.

혼합 가족

한부모 가족의 삶은 보통 일시적이다. 약 60%의 이혼한 부모들은 몇 년 사이에 재혼을 한다. 다른 사람들은 동거를 하거나 성적 관계를 공유하거나 혼인을 하지 않고 살아가기도 한다. 부모, 의붓부모, 자녀의 새로운 형태를 **혼합된**, 또는 **재구성된 가족**이라 부른다. 일부 자녀들에게 이런 확장된 가족의 연결은 긍정적이고, 많은 성인의 관심을 가져온다. 그러나 대부분은 안정적이고 처음 결혼한 가정의 자녀들보다 더 많은 적응문제를 보인다(Jeynes, 2007; Nicholson et al., 2008). 의붓 부모의 새로운 규율과 기대들로 바꾸는 것은 괴로울 수 있고 자녀들은 종종 침입자로 의붓 부모들을 여기기도 한다. 얼마나 그들이 잘 적응할 수 있는가는 가족기능의 전체적인 특징과 관련될 수 있다(Hetherington & Kell, 2002). 이것은 부모가 새로운 관계를 형성하는 것, 자녀들의 나이와 성, 그리고 혼합 가정 관계의 복잡성에 따라 다르다. 우리가 알 수 있듯이 나이가 있는 자녀들과 여자인 자녀는 가장 힘든 시간을 보내는 것으로 보인다.

어머니와 새아버지 가족 어머니는 일반적으로 자녀의 양육권을 가지고 있으며, 대부분의 혼합 가정의 형태가 어머니와 새아버지의 형태이다. 남자인 자녀들은 빨리 잘 적응하는 경향이 있으며,

적용하기

부모의 이혼에 대한 아동의 적응

제안	설명
갈등으로부터 보호하라	심한 부모 간의 갈등을 목격하는 것은 아동들에게 위험하다. 한 부모가 계속해서 적대감을 표현하고 다른 부모는 이와 같이 반응하지 않는다면, 자녀들은 보다 나은 생활을 할 것이다.
가능한 한 아동에게 지속성, 익숙함 그리고 예측 가능함을 알려라	아동들은 이혼 환경의 기간 동안 같은 학교, 침실, 베이비시터, 놀이친구들 그리고 하루 일과와 같은 생활의 안정성을 가질 때 더 잘 적응한다.
이혼에 대해 설명하고 예측할 수 있는 것을 이야기하라	만약 자녀들이 부모의 헤어짐으로 인한 준비가 되어 있지 않으면 버려짐의 공포를 더 많이 갖게 된다. 부모들은 반드시 부모는 더 이상 같이 살지 않는다고 이야기해야 하며 한 부모는 다른 곳에서 생활할 것이라는 것을 알려야 한다. 그리고 시간이 가능할 때 자녀들은 부모들을 볼 수 있음을 알려야 한다. 가능하다면 부모들은 이혼에 대해 같이 설명해야 하며, 각 자녀가 이해할 수 있는 이유를 알려 주어야 하고 그들이 비난받지 않아야 한다는 것을 확실히 말해 주어야 한다.
이혼의 영속성을 강조하라	아동들에게 일상생활의 현실을 받아들이게 함으로써 부모가 다시 만날 수 있다는 환상을 막을 수 있다. 아동은 반드시 이혼은 가장 마지막 수단이며 변할 수 없는 사실임을 알아야 한다.
아동의 감정들에 대해 공감적으로 반응하라	아동들은 그들의 슬픔, 공포, 그리고 화와 같은 감정에 대해 도움과 이해가 필요하다. 아동들이 잘 적응할 수 있도록 힘든 감정들은 부인되거나 회피되는 것이 아니라 반드시 받아들여져야 한다.
권위 있는 양육에 참여하라	애정과 포용, 성숙한 행동을 위한 적절한 요구, 이성적인 규율과 같은 권위 있는 양육에 참여하는 부모들은 그들의 자녀들의 이혼에 따라오는 부적응의 위험을 현저히 감소시킨다.
부모 모두 관계의 지속성을 촉진하라	부모의 계속적인 관계를 요구하는 자녀의 요구와 예전 배우자에 대한 남아 있는 적대감을 구분할 때 자녀들은 잘 적응한다. 조부모와 다른 가족 구성원은 부모의 한쪽 편을 들지 않음으로써 자녀들의 적응을 도울 수 있다.

출처 : Teyber, 2001

따뜻하거나 그의 권위를 성급하게 내세우지 않거나 어머니와 아들의 상호작용의 강제적 순환을 줄여 주는 새아버지를 환영하기도 한다. 보다 안정적인 경제 안정성, 집안일을 공유하는 다른 성인, 외로움의 끝의 결과로서 어머니와 아들의 갈등 또한 줄어든다(Visher, Visher, & Pasley, 2003). 동거보다 결혼하는 새아버지들은 보다 양육에 참여적인데, 아마도 자녀가 있는 어머니와 결혼을 선택한 남자는 보다 자녀양육에 관심이 있고 숙련되었기 때문일 것이다(Hofferth & Anderson, 2003). 그러나 여자인 자녀는 그들의 어머니의 재혼에 대해 힘들어하거나 못마땅해 하거나 반항하는 반응을 보이기도 한다(Bray, 1999).

나이는 이러한 현상에 영향을 미친다. 학령기의 아동들과 청소년들은 계부모 가정에서 자라지 않는 친구들보다 무책임한 태도, 반항하는 태도를 보인다(Hetherington & Stnaley-Hegan, 2000; Robertson, 2008). 만약 부모가 그들의 새자녀들보다 생물학적 자녀에게 따뜻하고 더 많은 관심을 보인다면 학령기 아동들은 그 사실을 더 잘 알아차리거나 불공평한 대우에 저항할 것이다. 그리고 특히 만약 그들이 한부모 가정 안에서 약간의 부모의 감시를 경험한다면 청소년기 자녀들은 보통 새로운 부모를 자유를 위협하는 존재로 간주한다. 10대 아동들이 어머니와 다정하고 협력적인 관계를 유지하고 있다면 자녀들은 재혼할 새아버지와 좋은 관계를 형성한다. 환경은 보다 우호적으로 청소년의 안녕과 연결되어 있다(King, 2009; Yuan & Hamilton, 2006).

아버지와 새어머니 가정　특히 이혼 후 부모-자녀의 일상이 확실이 자리 잡기 이전에 아버지가 재혼을 빨리 했을 때, 자녀를 양육하지 않은 아버지들의 재혼은 종종 그들의 생물학적 자녀들과의 접촉이 줄어든다(Dunn, 2002; Judy et al., 2007). 아버지가 양육권을 가졌을 때, 자녀들은 전형적으로 재혼에 대해 부정적으로 반응한다. 한 가지 이유는 아버지와 사는 자녀는 보통 더 많은 문제를 가지고 출발한다. 아마도 생물학적 어머니가 더 이상 다룰 수 없는 어려운 자녀(보통 남아)이기 때문에 아버지와 그의 새로운 배우자는 문제행동을 가진 어린 자녀들과 함께 지내게 된다. 다른 상황에서 아버지는 자녀와의 아주 친밀한 관계를 가지고 있기 때문에 양육권을 가지며 그의 재혼은 그들의 유대감을 방해한다(Buchana, Maccoby, & Dornbusch, 1996).

특히 여자인 자녀는 그들의 계부모들과 함께 지내는 것에 어려움을 느낀다. 재혼이 자녀와 아버지와의 유대감을 위협하거나 두 어머니들 사이에서 충실함의 갈등에 얽매이게 되기 때문이다. 그러나 아버지와 새어머니의 가정에서 더 오래 살아갈수록 그들의 새어머니에 대한 감정이 더 가까워지며, 그들과의 관계가 더욱 긍정적이 된다(King, 2007). 시간과 인내심과 함께 새어머니의 지원으로부터 남아와 여아 모두 도움을 받는다.

계부모가 자녀들의 부모로 들어오기 전 새로운 자녀들과 따뜻한 관계를 형성하면 계부모는 혼합 가정의 생활에 대한 자녀의 적응을 도울 수 있다.

혼합 가족을 위한 지원 부모교육과 부부 상담은 부모와 자녀들이 혼합 가족의 복잡성에 적응할 수 있도록 돕는다. 효과적인 접근은 계부모가 자녀들과 좋은 관계를 잘 형성하면서 그들의 새로운 규칙으로 점진적으로 움직일 수 있도록 격려하는 것이고, 이는 활동적인 양육의 가능성을 제공한다(Nicholson et al., 2008). 상담사는 갈등을 제한하는 협력적인 양육 안에서 부부 가이드라인과 자녀양육의 일관성(consistency in child rearing)을 제공할 수 있다. 그리고 자녀가 빨리 적응할 것이라는 성격 급한 부모들의 비현실적인 기대는 혼합 가족의 통합이 되기까지 몇 년이 걸린다는 것을 알려 주면서 가족들이 변화와 성공을 위해 기다릴 수 있도록 도와준다.

하지만 안타깝게도 재혼의 이혼 가능성이 초혼보다 더 높다. 비사회적 경향과 서툰 자녀양육 기술을 가진 부모는 특히 몇 번의 이혼과 재혼을 할 가능성이 많다. 많은 결혼의 변화들을 경험한 자녀들은 적응의 더 많은 어려움을 겪는다(Amato, 2010). 이러한 가족은 보통 장기적이고 강도 있는 치료가 요구된다.

취업모와 맞벌이 가정

오늘날 미국의 미혼모와 결혼한 어머니는 노동시장에서 거의 동등한 비율로 있고, 학령기 자녀를 둔 어머니의 3/4 이상이 고용되었다(U.S. Census Bureau, 2011b). 제10장에서 우리는 발달 초기에 취업모의 영향이 부모가 일하는 동안 육아의 질, 부모-자녀 관계의 유지, 아버지의 양육 참여에 달려 있나는 것을 보았다. 또한, 어머니의 업무 만족은 아동이 견디는 방법과 관계가 있다.

취업모와 아동발달 어머니가 자기 일을 즐거워하고 헌신적인 육아를 할 때, 아동은 더 높은 자존감, 더 긍정적인 가족관계와 또래관계, 성 고정관념이 덜한, 학교에서 더 우수한 점수와 같은 순조로운 적응을 보인다. 특히 여아는 여성능력의 이미지로부터 이익을 얻는다. 사회경제적 지위에 상관없이, 취업모의 딸은 여성의 역할을 선택과 만족의 더 많은 자유에 참여하는 것으로 여기고 더 많은 출세 지향적인 성취를 한다(Hoffman, 2000).

육아 실제는 다음과 같은 이익에 기여한다. 그들의 육아 역할에 가치를 두는 취업모는 민주적인 자녀양육과 공동규제를 사용하기 쉽다. 또한, 맞벌이 가정의 아동은 부모의 지도 아래에서 숙제를 하는 데 매일 더 많은 시간을 할애하고, 가사일에 더 많은 시간을 참여한다. 그리고 특히 부모 역할의 중요성에 대해 믿고 자녀를 양육하는 데 성공적이라고 느끼는 취업모는 종종 아버지에게 더 많

자신의 일을 즐기고 부모의 역할도 가치 있게 여기는 취업모들은 높은 자존감, 긍정적인 가족과 친구관계, 낮은 성 고정관념과 높은 학업성적을 거두는 자녀들을 두는 경향이 있다.

은 양육 책임을 지도록 안내한다(Jacobs & Kelley, 2006). 아버지의 참여는 아동기와 청소년기에 더 높은 지능과 성취, 더 성숙한 사회적 행동, 성 고정관념의 유연성이 더 큰 것, 점진적으로 성인기에 더 좋은 정신건강과 관련이 있다(Coltrane, 1996; Pleck & Masciadrelli, 2004).

그러나 직장이 어머니 혹은 아버지의 일정에 막중한 요구를 할 때, 또는 다른 이유로 스트레스가 있을 때, 아동은 비효과적인 양육의 위험에 처하게 된다. 장시간 일하는 것 혹은 부정적인 업무 현장의 분위기를 경험하는 것은 아동기와 청소년기에 걸쳐 부모의 민감기, 더 적은 공동의 부모-자녀 활동, 인지발달의 결핍과 관련이 있다(Brooks-Gunn, Han, & Waldfogel, 2002; Bumpus, Crouter, & McHale, 2006; Strazdins et al., 2006). 부정적인 결과는 사회경제적 지위가 낮은 어머니가 저임금을 받고, 시시한 일을 하고 또는 신체적으로 아주 힘든 일을 장시간 할 때 확대되며, 이는 어머니의 우울과 냉혹하고 일관적이지 않은 훈육과 관계된 상태이다(Raver, 2003). 이와는 대조적으로, 시간제로 일을 하고 작업 일정에 유동성이 있는 어머니의 경우 아동과 청소년에게서 좋은 적응을 보이고, 가족생활에 있어서 부모의 만족이 높아지는 것과 관련이 있다(Frederiksen-Goldsen & Sharlach, 2000; Hill et al., 2006). 일-가족생활의 갈등을 방지함으로써 이러한 준비는 부모가 아동의 요구를 충족시키도록 돕는다.

맞벌이 부모와 그들의 가정을 위한 지원 맞벌이 가족에서, 아버지의 양육 책임의 공유에 대한 의향은 결정적인 요소이다. 만약, 아버지가 양육을 조금 도와주거나 전혀 도와주지 않는다면, 그 가족의 어머니는 피로, 괴로움, 아동에게 적은 시간과 에너지로 이어지며, 가정과 직장에서 두 배의 짐을 짊어진다. 다행히도 30년 전과 비교했을 때, 오늘날 미국의 아버지들은 육아에 훨씬 더 많이 참여한다(제10장 참조). 그러나 증가된 참여율은 일-가족생활 갈등을 보고하는 아버지의 수가 증가하고 있다는 결과이다(Galinsky, Aumann, & Bond, 2009).

취업 부모는 그들의 자녀를 양육하는 역할에서 작업 환경과 지역사회로부터 지원이 필요하다. 시간제 취업, 유연한 일정, 직업 공유, 아동이 아플 때 유급 휴가는 부모들에게 일의 요구와 아동 양육을 동시에 곡예하듯 한다. 여성에게 동일한 임금과 동일한 고용 기회 또한 중요하다. 왜냐하면 이러한 정책은 재정적인 상태와 의욕을 향상시키기 때문이다. 그것들은 여성들이 하루의 업무를 마치고 가정으로 귀가했을 때 어머니가 느끼고 행동하는 방법으로 개선된다.

보육

지난 몇십 년 동안 미국의 보육 영유아의 수는 60% 이상 꾸준히 증가했다(U.S. Census Bureau, 2011b). 아직 유치원이 아닌 3세에서 6세까지의 아동들의 반 이상이 보육기관에서 돌보아지고 있거나 가정보육시설(family child-care homes) 또는 친척이나 그들의 아버지에 의해 비형식적으로 돌보아지고 있다. 그러나 저소득층 가정 유아들의 1/4은 다양한 보육기관을 한 번에서 두 번, 때로는 두 번 이상의 보육기관의 변화를 경험한다. 돌보는 사람의 역할 변화뿐 아니라 다양한 보육 환경에서의 유아들은 돌봄에서 더 많은 시간을 대처해야만 한다(Federal Interagency Forum on Child and Family Statistics, 2011; NICHD Early Child Care Research Network, 2006).

나이가 들어감에 따라 아동들은 전형적으로 가정에서 보육시설로 이동한다. 고소득의 부모와 빈곤층 부모들의 자녀들은 특히 보육시설에 있는 경향이 있다. 많은 저소득층 맞벌이 부모들은 공립 유치원 또는 정부지원 보육기관에 뽑힐 자격이 안 되어 친족에 의한 보육에 의지한다

(Bainbridge et al., 2005; Meyers et al., 2004).

제8장을 다시 살펴보면, 조기 개입은 경제적으로 힘든 아동을 개선시킬 수 있다. 영유아에 대한 열악한 보육기관과 많은 보육시간의 부정적인 결과에 대한 내용은 제10장 '애착, 부모의 취업, 그리고 자녀양육'에 잘 나타나 있다(p. 357~358). 유아들은 열악한 보육기관에 있을 때 고통을 겪고 있으며, 특히 오랜 보육 시간의 아동들은 낮은 인지적·사회적 기술의 점수를 받았으며, 높은 수준의 문제행동을 보였다(Belsky, 2006b; Lamb & Ahnert, 2006; NICHD Early Childhood Research Network, 2003b, 2006). 좋지 않은 보육에 광범위하게 노출된 후, 외적인 어려움은 특히 아동 중기에서 청소년기 때까지 지속되는 것 같다(Belsky et al., 2007; Vandell et al., 2010). 그리고 아동들은 보육 환경의 불안정성을 경험할 때, 기질적으로 어려운 아동들의 감정적 문제는 심각하게 악화된다(De Schipper, van Ijzendoorn, & Tavecchio, 2004; De Schipper et al., 2004).

반대로 좋은 보육은 아동의 인지적·언어적 그리고 사회적 발달을 향상시키고, 특히 낮은 사회 경제적 지위의 아동들에게 효과를 미친다. 효과는 초등학교까지 지속되고 학업성취도는 청소년기까지 지속된다(Belsky et al., 2007; Burchinal, Vandergrift, & Pianta, 2010; NICHD Early Child Care Research Network, 2006; Vandell et al., 2010). 영유아 시기 이상의 400명의 극빈곤층의 아동들의 연구에서 기관 중심의 보육은 다른 보육체계들보다 더욱 강하게 인지 습득과 연관되었다. 아마도 질 높은 보육기관들은 체계적인 교육 프로그램을 더 많이 제공하기 때문이다. 같은 기간 동안 모든 보육 유형에서 질 높은 경험들은 인지적, 정서적, 그리고 사회적 발달 안에서 어느 정도의 성장을 예측했다(Loeb et al., 2004).

아동들을 위한 높은 질의 보육의 구성요소들은 무엇일까? 큰 규모의 연구들은 몇 가지 중요한 요소들을 증명한다. 집단의 크기(한 공간 안에서의 아동의 수), 돌보는 사람과 아동의 비율, 돌보는 사람의 교육 상태, 그리고 돌보는 사람의 아동을 위한 보육과 학습에 대한 개인적 책임. 이러한 특징들이 긍정적일 때, 성인들은 아동들의 요구에 보다 더 언어적으로 반응적이고 민감하다(Lamb & Ahnert, 2006).

504쪽에 있는 '적용하기'는 미국유아교육학회(NAEYC)의 기준에 근거한 높은 수준의 유아교육 프로그램의 특징이 요약되어 있다. 안타깝게도, 많은 미국의 보육은 수준 이하이다. 매우 빈번하게 저소득의 전문화된 교육적 준비가 되어 있지 않은 사람들을 고용하며, 가족 보육의 경우 자격이 없는 사람들을 고용하여 보육의 질에 대해 감시할 수가 없다. 게다가 보육은 비싸다. 기관에 다니는 자녀 한 명을 가지고 있는 가족의 경우 평균적으로 어머니의 일반적 수입의 29%, 맞벌이 가족 수입의 10%를 지출한다(NACCRRA, 2010).

반대로, 호주와 서유럽에서는 엄격한 기준을 충족시키는 정부 지원의 보육기관을 폭넓게 이용할 수 있으며, 돌보는 사람의 급여는 초등학교 교사와 같다(Waldfogel, 2001). 미국은 국가적 보육 정책이 없기 때문에 공급, 질 그리고 보육의 비용면에서 다른 산업화된 국가들보다 뒤처져 있다.

자가보육

양질의 보육은 부모의 정신적 안정과 특히 아동 중기에 자녀들의 안녕을 위해 필수적이다. 측정된 5세에서 14세의 5백만 미국의 아동들은 규칙적으로 학교가 끝나고 자기 스스로를 돌보는 **자가보육 아동**(self-care children)들이다(Afterschool Alliance, 2009). 그림 14.6에서 볼 수 있듯이 자가보육은 아동이 나이가 들어감에 따라 증가한다. 또한 사회경제적 지위와 함께 증가하는데 아마도 고

그림 14.6 자가보육의 보급과 미국 초등학교와 중학교 학생들에 의한 방과 후 프로그램의 참여

국가적으로 큰 규모의 설문조사에서 자가보육은 중학교 때에 급격하게 증가했다. 많은 부모들은 방과 후 프로그램이 자신의 지역에서 이용할 수 있다면, 그들의 자녀를 등록할 것이라고 대답했다.

출처 : Afterschool Alliance, 2009.

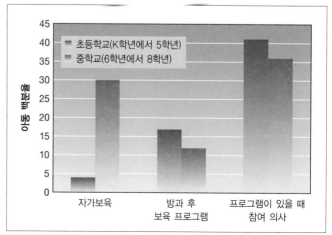

풍부한 활동의 양질의 방과 후 프로그램은 낮은 사회경제적 지위의 학령기 아동들에게 학문적 · 사회적 이익을 제공한다.

수입의 이웃들의 더 높은 안전성 때문이다. 그러나 낮은 사회경제적 지위의 부모들이 아동들의 자가보육에 대한 대안이 부족할 때, 그들의 자녀들은 더 많은 시간을 혼자서 보낸다(Casper & Smith, 2002).

일부 연구들에서는 자가보육 아동들은 낮은 자존감, 비사회적 행동, 낮은 학업성취, 그리고 공포로부터 고통을 받는다고 보고한다. 아동들의 성숙도와 아동들이 시간을 쓰는 방법은 이러한 모순들을 설명하는 것처럼 보인다. 어린 학령기 아동들 사이에서, 혼자 시간을 보내는 아동들은 더 많은 적응의 어려움을 경험한다(Vandell & Posner, 1999). 아동들이 스스로 자신을 보호할 수 있는 연령이 되었을 때, 부모의 전화, 정규 방과 후 학교과정에 의해 민주적인 양육의 경험을 가진 아동들은 반응적이고 적응을 잘한다. 반대로 자신의 계획에 대해 홀로 남겨진 아동들은 더 많이 또래에게 받는 압력에 휘둘리며 반사회적 행동에 참여한다(Coley, Morris, & Hernandez, 2004; Vandell et al., 2006).

8세 또는 9세 전 대부분의 아동들은 관리가 필요한데 아직 긴급한 상황들을 다루기 어렵기 때문이다(Galambos & Maggs, 1991). 또한 아동 중기와 청소년 초기 동안 잘 훈련된 직원들, 일반적인 성인과 아동의 비율, 그리고 기술을 배울 수 있는 활동들이 있는 방과 후 프로그램에 참여하는 것은 좋은 학교 성적과 정서적인 사회 적응과 관련이 있다(Durlak & Weissberg, 2007; Granger, 2008). 학습적인 도움과 풍부한 활동들(스카우트 활동, 음악 그리고 미술 수업, 클럽활동 등)을 제공하는 '방과 후 돌봄' 프로그램에서 낮은 사회경제적 지위의 아동들은 특별한 이익을 얻을 수 있다. 아동들은 교실 수업태도

적용하기

발달적으로 적절한 유아 프로그램의 표시

프로그램 특징	우수한 특징의 표시
물리적 환경	내부 환경은 깨끗하고 수리 상태가 좋으며 통풍이 잘 된다. 교실 공간은 가장놀이, 블록, 과학, 수학 게임과 퍼즐, 책, 미술, 음악놀이를 할 수 있는 풍부한 활동의 영역들로 나누어진다. 울타리가 있는 바깥놀이 공간은 그네와 오를 수 있는 놀이기구, 세발자전거, 모래놀이터로 갖추어져 있다.
집단의 크기	유치원과 보육 센터에서의 집단 크기는 2명의 교사와 18명에서 20명의 아동들의 집단보다 작은 규모로 있다.
돌보는 사람과 아동의 비율	유치원과 보육 센터에서의 교사는 8~10명의 아동보다 더 많지 않은 아동들을 담당하며, 가정보육기관에서는 돌보는 사람은 6명의 아동보다 적게 담당한다.
일과 활동	아동들은 주로 소그룹이나 개별적으로 많은 활동을 선택하고 삶과 연결된 경험을 통해 배운다. 교사들은 아동의 참여를 촉진하고 개별적인 차이점을 받아들이며 아동의 발달 능력에 대한 예측들을 조절한다.
성인과 아동 간의 상호작용	교사들은 집단과 개인들 사이에서 움직이며 질문과 제안을 하고 복잡한 생각들을 더한다. 교사들은 모델링, 기대된 행동의 격려, 수용 가능한 더 많은 활동들을 아동에게 다시 알려주는 등의 긍정적인 안내기술을 사용한다.
교사의 질	교사들은 유아교육 발달, 유아교육 또는 관련된 분야의 대학 정도의 자격을 갖춘다.
부모와의 관계	부모의 관찰, 참여를 격려하고 교사는 부모와 아동들의 행동과 발달에 대해 자주 대화를 나눈다.
자격과 인가	교육기관 또는 가정이든 교육 환경은 주에 의해 허가를 받아야 한다. 유아교육 프로그램의 인가를 위한 NAEYC Academy(www.naeyc.org/accreditation) 또는 National Association for Family Child Care(www.nafcc.org)에 의한 자발적 인가는 특히 우수한 프로그램의 증거이다.

출처 : Copple & Bredekamp, 2009.

에서의 자가보호의 부분, 학업성취도, 그리고 친사회적 행동 그리고 낮은 문제행동에서 높은 수준을 보였다(Lauer et al., 2006; Vandell et al., 2006). 안타깝게도 높은 질의 방과 후 돌봄은 특별히 저소득 지역에서 짧게 공급되고 극빈층 가정들의 아동들은 질 높은 활동들에 매우 적게 참여하는 것으로 보인다(Afterschool Alliance, 2009; Dearing et al., 2009). 큰 규모의 설문조사에서 전국적인 미국 부모들의 대표 표본에서 질 높은 프로그램이 주변지역에서 가능하다면 많은 사람들이 자녀를 참여시킬 것이라고 밝혔다(그림 14.6 참조). 빈곤지역에서의 잘 계획된 프로그램에 대한 특별한 요구(안전한 분위기를 제공하는 사람들, 성인과의 좋은 관계 그리고 즐겁고 목표 지향적인 활동)는 존재한다.

상처입기 쉬운 가족 : 아동학대

우리는 가족의 변환들의 토론을 통해서 온정적이고 일관되고 적절하게 요구하는 부모들의 능력에 기여하는 가족의 안팎의 많은 요소들을 고려하였다. 우리가 아동학대의 주제로 전환하면서 효과적인 자녀양육을 위한 필수적인 지원에 실패할 때, 아동과 그들의 부모들은 심각하게 고통받을 수 있다는 것을 보게 될 것이다.

발생 정도와 정의

아동학대는 인간의 역사와 같이 오래되었다. 그러나 단지 최근에 그 문제가 광범위하게 알려졌으며 연구는 아동학대를 이해하는 것에 목표를 두었다. 특히 거대한 산업화된 국가 안에서 아동학대는 흔했기 때문에 공적인 관심이 증가하였을 것이다. 최근 보고된 대부분에서 약 700,000명의 미국 아동(매일 1,000명 중의 10명)이 피해자로 보고되었다(U.S. Department of Health and Human Services, 2010b). 왜냐하면 대부분의 경우는 보고되지 않았으며 진정한 수치는 훨씬 더 높다.

아동학대는 아래의 형태로 나타난다.

● **신체적 학대.** 신체적 상처를 주는 폭행, 발차기, 물기, 흔들기, 치기, 또는 찌르기
● **성적 학대.** 애무, 성관계, 성기노출증, 성매매 또는 포르노의 제작을 통한 상업적 이용, 그리고 성적 착취의 다른 형태들
● **방임.** 음식, 의복, 치료, 교육 또는 보호를 위한 아동의 기본 욕구를 충족시키는 것의 불이행
● **정서적 학대.** 심각한 정신적 · 행동적 장애를 야기할 수 있는 행동들, 사회적 고립, 반복된 적합하지 않은 요구들, 조롱, 굴욕, 협박, 또는 위협

방임 78%, 신체적 학대 18%, 정신적 학대 9%, 그리고 성적 학대 10%의 사례들이 보고되었다(U.S. Department of Health and Human Services, 2010b). 보고된 하나의 경우는 한 가지 이상의 형태를 포함하기 때문에 이러한 수치들을 합하면 100%가 넘는다. 아동복지당국의 조사들은 45%에서 90%의 사례들이 학대의 다양한 형태, 평균 세 가지를 포함하는 것으로 보고 있다(Finkelhor et al., 2005).

부모가 학대 사건의 80% 이상을 범한다. 다른 친족들은 약 5%의 수치이다. 나머지는 부모의 결혼하지 않은 배우자들, 학교 공무원들, 캠프 상담자들 그리고 다른 성인들에 의해 범행이 자행된다. 어머니는 아버지보다 더 많이 방임하는 반면 아버지는 어머니보다 더 많이 성적 학대에 가담한다. 어머니의 그리고 아버지의 신체적 그리고 정서적 학대의 비율은 비슷하다. 특히 18%의 비참한 사례들에서 부모는 공동으로 학대적 행위에 가담한다. 영아와 어린 유아들은 방임에 특히 위험하며, 유치원, 그리고 학령기 아동들은 신체적, 정서적, 그리고 성적 학대에 특히 위험하다. 그러나

각각의 형태는 모든 연령에서 발생한다(Trocomé & Wolfe, 2002; U.S. Department of Health and Human Services, 2010b).

아동학대의 기원

초기 연구들은 아동학대가 성인의 심리학적 장애가 원인이라고 하였다(Kempe et al., 1962). 그러나 비록 아동학대가 정신적 장애를 가진 부모들에게 더 흔하지만 하나의 '학대적 성격유형'이 존재하지 않는다는 것이 명확해졌다. 아동일 때 학대를 당한 부모들이 반드시 가해자가 되는 것은 아니다(Buchanan, 1996; Simons et al., 1991). 그리고 심지어 종종 '평범한' 부모들이 그들의 자녀들을 해친다!

아동학대의 이해를 돕기 위해 연구자들은 가족의 기능을 사회 시스템적 관점으로 바라보았다. 그들은 가정, 공동체, 그리고 문화적 수준들에서 많은 상호작용적인 변수들이 기여하는 것을 발견했다. 표 14.3에서는 신체적 그리고 정서적 학대와 방임과 관련된 요소들을 요약하였다. 아동의 성적 학대의 토론을 위해 다음 페이지의 '사회적 쟁점 : 건강'을 참조하라.

가족 가족 내에서 양육을 어렵게 만드는 성격을 가진 아동들은 더욱 학대의 표적이 될 수 있다. 이는 조산아 또는 매우 아픈 아기들과 까다로운 기질의 아동들을 포함한다. 그러나 아동 요인들은 단지 약간의 위험만을 증가시킨다(Jaudes & Mackey-Bilaver, 2008; Sidebotham et al., 2003). 부모들의 성격에 의해 이러한 아동들이 많이 학대당했을지도 모른다.

학대 부모들은 다른 부모들보다 원칙 대립을 다루는 것과 아동과 함께 협력하여 공동의 목적을 위해 일하는 것에 서툴다. 또한 그들의 아동에 대한 편견으로 인해 고통받는다. 예를 들어 학대 부모들은 종종 아기의 울음 또는 고집스럽거나 나쁜 기질에 의한 자녀들의 비행에서 양육의 무력감을 느끼는 것 때문에 그들이 한 것보다 더 나쁘게 평가한다(Bugental & Happaney, 2004; Crouch et al., 2008).

일단 학대가 시작되면 그것은 빠르게 자기 지속적 관계(self-sustaining relationship)의 부분이 된다. 학대하는 부모들은 까다로운 아기, 발로 차서 우유를 쏟는 영유아 또는 즉시 생각하지 않으려는 아동들에 의한 작은 짜증이 커지게 된다. 이후 불쾌함이 증가한다. 유아기에 학대적이고 방임적인 부모들은 그들의 아동들과 거의 상호작용하지 않는다. 그들은 거의 기쁨이나 애정을 표현하지 않는다. 의사소통은 거의 항상 부정적이다(Wolfe, 2005).

아동들의 잘못된 행동과 발달문제들에 대해 학대하는 반응을 보이지 않는 부모들은 충분한 자기통제능력을 가지고 있다. 다른 요인들은 극단적인 반응을 유발하는 문제들과 결합되어 있다. 감당하기 어려운 양육의 스트레스는 강력하게 학대와 관련되어 있다. 학대 부모들은 높은 감정적 흥분을 가지고 스트레스가 많은 상황에 반응한다. 그리고 낮은 수입, 낮은 교육(고등학교보다 낮은), 미취업, 술과 마약 사용, 부부 간의 갈등, 가정폭력, 과밀한 거주 상황, 잦은 이사, 그리고 심각한 가족해체는 학대 가정에서 흔히 있는 일이다(Wekerle et al., 2007; Wulczyn, 2009). 이러한 상황들은 부모들이 양육의 기본적인 책임을 충족시키기 위해 어찌할 바를 모르는 상황을 증가시키고 자녀들을 비난하면서 그들의 불만을 터뜨리는 상황을 증가시킨다.

지역사회 학대와 방임하는 부모들의 대부분은 공식적·비공식적인 사회의 지원들로부터 고립되어 있다. 그들의 삶의 이력 때문에 많은 이

표 14.3 **아동학대와 연관된 요소**

요소	설명
부모 특성	심리적 장애, 술과 마약 중독, 어릴 적 경험한 학대, 엄격한 신체적 훈육의 신념, 아동을 통해 충족되지 않는 감정적 욕구를 충족하려는 욕구, 아동 행동에 대한 비합리적 기대들, 젊은 연령(대부분 30대 이하), 낮은 교육 수준
아동 특성	조숙 또는 매우 아픈 아기, 까다로운 기질, 부주의와 과도한 활동, 다른 발달적 문제들
가족 특성	낮은 수입과 빈곤, 집 없음, 결혼의 불안정성, 사회적 고립, 배우자의 학대, 잦은 이사, 가까이 위치한 자녀들이 있는 대가족, 붐비는 생활공간, 정리되어 있지 않은 가정, 안정적인 직업의 부족, 높은 생활 스트레스의 다른 표시들
지역사회	폭력과 사회적 고립으로 인한 특성, 공원, 아동보육시설, 유치원 프로그램, 가족을 지원하는 레크리에이션 센터 또는 종교시설의 부족
문화	문제를 해결하는 방법으로서의 신체적 폭력과 폭행

출처 : U.S. Department of Health and Human Services, 2010; Wekerle & Wolfe, 2003; Whipple, 2006.

아동 성적 학대

최근까지 아동 성적 학대는 드물게 고려되었고 성인들은 아동의 학대 주장을 무시하기도 하였다. 1970년대에 전문가들의 노력과 미디어의 관심은 아동 성적 학대가 심각하고 넓게 퍼져 있는 문제임을 인식할 수 있도록 이끌었다. 미국의 약 66,000사례들이 가장 최근 해의 보고에 확인되었다(U.S. Department of Health and Human Services, 2010b). 그리고 대부분의 피해자가 오랫동안 문제들을 폭로하는 것을 미루거나 묵인하기 때문에 이 수치는 성적 학대의 범위가 매우 낮게 추정된 것이다(London et al., 2005).

학대 가해자와 피해자의 특징

성적 학대는 두 가지 성별 모두의 아동들에서 일어날 수 있으나 여자아동들이 더 많은 피해를 입는다. 성적 학대의 대부분의 사례는 아동 중기에 보고되지만 청소년기나 연령대 높은 경우에서도 발생된다. 일부 피해자들에서 학대는 인생의 초기에 시작되며 오랜 시간 동안 계속된다(Hoch-Espada, Ryan & Deblinger, 2006; Trickett & Putnam, 1998).

전형적으로 학대 가해자는 남자이고 부모 또는 부모가 잘 아는 지인(아버지, 새아버지, 그리고 동거하는 남자친구 가끔씩 만나는 삼촌 또는 오빠)이기도 하다. 그러나 사례의 25%는 어머니가 가해자로 종종 아들에게 발생된다(Boroughs 2004). 만약 가해자가 관계 없는 사람이면 그 사람은 아동이 알고 믿어서 찾아오는 사람이다. 그러나 인터넷과 휴대전화는 다른 성인이 성적 학대를 일으키는 하나의 통로가 되었다. 예를 들어 실제 성적 행위를 위한 그들을 '준비시키는 것(grooming)'의 한 가지 방법으로 유아와 청소년에게 포르노와 온라으로 성적인 접근을 보여 준다.

가해자는 아동들을 속임, 뇌물수수, 언어적 위협, 그리고 신체적 폭력을 포함한 다양한 혐오스러운 방법들로 따르게 한다. 당신은 특히 부모나 가까운 친척들과 같은 어른들이 아동을 성적으로 범한 사실에 놀랄 것이다. 많은 가해자들은 매력적인 청소년의 자발적 참여에 대한 학대로 탓을 돌리며 그들의 책임을 부정한다. 아직 아동들은 성적 관계에 참여하는 신중하고 현명한 결정을 내릴 능력이 없다. 심지어 연령이 높은 아동들과 청소년들은 '네' 또는 '아니요'라고 말하는 자유가 없다. 오히려 아동을 성적으로 이용하는 특성을 가진 가해자에게 책임이 있다. 그들은 충동을 조절하는 것에 매우 힘들어하며 술과 약물중독을 포함한 심리학적 질병으로부터 고통을 받을 것이다. 그들은 스스로 보호하지 못할 것 같은 아동들이나 그들을 믿

을 것 같은 아동들을 고른다. 그들은 신체적으로 연약하고 정서적으로 소외되거나 무능력에 의한 성향을 가진다(Bolen, 2001).

보고된 아동 성적 학대 사례들은 빈곤과 결혼의 불안정성, 그리고 약한 가족의 유대감과 연결되어 있다. 반복된 결혼, 헤어짐 그리고 새로운 파트너와 같이 배역이 계속적으로 바뀌는 가정에서 지내는 아동들은 특별히 위험해지기 쉽다. 안정적인 가족들

© NOAH SEELAM/AFP/GETTY IMAGES

하이데라바드, 인도의 아동들은 아동학대와 성적 이용을 막기 위한 'Stay Safe' 캠페인에 참여한다. 모든 학대의 형태를 막기 위한 세계적인 노력의 한 부분이다.

또한 희생자인데 경제적으로 부유한 아동들은 그들의 학대가 더 발견되기 어려운 것처럼 보인다(Putnam, 2003).

성적 학대의 결과

불안감, 우울증, 낮은 자아, 성인에 대한 불신, 그리고 화와 적대감 등을 포함한 아동 성적 학대 피해자들의 적응문제들은 보통 심각해지며 학대 이후 몇 년 동안 지속될 수 있다. 어린 아동들은 잠이 드는 데 자주 어려움을 느끼고 있으며 식욕이 낮고 일반적인 공포감을 가지고 있다. 청소년들은 아마도 도망가거나 자살 충동을 보이며, 약물남용, 그리고 비행행동을 보일 것이다. 모든 연령에서 지속적인 학대는 폭력과 폭행이 동반되고 가해자와의 가까운 관계일 때 보다 더 심각한 영향을 끼친다(Trickett et al., 2001; Wolfe, 2006). 그리고 신체적 학대와 같이 반복된 성직 학대는 중앙신경계의 손상과 관련이 있다(Cicchetti, 2007).

성적 학대 유아들은 조속한 성적 지식과 행동을 보인다. 청소년기의 학대받은 청소년은 성인과 같이 문란하게 된다. 그들은 증가된 성적 범죄와 성매매의 높은 체포율을 보인다(대부분이 아동을 대상으로)(Salter et al., 2003). 더 나아가 성적 학대를 당한 여성들은 자신과 자녀들을 학대하는 파트너를 선택하는 경향이 있다. 여성들은 어머니로서 아동학대와 방임을 포함한 무책임하며 강압적 양육태도를 보인다(Pianta, Egeland, & Erickson, 1989). 이러한 방식으로 성적 학대의 해로운 영향은 다음 세대로 전해진다.

보호와 치료

아동 성적 학대 치료는 어렵다. 가족 구성원의 반응, 아동에게 해를 끼치는 것에 대한 불안감, 가해자에 대한 화, 그리고 때로는 이야기의 피해자에 대한 적대감은 아동들의 고통을 증가시킬 수 있다. 왜냐하면 성적 학대는 전형적으로 다른 심각한 가족문제들 가운데 나타나며 일반적으로 아동과 부모의 장기간 치료가 필요하기 때문이다(Olafson & Boat, 2000). 피해자의 고통을 줄이는 가장 효과적인 방법은 성적 학대의 지속을 막는 것이다. 오늘날의 법원은 학대 가해자를 더욱 강하게 고소하고 있으며 아동들의 증언을 더욱 심각하게 여기고 있다(제7장 참조).

아동들에게 적절하지 않은 성적 위험 상황에 도움을 줄 수 있는 사람을 알 수 있는 교육 프로그램은 학대의 위험을 줄이는 데 도움을 준다(Finkelhor, 2009). 성석 학대를 아동에게 교육하는 것에 대한 논란 때문에 몇몇 학교들만이 교육을 제공한다. 오직 뉴질랜드만이 국가적으로 성적 학대를 내용으로 한 학교보호 프로그램을 제공한다. 스스로의 안전을 유지하기 위해 아동들과 청소년은 학대 가해자가 거의 낯선 사람이 아니라는 것을 배운다. 부모 참여는 아동 스스로의 보호기술을 교육하는 것에 대한 가정과 학교의 협력을 보장한다. 평가들에 따르면 모든 뉴질랜드 부모들과 아동들은 전반적으로 이 프로그램을 지지하고 이것은 많은 아동들이 학대를 피하거나 알리는 데에 도움을 주었다고 밝혔다.

들은 다른 사람을 신뢰하지 않거나 피하게 되거나 긍정적 관계를 만들고 유지하는 기술이 부족하다. 또한 학대 부모들은 공원, 레크리에이션 센터, 그리고 종교기관과 같은 가족과 사회 간의 적은 연결점을 가진 불안정하고, 우범지대에 더 많이 살고 있는 경우가 흔하며, 이러한 생활 조건은 부모의 양육 스트레스와 신체적 학대 상황을 증가시킨다(Coulton et al., 2007; Guterman et al., 2009). 이러한 가족들은 타인과의 '구명줄(lifeline)'이 부족하며, 힘든 시기에 도움을 구할 사람이 아무도 없다.

더 큰 문화 부모가 과중한 부담을 느낄 때 아동학대가 일어날 것이라는 위험에 문화적 가치, 법률, 그리고 관습들은 깊게 영향을 미친다. 문제를 해결하기 위한 적절한 방법으로 폭력을 보는 사회는 아동학대의 장을 마련한다.

비록 미국은 학대로부터 아동을 보호하는 법률을 시행하고 있지만 아동에게 신체적 힘을 사용할 수 있는 광범위한 지원이 존재한다. 우리가 제12장에서 보았듯이 많은 나라―오스트리아, 크로아티아, 키프로스, 덴마크, 핀란드, 독일, 이스라엘, 라트비아, 노르웨이, 스페인, 스웨덴, 그리고 우루과이에서는 신체적 훈육과 학대를 막는 수단으로 신체적 처벌을 불법화하였다(Zolotor & Puzia, 2010). 더 나아가 미국과 프랑스를 제외한 모든 산업화된 나라에서는 학교에서 신체적 처벌을 막고 있다(Center for Effective Discipline, 2005). 연방대법원에서는 신체적 체벌을 사용하는 교직원의 권리를 두 차례 지지하였다. 다행히도 20개의 미국 주들에서 신체적 처벌을 금지하는 법안들이 통과되고 있다.

아동학대의 결과

학대받은 환경은 애착, 정서적 자기조절, 공감과 동정, 자아개념, 사회적 기술 그리고 학문적 동기의 발달을 손상시킨다(제10장 참조). 시간이 지나면서 이러한 청소년들은 학교의 적응 실패, 심각한 우울증, 공격적 행동, 친구관계의 어려움, 학대, 폭력 범죄와 같은 심각한 적응문제들을 보인다(Cicchetti & Toth, 2006; Sanchez & Pollak, 2009; Wolfe et al., 2001). 정서적이고 행동적인 문제들은 종종 성인기까지 지속된다(Kaplow & Widom, 2007).

이러한 손상의 결과들은 어떻게 발생할까? 제12장의 부모와 자녀 간의 교류의 적대적 순환의 내용들을 다시 생각해 보자. 학대받은 아동에게 특히 엄격하다. 또한 가족의 특성은 아동학대와 강력하게 관계된 학대의 파트너이다(Gewirtz & Edleson, 2004; Kitzmann et al., 2003). 명백히 학대받은 아동의 가정에서의 삶은 정서적인 불안과(p. 475 참조) 문제해결을 위한 방법으로써 공격성을 포함하는 깊은 고통으로 이끄는 성인의 행동으로 넘쳐난다.

더 나아가 자녀들을 조롱하고 모욕을 주고 거부감 또는 괴롭힘을 주는 모욕적인 부모의 메시지들은 낮은 자아감, 높은 불안감, 자기 모욕, 우울증 그리고 심각한 정신적 고통으로부터 회피하려는 모습을 보이고 심각한 경우 청소년기에 자살 시도로 이끈다(Wolfe, 2005). 학교에서 학대받은 아동들은 심각한 규율문제들을 보인다. 그들의 규율에 대한 불응, 낮은 동기, 그리고 인지적 미성숙은 학문적 성취를 방해하고 더 나아가 삶에서 성공에 대한 기회를 약화시킨다(Wekerle & Wolfe, 2003).

마지막으로 반복된 학대는 비정상적 EEG 뇌파행동, fMRI상 감지된 줄어든 크기 그리고 대뇌피질 그리고 뇌량의 기능 방해 그리고 처음에는 너무 높았다가 몇 개월의 학대를 당한 후 매우 낮아지는 스트레스 호르몬 코르티솔의 이상 생산을 포함하는 중앙신경계의 손상과 관련된다. 시간이 흐르면서 지속적 학대의 거대한 트라우마는 스트레스에 대한 아동의 평범한 신체적 반응으로 무뎌지는 것처럼 보인다(Cicchetti, 2007; Teicher et al., 2004; Watts English et al., 2006). 이러한 영향들은 학대당한 아동들의 인지적 정신적 문제들이 지속될 것이라는 가능성을 증가시킨다.

아동학대의 예방

아동학대는 가정 안에 깊이 박혀 있기 때문에, 지역사회와 사회 전체적으로 각 계층에서 이를 막는 노력들이 반드시 이루어져야 한다. 위험요소가 높은 부모에게 효과적인 자녀양육 전략을 가르치는 것에서부터 경제적 수준과 지역사회의 서비스들을 향상시키는 데에 목표를 둔 넓은 사회 프로그램들까지 많은 접근법들이 논의되었다.

우리는 가정에 사회적 지원을 제공하는 것이 부모의 스트레스를 해소하는 데에 효과적이라는 것을 알았다. 이러한 접근법은 아동의 학대 또한 눈에 띄게 감소시켰다(Azar & Wolfe, 1998). 다른 사람과의 신뢰 높은 관계는 어린 시절 학대받은 기억이 있는 어머니들이 그들의 어린시절을 자녀들에게 반복하는 순환을 막는 가장 중요한 요인들이다(Egeland, Jacobvits, & Sroufe, 1988). 전 세계의 연계된 프로그램들과 연계된 미국의 단체인 'Parents Anonymous'는 많은 사회적 지원들을 통해 아동학대 부모들에게 바람직한 자녀양육 방법을 배울 수 있도록 돕는다. 이 단체의 현지 지부들은 자조모임(self-help group meetings)을 제공하고 사회적 고립을 줄이기 위해 날마다 전화 연락과 가정방문을 제공하고 책임 있는 자녀양육 방법들을 가르친다.

자녀와 부모의 핵심역량들을 강화하는 것에 목표를 둔 초기의 개입은 아동학대를 방지함으로써 양육의 실천을 향상시킬 수 있다(Howard & Brooks-Gunn, 2009). 하와이에서 시작해서 미국과 캐나다 전반의 430개 지역에 퍼져간 건강한 아메리카 가족(Healthy Families America)은 임신과 출산 동안 학대의 위험을 가진 가정들을 확인한다. 잘 훈련된 직원이 3년 동안 가정을 방문하면서 부모들의 위기관리를 돕고 효과적인 양육을 격려하며 부모와 자녀의 요구를 충족시키는 지역사회 서비스를 소개시켜 준다(Healthy Families America, 2011). 무작위로 개입과 통제집단을 정한 600가정 이상의 평가에서 건강한 가정(Healthy Families)의 방문은 자녀의 방임은 줄였으나 학대를 감소시키지는 못했다(Duggan et al., 2004). 그러나 인지적 요소의 추가는 극적으로 효과가 증가하였다. 가정방문자가 부모들이 자녀에 대해 부적절한 이해에 대해 반박하는 것을 통해(예 : 아이가 악의적인 의도를 가지고 행동함) 그리고 양육의 문제를 풀기 위해 노력하는 것을 통해 신체적 처벌과 학대는 개입을 한 첫 번째 해의 말쯤 급격히 감소했다(그림 14.7 참조)(Bugental et al., 2002). 아동학대와 방임을 줄이는 다른 가정방문 프로그램은 간호사-가족 파트너십(Nurse-Family Partnership)이 있다(Olds et al., 2009).

여전히 많은 전문가들은 아동학대는 폭력과 같이 넓게 퍼지고 가혹한 신체적 처벌은 받아들여야 하는 것으로 여겨져서 사라질 수 없다고 한다. 그러나 빈곤과 그들의 다양한 관련된 문제들(가족 스트레스와 분열, 불충분한 음식과 의학적 치료, 10대 부모, 저체중아, 그리고 부모의 절망)의 해결은 많은 아동들을 보호할 것이다.

비록 지난 10년 전보다 더 많은 사례들이 법정까지 갔지만 아동학대는 증명하기 어려운 범죄로 남아 있다. 보통 목격자는 아동 피해자 또는 다른 믿을 수 있는 가족 구성원들이다. 그리고 심지어 강한 증거가 있을 때에도 판사들은 미래의 피해를 막기 위해 영구적으로 가정으로부터 분리하는 최종적인 안전 조치를 부과하는 것을 망설인다. 그들의 망설임에는 몇 가지 이유가 있다. 첫 번째, 미국에서

6세 아동이 그린 이 포스터는 '안전과 양육 환경'에 대한 그녀의 희망을 표현하고 있다. (이 그림은 inter-Agency Council on Child Abuse and Neglect에서 수상한 작품이다.)

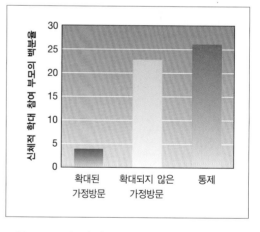

그림 14.7 **아동의 신체적 학대를 막는 것과 관련한 인지적 구성요소에 대한 가정방문 프로그램의 효과**

강화된 가정방문 환경 안에서 가정방문자는 사회적 지원과 효과적인 자녀양육의 격려, 지역사회 자원과 가족의 연결을 제공할 뿐만 아니라, 위험한 부모들에게 그들의 아기에 대한 부정적 생각을 변화시키고 자녀양육의 문제들을 해결하기도 한다. 중재 1년 후, 강화되지 않은 가정방문 환경과 중재하지 않은 환경과 비교했을 때, 이것의 인지적 구성요소는 아기의 신체적 학대(치기, 흔들기, 때리기, 발차기, 물기)를 급격하게 감소시켰다.

출처 : Bugental et al., 2002.

가정의 삶에 대한 정부의 개입은 최후의 수단이다. 두 번째, 파괴적인 가족관계임에도 불구하고 학대된 자녀들과 그들의 부모들은 보통 서로에게 애착을 가지고 있다. 대부분 헤어짐을 원하지 않는다. 마지막으로 미국의 합법적 시스템은 자녀를 자신의 권리가 있는 하나의 사람으로 보기보단 부모의 소유물로 여기는 경향이 있으며 이것은 또한 법원의 보호 명령을 방해한다.

심지어 강력한 조치에도 몇몇 성인들은 그들의 학대적인 행동들을 지속한다. 1,700명으로 추정된 대부분의 영유아기 아동들이 매년 학대로 인해 죽는다(U.S. Department of Health and Human Services, 2010b). 부모들이 행동을 바꾸려 하지 않을 때 아동으로부터 부모를 분리하는 극적인 단계와 합법적 부모 양육권의 종결은 정당한 과정이다.

아동학대는 괴롭고 무서운 주제이다. 우리가 개인의 존엄성과 가치를 높게 주장하는 국가 안에서 아동학대가 얼마나 자주 발생하는지 고려해 볼 때 이는 더 충격적일 것이다. 그러나 낙관적으로 볼 수 있는 이유들이 있다. 지난 몇십 년을 거치며 아동학대의 이해와 방지에 대한 많은 연구들이 만들어지고 있다.

주 요 용 어

공동조절(coregulation)
공동양육(coparenting)
권위적 양육태도(authoritarian child-rearing style)
무관심한 양육태도(uninvolved child-rearing style)
민주적 양육태도(authoritative child-rearing style)

사회체계론적 관점(social systems perspective)
심리적 통제자(psychological control)
양육태도 유형(child-rearing style)
자가보육 아동(self-care children)
자녀양육태도(child-rearing style)

자율성(autonomy)
허용적 양육태도(permissive child-rearing style)
혼합된, 재구성된 가정(blended, reconstituted family)

'학교에서의 체육시간'

Mojtaba Khashei, 10세, Iran
체육시간에 친구들과 신나게
축구경기를 한다. 또래관계는
아동발달의 모든 측면에 중요한
역할을 하는 핵심적인 요소다.

출처 : 국제 아동화 미술관(노르웨이의
오슬로)의 허락으로 게재

또래, 매체 학교

이 장의 첫 부분에서 우리는 또래 간 사회성, 우정, 또래 수용, 또래집단과 더불어 아동의 사회적 능력과 적응의 중요성에 대해 자세히 살펴볼 것이다. 다음으로 인지, 사회 발달에 있어 매체의 영향에 대해 검토할 것이다. 마지막으로 학교에 관심을 두고 — 학급이나 학교 규모, 교육철학, 교사 — 학생 상호작용, 학생들의 집단구성이 교육경험과 학습에 어떻게 영향을 미치는지에 대해 설명할 것이다. 마지막으로 학교가 청소년의 생산적인 직업생활을 얼마나 잘 준비하게 도와주는지에 관심을 가지고 국제적 관점에서 학교와 성취에 대해 살펴보도록 하자. ■

또래관계
- 또래 사회성의 발달
- 또래 사회성의 영향
- 우정
- 또래 수용

■ **생물학과 환경**
또래 가해자와 피해자
- 또래집단
- 데이트
- 또래 압력과 순응

대중매체
- TV 매체
- 컴퓨터, 휴대전화, 인터넷
- 미디어 사용 조절하기

학교생활
- 교실과 학생수
- 교육철학

■ **사회적 쟁점 : 교육**
학교의 쉬는 시간 — 노는 시간, 학습하는 시간
- 학교진급
- 교사-학생 상호작용
- 집단구성 방법
- 특수아 가르치기
- 부모-학교 파트너십
- 각 국가의 청소년은 얼마나 잘 교육되었나

또래관계

또래관계가 아동발달에 정말 중요한 것일까? 이전 장에서 부모관계와 또래관계는 서로 상호보완적인 것이라는 것을 알게 되었다. 안정애착 관계와 권위가 있는 부모의 양육방식(authoritative parenting)은 자녀가 또래세계에 진입하고 만족스러운 또래관계를 형성하는 데 필요한 자신감, 사회-인지적 이해, 사회적 기술을 제공한다(제10장과 제14장 참조). 그리고 또래 상호작용은 결과적으로 자녀의 사회-인지적 지식과 사회적 기술을 확장할 수 있게 해 준다(제11장, 제12장, 제13장 참조). 아동이 부모의 이혼과 같은 엄청난 스트레스 요인을 직면하게 되는 상황에서, 또래와 좋은 우정은 지지적인 부모-자녀 관계를 어느 정도 대신할 수 있다(제14장 참조).

요약한다면 또래는 발달에 크게 기여를 하고 위험 상황에서 중요한 지지요인으로서 역할을 한다. 그러나 다시 논의하겠지만 아동이 부모와 따뜻하고 지지적인 관계를 맺고 있을 때 더 효과적이다.

또래 사회성의 발달

출생 직후부터 약 1년 동안 동일 연령의 아동들이 자주 접촉한 문화에서는, 또래 사회성(peer sociability)이 일찍 시작되어 아동기와 청소년기에 점차적으로 복잡하고 잘 어울리는 교류로 진전된다. 사회성은 앞 장에서 논의하였던 인지, 정서 그리고 사회성 발달에 의해 지원되고 또한 이것에 크게 기여한다.

영아와 걸음마기 유아 초기 영아 두 명을 실험실에 함께 데려다 두면, 생후 3~4개월의 영아들은 서로 만지고 쳐다보고, 6개월 된 영아들은 서로 보며 웃거나 옹알이를 한다. 이러한 영아들의 분리된 사회적 행동들은 이따금씩 아기가 씨익 웃거나 몸짓을 하고 혹은 놀이친구의 행동을 흉내 내는 상호적인 교류가 일어나는 1세가 될 때까지는 지속적으로 증가한다(Vandell & Mueller, 1995). 1~2세 사이에 영아들이 다른 아이들과는 다른 의도, 욕구, 감정을 가진다는 것을 인식하게 됨에 따라 점차적으로 서로를 놀이친구로 보게 된다(Brownell & Kopp, 2007). 그 결과 서로의 물건을 주고, 긍정적 정서를 나누고, 함께 뛰거나 쫓아가거나 장난감을 갖고 놀면서 서로의 행동을 흉내 내고 모방하는 형태의 어울리는 상

아기는 생후 2년 동안에 만지고, 미소를 짓고 옹알이로 또래 사회성을 표현하고 이것은 점차적으로 잘 어울리는 상호작용 — 대개 서로 모방하는 형태로 — 으로 발달한다.

이 4세 된 유아들은 평행놀이를 하고 있는데, 이는 복잡한 사회적 상호작용의 요구로부터 일시적 중단과 새로운 활동으로 가는 길목으로서 기능을 하는 것으로 보인다.

호작용들이 더 자주 일어난다(Vandell et al., 2006; Williams, Mastergeorge, & Ontai, 2010). 이와 같은 교류는 또래관계를 촉진하고 언어적 의사소통을 돕는 공동의 이해를 만들어 낸다.

그리고 2세 즈음에 이르면 영아들이 "잡기 놀이하자!" 그리고 그 게임을 하기 시작한 후에 "야, 잘 달리는데!"라고 말할 때처럼, 의미를 공유하고 놀이 목표를 형성하기 위하여 단어를 사용한다(Eckerman & Peterman, 2001). 상호 간의 놀이와 긍정적인 정서는 영아가 친숙한 또래와 상호작용을 할 때 특히 빈번한데 이것은 그들이 진정한 또래관계를 형성하고 있음을 시사하는 것이다(Ross et al., 1992).

제한적이긴 하지만 또래 사회성은 생후 첫 2년 동안에 나타나고 초기 양육자-아동 간 유대에 의해 촉진된다. 민감한 성인과의 상호작용으로부터, 영아는 첫 또래관계에서 감정적 신호를 보내고 해석하는 방법을 배운다(Trevarthen, 2003). 부모와 따뜻한 관계를 맺거나 온정적이고 자극을 받는 보육의 특징인 집단 크기가 작고 교사-아동 비율이 적절한 우수한 어린이집에 다니는 걸음마기 유아들은 더 적극적이고 더 확장된 또래교류를 보여 준다. 이 영아들은 결국 유아가 되면 사회적으로 더 유능한 행동을 보인다(Deynoot-Schaub & Riksen-Walraven, 2006a, 2006b; Howes & Matheson, 1992; Williams, Mastergeorge, & Ontai, 2010).

유아기 유아기에 이르면 아동은 점차 자아인식을 하게 되며 의사소통을 잘하고 타인의 감정과 생각을 잘 이해하게 됨에 따라 또래들과 상호하는 기술도 급속하게 증가한다. 2~5세 유아의 또래 사회성에 대해 처음으로 연구한 Mildred Parten(1932)은 함께 상호작용하는 놀이가 연령과 더불어 극적으로 증가한다는 것을 알아내었고 사회성 발달은 3단계의 순서로 진전한다고 결론을 내렸다. 먼저 **비사회적 행동**(nonsocial activity) — 몰두하지 않고 방관자 행동, 단독놀이 — 으로 시작한다. 그 다음에 옆에서 비슷한 놀잇감을 가지고 놀고 있는 또래와 유사한 놀이행동을 취하지만, 놀이과정에 서로 영향을 주거나 받지 않는 사회적 참여가 제한된 형태인 **평행놀이**(parallel play)로 바뀐다. 가장 높은 단계에는 두 가지 형태의 진정한 상호작용 형태가 있다. 보다 발전된 상호작용의 형태인 **연합놀이**(associative play)에서, 아동은 각자의 활동을 하지만 놀잇감을 공유하고 서로서로의 행동에 대해서 이야기한다. 한편 **협동놀이**(cooperative play)는 최상의 발달 단계에서 나타나는 놀이태도로서 가장놀이의 주제를 연기하는 등의 또래와 공통된 놀이의 목표를 갖고 함께 놀이를 즐길 수 있게 된다.

이러한 놀이형태는 Parten이 제시하였던 순서대로 나타나지만 발달 순서에서 뒤에 나타나는 유형이 앞에 유형을 대체하지는 않는다(Rubin, Bukowski, & Parker, 2006). 오히려 모든 유형이 유아기 동안에 동시에 나타난다. 놀이집단이나 유아기 교실에서 한 놀이 유형이 다른 유형으로 진행되는 아동들을 관찰한다면 유아들이 종종 방관자에서 평행놀이, 협동놀이로 이행되었다가 다시 뒤로 되돌아가는 것을 볼 수 있을 것이다(Robinson et al., 2003). 유아들은 평행놀이를 중간 기착지 — 복잡한 사회적 상호작용의 높은 요구로부터 숨고르기와 새로운 활동에 대한 교차로 — 로 활용하는 것으로 보인다. 그리고 비사회적 활동은 나이가 들어감에 따라 감소하지만 여전히

3~4세 유아들 사이에서는 가장 자주하는 놀이 유형이다. 킨더가르텐 아동들 사이에서는 비사회적 활동이 계속해서 자유놀이 시간의 약 1/3을 차지한다. 또한 단독놀이와 평행놀이의 두 유형은 3세에서 6세까지 매우 안정적으로 지속된다. 이러한 사실은 어린 아동의 많은 놀이가 상당히 사회적이고 협력적인 상호작용이라는 것을 설명해 준다(Rubin, Fein, & Vandenberg, 1983).

유아기 동안 변하는 것은 단독놀이와 평행놀이의 양이 아니라 '유형'이라는 것을 이제 이해한다. 타이완과 미국 유아들의 놀이를 조사한 연구는 표 15.1에서 제시한 카테고리를 적용하여 비사회적 놀이, 평행놀이 그리고 협력놀이의 인지적 성숙을 평가하였다. Parten의 놀이 유형의 각각에서 나이가 더 많은 아동은 어린 아동보다 인지적으로 더 성숙한 행동을 하였다(Pan, 1994; Rubin, Watson, & Jambor, 1978).

표 15.1 인지놀이 유형의 발달 순서

놀이 유형	특징	실례
기능놀이	사물을 가지고 혹은 가지지 않고 단순하고 반복적인 움직임. 특히 첫 2년 동안 일반적	방 여기저기를 뛰어다니고, 자동차를 앞뒤로 굴리고, 어떤 것을 만들 의도가 없이 찰흙을 주무름
구성놀이	어떤 것을 만들고 구성함. 특히 3~6세 동안 일반적	놀잇감 블록으로 집을 만들고, 그림을 그리며 퍼즐을 맞춤
가상놀이	일상생활과 상상역할을 연기함. 특히 2~6세 동안 일반적	집, 학교 혹은 경찰관을 놀이함, 그림책이나 TV의 등장인물을 연기함
규칙이 있는 게임	놀이활동을 이해하고 규칙을 따름	보드게임, 카드, 사방치기, 야구놀이를 함

출처 : Rubin, Fein, & Vandenberg, 1983.

종종 부모들은 혼자 놀이하는 데 많은 시간을 보내는 유아가 정상적으로 발달하고 있는 것인지 궁금해 한다. 그러나 단지 비사회적 활동의 어떤 유형—목적 없이 배회하고 또래들 곁에서 맴도는—과 덜 성숙하고 반복적인 운동행위를 포함하는 기능적 놀이만이 관심을 불러일으킨다. 놀이를 하지 않고 또래를 쳐다보는 등의 말없이 행동하는 아동들은 대개 사회적 두려움이 높은, 즉 기질적으로 억제되어 있다(Coplan et al., 2004; Rubin, Bukowski, & Parker, 2006; Rubin, Burgess, & Hastings, 2002). 그리고 단독, 반복적 행동(블록을 탕탕 치고, 인형을 위아래로 점프하게 하는)을 하는 아동은 분노와 공격성을 조절하는 데 어려움이 있는 미성숙하고 충동적인 청소년이 되는 경향이 있다(Coplan et al., 2001). 교실에서 과묵하고 충동적인 아동은 또래 배척을 경험하는데, 여아보다 남아들이 거부를 경험할 위험이 더 크다(Coplan & Arbeau, 2008).

그러나 또래 상호작용에서 낮은 평가를 받은 유아들이 사회적으로 불안하거나 충동적이지 않다. 그들은 단순히 혼자 놀이하는 것을 선호하며 그들의 단독활동은 긍정적이고 건설적이다. 교사들은 미술재료, 책, 퍼즐, 쌓기 놀잇감을 제공해 주며 그러한 놀이를 격려한다. 그 활동에 많은 시간을 보내는 아동들은 또래들과 놀이를 할 때 사회적으로 숙련된 행동을 보여 주며 대개 적응을 잘한다(Coplan & Armer, 2007). 그럼에도 불구하고 연령에 적합한 단독놀이를 하는 소수의 유아들은 또래들에게 거부당하기도 한다. 이것은 남아들에게 더 자주 일어난다. 아마도 조용한 놀이는 남성적인 성역할과 일치하지 않고 그런 놀이를 하는 남아들은 부모와 또래들로부터 부정적인 반응을 받고 결과적으로 적응문제에 어려움을 겪게 된다(Coplan et al., 2001, 2004).

제6장에 언급하였듯이, 사회극놀이—협력놀이에서 발전된—는 유아기 동안 특히 일반적이 되며 인지, 정서, 사회성 발달을 지원한다(Göncü, Patt, & Kouba, 2004). 공동 가장(joint make-believe)에서, 유아들은 연기를 하고 서로의 ~인 척하는 감정에 반응한다. 그들은 의사놀이를 하고 마법의 숲속에서 괴물을 찾는 척할 때 주변을 탐색하고 공포를 자아내는 경험에 대한 통제권을 가진다. 그 결과로, 아동들은 다른 사람의 정서를 더 잘 이해하고 자기 자신을 더 잘 조절할 수 있게 된다(Smith, 2003). 마지막으로, 복잡한 줄거리를 만들어 내고 꾸미기 위해서는 유아들은 협상과 타협을 통해 분쟁을 해결해야 한다. 나이가 들어가면 유아들의 갈등은 놀잇감과 물건으로 인해 덜 일어나고 견해의 차이로 더 일어나게 된다. 이것은 다른 사람의 태도와 생각을 고려하는 능력이 확장하고 있다는 것을 의미한다(Chen et al., 2001; Hay, Payne, & Chadwick, 2004).

아동 중기와 청소년기 공식적인 학업이 시작되면서 아동은 성취, 인종, 종교, 흥미, 인성을 포함

아동의 거친 신체놀이의 좋은 측면은 공격성과 구별시켜 준다. 진화 역사에서 거친 신체놀이는 싸움기술과 위계관계를 형성하는 데 중요했었다.

한 여러 측면에서 서로 다른 또래에게 노출된다. 다양한 또래와의 접촉은 학령기 아동이 관점의 다양성을 가질 수 있도록 한다(제11장 참조). 또래와의 의사소통은 궁극적으로 조망수용을 향상시켜 주는 장점이 있다. 이 연령의 아동은 다른 사람의 정서와 의도를 더 잘 이해할 수 있게 되고 또래와의 대화 안에서 그들을 고려할 수 있다. 그들은 또한 사회적 상호작용을 촉진하는 감정 표출 규칙의 가치를 이해한다(제10장 참조)(Denham et al., 2004). 일련의 규칙과 관련하여 몇몇의 놀이자의 상호보완적 역할을 이해하는 학령기 아동의 능력으로 인하여 규칙 지향적 게임으로 전환이 된다(표 15.1 참조).

학령기 아동은 자신의 정서적·사회적 지식을 또래와 의사소통하는 데 적용한다. 공유, 도움, 그 외의 다른 친사회적 행동은 아동 중기에 증가한다. 게다가 어린 아동과 나이 든 아동은 또래를 돕는 방법에 있어서 차이가 있다. 킨더가르텐 아동은 그것이 바람직한지와는 상관없이 바로 움직이고 도움을 준다. 반면에 학령기 아동은 도움을 제안하고 친사회적인 행동을 하기 전에 또래 수용을 위해 기다린다. 청소년기에는 또래들이 과제에 집중하고 아이디어를 자유롭게 교환하고 견해를 물어보고 서로의 공헌을 인정하는 등 더 협동하여 과제를 한다(Azmitia, 1996).

또래 상호작용의 또 다른 형태가 유아기에 시작되어 아동 중기에 절정을 이루는데, 이것은 자유놀이 행동의 약 10%를 설명해 준다. 공원이나 학교 운동장에서 노는 아동을 보면, 그들은 때때로 레슬링을 하고 뒹굴고, 치고 서로를 뒤쫓아 달리고, 미소 짓고 웃으면서 역할을 바꾸는 것을 목격한다. 이 다정하고 쫓고 쫓기는 놀이싸움은 **거친 신체놀이**(rough-and-tumble play)라고 부른다. 많은 문화권에서 아동들은 자신들이 특별히 좋아하는 또래들과 이 놀이를 한다(Pellegrini, 2004). 거친 신체놀이 다음에 아동들은 공격적인 시합 후에 하는 것처럼 헤어지지 않고 계속 상호작용을 한다.

아동의 거친 신체놀이는 많은 어린 포유동물의 사회적 행동과 유사하다. 부모와 아기 간의 신체적 놀이, 특히 아들과 아버지와의 놀이에서 시작된 것으로 보인다(제10장 참조). 이것은 남아들 사이에서 일반적이다. 아마 이것은 태아가 안드로겐에 노출되어 남아로 하여금 활발한 놀이를 하도록 촉진하기 때문이다(제13장 참조). 남아의 거친 신체놀이는 대개 즐거운 레슬링, 제지, 치기로 이루어지는 반면 여아들은 간단한 신체 접촉만 있는 달리고 쫓는 것을 하는 경향이 있다(Boulton, 1996).

우리의 진화 역사에서 거친 신체놀이는 싸움기술의 발달에 중요하였다(Power, 2000). 그것은 아동들로 하여금 **지배계층**(dominance hierarchy) — 갈등이 발생할 때 이길 것이라고 예측되는 그룹 구성원의 안정된 순서 — 을 형성하도록 돕는다. 아동 중기와 청소년기에 특히 남아들 사이에서, 논쟁, 위협, 그리고 신체적 공격에 관한 승자와 패자의 점점 더 안정적인 그룹이 있음을 관찰을 통해 드러난다. 일단 학령기 아동이 지배계층을 형성하게 되면 적대감은 드물다(Pellegrini & Smith, 1998; Roseth et al., 2007). 아동은 놀이 싸움(play-fighting)을 또래의 권세에 도전하기 전에 또래의 힘을 평가하기 위한 안전한 맥락으로 사용하는 것처럼 보인다.

청소년들이 신체적으로 성숙해지면 힘의 개인차가 뚜렷해지고 거친 신체놀이는 줄어든다. 거친 신체놀이가 나타났을 때 그것의 의미는 변화된다. 남자 청소년들의 거친 신체놀이는 공격성과 연결된다(Pellegrini, 2003). 승부에 휩쓸린 후, 선수들은 상대에게 속임수를 쓰고 상처를 준다. 남녀 간에 거친 신체놀이는 빈번하지는 않지만 청소년기에 약간 증가하는데, 이것은 10대들이 재미삼아 이성 간의 성적 상호작용을 시도하는 수단적 기능을 하는 것으로 보인다(Pellegrini, 2006, 2009).

아동 중기 동안, 아동들은 어떤 다른 사회적 파트너보다 또래들과 더 많은 시간을 보내게 될 청소년 중기 때까지 또래들과 점점 더 자주 상호작용을 한다(Brown & Larson, 2009). 공통의 관심,

새로운 놀이활동, 그리고 동등한 관계에서 상호작용하는 기회는 또래 상호작용을 매우 즐겁게 만들어 준다.

또래 사회성의 영향

아동들은 또래들과 상호작용하기 위한 기술을 가족 내에서 먼저 습득한다. 부모들은 자녀의 또래관계에 영향을 주려는 노력을 통해 직접적으로, 그리고 자녀양육 실제와 놀이행동을 통해서 간접적으로 아동의 또래 사회성에 영향을 미친다(Ladd & Pettit, 2002; Rubin et al., 2005) 아동의 연령 혼합과 같이 성인이 영향을 미칠 수 있는 상황적 요인과 문화적 가치가 또한 차이를 만든다.

부모의 직접적 영향 유치원, 어린이집, 킨더가르텐이 아닌 밖에서 어린 아동들은 만족스러운 또래관계를 형성하는 데 도움을 얻기 위해 부모에게 의존한다. 부모들이 비공식적 놀이활동을 자주 계획해 주는 유아들은 더 큰 또래 네트워크를 형성하고 사회적으로 더 유능해지는 경향이 있다(Ladd, LeSieur, & Profilet, 1993). 부모들은 자녀에게 놀이 기회를 제공하여, 자녀가 또래 접촉을 시도하는 법과 놀이 친구의 요구를 고려하는 좋은 '주최자(host)'가 되도록 격려한다.

부모들은 자녀가 다른 아동에게 어떻게 행동해야 하는지 지도함으로써 자녀들의 또래 상호작용 기술에 영향을 준다. 갈등을 다루고 짓궂게 놀리는 것을 하지 않도록 하고 놀이집단에 들어가는 방법에 대한 부모의 전문적인 제안은 자녀들의

한 아빠가 자녀에게 다른 아이들과 어울리는 것에 대해 친절하게 가르치고 있다. 부모는 조언과 지도, 행동하는 방법의 예를 제시함으로써 아동의 또래 상호작용에 영향을 미친다.

사회적 유능성 및 또래 수용과 관련이 있다(Mize & Pettit, 2010; Parke et al., 2004b). 아동들이 나이가 들어가고 효율적인 사회적 기술을 습득함에 따라 자녀들은 부모의 조언을 덜 필요로 한다. 아동 중기와 청소년기에 부모의 엄격한 지도는 대개 또래관계에 문제가 있는 자녀를 대상으로 한다(McDowell & Parke, 2009; Mounts, 2011).

아동 중기와 청소년기 동안 자녀의 활동에 관한 부모의 감독은 학령기 아동과 청소년들이 반사회적 행동에 참여하는 것으로부터 보호해 준다. 청소년들의 정보 공개는 성공적인 감독을 위해 중요하다. 청소년들이 부모에게 자신의 행방과 친구에 대해 말하는 정도는 특히 적응을 매우 높게 예측해 주는 요인이다(Brown & Bakken, 2011; Stattin & Kerr, 2000). 그러나 그러한 공개는 과거의 일관성이 있는 감독과 기능적인 부모-자녀 관계에 달려 있고 그것은 또한 긍정적인 또래관계를 증진시킨다.

부모의 간접적 영향 양육행동은 사회성을 발달시키는 것에 직접적인 목표를 두지 않지만 사회성에 영향을 미친다. 가령, 설득하는 방식의 훈육과 권위가 있는 양육은 또래 관련 유능성을 위한 튼튼한 기초를 제공한다. 반대로 거친 신체적 체벌을 포함한 강압적인 행동통제와 심리적 통제는 낮은 수준의 사회적 기술과 공격적 행동을 야기한다(제12장, 제14장 참조).

게다가 부모와의 안정된 애착은 아동기와 청년기 내내 반응적이고 조화로운 또래 상호작용, 더 큰 또래 네트워크, 그리고 온정적이고 더 지지적인 우정과 관련이 있다(Laible, 2007; Lucas-Thompson & Clarke-Stewart, 2007; Wood, Emmerson, & Cowan, 2004). 안정 애착에 기여하는 것은 민감하고 정서적으로 표현적인 부모의 의사소통일 수 있다. 연구자들은 부모-자녀의 대화를 관찰하고 긍정적인 정서를 주고받고 자녀의 말과 정서에 대한 민감성을 나타내는 어머니-자녀 간 유대의 강도를 평가하였다. 엄마와 더 정서적으로 연결된 킨더가르텐 아동은 반 친구들에 대해 감정이입과 친사회적 행동을 더 많이 보여 주었다. 이 정서적 지향은 차례로 긍정적인 또래 유대와

관련이 있었다(Clark & Ladd, 2000).

부모-자녀의 놀이는 특히 또래 상호작용 기술을 촉진시키는 데 효과적인 것으로 보인다. 놀이를 하는 동안 부모는 또래들이 하는 것보다 더 동등한 입장에서 자녀와 상호작용을 한다(Russell, Pettit, & Mize, 1998). 부모와 유아기 자녀의 놀이에 매우 깊이 관여하고 긍정적인 정서와 협력놀이는 더 긍정적인 또래관계와 연관이 있다. 그리고 부모가 자신의 성별과 같은 자녀와 놀이를 더 많이 하기 때문에 엄마의 놀이는 딸의 유능성과 아버지의 놀이는 아들의 유능성과 더 밀접하게 관련이 있다(Lindsey & Mize, 2000; Pettit et al., 1998).

마지막으로 부모들의 사회적 네트워크의 질은 자녀의 사회적 유능성과 관련이 있다. 한 연구에서 우수한 질의 우정을 보고한 부모들의 학령기 자녀들은 친구들과 더 우호적으로 상호작용하였다. 이러한 연관성은 여아에게 더 컸는데, 이는 아마도 여아들이 부모 곁에서 더 많은 시간을 보내고 부모의 친구를 관찰하는 기회가 더 많기 때문이다(Simpkins & Parke, 2001). 게다가 부모와 청소년의 사회적 네트워크가 겹치는 것은(10대의 친구, 그들의 부모와 친구들의 부모 사이에 빈번한 접촉) 더 우수한 학업성취와 낮은 수준의 반사회적 행동과 관련이 있다(Parke et al., 2004b). 이러한 상황에서는 부모의 네트워크에 있는 성인들이 부모들의 가치와 목표를 고취시킬 수 있고 그들의 부모가 부재 시 10대를 감독할 수 있다.

혼합 연령   어린이집, 학교, 여름캠프와 같이 연령별로 구분되는 상황에서 관찰하면, 아동들은 일반적으로 연령이 비슷한 아이들끼리 상호작용을 한다. 그러나 아동들이 교육과 레크리에이션을 위해 연령을 구분하지 않는 문화권에서는 혼합 연령 간의 상호작용이 일반적이다.

제6장에서 논의하였던 Piaget와 Vygotsky의 이론들은 동일 연령 대 혼합 연령의 상호작용으로부터 다른 이점을 제시한다. Piaget는 서로의 관점을 도전하는 동등한 지위의 아동과의 경험과 그러한 경험에 의하여 인지, 사회, 도덕성 발달이 촉진된다고 강조하였다. 반대로 Vygotsky는 더 진전된 기술을 격려하고 모델이 되는 나이가 더 많은 아동 그리고 더 유능한 또래들과 상호작용으로부터 이점이 있다고 믿었다.

유아들의 경우, 단일 연령 교실에서보다 혼합 연령 교실에서 어린 아동의 놀이가 인지적으로, 사회적으로 더 성숙하다. 게다가 3~4세 정도의 어린 아동들도 덜 유능한 아동들에게는 의사소통을 단순하게 하고 공동활동에는 더 많은 책임을 지면서 그들의 요구에 맞추려고 자신의 행동을 수정한다(Brody, Graziano, & Musser, 1983; Howes & Farver, 1987). 그럼에도 불구하고 혼합 연령 환경에서 가장 나이가 많은 학령기 아동들은 같은 연령의 아이들을 선호하는데, 이것은 더 비슷한 관심을 가지고 더 협력적인 상호작용을 하기 때문이다. 같은 연령의 또래와의 상호작용이 열정적이고 조화롭기는 하지만 어린 아동들은 나이가 많은 또래들이 지식이 많고 흥미로운 놀이 아이디어도 많기 때문에 그들에게로 향한다.

아동들은 동일 연령과 혼합 연령 관계로부터 얻는 이점이 있다. 동일 연령과의 상호작용에서 아동들은 협동하고 갈등을 해결하는 방법을 배우고 상호호혜성과 정의라는 중요한 도덕적 지식을 쌓는다(제11장과 제12장 참조). 혼합 연령 환경에서 어린 아동들은 나이가 더 많은 친구로부터 새로운 능력을 습득한다. 더 성숙한 아동이 덜 성숙한 친구를 도와줄 때 그들은 양육, 지도, 그 밖의 다른 친사회적 행동을 연습한다.

인도에 있는 부족 아동은 높은 수준의 협동을 요구하는 'circle tapping' 게임을 한다. 가운데 있는 아이는 시나 알파벳 혹은 숫자를 암송한다. 그다음에 다른 아이들을 주변을 돌면서 "내가 건드리는 아이가 다음 차례야!"라고 외친다. 술래가 건드렸던 아이가 다음을 암송한다.

© DORANNE JACOBSON

문화적 가치　집단 화합을 강조하는 집합주의 사회에서 사회성은 개인주의 문화에서와는 다른 형태를 취한다(Chen & French, 2008). 가령, 인도에서 사는 아동들은 대개 높은 수준의 협력을 필요로 하는 대집단놀이를 한다. 그들 행동의 많은 부분이 흉내 내는 것이며 공동으로 협력해서 일어나고 밀접한 신체적 접촉이 따른다. 'Bhatto, Bhatto'라고 불리는 게임에서 아동들은 맛있는 채소를 자르고 나누는 척하고 서로서로의 팔꿈치와 손을 만지면서 시장에 나들이 가는 스크립트를 연기한다(Roopnarine et al., 1994).

다른 예를 들자면, 말을 잘 안 하는 또래들을 거부하는 미국 유아들과 달리 중국 유아들은 조용하고 내성적인 아동을 놀이에 기꺼이 가담시킨다(Chen et al., 2006). 제10장에서 최근까지도 중국에서는 자기주장을 못하게 하는 집합주의 가치로 인해 수줍음을 긍정적으로 평가한다는 것을 알았다. 이 너그러운 태도는 어린 중국 아동의 놀이행동에서 여전히 눈에 띈다.

놀이의 중요성에 관한 문화적 신념이 또한 초기 또래 상호작용에 영향을 미친다. 놀이를 단순히 오락으로 생각하는 양육자들은 놀이를 인지적·사회적 이점으로 여기는 부모들보다 놀이소품을 덜 제공하거나 가장(pretend)을 덜 격려하는 경향이 있다(Farver & Wimbarti, 1995a, 1995b). 학습을 하는 데 과제 집착을 매우 중요한 것으로 강조하는 한국계 미국 부모들의 취학전 유아들은 백인 미국 유아들보다 공동 가장놀이(joint make-believe)를 덜하고 비참여놀이와 평행놀이를 더 많이 한다(Farver, Kim, & Lee, 1995).

마야 부모들은 아동의 놀이를 조장하지는 않지만 마야 아동들은 사회적으로 유능하다(Gaskins, 2000). 아마도 정교한 교구와 다양한 주제가 있는 서양 스타일의 사회극놀이는, 특히 아동이 어린 시절부터 성인의 활동에 참여하는 부족 문화에서보다 성인과 아동의 세계가 더 구분된 사회에서 사회성 발달을 위해 중요할 수 있다. 이는 세네갈의 어촌 마을에 사는 2~6세 유아를 관찰한 결과에 의해 지지된다. 이 유아들은 미국의 중산층 가정의 동일한 연령의 아동들만큼 또래와 가장놀이를 많이 하였다(Bloch, 1989). 바다낚시는 어린 아동의 활동으로는 너무 위험하기 때문에 세네갈 유아들은 성인들의 일터와 떨어진 집과 마당에서 많은 시간을 보냈다. 또한 그들의 가족은 가장을 촉진하는 풍부한 놀이 교구를 제공할 수 있는 충분한 자원을 갖는다.

모든 사회에서 또래 접촉은 청소년기에 증가하는데, 이러한 경향은 청소년들이 학교에서 주중의 대부분의 시간을 또래들과 보내는 산업화 국가에서 가장 강하다. 어떤 문화권의 경우에는 다른 문화권보다 10대들이 학교 바깥에서 더 많은 시간을 보낸다. 일례로 미국 청소년들은 주당 자유시간으로 약 50시간, 유럽 청소년들은 45시간, 동아시아 청소년들은 33시간을 보낸다(Larson, 2001). 미국 청소년들의 경우 학기가 짧아서 학교 공부에 훨씬 더 적은 시간을 투자하게 되고 요구 수준이 적은 학업 기준이 이러한 차이를 설명해 준다(그림 15.1 참조).

우정

아동들은 많은 또래들과 만나고 관계를 맺지만 다른 아동에 비해 어떤 특정 아동을 좋아한다. 유아기 초기에 **우정**—각 파트너가 다른 파트너와 함께 있기를 원하는 동료애를 포함한 친한 관계—을 형성한다. 1세와 2세 영아들은 놀이를 시도하고 긍정적 정서의 표현을 나누고 선택한 친한 또래와 더 복잡한 상호작용을 하는 것이 관찰을 통해 나타났다(Howes, 2009). 이 초기의 상호관계는 아동기와 청소년기에 더 깊고 의미 있는 관계를 위한 기초를 제공한다.

우정을 연구하기 위해 연구자들은 아동이나 성인에게 친구의 이름을 지명하라고 요구한 다음 지명된 친구가 그 선택에 화답하는지를 확인한다. 그리고 그들은 우정이 무엇을 의미하는지 인터

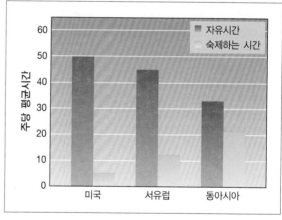

그림 15.1 주당 자유시간과 미국, 유럽, 동아시아의 청소년들이 숙제하는 시간

도표는 많은 연구에서 보고된 결과의 평균이다. 미국 10대들이 유럽과 특히 동아시아 10대들보다 더 많은 자유시간을 보낸다. 이것은 미국 청소년들이 숙제하느라 보내는 시간이 훨씬 더 적기 때문이다.

출처 : Larson, 2001.

뷰한다. 연구결과는 연령이 증가함에 따라 우정의 특징이 변하고 우정에 관한 아동의 생각도 변한다는 것을 보여 주었다(Hartup, 2006). 유아기 시절부터 우정은 아동의 정서와 사회성 발달에 크게 기여한다.

성인에게 있어 우정은 동료애, 나눔, 사고와 정서의 이해, 서로가 필요한 때에 배려하고 편하게 해 주는 합의적인 관계이다. 성숙한 우정은 시간이 지나도 지속되고 때때로 갈등도 견뎌낸다. 그러나 아동에게 있어서 우정은 즐거운 활동에 기반을 둔 좀 더 현실적인 개념이며, 나이가 들어가면서 우정은 상호 고려와 배려, 그리고 정신적 만족과 같은 좀 더 추상적 개념으로 변화해 간다(Hartup & Abecassis, 2004). 종단연구와 횡단연구에서 확인되었는데 우정에 대한 아동의 변화하는 생각은 3단계의 발달과정을 거치게 된다.

아동 중기 동안에, 우정의 개념은 보다 심리적인 측면에 의해 이루어진다. 이 남자 아동들은 요리하는 데 관심을 나누지만 서로의 성격 특성을 좋아하기 때문에 함께 시간을 보내기를 원한다.

1. 놀이친구로서의 우정(4~7세)   취학 전후의 아동은 우정과 친구관계의 독특성에 대해 이해하기 시작한다. 그들은 친구와 함께 놀고, 장난감을 함께 이용하여 시간을 보내며, '나를 좋아하는 누군가'로 말한다. 그러나 우정은 아직 장기간 지속적인 특성을 갖지는 않는다. 이 단계에 있는 아동은 상대방이 공유하는 것을 거절하며 때리고 혹은 놀이를 못할 때 우정은 없어진다. 5세 한 남자아이가 마크와 잘 지내는 시기에는 "마크는 내 친한 친구야."라고 선언한다(Damon, 1988; Hartup, 2006). 그러나 갈등이 생겼을 때 그 아이는 "마크는 내 친구가 아니야!" 하고 뒤집는다.
2. 상호신뢰와 지원관계로서의 우정(8~10세)   아동 중기에는 좀 더 복잡하고 심리적 근거를 바탕으로 한다.

셸리는 왜 너의 친한 친구이니? 내가 슬플 때 나를 도와주고 공유하기 때문이다. 셸리는 무엇이 특별하지? 나는 셸리를 오랫동안 만났고 나는 셸리 옆에 앉아. 그래서 걔를 더 잘 이해하게 되었어. 다른 아이들보다 셸리를 어떻게 더 좋아하게 되었지? 셸리는 나를 위해 많은 것을 해 줘. 걔와 나는 부딪히지 않고 내 앞에서 절대로 먹지를 않고 내가 울고 있을 때 내 곁을 떠나지 않고 내 숙제도 도와줘. 어떤 사람들이 너를 어떻게 좋아하게 되지? 만일 네가 너의 친구에게 친절하게 대하면 그 아이들도 너에게 친절하게 할 거야(Damon, 1988, pp. 80~81).

이러한 반응이 보여 주듯이, 아동은 서로의 개인적 특성을 좋아하고 서로의 필요와 욕구에 반응하는 서로 동의하는 관계가 된다. 일단 우정이 형성되면 신뢰가 우정을 정의하는 특징이 된다. 학령기 아동의 경우 좋은 우정은 한 사람이 다른 사람을 도와주면서 믿게 될 수 있는 것을 의미하는 친절한 행동에 근거를 둔다(Hartup & Abecassis, 2004). 결과적으로 나이 든 아동은 도움이 필요한 친구를 돕지 않으며 약속을 지키지 않고 친구 뒤에서 험담을 하는 것과 같이 신뢰를 깨뜨리는 것은 우정을 배신하는 것으로 간주한다. 유아기와 학령기 어린 아동이 그렇듯이, 갈등이 있은 후에 다정하게 놀이한다고 해서 단순히 틈이 메꾸어질 수 없다. 대신에 사과와 설명을 필요로 한다.

3. 친밀, 상호이해, 충성관계로서의 우정(11세~15세 혹은 그 이상)   우정의 의미에 대해 질문을 하게 되면 10대들은 세 가지 특징을 강조한다. 가장 중요한 것은 친밀감 혹은 심리적으로 가까움인데 이것은 서로의 가치, 믿음, 느낌에 대한 상호 간의 이해에 의해 지지된다. 그리고 10대들은 친구들 사이에서는—자신을 옹호해 주고 다른 사람들로 인해 자신을 떠나지 않는—신의를 원한다(Collins & Madsen, 2006).

우정은 그와 같은 깊이가 있는 특징을 띠게 되며, 청소년들은 우정을 어떤 사람을 알아가게 되는 과정에서 시간이 지나면서 형성된 것으로 간주한다. 그리고 청소년들은 친구가 외로움,

슬픔, 두려움과 같은 심리적인 고충을 해소하는 데 중요하다고 인식한다. 진실과 상호 간의 이해는 용서를 의미하기 때문에 심한 갈등만이 우정을 끝나게 할 수 있다.

우정의 특징 우정에 관한 아동의 생각의 변화는 그들의 실제 우정의 특성과 연결된다. 우정의 안정성, 상호작용 그리고 유사성에 대해 자세히 살펴보기로 하자.

우정의 선택성과 안정성 서로 간의 신뢰와 신의에 관한 중요성이 높아지면, 학령기 아동들의 우정은 더 선택적으로 된다. 취학전 유아들은 친구가 많다고 하며, 종종 학급 내 모든 아이들을 말한다. 그러나 8~9세의 아동들은 단지 몇몇의 친구 이름을 얘기한다. 그리고 10대가 되면 우정의 초점은 점점 더 구체화되고 좁아지게 된다. 청소년기 초기에는 친한 친구의 수가 4~6명에서 성인기에는 1~2명으로 감소한다(Hartup & Stevens, 1999).

우정은 모든 연령대에 상당히 안정적이지만 어린 아동들의 경우 안정성은 주로 학교와 이웃 등의 사회적 환경이 변하지 않는 것에 기인한다. 환경은 나이 든 아동들에게도 계속 중요해지고, 학교, 종교단체, 부모 친구의 자녀와 같은 몇몇 상황에 걸쳐 이어지는 우정은 더 지속되는 경향이 있다(Troutman & Fletcher, 2010). 동시에 우정이 심리적으로 기반을 두게 되고 친밀성, 자기노출, 지지, 친사회적 행동과 같은 긍정적 특징이 더 커지게 됨에 따라 안정성은 나이와 더불어 증가한다. 4학년에서 고등학교까지, 약 50~70%가 한 학년 과정 동안 지속된다. 그리고 일부는 상대방의 헌신의 강도에 따라 대개 일시적인 변동을 겪지만 몇 년간 계속된다(Berndt, 2004; Degirmencioglu et al., 1998). 중학교와 고등학교 시절에는 사춘기 발달의 속도 차이, 새로운 또래와의 만남, 연애에 관한 관심으로 인해 친구를 선택하는 데 일시적인 큰 변화의 시기를 맞게 된다(Poulin & Chan, 2010).

친구들 간의 상호작용 모든 연령대에서 친구들은 특별한 방법으로 상호작용을 한다. 예컨대 취학전 유아는 본인이 친구라고 인식한 대상에게 인사나 칭찬, 불평 등을 두 배 이상 표현한다. 친구 사이에서는 친구가 아닌 아동에게 하는 것보다 서로에게 더 자주 감정을 표현하고, 웃음을 건네며, 상대방을 바라본다(Hartup, 1996, 2006; Vaughn et al., 2001). 매우 일찍이 자발성, 친밀성, 민감성이 가치가 있는 우정으로 특징지어진다. 그러나 아동들이 훨씬 나중이 될 때까지 이러한 생각들을 표현할 수는 없다.

그리고 우정에 대해 보다 성숙한 이해가 가능해지면서 친구 사이에 친사회적 행동이 증가하기도 한다. 과제를 함께하는 동안, 학령기 친구들은 도우며 공유하고 서로에게 코멘트해 주고 취학전의 친구들이 하는 것보다 더 집중된 시간을 보낸다(Hartup, 1996; Newcomb & Bagwell, 1995). 협동, 관대함, 상호긍정, 자기노출이 청소년기에 계속 증가한다(그림 15.2 참조). 이것은 관계를 유지하는 데 더 많은 노력과 기술을 그리고 친구의 필요와 요구에 대한 민감성의 증가를 반영한다(De Goede, Branje, & Meeus, 2009; Phillipsen, 1999). 청소년들은 아동기 때보다 친구에 대한 소유욕이 덜 강하다(Parker et al., 2005). 스스로 어느 정도

그림 15.2 **몇 개의 연구결과를 토대로 나타난 부모와 또래에게 자기노출에 있어서의 연령 변화**

친구에게 자기노출은 청소년기 동안 지속적으로 증가한다. 이것은 친밀감이 우정의 중요한 요소임을 시사한다. 연애 파트너에게 자기를 개방하는 것 또한 증가하지만 대학생이 될 때까지 친구와의 친밀감을 능가하지 못한다. 부모에게 자기노출은 부모-자녀 간의 가벼운 갈등 시기인 청소년기 초기에 감소한다. 가족관계는 청소년의 증가하는 자율성에 재적응하게 되면 부모에게 자기노출은 증가한다.

출처 : D. Buhrmester, 1996, "Need Fulfillment, Interpersonal Competence, and the Developmental Contexts of Early Adolescent Friendship," in W. M. Bukowski, A. F. Newcomb, & W. W. Hartup, Eds., *The Company They Keep: Friendship in Childhood and Adolescence*, New York: Cambridge University Press, p. 168. Reprinted with permission of Cambridge University Press.

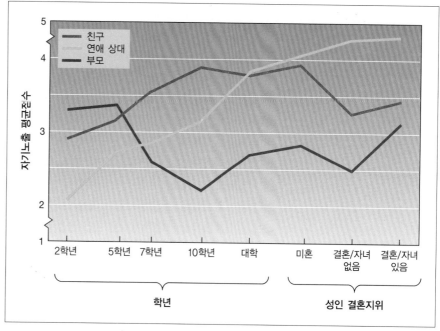

자율성을 원하면서 그들은 친구들도 역시 이것을 필요로 한다는 것을 인식한다.

친구 사이에서는 친사회적으로 행동할 뿐 아니라 친구들이 아닌 사이보다 서로 더 부딪히거나 경쟁하기도 한다. 아동은 친구관계를 평등관계에 기초하여 인식하기 때문에 그들은 친구와의 경쟁에서 지는 것을 걱정하는 것 같다. 또한 아동이 다른 의견을 가졌을 때 친구끼리는 그것들을 더 많이 표현하는 경향이 있다. 동시에 학령기와 청소년 친구들은 친구가 아닌 사이에서 하는 것보다 갈등을 해결하기 위해 더 자주 협상을 한다. 두 사람이 서로 좋아하는 것이 확고할 경우, 의견이 일치하지 않더라도 친밀한 관계가 유지된다는 것을 인식하는 것으로 보인다(Fonzi et al., 1997; Hartup, 2006; Rose & Asher, 1999). 확실히 우정은 아동이 비난을 참아내고 분쟁을 해결하는 법을 배우는 데 중요한 맥락을 제공한다.

그리고 우정이 아동발달에 주는 영향력은 친구의 본질에 달려 있다. 친구에게 친절함과 동정을 보이는 아동은 상대방의 친사회적 성향을 더 강화시키고 유대는 더 오래 지속된다(Vitaro, Boivin, & Bukowski, 2009). 반면, 공격적인 아동이 친구를 만들 때, 그 관계는 적대적인 상호작용으로 종종 구멍이 나고 특히 한쪽이 공격적일 때는 관계가 끊어지는 위험이 있다(Ellis & Zarbatany, 2007). 공격적인 여아들의 우정은 자기노출은 높지만 다른 사람과의 관계를 조종하는 데 사용되는 기술인, 질투, 갈등, 배신을 포함한 관계적 적의감(relational hostility)으로 차 있다. 공격적인 남아의 우정은 관계적 공격성(relational aggression)뿐 아니라 분노, 강압적인 말, 신체적 공격, 규칙을 깨트리는 행동을 시키는 꼬임을 자주 표현한다(Bagwell & Coie, 2004; Crick & Nelson, 2002; Dishion, Andrews, & Crosby, 1995). 이러한 연구결과는 공격적인 아동의 사회적 문제가 자신들의 가장 친한 또래관계 안에서 작동한다는 것을 지적한다.

친구들 사이에서 유사성   청소년들이 자기 친구들과 통하는 느낌에 가치를 두는 것은 나이가 듦에 따라 친구들이 점차 태도와 가치가 유사해질 것이라는 것을 시사한다. 실제로 아동기와 청소년기까지 친구들 사이에서는 연령, 성, 인종, 사회계층이 서로 거의 비슷하다. 그러나 아동 중기부터 친구들은 인성(사교성, 부주의/과잉행동, 공격성, 우울증), 인기도, 학업성취, 친사회적 행동, 다른 사람에 대한 판단이 서로 닮았다(Hartup, 2006; Mariano & Harton, 2005). 청소년기 친구들은 정체성 지위, 교육적 열망, 정치적 신념, 약물을 시도하려는 의향, 위법행동에 참여 등이 서로 비슷하다. 시간이 지남에 따라 이와 같은 방식은 더 비슷해진다(Berndt & Murphy, 2002; Selfhout, Branje, & Meeus, 2008).

아동과 청소년들은 우정의 지속성을 높이기 위하여 자신과 연령, 성, 인종이 같은 친구를 선택한다. 내집단의 편애(in-group favoritism)와 외집단의 편견(out-group prejudice)이 또한 이러한 선택에 영향을 미칠 수 있다(제11장과 제13장 참조). 그 밖의 다른 방법으로는 아동들이 자신과 유사한 또래들을 어떻게 인식하는가? 어떤 연구자에 의하면 아동들은 관계를 시도하고 '좋다고 느끼는' 관계는 지속하면서 자신의 사회적 조직망에서 '쇼핑여행(shopping expeditions)'을 계속한다고 한다(Hartup & Abecassis, 2004). 친구들은 많은 시간을 함께 보내게 되면서 태도, 가치, 학점 및 사회적 행동이 점차적으로 비슷해지고 서로를 사회화시킨다(Berndt & Keefe, 1995).

반면에 10대들은 더 넓어진 학교환경이나 지역사회에 진입하면서 자신과는 뚜렷하게 구별되는 특성의 친구들을 고르기도 한다. 한동안 어린 10대는 피상적인 특징─한 잠재적인 친구가 인기가 있고 신체적으로 매력적이거나 혹은 운동기술이 있는지─에 감탄하여 유사성을 단념한다. 그리고 청소년 초기의 남학생과 여학생은 친구로서 높은 지위, 공격적인 남자에게 매료된다. 이러한 이유로 남학생들은 반사회적 행동을 일으키거나, 여학생들은 최초 이성관계에서 부정적인 경험을 하기도 한다(Bukowski, Sippola, & Newcomb, 2000). 다른 예를 들자면, 친구의 좋아할 만한 특성도 영향을 준다. 한 연구에서 학업성취가 높은 급우가 친구가 되어 준 학업성취가 낮은 9~11세 아동은 학업적인 자아존중감은 감소했으나 학업성취도는 증가하였다(Altermatt & Pomerantz, 2005).

한 개인적 정체성을 구축하는 과업은 사이좋게 지낼 수 있는 관계로 보장이 되면 새로운 관점을 탐색하는 수단으로서 청소년들에게 다른 태도와 가치를 지닌 친구를 찾도록 한다. 게다가 10대들은 어떤 특질에서 공통성을 다른 것보다 더 중요한 것으로 판단한다(Azmitia, Ittel, & Brenk, 2006; Hamm, 2000). 그럼에도 불구하고 히스패닉계는 높은 성취를 보이는 친구를 자랑거리로 생각한다(Azmitia & Cooper, 2001). 그러한 친구들이 학업성취와 높은 교육 열망을 자극하는 데 중요한 역할을 하는 것으로 보인다.

마지막으로 아동과 청소년들은 인종이 다양한 학교에 다니고 통합된 지역사회에서 거주할 때 다른 인종의 또래들과 우정을 더 형성하는 경향이 있다(Quillian & Campbell, 2003). 편안하고 지속적인 친밀한 관계를 형성하게 되면, 청소년은 인종이 다른 또래를 고정관념의 렌즈로 보지 않고 개인으로 인식한다.

우정에서 성차 아동 중기에 아동의 우정에는 일관된 성차가 나타나기 시작한다. 정서적인 친밀감은 남아들 사이에서 보다 여아들 사이에서 더 일반적이다(Markovits, Beneson, & Dolenszky, 2001). 자신의 우정에 더 배타적인 여학생들은 '그냥 얘기하기 위해' 만나고 대화내용은 자기노출(마음속에 있는 생각이나 느낌을 공유)에 관한 것들이다. 반면, 남학생들은 운동이나 경쟁을 하는 게임과 같은 활동을 위해 모인다. 남학생들의 토론은 주로 스포츠 및 학업 성취와 같은 인정과 숙달 주제(mastery issues)에 초점을 둔다(Brendgen et al., 2001; Rubin, Bukowski, & Parker, 2006).

그리고 성역할에 대한 기대감 때문에 여학생들의 우정은 전형적으로 공동의 관심에, 남학생의 우정은 성취감과 사회적 지위에 초점을 둔다. 남학생들은 친밀한 우정을 형성하지만 우정의 질은 더 가변적이다. 성 정체감이 영향을 미친다. 양성적 남학생은 여학생만큼 친밀한 동성 간의 유대를 형성하는 반면 남성적인 남학생은 그러한 경향이 적다(Jones & Dembo, 1989).

청소년기에 친밀감과 충성심은 우정을 규정하는 특징이 된다. 남학생들에 비해서 여학생들은 정서적 친밀감, 더 많은 자기 노출, 그리고 친구들과 서로 지지적인 표현에 높은 가치를 둔다.

우정은 장점과 단점이 있다. 친구들이 자신들의 깊은 생각과 느낌에 초점을 두었을 때 그들은 문제들과 부정적 정서에 대해 여러 차례 심사숙고하는 경향이 있다. 함께 심사숙고하는 것은 높은 수준의 우정의 질에 기여하나 불안과 억압―남아들 사이에서보다 여아들 사이에서 더 일반적인 증상―을 유발한다(Hankin, Stone & Wright, 2010; Rose, Carlson, & Waller, 2007). 친한 친구 사이에 갈등이 생기면 민감한 개인적 정보를 아웃사이더에게 누설하는 것과 같은 관계적 공격성을 통해 한 상대방이 다른 친구에게 해를 끼칠 가능성이 더 많이 존재한다.

부분적으로 이와 같은 이유로 여학생들이 가장 가까운 동성 간의 우정이 남학생들보다 지속기간이 짧아지는 경향이 있다(Beneson & Christakos, 2003). 또한 남학생들은 종종 그것들의 중요성을 축소시키면서("그건 별일 아니야!") 갈등을 해결하는데, 이러한 전략은 여아들 사이에서 우정을 해체시키는 결과를 낳는다(Bowker, 2004). 우정이 감정적으로 강렬하다면, 근원적인 불만족이 오래 남아 우정을 덜 안정적으로 만들기는 하지만 그 관계의 긴장에 대해 솔직하기보다는 축소하는 것이 피상적인 조화를 회복시킬 수 있을 것이다.

청소년기 초기에 매우 인기가 있거나 혹은 인기가 없는 10대들은 이성의 친구를 더 사귀는 경향이 있다. 동성에게 인정을 받지 못하는 10대들은 때때로 우정을 위해 이성을 찾는다. 여학생들은 남학생들보다 이성의 친구를 더 많이 갖는다. 10대 여학생들이 나이가 더 많은 남학생들과 우정을 형성하기 때문에 연령이 증가하면서 이 차이는 커진다(Poulin & Pedersen, 2007). 동성의 친구가 없는 남학생들 사이에서 이성의 친구를 갖는 것은 자신감과 관련이 있다. 동성의 친구가 적은 여학생들 사이에서 이성과의 우정은 더 낮은 긍정적 행복감과 관련이 있다(Bukowski, Sippola, & Hoza, 1999). 이 여학생들은 공격성과 같은 부정적인 특성을 가진 남학생들과 특히 친구가 되는 경향이 있다.

우정과 적응 아동기와 청소년기의 따뜻한 우정은 여러 이유로 성인기 초기에 여러 측면의 심리적 건강과 역량에 기여한다(Bukowski, 2001; Waldrip, 2008).

● 친밀한 우정은 스스로를 성찰하고 타인에 대해 깊게 이해할 수 있는 기회를 제공한다. 개방적이고 솔직한 의사소통을 통해 친구들은 서로의 장점과 단점, 필요와 요구 ― 자아개념과 조망수용, 정체성의 발달을 지원해 주는 과정 ― 에 민감해진다.

● 친밀한 우정은 미래의 친밀한 관계를 형성하는 데 기초를 제공한다. 그림 15.2를 다시 보면 친구에 대한 자기노출은 연애 파트너에 대한 노출로 진행이 된다는 것을 알 수 있다. 우정 그 자체의 친밀성과 더불어 성관계와 연애에 관한 10대 친구들의 대화는 청소년들이 연애관계에서 생기는 문제를 규명하고 해결하는 것을 도울 수 있다(Connolly & Goldberg, 1999; Sullivan, 1953).

● 친밀한 우정은 일상생활의 스트레스를 적절히 관리할 수 있도록 도와준다. 다른 사람에 대한 민감성과 관심이 증진됨으로써 지지적이고 친사회적인 우정은 감정이입, 동정, 친사회적 행동을 촉진시킨다. 그 결과 우정은 청소년의 건설적인 활동에 참여, 반사회적 행위의 거부, 심리적 복지에 기여한다(Lansford et al., 2003; Wentzel, Barry, & Caldwell, 2004). 만족감을 주는 우정은 수줍은 아동이 정서적 행동과 행동문제를 일으키는 것을 막는 데 도움이 된다(Laursen et al., 2007). 그리고 가족 스트레스를 경험하지만 친한 친구가 있는 청소년들은 가족이 기능적인 아동만큼 복지수준이 높다(Gauze et al., 1996).

● 친밀한 우정은 학교에 대한 태도와 참여도를 증진시킬 수 있다. 긴밀한 우정은 중산층과 하위층 학생들로 하여금 학업적으로, 사회적으로 학교적응을 잘하게 해 준다(Berndt & Murphy, 2002; Wentzel, Barry, & Caldwell, 2004). 학교에서 친구들과 상호작용을 즐기는 아동과 청소년들은 모든 측면의 학교생활을 더 긍정적으로 인식하기 시작한다.

그러나 어떤 우정은 정신적 안녕을 저해하기도 한다. 유아기 초기에 신체적, 언어적, 관계적으로 공격적인 친구 사이에서 갈등이 만연한 상호작용은 적응을 잘 못하는 것과 관련이 나타난다(Sebanc, 2003). 종단연구에서 공격성이 강한 친구를 둔 아동은 시간이 지날수록 반사회적인 성향이 증가한다고 보고하였다(Snyder et al., 2005; Vitaro, Pedersen, & Brendgen, 2007).

마지막으로 친구가 없는 아동은 대개 바람직하지 않은 인성을 보인다. 그들은 쉽게 화를 내며, 수줍음이 많고, 걱정이 많거나, 매우 자기중심적(덜 배려하고 덜 정직한)일 수 있다(Bowker et al., 2006; Laursen et al., 2007). 더 적응적인 사회적 행동을 습득하기 위한 장으로서 지지적인 우정이 없을 경우, 이 아동들의 부적응 행동은 지속되는 경향이 있다.

또래 수용

또래 수용(peer acceptance)은 '좋아함', 즉 한 아동이 급우와 같은 또래집단에 의해 괜찮은 사회적 파트너로 여겨지는 정도를 가리킨다. 상호관계를 바탕으로 한 '우정'과는 구별되며 한 개인에 대한 집단적 인식, 평가라는 일방적 특성이 뚜렷한 개념이다. 그럼에도 불구하고 우정은 또래 수용도를 향상시키는 데 기여하는 것으로 나타났다. 결과적으로 또래집단에서 더 많이 수용 받고 인정받는 아동은 더 많은 친구들과 우정을 형성하고 긍정적 관계를 유지한다(Lansford et al., 2006b; Pedersen et al., 2007). 우정과 같이 또래 수용은 아동의 적응에 크게 기여한다.

연구자들은 또래 수용도를 진단하기 위해 사회적 선호(social preference)를 측정하는 자기보고를 사용하였다. 예를 들어, 아동과 청소년들에게 가장 좋아하는 혹은 가장 싫어하는 급우를 적으라고 요구하는 것이다(Hymel et al., 2004). 다른 접근은 사회적 명성(social prominence), 즉 학급 내에서 가장 존경할 만한 친구의 이름을 적도록 하는 것이다. 학령기 아동과 청소년들이 유명하다고(많은 아동이 우러러보는) 보는 급우와 그들이 개인적으로 좋아하는 급우들 간에는 보통 정도의 관련성이 있다(Prinstein & Cillessen, 2003).

아동들의 자기보고를 통해 또래 수용도는 네 가지 일반적 유형으로 구분된다.

● **인기 아동**(popular children) 긍정적 표를 많이 받은 아동(좋아하는)
● **거부 아동**(rejected children) 많은 아동이 싫다고 평가한 아동(싫어하는)
● **논쟁대상 아동**(controversial children) 긍정적 표와 부정적 표를 모두 많이 받은 아동(좋아하고 싫어하는)
● **소외 아동**(neglected children) 긍정적으로도, 부정적으로도 선택되지 않은 아동

전형적인 초등학교 학급에서 학생들의 약 2/3는 위에서 제시한 네 가지 유형 중 하나에 포함된다(Coie, Dodge, & Coppotelli, 1982). 극단적인 점수를 받지 않은 나머지 1/3은 또래 수용도에서 평균이다.

또래 수용도는 아동의 현재와 미래의 심리적 적응을 예측하는 가장 강력한 변인이 된다. 거부 아동은 특히 불안과 소외감을 느끼고 자존감이 낮고 성취가 저조하다. 부모와 교사들은 이러한 아동이 정서적이고 사회적으로 많은 문제행동을 보인다고 생각한다. 아울러 아동 중기에서 또래집단으로부터 거부당한 경험은 저조한 학업성적, 무단결석, 퇴학, 약물중독, 우울, 반사회적 행동, 청소년 비행 등과 밀접한 관련이 있고 성인기에 범죄행동과도 연관되는 것으로 나타났다(Ladd, 2005; Laird et al., 2001; Parker et al., 1995; Rubin, Bukowski, & Parker, 2006).

그러나 이전의 영향들—양육실제와 아동의 특성과의 조합—에 의해 또래 수용과 심리적 적응 간의 관계가 대체로 설명된다. 또래관계에 문제가 있는 학령기 아동은 이전부터 존재한 낮은 정서적 자아통제 기술을 가지고 저소득, 민감하지 않은 양육실제, 강압적 훈육 때문에 가족 스트레스를 더 경험해 온 것 같다(Cowan & Cowan, 2004; Trentacosta & Shaw, 2009). 그럼에도 불구하고 거부된 아동은 친구들로부터 자신의 발달에 나쁜 영향을 미칠 수 있는 반응을 불러온다는 것을 우리가 이해하게 될 것이다. 또래 거부는 결과적으로 거부된 아동의 부적응 행동방식 이상으로 부적응이라는 위험을 가중시킨다(Sturaro et al., 2011).

또래 수용의 결정요인 왜 어떤 아동은 좋아하고 어떤 아동은 거부할까? 많은 연구는 사회적 행동이 중요한 역할을 한다는 것을 보여 준다.

인기 아동 많은 인기 아동은 친절하며 사려가 깊지만 일부 인기 아동은 사회적으로 세련되지만 적대적인 행동으로 높은 평가를 받는다. 인기 아동은 두 가지 유형이 있다.

대부분은 학업적 능력과 사회적 역량을 갖춘 **인기가 있는 친사회적인 아동**(popular prosocial children)이다. 이들은 학교에서 생활을 잘하고 또래들과 다정하고 우호적인 방식으로 소통을 하며 사회적 문제를 건설적으로 해결한다(Cillessen & Bellmore, 2004; Newcomb, Bukowski, & Pattee, 1993).

소수의 유형인, **인기가 있는 반사회적인 아동**(popular-antisocial children)은 아동기 후기와 청소년기 초기에 나타나는데, 다루기 힘든 남학생들로서 운동기술이 있지만 성인의 권위에 저항하고 문제를 일으키는 좋지 못한 학생이다. 그리고 다른 아동을 무시하고 따돌리고 소문을 퍼뜨림으로써 자신의 지위를 높이는 관계으로 공격적인 남학생과 여학생이다(Rodkin et al., 2000; Rose, Swenson, & Waller, 2004; Vaillancourt & Hymel, 2006). 그들의 공격성에도 불구하고 운동능력과

세련되고 다양한 사회적 기술 때문에 또래들은 이 청소년들을 '멋지다(cool)'라고 생각한다.

또래 선망은 인기가 있는 반사회적 아동들에게 지속되는 적응 어려움으로부터 보호해 준다 하더라도 그들의 반사회적인 행위는 중재를 필요로 한다(Prinstein & La Greca, 2004; Rodkin et al., 2006). 연령이 높아지면 또래들은 이 높은 지위의 공격적인 청소년들을 점점 덜 좋아한다. 이것은 관계적으로 공격적인 여학생들에게 높게 나타나는 경향이다. 이러한 여학생들이 점점 더 사회적으로 유명해지고 지배적이 되면 될수록 그들은 더 관계적으로 공격적이 된다(Cillessen & Mayeux, 2004). 궁극적으로 또래들은 그들의 비열한 방법들을 비난하고 그들을 거부한다.

거부 아동   거부 경험이 있는 아동들은 다양한 부정적인 사회적 행동을 보인다. 인기 아동과 마찬가지로 거부 아동들 모두가 유사하지는 않다.

거부적-공격적 아동(rejected-aggressive children)이 가장 많으며 갈등, 신체 및 관계적 공격성, 과잉행동, 부주의, 산만하며, 주의력이 약하고 충동적인 행동을 많이 보인다.

이 아동들은 대개 조망수용능력이 부족하고 또래들의 순진한 행동을 적대적으로 오해하고 자신의 사회적 어려움을 다른 사람의 탓으로 비난하고 화를 내며 행동한다(Crick, Casas, & Nelson, 2002; Hoza et al., 2005; Rubin, Bukowski, & Parker, 2006). 인기 있는 공격적인 아동과 비교하여, 거부적-공격적 아동은 상당히 더 적대적이다(Prinstein & Cillessen, 2003). 거부적-공격적 아동은 지위를 얻기 위해 공격성을 기술적으로 사용하는 것 대신에 뻔뻔스럽게 적의적, 반항적인 행동을 보여 주는데 그러한 행동들로 인해 또래들로부터 멸시와 거부를 받는다.

반대로 **거부적-위축 아동**(rejected-withdrawn children)은 수동적이고 사회적 기술도 서투르다. 이 소심한 아동들은 사회적인 불안감에 압도되고 또래가 자신들을 어떻게 다루느냐에 대해 항상 부정적인 기대를 하게 된다. 공격적 아동과 같이, 이들은 또래들과 갈등이 있으면 타협을 하기보다는 앙갚음을 하고 싶어 한다. 그러나 그러한 감정대로 자주 행동하지는 않는다(Hart et al., 2000; Rubin, Bowker, & Cazelle, 2010; Troop-Gordon & Asher, 2005).

거부 아동들은 이미 킨더가르텐 시기만큼이나 일찍 또래들에게 배척된다. 거부는 결과적으로 적대감을 더 고조시켜 이 아동들의 편향된 사회 정보처리를 더 악화시킨다(Lansford et al., 2010). 이 아동들은 교실에서 참여 빈도가 줄어들며, 외로움이나 우울 감정이 높아지고 학업성취가 불안정하며 학교에 가는 것을 싫어하게 된다(Buhs, Ladd, & Herald-Brown, 2010; Gooren et al., 2011). 대부분은 친구가 거의 없고 가장 친밀한 우정관계에도 서로 간의 지지가 낮아지고 갈등을 효율적으로 해결하지 못하게 된다(Rubin, Bukowski, & Parker, 2006). 이와 같이 거부 아동의 두 유형은 또래 괴롭힘을 받을 위험이 있다. 그리고 다음에 제시한 '생물학과 환경 : 또래 가해자와 피해자'에서 보여 주듯이 거부적-위축 아동은 특히 희생자가 되는 경향이 있다(Putallaz et al., 2007).

논쟁대상과 소외 아동   또래들의 엇갈리는 의견과 일치하여 논쟁대상 아동들은 긍정적이고 부정적인 사회적 행동을 보인다. 그들은 적대적이고 파괴적이나 긍정적이고 친사회적인 행동을 하기도 한다. 어떤 또래들은 그 아동을 싫어하지만 그들은 배척으로부터 자신을 보호하는 특성을 지닌다. 이 아동들은 대개 자기주장이 강하고 지배적이며 인기 있는 아동만큼 많은 친구들을 가지고 자신의 또래관계에 만족해한다(de Bruyn & Cillessen, 2006; Newcomb, Bukowski, & Pattee, 1993). 그러나 인기가 있는 반사회적 아동과 거부적-공격적 아동들과 같이 이들은 종종 자신들이 원하는 대로 하기 위해 또래들을 괴롭히고 자신의 권력을 유지하기 위하여 계산된 관계적 공격성을 가한다(DeRosier & Thomas, 2003; Putallaz et al., 2007). 논쟁대상 아동의 사회적 지위는 또래가 이들의 복합적인 행동에 반응을 보이는 것에 따라 시간이 흐르면서 종종 변한다.

또래 수용에 대한 가장 놀랄 만한 연구결과는 치료를 받을 필요가 있는 것으로 생각된 소외 아동이 대개 잘 적응한다는 것이다. 비록 이들이 상호작용하는 빈도가 낮고 급우들이 수줍은 아이로

생물학과 환경

또래 가해자와 피해자

학교에서 하루 동안 공격적인 아동의 활동을 추적해 보면 어떤 또래에 대해 적대감을 가지고 있다는 것을 알 수 있다. 상호작용의 파괴적인 특별한 형태는 **또래 괴롭힘**이다. 이것은 어떤 아동이 언어적이고 신체적인 공격의 대상이나 학대의 다른 형태가 된다. 한 쌍의 아동 사이에 이 반복되는 공격-철회 주기를 지속하게 하는 것은 무엇인가?

아동의 약 20%가 가해자이고 25%는 반복되는 피해자이다. 대부분의 가해자는 신체적으로, 언어적으로 그리고 관계적으로 공격적인 책략을 사용하는 남학생이다. 여학생의 상당한 수는 상처받기 쉬운 연약한 급우에게 언어적이고 관계적인 공격을 퍼붓는다(Cook et al., 2010). 왕따 이외에도 성희롱은 청소년기 초기에 증가한다.

왕따가 청소년기로 진행됨에 따라 전자 수단을 통해 그들의 공격이 확대된다(Twyman et al., 2010). 청소년의 20~40%가 문자메시지, 전자메일, 채팅방, 혹은 다른 전자 수단을 통해 사이버 왕따를 경험한 것으로 드러났다(Tokunaga, 2010). 그들은 종종 그것을 부모나 학교에 있는 어른들에게 보고하지 않는다.

많은 가해자는 그들의 잔인함 때문에 반감을 받고 그렇게 된다. 그러나 상당수는 그들은 신체적인 매력, 리더십, 혹은 운동능력으로 상당히 존경을 받는 사회적으로 평가가 좋고 힘이 있는 청소년이다(Vaillancourt et al., 2010c). 자신의 높은 사회적 지위를 보유하려는 노력으로 종종 가해자는 이미 또래에게 거부된 아동이 대상이 되며 그들의 급우는 거의 방어를 하지 못한다(Veenstra et al., 2010). 이것은 또래가 피해자를 돕기 위해 중재를 거의 하지 못하고 방관자의 20~30%가 왕따를 지지하고 심지어는 가담하는 이유를 설명해 준다(Salmivalli & Voeten, 2004). 왕따는 교사가 공정하지 않고 배려하지 않는 교실에서 그리고 많은 학생들이 왕따 행동을 괜찮다고 생각하는 교실에서 더 자주 일어난다(Guerra, Williams, & Sadek, 2011). 정말 가해자 그리고 그들을 도와주는 또래들은 매우 높은 자아존중감, 자신의 행동에 대한 자부심, 희생자에 끼친 손해에 대한 무관심을 포함하여 전형적인 사회적-인지적 책략을 과시한다(Hymel et al., 2010). 스웨덴의 종단연구에서 어린 청소년의 왕따가 반사회적인 경로가 계속되었다. 반 이상이 범죄를 저질렀다(Olweus, 2011).

만성적인 범죄는 적극적인 행동이 기대될 때 수동적이 되는 경향이 있다. 운동장에서 그들은 채팅을 하면서 돌아다니거나 혼자서 방황한다. 왕따가 되었을 때 그들은 항복하거나 울고 방어적인 자세를 취한다

(Boulton, 1999). 생물학적으로 기저를 이루는 기질 — 억제된 기질과 매우 연약한 신체 외모 — 이 희생의 원인이 된다. 그러나 희생자는 불안, 낮은 자아존중감, 의존을 유발하는 저항 애착, 통제적 양육방식, 어머니의 과보호라는 과거가 있고, 그것은 이 아동들이 피해를 입기 쉽게 표시 내는 위험한 태도를 야기한다(Snyder et al., 2003). 지속적인 왕따는 결국 희생을 고조시키는 결과인 희생자의 정서적 자아 통제와 사회적 기술을 더 손상시키는 사회-인지적 전략(낮은 조망수용, 또래를 공격적으로 봄)을 낳는다(Hoglund & Leadbeater, 2007; Rosen, Milich, & Harris, 2007). 이미 킨더가르텐 희생자는 우울, 외로움, 저조한 학업 수행을 포함한 적응 어려움을 보여 준다(Paul & Cillssen, 2003). 그리고 지속적인 아동학대처럼 희생은 스트레스에 만성적으로 붕괴된 심리적 반응을 의미하는 코르티솔 생성장애와 관련이 있다(Vaillancourt et al., 2010b).

공격과 피해는 양극의 반대가 아니다. 희생자의 1/3에서 1/2은 또한 공격적이다. 가끔씩 그들은 강력한 가해자에 대항해서 보복하고 그들을 다시 학대해서 반응하는 피해 지위가 지속되는 주기이다(Kochenderfer-Ladd, 2003). 거부된 아동들 사이에서, 가해자/피해자들은 대개 멸시를 받는다. 그들은 보통 아동학대를 포함하여 심한 부적응적 양육의 과거가 있다. 매우 부정적인 가정과 또래 경험의 조합은 그들은 부적응이라는 심각한 위험에 처하게 한다(Kowalski, Limber, & Agatston, 2008; Schwartz, Proctor, & Chien, 2001).

피해 아동의 자신에 대한 부정적인 인식을 변화시키고 공격자에 대해 강화를 하지 않는 방식으로 반응하도록 가르치는 중재는 효과적이다. 피해 아동을 도와주는 다른 방법은 그들이 만족스러운 우정을 형성하고 유지하는 사회적 기술을 습득하도록 돕는 것이다. 아동이 도움을 위해 방향을 돌릴 수 있는 친한 친구를 가진다면 가해 에피소드는 대개 빨리 끝난다. 친한 친구가 있는 불안하고 위축된 아동은 친구가 없는 아동보다 적응문제를 적게 경험한다(Fox & Boulton, 2006; Laursen et al., 2007).

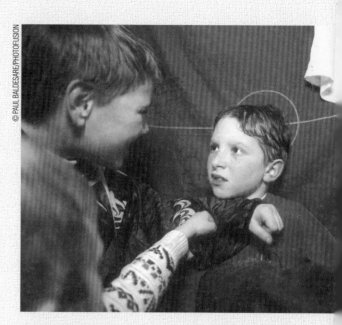

많은 또래 가해자들은 거부당하거나 이들의 잔인함 때문에 그렇게 된다. 그러나 상당수는 또래들이 선망하는 인기 있고 힘이 있는 청소년들이다. 그리고 만성적인 피해자는 흔히 신체적으로 연약하고 수동적이고 또래들에게 거부당하는 만만한 대상이다.

피해 아동의 행동을 수정하는 것도 도움이 되는데, 이것은 그들이 비난을 받는 것을 의미하지 않는다. 왕따를 줄이기 위한 가장 좋은 방법은 친사회적 태도와 행동을 높이는 청소년의 환경(학교, 스포츠 프로그램, 레크리에이션 센터, 지역사회를 포함)을 바꾸는 것이다. 효과적인 접근은 전통적이고 사이버 왕따에 맞서는 학교와 지역사회 코드를 개발하는 것, 또래 방관자들에게 공공연히 왕따를 비난하는 다른 급우와 힘을 합치고 중재하는 것을 가르치는 것, 왕따 행동을 변화시키는 네 부모의 도움을 요청하는 것, 복도, 식당, 운동장과 같은 학교에서 높은 왕따 영역의 성인 감독을 강화하는 것, (가능하다면) 사회적으로 평가가 높은 가해자를 다른 학급이나 학교로 이동시키는 것 등이다(Kiriakidis & Kavoura, 2010; Leadbeater & Hoglund, 2006; Vaillancourt et al., 2010a).

미국 보건복지부는 TV나 라디오 대중 서비스 광고를 통해 왕따의 해로움에 대한 인식을 높이기 위해 매스컴 캠페인, '지금 왕따를 멈춰', www.stopbullyingnow.hrsa.go를 시작했다. 이것은 부모, 교사, 학생들에게 중재에 관한 정보를 제공한다.

인식한다 하더라도 대부분은 보통 아이들만큼 사회적으로 유능하다. 그들은 자신의 사회적 생활에 대해 불행함을 느끼지 않는다고 보고한다. 그리고 그들이 원할 때는 또래들과 잘 협동하고 긍정적이고 안정된 우정을 형성하면서 혼자 놀이하는 일상적이고 선호하는 패턴에서 벗어날 수 있다(Ladd & Burgess, 1999; ladd et al., 2011). 결과적으로 소외 상태(논쟁대상 상태와 같이)는 종종 일시적이다. 소외되지만 사회적으로 유능한 아동은 우리에게 외향적이고 사교적인 인성 스타일이 정서적 복지로 가는 유일한 길이 아니라는 것을 상기시켜 준다. 그럼에도 불구하고 일부 소외된 아동들은 사회적으로 불안하고 기술이 좋지 않아서 또래로부터 거부될 위험이 있다.

거부 아동의 지원 거부 아동들의 심리적 적응과 또래관계를 개선하기 위해 다양한 개입 프로그램이 마련되어 있다. 대부분의 프로그램은 거부 아동의 행동이나 태도를 개선하는 방법을 알려 주고, 긍정적인 역할 모델을 선보인다. 주로 긍정적인 사회기술을 강화시킬 수 있도록 또래들과 어떻게 상호작용을 시작하는지, 놀이과정에서 어떻게 협력해야 하는지, 그리고 다른 아이들에게 우호적인 감정이나 동의의 의사를 어떻게 보여 줘야 하는지에 관한 것들이다. 이러한 프로그램의 몇몇은 사회적 유능성이 증가하고 또래 수용이 몇 주에서부터 1년 후까지 지속되는 결과를 보여 주었다(Asher & Rose, 1997; DeRosier, 2007). 사회적 기술 훈련을 다른 처치와 결합하면 효과가 증가된다. 거부 아동은 종종 가난한 학생들이고 이들의 낮은 학업적 자아존중감은 교사와 급우들에 대한 부정적 반응을 높인다. 집중적인 학업 개인지도는 학교성취와 사회적 수용을 모두 향상시킨다(O'Neil et al., 1997).

다른 접근은 조망수용과 사회적 문제해결을 훈련하는 데 중점을 둔다(제11장 참조). 그러나 많은 거부적-공격적 아동은 자신의 낮은 사회적 기술을 인식하지 못하고 사회적 실패에 대한 책임을 지지 않는다(Mrug, Hoza, & Gerdes, 2001). 반대로 거부적-위축 아동은 반복된 퇴짜 후에 그들은 자신을 절대로 좋아하지 않을 것이라고 결론을 내리면서 또래 수용에 대해 학습된 무력한 접근을 발달시키는 경향이 있다(Wichmann, Coplan, & Daniels, 2004). 거부 아동의 두 유형은 자신들의 또래문제를 내적이고 변하기 쉬운 이유로 돌리는 것에 대한 도움이 필요하다.

거부 아동들의 사회적 기술이 향상되면 교사들은 또래들에게 거부 아동에 대한 부정적인 견해를 바꾸도록 격려해야 한다. 수용된 아동들은 종종 싫어하는 또래들의 애매모호한 행동을 부정적으로 해석하고 그들의 긍정적인 행동은 간과하는 반면 부정적인 행동을 선택적으로 회상한다(Mikami, Lerner, & Lun, 2010; Peets et al., 2007). 결과적으로 상반되는 증거에도 불구하고 거부 아동들의 부정적 평판이 대개 지속된다. 교사들의 칭찬과 애정 표현은 또래들의 판단을 바꿀 수 있다. 그리고 전체 학급회의에서 배척을 금지하는 것을 포함한 교실 규칙을 만들어 긍정적인 교실 분위기를 형성하는 것 또한 도움이 된다.

마지막으로 거부 아동들의 사회적으로 좋지 못한 행동은 종종 아동의 기질과 부모 양육, 아동 간의 부조화에 의해 시작되기 때문에 아동에게만 초점을 두는 개입 프로그램은 충분하지 않을 수 있다(Bierman & Powers, 2009). 유아기와 같은 이른 시기에도 거부 아동은 부모와 그리고 또래들과 의사소통하는 방식이 유사하게 서투르다(Black & Logan, 1995; Guralnick et al., 2007). 부모-자녀 간의 상호작용의 질을 개선시키는 개입이 없다면 거부 아동은 집에서 계속 좋지 못한 대인관계 기술을 사용할 것이고 결과적으로 자신의 옛날 행동 패턴으로 곧 돌아갈 수 있다.

또래집단

아동 중기에 아동들은 집단 소속에 대한 강한 욕구를 보여 준다. 그들은 행동을 위한 독특한 가치 및 기준과 리더와 추종자의 사회적 구조를 만들어 내는 집단인 **또래집단**(peer group)을 형성한다. 우정은 신뢰, 민감성, 친밀감의 발달에 기여하는 반면, 또래집단은 협동, 리더십, 팔로워십, 집단

목표에 대한 충성심을 실습해 보는 기회를 제공한다. 이러한 경험을 통해 아동들은 사회적 조직의 기능에 대해 실험하고 배우게 된다.

첫 또래집단 또래집단은 근접성(같은 교실에서 있는 것)과 성, 인종, 학업성취, 인기, 공격성에 대한 유사성을 기초로 조직된다(Rubin, Bukowski, & Parker, 2006). 3~6주 동안 집단들을 추적하였을 때 구성원은 약간 변화가 있었다. 그들을 1년이나 1년 이상 동안 추적하였을 때, 아동들이 다른 교실로 재편성되는지에 따라 상당한 변화가 일어날 수 있다. 아동이 함께 계속 있을 때는 매년 집단의 50~70%가 대부분의 같은 아동으로 구성된다(Cairns, Xie, & Leung, 1998).

이러한 비형식적 집단의 관행은 특별한 어휘, 복장 규정과 시간을 보내는 장소에 관련되는 '또래 문화(peer culture)'로 이어진다. 아동들이 이러한 배타적인 모임을 형성했을 때 그것으로부터 확대되는 복장 규정과 행동은 더 중요해진다. 교사에게 아부를 하고 적절하지 않은 신발을 신고, 급우들을 고자질하면서 일탈을 하는 아동들은 비판적인 시선과 지적의 목표가 되면서 보통 배제된다. 이 문화는 집단 정체성을 만들어 냄으로써 또래를 함께 묶어 준다.

또래집단은 아동 중기에 처음으로 형성된다. 이 남자아동들의 느긋한 몸짓언어와 유사한 옷차림은 강한 집단 소속감을 시사한다.

학령기 아동은 또래를 배척시키려는 집단의 결정을 복잡한 방식으로 평가한다. 대부분은 자신을 배척된 아동과 다르다고 보았을 때에도 배척을 나쁘게 생각한다. 그리고 나이가 들어감에 따라 아동들은 독특한 외모나 행동 때문에 어떤 사람을 배척하는 것을 덜 지지하는 경향이 있다. 특히 여자아동들은 남자아동들보다 더 자주 배척을 경험하기 때문에 배척을 부당한 것으로 간주한다(Killen, Crystal, & Watanabe, 2002). 방해되는 행동을 하여 혹은 가치가 있는 집단활동(스포츠와 같은)에 참여하는 기술이 부족하여 또래가 집단의 기능을 위협할 때, 남학생과 여학생 모두는 배척은 정당하다고 말하는데, 이러한 태도는 연령이 증가함에 따라 강화된다(Killen & Stangor, 2001).

이 복잡한 이해에도 불구하고 우리는 본 장과 이전 장에서 보았듯이, 아동들은 종종 관계적으로 공격적인 책략을 사용하면서 부당하게 배제시킨다. 교묘한 공격적인 행동을 통하여 자신의 힘을 과시하는 사회적으로 유명한 리더의 선동에 또래집단은 '존경을 받는' 아동을 더 이상 배제하지는 않는다. 이전에 아웃사이더에 대해 적의감을 가진 배제된 아동의 일부는 어디에서든 받아들여질 기회가 줄어들어 사회적 기술이 좋지 못한 지위가 낮은 또래를 찾게 된다(Farmer et al., 2010; Werner & Crick, 2004). 배척되었을 때 사회적으로 불안한 아동은 또래를 점점 회피하게 되고 결과적으로 더 소외된다(Gaxelle & Rudolph, 2004). 이 두 사례에서는 사회적으로 유능한 행동을 습득하려는 기회가 줄어든다.

배척된 아동들의 수업 참여가 줄어들면 그들의 학업성취는 지장을 받는다(Buhs, Ladd, & Herald, 2006). 그리고 어떤 공격적 아동, 특히 인기 있는 남자아동은 인기가 있는 비공격적인 또래들과 연결되어 있다(Bagwell et al., 2000; Farmer et al., 2002). 이 집단에서 온순한 아동들은 다른 집단에 싸움을 걸거나 약한 아이들을 괴롭히는 지배적이고 반사회적인 친구들의 반사회적 행위를 받아 주고 심지어 지지까지 한다. 그렇기 때문에 교사와 상담가들은 또래 공격성을 줄이기 위해서 반사회적인 집단과 혼합 또래집단 모두를 대상으로 해야 한다.

집단에 소속되려는 학령기 아동의 욕구는 또한 스카우트, 4-H, 청소년 종교모임과 같은 공식적 집단 유대관계를 통해 충족될 수 있다. 그와 같은 집단에 성인이 참여하면 아동의 비공식적인 또래집단과 연관된 부정적 행동을 예방할 수 있다. 그리고 공동 프로젝트를 수행하고 지역사회에서 도움을 주면 아동은 사회적이고 도덕적인 성숙함을 쌓는다(Vandell & Shumow, 1999).

이 고등학교 드라마 클럽 구성원들은 공유된 관심과 능력을 기초로 관계를 형성하면서 도당을 형성한다. 도당 구성원들은 학교라는 큰 사회 구조 안에서 자신들에게 정체성을 부여한다.

도당과 무리 청소년기 초기에, 또래집단은 점점 일반적이 되고 더 단단하게 구조화된다. 그들은 약 5~8명의 친구로 구성된 집단인 **도당**(clique)을 조직하는데, 대개는 가족 배경, 태도, 가치, 그리고 관심이 서로서로 유사하다(Brown & Dietz, 2009). 처음에 도당은 같은 성별을 가진 구성원으로 한정된다. 도당 구성원은 이것을 정서적 친밀감을 표현하는 장으로 사용하는 여학생들에게 더 중요하다(Henrich et al., 2000). 청소년기 중기까지는 혼성의 도당이 더 일반적이다.

복잡한 사회적 구조가 있는 고등학교에 다니는 서구의 청소년들 사이에, 종종 유사한 가치를 가진 몇 개의 도당은 **무리**(crowd)라고 불리는 더 크고 더 느슨하게 조직된 집단이 형성된다. 보다 친밀한 도당과는 달리, 무리 속에 있는 구성원은 명성과 고정관념에 바탕을 두는데, 학교라는 보다 더 큰 사회적 구조 안에서 청소년들에게 정체성을 부여한다.

전형적인 고등학교에서 무리는 '두뇌형'(학업을 즐기는 운동선수가 아닌 학생), '운동을 많이 하는 형'(스포츠에 매우 많이 참여하는 학생), '인기 있는 형'(매우 사회적이고 여러 활동에 참여하는 학급 리더), '파티에 자주 가는 형'(사교에 가치를 두지만 학업에는 관심이 없는 학생), '비순응주의형'(비관습적인 옷과 음악을 좋아하는 학생), '소진형'(수업을 빼먹고 문제를 일으키는 학생), 그리고 '정상형'(대부분의 다른 또래들과 잘 지내는 평균 수준부터 우수한 학생)을 포함한다(Kinney, 1999; Stone & Brown, 1999).

10대가 도당과 무리로 분류되는 데 영향을 주는 것은 무엇인가? 도당 가입은 청소년들의 자아개념의 강도와 관련이 있으며 이것은 그들의 능력과 관심을 반영한다(Prinstein & La Greca, 2004). 민족성 또한 영향을 미친다. 인종으로 규정된 무리와 어울리는 소수인종의 10대들은 능력과 관심을 표명하는 무리와는 반대로 학교나 이웃사회에서 받는 차별에 의해 동기를 부여받을 수 있다. 그렇지 않으면 그들은 소수민족의 강한 정체성의 한 표현으로서 무리에 가담했을 수 있다(Brown et al., 2008). 가족 요인 역시 중요하다. 9학년에서 12학년의 8,000명을 조사한 연구에서 자신의 부모를 권위가 있는(authoritative) 것으로 묘사하였던 청소년들은 성인과 또래 보상 시스템 모두를 인정하였던 '두뇌형', '운동을 많이 하는 형' 그리고 '인기 있는 형' 집단의 구성원이 되는 경향이 있다. 반대로 허용적인 부모를 가진 남학생들은 '파티에 자주 가는 형'과 '소진형'에 가담하는데 이것은 성인 보상 시스템과의 동일시가 부족함을 시사한다(Durbin et al., 1993).

이와 같은 연구결과는 많은 또래집단 가치가 가정에서 획득한 가치들의 연장이라는 것을 시사한다. 일단 청소년들이 도당이나 무리에 가입하게 되면, 그들의 가치와 행동이 변할 수 있다. 도당 가입과 건강 위험행동에 관한 연구에서, '두뇌형'은 가장 낮은 위험 감수자였고, '인기 있는 형'과 '운동을 좋아하는 형'은 중간이었다. '비순응주의형'과 '소진형' 학생이 가장 높았는데, 이들은 건강에 좋지 않은 음식을 자주 먹고 약물을 사용하며 무방비적 성관계를 할 뿐 아니라 '모험삼아 어떤 것도 할 것'이라고 약속한다(La Greca, Prinstein, & Fetter, 2001; Mackey & La Greca, 2007). 학업적으로 혹은 사회적으로 우수한 또래와 어울림으로써 얻는 긍정적 영향은 권위가 있는 부모의 10대들에게 가장 크다. 반사회적이고 약물을 사용하는 또래와 관계를 맺는 부정적 영향은 덜 효율적인 양육방식을 사용하는 부모의 10대에게 가장 크다(Mounts & Steinberg, 1995). 요약한다면 가족경험은 청소년들이 시간이 지나면서 다른 집단 구성원들과 비슷하게 되는 정도에 영향을 미친다.

데이트에 관한 관심이 증가함에 따라 여학생과 남학생의 도당은 하나로 합쳐진다. 혼합 성 도당은 남학생과 여학생들에게 다른 성과 상호작용하는 방식에 대한 모델을 제시해 주는데, 친밀하게 지내지 않고도 그렇게 하는 기회를 제공한다(Connolly et al., 2004). 점차적으로 큰 집단은 커플로 나누어지고 몇몇 커플은 함께 나가서 시간을 보낸다. 청소년기 말에 남학생과 여학생들이 서로에게 직접적으로 다가가는 것에 충분히 편안함을 느끼면, 혼합 성 도당은 사라진다(Connolly & Goldberg, 1999).

무리에 대한 중요성이 감소한다. 청소년들이 개인적 가치와 목표가 확고해지면 의복, 언어, 선호하는 활동을 통해 자신들이 누구인지 알릴 필요를 더 이상 느끼지 않는다. 10~12학년까지 청소년의 약 반 정도가 대개 좋은 방향으로 무리를 바꾼다(Strouse, 1999). '두뇌형'과 '정상형' 도당은 늘어나고 10대들이 자신의 미래에 더 중점을 두게 되어 일탈적인 도당은 구성원이 줄어든다.

데이트

사춘기에 호르몬의 변화는 성적 관심을 증가시키지만 문화적 기대가 데이트가 언제 그리고 어떻게 시작되는지를 결정한다. 아시아 젊은이들은 데이트를 늦게 시작하고, 중학교부터 빠른 연애를 용인하고 심지어 격려하는 서구사회의 젊은이보다 데이트 파트너가 적다(그림 15.3 참조). 12~14세에 이러한 관계는 대개 가볍고 평균적으로 단지 5개월 정도 지속된다. 16세에 이들은 꾸준한 관계로 되기 시작되고 보통 약 2년 동안 지속된다(Carver, Joyner, & Udry, 2003). 이러한 변화는 10대들의 데이트 목표가 달라졌다는 것을 반영한다. 초기 청소년들은 데이트를 위한 이유로서 레크리에이션과 또래 지위 달성을 언급하는 경향이 있다. 청소년기 말에 더 강한 친밀감을 가질 준비가 되면, 이들은 개인적인 친화성, 동료애, 애정 그리고 사회적 지원을 주는 데이트 파트너를 찾는다(Collins & Van Dulmen, 2006a; Meier & Allen, 2009).

데이트 파트너 사이의 친밀감의 발달은 친구들 사이의 그것보다 늦다. 그리고 부모와 친구와의 긍정적인 관계는 다정한 연애관계의 발달에 기여하는 반면 갈등이 많은 부모-청소년 및 또래 관계는 데이트 상대와 적대적인 상호작용을 예측한다(Furman & Collins, 2009; Linder & Collins, 2005). 생태학적 이론에 따르면 초기 애착은 내적 실행 모델이나 애착 대상에 대한 일련의 기대로 이르게 하며 이후에 친밀한 관계로 안내한다. 영아기와 아동기에, 부모에 대한 안정 애착은 청소년기에 그 애착의 회상과 함께 10대와 성인기 초기의 우정과 연애관계의 질을 예측해 준다(Collins & Van Dulmen, 2006b; Collins, Welsh, & Furman, 2009). 고등학생을 대상으로 한 연구에서 애착의 안정모델과 부모와의 지지적인 상호작용은 우정의 안정 모델을 예측하였고 그것은 결국 연애관계의 안정성과 관련이 있었다(Furman et al., 2002).

청소년 초기의 데이트 관계는 피상적이고 정형화되기 때문에 이른 그리고 잦은 데이트는 약물 사용, 비행, 저조한 학업성취와 관련이 있다(Eaton et al., 2007; Miller et al., 2009). 무관심한 양육 및 가족 간 공격성의 과거와 더불어 이 요인들은 데이트 폭력이 발생할 가능성을 증가시킨다. 청소년의 약 10~20%는 데이트 파트너에 의해 신체적으로, 성적으로 학대받고 남자와 여자 똑같이 희생자가 되고 한 파트너에 의한 폭력은 흔히 다른 파트너에게 되돌아간다(Cyr, McDuff, & Wright, 2006; Williams et al., 2008). 불안 증가, 우울, 자살 시도, 위험한 성적 행동과 여아의 경우, 건강에 해로운 체중 조절(구토와 설사제 사용)을 포함한 정신건강의 결과가 심각하다(Carver, Joyner, & Udry, 2003; Silverman et al., 2001; Wekerle & Avgoustis, 2003). 게다가 데이트를 하는 청소년 초기 남학생들은 동성 또래들 사이에 높은 지위를 얻는 반면, 여학생들은 종종 다른 남학생들의 경쟁과 질투로 갈등을 경험한다. 이와 같은 이유들로 남자 친구 혹은 여자 친구로 꾸준히 사귀기 전에

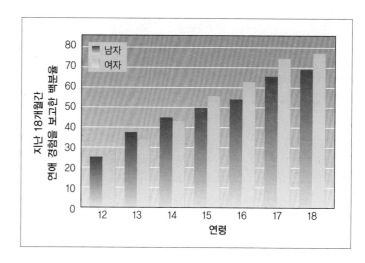

그림 15.3 청소년기 동안 연애 경험의 증가

지난 18개월 동안 연애 경험에 대해 16,000명 이상의 청소년들을 인터뷰한 결과이다. 12세에 청소년의 1/4이 연애 경험을 보고하였고, 18세에 약 3/4까지 증가한 것으로 나타났다.

출처 : Carver, Joyner, & Udry, 2003.

데이트가 너무 일찍 시작되지 않는다면 데이트는 민감성, 동정심, 자아존중감, 정체성 발달을 증진시킴으로써 청소년들의 우정의 장점을 크게 만들어 준다.

파티와 댄스와 같은 그룹활동을 계속하는 것이 어린 10대들에게는 가장 좋다.

게이와 레즈비언 청소년들은 명확한 연애를 시작하고 지속하는 데 특별한 도전에 직면한다. 그들의 첫 데이트 관계는 짧고 감정적으로 전념되지 않는다. 이성 간의 관계와 다르다는 이유로 또래로부터 따돌림과 거부를 당할까 두려워한다(Diamond & Lucas, 2004). 제5장에서 기술하였듯이 강한 편견 때문에 동성애 청소년들은 종종 이성 간 데이트로 도피한다. 그리고 많은 동성 청소년들은 게이와 레즈비언 또래들이 아직 드러나지 않기 때문에 동성 파트너를 찾는 데 어려움을 느낀다.

데이트가 너무 일찍 시작되지 않는 한 데이트는 다양한 상황에서 협력하고 에티켓을 지키고 사람들과 관계를 맺는 경험을 제공한다. 10대 후반에서는 친밀한 연애관계가 민감성, 자아존중감, 사회적 지지, 정체성 발달을 증진시킨다. 그리고 데이트하는 사이에서 상호의존과 타협하는 능력의 발달은 다른 또래관계의 질을 향상시킨다(Collins, Welsh, & Furman, 2009).

그런데 첫 이성 간 연애의 반 정도는 졸업할 때까지 지속되지 못하고 지속된 연애는 대개 덜 만족스럽다(Shaver, Furman, & Buhrmester, 1985). 청소년들은 아직 자신의 정체성을 형성하고 있는 과정이기 때문에 고등학생 커플은 대개 자신들이 일반적이지 않다는 것을 알게 된다. 그럼에도 불구하고 청소년기에 따뜻하고 서로를 배려하는 연애관계는 장기간의 영향을 미칠 수 있다. 그것은 성인기 초기에 만족스럽고 헌신적인 관계와 긍정적인 연관이 있다(Meier & Allen, 2009).

또래 압력과 순응

또래 압력에 대한 순응은 아동기나 성인 초기 때보다 청소년기 동안에 더 큰데, 이는 10대들이 함께 많은 시간을 보내는 것을 생각해 보았을 때 놀랄 만한 결과는 아니다. 일반적인 신념과는 반대로 청소년기는 또래들이 요구하는 것을 맹목적으로 하는 시기는 아니다. 또래 순응은 청소년의 나이, 현재의 상황, 사회적 인정에 대한 요구, 문화에 따라 다양한 복잡한 과정이다.

수백 명의 미국 중학생과 고등학생을 조사한 연구는 청소년들이 또래 문화의 가장 뚜렷한 양상—옷, 몸단장, 사회적 활동에서의 참여—을 준수하는 데 가장 큰 압력을 느낀다는 것을 보여 주었다. 부모와의 협력, 좋은 학점 획득과 같은 친성인적(proadult) 행동 또한 강하다(Brown, Lohr, & McClenahan, 1986). 많은 10대들은 자신의 친구들이 반사회적인 행동을 하지 못하도록 적극적으로 말렸다고 말했다. 가족 충성을 강조하는 문화인 싱가포르에서 수행된 유사한 연구에서 가족과 학교 규칙을 지키려는 또래 압력은 또래 문화 추구에 가담하려는 압력을 넘어선 것을 제외하고는 결과들이 많이 유사하였다(Sim & Koh, 2003). 이와 같은 연구결과들이 제시하듯이 성인과 또래들은 종종 바람직한 목표를 향해 행동 통일을 한다.

또래 문화에 대한 저항은 비록 개인 차이가 있기는 하지만 나이가 들어가는 것과 더불어 강해진다(Steinberg & Monahan, 2007; Sumter et al., 2009). 개인적 특성이 차이를 만든다. 스스로 유능하고 가치가 있다고 느끼고, 감각 추구와 또래 인정의 필요에서 낮은 점수를 받고 더 효율적인 의사결정자인 청소년들은 성적 행동, 비행, 그리고 잦은 약물중독에 일찍 빠지는 또래들을 따르는 경향이 적다(Crockett, Raffaelli, & Shen, 2006; McIntyre & Platania, 2009).

권위가 있는 양육방식(authoritative parenting) 또한 중요하다. 부모가 지지적이고 적절한 감독을 했을 때 10대들은 부모를 존중한다. 이는 좋지 않은 또래 압력에 대한 해독제로서의 역할을 하는 태도이다(Dorius et al., 2004). 이와는 대조적으로 과도한 통제를 하거나 혹은 통제를 거의 하지 않는 부모의 청소년들은 매우 또래 중심적이 된다. 또래 영향력에 쉽게 굽히는 청소년들은 불안정한 우정, 공격성, 비행을 보이며 또래들 사이에서 인기가 떨어지고 시간이 지남에 따라 우울 증상이 증가하는 등 다양한 문제가 나타난다(Allen, Porter, & McFarland, 2006).

대중매체

과거 반세기 동안 아동과 청소년의 삶에서 미디어의 역할은 '혁신적으로 변화(revolutionary change)'하였다(Comstock & Scharrer, 2006). TV가 여전히 청소년에게 가장 지배적인 미디어로 자리하고 있으나, 이제 대부분 미국의 가정이나 거의 모든 교실에는 컴퓨터가 비치되어 있다(Rideout, Foehr, & Roberts, 2010). 또한 초등 고학년과 청소년의 휴대전화 사용시간은 TV 시청시간을 따라잡았다. 그뿐만 아니라 10대는 친구와 의사소통하는 수단으로 휴대전화를 선호하였으며, 음악 듣기, 게임 하기, TV 프로그램 보기 등과 같은 다양한 오락의 수단으로 휴대전화가 사용되고 있다.

오늘날 미국의 8~18세 아동은 여러 종류의 오락매체와 하루에 평균 7.5시간(일주일에 53시간이라는 엄청난 시간)을 보낸다. 그리고 많은 청소년들이 방대한 미디어를 활용하여 여러 가지 일을 한꺼번에 수행하기 때문에(제7장 참조), 미디어 콘텐츠에 하루 평균 10.75시간을 소비하고 있다. 아동기에서 청소년기로 들어서면서 주로 TV를 보거나 휴대전화나 MP3 플레이어로 음악을 듣는 데 소비하는 시간이 엄청나게 증가하면서 전체적인 미디어 사용시간이 급증하게 된다(그림 15.5 참조). 특정 미디어의 과다한 사용은 다른 미디어의 과다한 사용으로 이어진다(Rideout, Foehr, & Roberts, 2010). 최근 연구문헌들은 발달에 있어 미디어의 광범위한 영향을 강조하고 있다.

TV 매체

TV 매체의 노출은 산업화된 세계에서 거의 일반적인 현상이다. 거의 모든 가정이 한 대 이상의 TV를 가지고 있으며 둘 이상인 가정도 상당수에 이른다. TV 시청에 보내는 평균시간은 선진국 간에 매우 유사하게 나타났으며 개발도상국의 아동들의 경우에도 마찬가지였다(International Telecommunications Union, 2010; Scharrer & Comstock, 2003).

TV가 아동과 청소년의 발달에 미치는 파급효과는 우려할 만하다. 캐나다의 작은 마을 거주민을 대상으로 TV 수신기를 설치하고 2년 경과한 후 아동의 발달 수준을 측정한 결과, 많은 변화가 있었다. 학령기 아동의 읽기능력과 창의성이 감소하였고 성역할에 대한 고정관념이 형성되었으며, 놀이활동에 있어 언어적 · 신체적 공격성이 증가하였다. 반면 청소년의 지역사회 참여는 감소하였다(Williams, 1986).

그러나 TV 시청은 끊임없이 제기되고 있는 아동발달에 미치는 부정적 영향만큼이나 많은 잠재적인 가능성을 장점으로 지닌다. TV 프로그램의 내용을 향상시키고 일상생활에 대한 아동의 흥미를 증진시킬 수 있다면, TV는 아동의 인지, 정서, 사회성 발달을 강화하는 강력하면서도 비용대비 효과적인 수단이 될 수 있다.

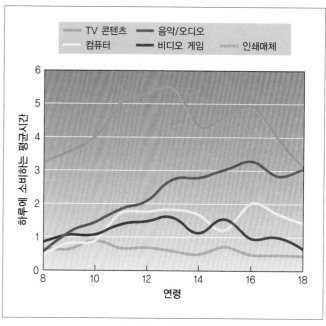

그림 15.5 미국 8~18세 아동의 연령별 미디어 사용시간

미국의 모든 주를 대표하는 아동 및 청소년 대상 설문조사에 따르면, TV보기나 음악 듣기가 아동 중기와 청소년의 미디어 사용 증가의 많은 부분을 설명해 준다. 인쇄매체(잡지나 신문)는 가장 덜 사용되는 미디어였다.

출처 : "Generation M2: Media in the Lives of 8- to 18-Year-Olds," (#8010), The Henry J. Kaiser Family Foundation, January 2010. This information was reprinted with permission from the Henry J. Kaiser Family Foundation, www.kff.org.

아동의 침실에 놓인 TV는 TV 보는 시간을 엄청나게 늘려 놓았다. 과다한 TV 시청은 가족, 또래, 건강 등의 문제와 연관되어 있다.

아이들이 TV를 얼마나 많이 보는가 여러 조사에 따르면, 북미 아동은 영아기 초기에 이미 TV 시청자가 된다. 미국 3개월 된 영아의 약 40%가 TV나 비디오를 정규적으로 시청하는 것으로 나타났다. 이러한 통계자료는 2세경 90%까지 증가하였다. 이 시기 아동은 자신이 화면에서 본 것을 자신의 일상적 경험에 적용하는 데 어려움이 있다(제6장 참조). 조사에 따르면 2~6세 사이 대부분의 미국 유아는 하루에 1.5~2.7시간 정도 TV를 시청하였다(Rideout & Hamel, 2006; Scharrer & Comstock, 2003; Zimmerman, Christakis, & Meltzoff, 2007). 아동 중기에는 하루에 평균 3.5시간으로 시청시간이 증가한다. 10대들이 인터넷으로 MP3 플레이어나 휴대전화로 TV 프로그램에 쉽게 접근할 수 있기 때문에 청소년 초기에는 하루에 5시간 이상으로 TV 시청시간이 증가하였다(Rideout, Foehr, & Roberts, 2010). 그러나 청소년 중기와 말기에는 TV에 소비하는 시간이 하루에 3~4시간으로 줄어든다.

이 조사에 따르면 미국 유아들은 매주 10~18시간, 학령기 아동은 약 24시간, 청소년은 약 32시간 동안 TV를 보는 것으로 나타났다. 이는 아동과 청소년은 부모와 또래관계, 신체활동, 컴퓨터 사용, 숙제, 읽기 등을 포함하여 대부분의 다른 각성활동보다 더 많은 시간을 TV와 보내고 있음을 의미한다. 학교가 쉬는 날이나 여름방학 동안 TV를 보는 시간을 고려하면, 일반적인 아동의 연간 TV 시청시간은 학교에서 보내는 시간의 양과 유사하고 청소년의 TV 시청시간은 학교에서 보내는 시간을 훨씬 초과한다.

TV에 대한 아동의 흥미는 다양하다. 유아기부터 남아가 여아보다 TV를 조금 더 많이 시청하였다. 사회경제적 지위가 낮거나 아프리카계나 라틴계의 아동이 더 많이 TV를 시청하였으며, 아무도 없을 때에도 대부분 TV를 켜 놓는 가정환경 속에서 시간을 보냈다(Rideout, Foehr, & Roberts, 2010). 이러한 가정의 대부분은 대안적 형태의 오락이 주변에 가능하지 않았다. 또한 교육을 제대로 받지 못한 부모의 경우에 TV를 보면서 가족식사를 하거나 아동의 TV 접근을 제한하지 않는 등 TV 시청을 높이는 양육을 수행하였다(Hesketh et al., 2007).

미국 유아 3명 중 1명, 학령기 아동 및 청소년의 10명 중 7명은 침실에 TV가 놓여 있다. TV를 자기 방에 가지고 있지 않은 또래에 비해 이런 아동은 TV를 하루에 40~90분 정도 더 많이 시청하였다. 또한 부모가 TV를 더 많이 시청할수록 자녀들도 TV를 많이 시청하였다(Rideout & Hamel, 2006; Rideout, Foehr, & Roberts, 2010). 스트레스를 많이 받는 부모와 아동이 TV를 하나의 탈출구로써 활용하기 때문에 과도한 TV 시청은 가족, 또래, 건강에 있어서 문제와 연관이 있다(Anderson et al., 1996).

TV와 사회적 학습 1950년대 이후, 연구자와 일반 시민들은 TV가 어린 시청자의 태도나 행동에 미치는 영향에 관심을 기울여 왔다. 많은 연구들은 바람직하지 못한 성역할, 인종에 관한 편견, 소비 성향 등을 조장하는 TV의 영향력에 대해 경고하였다. 반면 일부 연구는 TV가 친사회적 능력을 증진시키는 잠재력을 갖고 있다고 주장하였다.

공격성 미국의 오전 6시에서 오후 11시 사이에 방영되는 TV 프로그램 중 57%가 신체적으로 공격적인 폭력 장면을 반복적으로 방영하고 있었다. 또한 대부분의 TV 프로그램에 나타나는 폭력의 피해자들이 겪는 심각한 고통과 피해는 명백하게 드러나지 않으며, 일부 프로그램들은 폭력으로 문제를 해결하고 있거나 폭력을 문제해결방법의 하나로 묘사하고 있다(Center for Communication and Social Policy, 1998). 특히 실제 TV 쇼에서도 언어적, 관계적인 공격적 행동이 자주 나타난다(Coyne, Robinson, & Nelson, 2010).

여러 연구들―다양한 연구설계, 연구방법, 연구대상으로 이루어진 ―을 검토한 연구자들은 TV의 공격성이 적대적 사고와 정서나 언어적, 신체적, 관계적 공격행동의 가능성을 높인다고 결론지었다(Comstock & Scharrer, 2006; Ostrov, Gentile, & Crick, 2006). 잠깐 동안의 노출도 즉 각적인 효과를 나타내었다. 실험연구에서 낮은 수준의 공격적 프로그램 에 15분간 노출된 프로그램 시청자의 약 25%가 공격적 행동을 더 많이 표출하였다(Anderson & Bushmanm 2002). TV의 공격성은 특히 유아 와 저학년 아동에게 심각한데 이들은 TV의 공격성을 즉시 모방하기 때 문이다. 이 시기의 아동은 TV의 이야기가 실제라고 믿으며 무비판적으 로 자신이 본 것을 수용한다.

폭력적 프로그램의 영향력은 아동의 또래관계 및 부모-자녀 관계에 있어서 단기적인 문제를 초래할 뿐만 아니라, 장기적으로도 부정적인 영 향을 미친다. 몇몇 종단연구의 결과에 따르면 가정 내 TV 시청과 관련된 환경적 변수들(아동과 부모의 공격성, 지능 수준, 부모 교육 수준, 소득 수준, 양육태도, 지역사회 범죄 등)을 통제한 후에도 아동기와 청소년기 초기 동안의 TV 시청시간은 청소년 후기와 성년기 초기의 공격적 행동(심각한 폭력행위 포함한)을 예측하는 주요 변수임을 확인할 수 있었다(그림 15.6 참조)(Graber et al., 2006; Huesmann, 1986; Huesmann et al., 2003; Johnson et al., 2002). 공격적인 아동과 청소년은 TV나 다른 매체에서 나 타나는 공격성에 커다란 흥미를 갖는다. 특히 남아가 여아보다 공격적 매체에 더 많은 시간을 보냈 는데, 이는 부분적으로 남성 위주의 정복과 탐험의 주제나 남성 주인공의 등장으로 인한 결과이다. 폭력적 TV는 비공격적인 아동에게도 적대적인 생각과 행동을 유발한다. 단지 효과가 강하지 않다 는 것만 다른 점이다(Bushman & Huesmann, 2001).

더욱이 TV의 공격성은 타인의 공격성에 대해 무뎌지게 하여 공격성에 덜 저항하게 만든다 (Anderson et al., 2003). TV를 많이 보는 아동은 실제보다 우리 사회에 폭력이 더 많이 존재한다고 생각했다(Donnerstein, Slaby, & Eron, 1994). 이러한 결과가 보여주는 것처럼, 공격적인 TV 프로 그램에 노출되는 것은 사회에 대한 아동의 태도를 변화시켜 TV에 나타난 이미지와 점차 일치되어 가는 경향을 보였다.

인종편견과 성역할 고정관념 아동 대상의 교육 프로그램이 평등과 다양성에 관한 이슈를 민감하 게 다루면서 제작·방영되고 있지만, 대부분의 상업적 오락물은 인종과 성역할에 대한 고정관념과 편견을 전달한다. 예를 들어, 흑인이나 라틴계의 소수인종들은 소수집단으로 묘사된다. 사회적 소 수가 등장하더라도 그들은 대부분 비주류이거나 가사 업무를 돌보거나 비숙련 노동자 또는 범법자 와 같은 역할로 묘사된다(Dixon & Azocar, 2006; Scharrer & Comstock, 2003).

마찬가지로 남성보다 여성이 주인공으로 등장하는 경우는 드물다. 10년 전과 비교할 때 오늘날 여성은 직업 현장에 더 많이 참여하고 있다. 그러나 여성은 여전히 젊고 신체적으로 매력적이며 배 려심이 있고 정서적이며, 사건의 희생자나 가정과 전문 분야에서 보조적인 역할을 하는 것으로 묘 사된다(Collins, 2011; Signorielli, 2001). 반대로 남성은 지배적이고 역향력 있는 존재로 묘사된다. 성역할 고정관념은 만화, 음악 TV(MTV), 아동 및 청소년을 대상으로 한 오락 프로그램에서도 지 배적으로 묘사된다.

TV 시청은 아동 및 청소년의 자아존중감이나 직업적 포부의 감소, 부정적 신체 이미지, 또는 여아의 식습관장애를 포함한 성 고정관념 태도 및 행동과도 연관이 있다(American Psychological Association, 2010; Cole & Daniel, 2005; Rivadeneyra & Ward, 2005). 반면 여성과 소수인종에 대

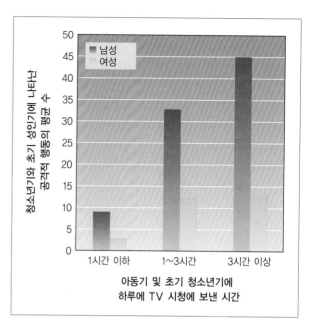

그림 15.6 아동기 및 초기 청소년기 TV 시청과 청소년기와 청년기의 공격적 행동 간의 관계

700명 이상의 부모를 대상으로 인터뷰를 실 시한 결과, 아동기 및 초기 청소년기 동안 TV를 많이 보았다고 보고한 경우에 16~22 세 때 재인터뷰하면 보고된 연간 공격적 행 동의 수가 더 많게 나타났다.

출처 : Johnson et al., 2002.

해 긍정적으로 묘사한 프로그램은 아동이 다양한 또래관계를 형성하거나 우정을 키우는 데 바람직한 기능을 한다(Calvert et al., 2003; Graves, 1993).

상업주의   마케팅 산업은 아동과 청소년층에게 장난감, 게임, 음식, 의류 등 다양한 생산품을 판매하는 데 목적이 있다. 매년 수많은 TV 광고에 노출되는 미국 아동과 청소년의 수가 폭발적으로 증가하고 있다(American Academy of Pediatrics, 2009). TV 광고는 성 고정관념으로 ― 한쪽 성에 치우친 장난감과 성별에 따라 다른 상품들, 즉 남아는 활동적이고 공격적이며, 여아는 조용하고 차분하게 묘사되며 남성과 여성의 성차별적 역할을 강조하는 ― 가득 차 있다(Kahlenberg & Hein, 2010; Paek, Nelson, & Vilela, 2010).

일반 프로그램과 달리 상업적 광고가 지닌 빠른 화면의 변화나 음향효과 등으로 인해 일반적으로 3세 미만의 영유아들도 쉽게 TV 광고를 인지한다. 하지만 아동 대상 TV 쇼 프로그램들이 각종 캐릭터 상품(인형, 손인형, 영웅 캐릭터 인형, 그 액세서리)과 관련이 있기 때문에 상업광고와 TV 프로그램의 경계는 매우 모호하다. 더욱이 유아나 초등학교 저학년 아동들은 TV 광고의 판매 목적을 거의 인지하지 못한다. 아동이 8~9세 정도가 되면, 상업광고는 기업의 판매를 위한 것임을 알게 되고, 11세경에는 광고주가 판매량을 증가시키려는 판매자의 목적을 이루기 위해 기발한 기술을 사용한다는 것을 알아차리게 된다(Kunkel, 2001). 그럼에도 불구하고, 초등 고학년과 청소년도 광고에 쉽게 빠져든다(Baiocco, D'Alessio, & Laghi, 2009).

선행연구의 결과들을 종합해 보면, 광고는 가족 스트레스, 비만, 물질주의, 약물중독 등과 같은 심각한 행동발달상의 문제를 초래함을 알 수 있다. 실제로 학부모를 포함한 성인을 대상으로 한 조사결과, 응답자의 약 90%는 아동·청소년 대상의 상업광고가 급증하면서 부모에게 특정 상품의 구매를 요구하는 경우가 늘어났고 이로 인해 가족분쟁도 증가했다고 답했다(Linn, 2005). 아울러 청소년이 담배와 주류 광고 ― 젊은 등장인물, 경쾌한 음악, 파티 장면을 통해 청소년의 관심을 끌도록 계획된 ― 에 노출됨에 따라 청소년의 흡연과 음주가 조장된다고 답했다(Austin, Chen, & Grube, 2006; Smith & Atkin, 2003).

친사회적 행동   협동적이고 도움을 주거나 위로하는 행동을 포함한 TV 프로그램은 아동의 친사회적 행동을 증가시킨다. 한 연구에서 연구자는 6학년생들에게 좋아하는 교육용 TV 쇼가 무엇인지, 무엇을 배웠는지 물었다. 아동들은 여러 가지 친사회적 프로그램을 좋아한다고 답하였고 프로그램이 전달하고자 하는 학습 내용도 정확히 설명하였다(Calvert & Kotler, 2003). 그러나 대부분의 TV 프로그램은 친사회적인 메시지와 반사회적인 메시지를 동시에 제공한다. 폭력적인 내용이 없을 때만 친사회적 프로그램은 친절하고 도움을 주는 아동의 행동을 향상시키는 데 기여할 수 있다(Hearold, 1986).

TV, 학습, 상상력   TV가 처음 소개된 이래로, 교육학자들은 저소득층 아동의 학업능력 증진을 위한 TV의 잠재적 효과에 관해 특별한 관심을 기울였다. 특히 *Sesame Street*는 아동의 학습을 촉진하기 위해 만들어진 것이다. *Sesame Street*는 기본적인 읽기, 쓰기 및 수 개념의 이해를 향상시키기 위해 생생한 시각적·청각적 효과를 사용하였고, 일반적 지식, 정서적·사회적 이해, 사회적 기술 등을 가르치기 위해 손인형과 사람을 캐릭터로 등장시켰다. 오늘날에도 *Sesame Street*는 140여 개의 국가에서 방영되고 있으며 세계에서 가장 광범위하게 시청되는 아동 프로그램이다(Sesame Workshop, 2009).

아동이 교육 프로그램을 시청하는 데 보낸 시간은 초등학교의 초기 문해와 수학적 기술의 획득 및 학문적 성취와 관련이 있다(Ennemoser & Schneider, 2007; Linebarger et al., 2004; Wright et al., 2001). 다른 연구에서도 이 연구결과와 같이 *Sesame Street*나 다른 유사 교육 프로그램의 시청이 유아의 교육 수준을 향상시키고 더 많은 책을 읽고, 고등학교에서의 성취에 더 많은 가치를 부여하는 것과 연관이 있다고 하였다(Anderson et al., 2001).

*Sesame Street*는 빠르게 개별적인 정보를 제시하는 이전의 형식을 수정하여 명확한 줄거리를 가진 보다 느슨한 이야기에 의존하고 있다(Truglio, 2000). 아서와 친구들(*Arthur & Friends*), 마법 스쿨버스(*The Magic School Bus*), 위시본(*Wishbone*)과 같이 천천히 진행되면서 쉽게 따라 읽을 수 있는 이야기가 담긴 아동 프로그램은 단순히 정보를 제공하는 프로그램보다 더 정교한 상상놀이를 이끌어 내며 프로그램 내용의 회상과 초등학교의 어휘 및 읽기기술의 획득을 도와준다(Linebarger & Piotrowski, 2010; Singer & Singer, 2005). 서술적인 이야기로 구성된 TV 교육 프로그램은 실제 상황에 프로그램의 내용을 적용하기 위한 아동의 작업기억을 확장시켜 준다.

그렇다면 자극적이고 흥미 중심의 TV 프로그램은 아동이 바람직한 활동에 참여하는 것을 방해하는가? TV에 지속적으로 노출될 경우, 영유아의 놀이를 방해하고 장난감을 가지고 집중하여 놀이에 참여하는 시간을 감소시킨다(Courage & Howe, 2010; Schmidt et al., 2008). 앞서 말한 대로 교육용 프로그램은 도움이 되지만, 오락용 TV ─ 특히 지나친 시청 ─ 는 아동과 청소년의 독서 시간, 학교성취, 사회적 경험에 방해가 된다(Ennemoser & Schneider, 2007; Huston et al., 1999; Wright et al., 2001). 6~17세 자녀를 둔 4,800명 이상의 미국 부모를 대상으로 한 조사에서 자신의 침실에 TV가 있는(높은 시청시간을 의미하는) 아동 및 청소년은 가족식사, 학교생활에 대한 관심, 교외활동이나 지역사회 봉사참여, 충분한 수면 등이 부족하였다(Sisson et al., 2011). 또한 잦은 논쟁, 무시, 인색함, 시무룩함, 과민성 등과 같은 사회적 문제행동을 더 많이 나타내었다.

컴퓨터, 휴대전화, 인터넷

TV와 달리, 컴퓨터와 휴대전화는 넓은 범위의 학습, 오락, 의사소통을 제공하는 상호작용적 미디어다(Greenfield & Yan, 2007). 미국 아동 및 청소년의 90% 이상이 가정에 1대 이상의 컴퓨터를 소유하고 있으며, 특히 80% 이상은 고속연결망을 지닌 인터넷에 연결되어 있다. 그리고 사실상 모든 미국 공립학교는 교육용 프로그램을 운용하기 위하여 컴퓨터를 활용하고 있으며 인터넷에 접속도 가능하다. 이는 다른 선진국에서도 나타나는 현상이다. 사회경제적 지위가 높은 가정은 컴퓨터를 가지고 있을 가능성이 더 높으며 저소득 가정의 경우에도 85% 이상이 인터넷 접속이 가능한 컴퓨터를 가지고 있다(Rideout, Foehr, & Roberts, 2010; U.S. Census Bureau, 2011b). 빈곤 가정의 경우, 일부만이 가정에 컴퓨터를 보유하고 있다.

최근 조사에 따르면, 미국 아동 및 청소년은 학교과제를 위해 하루에 평균 30분 징도 컴퓨터를 사용하고, 오락 ─ SNS(사회적 네트워킹 사이트) 방문하기, 인터넷 정보를 둘러보기, 실시간 통신이나 이메일로 대화하기, 음악이나 비디오 게임에 접속하기 ─ 을 위해 1.5시간 정도 컴퓨터를 사용하는 것으로 나타났다(Rideout, Foehr, & Roberts, 2010; Roberts, Foehr, & Rideout, 2005). 대부분의 부모들은 자녀를 위해 컴퓨터를 구입했다고 말한다. 미국 초등생과 청소년의 33% 이상이 침실에 컴퓨터를 가지고 있다. 동시에 부모들은 공격적인 비디오 게임과 인터넷의 영향에 대해 많은 우려를 표하였다(Media Awareness Network, 2001; Rideout & Hamel, 2006).

그러나 인터넷 사용의 정도와 무관하게, 아동은 10~11세가 되기 전에는 많은 개별 컴퓨터를 중앙컴퓨터에 연결하는(통신망 형태의 시스템으로 연결된) 인터넷의 기술적 복잡성을 성인 수준으로 이해하지 못한다(그림 15.7 참조). 인터넷에 대한 기술적 이해는 인터넷의 사회적 위험(포르노물에 노출되거나 개인정보유출이나 해커 공격을 받는 등)

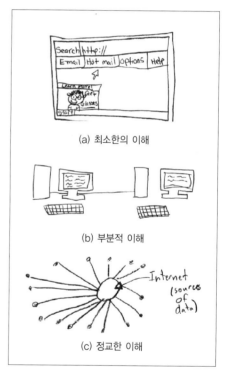

(a) 최소한의 이해

(b) 부분적 이해

(c) 정교한 이해

그림 15.7 연령에 따른 기술적 이해의 증가를 나타내는 세 명의 아동이 그린 인터넷

초등학생에게 인터넷을 그리라고 요구하면, 10세 이하의 아동 대부분은 최소한의 이해(인터넷을 하나의 컴퓨터로 보는)를 가지고 있거나 부분적인 이해(인터넷을 몇 개의 컴퓨터가 연결된 것으로 보는)를 가지는 것으로 나타났다. 대부분의 10~11세 아동은 여러 개의 컴퓨터가 전산 센터에 연결된 네트워크 시스템과 같은 인터넷에 대한 정교한 이해를 가지고 있었다.

출처 : Z. Yan, 2006, "What Influences Children's and Adolescents' Understanding of the Complexity of the Internet?" *Developmental Psychology, 42*, p. 421. Copyright © 2006 by the American Psychological Association. Reprinted with permission of the American Psychological Association.

이나 보호전략(방화벽, 필터링 프로그램, 비밀번호 보호 등)에 대한 지식 형성에 도움이 된다. 이러한 지식은 12~13세경에 획득된다(Yan, 2006).

컴퓨터와 학습 컴퓨터는 풍부한 교육적 장점을 지닌다. 3세 유아도 컴퓨터 활동을 즐기며 마우스와 간단한 키보드 명령어를 사용할 수 있다. 아이들은 교실에서 소그룹 활동시간에 컴퓨터 주변으로 모이며, 다른 활동보다 컴퓨터 활동을 통해 협력적인 활동에 더 많이 참여하게 된다(Svensson, 2000).

아동기와 청소년기에 게임이 아닌 다른 용도로 컴퓨터를 사용하는 것은 문해력 향상과 관련이 있었다(Calvert et al., 2005; OECD, 2005). 아동은 컴퓨터를 사용하여 자유롭게 글을 쓰고, 손글씨로 인한 방해를 받지 않으면서 글자와 단어를 연습할 수 있다. 컴퓨터 프로그램의 도움으로 아동이 직접 맞춤법을 확인하거나 다양한 텍스트의 내용과 스타일을 편집할 수 있기 때문에 '쓰기'과정에서 나타날 수 있는 자신의 실수에 대한 두려움을 줄일 수 있다. 결과적으로 문장의 길이도 길어지고 문장력도 더 나아진다. 또한 다른 사람과 함께 문장을 계획하고 구성하고 수정하면서 다른 사람으로부터 배울 수도 있다(Clements & Sarama, 2003).

나이가 듦에 따라, 아동은 학교과제에 필요한 정보를 얻으려고 웹을 검색하거나 글쓰기 과제를 준비하기—학문적 성취를 향상시키는데 관련된 활동—위한 컴퓨터 사용이 증가한다(Attewell, 2001; Judge, Puckett, & Bell, 2006). 저소득층 학생들의 경우, 정보수집을 위해 가정에서 인터넷 접속을 통한 컴퓨터 사용이 늘어나면서 읽기수행이나 학교성적이 더 좋아졌다(Jackson et al., 2006, 2011a). 많은 웹페이지들이 주로 문자에 기초하고 있기 때문에 정보를 얻기 위해 인터넷을 사용할 경우, 읽기에 많은 시간을 투자하게 된다.

컴퓨터 학습의 이점이 사회경제적 지위와 성별 간의 '정보격차(digital divide)'에 관한 관심을 증가시켰다. 빈곤 아동은 가정용 컴퓨터나 인터넷 접속이 저조하였다. 컴퓨터 인터넷 접속이 가능해져 사회경제적 지위가 낮은 가정의 아동이 휴대전화로 온라인에 더 많이 접근할 수 있었지만 사회경제적 지위가 높은 가정의 또래보다 컴퓨터와 인터넷을 덜 사용했다(Lenhart et al., 2010). 초등학교 말이 되면, 남아가 여아보다 컴퓨터 사용에 더 많은 시간을 보내고 다소 다른 방식으로 컴퓨터를 사용한다. 예를 들어, 남아는 인터넷에 접속하여 게임과 음악 내려 받기, 물건 사고팔기, 웹페이지 만들기 등을 하였으나 여아는 정보수집과 사회적 관계 맺기를 중요하게 생각했다(Jackson et al., 2008; Rideout, Foehr, & Roberts, 2010). 캐나다에서 실시된 한 조사에 따르면, 15~16세의 남학생이 여학생에 비해 컴퓨터 프로그램을 써 자료 분석하였고 스프레트시트와 그래픽 프로그램을 주로 사용하였다. 그리고 남학생은 여학생에 비해 컴퓨터 활용기술이 '우수한(excellent)' 것으로 나타났다(Looker & Thiessen, 2003). 학교는 컴퓨터 기술이 지닌 다양하고 인지적으로 풍부한 혜택을 누릴 수 있도록 여학생이나 사회경제적 지위가 낮은 가정의 학생에게 많은 기회를 제공해주어야 한다.

비디오 게임 아동·청소년은 비디오 게임을 포함한 오락용 컴퓨터를 지나치게 사용하고 있다. 평균적으로 미국 학령기 아동 및 청소년 중 남아는 컴퓨터 이용시간 중 1/3을 게임을 하는 데 소비하였다. 이는 여아의 3배 정도다(Rideout, Foehr, & Roberts, 2010).

대부분의 컴퓨터 게임은 폭력적 콘텐츠를 기본으로 속도감과 액션을 강조하며 적을 향해 총을 쏘고 피하면서 진행된다. 아동들은 복잡하고 실험적이며 모험적인 게임, 축구, 풋볼 등과 같은 스포츠 게임, 그리고 정복과 공격성을 주제로 한 게임에 몰입하였다. 또한 가상현실의 등장인물이 되어 역할 게임을 하는 시뮬레이션 게임을 선호하였다.

빠른 액션 비디오 게임은 남아와 여아 모두의 선택적 주의력과 공간기술을 촉진한다. 그러나 지나친 게임 참여는 학교성취와 부정적인 연관을 지닌다(Hastings et al., 2009; Jackson et al., 2011b;

Subrahmanyam & Greenfield, 1996). 많은 연구들은 폭력적 TV를 보는 것과 같이 폭력적 게임을 하는 것은—특히 여아보다 게임을 더 열심히 하는 남아의 경우—적대감과 공격성을 증가시킨다고 주장한다(Anderson, 2004; Hofferth, 2010). 게다가 비디오 게임은 인종적·성적 고정관념으로 가득 차 있다(Dietz, 1998). 컴퓨터상의 가상현실이 아동의 경험에 미치는 결과에 대해서는 알려진 바가 거의 없다. 내용적으로 볼 때, 일부 가상현실 게임은 복잡한 이야기 서술, 상상력, 친사회적 행동을 촉진하지만, 비협조적이고 반사회적 행동을 촉진하기도 한다(Singer & Singer, 2005). 일본과 미국에서 이루어진 연구에서 도움 주기를 모방하는 게임을 많이 하는 청소년들은 보다 더 친사회적인 방식으로 행동하는 것으로 나타났다(Gentile et al., 2009).

빠른 액션 비디오 게임을 하면 아동의 선택적 주의와 공간기술이 향상되기도 한다. 그러나 과도한 게임 참여는 학교에서의 성취에 부정적으로 연관되어 있으며, 특히 남아의 적대감과 공격성 증가와 관련이 깊다.

게임에 '집착하는' 아동들은 유쾌하지 못하고 불안정한 가족생활이나 학교생활의 스트레스로부터 탈출하기 위해 게임을 하며 불안하고 위축된 경향을 보인다. 일부는 중독되기도 한다. 하루에도 몇 시간씩 게임을 하는데 시간을 보내고, 게임을 하지 않을 때도 계속해서 게임에 대해 생각하고 게임을 줄이거나 그만둘 수 없다고 생각한다(Salguero & Morán, 2002). 과도한 판타지 게임은 상상의 세계와 현실의 구분을 모호하게 한다(Turkle, 1995). 그러한 게임이 폭력적일 경우—무관심한 부모, 반사회적 또래, 학교로부터 소외 등과 이어질 때—위험에 처한 청소년은 잔인한 행동을 하게 한다. 미국 컬럼바인고등학교의 10대 살인범 Eric Harris와 Dylan Klebold는 *Doom*이라는 게임에 빠져 있었는데, 이 게임은 가장 많은 사람을 죽이는 것을 목표로 하는 것이었다(Subrahmanyam et al., 2001).

휴대전화, 인터넷, 통신수단 10대는 휴대전화를 자주 사용하며 인터넷으로 친구와 대화한다. 미국 12~17세 청소년의 75%가 휴대전화를 소지하고 있으며 이는 지난 10년간 거의 2배가량 증가하였다. 휴대전화 문자는 10대 친구들 간의 전자장치에 기초한 상호작용 중 가장 선호하는 수단이다. 두 번째는 전화 통화, 그다음으로 사회적 네트워킹 사이트와 인터넷 메신저 서비스가 차지했다(그림 15.8 참조). 여아들은 남아들보다 친구들과의 문자나 통화를 위해 휴대전화를 상당히 많이 사용하였다(Lenhart et al., 2010). 몇몇 연구에서 기존 친구들 간의 온라인 메시지의 양이 증가하면, 청소년이 나타내는 관계의 친밀감과 복지감에 대한 인식도 높아졌다. 그 효과는 주로 친구들의 온라인상에서 공개된 걱정, 비밀, 연애감정 등과 같은 개인적인 정보에 기인한다(Hu et al., 2004; Valkenburg & Peter, 2007a 2007b, 2009). 그러

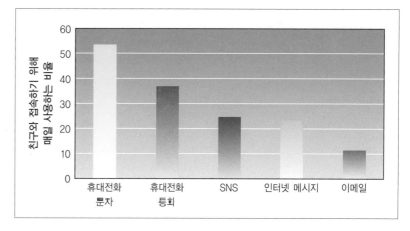

그림 15.8 미국 12~17세 청소년이 친구와 접속하기 위해 매일 이용하는 다양한 의사소통 채널

미국의 12~17세 전체를 대표하는 800명의 표본을 대상으로 친구와 의사소통하는 방법에 대해 조사하였다. 휴대전화 문자가 전자 미디어의 가장 선호되는 수단이었다. 10대의 반 이상이 매일 휴대전화 문자를 사용한다고 응답했다.

출처 : Lenhart et al., 2010.

나 미국 10대의 1/3은 하루에 100개 이상의 문자를 보내고 절반 정도는 200개 이상(한 달에 6,000개 이상에 달한다)의 문자를 보낸다. 이러한 엄청난 직접적이지 않은 상호작용의 사회적인 결과는 아직 미지수다.

대부분의 청소년은 자기가 아는 친구들과 의사소통하였지만, 인터넷상에서 새로운 사람을 만나

휴대전화 문자와 SNS는 10대의 친구관계에 있어서 친밀감과 복지감을 향상시킨다. 그러나 지나친 전자매체를 통한 소통이 미치는 사회적 영향력은 아직 미지수다.

기도 한다. 미국 10대의 75%가 마이스페이스나 페이스북 같은 SNS를 사용하지만, 블로그, 메신저 방, 채팅방과 같이 가족, 학교, 지역사회를 넘어선 방대한 공간을 향해 열려 있다(Lenhart et al., 2010). 이러한 온라인 사이트를 통해, 익명성을 보장하는 상황에서 청소년들 자신의 주된 문제―성, 부모와 또래관계의 도전, 정체성 문제―를 탐색할 수 있다(Subrahmanyam, Smahel, & Greenfield, 2006; Valkenburg & Peter, 2011). 우울증, 식습관장애, 다른 문제 등으로 고생하는 10대들은 메신저 방에 접속하여 집단 소속감이나 수용과 같은 상호지원을 나누기도 한다(Whitlock, Powers, & Eckenrode, 2006).

그러나 온라인 대화는 위험 요소를 지니기도 한다. 검증되지 않은 대화방에서 10대들은 비열한 인종적, 민족적 모욕을 접하거나 성적인 저속한 희롱을 당하기도 한다(Subrahmanyam, Greenfield, 2008). 이러한 젊은이들 중 일부는 잘 적응하지만 대부분은 부모와 높은 수준의 갈등, 또래 따돌림, 우울, 비행을 보고하였다(그림 15.9 참조). 온라인 친구는 면대면 만남을 요청하기도 하고 부모에게 말하지 않고 이러

적용하기

TV, 컴퓨터, 휴대전화 사용 조절하기

전략	설명
TV 시청 및 컴퓨터 사용 제한하기	부모는 아동과 청소년의 TV나 컴퓨터 사용을 제한하는 명확한 규칙을 제공하고 이를 지켜야 한다. TV나 컴퓨터를 어린 아동의 돌보미로 사용하지 말아야 한다. TV나 컴퓨터를 자녀의 침실에 놓는 것은 자녀의 TV 시청이나 컴퓨터 사용시간을 증가시키며 자녀의 활동을 감독하기 힘들게 한다.
TV나 컴퓨터 사용 시간을 보상으로 제공하지 않기	TV나 컴퓨터 접속을 보상으로 사용하거나 TV나 컴퓨터의 제한을 처벌로 사용하게 되면 자녀는 TV나 컴퓨터에 더욱더 빠져들게 된다.
자녀에게 적절한 매체 경험을 격려하기	자녀가 교육적이고 친사회적이며 연령에 적합한 TV나 컴퓨터 활동을 할 때 인지적 기술과 사회적 기술을 획득할 수 있다.
가능하면 자녀와 같이 TV 보기	TV 장면의 진실성에 대해 질문하고, 화면상 행동의 부적절성을 지적하거나 토론을 이끌어 내면서 자녀가 TV의 내용을 이해하고 평가하게 도와줄 수 있다.
TV 콘텐츠를 일상적인 학습경험과 연결시키기	부모는 TV 학습을 자녀가 주변 환경과 적극적으로 상호작용할 수 있도록 격려하는 방식으로 확장시켜 주어야 한다. 예를 들면, 동물에 관한 프로그램 시청 후 동물원 방문을 계획할 수도 있고 동물에 관한 책을 보러 도서관에 갈 수도 있다. 집에서 키우는 애완동물을 관찰하고 돌보는 새로운 방식에 대해 생각해 볼 수도 있다.
TV나 컴퓨터 사용의 적절한 모델 제공하기	부모의 매체 사용습관―과도한 TV 시청 및 컴퓨터 사용 피하기나 유해한 내용에 대한 노출 자제하기 등―이 아동의 매체 사용습관에 영향을 미친다.
인터넷 기술과 안전한 사용에 대해 설명하기	인터넷을 네트워크 시스템으로 보는 아동 및 청소년은 인터넷의 사회적 위험을 더 잘 이해한다. 적절한 온라인 습관과 개인정보 노출이나 온라인에서 만난 사람과 함께 어울리는 것이 지닌 위험에 대한 지도하는 것이 도움을 줄 수 있다.
휴대전화 사용을 감독하고 제한하기	부모는 휴대전화 사용에 대한 명확한 규칙을 제공해 주어야 한다. 예를 들면, 통화나 문자수의 제한, 자동차는 휴대전화를 사용하면 안 되는 공간임을 알려 주는 것 등이 해당된다. 10대의 안전을 위해 청소년의 휴대전화 내용을 정기적으로 체크해야 한다.
자녀양육에 권위적인 방식 사용하기	부모가 성숙한 행동에 대한 합리적인 요구를 하면서 온정적이고 참여적일 경우, 자녀들은 교육적이고 친사회적인 콘텐츠를 포함한 매체 사용을 선호하고 TV나 컴퓨터를 탈출구로 활용하지 않게 된다. 또한 부모가 제시한 매체 사용 규칙을 보다 더 잘 따르게 된다.

한 만남을 갖기도 한다(Wolak, Mitchell, & Finkelhor, 2003).

미디어 사용 조절하기

아동의 신념과 행동을 조정하는 TV와 컴퓨터 미디어의 잠재적 영향은 미디어 콘텐츠의 질적 향상에 대한 강력한 대중적 압력을 이끌어냈다. 미국헌법의 제1조의 언론자유권은 TV 방송을 규제하려는 노력을 무산시키고 말았다. 대신에 모든 프로그램 콘텐츠는 폭력성과 성에 대한 등급을 매겨 바람직하지 못한 내용을 차단할 수 있게 해 주는 V칩(폭력성 방지 칩)을 포함하도록 규정하였다. 일반적으로 자녀의 부적절한 미디어 콘텐츠에 대한 노출을 규제할 권리는 부모에게 있다. 부모들은 TV의 웹사이트 방문을 점검해 주는 V칩 프로그램을 사용하여 자녀의 인터넷 접속을 통제할 수 있다. 그러나 미국 부모와 청소년에 대한 설문조사에 따르면 유아의 20~30%와 아동이나 초기 청소년의 절반가량이 가정에서 TV나 컴퓨터에 아무런 제한 없이 노출되어 있다고 한다. 4세 아동도 부모의 간섭 없이 웹사이트를 방문할 수 있다(Rideout, Foehr, & Roberts, 2010; Rideout & Hamel, 2006; Varnhagen, 2007).

휴대전화 사용의 경우 많은 미국 부모들은 자녀가 어디에 있는지 연락하기 위하여 자녀에게 휴대전화를 제공한다. 대부분의 청소년은 휴대전화로 인해 안전이 향상된 것을 긍정적으로 인식한다. 약 2/3의 부모들은 자녀의 휴대전화 내용물을 확인하고 절반 이하의 부모들은 휴대전화 사용시간을 제한하고 있으며 1/3가량은 자녀가 주고받는 문자의 수를 제한한다. 부모가 문자 사용을 제한할 때, 청소년들은 영상을 포함한 성 관련 메시지를 주고받는 문자 사용을 후회한다는 답변이 줄었다(Lenhart et al., 2010). 또한 부모가 10대 자녀의 휴대전화 사용을 제한할 경우 자녀들이 운전할 때 위험한 방식으로 휴대전화를 사용하지 않는 것으로 나타났다(Madden & Lenhart, 2009). 바람직하지 못한 TV, 컴퓨터, 휴대전화로부터 자녀를 보호하기 위해 부모들이 사용할 수 있는 전략은 '적용하기'를 참조하라.

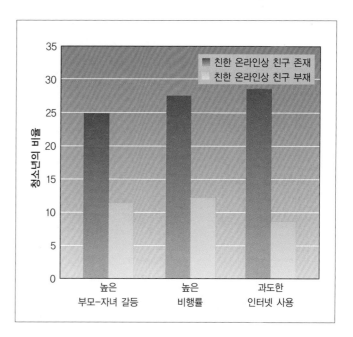

그림 15.9 온라인 친구관계와 부모-자녀 간 갈등, 비행, 인터넷 이용률의 관계

인터넷을 사용하는 미국 10~17세 전체를 대표하는 1,500명의 표본을 대상으로 한 조사에서 긴밀한 온라인 친구관계나 연인관계를 형성하고 있다고 응답한 아동은 인터넷을 많이 사용하는 문제가 많은 청소년일 가능성이 높다.

출처 : Wolak, Mitchell, & Finkelhor, 2003.

학교생활

또래관계의 비공식적 세계와 달리, 학교는 아동이 사회의 생산적 구성원으로 성장하는 데 필요한 지식과 기술을 전달하기 위해 만들어진 공식적 기관이다. 영유아기 이후의 아동은 하루 중 상당한 시간을 학교에서 보내기 때문에 학교는 아동의 발달과정 중 핵심적 역할을 담당한다. 아동의 학습의욕을 고취시키고 기억력, 논리적 사고력, 문제해결 능력, 사회성, 도덕성 등을 계발하는 체험의 장을 제공한다. 기본적으로 연구자들은 학교를 학급구성, 교육철학, 진급과 진학, 교우관계, 교사-학생 관계 등이 밀접하게 연결된 하나의 복잡한 사회체계라고 생각한다.

교실과 학생수

교실과 복도, 운동장과 급식실(식당)로 구성된 대부분 학교의 물리적 환경은 유사하다. 그러나 개별 학급을 구성하는 학생수와 학교 전체를 구성하는 학생의 규모에 있어서는 편차가 매우 크다.

몇 명의 학생으로 구성된 학급 크기가 가장 이상적일까? 미국 테네시 주에서 6,000명의 유치원생을 세 가지 유형으로 유형화된 학급에 배치하고 초등학교 3학년까지 이들에 대한 종단적 추적 조사를 실시하였다. 한 명의 교사와 13~17명의 학생으로 구성된 '소규모' 학급, 한 명의 교사와 22~25명의 학생으로 구성된 '보통'학급, 보통학급 규모에 한 명의 담임교사와 한 명의 전일제 보조교사가 배치된 학급 등의 세 가지 유형의 학급을 포함한다. 소규모 학급에 포함된 학생의 독해 및 수학 점수가 가장 높았고, 4학년에 진급하면서 보통학급으로 돌아간 이후까지도 이들의 학업성취도는 다른 학생과 비교하여 우수하였다(Mosteller, 1995). 보조교사가 배치된 보통학급의 학생들에서는 뚜렷한 차이점이나 우수성이 나타나지 않았다. 유치원부터 초등학교 3학년 때까지 소규모의 학급에 있었던 아동은 4학년 진급 이후 9학년에 이르기까지 학업성취도 전반에서 다른 아동에 비하여 우수한 결과를 보였다. 그뿐만 아니라 사회경제적 지위가 낮은 가정의 학생들은 고등학교 졸업 가능성이 더 높아졌다(Finn, Gerber, & Boyd-Zaharias, 2005; Nye, Hedges, & Konstantopoulos, 2001). 그러나 많은 학교 운영자들은 교사의 질이 학급 규모보다 더 중요하다고 주장한다. 한 연구에서 교사의 질에 대한 다양한 측정결과를 통제한 후에도 작은 학급 규모가 초등학생의 학문적 향상을 예측하였다(Brühwiler & Blatchford, 2011). 다시 말해 학생수가 17명보다 작은 학급은 매우 강력한 효과를 나타내었다. 왜 학급 규모가 긍정적 효과를 가져다주는 것일까?

이러한 결과는 소규모의 학급에서는 교사들이 학생들을 훈육하는 데 시간을 소비하지 않고 개별 학생에 대한 관심과 수업에 더 많은 시간을 투여할 수 있기 때문이다. 또한 학생 스스로도 소규모 집단 내에서 보다 더 수업에 집중하고 적극적으로 수업에 참여하며, 학교생활 전반에 대해 보다 우호적인 태도를 보였다(Blatchford et al., 2003, 2007). 그러나 학생들의 사회성 발달과 학급 규모의 상관관계에 대해서는 일관된 연구결과를 찾아보기 힘들며 교사가 하루일과 계획에 사회적 목표를 포함하는 정도에 따라 결과도 달라졌다(NICHD Early Child Care Research Network, 2004a).

미국의 학생들은 중·고등학교로 진학하면 시간표에 따라 교실을 이동하면서 다양한 교실 밖 활동에 참여하게 된다. 학년이 올라가면서 아동이 학교 안에서 경험하는 물리적인 환경은 학교 전체로 확장되기 시작한다. 대체로 소규모의 학교에 소속된 학생들은 상대적으로 규모가 큰 학교의 학생과 비교하여 더 많은 사회적 지지와 보살핌을 받을 수 있으며, 학생들의 출석률, 학문적 준비도, 수업이나 다른 교내 경험에 대한 만족도 등과 같은 학교 참여가 더 향상된다(Lee, 2000; Weiss, Carolan, & Baker-Smith, 2010).

예술, 지역사회 봉사, 직업탐구 등에 초점을 둔 방과후 활동참여는 학업성취도의 향상, 반사회적 행동의 강조, 자존감과 자율성의 고취, 또래 수용성의 증진 등을 포함한 다양한 특성을 촉진해준다(Fredricks & Eccles, 2005, 2006; Mohoney, 2000). 이러한 장점은 성인기까지 지속된다(제12장 참조). 고교 동아리나 단체에 참여했던 청소년은 성인이 되어서도 직업성취도가 높으며 지역사회 봉사에 더 많이 참여하였다(Obradović & Masten, 2007).

학문적, 정서적, 사회적 문제를 지닌 청소년은 의미 있는 역할이나 책임감이 요구되는 방과후 활동에서 도움을 받을 수 있다(Mohoney & Cairns, 1997; Marsh & Kleitman, 2002). 소규모 학교는 중퇴 가능성이 있는 청소년으로 하여금 활동에 참여하도록 격려하고, 인정을 받을 기회를 제공하며, 졸업이 가능하도록 도와주는 장점을 지닌다. 대규모 학교에서는 학교 내 작은 학교를 형성하여 같은 효과를 가져다줄 수 있다.

교육철학

대체로 교사 고유의 교육철학은 수업을 진행하는 중 아동의 학습경험에 중요한 영향을 미친다. 교육현장에 대한 철학적 접근으로서 전통주의적 관점과 구성주의적 관점은 연구자들에게 많은 주목을 받아 왔다. 각각의 접근방식은 학습목표, 학습과정 및 평가방법 등에 따라 뚜렷하게 구분된다.

학교의 쉬는 시간 — 노는 시간, 학습하는 시간

7세아 휘트니의 가족은 새 도시로 이사를 왔을 때, 3번의 쉬는 시간을 15분간의 한 번의 쉬는 시간으로 보내고 학교를 마쳤는데, 어떤 아이가 잘못된 행동을 하면 2학년 선생님은 이조차 허용하지 않았다. 이전에 학교생활을 즐겁게 했던 휘트니는 매일 두통과 복통을 호소했다. 휘트니의 엄마는 "아이는 하루 종일 움직이지 못해서 스트레스를 받는 것 같다."고 생각했다. 휘트니의 엄마는 다른 엄마들과 학교운영위원회에 두 번의 쉬는 시간을 갖도록 요청하였고 그 결과 휘트니의 증세는 사라졌다(Rauber, 2006).

최근 몇 년 동안 쉬는 시간 — 아동의 조직적인 놀이 또래 상화작용의 풍부한 기회를 제공해 주는 — 은 많은 미국 초등학교에서 감소되거나 사라져 가고 있다(Ginsburg, 2007; Pellegrini & Holmes, 2006). 추가적인 학업시간이 성취도 향상으로 이어질 것이라는 가정하에 미국 학교의 7%는 더 이상 2학년 정도의 아동에게도 휴식시간을 주지 않고 있다. 쉬는 시간을 두고 있는 학교의 절반 이상은 하루에 한 번 정도의 쉬는 시간만을 제공하고 있다(US Department of Education, 2011b).

쉬는 시간은 교실 수업을 약화시키기보다는 강화

한다. 100년 전 연구에서는, 규칙적인 휴식을 포함한 인지적인 부담이 큰 과제를 오랜 시간 동안 제공하는 것이 한 차례에 강력한 노력을 기울이는 것보다 모든 연령의 아동이 지닌 주의력과 성취를 향상시킨다는 것을 확인하였다. 이러한 휴식은 특히 아동에게 중요하다. 여러 연구에서 학령기 아동은 쉬는 시간 전보다 쉬는 시간 이후에 더 집중하였고, 4학년보다 2학년의 경우에 효과가 더 컸다(Pellegrini, Huberty, & Jones, 1995). 교실 내 품행장애에 대한 교사의 평가도 하루에 쉬는 시간을 15분 이상 갖는 아동의 경우에 감소하였다(Barros, Silver, & Stein, 2009).

다른 연구에 따르면 이러한 관계를 설명하는 다른 요인(이전의 성취 수준과 같은)을 통제한 후에도, 쉬는 시간 동안의 유치원생과 1학년생의 또래 간 대화나 게임에 참여하는 것이 학업성취의 향상을 예측하였다(Pellegrini, 1992; Pellegrini et al., 2002). 아동의 사회적 성숙은 초기 학업능력에 의미 있는 영향을 미친다

학교의 쉬는 시간은 학문적 성취나 사회적 능력을 향상시키는 아동이 구성하는 게임이나 또래 상호작용을 위한 풍부한 기회를 제공한다.

는 것을 기억하라. 성인의 지시보다는 성인의 감독하에서 중요한 사회적 기술 — 협력, 리더십, 지지, 공격성 억제 등 — 을 훈련하도록 도와주는 아동이 구성한 게임에 기여하는 소중한 상황 중 하나가 쉬는 시간이다. 아동의 이러한 기술은 수업으로 전환할 때 토론에 참여하기, 협력하기, 규칙 따르기, 면학의 즐거움 갖기 등 동기와 성취를 향상시키는 요인들을 더하게 된다.

전통주의 대 구성주의 학급 **전통주의 철학에 바탕을 둔 학급**(traditional classroom)에서 교사는 지식, 규칙, 의사결정에 있어서 독보적인 권위를 갖는다. 따라서 수업은 대부분 교사의 일방적인 강의 전달방식으로 진행되며, 학생들은 비교적 수동적으로 — 듣고, 질문에 답하고, 교사가 제한 과제를 수행하는 — 수업에 참여하게 된다. 또한 학생의 성취도는 동일한 기준을 얼마나 잘 따라오는가에 따라 평가된다.

반면, **구성주의 철학에 바탕을 둔 학급**(constructivist classroom)에서는 개별 학생들은 스스로의 지식세계를 형성해 나가도록 격려된다. 비록 구성주의적 접근은 매우 다양한 형태로 유형화되지만, 대부분의 경우, 아동을 스스로 사고를 구체화하고 조절하는 적극적 학습자라고 가정하는 Piaget 이론에 근거를 두고 있다. 따라서 개별 아동의 학습 욕구를 충족시키기 위하여 구성주의적 관점에 바탕을 둔 학급은 다양한 교구와 소그룹 활동으로 이루어지고, 학생 스스로 선택한 문제를 해결하는 과정을 중요하게 생각한다. 이 과정에서 교사는 기본적인 가이드라인을 제공하고 학생의 욕구에 대응하고 지지하는 역할을 하며, 학생에 대한 평가는 개별 아동의 이전 발달 단계와 비교하여 상대적인 진전을 측정하는 데 초점을 둔다.

미국 사회는 두 가지 관점이 번갈아 교육현장에 영향을 미쳤다. 1960년대와 1970년 초에는 구성주의적 관점에 대중적 관심이 모아졌다. 그런데 아동과 청소년의 학문적 성취에 대한 관심이 급증하면서 '기본으로 돌아가자(back to basic)'는 움직임이 일어났고 전통적 교수법이 다시 강조되었다. 이러한 유형은 현재까지 여전히 우세하며 2001년 제정된 미국의 아동낙오방지법의 결과, 점차 더 강화되었다(Darling-Hammond, 2010; Ravitch, 2010). 이는 교사와 학교 운영자에게 성취도검

사 점수를 향상시키라는 엄청난 압박으로 이어졌다. 따라서 많은 학교에서는 성취도검사에 학생들을 준비시키기 위한 교육과정에 초점을 두고 있는 실정이다(제8장 참조).

전통주의적 관점과 구성주의적 관점에 따른 교육 성과를 비교한 연구결과들을 종합해 보면, 전통주의적 학급 출신의 학생들이 학업성취도는 다소 높았으나, 구성주의적 학급은 학생들의 비판적 사고력을 향상시키고 사회적, 도덕적 성숙을 가져오며 학교에 대한 긍정적 태도를 갖게 해 주었다(DeVries, 2001; Rathunde & Csikszentmihalyi, 2005; Walberg, 1986). 앞서 두 가지 유형 가운데 어떠한 철학적 관점이 좀 더 적절한 것인가에 대한 끊임없는 논쟁이 지속되고 있지만, 유치원 교사들은 유아에게 동기를 부여하는 과정과 정서적 행복감이 과소평가될 수 있다는 우려 때문에 교사중심의 학습훈련을 강조하는 것을 부담스러워한다. 실제로 수동적 학습환경에 장기간 노출된 유아는 다양한 활동경험을 통해 점진적인 학습을 진행하는 유아들과 비교하여 더 많은 문제행동을 보이며, 언어발달, 사회성 발달, 도덕성 발달에서 뒤처지는 것으로 나타났다. 그리고 이러한 결과는 초등학교에 입학한 이후 학령기 전반에 걸쳐 지속되는 것으로 보고되었다(Burts et al., 1992; Hart et al., 1998, 2003).

새로운 철학적 접근 교육현장에 대한 새로운 접근은 아동의 학습경험을 증진시키기 위해 교실의 풍부한 사회적 조건을 강조하는 Vygotsky 사회문화 이론에서 그 철학적 근원을 찾을 수 있다. 따라서 **사회구성주의적 학급**(social-constructivist classrooms)에서 학생들은 사물에 대한 이해력을 높이기 위해 급우들과 교사가 함께 참여하는 다양한 활동을 경험한다. 다 함께 어울리는 과정에서 지식을 습득하고 동시에 인지적 · 사회적 발달을 달성하게 된다(Bodrova & Leong, 2007; Palincsar, 2003). Vygotsky의 정신활동의 사회적 근원에 대한 강조는 다음과 같은 교육철학을 제시한다.

이 교사와 학생들이 채소밭을 계획하고, 심고, 가꾸는 학습 공동체를 형성하고 있다. 이러한 복합적인 장기간의 과제를 하는 동안 성인과 아동의 참여를 통해 모두 전문가가 되어 가며 서로의 지식을 공유할 수 있다.

- 학습 파트너로서 교사와 아동. 교사와 학생, 학생과 학생 간의 협력관계가 풍부한 교실에서는 문화적으로 가치 있게 평가되는 사고방식이 자연스럽게 전달된다.
- 유의미한 활동 중 다양한 상징적 상호작용의 경험. 아동이 읽기, 쓰기 및 수 개념을 터득하게 되면 의사소통체계에 대한 이해가 가능하고, 본인의 사고를 추론하며, 스스로 조절하는 능력을 갖게 된다.
- 개별 아동의 근접발달 영역을 적용한 교수. 교사는 개별 학생의 현재 이해력 수준을 증진하도록 노력하면서 동시에 다음 단계에서 진행될 발달을 지지 · 격려함으로써 학생 개개인의 최상의 성과를 달성할 수 있다.

학교진급

학급 규모나 교육철학 이외에도, 학교생활의 다른 구조적 형태가 학생의 성취도와 심리적 적응에 중요한 영향력을 행사한다. 일반적으로 유치원 입학은 아동발달의 중대한 이정표가 되는데, 아동은 새롭게 경험하는 물리적 환경, 성인의 권위, 일과 시간표, 또래집단 및 학업 등 각종 발달 과업에 적응해야만 한다.

초기 학교적응 종단연구에서 또래들과의 관계에 협조적으로 참여하고, 또래집단에 우호적 태도를 보인 아동이 유치원 생활에 보다 잘 적응한다는 사실을 밝혀냈다. 또한 이러한 행동은 유치원에서의 성취수준에도 영향을 미친다(Ladd, Birch, & Buhs, 1999; Ladd, Buhs, & Seid, 2000). 친절하고 친사회적인 아동은 새로운 친구관계를 형성하는 것을 어려워하지 않았으며, 또래집단으로부터 손쉽게 받아들여졌고 교사와도 온정적이고 긴밀한 관계를 형성하였다. 반면, 공격적·논쟁적·반사회적 성향의 유아는 또래집단과는 물론 교사들과도 갈등적이고 분란을 내재한 관계를 형성하는 것으로 나타났다(Birch & Ladd, 1998).

긍정적인 또래관계나 교사와의 관계를 유지하는 능력은 유아의 학문적 능력과 사회적 능력을 향상시키는 방향으로 교실 환경 속에 자신을 통합시켜 나가도록 도와준다. 900명 이상의 4세 유아를 대상으로 한 연구에서 평균적인 지능과 평균 이상의 사회적 기술을 지닌 유아가 평균적인 지능과 평균 이하의 사회적 능력을 지닌 유아보다 1학년이 되면 학문적 성취가 더 높아지는 것으로 나타났다(Konold & Pianta, 2005). 유아기의 사회적 성숙이 이후 학문적 성취에 영향을 미치기 때문에 대부분의 전문가는 유아의 학습 준비도는 학문적 기술만이 아닌 사회적 기술, 즉 교사 및 또래와 지원적 유대를 형성하는 능력, 또래와의 상호작용에 긍정적인 적극적으로 참여하는 능력 등을 포함하여 평가하여야 한다고 주장한다(Ladd, Herald, & Kochel, 2006; Thompson & Raikes, 2007).

청소년기의 학교진학 초기 청소년기는 학교적응에 있어 또 다른 중요한 시기이다. 대부분의 청소년은 긴밀하고 자기중심적이었던 초등학교 교실에서의 경험으로부터 벗어나 시간표에 따라 강의실을 옮겨 다녀야 하는 대규모의 학교환경으로 이동해야 한다. 일반적으로 상급학교로 진학하면서 청소년의 성적이 하락하게 되는데, 이는 평가기준이 훨씬 강화되었기 때문이기도 하지만, 중고등학교로 진학하면서 개개인에 대한 교사 등의 주의와 관심이 줄어들고, 전체 학급단위의 수업(강의)에 익숙하지 못하며, 학급단위의 의사결정에 참여할 기회도 감소하기 때문이다(Seidman, Aber, & French, 2004).

이러한 관점에서 보면 청소년들이 중고등학교 학습경험이 초등학교에서의 경험보다 덜 즐겁다고 평가하는 것은 놀랄 만한 사실이 아니다(Wigfiled & Eccles, 1994). 또한 청소년은 중학교 교사들이 유치원 시절에 경험한 교사와 비교하여 자신에 대한 관심도 적고 덜 우호적이며 평가 또한 공정하지 않다고 인식하였으며, 경쟁과 학력 증진만을 강조할 뿐이라고 생각하였다. 이러한 부정적 인식은 청소년의 학업성취도를 저하시키고 학습동기마저 저하시킨다(Barber & Olsen, 2004; Gutman & Midgley, 2000; Otis, Grouzet, & Pelletier, 2005).

전환기를 경험하는 청소년 중에는 진학 및 새로운 학교환경에 적응하는 과정에서 자신감과 자존감이 위축되고 우울감을 느끼거나 학업성취도 또한 동반 하락하는 경우를 쉽게 발견한다. 그리고 결국에는 자존감, 동기부여, 성취욕 등 모두를 상실하기도 한다. 이는 여아가 남아보다 더 심각하다. 중학교에 들어오면서 여아의 자아존중감은 급격히 저하하는데 이는 상급학교진학과 다른 삶의 변화(사춘기나 연애의 시작)가 동시에 발생하기 때문이다(Simmons & Blythe, 1987). 고등학교에 진학한 후에도 남아에 비해 여아들은 외로움을 더 많이 느끼고 불안도 더 강하게 느낀다. 학문적으로 우수함에도 불구하고 성적도 급격히 하락한다(Benner & Graham, 2009; Russell, Elder, & Conger, 1997).

이러한 진학시기에 추가적인 압력―가족 붕괴, 가난, 낮은 부모 참여, 높은 부모 갈등, 학습된 무기력 등―에 직면한 청소년은 자아존중감과 학문적 어려움의 위험에 처할 가능성이 커진다(de Bruyn, 2005; Rudolph et al., 2001; Seidman et al., 2003). 특히 동일 인종의 또래가 급격히 줄어든 학교로 진학한 흑인계와 멕시코계 미국인 아동에게 고등학교 진학은 커다란 어려움을 수반한다(Benner & Graham, 2009).

진학 후 학교성적이 낮고 향상되지 않거나 급격히 떨어져 고민인 청소년은 낮은 자아존중감, 동

이 7학년생은 새로운 중학교에서 수업에 늦지 않으려고 자기 사물함 앞에서 서두르고 있다. 작고 자체적으로 완비된 초등 교실에서 크고 일반적인 상급학교로의 진학은 청소년에게 스트레스가 된다.

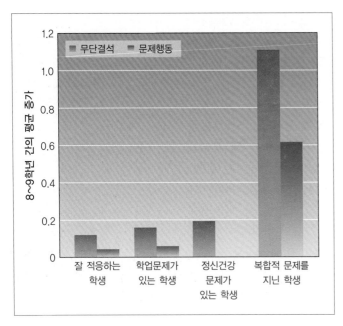

그림 15.10   **고등학교 진학 후 네 집단에서 나타난 무단결석과 교외 문제행동**
잘 적응하는 학생, 학업적인 문제가 있는 학생, 정신건강 문제가 있는 학생은 거의 변화
가 없었다. (정신적 문제를 지닌 학생은 문제행동이 실제로 저하되어, 이들을 위한 막대그
래프가 나타나지 않았다.) 반대로 복합적인 문제를 지닌 학생들은 — 학문적 문제와 정신
건강 문제를 모두 가진 — 8학년에서 9학년으로 진급한 후 무단결석이나 문제행동이 현저
하게 증가하였다.

출처 : Roeser, Eccles, & Freedman-Doan, 1999.

기, 성취의 지속적 패턴을 나타낸다. 한 연구에서 '복합적 문제
(multiple-problem)'를 지닌 청소년(학문적 문제와 정신건강 문제
를 모두 가진 청소년), 한 영역에 문제가 있는 청소년(학문적 영역
이나 정신건강에), 잘 적응하는 청소년(두 영역이 다 건강한)의 고
등학교 진학과정을 비교했다. 모든 집단에서 평균 학점이 저하되
었지만, 잘 적응하는 청소년은 높은 점수를 받은 반면 복합적 문
제를 지닌 청소년이 낮은 점수를 받았으며 나머지는 그 중간이었
다. 그림 15.10에서 보여 주는 것처럼 복잡한 문제를 지닌 청소년
이 무단결석이나 교외 문제행동이 현저하게 증가하였다(Roeser,
Eccles, & Freedman-Doan, 1999).

진학과정에 적응하도록 청소년 돕기   이러한 결과가 나타내는
것처럼, 진학과정에서 청소년은 발달적 요구와 잘 맞지 않는 환경
적 변화를 경험하게 된다(Eccles & Roeser, 2009). 성인의 도움이
필요한 순간에 교사와의 친밀한 관계를 방해하며, 자기중심적인
사고가 커지는 시기에 경쟁이 강조된다. 자율성의 욕구가 증가됨
에 따라 의사결정과 선택이 감소하며 또래 수용에 관심을 가진 청
소년의 또래 연결망을 방해한다.

부모, 교사, 또래의 지지는 이러한 압박을 덜어 준다. 단순히 좋
은 성적보다 부모 참여, 감독, 자율성 부여, 숙달의 강조는 더 나
은 적응과 연관이 있다(Grolnick et al., 2000; Gutman, 2006). 친
한 친구를 가진 청소년은 진학과정에 이러한 우정을 유지할 것이고 이를 통해 사회적 통합과 새로
진학한 학교에서의 학문적 동기를 증가시킨다(Aikens, Bierman, & Parker, 2005). 큰 학교에서 보
다 작은 단위로 집단을 구성하는 것은 교사와 또래 모두와의 친밀한 관계와 과외활동 참여의 촉진
을 이끌어 낼 수 있다(Seidman, Aber, & French, 2004). 같은 인종의 또래로 구성된 '결정적인 규
모(critical mass)' — 최소 전체 학생의 15%라는 제안에 따르면 — 는 사회적으로 수용되고 타집단의
적대감으로 인한 두려움을 감소시켜 준다(National Research Council, 2007).

교사-학생 상호작용

교실은 교사가 학생들과 하루에 1,000번 이상의 상호작용을 수행하는 복잡한 사회적 체계이다
(Jackson, 1968). 많은 연구들이 교사-학생 상호작용에 대해 연구하고 있다. 이 중 대부분은 학문
적 성취에 초점을 두고 있다.

초등과 중고등학교 학생은 좋은 교사를 자상하고, 도움을 주고 자극을 주는 것 — 동기, 성취도,
우호적인 또래관계의 획득과 연관된 행동 — 으로 묘사한다(Hughes & Kwok, 2006, 2007; Hughes,
Zhang, & Hill, 2006; O'Connor & McCartney, 2007). 그러나 미국 교사의 대부분이 애써 생각하
거나 지식을 새로운 상황에 적용하는 것과 같은 높은 수준의 사고를 반복적으로 훈련하는 것을 강
조한다(Sacks, 2005). 중학생 대상 종단연구에서 더 많은 자극을 추구하는 학문적 요구가 많은 학급
은 출석률도 높고 다음해 수학성취도에 있어 더 많은 향상을 나타내었다(Phillips, 1997).

알다시피 교사는 모든 아동을 동일하게 대하지 않는다. 행동이 올바르고 성취수준이 높은 아동
은 더 많은 격려와 칭찬을 받는 반면 무례한 학생은 교사와 자주 충돌하고 더 많은 비판을 받는다
(Henricsson & Rydell, 2004). 교사-학생 관계는 사회경제적 지위가 낮은 소수민족 학생이나 다
른 학습장애의 위험을 지닌 아동의 성취도와 사회적 행동에 특히 강한 영향을 미친다(Baker, 2006;

Crosno, Kirkpatrick, & Elder, 2004). 그러나 전반적으로 사회경제적 지위가 높은 가정의 학생은 교사와 보다 민감하고 지원적인 관계를 갖는다(Jerome, Hamre, & Pianta, 2009; Pianta, Hamre, & Stuhlman, 2003).

불행히도 일단 학생에 대한 교사의 태도가 형성되면, 이는 학생들의 행동에 의해 보이는 것보다 더 극단적인 양상을 띠게 된다. 우리는 **교육적 자기성취예언**(educational self-fulfilling prophecies)에 특별한 관심을 갖게 된다. 아동은 교사의 긍정적·부정적 관점을 받아들여 이에 의해 자신의 삶을 꾸려간다. 1학년 아동의 능력에 대한 교사의 신념은 학기 초 성취수준을 통제한 후에도 학년 말 성취도를 예측할 수 있다. 이러한 효과는 교사가 경쟁을 강조하고 공개적으로 아동을 비교하고 우수한 학생을 선호할 때 더 강하게 나타났다(Kuklinski & Weinstein, 2001; Weinstein, 2002).

교사의 기대는 성취수준이 낮은 학생과 높은 학생 모두에게 커다란 영향을 미친다(Madon, Jussim, & Eccles, 1997). 한 연구에서 흑인계와 멕시칸계 초등학생을 편견이 강한 교사(이 학생들은 형편없을 것이라고 기대하는)가 가르쳤다. 학기 말에 이들은 편견이 적은 교사가 가르친 또래 친구들보다 성취도가 낮았다(McKown & Weinstein, 2008). 독일의 조사에서 터키인나 모로코인에 대한 교사의 경미한 편견이 1학년에서 6학년의 독일계와 소수민족 학생들 간에 성취도에 커다란 격차를 만들었다(van den Bergh et al., 2010). 고정관념의 위협에 대한 제8장의 내용을 다시 생각해 보자.

집단구성 방법

많은 학교들이 학생들을 능력에 따라 집단을 나누고 유사한 성취수준을 지닌 학생을 같이 가르치는 교실로 구분하였다. 목적은 다양한 학문적 요구를 지닌 학생들에게 적합한 교육을 제공하는 데 요구되는 교사의 어려움을 감소시키는 데 있다.

초등학교의 집단구성 동질(homogeneous)집단이나 학급은 자기성취예언의 잠재적 요인이 될 수 있다. 낮은 수준의 집단은 기본 사실과 기술에 대한 반복훈련을 받고 토론을 덜 하게 되며 느린 속도로 발전하게 된다. 이들의 학문적 자아존중감과 동기는 점차 감소되며 성취수준도 뒤떨어지게 된다(Lleras & Rangel, 2009; Trautwein et al., 2006; Worthy, Hungerford-Kresser, & Hampton, 2009).

학교가 학생집단의 이질성(heterogeneity)을 증가시킬 수 있는 다른 방법은 2~3개의 인접한 학년을 통합하는 것이다. 혼합학년(multigrade classrooms)에서는 자아존중감과 학교에 대한 태도가 단일학년 학급보다 더 긍정적이었는데, 이는 혼합학년 학급에서는 경쟁보다 조화가 강조되기 때문이다(Lloyd, 1999; Ong, Allison, & Haladyna, 2000). 혼합학년 집단은 또래-교수의 기회가 제공되며 가르쳐 주는 사람이나 배우는 사람 모두에게 더 나은 결과를 산출하게 된다(Ginsburg-Block, Rohrbeck, & Fantuzzo, 2006; Renninger, 1998).

그러나 적은 수로 구성된 이질적 집단의 학생은 동질집단의 평균수준의 학생보다 낮은 수준의 상호작용(덜 정확한 설명과 답변)을 한다(Webb, Nemer, & Chizhik, 1998). 제6장에서 지적한 것처럼 또래와 성공적인 협동 작업을 위해서는 집중적인 지도가 요구된다(제6장 참조). 교사의 도움이 있으면 이질적인 학급은 보다 명확한 설명과 학습의 즐거움, 성취수준의 향상 등의 결과를 얻는다(Gillies, 2003; Terwel et al., 2001; Webb et al., 2008).

고등학교의 집단구성 고등학교에서 어떤 경우, 교육의 특정 측면이 청소년의 교육적·직업적 계획과 일치되어야 하기 때문에 동질집단이 반드시 요구된다. 미국에서 고등학생들을 대학 준비, 직업 준비, 보통교육으로 진로지도를 한다. 불행히도 사회경제적 지위가 낮은 소수민족 학생들 중 많은 수가 대학 준비가 아닌 진로를 선택하도록 안내되며, 이는 초기부터 교육적 불평등을 영속화한다.

8~12학년의 학생들을 대상으로 한 종단연구에서 대학 진학으로 진로를 결정한 학생들은 학문적 성장이 지속되었지만, 직업 준비나 보통교육으로 진로를 선택한 학생들의 학문적 성장은 감소되었다(Hallinan & Kubitschek, 1999). 진로 구분이 없는 학교에서조차도 사회경제적 지위가 낮은 가정의 학생들은 대부분 혹은 모든 학과목에서 낮은 수준의 강좌에 배치되었으며, 이로 인해 비공식적 진로설정(unofficial tracking)을 형성하였다(Lucas & Behrends, 2002).

낮은 수준의 진로에서 벗어나기란 어렵다. 진로나 강좌등록은 일반적으로 과거의 성취에 기초하기 때문에 배치전력에 의해 제한될 수밖에 없다. 아프리카계 미국인 학생들과의 면접에서 많은 학생들이 자신의 이전 성취는 자신의 능력을 적절히 반영하지 못한다고 생각했다. 그러나 다른 업무가 너무 많은 교사나 상담교사는 개인적 사안을 재고할 시간이 없다(Ogbu, 2003). 보다 높은 진로과정에 있는 학생과 비교할 때 낮은 진로과정에 있는 학생들은 현저하게 노력이 감소되었다. 이는 부분적으로 자극적인 학급경험이 낮음으로 인한 차이다(Worthy, Hungerford-Kresser, & Hampton, 2009).

특수아 가르치기

효과적인 교사는 교수전략을 유연하게 조정하여 다양한 특성을 지닌 학생들을 적절히 수용하는 것을 볼 수 있다. 그러나 아동이 학습장애를 지닌 경우, 이러한 조정은 특히 문제가 된다.

학습장애를 지닌 아동 미국의 법률안에 따르면, 학교는 특별한 지원이 요구되는 아동을 '최소한의 제약(least restriction)'이 주어진 환경에 배치하는 것은 의무규정이다. **통합교실**(inclusive classroom)에서 학습장애를 지닌 학생들은 일반 교육 환경의 전형적인 학생과 학교일과 전체 혹은 일부를 같이 한다. 이러한 환경은 학생장애를 지닌 아동이 사회적 적응에 대비하도록 도와주고 장애아동의 사회적 제한을 유도하는 편견에 대항하고자 마련된 것이다(Kugermass & ainscow, 2004). 부모들의 압력에 의해 많은 수의 학생들이 **완전통합**(full inclusion)—정규학급에 종일 배치되는—을 경험한다.

통합교실의 학생들 중 일부는 경미한 **지적 장애**(mild mental retardation)를 가지고 있다. 이들은 IQ가 55~70 사이이고 적응행동이나 일상생활 기술에 문제를 지닌다(American Psychiatric Association, 2000). 그러나 많은 수의 학생들—학령기 아동의 5~10%—은 읽기를 비롯한 하나 이상의 학습 영역에 극심한 장애를 가진 **학습장애**(learning disabilities)를 지닌다. 결과적으로 이들의 성취수준은 IQ에 의해 기대되는 것보다 상당히 뒤처져 있고 심각한 주의력 부족과 같은 장애를 나타낸다(제7장 참조). 학습장애의 문제는 신체적·정서적 장애와 환경적 결핍의 문제가 있으며 뇌 기능 결함을 동반한다(Weber, 2010). 아직 원인은 불명확하나 학습장애는 가족력이 있으며 문제를 일으키는 특별한 유전자가 있음이 밝혀졌다(Miller, Sanchez, & Hynd, 2003; Raskind et al., 2005).

통합학급은 어떤 효과가 있나 통합은 부분적으로 학문적인 긍정 효과가 있지만, 많은 경우 그렇지 않다. 성취수준은 장애 정도와 지원 서비스에 달려 있다(Downing, 2010). 지체장애 학생들은 또래의 사회적 기술에 압도되며, 대화나 게임활동 시 적절히 상호작용하지 못해 일반학급 또래에 의해 거부되는 경우가 많다. 학습장애 학생의 절차적 결함이 사회적 자각과 반응성에 문제를 일으킨다(Kelly & Norwick, 2004; Lohrmann & Bambara, 2006). 그렇다면 특수아동이 일반학급에 배치될 수 없음을 의미하는 것인가? 아니다. 이러한 아동은 하루일과 중 일부분은 특수교실에서 보내고, 나머지 시간은 일반학급에서 보내는 부분통합이 적절하다. 실제 학습장애 아동은 학습 보조실에서 특수교사와 개인적으로 혹은 소그룹으로 활동하기도 한다.

협동학습, 또래-교수(peer-tutoring) 경험은 친근한 상호작용, 향상된 또래 수용, 성취도 향상을 가져온다(Fuchs et al., 2002a, 2002b). 교사들이 특수아에 대비한 학습을 준비함으로써 통합을 통해 일반 또래의 정서적 민감성과 친사회적 행동을 촉진시킬 수 있다.

부모-학교 파트너십

학생들의 연령, 능력, 성별, SES, 인종과 무관하게 부모의 교육 참여—자녀의 성장을 파악하고 교사와 의사소통하며, 자녀가 적절한 수준으로 잘 교육받을 수 있는지를 확인하는 것—는 학업동기나 성취수준을 향상시킨다(Hill & Taylor, 2004; Hill & Tyson, 2009; Jeynes, 2005). 부모가 자녀의 학습과정과 교육에 대해 학교와 정기적으로 의사소통하는 과정에서 자녀는 점진적으로 문제해결 방법과 의사결정 과정을 학습하게 된다. 아울러 자녀교육에 적극적으로 참여하는 부모는 다른 부모와의 상호과정에서 바람직한 양육과 교육방법에 대한 다양한 정보를 수집할 수 있다.

저소득이며 위험 요소가 많은 지역에 사는 가정은 자녀의 학교와 분리감을 느끼며, 학교 참여를 위한 에너지를 감소시키는 일상적인 스트레스에 직면해 있다(Walker, Shenker, & Hoover-Dempsey, 2010; Warren et al, 2009). 학교-가정 간의 강력한 관계가 이러한 스트레스를 줄여 준다. 학교는 교사와 부모 간의 인간적인 관계를 강화하고 가정에서 자녀를 지원하는 방식을 알려주거나 소수집단 가정의 문화와 학교의 문화 간의 연결고리를 제공하여 부모-학교 간 파트너십을 형성해 준다.

각 국가의 청소년은 얼마나 잘 교육되었나

교사가 어떻게 아동과 청소년의 교육을 지원할 수 있는가에 주된 관심을 기울여 왔다. 그러나 사회적 가치, 학교 자원, 수업의 질, 부모의 격려와 같은 학교 안과 밖의 많은 요소들이 아동의 학습에 영향을 미친다. 특히 범문화적 관점에서 학교교육을 검토할 때 이러한 다면적인 영향이 부각된다.

학업성취에 관한 범국가적 연구 읽기, 수학, 과학성취도에 대한 국제적 연구에서 중국, 한국, 일본의 청소년은 지속적으로 높은 성취를 이루는 것으로 나타났다. 서구 국가 중에는 오스트리아, 캐나다, 핀란드, 네덜란드, 스위스가 상위권에 있는 국가다. 반면 미국은 국제 평균이나 그 이하였다(그림 15.11)(Programme for International Student Assessment, 2009).

왜 미국 학생들은 학문적 성취에서 뒤떨어지는가? 국제 비교에 따르면, 미국의 교수법은 사실에 몰두하고 높은 수준의 사고나 비판적 사고에 초점을 두지 않는다. 많은 전문가들은 미국의 아동 낙오방지법을 통해 학생들의 성취도검사에서 목표한 목적을 달성하지 못한 학교에 대한 심각한 제재 조치—처음에는 학생을 성취도가 높은 학교로 전학시키고, 궁극적으로는 교직원 해임, 폐쇄, 주정부의 인수 등과 같은—를 의무화하였다(Darling-Hammond, 2010; Noguera, 2010; Ravitch, 2010). 미국은 저소득과 소수인종 학생에게 제공되는 교육의 질이 평등하지 않다. 미국 교사는 교사 교육, 급여, 수업 조건이 매우 다양하다.

핀란드의 경우, 1980년 능력집단으로 구분하는 국가시험제도를 버리고 독창성, 문제해결, 창의성 등을 기르는 데 목표를 둔 교육과정, 교수방법, 평가 등으로 대체되었다. 핀란드의 교사는 매우 잘 훈련되어 있다. 교사들은 정부지원금으로 대학수준의 교육을 마쳐야만 한다(Sahlberg, 2010). 핀란드의 교육은 모두에 평등한 교육에 기반한다.

국가		평균 수학성취 점수
높은 성취수준을 나타내는 국가	중국(상하이)	600
	싱가포르	562
	중국(홍콩)	555
	한국	546
	타이완	543
	핀란드	541
	스위스	534
	일본	529
	캐나다	527
	네덜란드	526
	중국(마카오)	525
	뉴질랜드	519
	벨기에	515
	오스트레일리아	514
	독일	513
중간 성취수준을 나타내는 국가	아이슬란드	507
	덴마크	503
	노르웨이	498
	프랑스	497
국제 평균 = 496	오스트리아	496
	폴란드	495
	스웨덴	494
	체코공화국	493
	영국	492
	헝가리	490
	룩셈부르크	489
	미국	487
	아일랜드	487
	포르투갈	487
	이탈리아	483
	스페인	483
낮은 성취수준을 나타내는 국가	러시아 연방	468
	그리스	466
	터키	445
	불가리아	428

그림 15.11 국가별 15세의 평균 수학점수

국제학생평가프로그램(Programme for International Student Assessment)은 세계 각국의 성취도를 평가했다. 최근 비교에서 미국은 수학점수가 국제 평균 이하로 나타났다. 읽기와 과학은 평균 정도였다.

출처 : Programme for Internationnal Student Assessment, 2009.

이 핀란드 학생들은 주도성 문제해결력 창의성을 기르도록 설계된 국가 교육제도의 혜택을 받고 있다. 모든 이에게 동등한 기회 제공에 기초한 핀란드 교육은 성취에 있어 사회경제적 편차를 거의 제거하였다.

일본, 한국, 타이완과 같은 아시아 국가의 학습환경에 대한 연구에서는 강력한 학습촉진을 위한 노력이 강조되는 문화에서 사회적 영향력을 강조하였다. 미국 부모와 교사는 학문적 성공의 핵심이 타고난 능력이라고 생각했으나 일본, 한국, 타이완 부모와 교사는 모든 아동은 노력하면 성공한다고 생각한다. 아시아 부모는 자녀가 숙제하는 것을 돕는 데 많은 시간을 보낸다(Stevenson, Lee, & Mu, 2000). 집단주의적 가치의 영향으로 아시아의 아동은 도덕적 의무—가족과 지역사회에 대한 책임의 일부—로 학교 공부를 잘하는 것이라고 생각한다(Hau & Ho, 2010).

핀란드처럼 일본, 한국, 타이완 교사들은 미국 교사보다 잘 준비되고 사회에서 존중받고 더 잘 대우받으며, 국가적으로 의무화된 질 높은 단일 교육과정에 따라 교육을 받는다(Kang & Hong, 2008; U.S. Department of Education, 2011a). 교과수업은 잘 조직화되고 아동의 주의를 끄는 방식으로 제공되며 높은 수준의 사고를 격려해 준다(Grow-Maienza, Hahn, & Joo, 2001). 일본 교사는 미국 교사보다 추가적인 도움이 필요한 학생들에게 교실 밖에서 가르치는 데3배 이상을 투자한다(Woodward & Ono, 2004).

핀란드와 아시아의 예는 미국 가정, 학교, 사회가 교육을 향상시키기 위해 함께 노력해야 할 필요가 있음을 강조한다. 과거 10여 년간 읽기, 수학, 과학성취에 있어 미국의 국제적 순위는 낮아졌다. 1999년부터 미국의 국가교육평가—9, 13, 17세의 국가대표 표본에 실시된 성취도 검사—에 있어서의 몇십 년간 향상에 이어, 읽기의 미미한 향상과 수학의 부진만이 나타났다(U.S. Department of Education, 2008). 이와 같이 실망스러운 성취결과는 미국 교육의 보다 광범위하게 강력한 접근이 필요함을 강조하고 있다. 연구에서 제안하는 전략은 다음과 같다.

- 실제 세계에 적용할 수 있는 지적으로 도전적이고 타당한 수업을 제공한다.
- 교사교육을 강조한다.
- 고무적인 가정학습 환경을 구성하고 자녀의 학업성취를 점검하고 교사와 자주 대화를 나누도록 부모를 지원한다.
- 질적으로 우수한 유아교육에 투자하여 모든 아동의 학교에서 배울 준비가 되도록 한다.
- SES와 인종 간 교육의 질 관련 불평등 격차를 감소시키기 위해 학교 혁신을 강력하게 추진한다.

효과적인 교육의 변화는 학생들의 생활배경과 미래 목표를 고려하여야 한다. 학문적인 지도 이외에도 대학에 진학하지 않는 실업계 청소년이 직업에서 생산적인 역할을 준비하는 것을 돕기 위한 직업 교육에 특별한 노력이 요구된다.

대학에 진학하지 않는 실업계 고등학생의 직업 준비 북미 국가 젊은이의 약 25%는 대학 진학의 계획 없이 고등학교를 졸업한다. 일반적으로 고졸의 학력자들이 학업을 중도에 포기한 사람들보다 구직과정에서 다소 유리하지만 과거 수십 년간 고등학교 졸업자에게 제공되는 일자리는 매우 제한적이었다. 또한 대학 진학을 포기하거나 진학하지 못한 캐나다 젊은이의 15%, 미국 젊은이의 20%는 고용의 기회조차 갖지 못했다(U.S. Department of Education, 2011b). 이들 중 일부는 시간을 들여 취업을 하더라도 대부분 임금수준이 낮고 숙련된 기술을 필요로 하지 않는 단순직에 종사한다. 무엇보다 심각한 문제는 이들은 학교생활에서 직장생활로 전환되는 시점에 필요한 진로상담이나 고용지원을 전혀 경험하지 못한다는 점이다.

불행하게도 많은 고용주들은 취직에 필요한 기술력을 갖춘 최근 고등학교 졸업자들이 준비가 충분히 되어 있지 않다고 생각한다. 이러한 판단은 어느 정도 사실인데, 고등학교 재학 중인 미국 청소년의 절반 정도가 취업을 하는데, 중산층 청소년의 경우 자신의 진로를 탐색하거나 현장기술을 훈련받기 위해서라기보다는 소비를 위한 부가수입을 목적으로 한다. 한편, 가정의 생계유지를 위해 취업이 필요한 저소득층 청소년의 경우에는 취직하기가 훨씬 더 어렵다(U.S. Department of Education, 2011b).

취업 청소년이 담당하는 업무는 대체로 특정 기술 없이 반복적으로 실행하는 단순직인 경우가 많다. 그런데 이와 같은 단순 업무의 반복은 청소년의 학교생활에 부정적 결과를 초래할 가능성이 높다. 즉, 결석률은 증가하고 학업성취도는 낮아지며, 교과과정 이외의 학교활동에의 참여가 줄어들게 되어, 결국에는 학업을 포기하게 만들기 때문이다(Marsh & Kleitman, 2005). 그뿐만 아니라 단순·반복 업무의 특성 때문에 청소년들은 취직과 경제활동 참여에 대해 냉소적 태도를 갖는다.

그런데 고등학교 재학 당시의 취업경험이 교육적으로나 구직 목적에 부합되도록 설계되었다면 그 결과는 상당히 달라질 수 있다. 일례로 사회경제적 지위가 낮은 계층의 10대 청소년에게 체계적으로 설계된 산학연계 프로그램에 참여할 수 있는 기회를 제공한 결과, 이들의 학교생활과 취업에 대해서 긍정적 태도를 형성했을 뿐만 아니라 학업성취도의 향상을 확인할 수 있었다(Hamilton & Hamilton, 2000; Staff & Uggen, 2003). 하지만 유럽 국가들과는 달리 미국이나 캐나다 고등학생 및 고등학교 졸업 전후의 젊은이들이 경험할 수 있는 양질의 기술훈련 프로그램은 매우 부족한 실정이다.

독일에서 김나지움(Gymnasium, 대학 진학 준비를 위한 고등교육과정)을 선택하지 않은 전체 청소년의 약 2/3 정도는 세계적으로도 그 우수성을 인정받고 있는 산학 도제체계로 진입한다. 이들은 15~16세까지 전일제 교육과정을 이수하고, 이후 2년간 교사와 고용주가 공동으로 설계한 시간제 도제과정을 이수한다. 도제과정에 참여한 학생들은 약 400여 종의 기술직 및 전문 행정직을 경험할 수 있으며, 과정을 이수하고 자격시험을 통과한 학생은 숙련공으로 인정받고, 노동조합에서 규정한 임금을 받을 수 있다. 기업들은 이러한 도제과정에 재정적 지원을 아끼지 않는데, 이는 같은 과정을 통해 배출된 근로자의 취업 준비도에 충분히 만족하고 있기 때문이다. 독일을 비롯한 오스트리아, 덴마크, 스위스, 그리고 일부 동유럽 국가에서 시행하고 있는 도제방식의 성공은 국가 차원에서 실시하는 도제제도가 청소년들의 학교에서 직장으로 이어지는 전환기 적응에 긍정적으로 기여할 것이라는 기대를 뒷받침해 준다.

주요 용어

거부 아동(rejected children)
거부적-공격적 아동(rejected-aggressive children)
거부적 위축 아동(rejected-withdrawn children)
거친 신체놀이(rough-and-tumble play)
교육적 자기성취예언(educational self-fulfilling prophecies)
구성주의 철학에 바탕을 둔 학급(constructivist classroom)
논쟁대상 아동(controversial children)
도당(clique)

또래 수용(peer acceptance)
또래집단(peer group)
무리(crowd)
비사회적 행동(nonsocial activity)
사회구성주의적 학급(social-constructivist classrooms)
소외 아동(neglected children)
연합놀이(associative play)
인기 아동(popular children)
인기가 있는 반사회적인 아동(popular-antisocial children)

인기가 있는 친사회적인 아동(popular-prosocial children)
우정(friendship)
전통주의 철학에 바탕을 둔 학급(traditional classroom)
지배계층(dominance hierarchy)
통합교실(inclusive classroom)
평행놀이(parallel play)
학습장애(learning disabilities)
협동놀이(cooperative play)

찾아보기

ㄱ

가설 33, 180
가설적-연역적 추론 180
가소성 8
가역성 176, 177
가장놀이 168
가족체계 473
가지치기 144
각성 상태 95
간격 곡선 135
간략보고 56
감각 간 지각 127, 362
감각 등록기 202
감각운동기 165
감수분열 61
감정 317
감정이입 333
감정적/사회적 네트워크 149
강화인 103
개인검사 250
개인적 선택의 문제 424
개인적 신화 181
개작 308
거대세포바이러스 80
거부 아동 525
거부적-공격적 아동 526
거부적-위축 아동 526
거시체계 26
거친 신체놀이 490
거친 신체놀이 516
검사-재검사 신뢰도 44
결정적 지능 245
경구수분보충요법 158

경미한 지적 장애 548
경험-기대 뇌 성장 150
경험-의존 뇌 성장 150
계열적 설계 51
고립 아동 525
고전적 서술 310
고전적 조건형성 102
고정관념 위협 263
고정관념의 압박 462
골단 137
공감 333
공동 주의 287, 318
공동양육 475
공동조절 481
공유 환경의 영향 264
과소 확장 297
과잉 규칙 적용 304
과잉 확장 297
과제 지향적 271
관계의 강도 45
관계의 방향성 45
관계적 공격성 431, 465
관계탐지 106
관습적 수준 414
관찰자영향 36
관찰자편견 37
교육적 자기성취예언 547
구문초기구동화 300
구성주의 철학에 바탕을 둔 학급 543
구성주의적 접근 164
구조적 복잡성 303
구조화된 관찰 34
구조화된 면접 38

구체적 조작기 177
권위적 양육태도 478
귀인 380
귀인재교육 383
규모 공간의 전체 조망 178
규준적 접근 12
규칙 학습자 285
균형 165
그림 깊이 단서 122
근적외선 분광분석법 40
근접 발달 지대 192, 264
근접양육 유형 364
긁적거리기 172
긍정적 정서환경 480
기관심사위원회 54
기능적 자기공명영상 40
기능주의적 접근 317
기대위반 방식 168
기본 용량 202, 204
기본 정서 320
기억된 자기 365
기억전략 216
기손신념 368
기질 335
기형 발생물질 71
까다로운 아동 335

ㄴ

납 79
낫적혈구 빈혈 64
내면화 400
내적인 언어 192
내적 자아 366

내적작용모델 345
내적 타당도 44
내집단 선호성 390
논쟁대상 아동 525
뇌 가소성 146
뇌량 149
뇌발달 207
뇌신경영상기법 39
뇌파검사 39
뇌하수체 140
뉴런 143

ㄷ

다운증후군 67
다이옥신 79
다인자 유전 67
다중지능 이론 248
단계 7
단계적으로 습득 179
단기기억 저장 202
단백질결핍성 소아 영양실조증 153
달팽이관 이식 286
대근육 운동발달 110
대뇌피질 145
대립 유전자 63
대상 영속성 167
대안적 사고능력 향상 393
대인지각 388
더딘 아동 335
도당 530
도덕적 의무 424
도덕적 자기조절 429
도덕적 정체성 401
도식 164
독립변수 46
독립심 364
돌연변이 66
동물행동학 22
동시대집단 효과 50
동일한 혹은 일란성 쌍둥이 62
동질 547
동형접합체 63

동화 165
두미 방향 136
디에틸스티베스트롤 73
디옥시리보핵산 59
따라잡기 성장 151
또래 괴롭힘 527
또래 수용 524
또래협동 195

ㅁ

마음의 추론 368
마음이론 189, 229, 366
망상체 148
맥락 7
맥락 의존적 104
먼 기억 106
메타분석 460
멜라토닌 96
명시적 자기인식 363
명제적 사고 180
모델링과 강화 효과 454
모방 108
모양 편향 299
모의실험 202
모자이크 형태 67
모체 혈액 분석 69
모호함과 지속성에 대한 아량 271
목표 지향적 167, 271
몸짓 288
무관심한 양육태도 479
무뇌증 82
무리 530
무선배치 47
무조건반응(UCR) 102
무조건자극(UCS) 102
문법 276
문법적 형태소 303
문제를 정의하는 능력 270
문제 발견하기 270
문제 중심적 대처 328
문해능력 232
미시유전학적 설계 52

미시체계 25
민감기 22, 72, 130
민감한 양육 350
민속지학적 연구 43
민주적 양육태도 477
믿음 367
믿음-욕구 마음이론 367
믿음의 해석 368

ㅂ

반복적 양식 225
반사 93
반어법적 의도 308
반응성 335
발견 학습 184
발달심리학 3
발달연구 48
발달적 인지신경과학 21
발달지수(DQ) 253
방임 505
방향 전환 308
배아기 72
배우자 61
벌 103
범양식적 감각 속성 127
범주적 언어 지각 285
범주화된 자기 365
베르니케 영역 279
베일리-III 252
베일리 영아와 걸음마기 발달검사 252
보인자 63
보존개념 175
보존 과제 177
보편적 문법 277
보편적인 과정 185
부모의 자존감 476
부분적 알코올 증후군(p-FAS) 76
부재 304
부정 304
부호화 202
분류 유목화 과제 176
분리불안 345

분석적 지능 247
분화 129
분화 이론 128
불균형 165
불변 164
불변의 특징 128
불안 323
브로카 영역 279
비가역성 176
비계 193, 332
비계설정 205
비공유 환경의 영향 264
비만 155
비사회적 행동 514
비연속적 6
빠르지 않은 안구운동 수면 97
빠른 안구운동 수면 97
뼈 나이 137

ㅅ

사건관련전위 39
사건표집 36
사고결과 229
사고과정 229
사고의 핵심 영역 186
사전승인 54
사회경제적 지위(SES) 257
사회구성주의적 학급 509
사회구성주의적 학급 544
사회극놀이 515
사회문화적 이론 24, 163
사회인지 361
사회적 관습 424
사회적 명성 525
사회적 문제해결 392
사회적 미소 322
사회적 비교 373
사회적 선호 525
사회적 참조 319, 330
사회체계론적 관점 473
사회학습 이론 16, 455
삼중 X 증후군 68

상관계수 45
상관설계 45
상상적 관중 181
상염색체 62
상위 언어학적 인식 312
상위인지 229, 332
상위인지적 이해 239, 361
상호 간의 이해 520
상호 읽기 233
상호교수 195
상호배타적 편견 299
상호의존성 364
상호작용적 동시성 350
상호주관성 192
상호호혜적 관계 형성 345
생물학적 지식 186
생성 213
생식세포 돌연변이 66
생태체계 이론 25
생태학적 이론 100
서번트 증후군 249
서수성 236
서열화 177
선별적인 감소 49
선천성 부신 과형성증 448
성 고정관념 441
성 고정관념 융통성 444
성 도식 458
성 도식 이론 458
성 도식화된 아동 458
성 만족감 457
성 명명 455
성 비도식적인 458
성 비전형적 457
성 안정성 455
성 유형의 강화 457
성 전형화 441
성 정체성 441, 454
성 지속성 455
성 항상성 455
성 현저성 필터 458
성공지능의 삼원 이론 247

성분분석 246
성숙 11
성역할 441
성염색체 62
성인용 애착 면접 353
성장 둔화 159
성장쇠약 319
성장호르몬(GH) 140
성적 학대 505
성취검사 251
성취동기 380
성취목표 381
세포예정사 143
세포질 60
소근육 운동발달 110
소뇌 148
소멸 102
소모증 153
속도 곡선 135
손 뻗기 전 단계 112
손끝집기 114
수단-목적 행위 순서 167
수단적 특성 442
수렴적 사고 269
수은 78
수정 유전자 64
수초화 144
수치심 325
수평적 격차 208
수학적 지식 186
숙달 지향적 귀인 381
순종 428
순환 반응 166
순환적 사고 368
쉬운 아동 335
스크립트 223
스탠퍼드-비네 지능검사 제5판 251
습관화 105
시각 절벽 121
시각적 · 공간적 범위 과제 203
시간체계 28
시간표집 36

시냅스 143
시력 120
시상하부 140
시연 217
신 피아제 이론 207
신경교세포 144
신경생물학적 방법 39
신경전달물질 143
신뢰도 44
신생아행동평가척도(NBAS) 101
신체 성장의 추세변동 142
신체적 공격성 431, 465
신체적 학대 505
실어증 279
실재적 관점 381
실제적 지능 247, 255
실행기능 204, 205
실험설계 46
실험실실험 46
심리분석학적 관점 344
심리사회적 왜소증 160, 319
심리사회적 이론 15
심리성적 이론 13
심리적 통제자 476, 479
심리측정적 접근 243, 270
심리학적 지식 186
심상 164

○

아동발달 3
아동용 웩슬러 지능검사-IV 251
안드로겐 불감 증후군 448
안전기지 323
안정 애착 347
안정된 관계 128
알츠하이머병 67
알코올 관련 신경발달적 장애(ARND) 77
암묵적 자기-세계 변별 감각 362
애착 343
애착 Q-Sort 347
애착의 비교행동학 이론 344
애착전 단계 345

애착형성 단계 345
애큐텐 74
양방향의 상호작용 473
양방향적 영향 73
양성성 455
양수천자 69
양안 깊이 단서 122
양육태도 유형 475, 477
양전자방출단층촬영 39
어림잡기 236
어휘 분출 293
억제 338
억제되거나 수줍은 아동 338
억제되지 않거나 사교적인 아동 338
언어 등록기 311
언어 산출력 292
언어 이해력 292
언어 지식 186
언어기억 범위 과제 203
언어적 공격성 431, 465
언어체계의 전이 313
언어획득장치(LAD) 277
역동적 변형 176
역동적 체계 관점 28
역동적 평가 264
역동적인 체계의 움직임 138
연결주의자 283
연구문제 33
연구방법 33
연구설계 33
연구설계의 내적인 조건 44
연대별 서술 310
연속적 6
연합놀이 489
염기 59
염색체 59
염색체 교차 61
영아 갑상선 기능부전 82
영아 지향어(IDS) 286
영역 특정적 186
영재성 269
옹알이 286

완전통합 548
외양-실재 과제 174
외적 타당도 45
외집단 390
외집단 선호성 390
외집단 편견 390
외체계 26, 474
요인분석 244
요점 221
욕구 마음이론 308
우성 64
우성-열성 유전 63
우정 492
운동발달의 역동적 체계 이론 110
운하화 86
움직임 121
원근양육 유형 364
웩슬러 유아·초등학교 아동용 지능척도-III 251
위계적 모델 245
위계적 분류 176
위계적인 의사소통 방식 262
위치 전환 67
위험 감수의 의지 271
위험 대 유익의 비율 54
유동적 지능 245
유목 포함 과제 177
유사 인슐린 성장 요소 1 140
유사분열 60
유사실험 47
유아기억상실 226
유아용 스탠퍼드-비네 지능검사 251
유전 72
유전 공학 70
유전 상담 69
유전-환경 상호작용 86, 87
유전성 추정 84
유전자 59
유전적 각인 65
유전형 59
융모막 융모 채취 69
음소 285

음식 부족 155
음운 234
음운 인식 233
음운 저장고 298
음운론 276
음운론적 인식 312
음운적 접근 234
의도적 통제 325, 336, 338
의도적 행동 167
의미론 276
의미론적 복잡성 304
의미론적 초기구동화 307
이론 5
이론 이론 189
이상적 상호호혜성 410
이상적 자기 375
이정표 178
이중표상 173
이질성 547
이차믿음 368
이차적 틀린믿음 368
이타적 행동 333
이형접합체 63
인간발달 3
인공 신경망 모형 283
인기 아동 525
인기가 있는 반사회적인 아동 525
인도된 참여 193
인성에 대한 고정된 관점 391
인식 107
인지발달 이론 18, 163, 455
인지적 자기조절 231
인체면역결핍바이러스 79
일반적인 이론 164
일반지능 244
일반화된 타인 375
일차적 정신능력 245
일화기억 223
임상 · 사례연구법 42
임상적 면접 37
입체영상 122

ㅈ
자가보육 아동 503
자기 신념의 용기 271
자기 자신의 사고 229
자기 효능감 320, 328, 335
자기수용 감각 113
자기인지 363
자동화 과정 204
자서전적 기억 224
자아개념 371
자아도취 379
자아존중감 376
자연관찰 34
자연실험 47
자율성 483
자의식적 감정 320
자의식적 정서 323
자폐증 249
자폐증상 66
작업기억 203
장기기억 204
장기기억 저장 202
장난감 방 173
재구성 220
재구성된 가족 499
재능 271
재부호화 202
재인 219, 292
저장 모형 202
저항 애착 347
적극적(혹은 도구적) 공격성 431
적성검사 251
적소 선택 88
적응 165
전 관습적 수준 413
전두엽 145
전략 선택 모형 207, 208
전보식 말 301
전전두엽 145
전조작기 170
전통주의 철학에 바탕을 둔 학급 543
전형적인 발달과정 163

전환적 추론 177
점진적 관점 381
접합자 61
접합자 시기 72
정교화 218
정교화 양식 225
정보처리 20
정보처리 관점 185
정보처리적 접근방법 393
정상분포 253
정서 336
정서 중심적 대처 328
정서적 감화 330
정서적 자기조절 320
정서적 조망수용 333
정서적 학대 505
정서표출양식 328
정신분석적 조망 13
정신적 수준 328
정신적 전략 202
정체성 383
정체성 상태 385
정체성 성취 385
정체성 영역 385
정체성 위기 384
정체성 유실 385
정체성 유예 385
정체성 혼미 384, 385
정확성 209
제2형 단순 헤르페스 80
조건반응(CR) 102
조리 있는 이야기 388
조망수용 361, 366
조손가정 355
조작 46, 174, 177
조작적 조건형성 103
조절 165
조직화 165, 184, 165, 217
조화적합성 모델 342
좁은 능력 245
종단설계 48
종모양 253

종속변수 46
주고받기 287
주의력 336
주의력 유지 211
주의력결핍 과잉행동장애(ADHD) 216
주의집중 202
주제-연합방식 262
주제-초점방식 262
중간체계 26
중립자극 102
중복 파도 형태 209
중심 개념 구조 208, 240
중심 개념 구조의 형성 207
중심-말초 방향 136
중심화 175
중앙 실행 203
지각적 외양 175
지능의 3계층 이론 245
지능지수(IQ) 253
지도화 294
지배계층 516
지속적인 자기 366
지식 190, 271
지연 만족 428
지연 모방 168
진로설정 548
진화론적 발달심리학 23
질문 195
집단검사 250
짝짓기 47

ㅊ

참여 384, 385
참여관찰 43
참조적 양식 295
참조적 의사소통기술 309
창의성 269
창의성의 투자 이론 270
창의적 지능 247
척골잡기 113
척추갈림증 82
천성-양육 논쟁 7

천재아 42
철분결핍성 빈혈증 154
체세포 돌연변이 66
초기서술적 몸짓 288
초음파 69
총체적 언어 접근 234
최소 단어 291
최소화 209
추론 180
축어적 숫자 기억 범위 203
취약한 X 증후군 66
친밀감 520
친사회적 행동 333
친사회적인 아동 525
친족 연구 85

ㅋ

쿠잉 286
크기 항상성 125
클라인펠터 증후군 68

ㅌ

타당도 44
타율적 도덕성 409
탈리도마이드 73
탈중심화 177
탐색 384, 385
태내기 진단방법 69
태아기 72
태아 알코올 스펙트럼 장애(FASD) 76
태아 알코올 증후군(FAS) 76
터너증후군 68
톡소포자충증 81
통계학적 분석가 285
통사론 276
통제 46, 213
통제력 및 사용력 결핍 217
통찰과정 271
통합교실 548
특수지능 244
특정 목적 지식체계 186
틀린믿음 367

ㅍ

판독 235
퍼지 흔적 이론 221
페닐케토뇨증 63
페이건 영아 지능검사 253
편도 350
편도체 148
편재화 145
편파적 표집 49
편향 260
평가자 간 신뢰도 44
평행놀이 514
평형 165
표준화 253
표현적 양식 295
표현형 59
풍진 79
프래더-윌리 증후군 66

ㅎ

하위검사 245
학문적 자기 효능감 231
학습 102
학습된 무기력 381
학습목표 381
학습장애 548
해결된 분노 처치 46
해독 202, 235
해마 148
해악으로부터의 보호 54
핵심지식 관점 163, 169, 186, 249
행동 336
행동 수정 17
행동유발성 129
행동유전학 84
행동주의 15, 344
허용적 양육태도 479
헌팅톤병 64
헤드 스타트 프로젝트 267
혁신적인 사고방식 271
현실주의 409
현장실험 47

혈우병 64

협동적 의사소통 방식 262

협력적 도덕성 409

협력학습 195

형식적 조작기 180

형태 항상성 126

형태론 276

혼란 애착 347

혼미−회피적 인지양식 386

혼입 변인 47

혼잣말 192

혼합된 499

혼합학년 547

화용론 276

확산적 사고 269

확장 308

환경 누적 가설 254

환경 측정을 위한 가정 관찰 266

환기적 87

회복 105

회복성 357

회상 108, 220, 292

회피 애착 347

횡단설계 50

후 관습적 수준 415

후성설 90

후성적 틀 90

후천성 면역결핍증후군 79

훈련효과 50

훈육 401

기타

1차 순환 반응 166

2차 순환 반응 167

3차 순환 반응 167

24시간 주기의 리듬 95

A-not-B search error 167

Flynn 효과 260

XYY 증후군 68

X 관련 유전 64

이 책의 참고문헌은 지면상 싣지 못했습니다. 출판사 홈페이지(http://www.sigmapress.co.kr)의
일반자료실에 가시면 내려받기가 가능합니다.

Laura E. Berk는 일리노이주립대학교 심리학과의 저명한 교수로서, 30년 이상 학부와 대학원생에게 아동발달과 인간발달을 가르치고 있다. 미국 UC 버클리대학교에서 심리학 학사를 받고, 시카고대학교에서 아동발달과 교육심리 전공으로 석사와 박사학위를 받았다. 또한 코넬대학교, UCLA, 스탠퍼드대학교, 사우스오스트레일리아대학교의 교환교수를 지냈다.

Berk 교수는 아동발달에 미치는 학교 환경의 효과, 내적 언어의 발달, 그리고 최근에는 발달에서의 가장놀이의 역할에 대한 여러 가지 연구물을 출판하였다. Berk 교수의 연구는 미국 교육부와 국립보건원 산하 국립아동보건인간발달연구소(NICHHD)로부터 연구비를 지원받아 수행되었다.

Berk 교수는 *Journal of Cognitive Education and Psychology* 의 편집고문을 맡고 있으며, 다수의 저서가 있다. 이 책 *Child Development*는 *Infants, Children, and Adolescents, Development Through the Lifespan*과 *Exploring Lifespan Development* 등과 더불어 베스트셀러 교과서이다.

현재 Berk 교수는 아동의 원인에 대한 연구를 수행하고 있으며, 지역사회 봉사에 덧붙여, 대학생을 중재자로 임용하여 미국 전역의 저소득층 유아기 아동 수천 명에게 강력한 문해중재를 제공하는 비영리 단체인 Jumpstart의 국가위원회의 위원이며, 시카고 지역 자문위원장을 맡고 있다. 또한 미국심리학회의 제7분과인 발달심리 분과의 회원으로 활동하고 있다.

옮긴이

이종숙
이화여자대학교 영어영문학과 졸업
미국 아이오와대학원 석사
미국 아이오와대학원 박사
현재 덕성여자대학교 심리학과 교수
저서 및 역서 : 『교사 평정에 의한 유아용 정서지능 평가도구』, 『방과 후 정서지능 프로그램』, 『1, 2세 영아프로그램
의 계획 및 운영』, 『마음에 상처를 가진 아이들』 외

신은수
덕성여자대학교 유아교육과 졸업
이화여자대학교 대학원 교육심리학(아동발달) 석사
미국 일리노이대학교 어바나 샴페인 박사
현재 덕성여자대학교 유아교육과 교수
저서 및 역서 : 『놀이와 유아교육』, 『생활과 환경중심의 영유아과학교육』, 『교사용 1, 2세 영아발달평가도구』 외

안선희
경희대학교 문리과대학 가정관리학과 졸업
경희대학교 대학원 석사(아동학전공)
미국 유타주립대학교 가족 · 인간발달학과 박사
(아동학전공)
현재 경희대학교 아동가족학과 교수
저서 및 역서 : 『아동발달』, 『보육과정』, 『보육학개론』, 『아동복지』 외

이경옥
서울대학교 가정대학 졸업
미국 신시내티대학교 교육학(유아교육전공) 석사
미국 서던캘리포니아대학교 교육심리학 박사
현재 덕성여자대학교 유아교육과 교수
저서 및 역서 : 『아동발달』, 『아동복지』 외